清代三大尺牍

小倉山房尺牘

〔清〕袁枚 著
学谦 注译

团结出版社

图书在版编目（CIP）数据

小仓山房尺牍 /（清）袁枚著；学谦注译．-- 北京：团结出版社，2022.7

（清代三大尺牍）

ISBN 978-7-5126-9295-4

Ⅰ．①小… Ⅱ．①袁… ②学… Ⅲ．①书信集－中国－清代 Ⅳ．① I264.9

中国版本图书馆 CIP 数据核字 (2022) 第 007691 号

出版：团结出版社

（北京市东城区东皇城根南街 84 号 邮编：100006）

电话：（010）65228880 65244790 （传真）

网址：www.tjpress.com

Email：zb65244790@vip.163.com

经销：全国新华书店

印刷：天宇万达印刷有限公司

开本：145×210 1/32

印张：40.75

字数：959 千字

版次：2022 年 7 月 第 1 版

印次：2022 年 7 月 第 1 次印刷

书号：978-7-5126-9295-4

定价：158.00 元（全三册）

《谦德国学文库》出版说明

人类进入二十一世纪以来，经济与科技超速发展，人们在体验经济繁荣和科技成果的同时，欲望的膨胀和内心的焦虑也日益放大。如何在物质繁荣的时代，让我们获得内心的满足和安详，从经典中获取智慧和慰藉，或许是我们不二的选择。

之所以要读经典，根本在于，我们应当更好地认识我们自己从何而来，去往何处。一个人如此，一个民族亦如此。一个爱读经典的人，其内心世界必定是丰富深邃的。而一个被经典浸润的民族，必定是一个思想丰赡、文化深厚的民族。因为，文化是民族之灵魂，一个民族如果不能认识其民族发展的精神源泉，必定就会失去其未来的生机。而一个民族的精神源泉，就保藏在经典之中。

今日，我们提倡复兴中华优秀传统文化，当自提倡重读经典始。然而，读经典之目的，绝不仅在徒增知识而已，应是古人所说的“变化气质”，进一步，是要引领我们进德修业。《易》曰：“君子以多识前言往行，以蓄其德。”实乃读经典之要旨所在。

基于此理念，我们决定出版此套《谦德国学文库》，“谦德”，即本《周易》谦卦之精神。正如谦卦初六爻所言：“谦谦君子，用涉大川”，我们期冀以谦虚恭敬之心，用今注今译的方式，让古圣先贤的教诲能够普及到每一个人。引导有心的读者，透过扫除古老经典的文字障碍，从而进入经典的智慧之海。

作为一套普及型的国学丛书，我们选择经典，不仅广泛选录以儒家文化为主的经、史、子、集，也将视野开拓到释、道的各种经典。一些大家所熟知的经典，基本全部收录。同时，有一些不太为人熟知，但有当代价值的经典，我们也选择性收录。整个丛书几乎囊括中国历史上哲学、史学、文学、宗教、科学、艺术等各领域的基本经典。

在注译工作方面，版本上我们主要以主流学界公认的权威版本为底本，在此基础上参考古今学者的研究成果，使整套丛书的注译既能博采众长而又独具一格。今文白话不求字字对应，只在保证文意准确的基础上进行了梳理，使译文更加通俗晓畅，更能贴合现代读者的阅读习惯。

古籍的注译，固然是现代读者进入经典的一条方便门径，然而这也仅仅是阅读经典的一个开端。要真正领悟经典的微言大义，我们提倡最好还是研读原本，因为再完美的白话语译，也不可能完全表达出文言经典的原有内涵，而这也正是中国经典的古典魅力所在吧。我们所做的工作，不过是打开阅读经典的一扇门而已。期望藉由此门，让更多读者能够领略经典的风采，走上领悟古人思想之路。进而在生活中体证，方

能直趋圣贤之境，真得圣贤典籍之大用。

经典，是一代代的古圣先贤留给我们的恩泽与财富，是前辈先人的智慧精华。今日我们在享用这一份财富与恩泽时，更应对古人心存无尽的崇敬与感恩。我们虽恭敬从事，求备求全，然因学养所限、才力不及，舛误难免，恳请先贤原谅，读者海涵。期望这一套国学经典文库，能够为更多人打开博大精深之中华文化的大门。同时也期望得到各界人士的襄助和博雅君子的指正，让我们的工作能够做得更好！

团结出版社

2017年1月

前　言

尺牍是书信的别称，类似的称谓还有书、简、笺、函、尺素、书尺、尺翰、简札、书札、信札，等等。尺牍一词出现得很早，《史记·扁鹊仓公列传》中有“缇萦通尺牍，父得以后宁”，《汉书·游侠列传·陈遵传》中有“略识传记，赡于文辞。性善书，与人尺牍，主皆藏去以为荣”。汉魏时期，出现了《报任安书》《诫子书》等诸多书信名篇。唐宋时期，文人间的尺牍往来更加频繁，常见于文人的别集之中，有的也会单列一类，著名的有《范文正公尺牍》《苏黄尺牍》等。

晚明以降，尺牍作为书信文体，在原有的实用性基础上更多地具有了文学性。这时的尺牍就像一篇篇小品文，它们或冷隽峭拔，或充满灵性。正如刘勰在《文心雕龙·书记》中所说：“详总书体，本在尽言；言以散郁陶、托风采，故宜条畅以任气，优柔以怿怀，文明从容，亦心声之献酬也。”比如，袁枚的尺牍骈散相间、典丽华美，深得六朝风韵。欧阳俊先生在评价袁枚的尺牍艺术成就时说：“论文则鞭辟入理，言情则直抒性灵。语言新巧清雅，简约有韵致；不拘文法，态情任性，意趣横生；成语典故，信手拈来，缀玉编珠，浑然一体。骈散相间，典丽华美，深得六朝体格，读来朗朗上口，回味无穷。”清代尺牍中最为人称道的是袁枚的《小仓山房尺牍》、龚萼的《雪鸿轩尺牍》、许思湄的《秋水轩尺牍》，它们被誉为“清代三大尺牍”，广为流布。

袁枚与《小仓山房尺牍》

袁枚（1716—1798），字子才，号简斋，晚年自号仓山居士、随园主人、随园老人。浙江钱塘（今浙江省杭州市）人，清朝著名诗人、散文家、戏曲理论家、文学批评家和美食家。袁枚少有才名，乾隆四年（1739）进士出身，授翰林院庶吉士。乾隆七年（1742），外调江苏，先后赴任溧水、江宁、江浦、沭阳等地知县。他为官勤政，颇有政声，但仕途不顺，被誉为“才如子建，政如子产”。乾隆十四年（1749）辞官，定居江宁，在小仓山建“随园”，自号“随园老人”。他六七十岁时仍然遍游安徽、江西、两广、湖南、福建等地，是一个非常有生活情趣的人。嘉庆二年（1798）去世，享年82岁，世称“随园先生”。

在诗文创作上，袁枚倡导“性灵说”，提倡抒写性情、遭际和灵感，这在他的尺牍中也有明显的体现。其尺牍文简辞精，情真意切，常常妙笔生花，对于成语典故等更是信手拈来，缀玉联珠，浑然天成，读起来朗朗上口。其中也不乏一些议政、谈古、说文的信札，深刻体现着他的精辟见解。这里不妨举两个例子。比如《答两江制府尹公》：“知夫子得句于风雨横舟之际，金丝引和，寄托深远。适窗前有绿梅一株，水仙数种，对之展读，正与古香冷艳同入襟怀。……借此闭门与‘廿一史’中古人相对，领现在可行之乐，补生平未读之书。昔有善用其短者，枚亦善用其病，夫子闻之，必为莞尔。”短短几句，其文字优美、清新自然的艺术风格便跃然纸上。又比如，《答相国劝独宿》：“且枚之居处不避群花，更有说焉。人惟与花相远，故闻香破戒者有之，逢花必折者有之。若夫邓尉种梅之夫，洞庭栽橘之叟，终日见花如不见花者，何也？狎而玩之，故淡而忘之也。枚自幼以人为蓄，迄今四十年矣，横陈嚼蜡，习惯自然。颜渊侍于孔子，自称‘坐忘’。若枚者，可称‘卧忘’者也，愿夫子之勿虑也。”袁枚通过这段文字，直率、轻松地表达了自己的人生哲理和生活情趣。另外，通过阅读《小仓山房尺牍》，读者还可以了解到袁枚一生勤于治学的精神，他主张“学问之道，若涉大海，其无津涯”，在写作上力求达到“语必惊人总近情”的高超境界。同时，还能感受到袁枚待人之诚，凡所言必发自肺腑，不矫揉造作，对于后学常常勉励推崇，老而弥笃。

《小仓山房尺牍》在袁枚一生浩繁的著作当中如沧海之一粟，即便如此，读者依然可以从中一窥其治文之道，受到无穷的教益。

龚萼与《雪鸿轩尺牍》

在“清代三大尺牍中”，后人将龚萼的《雪鸿轩尺牍》和许思湄的《秋水轩尺牍》合称为双璧。

龚萼，生卒年不详，名未斋，字萼，号雪鸿，清浙江山阴人。出身于师爷之家，作幕凡五十余年，终身以幕为业。尤善诗和书札。通过

《雪鸿轩尺牍》，读者从中可以感受到他是一个郁郁不得志，迫而为幕，一生能清贫自守、洁身自好、通达事理的人。他在信札中经常说自己“才不通古，性不宜今。生无傲骨，而苦乏媚容；人本清贫，而翻嫌浊富”，他说自己待人的原则是“遇事则宁方无圆，宁拙无巧，宁为众恶而不随私好。此心不肯自负，而尤不忍负人”。

《雪鸿轩尺牍》共收录尺牍一百八十余篇，内容涉及议论、邀请、颂赞、庆贺、叙别、请托、慰藉、规劝等。如《答周汜荇》：“承示公门颇堪造福，此中亦大有乐趣，在足下则然，在仆则万不能然。即足下亦明知其未必能然，而以幕言幕，不得不姑以为然也。”作者从“公门颇堪造福”说开，洋洋近千字，深刻揭露了当时的世态炎凉，读来酣畅淋漓，属于对官场世俗的讥评。又如《与徐润之》：“闻足下忧贫颇甚，想旬日以来，能减得几分否？吾辈生长儒素之家，贫固其常也。此时咬得苦菜根，即他年得意，亦不为靡丽纷华所动。但士可贫而不可穷，动心忍性，增益其所不能，此救穷之法，愿与足下共勉之！”这篇尺牍文辞恬淡，情意真切，劝勉友人他年若得意，仍要避免奢靡，用意良深。又如《寄麦纫安》：“忆自金莺船上，深谈半夜，两意缠绵，未免有情，谁能遣此？嗣后天作之合，缘订三生；惜别匆匆，能无恋恋？”此篇文辞典雅，情礼俱佳，可谓尺牍范本佳作。

许思湄与《秋水轩尺牍》

许思湄，生卒年不详，名葭村，字思湄，清浙江山阴人，生活在道光、咸丰年间。从《秋水轩尺牍》中可知，许思湄从小勤奋刻苦，读过很多书，家境贫寒，屡试不第。为了糊口，他“弃书读律”，务刑名之学，凡四十余年。他为人正直，洁身自好，待人真诚，做事严谨，丝毫不马虎。一次，有位朋友赠给他一笔“程仪”，助他回家探访亲友，后来计划有变，他又亲自把这笔“程仪”奉还给了朋友。就是这么一件不起眼的小事，足以体现他的品格。

《秋水轩尺牍》共收录尺牍二百二十余篇，内容涉及问候、庆吊、劝慰、请托、辞谢、索借等。它之所以备受人们喜爱，很重要的一个原因是其“文采斐然”。许思湄不仅学识渊博，而且精通声韵，用语形象，善用比喻。文中的花草木石、亭台楼阁等，无不惟妙惟肖、绘声绘色，情景交融，感情充沛，扣人心弦。同时，他还善用骈体，语言华丽又不失典雅，对仗工稳，用典精妙，作品中常出现的四六句式富有韵律感，读起来朗朗上口。比如，《与王沧亭》：“馆中惟我独居；加以清磬红鱼，直是修行古刹。而西风黄叶，洄溯时殷，双鲤之颁，定不我弃。”短短几行，便让人仿佛置身古刹，体味到一种宁静孤寂之感。《复沈孟养》：“弟才本谫陋，应世无方，运复颠连，仰天莫问。多累值多愁之境，同声增同病之怜。目前涸辙枯鱼，既未得饱衔香饵；此后寻巢小燕，更不知飞傍谁家。所以酒酣耳热之馀，狂歌当哭；雨晦风凄之候，搔首自灰也。知荷关情，敢摅近况；倘逢邮羽，时惠德音。”这段文字，他使用骈散相间的句式，道尽了自己对现实的不满。《与陈笠山》：“仆自七小儿痘殇之后，大儿、八女、九女，均因出花而夭；四十日内，丧亡相继。廿四年蓬飞萍荡，向以贫也非病，所自慰者，膝前一块肉耳。不期疾雨倾巢，竟无完卵！欲留则门鲜五尺；欲归则田乏十双。而内人则思子情殷，病从心起，更无可解之术。”这段文字，作者自述身世遭遇，发自肺腑，字字血泪，感情真挚，读之不禁让人感伤。

尺牍虽被古人视为“末艺”，但其往往能体现一个人真实的性情，而且所言一般皆是真人真事，文字典雅，富有文采，其中不乏富有教育意义的作品，今人读之亦能有所受益。鉴于此，我们将《小仓山房尺牍》《雪鸿轩尺牍》《秋水轩尺牍》一起整理出版，命名为《清代三大尺牍》，原文采用通行本校对整理，对文中的疑难字词和典故做了简洁的注释，译文以尊重原文为前提，尽量使之准确流畅。囿于水平，疏漏之处在所难免，恳请读者不吝指正！

目　录

卷　一

卷 二

卷 三

卷 四

卷 五

卷 六

卷 七

卷 八

卷　一

一、答镇江黄太守

急足[①]至，知侯丞之变，仓卒不及察，泫然[②]久之。既而曰：“呜呼，侯丞得死所矣！”唐侯喜[③]受知于卢郎中[④]，面有喜色而过昌黎[⑤]曰：“侯喜死不恨。”然而喜固不死，则卢公之知终未深也。枚与丞游凡十年，丞为文甚古，行义甚高，落魄江南。枚荐丞于公，公怜之，赐颜色甚厚。亡何，丞调溧阳尉，公守镇江，溧固公属也。丞大喜，扬扬然治行李，载妻子以去。去，竟死公署中，所谓士为知己者死，固其所也。公之知丞，丞之感公，从可知矣。丞家寒，窘于归葬。枚不能厚赙[⑥]，为请于诸绅士而足成之。恐滞时日，先以饼金寄上。所示祭文，苍凉沉古，今人不能为，丞有灵，当以死为快也。

【注释】①急足：急行送信的人。②泫然：流泪貌。亦指流泪。③侯喜（？—822）：字叔起，唐朝贞元十九年（803）进士登第。元和七年（812）任校书郎，元和十年改协律郎。终国子主簿。他是韩愈弟子，韩愈称他“进士侯喜，其为文甚古，立志甚坚”。④卢郎中（？—809）：唐朝晋州人，字子野。少孤，好学。代宗永泰元年（765），登进士第。历任御史、刑部郎中。德宗贞元中为江州刺史，改汝州刺史，官至秘书监。郎中：官名，始于战国，秦汉沿置。隋唐迄清，各部皆设郎中，分掌各司事务，为尚书、侍郎之下的高级部员，清末始废。⑤昌黎：即韩愈（768—824），字退之，河南河阳人，自称“郡望昌黎”，世称“韩昌黎”“昌黎先生”。唐代中期官员，文学家、思想家、哲学家、政治家。谥号“文”，故称“韩文公”。韩愈是唐代古文运动的倡导者，被后人尊为“唐宋八大家”之首，与柳宗元并称“韩柳”，有“文章巨公”“百代文宗”之名。后人将其与柳宗元、欧阳修、苏轼合称“千古文章四大家”。⑥赙：拿财物帮人办理丧事。

【译文】送急信的差役来了后，我得知侯丞的死讯，一时间未能细看来信，只是流了很久眼泪。然后，我才说：“唉呀，侯丞也算是死得其所了！”从前，唐朝的侯喜受到卢郎中的赏识，满面欢喜地从韩愈面前走过，并说：“我侯喜就算是现在就死，也没有遗憾了！”然而侯喜并没有对卢郎中以死相报，却也可知卢公的知人，也终究算不得深入。我和侯丞相交已有十年，他写的文章很是古雅，为人品行很是高洁，但在江南失意潦倒。于是我把他推荐给你，你怜惜他，厚待于他。没多久，他被调任溧阳尉，而你做了镇江知府，溧阳是你所管辖的地方。他很是高兴，精神十足地准备好行李，带着家眷去上任。去后，竟就兢兢业业地死在了职位上。所谓“士为知己者死”，他的死当然是死得其所的！你对他的赏识，他对你的感激，从中也就可以知道了。他家里很穷，安葬他都有些犯难，我不能送他多少赙金，所以特地为他恳请诸多绅士共同凑足葬礼所需要的费用。因害怕延误了时日，所以先把这些银钱寄给你。你寄给我的祭文，很是苍凉沉古，不是一般人所能写得出来的，他若有灵，便可以痛快的上路了。

二、答两江制府尹公

韦把总①来，接寄怀诗二章，知夫子得句于风雨横舟之际，金丝引和，寄托深远。适窗前有绿梅一株，水仙数种，对之展读，正与古香冷艳同入襟怀。枚疟虽痊，而四肢无力，终日曳杖而行，未出柴门②一步，借此闭门与“廿一史”中古人相对，领现在可行之乐，补生平未读之书。昔有善用其短者，枚亦善用其病，夫子闻之，必为莞尔。枚尚有请者，先君服阕③已久，非无仕进之心，因老母七旬，家无昆季，与圣朝终养④之例相符，枚已申明情节，由江宁转报。此实乌鸟私情⑤，退而求息，并非膏肓泉石，借此鸣高。文书到院之日，求夫子早为题达，免吏部赴补迁延之处分，则山中之岁月与膝下之晨昏，未始非夫子重莅江南之所赐也。

【注释】①把总：明清时的陆军基层军官名，为低级武官。②柴门：用柴木做的门。言其简陋。古人常以谦称自己的住处。③服阕：守丧期满除服。阕，终了。④终养：奉养父母，以终其天年。多指辞官归家以终养年老亲人。⑤乌鸟私情：相传乌鸦长大能反哺，所以用来比喻子女对父母的孝养之情。

【译文】姓韦的把总来了，我收到了你的两首寄怀诗，知道是你在风雨中的船上做的，诗句格调清新，用意也很深远。恰巧窗前有一株绿梅，几盆水仙，对着它们读你的诗，觉得你的诗和那绿、梅水仙一般古香冷艳，渗入我的心胸。我的痁疾虽然已经痊愈，但四肢还是没有一点力气，一天到晚都需要扶杖走路，所以我没有出过家门一步，索性借此关上门来阅读“二十一史”，与那些古人相伴，享受眼前可以享受的快乐，补读那些我生平尚未读过的书。以前有人善于利用他的短处，我现在也善于利用生病时的时间，我想你听了这话，一定会发笑。我还有件事情想请你帮忙：为先父守丧的时间已经过了很久了，我不是没有做官的心思，只因为老母已经七十岁，家里又没有弟兄，这和朝庭奉养老人的规定正相符合，我已经述明事情的缘由，由江宁县呈报上去。这实在是我的一点孝养亲人的私心，顺便退下来歇一歇，并不是有意要做什么隐士，借以自鸣清高。文书到你那里的时候，请你早些转送到部里，免得因为延误了赴任补缺的时间，受到吏部的处分。我在山中过着自由的生活，享受着侍奉母亲的快乐日子，未尝不是你重到江南之后赐给我的恩惠。

三、再答尹公

枚健饭[1]一月矣，起居幸如平时，惟形体未充，五十步外不能离杖而行。前蒙夫子遣使问疾，枚欲趋函丈[2]，奈春寒逼人，毛发淅洒。且闭户半年，一作出山之云，则酬应如麻而起，是以旌旗两至白门[3]，而野鹤孤眠竟无迎送。自叹公门桃李[4]，变作朽木难雕。倘节届清明，此身与草木同茂，定当先诣平泉，领略时雨春风[5]，以捐除宿疾也。呈小诗数章，亲笔誊写，夫子读诗情宛转，喜其故态之存，见字迹欹斜，怜其腕力之弱。五、六两公子未知已渡江否？奉怀诗附书于后。

【注释】①健饭：勉强加餐饭。有“强饭”之意。②函丈：在古代，讲学者与听讲者之间的坐席相距一丈，以便讲问指画。后用以称讲席，引申为对前辈或师长的敬称。③白门：建康宣阳门的俗称，后为南京的别称。④公门桃李：尊称某人引进的后辈或栽培的学生。⑤时雨春风：比喻良好教育的普遍深入。常用以称颂师长的教诲。

【译文】我勉强加餐饭已经快一月了，起居总算和平时一样，只是身体还是虚弱，没有力气，想要走出五十步以外，就不能不拄杖。上次承蒙你派人来探问我的病情，我本想前去见你，奈何春寒逼人，使人打着寒颤，全身毛发竖起，身体简直有些经受不住。况且我半年没有出门，一旦如云朵般从山中出来，应酬必定纷繁杂多，所以你两次到南京来，我却在家中独睡，没有前去迎送。我自己也在叹息，作为你的学生，已变成了难以雕琢的朽木。若是到了清明时节，我的身体也能和草木一般兴旺健壮起来，我定先到你那里去，聆听你柔风细雨般的恩泽和教导，来疗治我身上的那些坏毛病。寄给你几首小诗，是我亲笔誊抄的，你读到我诗情的宛转，一定会高兴我的故态未改；你看到我歪斜的字迹，一定也会叹怜我腕力的衰弱。五、六两位公子，不知道有没有渡过长江？奉怀诗附写在后面。

四、病中谢尹相国赐食物

接叠韵诗，至于再，至于三，如春波遇风，秋云过月，层见叠出而意思无穷。当即熏笼壁间，恐江城碧纱从此价贵，随园庭榭将终宵有丝竹之声。蒙惠食物二种，怜野鸟之有文章也，故贻以雌雉；知山人之非热客也，故赐以冰梨。对使倾筐，降拜登受。奈昨日偶感寒疾，山中苍苔之色忽移生于舌本之间，嗜好酸咸，如隔十重皮甲。方造轩光[①]之灶，饮苦口之汤，对此珍羞，无能染指[②]，不得已，尽颁之于侍疾之人，使食德饮和[③]，广沾师惠。然而贪饕[④]性在，嗔念反生，不自恨其朵颐[⑤]福薄，而转恨先生之赐不自我先，不自我后，偏当此口不从心之时，似若瞰亡往拜[⑥]者。因追忆廿年前，蒙高邮一荐，部议阻之，从此长庆老郎⑦，官阶终矣。平生惯领虚恩，大率类此。往者不可谏，来者犹可追，愿夫子其有以补过焉。

【注释】①轩光：轩辕星的光辉。②染指：比喻分取利益。多指分取非分的利益。这里指品尝珍馐。③食德饮和：给人吃喝后感觉到自在、享受和乐，享受到先人的德泽。这里指侍疾之人分享口福。④贪饕（tāo）：贪吃，嘴馋。⑤朵颐：指鼓动腮颊咀嚼东西的样子。⑥瞰亡往拜：看到对方不在家时前去拜访。⑦长庆老郎：典出白居易《送敏中新授户部员外西归》："长庆老郎唯我在，客曹故事望君传。"这里指仍存于世的老朽之身。

【译文】接到你的叠韵诗，然后第二次、第三次，好像春天的波浪遇到风，秋天的云朵飘过月亮，层层叠叠而趣味无穷。我当即珍重地将它们贴在壁上，并用熏笼护着，恐怕为它们遮尘的广陵碧纱也将因而沾光，从此价钱就要贵起来了，而随园的庭榭，也因而增辉，将终夜歌声不断。蒙你惠赠给我两种食物，怜惜我这只野鸟多少有点文章，所以送给我雌野鸡；知道我不是趋炎附势之人，所以赏赐给我冰梨。我当着使者的面从篮里倒出来，恭恭敬敬地拜受了。奈何我昨天偶然受了风寒，舌苔的颜色变得和山中苍苔的颜色一般，原本喜欢的酸咸味道，吃起来就像隔着十层皮甲，一点也不能辨别了。我正在建造散发着轩辕星光辉的药炉，喝苦口的汤药，这些美味的东西，却一点也不能吃，不得已只好分赏给照顾我的人，使大家都能享受到，并感受着先生的恩惠。但是我贪吃的本性还在，给别人吃了，反而生出些许怨恨，不埋怨自己没有口福，却转而恨起先生送给我东西的时间不早不晚，偏在我害病之后心里想吃、嘴却不能的时候，就好像明知道别人家死了人，却前去祝贺一样。于是又回想到二十年前，承蒙你荐我到高邮做官，但是部里没有批准，从此这老朽之身虽然仍存于世，但却再也没能升官。我这一生，经常虚受着别人的恩情，大多数都是这样的。“往者不可谏，来者犹可追。”还愿先生能帮助我改正错误。

五、答相国劝独宿

夫子惟其疾之忧，循循善诱，教以隔绝群花，单身独宿，且以“雏凤将鸣”之语宛转劝之，道“西收有日，东作休劳”。甚矣，先生之恩我也！甚矣，先生之迂我也！夫有子克家[①]，身后之事；非人不暖，病中之需。夫子身为相国，而急其所缓，缓其所急，虽则爱人以德[②]之心，殊乖燮理[③]阴阳之义。群雌粥粥[④]，觉“母也天只，不谅人只”，得毋有反唇而相稽者乎？且枚之居处不避群花，更有说焉。人惟与花相远，故闻香破戒者有之，逢花必折者有之。若夫邓尉[⑤]种梅之夫，洞庭栽橘之叟，终日见花如不见花者，何也？狎而玩之，故淡而忘之也。枚自幼以人为葹，迄今四十年矣，横陈嚼蜡，习惯自然。颜渊侍于孔子，自称“坐忘[⑥]”。若枚者，可称“卧忘”者也，愿夫子之勿虑也。

【注释】①克家：指能够继承家业。②爱人以德：按照道德标准去爱护和帮助他人。③燮理：协同治理。④粥粥：鸡相呼声。引申为众口嘈杂。⑤邓尉：山名。在今江苏省苏州市西南。汉代有邓尉曾隐居于此，故名。以产梅著称。⑥坐忘：指静坐时，物我两忘，与道冥合。

【译文】先生担心我的病情，一点一点地劝导我，叫我隔绝女色，自己一个人睡觉，并且拿儿子将要成年大有出息的话，婉转劝说我，说是收获已经指日可待，就不必再辛苦劳作了。先生对我真的是太好了！但先生也未免把我看得太迂了呀！儿子能够持家，那是我身后的事情；晚上睡觉没人作伴就不暖和，却是我当前病中就需要的。先生身为宰相，倘若把缓的当作要紧的，把要紧的当作缓的，虽然是出自你爱人的好心肠，但也与调和阴阳的道理相违背。像我这样，有许多女人照顾，却还觉得照顾得不够体贴完善，难道不会有人立刻站出来予以驳斥？况且我不隔绝女色，还有其他道理。只因为人和花疏远，所以有的人一嗅着花香就破了戒，有的人一看到花就必定要去采摘。倘若是邓尉山种梅的农夫，洞庭湖畔栽橘的老头，一天到晚看见花反倒像看不见花了，这是什么缘故呢？是因为时常接近、玩弄，所以反而对它们很淡然，就忘记了。我从小就要人陪伴，到现在已经四十年了，就算是玉体横陈于前，也味同嚼蜡，习惯成了自然。颜渊侍奉孔子，自称是“坐忘”。像我这样，可以称得上是“卧忘”了，所以请先生不要担忧。

六、答似村公子索食物

前上笋菹蜜饵[①]，是郎主之餐，非先生之馔。不谓公子食而甘之，竟作堂上秩膳[②]之献。不但孝子服养无方，使二亲尝其旨否，且代弟子束修自献，免嫌陆氏庄荒[③]，可谓一举而两善备焉。来书代传夫子之言，平章软脆，判别酸咸，油重则濡而不芳，糖多故腻而不爽。具见大君子一饮一食有诲人不倦之意。明知调羹之衣钵，难传粗粝[④]之腐儒，然从此燔黍捭豚[⑤]，小增学问。他日赵稚长能监厨请客[⑥]，未必非夫子循循善诱之功也。至于催将来之献芹[⑦]，为君子之属餍[⑧]，则羊枣菖蒲，未谙食性，还望公子于问安视膳[⑨]之余，探得老人所嗜，消息暗通，当别作羹汤，自夸手爪。羞惟所有，不若征惟所欲之为妙也。仆非新妇，兄恰小姑，故敢布其缕缕。

【注释】①笋菹（zū）：腌制的笋。菹，腌菜。蜜饵：用蜜和米面制成的糕饼。②秩膳：意为常备精美之食。③陆氏庄荒：唐李亢《独异志》卷下："唐崔群为相，清名甚重。元和中，自中书舍人知贡举。既罢，夫人李氏因暇日常劝其树庄田以为子孙之计。笑答曰：'余有三十所美庄良田遍天下，夫人复何忧？'夫人曰：'不闻君有此业。'群曰：'吾前岁放春榜三十人，岂非良田耶？'夫人曰：'若然者，君非陆相门生乎？然往年君掌文柄，使人约其子简礼，不令就春闱之试。如君以为良田，则陆氏一庄荒矣。’群惭而退，累日不食。”后世以“陆氏庄荒”为在科举考试中杜绝行私请托之典。④粗粝：糙米。泛指粗劣的食物。⑤燔黍捭豚：上古烹饪用具出现前对食物的简单加工情况。⑥赵稚长能监厨请客：典出《后汉书·祢衡传》：“……又问：‘荀文若（彧）、赵稚长云何？’衡曰：‘文若可借面吊丧，稚长可使监厨请客。’”祢衡为人自视甚高，非常喜欢贬损别人。有人问祢衡：“荀彧、赵稚长怎么样？”祢衡说：“荀彧可以凭借他的脸去吊丧，而赵稚长则可以凭借他的肚皮去监厨请客。”而实际情况是，荀彧是曹操的重要谋士，一表人材；赵稚长是当时的荡寇将军，饭量很大。⑦献芹：谦言自己赠品菲薄或建议浅陋。⑧属餍：饱足。⑨问安视膳：意思是每日必问安，每餐必在左。

【译文】前回寄去的笋菹、蜜饵，是给你送去的普通东西，不算珍馐，不值得你家长辈来吃。不料你吃了之后，觉得味道很好，竟献给你的父母亲吃。这不但是你孝顺双亲，使他们能品尝到好东西，还让我尽了孝敬先生的一片心意，免得受人批评，可以称得上是一举两得了。你来信代为传达先生的话，品评食物的软脆、咸酸，油太重了就绵软不香，糖多了就甜腻不爽口，可见大君子哪怕就是于吃喝中，也都会诲人不倦。我也明知先生于饮食之道的精妙理解，我这粗俗陈腐的读书人恐怕是难以习得的；但我从此对于烹饪之道，也多少可以增长一些学问，倘若日后举办宴会邀请宾客，我能做好一个监厨，未尝不是先生教导我的功劳啊！至于催我将来再多献些食物，请先生美美地吃一顿，只是先生究竟爱吃些什么，我并不清楚，还请你在问安、侍候吃饭的时候，替我观察了解一下，再私下告诉我，我好另外备些菜和汤，再来自夸献丑一番。我倒是什么都能做，都能献上，但最好还是知道他的嗜好有所针对更好一些。我虽然不是刚嫁入门的新媳妇，而你恰似知晓长辈食性的小姑，所以敢把这要求细细地说给你听。

七、答相国

风物凄紧，急景凋年[①]。江城之金印铜符[②]，齐被黄绁封裹[③]，一时官吏，是召公伴奂优游之日，非周公所其无逸之时。故人庄、魏、倪、许诸公，连日作消寒之会[④]，互斗羹汤。以枚为饮食之人，引为上客。且知枚天性不饮，故未入酒泉之郡，先登饭颗之山，一盏未交，而五浆先馈[⑤]。夫子知之，命各加品题，密为申报。伏思魏文帝《典论》云："一世长者知居处，三世长者知服食。"钱穆父[⑥]亦云："三世仕宦，才晓得着衣吃饭。"枚，窭[⑦]人子耳，腹如唐园，半是菜根充塞，虽有牛羊，未必遽能踏破，何足当谆谆见委之盛心哉？然傅说调羹之妙，衣钵难传；而易牙知味之称，古今同嗜。谨当持三寸不烂之舌，仔细平章，凡一切蒸凫炙鸮、鸭臛羊羹，必加去取之功，列长名之榜，为夫子琐屑具呈焉。明知鬻鱼非献替之术，何敢乞醯效忠；或者束修亦弟子之心，不妨借花献佛。想当日伏生[⑧]传经，不废《槀饫》一章，亦以酒食为先生馔计耶？

【注释】①急景凋年：意思是光阴急逝，年岁将尽。用以指岁暮。②金印：指旧时帝王或高级官员金质的印玺。铜符：铜制符节。③紬：同“绸”，这里指粗绸。封裹：指年终封藏印信，停办公事。④消寒会：旧俗入冬后，亲朋相聚，宴饮作乐，谓之“消寒会”。此俗唐代即有，也叫暖冬会。⑤五浆先馈：典出《庄子·列御寇》：“吾尝食于十浆，而五浆先馈。”十家卖浆的，有五家自己先送了过来。本指卖浆者争利，后用以比喻争相设宴款待。⑥钱穆父：钱勰（1034—1097），字穆父，吴越武肃王六世孙。其文雄深雅健，其诗清新遒丽。⑦窭（jù）：贫穷⑧伏生：名胜，字子贱，济南邹平人。自幼嗜古好学，博览群书，对《尚书》研读尤精，为儒学博士。公元前215年，秦始皇下令禁止民间私藏经书，伏生冒着被诛杀的危险，把《尚书》匿藏在壁中。秦末战乱，伏生流亡异乡。汉初天下平定，伏生回归故里，求其所藏《尚书》，发现仅剩28篇，经过抄录整理后，教授于齐鲁之间。汉文帝时，寻求能治《尚书》者，天下无有。后来听说伏生，遂下令召见，但伏生已年逾九十。汉文帝于是派遣晁错赶往邹平学习，由伏生女儿羲娥代传，后世称《今文尚书》。后人称，汉无伏生，则《尚书》不传，有《尚书》而无伏生，人亦不能知其义，历代学者称赞伏生为“尚书再造”。

【译文】风景凄凉，光阴迅速，转眼又至年底。江城衙门里的金印铜符，都用黄绸封裹起来，一时间做官的人，都到了闲散游乐的日子，倒也不是没一点事做的。庄、魏、倪、许等老朋友连日来举行消寒会，各人拿出菜和汤来一比高下。因为我擅长饮食，所以把我请去作为上客。他们知道我素来不喝酒，所以先叫我吃饭，我和他们酒杯都没有碰过，却受着极高的礼遇。先生知道后，就叫我把所吃过的那些菜和汤一道道都点评一下，悄悄报告上去。我暗自想着，从前魏文帝在《典论》上说:“一世的长者知道怎么住,三世的长者知道怎么吃。”钱勰也说:“三世为官,才晓得怎样穿衣吃饭。”我是穷人的儿子,园地一样硕大的肚子里面,一半填塞的都是菜根,虽有时吃些牛羊,也未必就能有多少,怎能承受你委托的盛意呢?然而,傅说调制羹汤的妙法,即使不容易传授得到,但易牙品尝味道的原理,古今倒是差不多的,不难办到。我会恭敬地用我的三寸不烂之舌,仔细辨别,凡一切蒸凫、炙鸹、鸭肉、羊羹,一定分别好坏,评定高下,写明之后一一报告给你。我也明明知道这些不值一提,哪敢用别人的东西来表示我的忠心,不过,无论多寡优劣,都是弟子的一片心意,倒也不妨借花献佛。想那从前伏生传经,不删去《藁饫》一篇,大概也是因为想到大人先生也是要喝酒吃饭的吧!

八、答相国

手谕:责人者重以周,责己者廉以约;束修之献,不许迟迟。枚闻命之下,汗出如浆,第所以徘徊而不敢献者,有二故焉。一则能近取譬[①],责人者,人必责之,鲍老登场,其郎当[②]未必不更甚于郭老,以故愿甘纤啬[③],知难而退。一则夫子居心行事,刻刻从宽,惟于论诗论味则谿刻[④]已甚。一吟咏耳,或摘其句中之累,或抉其字外之疵;一饮食耳,或嫌其失火齐[⑤]之功,或诋其少水泉之洁。就使安成名高,宏微制美,而往往卷俎而退者多，置虚命彻者少，訑訑[6]之声音颜色，拒人于千里之外。枚独何人，能无怖乎？不特此也，诸公厨下执爨之人，男子也，羹定后可以提挈而来。枚厨下治具之人，女子也，登鼎时不能束装而走。山中草舍抵列戟[7]军门，也须三十须臾，如炊五斗黍许矣，能无一里变臭，二里变色，三里变味乎？诗之不佳，一身失名；味之不佳，一家丧名。传有之曰："嗛嗛之食，不可狃也，不能为膏，而只离咎也。"故不敢献也。

【注释】①能近取譬：能就自身打比方。比喻能推己及人，替别人着想。②郎当：衣服宽大不称身。③纤啬：悭吝。④豁刻：苛刻。⑤火齐：火候。⑥訑訑：洋洋自得貌。⑦列戟：宫庙、官府及显贵之府第陈戟于门前，以为仪仗。

【译文】你的手谕说："责备他人的时候很苛刻，责备自己的时候反而很轻微；快点把束脩献上来，不许拖延。"我听了这话，汗如浆水一般流出来，但我之所以不敢快快献上，实在是有两个原因。其一，就拿身边事来比喻吧，我责备人家，人家也必定要责备我，这个上场来，未必就一定比另一个更厉害，所以我情愿承认自己是个吝啬的人，知难而退。其二，你居心行事，每一样无不宽厚，唯独对于评论诗文和菜品的味道十分挑剔苛刻。对于一首诗，或者指摘句子里面的毛病，或者说它意韵不佳；而对于饮食，或者嫌它火力不足，或者批评它味道有瑕疵。就算是厨艺再精、再用心地为你烹饪，你也常常只吃了一点就完事，大多又退了下去。极度嫌弃不满意的声色，简直要拒人于千里之外。我袁枚不过是个什么人啊，怎么可能不畏惧呢？不单单是这些，你们家里负责做饭的厨师，都是男子，煮好了饭菜后可以提来。我的厨房里负责烹饪的人，是女子，做好饭菜后不能快步送来。况且我住在山中的茅屋，到你的衙门，路途很远，把做好的饭菜送过去，差不多都够煮好五斗米的饭了，哪里还能保证不会一里变臭，两里变色，三里变味？诗写得不好，不过是一个人丢了名声；菜肴做得不好，一家人一起丢了名声。《国语》上说：“一点点食禄，不值得贪图，不能当成肥肉，否则只会遭遇灾祸。”所以我不敢献上来。

九、答相国

书来敦逼再三，又命群公子环橄而嬲[①]之，枚虽为石人，亦不得不拾颜渊之尘，煮魏昭之粥矣。昨漏下二鼓，聚家人而谋焉，佥[②]以为夫子饱大官之馔，饫天厨之珍，凡尧葱舜韭，禹粮汤烹，酒号三辰，脯名千里者，何一不属餍于相公之腹？一旦种菜野人想出奇制胜，不亦难乎？然枚独气粗胆壮而奋然治具者，恰别有说焉。每见大富贵人堂上悬画一幅，制行乐一图[③]，往往不画玉几金床而反画白苹红蓼、竹杖芒鞋者，何哉？盖味浓则厌，趣淡反佳故耳。枚今所献，亦仿此意而为之，如平日诗文，自出机杼[④]，不屑寄人篱下。伊川先生[⑤]云：“凡事必求一是处。”况束修古礼，不敢以苟且将之。以故别之欲其真也，洌之欲其清也，调而尝之欲其臭香而引津也，幂[⑥]而急驰之，封碧磁之口，欲其旨蓄[⑦]而气不上升也，自以为弟子之于味也，尽心焉耳矣。且饮食之道，不可以随众，尤不可以务名。尝谓燕窝海参，虚名之士也，盗他味以为己味；鸡鸭鱼豚，豪杰之材也，卓然有自立之味，各成一家，且如广大教主，往往以阴德济人而已不居其功。枚所献有鸡豚，无海菜，故又作《解嘲》之说自文其陋，唯夫子哂之。再有请者，陆氏庄荒三十年，一旦偶有萌芽，倘樵者又从而践踏之，则从此寸草不生矣。诚恐所献之味有不中于口者，还求夫子隐恶而扬善，勿宣布于众人为幸。

【注释】①嬲：纠缠。②佥：都。③行乐图：意思是作游玩消遣状的人像图画，或指肖像画。④自出机杼：比喻诗文构思新颖独特，有创造性。⑤伊川先生（1033—1107）：即程颐，字正叔，世居中山，后徙河南洛阳，世称伊川先生，北宋理学家、教育家。与其兄程颢同学于周敦颐，共创“洛学”，奠定了理学基础，世称“二程”。⑥幂：指遮盖东西的巾。⑦旨蓄：指贮藏的美好食品。

【译文】你三番两次地来信敦促我，又叫众位公子不停地寄信来纠缠我；我虽是个硬心肠的人，也不能不弄一点东西煮给你吃了。昨夜二更时候，我把一家人聚集起来商议，都以为你享受着大官的俸禄，吃着珍贵的饭食；大凡是有些名气的美味佳肴，哪一样没有被你饱餐过？像我这样以种菜为生的乡野之人，想要出奇制胜，不就难了吗？但我之所以还是鼓起勇气，敢于张罗准备起来，也是有缘故的。每每看见大富贵人家，堂上挂着一幅行乐图，往往不画玉几金床，反而画些白苹、红蓼、竹杖、芒鞋，这是什么原因呢？因为味道太浓就会使人讨厌，趣味稍淡反而更好一些。我今天献给你的食物，也是参照这些道理而做出来的，就像我平日里做的诗文，自出心杼，不屑于寄人篱下。伊川先生说："凡事必求一是处。"况且学生献给先生的束脩，绝对不敢随随便便地将就。所以特别地用心对待，要使菜肴的味道真，汤水清，调好味道之后品尝起来要使它的气味香而惹人流口水，密封后派人送去，之所以把瓷器口密封，是想把它的味道都藏在里面，气味不会散失。我自以为对于食物的滋味也算得尽心尽力了。况且饮食之道，不可以跟随大流，尤其不可以讲求虚名。我以前说过，燕窝、海参就是徒有虚名的士子，需要借助其他东西的味道来成为自己的味道；鸡、鸭、鱼、猪是堪称豪杰的人才，卓然而有自己独立的味道，每一样都自成一家的，而且用途很广，常常可以悄悄地增加其他菜蔬的滋味，自己却一点也不居功。我这回献给你的，只有鸡肉和猪肉，没有海味，所以又说出这种辩解的话来掩饰缺点，请先生一笑了之。还有一件事想要请求你：陆氏庄已经荒闲三十年了，一旦有消息传出，有人往来，砍柴的再跟着来践踏一番，只怕从此就要寸草不生了。我生怕献给你的食物有不合口味的，恳求你能够隐恶扬善，不要告诉其他人才好。

一〇、答相国

自献食后，枚皇皇然如秀才望榜，举家霍霍然如失鹰师，不知能以壶[①]中隽否。忽而一朵仙云，从天飞下，所以夸之者善善从长[②]，不啻若自其口出，遂使东厢侧耳者，皆欣欣然有喜色而相告。主妇贺于堂前，厨娘舞于灶下，枚亦喜心翻倒，较当时之登蕊榜[③]，上玉堂，尤有荣焉。其果侊饭之不及壶飧耶？抑故诱之而使至于道耶？正怀疑间，又捧到荷囊四枚，方知赏有实征则誉非虚语。然枚窃有感焉。元旦日，枚贺新喜，蒙夫人赐两荷囊，色颇黯淡。今赐来者，灿若云霞，且以四为节，似知有入手攕攕[④]而暗为之点名给赏者。若果如是，是三晋之大夫，不如邹鲁之仆妾也。夫子过矣，夫人亦过矣。然仔细思之，元旦之赐不过怜垂老之门生，聊以偿其屈膝；此番之赐乃以奖有功之少女，兼可策其将来。夫人之“德懋懋官，功懋懋赏”[⑤]，洵足以佐夫子平章天下、成就人才之美。谨诵《尚书》一章，三肃使者而退。

【注释】①壶：本义指一种装盛液体的大肚容器，古时主要用于盛水、盛酒等。后引申指古代宴饮宾客时娱乐的器具、古代滴水计时的器具等。②善善从长：本意为褒扬美德，源远流长。后用以比喻吸取他人的长处。③蕊榜：指科举考试中揭晓名第的榜示。④攕（xiān）：手纤细的样子。⑤德懋懋官，功懋懋赏：出自《尚书·商书·仲虺之诰》。意思是，德行高尚的授以高官，功劳大的给你丰厚的奖赏。

【译文】自从给你献上食物之后，我惶恐得就像秀才望榜一般，一家人也是焦急得好似丢了什么重要的东西一样，不知道献上的食物是否合你的胃口。你的信件忽然犹如一朵仙云，从九天之外飞下，信中对所献食物大加赞赏，就像是听到你亲口称赞一样，我于是告之家人，他们听了都非常高兴。主妇在堂前恭贺，厨娘在灶前跳舞，我也高兴得心花怒放，比起从前中进士，点翰林，都还要脸上有光。当真是你的精美盛宴不及我这粗粝饭食吗？还是故意褒奖他们，使他们有信心，从此更加刻苦于厨艺呢？正在怀疑的时候，又收到你送来的四个荷包，才知道既然有实物赏赐，那么之前的赞誉也一定不是礼节性的套话。但我心里暗暗有些感叹。元旦那天，我到府上恭贺新年，承蒙夫人赐给我两个荷包，颜色颇为黯淡。现今赐下的，颜色却亮丽若云霞一般，并且有四个之多，好像预先知道它们将要送到纤纤素手中，并且连有几人，也都替她们准备好了。如果真是这样，那我堂堂一个丈夫，反倒不及妇女们了。先生做得不对啊，夫人也做得不对啊。但我再仔细一想，元旦那天的赏赐，不过是怜惜我这个垂垂老矣的门生，补偿我拜跪一番的劳苦；而这回的赏赐，却是奖励给有功的少女，并且鞭策鼓励她们的将来。夫人的“德懋懋官，功懋懋赏”，真可以辅佐先生你治国平天下、成就许多人才的美事。我恭敬地诵读《尚书》一章，对先生你派来的使者作了三个揖，谨表谢意。

一一、答相国

蒙赐风肉[①]一盘，古人所谓“千里脯”，注疏中所谓“凉州乌翅”者是也，公食大夫礼中最为珍贵。夫子频频颁来，且云以劳有功者，枚闻之瞿然。夫妇人惟酒食是议，惟刀匕是供，固其职也。夫子一赏之不足，又屡赏之，似若褒其前功而策其后效者。不知养由基之矢，百发百中，尚有弓拨矢勾之时，况灶下婢乎？且人之学问，惟有所歉然也而后知不足，知不足也而后能大有功。枚于厨娘，亦以此术待之，故能摩厉以须[2]，时亦弋获。今不料夫子褒之又奇赏之，窃恐此辈将来以为两朝元老尚且贬少褒多，则主人平日之断断[3]督过者，殆不足为定评，而从此放手调羹，不复婆娑相料理矣。嗣后如山人有献食之事，求夫子且勿扬之而先抑之，幸甚。

【注释】①风肉：经过腌渍、洗晒、晾挂而制成的一种咸肉。②摩厉以须：意思是磨好刀子等待。比喻做好准备，等待时机。③断断：争辩貌。

【译文】蒙你赐给我一盘风肉，古人所说的“千里脯”，注疏中所说的“凉州乌翅”就是它了，在诸侯请大夫吃饭的礼仪当中，就属它最为珍贵。先生你常常赏赐给我，还说是奖励有功之人，我听了大是惊讶。妇人们本来就是以管理饮食作为她们本职的，这不算什么。你赏了一次嫌不够，又连赏了好几次，好似奖励她们之前的功劳，同时也勉励她们以后多做美食。岂不知养由基射箭，虽说是百发百中，但也有射偏的时候，更不要说这些灶下的婢仆了。何况人的学问，也是只有挫败之后才知道不足，知道不足之后才能够进步。我对待那些厨娘，也是用的这种方法，所以能够每时每刻都在锻炼她们的厨艺，从而屡屡有所斩获。如今，想不到你对她们称赞过了之后，又以奇物赏赐，我担心她们此后自以为连你这样做过两朝元老的尚且对她们表扬的多、批评的少，那我这个做主人的平日里的那些谆谆教诲，只怕入不了她们的耳了，从此便随意烹煮，不肯再细致用心地去做料理了。以后我再有东西献给你吃，只求先生你暂且不要称赞，而是先批评贬低一番，这样就最好了。

一二、与帅璞山刺史

枚客岁仲夏，挈家入山，以母老故，戢影①山庐。高轩过白下，芳讯迥然，虽相思之忧，寸阴若岁，而萱苏②之寄，缺然未来，此赵元叔所谓“实望仁兄，昭其悬迟”者也。三月间，有潘生者来山中，素无抚尘之好③，更无贽腒之义④，始投以书，继以诗，读之虽未尽合乎古之立言者，要为有志士也。出见问所欲，曰来南都访其戚某，将我求童蒙，冀束修一脡⑤耳。今戚某不知所之，势甚窘，故急而相投。问其地，曰广德州秀才也。枚始而色然骇，继而欣然慰。骇者骇南都之为师者，在谷满谷，在坑满坑⑥，无可推毂⑦也；喜者喜明公之刺其州，其雅望渊鉴⑧，足以有造于生也。昔许子将掖⑨虞永贤于牧竖，擢郭子瑜于鞍马，陆敬舆收昌黎，则王础为之关说。今枚之贤不如王础，生之穷亦未至于牧竖鞍马，然明公之为许子将、陆敬舆者，固俨然在矣。夫安游士于故土，教诲之以励风俗，有司之事也；举所知以成文翁之化[⑩]，朋友之道也。凡所称引，俱公所知，而必有云者，欲公之重笃斯义也。

【注释】①戢影：即隐匿踪迹。②萱苏：即萱草，借指忘忧草。③抚尘之好：指幼年的好朋友。抚尘，是一种少儿游戏，堆垒拍打尘土。④贽腒（zhì jū）：《谷梁传》："男子之贽，羔雁雉腒。"贽，初次拜见长辈所送的礼物。腒，腌后晾干的鸟肉。⑤脡（tǐng）：长条的干肉。⑥在谷满谷，在坑满坑：出自《庄子·天运》。此处形容人物众多。⑦推轂：荐举，援引。⑧雅望：清高的名望，正人所瞩望。渊鉴：洞察，明察。⑨将掖：奖励提拔。⑩文翁之化：文翁（公元前187—前110），名党，字仲翁，公学始祖，西汉舒县（今安徽省庐江县）人，西汉循吏。汉景帝末年，文翁出任蜀郡太守。他推崇仁政，重教化，看到蜀地因为偏远，民风鄙陋，决心加以诱导。于是，从郡县中挑选聪明能干的青年官吏，亲自对他们培养训练，然后保送到去学习深造。学成以后，回到郡中都加以重用。同时，文翁还在成都兴建官办学校，给当地培养了许多人材，注重在实践中锻炼这些人的从政才干。经过不懈的努力，蜀地的民风教化大为改善。汉武帝时，朝廷下令让全国各郡都设立学校，就是由文翁开启的先河。后世以此典来称颂地方官吏办学教化、治理有方。

【译文】我去年夏天，携带家眷搬到山里来住，因为母亲年老，就在这山庐里隐居。你路过江宁，我却一点不知道你的消息，虽然我时刻都在想念你，短短光阴都像是过了一年一样，但你的信件仍然没有寄来，这正像是赵元叔盼望他的友人去宽慰他的思念一样殷切。三月里的时候，有个姓潘的人到山中来，我与他素不相识，而他先是送信给我，后来又送上诗来，我读了觉得他虽然不完全像古时立言的人，但终究也算是个有志的读书人。我出去问他有什么事，他说是到南都来探访他的亲戚，想教亲戚家孩子读书，赚一点束脩。现在他找不到亲戚，一切都毫无头绪，不知如何是好，情急之下所以来这里找我。我又问他是什么地方人，说是广德州的秀才。起初，我震惊得脸色都变了，继而却感到高兴。震惊的是南都地方的长者很多，竟然没有一个人推荐他，助他一臂之力；高兴的是你在本州作刺史，以你崇高的声望和渊博的识见，足够成全他有一番作为。从前，许子将推荐从事低贱职业的虞永贤和郭子瑜，又有陆敬舆因为王础代为说情而收留提拔韩愈。现如今我的德行不及王础，姓潘的也没有贫贱到虞永贤和郭子瑜的地步，但是明公你可以做那许子将和陆敬舆，却是毫无疑问的。使流浪的读书人能够安适地在故乡生活，教诲他们以激励风俗，这是为官者应做的事情；推举所知道的人，以促进一方的治理与教化，这也是身为朋友义不容辞的事情。我所征引的这些事例，都是你所知道的，但还是一定要讲出来，无非是想要你更看重此事罢了。

一三、与洪洞令陶西圃

河水东流而君西上，且闻新选花封[①]，可以问阳侯[②]之国，访虒祁之宫[3]，登姑射之山[4]，饮襄陵[5]之酒。乐哉乐哉，班生此行无异登仙矣。昔郁林王指阿堵曰："我昔日思汝一个不得，今日得用汝不？"足下半生贫苦，衣不掩骭[6]，而一旦处脂膏之地，百万一紫标，千万一黄标，得毋手把牢盆[7]，不知颠倒乎？又闻年嫂夫人业已委化[8]，宫弦绝矣，则么弦续张，我家阿昭，公然有敌体[9]之意，所谓哀姜薨而成风正，出姜去而敬嬴尊，《春秋》之义也。弟绿珠[10]之车虽去，而一斛之价未来，足下在家慈前颇有诘责。公余之暇，宜取怀中记事珠[11]略加摸索，宁饮水而瘦，毋食言而肥[12]也。

【注释】①花封：晋人潘岳为河阳令时，在县境内遍植桃李，有"河阳一县花"之称。后用以称赞县令的典故。②阳侯：古代传说中的波涛之神。③虒祁之宫：虒祁宫是春秋时期晋国国君晋平公建造的一座宫殿，是晋国三大宫殿（虒祁宫、铜鞮宫、灵公台）之一。虒，是古代传说中似虎而带角之兽，水路两栖；虎已是兽中之王，虎而带角，可见虒比虎还要凶猛。祁，是大的意思。④姑射（gū yè）山：在山西省临汾县西，即古石孔山，九孔相通。⑤襄陵：在今山西省临汾市襄汾县内。⑥骭（gàn）：指肋骨或小腿骨。⑦牢盆：煮盐器具。借指盐政或盐业。⑧委化：随任自然的变化。后引申为死的婉称。⑨敌体：彼此地位相等，无上下尊卑之分。⑩绿珠（？—300年）：西晋石崇的宠妾，中国历史上著名美女之一。⑪记事珠：传说中能帮助记忆的珠子。⑫食言而肥：指不守信用，只图自己占便宜。

【译文】河水向东流而你却往西去，并且听说你新近做了知县，可以去访问阳侯之国，观赏虒祁之宫，踏足姑射之山，畅饮襄陵之酒。快乐啊，真是快乐啊！你这一趟，真是不异于登仙了！从前郁林王指着金钱说道：“我之前想要你的时候，一个也得不到，现在还需要你吗？”你贫苦了半辈子，衣不蔽体，忽有一日来到一块肥腴的地方，百万钱一封，千万钱一封，还不知道你高兴得手能不能拿稳饭碗，别是拿颠倒了都不知道啊。又听说嫂夫人已经去世，正妻去世，当然是该把二夫人扶正，我家的阿昭，肯定是应该升上去的。正所谓“哀姜薨而成风正，出姜去则敬嬴尊”。这是《春秋》里面所奉行的。但是阿昭都已经到了你那里，你的钱却还没有送来，这可是你在我母亲面前应允过的。你公事之外若有闲暇，应该拿出你怀中的记事珠摸索一下，哪怕囊中羞涩，也宁愿喝水而瘦，不要食言而肥啊！

一四、再与西圃

使者来，接手书及朱提一流[1]，知昭姑已作阿摩敦[2]矣。郎君又与如来同诞，定自不凡。“康公，我之所自出”[3]，异日头角峥嵘，老夫当以此语谑之。足下以瘦人而居肥地，仆谓人当因地而肥，不谓地反因人而瘦。革陋规自佳，然亦不宜太骤，有近名之心。昔谢方明[4]承代前人，不易其政，有应改者，必移之以渐，使无迹可寻。士君子居家在廉让之间，行己在清浊之际。陶靖节[5]为君家第一流人物，其言曰：“聊欲弦歌[6]，以为三径之资。”是黑海之余资，未必非青山之退步，愿少为留意。仆已挈家入山，随园构草屋数间，畜五母之鸡，二母之彘，采山钓水，息影蓬庐，从此永赋《遂初[7]》，虽韩、白按剑于前，苏、张巧说于后，必不出雷池半步矣。昔元微之[8]以州宅夸于乐天，仆则以山房傲于西圃。故人交好，情在于斯。

【注释】①朱提：山名。在今云南省昭通市境。盛产白银，世称朱提银。后用作银的代称。一流：银币的一种单位。②摩敦：鲜卑语“母亲”的译音。③康公，我之所自出：出自《左传·成公十三年》。意思是，秦康公是我晋国王室的外甥。④谢方明（380—426）：陈郡阳夏（今河南太康）人，东晋末年及南朝宋初年官员，东晋太保谢安六弟永嘉太守谢铁孙。在南朝宋官至丹阳尹。⑤陶靖节（约365—427）：即陶渊明，名潜，字元亮，别号五柳先生，卒后私谥靖节，世称靖节先生。东晋末到刘宋初杰出的诗人、辞赋家、散文家。被誉为“隐逸诗人之宗”“田园诗派之鼻祖”。是江西首位文学巨匠。⑥弦歌：指出任邑令。⑦遂初：遂其初愿。谓去官隐居。⑧元微之（779—831）：即元稹，字微之。唐朝大臣、文学家。北魏宗室鲜卑拓跋部后裔。他与白居易同科及第，结为终生诗友，同倡新乐府运动，共创“元和体”，世称“元白”。

【译文】信使来到，我接到你的信件和八两银子，知道昭姑已经被扶正，做了母亲了。令郎又与如来是同一天生日，定然不是一般的人。“这是我家的外甥”，等他将来出人头地之后，我就可以拿这个和他开玩笑。你是个瘦人，却住在肥腴的地方，我本以为你会跟着地方肥胖起来，不料却是地方反因为人而瘦了下去。革除陋规，固然是没有错的，但也不宜太着急，给人感觉就像是为了博取声名一样。从前谢方明做官，他继承前人的规矩，不改变前人的政策，就算是有应该改变的，也一定是慢慢地去改变，改变得不着痕迹。士君子立身处世，应当廉洁谦让，不管世道如何，都进退有据。陶渊明是你们陶家的第一流人物，他说："出去做官弄几个钱，将来好做家居的用度。"所以，做官时赚几个钱，未必不是为以后隐居预先做打算，请你略微留意。我已经带了家眷搬进山里，在随园建造了几间茅草屋，养了五只母鸡，两只母猪，在山上采果实，在河里钓鱼，隐居在草舍里，从此永远不愿再出去做官，虽然前面有韩信、白起拿着剑来恐吓我，后面有苏秦、张仪用巧言来游说我，我也决不再出这草舍了。从前元微之拿州宅在白乐天面前夸耀，我现在也拿我这山房来你面前自傲。老朋友的交情好，就都在这里了。

一五、与胡书巢妹丈

川中李姓者来，接札知摄篆[①]简州。上官知其才，黔首[②]乐其政，吾道大行，效已可睹，乃谆谆问途于老马。仆如天宝梨园，退闲已久，一切《骁壶》[③]伴侣，都已羽换宫移。闭门造车，不能出而合辙，古之训也。况崔郾因地而宽严，徐邈随时为通介。道若转圜，不容墨守。仆何能以破烂惠文冠，赞足下新硎[④]之政哉？但愿守吕文穆[⑤]忍辱耐烦之语，行张乖崖[⑥]洁己忧民之政。谅所已能也，不敢不告也。寄信人李某，乃撅竖小人耳，将所托寄金全行干没⑦，竟以一纸空函作殷浩之投。仆与香亭气如结轖⑧，观其结舌支离，蓝衫破碎，任圜是何虫豸，而足下乃望其以四百金谋人骨肉，岂君子可欺以其方耶？香亭家困穷已极，大妹望断藁砧⑨，有盘中一曲、万首回文之意。譬如赤地⑩三年，偶得慈云一片，而又被毒龙吸去，命也何如？仆虽有资助，奈山居已久，分润无多，所谓马负千钧，蚁驮一粒，亦各尽其力之所能到而已。一笑。

【注释】①摄篆：指代理官职，掌其印信。因印信刻以篆文，故名。②黔首：黎民、老百姓。③骁壶：指投壶游戏中矢从壶中跃出。它又是南朝《清乐》曲名。④硎（xíng）：磨刀石。⑤吕文穆（944—1011）：即吕蒙正，北宋初年宰相，谥号文穆。为人宽厚正直，对上敢言，对下宽容。⑥张乖崖（946—1015）：即张咏，字复之，号乖崖，北宋太宗、真宗两朝名臣，尤其以治理蜀地著称。⑦干没：暗中吞没他人的财物。⑧结轖（sè）：将轖连结起来。比喻心中郁结不畅。轖，用皮革缠叠而成的车旁障蔽物。⑨藁砧：这里是妇女称丈夫的隐语。⑩赤地：指旱灾、虫灾后，地面寸草不生。

【译文】川中有个姓李的来，接到你的信，才知道你最近代理着简州的政务。上官赏识你的才能，百姓高兴你的施政，我们的主张与理念完全实现，证明可行，成绩已经可以看到了，而你仍然再三地向识途老马问路。怎奈我宛如天宝年间的梨园子弟，离职已久，不但物已换，事也都变了。“关起门来造车子，出门后就不能与道路相契合”，这是古时候就传下来的教训。况且崔鄢因为地域的不同，施政时宽时严；徐邈因为时间的不同，为人有时随俗有时不随俗。一切都应因时因地而作相应的调整，不能墨守陈规。我又怎能以一些过时的经验，对足下锐气十足的新政品头论足呢？但愿你牢记着吕文穆忍辱耐烦的话语，实行张乖崖洁己忧民的政事。料来你也是早已这样做的，然而我却不能不说。送信来的这个姓李的，是一个臭美的小人，把你托他寄来的钱款，全部侵吞了，竟以一张空纸，学殷浩投桓温空函。我与香亭是心肺之交，看他衰残体弱，衣衫褴褛，任圜是什么东西，而足下希望他以四百金谋人家的至亲骨肉，难道可以因为他忠厚老实就可以欺骗吗？香亭家里近来已经非常困穷，大妹日夜盼着丈夫回来，简直都要望穿秋水了。好比干旱了三年，偶然得到一片仁慈的云彩，却又被毒龙一口给吸了去，这命运是何等地可悲可叹！我虽然也给了些资助，奈何在山里住久了，手头也并不宽裕，正所谓马能够背千钧，蚂蚁只能驮一粒，这也算是各尽其力了。一笑！

一六、与胡书巢妹丈

枚去秋病痁，命不绝如缕。妹舟过时，张目强视，语昏昏不复省记。有书奉讯起居，竟不知书中作何谰语[①]。今年蜀使来赍金帛，走古杭，又走寿春，枚俱懵焉。最后才得手书，并说三巴风土，上官以君为拨烦[②]吏，接席倾衿[③]，争先睹之为快。想青莲之《蜀道难》，将化为陆畅之《蜀道易》耶？蹔饮冰蘖[④]，故自儒者所耐，为可喜也。香亭家借河海之润，感何可言！但世母于作家道理，天性限之，沟浍之盈，涸可立待，谅智者所深知也，亦仁人所深念也。枚前因赴选故，不获视先君含殓[5]，时时抱恨终天。今母老矣，白云亲舍，言之黯然。故出具文书，告请终养，而今而后，吾知免夫。《循吏》《儒林》，请各努力。

【注释】①谰语：即妄语，没有根据的话。②拨烦：处理繁忙的政务。③接席：坐席相接，多形容亲近。倾衿：推诚相待。④蘖饮冰蘖：谓生活清苦，为人清白。亦作“饮冰食蘖”。⑤含殓：古时将珠宝放于死者口中含之入棺，后以此泛称入殓。

【译文】我去年秋天患病，命悬一线，好不容易才活了下来。妹妹乘船路过时，我勉强睁开了眼睛，头昏沉沉的，说的话也记不得了。我曾写过一封信问候你，也不知道信里胡言乱语写了什么。今年你从蜀地派来的使者带着金银绸缎来，经过古杭，经过寿春，我都一点不知晓。最后才接到你的亲笔信件，一并说起四川的风土人情，上司说你是个有能力的官，与你交好，大家争先一睹你的容颜。想来恐怕李白的《蜀道难》，到你那里就成了陆畅的《蜀道易》了吧？暂时做个刺史，这自然是读书人的能力所能胜任的，我认为这事是值得高兴的。香亭家里蒙你借钱给他们，如此恩情，他们是何等地感激！但是香亭的母亲为了治家不得不花钱，这是没办法的事，他们的钱很快就会用完，就像小水沟里即使暂时充满了水，也不一会儿就干涸了，料来智者是深知会发生这种情况的，而仁者也是经常在念想这种情况。我前次因为赴选，没能目睹我的父亲入殓，时常引以为恨事。如今母亲老了，若我再远离她，说起来更是令人伤心！因此我写好了公文，请求辞去官职，回到家里奉养母亲，从此以后，我心里就没有遗憾了。你在做官，我在山野，大家以后各自努力！

一七、与卢雅雨转运

先生借省会之余闲，访野人于物外，一林梅萼，半榻茶烟，想别后犹殷然在念也。伏念风雅一席，主之者有人。本朝新城司寇[①]之遗风，六七十年来为《广陵散》矣。先生以硕德峻望，起而继之，又掌财赋之均输[②]，居东南之胜地，宜海内文士归之者如晨风之郁北林，龙鱼之趋薮泽也。先生玉秤在心，因材而笃，虽汲汲顾影[③]，劳不可支，每谈及斯文，便眉舞色飞而不能自已，此殆天之默相其精神以扶持大雅耶？陈生古愚，因受知于先生而有其室家，因有其室家而转增食口。良医治人，原不能十全为上也，然恩始恩终，大君子必无厌色。喜渠食指[④]无多，桶中之妻，尚易畜养。古语云："赈饥不期于鼎食[⑤]，拯溺无待于规行。"兹来晋谒，祈进之前席而洗其寒酸，幸甚！

【注释】①新城司寇：即王渔洋（1634—1711），曾任国子监祭酒、刑部尚书，被誉为清初诗坛领袖、一代诗宗。著有《带经堂集》《池北偶谈》等。②均输：汉武帝实行的一项经济措施。在大司农属下置均输令、丞，统一征收、买卖和运输货物。③汲汲：形容心情急切，努力追求。顾影：有自矜、自负之意。④食指：指家中人口。⑤鼎食：列鼎而食，吃饭时排列很多鼎，形容富贵人家豪华奢侈的生活。

【译文】先生趁着省会没有事的时候，来看望我这乡野之人，一林子的梅花，半床榻的茶烟，想来在分别以后，你还时刻在想念着这些吧？我暗暗想着，那些风雅的事情，一定得要有主持的人。像本朝王渔洋的遗风，六七十年来，就如《广陵散》一般，几乎已成绝响。先生有很高的德行，很高的声望，起来继承他的风骨，又掌管财赋运输的事情，居住在位于东南的好地方，海内的文人，肯定会自然而然地纷纷依附到你的麾下，就像晨风聚向密林，龙鱼游向湖海一般。先生胸中自有公断，因材而教，平日间虽是非常忙碌，劳累不堪，但每每一谈到文章，便眉飞色舞，滔滔不绝，这难道不是上天在默默地助你增长精神，让你扶助大雅之人吗？书生陈古愚，因为受你赏识而能成家，又因成家添了人丁，也加重了负担。良医治人，确实是不能够把十全十美地治好人作为目标，然而恩情有始有终，大君子也不会对此有丝毫厌烦的。好在他家里人丁不多，只有一个妻子，也还容易养活。古人云："赈济饥饿的人，不能期待用鼎煮饭；拯救溺水的人，不能按规矩行走。"现在他来拜见你，希望你能好好接待，想办法助他脱离穷困，那就再好不过了！

一八、戏招李晴江

旧雨[1]不来，杏花将去。仆此时酒价与武库争先，足下来车亦须与东风争速。不然则残红满地，石大夫虽来，已在绿珠坠楼之后，徒惹神伤。送行诗呈上，所以多用小注者，恐百世后少陵与孔巢父交情，费注杜者几许精神，终未了了故耳。足下去矣，所手植借园花木，交与何人？何不尽付山中，当作托孤之计？赠花如赠妾，不妨留与他人乐少年也。如不见信，可使歌者何戡与花俱留，他年仆则曰“璧犹是也，而马齿加长”，兄则曰“树犹如此，人何以堪”，岂非一时之佳话哉？合肥可有诗人否？可将鄙作带往，教令和成，归而镌板[2]，压之行李担中，较羊肉千斤、肥羊百只轻重何如？

【注释】①旧雨：老友的代称。②镌板：即雕板印刷。

【译文】老朋友还没有到来，那杏花却要谢了。我这里酒价疯涨，而积蓄无多，你驶来的车子要比东风更快才行。不然的话，残红满地，纵然你来了，我也拿不出酒来款待你了。送行诗献上，我之所以用了不少小注，是害怕隔了几百年以后，后人不知道我跟你的交情，不但要耗费注释者的许多精神，即使如此也依然不能讲解得十分明白。你离去后，你亲手所种的花木，交给何人照管？你何不把它们一起交给我，好比是托孤一样的打算？赠花和赠妾一样，都是不妨留给他人快活一下。你如若不信，可以叫歌者何戡和花一起留在我这里，将来我可以说“壁还是这样，而马的牙齿增加了”，而你也可以说“树都这样长这么大了，人就更不必说了”，这岂不就成一时的佳话了吗？合肥有诗人没有？可以把我的诗稿带去，叫他们唱和，回来后刻成印板，压在行李担里，和那羊肉千斤、肥羊百只相比，不知道是哪个轻哪个重呢？

一九、与朱草衣

昨日红杏一株，白头三老，酌山家之瓦缶，作铜狄[①]之摩娑。王晞所谓“卿辈即留连之一物，岂独鱼鸟而已”，旨哉斯言！第飞蓬随风，微子[②]所叹，转眼陈迹，少陵所悲。古人南皮之游[③]，曲水之宴[④]，千年于兹流风[⑤]未泯者，岂非仗文人之笔使之传留哉？先生诗中雄伯，宜赋短章，以荣斯举。瓶罄而钵韵初鸣，峰青而曲声尚在，斯乃高人之雅怀，燕游之逸轨也。所云洲事，殊是下情所愿，望即讯明颠末，俟苍头[⑥]来淮，便可以彼易此。昔李衡树甘橘于龙阳，今袁子植芦花于江上，隔世效颦，允堪齿冷。倘得落叶添薪，免仰首于古槐之下，则王猛资粮，直是君炊之而君爨之，感何可言！女公子何日来园？当此柳花如雪，使平阳弱息[⑦]，樊素姬人，想杀谢家风范，两颈为劳矣，如何姗姗其来迟耶?

【注释】①铜狄:铜铸之人。即“铜人”,亦称“金人”。古多铸以置于宫庙间,或铭文其上。此处借指谈论往事。②微子:子姓,宋氏,名启,后世称微子、微子启等。宋国开国国君,微子是商王帝乙的长子、商纣王帝辛的长兄。③南皮之游:汉末,魏文帝曹丕还是五官中郎将时,他与友人吴质等在南皮县宴饮玩乐,后来曹丕在文章里多次提及。④曲水之宴:曲水宴由来已久,以东晋王羲之《兰亭序》所记最为有名。⑤流风:指前代流传下来的风尚。⑥苍头:这里指奴仆。⑦弱息:幼弱的子女。有时专指女儿。

【译文】昨天一个窈窕少女,三位白头老翁,一边喝酒,一边闲谈。王晞所说的“你们本身就是一件令人留连的好玩的东西,岂是只有鱼鸟这样”,这话说得真是太对了!但是飞蓬随风飘散,是微子所叹息的;一片繁华转眼成为陈迹,是杜甫所悲哀的。古人的南皮之游,以及曲水之宴,数千年来,至今还为人津津乐道,不就是靠了文人的笔才使它们得以流传下来吗?你是做诗的能手,也应该做几个短篇,来记述这一次的盛会。喝完酒,酒瓶中余韵犹在,山峰已经远去,而曲声还在,这真是高人的高雅情怀,宴游的浪漫事情。你所说的洲事,我实在是盼望得很,请你把一切问清楚了,等仆人来准时,就可以调换。从前有李衡在龙阳种橘树的雅事,如今我在江上种芦花,隔着年代来东施效颦,实在是够让人耻笑的!倘能得些落叶做柴火,免得在槐树下翘首以待,那么真算是帮了我的大忙了,我的心里是如何感激啊!你家的女公子何日到随园来?在这柳絮如雪一般飘扬的时候,害得我家中的幼女小妾,都十分想念你家女公子的风度，项颈都望酸了，怎么会这般姗姗来迟呢？

二〇、与岳水轩

蒙念仆无子，荐常州董生来为仆修灶。仆拒而不见，非不感情也，恐为灶所笑故也。灶为五祀[①]之一，理宜致祭，然以床笫之事渎之，灶如有神，必訾[②]我曰："卿不能媚于室，乃欲媚于灶，此何事，可使灶有功耶？就使有功，则生子乃真是灶下养[③]矣，为中郎将尚且被人耻笑，而况其未必乎？"董生工于媚灶，自是王孙贾一流，圣人所深鄙，故不愿见也。昔范武子以祝史不祈[④]，称贤于诸侯，漆雕开以一年龟兆之多寡，定臧氏三代之贤否。大抵古之贤士大夫，壶子走巫，颜含拒筮，无有不敬鬼神而远之者。后世最好时日小数者莫如王莽，其次则晋之废太子司马遹是也。二人终竟吉乎凶乎，史册具在，可考而知。此仆平日硁硁[⑤]之见，如董生来，即以此言告之。

【**注释**】①五祀：谓禘、郊、宗、祖、报五种祭礼。②訾（zǐ）：诋毁。③灶下养：对厨工的蔑称。④祝史不祈：意思是不饰词以祈福。祝史，祝官、史官的合称，都是司祭祀之官。⑤硁硁：形容浅薄固执

【**译文**】承蒙你顾念我没有儿子，推荐常州董生来为我修灶。

我拒绝不见他，并不是不想领你的盛情，实在是因为怕被灶神讥笑啊。灶是五祀之一，理应祭祀的，但若是为了男女的事情去打扰他，他果真有灵的话，一定会骂我道："你不能在男女之事上努力，却来讨好灶神，这是什么事情啊，是灶神能够帮忙的吗？就算是真能帮上忙，生的儿子，那就真的是变成灶下养的了，就算是做了中郎将还是要被人家讥笑，况且不见得一定做得成中郎将呢！"董生善于讨好灶，这自然就是王孙贾之流的人物，是圣人最瞧不起的，所以我也不愿意见他。从前范武子因为不求鬼神，被诸侯称为贤德；漆雕开拿一年内卜筮的多与少，来断定臧氏三代的贤与不贤。大概古代贤德的士大夫，像壶子拒绝卜人，颜含拒绝算命，无一不是敬鬼神而远之的。后世最喜欢算命拆字的，莫过于王莽，其次则要数晋朝的废太子司马遹了。然而这两个人的结局是好是坏，史书上记载得清清楚楚，一查便知。这是我一直以来的观点，如果董生到你那里去了，你就把我的这番话说给他听。

二一、答何献葵明府

去秋病中作别，床上送行，客主情怀，两未酣畅。腊底接手书，知新妇入厨，羹汤初作，喜古尊在署，相助为理，以新硎之治化，兼旧雨之周旋，本朝《循吏传》中添几页相须[①]矣。兄爱我深，爱随园尤深。别后增柳谷三间，有背山临流之胜，惜乎好友去而好春来也。比来素月流天，杂花生树，追忆当年留宿，或提灯而采荷叶，或曳足而仰星河，呼茶命短腿之胡奴，烧韭烦庞眉②之老姊，忽忽四五年，鸿爪雪泥，都为陈迹。闻刘氏苍头司阍未久，旋即化去，能无感慨系之？未知画戟排衙③之际，犹作空山一梦否？仆小不快意，为沭阳买麦一案，核追千石有奇，事远年湮，已尽亡其底册。官卑累重，只自奋其空拳。一段春愁，又在水流花谢之外。所以告之足下者，亦以乌纱局内，虽新旧分途，而酸咸同味，不可不筹之于早也。所嘱者足下三台五马④，宦成之后，亟宜白首同归，早践结邻之约。羊求⑤风义，张邴⑥云山，无使古人腾笑。

【注释】①相须：互相依存，互相配合。②庞眉：眉毛黑白杂色，形容年老。③排衙：旧时主官升座，衙署陈设仪仗，僚属依次参谒，分立两旁，谓之排衙。④三台五马：原指居三台或太守之位，后比喻达官显宦。⑤羊求：指羊仲与求仲，二人皆是隐士，与杜陵蒋诩为故交。⑥张邴：张良与邴汉的并称，二人都弃官归隐。

【译文】去年秋天在生病的时候和你分别，我在床上为你送行，客人与主人的情怀，都没能酣畅尽兴。腊月底接到你的来信，知道你已经新官上任，很高兴你的旧上司在衙门里，可以帮你的忙，以你新官的锋芒，加上旧官的助力，本朝《循吏传》里，一定又要因为你而添上几页了。你爱我很深，爱随园更深。分别以后，随园增添了房屋三间，有背山临河的好景致，只可惜好朋友去了以后，大好春光才来。现在皎洁的月亮挂在天空，繁花生长在树上，想起当年你在我这里留宿，我们或是提了灯去采荷花，或是散步时仰看星河，口渴了叫小奴烹茶，肚子饿了叫老妈子烧饭做菜，匆匆地已过了四五年，雪泥鸿爪，都变成陈旧的痕迹了。听说姓刘的仆人，调任看门的职务没多久就死了，这也是很令人感慨的！但不知你在衙门里处理公务的时候，可还想到这些事吗？我稍微有点不开心，为着沭阳买麦一案，总共追回一千余石，事情因为有些年头了，底册都已全部失掉。官虽小，责任却重，不过是自己奋力挥舞空拳而已。这一件烦心事，是稍微有些煞风景的。之所以要说给你听，因为同在官场之内，虽有新旧的不同，味道却还是相同的，实在是不可以不早做打算啊！我想要嘱咐你的，是你当官以后，功成名就，还是应该有退隐的打算，早些践行我们之前结为邻居的约定。从前羊仲、求仲的风义，张良、邴汉的归隐，我们也可做得，不要让古人见笑。

二二、与汪可舟

雨窗无事，供春兰一枝，读客吟百首，如孤云，如峭壁，何齿牙之洁而脱手之超耶？题中小序无一闲字，俨然元次山[①]、姜白石[②]复生，云林不足道也。交丈人六七年，不图为乐之至于斯。伏念诗文非削槠之伎，何所为难，不过命管城公洒墨数行耳。尽有兰台石渠之彦，齿危发秃之儒，终身由之而不知其道者，安得黄金铸成贾岛，为笨伯作导师哉？悠悠人世，本少知音，骏骨牵盐③，玄文覆酱④。庆虬作赋，托相如而见赏；张率为文，假沈约而交推。丈人之所以没没⑤人间、含光隐耀者，身列布衣，未遇真知风雅之人故也。仆负海内狂名，必不作无端之推奉，要维得失寸心，自领之耳。午后雨停，望劳屐齿。

【注释】①元次山：元结（719—772），字次山，唐代文学家。天宝十二载进士及第。代宗时，任道州刺史，调容州，加封容州都督充本管经略守捉使，政绩颇丰。②姜白石：姜夔（1154—1221），字尧章，号白石道人，南宋文学家、音乐家。③骏骨牵盐：指才华遭到抑制。④玄文覆酱：比喻著作高深，无人能懂，或比喻毫无价值。⑤没没：谓无声无息，无所作为。

【译文】窗外下着雨，我闲坐窗前，供上一枝春兰，读着你做的客吟诗一百诗，这些诗作既像悠然的孤云，又像陡峭的绝壁，吟诵起来音调是多么悦耳，措辞又是多么高超！题中的小序，没有一个闲字，俨然是元结、姜夔重生于世，倪瓒是不配与你相提并论的。与尊长结交已经有六七个年头了，想不到乐趣不期然地竟然在这里。我常常暗想，诗文不同于雕刻之类的技艺，哪里能有什么难处，不过是抓起笔来挥墨涂抹几行就是了。谁知竟有许多身居兰台石渠的俊彦，牙齿、头发都快要掉光的儒者，终身都找不到做诗的诀窍，难道真的要用黄金铸成一座贾岛的塑像，给这些笨伯们做导师吗？悠悠人世，本来就缺少知音，叫千里马去拖盐车，拿《太玄经》来覆盖酱坛子之类的事情，自古皆有。庆虬写的赋，要托名为司马相如所做，这才大受赏识；张率写的文章，要假借沈约的名号，才受到世人的嘉许。尊长之所以至今寂寂无名，未能彰显名声，不过是因为出身平凡，又没有遇上真正懂得风雅的人。我在海内一向是有狂士之名，必然不会作无端的恭维，但得与失、好与坏，还是须待自己领略的。午后雨停了，希望你能来舍下一趟。

二三、又

茅庵税驾[①]，示我客吟，此后漱齿余甘，犹作莲花香气。许玄度出都，刘真长九日内十一诣之，我与丈人，有此风概[②]。别来小换岁时，未知丈人诗骨犹自清苍否？所许王孟津字迹，思之殊殷，潢治[③]未成，空幅以待。赐退谷单幅，允为此老出色之笔，惜粉笺质脆，裱手未佳，锋棱稍损，尚望搜检缥缃[④]，再寄数行，以成其美。叨居爱末，致起贪心，勿笑虞公之无厌也。

【注释】①税驾：犹解驾，停车。②风概：犹节操，风度气概等。③潢治：裱画的古称。④缥缃：指书卷。

【译文】上次你到我的茅庵来，给我看你作客他乡时所做的诗作，读后口齿间尚有一股甘甜，就像是莲花的香气。从前许玄度上京都来，刘真长在九天之内前去拜访了十一次，我和尊长，也有这种风概。一别之后已经有些时日了，不知道尊长的诗骨，是否还和从前一样清苍？上次你答应给我的王孟津的字迹，着实是渴望得很，没有装裱好也不要紧，就请把空幅赐给我吧。送我的退谷所书的单幅字，实在可以说是他的得意之作，只可惜粉笺的质地很脆，装裱的人手艺也不太好，边角有些损伤，还望你能为我在书囊里搜检一番，再寄给我数行他的字，以满足我的这个心愿。仗着你我的交情，以致起了贪心，还望你不要笑话我的贪得无厌。

二四、与钱稼轩少司空

白云满山，忽闻驺唱[①]，使十九年离愁别绪一旦释然。侍郎享人世之清华，抱古贤之风谊[②]，春能润笔，天教看山，画《豳风》《无逸》之图，进圣主贤臣之颂，抑何遭逢之盛而才艺之多耶！伏思唐贤陆敬舆[③]、柳宜城[④]辈，俱以风流文采上结主知，且能纳盖效忠，垂令闻于史册。行成而先，艺成而后，是所望于明公。忆戊午榜后，曲江秋宴，彼此少年，极走马看花之乐。庚申五月，相遇于黄流风浪中，我携新妇，君抱娇娃，彼此停桡，匆匆数语，岂料隔年即蹑金鳌[⑤]顶上哉！读昌黎《忆昨之行》、庾信《感旧之赋》，能无眷然！

【注释】①驺唱：指驺从传呼喝道。②风谊：风操，节操。③陆敬舆：陆贽（754—805），字敬舆，唐朝著名政治家、文学家、宰相。溧阳县令陆侃第九子，人称“陆九”。他是中唐贤相，其学养才能、品德风范，深得当时及后世称赞。④柳宜城：柳浑（714—789），原名柳载，字夷旷，一字惟深。唐朝宰相、诗人，南梁左仆射柳惔六世孙。大中二年（848），绘像凌烟阁。⑤金鳌：比喻地位高贵。

【译文】白云弥漫山间之时，忽然听得喝道之声，知道是你来了，令我十九年来所积累的离愁别绪，瞬间消失。侍郎享受着人世间的清华，胸怀古贤人的风谊，文章功名，都令人艳羡，一边画着《豳风》《无逸》的图画，一边向圣主进献贤臣的歌颂，你不但仕途一帆风顺，才艺也是多么众多啊！暗想唐朝的贤臣如陆敬舆、柳宜城这些人，都是依靠着文采风流，才博得君王的欢心，而又能够鞠躬尽瘁，对上效忠，于是名垂青史。政事为重，文艺放在后面，我是这样期望你的。记得戊午年发榜以后，曲江亭举行秋宴，你我都是少年，极尽走马看花的乐趣。庚申年五月，又意外地在舟船上相遇，我带着新妇，你抱着美人，大家停了船，匆匆地聊了几句，哪里料到第二年你就青云直上了呢？读到韩愈的忆及过往的诗、庾信的感怀旧日的赋，怎能不令人怀念呢！

二五、与程原衡

接令弟鱼门书，有“子金[①]难应”之语，仆闻之瞿然。仆数年来，仗昆玉[②]之转输，为全家之生计，所以终养老亲辞官不赴者，道此长城可恃故耳。近闻令弟鹾务[③]渐衰，高谈性命[④]。仆屡以儒者治生之道切切相规，不图其铅椠[⑤]日富而囊橐[⑥]日空也。

仆明知其江河日下，而不忍抽提程本者，仆四十无儿，澹然将老，管晏之法，期于役身，苟藉良友之扶持，得具此生饘粥[7]足矣。岂若刀墨[8]之民，权其子母，才得微赢，又亟亟焉挈东而之西哉！然渡船者因潮期之不爽，而竟忘积水之留余，人之情也，亦仆之过也。仆本窭人子耳，陋巷箪瓢，何尝不惯？然自无而有，其势顺，自有而无，其势逆，此中道理，明者谅之。令弟肫然[9]如佛，非万不得已，必不肯先期作复。接札后忧之甚深，不愿两家拮据及于吾身亲见之。闻其在银山读书，以银易银，未必遽能恢复。惟足下才大如海，望为通盘筹算，外以安二十年相知之故人，内以安五千卷撑胸之贤弟。祈复数行，以慰悬悬。

【注释】①子金：利息。②昆玉：对别人兄弟的美称。③鹾（cuó）务：盐务。④性命：中国古代哲学范畴，指万物的天赋和禀受。⑤铅椠（qiàn）：指写作、校勘，亦指文章、典籍。⑥囊橐（tuó）：借指粮仓、粮库、财物等。⑦饘（zhān）：稠。⑧刀墨：古代黥刑。⑨肫（zhūn）然：惇厚一致貌。⑩悬悬：惦念。

【译文】接到令弟的来信，其中有“利息拿不出来”的话，我听了很是不安！我这几年来，靠着你们兄弟的周济，来维持全家的生计，之所以可以侍奉母亲终老而辞官后再不去做官，也是因为有这些凭仗。近来听说令弟的盐业生意渐渐衰落，高谈性命。我屡次以读书人做生意的道理去规劝他，不料他著作日多，而家产却日少了。我明知他的家境一天不如一天，但不忍心把存款提出来，是因为我到四十岁还没有儿子，自己眼看着就老了，经营的事，自己是无能为力的，倘若能够借助好朋友的扶持，这辈子能够喝上黏稠的粥也就够了。难道像那贪多的人，仔细计算着本金与利润，才赚得了些微薄利润，又忙忙碌碌地继续东奔西走做生意吗？然而渡船的人，因为知道潮水的涨落都有一定时候，竟然就忘记积存些余水，这是人之常情，也是我的过错。我本出身贫贱，清贫的生活，又不是不习惯。但是从无到有，顺顺利利地就过渡了，很容易，而从有到无，就会很难，这个道理，大家都知晓，还请你原谅。令弟忠厚如佛一般，不是万不得已，一定不肯预先来跟我打招呼。我接着信函后，非常忧虑，不愿亲眼看到两家人的拮据。听说他在银山读书，拿着银钱去赚取银钱，未必马上就能够恢复元气。但你本事很大，还望你能够帮着全盘筹划一番，外可以使二十年要好的朋友安稳下来，内可以使胸藏五千卷书的贤弟安稳下来。祈盼你能回我一信，以慰藉我的悬望。

二六、与刘映榆侍讲

去秋接芳讯于病骨支离之际，借故人之玉麈，作元化之青黏[①]，足使陈琳愈风、石虔已疟也。近闻侍讲领二分明月[②]，作六一先生，江汉发声，杞梓崇望，知文澜之所含濡者远矣。伏思文章之盛，在有力者振之。虽有其才，苟无其位，不敢言主持焉。历览史册，建安之藻采，齐梁之华腴，元和之古淡，皆有青云之士创其始，扬其波，而天下靡然以从。本朝自渔洋、东海而后六七十年，振之者稍稍弱矣。明公负隽才，居高位，静观天下事，以为旂常竹帛[③]，别有千秋，是非鲰生所敢知也。若思报国恩，惟有文章，则一二英绝领袖之士，当以一人不知为憾，当以一人不得其所为憾。其中文史元儒，又当广其门户而收罗之。范希文为宋朝第一名臣，不过以汲引人材为己任，未知明公其有意追踪之否？严君冬友当仲华[④]拜衮之年[⑤]，以文噪于世，想见我辈当日长安跳荡之概。从古文心诗律，与年俱进，而成名每在三十以前，盖由独角双牴，生而有异故也。闻公招之使往，殊惬鄙怀。

【注释】①元化：华佗（约145—208），字元化，一名旉，东汉末年著名的医学家。华佗与董奉、张仲景并称为“建安三神医”。青黏：华佗所用药方中的一味药。②二分明月：古人认为天下明月三分，扬州独占二分。这里指扬州。③旂常：即旂与常，旂画交龙，常画日月，两者都是王侯的旗帜。竹帛：即竹简与绢帛，古时用来写字，故而借指典籍、史书。④仲华：邓禹（2—58），字仲华，南阳新野人。东汉开国名将，云台二十八将之首。⑤拜衮之年：衮，古代上公所服，借指三公。东汉邓禹在二十四岁时“拜衮”，拜为大司徒，位至三公。后来就以“拜衮之岁”指二十四岁。

【译文】去年秋天，接到你的信件，那正是我病得支离憔悴的时候，你的信件就像是华佗的灵药，使我的病霍然而愈。近来听说你主政扬州，过着六一先生那样悠然自得的生活，文章声名，鼓噪海内，所能造成的影响波及很远。我以为文章的兴盛，需要有力的人推动。即使那人有才华，若没有一定的地位，也是谈不上主持此事的。通读史书，像建安时的艳藻华采，齐梁时的富丽丰满，元和时的古趣淡泊，都是有权贵之人起个头，推波助澜，于是天下这才望风而从的。本朝自王渔洋、徐东海以后六七十年来，倡导文章的人已不及从前那样有力。明公你身负才华，又居于高位，冷静地看天下的事，以后仕途亨达、名垂史册，足可以流芳千古，这些都不是不学无术的我所敢窥测的。若说报答国家的恩情，唯有文章，那么一两个有才能的文坛领袖，应当是以某人的不懂文章之事为遗憾，或者又以另一人的不在高位、影响力不足为遗憾。其中文坛宿儒，又应当大开方便之门，收罗天下英才。范希文是宋朝第一个名臣，平生不过是把提携后进作为己任，不知道明公你有没有效仿他的意思？严冬友和东汉邓禹位至三公时一样，不过二十四岁，而以文章鼓噪海内，在他身上可以想见我们当年在长安慷慨激昂的模样。自古以来，文心诗律，都是随着年龄进步的，可是成名往往都在三十岁以前，这是英俊与庸才，生来便天赋不同的缘故。听说你已经把他召去了，我这心里实在是高兴得很！

二七、与刘映榆侍讲

严生来扬州，曾以数行上溷清听[①]。兹又有荐者，白下秀才吴模，当日仆试江宁之张童子也。有子胜斐然之志，近更砥砺于学，藻思芊绵②，不愧后来之秀。慕扬州书院之胜，欲厕③其间。扫门有心，执腒无介，乞予一言，为通其意。伏念文翁兴其教，雅雨观察是也；相如为之师，侍讲是也；疏十余人与陆员外，则子才是也。望侍讲识高柔④于弱冠，拔王基⑤于幼童。先扃户而试之，果不乖所许，即为推毂⑥于观察。若嫌许子之不惮烦，则淳于髡一日而见七士，恐继此而来者尚未艾也。

【注释】①上溷清听：谦辞，意思是自己的语言，亵渎了他人。②藻思：优美、高妙的才思。芊绵：富有文采。③厕：置身。④高柔（174—263）：字文惠，三国时期曹魏大臣，以善于治法闻名。⑤王基（190—261）：字伯舆，三国时期曹魏将领，文武兼备，才德过人。⑥推毂：荐举，援引。

【译文】严生到扬州来的时候，曾托他带了几行书信给你。现在我又要推荐一个人给你了，江宁秀才吴模，是从前我在江宁主考时拔取的人。他很有上进心，近来更勤奋用功，文思如泉涌，不愧为后起之秀。他仰慕扬州书院的鼎盛，也想要进去学习。虽然有进去学习的想法，却没人居中介绍，因此托我帮他写一封信，替他把这个想法说一说。想到从前文翁大兴教育，雅雨道台就是如此；司马相如做他们的老师，那说的就是你了；荐十几个人给陆贽，希望他赏识，那这就是我了。希望你能像提拔年轻的高柔、王基那样提拔吴模。不妨先私下考一考他，果然不令人失望的话，就推荐到雅雨道台那里去。你要是不厌烦我，那么像从前淳于髡一天之内见七名士子那样，在他之后，我推荐给你的人恐怕还有不少呢！

二八、与姚小坡刺史

别后曾一接手书，非缺然不报也，实以僻处山野，凡作长安之行者，都了不相关，而枚又泄泄然无须臾之不懒，以致相思之忱积于心者有余，而分与公者不足。幸勿责其惷顽①为幸。枚甲戌之秋，病几不起，起一年而去秋又病。每至八月有凶，几以此身为《临卦》。防秋②无策，常自莞然。金陵无可与游，补萝、晴江俱为异物。人琴③之感，古昔所同，不图如是之速。卓园惨变，更非人事所能推测。闻公古谊有东汉烈士之风，为之泣下。鄙人有勒追麦价一事，司差府役，烂其盈门。自笑去官廿年，正如开元、天宝，久矣人不知兵，而一旦有范阳之事，能勿猿惊鹤怨乎？现将房产呈抵，未知当事者能勿嬲之以所不能否。

【注释】①惷顽：愚蠢顽劣。惷，同"蠢"。②防秋：古代西北各游牧部落往往趁秋高马肥时南侵。届时，边军特加警卫，调兵防守。③人琴：意为睹物思人，痛悼亡友。

【译文】分别之后，曾接到过一次你的来信，不是故意不回信给你，实在是因为住在偏僻的山野，凡是到京城来的，都是些毫不相干的人，而我又散漫懒惰，以致心里想你想得厉害，寄给你的信却实在没有多少。只望你不要责备我的蠢笨，我就松一口气了。我在甲戌年秋天，害了大病，差点逝去，病愈之后，不过一年，去年秋天又害起病来。每到八月，总是十分凶险，我差点用这个身子做了《易经》里的临卦。但又没办法防范秋天里生病，常常自己就笑了起来。南京这地方，没有什么朋友，补萝、晴江，都已去世了。王子猷人琴的感慨，古今是一样的，只是想不到有这么快！卓园的惨变，更不是我们能够推测到的。听说你的情谊，有古时候东汉烈士的风度，使我不禁流下泪来。我身上有所谓"勒追麦价"一桩事情，衙门里的差役，简直快把门槛给踏烂了。我自笑不做官已经二十年，就好比开元、天宝年间的百姓，很多年没有听说过打仗，而突然有了像安禄山一样的叛乱，怎能不担惊害怕呢？现在已经把房产拿来作为抵押，还不知道衙门能不能就此罢休哩！

二九、与刘介石太守

太守以王、陆[①]之真传，居建封之故趾。黄河水猛，望白马而停波，未知燕子楼中，曾携玉人之手一证前生否？家弟香亭承公骨肉之爱，虽小效微勤，有惬英盼，终缘推鄙人之爱，连类及之，非指臂相依、刻不可离者也。今其四妹成婚于扬州，送女无伴，行礼无人，仆故寄声唤归。而香亭信中殷殷[②]以失馆为虑，枚窃笑其知公之尚浅也。夫以香亭之才之学，原非绝类离群[③]之士，以公之负重名，居显职，又岂无望风奔走、甘为役使之人？然而四年于兹，加颜色焉；常俸之外，加资助焉。以爱弟之道待香亭，不以幕府④之道待香亭，是念旧之情重而惜费之心轻也。今又新迁五马，转盼三台，方举海内之人才陶育之，以答圣天子之知遇。枚老矣，左提右挈，无所望于明公，惟孑然一弱弟，属其善事长者，以希冀无穷之培植。而香亭忽为见小之论，患得患失，如儿女子然，枚不能不鄙香亭而疑阁下也。鄙香亭者，鄙其以小人之心度君子之腹也；疑阁下者，疑阁下左右必有贱丈夫焉。以省费为殷勤，以小忠为迎合，登高垄断，作拱辰一网打尽之思，故向日之亲爱者，俱变为此日之狐疑耶？然阁下智珠⑤在握，或小试其使贪使诈之才，而仍有毅然不惑之见，恐非香亭之所能知也。然耶否耶？请即以香亭之行止卜之。

【注释】①王、陆：即王阳明与陆九渊。二人是“心学”的代表人物，后世称为“陆王心学”。②殷殷：形容忧伤、忧郁。③绝类离群：出众超群。④幕府：旧时将帅办公的地方，后泛指衙署。⑤智珠：谓智慧圆妙，明达事理。

【译文】太守你凭借王、陆的真传，在张建封以前待过的地方做官。黄河的水波涛汹涌，却望见白马就平静下来了；不知道燕子楼里，你可曾握着玉人的手，一证她的前生？家弟香亭，承你对他爱护有加，虽然他只是在你那里做些小事情，你看他还算满意，终究还是因为对我的友谊，爱屋及乌地推及他身上，并不真是如手指与手臂一样，你一刻少他不得。现在他的四妹嫁到扬州，去送亲没有人，婚礼没人主持，所以我带信给他，叫他回来。但是据他的来信，他很是担心来了就要失去原来的工作，我暗自笑话他对你还是了解不深啊。按道理讲，香亭的才气学问，倒也算不得多么出众，以你现如今这般身负大名，又担任着显赫职位，又岂会没有巴结着供你差遣、伺候你的人？然而四年以来，你不但对他和颜悦色，正常的俸禄以外，还另外给他些钱作为补贴。你对待香亭，像自己兄弟一般，而不当自己府里的下人，这更是顾念旧友的情谊，并不把金钱看得如何重啊！如今你又升了官，正要收罗培养天下的贤才各尽其用，以此来报答天子对你的知遇之恩。我老了，都要人左右扶持了，也不指望明公你什么，只是仅有这么一个小弟，叮嘱他好好为你做事，希望能够得到你无穷的栽培。但香亭忽然发出这种很没见识的议论，患得患失，像小儿女一样，使我不能不看低他，而且还又疑心于你。看低他是因为他居然以小人之心，度君子之腹；疑心于你，是疑心你的左右有没有坏心眼的小人。这些小人以节省费用向你献殷勤，以尽小忠来迎合你，得到你的信任之后就想垄断你的恩宠，进而把围绕在你身边的人一网打尽，以至于之前跟你关系挺好的人，现在居然都变得有些狐疑起来了。然而阁下有大智慧，能够自行判断，或者可以稍微试试他们使贪使诈的本事，但其实你有一定的主见，不会被迷惑，但这恐怕是香亭所想不到的。不知道是不是这样？我就先以香亭的行止来判断了。

三〇、复杨山斋监制

十年旧雨，相晤邗江，彼此须眉，都非畴昔[1]。执事怜念故人，约过官斋道旧，枚亦窃幸自喜，欲到名公瑞室遍览收藏，充扩贫儿眼界。不意夜过鸾江，风利不泊，且误闻榜人谰语，道旌旗业已北行，遂尔裹足。书来讯责，且感且惭。所借《玉版兰亭》，理宜呈上，缘匹夫怀璧，形影相随，譬如野妾山妻，虽非绝色，其不肯寄宿邻家也明矣。《坤》为吝啬，《泰》自包荒，谅不责其蚩伫[2]也。秋天将有邗江之行，或抱敝帚而来，更有佳于此者一齐呈上，亦未可定。谅之待之。

【注释】①畴昔：往昔，以前。②蚩伫：愚蠢无知。

【译文】十多年的老朋友，偶然在邗江碰面，大家的容颜，都已经与年轻时不同。承蒙你怜惜旧友，约我去你的官府叙旧，我的心里真是万分高兴，因为趁此机会可以到你的书斋，来观览你的收藏，开开我这穷人的眼界。不料夜里经过鸾江的时候，风刮得很大，船只不能靠岸，而且又误听了船夫的话，说你已经动身北上了，所以就没有赴约。接到你的信件，满纸都是责备，我心里既感动又惭愧！你向我借《玉版兰亭》，按理自然应当立刻送上，可是平民身上携带玉璧，乃是形影不离的，就如野妾山妻，虽然容貌算不得美丽，但不肯寄宿在邻居家也是肯定的事情。古语说“坤为吝啬”“泰自包荒”，你大概不会责备我的愚蠢无知吧！秋天里，我将去往邗江，就将那东西一并带去，说不定还有比它更好的，也会一起呈上给你看。请原谅，也请等待。

三一、与钱香树司寇

王太守孟亭从嘉禾来，蒙先生赐《香树斋诗集》，枚适病痁，于床次拜而读之，声和被纸，琬琰[①]成章。闻萧夫子之风者，五尺童子羞称曹、陆矣。《南巡颂》一篇，《太玄经》所谓“物登明堂，矞矞皇皇”，《一品集》所谓“独含日光，静与天语”。沉博绝丽之文，在汉惟子云、相如能为之，其他无闻焉，况后之公卿乎？枚始而不敢句读，继而不敢决舍，掩扉覃思，不觉首之至地也。伏思古文人之贵而传、传且久者，昌黎、香山，皆侍郎也，秋官则李嘉祐所称白云司者是矣。先生生逢其时，官当其位，夔牙[②]并奏，孔翠[③]群翔，有两侍郎之遗风焉。至于年未七十而致仕，放心于自得之场，置器于必安之地，扶持大雅，以待后之学者，尤为哲人之逸轨，清流之全福也。枚古杭无家，筑舍于谢公墩下，母老丁孤，伏而不出。拟冬春之间，买舟秀水，谒大前辈，以当黄河、泰山之见。因令侄子厚归里，先肃启谢教。

【注释】①琬琰：比喻品德或文词之美。②夔牙：舜帝时的乐官夔与春秋时期精于琴艺者伯牙的并称。后借指精通音乐的人。③孔翠：孔雀和翠鸟。

【译文】太守王孟亭从嘉禾来的时候，承蒙你赠送给我一本《香树斋诗集》，那时候，我正患疟疾，在病床上恭敬地读了一遍，觉得声律协和，文字美轮美奂。真所谓是听到萧夫子的文名，五尺童子羞称曹植、陆机了。里面《南巡颂》一篇，堪称《太元经》所谓的"物登明堂，矞矞皇皇"，以及《一品集》所谓的"独含日光，静与天语"。沉博绝丽的文章，在汉代也只有扬雄和司马相如才写得出，其他都没听说过了，汉代以后就更不用说了。我一开始不敢细读，继而不敢评判好坏，关起门来细思，不自觉佩服得五体投地。据我所知，古时候的文人，地位尊贵而文章能够永久流传的，也就韩愈和白居易两个，他们都是做侍郎官的，至于秋官，那就是李嘉祐所赞赏的白云司了。你幸运地生在这样的盛世，又做了这样的官，左右逢源，天下景从，很有这两位侍郎的遗风呢！至于说不到七十岁就辞官归来，优闲自得，无拘无束，扶持文士，为后来的学者大开方便之门，更是你这明哲之人的高尚行径，也是那些文人士子的好福气啊！我在杭州没有住所，近来在南京谢公墩下建了座房子，母亲年老了，儿子又孤单，所以蛰居着不出门。打算于冬末春初时候，租个船到秀水来一趟，那时候，当前去拜访老前辈，如同见见当世的黄河、泰山。因为令侄子厚回归故里的便利，就请他带了这封信给你。

三二、答金寿门托卖灯

三月间芳讯至，属售画灯。适仆在江北弄田，未及裁答，致手书再问。先生笔墨，遗世独立[①]，付烛奴[②]以光明之，真奇宝也。奈金陵人但知食鸭鱐耳。白日昭昭，尚不知画为何物，况长夜之悠悠乎？旧令尹虽膏唇拭舌[③]，不能担竿而悬诸市，使童蒙求我也。久存许处，虑有所伤，须挈而归之。明珠反照，自怜终胜人怜。新曲四章，如云璈水瑟，从何处吹来。师旷[④]聆音，惟有寒天蹢足[⑤]而已。因幔亭之便，裁书写心。

【注释】①遗世独立：比喻突出，指超脱世俗。②烛奴：泛指烛台。③膏唇拭舌：形容极尽语言之所能以打动人心。④师旷：字子野，先秦著名的音乐大师，古人称为乐圣，春秋时期晋国晋悼公、晋平公时大臣，太宰，宫廷掌乐太师，最早提出“民贵君轻”。⑤蹢足：犹跺脚。

【译文】三月的时候，你来信嘱咐我售卖你所画的灯。那时我恰巧在江北弄田地，未能答复你，害得你又写信来问我。你的笔墨，世间少有，特别珍贵，我点起蜡烛来就着光亮仔细看了一遍，真是奇宝啊。但是南京人，只知道吃鸭肉、鱼肉罢了。就是在白天里，尚不知画是什么东西，更不要说漫漫长夜了。我虽然仗着旧时身份替你到处鼓吹，逢人便说，但也终究不能够挑在肩上，拿到市上，叫小孩子们追在我屁股后面买呀！长久存放在这里，又担心有损坏，还是得拿回去。明珠发光，自己对它的怜惜，终究是要胜过旁人。你做的新曲四首，好像云璈水瑟，不知竟是从哪里吹来的。师旷听了声音，心中也只能寒天跺脚、佩服不尽而已。现在因为幔亭的便利，就写封信表达我的心意托他寄给你。

三三、又

腰镰江北，芳讯朅来①。知作答之笺，未彻于隶人之听。归后以一札交幔亭，属其相达，不图此公如西域贾胡，到处辄止。姜若彤来，知其又复沉搁②。且许氏之灯，亦尚未还璧，此心缺然，谨以两手自搏，呼负负而已。蒙赐诗扇，真《易林》所谓"心得所好，口常欲笑"者。先生之风，出入怀袖，且喜且惭。一面遣人催取紫明供奉，速诣主人，并将原书，录呈英盼③。

【注释】①朅（qiè）：语助词。②沉搁：犹言搁置、耽搁。③英盼：奕奕有神的目光。

【译文】我正在江北种田，你的回信居然又来了。知道上次答复你的那封信，没有到达你的手里。归来以后写了一信交给幔亭，嘱咐他转交给你，不料这位朋友和西域的胡商一样，走到那里就算到那里。此次姜若彤来，晓得这封信又送丢了。而且你寄放在我这里的灯，也不曾交还你，心里真是抱歉得很，但也只能搓搓双手，叹叹气罢了。承蒙你赠送我一柄题诗扇子，我真像《易林》所谓的“心得所好，口常欲笑”！先生的仁风，藏在我的袖中怀里，我真是又高兴又羞愧。一面差人去催紫明供奉，叫他赶快送达主人，同时将原书呈上，请你览阅。

三四、复感遇上人

过诗社，见诗僧，忽忽改岁矣。家弟挈手书来，以诗稿索序，读之芊绵可喜。仆非不欲序上人也，尝谓诗人之传，惟王侯将相为最易，其次则闺阁方外而已，神仙鬼魅妓女而已。上人居易传之地，抱可传之才，存欲传之心，索助传之序，宜也。然余自问其地、其才、其心俱未足以自传，又乌能传上人耶？学问之道，若涉大海，其无津涯。愿上人暂息乎其所已能者，而勤思乎其所未能者。假我数年，贯休、齐己①之序，微随园其谁与归？

【注释】①贯休（832—912）：俗姓姜，字德隐。唐末五代时期的画僧、诗僧。齐己（863—937）：本姓胡，名得生。唐朝晚期著名诗僧。

【译文】在诗社里面遇见诗僧，不觉间至今已经一年了。家弟拿你亲手写的信来，叫我替你的诗稿做一篇序，读了觉得写得很畅达。我并不是不肯替你做序，只因我从前说过，诗的传世，只有王侯将相最为容易，其次就要算女子和道士和尚，神仙鬼魅以及妓女这些。上人你就属于易于传世的人之列，抱着足以传世的才学，存着要想传世的心思，向我索取助你传世的序文，这可以理解。但是我扪心自问，我的身份，我的才学，我的心思，都不足以使我自己能够传世，又哪里能够来助你传世呢？学问这东西，好比漫游大海，是没有边界的。希望上人你暂时放下你已经会的，再努力思考思考你所不会的。容我暂缓几年，到时做你诗稿序文的，不是我还能是谁？

三五、与梅六公子

黄山人崔君，挟数十松游南都，陈之清凉山。邦之人为佛庙之会，七月大集，千万人往矣，无一顾者。最后闻于仆，仆不整履、不命驾[①]而往，得之若以为至庆也。崔扬扬有喜色。仆调之曰："子不见梅六公子之松，而遽以自满耶？"崔曰："嘻！吾之戚里[②]也。小巫见大巫，必见之而后神气尽焉。"越数日复来，曰："梅氏之松已见矣。请往黄山，为致如梅氏者而甘心焉。第需有力者负之来。"仆为告于方伯[③]，于制军[④]，于宣州太守，庶几大行其人之道而已，因以取便焉。此一役也，诱之而致于道者，公子也；使我有志事竟成者，崔君也；吾之得遇鲁侯者，天也；为从驱雀[5]者，金陵之人也。“四美具，二难并”，告之公子，博笑也，志喜也。

【注释】①命驾：命人驾车马，也指乘车出发。②戚里：泛指亲戚邻里。③方伯：泛称地方长官。④制军：明清时总督的别称。⑤为从驱雀：比喻不会团结人，把一些本来可以团结的人赶到敌对方面去。

【译文】黄山人崔君，带了几十株松树到南都来，陈列在清凉山上。当地人做佛事庙会，七月举办大集市，有成千上万的人去，可是没有一个人看他一眼。后来我听说了这事，我等不及穿鞋、备车，起身就去了，得到之后以为是一件值得庆幸的事情。崔君脸上欣欣然有喜色。我调侃他道：“你没有看过梅六公子的松树，就这样自满了吗？”崔君说：“唉！这是我的乡邻啦！小巫见大巫，一定要见了才肯罢休呢！”隔了几天又来，说道：“梅氏的松树，我已经看见了。我想要去黄山一趟，为你采到像梅氏那样的松树，这样我才甘心呢。但是需要有实力的人帮助，才能办得成。”我就替他告诉藩台，告诉总督，告诉知府，希望能够让那人得偿所愿，我呢也可以从中取利。这一件事情，引诱他走上这条路的，是公子你；使我心有所愿而竟然能够达成的，是崔君；让我能够碰到这种机会的，是上天；而把这种机会让给我的，是南京地方的人。“良辰、美景、赏心、乐事，四美都有；贤主、嘉宾，难得却得到了”，特地告诉你，博你一笑罢了，同时也是记录一下我自己的喜悦。

三六、与胡书巢

接手书及赠物，感缟纻[①]之情，慰三秋之念。读新咏，觉峨嵋山翠，扑人眉宇，射者之声，御者之旌，一闻一见，都足起予[②]。又闻婶母处得兼金[③]为寿，济其涸辙，若饥十日而享太牢[④]焉。仆入山以来，囅然[⑤]开口而笑，孰有知蜀中消息者乎？香亭佐刘太守于徐州，见之者都有明月入怀、清风投座之意。仆鲜兄弟，而渠家又无健妇[⑥]，故不欲其远行于六千里之外。书中招之甚殷，且待闱后，再为酌量。香亭于举业[⑦]之事，本非所好，工夫既浅，而又迫于家计，东驰而西突。是以旗亭乐府，齐唱香山，而雁塔琼林，屡困昭谏。弟名未成，许武有愧，如何如何！

【注释】①缟纻：比喻友谊深厚。②起予：指启发自己之意。③兼金：价值倍于常金的好金子。古代金、银、铜通言金。亦泛指多量的金银钱帛。④太牢：古代帝王祭祀社稷时，牛、羊、豕三牲全备，称为“太牢”。⑤囅然：笑而见齿貌。⑥健妇：健壮精干的妇女。⑦举业：科举时代指专为应试的诗文、学业等。

【译文】接到你的亲笔信和赠送的东西，既感激于你的情谊，又安慰了我许久的想念。读你新做的诗，就如同观赏峨嵋山上的翠色，射箭人的声音，驾车人的旌旗，所见所闻，都令我叹服。又听说婶母那里得到你许多金子作为寿礼，足以周济她的穷困，就好像一个饿了十天的人，忽然吃着丰盛的菜肴一样。我自从到山里以来，就感觉愉悦，经常满脸笑容，但哪有像这次知道四川消息这样让人高兴的呢？香亭在徐州为刘知府做事，看见他的，都说有明月入怀、清风投座的感慨。我没有多少弟兄，香亭家里又没有能干的妻子，所以不想叫他远行到六千里以外。你在来信里很诚恳地招他前去，暂且等乡试以后，再来斟酌此事吧。香亭对于参加考试这件事情并不喜欢，本来才学就浅薄，更因家计困难，忙于东奔西走。所以他的诗名虽是不错，但考试这回事，老是考不中。弟弟的功名没有达成，做哥哥的真得很惭愧，但又能怎么办呢！

三七、又

足下官东鲁后，两执讯[①]而与书，所以过存[②]之者至殷且挚，枚神心怖覆，以手击头呼谢者再。道甲丁两编，都蒙英盼，拙人之拙，布露所畜，不笑之至矧，而甘心以贤之，使我变惭颜为欣瞩矣。青莲、玉局[③]如云屋天构，足下以榫傍之杙俪之[④]，直是溺爱过差，非其实也。纳手扪心，自知不如。阿品诗骨清绝，其淫说靡辨才甚，当是吾家临汝。惜多公家之言[⑤]，速藻如下水舟，不能纡澜回波，得隐侯三易法，而亦蹈繁华流荡之讥，喜依傍大贤，刘遵祖已作阿舅贼矣。当好料理此人，幸宠秩[⑥]之，勿与冷将息，笼东而退，为可惜也。夫文章易作，逋峭[⑦]难为。不合古人不佳，不离古人又不佳，两者宜兼，非沉酣竹素[8]，修业不息版，则高轨遐踪，末由深造，至于一绝处，别有天授[9]，非人力也。枚生七八岁，即斋油素，弄柔翰，学作振奇人。时艺误之，象胥[10]误之，竹皮冠[11]再误之，途杂学荒，如骏马登陁，契需[12]不进。然尔时意态阔略，谓能濡迹匡时，小有建立，当不借空文以自表。卒之仕宦不进，才亦退矣，如彼博枭[13]，十掷辄鞬[14]，何能效碌碌者苏而复上乎？不得不伏蛰盛夏，藏华当春，韬精肆力，以彼易此。韵语外尚多沈博绝丽之制，此时虽甚没没，而千百世后，未必不以子云为金匮。非足下游目分明，仆亦不敢搴帘自炫也。仆今年四十六矣，发种种欲宣，左车牙先填沟壑。儿胞未臧，绿绨已裹，得姓千年，危乎艰哉！就使添丁迟暮，不过曹瞒以爱子托人而已。五棺碑綍[15]未营，羁鬼相望。念古人“随葬为达，归葬为仁”之说，如行阴雪中，寒心飘摇，迷闷无主。招难弟同居，此议甚健，奈庾诜十亩之宅，山池居半，薅其荼蓼，未必容彼妻孥。阿五、阿三又霍霍如失鹰师，随风承流，未能自立。自此之后，或十年，或五六年，或三四年，想寒家此局才定耳。足下绾符赤紧，身名俱泰，前程干云，非楚焞[16]所卜。然私心眷眷，望巾车[17]早归，买一廛于南山之南，彼此如骖之靳，呻其占毕，并轨千秋。愿虽至切，天不可期，且存此怀，各自努力而已。嗟乎，“疾没世而名不称”，定是宣尼晚年之语。物孤则思伴，人老则思传，为可悲也。足下亦有意乎？

【注释】①执讯：古时掌通讯的官吏。②过存：登门拜访。③玉局：苏轼曾任玉局观提举，后人遂以玉局称苏轼。④榫傍：棺材。杙（yì）：木名。俪：比拟。⑤公家之言：指奏疏、书表、策论等实用文字。⑥宠秩：宠爱而授以官秩。⑦逋峭：谓文章曲折多姿。⑧沉酣：醉心其事。竹素：指竹帛，多指史册、书籍。⑨天授：上天所授，引申指与生俱有的秉赋。⑩象胥：古代接待四方使者的官员，后用以指翻译人员。⑪竹皮冠：指刘邦以竹皮所作之冠。借指戴竹皮冠的乡野之人。⑫契需：马伤蹄而畏行路。⑬博枭：古代一种角胜负的游戏。⑭辄鞬：屡败。⑮綷（lǜ）：粗绳子。⑯楚焞：占卜时灼龟的荆木条。⑰巾车：有帷幕的车子。

【译文】你到山东去做官以后，两回托人寄信给我，你对我的关切，至真至诚，我心里惶恐得很，以手击头，连连称谢。说那甲丁两编书，都蒙你看过了，这种拙人写的拙笨东西，拿出来给你看，你不笑我做得不好，反过来真心实意地称赞，这真的使我把惭愧变作得意了。李太白、苏东坡的诗文，如云屋天构，高不可及，足下却拿棺材笼子去作比较，实在是因为你对我谬爱过深，这并不对。我自己扪心自问，知道我的诗是比不上他们的。阿品的诗骨格清绝，文辞富丽，辨才也很犀利，真是我袁家的好子弟呀！可惜有太多的公文等，它们急就成章好似顺水而下的船，不够纡澜回波，没有曲折深奥的妙处，而且有追随繁华流荡的毛病，幸亏他跟在你身边，可以把你做诗文的各种方法学去一些。请你好好教导他，爱惜他，不要弄得一塌糊涂了又退回来，那就真是可惜了。文章虽然容易做，但要写好却不容易。不合于古人不好，跟古人太像也不好，要想两边都做到，不是努力用功，一刻不离地做和读，就可以的，若说更要达到超群绝伦的话，那是别有天授，不是人力所能达到的。我七八岁时，就欢喜读书写文章，想做一个有学问的人。但是时文耽误了我，外国文再耽误了我，做官又耽误了我，事情一多，就把学问给荒废了下来，就好像骑着骏马爬山，越跑越跑不动。但在那时候，我意气还盛，以为能够在官场建功立业，应该可以不必刻意地追求什么学问。结果呢，官没有做成，学问也没有长进，好比爱赌的人，赌一次输一次，哪里还能再继续下去呢？不得不急流勇退，赶快抛弃官场，继续在学问上面下功夫。我自知于做诗以外，还有不少著作，这时候虽然没有人称道，到了千百年以后，未必不会被人珍重起来。要不是你懂得这些，我也不愿意向你自我夸耀。我今年四十六岁了，头发快要白了，左车牙已经落去。膝下还没有儿子，我家自从传姓以来，已有一千多年，到我这里好危险啊，好艰难啊！即使不久生下儿子，也觉得已经迟了，只能像曹操那样，把爱子托给别人罢了。五口棺柩还没有安葬，正与活人相对。想到古人"随葬为达，归葬为仁"的说法，正像在阴雪里面走着，心冷冷的，飘摇不定，闷闷不已。你说要我招兄弟来一起居住，这提议是不错的，但是十亩的房屋，山和池就占了一半，余下那些草屋草地，未必可以容留下他们一家子。阿五、阿三又是茫然无主，随波逐流，不能自立的。自此以后，或许十年，或许五六年，或许三四年，我家的这寒碜局面，才可以稳定吧。你现在做着官，身份名望都好，前程万里，不可预测。但是我的私心里面，还是希望你早些回来，在南山的南面买一所房屋，你我相距不远，一同做些诗文，读些诗书，并车而游，方得传名万世。我的志愿虽是如此殷切，成不成到底是不可预料的，姑且存着这个心思，各自努力罢了。唉！“疾没世而名不称”这句话，一定是孔子晚年时候说的。生物孤独，自然就想要伴侣，而人到老了，便想着传名后世，真是可悲呀！你也对此有想法吗？

三八、与金贤村明府

二十年人伦冠冕，蒙过访于野田草露之间，仰挹私心，为之忻慰。别后于竹溪同年[①]处，吟风人之什[②]，绝节[③]高唱，如春空片云，尤深佩服。惜行期孔迫，未及具白饭青刍作竟日谈，惭愧何似！书斋失去玉履，久与夏五郭公[④]付作传疑。不料明公神机高朗，照及奴星，必使连城之璧返赵而后已。他日秉轴[⑤]钧衡，物无遁义，可即此而推。开匣捧观，颇似饼师之妻，既已决别于岐王，仍复团圞于破镜。且喜且惊，曲踊三百。所云处置偷儿，薄与小惩，自是下情所愿。过蒙芳讯，增我惭颜，但有余语为公戏者：馆人廋屦，公可无惭于孟轲；而肯认失牛，仆终有惭于卓茂。奈何？

【注释】①同年：科举时代称同榜或同一年考中者。②风人：指古代采集民歌风俗等以观民风的官员。什：篇什，后引申指“诗篇”。③绝节：犹绝唱。亦指无与伦比的诗文创作。④夏五郭公：比喻文字脱漏。⑤秉轴：比喻执政。

【译文】你二十年来都地位尊崇，承蒙到这偏僻的山野来看我，我感激于你的好心，心里很是欣慰。分别以后，在竹溪同年处，读诗人的诗篇，觉得声调高洁，好像绚烂春空中的一片云彩，使我深感佩服。可惜行期太过紧迫，不能够弄些粗茶淡饭，和你畅快地聊上一天，我心里很是惭愧！书屋里失去的玉履，我也久已不问了。不料你神机妙算，彻底查究，一定要使物归原主，才肯罢手。将来你做了宰相督抚，普照天下，定然也会明察秋毫，可以由此而推知了。我开了匣子，看着失去的东西，好像饼师的妻子，既然已经诀别在宁王那里，居然还能再团圆在原主人的地方。我真是又喜又惊，快活得双脚跳跃起来。你所说的处置窃贼，稍微给一些惩罚，这自然也是我的想法。承蒙你这样写信来关心，更让我感到羞愧。但是还有一句话，拿来博你一笑：馆人藏了鞋子，你固然可以不像孟轲那样地惭愧；但是肯承认失牛，我到底不及卓茂的大度。但有什么办法呢?

三九、与何献葵明府

菊有黄花之际，正相思命驾之时。蒙故人之情，委曲周挚。或极三更清话[①]，僮仆鼾呼；或听一部宫商，金灯灿烂。至于小艇将开，而呼驺又到，漏尽霜浓之际，握手依依，使我至今低徊不置也。访春痴兴，恃牛相公之保护樊川，几于微服野行，狎邪不顾，终无所获，命也何如。然新花之采折，与旧雨之周旋，孰重孰轻，静言思之，终不悔雉皋之跋涉也。在苏耽迟四十余日，佳人信断，残腊将终，依旧抱空而返，未免抡才[②]太刻，穷且益坚矣。幸为小女择得一壻，楚楚不凡，差强人意。本求西子，翻得东床，想彼苍亦“与之齿者去其角”[③]之意也。还山后重兴土木，小有经营，日与都料匠[④]攘臂握算，日昃不遑[⑤]。故奉赠诗与游冒氏荒园之作，至今未能握管。才人觅句，荡子寻春，其间得与不得之故，想亦有数存耶？

【注释】①清话：高雅不俗的言谈。②抡才：选拔人才。③与之齿者去其角：典出《汉书·董仲舒传》，本意为长出上齿就去掉它的角，后来比喻事情有得便有失，总是难以十全十美。④都料匠：古代称营造师，总工匠。⑤不遑：来不及。

【译文】记得菊花开放的时候，也是我因为按捺不住一缕相思而去拜访你的时候。承蒙老朋友的情谊，你很周到地接待我。有时畅谈到三更，僮仆都睡得直打呼噜；有时听一曲，灯光照得如同白昼。至于小船快要驶离之际，你又乘马赶来看我，已是五更时分，大家握着手依依不舍，这种情形，使我到现在都还不时地回想！我因一时起兴去寻访美人，承蒙你暗地里保护，几乎相当于微服野行，连狎邪的坏名声竟也不管不顾了，然而结果还是一无所得，这真是命里注定的。但究竟是得到美人更好，还是和老朋友畅叙更好，孰轻孰重，我仔细想起来，终究没有什么懊悔的。在苏州耽搁了四十多天，终究没有寻到佳人，而快到年底，依旧空手而归，这未免是条件越严酷，而要求越严苛了。幸亏替小女选到一个佳婿，一表人才，还算不错。本来目的在求西施美人，结果反得了一个佳婿，想来苍天也是在表达有得便有失，事情总难十全十美的意思吧。回山以后，再兴土木，稍加经营，天天和木匠、泥水匠厮混在一处，持盘握算，从早忙到晚。所以赠送给你的诗和游冒氏荒园的游记，到现在还没有下笔。才子寻觅佳句，荡子招访佳人，这中间的得与不得，想来也是有定数的吧？

四〇、复陈竹香

接手书，为平章①小女姻事，执讯告我。大才人一解作诺，便尔不忘，可感也。曹来殷舍人②为吴门七子，仆耳之久矣。其文如万斛泉源，茫洋无极，矧已秉笔凤池③，出纳王命④。得壻如此，洵足为欢。奈小女已于去冬联姻苏州蒋氏，虽草草向平之愿，业已粗完，而明明箫史⑤之楼，未能少待。信乎王廖之贵先，不若儿良之贵后也。还君玉镜，有负冰人⑥，为惆怅者久之。足下一试京兆⑦，出手得卢⑧，此后蹑云将⑨而腾羊角，弹指须臾。但未知再唱高轩⑩，访野人于物外，当是何时？

【注释】①平章：商量处理。②舍人：宋代以后用来称呼权贵子弟，犹称公子。③凤池：借指朝廷。全称凤凰池，原指皇宫禁苑中的池沼。④出纳王命：既向百姓传达王命，也向王反映民情。⑤箫史：古代传说中善吹箫的人。⑥冰人：旧时称媒人。⑦京兆：西安的古称，是汉朝京畿都城地域的名称。⑧卢：即卢雉，古代樗蒲戏中两种贵采之名。⑨云将：寓言中称云的主将。⑩高轩：即高车。贵显者所乘之车，后用来借指贵显者。

【译文】接到你的来信，为了商议小女的婚事，特地来告诉我消息。有大才学的人，只要承诺了人家，便永不忘记，这真是叫我十分感激啊！曹来殷舍人是苏州七才子之一，我听闻他的大名，已经好久了。他做的文章，好似万斛泉源，浩荡无垠，更何况已经中了翰林，现在在朝廷做官。若能得到一个这样的女婿，确实是一件高兴的事情！怎奈小女已在去年冬天，许配给苏州一姓蒋男子了。虽然向平的愿望已经草草完结，可是竟又有了这种的好婚姻，但已来不及等候。这真是王廖的贵先，不及儿良的贵后了。奉还你的聘书，辜负你的一番好意，我心里真是难过了很久。你在京兆考试，第一次就考中，此后青云直上，好像还是不久前的事。但不知道再到山野里来看望我，大家喝酒放歌，又是什么时候？

四一、荐周幔亭与鱼门

周子幔亭，古之振奇人也。平生学问，好取人间之极难极苦极琐屑者而为之。能以杯许浮球制浑天图[①]，能以尺绢画长江万里，其他则鸡碑雀篆，鼠序龟经，靡不精心致思，钲刳苛细。

足下大雅堂中，玄儒骈列，安可无此人参错其间？更妙者，能为传响之伎。常至其家，主人对坐，噤不发声，客有所需，但取笔管叩盎二三或十数响，则茶汤粉饵悉从内出。借盎代口，百无一差，较之古人之芦荻画灰、粉盘书字者，神巧更绝焉。渠出外则以一奴自随，到处可以奏伎，足下何不进而试之，且令家人学之耶？昔者有客能呼，公孙龙[2]许为弟子；有人善窃，楚子茂遂退齐兵。幔亭之伎，似在呼与窃之上，故不吝数行，马之作介。

【注释】①浑天图：古代天象图，用于古代风水占星，为三国时期吴国人陆绩所作。②公孙龙（公元前320—公元前250）：字子秉，“诡辩学”的祖师，是名家代表人物之一。名家是活跃于战国中后期，提倡“正名实”学说的流派，即要“正彼此之是非，使名实相符”。名家善长辩论，以逻辑分析见长，故又称“辩者”，西汉始称“名家”。

【译文】周幔亭是一位有着古风的卓越不凡的人。平生做学问，喜欢拿人间最难、最苦、最琐屑的来研究。他能够在一个杯子般大小的空心球上制出天象图，也能够在一尺的丝绢上，画出万里长江的景色，其他像以鸡蛋调和瓦屑制成碑石，让赤雀衔来紫文金简，以及鼠序龟经等，没有一件不是别出心裁的。你的大雅堂中，立有许多大儒，怎么可以没有这个人的一席之地呢？更为绝妙的是，他能玩一种传响的把戏。我曾经有一次到他家里，主人坐在对面，默然不作一声，客人需要什么东西，只要拿起笔管在盆上轻轻敲两三响或十多响，然后茶啦、汤啦、粉饵啦，都从里面出来了。用盆来代替嘴巴，一百次也不会有一次出错，比之古人的芦荻上画灰、粉盘上写字，更加神奇绝妙。他平时外出，只带一个佣人跟随，无论哪里都可以表演技艺，你何不叫他来试上一试，而且叫家里的人也学一学呢？从前有个门客擅长呼喊，公孙龙就把他收为弟子；有人善于行窃，楚子茂就利用他退却了齐国的军队。幔亭的本领，似乎在呼喊与行窃之上，所以不吝惜笔墨为他写了一封信，作为介绍。

卷　二

四二、上座主虞山相公

枚立雪程门，二十一年矣。枚不肖，不能致身通显[①]，仰承大贤衣钵，然受恩最早，为三千弟子之先声。豨苓[②]虽贱，曾早登于药笼[③]，他日升堂，可使执梃[④]为诸门生之长也。近知夫子入赞黄扉[⑤]，朝野相庆。枚以为鼎鼐和羹，原是师门旧物。唐之萧、韦，宋之韩、范，不得专美于前。所望庆云当空，万物尽沾膏雨耳。枚山居奉亲，刈田自活，幸年岁有收，高堂康健，足以上慰慈怀。兹有赴补郎中谈羽仪，系枚受业子弟，束修自立，以小门生参见师相，有如曾点之后，曾参又来，夫子必莞尔而笑。或藉以问山中之小草，访物外之孤云，亦拾旧履而念遗簪之一助也。

【注释】①通显：谓官位高、名声大。②豨（xī）苓：即猪苓。药草名。③药笼：盛药的器具。比喻储备人才之所。④执梃：手执梃杖。指持梃作仪卫前导。⑤黄扉：古代丞相、三公、给事中等高官办事的地方，以黄色涂门上。后用以指代丞相、三公、给事中等官职。

【译文】我侍候先生你，已经二十一年了。因为我不太长进，这才没办法成为达官显贵。我仰承大贤的衣钵，可谓是最早受到教诲，比起其他弟子都要早。豨苓虽然不值钱，却早就得以盛进采药的竹笼里，所以将来也可以拿着杆杖，做许多门生的兄长呢！近来知道夫子做了宰相，朝野上下，一致庆贺。在我看来，身任宰相，辅佐君王，原是师门的旧物。唐朝的萧瑀、韦思谦，宋朝的韩琦、范仲淹，不能独得美名于前了。我所希望的只是祥云当空，使万物都能沾到一点恩泽！我住在山里服侍老母，种种田养活自己，幸亏年景还好，收成不错，老母身体也还康健，足以使你听了感到欣慰。现在有一个赴补郎中叫谈羽仪的，是我的学生，平时以教书为生，现在以小门生的身份来拜见你，恰如曾点之后，又来了曾参，夫子你一定会展颜欢笑的吧！或者可以从他那里了解一下山中的情况，问问已然飘然世外的我，也可以助你回忆回忆旧日时光。

四三、与江苏抚军陈榕门先生

闻大贤之名久矣，怀愿见之私亦久矣。枚作翰林时，谓可以后辈礼见，而公旬宣[①]在外，不果见。枚来江宁时，谓可以属下礼见，而公调任远方，又不果见。每于邸报[②]中读公章奏，见忧民之心，经国之略，往往合于古人。然仅能知公所行之善，未能悉公所学之深也。去冬过苏，承颜接词，方知公之所以负重望于天下者，有本有原，非外间传闻者所可尽也。大凡理学之说，为第一流人物所必争，而往往入之不深，则流弊必多，反不如豪杰之士建立转盛，所谓“苟为不熟，不如荑稗”是也。公则不然，以用世为心，不谈玄妙；以闻过为喜，不事矜张；以淡泊自甘，而不以敝车羸马[③]取人；以恭俭自持，而不以矫情饰行镇物。析理必穷其微，爱民必核其实，然后知公无自矜理学之心，而立身行事不与世同。世之人欲位置公而无所，则不得不以此事相推。诚于中，形于外，凡深于道者，莫不皆然。所刊书籍，上自从政，下至在官，旁及童蒙女子，罔不集有遗言，示之遵守。至于重刻《温公文集》，则又公之隐然自命者也。枚因之有感焉：温公德望粹然，其门下士苏轼、刘攽皆一时疏俊之士，宜若道不同不相为谋，然温公爱之甚殷、接之颇勤者，岂非以中行[④]之外，惟狂狷[⑤]可与人道欤？抑亦刚克柔克之说，修己安民，非聪明才辨者不足以集思广益欤？卒之争差役者惟子瞻，赞《通鉴》者惟贡父[⑥]，亦其明验也。枚虽乍见，蒙公褒之过当，且云论政书中有与公暗合者数条，是亦温公待贡父、子瞻之遗意也。枚终养老母，伏而不出，于当代名贤未尝不心焉系之。草木虽微，望卿云[⑦]当空而有荣茂之色。伏愿明公晚节弥坚，仁闻愈广；认理虽真，先规其大；守经[8]虽定，兼济以权；嫉恶不妨太严，但须察其恶之是否；听言不妨太广，但能审其言之是非。潢潦[9]之水所助于河海者，如是而已。

【注释】①旬宣：周遍宣示。②邸报：中国古代抄发皇帝谕旨、臣僚奏议和有关政治情报的抄本。宋代起发展成一种手抄的类似报纸的出版物，明末开始发行活字版本，到清代称为京报。③敝车羸马：即破车劣马，比喻清廉俭朴。④中行：行为合乎中庸之道的人。⑤狂狷：志向高远的人与拘谨自守的人。⑥贡父：刘攽(1023—1089)，北宋著名史学家。字贡夫，一作贡父、赣父，号公非。一生潜心史学，治学严谨。助司马光纂修《资治通鉴》，充任副主编，负责汉史部分。⑦卿云：即庆云。一种彩云，古人视为祥瑞。⑧守经：固守经义或常法。⑨潢潦：地上流淌的雨水。这里指自己提的建议。

【译文】听闻你的贤名已经很久了，心里藏着见你的心思也好久了。我做翰林的时候，以为可以以后辈见前辈的礼节来拜见你，而恰巧你宣抚外省，没能见成。我来南京的时候，以为可以以属下见上级的礼节来拜见你，而恰巧你又调到远地任职，又没能见成。我每每在邸报上面，读到你的奏章，见到你忧民的心思，治国的韬略，往往和古人一样。然而我还只见识到你做人的善良，还不知道你的学问之深。去年冬天路过苏州，和你会了面，说上话，才知道你之所以能够在天下享有崇高的名望，实在是有本有原的，而不是单单外面那些传闻所能道尽的！大凡理学这话头，乃是第一流人物，一定要争上一番的，然而往往都论说得不够深入，所以流弊必然很多，倒不如豪杰之人干出一番功业好，孟子所说的“苟为不熟，不如荑稗”

就是这个意思。而你却不是这样，只以用世为目的，不谈玄妙；以听到自己的过失为高兴的事情，不故作矜张；以清淡过日，不因为敝车羸马就把人看轻；以恭俭持身，不矫情地粉饰夸耀自己。分析道理一定要穷究本原，爱护百姓一定要讲究实在，然后我就知道你并没有以理学自傲的心思，立身行事也和世人不一样。世人想要了解你是个什么样的人，不知道从何了解，于是不得不从这件事上来推知。“诚于中，形于外”，凡是精深于道德的人，个个都是这样的。你所刊行的书籍，上自从政，下至在官，旁及童稚、女子，没有不收集前人的良言，以让他们遵守的。至于重刻《温公文集》，更是你隐约把自己当作第二个温公了。我因此有所感慨：温公德行高，名望重，但是他的学生苏轼、刘攽，都是一时疏狂俊逸之人，无怪乎大家要意见不合了，然而温公对待他们非常慈爱，这岂不是以为中庸以外，只有狂放、狷介了，还值得称道吗？又或者是抱着刚克柔克的学说，提高自身修养，安抚百姓，不是聪明才智的人，就不足以集思广益吗？到最后，争差役的只有一个苏轼，帮助他修《通鉴》的只有一个刘攽，这也就是明显的证据了。我虽然只是初次和你会面，却承蒙你的盛赞，并且说我的论政书里，有几条和你的意见暗合的，这也是司马温公对待苏轼、刘攽的意思啊！我告老回来奉养老母亲，隐居山林中不出来，对于当代的名贤，未尝不心里佩服挂念。草木虽然微小，望着空中的青云，于是自己也有欣欣向荣之意。只愿明公你老人家不要改变从前的节操，仁慈的声名传播得一天广过一天；认识道理虽然是真，但一定要先从大处着手；固守常法虽有一定，但也要结合一些变通之法；憎恶邪恶不妨过分严厉，但须考察清楚他的恶是否确凿；听别人的意见不妨范围更大一些，但要能判断他说的到底对不对。我这条溪沟一般的水流能够有助于河海的，也就只有这些了。

四四、寄山东周夔堂抚军

忆壬申岁路过保阳，蒙明公旧雨情深，殷勤款接，助之以路费，饫①之以盘飧，使游子天涯有宾至如归之乐。其时值金质甫同年掌教书院，掎裳联襼②，入署同欢。枚又携北地之燕脂，谒南衙③之金粉，住虽三日，情足千秋。至于酒痕灯光，犹往来于心而不能释。是岁秋间，读礼④南返，侨寓白门⑤。服阕⑥后遂告养亲，幽栖岩壑。云泥路隔，鱼雁风稀，以致一介之书，久不彻于隶人之听。遥知卿月当天，必不责闲云之疏懒也。阅邸报，知公巡抚山东，官爵愈尊，家乡愈近，且与姚小坡、蔡嵩霞两观察朝夕共事。鲁多君子，我尽故人。若非老母年高，几几乎有千里命驾之思焉。枚烟霞供养垂二十年，欲寡过而未能，恐修名⑦之不立。桑榆未晚，蒲柳先衰。未知戊午同科⑧，合簪缨萝薜⑨而计之，尚剩几个晨星硕果？思之怃然。

【注释】①饫（yù）：饱。②掎裳联襼（yì）：衣裙相连，衣袖相牵。形容人多。襼，衣袖。③南衙：唐代禁卫军有南衙、北衙之分。④读礼：古人守丧在家，阅读有关丧祭的礼书，因称居丧为“读礼”。⑤白门：指建康宣阳门的俗称，后代指南京。⑥服阕：守丧期满除服。⑦修名：美好的名声。⑧同科：指同榜考中者。⑨簪缨：古代达官贵人的冠饰，后借以指代高官显宦。萝薜：指女萝和薜荔，用以指隐士的服装。

【译文】回想起壬申那年我路过保定，承蒙明公你念着老朋友的交情，殷勤地款待我，资助我路费，请我吃饭，使我即使远在异乡，也像回到自己家一样快乐。当时正值同年金质甫掌管那里的书院，我们一同去看他，大家快活地欢聚了一场。我还带着北方的佳人，去会见他南方的美人，虽然只住了三天，情分却当得上千年。当时的情景，到现在还常常萦绕在心头，一刻也忘不掉。那年秋天，我丁忧回来，借住在南京。满服以后就此告退养亲，隐居到山林间。从此以后，我和你分居两地，路途迢远，信件也不好托人送达，以至于区区一封书信，很久之后都还送不到你的手里。遥知你胸襟宽大，一定不会责备我的疏散懒惰。看完邸报，知道你巡抚山东，官爵愈高，离家乡愈近，并且和姚小坡、蔡嵩霞两位道台，朝夕共事。山东多君子，又都是我的老朋友。若不是老母亲岁数大了，我几乎就要起程奔走千里到你那里去。我住在山里与烟霞作伴，快二十年了，想要减少一些自身的过失又不能做到，想要树立些声名也有些难办。年纪倒还不算大，身体却已先衰朽了。不知戊午年同科的，把做官的、隐居的都加起来，还能剩下孤零零的几个人呢？想到这些，心里不免伤感。

四五、与徐紫庭方伯

丁丑春，高轩来白下，小具壶觞，班荆[1]道故。蒙赐七律二章，写物外之风花，纪雪鸿之爪迹，至今碧纱笼护，当作兰亭醉本看矣。近闻移节[2]黔中，以承流宣化[3]之才，当赋简民醇之地，想见香凝燕寝，风静彭排，回首玉堂，清华较胜。如阁下者，方信人间生佛，远胜天上顽仙。枚别来四年，发有二色。十年清俸，既消磨于风台月榭之中；半世精神，又狼藉于断简残编之内。前年妾生一男，坠地不举[4]，是区区者而不余畀[5]，命可知也。赖明公荫庇，老母康娱，家无避债之台[6]，邑少催租之吏，得与云山书史耦居无猜，不可谓非人生之幸。驾赴西川时，曾赋长排五十四韵奉送，道远未寄，蹉跎至今。适有候补贰尹庄绪畴来黔候补[7]，托其带呈左右。虽岁月小差，已是过时之笔墨；而相思未减，依然往日之心情。知明公聆音识曲，不笑其为失晨之鸡[8]也。

【注释】①班荆：指朋友相遇，共坐谈心。②移节：旧称大吏转任或改变驻地。③承流宣化：指官员奉君命教化百姓，可使文化流传，百姓更有教养，国家也会更加兴旺。④不举：不抚养。⑤畀：给，给以。⑥避债台：本名謻台，周景王所筑。后因周赧王避债于此，故称。⑦候补：清制，没有补授实缺的官员在吏部候选后，吏部再汇例呈请分发的官员名单，根据职位，资格，班次，每月抽签一次，分发到某一部或某一省，听候委用，称为候补。⑧失晨之鸡：忘记报晓的雄鸡。比喻失职或犯错误的人。

【译文】丁丑年春天，你的车驾来到南京，我与你吃饭喝酒，谈论往事。承蒙你送给我两首七律，描写物外的风花，记述过往的点滴，到现在我还珍藏着，把它当作喝醉后写的《兰亭序》一般看待呢！近来听说你已调任贵州，以你教民化俗的才干，在那种赋税轻简、民性醇厚的地方，可以想见你必然能够轻松胜任，高坐堂上之时，回想起旧时在翰林院的时光，一定是清闲许多。见了像你这般的人，才相信世间的活佛，远胜过天上的仙人。我和你分别之后，到现在已经四年，头发花白。十年来做官的俸禄，已经消耗在风月楼台中了；半辈子的精神，又虚耗在诗书里面。前年小妾生了一个男孩，出生后就夭折了，这一点点东西，老天都不肯给我，那么我的命究竟如何，也就可想而知了。幸亏托你的福气，老母亲身体康健，家里没有举债过日子，上面也没有催租的官差来，能够和云山书史做邻居，不能不说是人生的幸事。你到四川去的时候，我曾经做过一首五十四韵的长诗准备送给你，因为路途遥远，没有寄成，于是一直拖延到现在。恰巧有候补同知庄绪畴要到贵州去，便托他带去呈献给你。虽然岁月匆匆，这已经是过时的笔墨，但心头的相思，没有丝毫减弱，仍旧和从前一样。我知道你看见诗作便能够懂得我的心，而不会笑我是一只错过时辰鸣叫的公鸡吧。

四六、与许青岩方伯

明公心存匡济，德备中和，履患难而清白愈彰，敦故旧而始终如一。枚阅历宦途，所心折[①]者，屈指如公，不数数觏。恭闻安徽布政官署移在皖江，天子命公领职。枚考朝廷官职，凡创始之人无不垂之简编，传为盛事。如三公在外之始于张温也，转运使之始于裴耀卿也，总漕之始于吴桢也，总河之始于陈瑄也，丰功伟业，俱赫赫在人耳目。今明公为皖江布政使之始，不特科房银库，事事维新，而且立美善之章程，使后人有所遵守，权从前之利弊，使善政有所开端。非公之才，不足以当此重任；非公之福，亦不能际此遭逢。南望皖云，为之欣喜。接手书，知起居康健，深慰下情。蒙赐肉桂二两。李义山[②]诗云“补羸惟紫桂”，枚知公之所补益于苍生者，正是恢宏悠远，而不谓枚之先受其赐也。远贻药石，见仁者之深情；片语不忘，仰故人之风义。可师可感，两者兼之。南湖观察太夫人行状[③]，是枚受其迫促，一夕而成，即史黄门[④]之《急就章》也，何足齿及。

【注释】①心折：心服，折服，佩服。②李义山：李商隐（约813—约858），字义山，号玉谿生。晚唐著名诗人，和杜牧合称“小李杜”。③行状：叙述死者世系、生平、生卒年月、籍贯、事迹的文章，常由死者门生故吏或亲友撰述，留作撰写墓志或史官提供立传的依据。④史黄门：史游，汉元帝时担任黄门令。精字学，善书法。作《急就章》，后人称其书体为章草。

【译文】你心存匡时济世的志向，具备中和的品德，愈经患难，愈彰显出你的清白，敬重朋友也是始终如一。我也经历过宦海沉浮，像你这样令我佩服的人，屈指一数，实在是不多。听说安徽布政司衙门搬到了安庆，皇上命你领导相关职务。我考察朝廷任命的官职，凡是创世之人，没有不记录在史册之上，流传后世，当作一件盛事的。像位列三公又在外任职的始于张温，转运使始于裴耀卿，总漕官员始于吴桢，总河官员始于陈瑄，丰厚的功劳，伟大的事业，全都声名远扬。现今你作为皖江布政司的第一人，不仅是科房银库，事事都是新建，并且建立尽善尽美的章程，让后人可以遵守，权衡从前的利弊，使善政从你开始推行。不是像你这样的大才，不足以担当这样的重任；不是像你这样的福气，也不可能遇上这种好事。我向南面望着安徽，为你欢喜不尽。接到你的来信，知道你身体很好，心里很是欣慰。承蒙你赠送给我肉桂二两。李商隐诗上说："补羸惟紫桂。"我知道你对于百姓的补益，真是不可尽数，不料却是我第一个受补的。从这么远的地方寄给我药物，看得出你仁人的深情；只言片语不曾相忘，使我更加佩服你这老朋友的风骨义气。你既可以做我老师，又可以作为朋友使我感激不尽，两者兼而有之。南湖观察太夫人行状，是我在催迫下写就的，一下午就写成了，这正是和史黄门的《急就章》相同，不足挂齿。

四七、尹六公子闻新娶姬人患病，戏作骈体书为紫云之请，作此复之

有女同车，未盈一月，其人如玉，竟谒三医。自怜浪费黄金，买来马骨；或者赏音名士，惯获焦琴[①]。足下理宜增华助宠，缄封阿杜之钗；抑或济困扶倾，远馈季康之药。此则君子之深情，通家[②]之雅意也。不料许不吊灾，而楚翻问鼎：紫云未见，遽发狂言；碧玉问名，便思篡取。久假不归，是吾忧也；如其非义，于汝安乎？虽司空见惯，何妨使配参军；而白傅[③]中年，尚未放归樊素。譬如趁齐之败而取质萧同，当汉之强而书求吕雉。无嫂溺加援之手，有朕栖欲治之心。上愧淳于，下同傲象，虽为八法[④]原情，难免《春秋》诛意矣。倘若九原竟逝，定与公子同归；如其一息尚存，可使日中为市。

【注释】①焦琴：即焦尾琴。中国古代有“四大名琴”之说，齐桓公的“号钟”，楚庄王的“绕梁”，司马相如的“绿绮”以及蔡邕的“焦尾”。②通家：指彼此世代交谊深厚，如同一家。③白傅：即白居易。④八法：周代管理百姓的通法。

【译文】刚娶了一个小妾，还不到一个月，她生得和白玉一般，至今竟已请了三次医生。自己觉得可惜，浪费了黄金，只买来些马骨；或许作为一个欣赏音乐的名士，所以经常得到焦尾琴。按理你应该

送些首饰，可以给她梳妆打扮之用；或者寄些药物，也算是扶贫救困。这样才显得出君子的深情，朋友的雅意。不料你不但不这样，还反过来大发狂言，想要我的人。人还没有见过面，就大发狂言来索取；刚听到她的美名，便生出不良的心思。借出去后，长久不回来，就成了我的忧虑；如果得来的不合道理，你的心里又能够安宁吗？本来大家关系挺好，倒也不妨把她配给你；但我还是中年，还不肯把她放弃。这就好比是趁着齐国打了败仗，就要拿萧同叔子来做抵押，正当汉朝强盛的时候，却写信想把吕雉要过去。没有嫂溺加以援助的心思，反有娶嫂做妻的肝肠，你上不及淳于髡，下和傲象一般货色，这固然是法律上可以原谅的罪，按照《春秋》大义，那可是要责罚你的。倘若她最终不幸去世，那就可以送给你；可是如果她还有一口气在，那就只允许你白天来买了去。

四八、再复似村

古人挈瓶之智，守不假器；今人徙宅之愚，谁肯忘妻？乃足下始则作阴姬之请，舍曰欲之；继则覆吕相之书，恶夫佞者。振振[①]公子，原非带下之医[②]；蛇蛇[③]硕言，偏纳瓜田之履。虽重耳自然返璧，而颜回先已拾尘。佳人非朋友之轻裘，公然可共；枕衾岂五霸之仁义，久假思归？老夫耄矣，诚宜让畔而居；赐也贤乎，乃敢越疆而吊。昔苍吾浇娶妻而美，让之于兄；今谢幼舆张口而挑，劫之以病。以吾一日之长，何所不容；小子鸣鼓而攻，谓之不弟。在陈平④美如冠玉，盗嫂何妨；奈六郎⑤面似莲花，自媒不暇。我笑慢藏诲盗，三女为奸；君如小往大来，一夔已足。

【注释】①振振：信实仁厚貌。②带下之医：指妇科病医生。③蛇蛇：浅薄自大貌。④陈平（？—前179年）：西汉开国功臣。少时喜读书，有大志，曾为乡里分肉，甚均，父老赞之，他感慨地说："使平得宰天下，亦如此肉矣！"《史记·陈丞相世家》记载：绛侯、灌婴等咸谗陈平曰："平虽美丈夫，如冠玉耳，其中未必有也。臣闻平居家时，盗其嫂……"⑤六郎：张昌宗（？—705），小名六郎，武则天时期的幸臣，拜春官侍郎、秘书监，封为邺国公。武周晚年，联合张易之把持朝政，败坏朝纲。杨再思："人言六郎似莲花，非也，正谓莲花似六郎。"

【译文】从前的人，仅有一点挈瓶汲水的浅薄见识，就能守住汲器不外借；现在的人，任凭他再怎样愚笨，也决不会搬家时忘掉妻子吧？你起初想要我的新妾，偏偏故意不明说；后来回复我的书信，又巧饰文过。你本是一位正直仁厚的公子，而不是妇科病的医生；冠冕堂皇的话语里面，却惹下瓜田李下的嫌疑。虽然借去后还会还给我，但人也已经被你糟蹋了。佳人又不比朋友的衣服，怎么可以公然共享；同床共枕之人岂是五霸的仁义，借去许久之后还想着可以还回？我年纪大了，实在是该退让一下位置给年轻人；但你扪心自问，你就什么都好吗？竟敢提出这样非分的要求。从前苍吾浇娶的妻子很美，心甘情愿地让给了哥哥；现在你这个谢幼舆一样的人，居然趁她害病，就开口来讨要她。我因为年纪大了一点，没有什么是不可以忍受的；但是许多人却会因此来攻击你，骂你不守弟弟的本分。若是陈平一样貌美似玉，偷嫂嫂也没有什么关系；奈何六郎有着莲花似的美貌，不断有美人送上门来，忙着应付都没有闲暇工夫呢！我自笑慢藏诲盗，三个女子合成一个“奸（姦）”字；你若肯把大老婆拿来调换这个小的，我只要一个，也就足够了。

四九、谢托师健抚军

不奉教诲，四月有余，仰止之怀，寸阴若岁。伏惟贤者之精神，即邦家之元气。天留国老[①]，以作岁星，想八座起居入秋弥健也。八月廿二日为老母八十生辰，将公所赐寿言，张之堂陛，一时宾客，争相传观。伏念人子之寿其亲也，往往求巨公笔墨，以为光荣，而巨公之应其求也，亦不过嘱人握管，勉强敷衍而已。公则额三字曰“仁之征”，对一联云“乐山在山中奉养，主静得静处延年”，此皆挤嚅道真，有德者之言，非他人所能代，而书法之苍秀，直逼钟、王，亦非凡手所能摹也。较之古人庐山九锡[②]，华阳十赉[③]，荣有过焉。平生乌乌之私，藉兹稍慰。本当亲渡长江，拜申谢悃[④]，因膝前侍馔，未敢远离。明岁天子南巡，公当扈跸[⑤]。将访皋、夔于唐、虞殿陛间，一听赓扬之什，如前年故事，虽身未到而心已驰矣。

【注释】①国老：国之重臣。②九锡：古代天子优礼大臣，赐与其车马、衣服、乐器、朱户、纳陛、虎贲、弓矢、秬鬯等九种物品。③十赉：道教指便于修炼的十种赏赐。④谢悃：感谢的诚意。⑤扈跸（hù bì）：随侍皇帝出行。

【译文】没能够接受你的教诲，已经四个多月了。这颗心里面对你的敬仰，使我一刻不见你都难过得像过了一年！原来，贤者的精神，便是国家的元气。上天留着德隆望重的国老，作为人间的贵客，想来入秋以后尚书的身体，一定更加健康了吧！八月二十二日，是老母亲八十岁的生日，我把你所赐下的寿言，悬挂在客厅上，一时间许多客人，都跑过来争相观看。我寻思，做儿子的替父母做寿，往往向名人求赐笔墨，脸上也有光彩，而那些名人呢，也因为不好推却，叫手下的人代写一些，勉强敷衍一下而已。可是你替我题了个匾，是“仁之征”三个字，又写了一幅对联：“乐山在山中奉养，主静得静处延年。”这些都是含有至理的，有大德的人才能说得出的话，不是随意一个人所能代写的。而且那书法的苍秀，像极了钟繇、王羲之，更不是俗手所能摹仿的。比之古人的庐山九锡，华阳十赉，还更为光荣。我平生的一点点孝心，也因此而稍稍得到慰藉。本来应该亲自渡过长江来向你拜谢，因为要在老母身前服侍，不敢远离，只好作罢。明年天子南下巡游时，你一定也会随着来的。且待那时再去拜谒你，和前年那次一样，恭聆你教诲，虽然身子还没有到，而这颗心早已飞驰到将来见面时的情景里面了！

五〇、复庄滋圃新参

前呈米字册子[①]，尹师相深訾其非真，而阁下则中心笃嗜，留之案头，不忍决舍，有古人三宿索靖碑下，徘徊不忍去之意。一师一友，孰是孰非？枚非书家，实不敢妄举一词。然想古君子和而不同，韩、范交好最深，而上殿便争如虎。阁下他日与尹公同赞黄扉，风采正当如是。承命明日在家相候，将拉往尹师处，置酒送行。枚初觉两宰相，一山人，鸠凤相参，殊不伦类，意欲辞谢。既而思之，公西华之肥马轻裘，与颜渊之箪食瓢饮，何以同侍孔门之侧而彼此相忘？其中道妙，必有在富贵贫贱之外者。阁下知之，尹师相知之，枚敢不知哉？谨当扫门驾车，鹄立[②]以候。

【注释】①米字册子：指米芾字帖。②鹄立：如鹄延颈而立，形容盼望等待。

【译文】上一次呈上的米芾字帖，尹师相一口咬定它不是真迹，而你的心里却认定为真品，对它很是喜爱，留在案头，舍不得分开，大有欧阳询接连三晚上住在索靖碑下，有徘徊不忍离去之意。一个是先生，一个是朋友，究竟谁对谁错？我不是书法家，实在不敢乱说话。但想到古君子讲究“和而不同”，韩琦和范仲淹的交情算是极深的了，但是到了朝堂上面，为了国家的大事，也争吵得极为厉害。你日后和尹公同在朝堂上议论国事，也应该像这样。你嘱咐我明天在家等候，同到尹师相那里，备酒送行。我起初觉得两个宰相，一个山人，斑鸠与凤凰夹杂在一处，很是不伦不类，要想辞谢不去。后来一想，公西华的肥马轻裘，和颜渊的箪食瓢饮，不也一起都在孔子的门下，大家也都没有觉得不自然。其中的道理，一定不是富贵贫贱就能概括的。你是知道的，尹师相也是知道的，我怎敢不知道呢？我自当打扫好房屋，备好车马，踮脚站立盼望着你们的到来。

五一、与裘叔度少宰

己卯秋闱，蒙公过访，扶病作别，垂六七年。非不倦怀明德，而一函未通，来求书者非可与之人，可与书者非入山之客，“譬彼坏木，疾用无枝”[1]，知公必不督过之也。前岁春间，闻公泊舟江口，枚得信迟，不获趋侍，而公亦不驰一介以相招，岂欲赠以不可召之名哉？转浅之乎视故人矣。枚少登名场，风流自赏，见人间五六十翁，自道去之尚远，如隔十重城郭，不意半百之年，忽焉已至。圉马不乘，理宜差健，何以种种之发，竟与当途[2]劳碌者同此头颅，为可叹也。客秋陶西圃同年来，道朝门见裘、程二公，居然黄发老臣矣。枚谓三十年为一世，理应尔也，况十二科之进士乎？公门生故吏，充溢海内，然而当年之出则共车，入则同席，侍安昌之门墙，斗齐谐之幻语者，彼何人斯，独不一回首于五云深处耶？以野客之常思春梦[3]，卜君子之肯念遗簪[4]，当亦不甚过差耳。比来山中述作，侈侈隆富，手编骈散文及韵语杂著，无虑数十卷，高可隐人。有《子不语》一种，专纪新鬼，将来录一副墨，寄呈阁下，依然《灯下丛谈》，定当欣畅。拔贡生[5]吴模，子夏之门人小子也。十二岁试明经，为张童子，近复溺苦于学。家徒壁立，就月光读书，竟能淹贯[6]，可以对武平一之七穆三桓，张茂先之千门万户矣。倘有笔研事，可以呼叱而东西之。

【注释】①譬彼坏木，疾用无枝：出自《诗经·小弁》。这里比喻自己隐居山林，与外界接触很少。②当途：掌握政权。③春梦：春日之梦，形容世事变幻无常。④遗簪：比喻旧物或故情。⑤拔贡生：科举制度中选拔贡入国子监的生员的一种。清制，初定六年一次，乾隆七年改为每十二年（即逢酉岁）一次，由各省学政选拔文行兼优的生员，贡入京师，称为拔贡生，简称拔贡。⑥淹贯：深通广晓。

【译文】己卯年秋天乡试的时候，承蒙你来看我，我在病中和你作别，算来已经有六七年了。不是我不想念你，所以一封信都不曾寄给你，实在是因为来求我笔墨的人不方便带信给你，方便带信给你的人又没有到我这里来做客。“譬彼坏木，疾用无枝”，知道你必定不会过分责备于我的。前年春天里，听说你坐船到了南京，我得到消息时慢了一点，已不能去看你，而你竟也没有派遣一人来通知我，难道是想赠我一个“不可召”的罪名吗？你这是把老朋友看得太浅了！我很小的时候，就得了科名，自命不凡，看见世上那些五六十岁的老人，自以为和他们差得还远，就好像隔着几十重的城郭，却不料五十岁的年纪，倏忽间就已经到了。我平时不做什么事情，也不骑马，身体应当还算健康，但为什么会长这么多的白头发，竟和路上奔波劳碌之人的头发一样，这真是可叹啊！去年秋天，陶西圃同年来到这里，说起在北京看见裘、程二公，居然也垂垂老矣。我说，三十年是一世，理应这样的，何况是十二科之前的进士呢？你的门生故吏，遍布天下，但是当年外出则同车，入内则同席，与你一起谈笑风生的这些人啊，他们就一点也不想念从前的时光吗？因为在野的人常常想念你，料想你对于旧友，一定也不至于太差。近来我在山里写的诗文，非常之多，亲手编辑的骈文、散文、诗文，以及其他各种著作，不下数百卷，叠放起来，可以挡住一个人了。还有《子不语》一种，专门记述些鬼怪的事情，将来专门誊写一本来，寄给你看，依然像《灯下丛谈》一样，你读起来一定会很高兴的。拔贡生吴模，是我的一个学生。十二岁就中了贡生，现在又肯用功。他家里很穷，借着月光来读书，竟然能够深通各种书籍，可以当得起从前武平一熟谙七穆三桓的故事，张茂先绘制千门万户的异事了。你若有什么笔墨方面的事情，可以随便差使他。

五二、与湖南抚军方毓川

接手书及茶、缎二物，知大君子不忘故人如是其深且厚也。别后一星[①]终矣，云泥分隔，山水程遥。高观察[②]掌万里之刑名，通两家之芳讯，亦是一时盛事。书中念旧，娓娓千言，如坐燕寝香清处，听九天珠玉，惠而好我，在远日亲。客秋陶西圃挈眷来园，班荆道故[③]，追忆当年赠柳分花，催妆捧镜，明公与有劳焉。今阿昭已成房老[④]，而佛保亦舞勺成童，白首思量，能无於邑[⑤]！其时适滋圃相公监临秋试，三人接席连宵，仿佛琼林光景，乃未及半稔[⑥]，西圃还赴荆南，而庄亦三公策免矣。同榜三十年，每相见不觉一往情深，况重之以沧桑枨触哉！枚今年五十有一，与人世推排，已成老物。且喜八旬母健，万卷书横，差强人意。然山泽之癯，负暄[⑦]之乐，不足为达官显者道也。明公沉几[⑧]应务，濡迹匡时[⑨]，在封疆大吏中所谓卓尔不群者，缘何有“访旧看山”“白云相迓”等语耶？无论圣人恩重，未容养望平泉，而我亦苍生，正要远看丰采。所愿如溧阳文靖公故事，开府[⑩]两江，尔时以杜甫之蓬茅，迓严公之八座[⑪]，山人必以竹里行厨，款金鞍于花下耳。企予望之。

【注释】①一星：即岁星，也就是木星。木星每十二年在空中绕行一周。所以，这里一星指代十二年。②观察：清代对道员的尊称。③班荆道故：在地上铺开荆条，坐在上面共叙情怀。指朋友相遇，共叙旧情。④房老：年老而色衰的婢妾。⑤於邑：忧郁烦闷。⑥稔：一年。⑦负暄：冬天曝背取暖。⑧沉几：事物隐微的征兆。犹深谋。⑨濡迹：驻足，比喻出仕。匡时：匡正时世，挽救时局。⑩开府：古代高级官员，建立府署并自选随员或职员的意思。⑪八座：东汉称六曹尚书及尚书令、尚书仆射为八座；三国魏与南朝宋、齐仅有五曹尚书，合尚书令与尚书左、右仆射为八座；隋、唐以六部尚书及尚书令、尚书左右仆射为八座；清称六部尚书为八座。

【译文】接到你的亲笔信和茶叶、绸缎，知道你这位大君子还没忘记老朋友的情分，而且是这样地深厚。分别以后，已经十二年了，大家不但身份地位差距悬殊，而且隔着山与水，路程遥远。高道台执管万里疆域的刑名，通达两家的消息，这也是一时的盛事。信里怀念旧时的言语，足足有千字之多，我就好似坐在你那里，聆听你九天珠玉般的言辞，你待我的好，真是越远越亲近。去年秋天，陶西圃携带家眷来到我这里，谈起从前的事情，追想当年我送给他一个婢女，里面也有你的功劳。现在阿昭已经做了房老，他生的儿子佛保也有十三岁了，在我这个白头之人想来，光阴过得这般迅捷，能不使人心里悲伤吗？那时恰巧庄滋圃相公监考乡试，也在南京，我们三人夜以继日地喝酒谈天，仿佛从前琼林宴的光景。怎料还没半年光景，西圃回到了湖南，滋圃也丢官回家去了。同榜三十年，每次相见，都觉得一往情深，何况还附加了许多时世变迁的感慨！我今年五十一岁，按人世的说法，已成了个老东西。欣喜的是老母亲到了八十岁了，身体还是康健得很，而书架上有万卷书籍，也不免有些得意。但是山野里面的清贫日子，实在是不足以和你们这些达官显贵诉说的。你忙于公务，热心治国，在封疆大吏里面也是数一数二的人物，为什么你在信里还有“访旧看山”“白云相迓”这样的话呢？且不说皇上正对你恩重，不会放你辞官归隐，就是像我这样的老百姓，也正想要远远看你一展身手呢！我所希望你的，是能像溧阳文靖公那样，到两江来做官，到那时，就算我这像杜甫草屋一般的家，我也一定要迎接你前来，做好山村菜肴，在花下款待你。我就这样企盼着。

五三、又

接手书并茶、葛两种，既温谕之缠绵，复嘉珍之宠锡。明公于督办军需之际，犹忆及山中一叟，惓惓不忘，不独笃于故旧之义人所难能，而即此临事从容，机宜悉协，亦可想见古大臣之风度也。书中谈及庄、陶二公，令人凄咽。古人称三十年为一世，己未至今，刚一世矣。晨星晓露，逐渐飘零。所赖明公一人，领封疆[1]重任，为吾党辉光。须知望三台而以手加额者，军吏苍生之外，尚有闲鸥野鹭也。枚去秋始带眼镜，一自借重此君之后，观书作楷，须臾难离。左车牙欲落不落，时复痛楚，与老饕作梗，正如朱买臣妻，求去不去，故终日勃谿[2]作闹。老之逼人，乃如是乎！近得裘司空手札，亦以衰颜相告，想此境界，贵贱同之。惟今春见归愚宫傅，已九十六岁，而聪强如昔，知公闻之，亦为色喜。高涧南明府席上得见令郎公子，长成如许，既叹岁月之如流；秋试将临，预卜青云之直上。因其归楚，顺候近祺。

【注释】①封疆：指统治一方的将帅，明清两代指总督、巡抚等。②勃谿：争斗。

【译文】接到你的来信和茶、葛，既给我温和的劝告，又赠送我贵重的东西。你在督办军需物质物资的时候，还想得起来住在山里的一个老头儿，常常心里牵挂着他，你不但如此地对朋友情深义重，是别人所难以做到的，并且你可以在办理公务之余做到这些，两边都处理得很好，让人想起了古时大臣的风度。你在信里提起庄、陶二公，使我凄怆伤心。古人说三十年是一世，从己未年到现在，恰好一世了。许多旧友已如早晨的星星，拂晓的露水，慢慢地稀少下去。只靠着还有你一个人，担当着封疆的重任，替我们这帮人争些光彩。你须知道，对你寄予期望与祝愿的，除了你手下的军吏百姓以外，还有我这么一个闲云野鹤啊。我从去年秋天起开始戴眼镜，自此有眼镜可以信赖之后，我看书写字，一刻都离不开它。左车牙快落不落，时不时地疼痛，吃东西时很不方便，好像朱买臣的妻子，想要离去而不离去，所以整天吵闹。衰老对人的威胁，竟然是这样厉害啊！近来得到裘尚书的一封信札，也在告诉我衰老的种种情形，这种情形，无论贵贱都是一样的。只有今年春天，看见沈归愚太傅，年纪已经九十六岁了，不但头脑灵活，身体还强健得很，跟从前一样，你知道了，也会为他感到高兴吧。我在高南涧知县的座席上，看见你的公子，已经长成那样，不由叹息光阴的流逝如此之快；秋天乡试快要到了，预祝他能够青云直上。因他回湖南的便利，我就顺便写下这封信，祝你近来安好。

五四、与姚小坡尚书

陶西圃灵柩到白门，其小妻携两孤来，具道西圃卒于济宁舟中，孤危托落，形影相吊。赖明公加意扶持，办治棺衾，料理水陆，且多与书函，为日后孤寡计较。古人羊舌下泣[1]之仁，郈成分宅[2]之义，有过之无不及也。去秋司马过江宁，枚留宿山中，见其年力颓侵，精神已去，而钟鸣漏尽，夜行不休，心戚戚然忧之。其时相国尹公尚未入都，庄容可新参正来监试，一山人，两宰相，合口同声，苦劝其息肩[3]梓里，不必入都。灯炧[4]酒阑，声泪俱下。而司马亦明知前行非策，但云儿子不肖，终日勃豀，至于掘地毁床，舐糠及米[5]，故不得已避子祸而出，非贪热官[6]而行也。话至于此，只得听其解缆，然私心希冀，天道难知，或一年，或二三年，得补一官，沾升斗之禄，未始非余光之照，而不料其竟委化于道路中也。所幸者不在大河以北大河以南，而独于临清终焉，似忍须臾毋死，以待仁人君子之援手者，岂非天之报施善人，与人之投托知己，皆有数存乎其间耶？此又不幸中之幸，司马所含笑于九泉者也。手谕以其如君幼子为拳拳，枚伏思阿骛吾家旧人，康公我之所自出，宁不关心？然而山居之人，绵力有限，只可尽其心之所能到。古乐府云“骆驼无角，奋迅两耳”，是枚此刻光景，引之自喻，博公一笑。

【注释】①羊舌下泣：春秋时晋大夫叔向（羊舌肸）在司马侯死后，对其子极表抚慰关切之情，当忆及与其父共事君主的深厚友谊时，不觉泣涕沾襟。②郈成分宅：常用以称赞他人资助亡友亲属。③息肩：指栖身，立足。④灯灺（xiè）：指灯烛将熄。⑤舐糠及米：舔米外的糠，一直舔到里面的米。比喻由表及里，逐步进逼。⑥热官：权势显赫的官吏。

【译文】陶西圃的棺柩运到南京，他的小妾带着两个小孩到我家里来，说西圃在济宁的船上去世，孤苦得很，都没有一个人帮忙。幸亏靠着你的极力救济，给他买棺材、置寿衣，安排水陆道场，还寄去许多封信，替孤儿寡妇日后的生活预作打算。古时候有羊舌下泪的仁爱，郈成分宅的义气，与他们相比，你实在是有过之而无不及了。去年秋天，西圃经过南京，我留他在山里歇宿，看他年纪已老，精神也不太好，还要勉强出门去做官，我的心里实在替他忧愁得很！那时相国尹公，还没有进京，庄容可正好来监考，一个山人，两个宰相，异口同声地苦苦劝他回到故乡，不必再进京了。谈到半夜，每个人都声泪俱下，伤痛不已。他也明知这次出门有些勉强，但他说儿子不孝，天天和他吵闹，以至于得寸进尺，步步紧逼，为了避开儿子的祸患，不得已外出，并不是贪婪于做官。话说到这个地步，也只好由他解开船缆去了，但我们心里暗暗希望，天道难知，或一年，或二三年，他能够补着一个官，得到一点俸禄，这也未尝不是余光之照，但不料他竟在半路上去世了。唯一幸运的是，他不是死在大河以北，也不是死在大河以南，独独死在山东临清这地方，好像是熬着不死，等待你去救助他，这岂不是上天在施加好报给善人，以及人的投托知己，都有一种命数在里面吗？这又是不幸中的大幸，他也可以含笑九泉了。你来信，把他的小妾和幼子殷切地托付给我；我想他的小妾本来是我家的旧人，他的儿子，又是我家的外甥，我怎么能不关心呢？不过住在山里的人，能力有限，只能够尽我的心意罢了。古乐府说“骆驼无角，奋迅两耳”，这两句话，正是我现在的光景，拿来比喻自己，是想博你一笑罢了。

五五、与闵莲峰

舟泊南都，惠而顾我，聆“春容摇岸柳，风色起江波”之句，至今耿耿未忘。顷者杂花生树，以鸟鸣春，丈人何以自娱？颇复有所述作否？白下诗人陈古愚，近体五七言超超有逸气，月之望日在仆处，与转运公面为游约，兹竟两袪高蹶，远涉扬州。所虑偏弦独张，清唱不应。孺悲无介，见拒于孔门；季札有交，始通于上国。故兼予一札，上谒清流[1]，明月入怀，定将按剑。望为通彼我之怀，释两情之滞，足矣。

【注释】①清流：喻指德行高洁负有名望的士大夫。

【译文】你船到南京时，特地来看我，听了你“春容摇岸柳，风色起江波”的句子，到现在我都还没有忘记。近来杂花生树，鸟鸣报春，你拿什么来娱乐呢？再有什么新作没有？南京诗人陈古愚，五言七言的近体诗，都写得飘逸绝尘，十五那天，在我家里和转运使当面约定，两人一起到扬州去游玩。但现在转运使去不成，他只能一个人去了。恐怕一个人玩得不够畅快，也没有人应酬他；一定要有人介绍，写上一封介绍信才可以。所以我特地给他写了一封信，叫他来见你，明月似的珠子投来，你一定会好好接待他吧。请你代我表达对他的情意，解释我的不便，这样我就满足了。

五六、复江苏臬使钱屿沙先生

枚于吏术虽曾尽心，然卸惠文冠[1]久矣，不复省记。蒙公苦言至意，勤勤下询。譬如贾人还家，鬻余之货，自分弃置灰没，无所于用，忽有大富人物色之，其不倾橐以献者，非情也。具状州县利弊如左，伏冀采择。枚窃愿公行其道以救时者，无他，亦在官思官而已。按察使何官乎？按者按狱也，察者察吏也。二者孰急？察吏为急。何也？狱之上闻者，公得而按之，其不上闻者，公不得而按之也。其得而按之者，吏也；公能察吏则狱皆平，而不按如按矣。然所谓察者，又非琐屑隐伺、攻讦阴私之谓也。本朝徐两峰巡抚江苏，不设逻者，不采风闻，其时吏治蒸蒸，贤才众多，考其所以致之者，有道焉。州县参谒，必具狱令判，闭门而试，其合者荐之，其不合者教之，其屡教而不能者黜之。徐公之言曰："吾不知所谓四善也，八法也，要在识治体、晓民情而已。"大哉言乎！晓与识无他，惟其明而已矣。今人不明之是求，而先廉之是求，不知不明而廉，不如其不明而贪也。不明而贪，贪即其医昏之药也，贫者死，富者生焉；不明而廉，则无药可治，而贫富全死于非法矣。今人不明之是求，而先勤之是求，不知不明而勤，不如其不明而惰也。不明而惰，惰即其寡过之一端也，其所枉谬者月不过二一事；不明而勤，则卤莽断割，而枉谬者日且千百事矣。此数语似发言偏宕②，然实代闾阎嚬蹙③而言，非过激也。江南积弊久矣，岂无一二上游蓄意澄清？然非起家贵胄，则迂袭理学，于用人行政，或皮相貌取，或头痒搔跟，无益于治。且其病在位尊，去九重近而离百姓远，故务竭精神揣上意，左氏所谓"奉己而不在民"，此近日之大病也。明公官虽尊，尚隔一间，及此勤施于四方，时乎时乎！然古之君子作事都有次第，改弦更张，势当渐靡而往，不露锋颖。倘求治太急，务为今是而昨非，以形容前此上游之赘设，则愠且愧者众，而道将有所不行。又或进锐退速，严于始而宽于终，均非所以为治也。谨空胸腹，陈愚见，惟省览焉。

【注释】①惠文冠：古代官员所戴的一种帽子。相传为战国时赵惠文王所制，故名。②偏宕：指偏激过当。③闾阎：泛指民间，也指平民。嚬蹙（pín cù）：皱眉蹙额。

【译文】我对于治民的方法，虽然曾经用过一番苦心，但已经多年不做官，有许多事情都记不得了。承蒙你还言辞恳切、诚意满满地来问我。好比做生意的人回到家里，没有卖完的东西丢弃在那里沾染灰尘，以为再也没有什么用处，忽然却有大富人来向他讨要，他还不倾筐献出的话，不合人情。因此我把州县的利弊写在下面，报告给你听，你根据需要来选择采纳与否。我私下希望你能够行道来救时的，不为什么，不过是在官思官罢了。按察使是什么官？按是按狱，察是察吏。二者里面，哪一件更要紧？以察吏更为要紧。为什么呢？凡是狱事递到上面来，你还能够核实它，要是不递上来，你就没办法去核实它。可以核实它的，只有吏了。你能够察吏，那么一切讼狱，都可以得到公平处置。即使没有核实的，也像是核实了。然而所说的察吏，也不是去考察人家鸡毛蒜皮的小事，或者攻讦人家的私密事情。本朝徐两峰巡抚江苏省，不设立巡查，也不采访风闻，那时吏治很好，贤才也多，他之所以能够做到这样，是他有好方法。凡有州县官去拜见他，他必定都要考核一番，叫州县官拟一件讼案，做一个判决书，做得公正的推荐他，做得不公正的教导他，屡次教导都还是不行的，然后再废黜他。用徐公的话说："我不知什么叫四善，什么叫八法，关键就是要明白治体、通晓民情。"这句话说得多好啊！明白治体、通晓民情，没有别的，不过就是一个"明"字而已。现在的人不先去求明，只知道去求廉；殊不知不明而廉，还不如不明而贪。不明而贪，贪就是给他医治昏庸的药，贫穷的死了，富有的存活；不明而廉，是没有药可以医治的，不管贫穷、富有全都会被他害死。现在的人又不去求明，只去求勤，不知道不明而勤，还不如不明而惰。不明而惰，惰就是他减少过失的一种方法，被他所冤枉的，每月不过一两件事情而已；但要是不明而勤，什么都被他鲁莽地下了决断，冤枉错谬之事，每天都有千百件了！我的这几句话，好似有些偏激，然而实在是替广大的黎民百姓说的，并不是偏激。江南积弊很久了，难道就没有一两位大官，下定决心来肃清？但是，不是出身贵显的，定然是迂阔于理学的书生，在用人行政的事情上，或是只顾表面，或是只顾一时，其实一点都没有用。并且他的问题，在于地位太高，和皇上离得近，而和百姓隔得远，所以只得花费大量的精力去揣摩皇上的心思，《左传》上所说的“只顾自己，不顾百姓”，这真是近些年来一个极大的毛病。你现在官位虽也很尊贵，但还隔着一层，趁着这个时候，勤政为民，使四方百姓都能享受到你的恩泽，这真是再好不过了。然而古时候的君子，做事情都讲究顺序，就算是要改弦更张，也要循序渐进，不能太露锋芒。倘若治理得太过着急，必然会显出你的对以及之前人家的不对，便显得前任官吏有些无能，那么既愤怒又惭愧的人一定很多，你的施政便难以推行下去。或者推进得太锋芒毕露了，撤退下去也会极为迅速，起初很是严厉，到后来又不得不极为松弛，这些都不是治民之道。我把我肚子里面的东西全部都掏出来，陈述给你听，请你阅览。

五七、答鱼门

来书谆谆，不忧其内养之缺，而忧其为外物之伤，劝弃随园，别居村野。此言是也，而惜乎其言之晚也。当初得随园时，草舍数间，弃之甚易；自家口来后，营造十年，资力尽矣，一旦舍旧谋新，谈何容易！《中庸》云："君子素富贵行乎富贵。"仆亦素随园行乎随园而已。年来穷究史书，静观世事，于安身立命之道觉有进焉。士孙瑞能免于李、郭之祸[①]，而卒为乱兵所残；韦玄[②]屈膝求全，而反为赫连所杀。大概有心于避祸，不若无心以任运[③]。千仞之木，固毙于斧斤；一寸之草，亦伤于践踏。士君子含光隐耀，善刀而藏，已是没没求活矣。若复长虑却顾，以官为可虑而弃之，又以家为可虑而迁之，无病先炙，畏溺而自投于河，棘荆为丸，朝吞暮嚼，何其戚戚无坦怀耶？《韩非子》云："矢来有向，为铁甲以备之；矢来无向，为铁室以备之。"《韩诗外传》则曰："日慎一日，完如金城。"仆但能修身以为韩婴之金城，不能迁家而居韩非之铁室也。古圣贤未有不坦然自乐者，《论语》第一章即曰"悦"，曰"乐"，曰"不愠"，其他则"乐以忘忧"，"君子不忧不惧"，圣人屡屡言之。其所以能乐而无忧惧之故，则在"内省不疚"四字。足下不以内省见规，而以外迁相劝，何其爱之深而知之浅也！仆恰有进规于足下者：足下高谈心性，不事生产，家中豪奢，业已出千进一矣。又性喜泛施，有求必应，已囊已竭，乞诸其邻，一家之感未终，一家之怨已伏，久之逋负山积，自累其身。须知孔子之"乐在其中"，颜子之"不改其乐"，皆身无逋负[④]者也，又恃有箪瓢疏食也。若身有逋负，家无箪瓢，则狱讼债兴[⑤]，饥寒交迫，活且不能，乐于何有？足下自度将来能为身织屦、妻辟纑之陈仲子乎？抑能为上食槁壤、下饮黄泉之蚯蚓乎？儒者以读书得名为第一计，必不当以治生理财为第二计。开源节流，量入为出，经纪之道，不过如此。闻会事将成，殊为可贺，然亦从尽欢竭忠得来。钱文为“白水”，来难去易，尤宜慎持之。我辈身逢盛世，非有大怪僻，大妄诞，当不受文人之厄。惟恐不节之嗟⑥，债台独上，徒然仰屋，不能著书，白驹过隙，没世无称，可为寒心刻骨也。

【注释】①士孙瑞：复姓士孙，字君荣，东汉末年大臣。少传家业，博达无所不通，举孝廉出身。永汉三年，拜尚书仆射、联合司徒王允、温侯吕布共诛董卓。迁大司农，成为三老，迁尚书令，后被董卓余党李傕、郭汜乱兵所害。②韦玄：后秦司徒韦华之子，十六国时京兆人，字祖思。隐士。博涉经史，尤善属文。姚兴、刘裕曾备礼征辟，不就。赫连勃勃克长安，次年，勃勃称帝，真兴元年（东晋恭帝元熙元年）征玄为太子庶子，既至而恭惧过礼，勃勃因其不敬之如帝王，怒而杀之。③任运：听凭命运安排。④逋负：拖欠赋税、债务。⑤偾兴：兴奋，涨起。⑥不节之嗟：不注意节俭而发出的嗟叹。

【译文】你在来信里面一片苦口婆心，不忧虑我修身养性的缺失，反忧虑我被外物伤害，劝我抛弃随园，到村野去居住。这话是没错的，可惜你说得太迟了。我当初得到随园的时候，不过几间草屋，抛弃它很容易；自从家眷搬来以后，经营了十年，我的财力、精力差不多全都耗在这里了，忽然舍弃这个旧地方，再另寻新地方，谈何容易！《中庸》上说：“君子素富贵行乎富贵。”我现在也是“素随园行乎随园”罢了。我近年来穷究史书，静观世事，对安身立命方面的学问，觉得有些不错的心得。士孙瑞要想免去李傕、郭汜的灾祸，到底还是被乱兵杀死；韦玄屈膝求全，最后反而被赫连勃勃杀死。大概存心想要避祸的，反不如听凭天命好。数千尺高的树木，自然是要被人斫去；就算只有一寸长的草，也不免被人踩踏而死。士君子不要太露锋芒，藏着好本事不显露出来，只是求个活命罢了。要是还存了瞻前顾后的心思，以为做官是可忧虑的，于是赶忙把官给抛弃了，又以为家庭住所是可忧虑的，忙把家另外搬个地方，正是没有病先治疗，怕溺水而自己跳进河里，把荆棘当成丸药，早上也吞吃，晚上也大嚼，为什么非要这样这也担心那也担心地不快活呢?《韩非子》说：“箭射来有方向，那就做铁甲防备；箭射来没有方向，那就造铁室防备。”《韩诗外传》上说：“一天比一天谨慎，那么自己就会像用金属铸造的城池一样坚不可摧。”我只会自己修身，做成韩婴所谓的金城，而不会搬家，居于韩非子所谓的铁室。从古至今，那些圣贤，没有一个不是坦然快活的。《论语》第一章就说“悦”，说“乐”，说“不愠”，其他还有“乐以忘忧”，“君子不忧不惧”，可以说，圣人是一再地提及。他们之所以能够快活而没有一点忧惧，究其原因，就在这“内省不疚”四个字上。你现在不用内省来规劝我，反而以外在的搬家来劝导我，这真是尽管你爱我爱得那样深，但是识见却是那般地浅啊！我倒是有话想要规劝于你：你一味地高谈心性，不管生产的事情，家中一应用度，豪放奢侈，已经到了花销出去千文钱，但不过才收入一文钱的情形了。你的性格又喜欢大手大脚地施舍，凡是有人来求你，你总是答应，自己没有钱，便去向邻居挪借，借钱人家对你还没有感激完，你自己家的问题却已经积攒埋伏下了，长此以往，你就要债务满身，自己把自己给拖累了。需要知道的是，孔子之所以能够“乐在其中”，颜渊之所以能够“不改其乐”，这都是因为身上没有债务，而且花销也小。要是身上背有沉重的债务，花销又大，那就容易发生牢狱官司，饥寒交迫之下，自己都养不活自己，又哪里还有什么快乐可言？你自己估摸一下，将来能像陈仲子那样自己编草鞋而妻子辟丝麻吗？还是可以做上面吃些腐烂的草木泥土，下面饮点泉水的蚯蚓呢？读书人以读书博取名声为第一件大事，必然是不肯拿治生理财作为第二件大事的。开源节流，量入为出，经营理财的方法，不过也就是这些。听说会事快要成功了，实在是可喜可贺，但也是从尽欢竭忠得来。铜钱和白水相同，得来很难，用去却很容易，更加要谨慎对待。我们逢着这种太平盛世，只要不是大怪僻、大妄诞，应当不会遭受文人的困苦。只怕因为不够节制，弄得债台一天天高筑，仰头对着屋子叹息，不能读书著作，光阴一晃而过，到死都没有名声，那可就真的是令人大为寒心了。

五八、答似村

君为公子，随风车云马以飘然。仆是山人，抱白石青松而老矣。相离之易，相见之难，未有如我二人之销魂者。君家兰玉[①]，各自峥嵘，有三珠五桂[②]之遗风。然就所见者而衡之，三郎有迈往[③]不屑之韵，而文举冰棱，时嫌流露；五郎如明珠走盘，阿龙超矣，而幽静未足；若外文明，内柔顺，鱼鱼雅雅[④]，吹气如兰，令相对者有一往情深之意，其惟我似村乎？别后青云之直上，鸿藻[5]之流传，交情之终始，仆俱无所赠言。惟玉体少弱而长安路遥，所当自爱于野田风露之间。送上汉玉索圈，为谢郎提挂紫香囊，比君子之德。玉虾蟆、玛瑙枣二枚，可缚扇头，扬庶人之风。再旧铜水盛二具，可佐文房砚北之需。所以零星琐屑，呈献而不惭者，欲足下之衣裳几案，触目皆有山人在其左右故也。仆扬州往返，十日为期。倘公子行旌尚能追及，则或黄冠草服仍访萧斋，或负弩前驱送君南浦[6]，亦未可知。

【注释】①兰玉：芝兰玉树。比喻佳子弟。②三珠五桂：比喻子孙显贵。③迈往：超脱凡俗。④鱼鱼雅雅：威仪整肃的样子。⑤鸿藻：富丽的文辞。⑥南浦：南面的水边。后代指送别之地。

【译文】你是个公子，跟着车儿、马儿，飘然玩乐。我是个山野中人，抱着白石、青松到老而已。分别时很容易，想相见就难了，再也没有像我俩这样分别之后黯然魂伤的。你们家弟兄几个，每个都很有出息，真有三珠五桂的遗风。但就我所看见的来说，三郎有超迈不俗的气概，只是稍显冷傲，时不时流露出来；五郎好似明珠走盘，品格是很高超了，可惜幽静不足。至于说到外表文雅，内心柔顺，威仪整肃，气如幽兰，使与他相对的人不自禁地对他一往情深的，恐怕也就只有似村你了。分别以后，你便如青云直上，文章广泛传播，我们交情的始终，我都没有对你说过什么。只是你身体柔弱，再加上北京路途遥远，在荒郊野外露宿的时候要加倍保重。我现在送给你汉玉索圈，为你提挂着紫香囊，拿来比拟君子的德行。玉虾蝶、玛瑙枣两枚，可以拴在扇头上，扬弃俗人之风。以及旧铜水盛两具，可以供你写字研墨时使用。之所以这样琐碎地呈献给你，而心里却一点也不惭愧，实在想要你的衣裳、几案上，触目都有我的身影在你的左右啊。我到扬州去，来回大概要十天。要是你能够慢一步出发，那么或许我还要去拜访你，或者我还能够去送你动身，也未可知呢！

五九、与张司马

足下同不失正，贞不绝俗，古之人与？古之人也。但有进规于左右者，蕙纕来道，足下治生太急，持筹握算，终日生嗔；又惑于风水之说，扪险探幽，劳瘁靡已，致病体日增，仆窃以为过矣。夫善养生者不窭，善逸生者不殖。鱼门短于养生，故常窘；足下短于逸生，故常病。臧谷亡羊[①]，其失一也，何不分作韦弦之佩[②]耶？《青囊》一书，皆术者之妄词，古之圣贤未有闻焉。《周礼》墓大夫[③]无相阴阳之说。孔子问于郰曼父之母，即合葬于防。王季之墓为滦水所啮，无损周家气运。元人《就日录》云："凡见理明之人，五行鬼神皆不能拘。"今人仁孝万不及古人之一，而于葬亲之郑重则十倍焉。其若是者何哉？为死者之心缓，而为生者之心急故也。此心不可以对天，即不可以对地。柳仲涂曰："善葬之家必不昌。"其言有至理，足下当深思之。附上历古来风水源流数则，以开足下之惑。自来言《葬经》者，不始于郭璞。《史记》樗里子言："后世当有天子之宫夹我墓。"《汉书》刘向奏王氏坟在济南者，树皆交柯连叶，上高出屋，有立石起柳之象。《袁安传》书生指某地曰："葬后世出三公。"孙钟遇三少年乞瓜，为指葬地。《三国志》管辂过毌丘俭坟，曰："白虎衔尸，朱雀悲哭。"[④]孙坚祖坟有五色云，蔓延数里。此言阴宅风水之始也。吕才驳之，司马温公驳之，最为明快。若伊川之驳《葬经》，言培其本根而枝叶自盛，此非驳之，乃助之也。理学先生往往惑于风水，将平日义利之辨一旦抹杀，不知世之父母肥而子孙瘦，父母寿而子孙夭者甚多。在生前一气相感，根本尚无补于枝叶，而况死后之枯骴[⑤]乎？汉廷尉吴雄，以人所不封之地葬母，人皆言必灭，而子孙贵盛。见《后汉书》。隋文帝曰："我家墓田若云不吉，我不当为天子；若云吉，我弟不当战死。"见《隋书》。宋文潞公穿漯渠，司天者言其不利。时仁宗病，后改筑，潞公即命司天者往，乃更言"前穿无害，恐将来有不利"，则改者受罪故耳。见《罗氏识遗》。源乾曜得张说门左之地，村夫为之卜葬，俚斗为之书碑，而泓师知其必贵。见《新唐书》。黄巢、李自成之败，俱以掘其祖坟故也。乃唐高祖起兵，亦被长安留守尽发其祖坟，而依然无恙。宋明帝恶萧道成墓有五色云气，暗遣人以铁钉长五六尺者，钉墓四维，以为压胜，而卒于无验。蔡京酷嗜风水，葬其父于杭之临平，以钱塘江为水，越之秦望山为案，似乎大吉矣，而全家灰灭。元龙冈失火，廉希宪谓太常卿田忠良曰：“上都圣上龙飞之地，偶尔失火，慎勿令妄谈地理者有所更移。”凡史册所载，风水之不验者多，验者少。今人信其少者，忘其多者，殊不可解。蔡元定好地理，贬后，人以诗嘲之云：“先生果有尧夫⑥术，何不先言去道州。”宋喻氏《萤雪丛谈》：陈同甫驳蔡季通云：“古人皇氏定九州，尚无百官，先有山川，不知何者为靴山，何者为笏山？”朱晦翁⑦在坐，低首而不能答。

【注释】①臧谷亡羊：比喻事情看似不同而本质一样。②韦弦之佩：原指西门豹性急，佩韦自戒；董安于性缓，佩弦自戒。原意形容随时警戒自己，后世常用以比喻有益的规劝。③墓大夫：古时掌管邦墓的官。④白虎衔尸，朱雀悲哭：此句原文是“林木虽茂，无形可久，碑言虽美，无后可守。玄武藏头，苍龙无足，白虎衔尸，朱雀悲哭，四危以备，法当灭族。不过二载，其应至矣。”⑤枯骴（cī）：泛指尸骸。⑥尧夫：邵雍（1012—1077），字尧夫，自号安乐先生、伊川翁等，谥康节。北宋理学家、数学家、诗人。与周敦颐、张载、程颢、程颐并称“北宋五子”。⑦朱晦翁：朱熹（1130—1200），字元晦，又字仲晦，号晦庵，晚称晦翁。南宋时期理学家、思想家、哲学家、教育家、诗人。

【译文】你为人和气却不违反正义，守身坚贞，但又平易近人，你难道就是古代那种有道德的人吗？是的，你就是古代那种有道德的人啊。但我也还有进一步规劝你的地方：蕙纕到我这里来，说你求财的心思太过急切，一天到晚打着算盘，不免为之大为恼怒；又迷惑于风水之说，天天出去探山寻地，劳累不堪，以致身体害了病，一天比一天严重。我私以为你错了。善于使生命快乐的人就不会感到贫寒，善于使身体舒适的人不会为发财而拖累。鱼门不会养生，所以常常穷困；你不会逸生，所以常常害病。臧、谷两个人丢失了羊，不管原因如何不同，他们所丢失的是一样的，你们怎么不每个人都改变一些呢？《青囊》这部书，都是看风水之人的胡言乱语；古时候的圣贤人，从来都不会听信这些的。《周礼》上管坟墓的人，从没有听说过有讲究阴阳风水的。孔子去问郰曼父的母亲，才知道合葬父母在防地。王季的坟墓，被滦河冲坏，并不减损周家的气运。元人《就日录》上说："凡是明白道理的人，什么五行，什么鬼神，都可以不管的。"现在的人仁孝不及古人的万分之一，反而对于安葬父母，却郑重了十倍。这是什么缘故呢？这是替死人打算的心更为缓慢，而替活人打算的心更为急切！这种心思，不可以对天，也就不可以对地。柳仲涂说："善葬的人家，一定不会发达。"这话大有道理，你应该仔细地想一想。附上历来风水源流几则，可以解去你的疑惑。历来说《葬经》的，郭璞并不是第一个人。《史记》里面樗里子说："后世一定有皇帝的宫殿夹着我的坟墓。"《汉书》中刘向对汉帝启奏说："王氏坟在济南的，树枝都交叉着，叶也都连着，高出屋顶，有立石起柳的样子。"《袁安传》里书生指着某地说："葬在这块地上，后代要出三公。"孙钟碰着三个少年，向他讨瓜吃后，为他指了一块葬地。《三国志》里管辂经过毌丘俭的坟说："右的山峰太过陡峭，前面的流水太过湍急。"孙坚祖坟上有五色云，蔓延数里。这些都是说坟墓风水的起源。后来吕才批驳他，司马光批驳他，最是爽快。像程颐批驳《葬经》时说："我培植根本，他的枝叶自然会茂盛起来。”这不是驳，反是帮助了。理学先生，往往也被风水所迷惑，把平日里的义利之辨，一日间全部抹杀；殊不知世上父母肥胖而子孙瘦弱的，父母长寿而子孙早夭的，不是有很多吗！活着的时候，近在咫尺，父辈尚且对儿孙没有什么补益，更不要讲死后的枯骨了！汉廷尉吴雄，拿人舍弃的地来埋葬母亲，人家都说他家一定会人丁不盛，后来子孙却又多又贵显。这事见于《后汉书》。隋文帝说：“我家的坟墓，要是说它不吉利，我就做不成皇帝；要是说它吉利，我的弟弟就不会战死。”见《隋书》。宋文潞公凿漯河，司天文监的人说不吉利。那时宋仁宗恰巧害病，后来再改凿漯河，潞公就叫司天文监的人去，于是改而说：“以前凿河的没有什么害处，只恐怕将来有什么不利。”因为改说法的人就要受罪的缘故。见于《罗氏识遗》。源乾曜得到张说门外左边的地，村夫替他选择埋葬地点，下人替他刻碑，而泓师却知道他一定会大富大贵。见《新唐书》。黄巢、李自成之所以失败，都说是因为掘了他们的祖坟。但唐高祖起兵的时候，也被长安留守把他家的祖坟全给挖了，后来也没有什么不吉利。宋明帝嫌恶萧道成的坟墓有五色的云气，暗地里派人拿了五六尺长的铁钉，钉在坟墓的四方，以作为压胜，到后来也证明没有效验。蔡京尤其相信风水，把他父亲葬在杭州的临平，拿钱塘江来做水，吴越的秦望山来做案，自以为大吉大利了，然而全家灭亡。元龙冈失火，廉希宪对太常卿田忠良说：“上都是皇帝发迹的地方，偶然失火，切不可叫妄谈风水的人来胡说乱道，随便更改。”凡是史册上所载的关于风水的话，不灵验的多，灵验的少。现在的人宁愿相信灵验少的事情，而忘记不灵验多的事情，真是叫人不可理解。蔡元定喜欢看地理风水，被贬官以后，有人做首诗去讥笑他说："先生果有尧夫术，何不先言去道州。"宋喻氏《萤雪丛谈》记载：陈同甫驳斥蔡季通说："古代人皇氏划分九州，还没有百官，就先有山川，不知道什么是靴山，什么是笏山？"朱熹也在座，低着头答不出话来。

六〇、乞上元令李竹溪释枷犯

从尊署归，过北门桥，见荷校者，嫣然少年，饶有姿媚。问何修而获此，曰："为赌博耳。"仆记《汉书·列侯功臣年表》以博揜[①]失侯者十余人，可见天性好赌，自古有之，王侯将相且然矣，况里巷子弟乎？且造物虽巧，生人易，生美人难。谈何容易，于千万人中布置眉目，略略妥当，而地方官不获惜之，反学牛羊从而践踏之，忍乎哉？问何业，曰："修发匠也。"余发如此种种矣，可速释之，命原差送来，一试其技。唐人诗曰："休将两片瓦，夹杀一枝花。"敬诵之，替若人请命何如？

【注释】①博揜：赌博。

【译文】从尊署回来，经过北门桥的时候，碰见一个因罪戴枷的美少年，很是俊美。我问他因为什么弄成这样子，他说："因为赌博。"我记得《汉书·列侯功臣年表》上记载，因为赌博而丢了侯爵的有十多个人，可见天性好赌，自古以来就有了，王侯将相尚且如此，何况里巷子弟呢？而且造物者虽然巧妙，可是生一个人容易，生一个美人很难。要在千万人当中，眉目布置得妥妥当当，这是有多么不容易，却居然还得不到地方官的爱护与可怜，反而像牛羊一样地受到践踏，就这么忍心吗？我再问他以何为生，回答说："是做理发匠的。"我的头发因为年老不整齐了，请你快点放了他，叫原本羁押他的官差把他给我送来，让我试试他的手艺。唐人诗里说："休将两片瓦，夹杀一枝花。"我恭恭敬敬地把信念了一遍，替这个人说说情如何？

六一、又

荷校者来，仆拥髻而出，急令沐薙①。谁知奏刀茫然，发未落而头先伤，竟是以怨报德。方知彼固店家之酒旗，以貌招，以体荐，而非以伎奏者也。磁能引铁，而欲其牵瓦也，不亦难乎？且谛视之，貌亦不佳，自觉前书之无谓。虽然，彼虽伎不佳，貌不佳，而能遇雾里看花之老叟，又能遇肯听下情之好官，则其流年月建固已佳矣。顺天者昌，于余心终无悔焉。特再布知，同为一笑。

【**注释**】①薙：同"剃"。

【**译文**】那个戴枷的人到了时，我摸着辫子出去，叫他修理。哪知道他下刀没个轻重，头发还没有落下，头却先已受了伤，竟是以怨报德。直到这时，我才醒悟，他必然是店家的活招牌，是以其相貌和身段吸引顾客的，不是靠本事吃饭的。磁石能够吸铁，可是叫他吸瓦片，这怎么能够呢？而且仔细一看，相貌也并不好看，自己都觉得上一封信写得好没意思。话虽如此，他本领虽然不好，面貌也不好，可是能够碰到我这个老眼昏花的老头，同时又能碰到你这样听得进下情的好官，可见他的时运倒是真的不错啊！顺循天理的必能得到好结果，对我来说，我的心里始终没有懊悔的意思。特地再写这封信让你知晓，不过是让你陪我一起笑一笑。

六二、复沈省堂太守

昨具札奉招后，窭其夫妇鸡鸣而起，躬自洒扫，肉曰脱之，鱼曰作之，引领而盼临况者，如大旱之望云霓。而日昳不至，则有喷其馌，乐尔妻孥，家人获朵颐之福，主人作凿空之费，甚无谓也。来札云玉体有郄，为黄青所苦。太守方需次[①]入都，未炫腰下之赤，先见眉间之黄，吕僧珍不得擅美于前，大是喜事。不料仆亦忍俊不禁，昨夜卧床，敬儿竟作全体热矣。头岑岑如巨鳌戴石，重不可支，鼻阏遏不通，熏莸[②]莫辨，想是防秋不严，风为祟耳。然与太守同学同年而又同病，何其相似之多而相染之易也？托售人参，自当留意，第此物贫者非危欲招魂，不乞灵于此草；富者久已买之官库，畜艾三年，此时门扇户吹，恐难得价。尝谓东汉人物，“三君”最高，“八厨”最卑。高者为其能以德感人，卑者为其能以财振人故也。然居今之世，“三君”易得，“八厨”难求，竟是通病。仆戏欲甲此而乙彼，然郑当时置驿通宾，豪举甚矣，而其馈遗人不过算器食[③]，殊不可解。及读班氏《白虎通》，有云“朋友之道五，而通财不与焉”，方始辴然[④]大悟。质之太守，同为一笑。

【注释】①需次：旧时指官吏授职后，按照资历依次补缺。②熏莸：香草和臭草。③算器食：用食具盛放的便餐。算器，竹器。④辴（chǎn）然：笑貌。开怀大笑的样子。

【译文】昨天写信邀请你后，今天我们夫妇俩，鸡刚叫就起来，亲自洒扫，烹肉烧鱼，伸长颈项望你来，好像大旱之人巴望着云霓一样。等到下午还不来，就拿这些肴菜请妻子和家人吃了。家人得到好菜吃，主人无端费去不少钱，很是没有意思。接到你的来信，说你身体不舒服，肚子在拉稀。太守你跟着还要回京做官，还没有上任，先发现了目病，吕僧珍不能称美于前了，这真是大喜事。不料我也是可笑得很，昨夜睡在床上，居然就遍体发烧了。头沉得像是里面有一颗大石头，重得不行，鼻孔也堵塞不通，香臭都不能分辨，想是衣服穿少了，受了风寒。然而和你同学、同年，还又同病，怎样竟有这么多的相似之事，又这么巧两人同时得病呢？你托我卖的人参，自然会替你留心，但是人参这东西，穷人如果不是病到极度危险的时候，不会求助于它；而富人早就已经买了存放在仓库里面，还买了不少，这个时候，就是挨家挨户去卖，恐怕也卖不起价钱。我曾经说过，东汉的人物，“三君”最高，“八厨”最低。高的是因为能够用道德学问来感化人，低的是因为能够用金钱来救济人。但生在当今这个时代，“三君”这样的人容易得到，“八厨”这样的人，却很难找到，这竟成了一种通病。我开玩笑说要把他们调换一下，不过郑当时设立驿馆，广招客人，实在是豪举，但是他馈赠给人家的礼物，却不过一盘食物而已，对此我很不明白。等到读了班固的《白虎通》，里面有这样的话：“朋友的道理有五种，但是通财，并不在内。”我这才一笑大悟。现在我拿来问你，也不过是和你一起笑一笑罢了。

六三、与秦涧泉修撰

前日驾至，未接音尘，总因鄙人山居以来，无平子之“四愁”，有香山之“三泰”，往往意行小憩，向清凉一带随路勾留，致花外鸣驺①，有失延候②。比来桃李满园，颇似绛纱③诸弟子环绕后堂。意欲具梁昭明之小食，戒崔子玉之过菜，仿当年徐园张饮④故事，招诸旧雨，申叙幽情。第百花以牡丹为魁，多士以状元为主，恐无人领袖，则谁赋《清平》？特遣伻⑤来，请定日子，以便发名纸⑥于诸公。

【注释】①鸣驺：古代随从显贵出行并传呼喝道的骑卒，有时借指显贵。②延候：迎接。③绛纱：对师门、讲席的敬称。④张饮：设帷帐以饮。⑤伻：使者。⑥名纸：即名片。

【译文】前天你到我家里来，我没有迎接，是因为我辞官山居以来，没有张衡的“四愁”，却有白居易的“三泰”，时常地随便向着清凉山一带，沿路游赏，随停随玩，以至于你大驾光临的时候，我恰巧不在家，有失礼仪。近来桃李满园，好像马融绛帐里的许多学生，环绕于后堂。我想要准备些山肴野味，仿照当年徐园张饮的故事，招请众多老朋友，到这里来畅叙一番。要说起来，百花里面，当以牡丹为魁首，而读书人里面，则以状元为主脑，我担心没有尊贵的人来主持，大家恐怕都要少去很多兴致。因此特地差人到你那里，请你定一个日子，我好发帖去邀请他们。

六四、答涧泉

修撰作秀才来受业[①]时，即便充充其容，有舒雁之威仪。及中状元归来，亦不过安其故态。乃世之人先怀成见，遂谓修撰比来以科名自矜，庞然而大。仆深为修撰雪此谰言。乃手书自辨，引前朝洪紫溪之言，谓“三十年读书，胸中才消得状元二字”。斯言也，仆久鄙之，不料修撰反引之以自证也。我辈六七岁读《孟子》书，即已晓“大行不加，穷居不损”[②]八字矣。状元可以为大行乎？而可以于我有加乎？紫溪非幼时不读《孟子》

者，而何以消磨“状元”二字必待至三十年？不知此三十年中所读者何书也？倘紫溪竟不满三十年而死，则“状元”二字将带入丘陇耶？味其言，欣欣然以能忘“状元”二字自负，然则紫溪之胸中，不特三十年以前未忘，即三十年以后犹未忘也。何也？以能忘自夸者，其未忘之根终未拔也。且紫溪亦知“状元”二字有断不可忘者乎？有断不可不忘者乎？念“状元”为科名之冠，将何以副之？念状元受君恩之重，将何以报之？如此存心，则“状元”二字岂可一刻忘耶？若倚此为傲人夸俗之具，则“状元”二字岂可一刻不忘耶？宋马涓入幕，自称状元。吕大中呵之曰：“状元者，及第未除官之称。既为判官，何得复称状元？”王嗣宗亦以状元补秦州参军，盛气凌人，为知州路冲系之于狱。此皆不忘“状元”二字之明效也。从古自谦与自贱有异，自重与自大有殊，所谓失之毫厘，差以千里，不可不察也。修撰其再思之。

【注释】①受业：追随老师接受学业。②大行不加，穷居不损：《孟子》原文是，“君子所性，虽大行不加焉，虽穷居不损焉，分定故也。”意思是，君子的本性，即使他的理想完全实现了，也不会因此而有所增加，即使窘困隐居，也不会因此而有所减少，这是由于本分已经确定的缘故。

【译文】你还在做秀才的时候，到我这里来读书，就已经举止潇洒，行动风雅有威仪了。等到你中了状元回来，也还是和从前一样神气。只是世上的人，自己先抱着一个成见，就说你近来因为中了状元，得意自满，骄傲自大。我经常要替你极力辩白。现在你在来信中自辩，引用前朝洪紫溪的话，说："读了三十年书，肚子里才消磨得状元两个字。"这句话，我是向来看不起的，不料你反引用它来替自己辩解。我们这些人六七岁时读《孟子》，就懂得"大行不加，穷居不损"八个字了。状元果真可以大行吗？果真可以有加吗？紫溪不是从小不读《孟子》的人，怎么一定要用三十年时间来消磨"状元"两个字？不知道这三十年里，他又读什么书呢？倘若紫溪没有读满三十年的书竟就死了，那么，"状元"两个字，还要带到棺柩里去吗？细辨他的话，好似为能够把"状元"两个字忘掉而得意非凡。这样说来，紫溪的胸中，不要讲三十年以前没有忘记，就是三十年以后也没有忘记啊。这是为什么呢？因为他是以能够忘记而自鸣得意的，那么，"状元"二字的根，终究还是没能拔去啊。并且紫溪也知道"状元"两个字，有断然不可以忘记，也有断然不可以不忘记的吗？"状元"这两个字，是科名之首，应该怎样去适应？想到状元受君恩很重，应该怎样去报答圣上？这样一想，那"状元"两个字，怎么能有一刻忘记呢？要是仗着这个来作为自以为高人一等、向人夸耀的工具，那"状元"两个字，怎么可以有一刻不忘记呢？宋朝马涓进幕府，自称状元。吕大中呵斥他道："状元，是考中了之后还没有做官时的称呼。既然做着判官，怎么还可以称状元？"王嗣宗也是拿了状元后做的秦州参军，盛气凌人，被知州路冲抓去关押在监牢里。这些都是没能忘记"状元"的明显例证。从古以来，自谦和自贱是有区别的，自重和自大也有很大不同，正所谓"失之毫厘，差以千里"，不可不谨慎呀。请你再仔细想一想。

六五、与尹相国论书

同年裘叔度，常与枚论书法不必专门名家而后工也。大凡有功德者，有大福泽者，有文学者，其平生虽未学书，而落笔必超。若无此数者，虽摹仿古人，不过如翦彩之花，绘画之美，谓之字匠可也，谓之名家不可也。枚常持此意以衡天下之书，数十年来百不失一。盖形而上者道也，形而下者器也。器为形象，必以道贯之而精神始露。然道又不能以气力取也。诚于中，形于外，必有事焉而勿正，蕴酿久之，不期然而然。古人如文潞公、欧阳公[①]，并无书名，尔来人藏其手迹，开卷憬然[②]，别有风趣。职此之由，前为求印章，故特上相公手书册子。公抽去清江所写首面一页，岂不知公近日肆力于文、董诸家，功夫日进，故悔其少作，以为“良工不示人以朴”[③]耶？不知公近日之书如天马鸣銮[④]，日娴规矩；公当日之书如曼殊仙子，秀骨天然，全不知人世之梳妆与晋唐之衣褶也。然而天真烂漫有迥非专门名家所可企及者，其故何也？则以公之功德、文章、福泽俱超绝凡庸，正有合乎叔度所论故也。噫！岂惟公哉，即如枚之不肖，幼不习书，每一执笔，如书生骑马，左支右吾，岌岌乎时防坠地。然而天下嗜痂[⑤]之人，以为笔墨外别饶风趣，竟有痦寐求之，不许他人代笔者，况公之千百倍于枚者乎？望公仍将清江一册发来，仍裱册首，庶几学者观公着手成春[⑥]，知伟人之别有天授，观公晚年进道，知学问之真无尽途，亦未尝非“圣人无行不与”之意云。

【注释】①文潞公：文彦博（1006—1097），字宽夫，号伊叟。北宋时期著名政治家、书法家。历任殿中侍御史、转运副使、枢密副使、参知政事等职。嘉祐三年（1058），封潞国公。欧阳公：欧阳修（1007—1072），字永叔，号醉翁，晚号六一居士。北宋政治家、文学家。谥号“文忠”，世称欧阳文忠公。他曾主修《新唐书》，并独撰《新五代史》。有《欧阳文忠公集》传世。②憬然：形容醒悟的样子。③良工不示人以朴：高明的木匠不把非成品拿给人看。比喻有贤德的人一定要把人培养成材或所做的事一定要完美。④銮（luán）：铃铛。⑤嗜痂：形容怪僻的嗜好。⑥着手成春：一动手便有了春意。比喻诗人、画家才思高雅。

【译文】同年裘叔度，常与我讨论书法不必一定是专门名家然后才能写得好。大凡有功德的人，有大福气的人，有文学天赋的人，他的一生虽然没有专心学过写字，但落笔一定不凡。要是没有这几样，就算是模仿古人，也不过是纸剪的花，绘画的美，称他是字匠就可以了，称他是名家则大可不必。我常拿这种观点，来审度天下的字，几十年来，没有不准的。因为，形而上的是道，形而下的是器。器是形象，一定要用道来贯彻它，然后它的精神才能显露出来。但是道又不能拿气力来获取。诚于中，形于外，一定要内里有了，酝酿了很久，才可以不期然而然。古人像文潞公、欧阳公，他们的字并没有好名声，但近来有人收藏他们的字，打开来一看，别有一番趣味。正因这个原因，前回因为求刻印章，特地寄上你手写的册子，你抽去在清江所写的开头一页，我岂是不知道你近来格外刻苦地在学习文徵明、董其昌等人的字，而且功力一天比一天有所长进，所以后悔少年时候的作品，但是你以为良工从来不会把拙笨的东西拿出来给人看吗？不知你现在的字，好像天马鸣銮，一天比一天更有规矩法度；而你从前的字，却好像曼殊仙子，一副天然秀骨，全然不知道有人世的梳妆以及晋代、唐代的衣褶纹饰。然而天真烂漫也绝对不是专门名家所能达到的境界，这是什么缘故呢？实在是因为你的功德、文章、福泽，全都是超出一般人，与叔度所论述的很像的缘故。唉！岂止是你，即便是像我这样不肖的人，从小就没有学写过字，每回一拿起笔来，好似书生骑马，左支右吾，防备着随时会危险地摔下马来。然而天下人错爱于我，以为我的字于笔墨以外，别有一番趣味，竟有人痴痴来求我的亲笔，断然不许叫他人代写，何况你的字，好过我的字千百倍呢？希望你仍旧把从前清江写的一册寄来，仍旧裱在册子最前面，说不定那些学字的人，看你一下笔，就自成趣味，知道伟人的才华另有天授，看到你老年时候的更进一步，又知道学问真是无边无涯，这样一来，未尝不是“圣人无时无地不在教人”的意思。

卷　三

六六、与钱稼轩少宰

去年十月还武林①，拜公于督学公廨，是枚四十年前应童子试②地。旧游重到，恍如汉家老妪重登丙舍。而明公更赐以清酒三升，教坐玉筍班中，清谈对客，遂得大言炎炎③，一空胸腹。至今思之，亦是香火缘④中一重公案。伏念浙西文薮，多方闻缀学之儒，非有气力者为之董率⑤而遴选之，则亦无望海而知归者。所谓不逢记室，谁辨上中；不遇孔公，孰分风雅是也。公来三年，施时雨以化之，张云罗以收之，凡小雅之才七十二，大雅之才二十一，莫不昧揥而中蛟头⑥，掩目而分黑白，宜吾邦之庶士倾风、万流仰镜也。今虽行矣，而泮宫之芹与旃檀之风，都是过后弥香，彼都人士，如之何勿思？蒙题《随园雅集图》，挥洒淋漓，手为天马。尤爱其无一浮藻⑦，无一卮言⑧，醰醰有味。元相[9]称少陵云："怜渠直道当时事，不着心源傍古人。"其斯之谓欤？江宁拔贡生吴模，是枚当年作令时所取童子。家贫力学，作诗歌及选体文，苦心孤诣，与古为邻。今来覆试端门[10]，与一函走谒门下，或与浙西多士同受烟墨驱使，似又添一健者。

【注释】①武林：旧时杭州的别称，以武林山得名。②童子试：亦称童子。清代科举制度包括四部分，分别是童试、乡试、会试、殿试。童试是清代科举的第一部分。③大言炎炎：比喻过高估计自己，藐视别人。④香火缘：指彼此契合。⑤董率：统率，领导。⑥昧捺：暗中抛出。蛟头：意即鳌头。⑦浮藻：浮华的辞藻。⑧卮言：谓随和人意，无主见之言。⑨元相：即元稹。⑩端门：宫殿的南正门。

【译文】去年十月回到杭州，在督学公署里拜见你，那里也是我四十年前考童子试的地方。旧地重游，恍惚间感觉如同汉家老妪，重新回到汉宫里一样。而你还赐给我清酒三升，让我坐在客厅里，大家对坐着聊天，我也就趁机说了些大话，真是畅所欲言。到现在想起来，也算是香火因缘里面的一件公案。我想浙江的文人里面，多数是满腹经纶的大儒，若要将他们全部招来，不是有大力量的人先去率领并选择，他们也绝对不愿意来的。古人所说的，不遇到有才学的人，谁又能分辨高下；不碰到孔圣，谁来分别风雅，说的就是这个道理。你来这里已经三年，不断地教导感化他们，不断地招揽他们，凡是有一些文才、有一些德行的，无不承蒙你提拔重用，就是闭眼睛也还是分得出黑与白，无怪乎乡里的读书人都十分敬重你，百姓们无不对你举头仰望。现在你虽然离去，而受过你提拔的读书人，都受益匪浅，时间越久越是对你感恩，他们怎么可能不想念你呢？承蒙你题字的《随园雅集图》，挥洒淋漓，犹如天马纵横。我更爱的是你在里面没有一句浮话，没有一句虚语，大有意味。从前元稹称赞杜甫说："怜渠直道当时事，不着心源傍古人。"大概就是这个意思吧！南京拔贡生吴模，是我当年做知县时拔取的童子。他家里虽穷，但他却肯用功，做的诗歌和选体文，苦心孤诣，很有古韵。现在过来覆试，给他写了一封信，叫他来拜见你，或许能够和浙江许多文士一样，一起受你的差唤，那么你的麾下似乎又可以添一名干将了。

六七、与陈省斋转运

廿载旧交，半年新别。中秋后接手书，知滨乐地方，名为周昉[①]画肥，其实少陵诗瘦。想见古之名贤哲士，处脂膏而不能自润者，大抵皆然。然水晶盐味，虽淡犹浓。任江防，为虞姁之造舟；作转运，学太公之煮海。岂独盈虚迥异，亦且劳逸判然，天之所以报盛德[②]者，正方兴而未艾也。重阳节近，满眼黄花。记丁丑岁，蒙公开筵相招，坐中汪伦吹箫，吴猛弹琴，姚思廉琢砚，彼此错综参伍[③]，呈技争妍。忽忽十年，恍如隔世。山川间隔，不获升堂，再续前梦，屡搔白发，思之黯然。令孙梅岑学力日深，诗才日进，心地亦和平高朗[④]。蒋苕生太史赠以诗云："一代高才有情者，继袁夫子是陈君。”在枚虽不足冠冕人伦，而蒋公之肯为此言，则亦倾倒之至矣。尊眷行期在即，颇觉六年师弟，分手为难，所谆谆勖之者，渠于时文八股少精进工夫，虽天下皆知罗隐何须一第，然青云阶梯，非此不可。此事无关学问，而有系科名，他日大父含饴时，还须慈训及之。

【注释】①周昉（生卒年不详）：字仲朗、景玄，唐代著名画家。他能书，擅画人物、佛像，尤其擅长画贵族妇女，容貌端庄，体态丰肥，色彩柔丽，为当时宫廷士大夫所喜爱。他是中唐时期继吴道子之后而起的重要人物画家，他创造的最著名的佛教形象是“水月观音”。②盛德：高尚的品德。③错综参伍：交互错杂。④高朗：气质、风格等高洁爽朗。

【译文】二十年的老朋友，这半年来才分别。中秋节后接到你的来信，知道滨乐这个地方，表面上是个肥差，实际上也还是贫瘠得很。想到从前的名贤哲士，就算是在油水丰厚的地方，也不能为自己多捞几个钱，大概都是这个样子的。然而水晶盐的味道，虽是很淡，却也很浓。担任江防，仿照虞妫的造船，管理转运，效法太公的煮海。非但是盈虚不同，劳与逸也大有差别。上天对于盛德之人的善报，正是有增无减的时候。重阳节快到了，满眼都是菊花。记得丁丑年间，承蒙你大开筵席请我吃饭，座中有吹箫的，有弹琴的，有写得一手好字、刻得一手好图章的，大家杂乱着同坐一桌，各自展示自己的本事。倏忽之间十年已过，好像隔世一般。路途阻隔遥远，不能到你府上来，和从前一样地欢聚，想到这里，一次次地搔着头发，心里为之黯然。你的孙儿梅岑，学问一天好过一天，诗才也一天比一天有进步，心地也很是平静高朗。蒋苕生翰林赠他一首诗说：“一代高才有情者，继袁夫子是陈君。”我虽然不足以做人们的领袖，然而蒋公他肯说出这种话大加褒扬，可见是极为佩服的。你的家眷快要动身了，六年的师生情谊，在分别之际很是依依不舍，我所一再勉励他的，是他在时文八股上没有花费太多功夫，虽然他本来就已经天下闻名了，并不一定非要这个，但想要飞黄腾达的话，却是没有这个不行。这事无关学问，却是有关科名，他日你教导他的时候，还需要再慈祥地多训诫几句才是。

六八、与邵叔宋太史

读手书，知去年有芳讯，交马山人寄来，竟未收到。太史素封[①]之家，以溺苦于学，不肯俯同群碎，而专托之守藏者，是何长者大人哉！然生产事竟作一两倍落寞，是非天之所以穷太史也，乃天之所以相太史，而使其计无所复，不得不以其道勤施于四方也。毗陵之人何幸焉！赐读墓志二篇，一骈一散，意制相诡，皆能列申玄妙，金丝引和，的的然得古人形貌。唐陈黯称“君子之文其德全，文人之文其思全”，太史其兼之矣。伏念能古文者代不数家，矧值阳数之标季[②]而孤为之，谈者寥寥，宜也。然男儿作健[③]，正应于此时揭竿起耳。蒙太史以归、唐相勖，两人何可当也？荆川文向未宣究，不敢掉罄④，《震川集》久已披览，纡淡处自佳，然绝少大题目，而又多祝寿时艺之序，体制已慎⑤，比予于管仲，似非知己。鄙意王荆公学韩文，能经堂入奥，而又周其匽焉。吁，可畏也！虽有不足，不敢不勉。他日抱集登堂，再乞言⑥不备。

【注释】①素封：指无官爵封邑而富比封君的人。②标季：末季，末期。③作健：成为强者。谓奋发称雄。④掉罄：争论。⑤体制已慎：这里指诗文的体裁已经本末倒置。⑥乞言：泛指请求教言。

【译文】看了你的来信，知道你去年有信给我，托马山人送来的，而我竟然没有收到。你家原本是家产颇丰的，只因为用功读书，不肯亲身管理那些细碎的事务，专门托付给账房，你这长者大人当得可真是可以呀！然而也因为这样，生产之事，一天天地衰败下来，这不是老天要让你受穷，实在是上天要帮助你啊，是让你没有其他法子可想，于是不得不用你的道义勤奋地施予四方。毗陵这个地方的人，是多么地幸运呀！你赐给我看的两篇墓志，一篇是骈文，一篇是散体，虽然立意体裁不同，但都言辞奥妙，声调铿锵，一板一眼皆是古人的样貌。唐朝陈黯说："君子的文章，可以见出他的德行，文人的文章，可以见出他的思想。"你真是两样都齐全了。我暗自寻思，能够写古文的，每朝每代不过寥寥几人，何况还是现在这样大家都不喜欢谈论古文的时候，你还独自在坚持做古文，所以能够和你谈得来的人也不多，这是可想而知的。然而男儿做大事，正应该趁这时候大干一场呢！你拿归有光、唐顺之两个人来勉励我，我怎么担当得起呢？荆川的文章，我向来没有研究过，不敢乱发议论；《震川集》早已看过，纡淡的地方，自然是好的，但很少有大题目，又多为祝寿时文的序，体裁已经不好，你把我拿来与他作比，似乎不太懂我。我认为，王安石学韩愈的文章，能够学到他的神髓，其间曲折，无微不至。这真是可怕呀！我虽然不及王荆公安石，却不敢不勉励自己。什么时候我抱着书到你府上来，再求你评点一下。

六九、复似村

接手书，讥仆荐贤太滥，似信陵门客不许再交平原者然。吁，过矣！《庄子》云："逃深山者，闻人足音则跫然①而笑，况謦欬②于其侧者乎？"仆山人也，自君别后，益复无俚③。忽有某昆季肯低首降心，物色一叟于荒烟蔓草中，此其志足尚也。其诗有佳者，几不在似村下。此仆之所以再三倾倒，而且欲与两家联风雅之交。世兄不念其心之孤，肠之热，而反疑之、诮之，何耶？仆平生最爱武三思④一语，道："我不知世上何者为善人，何者为恶人，但与我善者即善人，与我恶者即恶人。"此种见解，今之大贤君子往往皆然，即古之程、朱亦未免蹈此病，第不肯如三思之直捷说出耳。三思虽人不足取，而一言以为知，愿似村味其言，且自反焉。再书中言杜门谢客，除鱼门老友一人外，绝无往来。此言在似村自以为高，而仆又大不以为然。兄而不爱鱼门则已，兄而爱鱼门则当学鱼门之为人。鱼门之为人也，尊贤而容众，嘉善而矜不能。在似村以为所交只鱼门一人，试问鱼门所交只似村一人而已乎？仆虽不能如鱼门之太丘道广，而惟恐执德不弘，自蹈于“焉能为有，焉能为亡”之辈，故取人宁过于宽。来书笑“子才得一公子必誉之，将来卓方伯公子入都，子才将又荐之而誉之乎？”此言尤过也。夫天地无心成化，圣人因物付物。使卓公子不纳交于子才则已，使卓公子果纳交于子才，而又能诗，则将来临别之依依无疑也，誉之而荐之无疑也，又岂虑某公子之生妒生恼，而竟自同寒蝉，忍而不吐乎？或某郎自有不佳处，仆老誖[5]，为其所愚，似村骨肉之爱，益当明以告我，而不必为廋词刺语[6]，使我疑且骇也。总之，士君子宜有定见，不宜有成见。定见者，在我之性情学问，不与世为推移者也；成见者，在人之亲疏厚薄与其知愚贤否，当从容以审其分量，而不可先意抹杀者也。况似村地位与仆与鱼门不同，尤当以开阔为怀。何也？仆与鱼门老矣，且皆窭人[7]子耳，踽踽凉凉[8]，人犹谅之。似村宰相之孙，宰相之子，年甫三十，世受国恩，方将收揽人才，助吾师甄陶[9]万类，为范纯仁[10]、韩忠彦[11]一流人物，方慰故人之望。切不可俯视群流，春行秋令，蹈高人名士习气。仆曾有咏怀一联云：“定须如我难求友，到处饶人好着棋。”愿献此言，以当萱苏之寄。

【注释】①跫（qióng）然：形容脚步声。②謦欬（qǐng kài）：谈笑，谈吐。③无俚：百无聊赖，没有寄托。④武三思（？—707）：唐朝外戚大臣，武则天的侄子。⑤老誖：年老昏乱，不通事理。⑥廋辞：隐语，谜语。剩语：多余的话。⑦窭人：穷苦人。浅薄鄙陋的人。⑧踽踽凉凉：形容孤独寡合的样子。⑨甄陶：培养造就。⑩范纯仁（1027—1101）：字尧夫，参知政事范仲淹次子。北宋时期名臣、政治家、宰相，人称“布衣宰相”。⑪韩忠彦（1038—1109）：字师朴，韩琦长子，北宋宰相。历任开封府判官、知瀛州、给事中、礼部尚书等职。

【译文】接到来信，信中你讥笑我荐贤太滥，似乎身为信陵君的门客，就不许他再去结交平原君的意思。唉，错了啊！《庄子》说：“逃到深山的人，听到别人的脚步声就觉得很欢喜了，更何况有人在身边说笑呢？”我是个山野之人，自从和你分别以后，愈发地粗野鄙陋。忽然有某弟兄肯低首下心，到山里来找我，足见其志气很是高尚。他做的诗，有几首也还不错，几乎不在你之下。这是我非常佩服的，而且想要和他发展风雅的友情交往。你不体谅我心思的孤苦，肚肠的热烈，还反过来怀疑我、讥笑我，这是为什么呢？我平生最喜欢武三思的一句话，他说：“我不知道世上什么叫善人，什么叫恶人，凡是对我善的，就是善人，对我恶的，就是恶人。”这种见解，现在的大贤君子，也往往和他一样，即便是古代的程、朱，也不能免于犯这样的毛病，只不过是不肯像武三思那样直接痛快地说出来罢了。三思的为人虽然不可取，但这句话却很有道理，请你细细品味品味，再问问自己的内心。你信里又提到，关门谢绝宾客，除了鱼门一个老朋友以外，再也没有其他往来。这句话，在你那里，你自以为很是高尚，我却大不以为然。你要是不爱鱼门也就罢了，若爱鱼门的话，就应当学习鱼门的为人。鱼门的为人，尊敬贤士而且容得下人，嘉奖善行而矜不能。在你看来你所结交的只有鱼门一个，试问鱼门所结交的，也只有你一个人吗？我虽然不能像鱼门那样交友广泛，但也常常害怕自身修德不力，弄得个无人理睬的地步，所以待人接物，宁愿放宽一步。你来信笑话我说，得到一个公子，必定就要称赞他，将来卓方伯公子进京的话，我也要推荐他、称赞他吗？这话更加错得厉害了。天地没有成心去化导百姓，圣人称物平施，见事行事。要是卓公子不来结交我便罢了，要是他果真来结交我，又能够做诗，那么将来的临别依依，肯定是不用说的，又岂会因为考虑到某公子是否会生妒生恼，我就噤若寒蝉，一句话也不讲吗？就算是某公子自己有不好的地方，而我年老昏聩，被他所欺骗，你因为和我很要好，更应该明白地告诉我，而不必用这种隐晦的话语来讥笑我，使我心里又是疑惑又是惊恐。总之，士君子应该有定见，而不应该有成见。所谓定见，在于我的性情学问，不跟着世人而变化；所谓成见，在于对人的亲疏厚薄以及智愚贤不肖，应该慢慢地去考查他，而不可预先就抱有一个成见，将其一笔抹杀。况且你的地位，跟我和鱼门不同，尤其应该宽大为怀。为什么呢？我和鱼门老了，并且都是穷人，独来独往，别人还肯原谅。你是宰相的孙子，宰相的儿子，年纪只有三十，世代受国家的恩典，正应该招揽人才，助我的老师教化天下，治理国家，化导百姓，做范纯仁、韩忠彦那样的人物，才可以安慰老朋友的期望。切不可以看不起人家，以一种骄傲的态度，蹈袭高人名士的恶习。我曾经有咏怀一联诗说："定须如我难求友，到处饶人好着棋。"现在把这句话，当作礼物送给你吧！

七〇、与周青原舍人

栖霞一别，遽尔分襟。仆于十一月十九日还山，而舍人于十月廿一日赴阙[1]。彼此交臂而失，如夜行船当面分驰，始信人生一见，都有前因。廿八日接所留手书，读之芬芳悱恻，情见乎词。追忆五年来抗颜称师[2]，侈口说法，在仆固倾橐出之，而如足下之始终领闻、神解[3]灵速者，亦罕见其匹也。今作小凤飞去，俾老夫傫然[4]独居，寻春余之坠欢，玩行间之手迹，每低徊久之。绛帐中有人抽簪助学，自是一时佳话，将来作计相时，须先朝王陵夫人，再归私第可耳，何必以碧磁一箱存作息壤，所以报我者如斯而已乎？即用尊磁，飞罚一瓯于三千里外，何如？

【注释】①赴阙：入朝，指陛见皇帝。②抗颜为师：不为他人所制约，不为潮流所左右，这种意志坚定的人可以作为学习的榜样。③神解：悟性过人。谓不赖言传而能意会。④傫然：颓丧貌。

【译文】在栖霞一别之后，我俩就此分离。我在十一月十九日回到山中家里，而你在十月二十一日进京。你我几乎擦肩而过却没能碰面，如同夜行的舟船，面对面地错过，这才相信人生在世，连见一见面，都是需要前缘的。二十八日这天接到你所留下的信，读后觉得情意深厚，全都显露在字句上面。回想五年来，我居然做着先生，向人讲说学问，在我，固然是尽心地倾囊相授，而你这样肯听我的话，又肯用功，还能够领悟的，也实在是罕有其匹。现在你去做了中书舍人，使我这老头子一个人独自在家里，想到从前的欢乐，看你信里的手迹，经常赏玩多时。学生里面，有人拔去首饰来捐助他读书，这自然也是一种佳话，你将来像张苍那样做计相的时候，先去拜见王陵夫人，然后才能回家。何必要拿一箱碧磁来做信物，你报答我的，就是这样便算完了吗？我用你的磁器，罚你在三千里外，喝一碗酒，你说怎么样？

七一、答戴敬咸进士论时文

习之于人大矣哉！秦除井田[①]，民怨；王莽复井田，民又怨。赵武灵王胡服，国人不从；魏孝文禁胡服，民又不从。宋熙宁间行王氏之学，不过二三十年，一旦杨时奏请禁之，天下哗然，以为不可。足下之重时文，囿于习也。来札云“作时文与注经撰子同功”，此言过矣。夫注经无格式，撰子无偶对。有格式偶对者，皆应制[②]干禄之俗体，不可谓之文也。盖常论之，有韵之文，始自《关雎》，降而五七古，降而五七律，再降至词曲，而流品极矣，未闻于词曲外有能再化一格者。无韵之文始自《尧典》，降而汉魏，降而六朝，降而八家，再降至时文，而流品[③]极矣，未闻于时文外有能再倡一体者。词曲之于诗，犹时文之于古文也。此处界限极严，断难僭越[④]。时文八股，其流派实始于唐人应制之八韵应制诗，岂无佳者，而李、杜集中断然不存，即韩、柳诸公亦未闻为人作应制诗序。可知功令之文，自古不重，况时文加以割裂搭截，侮圣人之言哉！且从古文章皆自言所得，未有为优孟衣冠代人作语者。惟时文与戏曲，则皆以描摩口吻为工。如作王孙贾，便极言媚灶之妙；作淳于髡、微生亩，便极诋孔、孟之非。犹之优人，忽而胡妲[⑤]，忽而苍鹘[⑥]，忽而忠臣孝子，忽而淫妇奸臣，此其体之所以卑也。若云足以明道，极有关系，则戏曲中尽有无数传奇，足以动里巷之讴吟，招妇竖之歌泣者，其功且百倍于时文矣。何以诗集中宁存温、李、冬郎淫靡之诗，而断不存王孝子寻亲、杨椒山写本之曲，其故何耶？盖此处不暇论纲常名教，而先论文章体裁故也。宋文文山跋李龙庚策云："今虽贤圣，不得不为时文，而其所以为文者，终非心之所安，故苟足以讫事则已矣。"《黄氏日抄》云："学者作时文，亦是少年一厄，过此当留心学问。"宋之时文，非今之时文也，古名臣尚且薄之，况今之时文乎？善乎沈子大先生之论时文曰："时文者，干禄之具，宜听士之自谋，而不必朝廷代为之谋。"卢抱经学士之论时文曰："时文者，验其所学而非所以为学也。"此二论最为平允。若顾景范则曰"秦坑儒不过四百，八股坑人极于天下后世"，则过于激切，而吾子闻之，更当掩耳而走矣。

【注释】①井田：井田制是我国奴隶社会的土地国有制度，西周时盛行。那时，道路和渠道纵横交错，把土地分隔成方块，形状像“井”字，因此称做“井田”。②应制：一般指由皇帝等下诏命而作文赋诗的一种活动。③流品：品类，等级。④儳（chán）越：越次插入。⑤胡妲：汉代歌舞百戏中的女伎。⑥苍鹘：唐宋参军戏角色名。

【译文】习惯对于人来说作用大极了。秦孝公时，废除井田之制，人民齐声反对；王莽时恢复井田之制，人民又齐声反对。赵武灵王叫人民改穿胡服，国人不听从命令；魏孝文王时下令禁止穿胡服，国人又不肯听从。宋朝熙宁年间施行王安石的主张，不过二三十年后，杨时上奏请禁，天下人又一片哗然，以为不可以。你重视时文，也是拘囿于习惯罢了。你在来信里说：“作时文和注释经典、撰写诸子文章差不多。”这话说得有点过了。注释经典并没有一定的格式，撰写诸子文章没有对偶。有一定的格式和对偶的，都是应制求禄的俗体，不能说是文章。所以我常常这样议论，有韵的文章，始于《诗经·关雎》，后来变为五言古诗、七言古诗，再变为五律、七律，再变为词曲，于是演变到了极处，不曾听到于词曲以外，又能衍化出什么形式。至于无韵的文，始于《尚书·尧典》，后来变为汉魏文，变为六朝文，变为唐宋八大家，再变到现今的时文，然后也演变到了极处，没有听说过在时文之外，又能倡导出一种文体的。词曲和诗的关系，正如时文与古文的关系一样。二者的界限很严，绝对不能逾越。时文八股，实际起源于唐朝人应制的八韵诗，难道说没有一篇好的吗？可是李白、杜甫的集子中，一首也没有，即便是韩愈、柳宗元这些人，也不曾听说替别人做过应制的诗文序言。由此可见，大凡是为功名、命令而做的文章，自古以来就不被人重视，何况时文是断章取义，侮辱圣人之言的呢！而且自古以来，文章都是讲述自己的所得，没有乔装打扮替别人说话的。只有时文和戏曲，才是以描摹别人的口吻为主要任务。如果是假作王孙贾，便须极尽溜须拍马之能事；假作淳于髡、微生亩，便须拼命诋毁孔孟的不是。这正和戏子一样，忽而扮胡姬，忽而扮苍头，忽而扮忠臣孝子，忽而扮淫妇奸臣，这正是戏曲之所以不入流的原因。至于说到阐明人伦大道，那么戏曲之中也有无数传奇，足以带动里巷的吟诵，招来妇人小子的歌泣，它的作用比之时文都还要大百倍呢！但为什么诗集之中，宁可保存温庭筠、李商隐、韩偓的淫靡之诗，而一点都不保存王孝子寻亲、杨椒山写本的曲子，这是什么缘故呢？原来这里没有闲功夫来讨论纲常名教，只注重文章的体裁罢了。宋朝文文山跋李龙庚的策说："现在就算是圣贤，也不得不作时文，而作那些时文，终究不是心里所愿的，不过是敷衍了事罢了。"《黄氏日抄》上说："学生作时文，也是少年们的一道难关，过了这个关卡之后就应该留心于真正的学问了。"宋朝的时文，不是现在的时文，古时的名臣尚且看不起它，何况是现在的时文呢？沈子大先生论时文的话，说得真不错啊！他说："时文这东西，是换取官位的工具，应该让读书人自由研究，而不必由朝廷代为打算。"卢抱经学士论时文说："时文这东西，检验一个人的学问但它本身并不是一种学问。"这两种论述最为公允。至于顾景范，竟说："秦始皇坑儒不过四百人，而八股坑人则遍及天下后世。"这话未免过于激烈了些，你听了就更该掩起耳朵离开。

七二、与托师健冢宰

家人从皖江归，接手书，垂注深切，并有“水路入都，把晤不远”之语。枚喜跃不已，学闲鸥引颈而望。至十一日，闻公舟过白门，风利不泊。枚已呼车出城，逢送者自崖而返，方知一片慈云已被春风吹过，惟有瞻望弗及、泣涕如雨而已。枚读书涉世垂三十年，尝谓学问之道，当识其大者，知己之恩，当感其深者。今儒言满天下矣，率皆郢书燕说①，无足深览。公独涵泳圣涯，阐发道蕴，于六经、《论语》得古人未有，视汉、宋儒若踞泰、华而俯临焉。赐和五律中有“吴江开墅僻，泰华抱云归”之句，如凤鸣九霄，高不可接。又“对酒月相照，挥毫花乱飞”之句，如霞明雪海，妙不可思。数年来，凡公所赐手书诗草②，都已装潢成帙，每一展玩，如亲色笑。曾学后汉郭冲③记武侯五事，将公所谈在任事可法可传者，奋笔志之，非徒备史官之采择，亦以作文章之冠冕也。枚虽以诗文受知，而自一见后，便许其有入道之基，又往往称为心中人，所以期之者在雕虫小技之外。可惜见公太迟，别公太早，未免仰止无穷，景行有限。天边明月，原无常照之光；世上春风，或有重来之望。私心祷切，余复何言。

【注释】①郢书燕说：比喻牵强附会，曲解原意。②诗草：诗的草稿，诗作。

【译文】家里人从皖江回来，收到你给我的信，承蒙你深切地关怀我，并且有“从水路入都，见面不远”的话。我高兴得不得了，就学习悠闲的海鸥日夜伸长颈项望你到来。到十一日，听人说你的船经过白门，风势很紧，不能靠岸。我已经雇了车出城，碰到那些送行的人从山崖边回来，才知道你的船已经顺风驶去，只得无限懊恼地回家。我读书做人，已经三十年了，我曾经说过，研究学问，应当知道那些最重要的，知己的恩泽，应该是感受最为深厚的。如今大儒之言满天下都是，可是大都是牵强附会，不值得一看。只有你潜心学问，阐发大道，对于六经、《论语》，见解比古人还要更高一筹，和汉朝、宋朝的读书人相比，就好比坐在泰山、华山上往下看他们一样呢！你赠我的五律里面，有“吴江开墅僻，泰华抱云归”的句子，正像凤凰在九天之上叫，高得不可接触一样。又有“对酒月相照，挥毫花乱飞”的句子，正如霞彩映照着雪海，妙不可言。几年来，凡是你所赐给我的手书诗草，我都已装帧成册，每次翻开来看，都像是面对面见着你一样。曾经模仿后汉郭冲记述诸葛亮的五件事，把你所谈的那些可以效法流传的事，一一记录下来，不仅可供史官们采择，同时也可作为文章的材料呢！我虽是因为诗文才被你欣赏，但自从与你一见之后，你便推许我有入道之基，并且常常称我为心中人，你对我的期望，还在诗文这等雕虫小技之外。可惜的是，与你相识得太迟，而与你分别得又太早，尽管胸中对你十分景仰，却没有多少时日能恭聆你的教诲。天边的明月，它的光亮原本就没有一直照着世间；但世上的春风，却可以有重来的期望。我在心里暗暗祈祷，其他的已经不必多说了。

七三、寄房师邓逊斋先生

小门生张宗柏从北来，接手书，得悉起居万福。膝前世弟世妹瑶草琼花，苗而不秀，要是运数所关。《庄子》云：“求其故而不得者，命也夫。”仰祈夫子委怀顺化，珍重朝野倚赖之身，勿为中年哀乐所累。廷尉①旧官，一时难补，然公才公望②，圣主深知，卿贰③之迁，定当不远。夫子乞养西归，东山复起。物换星移，三十年为一世矣。以前辈之典型，合后来之花样，自然格格不入。然棋局长安④，亦必须一二鲁灵光落落然参错其间，为之镇中流而标正鹄⑤。“如用之，则吾从先进”，圣人岂欺我哉？枚去秋送尹相公，曾北抵清江，顺流而下，扫墓古杭，至冬至前三日才还白下。幸老母聪强，秋收有获，附白以慰夫子之倦倦焉。

【注释】①廷尉：中国古代司法审判机构官职名。②公才公望：指相当于三公辅相的才识和名望。③卿贰：次于卿相的朝中大官。④棋局长安：比喻动荡不定的政局。⑤正鹄：箭靶的中心。

【译文】小门生张宗柏从北方回来，从他那里接到了你的信，知道你身体平安。世弟世妹都不幸早逝，这大概就是命运。《庄子》

说："寻找其原因而没能找到，这是'命'啊！"还请你能够看开一点，珍重这副朝野都极为倚赖的身体，不要因为哀与乐而在中年时受到拖累。大理院的旧官，一时还不能递补，然而你的才能和名望，皇帝肯定是很明白的，尚书、宰相的位置，一定用不了多久就是你的。自你乞养西归，到现在东山再起，物换星移，已经有三十年了。以前辈的典型，来配后来的花样，自然格格不入。然而多变的政局中，也必然要有一两个你那样的人物，错落夹杂在其中，作为中流砥柱，为人师法。"如果要选用人才，那我主张选用先学习礼乐的人"，难道圣人还会骗我们吗？我去年秋天送尹相公，曾经往北到过清江，顺流而去，回杭州去上了一次坟，直到冬至前三天才回到南京。幸亏老母身体康健，秋天的收成也不错，随便提一笔，以安慰安慰你的眷念之情吧！

七四、又

枚明年六十矣。亲知寥落，家中惟一母，朝内惟一师，居恒夸耀于人，往往以之自负。然家中之母，朝夕可以承欢[①]，而朝内之师，束脩不能常献，此枚之所为中心悁悁[②]而不能自释者也。来谕"戊午本房[③]得一文一武"。枚闻之悚然。阿广庭将军先征缅甸，现征金川，功勋隆隆，将画凌烟阁上。而枚则寂处山中，日与麋鹿为群，就有著述，亦不过雕虫篆刻[④]，何足与当代勋臣相提而并论？然而夫子云云者，则亦未尝无说焉。大凡父母之于子也，能者爱之，不能者亦爱之。其间于能不能之间，而能亲近父母者尤爱之。阿将军立功万里之外，其不能常侍函丈、常通音问也明矣，而枚则一笺一咏，时寄都门，或夫子溺爱不明，而遂许巢、许与夔、龙接席耶？然闾巷之人，往往附青云而益显。枚之得与阿将军同门，幸也，夫子之恩也。上元令李棠亦系戊午同门，其人敦良朴诚，长于为政，真可自提由瑟而升孔堂者。枚相从甚欢，不能学澹台灭明之非公不至也。喜师门之多君子，故附及焉。

【注释】①承欢：这里特指侍奉父母使感到欢喜。②悁（yuān）悁：忧闷貌。③本房：科举时代乡、会试考官分房批阅考卷，故称考官所在的那一房为本房。④雕虫篆刻：虫书、刻符是秦书八体中的二体，是西汉学童必习的小技。后比喻词章小技。

【译文】我到明年就六十岁了。亲戚朋友，日渐稀少，家里只有一个老母，朝廷上只有一位先生，平时常常拿这来夸耀于人，也以此自负。然而家里的老母，朝夕都可以侍奉；而朝廷上的先生，却不能常常见面，这是我心里所难过且不能自己排遣的。你来信里说：“戊午年乡试，本房得到一文一武两个人才。”我听后悚然一惊。阿广庭将军，先征伐缅甸，现在又征伐金川，功勋卓著，就快将画像挂到凌烟阁了。而我，寂然住在深山里面，天天和麋鹿做伴，就是有些文章，也不过雕虫小技，哪里可以和当代的功臣相提并论呢？但是你这样说，也不是没有道理的。大凡父母对于儿子，儿子有本事的固然爱他，儿子没有本事的也还是爱他。儿子的本事在有与没有之间，但能常常亲近父母的，父母尤其爱他。阿将军在万里以外立功，他不能够常常服侍先生你，不能常常通些音信，这是肯定的事情。而我却是一首诗、一篇文都可以时常寄给你，或许你就因此而溺爱不明，把我这无能之人和他看得一样了。然而乡下人，往往要依附于贵人才能够荣显。我能够与阿将军同出一门，是我的幸运，也是夫子你对我的恩惠。上元知县李棠，也是戊午年的同门，他这个人很是忠厚诚实，做官很是能干，真可以把他稍微提拔一下向先生你好好学习的。我与他关系要好，常常到他的衙门里，没法做到澹台灭明所谓的没有公事，就不进衙门。我很为先生你的门下多是君子而感到欢喜，所以附带地提上一句。

七五、答尹相国

长至[①]前七日，材官[②]李长柱从长安来，面投师谕。枚尚未开缄，已觉函高三寸，知荀云一朵，中有万叠情波。开诵之余，如亲化雨，如坐春风，墨虽尽于行间，言尚余于札外，为低徊拉泪者久之。据材官云：夫子塞外从围，犹能挽强弓而得鹿兕，天颜喜笑，百辟[③]观瞻。文潞公之精神，真足使远方朝贡之人拱手却立也。寄和枚诗及和杜少陵诗，格以老而弥苍，情以真而愈笃。如“歌到离亭[④]声断续，人分淮浦影东西”，则去年清江分手之情形，宛然如画也。“试问空山风雪里，持笺可有扣门人”，则近日随园村落之萧疏可知也。至于“山连蓬岛峰还翠，地接昆湖水更清”，则又想见园依上苑，别有蓬莱，古大臣之平泉、绿野，俱未足以仿佛焉。伏思夫子夔拊龙言，日不暇给，犹能以重叠篇章，答野鹤清猿于三千里外。如此年位，如此风情，遂古以来，谁为俦偶？白下秦、蒋两太史及书院诸生，获此芳讯，争相传抄，皆不觉手之舞之、足之蹈之也。惟是枚半世功名，全出公手，卅年依倚，不甚乖离。一旦白发彭宣，不及堂前乳燕，兴言及此，黯然魂消。虽翰墨往来，宛如亲炙⑤，然而双鱼⑥之渺渺，终不如函丈之依依。因私立誓言，计夫子杖朝之年⑦，枚亦五十九岁，倘蒲柳之资⑧得与青松并茂，将拕舟江上，直诣京师，为夫子介寿升堂。且拉鱼门、青原诸君子，痛饮十日，庶几程门之雪，不须待立于来生，而绚春园中，亦留下飞鸿爪印矣。言有大而非夸，未知夫子以为雍之言然否。

【注释】①长至：即夏至。②材官：武卒或供差遣的低级武职。③百辟：百官。④离亭：驿亭。古时人们常在这个地方举行告别宴会。⑤亲炙：指亲身受到教益。⑥双鱼：代指书信。⑦杖朝之年：年过八十就可以允许撑着拐杖入朝。⑧蒲柳之资：蒲和柳皆望秋先凋，引伸为早衰。旧时称自己体质弱的客套话。

【译文】夏至前七天，材官李长柱从长安来，当面递交了你的信。我还没有开封，已经觉得信封鼓起来很高，知道信封里面，一定有许多的情感波涛。开读之后，好像当面受着你如春风化雨般的谆谆教诲，笔墨写在纸上终究有限，情分却尚有许多在言外，我不禁为之感叹，流了好一会儿泪。据那材官说，你跟着皇帝到塞外去打猎，还能挽强弓，射中了鹿兕，皇帝很是欢喜，百官也为之赞叹。你就像是古时候的文潞公，你的精神真可以使远方来朝贡的人敬畏得拱手而立。寄给我的和诗以及和杜甫的诗，体格苍老，情真意笃。如“歌到离亭声断续，人分淮浦影东西”，去年在清江分手时的情形，历历在目。“试问空山风雪里，持笺可有扣门人”，近来随园村落的萧索，也可以知道了。至于“山连蓬岛峰还翠，地接昆湖水更清”，则又想见你家园子靠着上苑，别有蓬莱一般的仙气，古代大臣的平泉堂、绿野堂，都不能与之相比拟。我想你天天在皇帝面前讲话，每日里已经够忙碌的了，竟还能够连篇累牍地做和诗，送给我这个在三千里以外的闲云野鹤。像你这样的年纪、地位，还有这样的风情，自古以来，谁人可以相比。南京秦、蒋两翰林，以及书院里许多学生，听说了你的来信，争相前来传抄，个个都不觉地手舞足蹈了。只是我半世功名，全都出自你的手，三十年相偎相依，从来没有背离过。直到我这白头发的老学生，反不及你堂前的小燕子，能够跟你在一处，说到这里，不觉心伤！虽然大家有书信往来，好像当面交谈一样，然而书信的来往终究没那么容易，不如天天见面的亲切。我私下立了一个誓言，计算你到八十岁的时候，我也五十九岁了，倘若我这条贱命能够陪你一起活到那时，我一定要雇一只船，直达北京，去向你祝寿。还要再拉着鱼门、青原等诸位君子，痛饮十日，那么程门之雪的佳话，就不必等到来世，而绚春园里，也可以留下我们的痕迹。话虽然说得有点大，但并不是夸口，不知道夫子你以为我说的话是对还是不对。

七六、寄庆树斋少宰

阅邸报，知山巨源乏然历级，直掌铨衡[①]。此信得后，陶唐氏之小儿女欢声如雷，几欲将“假父[②]作天官”五字鸣钲击鼓而夸张之。仆以为儿辈如是，则彼夜来新染桂枝香者，其流目送笑，又当何如？荀侍中未三十而弭三貂，其贵可及，其年不可及也。更可嗤者，江东士夫不为阁下称欢，而转向山人贺喜，呼鸡祝凤，事太无因。然亦想见师门世谊，其休戚相关竟如是也。戏反义山诗云：“郎君官贵施行马，东阁遥知得再窥。”质之世兄，其许之否？周姬于冬至前一日合浦还珠，其时虎丘月明，兰舟酒暖，致足乐也。除玉人外，更有随身奁具百两御之，非君之力不至此。方拟播之笙诗，传为佳话，而不料事有匪夷所思者，荐寝时珠胎[③]已结三月矣。《周易》云：“鼎颠趾，得妾以其子。”彼此贸贸[④]，竟占此爻！为仆计者，将沉珠于渊耶，将买其椟而还其珠耶，抑将视作走盘之珠，仍使楚弓楚得[⑤]耶？现在寄声五柳，属其作速平章，若欲以吕易嬴，则吾岂敢。

【注释】①铨衡：指主管选拔官吏的职位。亦指主管选拔官吏的部门之长。②假父：指义父等。③珠胎：比喻幼子、喻胎儿。④贸贸：纷乱貌。⑤楚弓楚得：楚国人丢失的弓，让然被楚国人拾得。比喻失掉的利益并没有外流。

【译文】查阅邸报，知道你突然升官，做了吏部尚书。知晓这个信息以后，我这山野之家的小儿女欢声如雷，几乎要把“假父作天官”五个字，敲锣打鼓张扬地告诉众人。我以为小孩子是这个样子，那么新近做了你姬妾的，她也是含泪欢笑，又该如何解释？荀羡年纪还没有满三十岁，就已穿上如此显贵的衣服，他的显贵可以比得上，但他的年纪，却是比不上的。更加可笑的是，江东的君子士大夫，不去向你道贺，却转而向我贺喜，对着鸡来祝贺凤凰，这事真是从何谈起。但也可以从中想见我们师生的世交，休戚相关竟到了如此地步。我开玩笑地一反李商隐的诗意，说：“郎君官贵施行马，东阁遥知得再窥。”问一下你，你以为怎样？周姬在冬至前一天，重到我这里来，那时月光很明亮，在船中喝酒叙话，很是快乐。除却美人以外，还有随身妆奁，用一百辆车子来载，不是你的力量不可能办到。我正想拿来写进诗里，传为佳话，哪知事情又出了意外，陪我睡的时候，才发现已经有三个月身孕了。《周易》上说：“将鼎倾覆，因纳妾而得子。”大家糊里糊涂的，竟有了这件事情。现在替我想想，是要把小孩抛弃呢，还是留了美人把小孩还给他呢，还是母子一起物归原主呢？现在我已经写信给陶某，叫他赶快想法子，若要让我认下这个儿子，我是不行的。

七七、寄庄新参

客岁在苏，旌旗迟十日之行，致故人缺方舟之送，至今于心缺然。第中年以后，殊难作别，借此戛然而止，未始非柳河东以安塞悲之义。公虽调元任重，而念旧情深，或颇以枚言为是否？京口太守寄到尹公诗册，读跋后一篇，文章尔雅，笔墨苍秀，所不待言。尤爱公立言得体，将野人视朱门如蓬户光景，写得不即不离，身分颇高。譬如晏子本短人也，为鄋瞒①所抱，持放置百尺楼上，旁人观者，遂疑其有九尺四寸之长。公之抬举，毋乃类斯？吴模秀才，本在苏州书院受公教育者，近日造诣尤为精进，学使李鹤峰拔冠多士，宜也。因其来都，修函问安，或赐以一见而叩其近日之所学，亦大君子所不宜得已者耶？

【注释】①鄋瞒：古国名。春秋时狄的一支。鲁文公十一年为齐所灭。

【译文】去年在苏州，因为迟了十天才动身，所以没有能够去送你，到现在心里仍然有些愧疚。原来到了中年以后，便怕与人作别，借此不别作别，也未尝不是一件好事。你虽然公务繁忙，而仍然念旧，且情义深厚，不知道你认为我这话对吗？京口太守给我寄来尹公的诗册，读了你的那篇跋，文采儒雅，笔墨苍秀，这是不必说的。更喜欢的是你说话得体，把野人视富贵人家如贫贱人家的情形，写得不即不离，身份颇高。好比晏子本来是一个矮人，被身材高大的人抱起来，放在百尺高楼上，在旁人看来，以为他有九尺四寸。你对我的抬举，不就是和这差不多吗？吴模秀才，本来是在苏州书院接受你的教育，近来学问大有进步，学使李鹤峰提拔他，是应该的。因为他上京都来，写了这封信向你问安，或者就给他一个见面的机会，顺便考考他近来所学的东西，这也是大君子较少遇见的吧？

七八、与陈刺史虚斋

别来半年，思如隔岁。想由矜宠[①]之情重，顿使离别之情深耶？泗州凋敝之地，得执事[②]领而治之，勤不知劳，廉不表异，吏畏如日，民爱如春，举从前牧吏一扫而空之。将见名列御屏四方之为政者，必询郭丹之行事，写署黄堂[③]；考侯霸之章程，编为令甲矣。记乙丑秋在秦淮水次，两人将古今循吏事高睨[④]而大谈，今果然坐而言者起而行焉，不胜钦挹[⑤]之至。弟子王庭泰，捧束帛戋戋[⑥]，来参记室。仆告以相主作宾，事非容易。为名贤握管，必须如班彪之佐窦融，少陵之佐严武，而后克称此任。诚恐鲰生[⑦]笔舌，未登大雅之堂。还望刺史陶冶而成全之，宽其所不逮，教其所不知，不视作前席之先生，而当作有造之小子，则庶乎其不虚縻月廪[⑧]耳。

【注释】①矜宠：犹宠爱。②执事：从事工作，主管其事。也代指官员。③黄堂：古代太守衙中的正堂。④高睨：犹雄视，傲视。谓目光远大，见解脱俗。⑤钦挹：钦佩推崇。⑥束帛：捆为一束的五匹帛。古代用为聘问、馈赠的礼物。戋戋：形容少。⑦鲰生：指浅薄愚陋的小人，也用于自称的谦词，指小生。⑧虚縻：白白地损耗、浪费。月廪：古代每月发给官吏的禄米。泛指每月给予的粮米。

【译文】分别半年，想起来好像已有一年之久。大概是因为你待我的情谊太过厚重，所以使我对你的想念也这样地深吧。泗州是一个凋敝的地方，能够由你去领导、治理，勤劳而不知辛苦，廉洁而不以之炫耀，差役怕你如怕正午的太阳，百姓爱你如爱春天，将从前官吏的弊政一扫而空。看来不久便要把你的名字，写在皇帝记录四方好官名字的屏风上了，皇帝也要请教你治国之事，写到正堂上去；又按照你的章程，制定相应法令了。记得乙丑年秋天，在秦淮河里，你我二人拿古今相应循吏的事情高谈阔论，现在你果然说到做到，我真是佩服得很。学生王庭泰，捧着一些馈赠，来做你的书记。我和他说，在衙门里做客，这事很不容易。替名贤提笔做文章，一定要像班彪辅佐窦融、杜甫辅佐严武一样，才称得上是称职。我很怕他的文字口才，不登大雅之堂。还希望你能够陶冶他，饶恕他本事不到的地方，教导他不明白的地方，不把他当成是一位先生，只当他是一个可造之才，那样的话，才不会白领你的月俸了。

七九、与郑时庆太守

久不见，甚悬悬也。客有从皖来者，道太守行安而节和[①]，政善而民乐，慰甚喜甚。丁生星树，贫如潦水[②]之蛙。数年前邂逅僧庵，见其咏读书一联云："此事不知何日了，著书翻恨古人多。"先得我心，为击节久之。生因感奋，受业门下，为之讲解，进而愈上。每有吟咏，若春波之漾落花，流风之舞回雪，枚目为不易才，绝爱怜之。近闻试于府中，褎然[③]为举首。枚初不知领府者为何人，今年生来，道受知于太守。方知我两人聆音识曲，自甲子科同司分校后，隔二十年衡鉴[④]如一日，为欣然躅足者久之。夫丰城之剑[⑤]，雷焕知之，张华又知之。得张公之知，而雷方有以自信也。然雷位卑而张位尊，则剑之无穷之望有所属矣。于其归，与之书，使自达于君子。

【注释】①行安节和：行动安详，节令和顺。②潦水：雨后的积水。③褎然：枝叶渐长貌或杰出貌。④衡鉴：品评，鉴别。⑤丰城剑：古代名剑。史书记载豫章人雷焕任丰城令时得龙泉、太阿二剑，所以此二剑又叫丰城剑。

【译文】许久不见，心中一直记挂着你。有客人从安徽来，说起你身体很好，政令很佳，百姓很满意，我听了又是欣慰又是高兴。学生丁星树，穷得像潦水里的蛙。几年前和他在寺院里相遇，看他咏读书的一联诗道："此事不知何日了，著书翻恨古人多。"这话说到我心坎里了，我不禁为之叹赏了许久。他因此很受鼓励，拜我为师，我为他讲解后，他的才学越来越好。每次做诗，如波漾落花，风舞回雪，很是纡回曲折，别有韵致，我视他为难得之才，特别爱怜。近来听说他在府里考试，居然大出风头地得到第一名。我起初不知道做知府的是谁，今年他来，说起受到太守赏识。我才知道你我两人居然都看好同一个人，自从甲子科同司分校以后，虽已隔了二十年，可是欣赏水平，还像当年一样，因此快活得跳了许久。好比丰城的宝剑，雷焕知道，张华也知道。能够得到张华的认可，然后雷焕才敢相信自己。不过雷焕的地位低，张华的地位高，对于这把剑的无穷的期望便有了落足点。趁他回来，把这封信交给他，叫他亲自来送给你。

八〇、寄房师邓逊斋先生

六月初接夫子书，知因计典[①]休官，将还西蜀。枚初闻甚骇，觉当今有数正人，昭昭然如晨星之丽天，忽又散去，苍生将何望焉？继为夫子思之，则又色然而喜。古大臣能进以礼，退以义，吟风弄月而归者有几人哉？圣人以"微罪行"尚可，而况以无罪行乎？夫子书中亦极以退归为乐，此虽夫子不言，而枚早已知夫子之心之深也。使夫子有好爵尔縻[②]之意，则当三十年前隆隆骤迁时，必不告归请养，急流勇退矣，岂待于今六十高年，而转有所恋恋哉？惟思枚二十三岁受夫子知，至如今五十九岁，虽乞身太早，不以远大自期，有负夫子属望之至意，然今日之一丘一壑[③]，一饭一衣，饮水思源，皆夫子之所赐也。从前长安通书，彼此容易，此后则万里西川，鳞鸿[④]少便矣。白头师弟，再见何时，静言思之，泪如雨下。犹记送尹文端公入相序云："倘或前缘未尽，定重逢问字之车；如其后会难知，誓永立来生之雪。"不图此日又为夫子诵之。命撰墓志，在夫子达人之见，无闷于怀，而枚则何敢？古人如陶靖节之自祭，司空表圣[⑤]之墓铭，自为之可也，他人为之不可也。预凶有非礼之讥，而况门生乎？惟生传则自古有之，如韩昌黎之于何蕃，司马温公之于范镇，有例可援。枚当撰成寄上，未知寸莛击钟[⑥]，能表扬贤者千万分之一否？师母夫人温恭淑慎，于法宜铭，谨撰墓志一篇，先镌玄石。札中有为世兄完姻将到维扬之说，枚欲先往延候，恐舟到无期，而出月又为家慈九十寿期，未免有人子应办之事，难以渡江。为此特差家人，先到扬州，并托族弟常镇道名鉴者加意照应。谨具程敬，聊表区区。

【注释】①计典：古代对官吏三年考绩的大计之典。②好爵尔縻：这里指留恋官位。③一丘一壑：原指隐者所居之地。后多用以指寄情山水。④鳞鸿：代指书信。⑤司空表圣：司空图（837—907），河中虞乡（今山西永济）人。字表圣，自号知非子，又号耐辱居士。晚唐诗人、诗论家。唐光启三年（887）前后司空图回家隐居于中条山王官谷。天祐四年（907），唐亡。司空图听到这一消息后绝食而死，终年七十一岁。⑥寸莛击钟：用一寸长的草茎敲钟。比喻力不胜任。

【译文】六月初的时候接到你的来信，知道你因为年满去官，将要回四川去。我刚听说时很是震惊，觉得当今不可多得的正人君子，昭昭然如同早晨的星星，忽然散去，百姓还有什么盼头？后来再替你一想，又喜上眉梢。古时候的大臣，显贵时能够守礼，辞官时能够守义，吟咏着诗文归去的，能有几个呢？圣人以为带着微罪去官，都还可以，何况是没有罪的呢？你的来信里，也把去官退隐作为最大的快乐，你嘴里虽然没有这样说，但我早就已经深深地知晓你的心意了。假如你果真要想做官，那么三十年前你官运亨通屡屡升迁的时候，你必然不会辞官回去，急流勇退了，怎么可能等到六十岁以后，反倒还恋恋不舍？想起我二十三岁，就受到你的提拔，到现在五十九岁，虽是辞官太早，自己没有远大的抱负，有负你对我的厚望。然而能有今天的一丘一壑，一饭一衣，饮水思源，这都是你赐给我的。从前你在北京，两边通信还算容易；此后你在万里之外的四川，通信可就困难了。先生和学生，头发都白了，不知道什么时候可以再次相见？想到这里，泪如雨下。还记得送尹文端公入相序里说：“要是缘分没尽，定然还能再次重逢；倘若后会之日难以确定，也要立誓下辈子继续做你的学生！”想不到这些话今天又对你说了。你叫我写一篇墓志，在你是达观、看得开，胸中敞亮，在我却哪敢呢？古人像陶渊明的自祭文，司空图的墓铭文，自己写是可以的，别人写却不可以。预告凶事尚且要被批评于礼不合，更别说是学生来做这事了。若是生传，这倒是自古就有的，像韩愈写何蕃，司马光写范镇，有从前的例子可以征引。我写好了就会给你寄去，但不知道拿短短的木棍来敲钟，能够表扬你这位贤者的千万分之一吗？师母大人，温恭淑慎，按理应该传扬，我恭谨地写了一篇墓志，请你刻在石碑上。信里说起世兄结婚，将要到扬州，我想先去那里等候，又怕船到的日子不能确定，到了下月初，又是家母九十岁生日，未免有些儿子应办的事情，自己却不能够过江来。因此特地派了家人，先到扬州去，并且拜托一个做常镇道，名叫袁鉴的族弟，特别留意照应一二。恭敬地献上一些旅费，聊表我的一点心意。

八一、谢高相国

接钧谕，念老母年登大耄，赐以“延寿堂”三字，仰见相公覆物以仁、训人以孝之意。枚闻古人有言：“君相皆能造命。”良以调元[①]赞化之功，可以登斯民于仁寿。贤相许其寿，则天下无不寿之人。将来老母之百岁期颐[②]，皆出自相公之所赐也。读跋语有“简斋袁宰，博学能文，事亲克孝”云云，奖许过深，使枚惶恐。伏思学问之道无穷，而事亲之礼难尽。有一物之不知，不可谓之博也；有一言之未善，不可谓之孝也。枚何人斯，敢当斯语？想相公善善从长，亦昌黎所谓“诱之而使至于道”者欤？枚惟有奉作规箴，益加策励，搜其诵读之所未周，勉其晨昏之所未到，以仰副训言。寄来扁式，广狭恰称蓬庐。三字篆书，尤为古雅。枚将觅善手双钩[③]，镌金作字。称觞之日，广座高悬，使山中之草木烟云俱增华采，捧爵之同年故旧相率观瞻，所有谢忱，合先布达。

【注释】①调元：调和阴阳，执掌大政。多用以指为宰相。②期颐：年寿一百岁以上的人。③双钩：中国画技法名。用线条钩描物象的轮廓，通称“勾勒”，因基本上是用左右或上下两笔钩描合拢，故亦称“双钩”。又指旧时摹搨法书。沿字的笔迹两边用细劲的墨线钩出轮廓，也叫“双钩”。双钩后，填墨的称为“双钩廓填”。

【译文】接到你的来信，念在我的老母亲已经九十岁，特地赐予“延寿堂”三个字，足见你待人以仁、教人以孝的意思。我听得古人有句话说：“皇帝和宰相，都能够造命。”实在是因为治国安民的功劳，可以使百姓一起既仁且寿。只要宰相允许他长寿，那么天底下就没有不长寿的人。将来老母亲能够活到一百岁，都是受你这位宰相的恩赐呢！读你的跋文，里面有“简斋袁宰，博学能文，事亲克孝”的话。蒙你嘉许太过，使我诚惶诚恐。我觉得学问一事没有尽头，而侍奉父母的礼节也是再怎么做都尚有余裕。有一个事物不知道，就不能称他渊博；有一句话说得不对，就不能称他孝顺。我是个什么人，怎么担当得起这种话？想是你的善善从长，也是韩愈说的“诱之而使至于道”的意思吧！我只有把它拿来做我的规箴，愈加地鞭策自己，搜求我没有读过的书，勉励我早晚之间是否还有侍奉不周的地方，尽量地配得上你的赞语。寄来的匾式，长宽恰好适合茅舍。题写的三个篆字，尤显古雅。我想要找一个擅长钩画的，把它们雕刻成金字。做寿的那天，高高悬挂于寿堂之上，使山里的草木烟云，也增加些华彩，使祝寿的同年、亲戚，都来观瞻，所有的感谢，先行告诉你。

八二、为张东皋太夫人祝寿

恭闻孟冬元日，太夫人古稀荣寿。世讲合两淮之觞咏，庆七秩之慈云，以华衮[1]作斑衣，集云璈为仙曲，喜可知也。枚叨在犹子之班，合作跻堂之客。缘牵俗事，未遂抠衣，身依依以未行，心依依而未已。伏念家慈九十，已为寿母之先声；将见同享百年，传作两家之佳话。望隔江之山色，遥捧霞觞；分席上之蟠桃，有输青鸟。倘筹添以后至者为佳，则箓外云仙，将偷闲而补到。先遣家奴，小申敬意。《戴记》曰："君子不以菲废礼。"其斯之谓欤？

【注释】①华衮：古代王公贵族的多采的礼服。

【译文】听说十月初一是太夫人七十荣寿。你聚集了两淮的文人，一起来庆祝她的七十大寿，又用官服扮作老莱子的彩衣，鼓吹起各种乐器作为仙曲，心里的喜悦可想而知。我勉强算是子侄辈，按理应该作为登堂之客前去恭贺。可是因为俗事牵累，不能脱身，身体不能前往，心里十分不安。我想着，我的老母亲今年九十岁了，比你的母亲年长一点；不久你我的母亲，都满一百岁时，会传为两家人的美谈。我望着江那边的山色，遥遥捧起酒杯祝贺，只是不能亲自到场赴筵。倘若祝寿以后来者为佳，如同篆外云仙，那我也将偷闲补到。现在先叫家奴，略微表示一点敬意。《戴记》说：“君子不因礼物轻微而失礼于人。”不就是这个意思吗？

八三、与书巢

山左[①]信来，知膺卓荐，喜心翻倒，距跃三百。唐人以县令为畜生道，语似过激，然束缚百里，正如猕猴骑土牛，不能奋飞。得以计偕课最[②]，通姓名于天子，将见赐次公以一丈之车，加卓茂以三公之服，鄙人与有荣焉。仆今岁黄杨厄闰[③]，为清积案故，代前令分偿若干，又为清查册追缴若干，抱木鱼符来扣门者，震来虩虩[④]，如虎如雷。自念入山二十年，犹裹絮绵行荆棘，挂碍不已。每当水竹萧疏，一编相对，忽见朱封墨牒施施从外来，顷刻胸中柴棘斗许，非鬻产质抵，便须衣质长生库，才得眠食晏然。静言思之，想终是在官时司筦库者料量不善故也。前车屡覆，后轸方遒，今之从政者，尚慎旃哉！来书谆谆以买妾见委，仆自庚辰后往来吴会，思以兰蕙之新姿，娱桑榆之晚景，横搜苦索，千力万气，可谓既竭吾才矣。乃或者将牢太过，而惊鸿[⑤]已翔；或者急就成章，而悔之折骨。今虽充位之员群雌粥粥[⑥]，而寸心许可者卒无一人，自指双眸，常呼负负。多疾之医，屡败之将，尚何劳足下北面而问之哉？平生入金门，登玉堂，为文人，为循吏，求则得之，惟娟娟此豸，不可求思。想坤灵扇牒，别有前缘，不可以气力争也。或僮厮贱隶而哲妇倾城，或慧业文人而蟹行无偶，纷纷者天下皆是，奈之何哉！札中“不取处子”一语，殊得老子“不为天下先”之戒。以为非处子则不贞耶？不知豫让遇智伯便成烈士，文君嫁相如便矢白头。责报于人，先自问施之者何如耳。以为非处子则不洁耶？不知八珍具而厨者先尝，大厦成而匠人先坐，嫠也何害？洵知言哉！因妹夫持论偶尔相同，故戏及之。我家荆树三枝，萌芽将绝。香亭掷黄金于虚牝⑦，费若丘山，而独于花柳风情，宗祠大计反置之度外。果香闺严妒，能先斫桃花以绝其念耶，抑亦芮伯万之母不容芮伯之有宠人耶？大妹周南之化，能行于东诸侯，而不能行于姑嫂母子之间，又何故耶？嗣后执讯而与之书，宜几谏者几谏之，宜缓颊者缓颊之，祖宗之灵，实式凭焉。每读入蜀诗，如司马仲达观武侯营垒，辄叹天下奇才，不难其似杜，而难其不似杜也。仪神夺貌，虽浦山布衣，尚不足以语此，而况其他乎？青出于蓝，当仁不让，拟跋数行，未肯轻下，故宁负诺责焉。陆甥诗刻成附上，中与胡姨夫唱和甚多。有才如此而俾不永年，使人何以为怀！读李贺小传，知诗人老泪必当沾洒行间。仆三十五年前，提携保抱，得酿成此半寸可传之作，转觉抚孤之心窃喜自负耳。

【注释】①山左：山的东侧。特指山东省，因其在太行山之左，故称。②计偕：汉朝时被征召的士人皆与计吏偕同上京师，故称为“计偕”。后世举人入京会试，也被称为“计偕”。课最：古时朝廷对官吏定期考核，检查政绩。其中，政绩最好的称为“课最”。③黄杨厄闰：黄杨遇闰年不长。因此，以“厄闰”比喻境遇艰难。④虩（xì）虩：恐惧的样子。⑤惊鸿：惊飞的鸿雁。借指体态轻盈的美女。⑥粥粥：鸡相呼声。引申为众口藉藉，声音嘈杂。⑦虚牝：空谷。比喻无用之地，谓白白地浪费。

【译文】接到山东的来信，知道你做了官，心里高兴得很，不禁手舞足蹈。唐朝人把县令看作畜生道，此话未免过激，可是束缚在百里范围之内，正如猕猴骑土牛一样，不能奋飞。现在你的政绩最好，得以通姓名于天子之前，看来不久便能得到赏赐了，然后加官进爵，到时候我也跟着沾光。我今年运道不好，为清积案的缘故，代前令分偿一部分，另外又为清查册追缴一部分，那些拿着公文来敲门的人，气势汹汹，如虎如雷。我自己思量，入山二十年，就好像裹着絮棉在荆棘丛里行走，每一步都有挂碍。每逢水竹萧疏的地方，拿出书来刚想读，忽然公文来了，心里立刻就非常不爽快，不是要变卖家产抵押，就是要把衣服拿去典当，才稍得安宁一些。细细想来，终是做官时，管会计的人办理得不好的缘故。前车屡次倾覆，后面的车子更应小心，如今做官的人，还是要谨慎啊！你来信托我帮你买个妾，我自庚辰年后，往来吴会，存心想找个漂亮的女子，来欢娱我这晚年的人生，但无论怎么搜索，花费许多气力，可以说是用尽浑身解数了。有时是因为太过持重，就与佳人失之交臂；有时是因为太过急切，结果也不尽如人意。现在虽有好几个女子暂时充数，可是真正中意的却一个也没有，自己指着双眼，连连叹息。我这个时常生病的医生，屡屡战败的将领，哪里值得你这样隆重地把这件事情拜托于我？平生考翰林，做文人，为循吏，只要想，就能做到，偏偏是这方面的渴求，一直求而不获。想来男女之事，别有前缘，不是说花费多少力气就可以争取的！有的僮仆、佣人却有一个倾国倾城的好媳妇，而聪明的文人却往往独身一人，这种事情并不少见，能有什么办法呢？来信中有“不娶处女”的话，颇合老子“不为天下先”的戒条。以为不是处女便不贞吗？那是不知道豫让遇到智伯，便成了烈士，卓文君嫁了司马相如，便发誓要一起到白头。苛责别人的回报，先要问问自己是如何待人的。以为不是处女便不洁吗？那是不知道美味佳肴做好了也是厨子先品尝，造出豪宅大屋也是匠人先坐，古话说：“寡妇有什么害处呢？”这话说得真是不错。因你所持的主张，偶然和我相同，所以顺便跟你玩笑了几句。我家兄弟三人，子嗣快要绝灭了。香亭花费大把钱在女人身上，这些钱堆起来恐怕有山高了，偏偏都只是花在烟花女子身上，宗祠大计反而置之不理。果真是妻子善于妒忌管得严，先一步折断桃花断了他的念想呢，还是母亲不容许他那样呢？大妹周南的风化，能行于东诸侯，而不能行于姑嫂母子之间，这是什么理由呢？以后你去信时，可以劝的就去劝劝，可以帮着说说好话的就说说好话，祖宗的魂灵，实在很倚赖的哩！每次读入蜀诗，如司马懿看诸葛亮所筑的营垒，赞叹天下的奇才，不难于像杜而难于不像杜。仪神夺貌，就算是浦山布衣，尚且达不到这样，何况其他人呢？青出于蓝，当仁不让，打算写几行跋语，但终是不能轻易下笔，所以宁可背弃诺言接受谴责了。陆甥诗刻好后附上，其中和胡姨夫唱和的诗有很多。有如此的天才，而天不让他长寿，怎么使人不悲痛？读李贺的小传，知道诗人的老泪，必然要沾洒在字里行间的。我三十五年前，辛辛苦苦地抚育、教导他，结果总算留下了这一点可以流传的作品，转而也不禁于悲痛中带着一点高兴与自负了！

八四、答梁瑶峰大司农

接手书，知君自楚南[①]归后，移掌度支，赐第中禁。因思古宠贤臣，有加卢户曹之职为白傅营财者，有辍殿前之材为房公构宅者，恩非不厚，然未必旬日之内兼而有之。公独超过古人，则平素之孤忠[②]格天，愈可想见。枚欲纂思奋笔，赋《圣主得贤臣颂》铺序恩荣，而才非王子渊[③]，故欲为而不敢。且闻赐第在金鳌玉蝀[④]间，是枚当日簪笔[⑤]翰林时，朝夕趋朝所必过者。三十年来，回首前尘，杳如天上。公竟迁居若素，而枚则欲过不能矣，思之怃然。命搜古玩奉寄，枚非敢忘怀也。奈求之者多，则应之者寡，天不爱宝，野无遗贤，此其时也。且又寂处空山，不能向五都之市、收藏之家，膏唇拭舌[⑥]而求之。不得已，寄上书画铜玉五件，亦是秀才家敝帚之享，非清秘阁韫椟之藏耳。

【注释】①楚南：因楚在中原之南，故称。②孤忠：忠贞自持，不求人体察的节操。③王子渊：王褒（前90—前51），字子渊。西汉时期辞赋家，与扬雄并称“渊云”。曾做骈文《圣主得贤臣赋》。④金鳌玉蝀：桥名。在北京市北海和中海之间。东西向。东西两端立两坊，西坊题“金鳌”，东坊题“玉蝀”。原名金海桥、御河桥。⑤簪笔：插笔于冠或笏，以备书写。古代帝王近臣、书吏及士大夫均有此装束。⑥膏唇拭舌：谓极力用话语打动人。

【译文】接到你的来信，知道你自楚南归来以后，改掌财务，赐宅禁中。因而想到古代的那些得宠贤臣中，有加户部官衔为白居易增加财产的，有挪用殿前的材料为房玄龄造屋的，恩情不能说不厚，然而不是马上就能看见效果的。你现在独独超过古人，平时为人忠诚感动圣上，愈加可以想见。我想构思，挥笔疾书一篇《圣主得贤臣颂》，叙述一下你的恩荣，可是没有王子渊那样的文才，所以想写却不敢。而且听说你蒙圣主赐宅于金鳌玉蝀间，那里是我当年做翰林时，早晚上朝时的必经之地。三十年来，回首往事，都化作云烟。你竟然平平常常地搬去那里住，而我却是想再路过一次都不能够，想起来实在是令人心伤。你叫我帮你搜罗些古玩寄去，不是我敢把这事抛诸脑后，实在是因为想买这些的人多，而愿意卖的人少，“天不爱宝”“野无遗贤”，现在就是这种状况。而且我寂寞地住在山里，不是紧邻繁盛之区、收藏的人家，想买也只能辛辛苦苦地上门求卖。不得已，寄上书画铜玉五件，也是秀才家珍藏的一点宝贝，不能和清秘阁里的收藏相比。

八五、与家春圃

大山王叟，与余相别垂三十年，忽大暑中策杖而至，道与弟有旧。去年曾蒙吹嘘，稍有弋获，衰年残喘，得支半年，深知感切。奈所得已空，而残生未死，不得已又将踵门[①]，弱颜难以再至，特纡道金陵，索阿兄一札，以当新娘遮面之扇。愚思弟此刻所居官位，如高山大松，松之荫不过身横九亩，尽之矣，而天下之趋而求荫者，皆以为千亩万亩而未已。然则何以待之？曰：视其力之所能为，尽其心之所能到而已。大山晚景，颇似冯五兄。冯兄屡作冯妇[②]，弟不绝之，故阿兄引例以请。望哀其年之老、家之贫且孤，兼念其能交子才以求书也，可为委曲筹之。

【注释】①踵门：亲自上门。②冯妇：古男子名，善搏虎。后世用以指重操旧业的人。

【译文】王大山这个老者，和我分别快三十多年了，忽然在大热天拄了拐杖到我这里来，说和你是朋友。去年曾经几句美言，得了些好处，老年残喘，还能支撑个半年，心里很感激你。但是所得的已经用完，而人还没有死，不得已又要到你那里再次求助，但是脸皮薄，不好再去，所以特地绕道南京，求我写一封信，可以遮些脸面，好去见你。我想你现在身居高位，好像高山里的一棵大松树，松树的庇荫充其量最多不过九亩大，就已经到了极限，而天下想要得到你的荫庇的人，都以为你的能力可以荫庇千亩万亩还没到极限。那你又怎么面对他们呢？回答说：看你的能力所能达到的程度，尽你心里所想做到的地步。大山的老年景况，很像冯五兄。冯五兄几次求你帮助，你没有回绝他，所以我引着他来请求你。希望你能哀怜他的年老孤苦，又看在他能交结我来写这封信，就稍稍帮一帮吧！

八六、答长洲明府杨镜村

家奴从苏州归之前一日，金姬小妹不堪其妒妻之毒，雉经[①]而亡。及接到执事关文[②]，不觉咨嗟涕洟。在仆有维私之爱，犹是常情，在执事全无瓜葛，乃肯赎文姬[③]于汉关，拔翁须[④]于寄养。韩婴云："有殷勤之意者好丽。"仁人君子，大概如斯。岂知请到援兵而孤城已破，方知红颜薄命，虽佛力天尊亦无如何也。此妹灵魄自当感恩于九泉，而仆只以一念蹉跎，既失上手之明珠，又作陷人之坑阱，齘噤[⑤]躅足，寝食难甘。读手书有"倘到金陵，愿教一见"之语。仆本意提而出之，即命败雨残云，侍奉箕帚，而今已矣，夫复何言。惜其意思之缠绵，眉目之婉媚，则近日吴下女儿，恐未必有其侪偶也。仆老矣，肠如涫汤[⑥]，无从告诉，特泐[⑦]数行，上尘清听，亦唐人所谓"聊题一片叶，寄与有情人"之意云。

【注释】①雉经：自缢。②关文：旧时官府间的平行文书，多用于互相查询。清代运用范围扩大。③文姬：蔡文姬（生卒年不详），名琰，字文姬。东汉文学家蔡邕之女。博学多才，擅长文学、音乐、书法。初嫁于卫仲道，丈夫死后回家。东汉末中原大乱诸侯割据，原本归降汉朝的南匈奴趁机叛乱，蔡文姬为匈奴左贤王所掳，生育两个孩子。曹操统一北方后，花费重金赎回，嫁给董祀。④翁须：王悼后（？—前91），名翁须，汉宣帝刘询的生母，史皇孙刘进之妻。王翁须以歌舞女入太子家为家人子，后得宠于刘进。征和二年（前91）生下儿子刘病已，升为皇孙妃，称王夫人。其子刘病已即位后，追谥刘进曰悼，王翁须为悼后，史称王悼后。⑤龂噤：切齿含怒的样子。⑥涫汤：沸滚的水。⑦泐（lè）：书写。

【译文】家里的用人从苏州回来的前一天，金姬小妹因为不能忍受他的妒妻的虐待，自己上吊死了。等到接了你的公文，不觉叹息落泪。在我，还有一些亲眷的私情，原本是人之常情；在你，没有什么关系，也肯赎他出来，并且提拔他。韩婴说："心意委曲周到的人喜好华丽。"仁人君子，大概就是这样的。哪里知道请到了救兵，那座孤城却已经被攻破了，才晓得红颜薄命，就算是佛菩萨，也无能为力。她的灵魂在九泉之下也一定会感激你的，而我只因一念之差，既失去了如手中明珠一般的佳人，还害她落得这般境地，无限叹悔，睡觉吃饭也都不能安心。你的来信里面有"倘到南京，希望大家见上一面"的话，我本想将她讨要回来，然后就叫她来服侍你，做你的姬妾，现在事已至此，还能说什么。可惜她是那般地和顺，面庞那般秀丽，如今苏州的女子，恐怕没有一个比得过她的。我老了，心里很是难过，但又无处可诉，特地写信给你，污染你的耳朵，也是唐代人所说的“聊题一片叶，寄与有情人”的意思吧。

八七、寄寅和斋榷使

接手书及厚赐重重，具征念旧怜才，寸心感切。书中有“年齿日增，心绪愈乱，日无宁晷[1]，兴致全消”等语，枚闻而愕然。明公以五十之年，掌牢盆之任，天恩优渥，地界繁华，正宜拄笏看山[2]，从容敷政，而何乃自苦如此？想亦晚年进道，位愈高而心愈小之故欤？枚中心钦钦，更复何语。然苟陈穴管，尚有不能已于言者。在昔明公之枉驾山林，同欢风月，原不过公余之暇，藉以陶情，而非以之自放也。在今明公之屏除嗜好，一意办公，亦只因报国之心惟日不足，而非以之养尊也。两者形迹虽殊，此衷如一，原可并行而不悖。古之名臣若谢太傅、寇莱公，何尝不于百务倥偬[3]时围棋饮博[4]？公两典尚衣之局，至今浙水讴歌，金陵感颂。枚愿公即以从前之流风善政，沾润淮扬，而不必改弦易辙也。大抵为治之道，操之过蹙则境界不宽，虑之过深则私意反起。君子循分供职，认理而行，以故仁者不忧，智者不惑。两淮盐政有一定章程，明公果能裕国恤商，虽饮酒看花，亦是君恩圣泽，谁曰非宜？但不使之过度，致乖常性足矣。若一味矜严，太自刻苦，则公之才望岂是止于盐政者？将来督抚封疆，平章军国，比此时重任百倍加增，公又将作何如兢业耶？夫布谷鸣夏，促织鸣秋，物有微而应候[5]，人有贱而言忠，枚故不惮其缕缕焉。

【注释】①宁晷：安定的时刻。②拄笏看山：比喻在官而有高致。③倥偬：事情纷繁迫促。④饮博：饮酒博戏。⑤应候：顺应时令节候。

【译文】接到你的来信以及送给我的许多东西，足见你甚是挂念老朋友，还怜惜才人，心里感激不尽。你信里有“人一天天老去，心绪越加烦乱，一天到晚没有一刻闲功夫，什么兴致都没有”的话，我听了很是诧异。你年纪不过才五十岁，管理着盐运的职务，皇帝也对你很是恩宠，管理的地方也很好，正是应该虽在官而又有闲情看看山景，慢慢治理政事的，怎么就自己消极成这样了呢？想来是你晚年修为精进，地位越高，而心越小的缘故吧？我心里佩服你，还有什么话可以说呢？但还是把我的一点管见陈述一下，只是言不尽意。从前你到我这山居，一同品评风月，原本不过是公事之余的空闲，借以陶冶性情，并不是放纵。你现在戒除各种嗜好，一心一意办公，也不过是因为想报答国家，但恐怕时日不够，并不是有心要养尊处优。这两种，形迹虽然不同，用心却一样，原本可以并行不悖的。从前的名臣，比如谢安、寇准，不也是在公事忙碌的时候，还下围棋、喝酒？你做了两次织造，至今浙江的百姓仍在称赞你，南京的士子仍在感激你。我愿你就拿从前的流风善政，治理淮扬，而不必再改换治理方略了。大概治民的道理，过严的话，便境界不宽；考虑太深的话，反要引起私心。君子安守本分，谨守职责，认清道理去做，所以行仁的人不忧愁，有智的人不疑惑。两淮盐政，有一定的章程，你果真能够富裕国家、体恤商人，虽是喝酒看花，也是皇帝的恩典，谁能说句不应该？只要不太过分，弄得乱了常性也就是了。要是一味矜严，过分刻苦，那么你的才学、声望，岂会仅仅就做到盐运使？将来做总督巡抚，尚书宰相，管理天下军民，比之此时还要加重百倍，你将如何地谨慎戒惧呢？布谷鸟在夏天鸣，促织在秋天叫，物虽小，却也都应着时节，所以我虽然卑贱，却也忠诚，大着胆子多说了几句。

八八、答王梦楼侍讲

仆西湖人也，别十年矣。今春还乡，得见西湖而喜，得见侍讲而更喜。何也？西湖之见，出诸意中，侍讲之见，得诸意外故也。侍讲目无凡马，独于鄙人殷殷然有所深契，尊之以前辈，誉之于公卿，送抱推襟[①]，深情若揭。每至两人论诗，如石鼓扣桐鱼[②]，声声皆应，而且至理名言，皆得古人所未有。如云诗宜自出机杼[③]，不可寄人篱下，譬作大官之家奴，不如作小邑之簿尉。何也？簿尉[④]虽卑，终是朝廷命官；家奴虽豪，难免主人笞骂。今之尊韩抱杜而皮傅其仪形者，能无悚悔？又云诗如佛法，有正法眼藏[⑤]，有狡狯神通。参正法者不贵神通，夸神通者渺视正法。公自命为正法眼藏，而以神通推心余、云松二公，惟于鄙人许其二者能兼。枚虽不能仰副此言，然以此告云松、心余，恐二人未必不心服也。又言近多刘季绪一流，所学不工而好作诋呵，深为可憎。仆以为此理之常，无足怪也。夫离之太远者，其视黑白不明；鼻之齆嚏者，其闻熏莸如一。札中引孔北海⑥之言曰："今之后生，喜谤前辈。"仆则引《山海经》之言曰："山膏⑦如豚，厥性好骂。"盖不特甘苦之分，直是人禽之辨，公闻之定发大噱。

【注释】①送抱推襟：真诚相待。②桐鱼：用桐木制成的鱼形击鼓用具。③自出机杼：比喻写文章能创造出新的风格和体裁。④簿尉：主簿和县尉，泛指地方官府佐理官员。⑤正法眼藏：禅宗用来指全体佛法（正法）。朗照宇宙谓眼，包含万有谓藏。⑥孔北海：即孔融。汉末文学家，建安七子之一。因其曾为北海相，故称。⑦山膏：传说中的山中怪兽。

【译文】我是西湖人，离开家乡十年了。今年春天回到家乡，看见西湖很是欢喜，见了你更加欢喜。为什么呢？看见西湖，本在意料之内，看见你，却超出我的意料了。你眼界很高，独独对我很是看重，尊我为前辈，在公卿面前赞扬我，情深意诚。我们每每谈诗的时候，如同石鼓扣桐鱼，声声相应，意见一致，并且其中的至理名言，都是古人所没有的。比如说，做诗应该自出机杼，不可以寄人篱下，相当于做大官家里的奴仆，不如做小地方的官吏。为什么呢？小官虽然卑下，到底是朝廷命官；家奴虽有声势，到底难免要受主人的打骂。现在有尊重韩愈、杜甫，专门摹仿他们皮毛的，能不惭愧吗？你又说，做诗如同佛法，有正法眼藏，有狡狯神通。懂正法的，不贵神通；夸耀神通的，看不起正法。你自称是正法眼藏，拿神通来称心余、云松两人，惟独对于我，你说我是二者兼备。我虽然不敢当，可是把这话告诉云松、心余，恐怕他们两个也未必不心服吧！你又说，近来多有刘季绪这样的人物，学问不好，还喜欢斥骂别人，深为讨厌可恨！我认为这是常事，不必奇怪。离得太远的话，看东西便黑白不分；鼻孔有了毛病，香臭闻起来便一样了。你的来信里面引用孔融的话说："今之后生，喜谤前辈。"我则引用《山海经》的话说："山膏如豚，厥性好骂。"这不单是甘苦的分别，简直是人畜的区别，你听了一定会大笑吧！

八九、寄谢未堂司寇

枚心仰卿云，三十年矣。自问山中小草，不敢通名于大君子之前。幸朱观察来，相与论当代人物，渠独倾心于明公，以为略官阶而亲风雅者，当今无第二人。以故寻春一事，蒙其代为諈诿[①]。然终竟私心悚惧，一恐公卿贰高官，岂屑小星之末事；一恐公迂拘理学，将删好色之《国风》。唐突尊严，方深踧踖[②]，不料舍弟归来，道公蜡阮孚[③]之屐，斜王俭[④]之簪，折柳判花，兴复不浅。方知东山太傅[⑤]，尚在人间，且感且钦。惟是竹西歌吹之场，人才绝少。据舍弟云："一片花丛到眼，差可者只吴七姑一人。惜其自命太高，玉琢金妆，非肯在陶学士家雪裏烹茶者。"以故打桨之心，夷犹未决。又因老母在堂，不能久住邗江，缓行遴选。区区妄念，还想借抡才之玉尺，作刮目之金篦，命麾下司花使者广为探访。一得其人，即示知汪甥，以便飞帆而至。

【注释】①諈诿：嘱托。②踧踖（cù jí）：恭敬而不安的样子。③阮孚：字遥集，晋朝大臣，始平太守阮咸之子。放纵不羁，酷好饮酒，是饮酒史上"兖州八伯"之一。阮孚爱好木屐，以至经常擦洗涂蜡。后遂用"蜡屐、阮屐"等比喻对物爱之过甚的癖好。④王俭：（452—489），字仲宝，南齐名臣、文学家、目录学家，东晋丞相王导五世孙。他曾作解散髻，斜插帻簪，朝野慕之，争相仿效。⑤东山太傅：即谢安，曾隐居东山。

【译文】我心里仰慕你，已经三十年了。自问是生长在山里的小草，不敢通报姓名到先生你那里。幸好现在朱道台来了，大家谈论起当代人物，他独独佩服于你，以为能够不拘官阶身份来亲近风雅的，除你之外，当今再没有第二个人了。所以寻找美人之事，我便请他代为办理。但是我的心里暗暗有些害怕，一来害怕你已经做到尚书侍郎，哪里还肯管人家的姬妾事情；二来害怕你拘执理学，不赞成我这件事。唐突你的尊严，我心里正不安，不料舍弟回来，说起你风流异常，好似阮孚、王俭，折柳寻花，兴趣不浅。我才知道像谢安一般的人，还在世上，又是感叹，又是佩服。只是歌舞吹弹之处，才人很少。据舍弟说："在里面碰到的许多女子，稍好一点的只有一个吴七姑。可惜她又自命不凡，奢侈得很，不是肯到我家里来过苦日子的。”所以我出门招访的心思，踌躇着总是下不了决定。并且因为老母在家，不能常常住在扬州，只好慢慢地拣选。我这一点点妄想，还希望能够借重你麾下的人来替我去各处广为搜罗。倘有合适的人物，就告诉我姓汪的外甥，以便我马上搭船过江来。

九〇、答家惠纕孝廉

赐序推许[①]过当，故前书以谢为辞。刻下见复，道仆平生小德出入，故有意相推于道学中，以免老生腐儒之疵瑕。斯言过矣。夫疵瑕小德者，老生腐儒也；以出入为可者，子夏也。老生腐儒，庸人也；子夏，圣门之高弟子也。学者不师圣门之高弟子而师庸人，可乎？三代以下，久无完人。《朱子语录》中讥孔明太粗，岳飞太横，韩、欧不知道。此种吹毛之论，不一而足。朱子，贤人也，非老生腐儒也，其识论尚且如此，况其下焉者，而可以预为趋避乎？且瑕瑜不相掩者，玉也；粹然一色者，碔砆[②]也。仆耻为碔砆，方欲暴生平得失于天下，使天下人昭昭然可指可按，而后有以存其真。足下乃欲为掩饰而附会之，无论区区一序，不足掩天下之口，就使丘里耳目竟为足下所掩，而先使仆弃玉之真，就碔砆之伪，则岂仆之心哉？古人制行者，宰予不讳短丧，子贡不讳货殖，豫让不讳事中行氏；立言者，庄周不嫌荒唐，申、韩不嫌刑名，太史公是非颇诡于圣人。惟其如此，故独往独来于天地间，虽圣人责之，傍人议之，而其真意之所到，卒难磨灭。大哉孔子乎！七十子之徒兼收并畜，或以德行，或以言语，或以政事，或以文学；甚至互乡难与言[3]，亦许其洁己以进。有如禹会诸侯，执玉帛者万国，听其何途之从而来，则教育之，成全之，不加关讥，不施垄断，不使政事、言语、文学之徒冒德行之名，而德行中人亦不敢自以为高，而有所病于群贤之不足。今之理学，半德行之伪者也，舍此一门外，岂竟无地自居，无科可入。而足下必欲推而纳诸伪途，仆之所以赧然力辞者，意有所不屑也，是傲也，非谦也。至于心余推仆为六朝人，则又不敢当。何也？六朝人有狂者、狷者、中行者、乡愿[4]者，人颇不同。心余不知置仆为六朝中何等人，而但浑而言之曰六朝，则是心余于六朝之人尚有所未知，又何能知仆哉？故仆不特足下序中所称理学之名不受，即六朝人之称亦不受也。若夫老生腐儒之疵瑕，善者好之，不善者恶之，于仆之文无加损焉。

【注释】①推许：推重赞许。②碔趺（wǔ fū）：像玉的石头。③互乡难与言：出自《论语·述而》。意思是，互乡这个地方的人习于不善，难与之言善。④乡愿：指乡中貌似谨厚，而实与流俗合污的伪善者。

【译文】你赐给我的序，因为称赞得太过分，所以我上次信里以“不敢当”来推辞。现在接到你的复信，说我平生对于小节方面，颇有疏忽，所以有意把我说得好些，以免老生腐儒们批评我。这话错了。那些批评、计较于小节的人，是老生腐儒罢了；而以为小节上有些出入是可以的，正是子夏。老生腐儒是庸人，子夏是孔子的高明弟子。读书人不效法孔子的高明弟子，倒去效法庸人，这样行吗？三代以后，好久都没有完人了。《朱子语录》中，讥笑孔明太粗，岳飞太横，韩愈、欧阳修不通于“道”。这种吹毛求疵的话，随处都是。朱子是贤人，不是老生腐儒，他的见识议论尚且是这样，何况比不上他的人，难道可以预先躲避他们的议论吗？而且瑕和瑜并存的，是玉；完全一种颜色的，是像玉的石头。我耻于做像玉的石头，正准备把生平的得失全部暴露于天下，使天下人可以明明白白地指指点点，这样才可以保存最真实的样子。而你却想把它加以掩饰，而附会它，不要说这区区一篇序文不足以遮掩天下人的嘴，退一步说，即使人家的耳目都被你所欺骗了，也就先使我失去了玉的真，得到碔砆的伪，这难道是我想要的？古时候的实干家，宰予不讳言短丧，子贡不讳言行商，豫让不讳言替中行氏做事；立言的，庄周不嫌荒唐，申不害、韩非子不嫌刑名，太史公对于是非的见解也和圣人颇有不同。正因为如此，他们才能独往独来于天地之间，虽然圣人责备他们，旁人议论他们，而他们真意之所至，终究不易磨灭。孔子是多么伟大呀！七十个学生都兼收并蓄，有的以德行见长，有的以言语见长，有的以政事见长，有的以文学见长，甚至于难与言善的互乡人，也允许他们改过自新。有如夏禹会合诸侯，到达的有万国之多，根据来人的不同，教育他，成全他，不加苛责，也不一竿子打翻，不使擅长政事、言语、文学的人顶着德行的名声，而以德行擅长的人也不敢自以为有多了不起，与其他群贤相比，自己也有不足之处。现在的理学，仅有一半是德行，另一半则是虚伪，难道除了这一条路以外，真就无地可居，无科可入了吗？你一定要把他拉到虚伪的路上去，我之所以红着脸竭力婉拒，实在是有些瞧不起，这是骄傲，而不是谦逊。至于心余把我比做六朝人，那我也不敢当，为什么呢？六朝人中有狂的，有狷的，有中庸的，有同流合污的，每个人都不一样。心余不知道是把我置于六朝人中的哪种人，只是笼统地说六朝，由此可见心余对于六朝人都不了解，又怎么可能了解我呢？所以，我不但是不接受你在序中所赞扬的理学的头衔，就是心余给我的“六朝人”的称呼，我也不接受。至于那些老生腐儒的批评，喜欢的就喜欢，不喜欢的就不喜欢，对于我的文章是不会有什么损益的。

九一、复家实堂

当今行古人之道，为古人之文，如吾实堂者，本不多觏[①]。三十年来，形迹虽疏，相知愈深。读见赠文集序一篇，便知梗概。前因推许太过，未敢遽刊，今又十余稔矣。觉道着肯綮[②]处，未有如实堂之文之佳者，以故刊为后序，见仆之折服，非虚言也。所以奉劝付梓者，亦因序文清劲[③]，一气旋折[④]，非于此道中三折肱，不能如此。其他文之瑰奇，记从前都已见过。虽唐以前原无自梓其文者，其时人人知重古文，门生故吏又多感恩念旧，宏通博雅[⑤]之儒自可待诸身后。而今则非其时矣，苟不校定付梓，及于吾身亲见之，则一旦溘然而去，将一生心血付之茫茫，岂不大可惜耶？善乎宋李泰伯[⑥]之言曰：“使天再假我以年乎，吾所为未可量也。若就今日而论，则亦可抱此以见古人矣。”商宝意为一代才人，其诗集梓成，有相诋娸[⑦]者，仆为不平。友人仲烛庭笑曰：“但使我辈身后，尚有数卷文集被人吹毛索瘢，便是天地间尚有此人；否则付之草亡木卒而已。”其言最为沉痛，实堂又何必过于矜慎哉？札中云：“尔来少年习气，好矜考据。”仆又有说：从来风运所趋，历代不一。西汉尊经，东汉穷经，魏晋清谈，六朝骈俪，唐尚诗赋，宋尚理学，元尚词曲，明尚时文，本朝尚考据，趋之者如一群之貉，累万盈千。其中忽有韩、柳、欧、曾为古文于举世不为之时，此外亦无他名家，历历鼎峙，盖其道本至难，其境亦最狭故也。“形而上者谓之道，形而下者谓之器。”古文，道也；考据，器也，器易而道难。“作者之谓圣，述者之谓明。”古文，作也；考据，述也，述易而作难。实堂又何必以至难之事，望之今之后生小子哉？第就考据而论，亦正难言。来札云：“未明四书，便谈许慎；未通八股，便事康成[⑧]。”嘻！彼亦知许氏《说文》、康成笺注，在当日早有非之者乎？后周黎广从崔司徒受字学，不宗《说文》；三国虞翻驳正康成一百六十事；孔融以父礼事康成，而深笑其麟鼓郊天之说，以为臆造；王辅嗣[⑨]詈康成为老奴。请问今之宗许、郑者亦略闻其说否？至以宋儒为学究[⑩]，宋儒注经，原未必尽善，然据周、孔以訾程、朱可也，挟郑、马以诋程、朱不可也。以欧、曾为空疏，即刘贡父笑欧九不读书之说。然《公是先生全集》俱在，散漫平芜，不及欧公远甚。且吾又不知作二《典》、三《谟》者，胸中有何史学；作《国风》《雅》《颂》者，胸中有何韵学也。我辈下笔所以不如欧、曾者，正为胸中卷轴太多之故。读韩《与李翊》、柳《与韦中立》两书，便知原委。去冬在杭州，见朱石君侍郎，蒙其推许，云："古文有十弊，惟随园能扫而空之。"余问其目，曰："谈心论性，颇似宋人语录，一弊也。排词偶语，学六朝靡曼[11]，二弊也。记序不知体裁，传志如写账簿，三弊也。优孟衣冠，摩秦仿汉，四弊也。谨守八家空套，不自出心裁，五弊也。饾饤[12]成语，死气满纸，六弊也。措词率易，颇类应酬尺牍，七弊也。窘于边幅，有文无章，如枯木寒鸦，淡而可厌，且受不住一个大题目，八弊也。平弱敷衍，袭时文调，九弊也。钩章棘句，以艰深文其浅陋，十弊也。"余笑答曰："此外尚有三弊。"侍郎惊问，余曰："征书数典，琐碎零星，误以注疏为古文，一弊也。驰骋杂乱，自夸气力，自作粗才，二弊也。尚有一弊，某不敢言。"侍郎再三询，曰："写《说文》篆隶，教人难识，字古而文不古，又一弊也。"侍郎知有所指，不觉大笑。质之实堂，以为然否？

【注释】①觏（gòu）：遇见。②肯綮（qìng）：筋骨结合的地方，比喻要害或关键之处。③清劲：清正刚直，清秀有力。④旋折：盘旋曲折。⑤宏通：贯通，博大通彻。博雅：学识渊博，品行端正。⑥李泰伯：李觏（1009—1059），字泰伯，北宋时期重要的哲学家、思想家、教育家、改革家。⑦诋娸（qī）：毁谤丑化。⑧康成：郑玄（127—200），字康成，东汉末年儒家学者、经学家。⑨王辅嗣：王弼（226—

249)，字辅嗣，三国时期曹魏经学家、哲学家，魏晋玄学的代表人物及创始人之一。⑩学究：读书人的通称。亦指迂腐浅陋的读书人。⑪靡曼：华美，华丽。⑫饾饤：比喻堆砌词藻。

【译文】现在能实行古人的主张，写古人的文章，像我家实堂这样的，本来就不多见。三十年来，我们来往虽然不多，相知反而更深。读了你赠我的那篇文集序，便知道个大概了。从前因为你称赞得太过，没有敢马上刊上去，到现在又十几年了。觉得能够一语直透要害的，再没有比你的文章更好的了，所以仍旧刊上去，改为后序，可见我对你的佩服，并不只是随便说说。我所以劝你把你的著作付刊，也是因为这篇序文颇为清劲，一气盘旋，不是在其中下了很大功夫，是做不到这样的。其他文章的佳妙，记得从前都已经看过。虽然在唐朝以前，没有自己刊行自己文章的，那时候人人都知道尊重古文，门生故吏又多感恩念旧，有大学问的儒生完全可以等到他去世以后，由别人去替他刊行。现在却完全不是那样了，如果不自己校正刊出，还活着时就能够亲眼看见书，那么突然有一天去世的话，一生的心血便付之东流，岂不大为可惜？从前李觏有句话，说得挺好，他说："假使上天再多给我几年时间，我的成就，还不可限量啊。然而就拿目前的成就来讲，也可以面无愧色地去见古人了！"商宝意是一代才人，他的诗集刊行后，有人批评说写得不好，我就替他打抱不平。友人仲烛庭笑道："但愿我们死了以后，还有几卷文集，被人吹毛求疵，这便是天地间还有这么一个人；否则，也就跟草木枯亡一样毫无分别了。"他的话最是沉痛，你何必过分地谨慎畏惧呢？你在信里说："近来少年的习气，喜欢弄考据。"我也有这样的说法：从来风运所趋，历代都不一样。西汉讲究尊经，东汉讲究穷经，魏晋崇尚清谈，六朝注重骈文，唐朝崇尚诗赋，宋朝研究理学，元朝注重词曲，明朝时兴八股，到了本朝，又重视考据，跟着从事考据的，好似一丘之貉，有成千成万。其中忽然而有韩愈、柳宗元、欧阳修、曾巩在大家都不写古文的时候写古文，此外也没有其他什么名家，来和他们并称；因为他们的道本来至难，境界又最狭。“形而上者谓之道，形而下者谓之器。”古文是道，考据是器，器容易而道难。“作者之谓圣，述者之谓明。”古文是作，考据是述，述容易而作难。你又何必拿最难的事情，来期望现在的后生小子呢？即使就考据来论，也很难说。你的信上说：“没有懂四书，就去谈许慎；没有通八股，就去学康成。”唉！他们怎么会知道许氏的《说文》，郑玄的笺注，在它们写成的时候早就有人在批评呢？后周黎广跟着崔司徒学习文字学，就不以《说文》为宗；三国时虞翻批驳订正郑玄一百六十条错误；孔融把郑玄当作父亲来侍奉，可也是大为耻笑他“麟鼓郊天”的说法，认为那是臆造的；王弼更是骂郑玄是老奴。请问现在推崇许慎、郑玄的人，听说过这些事吗？至于说把宋儒视为学究，宋儒为儒家经典作注，本来就未必完美，然而依据周公、孔子来骂程、朱是可以的，依据郑玄、马融来骂程、朱却不可以。说欧阳修、曾巩肚子里空疏，这也就是刘贡父讥笑欧阳修读书的一说。然而《公是先生全集》现在还在，里面的文章散漫平淡，比欧阳修差得远了。而且我不知道写二《典》、三《谟》的人，肚子里有什么史学学问；做《国风》《雅》《颂》的人，肚子里有什么韵学学问。我们这些人做文章，之所以不及欧阳修、曾巩，就是因为肚子里面书本太多的缘故。读韩愈《与李翊》、柳宗元《与韦中立》两篇书信，就可以知道原委。去年冬天，我在杭州见到朱石君侍郎，承蒙他推许，说："做古文有十个弊病，只有袁枚能够将这些弊病一扫而空。"我问他具体都有哪些弊病，他说："谈心论性，极像宋人的语录，是第一个弊病。用对偶句式，讲字眼，学六朝人的华丽，是第二个弊病。记和序连体裁都不分，传和志好似写账本，是第三个弊病。专门学秦汉，好似做戏，是第四个弊病。守着八家的套路，不敢自出心裁，是第五个弊病。东拼西抄，满纸死气，是第六个弊病。用笔太随意，好似应酬信个，是第七个弊病。文章太长，有言辞而无章法，好似枯木寒鸦，淡而可厌，并且当不起大题目，是第八个弊病。平弱敷衍，学习时文的调调，是第九个弊病。险涩生硬，拿艰深来遮掩自己的浅陋，是第十个弊病。"我笑着答道："除这些之外还有三个弊病。"他惊讶地问我，我说道："翻书寻典故，零星琐碎，误把注疏当作古文，是第一个弊病。文章驰骋乱杂，自己夸耀有才气，自作聪明，是第二个弊病。还有一个毛病，我不敢说。"他再三问我，我道："写《说文》上的篆书隶字，让人难以辨识，字古而文不古，又是一个弊病。"他知道我意有所指，不觉大笑。现在来问你，你认为对吗？

卷　四

九二、答皖江裴二知抚军

十月中旬，武闱毕后，蒙中丞鸣驺枉顾，小住烟萝。降卿月之光辉，照幽栖之小草，兼之流连茶话，披阅图书，有依依不忍去之意。枚伏读《唐阙史》，载中书舍人路群之高淡，给事中卢弘正之富贵，雪中相遇，所服不同，所役使不同，而两意相忘，交好特甚，时人两美之。中丞前日来园，颇有昔贤光景，求之今日，少此高风。接手书命题《昨非图》卷子，伏念中丞贵人也，而画中角巾芒履，水竹松云，高淡乃尔。古称谢太傅功高百辟，心在一丘，范希文身为经略，白发忧边，犹眷眷于圭峰山下之读书处。大概用世之才愈大者，其出世之心愈深，《尚书》所谓“臣罔以宠利居成功”是也。中丞见解如斯，将来晚节弥香，尤可预决。第枚更有陈者，图名“昨非”二字，似本诸渊明《归去来辞》。渊明晋室小臣，与公身分不合，拟改“退思”二字，则庶几乎古大臣进思尽忠、退思补过之义，而廊庙江湖出处之道皆一以贯之矣。未知中丞其以为然否？卷中未题一字，似特空之以待枚为前马者。许温太真作第一流，未免矜宠太过，然而操觚[①]亦愈觉难矣，奈何！

【注释】①操觚：指执笔作文。

【译文】十月中旬，武生考试结束以后，承蒙你骑马来到舍下，小住了几日。委屈你如明月般的光辉，来照耀我这棵幽居的小草，并且喝喝茶，谈谈天，看看书，有依依不舍的意思。我看《唐阙史》，里面记载着中书舍人路群高尚淡泊，给事中卢弘正荣华贵显，他们两人在雪里相遇，穿的衣服不同，做的事情不同，但两人都将这些忘却，十分要好，同时代的人都称赞他们。你前天到我园里，也很有昔日贤人的样子，放眼当今，这种高风气度已经很难得了。接到你的来信，叫我在《昨非图》的卷轴上题字。我暗暗想着，你是一位贵人，画的却是布衣草鞋，水竹云松，如此高淡。古人称赞谢安功劳高过百官，心思却只在田园；范仲淹身为经略官，白发苍苍地忧愁着边疆的战事，却还在想念圭峰山下原来读书的地方。大概用世之才情越大的，他出世的心思也就越深，这就是《尚书》里面说的“臣下不可因君王的恩宠与利禄而居功自傲”。你的见解能像这样，将来的晚节，一定可以保持得很好，这是可以预先料定的。但是我还有些话想说，画取名为“昨非”两字，好像是典出陶渊明的《归去来辞》。陶渊明是晋朝的一个小官，跟你的身份不大合适，若改为“退思”两字，那么大致可以与时贤大臣的“进思尽忠，退思补过”的话相契合，而且不管是在朝廷做官，还是在江湖隐居，都可以通用。不知你觉得这样行吗？卷中不曾题过一个字，好像特地空着，叫我第一个题。将我推举为第一流人物，这未免是把我宠爱得过分了些，以后再提笔做文章，就感觉肩头更有压力了，怎么办呢？

九三、与沈归愚宗伯

客岁在苏，见尚书神明矍铄，如日方中，既慰同谱①私心，又庆人伦瑞事。赐和七律二章，香熏锦裹，什袭②藏之，将与白下紫金山同不磨矣。启者敝乡人沈方舟诗，才力高迈，绝近少陵。近有谋刊其遗稿者，无从得窥全豹。读大集有《方舟诗序》，知为尚书素所推奖之人。序中称其稿藏张少弋家，未识张君何处人，家于何方，乞详示之，以便往觅。昔李穆堂先生云：“凡能拾人遗文残稿而代存之者，其功德与哺弃儿、葬枯骨相同。”枚爱其罕譬雅切，言尤沉痛，时时诵之。倘方舟灵爽③不泯，得尚书发其覆而因以大显于时，岂非缒深井之珠而升之于白画之庭乎？望即示复。

【注释】①同谱：即“通谱”，同姓的人互认为同族。异姓人相约结为兄弟。②什袭：原指把物品一层层地包起来，后形容珍重地收藏。③灵爽：指神明、精气。

【译文】去年在苏州，看见你精神矍铄，如同正午的太阳，既安慰了我同谱的私心，也实在是一桩庆贺人伦的祥瑞之事。你赠和我的两首七律，我特地珍重地保存起来，可以和南京的紫金山一起不灭了。我的同乡沈方舟的诗，才学高超，很像杜甫。近来有人打算刊行他的遗稿，但没有地方可以看到他的作品全集。读你文集里面有一篇《方舟诗序》，知道他是你向来推重的人。序文里面说他的稿子藏在张少弋家，但不知张君是什么地方人？住在何处？请你详细地告诉我，以便我去找寻他。从前李穆堂先生说："凡是能把人家的遗文残稿代替他保存起来的，他的功德可以和哺育弃儿、安葬枯骨相当。"我喜欢他这句话，不太常见，但譬喻得又文雅又贴切，并且话很沉痛，时时诵读它。要是方舟的灵魂不灭，得到你的帮助并因而大大地显耀于同时代，这岂不是就像捞起深井里的珠子，把它升到明亮的大庭上吗？请尽快给我一封回信。

九四、寄嵇黼庭相国

枚常谓物性即人性也，草木萌芽，难忘情于故土；人生发轫[①]，多回首于恩门[②]。枚设帐公家，才逾弱冠。两年之内，一举京兆，再捷南宫，报信者皆叩公之门，贺喜者多履公之阈，重重光景，恍在目前。而公相望之深，相扶之切，尤想见梁补阙与陆侍郎一番古谊。习凿齿向桓宣武云:“使当时不遇明公,则不过一荆州老从事耳。”枚有味乎其言,故前赋送行五古四章,一往情深,言由衷出,非皮傅语也。蒙公奖许过当,愧不敢当。闻受之世讲③,以翰林谕德在上书房行走。此日巾韝侍讲④,作帝室之先生;当年辟咡⑤牵衣,是童蒙之弟子。渊源追溯,房、魏功业,未尝非文中子之光荣。蒙题《随园雅集图》,先之以近体,继之以古风,深得古人一唱三叹之旨。云笺墨渖,尽作金光,当什袭藏之,永为珍宝。札中有称名过拙之虑,不知“白也”“微之”,古朋友敌体以下,时时称焉,而况公以两朝元老称小子后生乎?未免虑非所宜,谦之过当。

【注释】①发轫:犹发迹。②恩门:恩府,师门。③世讲:两姓子孙世世有共同讲学的情谊。④巾韝:巾褠。头巾和单衣,为古代士人之盛服。亦作“巾韝”。侍讲:为皇帝或太子讲学。⑤辟咡:谓交谈时侧着头,不使口气触及对方,以示尊敬。亦指耳语。

【译文】我常常说,物性就是人性,草木发出芽来,不能够把故土之情忘却,人若发达了,也要时常回想到他的恩人。我在你府上教书时的年纪,才过二十岁。两年内,先中举人,再中进士,报信的人,都到你府上来,贺喜的人,也都到你府上来,种种情形,宛若还在眼前。而你对我的期望之深,对我的帮助之切,更是令人想到梁补阙和陆侍郎的一番交情。习凿齿向桓宣武说道:“假使当时不遇着你,我不过是荆州的一个老从事罢了!”我回味着这句话,所以前次写了送行的五古四首,一往情深,言出由衷,并不是随口说出的客套话。承蒙你过分的称赞，我愧不敢当。我听说你受之世讲，以翰林的身份在上书房行走。现在穿着胜服，做皇帝的先生；当年还是个低着头，掩着口，来牵我衣裳的小小学生。追溯渊源，房玄龄、魏徵的功业，未尝不是文中子的光荣。承蒙你为《随园雅集图》题诗，先题近体诗，然后是古风，深得古人一唱三叹的精髓。纸张墨汁，一起发出金子般的光彩来，我定当仔细地包裹了藏起来，永远当作珍宝。你的来信中有直称名字的担心，不知“白也”“微之”这种称呼，在古时候朋友之间也是常常称呼的，更何况你还是以两朝元老的身份来称呼我这个后生小子。未免担心得过了，谦虚得过了。

九五、与蒋戟门观察

前日笙歌罢后，特许抠衣金屋[①]，平视朱姬。虽上手明珠，有意夸张于坐客；而判花法眼[②]，原宜共赏于知音。拜见之下，果然靡颜腻理[③]，淑质艳光，可为观察得人贺矣。别来半月，南衙花草被风吹开，想牡丹芍药与玉女争妍，必更盛于往岁。闻尊纪[④]司访春之事者，主人付线一条，长四尺八寸，先量美人身材，必须如许长而后，再端相于眉目。人皆笑观察太拘，仆心窃是之。考诸经史，《诗》称“硕人其颀”，《骚》称“长眉连蜷”。汉冯偃为子娶长妻，晋武帝称卫瓘女有五美，长而白其一也。可见论美人者贵长忌短，自古皆然。第鄙意以为，宜娉婷夭袅，不宜挺立森森[5]如束长竿耳。况观察具曹交之体[6]，虽鞭之长，不及马腹，倘对井跰跹，其能无绠短汲深[7]之虑哉？算法家有量天之尺，观察家有测美之丝，付之白袷青箱，可作典故用矣。仆亦新有所获，公如暇，可来谛视[8]之。元载所宠薛瑶英，除却杨炎不许见也。

【注释】①抠衣：提起衣服前襟。古人迎趋时的动作，以示恭敬。金屋：华美之屋。②判花：在文书上签花押。指判词文书。这里借指品评文章。法眼：指敏锐、精深的眼力。③靡颜腻理：形容容貌美丽，皮肤细腻柔滑。④尊纪：尊介。旧称他人之仆。⑤森森：高耸的样子。⑥曹交之体：谓个子高大。典出《孟子》：曹交问曰："'人皆可以为尧、舜'，有诸？"孟子曰："然。""交闻文王十尺，汤九尽，今交九尺四寸以长，食粟而已，如何则可？"⑦绠短汲深：吊桶的绳子很短，却要打起深井里的水，比喻能力薄弱，担当不了重任。常用作谦辞。⑧谛视：仔细地看。

【译文】前天喝酒听戏完后，特地允许我到你的内室，看你的几位夫人。虽是你有这种极美的妾，故意要夸耀给人看；而对于美丽的欣赏，原本就应该分享给知音一起看。拜见之后，果然皮肤细腻，姿态漂亮，可以为你得到美人而称贺了。分别以来，已有半个月，南方许多美人，一时兴起，想你现在又得到了不少佳人，恐怕更胜于以往。听说尊介负责买女事情的，你给他一条线，长四尺八寸，先量美人身材，必须要有这么高，然后再仔细看她的容貌。大家都笑你太拘泥了，我心里却是暗暗赞同你的。考查古书，《诗经》里说"硕人其颀"，《离骚》里面说"长眉连蜷"。汉朝冯偃替儿子娶长得高的妇人，晋武帝称赞卫瓘的女子有五种美，又高又白是其中之一。可见谈论美人的话，应该选择高的，不应该选择矮的，自古以来就是这样的了。但是我觉得，高也要长得身材苗条才行，不要长得笔挺挺的像一束长竹竿。何况你有曹交那样的身高，即使马鞭很长，也还是打不到马腹，若是女子太高，怎会不发生绳短井深的忧虑呢？算法家有量天尺，你有测量美人的丝线，将来记到史册里面，也可以作为一个典故使用了。我新近也买了一个小妾，你如有空闲，可以来看看。元载的爱妾薛瑶英，除了杨炎，可是不许其他人见的！

九六、寄张有虔先生

枚七岁入学，受业史玉瓒师，得识先生。尔时孩提之童，或背书不熟，畏受师嗔，或督课谨严，觊觎客至。每见先生飘然而来，则善气迎人，不特满堂弟子皆执化人之袪，而史师亦释躁平矜[①]，顷刻有沂水春风之乐矣。枚年十二，又与先生同入泮宫[②]。释奠[③]则辟咡相招，赴试则抠衣逐后。此种光景，未隔前生。第五十余年，道路睽违，未通芳讯。去年扫墓武林，自笑丁令威[④]化鹤还乡，城郭虽是，人民已非。同学生徒，零落殆尽，而先生巍然独存，神明聪强，齿牙如故，口不服散，手不持筇[⑤]，言笑晏晏，逸趣横生。先生其汉文时之西河窦公耶？抑亦隋开皇时之神仙孙思邈耶?方知博大真人,却弥戾之车[⑥],走和神之国[⑦],其天全其德厚,真阴阳所不能戕,气数所不能囿也。彼嵇康、郭璞终日论养生,讲仙术,而反以夭其生,宁足步先生之后尘哉?枚钦挹之忱,不能缕述,谨赋五律二十四韵,书之扇头,托令甥卢抱经学士代为寄上,仍求视作当时童子,加教诲焉。

【注释】①释躁平矜:心平气和,有涵养。②泮宫:古代的国家高等学校。③释奠:古代在学校设置酒食以奠祭先圣先师的一种典礼。④丁令威:道教所崇奉的古代仙人。据说,他曾学道于灵墟山,成仙后化为仙鹤,飞回故里。⑤筇:竹子的一种。可以制手杖。⑥弥戾车:梵语,指边地之卑贱种族。⑦和神国:传说中的国名。

【译文】我七岁进学塾,接受史玉瓒先生的教导,从而得以认识你。那时我是个小孩子,有时背书没有背熟,害怕受到先生的责骂;有时又因为先生督课太严格,希望有客人来访。每次见你飘飘然而来,满脸和气,不单是满堂的学生都很喜欢,就是史先生也立刻放下怒容,而笑容满面了。我十二岁,又和你一起入泮宫。祭魁星的时候,承蒙你低着头来招唤我;考试的时候,我拉着衣角在后面跟随。此般种种,现在还历历在目。但是五十多年来,因为路途阻隔,我们再没有通过消息。去年我回到杭州扫墓,笑称自己就和丁令威化鹤归来似的,城郭虽然还是旧模样,人民已经不是从前的了。当年的同学,大多已经去世,而先生你还巍然独存,头脑灵光,耳清目明,牙齿如故,手不扶杖,言笑晏晏,谈吐逸趣横生。先生你莫非是汉文帝时的西河窦公?或者是隋代开皇年间的神仙孙思邈?我这才知道大福气、大修为的人，不生病，不短寿，根气厚，德行全，真的是阴阳所不能伤害，气数所不能拘管的。从前嵇康、郭璞，一天到晚谈论养生，宣讲仙术，反而早早就死了，怎么可以拿来与先生你相比呢？我心里的佩服，不能一桩桩地全部列举出来，只好做一首二十四韵的五律诗，写在扇面上，托令外甥卢抱经学士替我寄给你，请你仍旧把我当成从前的那个小孩子，给予指教。

九七、与金匮令

蒋心余来，道足下办全姑事，太杀风景。案定后，闻其仍归陈某，复加拘杖，并弛其衵[①]衣而亲临观之，必使玉碎花残而后已。嘻，异哉！此岂仁人君子之所为哉？夫见貌而相悦者，人之情也。当文王化行南国，时犹有“有女怀春，吉士诱之”之事。至春秋时，凡列国诸侯大夫妻，其弃位而姣者指不胜屈。以南子[②]之宣淫，而孔子犹往见之；以七子[③]之母改嫁，而孟子以为亲之过小。可见孔孟圣贤，于男女情欲之感，不甚诛求[④]。且全姑与陈某，身被官刑之后，犹能冒死相从，殊有观过知仁、从一而终之义。方谓足下将旌之以狗于国，而乃加之僇辱，不已谬乎！律文非亲属不许捉奸，所以维风化而杜刁风也。今全姑事，初告发者起于邻里，再禀闻者由于差役，皆非亲属应捉之人，不过索诈不遂、分赃不匀故耳。足下不为佳人之仁君，而为恶棍之傀儡，是诚何心哉？须知男女越礼之罪小，棍役刁诈之罪大。足下重其所轻，轻其所重，不特无恻隐之心，兼且无是非之心矣。推足下之意，不过因全姑有美名，陈某有富名，故摧折之，表自己之严正。不知为民父母，而有意避嫌求名，势必至于绅士吞声，乡愚攘臂⑤，是非颠倒，有何底止！夫西施虽美，虎豹见之而必伤；陶朱虽富，豺狼遇之而必害。虎豹豺狼，不可谓之严正也。焚琴煮鹤⑥，好恶拂人之性，三尺童子皆知羞之，而足下以此求名，名于何有？仆明知成事不说，既往不咎，而无如闻不慊心事，如骨鲠在喉，必吐之而后快。故因心余再来，而发愤一道。

【注释】①衵（rì）：贴身的内衣。②南子：南子（？—前479年？），春秋时期女政治家，生性淫乱。南子原是宋国公主，后嫁卫灵公为夫人。③七子：典出《诗经·凯风》。《毛诗序》认为这是一首赞美孝子的诗，说："《凯风》，美孝子也。卫之淫风流行，虽有七子之母，犹不能安其室。故美七子能尽其孝道，以慰母心，而成其志尔。"④诛求：谓强制求取。⑤攘臂：捋起袖子。⑥焚琴煮鹤：把琴当柴烧，把鹤煮了吃。比喻糟践美好的事物。

【译文】蒋心余来，说起你办理全姑的一件案子，太杀风景。案子完结以后，听说她仍旧嫁给陈某，你又去拘来打她，还剥去她的内衣，亲自坐在上面监督打她，一定要把她打死了才肯罢休。唉！你错了！这岂是仁人君子干的事情呀？男女瞧见对方的面孔而心里互相喜悦，这是人之常情。从前周文王所德化的国度里，都还有“有女怀春，吉士诱之”的事情。到了春秋时，列国诸侯大夫的妻子，抛弃夫人的尊位，去跟别人相好的，实在是数都数不过来。像南子这样淫乱的，孔子还去见她；已经有了七个儿子还要再去嫁人的，孟子也认为只是小过。可见孔孟这样的圣贤，对于男女情欲之事，并不过分去要求。而且，全姑和陈某受了官府的刑罚以后，还能够不怕死，仍旧坚持要在一起，很有“观过知仁”“从一而终”的意思。我还想跟你说将他们表扬一番，令全国的人都知道呢，结果你反倒去处罚、羞辱他们，这不是大错特错了吗？法律上规定，不是自己的亲属，不许捉奸，之所以这样，是为维护风化，杜绝歪风邪气。现在全姑的案件，最初来告发的是乡邻，后来来告发的，是差役，都不是亲属，他们不是应该捉奸的人，不过是因为敲诈勒索没有成功，分赃不平，所以才告发的。你不做美人的仁慈大恩人，反倒去做恶棍们的傀儡，这到底是什么居心？要知道，男女逾越礼教的事情为小，恶棍刁诈的事情为大。你把应该轻看的重处，把应该重处的轻看，不但是没有恻隐之心，而且还没有是非之心。我推想你的意思，不过是因为全姑有美丽之名，陈某有富裕之名，所以办办他们，好表明自己的严正。不知道作为百姓的父母官，有意躲避嫌疑去求取名声，一定要弄到绅士忍气吞声，愚蠢的乡民举臂欢呼，是非颠倒，何时是尽头！西施虽是很美，虎豹瞧见了一定要伤害她；陶朱虽然很富，豺狼碰到了一定要害他性命。虎豹豺狼，并不能称它们是严正的。焚琴煮鹤这种杀风景的事情，好恶与人性相反，就是三尺高的小孩子，都羞于去做，而你却以这些来求得声名，声名到底有什么用处？我也明知事情已经做了，说也无用，明知既然过去的，就不再追究，不过听着这种不快心的事情，好似有一根骨头，卡在喉里，一定要吐出来，心里才觉得痛快。所以趁心余再过来的机会，愤愤地发些牢骚。

九八、与周新之孝廉

驾在省时，握别匆匆，不及具一餐为雅寿，此心缺然。蒙为小女执柯[①]，转述金圃少司空之意，肯与贫士为婚，特命公子同来，作韩姞相攸[②]故事。感司空之高风古谊，对公子之玉质金相[③]，得托丝萝[④]，岂非至幸。奈此事不敢不禀命于家慈，而家慈又往往决之于日者[⑤]。昨将两家八字，托梅某合之。据云男命荣贵，合裘文达公格局[⑥]，惟嫌与小女辰戌一冲，不甚配合。仆素不信日者言，而家慈老人见解，未免狐疑。谨将所批五行节略，呈上省览。仆承司空垂青如此，感不能忘。明岁八驺[⑦]莅省时，意欲仿《北齐书》所称干阿妳[⑧]故事，将小女寄司空膝下，依卿月之末光，作琐琐之姻娅[⑨]。改媳为女，辟嘁无嫌；易舅为爷，称名愈昵。未知司空其许之否？乞足下婉致此语，并道山人感德陈情。别无余语，惟学赵孟垂陇之役，赋《隰桑》之卒章焉。

【注释】①执柯：做媒。②韩姞相攸：《诗·大雅·韩奕》："为韩姞相攸，莫如韩乐。"后因以称择婿。③玉质金相：比喻文章的形式和内容都完美。也形容人相貌端美。④丝萝：菟丝、女萝均为蔓生，缠绕于草木，不易分开，所以诗文中常用以比喻结为婚姻。⑤日者：古时以占候卜筮为业的人。⑥格局：命相家指定格与合局。⑦八驺：古代贵官出行，有八卒骑马前导，称"八驺"。⑧干阿妳：即干奶婆，指不喂奶的保姆。⑨姻娅：亲家和连襟。泛指姻亲。

【译文】你在省里的时候，匆匆分别，来不及请你吃饭，心里抱歉得很！蒙你替小女做媒，转述金圃侍郎的意思，肯和寒士联姻，特地叫公子一同前来，叫我看看。我感激侍郎的厚意，眼见他家公子的仪容身姿，倘若能够做成亲眷，那真是再好不过了。但是这件事情，我不敢不告诉家母，而家母又常常相信算命先生。昨天她把两个人的八字，托梅某给合了合。据说，男命很佳，和裘文达公的格局一样，只可惜和小女辰戌有点对冲，不很相配。我是素来不相信算命先生的话的，但是家母以她老年人的见识，未免心存疑虑。现在把梅某批的五行节略，送给你一看。我蒙侍郎这么看得起我，心里十分感激，永远不敢忘记。明年他的大驾到省里来时，我想仿照《北齐书》上所说的乾阿妳的故事，让小女拜他做寄女，靠他的光荣，做我们的亲眷。改媳妇为女儿，大家也可以很亲近；改公公为父亲，称呼越发亲昵。但不知他肯不肯答应？请你替我委婉地说一说，一并替我表达一下我的感激之情。别的没什么了，只有学着赵盂在垂陇的相会，读《隰桑》的末章"中心藏之，何日忘之"罢了。

九九、送臬使胡云坡升少司寇入都

阅邸抄，知明公以观察之衔，迁爽鸠[①]之职。在三吴士民沐恩有素，能无作交州之留士燮，河内之借寇恂乎？然天子以为使一省无冤，何如使四海无冤，故超阶躐等[②]而用公，尤见圣人之立贤无方，而公之诚能格天，至于如斯之盛也。惟是吴中为四方词人学士过从之所，必得当官显赫者，扶大雅之轮[③]，开招贤之馆，而士气为之一申。自商丘宋冢宰以来，风流歇绝，将六七十年。得公继之，峩峩[④]多士，近悦远来，如鱼龙之趋大壑。一旦远离，将使揆景[⑤]占星者漠然无所归向。枚每过胥门[⑥]，读汤文正遗爱绰楔，有"民不能忘"四字，为之留连踯躅，想见其为人，不觉涕下沾巾而不忍去。今又增公为三矣。且喜明刑之职，通于弼教[⑦]，《皋陶》一谟，不言五刑[⑧]而反序九德[⑨]，岂非以钧金束矢[⑩]之事小，而浚明有家之任重乎？直温宽栗，非公而谁兼之？记在署中，命题陈眉公画梅，似非此君善本。山中藏其画梅十二幅，寄上表意，且使一路香风，送公北上，预祝他年调羹之瑞云。

【注释】①爽鸠：传说为少皞氏的司寇。借指掌刑狱之官。②躐等：越级，不循原有序列。③扶大雅之轮：即大雅扶轮。指维护扶持正统的作品，使其得以推行和发展。④峩峩：盛壮，盛美。⑤揆景：测量日影，以定时间或方位。⑥胥门：城门名。今江苏省苏州市城西门。⑦弼教：辅助教化。多指以刑辅教。⑧五刑：中国古代五种轻重不等的刑罚。⑨九德：古时指贤人所具备的九种优良品格。⑩钧金束矢：铜三十斤，箭一束。都是古时狱讼双方的致官之物。金取其坚，矢取其直。及断，胜者官司还其金、矢，败者则没入。

【译文】看了邸报，知道你以道台的头衔，转升为刑部侍郎。在江苏地方的百姓，一向都受到你的恩惠，能够不像古时交州人挽留士燮，河内人借重寇恂那样吗？但是皇帝的意思，以为令一个省没有冤屈，哪里比得上使普天下都没有冤屈？所以将你提拔，超乎寻常地任用你，更可见圣人只以人材为前提，不拘一格，这同时也是你的真诚能够感动上天，才有这样的盛事呢！只不过江苏地方，是四方文人学士来往的地方，一定要官位显耀的人，主持风雅，招聘贤人，才可以伸张士气。自从商丘宋冢宰以后，这种风气，断绝了已将六七十年了。得到你来接续，好叫许多士人，远近一齐过来，似鱼龙到了海里。你一旦去了，将会使平时仰慕你的人，找不到方向了。我每次从胥门经过，读汤文正公的遗爱碑，有“民不能忘”四个字，不禁为之驻足流连，想到他的为人，又不知不觉地流下泪来，不忍离去。现在加上你，就是三个人了。高兴的是刑名的事体，关乎教育，《皋陶谟》上不说五刑，反而讲九德，岂不是认为诉讼的事情为小，而教育的责任重大吗？正直温和，宽厚严肃，不是你的话，还有什么人能将这些集于一身？记得在衙门里，叫我题陈眉公的画梅，好像不是这位先生的善本。我家里藏着他画的梅花十二幅，寄给你表示我的一些心意。又可使一路香风，送你北上，预祝你他年有做宰相的预兆哩!

一〇〇、答云坡大司寇

六月中,匆匡广文归,接手书,并见怀诗一章,扈从[①]纪事诗十二首,皆自操不律,挥写烟云。蓬门之下,钟、王与李、杜齐来,真何幸也!伏念诗人穷而后工之说,原为衰世之言。古人若唐、虞之皋、夔,成周之周、召,何尝不以高华篇什传播千秋?然而彼皆扬拜于殿廷,未有流传于草野者。公独垂念风人,殷殷赐教。见怀云“一生知己惟元老,半世栖迟为寿萱”,则枚所以闲居之故了然矣;“每上燕台向南望,最关情处是随园”,则纡尊降贵、千里神交[②]之意惓然矣。《从围》云“一望灯光列星斗,始知身在五云边”,想见待漏晨趋、月傍九霄之光景。“策马上山寻别路,忽闻绝壑响松涛”,想见热处冷行、不争冲要[③]之识力。至于“才过残月又新月,几度排班看打围”,则又明写湛露龙光、昼日三接[④]之恩荣焉。少陵直道心源,摩诘诗中有画,非公其谁兼之?命枚和作,则断不敢。何也?虫吟鸟语,本不足以答遥响于钧天,而况目之所未瞻,身之所未到,勉强为之,有如茅檐曝背,高话金銮,虽溺爱如公,有不笑其牙牙学语、婢作夫人[⑤]者乎?钦挹之心有余,步趋之力不足,特修书谢教,并申雍也不敏之忧。

【注释】①扈从：随从，跟随。也指皇帝出巡时的护驾侍从人员。②神交：彼此没有见过面，但精神相通，互相倾慕。③冲要：军事或交通要地。比喻重要的事务或职位。④昼日三接：一日之间三次接见。形容深受宠爱礼遇。⑤婢作夫人：原指婢女学作夫人，虽处其位，但言行举止却不优雅。后常用来讥笑书画作品模仿不真，笔法局促。

【译文】六月里匆厓从广文回来，收到你的信，以及见怀诗一章，扈从纪事诗十二首，都是你亲自执笔，挥墨写就的。钟繇、王羲之与李白、杜甫都来到我这蓬门里了，是多么地幸运呀！我以为诗人穷而后工的说法，原本是衰微时代的言语。古人中像尧、舜时的皋、夔，成周时的周公、召公，何尝没有好文章流传后世？而他们都是做官的人，并没有一个流传于草野。你心里记挂着我，时常寄诗给我。比如见怀诗中："一生知己惟元老，半世栖迟为寿萱。"把我之所以要闲居的原因都给道尽了。"每上燕台向南望，最关情处是随园。"则又把不分尊卑的交情表现无余了。《从围》诗中说："一望灯光列星斗，始知身在五云边。"使人想象出天亮前待漏上朝的光景。"策马上山寻别路，忽闻绝壑响松涛。"可以想到你不趋炎附势、不争取地位的识力。至于"才过残月又新月，几度排班看打围。"那又是把你承受帝王宠幸的恩荣都写明了。少陵的诗，一针见血，摩诘的诗，诗中有画，除了你，还有谁能够兼而有之呢？你叫我和作，那是绝对不敢当。为什么呢？因为虫声鸟语，本来就不足以响应天上的声音，更何况我没有亲眼所见，亲身所至，勉强做了出来，也和乡下人谈金鍪宝殿一样地惹人发笑罢了。你虽然溺爱我，那时候难道不会笑话我牙牙学语、婢作夫人吗？我心里对你钦佩得很，可是却没能力一直跟在你身边。特地写这封信给你，把“雍也不敏”的苦衷向你申明一下。

一〇一、答姚小坡尚书

使者来，接手书并缟纻[①]四端。伏念枚山人也，着芰荷之衣足矣，一旦三英耀体，将使为“彼其之子”乎？或公念所呈骈体数篇，略工组织，有锦摛霞驳之观，故以是赏之，而使无绮语[②]之悔耶？札中问《道古堂文集》与星斋孰优。星斋先生集未付梓，枚无由得见，《道古堂集》则通行翻撷，其博引繁称处自具气力，惜记序之文，失之容易，序事之文，过于冗杂，全无提挈翦裁。要知良史[③]之才，不是醯酱油盐照账誊录也。集中如梁少师、齐侍郎两墓志，此是何等题目，乃铺述一鹿肉、一苹果，如市贾列单，令人齿冷。岂不知君恩所系，有赐必书，然果属卑官寒士，则尚方[④]之一缕一蹄，自当详载，而三品以上大臣，则宜取其大者远者而书之，琐碎事端，概从删节，此文章一定之体例也。不然，如韩、欧集中所作诸名臣碑版，岂当时天子不赏赐一物者乎？而何以绝不记载乎？近日考据家为古文，往往不晓此义，十人九病，董萧、谢山，皆所不免。惟方望溪力能矫之，而又苦于才力太薄，读者索然。公文章功业，是当代李赞皇一流，将来《一品集》成，必有超乎诸君子者。故先论及之，而又拭目俟之。

【注释】①缟纻：细白的生绢。比喻友谊深厚，亦指朋友间的互相馈赠。②绮语：指涉及爱情或闺门的艳丽辞藻及一切杂秽语。③良史：优秀的史官，指能秉笔直书、记事信而有征者。④尚方：泛称为官廷制办和掌管饮食器物的官署、部门。

【译文】你差人到我这里来，接到你的来信和细绢等馈赠。我暗想我是个山野之人，穿些粗布衣服就好了，忽然穿了这种材质很好的衣服，反而使我浑身不舒服。或者你读了我所写的几篇骈文，觉得还算做得工整，你把它看得锦绣云霞一般，所以把这个拿来赏给我，使我不犯绮语过多的毛病吗？来信中问我："《道古堂文集》和星斋谁更好？"星斋先生的文集，不曾刻版，我还没有看见，《道古堂文集》早就已经通体看过，很是深博，自有一种气力。可惜记序的文章，坏在太容易；序事的文章，坏在太冗杂，全没有经过提要剪裁。要知道良史的才学，不是照着一堆琐碎事情进行抄录。集子里面比如梁少师和齐侍郎两篇墓志，这是大题目，他反而铺叙起鹿肉和苹果，好似市贾开列账单，真是使人看不起。岂不知皇帝的恩情很重，有所赏赐，就一定要写出来，然而果真是小官和穷读书人，那么皇帝的一缕一蹄，自然应该详细记载，而要是三品以上的大臣，就应该取他大的、远的来记录，这种琐屑事情，应该全都删去，这是写文章一定的规范。不然的话，像韩愈、欧阳修的文集里面，写的许多名臣碑版，难道当时皇帝连一件赏赐的东西也没有吗？为什么一点也不记载呢？近来考据家做古文，常常不明白这个道理，十个人里面有九个人都犯这样的错误，连堇莆、谢山，都不能免。只有一个方望溪还能够尽力改正，但是又才力太薄弱，读起来索然无味。你的文章功业，是当代的李赞皇一流人物，将来《一品集》出版，一定能够超过他们许多人的。所以先谈到这里，拭目以待。

一〇二、答钱东麓少司寇

接手书，知前寄挽章，业已收到。伏念太傅文端公，望重三朝。丙子春间，枚路出嘉禾，修后进之礼，蒙国士[①]之知，异目相看，倾衿相接，至今感不能忘。今年闻委化[②]之信，凡在士林，靡不异声同叹。枚因老母在堂，不获越疆而吊，敬赋四诗，以抒哀悃，有如木坏山颓，而寒蛩幽咽何足以美盛德之形容？乃蒙明公略云泥之分，加奖谢之词，皆由乐善有家风，仁孝有本性，以故鲰生之一字一联，必为之嘘扬曲诱于靡已。古有在灵前诵《蓼莪》之篇，代仁王之忏者，殆即明公奖许之意乎？枚闻礼有悬壶代哭[③]之文，所以优贵也。公官二品，已在古诸侯卿大夫上矣。年过五十，又有不毁之戒，似宜节哀自爱，以仰副圣祖见知、苍生属望之意，此又太傅在九原所深以枚言为可采者。

【注释】①国士：一国中才能最优秀的人。②委化：谓随任自然的变化。引申为死的婉词。③悬壶代哭：古代国君的丧礼之一。

【译文】接到你的来信，知道前回寄给你的挽诗，已经收到。我想太傅文端公，三朝元老，名望很重。丙子年春天，我路过嘉兴，执后辈之礼去拜访他，承蒙他看得起我，对我另眼相看，很殷勤地招待我，直到现在仍感激不已，不能忘记。今年听说他去世了，凡是读书人，没有一个不同声叹惜的。我因为老母在堂，不能够长途赶来吊孝，做了四首诗，表达自己的哀思，好似木坏山崩，那小虫般的悲声，又怎么可以形容他的盛德呢？承蒙你忽略了贵贱的分别，对我说了些奖励感谢的话，这都是因为乐善的家风，仁孝的本性，所以我这山野之人的一字一联，也一定要替我大肆鼓吹个没完。古时候有在灵位前读《蓼莪》诗，以代替念诵佛经的，这恐怕就是你奖许我的意思吧？我听说《周礼》上有“悬壶代哭”之礼，这是为了优礼贵显的人呢！你官居二品，已在古代诸侯卿大夫以上了。年纪过了五十岁，不应该过于哀恸，而应该有所节制，自己保重身体，好报答皇帝对你的知遇之恩和百姓对你寄予的厚望，这也是令尊大人在九泉之下也深以为我的话可以采取的。

一〇三、答伊虞也侍郎

接手书，知前呈《小仓山房外集》一部，明公赐教未终，被定圃尚书取去。不意樗栎[1]之材，方呈身于大匠，而巴人之曲，又见赏于知音。既入耳以自矜，复汗颜而未已。明公命补献一册，并将全集寄呈，尤仰见大君子好学怜才之至意。伏念《玄》文覆酱，《论语》烧薪，古绝大文字，苟不遇其人，尚付之一吷[2]，而况枚之雕虫刻篆！忽遇垂青，敢不学齐女之自媒、山鸡之舞镜乎？奈丛残之集，付梓未终，而就正之心，争先为快。特手书诗册一本寄上，譬尝饮食，取甘者而先献丈人；如鼓瑟琴，待弦调而再为晚奏。希训示不宣。

【注释】①樗栎：才能低下。常用作自谦之辞。②一吷（xuè）：轻轻一吹的声音。吷，微声。

【译文】接到你的来信，知道上次寄的《小仓山房外集》一部，你还没有看完，便被定圃尚书拿去了。想不到不堪大用的木材，居然也能呈身于大匠面前，而下里巴人的曲歌，也能受到知音的赏识。听到这消息时，不免有些得意，既而却是惭愧不已。你叫我再献一册，并且把全集寄呈，从这里尤其可以看出大君子好学怜才的深意啊！我暗暗想着，《太玄经》被人用来覆盖酱坛，《论语》被人拿来烧火，自古以来极有价值的文章，倘若碰不到知音，尚且会被埋没，何况像我这种不像样的东西！忽然间碰到有人垂青，该是要高兴得忘乎所以啊！只是目前我的书还不曾印好，不能奉上。但是心里面又想请你斧正，越快越好。所以我特地手抄诗册一本寄上。譬如尝饮食，把滋味好的先献给你；又如弹琴鼓瑟，先把弦调正，迟些再演奏。等着你的指教，不多说了。

一〇四、答陕西抚军毕秋帆先生

公大魁[①]天下，名声若日。枚在蒋用庵侍御、熊蔗泉观察处，时时得闻公之言论风采，以为德福兼隆，是北宋王沂公再生。随闻持节西秦，作召公之分陕，所以体国经野[②]者，愈盘错则愈从容，尤征古大臣之识量。枚爱而不见，中心殷殷，又自分山泽之癯，瞻观星斗，虽钦迟仰止，发于秉夷，而高高在上者未必知人间有此畸士也。以故一札之投，亦不敢轻溷典签[③]之听。不料明公加先施之恩，行后进之礼。严侍读归，赐以手札，惠以羊裘，意外之恩，从空飞下。伏念古之元勋硕德，好与文士往来者，莫如裴晋公[④]之于白乐天，千古传为美谈。然其时彼此仕于同朝，又同居洛下，交好易亲故也。若枚与公，则科名前后相乖二十年，道路睽违又相隔三千里，公独能纡尊降贵，有意其存之，岂非下士怜才更高出古人万万哉！布帛之言，业已不衣而自暖；羔羊之咏，又复着体以生温。感激之忱，真庾子山⑤所谓“鳌戴三山，深知其重”者矣。寄来尹文端公诗集十二卷，命为校雠，将板而行之，真盛德事。喜枚处亦尚有尹公残稿，合一并寄呈。序用六朝骈体者，从尹公平日所好故也。临启不胜依驰。

【注释】①大魁：即状元。②体国经野：指将都城划分为若干区，让官宦贵族分别居住，并将田地分配给百姓耕作。后泛指治理国家。③典签：或称典帅。官名，始于南朝。朝廷为监视出任方镇的诸王而设，多以天子近侍充任。因其权势大，故有签帅之称。④裴晋公：裴度（765—839），字中立，河东闻喜人。唐代中期杰出的政治家、文学家。以功封晋国公，世称“裴晋公”。⑤庾子山：庾信（513—581），字子山，南阳郡新野县人。南北朝时期文学家。

【译文】你中了状元，声名正和太阳一般显赫。我在侍御蒋用庵、道台熊蔗泉那里，常常听说你的言论极有风采，认为你的德行和福气都好，像北宋王沂公重生一般。后来听说你巡抚陕西，犹如召公当年治理陕地一般，所以治国安民的各种举措，越是复杂难办的，你做起来越是从容不迫，越发显出古代大臣的见识和度量。我虽是敬重你，却不能够常常看见，心里很记挂；同时自己觉得山里的老人，仰望你这样的大官，虽然我对你的敬仰发自内心，可是你那般地高高在上，未必知道凡尘俗世里有我这个人呢。因此，即使是一封简单的书信，也不敢轻易地寄给你。不料你却先写信给我，并且把我称为前辈。严侍读回来的时候，给我带来你的信，还赠送给我羊皮裘，这真是意外的恩赐，像是从天外飞来。我暗想古代的元勋硕德，喜欢和文人往来的，再没有像裴晋公对于白居易那样的了，传为千古美谈。然而那时他们俩同时做官，又都住在洛阳，交情自然容易极为要好。至于说到我和你，考取功名的时间前后相差二十年，居住的地点又相隔三千里，你独独能够屈降尊贵，有意来与我交好，你对于下士的怜才之心，岂不是更要高出古人万万倍吗？你的褒奖，我听了后即使不穿衣服也已经很暖和了；赠送给我的羊皮裘，穿上后更是令人温暖。感激你的心，真是从前庾信所说的“鳌戴三山，深知其重”了。寄来尹文端公诗集十二卷，叫我给校对一下，然后好刊行，这真是莫大的功德。令我欣喜的是，我这里也还有一些尹公的剩稿，合在一起一并寄给你。序文用六朝的骈体，是因为尹公平日就欢喜这种骈体。执笔写信给你时，心里有无限挂牵！

一〇五、寄庆雨林都统

久不接芳讯，想将军拥百万貔貅，故忘却山中猿鹤耶？世兄以风流儒雅之身，当万里长城之任，绛、灌之武，随、陆之文，兼而有之，不知玉帐牙旗[①]中猎罢归来，添几许铙歌[②]边唱。侧身东望，能不依依！别来十有五年矣。戌年七月，新娶钟姬忽生一子，一时戚友争为欢喜，道此事与程鱼门得翰林相同。六十衰翁，学为人父，幺豚暮鹳，相对逌然[③]。追忆当时望我有后者，先慈而外，惟文端夫子关切尤深。孰知皆不及于生前亲见之，以故汤饼筵[④]开，不觉一则以喜，一则以悲也。假我数年，古稀将屈，精神毛发逐渐颓侵，惟“临水登山，寻花问柳”八字，一息尚存，双眸如故。前年挈姬人子女小住西湖，渡江至禹穴、兰亭而返。秋间又过太湖，游石公、飘渺诸峰，均有题咏。明年将为天台、雁荡之行，学如不及，犹恐失之。世兄闻之，得毋怜其衰而羡其达乎？更奇者，前年与六世兄相聚三日，送回京师。去年与三世兄相聚三日，送往楚南。此皆前世灵山会上未了因缘故也。未知世兄一样通家，苍苍者其许引此例否？俗人要寿，图享浮世[5]繁华；君子贪生，只望良朋聚会。世兄多情胜我，必同此缠绵焉。

【注释】①玉帐：玉饰之帐。主帅所居的帐幕，取如玉之坚的意思。牙旗：旗竿上饰有象牙的大旗。多为主将、主帅所建，亦用作仪仗。②铙歌：军中乐歌。汉乐府中属鼓吹曲。在马上奏之，用以激励士气。也用于大驾出行和宴享功臣以及奏凯班师。③逌然：微笑貌。④汤饼筵：汤饼会。⑤浮世：人间，人世。旧时认为人世间是浮沉聚散不定的。

【译文】许久不曾接到你的来信，大概是你掌管百万雄兵，所以就忘记了我这住在山里的老人了吧？你以风流儒雅之身，担当万里长城的重任，周勃、灌婴的武艺，随何、陆贾的才学，你兼而有之。不知你在军营里打猎归来之时，能做成几首新诗词传唱。我侧转身体向东望去，怎能不牵挂着你呢？我和你分别十五年了。戊年七月里，新娶的姓钟的姬妾，忽然生了一个儿子；一时间亲戚朋友都十分欢喜，说这件事可以和程鱼门中翰林一事相提并论。六十岁的老人，学着做父亲，这样一幼一老，想一想，自己也好笑哩。我回想到那时候希望我生儿子的，除了家母以外，还有文端公也很关心这事。谁知道我儿子出生前他就已经去世了，所以在我儿子办满月宴那天，我既高兴，又悲伤。要是我再活几年，就快要七十岁了，精神慢慢地衰弱，头发也都慢慢地变白，只有“临山登水，寻花问柳”八个字，只要有一口气还存留，两只眼还看得见。前年带着小妾和子女，到西湖去游玩，又渡过江去，到达禹穴、兰亭，方才回来。秋天时又去了太湖，游石公、飘渺诸峰，都题有诗。明年还想到天台山、雁荡山去游玩，就怕来不及，没时间去了。你听了，会不会既可怜我的衰老，又羡慕我的达观呢？更显奇怪的是，前年和六世兄聚会了三天，送他到北京去。去年又和三世兄聚了三天，送他到湖南去。这都是前世未了的因缘。但不知道我和你一样是通家，像我这样白发苍苍的老人，上天到底还允许我们再碰几回面呢？俗人想要长寿，是图享受浮世的繁华；君子希望长寿，是希望能和好朋友多聚会几次。你的多情，还胜过我，心里想必也是如我一般地缠绵纠结。

一〇六、谢树斋将军寄灰鼠裘

客冬腊底，两接手书。其一附和诗来，其一附灰鼠裘来。嘻，异矣！诗如云璈水瑟，可听而又可歌；裘如天外飞鸿，可望而不可即。《礼》有云：“赐衣服者，服以拜赐。”仆意欲披裘之后，作札拜嘉[①]，以故迟迟作答。不料一年以来，心望未灰，鼠飞不至，真乃“万古云霄一羽毛”矣。推原其故，将军以裘交六郎，六郎以裘交鱼门，鱼门以裘交张某，张乃楚材，受裘后不知何往。故人情厚，鄙人福薄，想缘仆一毛未拔，而朋友先施，天故不许其消受耶？抑山人野客，只可荷芰为衣，而此服奇温，服之不称故耶？灰鼠有灵，定当笑我。虽然，暖于身也不如暖于心也。《书》曰：“享多仪，仪不及物。”《传》曰：“三军之士，皆如挟纩。”将军之仪已到矣，仆之纩[②]已挟矣，又何必区区以物为哉？感谢之忱，较收到者而更深也。闻所居塔尔巴哈，乃古大宛，博望侯所到之处，无三里之城，有万年之雪。男儿至此，壮哉行乎！喜尊眷同行，则“春风已度玉门关”矣。边笳塞火，收入奚囊[③]，烹羊炮羔，定多新咏。唐人诗云：“行过安西三万里，夕阳依旧向西倾。”将军得句，定当似之。家慈今年九十一岁，耳目起居，聪强如故。仆亦周花甲矣。二月诣吴门，学康对山[④]自寿，集名妓百人，作《百年歌》。好事者从而附益之，虽不满其数，亦得十之二三焉。从邓尉、洞庭探梅，并到半山堂下，留连两月，仍归白门。着手皆春，无花不赏。附告将军，有以知其老而兴在也。以二万里之鳞鸿，通四十年之交谊，为之纸、为之墨者，亦当怃然。

【注释】①拜嘉：拜谢赞美。②纩：丝绵。③奚囊：指贮诗之袋。④康对山：康海（1475—1540），字德涵，号对山，明代文学家。

以诗文名列“前七子”之一。

【译文】去年十二月底，两次接到你的来信。一次附着给我的和诗来，一次附着灰鼠裘来。唉，真是奇了！诗非常地好，如同云璈水瑟，可以听还可以唱；皮裘却像是天外的飞鸟，可望而不可即。《礼记》上说：“国君赐给臣下衣服，在拜受之后，第二天要穿着所赐的衣服再去拜谢。”我本来想着，等我穿了裘衣以后，再写信来向你拜谢，所以迟迟没有给你回信。不料一年以来，心里天天想着，灰鼠裘到底还是没有送来，真是“万古云霄一羽毛”了。推究它的缘故，你把皮裘交给六郎，六郎把皮裘交给鱼门，鱼门又把皮裘交给张某，张某是一个湖南人，拿着皮裘以后，不知道到哪里去了。老朋友的情分重，我的福气薄，想我平时总是一毛不拔，而老朋友先来送东西给我，所以上天不许我消受吗？还是说我这种山人野客，只可以穿些布衣，这皮裘太热，穿了不配呢？灰鼠若是有灵，定然会笑我。虽然暖在身上，不及暖在心上。《尚书》里说：“贡享应以符合礼仪为重，如果贡物不符合礼仪（虽说贡物很多，也和没有贡享一样）。”《左传》里说：“军队的士兵都像披着绵衣一样温暖。”你的仪已经到了，我的纩也已经挟了，还何必要这区区一点东西呢？感谢你的心，比实际收到礼物还要更深。听说你住在塔尔巴哈，是古时候的大宛国，博望侯张骞曾经到过的地方，没有多大的城池，终年还堆着雪。男儿到了这里，真是豪壮极了。可喜你还带着家眷同行，那么算是“春风已度玉门关”了。边笳的声音，塞上的烽火，都能写入诗里；烹些羊，烧些肉，又能成不少诗篇。唐朝人在诗里说：“行过安西三万里，夕阳依旧向西倾。”你做的诗句，一定和它差不多。家母今年已经九十一岁，耳目起居，强健和从前一样。我也六十岁了。二月里到苏州，学康对山自己给自己做寿，招名妓一百人，做《百年歌》。好事之人，也跟去凑热闹。虽然不够这个数目，也得了十之二三。后来从邓尉、洞庭看了梅花，又到半山堂去游玩了两个多月，仍旧回到南京。所过之处，皆有妓女，个个妓女都有赏赐。附告你一声，是让你知道我虽然年老，但是兴致还在呢！隔着二万里路来通信，叙的是四十年的交情，就算是这所用的纸和笔墨，也应该很是难过。

一〇七、答陶悔轩方伯

枚素不喜某公，而执事盛称之。云官至方面，起居寒素，可以为法；枚尤不以为然。夫君子务其大者远者，小人务其小者近者。某公官尊矣，任重矣，果能察吏安民，则虽服食之间小有华美，亦何伤于“素位而行”之义？若徒淡泊其身，偷窃名誉，而于属吏之贪婪，傔从[①]之骚扰，耳塞无闻，则又安用此鶂鶂[②]不食之陈仲子哉？昔文王好色而孔子美之，卫灵好色而孔子讥之，汾阳奢华而史册是之，元载奢华而史册非之。同事异责，其故何欤？亦不过辨之于大小远近而已矣。且俭为美德，以之律己犹可，以之观人，则往往受惑。公孙弘之布衣，卢杞之恶食，皆借此以欺武帝、德宗，而天下国家因之凋敝。此亦“色取仁而行违”之明验也。前明海刚峰[3]自是廉吏，然史载其为操江时，买舟过江，水手只许用十五名。及至中流，船搁滩上，势不能行，然后遣人渡水雇夫，州县受累，而己亦翻然惭悔。此皆好名已甚，而不察物理人情之过也。若夫穷鬼之祖，自古有之。史载嵩阳子为高辛氏之儿，性好敝衣恶食，正月晦日死于穷巷。彼固前生乞丐，误生圣天子之家者也。就使彼公真廉，亦不过嵩阳子之后身耳，而况其未必真耶！且俟察其所安，再为论定。曾子曰：“十目所视，十手所指。”不必待盖棺也。

【注释】①傔从：侍从，仆役。②鶂（yì）鶂：借指鹅。③海刚峰：海瑞（1514—1587），字汝贤，号刚峰。明朝著名清官。

【译文】我向来不喜欢某公，你却很称赞他。说他官做到督抚，起居非常省俭，可以作为大家的模范，这我更加不以为然。君子着眼于那些大的和远的，小人着眼于那些小的和细的。某公官位很高，责任很重，果真能够察吏安民，那么起居服食，就是讲究一些，也无伤于“素位而行”的道理。要是一味地只求省俭，偷窃名誉，对于属官的贪婪不法，差役的凶暴骚扰，一概不去过问，那么，拿这种所谓的清廉之官有什么用呢？从前周文王好色，孔子称赞他；卫灵公好色，孔子却嘲讽他。郭子仪奢华，史书上赞美他；元载奢华，史书上却诟骂他。一样的事情，不一样的评价，这是什么缘故呢？也不过分别在大小和远近罢了。并且俭朴虽然是美德，用它来自律是可以的，要是以之来考察别人，就常常会被蒙蔽。公孙弘的布衣，卢杞的恶食，都是借俭朴来欺骗汉武帝、唐德宗，天下国家都因此而衰弱。

这也是“色取仁而行违”的明证。明朝的海瑞，自然是一个廉吏，然而史书上记载他做操江时，买船渡江，只许用十五名水手。等到了大江中心，船搁在浅滩上，不能走了，再差人渡过水来雇水手，不但州县受着他的连累，他自己到这时也才开始懊悔。这些都是因为太过喜好声名，而不能考察物理人情的过错啊！要是天生穷骨头，自古以来就有的。据史书记载，嵩阳子是高辛氏的儿子，喜欢穿破衣、吃脏东西，正月三十日，死在一条小巷子里面。他本是天生的乞丐，错投到了天子的家里。即使某公果真俭省，也不过是嵩阳子的后身罢了，况且他还未必是真的省俭呢！姑且再看看他以后的情形，才好对他下结论。曾子说道：“十目所视，十手所指。”不一定非要等到死后，才可以论定的。

一〇八、与苏州孔南溪太守

仆老矣，三生杜牧，万念俱空，只花月因缘，犹有狂奴故态。今春六十生辰，仿康对山故事，集女校书[1]百人，唱《百年歌》作雅会。买舟治下[2]，欲为寻春之举，而吴宫花草，半属虚名，接席衔杯，了无当意。惟有金三妹者，含睇宜笑，故是佼佼于庸中，遂同探梅邓尉而别。刻下接萧娘一纸，道为他事牵引，就鞫[3]黄堂，将有月缺花残之恨。其一切颠末，自有令甲[4]，凭公以惠文冠弹治之，非仆所敢与闻。但念小妮子蕉叶有心，虽知卷雨，而杨枝无力，只好随风。偶茵溷之误投，遂穷民而无告[5]。管敬仲女闾[6]三百，生此厉阶[7]，似乎君家宣圣复生，亦当在“少者怀之”之例，而必不以杖叩其胫也。且此辈南迎北送，何路不通，何不听请于有力者之家，而必远求数千里外之空山一叟？可想见夫子之门墙，壁立万仞，而非仆不足以替花请命耶？元微之诗云：“寄语东风好抬举，夜来曾有凤凰栖。”敬为明公诵之。

【注释】①女校书：唐朝成都名妓薛涛有文才，时人呼为女校书。后世因以称妓女而能文者。②治下：所管辖的范围以及属下的吏民。③鞫：审问。④令甲：法令的第一篇。后用为法令的通称。⑤无告：有疾苦而无处诉说。⑥女闾：古时设于宫中的淫邪场所。后世以指称妓院。⑦厉阶：祸端。

【译文】我年纪大了，犹如经历过许多事情的杜牧一样，万念俱空，只有些花月闲情，还有狂奴的故态。今年六十岁生辰，仿照从前康对山的旧事，招集女妓一百个人，唱《百年歌》，举行一个盛大的宴会。买船到你管辖的地方，想要干些寻春的事情，但是苏州的妓女，大半多是虚名，见面以后，竟然没有一个中我心意的。只有一位叫金三姊的，样貌不错，于众人之中算是佼佼者，就和她一起到邓尉那地方看了梅花后，方才分别。现在接到她的一封信，说因为被其他事情牵连，被拘到你的衙门里面审讯，恐怕要受一些委屈了。她的案子的原委，自有法律裁断，任凭你依律去惩办，不是我敢来过问的。但我是念在这个小姑娘，虽然有些资质，但无奈时运不济，只好委身下贱。偶然被不干净的事情沾染上，便无处喊冤。管仲创女闾三百，实在是祸根；就是你家的孔子在世，也要遵守拿好心对待年轻人的道理，必然不会就拿杖来敲打她。并且这班妓女，南迎北送，哪条路不通，怎么不去拜托有权有势的人，一定要求我这个几千里以外的老头儿？可知她也知道你清高正直，若不是我，绝对是不能替她向你讨到这个人情的。元稹的诗里说："寄语东风好抬举，夜来曾有凤凰栖。"我便恭恭敬敬地拿来读给你听一听。

一〇九、答黄生

来书自称生平安于古，悖于时，矜矜自喜。仆以为此妄语也。足下亦知大圣孔子乃古之周旋世故者乎？《论语》称其与上大夫言，必訚訚如；见阳货，则如其意以答，不忍面责；樊迟必待其出，然后呵为小人。其体贴人情至于如此，故能察言观色，而每到是邦，必闻其政，夫岂肯生今反古而傲然自足者乎？扬子《法言》曰："通天、地、人，谓之儒。通天、地而不通人，谓之伎。"夫天、地难通，人情易通，乃扬子之言似贱伎而尊儒者。于此可以见学古之不足为奇，而悖时之不可为训也。尝谓嵇叔夜以箕踞[①]待来访之客，谢康乐出入必使三人执衣裾，四人安坐席，似此骄矜之状，不杀何为？愿足下思圣人之所以处世，而勿效名士之覆辙焉。

【注释】①箕踞：两脚张开，两膝微曲地坐着，形状像箕。这是一种不拘礼节、傲慢不敬的坐法。比喻轻慢、傲视对方的姿态。

【译文】你在来信里面自称生平本性与古人很合，和当代人却有些相反，很是得意的模样。我认为这是狂语。你可知道圣人孔子，是一个周旋世故的人吗？《论语》称孔子和上大夫讲话，必定是很和颜悦色的；碰见阳货就顺着他的意思回答他，不忍心当面指责；他也不当面斥骂樊迟，一定要等他出门以后，才骂他一声小人。孔子的体贴人情，达到了如此地步，所以他很会察言观色，每到一个地方，一定要打听那里的政事，这么说来他哪里是肯以生在今世，而尊崇古代的事情，来傲然自夸？扬子《法言》上说："通天、地、人，谓之儒；通天、地而不通人，谓之伎。"天和地不容易通，人情却容易通，扬子的话，就好似在贱伎尊儒。就这一点看来，可以知道学古的不足为奇，反对当时真的是不足称道。我曾说嵇康随意坐着接待来访的客人，谢灵运不管是出门还是在家，一定要派遣三个人执着衣角，四个人摆坐席，似这般骄矜模样，不杀他还留着干什么？我希望你能够好好想想圣人处世的道理，不要重蹈那些名士的覆辙！

一一〇、再答

近日海内考据之学，如云而起，足下弃平日之诗文，而从事于此，其果中心好之耶？抑亦为习气所移，震于博雅之名，而急急焉欲冒居之也？足下之意，以为己之诗文业已是矣，词章之学不过尔尔，无可用力，故舍而之他。不知“天下无难事，只怕有心人；天下无易事，只怕粗心人”。诗文非易事也，一字之未协，一句之未工，往往才子文人，穷老尽气而不能释然于怀，亦惟深造者方能知其症结[①]。子之诗文未造古人境界，而半途弃之，岂不可惜？且考据之功，非书不可。子贫士也，势不能购尽天下之书。偶有所得，必为辽东之豕[②]；纵有一瓻之借，所谓贩鼠卖蛙、难以成家者也。昔林公语王中郎：“着腻颜帢[③]，缔布单衣，挟《左传》逐郑康成车后，问是何物尘垢囊。”近日考据家光景，人人皆然。危乎子之用心也，虑其似此不远也。

【注释】①症结：比喻事情弄坏或不能解决的关键。②辽东之豕：比喻知识浅薄，少见多怪。③腻颜帢：帽名。

【译文】近来天下从事考据之学的，像云一般地多起来，你抛弃平时的诗文，也去研究这些，到底是心里欢喜呢？还是受到风气的影响，受惑于博雅的名声，就急急忙忙想要去博取这个声名呢？你的意思，以为自己的诗文，已经是足够了，而词章的学问，也不过如此，没有可以再去用功的地方，所以抛弃了诗文转向其他。不知道“天下无难事，只怕用心人；天下无易事，只怕粗心人”。诗文，不是容易的事情，一个字没用好，一句话不工整，往往才子文人，即使研究到老，也还是不能够令自己满意，这也唯有浸淫其中的人才能知道它的症结所在。你的诗文，还不能达到古人的境界，在半途就抛弃它，岂不可惜？并且考据这门学问，没有书是不可以的。你是一个寒士，必然不能买尽天下的书。偶然得到一些，一定也不多；就是可以再向朋友去借，也终究不是长久之计。从前支道林说王坦之：“戴着腻颜帢，穿着粗布单衣，夹着《左传》，追在郑玄的车子后面，问这是什么脏东西？”近来考据家的光景，大都是这个样子。你的想法很危险呀，我担心你离这种光景也不远了。

一一一、答唐静涵问坐位

昨彭大司马坐朱观察之上，朱大不喜。蒙寄书问孰是孰非，鄙意以为皆是也。朱所执者《孟子》“乡党莫如齿”一言，彭所执者《王制》“一命齿于乡里，二命齿于父族，三命而不齿①”之义也。彭官一品，是三命矣，于父族尚不齿，而况于乡里乎？

【注释】①不齿：没有资格与他人序齿，表示没有资格与正常人并列。

【译文】昨天彭大司马坐在朱观察的上面，朱观察因此十分不高兴。蒙你写信来问我谁对谁错，我的意思是大家都有道理。朱观察所依据的理由是孟子“在乡里，地位的高低按年龄的大小排序”这句话，彭大司马所依据的是《王制》“一命齿于乡里，二命齿于父族，三命而不齿”的意思。彭大司马是一品官，那便是三命了，在父族方面尚且“不齿”，又何况乡里呢？

一一二、又

札来责以语涉两歧，非平日直谅之素。不知古今来两歧语，原可并行而不悖。《世说》郭林宗与子许、文生二人入市，文生见物必买，子许见物不买。或问林宗孰是。林宗曰：“子许少欲，文生多情。”或问杀羊于元珪大师：“救者是乎？不救者是乎？”大师曰：“救者慈悲，不救者解脱。”李林甫问大觉禅师曰：“肉当食耶？不当食耶？”师曰：“食是相公的禄，不食是相公的福。”此皆两歧语也。贤人佛子尚且然也，而况鄙人乎？不特此也。唐高宗问帝丘，窦德玄不能对，而许敬宗能之。许颇自矜，窦夷然不以为意，曰：“人各有能有不能。”时人两美之。李涛荐扈载于李谷，谷嫌其福薄，不肯用。涛争曰：“相公为造福之人，何可委诸命数？”已而载果卒。人以涛能荐士，谷能知人，亦两美之。凡此类皆可历数，以释足下两歧语之疑。

【译文】你来信责备我说话模棱两可，不似平时直爽。你是不知道自古以来这种模棱两可的话，原本是可以并存而不矛盾的。《世说新语》上载：郭林宗和子许、文生两个人一同到街上去，文生看见东西便要买，而子许则件件都不买。有人问郭林宗谁对？郭林宗说：“子许少欲望，文生多情感。”有人拿杀羊的事去问元珪大师，说："这羊应该救，还是不应该救呢？"大师说："救它的人是因为慈悲，不救它的人是为了让它解脱。"李林甫问大觉禅师道："肉应该吃呢，还是不应该吃？"大师说："吃是相公的禄，不吃是相公的福。"这些都是模棱两可的话。贤人和佛教大师尚且如此，何况我呢？不止这些。唐高宗问帝丘，窦德玄不能回答，而许敬宗能够回答。许敬宗因此很是骄傲，窦德玄却淡然不以为意，说："每个人都有其能，也有其所不能。"而当时的人对于他们二人是同样称赞的。李涛荐扈载给李谷，李谷嫌他福气薄，不肯收用。李涛争辩说："相公为造福之人，怎么可以全然相信命理？"后来扈载果然死了。大家认为李涛能够荐人，李谷能够识人，也都很称赞他们。这种例子很多，都能用来解释你的疑惑。

一一三、答问诛马谡事

来书问：同一败军之将也，秦伯犹用孟明，孔明独诛马谡，毕竟以何为是？仆以为二人者皆是也。秦穆公，君也，制法者也，可以称心而行；孔明，臣也，奉法者也，不可以自我作主。况袭郑之举，穆公自起贪心，原与孟明无干；街亭之战，武侯原有节制，而马谡违之。事虽同而实异，故仆亦两许之，足下得毋又笑其两歧乎？

【译文】你来信问我：同样都是败军之将，而秦穆公仍旧重用孟明，诸葛亮唯独杀了马谡，究竟哪一个做法对？我认为二人的做法都对。秦穆公是国君，是制定法律的人，可以随着自己的心意行事；诸葛亮是臣子，是遵守法律的人，不可以自己作主。况且攻打郑国的举动，是秦穆公自己起了贪心，原本就和孟明没有关系；街亭之战，武侯本来有计划的，而马谡违反了他的计划。事情表面虽然相同，而实质是不同的，所以我认为他俩都对，你也许又要笑话我说话模棱两可了吧？

一一四、答袁清溪

见示《四书注解》，皆有卓见，可传无疑。解“惟求则非邦也与”二节，以为即夫子之言，类及之以晓曾点，非点再问而夫子再答也。此恰是何晏旧注，非先生之创解。仆有数条，意不满于朱子，而非古注所有者，敬质之于先生。“父母惟其疾之忧”，此“其”字指父母而言，非指人子也。人能常以父母之疾为忧，则无疾时之保护，有疾时之侍奉，不言孝而孝可知。此即“一则以喜，一则以惧”之本旨也。若将其事指人子身上说，则转弯太多，而意义反晦。《论语》中两称“何有于我哉”，皆夫子自任之词，非自谦之词。夫子平日以“学不厌，诲不倦”自居，必不忽然推避[①]。盖言我生平不过默而识之、学不厌、诲不倦之人耳，此外何有加于我哉？“出则事公卿”一章，亦即此意。若再作谦词推开讲，则是圣人生平出不事公卿，入不事父兄，丧事不勉，且为酒困矣。虽下愚不至于此，而谓圣人甘心居之乎？抑为此诈谦之言以欺世乎？“君子耻其言而过其行”者，君子以言过其行为耻，即“欲讷于言而敏于行”之本旨也，非谓行之可过也。若以行为可过，则与“过犹不及”之旨又相拂戾[②]。宋儒往往以贤人之小测圣人之大，如“有盛馔必变色而作”，注“敬主人之礼”足矣，加“非以其馔也”五字，然则“迅雷风烈必变”，何不云“敬天之怒，非以其雷”乎？“与上大夫言訚訚如也”，注“訚訚，和悦也”足矣，加“而诤”二字，则上大夫所言尽善，又何诤之有？“闵子侍侧，亦訚訚如也”，何以不加“而诤”二字乎？凡此类，都是替圣人避嫌护短，未遮头，先盖脚，节外生枝。不知圣人身分甚大，不劳代为掩盖。叶公以证父攘羊为直，则答之以父子相隐为吾党之直。岂不知父有义方之训，子有几谏之文，而此时论直则不暇及也。陈司败问“昭公知礼”，则直答以“知礼”，被司败指责，则自引过。岂不知“爵尊者讳”，礼有明文，而此时受责，则不必辨也。使宋儒当之，必生无数支吾粉饰。“子在川上”一节，即“智者乐水”之意，不必添出“时时省察”“自强不息”等语。“女子与小人为难养也”，即“人无远虑，必有近忧”之本旨，亦不必添出“庄莅”“慈畜”等语。岂圣人有所不知，而必代为之用心设法乎？

陆、王致良知之说，仆策秀才文中力辟其非。孔子“终日不食，终夜不寝，以思无益，不如学也”。岂大圣人之良知，反不如陆、王乎？故朱子注“致知格物”为“读书明理”，此义丝毫不误，惜其补传一章，画蛇添足，反招出多少驳诘。如云“在即物而穷其理，则物无尽时，知无致时”，又曰“一旦豁然贯通”，所谓一旦者，是在何年何月？盖已坠入佛氏打七参禅之径。使当日不补此章，即以“物有本末”一节与“听讼吾犹人也”一章，为致知格物之本传，则省却许多枝节。《论语》“博学于文”，格物也；“约之以礼”，致知也；“多学而识之”，物格也；“一以贯之”，知致也。他如《周易》所称“君子多识前言往行以畜其德”，子贡所谓“贤者识大，不贤者识小”，孟子所谓“博学而详说之，将以反说约也”，皆可引用，以为格物致知之解，何劳浅题深做，费许多气力，而为此补传乎？鄙意《大学》《中庸》原属《戴记》，未必皆曾子、子思之言，宋儒揭而出之，与《论语》并列，亦属可省。

【注释】①推避：推卸逃避，躲避。托故避开。②拂戾：违逆。

【译文】看了你寄来的《四书注解》，都有独到的见解，一定会流传后世的。你解释“惟求则非邦也与”两节，认为这是夫子说的话，用来教曾点的，而不是曾点再问而夫子再答的。这个观点，正是何晏的旧注说过的，不是先生的创解。我有几条观点，与朱熹相违背，而且不是古注里面有的，特地提出来和你讨论一下。“父母惟其疾之忧”，这个“其”字，是指父母而言，不是指人子。一个人能够时时担心着父母的疾病，那么没有疾病时的保护，和有病时的侍奉，不必说孝而孝就可以想见了。这就和“一则以喜，一则以惧”的意思是相同的。如果指人子而说，则转弯太多，而意义反而不明朗。《论语》中两次提到“何有于我哉”这句话，都是夫子自我评价的，不是自谦。夫子平时以“学不厌，诲不倦”自居，必然不至于忽然推避。意思是我生平不过是一个默而识之、学不厌、诲不倦的人而已，此外我又有什么了不得的地方呢？“出则事公卿”一章，也是这个意思。如果再作谦词来讲，那么无异于是说圣人生平出不事公卿，入不事父兄，丧事不努力，而且为酒所困了。就是最笨的人也不至于如此，圣人会甘心以此自居吗？或者是说圣人故意说这种虚伪的话来骗人？“君子耻其言而过其行”的意思，是君子认为言过其行是一种可耻的事情，这也就是“讷于言而敏于行”的意思，不是说行为可以过。如果行为可以过的话，那么与“过犹不及”的意思又相违背了。朱子往往以贤人之小去揣度圣人之大，像把“有盛馔必变色而作”注“敬主人之礼”几个字就足够了，而他偏偏要加上“非以其馔也”五字。试问“迅雷风烈必变”，何以不说“敬天之怒，非以其雷”呢？“与上大夫言訚訚如也”，注“訚訚，和悦也”就够了，而他偏偏要加上“而诤”二个字，那么上大夫的话已经尽善了，又何必再去规劝呢？“闵子侍侧，亦訚訚如也”，何以又不加“而诤”二字呢？像上面这些，都是替圣人避嫌护短，没有遮头，先把脚盖起来，实为节外生枝。他不知道圣人身份很大，不需要他代为掩盖的。叶公以检举父亲偷羊为正当，他回答说“父子相隐，为吾党之直”。岂会不知做父亲的有教导的责任，做儿子的有微谏的本分，这里是没有功夫来讨论直不直的。陈司败问“昭公知礼”，则直接回答说“知礼”，被司败指责，赶快就自己认错。殊不知给尊者隐瞒，是一种礼，这时受到指责，是不必辩解的。如果换了朱熹，一定又会生出许多支吾和粉饰的话来。“子在川上”一节，就是“智者乐水”的意思，不必添出“时时省察”“自强不息”那些话来。“女子与小人为难养也”，就是“人无远虑，必有近忧”的意思，也不必添出那种“庄莅”“慈畜”的话。难道圣人不知道，必须你代为用心解释吗?

对于陆九渊、王阳明的“良知”说，我曾经在策秀才的文章上，尽力批驳他们的错误。孔子整天不吃，整夜不睡，为的是“思无益，不如学”啊。难道大圣人的良知，反倒不及陆九渊和王阳明吗? 所以朱子注“致知格物”为“读书明理”，一点也没有错，可惜那一章补传，画蛇添足，反而招出许多驳诘来。比如说“在即物而穷其理，则物无尽时，知无致时”，又说“一旦豁然贯通”，所谓“一旦”，是在何年何月? 这就走进了佛家打七参禅之路。假使当日不补这章，就以“物有本末”一节和“听讼吾犹人也”一章，作为致知格物的本传，倒可以省去许多麻烦。《论语》上说的“博学于文”就是格物，“约之以礼”就是致知，“多学而识之”就是物格，“一以贯之”就是知致。其他像《周易》所谓“君子多识前言往行以畜其德”，子贡所谓“贤者识大，不贤者识小”，孟子所谓“博学而详说之，将以反说约也”，都可以拿来作为格物致知的解释，何劳浅题深做，费许多力气，做这篇补传呢? 我的意思是，《大学》《中庸》原来是在《戴记》里的，未必都是曾子、子思的话，宋儒把它们抽出来，和《论语》并列，实在也是大可不必的。

一一五、答程在山

二月间探梅邓尉，遂到尊园，坐春晖楼，登腾啸台，见古梅清幽，太湖飘渺。先生含贞隐耀[①]，栖迟其间，此何异表圣之在王官，僧绍之游摄山哉？虽主人外适，野鹤迎宾，而小憩片时，已有天际真人之想。返舟之次日，蒙先生入城作答，见赠新诗。瞻道貌[②]之清幽，读琳琅[③]之篇什，尤使我钦钦在抱，恨相见之迟焉。闻尊阃[④]生香主人，亦复才理清新，安行仁义。高柔爱玩贤妻，有终焉之志，似此佳耦，尤足心开。记《太平广记》载唐人李某，朝夕虔修，二十余年，梦天遣神人召问所欲，欲贵乎？欲富乎？其人皆不愿也。曰："然则何求？"曰："求居山水清妙处，家室小康，妻贤子顺足矣。"神人大笑，摇手曰："此是上界神仙之福，非汝所能祈求者也。"先生此福业已消受六十余年，诚何修而得此哉？近闻园虽售与江君橙里，江不来居，仍托先生葺治。而江又系仆平时旧交，然则先生无园而有园，仆亦失主而得主也。较古人之舍宅为阿兰，与宾至而徘徊不得入者，岂不大相悬绝乎？来札所托陈生泾南《修禊诗序》，即当撰就寄来。闻其人天机清妙，仆到苏时，当修"士相见礼"也。

【注释】①含贞：蕴藏贞德。隐耀：隐藏光彩。犹言含而不露。

②道貌：指清雅飘逸的面貌。③琳琅：像珠玉一样优美珍贵的东西。④尊阃：对人妻室的敬称。

【译文】二月里到邓尉去看梅花，到了你家园子，坐春晖楼，登腾啸台，看见许多清秀幽雅的梅花，遥望缥缈的太湖。你抱着很好的德行和才学，住在里面，这与从前司空图住在王官谷，僧绍游摄山，有什么两样呢？虽是主人外出，由底下人来接待，但我们才游玩了一刻，已经觉得有神仙的感想了。回船的第二天，承蒙你进城来看我，还赠我新诗。看见你清幽的道貌，读了你佳妙的诗作，更加使我心里佩服了，只恨我二人相见太晚。听说嫂夫人生香主人，也是才情清新，为人端淑。高柔爱玩贤妻，有终身陪伴她的志愿，像你有了这样的佳妇，更加可以快乐了。记得《太平广记》里载有唐人李某，一天到晚修行，有二十多年，梦见上天派遣一神道，召他前去，问他想要什么，是要贵呢？还是要富？他都不想要。又问他道："那你到底想要什么？"他说："只求住在山水好的地方，家庭小康，妻贤子孝便够了。"神人大笑，摇着手说："这是上界神仙的福气，不是你可以求得到的。"你现在享着这个福气已经六十多年，到底是怎样修来的呀？近来听说这园子虽然已经卖给了江橙里，但是他不来住，仍旧托你代为管理，江橙里又是我平时很要好的朋友，于是你没有园而仍旧有园，我也失了主人而又得到一个主人哩。比起从前人拿宅子改做寺院，客人到了却门口徘徊不能进去，现在这样岂不是已经好太多了吗？你来信托我写的陈泾南的《修禊诗序》，我写好了就马上寄来。听说他天资很好，我到苏州的时候，应当和他好好见一面呢！

一一六、答芷塘太史

二十年来，每见梦楼太守，必相与称说风徽[①]，以为太史檠檠大才[②]，是前朝李西厓一流人物。枚自伤老矣，吏隐途分，虑今生未必相见，心为缺然。不意前春邂逅杭州，一见如平生欢，蒙以诗稿命为校勘。枚感太史矜宠之意，遂不自揆而甲乙瑕瑜[③]之，献其所知，并献其所不知。返之于心，未敢自以为是，遑敢望太史之许以为是耶？虽三易寒暑，而此心终觉缺然。今年冬，从周秀才处接手书，纸长言重，奖纳甚殷。窥太史之意，若忘其谬而赏其直者，然后知大才人虚怀乐善，此中甘苦，早自知之，将来玄妙，终必诣之。所以询于刍荛[④]者，不过管敬仲放老马而先之之意。昔叶公与孔子论微言，曰："以水投水何如？"曰："淄渑[⑤]之合，易牙能尝而知之。"枚因与太史论诗，而不觉有味乎圣人之语也。蒙赐五律二章，清苍独绝，纯以神往，真是唐贤高手。惜许可太过，使野人喜毕而惭生。

【注释】①风徽：风范，美德。②檠檠大才：指有大才干的人。③甲乙：评定优劣。瑕瑜：指出缺点和优点。④刍荛：谦称自己是草野鄙陋的人。⑤淄渑：淄水和渑水的并称。比喻性质截然不同的两种事物。

【译文】二十年来，每次遇见梦楼知府，一定会谈起你的风姿，认为你很有才学，是明朝李西厓一类人物。我自己感伤已经老了，你做官，我隐居，路途分歧，恐怕今生未必能够再次见面，心里难过得很！想不到前年春天在杭州碰着，一见面就欢若平生，蒙你拿诗稿来叫我校对。我心里感念你对我的宠爱，便不自量力地胡乱品评了一番，既献上我所知道的，也献上了我的缺漏。我自问于心，不敢自以为是，哪里还敢望你再赞扬我一句呢？虽然到现在隔了三年，到底心里还是愧疚。今年冬天，从周秀才那里接到你的来信，纸长话重，夸我夸得很厉害。我看你的意思，好似全然忘记了我的荒谬，而只夸奖我的优点，于是我就知道你这个大才人虚心乐善，这里面的甘苦，我自己早已知道了，而将来的玄妙，也一定可以达到。所以你来向我咨询，不过是管仲放老马先过的意思罢了。从前叶公和孔子谈论微言，道："把水投入水里，怎么样？"孔子道："淄渑的水合在一起，易牙一尝就能分辨出来。"我因为与你谈论诗，也不自觉地就联想到圣人的话语并深有体会。承你送给我五律两首，清苍出众，纯以神往，真像是唐代大诗人那样的作品。可惜你称赞我太过分，使我这个山野之人欢喜之余，又生出惭愧来。

一一七、答章观察招饮

蒙招饮甚喜，闻多菜甚愁。南朝孔琳之[1]曰："所甘不过一味，而食前方丈，适口之外，皆为悦目之资。"斯言最有道理。

今之人非但悦目也，兼且悦耳。每张饮，必震而惊之曰“三撤席”，曰“两重台”，燕窝如山，海参似海。耳闻者以为既多且贵，敬客之心至矣尽矣。不知名手作诗，经营惨淡[2]，一日中未必得一二佳句。其所谓对客挥毫、万言立就者，皆以欺妇女童蒙而不可以示识者也。饮食亦然。但使一席之间，羹过七簋，则虽易牙调和，伊尹割烹，其不能佳可知也。且工于作诗者，所用之字不过月露风云；工于制菜者，所用之物不过鸡猪鱼鸭。今不求之于本物自然之味，而徒求之价高名重之物，以钱费自夸，是不如盘碗中散盛明珠一斛矣，其如不可食何？昔何曾日食万钱，犹嫌无下箸处，人多怪其过侈。余以为世之知钱者多，知味者少，故何曾蒙此恶声。夫下箸与不下箸，岂在钱之多寡哉？苟得其味，虽日食百钱，可以下箸也；苟不得其味，虽日食十万钱，依然不可以下箸也，于曾乎何尤？又闻足下广召笙歌，则尤不必。仆八字中命少金星，以故不知音乐。今老矣，其不能为媚足下故，耄而好学，抱曲本，执丝竹，受业于笙师也明矣。张文和公[3]有句云：“天与人间清净福，不能饮酒厌闻歌。”文和公两代宰相，生长华腴[4]，尚且不能增益其福分之所无，况窭人子耶？倘使酒绿灯红，虬须直视，予欲无言，殊少味也。仆撰《食谱》一书，中有应戒者若干条，须知者若干条，容日呈教。

【注释】①孔琳之（369—423）：字彦琳，会稽郡山阴县人，一代名士。他为官清廉，秉公执法，曾因奏劾尚书令徐羡之而被贬。卒后，追赠太常。②经营惨淡：指对艺术创作的苦心构思。③张文和公：张廷玉（1672—1755），字衡臣，字砚斋，安徽桐城人，谥号“文和”，配享太庙，是整个清朝唯一配享太庙的文臣，也是唯一配享太庙的汉臣。④华腴：衣食丰美，指美好的生活享受。

【译文】承蒙你招我喝酒，我心里很是高兴，但听说菜很多，又有些发愁。南朝孔琳之说：“喜欢吃的不过一味菜而已，却要摆得满桌都是，除了适合口味的之外，都是摆来看的。”这句话最有道理。现在的人，不单为看，而且还要好听。每次大摆宴席，一定要令人震惊地讲究什么“三撤席”“两重台”，燕窝如山，海参似海。听说的人以为又多又贵，敬客的心也就无以复加了。不知道名家做诗，经营惨淡，一天之内都不一定能得到一两个好句。所谓的对客挥毫、万言立就，都是欺骗妇人、小孩子的话，骗不了内行的人。饮食也是这样。要是一桌宴席，菜肴多于七碗，就算是易牙调味，伊尹烧汤，任何名家大厨来做，都是不可能做好的。而且，善于做诗的，所用的字，不过是月露风云；善于烧菜的，所用的东西，不过是鸡猪鱼鸭。现在不去求东西本身的自然味道，只一味去求价钱贵的东西，拿花了多少钱来自夸，倒不如直接碗里盛上一斛明珠，只是不能吃又有什么办法呢？从前何曾一天吃一万钱，还嫌没地方下筷子，世人多怪他过分奢侈。我认为世上的人，懂钱的人多，懂味的人少，所以何曾得着这个恶名。要知道能下筷子和不能下筷子，岂在于花钱的多与少；若是味道调得好，就算一天只花一百钱，也可以下筷子；若是味道调得不好，就算一天花了十万钱，依然还是不能下筷子，这怎么能怪何曾呢？又听说你多招妓女唱曲子，这更是不必。我的八字里面缺少金星，所以不懂音乐。现在老了，不能为了取悦于你，白发苍苍了还去求学，抱了曲本，拿着丝竹，请琴师教导，这是肯定的事情。张文和公诗里有句云：“天与人间清净福，不能饮酒厌闻歌。”张文和公是两代宰相，生长富贵，尚且不能够增加他福分里欠缺的，何况是我这样一个穷人？倘若灯红酒绿的时候，我呆望着不动，一句话也讲不出来，真的是有些无趣。我写的《食谱》一书，里面记载着应该戒除的若干条，必须知道的若干条，隔几天后再奉上，请你指教。

卷　五

一一八、答梁瑶峰司农

江宁[1]陶方伯归自京师，道公问枚甚切，兼有十年前久要[2]不忘之言，尤征大君子略势位而重文章之古谊。枚静言思之，终觉齐大非偶，不敢作董叔之系援[3]，亦不敢作郑忽之辞谢，捐除成见，静候报章。近闻公宠擢大司农[4]之职，从此均调玉烛[5]，管榷金仓，谅吴隐之虽廉，不必以蓬席为屏风，作度支[6]尚书之典故矣。启者常州新拔贡生殷杰，少年好学，秀出班行，受业于枚久矣。今战其艺于都门，索枚一言，求望见门阑之斯，以为光宠。昔苏子瞻兄弟得见富、韩两公，终身夸于侪辈，以为欣幸。可见后生小子瞻仰大贤，亦是秉彝公好，遂古皆然，枚故嘉其意而弗敢阑也。望退食[7]之余，许其抠衣趋隅，进而教之。夫燕求马骨，薛[8]养鸡鸣，自是明公所夙晓。兹复有所称引者，南朝萧梁盛时，特置乡豪一人，专司搜荐，如枚者殆其人欤？

【注释】①江宁：南京旧称。②久要：指旧约和旧交、旧交。③系援：谓依附求助。④大司农：管理国家财政的官职，为九卿之一。⑤玉烛：谓四时之气和畅。形容太平盛世。⑥度支：官署名。魏晋始置。掌管全国的财政收支。长官为度支尚书。⑦退食：退朝就食于家或公余休息。⑧薛：齐国孟尝君被封在薛地，所以以薛来代指孟尝君。

【译文】南京陶藩台从北京回来，说你很是在意我，还有过了十年都还没有忘记的话，更显出大君子轻身份地位、重文章的古贤人之风。我静下心来一想，总觉得身份不相配，既不敢做董叔的高攀，也不敢做郑忽的辞谢，只得抛弃了成见，静候你回答我。近来听说你升了户部尚书，从此治理天下，掌管财赋；想吴隐之尽管清廉，也一定不拿蓬席来当作屏风，做度支尚书的典故了。常州新拔贡生殷杰，年少好学，出类拔萃，在我这里学习已经很久了。现在要到北京来参加考试，求我美言几句，可以到你那里，得些光宠。从前苏轼兄弟，因为能见富弼、韩琦二公，终身都可以在同辈人那里高昂着头，以此为耀。可见后生小子拜见前辈大贤，也是一件极好的事情，自古以来就是这样。所以我赞成他的想法并不阻挡。请你公事办完以后，允许他提着衣角，恭敬地进来见你，教导他一番。古时燕昭王求马骨，孟尝君养鸡鸣狗盗之徒，这自然是你向来就知道的。我现在还要再引述一件旧事，南朝萧梁兴盛的时候，特地设置一位乡豪，专门负责搜荐贤才，乡豪大概就是像我这样的人吧？

一一九、补寿彭芝亭大司马

前以全集呈教，原望尚书怜其弱冠[①]时即在门墙[②]，必有训诲，使不至于懵寐以终。乃接手书赐题三绝句，施丹漆于樗栎，加熏沐于无盐，较皇甫之序左思，尤为夸异。明知大君子至诚待物，必不加以虚誉，然而好善之心，太觉从长，捧读之余，能无踧踖？夏间晤沈永之观察，方知尚书于去秋八月间庆八十生辰，枚竟两耳塞绵，未知赴祝。伏念尚书福德兼隆，乃文学大臣中之郭汾阳[③]也，少蹑金鳌[④]，壮持玉尺[⑤]，三貂八座，半是门生，山左江东，都持旌节。郭以其武，公以其文，足相抗矣。至于开午桥之庄，置平泉之酒，则又裴晋公能兼之而汾阳不及焉。枚不能学瑶池之青鸟，随群仙以齐来，反若坐宛渠之螺舟，隔一年而始至。赋诗四章，专人呈上。失晨之鸡，思补更鸣，或者尚书听厌钧韶，忽闻野音而善之耶？

【注释】①弱冠：古代男子二十岁行冠礼，表示已经成人，因还没到壮年，叫作弱冠，后泛指男子二十左右的年纪。②门墙：指老师之门。③郭汾阳：郭子仪（697—781），字子仪，唐代中兴名将、政治家、军事家。宝应元年（762），平定河中兵变有功，进封汾阳郡王。④金鳌：比喻地位高贵者。⑤玉尺：借指选拔人才和评价诗文的标准。

【译文】上次把全集呈上，原来希望尚书能够看在我从小就在门下，必定有所训教，使我不至于永远懵懂下去。现在接到手书，题赠我三首绝句，这真是对于劣等材质也施以上好红漆，对于丑妇施以盛装打扮，比之于皇甫谧替左思的《三都赋》作序，还要显得提携晚辈。明知道大君子对待事物真诚，一定不会加以虚假的夸赞，可是总觉得奖掖得太过分了些，捧读之余，怎能不惭愧惶恐？夏天里碰到沈永之观察，方才知道尚书于去年八月间乃是八十岁生辰，我呢，两只耳朵竟像被棉花塞住一般，不知道赶来祝贺。我暗想尚书福分、道德都极好，乃是文学大臣中的郭子仪呢！年轻时便踏上金鳌桥，稍大便拿起玉尺，同僚下属，大半都是你的门生，故吏遍布天下。郭子仪以武，而你以文，可以与他相提并论了。至于开辟别墅，享些清福，只有裴晋公能够兼得，郭子仪还达不到呢。我不能够学瑶池上的青鸟一样，跟随群仙一起前来，反而像乘了慢速的螺舟，隔了一年才到。做了四道诗，特地差人送上。早晨没有鸣的鸡，是想补鸣一下啊，也许你因为听厌了阳春白雪，忽然听到野音反而还会觉得高兴呢？

一二〇、寄福建抚军杨西峰

家奴从杭州归，接手书，所以存慰之者甚厚，具见大君子故旧不遗之意。阅邸报，知中丞移抚闽疆。此是公弱冠时听鼓角[①]于东厢处也，今又南面而握牙璋[②]矣。必有白发军民，犹认得当年玉貌者。前奉怀云："官从旧地迁才乐，人是相知喜更狂。"不料两联，屡成诗谶[③]。此种福慧，非岳降嵩生，何能如是！惟望中丞分己之余福，以福军民。一切张施，因明以造于诚，借慧以行其善，则海宇苍生，俱受贤人之赐矣。枚去春服阕，即具牒本籍，以老乞休。连岁秋收歉薄[④]，阿品在广，屡信相招，因之自忘其衰，欲为天台、雁荡之游。度仙霞岭到闽中，先见中丞之名臣，再啖荔支之名果；先游武夷之幽深，再游罗浮之飘渺。庶几极天下之大观，然后息影[⑤]蓬庐，以终余年。未知暮景颓光，天肯玉成[⑥]之否？且待到故乡之后，自度精神，再定行止焉。

【注释】①鼓角：（名）古代军队中用来发出号令或报时的战鼓和号角。②牙璋：古代的一种兵符。借指将帅。③诗谶：谓所作诗无意中预示了后来发生的事。④歉薄：收成微薄。⑤息影：停止活动，也指退隐闲居。⑥玉成：敬辞，促成。

【译文】家仆从杭州回来，接到你的信，受到了极大安慰，足以见得大君子对于故旧依然不忘的情意。看了邸报，晓得你调任福建了。这是你年轻时候在东厢听鼓角的地方，如今又到那里做官。必定会有几个年老的军民，依然还认得你吧！我从前有一首诗里说："官从旧地迁才乐，人是相知喜更狂。"不料这两句联语，居然屡屡地都实现了。这种福慧，不是地灵人杰的话，怎么可能达到呢？希望你把自己多余的福分，分一些给军民。一切举措，都为民众着想，诚以待人，多行善举，那么海内苍生，都会受到你的恩赐了。我去年春季服丧时，就写好文书乞求罢官回乡。这几年来，秋收歉薄，阿品在广东，屡次写信叫我前去，因此忘记了自己的衰老，想作天台、雁荡之游。度仙霞岭到福建，先来拜见你，再吃那有名的荔枝；先游了幽深的武夷，再逛缥缈的罗浮。这样差不多算是看尽了天下的风景，然后回来，在草庐里面安居，了此余生。不知道这点晚年光景，老天肯不肯成全呢？且等我回到故乡之后，度量精神，再作打算吧。

一二一、与广西姚云岫抚军

明公移东粤之屏藩，领漓江之节钺，地不远夫千里，位已列于三台。贤者之道行矣，书生之荣极矣。故乡人士，靡不欣欣然有喜色而相告，而枚尤有异焉。记当日同肄业敷文书院，枚将赴广西金中丞之招，公赋诗相留，云："纵使将军重揖客，何如南国有词人。"一时士流，交相传诵。岂料四十年后，所谓将军者，公即其人，所谓粤西者，公领其地。枚恨不学着翅人飞来作揖客[①]耳。然而弱冠所游之处，虽成春梦，未隔前生。当时受金德山中丞国士之知，每到官鼓晨鸣，衙参[②]客满，枚辄向八桂堂隔帘窥伺，闻中丞谈公事毕后，必与司道府州延誉鄙人，津津然不啻若自其口出。命作《铜鼓赋》一篇，梓入《广西省志》中。

如许怜才，每一思之，憬然泣下。未知天假之年，犹能重到粤西一寻陈迹否？未知《省志》中此赋犹存否？贵姊夫沈永之观察，与枚同学同榜同年，公所知也。前年枚生一男，永之生一女，都是六十岁外小妻所出。秋禾晚获，甘蔗旁生，彼此信来，遂联姻娅。今年梅花开时，永之与殷夫人作韩姞相攸故事。高固、叔姬，双双俱至，盘桓五日，才赋北征。不特小星合两姓之欢，六亲同庆；而且大享行夫人之礼③，九献④未终。诚盛事也。何不转告年嫂夫人，同为一笑。

【注释】①着翅人：北周韩果的绰号。揖客：指长揖不拜之客。亦指向客拱手为礼。②衙参：旧时官吏到上司衙门，排班参见，禀白公事。③大享：古代的一种祭礼。此处言行夫人之礼，表示对侧室的尊重。④九献：九次献酒。帝王接待上公朝聘的享礼。

【译文】你从广东藩台，升任广西巡抚，两地相距不过千里，地位却已列于古代的三公了。你从此可以大展拳脚了，书生的荣耀也到顶峰了。故乡的人，无不欣欣然面带喜色而奔走相告，而我更是称奇。记得从前一同在敷文书院里读书的时候，我将要到广西金巡抚那里去，你做诗挽留我说："纵使将军重揖客，何如南国有词人。"一时间，士人都将这二句诗传诵开来。哪知四十年后，所说的"将军"，就是你了；所说的广西，就是你去管理的地方了。我恨不能像韩果那样来做你的揖客呢。然而二十岁时到过的地方，虽变成了春梦，却没有隔着一世。记得那时受金德山巡抚国士般的优待，每到衙门里敲响早鼓时，许多官员上堂，我常常向八桂堂，隔着帘子窥视。听巡抚谈论公事以后，一定会向司道府州称赞我的才学，津津有味地好像我自己吹牛一样。又命我做一篇《铜鼓赋》，刻到《广西省志》里面。这般地爱才，我每次想到，都真的要掉下泪来。不知道老天肯让我再活几年，还能不能够再到广西，看一看旧日的情形？更不知道《省志》里面，这篇赋还存在吗？贵姐夫沈永之道台，和我同学同榜同年，你是知道的。前年我生了一个儿子，他生了一个女儿，都是六十岁之后姬妾所生的。老来得子，甘蔗旁生，彼此的信一发来，就结成了婚姻。今年梅花开的时候，永之和殷夫人到我家里来，做韩姞看女婿的故事，大家一起畅叙了五天，才起程向北方去。不单两家的姬妾很是要好，大家欢喜，并且还请他们夫人一起喝酒吃饭，非常地热闹。这真是一件盛事啊！你为什么不转告嫂夫人听一听，大家一起来笑一笑呢。

一二二、答明我斋参领

秋间似村世兄处寄到和诗二章，即景情生，言从心发。押“时”字韵，感期望之深；押“经”字韵，见相思之切。至于廿年转职[②]，六十生儿，正如吟诗者因迟见妙。司马长卿之三年一赋，终胜于枚皋之援笔立成也。枚生平不喜佛法，而独于“因缘”二字信之最真，以为足补圣贤语录之所未及。身历名场，垂五十年，事事可证。即如枚与君家，亦大奇矣。二十七岁时翰林散馆[2]，在光明殿考试，蒙文忠公一见倾心，赏其爽俊。嗣后每到宫门，必加奖许。后乞养山居，犹托尹相国聘为记室，枚以母老路遥，辞谢而止。三十五年，王师征缅，家弟树作宰南阳，办理军需。忽接钦差六百里羽檄[3]，合署惊惶，不知何事，启封，乃绝句一章，云："双丁二陆[4]传名久，今日相逢在路途。借问南阳贤令尹，风流得似子才无？"一时士大夫传为佳话。此即令兄讳仁者之流风遗韵也。近年来，又以白下程、朱二友假馆华堂，得与执事时通芳讯。一门之内，重叠恩知，或未见而相思，或乍逢而矜宠。倘非陆法和所谓"前生有香火因缘"者，何能如是！枚犬马之齿六十有六矣，人间万事，尽付烟云，惟于"感恩知己"四字，一息尚存，每钦钦其在抱。未知今生得仰见贤人丰采否？言之黯然。

【注释】①转职：这里指迁官补缺。②散馆：旧制翰林院庶吉士于登第入庶常馆肄业，三年期满，以考试分别授职。③羽檄：古代军事文书，插鸟羽以示紧急，必须迅速传递。④双丁二陆：指丁仪、丁廙、陆机、陆云。

【译文】秋天从似村世兄那里寄来了你写给我的和诗两首，即景生情，句句都是由心而发。押"时"字韵，感激你对我有这般深厚的希望；押"经"字韵，足见你相思的殷切。讲到二十年调缺，六十岁生小孩，正像是做诗的因为写得很慢，反而更见它的妙处。司马相如三年才写成一篇赋，到底是比枚皋提起笔来就立刻写成的好。我生平不喜欢佛法，唯独对于"因缘"两个字，最是相信，以为足以补足圣贤语录。我出世做事，差不多有五十年，事事都可以证明。就像我和你的往来，也很是奇怪。我二十七岁的时候，中了翰林，分发出来，在光明殿考试，承蒙文忠公一见就喜欢我，赞赏我的豪爽聪明。后来每次到宫门，他一定会夸我几句。后来我不做官了，他还托尹相国招我去做书记，但我因为母老路远，谢绝了他。三十五年，皇上出兵去打缅甸，家弟袁树在南阳做知县，办理军需物资。忽然接到钦差六百里的文书，整个衙门都害怕起来，不知出了什么事。打开信封来一看，里面却是一首七绝诗，说道：“双丁二陆传名久，今日相逢在路途。借问南阳贤令尹，风流得似子才无？”一时，士大夫们都把它传为佳话。这就是你的那位单名为仁的兄长的流风遗韵。近年来，又因南京程、朱两位朋友，借住在你府上，能常常和你通信。一门以内，三番两次受着你的恩惠，或者因为没有见面而相思，或者一见面就盛赞我。若不是陆法和所谓的“前世有香火因缘”，哪里能够这样呢？我今年已经六十六岁了，人世间的一切事情，全部都付诸烟云，仅剩“感恩知己”四个字还记于胸中，一天都不敢忘记。不知道这辈子还能再见你的风采不？说到这里，心里实在难过！

一二三、与史抑堂少司马

书来，命以本月团圞之夕，联两家儿女之欢。枚谨照《司马书仪》，拜领侍郎门状[1]矣。伏念以孔李通家，作朱陈姻娅，礼虽成于一日，数早定于三生。然非亲家略势位而重文章，念交情而怜故旧，何以有此！昔孙明复，士流也，李迪，贵相也，李妻以侄女，孙疑焉。其弟子石介进曰："公卿不下士久矣。今李相国独能如此，先生宜许之，以成相公之贤。"枚不敢有违宠命，亦步趋孙公之意。园中植紫薇三株，十易星霜，从无蓓蕾。今年盛开，烂如云锦，或者薇省呈祥，应在将来甥馆[②]乎？虽瑞应[③]之符，儒者不道，而荣华之景，触目欣然。附及之，勉公子读书，博亲家莞尔。

【注释】①门状：犹拜帖。古代交际礼仪，拜谒时用的帖子。②甥馆：指女婿。③瑞应：古代以为帝王修德，时世清平，天就降祥瑞以应之，谓之瑞应。

【译文】你来信说，本月十五的夜里，定两家的婚约。我已照着《司马书仪》，领受你的婚帖了。我暗想孔李乃通家，今作朱陈的联姻，礼仪虽然在一天内就完成，缘分却早在三世以前就定下了。若不是你忽略身份地位而见重文章，顾及交情，怜惜朋友，怎么能有这件事呢？以前的孙明复，他是个读书人，李迪是一位当权宰相，李迪把侄女嫁给他，孙明复有些不相信。他的学生石介说道："公卿不肯向读书人低头，已经很久了。现在唯独李相国能这样，你应该答应他，拿来成就相公的贤名。"我不敢违背你的话，也是效仿孙公的意思。花园里种了三株紫薇，十年来都没有开过花。今年开了花，灿烂得像天上的锦绣一般，或者这些祥瑞，会在将来的女婿身上应验吧？这些迷信的事情虽然读书人不在意，但荣华的景象，见了还是令人愉快。顺带告诉你一声，以勉励令郎读书用功，也是引你一笑。

一二四、答洪稚存论吴中行

明吴中行以门生劾座主江陵[1]，映川赋诗颂之。仆心不喜，道师有过当谏，谏而不听当避位。斯言也，下笔后颇知其非。位受之于君，非受之于师，不得援孟子论异姓之卿之礼为事师之则。继而思之，位虽受之于君，而所以能受之于君者，未尝非师之力。饮水思源，不为无理，以故仍而不改。昨接手书，果招足下之规，夫复何辨？第足下来书，尚有未协者。书中道座主轻于举主，说良是也。举主[2]知其人，其恩重；座主[3]知其文，其恩杀。然唐宋以后科目盛，辟举衰，士大夫舍座主无由进身，则座主之恩不得不同于举主。东汉举主有丧，门生衰麻避位，亦何尝不以君臣之义行之师弟之间？若曰座主取士，彼自奉公令耳，于士无与也。然则父母生子，彼自感情欲耳，亦于子无与矣。忘本之言，伊于胡底！郑子濯孺子以学射庾公之徒之故，叩轮而反，孟子与之。夫追寇，君命也，学射，小伎也。学于其徒，非学于庾公也，然卒不忍以夫子之道反害夫子。孟子以为端人，且引以证逢蒙之恶。然则使孔、孟为人门生，必不劾座主以为名也可知。唐萧遘扶王铎上殿，昭宗见之甚喜，曰："卿待座主如此，待朕可知。”吕夷简劾杨凭，杨远贬，其门客徐晦送之，夷简表晦为御史，曰：“君不负杨公，肯负国乎？”古明君贤臣，往往观过知仁，十不爽一。而欧公所谓“未干荐祢之墨，先弯射羿之弓”者，其人果何如也！足下虑禁劾座主将有植党[④]之虞，则与仆言相背。何也？仆言事师之道，有过则谏，谏而不听则避位，果能如仆所言，则门生多谏者愈多，避位者愈多，大臣不善，朝廷且为之一空矣，彼座主者，独无所慑于心而不改弦易辙乎？又安见其植党满朝而不敢动摇也？所引楚弃疾、李怀光事，尤为不伦。楚王将杀子南，三泣其子，王之心岂不欲其子之谏父耶？然而弃疾之谏与不谏，传无明文，卒与父同死。或其间必有委曲难全之故，遥遥千秋，难以臆断。至于怀光谋反，李璀大义灭亲，自无两全之术。使当日江陵果谋反，则中行劾之当也，足下书中所谓“缓不及待”是也。乃江陵并非谋反，所劾者不过夺情一节，则是江陵一身之私罪，与宗社安危毫无关阂[⑤]，有何“缓不及待”之有？而况中行上疏之明日，赵疏入矣，又明日，艾疏入矣，又明日，沈疏入矣。明目张胆攻江陵者如云而起，何劳门下士急急争先？且夺情之说，尚有可疑者。《王制》：“父母之丧，三年不从政。”礼也。然《丧服大记》云：“君既葬，王政入于国。大夫士葬，公政入于家。”似大夫丧可以知政也。郑注《王制》之“三年不从政”指庶人非指大夫，其义更明。《檀弓》云：“父母之丧，使必知其反。”似大夫丧中可以出使也。《公羊传》：“闵子要绖而服事。”既要绖矣，又服王事，似亦在位守制之滥觞。中行仅记礼经一二句而未读全书，与议大礼获罪者都是一丘之貉。古名臣如汉之赵熹、耿恭，晋、隋之傅咸、柳彧，唐之房、杜、褚遂良、张九龄，宋、元之陈恕、廉希宪，俱有夺情之事。彼数君子者，岂无门生故吏略知大义之人，而何以史册寂然不闻有弹之者？岂非明代以前风俗敦厚，而悻悻争名者尚少故耶？史称江陵相万历二十余年，四夷宾服，海内充实，有霍子孟、李赞皇之遗风。然则中行果有爱国之心，方宜留护江陵，为贤者讳过可也；为国狗⑥之瘈犹不可，而竟为中山之狼⑦，其可乎？中行本传称中行既上疏，以副封白江陵。江陵大惊曰："已上耶？"曰："不上不敢白也。"审是，则中行不但不谏其师，并欺蔽之使不知过，而突出其不意以相攻击，其心术尚可问乎？《左氏》曰："人之欲善，谁不如我？"中行好名，江陵亦好名，观其惊问疏上否，颇有悔过掩覆之思。使中行不廷争之，而私执门生之义，爱人以德，造膝婉陈，未必不动其天良而自行求去也。及闻其疏已上，则大名已裂，状如被逐，刚愎之性，遂倒行而逆施。程子所谓"吾党激成之祸"，《儒行》所谓贤者之过"可微辨，不可面数"，正谓此也。且中行谓他人父，谓他人母，使自己父母之遗体毁伤廷杖，尤为可嗤。而此后台臣、阁臣水火偾兴，互相排诋，无一日休，必至国亡而后已。如庸医治病，专务斗药争方，而全不顾其人之元气命脉也。扬其波者，中行与有罪焉。本朝理学名儒如李安溪、朱高安，皆夺情辅政，而群臣御史亦寂无一言，扫尽前明陋习。非圣明在上，何能如此！仆山居老矣，未必有为座主之日，而足下高才年少，为门生、为座主之日正长。言之者无私，闻之者有益，故不觉其倾尽焉。

【注释】①江陵：即张居正（1525—1582），字叔大，号太岳，幼名张白圭。生于江陵县（今湖北省荆州市），故称“张江陵”。明朝政治家、改革家、内阁首辅，辅佐明万历皇帝朱翊钧进行“万历新政”，史称“张居正改革”。②举主：保举别人的人，被称为“举主”。③座主：唐宋时进士称主试官为座主。至明清，举人、进士亦称其本科主考官或总裁官为座主。④植党：树立党羽。⑤关阂：障碍，妨碍。⑥国狗：一国中之上品名狗。借以比喻妨贤害能的人。⑦中山之狼：比喻恩将仇报，没有良心的人。

【译文】明代吴中行以门生来弹劾座主张居正，映川做了诗去称赞他。我心里不欢喜，想的是，先生有不对的地方，做学生的应该去劝谏，劝谏了不听，就应该辞官。这句话，我写下以后，自己都知道不对。官位是皇帝给的，不是先生给的，不能援引孟子论“异姓之卿”，来作为对待先生的方法。后来再一想，官位虽是皇帝给的，然而之所以能够这样，不一样还是先生的力量。饮水思源，不是没有道理的，所以仍旧没有作修改。昨天接到你的信，果真招来你的反对，那我还有什么话可说呢？但你的信上，还有说得不够周备的地方。你信中说座主比举主轻，这说法是不错的。举主知晓他的为人，恩惠重；座主知晓他的文章，恩惠轻。然而唐宋以后，科举盛行，举拔已经不行了，读书人除却座主，没有办法进身，那么座主的恩惠，就是和举主相等的。东汉时候，举主死了，门生穿着孝服辞官，何尝不是以君臣的礼节，运用到师生之间？若说座主取士，他奉的是公令，和士子没有关系。那么，父母生子，也可以说是他们自己寻快活，和儿子也没有关系。这种忘本的话，居然也说得出口！郑子濯孺子，因学射于庾公之徒，所以只射了他的车轮就回来了，孟子称赞他。追赶敌人，是君的命令，学习射箭，只是小技艺。又是学习于他的学生，并不是直接学习于庾公，然而他到底不忍以先生的射箭技艺来害先生。孟子认为他是正直的人，而且拿来反证逢蒙的恶。然则孔孟要是做了人家的门生，也决不会去弹劾座主，这是不用说的。唐代萧遘扶着王铎上殿，昭宗瞧见了很欢喜地说道："你待座主这样，待我也可想而知了！"吕夷简弹劾杨凭，杨凭被贬官，他的门客徐晦去送他，吕夷简就奏请让徐晦做了御史，说道："你不肯辜负杨公，又岂肯辜负国家？"古时的明君贤相，往往能够"观过知仁"，十个里面没有一个错的。欧阳修所说的"未干荐祢之墨，先弯射羿之弓"的人，这人可想而知了！你担心禁止弹劾座主，将有拉帮结派的危险，那么这和我的意思正好相反。为什么呢？我说的是侍奉老师的道理，有了错就去劝谏，劝谏了不听，就辞掉官不干，果真像我说的这样去做，那么门生劝谏的越多，辞官越多，要是大臣不好，朝廷都要弄得空无一人。做座主的人，还能心里不怕，不改换方针吗？又怎样见得他党羽满朝，而不敢动他呢？你所引的楚弃疾和李怀光的事情，尤其不伦不类。楚王将杀子南，三次向他的儿子滴下泪来，楚王的心思，难道不是想要他的儿子回去劝谏他的父亲吗？然而弃疾到底有没有劝谏，《左传》上没有明文记载，最终和父亲一起死了。或者里面有些委曲难全的缘故，现在隔着千百年，不能随便猜测。至于李怀光的谋反，李璀大义灭亲，本来就没得两全的法子。要是当日张居正果真谋反了，那么中行应该弹劾他，你信上所说的“缓不及待”便是。但是他并不是谋反，用以弹劾他的不过是“夺情”这件事而已，这不过是他一个人的私罪，和国家的安危，丝毫没有关系，有什么“缓不及待”呢？况且中行献上奏章的第二天，赵用贤也献上了奏章，又过了天，艾穆也献上了奏章，又过了一天，沈思孝也献上了奏章。大家明目张胆地攻击张居正，人数非常之多，但是这种事何必要烦劳门生们急急忙忙地去争先呢？并且“夺情”一说，还有可疑的地方。《王制》上说，爹娘死了，三年不做官，这是礼。然而《丧服大记》上说道：“君既葬，王政入于国。大夫士葬，公政入于家。”好似大夫丁艰，也是可以做官的。郑玄注认为《王制》上说的三年不做官，是指平民，不是指官吏，他的意思更加明显。《檀弓》上说道：“父母死后，孝子一想起伤心之处就痛哭，这是为了让父母的神魂能够循着哭声回家。”好似大夫丁艰，也可以出使。《公羊传》记载：“闵子穿孝服去做官。”既然穿孝服了，又去做官，恐怕就是后来边做官，边穿孝服的源起。中行只记《礼记》上一两句，没有去读全书，和那些因为去议论丧礼，以致获得罪罚的，都是一丘之貉。古代名臣如汉朝的赵熹、耿恭，晋朝、隋朝的傅咸、柳彧，唐朝的房玄龄、杜如晦、褚遂良、张九龄，宋朝、元朝的陈恕、廉希宪，都有“夺情”的事情。这几位君子，难道没有门生故吏，稍微懂得一些大义的吗？为何史书上一点也没有记载有谁去弹劾的？这不是明代以前风俗敦厚，急切争夺声名的人还不算多的缘故吗？史称张居正做了万历宰相二十多年，夷狄臣服，天下太平，有霍光、李德裕的遗风。那么中行果真有爱国心思的话，正应该要留着他，替贤者隐讳过失；似痴狗一样地乱咬，已经不对，更何况还要做中山狼。中行的本传上说，中行上了奏本以后，拿副本去见张居正。张居正大惊，问道："已经奏上去了吗？"中行道："不上也不敢告诉你。"从这看起来，中行不但不去劝谏张居正，反而想欺瞒他，使他不知道自己的过错，而突然间出其不意地攻击他，中行的用心，还需要问吗？《左传》上说道："人想要做善事，谁能不如我？"中行好名，张居正也是好名，看他惊问上奏没有，显然是有悔过遮掩的心思。要是中行不到朝廷上去争执，私底下以门生的职分，抱着"爱人以德"的心思，到张居正家里去，当面委婉地讲述，张居正未必不会良心发现，而自行请求离去。等到听说奏章已经上去，那么名誉已经没有了，好似被放逐的样子，性格刚愎的，不免就倒行逆施。程颐所说的"吾党激成之祸"，《儒行》上所说的"贤者的过错，可微辨，不可面数"，就是这个意思。并且中行称他人为父母，使自己父母的遗体受到廷杖的毁伤，尤其可笑。后来御史官和内阁大臣，好似水火一般，互相排斥，没有一天安宁，必定要直到国家灭亡了才停止。好似庸医治病，只管争执药方，全然不顾病人的元气命脉。讲到推波助澜之人，中行有他的罪责。本朝理学名儒，比如李安溪、朱高安，都是穿着孝服做官，许多御史和官吏，都一句话没有，扫尽明代的陋习。如果不是皇帝贤明，哪里能够这样呢？我住在山里，人也老了，未必再有做座主的一天，可是你年轻又有才，做门生和做座主的日子还长。我说这些没有一点私心，你若听进去能有不少益处，所以不知不觉说了这么一大篇。

一二五、再答稚存

再接来书，足下深以中行不谏其师为非，则与仆之原议已合。第就其引《礼》经数语全力攻排，此正仆平素蓄疑，而顾有闻于君子者也。《丧服大记》云：“大夫士既葬，言公事不言家事。”此公事对家事而言，非金革也。又上言“公政入于家”，下言“金革之事毋避”，似公政是公家之政，非金革也，若重言之，于义为赘。《公羊传》言“闵子要绖而服事”，不言鲁使闵子为将军，故闵子悔之，以为“不即乎人心”。若果金革之事，礼所当然，又何“不即人心”之有？又何“退而致仕”之有？《檀弓》出使之说尤怪。三年之丧，业已不呼其门矣，岂有从门分呼其行役之理？《礼》经庞杂，实属可疑。子曰“多闻阙疑”，疑非圣人所乐，足下因其一疑，而遽以为许江陵之夺情，是犹行路者方目及牛，而东家邻遽指为盗牛也，不已过乎？古人“在三之义”，君父并尊，既仕之后，父不得有其子，以故楚弃疾、唐李璀为君故与谋弑父，而足下犹欲宽之，江陵亦为国故忘归奔丧，而足下不能谅之。弑生父之罚轻，忘死父之罚重，足下断狱如此，于义何当？足下夸今人风俗有厚于古者，引《丧服》及妇女不再适云云，仆又疑之。古丧服父在为母期，统于尊也；今与父同三年，似乎厚矣，而夫为妻纲之义亡。古王子有母死者，其傅为请数月之丧，压于嫡也；今与母同三年，似乎厚矣，而嫡庶之义亡。古子妇为舅姑服期，以名服也；今与子同三年，似乎厚矣，而不贰斩之义亡。大抵古礼疏，疏皆有故，今礼密，密乃虚行。古礼随其人之自致，故人多朴而真；今礼强之使行，非其所愿，故人多文而伪。宰予短丧之问，今三尺童子皆知其非，而当时圣门高弟，自以为安。汉公孙弘、原涉、胡广皆能终丧，唐房、杜、张、褚不能终丧。以礼论，则夺情者为非，终丧者为是；以人论，则房、杜辈为君子，公孙辈为小人。孔子曰："君子而不仁者有矣，夫未有小人而仁者也。"江陵夺情，实君子之不仁，而中行之劾座主，未见其为小人之仁也。礼有异父同母之服，故先儒称共姜为守义不为守礼。夫女子从一而终，周公亲赞《周易》者也，开国时制礼作乐，何难申严此意，悬之象魏哉？所以无闻焉者，圣人宁过于仁，毋过于义，有深意存焉。后世没其义而大为之防，从此内有怨女，外有旷夫，闺门黯昧，之间有不忍言者。然后知古人阔略处，似宽而实严，非后世龌龊小儒所能置议。仆谓中行不必毁伤遗体，足下引仗马不鸣相诮，于知人论世之道，尤为疏谬。李林甫所喻杖马者，指御史也。御史，马之当鸣者也。中行官编修，不官御史，马之不当鸣者也。孔子曰："不在其位，不谋其政。"孟子曰："位卑而言高，罪也。"中行冒大不韪以劾其师，而其师又非元恶大憝如分宜一流，则其受祸也，不得以杨、沈诸公比。夫知命者不立乎岩墙之下，当时杨、沈劾分宜，冀嘉靖英明，必能威断故也，非故欲蹈不测以求名也。若江陵当国时，太后少主方虚己听之，其肯以小臣一疏逐江陵乎？中行此奏，非奏两官，直奏江陵也。以为私谏之，则江陵虽听而己名不彰；公弹之，则江陵愈怒而己名愈显。千载而下，若见其肺肝然。而江陵者亦笨伯也，彼好名即与以名，堕其术中而不悟，致足下犹为其所欺。若夫椒山[②]，并非分宜弟子，家传称其将劾分宜，先登其门，再告其党，若曰“尔能改过，则吾章亦不上矣”，以视中行，岂不毅然大丈夫哉？夫君子怀刑，原非得已。如其是则为杀身成仁，如其非则为暴虎冯河。差之毫厘，谬以千里。“白刃可蹈，中庸不可能”，此之谓也。至于台阁相倾，始于明之中叶，万历以前，其风未炽。此论在《中行传》之下卷，史臣所言，非仆之言也。史臣与中行何仇，而必欲抹杀前二百年事耶？中行既不读《礼》经全文，而足下又未观《明史》全部，致仆哓哓[③]为多言之徒矣，奈何！

【注释】①攻排：抨击。②椒山：杨继盛（1516—1555），字仲芳，号椒山。明朝中期著名谏臣。他于嘉靖三十二年（1553），上疏力劾严嵩“五奸十大罪”，遭诬陷下狱。在狱中备经拷打，于嘉靖三十四年（1555）遇害，年四十。③哓哓：因为害怕而乱嚷乱叫的声音，争辩不止的声音。

【译文】再次接到你的来信，你坚定地认为中行不劝谏他的老师是不对的，那么和我原本的观点，已经相同了。但是你根据我引证《礼记》上说的几句话，极力地攻击，这正是我向来有所疑心的地方，现在是很愿意听你教训的。《丧服大记》说：“大夫士既葬，言公事不言家事。”这公事，是相对家事而言的，不是指兵事。而且，上面说“公政入于家”，下面又说“金革之事毋避”，好似“公政”指的公家的政事，不是兵事，倘若再说一遍，意思上就显得累赘了。《公羊传》说“闵子穿着孝服做官”，没有说鲁国派遣闵子做将军，所以闵子很是懊悔，以为不合乎人心。倘若果真是兵事，礼所当然，还有什么不合人心的呢？又为什么要辞官呢？《檀弓》上出使的说法，更为奇怪。他有着三年的丧事，人家都已经不去他家门口招呼他了，怎么还有从门外叫他去出使的道理呢？《礼记》上的话，很是庞杂，实在可疑。孔子说道：“多闻阙疑。”疑，并不是圣人所高兴的事，你因为这一疑，就以为是允许张居正夺情，这就好比走路的人，眼睛才瞧到牛身上，东家的乡邻，马上就指责他在偷牛，这不是太过分了吗？古人的在三之理，君和父是一样的，做官以后，父就不能专有儿子了，所以楚弃疾、唐李璀，为了君王的缘故，参与谋害自己的父亲，而你还想为这事，而去宽恕他，张居正也为了国家的缘故，忘了回去奔丧，你却不能原谅他。杀死生父的罪责轻，而忘了亡父的罪责重，你断案断成这样，在道理上怎么说得过去？你夸耀现在人的风俗，比从前人敦厚，引用《丧服》的说法以及妇人不再嫁来做引证，我是有些疑心的。从前服丧，父亲在的话，只替母亲服丧一年，是一家只有一个尊长的道理；现在和父亲一样都是三年，似乎多了些，然而“夫为妻纲”的道理却丧失了。古时候，王子的母亲死了，他的先生替他请服几个月的孝，是有嫡母在的缘故；现在和母亲一样是三年，似乎多了些，然而“嫡庶”区分的道理，又丧失了。从前媳妇替公公婆婆服丧一年，这是为了名声；现在和儿子一样服丧三年，似乎多了，然而“不贰斩”的道理，又丧失了。大抵古礼比较宽松，但是宽松都有它的道理，现在的礼比较严密，但都是虚的。古礼是让人发自内心地去做，所以那时的人大多纯朴真诚；现在的礼是强迫大家去做，不是发自本心，所以现在人多粉饰虚伪。宰予减短服丧时间的提问，现在的三尺小孩，都知道是错的，然而那时的圣门高徒，问出来却没把它当一回事。汉朝公孙弘、原涉、胡广都能够服丧三年，唐代的房玄龄、杜如晦、张九龄、褚遂良，却不能服满三年孝再出来做官。按礼节来讲，夺情是不对的，服满孝是对的；以人的行为而论，房玄龄、杜如晦是君子，公孙弘却是小人。孔子说：“君子而不仁者有矣，夫未有小人而仁者也。”张居正夺情，实在是君子的不仁，而中行弹劾座主，却未必是“小人之仁”呢！礼节上有异父同母之服，所以先儒称共姜为守义，而不叫守礼。原来女子从一而终是周公亲口称赞《周易》的。开国时制定礼乐，把这个意宗旨挂在宫门上，有什么繁难呢？然而并不这样，这是圣人宁可过于仁，不可过于义的意思，里面是蕴含着深意的。后世的人忽视了这个意思，拼命地防止，从此内有怨女，外有旷夫，闺门之中，充满了许多不可告人的苦痛。然后才知道古人的阔略处，看去虽宽，但实际却严，不是后世的龌龊小儒所能妄加评论的。我说中行没必要毁伤遗体，你就引用“仗马不鸣”来讥笑我，对于知人论世来说，这是更为错谬的。李林甫拿来比喻为仗马的，是御史官。御史是马中应当鸣的。中行是翰林院编修，不是御史，是马中不应当鸣的。孔子道：“不在其位，不谋其政。”孟子说：“位卑而言高，罪也。”中行冒着大不韪，来弹劾他的老师；而他的老师，又不是头等奸臣，比如严嵩那样的人，那么他的受祸，也是应该的，不能把杨继盛、沈青霞那些人拿来相比。“知命者，不立于岩墙之下”，那时杨、沈弹劾严嵩，认为嘉靖皇帝足够英明，一定能听他们的话，来惩办严嵩，并不是故意要受祸来求取名声。至于张居正做宰相的时候，太后和少主正是一切不管，都听张居正的，怎么肯听从一个小人的话，就去驱逐张居正呢？中行这本奏章，并不是奏给皇帝、太后，简直就是直接奏给张居正。以为私底下去劝谏他，他就是听了，我的名誉也不响亮；如果公然去弹劾他，那么他越是发怒，我的声誉也越响亮。即使千年以后，还可以清楚瞧得他的用心。而张居正呢，他也是一个笨蛋，中行好名，他就给他一个名，跌进他的圈套里面还不觉悟，弄得你也都受着他的欺骗。至于杨继盛，并不是严嵩的门生，家传上称他快要弹劾严嵩之前，先到他门上，再告诉他的党人，好似在说：“你要是能够改过，我这本奏章，就可以不上了。”拿来一比中行，岂不是显出他是一个大丈夫吗？君子受着官刑，原是不得已的事情。要是有道理，那么就是“杀身成仁”，要是不合道理，那么就是“暴虎冯河”。差之毫厘，谬以千里。“白刃可蹈，中庸不可能”，说的就是这个。讲到御史和内阁大臣的不和睦，源起于明朝的中期，万历以前，还没有盛行。这句话记在《中行传》的下卷里面，是史官的话，不是我说的。史官和中行哪有什么怨仇，他一定要抹杀前二百年的事情吗？中行既没有读过《礼记》全文，你又没有看完过《明史》，弄得我一个人在这里喋喋多言，何苦呢！

一二六、又

韩魏公与欧公，至交也，论《系词》终身不合。温公与范景仁，畏友[①]也，论乐律驳辨千言。杨慈湖亲受业于朱子，而论天命之性，以为不当杂人物而言。古人明辨义理，当仁不让，有何前后辈之分。足下引相规者之言，疑仆有所介意，是何相待之薄耶？昨年读《中行传》，为其劾座主，心为怦怦，欲作论正之而未暇也。偶批映川诗，约略及之。得足下两回往复，如骨哽喉，出而哇之，于心始觉畅然。仆方感足下启予之不暇，而又何懵焉？礼经庞杂，仆平日纠摘千余条不止。《丧礼》丧中服政，但云“金革之事毋避”数字足矣，何必纷纷多言，一则曰权，再则曰权，实开天下以无所不权之渐。注云“权礼”，权礼者皆系后人曲为护解之词，何足引据？仆前札云：“三年之丧，业以不呼其门矣，岂有从门外呼其行役之理。”语虽涉谑，恐郑、马复生，亦不能再下一转语[②]。足下不能将前所疑者条条指示，而徒颟顸相压，老泉所谓与人争而引吾父之言以实之，人之心何能释然乎？同年庄滋圃夺情作湖北巡抚，仆曾移书规之。此已梓入集中，足下之所见也。何独于江陵而犯不韪以护之哉？盖江陵为万历不可少之人，而庄公非圣朝必需之佐，其间轻重，不可不察。白太傅一生佞佛，而作《貘屏赞》则曰：“佛像日益，兵刃日滋。”苏子瞻谏用兵，引唐太宗伐高丽为戒，作《策断》则以为可法。夫言岂一端而已，夫各有所当也。总而论之，江陵夺情非礼，中行劾府主尤非礼。江陵之非礼人人知之，中行之非礼人人不知。君子立言，必阐发于人所不知之处，而后足以传世而行远，何必学三家村学究之见，人云亦云哉？请再思之。

以上三篇，嫌太词费，故删作一篇入文集，而存原稿于《尺牍》中。自记。

集中有“有约乾坤不受恩”之句，映川手批，亦复沾沾自喜，仆意颇不以为然。陶渊明自旷代高人，而乞人一饭，至于冥报相贻。杜少陵许身稷契，而感孙宰盘飧，至于永结弟昆。范文正公以晏公一荐，终身执弟子之礼。三君子者，岂其绝无风骨，而甘心于感恩图报，卑贱若此哉？此正见古人仁心为质，不肯矜矜然自作身分处。忠臣孝子，皆由此一念扩而充之，受恩何妨，但问所受者为何人之恩耳。蔡中郎虽失身于董卓，然而闻变一叹，观过知仁，终不失其为中郎也。又记孔子之言曰：“自季孙之赐我粟千钟也，而交益亲；南宫敬叔之乘我车也，而道益行。”在圣人未尝不受人之恩，而况我辈，又何必为大言以欺世耶？仆老矣，贫贱时未尝受人一饼金，通人一关节，然而或褒其才，或荐其馆，或哀其饥渴，或助其资粮，或一科，或一第，皆恩也，如之何不受？如之何可忘？盍以此言再质之映川。

【注释】①畏友：品德端重，让人敬畏的朋友。②转语：训诂学术语。因时地不同或其他原因而音有转变的词。

【译文】韩琦和欧阳修是至交，然而因为讨论《系词》，终身不合。司马光和范景仁是畏友，然而因为讨论乐律，他们辩驳了几千字。杨慈湖亲自在朱熹那里读书学习，然而论天命之性，认为不应该夹杂人物来说。古人辩论义理，当仁不让，哪里还分什么前辈后辈。你引述我规劝你的话，怀疑我有些不满，你为什么对我这样看不起呢？去年读《中行传》，因为他弹劾座主，心里有些不快活，要做篇论去纠正他而没有空。偶然在批映川的诗里，多说了几句。得到你两次来信，我两次回答你，好似骨鲠在喉，一定要把它吐出来，心里才觉得畅快。我真是感激你对我的启发还来不及，怎么还会有什么不舒服的呢？《礼记》很庞杂，我平日摘出的，有一千多条还不止。《丧礼》说丧中做官，但只说了“不避掉兵事”几个字，何必要说那么多话，一次叫“权”，再次还是叫“权”，实在是开了天下后世没有一件不可以权的先河。注里面说“权礼”，所谓权礼，都是后人替他勉强解释的话，哪里能够拿出来作为依据。我前次的信里说道：“三年的丧事，人家已经不去门口招呼他了，岂有还从门外去叫他出使的道理呢？”这话虽有些戏谑，然而就是郑玄、马融在世，恐怕也不能再讲一句解释的话了。你不能把所怀疑的一条一条指出来，只是笼统地来反对，这正是老泉所说的“与人争而引吾父之言以实之，人之心何能释然乎？”同年庄滋圃夺情做湖北巡抚，我曾经写信去规劝他。这已经刊载在书里，你也瞧见了。为什么独独对着张居正，要冒大不韪来替他辩护呢？实在是因为张居正是万历年间不可缺少的人，而庄公不是朝廷上必须的，他们的轻重，不可以不明白。白居易一生很赞成佛教，他做《貘屏赞》，说道："大部分铁制造成兵器、青铜铸成佛像，佛像和兵器越来越多。"苏轼谏止用兵，引唐太宗伐高丽来劝皇帝，他写《策断》，又把这事拿来说可以仿效。说话哪里是仅止一方面的事情，不过适当的场合说适当的话而已。总而言之，张居正的夺情，是不合于礼的事情，中行弹劾座主，更是不合于礼。张居正的不合于礼，人人都知道，而中行的不合于礼，知道的很少。君子说话，一定要阐发别人所不知的地方，这样才可以传到后世，何必学三家村老学究的见解，别人讲什么，他们也讲什么呢？请你再想一想。

以上三篇，嫌字太多，所以删为一篇，编入文集，而存原稿于《尺牍》中。自记。

书里有"有约乾坤不受恩"的句子，映川手批的，很是得意，但我的意思，却颇不以为然。陶渊明自然是绝代高人，然而讨了人家一顿饭，以至于要拿冥报来报答人家。杜少陵自己要想做到稷契，而感激孙宰的饭食，以至于和他结拜为兄弟。范仲淹因为晏殊推荐了他，终身把晏殊当作老师。这三位君子，岂是没有一点骨气，就情愿感恩图报，卑贱到这步田地吗？这正可见得古人的仁心，不会自命不凡。所谓忠臣孝子，都是从这一个思想上扩充出来的。受恩有什么关系，只要看他受的是什么人的恩情罢了。蔡邕虽是失身给董卓，然而听说董卓反叛，就慨叹起来，"观过知仁"，到底还是他蔡中郎。又记得孔子说道："自从季孙送给我一千钟米，我的朋友越发亲近；自从南宫敬叔让我坐了他的车子，我的道越发容易推行。"即使是圣人，也未尝不受着人家的恩惠，更不要说我们这些人了，又何必非要说出大话来欺骗世人呢？我老了，在贫穷的时候，未曾接受过人家的钱，也没有受过别人的贿赂，然而或赞我有本事，或荐举我职位，或哀怜我的饥渴，或帮助我些米粮，或者拔我一个功名，这些都是恩惠，怎么可以说不受呢？怎么可以忘掉呢？你何不拿这种话，再去质问映川一声。

一二七、与梅衷源

诗宗韩、杜、苏三家，自是取法乎上[1]之意，然三家以前之源流不可不考，三家以后之支流不可不知。《书》曰："德无常师，主善为师。"子贡曰："夫子焉不学，而亦何常师之有？"杜少陵曰："转益多师是我师。"皆极言师法之不可不宽也。三家虽是大家，然拘守之则取径太狭，譬如人学孔、孟，岂不甚佳，倘汉、唐以后之贤人君子茫然不知，其能超乘躐等而自跻于孔、孟之列乎？常规家蕙纕孝廉云："士有乡党自好之士，文亦有乡党自好之文，不可不察也。"且诗中之题目甚多，而古人之擅长不一，如庙堂宜沈、宋，风月宜王、孟，登临宜李、杜，言情宜温、李，属辞比事宜元、白，岩栖谷饮宜陶、韦，咏古器物宜昌黎。在古人名成而去，原各不相谋，我辈宜兼收而并蓄之，到落笔时，相题行事，方不囿于一偏。迨至真积力久、神明变通之后，其中又有我在焉，自成一家，令人莫测其所由来，则于斯道尽之矣。董文敏公论书法云："其初须与古人合，其后须与古人离。"诗文字画，皆一理也。足下年甚少，才甚猛，为之不止此种，意义自能领悟，无待人言。然既问途于老马，则不能不就其所见倾倒出之。昔邢颙之谏东阿王曰："君王爱庶子之春华，忘家丞之秋实。"斯言良是也。然天地气机，不有春华，何由秋实哉？近日上江学者少春华，下江学者少秋实，能如西门、安于各矫其弊，则大善矣。

【注释】①取法乎上：指效法于精湛、高超的学识技艺等。

【译文】做诗要效法韩愈、杜甫、苏轼三家，原本是取法乎上的意思，但是三家以前的源流，是不可以不考察的，而三家以后的支流，也是不可以不知道的。《尚书》上说道："德行修养没有固定的老师，以善为原则的人都是自己学习的榜样。"子贡说道："夫子何处不学习呢？况且哪里有固定的老师呢？"杜少陵说道："虚心向前贤学习，老师越多，这才是我真正的老师。"这都是说取法不可以不宽呢！三家虽说是大家，但是拘执于他们，那么走的途径未必就太狭窄了。譬如人学孔子、孟子，岂不是很好么？要是对于汉唐以后的许多贤人君子，一概不知，还能够突飞猛进，使自己上升到孔子、孟子的高度吗？我常常规劝家蕙纕孝廉道："士有乡党自好之士，文亦有乡党自好之文，不可不察也。"况且诗中的题目很多，古人的专长也是不一样的，用在庙堂的，应该要推沈佺期、宋之问；讲风月的，应该要推王维、孟浩然；登山临水讲风景的，应该要推李白、杜甫；

讲情的，应该要推温庭筠、李商隐；属辞比事，应该要推元稹、白居易；隐居幽雅，应该要推陶渊明、韦应物；咏古代的器物，应该要推韩愈。古人已经名成而去，原是各不相关，但我们却应该一并收取，待到落笔时候，再看着题目去做，才不受一家的拘束。等到日积月累，自己能通达变化以后，这里面才有一个我的位置，自成一家，使人不能推测我的来历，到这步田地时，就算是大成了。董其昌论书法道："其初须与古人合，其后须与古人离。"诗文字画，都是一样的道理。你很年轻，才学又好，希望你好好地去做，其中的道理自然能够领会，而不必别人来讲。但你既然问到我这老手这里，我就不得不将我的见解，一起都告诉你。从前邢颙劝谏曹植说道："采摘了庶子（刘桢）的春花，而忘掉了家丞（刑颙）的秋实。"这话说得真是不错呀。然而天地气机，要是没有春天的开花，怎么能有秋天的结果呢？近来北方的学者少了些春华，南方的学者少了些秋实，如果能够像西门豹、董安于一样，各自矫正自己的毛病，那就最好了。

一二八、与杨兰坡明府

昔人称韩文、杜诗无一字没来历，然当时韩、杜二公不见自下注脚。唐宋大家集中班班可考。惟《金石录》载元微之《桐柏宫赋》自注数言，欧阳永叔讥之云："古人从无自注其文者，元相此注殊陋。"顾宁人用邪蒿事，自注见《北史·邢峙传》，毛西河笑之曰："世上只宁人读《北史》耶？"大抵古人用典，惟恐人知，今人用典，惟恐人不知。明季以来，时文学兴，古文学少，人人空疏，于是一二名士，先有自夸博雅之意，然后落笔。仆尝笑其心术不端。须知诗贵性情，不贵涂泽[①]，文肆而质薤，古人所戒。钟嵘《诗品》云："高台多悲风，携手上河梁。"皆一时情景所触，羌无故实，竟成绝调。大明、泰始中夸用典故，文章遂同抄书，文体大坏。《南史》称沈隐侯用事，能如其胸臆之所出，教人读之不知有典，所以难及。此皆前哲明训，不可不知。况诗果流传百千年后，自有后人替我笺注，何劳我之喋喋不惮烦哉！或云古事不宜注，近事宜注，使人知此诗之所由作。此说是也。然李义山《锦瑟》一篇，宁使后人东猜西揣，聚讼纷纷，而当时绝不多下一注，亦可想见古人之落落大方矣。明府来诗绝妙，小注太多，故代为删却，附白数语，当瞽人夜诵之音。

【注释】①涂泽：修饰容貌。犹涂饰。

【译文】从前人称赞韩愈的文章、杜甫的诗歌，字字都是有来历的，但是当时的韩愈、杜甫两人，不曾见过他们自己下过注脚。唐宋许多大家文集里，一桩桩都可以考查。唯有《金石录》记载元稹的《桐柏宫赋》自注几句，欧阳修便嘲笑他道："古人从来没有自己注自己诗文的，元相这注解显得很浅薄。"顾宁人的文章，用了邪蒿的典故，自己作注见于《北史·邢峙传》。毛奇龄看了笑话道："世界上只有顾宁人读过《北史》吗？"大概古人用典，就怕人家知道；现在人用典，就怕人家不知道。明朝以来，学时文的多，学古文的少，大家都空疏得很，于是一二名士，先有自己夸张博雅的意思，然后才动笔。我常常笑他们心术不正。须知，诗贵有性情，并不贵什么华美，要是文章好了，质地不好，那正是古人所禁戒的。钟嵘《诗品》上说道："高台多悲风，携手上河梁。"这些都是受到一时的情景触动，不用典故，竟然成为绝妙的诗文。大明、泰始年间文人夸用典故，做文章就如同抄书，文章的风格、体裁等被大大破坏。《南史》称沈隐侯用典故，能够像他自己说的一样，人家读了，不知道有典，所以不容易学得来。这都是古贤的训教，不可以不知道。况且诗果然能流传下去的话，千百年以后，自然有人替我注脚，何必烦劳自己来多说呢？或许有人说，古代的事情不应注脚，近代的事却应注脚，要让大家都知道这首诗的来历，这是不错的。但李商隐的一篇《锦瑟》，情愿叫后人东猜西测，大家争论不休，他那时也决不肯自己下一个注，也可见得古人的落落大方了。你寄来的诗写得很好，但小注太多，所以替你删去，然后再附带地给你说几句，就当是瞎子夜读的声音。

一二九、答人问生子

仆垂老生子，亦偶然事耳，何足控揣[①]而来，问服食之方耶？要知无子而求之于服食之方，此子之所以不生也。虽然，生子亦未尝无方也。昔方望溪先生有弟子某，年踰商瞿，戚戚然以无子为虑。先生笑曰："汝能学禽兽，则有子矣。"先生素方严，忽作谩语，其人愕然问故。先生曰："男女媾精，万物化生，此处有人欲而无天理。今之人年过四十，往往当交媾时，便有为祖宗绵血食[2]之意，将天理搀入人欲中。不特欲心不炽，难以成胎，而且以人夺天，遂为造物之所忌。子不见夫牛羊犬豕乎？其交也，如养由基之射，一发一中，百发百中。是何故哉？盖禽兽无生子之心，但为阴阳之所鼓荡，行乎其所不得不行，止乎其所不得不止，遂生乎其所不得不生。又不见夫奸夫奸妇、偷期密约者乎？彼自知干名犯义，方惟恐生子，被人耻笑，而无奈发于情之不自禁，则奸生子往往独多，此其明验也。"其人悚然而退。余因扩广先生之意，为足下告曰：天地无心而成化，岂独子嗣为然哉。从来家出显贵者，其祖宗必不择吉地而后葬；获得窖金者，其人必不先望气而后掘。享高年者，平生不服丸散；作名将者，其人不读兵书。此仆阅历数十年悟道之语。但愿足下此时无子自视如有子然，将来有子自视如无子然，能如是，则足下之子不但易生而且易养矣。

【注释】①控揣：引持，控制。②血食：谓受享祭品。古代杀牲取血以祭，故称。

【译文】我年老时候才生子，也是实属偶然，哪有值得你这么稀奇地来问我服食的方法呢？你要知道，没有儿子去求服食的方法，这就是生不了儿子的原因。话虽如此，生儿子也不是没有办法的。从前方苞有一个学生，年纪已过四十，很是忧虑自己没有儿子。方苞笑道："你能够学禽兽那样，就可以生儿子了。"方苞向来很规矩严肃，这时忽然说出这种戏谑话来，那人骇然问他缘故。方苞道：“男女媾精，万物化生，这些地方，只有人的情欲，决没有天理。现在的人，年过四十岁，常常在交合的时候，便有希望生儿子的意思，把天理夹杂到情欲里去。不单是情欲不兴，不能成胎；再拿人力去夺天理，就要被天忌了。你没有看见牛羊猪狗吗？它们的交合，好像养由基射箭一般，一发一中，百发百中，这是为什么呢？这些禽兽并没有生儿子的心，但被情欲鼓荡着，一时忍不住，就不能不交，交后就不能不生。你没见奸夫奸妇、私密约会的吗？他们自己知道有些毁坏名誉，冒犯道义，正害怕生儿子，被人家耻笑呢，却又常常情不自禁，所以因为奸情而生儿子的特别多，这就是明证。”那人听了，很惶恐地退去。我因此就推广方苞的意思来告诉你：“天地也没有心思来故意造成许多东西，不单是儿子。从来家里有达官显贵的，他家的祖宗一定不会挑选吉地来安葬；获得藏金的，一定也不懂得先望气然后来开掘。享受长寿的，一定也不吃什么丸药散药；做名将的，也一定不读兵书。这是我几十年的阅历悟出来的道理。但愿你这时虽是没有儿子，却看待自己像是有儿子一样，等到将来有了儿子，却看待自己像是没有儿子一样。如果能够这样，那你不但容易生儿子，生了还容易养。”

一三〇、答人求娶妾

足下托仆访美，而首载一条，拳拳于弓鞋[①]之大小。甚矣，足下非真好色者也！凡有真好者，必有独得之见，不肯随声附和。从古诗书所载咏美人多矣，未有称及脚者。《宋书》称“男子履方，妇人履圆”，唐史称杨妃罗袜[②]，韩冬郎诗“六寸肤圆光致致”，皆不缠足之明证。李后主使窅娘[③]裹足作新月之形，相传为缠足之滥觞，然后主亡国之君，矫揉造作，何足为典要？今人每入花丛，不仰观云鬟，先俯察裙下，亦可谓“小人之下达”者矣。不知眉目发肤，先天也，故咏美人者以此为贵。弓鞋大小，后天也，刖之且可使断，而何难于缠之使小乎？或云足不小则身不娉婷，此言尤误也。夫女之所以娉婷者，为其领如蝤蛴[④]、腰如约素[⑤]故耳，非谓其站立不稳也。倘弓鞋三寸而缩颈粗腰，可能望其凌波微步[⑥]、姗姗来迟否？仆常过河南，入两陕，见乞丐之妻，担水之妇，其脚无不纤小平正、峭如菱角者，使足下见之，其皆认作西施、毛嫱而纳之后房乎？《庄子》曰：“下士不可语于道者，囿于习也。”今之习尚，固有火化其父母之骸以为孝者，遂有裹小其女子之脚以为慈者。败俗伤风，事同一例。足下作诗文多皮傅而不能深入，好色又随流俗而无能主裁。鄙意饮食男女之间，最易观人之真识见，故即一小事而敢以逆耳之言进。

【注释】①弓鞋：旧时缠脚妇女所穿的鞋子。②罗袜：丝罗制的袜。③窅娘：人名。南唐李后主的宫嫔，纤丽善舞。④蝤蛴：天牛的幼虫。黄白色，身长足短，呈圆筒形。借以比喻妇女脖颈之美。⑤约素：形容女子腰身圆细美好，宛如紧束的白绢。⑥凌波微步：形容女子步履轻盈。

【译文】你委托我帮你访求佳人，第一个条件，就是叮嘱我要注意脚的大小。过分了，你到底不是真懂得美色的人啊！凡是真喜欢美色的，一定有独到的见识，不肯跟着人家去附和。从古以来，诗书上形容美人的很多，却没有称赞到脚的。《宋书》称："男子履方，妇人履圆。"唐史称赞杨贵妃的罗袜；韩偓有诗道："六寸肤圆光致致"，都是不缠脚的证据。李后主叫窅娘缠了脚，做成新月的样子，相传是缠脚的起源。但是李后主是亡国的皇帝，矫揉造作，怎么可以拿来作为榜样呢？现在的人每每到妓院里去，不仰着头看她的面庞，先低下头去看她的脚，也可以称得上是"小人之下达"了。不知道眉目发肤是出于先天，所以咏美人的，这是最要紧的。脚的大小，是后天形成的，斩它的话可以将它斩断，仅仅是把它缠小又有什么困难呢？有人说："脚不小，身子就没有韵致。"这句话更加地错了。女子之所以娉婷，是因为她头颈如蝤蛴、腰像束布，并不是说要她站立不稳啊！要是脚只有三寸，上面却缩头粗腰，这样的话还能够指望她凌波微步、姗姗来迟吗？我经常过河南到陕西，看见乞丐的妻子，挑水的妇人，她们的脚，没一个不小得和菱角一般，要是叫你看见了，岂不是要把她们当作西施、毛嫱，然后纳她们为妾？《庄子》

说："下士不可以跟他讨论大道，因为他们为教条所束缚。"现在的风习，既然有火化他父母的尸体来表示孝道的，就会有缠小他的女儿的脚来表示慈爱的。伤风败俗，是一样的道理。你做的诗文，大多浮泛而不深刻，连好色也是跟着流俗，全无一点自己的主见。我的意思是，从饮食男女之事，最容易看得出来一个人的真见识，所以就把这件小事，大胆地作为逆耳之言来告诉你。

一三一、答书巢

夫不可以理测之谓数，不能以情解之谓命。妹夫十年中三复官而三失之，皆系别风淮雨，无可堤防，宜方寸中乍冰乍火。然春秋时，季文子三穷三通，蘧伯玉再仕再化，因盱豫之悔，而获明夷之心，又未尝不以命数之穷，转为学问之助。香亭信来，劝妹夫就此回车，不必捐复。仆不以为然，何也？《庄子》曰："细视大不尽，大视细不明。"凡人流行坎止，总宜因任自然，不必预设成见。昔朱子曾问出处于君家文定，文定云："凡人仕宦进退，譬如饥饱冷暖，己所独知，不必问于旁人，亦非旁人所能参预。"此名儒之言，最中情款。妹夫此时年未六旬，家口百计，或渑池垂翅，息影蓬门，或鲁阳挥戈，苏而复上，当内审精神，外观大局，断非三千里外之香亭所能决策。而况古之人陈蕃受辟，黄宪辞征，各行其志，均不失为贤者。仆故不为刘湛之劝进，而亦不为袁淑之劝退也。惟智者自裁之。

【译文】凡是不能用理来推测的叫做数，不能用情来解释的叫做命。妹夫你十年之中，三次做官又三次丢官，都是意料之外的事情，没办法预防，难怪你心里要忽热忽冷了。但是春秋之时，季文子三次穷困，三次通达，蘧伯玉两次做官，而两次心里很快活，因为失官的懊丧，而获得旷达的心思，未见得不是因为命数的穷困，反而得到学问上的补益。香亭有信来，劝妹夫你就此回去，不必再去捐官。我却不以为然。为什么呢?《庄子》说：“从细小的角度看庞大的东西不可能全面，从巨大的角度看细小的东西不可能真切。”大概一个人出处动静，总要出于自然，不必在肚里先有成见。从前朱熹向胡安国问出处，胡安国说道：“一个人出去做官的升迁贬谪，譬如饥饱冷暖，只有他自己知道，不必去问旁人，也不是旁人能够代为决定的。”这真是名儒的话，深入情理。你这时年纪还不满六十岁，家里有百多号人，或者就此回到家乡，在家里享清福，或者再要出去，重振旗鼓，也应该问问自己的精力够不够，并且看看外面的大局，断然不是三千里外的香亭所能替你决定的。况且古时候的陈蕃做官，黄宪隐居，各人遵从各人的志愿，都不失为贤人。所以我也不做刘湛那样的劝进，也不做袁俶那样的劝退。还是请你自己去考量吧。

一三二、与奇丽川方伯

前月路出皖江，自分小草闲云，不敢遽投手本[①]，乃蒙方伯闻其将到，先以名纸相迎。待其趋辕，更以华筵款接，殷勤拂拭，若有前缘。玉尘挥时，清言娓娓，露醇儒[②]之本色，忘人爵之尊荣，此非古名臣内蕴渊深、义心清尚者，何能如是！昔苏颍滨《上韩太尉书》云："平生心愿，于山见龙门、泰华之高，于人见欧阳公之伟。"枚游过黄海、九华之后，又见名贤，其福与苏公相似。拜辞之日，又蒙厚赐重重，有加靡已。西洋镜好，不愁张籍青盲；普洱茶清，足解相如消渴。捧竹器而思量清节，摇采扇而奉扬仁风。一路归来，如有卿月光辉，满船照耀。唐人诗云："惟有旧恩忘不得，半程犹自望城楼。"其即枚别后之心情欤？久拟修书作谢，缘执讯人稀，羁迟匝月，才泐数行。

【注释】①手本：明清时见上司、座师或贵官所用的名帖。②醇儒：学识精粹纯正的儒者。

【译文】上月路过安徽，我自认为是个卑微的闲人，不敢贸然投去名帖来见你，却蒙你听到我快要到了，先拿着名纸来迎接我。等我到了你的衙门里，你更是准备了盛筵款待我，对我十分殷勤友好，好似前世有缘分的样子。谈话间，滔滔不绝，露出你纯儒的本色，忘了大官的尊贵，若不是古代名臣那样内蕴深厚、义心清尚的话，怎么可能做到这样！从前苏辙在《上韩太尉书》里说："我平生的心愿，于山，看到了龙门、泰华之高峻，于人，见到了欧阳公之伟大。"我游过黄海、九华山以后，还看到你这样的大贤，福气正和苏辙差不多。拜别的那天，又蒙你送我很多东西，没完没了一样。送我的眼镜非常好，此后不怕看不见东西了；普洱茶也很清澈，可以解我的口渴。拿着竹器，便想到你高清的节操；摇着扇子，也可以布扬你的仁风。一路回来，好像满船都是月亮的清辉。唐人诗里说："惟有旧恩忘不得，半程犹自望城楼。"这不正是我分别以后的心情吗？很久以来都想要写封信向你致谢，实在是因为能够帮忙送信的人少，所以拖延了一个月，才写下这几行给你。

一三三、戏题小像寄罗两峰

两峰居士为我画像，两峰以为是我也，家人以为非我也，两争不决。子才大笑曰：圣人有二我，"毋固毋我"[①]之我，一我也；"我则异于是"[②]之我，一我也。我亦有二我，家人目中之我，一我也；两峰画中之我，一我也。人苦不自知，我之不能自知其貌，犹两峰之不能自知其画也。毕竟视者误耶？画者误耶？或我貌本当如是，而当时天生之者之误耶？又或者今生之我虽不如是，而前世之我、后世之我焉知其不如是，故两峰且舍近图远，合先后天而画之耶？然则是我非我，俱可存而不论也。虽然，家之人既以为非我矣，若藏于家，势必误认为灶下执炊之叟，门前卖浆之翁，且拉杂摧烧[3]之矣。两峰居士既以为似我矣，若藏之两峰处，势必推爱友之心，自爱其画，将与《鬼趣图》、冬心、龙泓两先生像共熏奉珍护于无穷，是又二我中一我之幸也。故于其成也，不敢自存，转托两峰代存，使海内之识我者、识两峰者，共谛视之。

【注释】①毋固毋我：出自《论语·子罕》：子绝四：毋意，毋必，毋固，毋我。意思是，孔子杜绝了四种毛病：不凭空臆测，不武断绝对，不固执拘泥，不自以为是。②我则异于是：出自《论语·微子》：我则异于是，无可无不可。意思是，我就和他们不一样，没有什么可以，也没有什么不可以。”③拉杂摧烧：指对器物等胡乱地加以摧毁。

【译文】两峰居士替我画了一幅画像，两峰以为是我，而家里人都以为不是我，两边争执不下。我大笑道：圣人有两个我，“毋固毋我”的我，是一个我；“我则异于是”的我，又是一个我。我也有两个我，家人眼中的我，是一个我；两峰画里的我，又是一个我。人最苦是不自知，我自己不能知道我的相貌，好比两峰不能知道自己的画。到底是看的人错了？还是画的人错了？或者我的相貌本来就应该这样，是当时天生的时候有些误差呢？还是今生的我虽然不是这样的相貌，但前生的我、后世的我，怎么知道不是这个相貌？所以两峰是姑且舍近图远，把我的先天后天，一起都画了吗？那么是我不是我，都可不去管了。虽然家里的人既然以为不是我了，若再藏在家里，一定会把他当作灶下的烧饭老头，门前的卖浆翁，把他胡乱地烧了。两峰居士既然以为是我了，若是藏在两峰那里，一定会推广他爱惜朋友的心思，自己爱惜他的画，和《鬼趣图》以及冬心、龙泓两位先生的画像，一起爱惜珍藏起来，这又是两个我之一的幸福呢！所以他画成之后，我不敢自己存放，转托两峰代为存放，使天下认识我和两峰的人，共同观览一番。

一三四、与和州刺史倪春岩

不接芳讯，荏苒八年。记昨秋邂逅秦淮，隔阑干而招手，盈盈一水，脉脉寸衷，卒不得纳屦升堂、交欢尽意为歉。比来刺史摄篆[①]和州，故人如江上春风，愈吹愈远，可胜惓然！第不知都儿小子，犹侍后庭，陶婴誓言，不忘畴昔否？念念。仆客春远走台、荡二千余里，觅险寻诗。今将贾其余勇，为黄山、白岳之游。渡江时当先访旧雨，后访名山也。旧仆张荣是仆宰江宁时管签押童子，皓然白首，还着青衣。念其穷老无归，与一函使投辕下。仆犹如此，主何以堪！望念其为王谢堂前之燕，异目视之。偶过春圃家，见赠以和州红烛，分东壁之余光，照耀官阁，而随园则一灯如豆，继晷[②]无膏。何刺史之照其弟而不照其兄也？求之欤？抑与之欤？

【注释】①摄篆：指代理官职，掌其印信。因印信刻以篆文，故名。②继晷：指夜以继日。亦指上灯之时。

【译文】没收到你的信，不知不觉间已经八年了。记得去年在秦淮河上碰见时，隔着阑干打了个招呼，没有前来拜访，畅叙一番，实在抱歉得很。近来你调任和州去了，老朋友犹如江上的春风，愈吹愈远，使人多么不安！只是不知道你的小孩还听教训吗？妻子还能恪尽职守吗？我十分挂念呢！我于去年春天远远地到天台、雁荡去，足足二千多里路，寻觅险地，寻找诗料。现在还想鼓着余勇，到黄山、白岳去玩一趟。渡江的时候自然应当先来拜访老朋友，然后再去游览名山。旧仆张荣，是我在江宁做官时，管签押的童子，现在人老了，头发白了，依然还穿着青衣。看他穷老而没有归宿，给他写了一封介绍信，让他来投奔你。我尚且都这样，你还不知道会怎样地可怜他！希望你看在他曾是王谢堂前的燕子，对他另眼相看。偶然走过春圃家里，看见你送他的和州红烛，晚上照耀官阁，好不堂皇，而我则一灯如豆，晚上都快没有油点灯了。刺史你怎么只给弟弟照亮，而不给哥哥照亮呢？是我向你讨要呢？还是你自己给我？

一三五、又

蒙惠烛奴千梃，使老人悠悠长夜，有室内之明，无瞑臣①之苦，可谓“贤者以其昭昭，使人昭昭”矣。感谢之私，绛蜡分明亦知此意。闻有皖江办案之行，此是于公决狱，素有贤名，故有医门多疾之累。然明府自是照天蜡烛，光察覆盆，赐以片言，自当立决。仆黄山之游在清和时节，尔时驾或回署，竟得留髡翦烛②，亦未可知。

【注释】①瞑臣：春秋晋盲乐师师旷的自称。②留髡：汉淳于髡有次参加宴会，会后主人送走其他客人独留淳于髡痛饮。翦烛：谓剔烛芯。后指促膝夜谈。

【译文】承你送我一千支蜡烛，使我这个老人的悠悠长夜，都有了光亮，而不会再受无灯的痛苦，真是孟子所谓的“贤者以其昭昭，使人昭昭”啊！红烛特别地明亮，可见我这感谢的心，它也知道的。听说你将到皖江办理案件去，这是因为你判狱，一向很有贤名，所以有这种医门多疾的麻烦。你是一个清官，犹如可以照天的蜡烛，即使是倾覆的盆子下面的冤疑，你只需要三言两语，便可以判决。我大概四月初到黄山去，那时你或者已经回省了，说不定可以留住我大家促膝夜谈，也未可知呢！

一三六、与白协台

去春远游雁岩，路出乐清，乘弃栈之车，到严城之下，忽望见云中冠带，树外旌旗，游子心惊，不知所以，直至当前握手，方知二十年前之旧雨，相逢于三千里外之异乡。蒙明公手拦行李，不许别僦[①]僧庵，开公孙之阁[②]以延之，扫陈蕃之榻[③]以待之。席间出枚所赠二十年前之诗扇，墨渖未干，而扇上书名之李、郭诸公都已化作异物。晨星硕果，邂逅重逢，虽分隔云泥，能不情深胶漆哉？自恨看山心急，不能久住华堂，不得已而赠句题笺，留下飞鸿爪迹。临河送别，忽忽经年，回首天涯，又是一场春梦。比来明公军政余闲，定多佳胜。五更鼓角与龙湫仙瀑齐鸣，藉甚威名，更兼清福。屡欲修书致谢，而鳞鸿乏便，心甚缺然。旦夕焚香，惟望明公移浙西之节，开幕府之山，鄙人将右手执杖，左手提壶，仿龙丘先生延候于秣陵江上耳。麾下旗牌[④]邵得桂，承命服侍，一路勤劳，至今感不能忘，希为问好。

【注释】①僦：租赁。②公孙阁：即“东阁招贤”。谓招贤纳才之地。③陈蕃榻：后汉陈蕃为太守，在郡不接宾客，唯徐稚来特设一榻，去则悬之。后世以“陈蕃榻”为礼贤下士之典。④旗牌：写有“令”的旗和牌，古代朝廷颁给封疆大吏或钦差大臣作为准其便宜行事的凭据。亦是旗牌官的简称。

【译文】去年春天大老远到雁荡、黄岩去游玩，路过乐清，坐车子到严城，远远看见前面有人经过，旗帜招展，前呼后拥，十分热闹，我正惊异不已，一直等到了跟前与我握了手，才知道是二十年前的老友，在这三千里外的异乡相逢。承蒙你拦住我，不许我另外去租僧庵居住，给我安置了极为高档的住宿的地方。吃饭时，你拿出我二十年前赠送的一柄诗扇来，扇上的墨渍还未干，可是扇上署名的李、郭诸公，都已逝世了。只有犹如晨星般仅存下来的你和我，竟然在这里重新碰到重逢。虽然分别之后，一个富贵一个平凡，身份相差有如云泥，但真挚的情谊怎能不如胶似漆呢？我自恨急于游玩看山，不能久住华堂，不得已只好作了些诗，题写几句话，向你告别。你在河边送别我以后，到现在又是一年了，回忆过去，又是一场春梦。近来你在公务的空闲时候，一定很如意吧！五更鼓角和龙湫仙瀑一齐鸣响，又威风，又有清福。好几次想写一封信给你表示感谢，只是没有送信人可以帮忙，抱歉得很。我日夜焚香祝祷，希望你能够从浙江调到江苏来，那时我将右手拿杖，左手提壶，学龙丘先生那样，远远地到秣陵江来接你。你部下的旗牌邵得桂，被你命令来服侍我，一路上很是辛苦，到现在我还感激着他，希望你能代为问一声好。

一三七、与孔雩谷亲家

公子采莲，莲花生子，因而宜姑薄怒，家室勃谿，皆人情之常也。适婴娩坠地之时，正仆到尊斋之日。宜姑问安，谈及此事。仆晓以甘蔗旁生、螽斯衍庆[1]之义，宜姑遂有江沱之悔，即已坐银鹿以佳儿，置重儓[2]为侧室矣。不意亲家归，乃有义方之训，将施夏楚之威。则仆以为代人行妒，乃芮伯万之母所为，非芮伯万之爷所为也。《韩诗外传》曰“冠子不詈，发子不笞”，古有明训，而况《左氏》载斗谷于菟亦是野合而生，岂非贤郎所为，直是继迹先贤耶？老亲家请自含饴，无劳执扑。虽然汉律载奸妻婢者，厥罪曰姘，罚金四两，鄙意亲家有抱孙之乐，宜捐俸金代儿赎罪，即广张汤饼开销，此项为佳。

【注释】①螽斯衍庆：用于祝颂子孙众多。②重儓：奴婢的奴婢。用以比喻同类事物中最低下者。

【译文】公子去采莲，莲花生了儿子，因此惹得宜姑有些恼怒，家里发生些争吵，这都是人之常情。小孩出生的时候，恰巧我到尊府。宜姑问我安好，谈到这回事情。我就拿甘蔗旁生和螽斯子孙众多的道理，讲给她听，她便有些懊悔起来，随即就把小孩当作自己的儿子，并且正式把莲花升做妾了。不料你回去后，忽然有义方之教训，要对儿子施行家教，拿戒尺去打他。我以为替人家去妒忌，是妇女才会做的事情，而不是男子会做的事情。《韩诗外传》说道：“满十五岁的儿子不骂了，满二十岁的儿子就不打了。”这是古代明白无误传下来的经验。况且《左传》上载的斗谷于菟，也是野合之后生出来的，令郎现在所做的事情，岂不就是跟从前贤人做的事一样了？请你好好去带带孙子，不要再杖打儿子了。虽然汉代的法律，凡是奸淫妻子的婢女，罪名叫做姘，罚金四两。我的意见是，你现在有了抱孙的快乐，就应该捐出俸金，来为儿子赎罪，拿钱出来置办汤饼宴，用在这方面就挺好。

一三八、与罗甥

谚云“天无绝人之路”，此言是也。然天不绝人，人自绝之。天生万物，大概以有用于人为贵。律文宰牛马有禁，宰羊豕无禁。所以然者，牛马有用于人，而羊豕无用于人故也。《左传·哀公九年》，宋取郑师于雍丘，命有能者不死，遂取郑张、郑罗以归。《三国志》孙坚将诛王叡，叡自陈无罪，坚曰“坐无所知”。合而观之，可见有能者之不可少，而无知者之难以自存也。足下壮年，将谋食于四方，愿时时以有用于世为心，则不愁世人之不用足下矣。勉之！

【译文】俗语说道：“天无绝人之路。”这句话说得不错。然而天不去绝人，人却自己绝自己。天生万物，大概都是以有用于人的东西视作珍贵。律例上禁止宰牛马，但不禁止宰猪羊。之所以这样，就是因为牛马有用于人，而猪羊没有用。《左传·哀公九年》记载，宋国在雍丘攻打郑国，下令凡是有本事的可以不死，于是夺得了郑张和郑罗两地。《三国志》记载，孙坚将要杀王叡，王叡自己辩解说自己没有罪，孙坚说道：“杀你就是因为你什么都不懂。”把这些合起来看，可见有能耐的人不可缺少，而无知的人想活下去都难。你正当壮年，快要出门处世了，希望你时时把对世人有用的想法放在心里，那么就不用忧虑世人不用你了。望你时时勉励！

一三九、又

作诗如交友也。倘两友相见，终日一味作寒暄通套语，而不能听一句肺腑之谈，此等泛交，如何可耐！足下之诗，敷衍唐人皮面，不能表见性情，有类泛交之友，静言思之，亦自觉少味矣。至于摹韩学杜，自负大家，则又如赵文华夸在太师门下，举以傲人，而不知他人之门面不足以为自己之牌坊也。凡如此类，俱宜深维而苦思之。

【译文】做诗就像结交朋友。要是两个朋友见面了，一天到晚，尽是说些应酬话，听不到一句真心诚意的话，这种泛泛之交，怎么忍得下去？你的诗，专门学些唐代人的皮毛，不能表现自己的性情，就好比是泛泛之交。仔细想来，自己也觉得没有意思吧。讲到摹仿韩愈、杜甫，自夸是大家，那又像赵文华自夸是严嵩的门生，拿来向人显摆，却不知道别人的门面，并不足以做我自己的牌坊。凡是这些事情，你都要仔细想想清楚。

一四〇、答孙碧梧夫人

俞苍石先生寄到夫人见和《留别杭州》诗，读之声和被纸，琬琰成章，睹夷光之容，归而自憎其貌，当即抄入《诗话》，付之剞劂矣。因思《离》虽阴卦，而正位南方，应文明之象。女子之有文章，宜也，况西湖清气，谢傅门风，有以钟毓而陶冶以成之耶？惟是老人前诗，乃己亥年所作，今已十稔，其时夫人年未及笄，业已才调如斯，而老人近始披览。昔人以国中有颜子而不知为耻，吾乡有宣文君、宋若昭而不知，独能无忝于颜乎？蒙札中称呼仿徐昭华师毛西河故事。《孟子》曰："人之患，在好为人师。"为他人之师尚不敢，况为才女之师乎？然而伏生老去，正想传经，刘尹衰颓，与谁共话。以故莞尔而笑，居之不疑。谨复数行，用酬来意。

附夫人来书

前岁星槎[1]回里，怅叩谒之无缘；恰喜锦句传来，幸芳尘之可步。曾和短章，恭求钧诲，窃谓先生炼金点石之才，必有启瞶发蒙之助。乃闻贮于案头，将欲登诸集上。得冒丹砂，云凤虽为一时之幸；混收鱼目，先生恐偎千古之名。且崔、汪二夫人久已联珠合璧，安敢杂以粃糠？而闺阁诸女伴，亦有碎玉遗金，何堪并收瓦砾？云凤得蒙请训，已列门墙，忝在弟子之班，妄窃诗人之号。自顾弥增惭汗，问世益觉厚颜。务祈先生，即加针砭，附便掷还，万勿灾诸梨枣，徒滋贻笑方家。外附诗词，并求诲正。

【注释】①星槎：泛指舟船。

【译文】俞苍石先生把夫人和我的《留别杭州》的诗作寄给了我，读后声调和谐，文字清丽美妙，正是看了西施的美，回来自己恨面庞生得不好一般。随即就抄进《随园诗话》里面，已经出版了。因为想着《易经》上的《离卦》虽属阴象，但正好位于南方，应着文明之象。所以女子会写文章，这是应该的。何况西湖的清气，家庭的教育，得以培养出你的文学才华呢？但是我那首诗，是己亥年做的，距现在已经十年了，那时夫人你还不到十六岁，已经有这样的才学，我直到现在才看见。从前人说国中有颜子，而不知道引以为耻辱，现在我的家乡有宣文君、宋若昭一般的才女，而我竟然不知道，我能够不惭愧吗？你在信里面对我的称呼，仿照徐昭华拜毛奇龄做先生的故事。《孟子》说："人之患，在好为人师。"做别人的老师尚且都不敢，更不要说做你这样的才女的老师了。然而伏生老了，正想要传授经文，刘尹体衰了，有什么人可以同他讲话？所以我也就不客气，来做你的老师。特地写这几行字，拿来答复你的来信。

附夫人来书

前年你回到家里，但我却遗憾没能去拜访你；幸好正巧有你的书信传来，也姑且可以有些安慰了。我曾经依着你的诗和过诗，恭敬地向你请教，我暗自认为先生你有炼金点石的才能，必然能够为我指点迷津。后来听说你将这些诗放在案头，将要刊载进书里面。能够得些赏识，这已是我一时的荣幸；但若放任我的诗鱼目混珠，恐怕有损先生千百年后的名声。而且崔、汪二位夫人许久以来珠联璧合，我怎么敢把我粃糠一般的诗与她们并列？再者闺阁之中的女伴，有些诗作写得也是极好的，不收那些，怎么竟然收录我这些不入大雅之堂的？我得到你的若干教诲，已算入了门墙，是你的弟子之一了，窃得诗人的名号。自己回想起来，不由得出了许多惭愧的汗水，待在世上越发地觉得脸皮厚。还请先生千万对我多些批评，一有机会就随便掷还给我，万万不要去刻印出版，这只会贻笑大方。信外附些诗词，请你指教。

一四一、与邹若泉

去秋游云台，路出溧阳，是仆少年作令处，事垂五十年矣。故吏吕瑞图太守之子峄亭观察，率士民郊迎[①]于十字桥，一半皤皤黄发，皆当时竹马儿童也。闻妇女附耳私语："袁公去此已久，来者得非袁公之孙耶？"仆亦觉有丁令威化鹤归来之意，城郭犹是，人民已非，且悲且喜。到吕氏菜园小住半月，有一二龙钟叟来，说当初赈何村，判何狱，拔取某士，如理儿时旧书，历历可数，而仆已全不省记。梦耶？真耶？一世人耶？二世人耶？仆竟狐疑而不能自决也。因思天地间雪泥鸿爪，转眼即化烟云，惟有付诸丹青，差可传之永久。奈作画者，山水人物不能兼长，当今惟足下擅此二妙。前临《猗香夫人图》，见者叹龙眠[②]复生，故以素纸奉求。大凡和诗作画，难得好题。替随园老人作《重到溧阳图》，题目殊佳，若泉先生独不下盼千秋，为自家姓名计乎？

【注释】①郊迎：古代出郊迎宾，以示隆重、尊敬。②龙眠：李公麟（1049—1106），字伯时，号龙眠居士，宋朝杰出画家。李公麟善画人物，尤工画马，苏轼称赞他："龙眠胸中有千驷，不惟画肉兼画骨。"

【译文】去年秋天，我去游玩云台山，路过溧阳，这是我年轻时做过知县的地方，距今快五十年了。故吏吕瑞图知府的儿子峄亭道台，率领百姓出城到十字桥来迎接我，其中一半黄发的老头儿，那时还都是在玩骑竹马游戏的孩童。听得妇女附耳说着悄悄话："袁公去了好久了，来的莫非是袁公的孙子吧？"我也觉得有些丁令威化鹤归来的意思，城郭虽然还是从前样子，百姓已经不是从前的了，又是悲哀，又是欢喜。到吕家菜园里小住了半个月，有一两位驼背黄发的老头儿前来，说起我当初在某处发赈，判了什么案件，拔取了某某士子，好像温读儿时的旧书，一件一件都历历可数，但是我已经全都记不得了。是梦呢？还是真的呢？是一世人呢？还是两世人呢？我自己疑惑，竟然都下不了结论了。因此想到天地间的来踪去迹，转眼就变作烟云化去，只有把它们画出来，说不定才可以永久地流传。怎奈画画的人，画山水的和画人物的，不能两样都擅长，当今只有一个人可以兼得二者的妙处。前回你画的《猗香夫人图》，看见的人，都称赞你是李公麟再世，所以拿着白纸向你求画。大凡做诗和画画，都不容易得到一个好题目。你替我这个随园老人画《重到溧阳图》，题目很是不错，你难道一点也没有想到几千年以后，替自家姓名谋划一个流传的方法吗？

卷　六

一四二、与梁山舟侍讲

黄山归，见几上有陈受兹世兄带来尊札，蚕眠小字，为《小仓山房诗集》校勘精严，凡一音韵、一来历、一偏旁，靡不部居别白[1]，条分而缕析之，虽当时虞仲翔驳正康成经义共百六十处，无此精严。因念司马温公作《通鉴》，自称平生精力尽于此书，且皆绝大经典，博洽宏通，可观可诵。而其时能读一过者，则王胜之一人，想见其余士大夫，皆自郐无讥，束之高阁。拙集不过偶尔讴吟，了无意义，而侍讲又素有高亢疏懒之名，故呈送时虑未必肯观，即肯观亦未必全撷。乃公然低首降心，耐烦批阅，肯为将伯之助，逐字推敲，得无胸中竟以此集为可以暂存人间之物，故务使协于美善而后已耶？虽大君子之用心理宜如此，而仆恰得之于意外。颜之推称曾子七十犹学，名闻天下，此其时矣。特将改本另刷呈览，以不负一番见爱之苦心。所摘九十一条，其中一一如教。惟街弹、马援二音义所以未改者，缘平素披翻古人文集，如范蠡之蠡，鄚侯之鄚，伍员之员，祢衡之祢，相如之相，司马之司，贞观之观，中兴、中酒之中，王气之王，钦迟之迟，亲迎之迎，琵琶之琵，车骑之骑，往往平仄两用。杜少陵诗“到此应常宿，相留各判年”，判作仄声用也，“先判一饮醉如泥”，则又作平声用矣。“侧听中兴主，长吟不世贤”，中作平声用也，“百年垂死中兴时”则又作仄声用矣。他如“刺史诸侯贵，郎官列宿应。为问彭州牧，何时救急难”，考音义，应字、难字均当作仄韵，而皆趁己之便，以平声押之。此外元、白两家如此类用韵者，尤指不胜屈。枚故藉此为口实，自文其过，其实一时无字可改，故不得不畏难而苟安也。服罪输情，上博一笑。

【注释】①部居：谓以类相聚，按类归部。别白：分辨明白。

【译文】我从黄山回来，在案头看见一封你托陈受兹世兄带来的信，用很细小的字，替我的《小仓山房诗集》作了一番详细的校勘。一个音韵，一个字的来历，一个偏旁，无不分门别类，一条条地详细分析。就是当年虞仲翔批驳更正郑康成的经义，共计一百六十处，也比不上这个精严。因此想到司马光作《通鉴》，自己说一生精力，都用在这本书上了。而且在我们看来，确是重要的经典，内容博洽宏通，可以看，可以诵。可是当时能够读一遍的，只有王胜之一个人而已，可知其余士大夫，一定是理都不理，束之高阁。我的这部诗集不过是讴吟而成，并无什么意义，况且你又是一向以高洁疏懒出名的，所以送给你时，想你恐怕未必肯看，即使看，也未必肯全部看完。哪里料到你竟然放下身段，耐着性子给我仔细批阅，一个字一个字地为我推敲。难道你竟以为这个诗集乃是可以暂存人间的东西，所以必须使它尽善尽美才肯罢休吗？虽然大君子的用心，理该这样，而对我来说，这却是意外之喜了。颜之推说曾子七十岁还在学习，所以能够名满天下，我现在也差不多七十岁了。特地把改本另外抄录后给你阅览，以不负你这一番爱我的苦心。所摘的九十一条，每一条都听从你的教诲。唯有街弹、马援两个音义，之所以没有改，是因为平时翻读古人的文集，像范蠡的“蠡”字，鄚侯的“鄚”字，伍员的“员”字，祢衡的“祢”字，相如的“相”字，司马的“司”字，贞观的“观”字，“中兴”“中酒”的“中”字，王气的“王”字，钦迟的“迟”字，亲迎的“迎”字，琵琶的“琵”字，车骑的“骑”字，往往平仄都可以用。杜少陵诗云：“到此应常宿，相留各判年。”“判”字作仄声用的。“先判一饮醉如泥”，这里的“判”字又作平声用了。“侧听中兴主，长吟不世贤。”“中”字作平声用的。“百年垂死中兴时”，这里的“中”字又作仄声用了。其他像“刺史诸侯贵，郎官列宿应。为问彭州牧，何时救急难？”考据音义，这里的“应”字、“难”字，都应该是当作仄韵用的，但都随自己便，用平声押了韵。此外元稹、白居易两家，像这样用韵的，尤其是举不胜举。所以我正好拿这些来当作理由，来掩饰自己的过失。其实是一时没有相当的字可以改，所以不得不避难就易，暂且就这样吧。但是错误我是认的，写来博你一笑。

一四三、与韩绍真

前读《王君弼传》，裁翦有法，欣喜之至。近时作古文者少，金陵则又少矣。得足下起而张之，授受有人，庶几吾道之不孤也。尝谓方望溪才力虽薄，颇得古文意义，乃竹汀少詹深鄙之，与仆少时见解相同，中年以后，则不敢复为此论。盖望溪读书少，而竹汀无书不览，其强记精详又远出仆上，以故渺视望溪，有刘贡父笑欧九之意。不知古文之道，不贵书多，所读之书不古，则所作之文亦不古。唐、宋以来，推韩、柳能为古文，然昌黎自言非三代两汉之书不敢观，惧其杂也，迎而拒之。柳子《与韦中立书》所引书目，班班可考，其得力处全在镕铸变化，纯以神行。若欲自炫所学，广搜百氏，旁摭佛老及说部书儳入古文，便伤严洁。尝读《吕氏春秋》载伯夷就养于文王，未至岐周而道卒。王荆公最博雅，未必不见此书，乃作《伯夷论》曰："岂其年高不及至周而殁耶？抑或未及待武王而死也？"故意跌荡其词，以作波澜，不肯引《吕览》以实之，于此可悟作文之道。盖贵直者人也，贵曲者文也。天上有文曲星，无文直星。木之直者无文，木之拳曲盘纡者有文；水之静者无文，水之被风挠激者有文。孔子曰："情欲信，词欲巧。"巧即曲之谓矣。善作文者，平素宜与书合，落笔时宜与书离，又须撷取精华，扫糟粕而空之。云之卷舒，鸟之飞翔，皆在于空。铜厚则钟哑矣，膏盛则灯灭矣。《庄子》云：“室无空虚，则姑妇勃谿。”其理皆可一贯。足下好学而能不为学所累，故布此同心之言，以佐足下之自信而有以更进也。

【注释】①严洁：整肃洁净，整齐鲜明。

【译文】上次读了你写的《王君弼传》，文章裁剪得法，不禁高兴极了。近来写古文的人很少，金陵这里的就更少了。能够有足下来写古文宣扬古文，衣钵有人可传，我们这些坚持写古文的人也不会感到孤独了。我平时总是说，方望溪才力虽然薄弱，可是颇得古文的意义。而少詹钱竹汀却很瞧不起他，他的见解和我年轻时候的一样，而我到了中年以后，就不敢再说这样的话了。原来望溪读书少，而竹汀却无书不读，他的记忆力又比我好太多，所以瞧不起望溪，有刘攽讪笑欧阳修的意思。殊不知写古文不在于读书多，如果所读的书不古，那么所写的文章也不古。唐宋以来，大家公认韩愈、柳宗元能做古文，然而韩愈自己说，不是三代、两汉的书不敢看，就是怕把书读杂了，所以拒绝看。柳宗元《给韦中立书》里面所列的书目，一本本都查得到，他的窍门，全在于融会贯通，然后自然运笔。倘使拿学问自负，把诸子百家、佛家、道家、说部，一股脑儿全都掺杂到古文里去，那便有伤严洁了。我曾经读《吕氏春秋》所记载的伯夷被文王养着，没有到岐周便半路死去。王安石读书最多，不见得会没有读过这本书，可是他写《伯夷论》偏说：“他或许因为年高死在奔赴西伯的道路上了？也许到了文王的邦都却没有等到武王的时代就死了?”故意在文章里留一个漏洞,借此引起文势波澜,不肯老老实实地采用《吕览》上的记载,从这里可以悟到作文的道理。原来人是直的好,文章是曲的好。天上有文曲星,没有文直星。直挺的木头没有文,弯曲盘纡的就有文;静的水没有文,被风激吹的有文。孔子说:“感情要真,词句要巧。”所谓“巧”,便是“曲”的意思。善于作文的人,平时应该和书相接近,作文时却该和书远离,又须取书的精华,把糟粕一扫而空。云的舒卷,鸟的飞翔,都在于空;铜太厚钟就哑了,膏油太满灯就熄了。庄子说:“家里没有一定的个人空间,则媳妇与婆母就会发生争吵。”它们都是同样的道理。你好学而能够不被学问所累,所以把这一点相同的主张说了出来,使你更加自信一些,学问方面也可以更进一步。

一四四、谢毕抚军

严侍读处寄来手书,所以存慰[①]之者甚至。适枚远游紫琅,未及裁答。近阅中丞以军政余闲,替东坡作生日,首先提唱,和者如云。此事与前年修杨妃墓相仿。中丞分陕以来,三辅春深,九边风静,故不特恩周黎庶,兼且施及古人。贤者当官,虽千百年前之名士、倾城,俱受其福。使逖听风声者,谁不蹲蹲[②]起舞耶?张友来,接赐小儿衣服,贵直千缣[③],纸无一字,岂乾阿妳罔极[④]之恩多在不言中耶?伏念童子不衣裘裳,古之训也。

阿迟六岁，何足以当火鼠之奇温？然而明公视同己子，有属毛离里⑤之思，敢不翦裁命服以拜。但未知金鳌顶上，旷代箕裘，将来能克绍千万分之一否。外有谷种羊帽檐、玉桃带扣二物，枚不肯告知伊母，私自有之。自知装潢白发，覆首围腰，未免不称，然欺其未冠之儿，且作攘羊之父。冠带有知，必将笑其燕婉之求，遇此戚施矣。古玩尾价，枚久不省记，明公忽将全数寄来，想哀其衰老，有意栽培，而又不肯居赠赐之名，故托爵找欠之说。查他山诗曰“一醉无名特借花”，其即大人长者之用心欤？枚虽归旧价，实感新恩，白叟黄童，一齐申谢。

【注释】①存慰：存问，慰抚。②蹲蹲：指行为稳重而合乎礼节。③缣：细密的绢。④罔极：无穷尽。⑤属毛离里：比喻子女与父母关系的密切。

【译文】严侍读那里寄来你的信，里面对于我的安慰很是周到。那时我恰巧远游紫琅，不能够立刻就写信回复你。近来听说你用军政公务之后的空闲时间，替苏东坡过生日，你第一个提倡，应和你的人像云一般多。这件事情，和前年修葺杨贵妃坟墓差不多。你做陕西巡抚以来，各地都受着你的好处，边疆上也太平无事，所以不但是你的恩惠降到百姓，而且施加于古人身上。贤人做官，即使是千百年前的名士和美女，都享受到他的福气。使遥远地方听到你的风声的，哪一个不快活得跳起来呢？张友到来，接到你赐给小儿的衣服，价值千金，纸上却没有一个字，岂是乾阿妳无穷无极的恩惠，都在不言中吗？我想小孩子不穿皮衣，是古代的教训。阿迟只有六岁，哪里配得上火鼠裘的暖热？然而你把他看得和自己的儿子一样，有“属毛离里”的意思，我哪里敢不做成衣服，叫他穿了来拜谢你呢？但不知道你的状元，他将来也能够学到千万分之一吗？还有谷种羊帽檐、玉桃带扣两件东西，我不肯告诉他母亲知道，暗地里收下了。我自己也知道装潢我这么个白发老头儿，罩在头上，围在腰里，未免有点不相称，但欺负他是一个小孩子，暂且做一个攘羊的父亲。要是冠带有些知觉，一定要笑本来是送给孩子的，现在却遇着这么个老人。古玩的尾款，我老是忘记了，你忽然全数寄来，想来也是哀怜我衰老，故意要救我，又不肯落得一个赠送的名义，所以假托找补的理由。查他山诗上说：“一醉无名特借花。”这就是你的用意吧？我虽是归还旧欠，实在感激你的新恩。老头子和小孩儿，一起向你道谢。

一四五、寄孙补山中丞

客秋八月，拜辞棨戟[①]，即返端州。重九后料量归棹，绕道桂林，是弱冠时荐举鸿博之地。事隔五十年，如习凿齿再到襄阳，蓟子训重来东霸，凡栖霞、独秀、仙鹤、明月诸峰，无不徘徊瞻眺，感慨系之。且喜阁下故人马嵰山、浦柳愚两山长，俱一见如旧相识，掎裳联襼，访古搜碑，极文宴之欢。因知中丞百一山房中，怪石作拱，嵌空奇妙，悔在五羊城[②]未乞一观为憾。随顺流北下，寻愚溪，访钴鉧潭，观日出于祝融峰，赏雪于黄鹤楼，得诗百余首。一路南风不竞，水浅滩多，灯节前三日才抵金陵。虽布帆无恙，壮佼如初，而回首龙门，已有谢玄晖白云③在天之感，觉舍弟得隶旌旄，常亲道气，为可妒也。伏念平生师友，在公论则重其为人，在私情则感其知己者，惟孙文定、尹文端二人。不图垂暮之年，又得之于阁下，相见太迟，相别太速，东望于邑，思何可支！所望珠江转舵，移节金陵，俾老人扶杖观化，受一廛而为氓，实所欣幸。赐诗九章，一时方闻缀学之士，已抄万本、读万遍矣。贱子还山，如衣锦焉。

【注释】①棨戟：有缯衣或油漆的木戟，用为官吏出行时前导的仪仗，后亦列于门庭。②五羊城：广州的别名。相传古代有五仙人乘五色羊执六穗秬而至此，故称。③白云：喻思亲。

【译文】去年秋天八月和你分别以后，就回到了端州。重阳以后准备回去，绕道桂林，这是我二十岁时荐举博学鸿词科的地方。事隔五十年，好比刁凿齿重新回到襄阳，蓟子训重新来到东霸一般，栖霞、独秀、仙鹤、明月等许多山峰，没一处不是游玩了多时，心里感慨得很。幸而值得欣喜的是你的老朋友马嵰山、浦柳愚两位山长，都是一见了面便像早已熟识，大家携手联袂同行，前去访求古迹，搜寻石碑，很有文人雅趣的欢乐。因为知道中丞的百一山房里面，有许多怪石拱立，玲珑巧妙，懊悔在广州的时候，不曾去观赏，真是遗憾。后来顺流北下，寻愚溪，访钴鉧潭，在祝融峰看日出，在黄鹤楼赏雪，做诗一百多首。一路上风势不强，河浅滩多，直到正月十二日才抵达南京。虽然身体很好，壮健如初，但是回想到你，已有从前谢眺思亲的感想，反觉得舍弟能够成为你的属下，时时亲近你，真让人嫉妒呢！我想平生师友，在公谊来论，敬重其为人，在私情来论，感激其为知己的，只有孙文定、尹文端两个人。不料到老年，还得到一个你。我们见面太晚，分别倒是太快，向东远望，很是想念你！我所希望的是，把你从广东调来南京当官，让我能手拿拐杖，看你的善政教化，做你的百姓，我就是最快乐的了。你赐给我九首诗，一时间，有才有德的读书人，已经抄去了万本，诵读过万遍了。我这次回到家里，简直就好似衣锦还乡。

一四六、与陆朗夫中丞

昔谢太傅功高百辟，心在一丘。范文正公经略[①]西陲，而恋恋于圭峰水月。古名臣有经世之功者，往往有出世之心，非务其名也，良以道韵[②]平淡，然后能知进知退，而罔以宠利[③]居成功。中丞屏藩山左，声施烂然，独能咏《循陔》之诗，洒然引退。天子重其为人，思其为政，锋车[④]敦逼，中丞感非常之恩，应诏复起。此种风范，尤于世道人心极有关系。此枚所以当垂暮之年，而必停舟修士相见礼也。不意中丞愿见之心，更甚于枚，道先人替题《乞假归娶》诗时，在旁磨墨，年才十七，思之慨然。诵枚古文，琅琅满口，忘尊官不忘畴昔，勤簿书兼勤文章，中丞真古之人哉！临行亲送登舟，缟纻兼金。大恩压己，廉泉之水，一勺皆甘。枚不敢辞而不受，然自念侯生老矣，图报无时，犯诗人胡颜之讥⑤，空呼负负⑥而已。赋五言一章，小抒情悃。还山觅一介之使，杳不可得，适有砚工姚姓者来楚，托其寄上。姚生攻石之工，浑古精雅。中丞或呼而进之，取家傅郁林之石，一试其伎，何如？

【注释】①经略：筹划治理。②道韵：气韵，气质。③宠利：恩宠与利禄。④锋车：即追锋车。常指朝廷用以征召的疾驰之车。⑤胡颜之讥：借指不知礼义之讥。⑥负负：犹言惭愧。

【译文】从前谢安功劳盖世，心里却时时想念田园。范仲淹经略西方边境，却牵挂着圭峰山的水月景致。古时候的名臣，凡有治国功劳的，常常有出世的心思，这不是好名，实在是道德高深，心境澹泊，然后能知进知退，并不因为宠利就来居功。你从前做山东藩台，声名很好，独能咏《循陔》这样的诗，潇洒地归隐。皇上敬重你的为人，想念你的政绩，一再催你复出，你也感激皇上对你的非常恩惠，接了诏书再次出山。这种风范，对世道人心，很有影响。这就是我虽是年纪很老了，一定要停船来见你的原因了。不料你愿意见我的心思，比我更热切，说起从前令尊大人替我题《乞假归娶》诗时，你就在旁边磨墨，年纪还只有十七岁，想起来真令人感慨。你诵读我做的古文，琅琅之声，不绝于耳，忘记官位的尊严，不忘记昔日的老朋友，不但勤于公事，更是勤于文章，你真是古时的风范了啊！临走时，你亲自送我上船，还送给我布帛金钱。大恩压己，廉泉之水，一勺都是甘甜的。我不敢推辞不受，但是我自己想想，我的年纪老了，即使想要报答你的恩德，也没有时间了。犯了诗人为什么不速死的讥笑，空自叫几声对不起罢了！我写了一首五言诗，稍微表达一些我的情意。回去以后，想找一个送信的人都没有，恰巧有一个姓姚的砚工到湖南来，就托他寄给你。姚生刻石的工艺很好，浑古精雅。你或许可以叫他进来，取出家传宝石，试一试他的本事，怎么样？

一四七、与李松圃郎中

客冬小住桂林，得交乔梓，晤言之下，方知五十年前原是通家。一日一相逢，可胜悲喜！足下洗笔银河，裁花作骨，诗笔与唐贤抗手。虽道衡著述，偶就问于颜籀，而李白文章，早倾心于谢朓矣。蒙见爱之深，情文兼至。搨晋唐之碣，则代架云梯；怜老眼之昏，则盆贻仙草。朱提百镒，郑重相将。从来文字之交，往往比骨肉妻孥尤为关切。古之人锺期《流水》，庄、惠濠梁，何以加焉？别后水浅滩淤，碍难鼓棹，行十余日，方至全州。有札一函，交小阮寄上，谅蒙省览。永州王蓬心太守遣使相迎，索我之诗，赠渠之画，两人挑灯铺纸，同掉白头，不觉笑曰："可还似五十年前赴童子试耶？"因极夸溪崖洞壑之奇，劝小住往游。而余以岁暮怀归，遽从潇湘、洞庭而下，迄今思之，懊悔无及，方知刘、阮在天台，尘心一动，便永隔人天。往者不可谏，如何如何！一路封姨[①]作虐，直至今春灯节前二日才还金陵。虽叨荫庇，老身无恙，而回忆漓江书院中八仙一席，与心池、柳愚辈把酒吟诗，亦杳不能再。昔赵文子[②]垂陇之会，与列国诸贤饮酒乐，叹曰："吾不复此矣！"仆自搔白发，正复似之。未知阁下与群公琴歌酒赋时，犹念及空山一叟否？

【注释】①封姨：古时神话传说中的风神。②赵文子：赵武（前589—前541），嬴姓赵氏，名武。谥号一"文"字，史书称他为赵文子。

【译文】去年冬天，我在桂林小住，得以结交贤子，会面交谈以后，才知五十年前，原来还是通家。一日间碰到，真是又欢喜又悲哀！你的诗很好，好像把笔在银河里面洗过似的，诗文的骨骼像是裁剪花枝所做，足以和唐代贤人较量一番。虽是你来问我，我却早已佩服于你的文章了。蒙你爱我很深，情文兼到。我要拓晋唐的石碑，你就替我架梯子；你可怜我老眼看昏花，送给我仙草。又有银子一百镒，郑重相送。从来文字之交，往往比着妻子、弟兄还要关切。古时候的锺子期和伯牙，庄子和惠施，也比不上我们。分别以后，因为水浅滩多，不好行船，花了十几天，才到全州。有一封信，交小侄寄给你，想来你已经看过了。永州太守王蓬心，差人来迎接我，向我讨诗，他送我画，两个人挑着灯，铺着纸张，一齐摇着白头笑道："是不是挺像五十年前去参加童子试的情形？"他因而极力称赞溪崖洞壑的奇异，劝我再住几天，才去游玩。但我因为年底了，想要早点回去，就沿湘河、洞庭湖顺流而下，现在想来，真是懊悔不及，才知道刘、阮等在天台，凡尘之心一动，就永远不能够再回到天界。往者不可谏，怎么是好！怎么是好！一路上风势很大，直到今年正月十三日才到南京。虽是靠你的福气，年老的身子还好，但回想到在漓江书院，和心池、柳愚他们一同喝酒做诗，那些时日已经不能再有了。从前赵武在垂陇和各国的贤人喝酒，很是快活，感叹道："我不可能再这样了！"我自己搔着白发，也是这样。不知你和诸公喝酒、唱歌、做诗的时候，还能想起我这个老头儿不？

一四八、答补山中丞

端州役来，接手书，知前寄数函，都蒙英盼，深慰下怀。伏念枚身历名场五十余年，所遇名公卿，感恩者有之，知己者亦有之，从未有三次倾衿，而能抉其肺腑之所藏如公者也。公教之以董子之言"去其群泰，集其众和"八字，此即孔子之所谓"见贤思齐""乐道人之善"，孟子之所谓"舍己从人""好善优于天下"是也。枚之谫陋[1]，何足以当？尝笑宋儒讲学，于圣人道理岂无窥见堂奥者，然必矜矜然抹杀汉唐二千年诸贤，而自谓独得不传之秘，则未免自大也，而反自小矣。春秋时季札所到之国，必交其贤士大夫，如叔向、子产辈，皆刻意周旋。枚虽非季札，而去年所历两粤、两湖，万里有余，所遇名流颇记某，某时往来于心而不能决舍，不止山川之登临、烟云之怡悦已也。得诗百篇，寄呈教削。家弟香亭有为善之资，少坚定之力，自隶公麾下后，渐觉端静。方知南州小史，顿改风裁，为在张令门墙故也。阅邸报，知蒙卓荐。论其才，似未足膺斯重典，将来报恩酬知，谈何容易！然枚实为之喜而不寐者，不喜其官阶之将迁，而喜其归依之得主也。尝读史册《文苑传》曰“最先为韩愈所知”，则其人之文学可知矣；《循吏传》曰“某官为宋璟所荐”，则其人之政事可知矣。香亭竟为补山中丞之所荐，海内闻之，定皆额手。枚幼不习字，晚悔无及，每执笔，如书生骑马，时防蹋坠，意态全非。所上笺奏，公偏以亲书命之，宿瘤[②]之丑，不能自匿，又意所倾吐不能自休，遂致涂鸦满纸。老秀才重赴一回乡试，手腕欲僵。公览时哂之耶？怜之耶？

【注释】①谫陋：指浅薄。②宿瘤：指宿瘤女。本为齐国东郭的采桑女，后来成为齐闵王的王后。脖子上长了一个大肉瘤，因此被称为宿瘤女。

【译文】端州的役使来，接到你亲手写的信，知道我前次寄给你的几封信，都已收到，我的心里很是欣慰。我进官场已经五十多年，所碰到的有名公卿，有感恩的，有成为知己的，但从来没有像你这样只不过见面交谈了三次，就能够推心置腹的。你教给我董仲舒说的“去其群泰，集其众和”八个字，这就是孔子所说的“见贤思齐”“乐道人之善”，以及孟子所说的“舍己从人”“好善优于天下”

的意思。像我这般浅陋之人，怎么当得起呢？我曾经笑话宋儒讲学，对于圣人的道理难道没有真知灼见的人吗？然而一定要把汉唐二千年前的许多贤人全部抹煞，自称是独得不传的秘诀，这样未免自大了些，同时也反而自小了。春秋时期，季札每到一个国家，一定要去结交该国的贤士大夫，像叔向、子产那些人，都竭力去周旋交往。我虽然不是季札，但是去年所经过的广东、广西、湖南、湖北各省，有一万多里路，所碰到的名流，像某某等，常常牵挂在心里，不能够忘记，不单是游山玩水，喜欢烟云的风景。得到一百首诗，寄给你看，请你指正指正。家弟香亭，有为善的天资，但少坚定的毅力，自从隶属在你的麾下以后，渐渐觉得端庄镇静。才知道南州小吏，之所以能够顿时改变他的样子，皆是因为在你麾下效力的缘故啊！我看邸报，知道他得了你的举荐。论他的才学，似乎还不足以担任这样的重任，将来报答恩惠，报答知己，谈何容易！但我实在是替他高兴得都睡不着觉，并不是高兴于他将要升官，而是高兴于他归依贤主人。我曾经读史书读到《文苑传》，里面说："最先被韩愈所赏识"，那么他的文学一定是不错的。《循吏传》里面说："某官是宋璟所荐的"，那么这个人的政事也一定是不错的。香亭是你所荐举的，天下人听了，一定都会称赞的。我小的时候没有练字，长大了懊悔也来不及了，每回执笔，好像书生骑着马，时时要防着不要摔下来，意态完全不对。所寄给你的信，你偏要叫我亲笔写，这种丑样，想藏匿都藏匿不了，可是心里面又有许多话想要倾吐，停都停不来，竟至涂抹得满纸都是。简直就像是老秀才重新去考一回乡试，手都快要僵了。你看信的时候会笑话我呢？还是会可怜我呢？

一四九、与秋帆中丞

闻中州[①]积年荒歉，尚书一到，雨旸时若[②]，年岁顺成，益信郭代公所临之地，能使泉水变甘、毒龙远徙也。枚撰鱼门墓志，已属道甫先生代呈教削。刻下其一孤二寡，俱来金陵，孑立茕茕，毫无依倚。枚虽小有佽[③]助，而绵力无多，实难为继。偏值江省奇荒，石米五金。枚年七十，未逢此难。鱼嫂来云："中丞许助三千金，代存妥处。"此种风义，嵩华同高，凡在士林，无不异音同叹，感泣者不止程氏一门也。惟是现在待哺甚殷，寒衣典尽，未知慈云一片，何日吹来，托枚代为探信。伏思以周济之惠，当索逋之催，局外局中，均觉太过。然探其情景，不得不然。大君子能将千百万哀鸿起诸沟壑，况区区故人之十余口哉？枚以故口欲嘿而难缄，笔将停而仍下者屡矣，惟中丞怜之而赐复焉。

【注释】①中州：河南的古称。②雨旸时若：晴雨节候协调和顺。③佽（cì）：帮助。

【译文】听说河南连年荒歉，你一到任后，就风调雨顺，收成很好，越发相信郭代公所到的地方，能使泉水变甘、毒龙远去了。我写的鱼门墓志，已托道甫先生代送给你，请你删改。现在他的一个孤子，两个寡妻，都来到南京，孤独无依。我虽然稍微有些帮助，却但是力量单薄，实在不能够长时间地接济下去。再加上凑巧遇上江苏是大荒年，一石米要五两银子。我七十岁了，还没有遇到过这种凶年。鱼门的妻子来说："中丞答应资助三千金，代替存放在妥当的地方。"这种风义，和嵩山、华山一样高；凡是读书人，无不异口同声地赞叹，因为感动而流泪的，不单单是程姓一家。只不过现在急着等待资助送来，冬衣都典当完了，不知你的恩惠什么时候可以寄来？托我替她探问一下。我想拿着别人周济的恩惠，索取欠款一样地催讨，局外人、局中人，都觉得太过分。但看她的情景，又不得不这样。你能把千百万难民从濒死边缘救出来，何况这里不过是老朋友的区区十几口人呢？就因为这个原故，我嘴里想要不讲，但仍旧说了出来，笔将要停下，但仍旧提了起来，请你哀怜他们，请您写封回信给我。

一五〇、辞妓席札

来书道不赴妓席，疑仆晚年染道学习气，则大不然。仆之不来，正虑逼我走入道学故也。何也？凡人必先抱正心诚意之学，矜矜自持，不得已一登席，被冶容所动，遂丧其生平而溺惑之，如是则乐矣。今我素非庄士，先存好色之心欣欣然而来，不料一登妓席，被其恶状阻兴，使顷刻间意不得不诚，心不得不正，终席间如对严师，如是则苦矣。近日秦淮画舫之游，乐少苦多，以故称贞缩屋，实非本怀。不特此也，缠头之费，或言与其赏此辈，不如赈贫穷。此说良迂，然亦必发于中心之所愿，而后挥金如土，亦所甘心。若方且唾之、弃之、厌之之不暇，而勉强挥霍，应酬主人之情，粉饰家僮之耳目，势必先吝后悔，胸中作数日恶。况我辈缠头，自知不丰，不得不虚词褒赞，佯相附会，断不忍在此等地方作史鱼之直，面加贬词。于是像做枯窘题一般，无中生有，面目丑则夸其身段，肌理恶则誉其风神，费一片苦心，造几句浮誉，仔细思量，转不如仍作州县官，巧言令色奉承上官矣。凡此皆仆所以奉辞之故，足下谅之。至于认钦鸡作凤皇，以符拔为麒麟，则海畔逐臭之夫自古有之。人心不同，各如其面，不足怪也，毋相强也。

【译文】你来信说我不赴妓馆里的酒席，怀疑我晚年沾染了道学习气，这是大错特错。我之所以不来，正是害怕走进道学里面呢。为什么呢？大凡一个人，一定先要抱着正心诚意的学问，小心地保持，不得已到了妓女席上，被美色打动，就丧失了他生平的修养，而沉溺在里面，好像这样才快活了。现在我本来就不是端庄的人，先存了好色的心肠，欣欣然过来，不料到了妓女席上，被她的丑貌扫了我的兴致，使我顷刻之间，意不得不诚，心不得不正，直到宴席终了都像是对着威严的先生，这样就太苦了。近来到秦淮河妓船上去游玩，快乐少，苦恼多，所以假称贞洁躲在家里不出去，实在不是我的本意。不单是这个呢，缠头费用，有人说了，与其赏给她们，不如拿去赈济穷苦。这种话诚然是很迂腐，然而也一定要自己心里愿意，然后乱花乱用，也是心甘情愿。若是心里正厌恶着，唾弃着，却勉强自己去挥霍，应酬主人的情分，粉饰奴仆的耳目，势必到后来就要懊悔，心里必定要难过好几天。况且我们的费用，自己知道没有多少，就不得不说假话去称赞她，假意附会，断然不忍在这种地方，做史鱼的直道，当面说她们坏话。于是好像做枯窘题一般，无中生有，面目丑的便去夸赞她的身段，皮肤难看的就去称赞她的风神，费了一片苦心，编造出几句虚假的赞语，仔细一想，还不如仍去做州县官，巧言令色地奉承上官好了。大凡这种情形，都是我推辞了不去的原因，请你要原谅我。讲到认钦鴘做凤皇，拿符拔做麒麟，这般低俗不堪的人，自古以来就有的。每个人的心思都不同，就像每个人的面孔也不同一样，这个一点也不奇怪，你就不必勉强我了。

一五一、复云松观察

寄到手书，公然鄙人一序，冠群言之首，欣幸无极。读近作二册，凡所抒写，皆枚意中语，未知何时逃入先生腹中，走出先生腕下，使我且妒且舞。因之憬然有悟：先生所以推许我诗，如元相之爱庞严，为其类己故也；然君子和而不同，又承虚怀下询，抑心所谓危，敢不以告耶？诸作是少陵晚年手笔，无可推敲。略有一二可疑者，都已墨之卷端，以便斟酌。大概仆与先生天分有余，往往不肯平庸，争奇竞巧，要惟持之以庄，运之以雅，则大巧若拙，而于诗文之道尽之矣。尊作《自寿》诗“家无半亩忧天下，胸有千秋愧此生”一联，此种胸襟气象，虽大圣贤何以加焉！不料末句以“年老成精”作结，有如虞庭箫韶[①]、钧天广乐[②]之地，忽跳出沐猴一舞，怪鸱一鸣，趣则趣矣，类耶不类耶？他如“宋坑”“秦坑”“天公”“腰背”之类，皆斧凿痕太重，有伤大雅。明知人老成精，典出《淮南子》，原非杜撰，而鄙意断乎不可者，譬如卢医用药，必不因马勃牛溲[③]载在《本草》之故，而遽与葠耆并用也。《庄子》曰“道在屎溺”，此语何尝不是至理？然使牵庄周而置之圊溷[④]之间，道则道矣，其能不掩鼻而逃耶？

【注释】①箫韶：舜乐名。泛指美妙的仙乐。②钧天广乐：指天上的音乐，仙乐。后形容优美雄壮的乐曲。③马勃牛溲：马勃，菌类；牛溲，车前草。比喻至贱之物。④圊溷（qīng hùn）：厕所。

【译文】收到你的来信，居然把我的序文，放在卷首，我心里高兴极了。读你最近的两册诗文，觉得你所抒写的一切，都是我想要说的话，不知道什么时候逃进你的肚子里，再从你的手腕走出，真使我又是妒忌，又是高兴。因此想到：原来你那般地称赞我的诗，和元相喜欢庞严是一样的道理，因为像自己啊！然而君子是和而不同的，所以承你客气地放下身段问我问题，虽然心里有些恐惧，但怎敢不老实相告呢？你的许多作品，简直是晚年杜甫的手笔，没有需要修改的地方。间或有一两个可疑的地方，都已经写在卷首了，方便你斟酌一下。一般来说，我和先生，都是天分有余，往往不肯平庸，于是争奇竞巧，又要它看起来端庄，又要它看起来文雅，其实大巧若拙，这样才算是到家了。你写的一首《自寿》诗中，有“家无半亩忧天下，胸有千秋愧此生”这么一联。这种胸襟，这种气象，就是大圣贤也不过如此。不料末句拿“年老成精”作结，正像郑重地作乐时，忽然跳出一只猴子来跳舞，一只怪鸱来鸣叫一样，虽然有趣，但总有点不成体统吧！此外像“宋坑”“秦坑”“天公”“腰背”之类，也都嫌太做作，有伤大雅。虽然大家都知道“人老成精”这个典故是出自《淮南子》，并非你杜撰的，而我认为不能用这个典故的原因，就好比扁鹊用药的时候，一定不会因为马勃、牛溲是载在《本草纲目》上的，所以就直接拿来和蓡耆一起使用吧。《庄子》说：“道在屎溺。”这句话何尝不是含有至理？然而把庄周拉到厕所里去的话，尽管里面都是道，可是他能不掩起鼻孔逃走吗？

一五二、答陶怡云送蟹

移人就蟹，一人之享，移蟹就人，举家之餐。我知今夕通、迟两儿都学螯蜞拱手，祝陶世兄早得中书矣。且韵怕重复，句贵单行，鸭不随来，尤见君子用其一缓其二之妙；且使老饕引领，留有余不尽之思。唐宫人上官婉儿评沈、宋诗，以“不愁明月尽，自有夜珠来”一结，擢为第一。世兄以蟹为明月，以鸭为夜珠，将来世兄廷试，亦必第一。且螃蟹虽见海龙王，亦是一味横行，世兄将来以文才横行天下，即以今日之蟹为之兆也。

【译文】如果你请我去吃蟹，那只有我一个人享受得到；现在你把蟹送了来，所以我的全家老小都有得吃了。我知道今天晚上阿通、阿迟这两个孩子，一定都在那里学螯蜞拱手，祝陶世兄早得中书！从来都是韵怕重复，句贵单行，你不把鸭子一起送来，尤其显出君子用其一缓其二的智慧。且使贪吃之人伸长了脖子，留有余不尽的想念。唐代宫人上官婉儿批评沈、宋的诗，把“不愁明月尽，自有夜珠来”这个结尾，推为世上第一。世兄把蟹当作明月，把鸭当作夜珠，将来参加廷试，也一定能够得个第一。而且，螃蟹即使在海龙王面前，也是一味横行，世兄将来以文才横行天下，今天的蟹就可以当作一个预兆了。

一五三、答周漪香夫人

前肃手书，寄《随园雅集图》求题，未同而言，自觉冒昧。不料寄未三日，而沈纪来宁，奉到夫人采芝小照，命枚加墨。红颜白发，路隔千里，不约而同，真可谓文章有神，心心相印矣。卷开图画，华耀庄严，如见韩幹写九天玄女之容，非下界凡人所敢逼视。一时衮师儿子、樊素姬人，无不额手传观，倾衿礼拜也。因记当年尹相国副室张夫人受封一品，枚拜见后献诗云：“身受金闺旷代恩，果然玉立夫人样。”一时佳庆，传遍江南。

今将此联移献妆阁。所恨枚年衰才尽，不能副见委之盛心，又不敢知难而退。谨仿尚书题《随园图》故事，作长庆体[①]一篇，补图中所未有。其颂扬真切处，似较诸题者略有微长，不知夫人以为可存否。来书刻雕朽木，矜宠太过，枚何敢当。读至“自嫌失学，黯然神伤”等语，忘现在之荣华，慕千秋之姓氏，此等胸襟，求之当代公卿尚难多得，况闺中女士耶？真乃宣父十哲[②]，圣贤一流，不止福慧双兼、生天成佛而已。更有恳者，枚著《随园诗话》二十卷，自抒议论，扬表幽光。其中夫人佳句，采录尤多。虽现在无力开雕，而一息尚存，终思办理。求夫人赐序一篇，弁诸卷首，以作光荣。遇古今未有之人，求古今未有之序，是枚所惓惓于中而不能自已者也，亦尚书闻之所欣然首肯者也。刻下尚书信来，约枚明春为嵩岳之游。枚老矣，方修月告之文，凛夜行之戒，不敢蹈程鱼门故辙。或春间邓尉梅开，竟驾扁舟来谒藐姑仙子，亦古人愿缓须臾毋死之意。南海烧香，不若西天见佛。枚再拜。

附周夫人原书

月尊周氏端肃，启问随园先生万安。尊读先生之书，十有余年矣，又时时闻中丞道先生言论丰采，口无虚日。海内老师宿儒、奇才异能之士，时至中丞左右者，亦莫不盛称先生之才。其在先生同辈诸公，更未尝不极口赞扬于无既。尊觉耳目所及，海内名流，无若先生者矣。尊凡陋之质，叨侍上公巾拂，身世无复所憾，惟幼耽翰墨[③]，妄生好名之心，不肯沕沕终世。乃生少聪明，兼多疾病，蛩寒蝉寂，终不成声。于今悔叹废弃，始信天限之弗可渝夺。又无绝技殊能高于辈行，可托传于名公大人著述以垂永久者，他日晏然随化，漉然神伤而已。前在中州，取义山“十年长梦采华芝”之句，作《采芝图》。画工既劣，更不能择手题咏，诚无可观。今特呈寄，求赐宏制。斯人斯图，虽不足当大方题品，诚欲藉传姓氏于集中，则生平之憾始释然也。小儿嵩珠，年甫三岁，近已种花，以为迟郎福命，宜兄弟所致。先生与中丞谊重交深，闻之必喜，用敢附及，冒昧干请，临启惕然。诸惟达鉴，敬问夫人懿安。迟郎文祉，诗礼之学，想日益进，亟思一见之也。附呈微物导意。

【注释】①长庆体：唐元稹、白居易唱和甚多，诗风相近，元稹有《元氏长庆集》，白居易有《白氏长庆集》，皆编于穆宗长庆年间，世人遂称他们的诗体为长庆体。②宣父十哲：指孔子的十个弟子：颜渊、闵子骞、冉伯牛、仲弓、宰我、子贡、冉有、季路、子游、子夏。③翰墨：笔和墨，借指文章书画等。

【译文】之前恭敬地奉上一封信，寄了《随园雅集图》，请你为我题几个字，事前未曾征得你的同意，自觉有点冒昧。不料寄出后不到三天，沈家的仆人到南京来，带来了你的小照，叫我题字。一个红颜，一个白发，相隔千里，竟能不约而同，真可谓是文章有神，心心相印。打开图画，华耀庄严，宛如看见韩幹描绘九天玄女的容貌，不是下界的人所敢正眼相看的。一时间儿子、妻妾，都围拢过来，相传观览，都整理衣服向着画行了礼。记得当年尹相国副室张夫人，受封一品时，我拜见之后，献了两句诗：“身受金闺旷代恩，果然玉立夫人样。”一时成为佳话，传遍江南。现在把这一副联句改送给你，只恨我年衰才尽，做不出好东西来，但又不敢知难而退。所以模仿尚书题我的《随园图》的故事，作了一篇长庆体，补足图中所没有的。自信颂扬的真切，比起其他几位的题诗，更为可观些，不知道你认为怎样？来信里面对我太过褒奖了，我如何敢当。读到“自嫌失学，黯然神伤”等句子，知道你能忘却目前的荣华，仰慕千秋的名声，这种胸襟，就是求之于当代的公卿，也不多见，何况得之于闺中的女士呢？真是我孔门子弟，圣门之流的人物，不仅仅是福慧两全，生天成佛而已。我还有恳求于你的：我写了二十卷《随园诗话》，抒发自己的议论，表扬古今的作品。其中采录你的佳句尤其多，现在虽然没有力量开雕印刷，但只要活一天，总想完成它。请你给我写一篇序，我把它刊在卷首，好光耀门面。碰到了古今未有的人，求一篇古今未有的序，是我所不能抑制自己而万分渴望着的，就是尚书听了，也一定会很高兴吧！最近尚书来信，约我明年春天去游玩嵩岳。我因为年纪老了，不敢出门，怕再蹈程鱼门的覆辙。但说不定春季梅花开时，坐了船来拜谒藐姑仙子，也就是古人希望能够多活些时日的意思。南海去烧香，还不如上西天去见佛呢！袁枚再拜。

附周夫人原书

我这边恭敬地整肃仪容，向随园先生请安。拜读先生的书，已经有十多年了，又时时听到中丞讲述先生的言行风采，没有一天不提到先生的。天下的老师和大儒、奇才异能之士，时常到中丞身边的，也无不盛赞先生的才华。那些与先生同一辈的老先生们，更是将先生夸赞得没完没了。我觉得耳闻目见的海内名士，再没有一人能胜过先生的。我不过是普通人的资质，服侍上公起居，这辈子已经没有什么遗憾了，唯独自幼就喜欢读书写字，狂妄地生出来一些想要出名的心思，不肯就这样在世上默默无闻。年少时还算聪明，但多有疾病，以至于到现在仍是一无所成。不免既悔且叹当初不该废弃学业，不得不信命里不该有的终究难以得到。我没有什么高于其他人的超绝技艺可以请名公大人著述一番，而得以名垂永久，倘若他日年老逝去，也不过暗自神伤而已。先前在中州，取李商隐“十年长梦采华芝”的诗意，画了一幅《采芝图》。画技拙劣，又没有名士题字，实在是没什么可看的。如今特地寄给你，希望你能题写几句。这人这画，虽然当不起你这样的大家的题字，不过是想借你的题字而将我的姓氏流传于世上，那么生平的遗憾也能释放些了。小儿子嵩珠，年纪才三岁，近来已经学着种花，认为你的儿子迟郎命中有福，想让他俩结拜为兄弟。先生与中丞交情很深，听了一定会高兴，所以我附带地提一提。冒昧来请求，我心里也十分惶恐，请你原谅，敬问夫人安好。迟郎文祉，诗礼的学习，想来必然天天有所进步，好想亲眼见见啊。附带送上一些东西，略表心意。

一五四、寄阿广廷相公

记戊午科，枚与相公同出邓逊斋先生门下，赴阙谢恩时匆匆一见，至于今五十年矣。相公出入将相，身画凌烟，是本朝有数人物。而枚入玉堂后，改官州郡，告归养亲，以南北之路遥，兼云泥之分隔，以故一札之投，亦不敢轻渎于隶人之听，非傲也，礼士于上大夫不敢有所先也。今秋游武夷之便，九月十日路过吴江，于月下望见水上旌旗，知公在杭州勾当公事而返。初意拟肃手版，叩舷求见；继而思之，夜已更余，公当就寝，且天上凤鸾，亦未必尚忆人间有当日同飞之燕雀，以故噤齘不前，挐舟竟去。到杭州见方受畴司马，告知公欲见枚，命渠驰六百里羽檄呼之。使来方知大君子之念旧怜才，迥出寻常万万，而枚之所以仰测高深者，抑何浅之为丈夫也。纳手扪心，不无小过，特寄七律四章，聊申悃素，不宣。

【注释】①噤齘（jìn xiè）：切齿含怒的样子。

【译文】记得戊午科我和你同出邓逊斋先生门下，到朝廷去谢恩时，匆匆见了一面，到现在已经五十年了。你又是做将军又是做宰相，画像画到凌烟阁里去，是本朝数一数二的人物。而我自从离开翰林后，改做州县官，又辞官回家养亲，因为南北相隔遥远，又加上地位身份的不同，所以连一封信也不敢轻易寄给你，不是我高傲，按照礼来说，士面对上大夫，不敢先去往来的。今年秋天，趁着游玩武夷山，九月初十那天路过吴江，在月光下面，望见你船上的旗子，知道你在杭州，办理公事回来。起初是想要到你船上求见，后来一想，夜已深了，想你已经安睡了。而且你如今的地位很高，也未必还记得当年还有这么一个卑微的同门，所以一声不响地划着船就走了。到杭州见到方受畴，他告诉我说，你很想和我见一见，特地叫他捧着六百里加急的文书来追我。于是我才知道你的念旧怜才，实在是高出寻常人万万倍。而我居然这样地以小人之心来猜度你，真是浅薄极了，有损大丈夫之名。我自摸良心，感到有些对不起你，特地寄给你七律诗四首，略表我的一些心意，其余不再多说。

一五五、寄浣青夫人

三十年来，闻浣青之名，读浣青之诗，知老同年文敏公之家法不传子而传女，有汉人伏、蔡两家风，私心窃向往之。奈道路乖分，终难一见，钦钦在抱者已非一日。去冬游武夷，路出吾乡，急扶杖而趋妆阁，果然谢道韫之谈谐，宣文君之经义，应口如响，触绪纷来。赵充国云“百闻不如一见”，诚哉是言。蒙念我父执怜我颓侵，饮之以羹汤，衣之以缟纻，赐赤舄[①]之几几，踏菉竹之猗猗。《题雅集图》七古一章，浑脱[②]流利，饶杜陵风格，可当作玉女之云签，灵霄之秘笈焉。感谢之忱，千言难罄。别后到苏，盘桓十日，为雨雪所困，毕公灵岩山馆，仅着屐一登而已。贵女弟子漪香主人，尚在中州，未还吴下。世妹所寄手书，已交张止原递至中丞公处矣。比来湖上春生，想玉体平善，诸公子书声洋洋盈耳也。令爱存姑犹能记代取名之白头老叟否？念之问之。

【注释】①赤舄：古代天子、诸侯所穿的鞋。赤色，重底。②浑脱：唐代流行的一种健舞。

【译文】三十年来，听到你的声名，读到你的诗，知道老同年文敏公的家法不传给儿子，只传给女儿，有汉代伏生、蔡邕两家的风范，我的心里暗暗羡慕不已。怎奈路途遥远，很难见上一面，心里有这个想法早已不是一天两天了。去年冬天去武夷山游玩，路过家乡，急忙拄着拐杖，到你的府上，果然有谢道韫的谈吐，宣文君的才学，应答如流，思绪敏捷。赵充国说："百闻不如一见。"这话说得真是一点不错呀！蒙你念我是你父亲的好朋友，可怜我年老体衰，拿饭食来给我吃，拿衣服来送我穿，赠给我鞋子和竹杖。《题雅集图》七古一首，浑脱流利，很有杜甫的风调格局，可以当作玉女的云签，天上的秘笈了。我心里对你的感激，真是一千句话都说不完。别后到了苏州，盘桓十天，被雨雪困住，到公灵岩山馆，只穿着木屐去拜访过一次而已。你的女学生漪香主人，还在河南，没有回到苏州。你寄给她的信，已经交托给张止原送到毕中丞那里去了。近来湖上已经有些春意，想你身体安好，诸位公子的读书声也充满你的耳朵了。你的女儿存姑，还记得替她取名字的那个白发老头儿吗？有点想她，所以问一声。

一五六、与钱竹初

接手书，知兄于军务倥匆际，犹念及清凉山下人，何其谊之高、心之暇耶？见惠海物三捆，足供一岁之餐，胜受赵韩王瓜子金矣。枚去年武夷之游，亦是天缘巧凑，使迟至今年，其能与荷戈者争路耶？来札教其爱惜精神，以虚无恬淡为宗。鄙意不以为然。夫至虚者，天也，然日食星陨，天亦无如何。古之恬淡人，有过于陶渊明、周茂叔[①]者乎？考其寿皆不逾七十。枚虽不肖，忝窃过之。且所谓虚无者，为其无成见也。若有成见以求虚无，是受制于虚无，而虚而为盈、无而为有矣。大抵养生之道，无心最妙。沈氏《笔谈》载有女巫，能知人隐事，或手握棋子试之，其先自知其数者，渠能知之；其随手取棋而自己不知其数者，渠亦不能知，此有心不如无心之妙也。枚自觉尔来健忘少卧，衰态日增，此亦万古千秋、天地自然之理。譬如贫人产尽，爱惜之不过如是，散纵之不过如是，故曰贫不学俭，贱不学恭，老不服药。行行重行行，逝者为归人，则存者为行人矣，听其所至而休焉，兄毋为我戚戚也。晋人称王濛曰“性至通而自然有节”，此则某一生得力处。五年中连接来札，屡屡以乞退为言，枚更不以为然。夫士君子流行坎止[②]，相时而动，亦不必有成见捉搦其间。得其道，进未必为非；失其道，退未必为是。枚山居四十年，亦是乞养先慈，年登上寿，有以成就之，非枚之所敢以早退鸣高者也。果在官行一日仁民爱物之事，胜在家终岁作研朱滴露之功，孔、孟复生，斯言不易。倘果膏肓泉石，归兴勃然，则竟解组投簪[③]，戛然而止，亦不必先以告人。但目下台匪猖狂，军书旁午，兄此时乞退，不特势有所不可，亦心有所不安。枚祖籍慈溪，为兄部民，因生长杭州，数典忘祖。明岁老身健在，道路平安，或竟翻然而至，应雪窦之招，亦未可定。人生如傀儡，行止往来，暗中有牵丝者，亦何能自作主持耶？客秋用庵先生见招，枚飞往杭州，止迟九日，竟不得见，仅到灵前作秦失三号[④]而已。方知友朋一面，价过千金，造物于贤人君子，尤靳之也。

【注释】①周茂叔：周敦颐（1017—1073），字茂叔，号濂溪，宋朝理学思想的开山鼻祖，文学家、哲学家。②流行坎止：谓顺流而行，遇险而止。比喻行止进退视境况而定。③解组：组，旧时官印上系结的丝绳。解组指解下官印，辞官卸任。投簪：丢下固冠用的簪子。比喻弃官。④秦失三号：秦失是老子的朋友，据《庄子·养生主》，老子死后，秦失前去吊丧，“三号而出”。

【译文】接到你的来信，知道你在军务繁忙之际，还想到清凉山下的我，你的友谊是这样深重，内心是这样闲暇。你送我的海物三捆，足以供我吃一年，比之接受赵韩王的瓜子金还要好。我去年到武夷山游玩，也是天缘凑巧，要是今年才去，就不能和你相相遇了。你来信叫我爱惜精神，以虚无恬淡为主。我却不以为然。讲到最虚无的，那是天了，然而日食、星陨，天也无可奈何。自古以来的恬淡人，有能胜过陶渊明、周敦颐的吗？然而考查他们的寿命，都不过七十岁。我虽然不肖，却居然比他们还活得久。而且所谓的虚无，在于它没有成见。要是有成见还去求虚无，那是反被虚无限制，于是虚化而为盈，无化而为有了。大概养生的道理，没有成见最好。沈括的《梦溪笔谈》记载，有一个女巫能知人家的私密事情，有人握着棋子去试她，要是那人自己先知道数目的，她就能够知道；要是那人随手去拿棋子，自己也不知道数目的，她也就不能知道，这就是有心不如无心的好。我自己觉得近年来心神健忘，睡觉也少，衰老的样子，一天比一天明显，这也是自古以来天地不变的规律。好比穷人的家产用完了，再省吃俭用也不过这样了，挥霍乱用也不过这样了。因此说："贫不学俭，贱不学恭，老不服药。"行行重行行，逝者为归人，那活着的人就是正在路上的人了，随便他能走到哪里也就那样了，你不必替我伤心。晋人称赞王濛道："性至通而自然有节。"这就是我一生用力的地方。五年之中接连收到你的来信，常常说到不想做官，我更是不以为然。讲到士君子的出处进退，总要看准时机才能定夺，不能有成见之后骤然去下决定。若是时机好，进未必是错；若是时机不好，退也未必就对。我住在山里四十年，也是为了服侍年已八十的老母，让她能够颐养天年，并不是我喜欢隐居，并且借以自鸣高尚。要是果真做了官，能做些仁民爱物的事情，那可比住在家里舞文弄墨要好得多，就是孔子孟子复活，我这话也不会改。要是你真的极为喜欢山水，极其想要回家，那么就立即辞掉了官，坚决不再出仕，也不必先告诉别人。但现在台湾匪乱很是厉害，军书一封连着一封，你这个时候辞官，不单是大局上不太合适，就是你的心里也会有些不安。我祖籍慈溪，属于你管辖的百姓，因为生长在杭州，就忘掉了家乡。明年我要是身体还行，道路也通畅，说不定我就回到家乡，应你的邀约，这也是有可能的。人生好比木头傀儡，来来去去，暗里都有牵线之人，我怎么自己作得了主呢？去年秋天，用庵招我前去，哪知我赶到杭州，不过迟了九天，他就已经去世了，竟不能够会面，只能到他的棺柩前大号三声。才知道朋友要想会见一次，比之千金还要珍贵，造物主对于贤人君子，也太小气了。

一五七、与朱石君侍郎

客冬蒙公招饮，许所作古文有真气而无十弊，颓老才尽，得大君子一言以张之，遂妄作千秋之想，感何可支！别后归江南，一路颂主司之贤者洋洋盈耳。就枚门下士如韩廷秀、谈泰、陈春华、顾敏恒、李赓芸等，皆素知，其溺苦于学、华实兼备者，屈久得伸，如缒井底珠而升之白昼之庭也。伏念陆宣公知贡举，贞元八年，一榜得退之、元宾、欧阳詹诸人，一时称盛，至今传为美谈。然考其故，则由梁补阙、王郎中为之关说[①]，唐人所谓通榜[②]是也，终属公中之私，非盛德事。惟阁下倏然[③]前来，不询于人，不采于众，暗中求索，而能使出群之才若烛照数计而尽取之，猗欤盛哉，岂不高出古人万万哉！枚虽衰，恨不负卷册，挥烟墨，重入棘闱[4]，与诸贤一战其艺，以求赏于贤主司之前也。虽然，主试者三年一至，其教士浅，督学者一至三年，其教士深。吾浙向称文薮，近颇衰息。得贤者为之振作，儒林、文苑，各分其类，各取其真，将见治化之隆媲成周，臻唐虞，又岂徒夸元和、庆历而已耶？

【注释】①关说：由人代为请托游说。②通榜：唐时科举不糊名，由主试者定去取。试前，有预列知名之士，得中者往往出于其中，谓之“通榜”。③倓然：安然不疑。④棘闱：科举时代的考场。旧时在考场四周围上荆棘，以防止闲人擅自进入，故称为“棘闱”。

【译文】去年冬天，承蒙你招我前去喝酒，并且称赞我的古文，有真气而没有十弊，年老才尽的我，听了大君子的夸奖，竟然生了文章能够传世的妄想，我是多么地感激呀！分别后回到江南，一路上都听见百姓在颂扬你为官的贤明，不绝于耳。门下的几个人，像韩廷秀、谈泰、陈春华、顾敏恒、李赓芸这些人，我一向知道他们很能刻苦用功，而且确实都是华实兼备的人，被埋没了太多年，竟得如引导井底的珠子升到亮如白昼的大堂里一般出了头。从前陆贽主试贡举，贞元八年，在一次考试中，录取了韩愈、元宾、欧阳詹等许多人，一时间大家都赞叹人才之多，这件事情至今都传为美谈。可是推究其中原因，都是因为梁补阙、王郎中在那里从中游说，就是唐人所谓的“通榜”，所以终究是属于公事之中夹带着一点私情，并非完全是盛德之事。如今你翩然而至，事先又向人询问，也不采访，只是暗中求索，最终能够使出众的人才一个个都现出身形来，并任用他们，这真是一件盛事呀，难道不是高出古人万万倍吗？我虽然年老，也恨不得背着书，提着笔墨，重入考场，与诸位贤士一较高下，好在贤明的主司之前求得奖赏呢！话虽如此，主试者三年来一次，对于读书人的影响浅，督学的人一来便是三年，对于读书人的影响深。我们浙江向来被称为文学渊薮，近年来有些衰弱。能够得到贤者来将之振作一下，区分开儒林、文苑，分别提拔其中的人才，相信不久对于此方的治理教化就可以与成周媲美，达到唐虞之世的情状，又岂是仅仅夸赞元和年间和庆历年间而已？

一五八、与翁东如

从古文章家，替人作碑铭传志者，其道有三。第一是其人功德忠勋，彪炳海肉，我为表章，不独彼借我传其名，而我亦借彼以传其文。此不待其子孙之请，而甘心访求以为之者。次则其人虽无可纪，而生平与我交好，则为之传志，以申哀感之情，此亦古人集中往往有之。再次其人虽于世庸庸，于我落落，而无奈其子孙欲展孝思，大辇金币，来求吾文，则亦不得不且感且惭，贬其道而为之，譬如抱关击柝[①]、为贫而仕者一般。此刘乂所谓谀墓[②]之文，亦古人所不免者也。若三者无一，不过乡里之善人，村巷之嫠妇，此辈在世，偻指难数，焉得人人而传志之？

《论语》称“好仁不好学，其蔽也愚”，君子不为也。前在苏州，与公望薛君彼此往返，并未一见，而家人无知，收其食物，足下又交行状一纸，催逼作传。不得已，仿谀墓之例，撰成寄上。然古文一道，知者甚希，不得不将体例详言之，以免俗人口实。来状要作松庄先生与妻吴氏合传，开口便错。试撷翻《文苑英华》一千卷，八大家数百卷，可有夫妻合传之文乎？古人墓志，夫妇合葬者，其标题但书某公某大夫，而不书暨配某夫人。何也？地道无成，统于所尊也。其妻果贤，不妨于文中叙及之。其妻分葬，则竟作某夫人墓志，此定例也。自元、明以后，古文道衰，始有题中书暨配某氏之文，汪钝翁以为此不典[③]之词。夫合葬墓志尚不可以夫妇并称，而况于作合传乎？以故标题但书《松庄先生传》而不及其室，亦犹行古之道也。

【注释】①抱关击柝：守门和巡夜的人。泛指位卑禄薄的小官。②谀墓：指为人作墓志而称誉不实。③不典：不守常道，不合准则。

【译文】从来古文学家，替人家做碑铭传志的，大致有三种。第一种是那人的功劳德行，显扬天下，我替他表彰出来，不单是他借着我的文章而扬名，我也可以借他来传我的文章。这种文章是不必等待他的子孙来请求，我都甘愿去访求来为他写的。第二种是那人虽然没有什么可以记述的，但他和我是一向要好的，那么替他写传志，来诉说我的悲哀，这也是古人文集里面常常有的。第三种是那人虽然对于社会平平庸庸，跟我也没有什么关系，但是他的子孙想要表示孝心，送我很多金钱，来求我写文章，那么也不得不又感动又惭愧，勉强替他写上一篇，好比管门敲更，以及因为自己的穷苦而不得不出去做官的人一样。这就是刘义所说的阿谀的文章，也是古人所不能避免的。若是这三种情况，每一样都不符合，不过是乡里的善人，村巷的寡妇，这种人活在世上，很多很多，怎能一个个地都替他们写传志呢？《论语》说“好仁不好学，其蔽也愚”，君子不做这样的事情。从前在苏州的时候，我和薛公常常有书信往来，但是没有见过一面，家里的人不懂事，收了他送我吃的东西，你又交给我他的一篇行状，催我替他写一篇传。不得已之下，我只有仿照第三种情况写了一篇，寄给你看看。然而对于古文这东西，知道的很少，我不能不把体例详细说一遍，免得俗人议论。来信里说要做松庄先生和他的妻吴氏的合传，这真是开口便错了。试着翻了一下一千卷的《文苑英华》，八大家的文集数百卷，哪里有什么夫妻合传的文章呢？古人墓志，凡是夫妻合葬的，他的标题只写着某公某大夫，而不写暨配某夫人。为什么呢？地道无成，统合在一个尊长身上了。他的妻子果真贤惠的话，不妨在文章里面叙述几句。倘若妻子分开葬在旁边，那么就可以单做夫人的墓志，这是有一定惯例的。自从元、明以后，古文衰落了，才有题中书暨配某夫人的文章出现，汪钝翁以为这样写是不合规矩的。讲到合葬写墓志，尚且不可以夫妇并称，更不要说是写合传了！所以标题里面就只写着《松庄先生传》，没有提及他的夫人，这也是仿照古人的写法。

一五九、答朱心池明府

前书有“遇恩赦可免输薪”之语，何以至今犹滞留桂水？想天道此邦山好，特留与文人时时作伴耶？抑或借此抑勒[①]文人，使之豪宕感激，有以成就其著作也？仆五六年来，行二万余里，东南山川都已游遍，只欠武夷一座。客秋九月，竟蜡屐而登幔亭之峰，探九曲之妙，往来百余日，得诗七十余篇，阁下闻之，亦为我张目也。尝谓佛家“因缘”二字，实补圣经贤传之所不及。仆名场六十年，有终日见而落落然若路人者，有一二见而思之终身不能忘者，有万无不见之理，而竟不能一见者，有万无可见之理，而公然一见者。君与松圃离仆六千余里，仆又行年七十，此岂有见理哉？然而竟得见矣，且一二见而至今思之不能忘矣。无他，缘故也。不然，使家弟不守端州，则仆不粤游；敝亲家不守桂林，则仆虽粤游不至桂林，渠早罢官，仆又不至桂林。乃一弟一亲家，偏作官于我三人未见之前，皆罢官于我三人既见之后，是舍弟与亲家之作官某处，皆为我三人之交好而设也。思之悚然。第此后执讯人稀，仆儽然[②]衰矣，有离无合，为唤奈何。阁下非独诗佳也，骈体文宛转流利，虽非徐、庾，已是欧、苏，在词馆中吾见亦罕。舍弟秋江诗笔甚秀，亦复衙官屈、宋，皆可惜也。附寄武夷诗呈政。

【注释】①抑勒：强逼，压制。②傫然：颓丧貌。

【译文】前次你的来信里面有“碰到皇恩大赦，可以免于遣戍”的话，怎么到现在还留在桂林呢？想是上天说这地方的山水好，特地留下你这样的文人，与之常常做伴？还是借着这些来给你苦难，使你的性情豪宕感激，有助于完成你的著作？我五六年来，走了二万多里，东南的山水都已经游玩遍了，只有武夷山还没有到过。去年秋九月，竟穿着木屐去登幔亭山，探访九曲的奥妙，往来一百多天，做了七十多首诗，你听了后，也会为我瞠目结舌吧！我曾说佛家“因缘”两字，足以弥补圣贤经传所不足的地方。我踏足官场以来有六十年了，有一天到晚见面，却疏远得像是路人的，有才见过一两次却终身不能忘记的，有万万没有不见的道理却竟然一次也没有见过的，有万万没有见面的道理却竟然真就见到的。你和松圃，离我有六千多里路，我又是将要七十岁的人，这样的话，哪里还有会面的道理呢？然而竟然就会面了，并且会面了好几次，到现在还想着，不能忘记。不为别的，就是缘分！要不然，家弟不做端州知府，我就不会到广东来；我家亲家不做桂林知府，我就是到了广东，也不会再到广西；要是他早辞了官，我也不会到桂林。那一个兄弟，一个亲家，偏偏做官在我们三人没有见面以前，都辞官在我们三人见面以后；舍弟和亲家在哪里做官，都是为着我们三个人交好而设定的，想起来真是可怕得很！但是以后来送信的人少了，我又年纪老了，只有离，没有合，还能怎么样？你不单是写的诗好，骈体文也写得婉转流利，虽然不及徐陵、庾信，也是欧阳修、苏东坡之流的人物，在翰林里面，很是少见的。舍弟秋江，诗很秀雅，但也只是做了个小官，真是可惜啊！附寄武夷诗一帙，请你改正。

一六〇、答靖海侯

除夕前五日，接贤侯手书《袁文辨诬》一册，读之词严义正，较吴缜《新书纠谬》尤为详析。自知获戾，颇觉悚惶。但事出无心，有不得不申诉于贤侯之前者。枚与姚氏素无瓜葛，忽丙戌岁，和州参戎姚公讳栐者入山见访，袖中出乃祖启圣公行述一册，《闽颂汇编》二本，求为作传。枚山居之人，无国史可考，又未见先将军家传，事隔百余年，文献无征，只得就其来本，略加点窜[①]，依样葫芦，应付而去，所谓述而不作也。至今二十余年，姚公音问不通久矣。此等笔墨，山中指不胜屈。设使贤侯当日以先将军行述命为作传，则亦不过谨依来本，极力表彰而已，不能顾姚氏之有所訾謷[②]也。文虽存于集中，事已忘之度外。不料其行述、《汇编》中诬罔名臣，失实已甚，或是当时门客曲意逢迎、党同伐异之作，亦未可知。枚落笔太易，阁下身为孙子，一见怒生，理之正也，但不根究其以讹传讹之故，而遽作申申之詈，则是不揣其本而齐其末矣。须知唐人平淮西一事，李太尉之忠勋，虽昌黎大儒不能掩蔽，穹碑[③]三丈，因石烈士数言，顷刻一曳而倒，况区区之匏宣瓦奏④，何足为典要乎？婴儿伤人，有何成见乎？且儒家之改过，即佛家之忏悔也。既受指南，此梦初醒，惟有抽出此篇，或加增改，兼请贤侯将此札附载于尊作《辨诬》之后，以表鄙人空空洞洞之本怀焉。刻下台匪猖狂，王师进讨，贤侯世受国恩，正宜绳其祖武⑤，副靖海之名，奏鹰扬⑥之绩，又何暇手执毛锥，与穷老秀才争闲气而已耶？息怒一笑。

【注释】①点窜：修整字句，润饰。②訾謷：攻讦诋毁。③穹碑：圆顶高大的石碑。④匏宣瓦奏：比喻应酬一类的笔墨。⑤绳其祖武：比喻继承祖辈事业。⑥鹰扬：逞威，大展雄才。

【译文】除夕前五天，接到你写的《袁文辨诬》一册，读了感觉词严义正，相较于吴缜的《新书纠谬》还要详细。我自己知道得罪你了，很是惶恐。但是事出无心，有些事情不能不详细地讲给你听。我和姚氏向来没有关系，忽然丙戌年，有个和州参戎姓姚名棣的人到这里来见我，从衣袖里面拿出他祖父启圣公行述一册，《闽颂汇编》两本，请我为他写一篇传。我本来是住在山里的人，没有国史可以查考，又没有见过你们先将军的家传，事情已经隔了一百多年，没有文献可以征引，只得就参照他带来的本子，稍加更改，依样葫芦，把他应付过去，这正是古人所说的“述而不作”。到现在算来已有二十多年，姚公处许久没有通过信。这种文字，我在山里面写了太多太多。假使你那时把你们先将军的行述带来，叫我写一篇传，我也不过依照行状，极力地褒扬一番罢了，不能让姚氏回头对我有什么指责。文章虽然还收在集子里，但事情早已忘在九霄云外。不料他的行述、《汇编》里面，污蔑名臣，捏造太过，应该是那时的门客，努力去奉承主人的心意，写下的党同伐异的作品，也说不定。我落笔太过轻率，你作为子孙，一见之后，就发起怒来，这是应该的。但不去寻根究底以讹传讹的原因，就骂起我来，这也就是古人所说的“不揣其本而齐其末”了。要知道唐人平定淮西这么一件事，像李愬那样的功劳，即便是韩愈这样的大文豪，也不能替他遮蔽得了；三丈高的大碑，被石烈士几句话，竟是一拽就倒下来，更不要说我的这些粗陋文字，哪里算得什么呢？小孩儿去伤人，哪里是有什么成见？并且儒家的改过，就是佛家的忏悔。既然受到你的指正，我如梦初醒，只有把这一篇抽出来，或者作些修改，再请你拿我这封信，附载在你所作的《辨诬》的后面，拿来证明我空空洞洞的本心。现在台湾的匪乱，很是厉害，朝廷的军队已经前去讨伐，你世世代代受着国家的厚恩，正应该继承你祖父的功业，不辜负你被封为靖海侯，打一个大胜仗，又哪里还有什么闲功夫，手握毛笔，与我这样一个穷老秀才，争这些闲气呢？请你息怒，笑上一笑。

一六一、答是仲明

前有一函，劝足下不必讲学，谅蒙省览。兹来札问昌黎果否知道，朱子得其《与大颠上人书》，以为真赃现获云云。噫！朱子过矣，足下述朱子之言，是重朱子之过也。孔子曰：“躬自厚而薄责于人。”曾子曰：“如得其情，则哀矜而勿喜。”圣贤居心，大概从厚，故现在与我并世之人与所治之民，尚且薄其责，勿喜得其情，况相隔数百年之贤者，声名久定，何劳朱子身作捕快，收取真赃，而欣欣得意耶？若果以罗织为能，则孔子亦有老子“犹龙”之赞，其可指为孔子通道教之真赃耶？吾故曰朱子过矣。虽然，昌黎亦有自取之道。何也？“道统”二字，是腐儒习气语，古圣无此言，亦从无以此二字公然自任者。文王小心翼翼，“望道而未之见”。望且未见矣，肯以统自任乎？孔子曰：“若圣与仁，则吾岂敢？”“五十学《易》，可以无大过。”过犹不免矣，肯以道自尊乎？昌黎则阴袭孟子“闻知见知”之说，创为尧传舜传，而终之以轲死莫传，是隐然以道统自居也。昌黎居之，朱子亦欲居之。譬如只此一坐席，不推倒一客，如何能据其位？不取真赃，如何能入其罪？故朱子之搜赃，亦昌黎之慢藏诲盗有以自取之也。不然，汉、唐之贤人君子亦多矣，朱子何不家家搜赃，而独与无冤无仇之昌黎为难哉？或曰：周元公与真净文禅师，在庐山鸾溪结青松社，是亦佞佛之真赃，朱子何以不搜？不知朱子道统，得自二程，二程道统，得自元公，元公之赃即朱子之赃，是与捕快烹分者也，故勿搜也。一笑。

【译文】上次有一封信给你，劝你不必讲学，想来你已经看到了。此刻你来信问我韩愈究竟知不知“道”，朱熹拿到他的《与大颠上人书》，以为拿住真赃把柄了，云云。咦！朱熹错了，你现在转述朱熹的话，是使朱熹错上加错。孔子说：“对自己严格要求,对他人不苛刻要求。”曾子说：“你如果能弄清他们的情形，就应当怜悯他们，而不要自鸣得意。”圣贤的心肠，大概都是这样倾向于醇厚，所以，现在和我同时代的人，以及所管辖的人民，尚且宽恕他们，不呵责他们，何况是相隔数百年、声名早有定论的贤者，何必劳烦朱熹化身为捕快，拿住真赃证据，而得意忘形呢？如果专门以罗织罪名为能事的话，那么孔子也有老子“犹龙”的赞辞，难道就可以指定为孔子私通道教的证据吗？所以我说朱熹错了。话虽这样说，韩愈自身也是咎由自取。为什么呢？“道统”二个字，是腐儒的习气话，古代的圣贤并没有这话，也从来没有以这两个字公然自任的。文王小心翼翼，“离道还很远”。望到了还说不曾见，难道肯以道统自居？孔子说：“至于说圣和仁，那我怎么敢当？”又说：“五十岁学《易经》，可以没有大过失了。”过都免不了，还可能以道来标榜自己吗？韩愈偷了孟子“闻知见知”的说法，创作尧传、舜传，文章最后说孟子死后，便无传人，这是隐然以道统自居啊！韩愈这样自居，朱熹也这样自居。譬如只有这么一个座位，不推倒一个人，怎么能占到座位呢？不拿住人家的真赃，怎么能够将人家定罪呢？所以朱熹搜查真赃，也是韩愈有些不检点咎由自取的缘故。否则的话，汉唐时代的贤人君子也不少，朱熹何不家家都去搜查他们的问题，而独独对无冤无仇的韩愈发难呢？有人说：周敦颐和真净文禅师在庐山鸾溪结青松社，这也是迷信佛教的证据，朱熹为什么不抓住这事呢？殊不知朱熹的道统，是得之于程颐、程颢兄弟俩，而程颐、程颢兄弟俩的道统，又是得之于周敦颐，周敦颐的赃，便是朱熹的赃，这是与捕快平分赃物了，所以便不搜了。一笑。

一六二、与树斋尚书

今春枚探梅邓尉，家中递到似村手书，知世兄已从塞外还京，深为心慰。又闻往湖南勾当公事，以故未驰延候之笺，仅寄声陈舒轩，托其代通芳讯。端阳后十日，补山制府来书，道世兄殷殷念我，且讹传已作逐客还乡，致劳叹息，将所寄渠小札封与枚观。伏念尚书身在九霄，犹能俯而下视，时时留心于枯木朽株，何风义之笃而念旧之深也！枚六七年来，遨游二万余里，东南山川，殆被麻鞋踏遍。在家日少，与人事绝不相关，诸当事亦都闻声相钦。间有一二不相中者，虽绝无涯际，而时有谰言，此亦从古圣贤所不能免。《国策》曰："夜行者自信不为盗，而不能使狗无吠。"古乐府曰："蚊虫啮铁杵，渠无下嘴处。"每读至此，令人笑吃吃不休。或者逐客之讹传，从此来乎？要知君子小人，世所恒有，但使一出于真，俱可以情相感。孔子恶穿窬[①]，不恶其内荏而恶其色厉也[②]。孟子恶乡愿，不恶其奄然媚世而恶其居之似忠信，行之似廉洁也。杨诚斋[③]云："天下不患有真小人，而患有伪君子。"何也？真者易知，伪者难测故也。试观在昔宋时，卢多逊、丁谓、王钦若，皆小人也，虽当国持权，于宋朝元气卒无大损。惟一刚正廉洁之王安石出，而遂基靖康之祸，此伪君子之明效也。然而学问文章，今之人有能及安石万分之一者乎？枚今年七十有三矣，念古人韩、柳、欧、苏都无此寿，公然得之，自觉忝窃。然而食米不满半升，看书未终，神欲舍形飞去，此亦元化推迁，自然之理。陶然寐，蘧然觉，无一分顾藉心，惟交好如世兄，中心折服如世兄，竟说“今生不见”，觉此四字胸中难过耳。似村信来，说陶夔典郎君来京候选，二十年前枚抱与尚书之义儿也。忽然乔梓相逢，传为佳话。

【注释】①穿窬：指翻墙头或钻墙洞的盗窃行为，亦指进行这种行为的窃贼。②色厉内荏：外表强硬，内心虚弱。③杨诚斋：杨万里（1127—1206），字廷秀，号诚斋，自号诚斋雅野客。南宋文学家。与陆游、尤袤、范成大并称为南宋“中兴四大诗人”。

【译文】今年春天，我到邓尉去探赏梅花，家里寄来似村亲手写的信，知道你已经从关外回京，我很欣慰。又听说你去湖南办理公事了，所以没有写信给你，问候一声。只是给陈舒轩带了个口信，希望他能够代我问一声好。端阳过后十天，朴山总督来信，说你很想念我，并且谣传我已被驱逐回家，令你为我叹息不已，还把寄给他的信转寄来给我看。我想你做着大官，身在九霄，还能够俯视下界，时刻留心我这不成才的东西，这样的风义是多么高厚，念旧之情又是多么地深切啊！我这六七年来，出去游玩了二万多里，东南的山水，几乎被我走尽。我在家里的日子少，对于人事，一概不管不问，许多地方上的大官也都佩服得很，偶尔有一两位不是很要好的，虽然也没有什么过不去的矛盾，却时时有些不好的话语传出，这也是自古以来，圣贤所不能免除的。《战国策》上说：“走夜路的人可以保证自己不做坏事，但却没有办法让狗不对着自己乱叫。”古乐府里说：“蚊虫啮铁杵，渠无下嘴处。”每次读到这里，便要吃吃笑个不停。关于说我被驱逐的谣传，就是这样来的吧？要知道君子和小人，都是世上常有的，只要是出自真心，都可以用情来感染人。孔子恨穿窬，不厌恶他内荏，却恨他色厉。孟子恨乡愿，不厌恶他虚伪媚世，却恨他居之似忠信，行之似廉洁。杨万里说：“天下不怕有真小人，就怕有伪君子。”为什么这样说呢？因为真的容易知道，伪的却不容易看破。试看当年宋朝时候，卢多逊、丁谓、王钦若，都是小人，虽然做着宰相，管着国事，但是宋朝的元气，到底没有太大损伤。唯独一个刚正廉洁的王安石出来，就造成了靖康的祸殃，这就是伪君子的明证哩。然而他的学问文章，现在人哪里能够比得上他的万分之一呢？我今年七十三岁了，想到古人韩愈、柳宗元、欧阳修、苏轼都没有这个寿元，而我居然得到了，自己觉得很是惭愧。然而吃饭吃不了一点，看书没有看完，就已经头昏不已，这也是人生变化的自然道理。活也好，死也好，没有一分顾惜的心思，只有对于这样要好的你，心里这样佩服的你，竟要说出“今生不见”，觉得这四个字令心里很是难过。似村信来，说陶夔典公子到京里来候选，这是二十年前我抱给你的义子。忽然父子相见，真要传为佳话了。

一六三、与似村

五月间，有《奉怀》诗托孙叟奉寄，未知收到否。弟年逾六十，即欲戒诗，不料年逾七十，犹时时为之而不能已，岂春蚕吐丝，真个到死方尽耶？抑戒诗如戒酒，生而曲蘖[①]性成者，忍俊不禁，屡戒屡开耶？近自号“诗中冯妇”，自解嘲也。世兄寄我诗笺小印，有“诗名心未忘”五字，我贴壁间。有某官素好谈理学者见之，栩栩然曰：“人皆好名，我独不好名。”我应声曰：“人之所以异于禽兽者，以其好名也。”其人惭沮而去。附告世兄一笑。

【注释】①曲蘖：幼芽屈曲。

【译文】五月里有一首《奉怀》诗，托孙老头儿寄给你，不知你收到了没有。我的年纪快要六十岁时，就想不再做诗了，不料年纪过了七十，还是常常要写，停不下来，难道如同春蚕吐丝，真要到死才肯罢休吗？还是说戒诗犹如戒酒，生来就喜欢喝酒的人，常常忍不住，屡次戒酒又屡次犯戒吗？近来我自号“诗中冯妇”，这是自我解嘲呢！你寄给我的诗笺小印，有“诗名心未忘”五个字，我贴在壁上。有某官一向喜欢谈理学的，看见了这个，便很高兴地说道：“每个人都好名，我唯独不好名。”我回答他道：“人之所以和畜生不同，就是因为好名。”那个人很惭愧地走了。顺便告诉你，让你笑一笑。

一六四、与毕制府

太仓王君来，接手书，知道体康娱。丙相患病而病安，于公求雨而得雨，此皆大君子诚感所至、灵贶[1]自甄之效。枚览今怀古，尝谓以天下为己任，一夫不得其所引为己恨者，伊尹是也。以斯文为己任，一士不得其所引为己恨者，尚书是也。尚书用心，即先王养贤以及万民之意，比泛爱博施，尤为知所先务。是尚书一身不但系苍生之休戚，兼关风雅之盛衰，周公所称"天寿平格""丕冒海隅"，夫岂偶然哉！想龙马精神，定胜平昔矣。枚闻善《易》者不占，善《诗》者不说。枚撰《随园诗话》十六卷，未免宋元人习气，自觉可嗤。然中间抒自己之见解，发潜德之幽光，尚有可存。积岁既久，卷页遂多，无力付梓，又不忍拉杂摧烧之。蒙尚书许为开雕，不觉欣幸，当即誊清六本，将交王先生寄呈省览。忽闻尚书有总督两湖之信，恐方展陶太尉之经略，必暂缓羊太傅之闲情，未敢干渎[2]尊严，故仍且留下。今春在府抱嵩珠世兄，嶷嶷[3]麟角，牙牙相亲，是将来之韩忠彦、范纯仁一流人物。储休启佑，理合如斯，藉便报知，兼以志喜。

【注释】①灵贶：神灵赐福。②干渎：冒犯。③嶷嶷：高耸貌。

【译文】太仓的王君到这里来，接到你亲手写的信，知道你身体康健。丙吉患病而后来病自愈，于公求雨而雨就来了，这些都是大君子诚心感动上天所致，也是祷告灵验的效果。我看着现在的人，想到古人，曾经说以治理天下来作为自己的责任，只要有一个人找不到发挥自己才能的地方，就把它当成自己的一件恨事，这说的是伊尹。把提倡文学来作为自己的责任，只要有一个读书人找不到发挥自己才能的地方，就把它当成自己的一件恨事，这就是尚书你。你的用心，就是先王养贤士以及万民的意思，比起泛爱博施，更是要紧。所以你的一身，不但关系到百姓的好坏，并且关系到风雅的盛衰，周公所说的"天寿平格""丕冒海隅"，这岂是偶然？想你的龙马精神，一定更加胜过从前。我听说，善《易》者不占，善《诗》者不说。我写的《随园诗话》十六卷，未免有些宋元人的习气，自己都觉得有些可笑。然而在里面发表了我自己的见解，表扬了一些潜在德性的光辉，还是有些可取之处。积攒了多年，卷页也就多了，没有力量去刊印，又不忍一把火烧掉它们。蒙你答应替我去印刷，我非常高兴，当即就誊清六本，想托王先生寄给你看看。忽然听说你有总督湖南、湖北的消息，恐怕正要发展你治国安民的大略，没有时间来管这些文字的事情，不敢来冒犯你的尊严，所以仍旧留了下来。今年春天在你府上，抱着令郎嵩珠世兄，他长得相貌堂堂，牙牙学语跟我非常地要好，这将来就是韩忠彦、范纯仁那样的人物。上天保佑着贤人的儿子，按理就是应该这样，顺便告诉你一声，同时报告我的快活。

一六五、与佛裔上人

三年小别，渺隔人天，一纸书来，忽闻謦欬。上人以西方之禅伯[①]，念白下之衰翁，想与鄙人香火因缘不无瓜葛，鸠摩天性最爱文章之故耶？命枚学白傅以诗集交东林、圣善两寺，仗佛力作护持，使他年不寂灭。婆心善意，可感可钦。奈拙集卷帙繁重，一时少驮经之白马，捆载而来，兼恐煮字不可以斋僧，丑诗未足以呈佛，以故敝帚自享，临发迟疑。又不忍负上人雅意，先将外集二本，游山诗六卷，先行寄上，余俟明春还乡扫墓时，再呈省览。恳进枚撰《随园诗话》十六卷，苦搜方外一门，已将吾乡之明中、让山，及他省之寄尘、亦苇，都已登载矣。龙华会[②]上，岂可少支公一大法师哉？乞将平时佳句，命侍者录数首来。

【注释】①禅伯：对有道僧人的尊称。②龙华会：弥勒菩萨于龙华树下成道的三会说法。又称龙华会、弥勒三会，略称龙华。此处泛指佛会。

【译文】小别三年以来，相隔万里，我忽然收到你的一封信，好似听得你的言笑。你以西方禅伯的身份，想念我这个南京的老头，想来和我们平时彼此契合不无关系，这难道是鸠摩天性最喜欢文章的缘故吗？你叫我仿照从前白居易的故事，把诗集交给东林、贤善两寺，借着佛力来保护，使它们过了许多年也不至于寂灭。你的好意，我正该感激钦敬。但是我的文集卷页很多，一时间既不容易拿过来，并且恐怕我以文字谋生，不能给僧人们施斋，丑陋的诗作不可以献给佛祖，所以敝帚自享，想送过来又有些迟疑。然而又不忍心辜负你的好意，就把外集两本，游山诗六卷，先行寄给你，其余的等到明年春天回乡扫墓的时候，再来送给你看。恳求你让我再献给你我所写的《随园诗话》十六卷，里面苦心搜罗方外一门，已经把我乡里的明中、让山，以及其他省的寄尘、亦苇的诗，都已经登载进去了。但佛会里面，怎么可以缺少你这样一位大诗人？请你把平时的好句子，叫底下人抄几首送来。

一六六、答李香林尚书

腊月十二日，成观察来金陵，递到尚书手札。伏读之下，词意殷拳，自谦则若江河之就下，见誉则扶伛偻以升高。昔庞士元称引人才，往往有溢其分者，皆由爱士亲贤之意，诚于中，形于外，遂不啻若自其口出焉。古君子之高风，即尚书今日之见待也。第施之者不觉其过，而受之者弥增其惭，纳手扪心，能无踧踖？枚代撰尚书六十寿序，就所亲炙，略作波澜，以莛击钟，如蠡测海，心有余而才不足，十分序一，挂漏殊多。尚书不责其笔墨之荒疏，而赏其精思之结构。文以人重，昼锦堂中一记，欧九书生，将藉安阳相国而增身价矣。树芳斋席上，偶谈及乳酥一味，向颇嗜之，不过酒后兴到语耳。乃蒙尚书远购长安，寄来白下。久要不忘，平生之言，何其爱之深而怜之至也！启箧传观，举家颐朵。白如霜雪，凝为姑射之肤；衬以查梨，酸带秀才之味。笑张苍之齿脱，乐比餐霞；饮穆氏之醍醐，恩深养老。《焦氏易林》云："心得所好，口常欲笑。"庾子山云："鳌戴三山，深知其重。"即枚此日之心情欤！

附来书

卅载钦迟，一朝攀晤。当德水安澜之候，正闲云出岫之时。先生盛代奇才，海内宗仰。挂冠遂终养之怀，结庐得清凉之境。升平岁月，怡逸性天[①]，此华顶青松、云中白鹤不足相方也。昨者往返溧阳，两承枉顾。羡朱颜之不老，矍铄精神；荷青眼之相看，绸缪交谊。辱投佳句，宛如明月入怀；快接高谭，顿觉春风满座。一樽共话，欢若平生。比以返棹匆匆，挽留未遂，乃孟城小住，复惠手书，一叶瑶华，三熏盥诵。且因鄙人初度之辰，曲狥同僚之请，怜其马齿，光以鸿文。健笔如椽[②]，精思结撰，虽誉之过甚，而爱之实深。弟鹿鹿河壖，悠悠岁序，凛涓埃[③]之未效，愧甲子之已周。何期荏苒方嗟，转获褒扬致颂。既临风而佩德，更滋恧以难安。惟是六秩居诸，得附千秋著述。则文能寿世，永垂不朽之名；语出吉人，便是长生之箓。其为感戴，曷可言宣！迩闻文旆[④]已返山中，腊鼓催年，江梅送暖，想园林之佳胜，颂祉履之绥和。肃泐复谢，敬候近祺。

【注释】①性天：犹天性。谓人得之于自然的本性。②健笔如椽：比喻笔力雄健。③涓埃：比喻微小。④文旆：犹“尊驾”。

【译文】腊月十二日，成道台来南京，我接到你的来信。拜读以后，文辞恳切，自谦得如同江汉往低处流，称赞我的时候，好像要把伛偻之人都拔高。从前庞统称赞人才，往往有过誉之辞，都是因为爱士亲贤，所以心里的真诚心意显露到外面来，于是就不像是仅仅口头上说说而已。古君子所谓的高风，你现在这般待我也就是了。但是布施的人不觉得过分，接受的人却是更加惭愧，自己拿手来摸着良心，怎能不十分局促呢？我替你写的六十寿序，就是按照你的指示，稍稍起了一些波澜，正像拿稻草敲钟，拿蠡来测海的深浅，心有余而才不足，心里有十分不过写出来一分，疏漏很多。尚书你不责备我文字的荒疏，反倒赞扬我结构的巧妙。文章因人而重，昼锦堂记一篇，我将要像欧阳修借重韩琦一样，拿你来增加我的身价了。树芳斋宴席上，偶然谈到乳酥这道菜，我向来很欢喜的，不过是酒后兴致到了的话语罢了。没想到你真从北京买来，远寄到南京。一言既出驷马难追，可见你是多么地怜爱我呀！打开匣子来传观，全家嘴里都享着福。白净似霜雪，凝脂如同姑射仙子的皮肤；衬着查梨，酸酸的像是带着点秀才的味道。我自笑和张苍一样，已经没了牙齿，但快活得就像吃日霞；又好比喝着穆氏的醍醐，可称得恩深养老了。《焦氏易林》上说道：“心得所好，口常欲笑。”庾信说道：“鳌戴三山，深知其重。”这些说的就是我今天的心情吧！

附来书

分别三十年之后，突然得以见面攀谈。正值德水风平浪静的时候，又在闲云出岫的时候。先生是盛代奇才，全天下的人都很敬仰。你辞官回去抱着服侍母亲到老的心思，在山间清凉之地筑房而居。太平的日子，悠闲随性，就是华山顶上的青松、云中的白鹤，也不能和你比拟。先前我往返溧阳，两次承蒙你前来做客。你的样子看起来一点不老，精神矍铄，我很是羡慕；承蒙你对我青眼相看，得以与你做朋友。饮酒作诗，我快乐得如同明月入怀；大家谈笑风生，顿时觉得春风满座。边喝酒边聊天，真是快乐极了。到你匆匆掉转船头回去，我挽留也挽留不住，直到你到孟城小住时，再寄给我一封信，恰似一叶瑶华，我熏香淋浴三次才打开信来看。而且还因为我第一次过生日的时候，你看在同僚的情谊，可怜我年纪大了，赠我一篇文章。你的文章健笔如椽，构思巧妙精严，虽然赞扬稍有些过，但爱之深却是真的。我在忙碌着治河工程，虚度着时光，还一无所成，不知不觉已有六十岁，心中有愧。谁知道，我这边才刚嗟叹一番，转而就收到你的褒扬与赞颂。既临风而感叹你的盛德，更增加我心里的不安。恰好在这六十岁的时候，接到你的千秋文章。文章能够使人长寿，成就永垂不朽的名声；何况这篇文章还是出自你这位有福气的人，更是长生的符箓了。我心中的感激，哪里说得尽！近来听说你已经回到山中，腊月的鼓一响，年也就快到了，江边梅花已经带来阵阵暖意，令人想到园林里面的好景致，祝你身体健康。写完信后再次致谢，恭祝近好。

卷　七

一六七、答陈舒轩

足下秉夷姤[①]之质，抱殷勤之心，持笔则着手成春，晤言则不衣自暖。此仆侍相国门墙，与君掎裳连襼[②]所深知者也。不料事隔廿年，才增一斗，两回书至，一片花飞。言情则曲而能伸，叙事则纡而必达。清词丽句，缀玉编珠。虽非徐、庾词华，恰是欧、苏风调。老人拊髀雀跃[③]，不图为乐之至于斯。更蒙惠哈密瓜、八达杏等物，邵平老矣，犹分塞外之甘；小宋依然，重啖琼林之果。不但思其所嗜，兼教乐尔妻孥。近年来淹中、稷下，三墨八儒[④]，师弟情深，孰有如舒轩者乎？所愧无琼可报，难投鲁叟之匏瓜；且喜韫椟而藏，又得陈遵之尺牍。

附舒轩来书

夫子大人阁下，昨于孟秋中浣[⑤]，敬肃芜笺，缄封而神与俱驰，转瞬而节惊忽改。想彼寸草，早达瑶阶；对此阳春，倍怀绛帐。只以江南多暖，北地常寒。烟冷而柳不藏鸦，金台零落；风高而尘能蔽日，云物萧疏。不独白露苍葭，深秋水一方之慕；恒以离群索处，作担簦千里之思。拟尺素之频通，川无游鲤；写丹诚而欲寄，目断征鸿。徙倚崇朝[6]，彷徨终夜。乃承眷注，不弃幽遐。既贲琅函[7]，复颁文集。谣歌骚赋，摅壮彩于篇章；颂表箴铭，运英才于述作。惟恨粗识之无，莫知奥义，难邀讲贯，徒结疑团。然而祥霞绮旭，盲人亦知晴朗之堪嘉；黄钟大镛[8]，聋者要觉铿锵之可听。谁谓矉女憎夷光之巧笑，裸民诮雾縠为妍华也哉。独是子无誉父之文，岂弟有称师之义。愤启而舞蹈难禁，悱发而欢迎莫遏。虽夫子之文章，世有定论；而小子之钻仰[9]，好更弥涯。于是向往维殷，离怀愈结。人非契阔[10]，安知常聚之难逢；少若勤求，讵悔老来之失学。向有童心，失于交臂，嗣违左右，未获倾衿。不与斯文，甘心下走，辱夫子殷殷奖饰，历历称扬。不同《春秋》责备贤者，肯收葑菲许厕清流。人受宠而必惊，马加鞭而愈奋。所幸小仓山畔，竹报平安[11]；安乐窝中，花名蠲忿[12]。白髭朱履，行地如仙；长啸短吟，衔杯乐圣。命以基而始固，仁者宜然；福以敛而愈增，至人[13]难量。纵慈云入岫，永辞燕北风沙；或小草向阳，来沐江南化雨。则虽改春风之面，犹须借嘘拂以驻衰颜；而与闻虎幄[14]之谈，更必藉声光以开茅塞。未将芹曝[15]，不免庄荒。小具束脩，用资莞尔。兹呈哈密瓜、八达杏二物。戋戋曷贵，念其来自远方；琐琐堪嗤，乞览此中微悃。

【注释】①夷姤：谓性情平和厚重。②掎裳连襼：牵裙连袖。③拊髀雀跃：拍打着大腿,像雀儿欢跳一样。形容非常欣喜的样子。④三墨：墨子之后，墨家分为三派，称三墨。八儒：相传孔子死后，儒家分为八派，故称。⑤中浣：古时官吏中旬的休沐日。⑥崇朝：终朝。从天亮到早饭时。⑦琅函：书匣的美称。⑧黄钟大镛：形容声音洪亮的大钟。⑨钻仰：深入研求。⑩契阔：久别的情怀。⑪竹报平安：指报平安的家书。⑫蠲忿：消除忿怒。⑬至人：指超凡脱俗，达到无我境界的人。⑭虎幄：以虎纹为饰的幄幕。⑮芹曝：谦词。谓所献微不足道。

【译文】你具有平善的质地，抱着殷勤的心思，做起文章来，真是自然清新，谈起话来，又是使人心意和暖。这是我从前在尹相国府时，和你天天聚首，情意密切，所深深知道的。不料隔了二十年，你的才学增加了一斗，两次寄信给我，还一次附寄诗来。讲情时，是曲而能伸，记事时，是清晰详明。文句清丽，犹如珠玉满纸，虽然不是徐陵、庾信，却已有着欧阳修、苏东坡的风调。使得我这个老人非常高兴，快活得跟什么似的。还蒙你送我哈密瓜、八达杏等东西，邵平老了，还分享着关外的甜瓜，宋祁依然如故，还吃着琼林里的果子。不单投我所好，还使得我全家都有口福。近年来的文坛上，人物很多，先生学生间的情分最最深的，还有谁可以超过你呢？我所惭愧的是没有好东西可以报答你，不能够赠孔子的匏瓜，姑且把你的信珍藏起来，好似得到陈遵的尺牍。

附舒轩来书

夫子大人阁下：先前于孟秋中旬，恭敬地写信给你，信封好后，心也跟着信一起飞了，转眼间节令已经更改了。想那寸草，早已长到石阶，对着这阳春，倍加怀念你。不过江南天气多和暖，北方多严寒。天气转凉柳叶稀疏，黄金台上花草已经凋零；凉风裹挟尘埃简直能够蔽日，景色萧条。不独白露苍葭，有深秋水一方的羡慕；经常因为离群索居，有千里之思。想要经常与你通信，又没人投寄；写好信之后想要寄出，也无能为力。站一整天，彷徨整夜。承你眷顾，没有将我抛弃。既赠我书函，又送我文集。诗词歌赋，每一篇章都极富文采；颂表箴铭，满满的才华蕴于其中。恨我只能粗识，而不知道其中深义，难以邀请到你替我讲解，不过徒增疑团罢了。然而在吉祥的霞彩照耀之下，即使是盲人也知道晴朗的好；黄钟大镛之声，即使是聋人也会觉得铿锵好听。谁说丑女就憎恶美人的巧笑，赤裸身体的人就讥诮绸缎的美丽呢？这个人虽然没有夸赞的文字，但却有一颗想拜师学习的心。不禁愤启向学，再次努力向上而已。虽然夫子你的文章，世人早有公论；而我的敬仰之情，却依然无边无际。于是向往之心越发殷切，因为离别，心思更加郁闷。人如果不经历别离，怎么知道相逢的困难；年少的时候如果努力刻苦，怎么可能老来之后后悔没有学问。我之前有一颗童心，但与你失之交臂，后来又因为各种不凑巧，不能与你好好见面交谈。不与有德行的人交往，甘心于沉沦，有辱夫子的殷切夸赞，以及各种表扬。不同于《春秋》对于贤者的苛求，夫子你允许我这样的人与清流为伍。人受宠后必然会大惊，马受到鞭打之后才会更加奋力。所幸小仓山旁边，可以写信报平安；安静的住处，可以赠花以消怨和好。你白须红鞋，走路如同仙人，长啸短吟，悠闲喝酒。性命要打好根基才能稳固，仁者也是这样；福气却是越收敛而越增加，至人的福气就难以测量。你如慈云一片重归山岫，永远告别燕北的风沙；或者我能似向阳的小草，有一天能够来江南沐浴你的雨露春风。到时候或许容颜已改，令人不禁叹惋年华易逝；但能够与你再次见面，必能再借你的才学为我解惑。未将芹曝，不免庄荒。稍微置备一点礼物，博你一笑吧。今献上哈密瓜、八达杏两样东西。这些东西虽然不值什么钱，还请你念在它们来自远方；闲言琐碎，令人嗤笑，请你怜惜我的一点用心。

一六八、与庆晴村都统

枚去秋作海州云台之游，因旧宰沭阳，五十年前令尹，重临故地。竹马儿童，都变作苍颜白发，争先迎接，有丁令威化鹤归来光景。盘桓月余，又小住扬州半月，花天酒地，盎意酣嬉。自知甚矣吾衰，重来难必，故留别某某，皆有诗四首，雪泥鸿爪，小纪因缘。腊月八日还山，见案上有见赐手书、《哭似村》诸绝情文双至，可泣可歌。集句如天孙织锦，巧合自然，但记文端公雅不喜此体，常云：“集句如公馆办差，铺设华美，终是别人物件，不作自己家珍。”至哉言乎！然将军不好武，闲居无事，以诗为戏，当作抛堶[1]投壶，偶一为之，未始不可。孔子曰：“不有博弈者乎？为之犹贤。”斯之谓已。惟书法近学郑板桥，则殊不必。板桥书法，野狐禅也，游客中有寿门、已军、楚江诸公，皆是一丘之貉，乱爬蛇蚓，不识妃豨，以揠苗助长之功，作索隐行怪之状。亦如孙寿，本无颜色，又不肯安心梳裹，故为龋齿笑②、坠马妆③以蛊惑梁冀、秦宫耳。若西施、王嫱，天然国色，明珰④玉佩，整整齐齐，岂屑为此矫揉造作、小家子态哉！昔人论诗，道苏东坡如名家女，大脚步便出，黄山谷缩头拗颈，欲出不出，有许多作态，为是甚的？字亦如之。世兄平日书法，从欧、颜两家得来，较此辈已高倍蓰。不过拘而未化，将来多读书，多临帖，自必夕秀纷披，有文端公晚年境界。就使伎止于斯，亦觉周旋中规，折旋中矩，足以雄矣。名教中自有乐地，何必见异思迁？仆全不知书，幼而失学。然一点一画，总还是儿时写"上大人"光景。村女不含颦，牧童不揖让，一味率真，无人相笑。王宰不能言而能不言，亦藏拙法也。世兄以为何如？

【注释】①抛堉：相传古有击壤，以抛掷砖块为戏。宋时寒食有掷砖块之俗。后世易瓦石为铜钱，遂变游戏为赌博。②龋齿笑：指女子故意做作的状若齿痛的笑容。③坠马妆：始于汉代的一种发髻形式，据《五行志》记载，为东汉梁冀的妻子所创造。④明珰：用珠玉串成的妆饰品。

【译文】我去年秋天到海州云台去游玩，因我曾经在沭阳任过职，五十年前的知县故地重来。往昔的少年朋友，都变作老头儿，争相来迎接我，很有丁令威化鹤归来的意思。逗留了一个多月，在扬州又小住了半个月，每天都是花天酒地，尽兴作乐。自知年老气衰，这辈子一定不会再来了，所以留别某某时，都有诗四首，作个纪念。腊月初八回到山里，在案上见到你的信和《哭似村》等绝句，文采与情感都好，可歌可泣。集句也像织女织锦似的，自然流畅，但记得文端公不是很喜欢这种体式，他曾经说：“集句就像在公馆办差，铺设地再华美，终究是别人的物件。不能把它们当作自己家的珍宝。”这话真是深刻呢！然而将军你不欢喜武，空闲没事，拿诗作为游戏，偶尔为之，也没有什么关系的。孔子说：“不是还有玩博和下棋的游戏吗?干这个，也比闲着好。”说的就是这个道理。只有你的书法，近来学习郑板桥，这实在大可不必。郑板桥的书法是非主流。游客中有寿门、已军、楚江诸公，也都是一个样子，字不成字，偏偏不从根本入手，故意揠苗助长，卖弄玄虚。正像孙寿，本来相貌就不好看，又不肯好好地装扮，故意作什么龋齿笑、坠马妆，来迷惑梁冀和秦宫。如果是西施、王嫱，她们生来漂亮，明珰玉佩，整整齐齐，哪里肯做出这种矫揉造作的小家子姿态呢？从前人论诗，说苏东坡譬如名家的女儿，大脚步地就走了出来，黄庭坚便不行了，缩头拗颈地，欲出不出，有许多做作，为的是什么？字也是这个道理。你平日的书法，从欧阳询、颜真卿两家得来，比这些人已经高出许多倍，所差者，只是未能形成自己的风格。将来多读书，多临帖，自然会好起来，进而有文端公晚年的境界。即使书法就止于目前这个境界了，也是随意自然，一笔一画皆有法度，足以自豪了。名教中自有乐地，何必见异思迁？我一点也不懂书法，从小就没学过。然而一点一画，总还是儿时写“上大人”的光景。村女不含颦，牧童不揖让，一味率真写去，倒也没有人笑话我。王宰不会说话，可是他能够不说话，也是藏拙的法子呢！不知道你认为怎样？

一六九、谢奇丽川方伯赐裘

枚伏处山中，久不与人间事矣。立春前三日，使者持公名纸来，方知驾莅金陵。枚私心欢喜，恨不作着翅人飞来趋侍，奈足疾未痊，不能纳屦，且知公酬应纷繁，未必有燕寝余闲，与野人话旧，以故踟蹰不前。然钦挹之忱，未尝不心先身到也。蒙赐猞猁一袭，贵重华美。窃思枚自辞官养母之后，荷衣蕙带[1]四十余年，当时之袨服[2]宫袍，都变作质钱帖子[3]。虽有一二犬羊之鞹，亦似才尽江淹，一毛难拔。今秋为暑痢所累，精神顿差，秋冷先知，冬心[4]在抱。忽然长裘之覆，春自天来；顿教卧雪之身，暖从心起。明知"六十不造屋，七十不裁衣"，古之训也，然而既受格外之恩，合破人间之例。忘其衰老，立唤缝人，放翦张灯，赶成新服。不肯传诸儿辈，叠在空箱，有负仁人之赐。骄其妻妾，群惊野老之忽华；恋此蒙茸[5]，翻怕春寒之易去。虽披一日，足抵千秋。惟是陶渊明为晋朝高士，乞人一顿食，甘心冥报相贻。枚贤非靖节，而受宠过之。暮景颓光，无时图报，或者佛氏有来生之说，想专为老人受恩者设乎？借此欺公，兼以自欺。古乐府云："蟪蛄蒙恩，深愧局促。思填东海，强衔一木。"敬为公诵之。

【注释】①荷衣蕙带：用荷叶制成的衣裳和以香草作的佩带。亦指高人、隐士之服。②袨服：黑色礼服。亦指盛服，艳服。③质钱帖子：当铺的当票。④冬心：冬日孤寂凄清的心情。⑤蒙茸：蓬松、杂乱的样子。

【译文】我躲在山里，长久不关心人世间的事情。立春前三天，你差人拿着你的名片到来，才知道你来到了南京。我心里很是欢喜，恨不得生着翅膀飞来见你，怎奈脚病还没有好，不能穿鞋子，并且知道你应酬很忙，未必有空闲功夫和我这个野人细谈旧情，所以踌躇不去。然而我想念你的心，未尝不是心比身子先到呢。承你送给我猞猁皮一件，贵重华丽。我想自从辞官养母以后，都是穿些布衣，已是四十多年了，那时的好衣服已变做当票了。虽然还有一两件犬皮、羊皮衣服，也好像江淹才尽的样子，一根毛都没有了。今年秋天因夏天患痢疾的原因，精神很是不好，秋冬都是比人家先觉着冷。你忽然送我很好的皮衣，就好比春天自天外飞来，顿时使我如同睡在雪里的身子，有发自内心的暖和。明知“六十岁不造屋，七十岁不做衣”，这是古人的经验之谈，然而既受着你分外的恩惠，就应该打破向来的老例。忘记了衰老，随即去传唤裁缝，点灯剪裁，赶做新衣服。决不肯传给孩儿们，也不能摆在空箱子里，这样会辜负你仁人的赏赐。穿了在妻妾面前显摆，大家都吃了一惊，以为我这个糟老头子忽然容光焕发；我自己也恋恋不舍这个皮毛，反怕春寒很快就过去了。虽是穿了一天，也足以抵过一千年了。只是陶渊明是晋朝的高士，乞讨了人家一顿饭，便情愿以死相报。我贤德不及陶渊明，受你的恩却比他的重。年纪又老，没法报答你，我想佛家有来生的说头，或许就是专替年老而受恩的人而立的？借此来欺骗你，也来欺骗我自己。古乐府上说："蟪蛄蒙恩，深愧局促。思填东海，强衔一木。"我恭恭敬敬地为你诵读。

一七〇、贺李香林河帅调河东

阅邸抄，知尚书调任河东，是大君子不久临莅之地，此番再到，一切决排疏浚，如行熟路，如理旧书。堤上甘棠，都是召公之树；河渠奏疏，犹存贾让之章。天子以为甘露岁星，岂可使一方常占，故必令之周流南北，惠泽均沾，而后有慰于圣心耶。当此彤彤徂暑①，百渎安澜，尚书一路颁春，八驺命驾。公余之暇，有景必书，知锦囊佳句，又岂止"树树鸟相语，山山水上看"而已耶！既驾轻而就熟，自抡雅以扬风②。抵任以来，乐可知也。惟是枚卅年仰止，裁得瞻韩。裴令公见和之诗，尚笼壁上；陶太尉所贻之札，都是手书。樽前之笑语未终，江上之旌旗又去。枚年衰路远，不能缱绻从公，后会何时，中心纡郁。然而山中明月，本无常照之光；天上春风，自有重来之日。祗望金陵，有幸玉节③降临，开谢安幕府之山，领温峤丹阳之郡。枚虽老矣，必学龙丘苌挈杖携儿，迎慈云于境上焉。

【**注释**】①徂暑：指盛暑。②抡雅扬风：指倡导扶植诗风。③玉节：玉制符节。

【译文】看了邸报，知道你调任河东，这是你从前到过的地方，这次再去，一切疏浚河流之事，像走熟路，温旧书，一定会十分容易。堤上的甘棠，都是你当年种的；河务的奏章，还存着你当年盖下的章。皇帝以为甘露岁星，不可以常常让一个地方独自享受，所以一定要叫你走遍南北，恩惠均匀施予，而后好安慰皇上的圣心。现在天气很热，河里平静，你一路播洒春意，办事空闲下来，一有景致就写出来，知道你定有很多佳妙的诗句，又岂止“树树鸟相语，山山水上看”这么几句。既然是驾轻就熟，更应当扶植诗风。到任以后，这快活是可以想见的了。但是我佩服了你三十年，才能够见面。裴令公的唱和之诗，我还珍重地挂在墙上；陶太尉送来的信，都是亲手写的。酒前的笑语还没有完，你就已经离去了。我年纪已老，路途又远，不能紧紧跟着你，以后什么时候能再会面，心里实在难过得很！然而山中的月亮，本来没有常照的光彩；天上的春风，自有重来的日子。只有盼望南京的百姓有福气，你能重到这里来，开谢安的幕府山，领温峤的丹阳府。我虽老了，一定能够像龙丘苌那样，拿着拐杖，携着带儿子，在边界上来迎接你。

一七一、答赵味辛

近今海内才人，仆省识大半，要如足下之有坚实本领、无丝毫客气①者，目中却少概见。隔一衣带水，欲晤为难。忽接手书，注怀老物，感知己之爱，觇古人之风，可胜额手！枚今年七十有四矣。夏间为暑所累，病痢月余，近虽痊可，而脾气大伤，饮食滞留，碍难消化。医者道命门火衰，当以参耆补之。鄙意草木可以活人，则神农至今不死矣。《唐书》载贾敦颐不肯服药，曰“良医不治老”。孔子所慎，斋、战、疾，然而泰山其颓之时，不闻子贡为之延医，子夏为之和药也。且曰：“及其老也，戒之在得。”所谓得者，非徒贪财、贪爵位之谓，贪长生不死，是亦得之宜戒者。况枚虽不肖，已加圣人一年，长释迦三岁，尚何不足于心哉？逝者如斯，委化任怀，听之而已。来札云“人生贵适意，修短②有数，岂区区人力所能挽回？明知高谈伤气，而兴之所到，有所不恤”，与老人见解相符，可谓一点灵犀，心心相印矣。至于不贪进取，含光隐耀，善刀而藏，则尤是审时度势之真英雄。佩服佩服！竹初明府擅郑虔三绝之才，小试烹鲜③，奉身而退，真吉人哉！仆尚嫌其略迟耳。拙刻《新齐谐》，妄言妄听，一时游戏，故不录作者姓名。无暇校勘，谰言误字，不一而足，乞示知以便改正。寄来三条，容当续上。

【注释】①客气：谓言行虚伪，并非出自真诚。②修短：指人的寿命。③烹鲜：比喻治国便民之道，亦比喻政治才能。

【译文】近来天下的人才，我认识了有大半，像你一般有真材实学、没有丝毫虚浮气的，我绝少看见。隔着很近的一条河，想要会面却不容易。忽然接到你的来信，说想念我这个老东西，感激你知己般地爱我，颇有古人之风，我真是十分欣喜。我今年七十四岁了。夏天里受了些暑气，害了一个多月痢疾，近来虽已好了一点，但脾胃虚弱，吃东西难于消化。医生说我命门的火气衰弱，须要吃人参和黄芪来补。我的意思是草木果真可以让人活的话，那么神农到现在都可以不死了。《唐书》上记载着贾敦颐不肯吃药，说道“好医生也不能医治老年人”。孔子所慎重的，乃是斋戒、打仗、疾病，然而将死的时候，没有听说子贡替他找医生，子夏替他煎药，并且说道：“及其老也，戒之在得。”这个“得”字，不单是贪财贪利禄，就是贪长生不死，也是一种应该戒除的“得”。况且我虽是不长进，已经比孔子还多活一岁了，比释迦牟尼还多活三岁了，心里还有什么不满足的呢？死就死，不把死放在心上，听任自然就是了。你来信说道：“人生须要适意，寿命有数，岂是一些人力所能挽回的？明知多谈要伤气，但是兴致到了，也顾不得了。”这正和我的意见一样，可以说是“一点灵犀，心心相印”了。讲到不贪进取，藏着才学不显露出来，那更是审时度势的真英雄了，佩服得很！佩服得很！竹初知县，抱着郑虔三绝的才学，去做一个知县，小试身手之后，就告退下来，真是个吉人呢！我还嫌他归隐稍迟了一点。我出版的《新齐谐》，妄言妄听，只是一时的游戏，所以不记录作者的姓名。也没有工夫去校正，错字很多，不一而足，请你发现了就告诉我一声，以便改正。你寄来的三条，且待我再续记上去。

一七二、与汪顺哉世妹

今岁清和之月[①]，小住西湖，蒙诸女士不弃衰颓，香车问字，钗光峦翠，照耀书楼，如织女诸星环聚于老人星[②]侧。忽见世妹惊鸿飞下，对客挥毫，以咏絮之才，写簪花之格。补玉台之新咏，独擅风华；领金屋之群仙，自成馨逸[③]。非闻诗闻礼于秋御先生，如切如磋于弱藻母氏，其能为乐之至于斯乎？且一时采伴，都是四代通家，有如武夷君下世，逢人可唤曾孙。无瓜李之嫌疑，有瑶池之聚会。载之《云仙杂录》《真诰》灵篇，诚千秋盛事也。老人因彤彤徂暑，不克久留，次日走别君家，又蒙小叔大郎，分班出见，留其茗饮，馈以珍羞。以女弟子之称，易丈人行[④]之号。昔汉之夏侯胜传经于长信宫中，本朝毛西河授诗于昭华女子，至今士论荣之。以古较今，于斯为盛。所惜者仆七十之年又加其五，夕阳虽好，红不多时，再到故乡，未知何日，思之黯然。惟望郎君丹桂一枝，蟾宫早折；世妹花钗三树，朵殿颁来。使仆逖听风声，距跃三百[⑤]，是则拳拳于怀，而当以瓣香[⑥]默祝者也。带归诗稿，都已加墨，择尤佳者梓入《诗话》中，得凤之一毛，麟之一角，已足增辉彤管矣。寄上画扇一柄，《湖楼即事》诗，求世妹和之，转致令继母程夫人、令妹讳妕者和之，即交碧梧世妹处寄来。随诸君兴之所到，不必拘原韵，亦不必拘十二首之数也。

【注释】①清和之月：农历四月。②老人星：即南极星。③馨逸：香气喷溢。④丈人行：对长辈的尊称。⑤距跃三百：指欢欣之极。⑥瓣香：犹言一瓣香。喻崇敬的心意。

【译文】今年四月里，我在西湖边上暂住，蒙许多女士不嫌弃我衰老，坐车过来请教诗文，钗光和山色照耀到书楼上来，好像许多织女星，环绕在老人星旁边。忽然看见你似鸿雁一般飞下来，对着客人写字，以谢道韫咏絮的才学，写簪花的体式。补《玉台新咏》，独领风骚；引领金屋里面的许多女仙，自成一种香气。要不是闻诗闻礼于秋御先生处，如切如磋于弱藻母氏，哪里能够享受得到这样的快乐呢？并且一时的女伴，都是四代通家，好似从前武夷君下世，逢人都可以叫他曾孙。没有男女间瓜田李下的嫌疑，有西王母瑶池的聚会。要是记载到《云仙杂录》和《真话》灵篇上去，真是千年的盛事哩！我因为天气很热，不能久留，第二天到你家里辞行，又蒙你的小叔子、大儿子，排着班出来见我，请我喝茶、吃饭。用女学生的称呼，来换老伯伯的尊严。从前汉代夏侯胜在长信宫里传经，本朝的毛奇龄，教诗给女学生昭华，到现在还被读书人称赞。对比古今，现在更为昌盛。所可惜的是，我已经七十五岁了。夕阳虽好，可是时日不多了，再想回到家乡，不知在什么时候，想起来真是伤心！只有望你儿子早些中举人，你也封着夫人；使我听到了，我会非常高兴的。这是我心里一向希望着，常常祝祷的呢！带回来的诗稿，都已改过了，拣择最好的，刻到《诗话》里面去，虽是一篇一句，也足以增光女史了。寄给你画扇一把,《湖楼即事》诗,请你和一和,再转给令继母程夫人、妹妹艸,让她们写了和诗,就交到碧梧妹处一并寄来。随着你们的兴致,不一定拘泥于原韵,也不用全部十二首都要和完。

一七三、答杨笠湖

秦世兄来,递到手教。有是哉,子之迂也!《子不语》一书,皆莫须有之事,游戏谰言[①],何足为典要[②]?故不录作者姓名。足下当作正经正史,一字一句而订正之,何许子之不惮烦耶?为载香君荐卷[③]一事,色然而怒,似乎有意污君名节,则不得不大言,以开足下之惑。夫至人无梦,足下在闱中不但有梦,而且使女子入梦,其非至人也明矣。然而求者自求,拒者自拒,如《画墁录》载范文正公修史一事,则虽非至人,亦不失为正人。乃足下公然如其请而荐之,为正人者当如是乎?其事已毕,则亦浮云过太虚,忘之可矣。何以庚寅年运川木过随园,犹欣欣然称说不已?凡仆所载,皆足下告我之语。不然,仆不与足下同梦,何从知此一重公案耶?主试是东麓侍郎,亦君所说,非我臆造。今并此不认,师丹老而善忘,何以一至于此?想当日足下壮年,心地光明,率真便说,无所顾忌。目下日暮途穷,时时为身后之行述墓铭起见，故想讳隐其前说耶？不知竟见香君，何伤人品？黄石斋先生为友所嬲，与顾横波夫人同卧一夜，夷然不以为忤。足下梦中一见香君，而愕然若有所浼，何其局量广狭之不同耶？古人如古物也。古之物已往矣，不可得而见矣，忽然得见古鼎古彝而喜，即得见古砖古瓦而亦喜。古之人已往矣，不可得而见矣，忽然见岳武穆、杨椒山固可喜，即得见秦桧、严嵩亦可喜，何也？以其难得见故也。香君到今将及二百年，可谓难得见矣，使其尚存，则一白发老妪，必非少艾。而况当日早有“小扇坠”之称，其不美可知。不特严气正性之笠湖见之虽喜无妨，即佻傹下流之随园见之，亦虽喜无害也。然而香君虽妓，岂可厚非哉？当马、阮势张时，独能守公子之节，却佥人之聘，此种风概，求之士大夫尚属难得，不得以出身之贱而薄之。昔汪锜，嬖童也，能执干戈以卫社稷，孔子许其勿殇。毛惜惜，妓女也，能骂贼而死，史登列传。足下得见香君以为荣幸，未必非好善慕古之心，乃必以好色狎邪自揣，何其居心不净，自待之薄也？书中改“搴帘私语”四字为“床下跪求”四字，尤为可笑。香君不过荐士，并无罪案拿讯县堂，有何跪求之有？足下解组已久，犹欲以向日州县威风，加之于二百年前之女鬼，尤无谓也。来札一则曰“贞魂”，再则曰“贞魂”，香君之贞与不贞，足下何由知之？即非香君，是别一个四十岁许之淡妆女子，其贞与不贞，亦非足下所应知也。足下苟无邪念，虽搴帘私语何妨？苟有邪念，则跪床下者何不可抱至膝前耶？读所记有“衣裳雅素，形容端洁”八字考语，审谛太真，已犯非礼勿视之戒，将来配享两庑，想吃一块冷猪肉，岌岌乎殆矣。从来僧道女流，最易传名。就目前而论，自然笠湖尊、香君贱矣，恐再隔三五十年，天下但知有李香君，不复知有杨笠湖。士君子行己立身，如坐轿然，要人扛，不必自己扛也。札又云："仆非不好色，特不好妓女之色耳。"此言尤悖。试问不好妓女之色，更好何人之色乎？好妓女之色，其罪小，好良家女之色，其罪大。夫色犹酒也，天性不饮者有之，一石不乱者有之，人心不同，各如其面。好色不必讳，不好色尤不必讳，人品之高下，岂在好色与不好色哉？文王好色而孔子是之，卫灵公好色而孔子非之。卢相家无妾媵，卒为小人；谢安挟妓东山，卒为君子。足下天性严重，不解好色。仆所素知，亦所深敬，又何必慕好色之名而勉强附会之？古有系籍圣贤，今有冒充好色，大奇大奇！闻足下庆七十时，与老夫人重行合卺[4]之礼，子妇扶入洞房，坐床撤帐。足下自称好色，或借此自雄耶？王龙溪云："穷秀才抱着家中黄脸婆儿自称好色，岂不羞死！"此之谓矣。昔人有畏妻者，梦见娶妾，告知其妻，妻大骂，不许再作此梦。足下梦中亦必远嫌，想亦嫂夫人平日积威[5]所致耶？李刚主自负不欺之学，日记云"昨夜与老妻敦伦一次"，至今传为美谈。足下八十老翁，兴复不浅，敦伦则有之，好色则未也。夫君子务其大者远者，小人务其细者近者。黄叔度汪汪千顷之波，澄之不清，摇之不浊。足下修道多年，一摇便浊，眼光如豆[6]，毋乃沟浍[7]之水虽清易涸乎？愿足下勿自矜满，受我箴规，作速挑惠山泉十斛，洗灵府中一团霉腐龌龊之气，则养生功效，比服黑芝麻、诵《金刚经》更妙也。仆老矣，为无甚关系事与故人争闲气，似亦太过。然恐足下硁硁爱名，受此诬污，一旦学窥观女贞，羞忿自尽，则《子不语》一书不但显悖圣人，兼且阴杀贤者。于心不安，故遵谕劈板从缓，而驰书先辨为佳。

【注释】①谰言：没有根据的话，诬赖的话。②典要：谓简要而有法度。③荐卷：科举考试中被选荐的试卷。④合卺（jǐn）：旧时成婚时的一种仪式。将匏瓜锯成两个瓢，新郎新娘各执一个饮酒。⑤积威：长时间形成的威严。⑥眼光如豆：形容目光短浅，缺乏远见。⑦沟浍：泛指田间水道。

【译文】秦世兄来，接到你的信。你真有这样迂腐吗？《子不语》一书，都是莫须有的事情，游戏文字，哪能够被当成典故来引用？所以没有记下作者的姓名。你当作正经正史，一字一句去订正它，你为什么这样不怕麻烦呀？因为记载着李香君荐卷这件事，你勃然大怒，似乎我有意污蔑你的名节，那么我不得不详细地说一遍，来解开你的疑惑。讲到至人不会做梦，你在乡试场里不但有梦，并且使女子入梦，那么你不是至人，这是很显然的事了。然而求的人尽管求，拒的人尽管拒，似《画墁录》记载范仲淹修史这么一件事，那么虽然不是至人，也不失为一个正人。而你公然按照她的请求去荐卷，做正人的就应该这样吗？那件事情一完，好似浮云过天，忘掉它就可以了。何以庚寅年运四川木头经过我随园时，还得意地讲个不休？凡是我所载的，都是你告诉我的。要不然，我没有和你同做一个梦，哪里会知道这一件公案呢？考官是东麓侍郎，也是你说的，不是我的瞎话。现在你连这些都不承认了，“师丹老而善忘”，为什么竟健忘到这样的地步？想你那时壮年，心地光明，有事就说，没有什么顾忌。现在年纪老了，时时为了身后的行述墓志铭起见，所以要想遮蔽从前说过的话吗？殊不知你就是真见了李香君，也无伤大雅。黄石斋被朋友戏弄，和顾横波夫人同睡了一夜，一点也不认为有什么。你做梦见到李香君，就好似污秽了你，何以局量广狭不同到了这样的地步呢？古人就好比古物。古代的东西已经去了，不能再看见，忽然瞧着古鼎古彝，很是得意，就是瞧着古砖古瓦，也可高兴。古代的人死了，不能再看见了，忽然瞧着岳武穆、杨椒山，固然值得高兴，就是瞧着秦桧、严嵩，也值得高兴，这是为什么呢？是不容易碰到的缘故。李香君到现在将要二百年了，也可以算是难得碰到的，要是还没死，也是一个白发老太婆，一定不是年轻美人。况且那时就有“小扇坠”的称呼，可以知道长得不漂亮。不但是严正的笠湖你瞧见了，虽是得意也不妨，就是我这个轻狂的袁枚瞧到了，也是只管得意而不打紧的。可是李香君虽是一个妓女，也不可以厚责她。当马士英、阮大铖势盛的时候，独她能够守住贞节，拒绝小人的聘娶，这种品行气概，就是到士大夫里面寻找，也是很难找到的。不能因为她是一个妓女，就瞧不起她。从前有个汪锜，是小奴才，因能执着干戈去保卫国家，孔子准许不用形容小孩子的死的“殇”字来形容他。毛惜惜，一个妓女，因为能骂贼而死，史官替她做传。你能见到李香君，以为荣幸，未必不是好善慕古的心思，为什么非要用好色狎邪来揣度自己，把自己弄到这般存心不净，自己看轻自己呢？你信里把“搴帘私语”四字改做“床下跪求”，尤其可笑。李香君不过荐一个士子，并没有犯下罪案，拿到县堂上去讯问，有什么需要跪求的？你不当官已经很久了，还要把从前州县官的威风加到二百年前的女子，这样尤其没有意思。你的来信里面，一则称她为“贞魂”，再则称她为“贞魂”，李香君她到底贞不贞，你哪里知道？就算不是李香君，是其他四十多岁的淡妆女子，她的贞不贞，也不是你所应该知道的。你要是没有邪念，虽是搴帘私语，又有什么关系？要是有邪念，那么她就是跪求在床下，也何尝不可以抱她到膝前来呢？读你记的，“衣裳雅素，形容端洁”八字的考语，瞧得太仔细，已经犯了“非礼勿视”的禁戒，将来你要想配享孔子庙的两庑，吃一块冷猪肉，可是很危险了。从来僧道女流，名声最容易流传。就目前来论，自然是你杨笠湖尊贵，而李香君卑贱，恐怕再隔三五十年，天下只知有一个李香君，不再知道有杨笠湖了。士君子立身行世，好似坐轿子，要别人来扛，不必自己扛的。来信又说道：“我并不是不好色，只是不好妓女的色。”这更是荒谬。试问你：不好妓女的色，那要好什么人的色？好妓女的色，罪还小，好良家妇女的色，罪就大了。色好似酒，天性不喝酒的人有，喝一石酒也不醉不乱来的人有，人心有不同，正和各人的面庞一样。好色固然不必避讳，不好色更加不必避讳，人品的高下，岂在好色与不好色？从前文王好色，但孔子称赞他，卫灵公好色，而孔子批评他。卢杞家里没有妾婢，到底还是个小人，谢安带着妓女上山，到底是君子。你是天性庄严，不懂得好色。我也向来知道，也是敬重你的，又何必虚慕好色的名气，去勉强附会呢？从前有攀附圣贤，现在有冒充好色，真是大奇事！听说你七十岁寿庆时，和夫人重新行结婚礼，儿子媳妇，搀进新房，坐床撤帐。你自称好色，难道是借这些来自己夸耀吗？王龙溪说："穷秀才抱着家中黄脸婆，自称好色，岂不羞死！"说的就是这个了。从前人有怕老婆的，做梦娶妾，告诉他的妻，妻大骂，不许再做这一种梦。你梦里也要避去嫌疑，想来也是你夫人平日积威的缘故？李刚主自己吹嘘从不欺人，日记里面写道："昨夜与老妻敦伦一次"，至今传为美谈。你是八十岁的老头儿，兴致还不减，敦伦是有的，好色却没有。君子应该讲些大的远的，小人却专讲小的细的。黄叔度的为人，汪汪似千顷的波浪，澄清他他也不清，摇晃他他也不浊。你修道多年，还一摇晃便浑浊，眼光小得和豆似的，怕是沟浍的水，虽然清明，可是容易干吗？请你不要自以为是，快些受我的规劝，挑惠山的泉水十斛，去清洗你心里的一团霉腐龌龊之气，这样养生的功效，比吃黑芝麻、诵《金刚经》还要好得多。我老了，因为不相关的事情跟老朋友争闲气，似乎也太过分了。但恐怕你爱惜名誉，受着这个污蔑，一旦学着《易经》上的"窥观女贞"，羞忿了自杀的话，那么《子不语》这一部书，不但是违背圣教，并且暗地里杀死贤人了。我心里有些不安。所以你叫我劈板，姑且慢一步，倒不如先写封信来辩白一声的好。

一七四、又

来札云："'名妓'二字，弟所厌闻。"此言也，仆亦厌闻，盍再申之，遵圣人"各言尔志"之意。夫人世之有娼妓，犹人世之有僧道。仆不喜二氏家言，独不厌僧道，何也？盖欧公之《本论》不能行，则昌黎之《原道》终为虚说。先王之世，蚕桑纺绩，阴礼[1]化行，内无怨女，外无旷夫[2]，其时安得有娼妓哉？春秋礼教衰，民无恒产，南宫万奔陈，陈使妇人饮之酒而缚之，此妇人即妓者滥觞。管子设女闾三百，待天下之贤者，越王使罢女为士缝衽，皆有苦心作用，并非得已。曾过邯郸，见人题壁云："但使桑麻都遍野，肯教行露夜深来。"立言深厚，最知政体。大抵情欲之感，圣人所宽。周初南国诸侯沐文王之化，尚有"有女怀春，吉士诱之"者。其后采兰赠芍，相习成风。凯风之母，七子而犹嫁，孟子以为小过。倘使季桓子虽受女乐，而三日犹朝，则孔子亦不去也。二千年来，娼妓一门，历明主贤臣，卒不能禁，亦犹僧道寺观至今遍满九州，亦未尝非安置闲民之良策。夫得一以清者，天也。然而泾水自清，渭水自浊，淮水自清，黄水自浊，天不能厌渭水、黄水之浊，而使尽变为泾水、淮水之清也。且有汾浍[3]以流其恶，则宫室安矣；有匽潴[4]以泄其秽，则庖湢洁矣；有娼妓以分其类，则良贱别矣。既有其类，便有出乎其类者。谚云"行行出君子"。妓中有侠者，义者，能文者，工伎艺者，忠国家者，史册所传，不一而足。女不幸堕落，蝉蜕污泥，犹能自立，较之口孔孟而行盗跖者胜，即较之曹蜍、李志淹淹如泉下人者亦胜。"苟为不熟，不如稊稗。"伪名儒不如真名妓，若果有其人，足下秉彝之好，当乐闻不当厌。闻古之忠臣孝子，皆廓落自喜，不矜细行，目中有妓何妨，心中有妓亦何妨！宋朝胡忠简公请斩秦桧，直声遍天下，贬南海，乃恋恋于黎倩。朱子作诗讥之曰：“十年浮海一身轻，独对梨涡恰有情。世上无如人欲险，几人到此误平生。”我代忠简答云：“从来小节古人轻，万里投荒[5]尚有情。不学遯翁[6]捧蓍草，甘心拑口[7]自偷生。”《宋蓉塘诗话》责白太傅去杭州，忆妓诗多，忆民诗少。余驳之曰：《关雎》一篇，文王辗转反侧，何以不忆太王、王季而忆后妃耶？孔子厄于陈蔡，何以不忆哀公、定公而忆及门耶？凡此数言，皆足下所厌闻。然而我辈立言，宁可使腐儒厌，不可使通儒呕。奉答两书，非好为哓哓，亦陈仲子误食鶂鶂之肉，不得不出而哇之也。

【注释】①阴礼：妇人之礼。②旷夫怨女：指年龄已大，却尚未婚配的男女。③汾浍：汾水与浍水。④匽潴：排泄污水的阴沟。⑤投荒：贬谪、流放至荒远之地。⑥遯翁：即朱熹。⑦拑口：因有所顾忌而闭口不言。

【译文】你来信说：“‘名妓’这两个字，是我所讨厌听的。”你这句话，我也讨厌听，不如再说几句，即遵循圣人“各言尔志”的意思。讲到人世间有娼妓，就好比人世间有僧道。我不喜欢僧道的话，但不讨厌僧道，这是为什么呢？因为欧阳修的《本论》不能实行，那么韩愈的《原道》到底还是虚言。先王时代，蚕桑纺织，以礼治国化民，内无怨女，外无旷夫，那时哪里有什么娼妓呢？到了春秋时候，礼教衰了，百姓没有固定的产业，南宫万逃到陈国，陈国派遣一个女子，把他灌醉绑了起来，这个妇人，便是娼妓的源头。管仲设女闾三百，招待天下的贤人，越王派遣女人替兵士缝衣，都有苦心，是不得已的事情。我曾经路过邯郸，看见有人在墙上题诗说道："但使桑麻都遍野，肯教行露夜深来。"意思十分深远忠厚，很能懂得政体。大概男女情欲的事情，圣人放得很宽。周朝之初，南方的诸侯受过文王的教化，还有"有女怀春，吉士诱之"。其后《诗经》上所记的男女非礼行为，差不多相习成风。凯风的母亲，已经有了七个儿子，还要再嫁，孟子以为是小过。倘若季桓子虽受了女乐，三天依然上朝，那么孔子都未必会辞官离去呢。二千年以来，娼妓一门，经过无数的圣君贤相，到底没有禁止，好比僧道寺庙，到现在还是遍布天下，这也未必不是安置闲民的一种好方法。讲到得一以清的是天，然而泾河自然清，渭河自然浊，淮河自然清，黄河自然浊。天不能讨厌渭河、黄河的水浊，就让它尽变成泾河、淮河的清。并且有了汾浍可以流他的恶浊，那宫室也安然了；有了阴沟可以排泄他的污秽，那庖厨浴室也洁净了；有了娼妓拿来分别种类，那良贱便得以分别了。但是既然有这类，就有高出这一类的人。俗语说道："行行出状元。"娼妓里面，有侠气的，有讲义的，有能做诗文的，有精通艺术的，有忠心国家的，史册上所记载的，枚不胜举。她们不幸堕落在混浊的环境里面，还能够自立，较之于口是心非的人，好得多了，即使跟曹蜍、李志这样犹如死人一样没有生气的人比较，也要好些。"苟为不熟，不如稊稗"，伪名儒不及真名妓，要是果真有这个人，你的善良天性，应该会喜欢听到而不会厌烦。自古以来的忠臣孝子，都是磊落大方，不拘小节。目中有妓有什么关系，就是心中有妓又有什么关系？宋代胡铨请斩秦桧，正直的名声遍传天下，于是被贬到南海，心里却仍挂念着妓女黎倩。朱熹做一首诗去讥诮他说："十年浮海一身轻，独对梨涡恰有情。世上无如人欲险，几人到此误平生。”我替胡铨回答道：“从来小节古人轻，万里投荒尚有情。不学遯翁捧著草，甘心拑口自偷生！”宋《蓉塘诗话》责备白居易去往杭州，回忆妓女的诗多，回忆百姓的诗少。我驳斥道：“《关雎》一篇，辗转反侧，怎么不想念太王、王季，而偏偏去想念后妃呢？孔子困在陈蔡，怎么不想念定公、哀公，而只想念门人呢？”大凡这种话，都是你所不喜欢听的。然而我们讲话，情愿使腐儒讨厌，不可使通儒作呕。我回答你两封信，不是我故意欢喜唠叨，犹如陈仲子误吃了鶂鶂的肉，不得不把它吐出来罢了。

一七五、又

来札云：“书名《子不语》，显悖圣教而大招物议[1]。”此又拘墟[2]之见也。圣人不肯以神怪语人，即敬鬼神而远之之意，非谓竟无鬼神也。《易》称“龙战于野”“载鬼一车”，非《易经》之语怪乎？《春秋》书“六鹢退飞”“星陨如雨”，非《春秋》之语怪乎？左丘明亲受业于圣人，而《左传》一书语怪者尤不胜屈指，可考而知也。子贡曰：“夫子之言性与天道，不可得而闻也。”以故《论语》中除“性相近”一章外，说性者甚少。然而孟子、子思、程子、朱子，专喜说性与天道，岂不显悖圣人？而至今不招物议，崇祀两庑者，何耶？

附来书

见示《子不语》首本，已全行阅讫。他无干碍，《新齐谐》《续广记》，无不可者。惟看到李香君荐卷一条，为之骇然。此事在壬申科，并非弟固始任内之事，一也。年久，是科主司亦不记谁某，二也。河南乡试中额止有七十一名，安得有八十三名之举人？三也。所中侯生，不过壮悔堂房族孙，非其嫡嗣，四也。似此信手拈来，总非是实，但不足辨。至内中有“揭帐私语”四字，污蔑贞魂矣。末又有“某得见李香君，每夸于人，以为荣幸”，诬蔑旧交矣。所称李香君者，乃当时侯朝宗之表子也，就见活香君有何荣，有何幸，有何可夸？弟生平非不好色，独不好表子之色，“名妓”二字，尤所厌闻。如所云云，与弟素性正相反。不知有何开罪阁下之处，乃于笔尖侮弄如此。似此佻傥下流，弟虽不肖，尚不至此。此事原属梦间贞魂报德之事，在敝集稿中曾经序述，今录出寄阅，并无所谓李香君、李臭君者，亦牵扯不上也。因此不惮冒渎，务即为劈板削去。再阁下既引为交契[③]之末，更当奉规。书名《子不语》，分明悖圣，以妄诞自居，不但大招物议而已。阁下名望太重，谅无人敢规劝一言者。自愧忠告而不能善道，祈即赐一回音。

【注释】①物议：众人的议论，多指非议。②拘墟：比喻孤处一隅，见闻狭隘。③交契：情谊，交情。

【译文】来信里说：“书名《子不语》，明显有悖圣教，会招来众多非议。”这个又是眼光狭小的见解。圣人不肯拿神怪的事来说，就是“敬鬼神而远之”的意思，不是说真的没有鬼神。《易经》有“龙战于野”“载鬼一车”的句子，不是《易经》里面在谈怪吗？《春秋》有“六鹢退飞”“星陨如雨”，不是《春秋》里面在谈怪吗？左丘明亲身在圣人那里受业，可是《左传》这本书里，谈鬼怪的事情多得数也数不清，这是可以考查的。子贡说：“老师讲授的人性和天道的理论，依靠耳闻是不能够学到的。”所以《论语》里面，除了“性相近”这一章以外，谈性的地方很少。然而孟子、子思、程子、朱子，专门爱谈性和天道，难道不显然是违反圣人吗？可是他们到现在还不曾受人批评，而且还受人崇祀于孔庙的两庑中，这又是什么道理呢？

附来书

你给我看的《子不语》首本，已经全部看完了。其他都没有什么，《新齐谐》《续广记》，都没有不对的地方。唯独看到李香君荐卷一条，大吃一惊。这件事情发生在壬申科，并不是我之前任内的事情，这是第一点。时间久了，那一科的主持人我也不记得是谁了，这是第二点。河南乡试中榜的只有七十一名，怎么能有八十三名举人？这是第三点。其中有个考上的侯生，不过是壮悔堂房族孙，不是嫡嗣，这是第四点。像这样信手拈来，终究不是事实，但也不必再辨别。至于其中有“揭帐私语”四个字，这就是污蔑贞魂了。末尾又有“某得见李香君，每夸于人，以为荣幸”，这就是诬蔑我这个旧交了。你所称赞的李香君，是当时侯朝宗的妓女，我就算见着活的李香君有什么荣，有什么幸，有什么值得夸耀的？我生平不是不好色，独独不好妓女之色，“名妓”两个字，尤其讨厌听。你书里所说的，与我向来的性情正好相反。不知道有什么地方得罪了你，以至于在书中把我侮辱到这般田地。像这般轻佻下流，我再如何不肖，也不至于此。这件事，原本属于梦中贞魂报德的事情，在我的集稿中曾经讲过，如今抄录出来寄给你看，并没有所谓的李香君、李臭君，也牵扯不上。因此不怕冒犯你，请你务必把那篇文章删去。而且既然你还把我当成一个最末等的朋友的话，更应该这样做。书名叫《子不语》，分明是有悖于圣人，以妄诞自居，而不仅仅是招惹批评而已。你名望很高，想来没有一个人敢于规劝你一句的。我想给你进一些逆耳忠言，但是很惭愧，不知怎么好好地说，祈盼能给我一个回复。

一七六、答法时帆学士

客冬阳月[①]，接到手书诗笺，写《黄庭》之初拓，奏天上之云璈，金丝引和，从兰吹气。数千言，中无飞尘一点蒙其笔端，读之醰醰[②]有味，使人意消，可谓平子得其清，茂先得其雅矣。老人潢治成册，当作灵书玉券，供奉案头，永为珍护焉。常谓作文之道，同于作诗，然而亦有小异者。何也？作文曰作，作诗曰吟。吟之云者，必含金吐玉，使其音清扬而远闻也。今之诗流号称有才者，往往从苏、黄入手，乭阶而升，以致文而不采，有声而无音，坠入槎枒[③]粗硬一途，与四始六义[④]之风远矣。学士独能从源溯流，奉汉、魏、三唐，王、孟、韦、柳为圭臬，如行路者所由既正，如择交者取友既端，自然藻思芊绵⑤，天机清妙⑥，渊乎其不可量。将来一朝作手，非学士其谁任之？惟是聆音识曲⑦，从古为难，此庄、惠濠梁，钟期《流水》之所以艳称千古也。今学士缥缈魏阙⑧，如日在东，枚寂处空山，颓云将散。不能两人合并，一谈口内所欲言，一证胸中所蕴蓄，学衰路远，如桓子野闻歌，空唤奈何而已，思之黯然。所望者江左风骚⑨，凋敝久矣，或天使文昌星降，为之提挈⑩而振作之，俾衰颓老子亦得扶杖而观文化，岂非艺苑之光辉、暮年之乐事乎？孔子曰："及其老也，戒之在得。"枚年垂八十，万念皆空，所不能戒者，惟此一得而已。学士多情，必同此惓惓焉。

【注释】(1)客冬：去年冬天。阳月：指农历十月。②醰醰：醇浓，醇厚。③槎枒（chá yā）：树木枝杈歧出貌。④四始六义：四始是指《风》《大雅》《小雅》《颂》的四篇列于首位的诗；六义是指风、雅、颂，赋、比、兴。⑤藻思：做文章的才思，优美、高妙的才思。芊绵：形容草木茂盛，繁密。⑥天机：犹灵性，谓天赋灵机。清妙：清新美妙。⑦聆音识曲：聆听乐音就能识别乐曲。泛指善于识别文艺作品的内涵与真谛。⑧魏阙：古代宫门外的高大建筑物（公布法令的地方）。后借指朝廷。⑨江左：指长江下游南岸地区，也指东晋、宋、齐、梁、陈各朝统治的全部地区。风骚：风指《诗经》的《国风》，骚指屈原的《离骚》，后用来泛指文学。⑩提挈：提拔，照顾。

【译文】去年十月接到你的信和诗，知道你在写《黄庭》拓本，书法极好，文章也难得，洋洋数千言里面，没有一点飞尘蒙在笔端，使人读了津津有味，心宽气爽，真可以说是平子得其清，茂先得其雅。我装潢起来，做成册页，当作灵书玉券，供奉案头，要永远珍藏下去。我平时常常说，作文的道理和作诗是一样的，可是也稍有不同之处，为什么呢？作文叫“作”，作诗叫“吟”。所谓吟，必须注意到音节。现在被称为有才气的诗人，往往从苏轼、黄庭坚入手，不是按步就班，所以有文而没有采，有声而没有音。落于槎枒粗硬一途，和四始六义的风格相去甚远。只有你，追源溯流，以汉、魏、三唐，王、孟、韦、柳为标准，如同走路的人走上了正路，择友的人选到了端正的朋友，自然会才思高妙芊绵，诗文清新优美，前途未可限量。将来一代的诗人，除了你又能是谁呢？只是聆音识曲之人，从古便很难得。庄子、惠施在濠梁上的谈话，钟子期与伯牙的一番交际，所以能够艳称千古，便是这个道理。你现在正在得意中，大有希望；我冷寂地在山间，一切都快完结了。不能两人合在一起，把心里的话和学问谈个痛快。学衰路远，如桓子野听见歌声，只能徒唤奈何罢了，想起来令人黯然！江左一代的文学，已经凋敝很久了，或者老天叫文昌星下凡，出来振作一下，让我这个老头儿，也能凑凑热闹，这岂仅仅是文坛的光辉，暮年的快事而已？孔子说：“及其老也，戒之在得。”我已八十岁了，万念皆空，戒不了的，便是这一个“得”。你一向多情，听了也跟我一样心有忧虑。

一七七、答补山宫保

初四日清晨，尚衣同公招啖胙肉[①]，未刻还山。见案上有尚书手札、《节母诗》一卷及风肉、鲫鱼等物。伏念尚书七十高年，三江重任，又当鸣驺[②]远行之际，犹能存问山中老物，承筐[③]是将，且引名士鲫鱼之典，善戏谑兮。何以精神渊著，一至于斯！方知北魏屈蛇侯一百七岁，犹管领三十六曹[④]事，宋文潞公年逾大耋，平章军国，苏轼称其聪强敏练，虽少年有所不如，契丹使者为之却立拱手。将来继二公而起者，其在尚书乎？钟山书院诸生文字不佳，枚早知之，非敢薄待此间士也。金陵山川之气散而不收，六朝自王、谢渡江而后，所表表者皆外来人物，初唐土著只王昌龄一人而已。近今诸生窾启寡闻，侈然[⑤]自足。虽历任山长卢抱经、钱辛楣、姚姬传诸君子，何尝不是名儒硕士，而无如师弟身分相隔太远，譬如僬侥[⑥]一尺，捧杖而侍身横九亩之防风，其能辟咡相通、虚心请教也哉？昔人称“虚胜之风，江左所尚”，又云“上车不落则著作，体中何如则秘书”，皆极言不学之弊也。或者文运应转，尚书以名儒来作大府[⑦]，树之风声，已足以动士心而鼓士气，再加沙汰，厚其廪饩[⑧]，接以经史，必有瑰奇磊落之才勃然而兴者。枚虽衰，犹将拭目俟之。

【注释】①胙肉：指祭祀时供神的肉。②鸣驺：古代随从显贵出行并传呼喝道的骑卒。③承筐：指欢迎宾客。亦借指馈赠礼品。④三十六曹：北魏前期尚书省分三十六曹，故名。⑤侈然：骄纵貌，自大貌。⑥僬侥：古代传说中的矮人，因以为其国名。⑦大府：高官。朝廷的府库。⑧廪饩：旧指由公家供给的粮食之类的生活物资。

【译文】初四那天清早，你和尚衣邀我去吃祭肉，未时回到山里。看见案头上有你的信、《节母诗》一卷，以及风肉、鲫鱼等东西。我想尚书你今年七十岁了，做着大官，又正在远行的时候，还记着我这个山里的老物，送我东西，而且用名士鲫鱼的典故来取笑我，可谓善于滑稽了！真不懂为什么你精神会如此健佳呢？于是才知道北魏的屈蛇侯活到一百零七岁时，还统领三十六曹的事情，宋朝文彦博八十多岁，还掌理军国大事，苏轼称赞他聪强敏练，即使是少年人也比不上，契丹的使者给他吓得却立拱手。将来继这二位而排得上名号的，恐怕就是尚书你了吧？钟山书院里的学生们，文章做得不好，我早就知道了，这并不是我薄待这里的士子。实在是因为金陵的山川之气散而不收，自从六朝时代王、谢渡江以后，出风头的都是从别处来的人，初唐时的本地人，只有一个王昌龄而已。现在的这些学生，孤陋寡闻，自满自足，虽然过去历任的几个山长，比如卢抱经、钱辛楣、姚姬传诸位君子，何尝不是有学问的名儒，怎奈师弟的身份相差太远，譬如一尺长的矮人，拿着手杖侍立在身横九亩的防风身边，还能谈得拢吗？从前的人说："虚胜之风，江左所尚。"又说："上车不跌落就可当著作郎，会说身体好便可做秘书官。"都说的是不学无术的弊病。说不定文气快转了。尚书以名儒身份来做太尉，你的名气，已经足以打动士心，鼓动士气了。再加以淘汰，改良他们的待遇，提高他们的知识学问，那时候，一定会有杰出的人才大批涌现！我虽然老了，仍将拭目以待。

一七八、答钱竹初

蒋姓来，接手书。蒙和挽章，读之洞彻幽明[①]，超超玄箸[②]，足冠群作无疑矣。惟札中见规数语，似知我者浅，而于理亦欠圆足。何也？人在天地间，不有生，何有死？仆书有句云："若云死可悲，当知生已误。"早道破机关。然人之常情，莫不好生而恶死，虽圣人亦与人同。"子之所慎，斋、战、疾"，非好生乎？"微服而过宋"，非恶死乎？好之无所为非，恶之不足为怪，又何必矫情拂性[③]，强所不好以为好，强所恶以为不恶哉？仆之自挽，非有所强也。闲居无俚，不喜饮，不工博奕，结习[④]未忘，作诗自挽。邀人自挽，借游戏篇章聊以自娱，不自知其达，亦不自知其不达也。足下以为挽即不达，必学杨乔之闭口而死然后为达，然则孔子梦奠两楹，作"泰山其颓"之歌，毋乃胸中亦尚有未达者存乎？夫孔子之歌，即渊明自挽之滥觞也。仆之自挽，即渊明之作俑也。足下规我，当先规渊明；规渊明，当先规孔子矣。札中引卫武公年高好学，以相劝勉。此误也，夫"六十不亲学"，古之训也。"老者安之"，圣人之言也。耄期[⑤]倦勤，尧且不免。武公身作诸侯，系宗社[6]人民之重，又当周衰时，不得不慊慊自勉，岂可与山居谷处者相提而并论？然而《淇澳》之诗，称其“善戏谑兮，不为虐兮”，则其平日之泮奂优游，以儒为戏，或更有甚于自挽者，未可知也。倘慕其九十有五之年，而遂欲慎威仪，勤洒扫，以为养生之法，是则不达之甚者矣。足下又劝以“泛乎若不系之舟，养空而游”等语，又误也。夫舟者无知之物也，可以系，可以不系；空者无着之处也，无所养，无所不养。人则何能哉？自以为不系，是即系矣；自以为空，是即不空矣。充类至义之尽[7]，转多障碍，不若得挽即挽、得歌且歌之为乐也。足下又云：“人能恬淡无为，寿便不期其永而永。”此尤误也。以陶靖节、邵尧夫之胸怀，而寿止六十；以蔡京、严嵩之贪黩，而寿至八十。孔子云“仁者寿”，然孔子寿止七十三，而仆之寿已七十六，敢谓仁过孔子乎？要知达者寿，不达者亦寿，达者死，不达者亦死。此中气化推迁，并无所以然之故。在造物不能自主，而况于人？足下但能规我，不能规造物也。一笑。

【注释】①幽明：生与死。②超超玄箸：高妙而不着形迹。③拂性：违反人的本性或本意。④结习：多指积久难除之习惯。⑤耄期：高年。⑥宗社：宗庙和社稷，泛指国家。⑦充类至尽：指用类推的方法把道理引申完全。

【译文】姓蒋的人来，我接到你的来信。蒙你和我的挽诗，读了觉得你看透生死，高超玄妙，毫无疑问足以冠绝群诗。但是信里规劝我的几句话，像是不太了解我，在道理上也欠圆满。为什么呢？

人生天地间，不有生，哪里有死？我信上有句话："若云死可悲，当知生已误。"早已经道破机关。然而人之常情，无不贪生怕死，即使是圣人，也和我们一样。"子之所慎，斋、战、疾"，这不就是贪生吗？"微服而过宋"，这不就是怕死吗？贪生也不算是错，怕死也不足为怪，又何必要矫情拂性，勉强把不喜欢的当成喜欢，勉强把不讨厌的当成讨厌呢？我的自挽，却不是勉强自己。实在是闲居无聊，不贪喝酒，不贪赌钱下棋，习气没有忘掉，做了诗来自挽。还邀请人来挽我，借着游戏笔墨，聊以自娱，不自己觉得旷达，也不自己觉得不旷达。你以为挽就是不旷达，一定要学杨乔默默无言地死了，然后才算旷达，那么孔子做梦梦到在两楹间祭奠，唱"泰山其颓"的歌，那是他心里还有不旷达的地方吗？孔子的歌，就是陶渊明自挽的源头所在。我写自挽诗，就是学的陶渊明。你想要规劝我，就应该先去规劝陶渊明；规劝陶渊明，就应该先去规劝孔子。你在信中引用卫武公年老好学的事例来劝勉我。这又错了，"六十不亲学"，这是古代的明训。"老者安之"，这是圣人的话。九十岁以后就不怎么勤奋，连尧都不能免于此。武公作为诸侯，关系着国家和人民，极为重要，又当周朝衰败的时候，不得不小心谨慎，不断地勉励自己，怎么可以和我这个住在山里的人相提并论？然而《淇澳》诗里，称他"善戏谑兮，不为虐兮"，那么他平时的悠然自得，游戏笔墨，或者有比自挽更为出格的事情，这就不知道了。倘若羡慕他活到九十五岁，于是就谨慎威仪，勤劳洒扫，以此作为养生的方法，真是不旷达极了。你又拿"漂浮得好像没有羁绊的小舟般自在，知天命而不忧愁"等语来规劝我，这又错了。船是没有知觉的东西，可以系，可以不系；空是没有实在的地方，无所养，也无所不养。人怎样能够呢？自以为没有系，那就是系了；自以为空，那就是不空了。扩充到底，反多障碍，不如有挽就挽、有歌就歌来得快活了。你又说：“人能恬淡无为，寿便不期其永而永。”这话更是大错特错。像陶渊明、邵康节的心地，不过只活了六十岁；像蔡京、严嵩的贪黩，却活到了八十岁。孔子说：“仁者寿。”然而孔子只活到七十三岁，我的寿命却已七十六岁，我敢说我比孔子还仁吗？要知道旷达的人长寿，不旷达的人也长寿；旷达的人会死亡，不旷达的人也会死亡。这里面没有一定的规律，没有所以然的。天地尚且不能自主，何况是人？你能规劝我，但是不能规劝天地。一笑。

一七九、答临洮吴信辰先生

文人之生于世也，天必媒之使相悦，介之使相通也，亦不知其所以然而然者也。仆与先生，年垂八十矣，相离之路，几万里矣。以常情测之，无几相见，无信可通，此必然之势也。不意前岁辽州王柏厓来作少尉，读其诗，惊衙官中有屈、宋，问其渊源，云得宗师于先生。因此又得读先生之诗，新妙奇警[①]，夺人目光。因忆生平编纂《诗话》，十五省中独缺肃州一省，如《国风》之遗吴越，心常缺然。忽得先生以补之，颇似《周礼》一书，最后得于山岩屋壁之上。声应气求[②]，天之所相，非偶然也。柏厓又递到尊札及全集见示，如获护世城中美膳，穷日夜餔啜[3]之而不能即休焉。若命“加以箴规”，是造五凤楼[4]手而问巧拙于箍桶匠也，奚可哉？集中见星树、蓉裳两弟子俱得厕名其间，诚为厚幸。未知蓉裳现官何方？有信一函，望为交付。

【注释】①奇警：指文字或言论含义新颖、深切。②声应气求：指情投意合或志同道合的人彼此间相互呼应或唱和。③餔啜：吃喝。④五凤楼：宫城正门的形制。上有崇楼五座，以游廊相连，东西各有一座阙亭，形如雁翅，俗称“五凤楼”。

【译文】文人生在世上，老天一定使他们互相要好，为他们联系，使他们互相往来，其中种种也说不出个所以然来的。我和先生，年纪都已经快八十岁了，而道路相隔，差不多有一万里之遥。以常情来推测，决不会见面，也不可能再通信，这是必然的了。但想不到前年辽州王柏厓到这边来作少尉，我读了他的诗，惊奇于衙门官员中居然还有屈原、宋玉这样的人物，问他的来历，说是在你那里学习过。因此又有机会读到先生的诗，你的诗新妙奇警，夺人目光。因此想起我生平编纂的《诗话》，十五省之中独缺甘肃一省，好像《国风》之中遗忘了吴越，心里常觉得有些遗憾。忽然得到你的诗来补足，很像《周礼》这部书，最后是从山岩屋壁之上得来的一样。声气相求，这完全是老天从中帮助，不是偶然的。柏厓又交给我你的信，以及全集。我好像获得了护世城中的美膳一般，日夜食用，不肯停止。倘若叫我修正，那简直是让造五凤楼的高手，向箍桶匠询问巧拙一样可笑。这怎么能行呢？集中看到是星树、蓉裳两位弟子，都得以托名其间，他俩实在是太幸运了。不知道蓉裳现在在哪里做官？这里有一封信，请你代为转交。

一八〇、答惠瑶圃中丞

登州蓝守递到手书，略分言情，知人论世，如读欧阳公《与吴充秀才书》，仰见中丞身任封疆，心游物外，郁云一朵，非典签[①]书记之所能捉刀[②]也。枚尝谓人必有才也而后能怜才，知音也而后能识曲。周公之握发吐哺，岂貌为谦恭以博名誉哉？惟其多才多艺，无所不能，而后见人之有技若已有之矣。“子与人歌而善，必使反之，而后和之。”使夫子不能歌，则人虽善歌，与我何与？何必多此一反一和哉？惟其游艺[③]功深，闻《韶》忘味，故虽《沧浪》《孺子》之歌，亦不觉沨沨[④]入耳，而命小子识之矣。中丞天才超绝，又得塞外山川之助，故有沉雄者，清妙者。兼此二长，在当代公卿中实所罕见，宜其虚怀若谷，虽枚之下里巴音亦若有所惬于心而不能自已。《诗》云“维其有之，是以似之”，《孟子》曰“好善优于天下”，其中丞之谓欤？宋人以“大”字称张文定公，所谓大者，包含遍覆之谓。近日弇山尚书不愧此一字，然庞士元称引人才，往往或逾其分。钱辛楣少詹宏通渊雅，一代名儒，以枚与之相提而并论，未免宠之太过。即云松观察之妙手灵心，聪明绝世，亦皆枚中年以后之畏友。中丞札中及此二人，可谓搜仇索耦，实获我心焉。蒙问及措施政务，尤仰见中丞位愈尊而心愈小，爱国忠君，形于言外。然以皋、夔事业，询于巢、许闲民，其能措一词而陈一说哉？惟望天假之缘，移山左之福星，来照耀于三江两浙，使某得与野叟村童扶杖而观德化，是则公论与私心不能不焚香以默祝者也。

【注释】①典签：处理文书的小吏。②捉刀：称代笔或顶替别人做事为“捉刀”。③游艺：优游于六艺之学。④沨沨：形容乐声宛转悠扬。

【译文】登州蓝守，递来你写的信，略分言情，知人论世，好像在读欧阳修《与吴充秀才书》，足见你虽然担任封疆上的大事，心却游在世外，寄给我的信，不是典签书记他们所能代笔的。我曾经说过：人一定要有才学，然后才能够怜惜人才，知晓五音，然后才能懂得人家的曲子。周公握发吐哺，岂是表面上做得谦恭，来求取好名声的。实在是他自己多才多艺，无所不能，然后看着人家有才学，就如同是他自己有的。“孔子与别人一起唱歌，如果唱得好，一定请他再唱一遍，然后自己又和他一起唱。”要是孔子自己不能唱歌，那么别人就算唱得再好，和我有什么关系？何必要多这一反一和呢？只有他艺术好极了，听到《韶乐》以至于忘了肉味，所以虽是《沧浪》《孺子》之歌，也不觉沨沨入耳，要叫小子记录起来。你天才超绝，还得到关外山川的助力，所以诗作有沉雄的，有清妙的。兼得这两样长处，在当代公卿里面，实属少见，所以你才能虚怀若谷，虽然我的诗作只是下里巴人，也认为很满足。《诗经》上说：“只因君子有其长，所以祖业能继承。”孟子说：“喜欢听取善言足以治理天下。”这说的就是你吧？宋朝人用“大”字来称呼张文定公，所谓“大”，就是包括一切的意思。近来，弇山尚书可以担得起这一个字，然而庞统称赞人才，往往夸大其辞。钱辛楣宏通渊雅，一代名儒，拿我去和他相提并论，未免夸我夸得太过分了。还有观察使云松，他妙手灵心，聪明绝世，也是我中年以后的畏友。你在信里面提到这两位，可算得心投意合，正中我下怀了。承你问我执政之策，更见得你地位越高，心放得越谦虚，爱国忠君，从说话里都显露了出来。然而把皋、夔的事业，去问巢父、许由这样的闲民，哪里能够发表见解，说上一句话呢？只望老天赐给我们缘分，把你从山东调到江苏浙江，使我和一班野叟村童，扶着拐杖，来观看你的德化，那么，无论是基于公论还是私心，都不能不烧香来默祝了。

一八一、答刘澄斋

除夕前七日，王葑亭给谏[①]递到手书及佳作，雒诵[②]之下，喜何可支。伏念枚忝列词馆，二十三科矣，譬彼坏木，疾用无枝，遥望长安，恍如天上。不意阁下有意其存之，凡枚之戋戋著述，草草平生，都被宗工哲匠[③]滥收于胸臆中。孔北海亦知人间有刘豫州，何其幸也！见赠九首，手为天马，一气空行，不愧才人本色。尤爱“语必惊人总近情”七字，包括《仓山全集》，直指心源，觉他人之万语千言都为皮傅。生前知己，微阁下吾谁与归？至于“死悟前因原是月，生无一日不看花”一联，好句如仙，虽质之长沙库中，亦直得黄金十笏也。所耿耿于怀者，枚年屈八旬，朝心不开，暮发尽白，倾衿握手，渺渺无期，不免有“望美人兮天一方”之叹。张志和云：“我以天地为蘧庐，日月为灯烛，与四海诸公共处，未尝相隔也。”此虽达人之见，然终是无可奈何之转语。枚则云：情睽则共一室而相忤，道合则隔千里而弥亲。古之人有彼此相寻、梦中识路④者，枚虽不能北上，而公可以南来。或异日南人有福，公来操文衡⑤而作主试，则干旌孑孑⑥，降自云中，亦未可知。枚当忝寿不贰，修身以俟之而已。枚年届八旬，瞶眊不渫，久不能削牍⑦临池矣。兹特端书作答者，望阁下省览时，如见白发龙钟之叟亲侍左右云。

【注释】①给谏：唐宋时给事中及谏议大夫的合称。清代用作六科给事中的别称。②雒诵：反复诵读。③宗工：指文章学术上有重大成就，为众所推崇的人。哲匠：泛指有高超才艺的文人等。④梦中识路：形容对好友有所思念而遭阻隔，不得相见。⑤文衡：旧谓判定文章高下以取士的权力。⑥孑孑：倏忽，突然。⑦削牍：古时削薄竹木成片，用以书写。有误则刮去重写，谓之“削牍”。

【译文】除夕前七天，王葑亭给谏送来你的信和你的佳作，我读了以后，很是欢喜。我从点翰林到现在，已有二十三科了，好比一株病树，已经长不出什么枝叶了，远远望着北京，就好像在天边。不料你还有意来存留，我的不成器的作品以及草草的一生，都被你有才学的人记在心里。孔融也知道人间有一个刘备，我真是幸运啊！你送我九首诗，如同天马行空，不愧是才子本色。我更喜欢“语必惊人总近情”七个字，可以包括一部《仓山全集》，直指到我心眼里，觉得别人的千言万语都是皮相。生前的知己，不是你还有谁呢？讲到“死悟前因原是月，生无一日不看花”一联，好句子飘飘欲仙，虽拿到典当铺里去，也值黄金一百两呢！我心里所念念不忘的，是我的年纪快八十岁，死期快要到了，不知道是否还有和你会面的那一天，不免有“望美人兮天一方”的感慨。张志和说道：“我以天地为蘧庐，日月为灯烛，与四海诸公共处，未尝相隔也。”这虽是达人的见解，到底是无可奈何的自解。我却说道：“情分不好，共处一间屋子，也还是处不好；主见相同，虽然相隔千里，也会格外地要好。”古代人有彼此寻访，梦里都能够认识路的，我虽然不能北上，你却可以南来。或者日后南人有福气，你来做主考官，那么你的旌旗，从天降下，也说不定。我当多活几年，努力修身等待你来。我年纪已过八十，双眼昏花，很久不能写字了。这次特地端端正正地写字回信，希望你在看的时候，如同看见一个白发驼背的老头儿，正亲自侍候在你的左右。

一八二、与奇丽川方伯

去冬腊底，黄甘泉秀才带到大人见赐哈密瓜一枚，重封叠裹，冬月如新。劈以金刀，现绿衣黄裳之色；盛于碧碗，胜琼浆玉露[①]之供。路从万里而来，恩比三山之重。枚故即刻荐之寝庙[②]，分与宾朋，以见大人之吐慧分甘，爱贤礼士，至于此极也。枚客春感相士之言，自制挽歌，广征群作。不料残冬度过，又到新年，真如远行之客诈骗路资，而依然不作归计，毋乃为祖道[③]饯行者所笑乎？约阎罗而不赴，既已失信于泉台；望旗鹤以不来，又恐除名于天上。歌离吊梦，太觉荒唐，然而《吕氏春秋》有言："所谓长生者，非能短而续之也，毕其数也。"枚之数已毕，而大人续之之心无穷，赐药酒，赐人参，赐仙果，且为之歌曰："饮罢一尊应自笑，于今还似少年时。"以吉人之词，当仁王之忏，公之所许，天必从之。枚从此将学古之刘更生、李延寿，改名易字，志佳话焉。除夕戏作七绝句，聊以解嘲，寄呈一笑。

【注释】①琼浆玉露：形容鲜美的酒。②寝庙：古代宗庙的正殿称庙，后殿称寝，合称寝庙。③祖道：古代为出行者祭祀路神，并饮宴送行。

【译文】去年冬天腊月底，黄甘泉秀才带来你送我的哈密瓜一枚，一层一层封裹着，冬天拿出来，还是极为新鲜。用刀切开来，现出绿黄的颜色，摆在碗里，吃上去胜过了琼浆玉液。东西从一万里外送过来，恩惠比三山更重。于是我即刻祭给祖宗，分给朋友，以示你普施仁爱，爱贤好士，达到了极点。我去年春天，听了相士的话，自己做着挽诗，还去征求人家的作品。不料冬天过了，又是春天。真像远行的客人，诈骗路资，而依然不想回去，岂不要被饯行的人取笑吗？约着阎罗却不去，既已经失信在阴司里；望着旗鹤又不来，又恐怕已经被天上除名了。唱离别歌，凭空自吊，太觉得荒唐。然而《吕氏春秋》上有句话说："所谓长久，不是说寿命本来短而使它延长，而是使寿命终其天年。"我的命数已经完了，你替我续命的心肠还没有穷尽，赐我药酒，赐我人参，赐我仙果，再为我写诗道："饮罢一尊应自笑，于今还似少年时。"拿你吉人的吉言，来当作佛事经忏，你所允许的，天一定听从你。我从此将学着刘向、李延寿，改换名字，记下这一段佳话呢！除夕戏做七言绝句诗，聊以解嘲，寄给你也让你笑一笑。

一八三、答何水部

枚新年七十有七矣。平生嗜好，百无一存，惟爱贤乐善之心，老而弥笃。闻阁下以终、贾之年华，抱燕、许之手笔，自是文星偶降，应运而生。枚不能作着翅人飞来一见，故托葑亭给谏寄声延候，申此拳拳。不料除夕前五日接到手书，见赠四律，书则春风满纸，诗则琬琰成章，一种芬芳悱恻之怀，流露于字里行间。方知阁下秉醇邕之德，有殷勤之心，非今之人，乃古之人也。读至“许署随园诗弟子，此生端不羡封侯”二句，惵然[①]意下，一至于斯，使老人受宠若惊，感深次骨[②]。想见大君子之怀虚若谷，舍己从人，岂非孟子之所谓“好善优于天下”者耶？从古非常之士，未有不根于天授者。弈之为数，小数也，然成国手，必须弱冠以前，过此则终身无望。駃騠[③]生七日而超其母，李邺侯七岁为曲江小友，杨妃抱刘士安坐膝上，为之画眉，厥后皆功在社稷。阁下年未二十，即升名于礼部，名动京师，将来追踪唐宋名臣，可以预决。若夫诗者，心之声也，性情所流露者也。从性情而得者，如出水芙蓉，天然可爱；从学问而来者，如玄黄错采，绚染始成。阁下之性情可谓真矣。卷中有感念鱼门、瘦桐两诗，结古欢于九泉，托深心于遐契，此种风义，可泣可歌，宜其笔舌所宣，加人一等也。寄来佳作二本，有书有笔[④]，妙万物而为言，都已加墨，以志钦挹之忱。间有献其可疑者，古人所为“荐我寸长，补君尺短”。虞松作表，钟会为定五字；道衡为文，颜籀代判瑕疵。大君子询于刍荛，或不责其蚩伫耶？

【注释】①惵然：恐惧的样子，表示谦虚。②次骨：犹入骨。形容程度极深。③駃騠：古书上说的一种骏马。④有书有笔：谓有章法有辞藻。

【译文】我过了年就七十七岁了。平生的嗜好，已经一样也没有了，只有爱贤乐善的心肠，老来越发利害。听说你以终军、贾谊般的年纪，写出苏颋、张说般的文章，这是文曲星偶然降世，应着时运产生的。我恨自己没有羽翼可以飞来见你，所以托葑亭帮我带信，代为问候一声，申述我的思念之意。不料除夕前五天，接到你的来信，还送我四首律诗，信是满纸春风，诗是清新雅丽，一种芬芳悱恻的心思，流露在字里行间。才知道你抱着极纯粹的道德，有殷勤的心肠，好像不是这个时代的人，简直是古时的人呢。读到“许署随园诗弟子，此生端不羡封侯”两句，你谦虚到这样，使我受宠若惊，由衷地感激。可以想见你的虚怀若谷，舍己从人，岂不正是孟子说的“好善优于天下”吗？自古以来出奇的读书人，没有一个不是以天赋做为根基的。下棋是小技，然而要成为国手，一定要在二十岁以前，过了就终身没有希望。駃騠生了七天，速度就超过它的母亲；李泌七岁就做了张九龄的小友，杨贵妃抱刘晏坐在膝上，替他画眉，后来这些人都有功于国家。你的年纪还没过二十岁，就任职于礼部，名动北京，将来定能追随唐宋名臣的踪迹，这是可以预料到的。诗是心的声音，是从性情里流露出来的。从性情上得到的，如同出水莲花，天然可爱；从学问上得来的，好比玄黄错杂，要修饰一番才得成功。你的性情，可谓是真了。你的文卷中有感念鱼门、瘦桐的两首诗，结古欢到阴司，寄深心到远地，这样一种风义，可歌可泣，难怪你的手笔高人一等。寄来的佳作两本，有文法，有词藻，真是好极了，都已加圈点，来表示我敬佩的心思。间或有几处稍微可疑的地方，古人所说的“荐我寸长，补君尺短”。从前虞松的奏章，钟会替他改正了五个字；薛道衡做文章，颜师古为他判定好坏。你既然向我请教，应该不会责备我的放肆吧？

卷 八

一八四、寄奇方伯

七月一日接手谕及《题雅集图》七古，展卷讽诵，纸上云飞。唐人云："闻萧夫子之风者，五尺之童，羞称曹、陆。"斯言信矣。蒙赐纸三捆，谨装全集三部，专差送上。虽剩纸不无盈余，而耗羡[①]不能全解，恃公必不委员清查也。所著《随园随笔》，蒙屡问及，将为付梓，特抄清本一套，附上台览，副公嗜学问而重文章之至意。但考据之学，枚心终不以为然。大概著书立说，最怕雷同，拾人牙慧，赋诗作文，都是自写胸襟，人心不同，各如其面，故好丑虽殊，而不同则一也。考史证经，都从故纸堆中得来。我所见之书，人亦能见，我所考之典，人亦能考。虽费尽气力，终是叠床架屋[②]，老生常谈。有如贾人屯货，胥吏写供，得人之得而不自得其得，就使精凿异常，亦便他人观览，与我何与？况词章之学最古，始于六经，盛于三传，皆殷周贤圣之才。考据之学最后，始于郑、马，盛于邢、孔，皆汉唐龌龊之士，甚至戴圣、欧阳歙，尽赃吏矣。其拘牵附会，穿凿傋张[③]，殊非“大乐必易、大礼必简”之旨，不过天生笨伯[④]，借此藏拙，消闲则可耳，有识之人断不为也。奈枚自幼记性不佳，看书必加摘录，久之分门别类，积而成书，自备作诗文时掀翻獭祭[⑤]，或谈论时作中郎枕秘欺人耳。此外零星散记、未分门类者，尚有三十余卷，皆视同糟粕，所好不存焉。家中藏书五万卷，初自以为多矣，近闻毕秋帆先生家藏书九十五万卷，以随园比之，如粒米入太仓，其所考据征引，敢自信哉？敢自足哉？据枚鄙见，求阁下略加省览，依旧发还。俟枚得缓须臾毋死，或自加增删，或再托博雅君子如钱辛楣、陆耳山、孙贻谷诸公，同为校检，将此本删去大半，只存其自著议论、别出心裁者，另为数册。尔时或再送阁下存之，俟枚身后，再行付梓亦未为晚。第又恐天下之书无穷，而三人之耳目有限，势必言人人殊。或在他书见过而以此本为陈言，或在他书未见而以此本为新义，或今日初见此本以为新义，或他日再见别书而又以为陈言，或辛楣要存某条而贻谷业已钩去，或耳山要删某条而辛楣方教存留，人心不同，未可知也。除非收尽海内书籍，再遍请天下名儒，锁闭一堂，宽以十年之期，奉以千金之俸，使之互相编校而后可也，然而势不能也。此考据之学之所以可贱也。公绝世聪明，必以为雍之言然。明春将约春岩廉使重游天台，过苏时必赴辕趋侍，再罄所怀。

【注释】①耗羡：又称“火耗银”，明清于正规税粮或税金之外的一种附加税。这里是指装订文集的剩纸。②叠床架屋：比喻重复累赘。③侜张：欺骗。④笨伯：泛指愚笨者。⑤獭祭：形容罗列典故、堆砌成文。

【译文】七月初一这天，接到你的来信，以及《题雅集图》七古一首，摊开来诵读，文字好得很。唐代人说：“闻萧夫子之风者，五尺之童，羞称曹陆。”这句话真是不错的。你送来纸三捆，恭敬地装订三部全集，专程差人送给你。虽然还剩下一些零纸，不能全数退回，想你一定不会派人清查的。我写的《随园随笔》，蒙你屡次问及，也将要出版，特地抄清本一套，附寄给你，照你喜欢学问和尊重文章的意思。但凡考据之学，我到底不以为然。大概著书立说，最怕和人家一样，拾人牙慧；做诗做文章，都是自抒胸臆，人心不同，跟人脸一样，所以好坏虽有两样，意思却不是一样的。考据经史，都是从故纸堆中得来。我所看见的书，人家也能看见；我所考查的典故，人家也能考查。虽是费尽气力，到底是叠床架屋，老生常谈。好比商人屯积货物，胥吏抄写供词，只能得到别人的东西，自己却一点也没有。就算非常地精确，也不过便利人家的观览，和我有什么相干？况且词章的学问最古老，起首在六经，盛于三传，都是商周圣贤的本事。考据的学问排在最后，起首在郑玄、马融，盛于在邢邵、孔颖达，都是汉唐的龌龊人物，甚至戴圣、欧阳歙，都是贪赃的官吏。他们那种拘牵附会，穿凿侜张，决不是“大乐必易、大礼必简”的意思，不过天生这种笨伯，借着这个来藏拙，消闲还可以，但有见识的人，决对不会做的。怎奈我从小记性不好，看书一定要摘录下来，时间长了就分门别类，渐渐地就积攒成了书，本来只是自己准备着做诗文的时候，拿来抄一抄的，或者和人家谈论时，做蔡邕枕秘来欺人。这以外零碎散乱，没有分门类的，还有三十多卷，都看作一钱不值，好的已经没有了。家里藏书五万卷，起初自以为多，近来听说毕秋帆家里有书九十五万卷，拿我去跟他比，好似一粒米放到粮仓里去，那么我所考证的东西，自己还敢相信吗？还敢自己满足吗？据我的意思，请你稍稍看完后，仍旧还我。等我再隔几年，倘若还没死，或者自己增减，或者再托博雅的人，像钱辛楣、陆耳山、孙贻谷这些人，同来校正一遍，把这部书删去一半，只存自己写的议论以及别具心裁的，另外做成几本。那时再请你存起来，等我死后，再行出版，也不算迟。但是又怕天下的书没有穷尽，三个人的耳目有限，势必各有各的见解。或在其他书上见过，以为这本上所说的是陈辞烂调，或者在其他书上没有见过，把这本当成是新阐述；或者今天起初看见这本，以为有新意；或者隔天见到其他书，却又以为它是旧说；或者钱辛楣要存某条，但已经被孙贻谷勾去；或者陆耳山要删去某条，钱辛楣又要存留；人心不同，什么事情都说不准。除非要收尽天下的书，再遍招天下的名士，锁在一间屋子里，给他们十年的期限，送给他们千金的薪俸，叫他们互相编校，那才可以呢。然而这样肯定又是办不到。这也就是考据之所以卑贱的原因。你绝世聪明，一定会认为我的话还不错。明年春天，将约观察使春岩，重新去游玩天台，路过苏州的时候，一定要到衙门里去见你，到时再敞开胸怀来畅谈。

一八五、戏答庆都统

来札念我“今岁有秋[1]，可免饥寒”等语，具见相爱之深。惟札尾有“荷包业已制就，专等诗来再寄”之言，则山人不以为然。夫周、郑交质，衰世之文也；朋友先施，圣人之训也。世兄不法圣人而学衰世，何耶？若寄一荷包必索一诗，倘寄一冠一靴必索一赋，再如四世兄之寄我一袍一褂，必索我万言书矣。征求无已，山人比受饥寒更苦矣。昔淳于髡笑以一豆饭一鲋鱼，而祝得谷百车，以为所持者约，所望者奢。岂不闻古人有献一字而索千缣，得一诗而赠二婢者，较之荷包，其厚薄不大相悬殊乎？在世兄身为都统，阅武操兵，军士射中一箭即赏一银牌，此赏罚严明之号令，平时用惯，故以待军士者移以待故人乎？须知有挟而求，孟子所戒，挟贤挟贵且不可，而况于挟荷包乎？且荷包虽华，不过妾婢之手爪；诗虽劣，恰是老叟之精神。世兄以老叟之精神，易妾婢之手爪[2]，是重妾婢而轻朋友也。若使世兄竟能舍都统之长枪大剑，而手执女子之一针一线，亲绣荷包见赠，则虽换随园十首诗，亦下情所愿。然而名将用兵，知己知彼，在仆不敢强男作女工，贻世兄以巾帼妇人之帻，在世兄岂可以阿瞒相待，欣欣然于一小鞶囊[3]也哉？闲居无俚，戏作驳数行，干犯麾下，如怒之，则荷包永远绝望；如悔过，则荷包作速飞来。诗之有无，问荷包便悉。

【注释】①有秋：丰收，有收成。②手爪：手艺。③鞶囊：革制的囊。古代职官用以盛印绶。

【译文】来信说想念我，说“今年收成很好，可以免饥寒”，足见你爱我之深切了。但是信末有“荷包已经制成，专等你诗来后再寄”的话，那是我不以为然的。古时周、郑互相抵押人质，是衰世的事情；朋友应该先送礼，这是圣人的训词。你不去效法圣人，而去学那衰世，是什么道理呢？假使寄一个荷包，就要做一首诗，那么你倘是送我一顶帽子，一双鞋子，一定要一篇赋了；再像四世兄寄我一件袍子，一件马褂，一定要讨一篇万言书了。这样的讨要不尽，我比着受饥寒还要痛苦了。从前淳于髡笑齐人献上一碗饭、一条鱼，就向神祝祷想要一百车谷，以为所牺牲的小，所希望的大。难道你没听见古人有献一个字而讨要一千匹绸缎，做一首诗得到两个婢女的，较之荷包，厚薄岂不是相距悬殊吗？你做着都统，操练起兵来，兵士射中一箭，就赏一块银牌，这是赏罚严明的号令，平时用惯了，所以就拿待兵士的方法，转过来对待老朋友吗？你要知道，有所要挟而求于人，是孟子所戒的，挟贤挟贵，尚且不可以，更不要说是挟荷包了。并且荷包尽管漂亮，不过是婢妾的手工；诗尽管不好，总是我老头儿花精神写出来的。你拿老头儿花精神写出来的东西，去换婢妾的手工，是看重婢妾，而看不起朋友了。若是你能够抛弃了长枪大剑，拿着女子的一针一线，亲手绣荷包送我，那么即使换我十首诗，我也情愿。然而名将用兵，要知彼知己，在我原不敢勉强你男子做女工，害你受着巾帼妇人的讥诮，在你又岂能把我当曹操看待，欣欣然拿一个荷包来算好东西呢？闲居无聊，写封信来反驳你，冒犯你的威严，如果要动怒，那荷包就永远绝望；要是懊悔，那荷包便快些送来。有没有诗，只管问荷包便知道了。

一八六、与香亭

阿通年十七矣，饱食暖衣，读书懒惰，欲其知考试之难，故命考上元以劳苦之，非望其入学也。如果入学，便入江宁籍贯。祖宗丘墓之乡，一旦捐弃，揆之齐太公五世葬周之义，于我心有戚戚焉。两儿俱不与金陵人联姻，正为此也。不料此地诸生，竟以冒籍控官。我不以为怨而以为德，何也？以其实获我心故也。不料弟与纾亭大为不平，引成例千言，赴诉于县，我以为真客气也。夫才不才者，本也，考不考者，末也。儿果才，则试金陵可，试武林可，即不试亦可。儿果不才，则试金陵不可，试武林不可，必不试废业而后可。为父兄者不教以读书学文，而徒与他人争闲气，何不揣其本而齐其末哉？知子莫若父，阿通文理粗浮，与“秀才”二字相离尚远。若以为此地文风不如杭州，容易入学，此之谓不与齐、楚争强，而甘与江、黄竞伯，何其薄待儿孙，贻谋之可鄙哉！子路曰："君子之仕也，行其义也。"非贪爵禄荣耀也。李鹤峰中丞之女叶夫人《慰儿落第》诗云："当年蓬矢桑弧[1]意，岂为科名始读书。"大哉言乎！闺阁中有此见解，今之士大夫都应羞死。要知此理不明，虽得科名，作高官，必至误国误民，并误其身而后已。无基而厚墉，虽高必颠，非所以爱之，实所以害之也。然而人所处之境，亦复不同。有不得不求科名者，如我与弟是也，家无立锥，不得科名则此身衣食无着。陶渊明云"聊欲弦歌，以为三径之资"，非得已也。有可以不求科名者，如阿通、阿长是也。我弟兄遭逢盛世，清俸之余，薄有田产，儿辈可以度日。倘能安分守己，无险情赘行，如马少游所云"骑款段马，作乡党之善人"，是即吾家之佳子弟，老夫死亦瞑目矣，尚何敢妄有所希冀哉？不特此也，我阅历人世七十年，尝见天下多冤枉事。有刚悍之才不为丈夫而偏作妇人者，有柔懦之性不为女子而偏作丈夫者，有其才不过工匠农夫而枉作上大夫者，有其才可以为上大夫而屈作工匠村农者，偶然遭际，遂戕贼杞柳以为桮棬，殊可浩叹。《中庸》先言"率性之谓道"，再言"修道之谓教"，盖言性之所无，虽教亦无益也。孔、孟深明此理，故孔教伯鱼，不过学《诗》学《礼》。义方之训，轻描淡写，流水行云，绝无督责。倘使当时不趋庭，不独立，或伯鱼谬对以《诗》《礼》之已学，或藐应父命，退而不学《诗》，不学《礼》，夫子竟听其言而信其行耶？不视其所以、察其所安耶？何严于他人而宽于儿子耶？至孟子则云"父子之间不责善"，且以责善为不祥。似乎孟子之子尚不如伯鱼，故不屑教诲，致伤和气，被公孙丑一问，不得不权词相答，而至今卒不知孟子之子为何人，岂非圣贤不甚望子之明效大验哉？善乎北齐颜之推曰：“子孙者，不过天地间一苍生耳，与我何与？而世人过于宝惜爱护之。”此真达人之见，不可不知。有门下士[2]，因阿通不考，为我怏怏者，又有为我再三画策者。余笑而应之曰：“许由能让天下，而其家人犹爱惜其皮冠；鹪鹩愁凤皇无处栖宿，为谋一瓦缝以居之。诸公爱我，何以异兹？韩、柳、欧、苏，谁能靠儿孙俎豆者？箕畴五福，儿孙不与焉。”附及之，以解弟与纾亭之惑。

【注释】①蓬矢桑弧：古代男子出生，礼官需用桑木做的弓和六支蓬草做的箭，射向天、地、四方，以示之志向远大。②门下士：犹门生。

【译文】阿通已经十七岁了，吃饱穿暖，读书懒惰，我要他知道考试的不易，所以叫他到上元县去考一次，叫他吃些苦，并不是真的指望他进学。如果真要他进学，便可入江宁籍贯。埋葬祖宗的家乡，一旦抛弃，照着姜太公封于齐国五世而归葬于周的道理，在我心里总是难过的啊。两个小儿都不和江宁人结婚，就是这个缘故。不料此地的许多考生，竟拿冒籍的罪名来控告我。我不以为怨，反以为德，为什么呢？因为实在和我有同心。不料弟与纾亭大为不平，引述了许多成例，到县里去诉说。我认为真是客气了。有没有才学，这才是根本；考不考试，却是小事。小儿果然有才学，在南京考也可以，在杭州考也可以，就算不考也是可以的。儿子要是没有才学，在南京考也不行，在杭州考也不行，一考就不行，一定要不考才行。做父兄的，不教他读书识字，而空和别人家争闲气，真是不揣其本而齐其末了。知子莫若父，阿通文理粗浮，和“秀才”两个字还差得很远。倘若以为此地的文风，不及杭州，容易进学，那就是所谓的不与齐、楚争强，反和江、黄争霸，怎么能如此地看不起儿孙，出这种馊主意？子路说：“君子做官，只是为了践行君臣之义。”而不是贪爵禄荣耀。李鹤峰抚台的女孩儿叶夫人，写过一首《慰儿落第》诗，道：“当年蓬矢桑弧意，岂为科名始读书。”这话很有见地呀！女子能够有这种见解，现在的士大夫，都应该惭愧而死。要知道，这些道理不明白，就是得到科名，做着高官，一定也会误国误民，还会害了他自己。没有根基，却去筑厚墙壁，筑再高也要坍下来的，那不是爱他，那是害了他。然而人所处的地位，也是不同的。有不能不求科名的，像我和你就是了。家里没有一点财产，要是没有科名，这一身的衣食就没有依靠。陶渊明说道：“想做个文官，来挣些补贴家用的钱。”这是不得已。有可以不求科名的，像阿通、阿长就是了。我们弟兄碰到太平盛世，俸禄有些剩余，还有些田产，孩儿们可以安心过日子。要是能够安分守己，没有非分的事情，像马少游所说的“乘骑行走迟缓的马，做乡里的和善之人”，就是我家的好子弟。这样我就是死也瞑目了，哪里还敢有什么妄想呢？不单是这样，我经历人世七十年，觉得天下有很多冤枉的事情。有抱着强悍的本事，不做丈夫，偏做妇女的；有很是柔懦的心性，不做女子，偏做男子的；有些人的本事，不过配做农夫匠人，却做了大官的；有些人的本事可以做大官，却屈身做了农夫匠人的；偶然碰到，便害了他的天性，实在是可发一叹！《中庸》上先说“率性之谓道”，再说“修道之谓教”，是说若是没有天性，虽去教他也没有用。孔、孟很明白这个道理，所以孔子教伯鱼，不过学《诗》学《礼》。轻描淡写，一点儿不严厉，流水行云一般，都不怎么要求。要是那时伯鱼不急匆匆走过庭前，孔子不一个人立在那里，或者伯鱼撒谎，回答他已经学了《诗》《礼》，或者表面上答应了父命，退下去后却不学《诗》，不学《礼》，孔子果真会听了他的话就去相信他的行为吗？难道不会去仔细考查他一下吗？怎么会对着别人很严厉，对着自己儿子就宽松呢？孟子说道：“父子之间不求全责备。”并且以为责善是不祥的。似乎孟子的儿子，还不及伯鱼，所以犯不着去教诲，恐怕伤了和气，被公孙丑一问以后，才不能不随便说几句来敷衍他一下，然而到现在也没人知道孟子的儿子是什么人，这岂不是圣贤不望子成龙的证据吗？北齐颜之推说得不错：“子孙，不过是天地间一个百姓罢了，和我有什么相干？哪里需要世上人过分地去保护他，爱惜他。”这真是明达人的见识，不可以不知道的。有一个门生，因为阿通不考，替我不高兴，也有来替我再三打算谋划的。我笑着和他们说：“许由能让去天下，他的家人却依然爱惜他的一顶帽子；鹪鹩忧虑凤凰没有地方安居，想要打算替他腾出一个瓦缝来给它居住。你们爱我，和它们有什么分别呢？韩愈、柳宗元、欧阳修、苏轼，哪一个是靠着儿孙来祭祀供奉的？《洪范》上的五福，并没有什么子孙相关的！”现在顺便告诉给你听，解解你和纾亭的疑惑。

一八七、答叶书山庶子

承示《春秋指微》，具见精识[①]。驾啖助、赵匡[②]而过之，胡安定不足道也。第鄙意终觉《春秋》一书断非孔子所作。孔子自称“述而不作”，作《春秋》，史官事也，孔子非史官，不在其位，不谋其政，焉有侵史官之权而妄为代作，曰“知我罪我[③]”，俨然以素王自居，不但夫子不肯，鲁之君臣及史官亦不能容也。且既云“笔则笔，削则削，游夏不能赞一词”矣，乃孔子绝笔于获麟[④]而后之《春秋》，从哀公十四年起，直书至十六年孔子卒而后止，三年中是又何人之笔、何人所赞哉？可见鲁自有史官，有《春秋》，不与孔子为存亡也。书之可信者莫如《论语》，《论语》载子之教人则《诗》、《书》、执礼，自勉则“五十学《易》”，绝无半字及《春秋》。韩宣子聘鲁，见《易象》与《鲁春秋》。《楚语》：庄王傅太子，申叔时教之以《春秋》。《晋语》称羊舌肸习于《春秋》。是孔子之前，四方之国有《春秋》久矣。或者孔子自卫反鲁，正《雅》《颂》之余，偶读《春秋》而略加修饰，《公》《谷》所引有“不修春秋”之称，是未可知也，而作，则断无之事。尤可笑者，卢仝高束三传，独抱遗经，以究终始。然则“天王狩于河阳”，周襄王无故而远狩于千里之外，隐、桓二公皆被弑，而经皆书“薨”，是圣人之直笔，转不如晋之董狐、齐之南史氏矣？乱臣贼子又何所鉴戒而惧耶？

【注释】①精识：见解精确。②啖助、赵匡：二人都是唐代的经学家。③知我罪我：形容别人对自己的毁誉。④获麟：指春秋鲁哀公十四年猎获麒麟事。喻指著作的绝笔。

【译文】承蒙你寄给我一册《春秋指微》，里面不少见解很是精到。较之啖助、赵匡更进一步，胡安定都算不上什么。只是我终究觉得《春秋》这书，断然不是孔子所著的。孔子自称“述而不作”，写《春秋》，那是史官的责任，孔子不是史官，“不在其位，不谋其政”，绝对不会侵夺史官的职权，去代作的。《春秋》上说“知我罪我”，俨然以素王自居，这不但夫子不肯，就是鲁国的君臣和史官也不会答应的。而且既然说“该添得就添，该删的就删，子夏他们提不出一点意见”，那么，自孔子绝笔于获麟一事为止，以后的《春秋》，从哀公十四年起，一直写到十六年孔子死为止，这三年之中，又是谁的笔墨？谁所赞颂的呢？可见鲁国自有史官，有《春秋》，和孔子的存亡是没有任何关系的。一切书籍，最可相信的莫过于《论语》，《论语》记载着孔子教人以《诗》、《书》、守礼为准则，自勉又说“五十学《易》”，没有半个字提到《春秋》。韩宣子被请到鲁国去，看见《易象》和《鲁春秋》。《楚语》说：庄王请人教太子，申叔时教他读《春秋》。《晋语》说羊舌肸学习《春秋》。可见在孔子之前，四方各国，都是早就已经有《春秋》的了。或许孔子自卫国回到鲁国，修正了《诗经》的“雅”“颂”以后，偶然读到《春秋》这书，就略微加以修饰。《公羊》《谷梁》两书所引，有“不修春秋”的话，这是无从断定的了。但要说孔子著《春秋》，这是绝对没有的事。更为可笑的是，卢仝高束三传，根据遗经，以究终始。试问为什么"天王狩于河阳"，周襄王无缘无故地到千里之外去打猎，隐、桓二公都先后被杀，而经上都写做"薨"，难道是说，圣人的直笔，反不如晋国的董狐，齐国的南史氏了？乱臣贼子，拿什么来借鉴而心生恐惧呢？

一八八、又

来札云："《中庸》填砌拖沓，敷衍成文，手笔去《论语》《大学》甚远，尚不如《孟子》，是汉儒所撰，非子思作也。其隙罅有无心而发露者。孔、孟皆山东人，故论事就眼前指点。孔子曰'曾谓泰山不如林放'，曰'泰山其颓'，孟子曰'登泰山而小天下'，'挟泰山以超北海'，就所居之地指所有之山，人之情也。汉都长安，华山在焉，《中庸》引山称'华岳而不重'，明明是长安之人引长安之山，此伪托子思之明验，已无心而发露矣。"真可谓读书得间，发二千年古人所未有。仆因之有《论语》之疑焉。陆象山先生曰："观《易》《诗》《书》圣人手定者，方知编《论语》者颇有语病。"初闻此言，似乎太妄，然平心玩之，亦似有理。大抵《论语》记言，不出一人之手，又其人非亲及门墙者，故不无"所见异词、所传闻异词"之累。即如论管仲，忽而褒，忽而贬；学不厌，诲不倦，忽而自认，忽而不居，皆不可解。其叙事笔法，下《论》不如上《论》之朴老，如“道千乘之国”“弟子入则孝”两章，直起直落，不作虚冒架子。至《下论》则论仁而曰“能行五者于天下”，论政而曰“尊五美，屏四恶”，都先作一虚冒，如廋词隐语，教人猜度。倘子张不问，则不知“五者”为何行，“五美”“四恶”为何事矣。其他如九思、三戒、三损、三益、三愆、三畏，都是先加虚冒，开《周礼》九贡、九赋之门。“子见南子”一节，子路何以不悦，夫子何至立誓，至今解说不明。足下亦曾议论及之耶？

【译文】你来信说：“《中庸》堆砌拖沓，敷衍成文，手笔比《论语》《大学》差得很远，还不如《孟子》，是汉儒所撰，不是子思写的。这里面的破绽有被你无意中发现的。孔、孟都是山东人，所以论事的时候就以眼前之物来形容。孔子说：‘曾谓泰山，不如林放。’说：‘泰山其颓。’孟子说：‘登泰山而小天下。’‘挟泰山以超北海。’以所在的地方，指当地的山，这是人之常情。汉朝建都于长安，华山就被提到，《中庸》举山的例子，说：‘华岳而不重’，明明是长安的人，在那里说长安的山，这个就是假托子思的证据，已经给你无意中发现了。”真可谓读书得到机会，抉发二千年以来的古人所没有的。我也因此有对于《论语》的怀疑。陆九渊先生说：“观《易》《诗》《书》圣人手定者，方知编《论语》者颇有语病。”初次听到这话时，似乎以为他太狂妄。可是平心静气地一想，似乎也很有道理。大概《论语》记载议论，不是出于一个人的手笔，而且记的人不是亲自受过孔子的教育的，所以不免有不确切的地方。就比如说论管仲吧，一会儿称赞，一会儿批评。学不厌，诲不倦，一会儿自己承认，一会儿满口否认。这些都是不可理解的地方。就它的叙事笔法而论，下《论》不及上《论》的苍老，比如“道千乘之国”“弟子入则孝”两章，直起直落，不做空架子。至于下《论》，谈仁时，便说“能行五者于天下”，谈政时，便说“尊五美，屏四恶”，都是先搭一个架子，让人家猜谜一样。倘若子张不问的话，人家便不晓得“五者”是什么，“五美”“四恶”是怎么回事。此外如九思、三戒、三损、三益、三愆、三畏，都是先加一个虚冒。开了《周礼》中的九贡、九赋的先例。“子见南子”一节，究竟子路为什么不高兴，夫子为什么要保证，到现在还没有解释清楚。你曾经谈论到这个了吗？

一八九、答胡书巢

来札道罢官后香亭进规谏之词，君大不喜，来质于仆。仆道规谏何妨，当在平日作官时，不当在今日罢官时。譬如甑已破矣，主人心绪不佳，旁人刺刺多言，可犹能修好而完善之哉？昔苏子美答韩持国云：“余于持国，外兄弟也。急难不相救援，又未于安宁时以义相琢磨，虽古人亦不能受。”足下之憎香亭，毋乃类是？仆因之有感焉。《儒行》云：“贤者之过，可微辨，而不可面数也。”既辨矣而曰微，又曰不可面数。子贡问友，子曰：

“忠告而善道之。”既忠告矣，又必善为开导。可见圣人体贴物理人情，不可直行而径遂。谢幼度好佩紫香囊，谢太傅以叔父之尊，不忍伤其意，伪与弈，胜，取而焚之。滕达道在范希文幕中，迷恋一妓。希文不肯伤其意，召妓痛饮滕公，使大醉，而置一舟送妓远归。香亭能知昔贤所为，其或免于君子之讥乎？

【译文】你来信说辞官以后，香亭对你说了一些规谏的话，你很是不高兴，老让我给评理。我说规谏你，这有什么关系？但应该是在你平时做官的时候，而不应该是在现在辞官的时候。好比甑已经打破了，主人心情不好，旁人还在那里多嘴多舌，难道还有什么法子，能够再把这个甑修好吗？从前苏舜钦回答韩维说道：“我和持国是表亲兄弟。有急难，而不能相互救援，安定时又不能以道义相互切磋，即使是古人也是不能这样的。”你恨香亭，难不成也是这种情况？我因此有些感慨了。《儒行》上说：“贤者有了过失可以私下进行辨正，而不可以在大庭广众中当面指责。”既然辩了，还要说“微”，还要说“不可面数”。子贡问孔子对待朋友的方法，孔子说道：“忠心地劝告他并好好地开导他。”既然忠告了，还要去善为开导。可见圣人体贴人情事理，不是可以随便直说的。谢玄喜欢佩紫香囊，谢安拿出叔父的尊严，不忍直说，便假作和他下棋，赢了，就拿来烧掉。滕子京在范仲淹的幕府里，迷恋一个妓女。范仲淹不忍伤他的心意，招了妓女和滕子京大喝一场，把他喝得大醉，而外面备着一只船，送妓女远远地回家去。香亭倘若能够知道从前贤人们的所作所为，或许可以免于君子的讥诮吧？

一九〇、答奇方伯

家人从吴下归，得接手书，含笑开函，春风满纸，一番矜宠衰翁之意，情见乎词。赐以文竹小几，使伛偻[①]榻上，得所凭依。赐以龙井芽茶，使舌本留甘，无虞消渴。恩俱来于望外，感愈结于心中。东望吴云，可胜额手！比来紫菊初花，黄云满野，阁下领东南之财赋，见村落之仓箱[②]，喜可知也。枚有感于相士之言，今年为两儿分家，将著作纂定，闭户却扫[③]，静待考终。不料暮景颓光，又偷度一番寒暑，起居眠食，依旧如初；似乎苦雪残冬，泰山主簿未必催程速驾。求其故而不得，或是贵人有夺命之权，明公爱之欲其生，苍苍者曲体明公之意，特留此白头宫女谈说开元，当作吹竹弹丝，使娱左右耶？明春倘蒙福荫，老物犹存，将践孙令宜廉使同游天台之约。非为天台也，希图舟泊胥门，一望见仁人颜色也。凡人无过分之想，则处世不愿其长；有未报之恩，则处世又愁其短。枚年垂八十，了尽尘缘，尽可悬崖撒手，而无如回忆栽培，终不能如草木之无知也，为唤奈何！

【注释】①伛偻：腰背弯曲。②仓箱：喻指丰收。③却扫：不再扫径迎客。谓闭门谢客。

【译文】家人从苏州回来，接到你的来信，我含笑拆开一看，真是春风满纸，那种矜宠我老年人的心肠，洋溢在字里行间。又赠送给我文竹小几，使我伛偻在榻上的时候，可以靠着。还赠给我龙井芽茶，使我舌头上留着甜味，不再担心口渴了。这些恩惠，都是出我意料之外，我很是感动。向东望着苏州，要将手置于额间称颂你！近来菊花方开，田稻满野，你掌管东南的赋税，看到田亩收成好，一定是高兴极了。我对于相面人的话有感于胸，于是今年替两个小儿分家，把写的诗文也编定了，关起门来，静待老死。不料衰老的光景，又偷过一年，起居眠食，仍旧和起初一样；似乎现在这样的风雪天里，阴司里的主管官员还未必会赶来催我速去。我推究其中缘故，却是推究不出，难道是贵人有更换司命的权力，你爱着我，要我活，天使体念你的意思，特意留着我这白发老头，讲些往日的故事，当作吹竹弹丝，来使你快乐吗？来年春天，要是托你的福气，还没有死，一定要和孙令宜一同到天台山去游玩。不是为了游玩天台山，是希望船停在苏州，可以来会你一会。凡人没有过分的想法，在世不愿能活多长；有未报的恩，那么又觉得在世太短了。我年纪快到八十岁，世事也都已了结，尽可以悬崖撒手，但是回想到你这般栽培我，到底不能和草木似的一无所知，这叫我怎样才好？

一九一、答法学士

北雁南飞，德音颁到。挽诗五首，天机清妙，足冠群言。第留之之意多，而送之之意少，未免远客将归，翻增依恋。古人论昼夜之道，子贡曰“大哉死乎！君子息焉，小人伏焉”，《列子》则曰“当生而生，福也；当死而死，福也”。列子之言，较胜一筹。仆自计平生踌躇满志，今年考终，未为非福，以故静以俟之。不料白发光阴，又到黄花时节，秋来起居眠食，平善如初[①]，几有星陨少微，吴中名士求死不得之苦。然而神明顿衰，一卷未终，恍已忘其姓氏；片文屡过，终不记其偏旁。此树婆娑，生意尽矣。学士诗中有“我到公年拜公侧”之言，蒲柳春秋，何足挂齿，而苍松翠柏乃欲相约齐年，何言之谦而望之奢也！倘公年如仆，仆身尚存，恐亦不言不语，将被子孙供养入鸡窠矣，其能如西河窦公上《周官》“大司乐”一章哉？其能如蓟子训重到东灞城边，摩挲铜狄哉？多寿则多辱，故虽感雅意，而终想“却之却之为不恭”焉。或者仆受公知，不得与公相见，亦是人间一缺陷事。文章有神，两美必合。天欲补二人之憾，将使公持节拥旄，来振南邦文教，暂留老身以俟君子，未可知也。企予望之。

【注释】①平善：平安，安康。

【译文】北边的鸿雁向南飞来，我收到你的来信，还有挽诗五首，天机清妙，足以超过所有人的作品。但是挽留我的意思多，送别我的意思少，未免远客快要回去了，反而有些恋恋不舍。古人论生死的道理，子贡说道：“死亡真伟大啊！君子在这里休息，小人也在这里休息。”列子则说道：“该生的时候生，这是福气；该死的时候死，这也是福气。”列子的话，相较而言，更胜一筹。我自己想了一下这一生的事情，已经很满足了，今年死了，也未必不是福气，所以静心等候着。不料白发光阴，又到黄花时节。秋天以来，起居眠食，像往日一样安康，只是流星即将陨落，有像江南的名士求死不得之苦。精神已经慢慢衰弱，一卷书没有看完，已经忘了里面人物的姓名，一个字看过几次，还是记不清它的偏旁。这棵树的枝干分散剥落，看来是没有生机了。你在诗里有“我到公年拜公侧”的话，我这种蒲柳年纪，何足挂齿，而你这样的苍松、翠柏却要和我相约活一样岁数，怎么言语这样谦和，希望这样大呢？倘若你到我的年纪，我还活着，恐怕也是不能言不能语，将被子孙供养到鸡窝里了。怎么还能和西河窦公似的能够献上《周官》“大司乐”一章呢？又怎么样能够和蓟子训重到东灞城似的，用手摩挲铜人呢？多寿便多受辱，所以虽是感激你的盛意，到底想要拒绝你呢。或者我受着你的赏识，不能和你一会，也是人间一件很让人遗憾的事情。文章有灵，两美一定能够碰头。天要想补我们两人的缺憾，快让你到南方来做官，暂留着我的老身，来等待你，也未可知。我踮着脚盼望你。

一九二、答严东有

接手教并程氏银信，委仆转交，同居一室而取证，逢公避嫌，非贤者事，谨厚者亦复为之耶？仆则不能，遣一苍头致之而已。江左奇荒，田无寸草，加以耳根不净，如书巢、鱼门两眷属之惨惨叫号者，时有声闻。古乐府云“黄禾起羸马，有钱始作人”，又曰“钱钱何难得”，古人非欺我也。华札数行，旁行斜上，有匆匆草草之形。想河务殷繁，贤劳甚矣，深为悬念。最妙者在百忙中，犹为不荐刘郎一节，辨口嘐嘐①，似有半糠蔽目、一蚋啮肤之累。仆诚过矣。虽然，虞翻向伯符云“翻是明府家宝，不可示人”，亦是古人高义，较之卓茂攘羊，不疑盗嫂，受诬尚小，颇可包羞②。必欲拒而不受，何太乏汪汪③之量耶？古之人有毁之而孟尝之名著，怒之而齐王之疾瘳者，所谓“从政有所反之以取媚也”。仆老去无俚，污君以自娱，且欲使刘季闻之窃喜自负，所谓“心有所好乐，则不得其正”也，君毋尤焉。蒙赐生地四斤，使阴重客、阳虚侯俱获其益，感何可言！

【注释】①嘐嘐：形容志大而言夸。②包羞：忍受羞辱。③汪汪：深广。

【译文】接到你的来信，还有寄给程家的银钱，托我转交。同居一处要取收条，为了公事要避嫌疑的事情，不是贤者所做的事，你这样的敦厚之人也是这样的吗？我是做不出来的，只差一个佣人送去就是了。江南大荒年，田地空荡荡的，加上耳根不净，像书巢、鱼门两家属的悲声呼号，时时能够听到。古乐府里说：“黄禾起羸马，有钱始作人。”又道：“钱钱何难得？”古人果然没有欺骗我。你写给我几行信，字都歪斜向上，有匆忙写成的样子。应该是你河务忙得很，真是贤劳极了，我很挂念你。最妙的是你在百忙之中，还为着不推荐刘郎一事和我争辩，好像有半粒糠遮住你的眼睛，一个蚊子咬你的皮肤一样。我实在错了！虽是这样，从前虞翻向孙策说："我是你的传家宝，不可以拿出来给人看的。"这也是古人的高义，较之于冤枉卓茂偷羊，不疑偷嫂，受冤还小，可以含垢忍辱。你要是一定拒绝不受，怎么度量会这样狭小呢？古代的人有的毁了他，反使孟尝君声名响起来；激怒着他，反使齐王的病好了。这正是《左传》上所说的："执政的人有违反礼仪的地方，这是为了获得民众的欢心。"我老了，闲来无事，以诬蔑你来取乐，还想让你知道，来使自己洋洋得意。这是《大学》上说的"有所喜好，就得不到中正"呢。你不要责备我呀！蒙你送给我生地四斤，使我阴重阳虚的病症都可以好了，真是感激得说不出话来！

一九三、与林远峰书

王西林归，仆问足下近况，据云一贫彻骨，仗渠为将伯之助[①]，才得买舟渡江。仆心疑之。足下家口不多，修俸不薄，似可不至于斯。因忆蒋立厓有"借君百金，一旦挥尽"之语，嘻，远峰过矣！周公赞《周易·节卦》曰："不节若，则嗟若。"孔子曰："奢则不逊，俭则固。与其不逊也，宁固。"所谓不逊者，非必玉杯象箸、日食万钱之谓也。贪豪侠之名，作不自量之事，或骄花宠柳而轻掷缠头，或舍己从人而自夸慷慨，是皆不逊之甚者也。试观《史记·游侠传》中，获保首领以没者有几人哉？孔子爱颜渊，哭之至恸。及颜路请子之车以为椁，则毅然不可。非爱颜渊不如爱车也，师生分在，使夫子徒行，亦颜渊在九泉心所不安也。观下文不肯厚葬颜渊，委罪于二三子，而君子爱人以德之心，愈觉分明。子华使齐，使之者夫子也，理当酬劳，其母在堂，理当助养。乃夫子寂然视同路人，直待冉子一请再请，而仅仅与釜与庾，勉强酬应，惜粟如金。于是冉子悻悻然，有大不满先生之意，而与之粟五秉，不特恤公西华，直以愧夫子也。其时旁观者，亦必以冉子为仗义疏财，夫子为出纳之吝，真乃“师不必贤于弟子”矣。于是圣人不得不申明“周急不继富”之义。而撰《论语》者，又记得夫子有与原思粟九百。将两事合而记之，然后知圣人用财，早有定见，请之而不与，辞之而必与，其至精至当处，非贤者所知。使当日夫子学冉有，与子华粟五秉，则他日亦必不能与原思粟九百矣。何也？用其所不当用，必不能用其所当用也。仆老矣，阅世六十余年，常见好杀人者，天必报之以死，好用钱者，天必报之以穷。此一定之效，丝毫不爽者也。然或花费己身所赚之钱，其过犹小，若用祖父之钱与他人之钱，其过尤大。何也？祖父之财未必皆贪官污吏劫取而来之物，在祖父辛苦经营以贻之，在子孙视若土苴[②]以散之，不孝甚矣！若他人之财，则物各有主，天子不能夺陶朱之财以与黔娄[③]，圣人不能取子华之裘马以与原宪。而足下乃欲借他人之财，以逞欲而沽名，是权过天子，惠过圣人；刲[④]他人之股以行孝，不特不仁，且不义不智矣。老友程鱼门家资六万，不过好买书籍，好赠朋友，而二十年中，家产荡尽，至于逋负[5]山积，身死秦中，赖秋帆先生为归其柩，养其遗孤，至今茕茕然朝不保暮。在鱼门当日并不在酒场歌席妄费一钱，而手滑心慈，遂至累人累己。所谓“好仁不好学，其蔽也愚”，至今感之者少，嗤之者多。立厓訾足下认借为赠，不偿所负，向余哓哓。余答之曰：远峰之非，百喙莫赎，固也。然足下交远峰未一载，而遽然脱手百金，是足下亦一远峰也。以远峰遇远峰，宜其交好不终。《记》曰：“君子不尽人之欢，不竭人之忠，以全交也。”此就一面说也。若就两面说，则君子有欢而不使人尽，有忠而不使人竭，其所全之交，不更多乎？立厓亦畲然不能答也。《庄子》曰：“其赴义若热者，其去道必疾。”邵尧夫曰：“行善固好，然必须自顾力量。”鄂文端公曰：“不要钱原非异事，太要好也是私心。”此数语深中足下之病，故因西林来而为此忠告。

【注释】①将伯之助：请求长者帮助。指别人对自己的帮助。②土苴：渣滓，糟粕。比喻微贱的东西。③黔娄：战国时期齐稷下先生，齐国有名的隐士和著名的道家学。④刲（kuī）：割取。⑤逋负：指债务。

【译文】王西林回来，我问起你的近况，据他说你现在一贫如洗，靠他的帮助，才能够雇船渡江。我心里有些不太相信。你家人口并不多，收入薪水又不少，似乎不至于弄到这样。因此想着从前，蒋立厓有“借你一百两银子，你一天之内就挥霍完了”的话。唉！你错了！周公修《周易·节卦》说道：“不能节制，于是嗟叹伤悔。”孔子说道："奢侈了就会越礼，节俭了就会寒酸。与其越礼，宁可寒酸。"所谓不逊，不一定是玉杯象箸，一天吃一万钱的意思。贪着豪侠的名气，做着不自量力的事情，或是嫖妓宿娼，轻掷钱财，或是舍己从人，自己要夸耀慷慨，这都是不逊之至的事情。试看《史记·游侠传》里面，能够好好地保全首级直到老死的，有几个人？孔子爱颜渊，哭得很悲哀，等到颜路请求他把他的车子拿来做椁，他就不答应。不是爱颜渊还不及爱车，是因为师生的名份还在，假使孔子因此步行，也是颜渊在阴司里所不安的。看下文不肯厚葬颜渊，责备二三子，那么，君子爱人以德的心思，就越发分明了。子华出使齐国，派他前去的是孔子，理该给他一些酬劳，他的母亲还在，理该要赡养。哪知孔子一点表示都没有，看他和路人一样，直到冉有一请再请，也只仅仅给了他一釜一庾，勉强应酬他，惜粟如金。于是冉有愤怒极了，有对先生极为不满的意思，于是自己给他五秉粟，不但是周恤公西华，而且是侮辱孔子呀。那时候的旁人，也一定以为冉有仗义疏财，孔子非常小器，这真是"先生不一定好过学生"了。于是圣人才不能不申明"君子救济那些急需帮助的人，而不接济富人"的道理。那写《论语》的人，又记载有孔子有给原思粟九百的事情。拿两件事一起记出来，然后知道圣人用钱，早有定见的，请了他不给，辞了他反而必须给，至精至当的地方，不是贤人所能知道的。假使当时孔子学着冉有，也给子华粟五秉，那么他日也一定不能给原思粟九百了。为什么呢？把它用于不应该用的，一定就不能把它用于应该用的。我老了，阅世六十年，常常看见喜欢杀人的，一定也不得好死；喜欢花钱的，一定也会穷。这是有一定效验的，从没有不对的。或者花费我自己赚来的钱，罪还小一些，要是用祖父和他人的钱，罪就更大了。为什么呢？祖父的钱，未必都是做贪官污吏去抢劫来的，在祖父辛辛苦苦积蓄之后留给他们的，而子孙看得和土泥似的，随意散掉，那是不孝极了！要是别人的钱，那么物各有主，皇帝不能抢陶朱公的钱来给普通百姓，孔子不能把子华的裘马夺来给原宪。你却要借他人的钱拿来任意挥霍，博取好名声，是权力比皇帝还大，恩惠比圣人还多了。割他人大腿上的肉，来行你的孝心，不但是不仁，而且是不义不智。老友程鱼门家产有六万，不过喜欢买书，喜欢送给朋友，二十多年来，家产用尽，弄得债务像山一般堆积起来，死在陕西，靠着秋帆送回他的棺柩，养他的遗孤，现在很是困难，过了早晨都不知道夜晚怎么过。在鱼门活着时，他也并不在妓院、饭馆里乱用一个钱，不过手滑心慈，就弄得害人害己。古人所说的“爱好仁德而不爱好学习，它的弊病是受人愚弄”，到现在感激他的少，笑话他的多。立厓责备你，把借款当作赠送，不偿还负债，唠唠叨叨地向我抱怨。我回答他说：“远峰的过错，固然是有一百张口也不能辩解。但是你和他结交不满一年，就借给他一百两银子，你也是远峰一样的人。拿远峰来结交远峰，这种结交当然不会有好结果。”《礼记》上说：“君子不可要求朋友违背意愿强作欢乐来迎合自己，不可要求朋友无保留地奉献忠诚，这样做的目的是为了保全友谊啊。”这是就一方面讲的。要是就两方面来说，君子有着欢不使人尽，忠不使人竭，那么他所保全的友谊，不是更多吗？立厓也闭着嘴不能回答我了。《庄子》说道：“一个人抛弃义像是避开烈焰一样，那他远离道也一定也很快。”邵雍说道：“行善固然好，但必须量力而为。”鄂文端公说道：“不要钱原非异事，太要好也是私心。”这几句话，深中你的毛病，恰逢西林回来，所以写了这信来忠告你。

一九四、答彭贲园先生

先生当代耆英[①]，长枚三岁，学问之渊雅，词翰之清新，实为东南领袖。乃惵然意下于山中一叟，若有所惓惓于心而不能自释者，《大学》所谓“之其所亲爱而辟焉”，其斯之谓欤？忆壬寅春，在敝亲家红泉书屋小住六日，而竟不及一访名贤，所谓渡江不见刘元城，过泗州不见大菩萨，真人生恨事，但未知其时已解组归否。枚平生爱诗如爱色，每读人一佳句，有如绝代佳人过目，明知是他人妻女，于我无分，而不觉中心藏之，有忍俊不禁之意。此《随园诗话》之所由作也。区区乐善之怀，竟被先生奖许，可谓“刘君知我，胜我自知”。惟是两人年俱八旬，神通而形隔，后会茫茫。元微之诗云：“垂老相逢渐难别，大家期限各无多。”夫见而作别，尚且为难，而况于未见乎？或者絜果兰因[②]，终能会合，否则海天兜率，尚有前期。情到难堪，又不得不作转语，聊以自宽也，先生以为然否？附上代梓故人胡书巢、何南园诗集二本，伏希省览。

【注释】①耆英：指年高德硕者。②絮果兰因：比喻结局不幸之因缘遇合。以兰花之馨香喻美好之前因，以飞絮之飘泊喻离散之后果。

【译文】你是当代的老前辈，长我三岁，学问高深，文辞清新，实在是东南领袖。居然在面对我这个住在山里的老年人时谦虚成这样，好像很记挂在心里，不能忘掉似的。《大学》所说的"人们对于自己亲爱的人会有所偏爱"，说的就是这个吧？回想壬寅年春天，在敝亲家红泉书屋里小住了六天，竟来不及访问你，古人所说的渡过江去不见刘元城，过泗州不见大菩萨，真是人生的憾事。但不知道你那时辞官回家没有？我平生爱诗如同爱色，常常读了人家一句好诗，好比一位绝色美女过我眼前，明知是他人的妻女，和我没有缘分，然而不知不觉地就藏在心里，有情不自禁的意思。这便是我写《随园诗话》的动机。一点点乐善的胸怀，竟承蒙你称赞，可以说一声"刘君知我，胜我自知"了。只是我们年纪都已八十岁了，精神虽然相通，身体终究相隔，后会之日茫茫无期。元稹的诗道："垂老相逢渐难别，大家期限各无多。"会面以后分别，尚且为难，更不要说我们没有会面的了。或者絮果兰因，到底能够碰到，否则死了以后，在海天兜率时，也可以相见。情分到难忍的时候，却又不能不说这样一句转语，借此拿来安慰自己。你认为怎么样？附上代死去朋友胡书巢、何南园印刷的两本诗集，请你看看。

一九五、答李少鹤书

少鹤明府足下。胡甥从桂林归，接诗册一本，恍如面晤。见和生挽、告存诸作，如异乐仙音，来自海外，迥非[①]人间凡响。所说春田太守，乃仆世交也。十年前在姑苏相遇，犹以清门公子目之，不料去年寄诗集来，孤秀神崖，独师怀抱，真后来作手也。且有“先生宗白我推袁，万古心香共一源”之句。沈休文迟暮之年得王元礼，出而张之，可胜欣喜！其佳句久已梓入《诗话》，得明府又从而附益[②]之，固所愿也。来札忧近今诗教，有以“温柔敦厚”四字训人者，遂致流为卑靡庸琐，属老人起而共挽之。此言误矣。夫“温柔敦厚”，圣人之言也，非持教者之言也。学圣人之言而至庸琐卑靡，是学者之过，非圣人之过也。足下必欲反此四字以立教，将教之以北鄙杀伐之音乎？毋乃“由之瑟，奚为于丘之门”矣。严沧浪论诗，笑坡、谷二人如子路侍夫子，有行行[③]之气。此语殊解人颐。才如坡、谷，尚不免人讥弹，而况于不如坡、谷者乎？夫温柔之与卑靡，刚健之与粗硬，似是而非，差之毫厘，失以千里，不可不察也。然而天下物未有不以柔为贵者，金银铜铁，细罗纱绢，触目皆然。虽太阿纯钩，天下之至刚者也，亦以能屈能伸为贵，而况于声诗一道，将含商嚼徵，播之管弦者耶？《易》称“君子独立不惧”，而仍“藉用白茅”，取其柔之至也。或嗜羊枣，或嗜菖蒲，诗亦如之。杜少陵不喜陶诗，欧公不喜杜诗，竟陵、公安、七子互相诋娸，王阮亭痛訾元、白，专主中唐，蒋心余、钱玙沙痛诋阮亭，专主初白。仆以为皆是也，皆非也。是者是其独得之见，不随人为步趋，非者非其所见之偏，不平心而察理。范蔚宗所谓“能识同体之善，而忘异量之美”，《庄子》所谓“蔽于古而不知今”，此学者之大病也。足下不喜查他山，以为卑靡之习自他山开之，此言又误矣。夫他山以前，诗之卑靡者无万万数，不过不传于世，故足下未见耳，非自他山滥觞。他山是白描高手，一片性灵，痛洗阮亭敷衍之病。此境谈何容易？若以流弊而论，则槎枒粗硬之弊，亦何尝不自老杜开之？韩昌黎之“蔓涎蜗出壳，角缩头敲铿”，与《笑林》中所云“蛙翻白出阔，蚓死紫之长”又何以异？足下之诗，酷摩韩、杜，故纵笔及之，为思患预防之戒。近今诗教之坏，莫甚于以注疏夸高，以填砌矜博，捃摭[④]琐碎，死气满纸。一句七字，必小注十余行，令人舌举口呿而不敢下手。“性情”二字，几乎丧尽天良，此则二千年来所未有之诗教也，足下何不起而共挽之？再白者，明府又尝疑我议论，似乎三教皆不归依，到底归依何处？此言亦非知我者。我辈坠地后，舍周、孔何归？但古来归周、孔者，荀、孟、程、朱，俱有流弊，有习气。我不以为然，譬之到人家敬重一长者丈人而已，其旁子弟侍从之烦言赘语，我不能随声附和也。至于佛、老二家，何尝无可取处，奈其习气更重，流弊更多，故不得不淡漠视之，而有“彼哉彼哉”之叹。

【注释】①迥非：绝非。②附益：附会，夸大其辞。③行行：刚强的样子。④捃摭：采取，采集。

【译文】少鹤明府足下：胡甥从桂林回来，接到诗册一本，仿佛见面一样。和我的生挽、告存几首诗，好像异乐仙音，从海外飞来似的，绝不是人间平凡的音响所能比的。所说的春田太守，原来还是我的世交。十年前在姑苏碰见他，还把他当作清门公子来看待，不料去年寄诗集来，文笔秀丽，意境开阔，真可以说是后起之秀了。他还有“先生宗白我推袁，万古心香共一源”的诗句。使我像沈休文老年得到王元礼一样地开心。他的好诗句已经刊入《诗话》了，你能再增添些，真是我所求之不得的。你来信担心近来的诗教，以为近来有人以“温柔敦厚”四字教人，以致流为卑靡庸琐，叫我起来挽回这风气。我认为你的话错了。“温柔敦厚”，这是圣人的话，不是那些持教者的话。学圣人的话，而至于弄到庸琐卑靡，这是学的人的过错，不是圣人的过错。你一定想要推倒这四个字，意思是教人以北鄙杀伐的格调吗？不正是所谓的“仲由弹瑟，为什么在我这里弹呢”。严沧浪论诗，讥笑苏东坡、黄山谷二人，说他们好像子路服侍孔子，有刚强的气概。这句话着实使人发笑。像东坡、山谷那样有才气的人，还不免受人家的挖苦，何况不如他俩的人呢？原来温柔和卑靡，刚健和粗硬，似是而非，差之毫厘，失以千里，不能不细察。天下的东西，没有不以柔为贵的，金银铜铁，细罗纱绢，这些都是。太阿和纯钩，是天下最刚硬的了，可也是以能屈能伸为贵，何况诗的声音，是要配以音律，用乐器弹唱出来的呢！《易经》说“君子独立不惧”，可是也要借用白茅，这便是取它的至柔特性。有人喜欢吃羊枣，有人喜欢吃菖蒲，诗也是这样的。杜甫不喜欢陶渊明的诗，欧阳修不喜欢杜甫的诗，竟陵、公安、七子，互相指责，王阮亭痛驳元稹、白居易，极力推重中唐，蒋心余、钱玙沙痛骂阮亭，极力推重初白。我认为这些都说得对，又都不对。对的是各人都有独到的见解，不随声附和人家。不对的是所见太偏颇，不肯平心静气地研究。范蔚宗所说的“能够知道共同标准的好处，有时却失去了不同标准的优点”，庄子所说的“蔽于古而不知今”，这些都是读书人的大病。你不喜欢查他山的诗，以为卑靡的风气是由他开始的，这句话又错了。在查他山以前，卑靡的诗多得不得了，只不过没有传下来，所以你不曾看见罢了，并不是查他山开始的。他山是一个白描好手，一片性灵，痛洗了阮亭那种敷衍的毛病。能做到这一步，谈何容易？至于说到流弊，那粗硬的弊病，又何尝不是从老杜开始的呢？韩愈的“蔓涎蜗出壳，角缩头敲铿”，与《笑林》中所说的“蛙翻白出阔，蚓死紫之长”，又能有什么分别？你的诗，极力模仿韩愈、杜甫两人，所以随手写来，有了忧国忧民的诗意。近来诗教的坏处，最厉害的要算注疏夸高，以东拉西凑，东抄西拼，弄得满纸死气沉沉。一句七个字，必定要有十多行小注，使人吓得不敢下手。“性情”二个字，几乎丧失殆尽了，这真是二千年来所不曾有过的现象，你为什么不起来纠正一下呢？还有一点：你怀疑我的论调，似乎儒释道三教都不相信，问我到底相信什么。这句话也是不了解我才说的。我们呱呱落地做了人以后，除了周公、孔子以外，又能向谁学习？但从古以来学习周公、孔子的人，荀子、孟子、程子、朱子都有流弊，有习气。我是不赞成的。比如说到别人家里去，敬重一个长者就够了，他旁边的那些子弟侍从的话，我是不能随声附和的。至于佛、老二家，何尝没有可取之处呢？可是他们的也会有些习气，所以不得不冷漠看待，而有“彼哉彼哉”的叹息。

一九六、答奇中丞

李太守归，接手书，云枚“知公实授抚军，必当欣喜”，此言是也。然公但知其喜，而不知何以喜也，请略言之。人生知己难得，得一知己而见其官尊道行，隆隆而升，比自己当年之得科名与馆选更为荣幸，此其可喜者一也。从来才大之人，不受捉搦，《论语》曰：“君子不可小知，而可大受。”方伯虽非小知，然而行政用人，终难自主。即以吴下巡抚而论，如前朝之周文襄，本朝之汤文正，皆独行其志，故至今民不能忘。公才大如海，又久任屏藩，事事了彻，而居公上者，或才不及，或所见偏宕，未免龃龉[1]。今独当一面，旁无掣肘之人，可以从容展布，如大云起雨，一切草木山川均沾余润。此其可喜者二也。古之为政者，“廉慎仁明”，四字并称，而枚持论则首重明字。何也？明则廉其所当廉，慎其所当慎，仁其所当仁。不明则孑孑为廉而已，非廉矣；戚戚为慎而已，非慎矣；煦煦为仁而已，非仁矣。终身由之而不知其道，此子张之所以“问明”，《大学》之所以先“明明德”也。公题画诗云：“笔上眉痕刀上血，用来不错是英雄。”此即《荀子》“夺然后义，杀然后仁”之谓。此二句包罗一部《十七史》，可想见心胸魄力。以一“明”字治国平天下而有余，何区区江苏一省而已哉！此其可喜者三也。假使公持节他邦，则虽以公之明，其风土人情，终需半年三月才见梗概。今公在江苏五年矣，民情之奸良，官吏之贤否，国课之盈虚，水利之通塞，久已烛照数计[②]而无遗，一旦举而措之，若指诸掌。此其可喜者四也。枚老矣，夕阳虽好，红不多时。使公远抚他邦，则此生不能再见。今不特近在吴门，且闻有场后入都之信，则秋闱监试，即可望见旌旗。此其可喜者五也。公封疆之任，简在帝心久矣。有忌公者尼之，因此略为濡滞，而此座终于让公。惟其蓄之愈久，故发之愈光。如花树为春寒所勒，一旦怒开，倍觉鲜华。昔人画臧文仲于卞和之侧，故赪其颜，专为蔽贤者戒。安知无人画尼公者乎？此其可喜者六也。以上六喜，公私参半，而究之私少公多。枚虽衰，其能不鼗乎其鼓之，轩乎其舞之哉？来书谆谆有官高任重，询于刍荛之意。人以为公之谦词漫语[③]耳，枚独不以为然。何也？从来天分高之人，则其心必虚。以颜子之天分，而以能问于不能，以多问于寡；以诸葛孔明之天分，而勤求启诲，孜孜不倦。此皆非貌为谦恭也，盖深知天下事理之无穷，而不能者之有益于能，少者之有益于多也。公之天分不在两贤之下，故虚怀若谷，乐取于人以为善，亦发于中心之诚，而非有所矫饰也。枚明知昼不点烛，日有余明，不必以萤火之光上助清炤，然匏宣瓦奏，亦师旷所乐闻，故敢陈其愚忠，请公听之。枚阅世六十年，见一二巨公，其初天分非不高也，乃官稍尊则天分稍低，官愈尊则天分愈低。其故何也？南面而临，一言出口，千人唯唯，久之颐指气使，遂予圣自雄而不自觉矣。公十载屏藩，集思广益，人无间言。枚愿公从中丞而制府，而尚书，而宰相，总不改此时光景，则不特无愧于大行不加之君子，而将来之福禄寿考，数千万之官吏苍生，亦受福于无涯矣。宋张文定公善饮，求能与之敌者，或荐某军校量佳。公问量何如，曰："愈醉愈谦恭。"公笑曰："此不足为量也。防其醉而加谦，是改常也。量大者，始终如一而已。"夫谦恭尚且为改常，而况于骄纵乎？偶引故事，博公莞尔。

【注释】①龃龉：比喻意见不合，互相抵触。②烛照数计：比喻预料事情的明确。③漫语：泛语，空话。

【译文】李知府回来，接到你的来信，说我知道你当上了抚军，一定很欢喜，这句话很是不错。但你只知道我会欢喜，却不知道我为何欢喜，请让我稍微说上几句。人生在世，知己很难得，得到一个知己，看见他升官行道，隆隆直上，比自己那时中进士点翰林还要荣幸，这是可喜的第一件。从来有大才学的人，不受人家的监督，《论语》上说："君子不能让他们做那些小事，但可以让他们承担重大的使命。"方伯虽然不算是小知，然而用人行政，到底不能够自己做主。就拿苏州的巡抚来讲，像明朝的周文襄，本朝的汤文正，都是能够独行他的志愿，所以百姓到现在还没忘记他们。你才大如海，而且又做了多年的藩台，事事都很明白，那么在你上面的，或者才学不及你，或者有些偏激，就和你意见相左。现在你独当一面了，旁边没有干涉的人，就可以慢慢地发展出来，好像大云起雨，一切山川草木，都沾你的光。这是可喜的第二件。古代做官的，“廉慎仁明”，四个字并称，我却主张首推一个“明”字。为什么呢？明了之后，那么应该廉的地方要廉，应该慎的地方要慎，应该仁的地方要仁。要是不明，那么小小心心地为廉，这不是廉了；忧忧虑虑地为慎，这就不是慎了；姑且了事为仁，这就不是仁了。终身在做，却还是不知道方法，这就是子张之所以要“问明”，大学之所以要先“明明德”的原因。你题画诗上说道：“笔上眉痕刀上血，用来不错是英雄。”这就是《荀子》“夺取君权，然后才能实行道义；杀掉君主，然后才能实现仁德”的意思。这两句话概括了一部《十七史》，可以想见其心胸魄力。用一个“明”字来治理天下国家都绰绰有余，更别说一个小小的江苏省了！这是可喜的第三件。要是你调到别的地方去，就算以你的贤明，对着风土人情，也需要隔着半年或三个月，才知道大略情形。现在你在江苏五年了，百姓的好坏，官吏的贤愚，赋税的多少，水利的通塞，你早已了然于胸，一旦做起事来，就可以就轻驾熟。这是可喜的第四件。我老了，夕阳虽好，红不多时。倘若让你到遥远地方去，那么此生就不能再会面了。现在不但近在苏州，并且听说考试后有进京的消息，那么你八月里来做监考官员，我就可以见着你了。这是可喜的第五件。你的抚军职位，皇上想要给你好久了。有忌惮你的人阻挠着，因此稍稍迟了一些，然而这个位置，终究还是你的。正因为蓄积了好久，所以发出来越有光彩。好比花树被春寒抑制着，一旦开放便更加觉得鲜艳。从前有人在下和旁边画臧文仲，故意把他的脸画红脸，专门让遮蔽贤人的人作为警戒。怎么知道将来会不会有人画一个阻挡你的人呢？这是可喜的第六件。以上六种可喜，半公半私，然而探究起来，到底私少公多。我虽年老，但能够不大欢大喜吗？来信里说：因为官高责任重，有向我咨询的意思。别人以为是你的客气话罢了，我却不以为然。为什么呢？从来天分高的人，心一定虚。像颜渊的天分，还是“有才能却向没有才能的人请教，知识广博却向知识少的人请教”；以诸葛亮的天分，还是努力求人家的教诲，孜孜不倦。这些都不是故意装得谦恭。实在是知道天下的事理没有穷尽，不能的可以有益于能的，少的可以有益于多的。你的天分，不在他们两位之下，所以虚心得很，高兴地借着别人的本事，来做你的善事，也是打从心坎里发出来的，并不是故意做得谦虚。我明知白天不用点蜡烛，太阳的光亮都绰绰有余，不必再以萤火的光，来助太阳的照耀，然而匏瓦的声音，也是师旷所喜欢听的，所以才敢陈述我的愚见，请你听上一听。我阅世有六十年了，见过一两位大官，起初天分都是很高的，但是官稍大了些，天分也低了些，官越高，天分也就越低。这是什么缘故呢？朝南面坐着，一句话出口，一千人都只是答应是是，天长日久就要颐指气使，于是不知不觉地就自己以为本事很大。你做了十年藩台，集思广益，大家都没有闲话。我愿你从抚台到总督，到尚书，到宰相，都不要改变这时的样子，那么不但对着“大行不加”的君子没有惭愧，就是将来的福禄寿考，几千万的官吏百姓，也都会受着你无穷无尽的福气了。宋朝的张文定公酒量很好，想找能够和他一较高下的，有人推荐某军校的酒量很好。问他酒量怎么样，回答说："越醉越谦恭。"张文定公笑道："这算不得好酒量。为了预防喝醉，所以加意谦恭，这是一改常态。要是酒量大的，是始终如一的。"讲到谦恭，还算是改变常态，更不要说骄傲放纵了！偶然引述了个故事，博你一笑。

一九七、复徐小汀书

小汀足下：重阳前二日，丁先生来，接手书。知近履平善，兼知寄上全集，有窃书改信一事，大奇大奇。海内士大夫将所著作镂板行世者浩如烟海，阅者大率攒眉[①]，束之高阁，甚或拉杂摧烧，以之覆瓿[②]者，无万数也。仆虽梓全集六十余卷，而自视欿然[③]，常恐亦受此惨。不料有人溺爱嗜痂，出重价购之，又有人当作奇珍异宝，要于路而攫之，苦心孤诣，作许多狡狯。虽抱窃疾，恰是书淫也，也算艺林佳话。较诸李博士之遇盗求诗，白香山之买婢增价，倍有荣焉。因记闽人林远峰云：其戚徐某，巨家多财，一日有盗十余人，昏夜破门入。正在搜牢箱箧时，有英悍少年，盗魁也，灯下见案上有宋板《文选》一部，《仓山全集》两册，笑曰："此老能藏古书，能读随园先生文集，非俗儒也。"即麾诸偻啰而释事主，抱书两部而出。其说果确，则一窃一盗，俱足千秋。然非世兄明察秋毫，反复细观，又何能知其有抽匿部数、涂改原书之弊哉？此又古人之鞭丝见屑、决狱审刀之聪所未有也。仆感窃书人之知己，而服世兄之神明，特再寄一部，纸墨刷印大胜于前。若是乎从者之廋，于买书人大有便宜。

附来书

年愚侄徐秉鉴顿首，谨请福安。春杪叩送行旌[④]，转瞬间五更弦望矣。依恋之心，与日俱积。昨应试来杭，项三哥出示钧函，庄诵之下，知系四月间在苏所发。但侄所求大集三部，前曾领过有套者一部。兹来谕云："今寄全集一部，连前已经三部。"初看似属偶忘，反复细观，信中"一部"二字，略有刮洗更改之痕，而封面之字，又与书中字两样。恐寄书人有抽匿私改之弊，特据实奉闻，并将原赐钧函缴呈台览。

【注释】①攒眉：皱眉，表示不愉快。②覆瓿：比喻著作毫无价值或不被人重视。亦用以表示自谦。③自视欿然：自己感到有缺陷。④行旌：旧指官员出行时的旗帜。亦泛指出行时的仪仗。借以敬称出行的官员。

【译文】小汀足下：重阳节前两天，丁先生到我这里来，接到你的来信。知道你身体很好，并且知道寄给你全集后，有偷书改信这么一件事情，大奇大奇。天下的士大夫，把所做的诗文整理出版的，浩如烟海，看的人大多随便看看开头就束之高阁，甚至直接一把火烧掉或用它来覆盖酱缸的，不知道有多少万人呢。我虽然刻印全集六十多卷，但自己还是觉得有欠缺，常常担心这些书也要遭受这些惨事。不料有人非常喜欢，愿意出重金购买，又有人把它当作奇珍异宝，恨不得在路上强抢了去，苦心孤诣，做出许多狡狯事来。虽说有偷窃的毛病，恰巧也是一个非常喜欢书的人，也算是文化场中的一件佳话。相较于李涉遇见强盗请他做诗，白居易买婢女被加价还要倍感荣耀。于是记起福建人林远峰曾经说，他的亲戚徐某，家里很有钱，某一天，有十几个强盗，夜里破门而入。正在翻箱捣柜的时候，忽然有一个英悍少年，是强盗的首领，在灯下看见桌案上有宋板《文选》一部，《仓山全集》二册，笑道："这个人能收藏古书，能读随园先生的文集，不是寻常的读书人。"就率领许多小喽啰，释放了事主，抱着两部书出去了。这说法果真属实的话，那么一个窃贼一个强盗，都可以名传千年了。然而不是你明察秋毫，反复细看，又怎么能够知道有藏匿几部书和涂改原信的事情呢？这又是古人鞭丝见盾、决狱审刀的聪明都没有的。我很感激偷书人的知己，也佩服你的神明，特地再寄给你一部，纸墨印刷比之前一部还要好。于是乎，寄信人的偷书，恰可使买书人大占便宜。

附来书

愚侄徐秉鉴拜上，恭敬地祝你安好。春末时送别你后，转瞬间又过了五个月。依恋的心情，与日俱增。昨天来杭州应试，项三哥把你写的信拿出来给我看，庄重诵读之后，知道是四月间在苏州发出来的信。但侄儿我所乞求的大集三部，之前曾经领过一部有套的。现在来信里面说："现在寄给你全集一部，加上之前的已经三部了。"初一看，像是你有所遗忘，反复仔细观看，信中的"一部"两个字，略微有点刮洗更改的痕迹，而封面上的字，又跟书中的字体有些不一样。恐怕寄书人有抽取了书藏匿起来再私自改信的毛病，特意据实地说给你听，一并将之前你赐给我的信一起给你看一看。

一九八、答潘素心夫人

接手书及《湖楼诗会》五排一首，庄姝典丽[①]，洋洋百言。此体最难，求之士林，尚少作者，而世妹以女子擅长，岂非闺中元、白乎？札问“子女于父妾当作何称”。仆道父妾之有子者，竟称庶母，礼也。其有女者，亦得以母称。《论语》“以其子妻之”是也。其无所生者，则称家父箎室，或称姬人、侧室、侍者，俱无不可，须酌其年纪之老少，宠爱之光景而称之。亦有称为姨者。按《南史》齐衡阳王钧所生母区贵人病，左右以五色餅饴之，不肯食，曰“得须姨差”。又晋安王子懋生母阮淑媛病笃，僧行道有献莲华供佛者，子懋曰：“若使阿姨因此和胜，愿诸佛令此华竟斋不萎。”是子女称本生母为姨之证。至于祭寿文，其无所出者，原不应有文。或破例而为之，则舍孺人、太君之外，亦无别称，《记》所谓“亡于礼者之礼”也。蒙问称太君之说始于何时。按晋武帝封羊太傅夫人为万岁乡君[②]，此一品夫人之称君也。唐武后命并州妇人年八十以上者皆版授郡君，此百姓妇人之称君也。祭寿文不作则已，若作，则舍孺人、太君其何称焉？再如戏本中之赵解元、张解元，皆系旁人祝颂秀才之称，并非若君家之郎君是张解元也。唐人举进士科者，动称前进士、某进士，皆非中过进士之人。《大清会典》七品请封孺人，今未入流[③]以下，讣文、寿文谁不称孺人？似乎此处不妨通融。

【注释】①庄姝：端庄美好。典丽：典雅华丽。②乡君：古代妇女的封号。始于晋武帝封羊祜妻为万岁乡君。③入流：旧官制，在九品以内的称为“入流”，九品以外则称为“未入流”。

【译文】接到你的来信和《湖楼诗会》五排一首，诗写得庄重典丽，洋洋百言。这种体裁最难，就是读书男子，写它的人尚且很少，而你一个女子，竟能够这样擅长，岂不正是闺阁里面的元稹、白居易吗？你问我：“子女对于父亲的妾，应该怎么称呼？”我回答：父亲的妾，如果生了儿子的，直接称她为庶母，这是合礼的。生了女孩的，也可以用“母”字来称呼她。《论语》里面说的“把自己的女儿嫁给他”就是。要是没有生过小孩的，就称她为家父簉室，或者称她为姬人、侧室、侍者，都是可以的。要斟酌一下她年纪的老少，以及平时宠爱的程度来决定怎么称呼。也有称她为姨的。按照《南史》所载，齐衡阳王钧，他的生母区贵人生了病，左右的人把五色米饭给他，他不肯吃，说道：“得须姨差。”又晋安王子懋的生母阮淑媛病重，和尚行道有献莲花供佛的，子懋道：“若使阿姨因此和胜，愿诸佛令此华竟斋不萎。”是子女称本生母为“姨”的证据。至于祭寿文，她没有生过儿子的，原本不应该有祭寿文。要是破例地写一篇出来，那么除却“孺人”“太君”以外，也没有别种称呼，这就是《礼记》上所说的“亡于礼者之礼”了。承蒙你又问，“太君”的称呼是从什么时代开始的。据考察，晋武帝封羊祜夫人做万岁乡君，这是一品夫人称“君”的。唐武后命令并州妇人，凡是年纪在八十岁以上的，都授予她们郡君的称号，这是百姓妇人称“君”的。祭寿文，不写就罢了，要写的话，除却“孺人”“太君”以外，还有什么称呼呢？再比如戏本上的赵解元、张解元，都是旁人祝颂秀才的称呼，并不是说那家的儿子真的是解元。唐朝人去考进士的，动不动就是称为前进士、某进士，然而都不是中过进士的人。《大清会典》，七品请封孺人，现在未入流以下，讣文、寿文中哪一个不称为孺人？似乎这种地方，不妨通融通融。

一九九、奇中丞监临秋试，闻随园招饮诸生，助以酒肴，裁书答谢

昨招饮诸生，方陈草具[①]，而嘉肴八簋，捧下军门。分丹桂之余香，壮主人之颜色。顷刻秀才一村，蹲蹲起舞，有啧[②]其馌，已胜过鼓瑟吹笙鹿鸣嘉宴矣。札来，知中丞臂患风湿，握物不牢。枚想手软由于心慈之故，羊太傅作折臂三公[③]，亦复何碍。然古佛之拈花可缓，而黄人之捧日难迟。百万苍生，都望中丞手援天下，岂容一刻放宽？记得王兰泉司寇作云南方伯，寄鸡血藤膏来，云可以驱风散湿。因于破簏中寻求得之，即为献上。伏思

兰泉敢学季康子之馈药，断不为羊叔子之鸩人，公试饵之。

【注释】①草具：粗劣，粗劣的饭食。②喷：众人吃东西的声音。③折臂三公：晋代人羊祜，有相士看了他父亲坟墓的风水后，预言羊祜将做高官。羊祜听了很厌恶，于是损坏坟墓来破解风水。但相士仍说他将成为折断手臂的高官。后羊祜果然坠马折臂，且位至三公。

【译文】昨天我招集诸生喝酒，刚刚摆出粗糙的菜肴饭食，你忽然有好菜八碗，已经送到门前。分你乡试场里的余香，壮我主人的体面。一时许多秀才，都欢欣鼓舞，大吃特吃，已胜过中举后的鹿鸣宴了。你的信送来后，知道你手臂患有风湿，拿不牢东西。我想手软是由于心慈的缘故，羊祜做折臂三公，不也没有什么妨碍。然而古佛的拈花可以缓上一缓，但是黄人的捧日，却是不能迟的。几百万百姓，都希望你举手来救援天下，岂能有一刻放松？记得王兰泉做云南省藩台，寄给我的鸡血藤膏，说可以驱风散湿。于是在破竹箱子里面搜出来，马上就献给你。我想兰泉既然敢学季康子的送药行为，绝不会像羊叔子那样毒人，你试着服用一下。

二〇〇、又

岁除前数日，遣人献牡丹二枝，蒙中丞报以人参一两。昔北朝李元忠受人一绢，椎五羊以享之，薄往厚来，于斯为盛。侧闻公以安抚司兼盐铁使，此格外宠荣，古未有也。人疑握算牢盆[①]非儒者事，遣造明堂[②]手执翦裁衣，未免小用。而不知圣天子将使公调和鼎鼐，则盐梅滋味，理合先尝，不仅教读管夷吾《禺荚》一篇也。第鹾务当大案[③]后，如久病初痊，国手难以下药。而孰知有自邗江来者，道公所料简无不部居别白，明察秋毫，而又能天马行空，一丝不挂。当八面受风之处，戴四方平定之中。枚不觉喜而舞跃[④]，屦为之穿。古乐府云："猛虎依深山，只望松柏长。"枚之依公，何异于松柏哉！昔孔明身后有仆老矣，服事桓大司马。桓与众宾客说及孔明，叹羡不已。老仆在旁啃曰："据奴所见，诸葛公亦无以异人。"桓闻之，便有自矜之色。仆徐曰："第自诸葛公去后，觉后人办事，无有妥当如公者。"桓嘿然而惭。枚意欲颂公，亦不能于老仆之言之外再赘一词。

【注释】①牢盆：煮盐器具。借指盐政或盐业。②明堂：古代帝王所建的最隆重的建筑物，用作朝会诸侯、发布政令、秋季大享祭天，并配祀祖宗。③大案：清代各省行政长官向中央政府同时列名保举一大批下属晋级。④舞跃：拜舞欢跃。

【译文】除夕前几天，差人献给你两枝牡丹，蒙你回我一两人参。从前北朝李元忠接受了人家一匹绢，就杀了五头羊来请他吃，我送你的礼薄，你还我的礼厚，比之李元忠都还过之。别处听说你以抚台兼任盐督，这是格外的宠荣，是自古以来所没有的。有人疑心拿了算盘去管盐务，不是读书人的事情，派遣造明堂的人，去拿着剪刀裁衣，未免大材小用。却不知道皇帝将要叫你做宰相，那么盐梅的味道，自然是应该先尝一尝的，而不是仅仅叫你读管仲的《禺筴》一篇。但是盐务当大案以后，好比人久病新愈，就是国手也不容易下药。哪里知道从扬州来的，说你所办的事，没有不分别清楚，明察秋毫，而又能够天马行空，不为人情所累。身处于八面受风的地方，却能够在四方平定之中。我不禁为你感到高兴，欢欣雀跃，连鞋子也破了个洞。古乐府诗里说："猛虎依深山，只望松柏长。"我依附于你，和松柏有什么区别呢？从前诸葛亮死后，有一个老仆服侍桓温，桓温和许多客人谈到诸葛亮，赞叹得很。老仆在旁边叹气道："据我看起来，诸葛公也没有什么不一样的地方。"桓温听了，便有些得意的样子。老仆慢慢地又说："但是自从诸葛公死后，觉得后人来办事，没有一个能够和他一样妥当的。"桓温沉默了，很是惭愧。我的意思是要称颂你，也不能在老仆的话语之外再额外添加一句什么了。

谦德国学文库丛书

（已出书目）

弟子规·感应篇·十善业道经
三字经·百家姓·千字文·德育启蒙
千家诗
幼学琼林
龙文鞭影
女四书
了凡四训
孝经·女孝经
增广贤文
格言联璧
大学·中庸
论语
孟子
周易
礼记
左传
尚书
诗经
史记
汉书
后汉书
三国志
道德经
庄子
世说新语
墨子
荀子
韩非子
鬼谷子
山海经
孙子兵法·三十六计
素书·黄帝阴符经
近思录
传习录
洗冤集录
颜氏家训
列子
心经·金刚经
六祖坛经

茶经·续茶经
唐诗三百首
宋词三百首
元曲三百首
小窗幽记
菜根谭
围炉夜话
呻吟语
人间词话
古文观止
黄帝内经
五种遗规
一梦漫言
楚辞
说文解字
资治通鉴
智囊全集
酉阳杂俎
商君书
读书录
战国策
吕氏春秋
淮南子
营造法式
韩诗外传
长短经
虞初新志
迪吉录
浮生六记
文心雕龙
幽梦影
东京梦华录
阅微草堂笔记
说苑
竹窗随笔
国语
日知录
帝京景物略
子不语
水经注
徐霞客游记
聊斋志异
清代三大尺牍：小仓山房尺牍
清代三大尺牍：秋水轩尺牍
清代三大尺牍：雪鸿轩尺牍
孔子家语
贤母录
张岱文集：陶庵梦忆
张岱文集：西湖梦寻
张岱文集：快园道古

清代三大尺牍

雪鴻軒尺牘

〔清〕龚萼 著
学谦 注译

团结出版社

图书在版编目（CIP）数据

雪鸿轩尺牍 /（清）龚萼著；学谦注译 . -- 北京：团结出版社，2022.7

（清代三大尺牍）

ISBN 978-7-5126-9295-4

Ⅰ . ①雪… Ⅱ . ①龚… ②学… Ⅲ . ①书信集—中国—清代 Ⅳ . ① I264.9

中国版本图书馆 CIP 数据核字（2022）第 007690 号

出版： 团结出版社

（北京市东城区东皇城根南街 84 号 邮编：100006）

电话：（010）65228880 65244790（传真）

网址： www.tjpress.com

Email： zb65244790@vip.163.com

经销： 全国新华书店

印刷： 天宇万达印刷有限公司

开本： 145×210 1/32

印张： 40.75

字数： 959 千字

版次： 2022 年 7 月 第 1 版

印次： 2022 年 7 月 第 1 次印刷

书号： 978-7-5126-9295-4

定价： 158.00 元（全三册）

《谦德国学文库》出版说明

人类进入二十一世纪以来，经济与科技超速发展，人们在体验经济繁荣和科技成果的同时，欲望的膨胀和内心的焦虑也日益放大。如何在物质繁荣的时代，让我们获得内心的满足和安详，从经典中获取智慧和慰藉，或许是我们不二的选择。

之所以要读经典，根本在于，我们应当更好地认识我们自己从何而来，去往何处。一个人如此，一个民族亦如此。一个爱读经典的人，其内心世界必定是丰富深邃的。而一个被经典浸润的民族，必定是一个思想丰赡、文化深厚的民族。因为，文化是民族之灵魂，一个民族如果不能认识其民族发展的精神源泉，必定就会失去其未来的生机。而一个民族的精神源泉，就保藏在经典之中。

今日，我们提倡复兴中华优秀传统文化，当自提倡重读经典始。然而，读经典之目的，绝不仅在徒增知识而已，应是古人所说的“变化气质”，进一步，是要引领我们进德修业。《易》曰：“君子以多识前言往行，以蓄其德。”实乃读经典之要旨所在。

基于此理念，我们决定出版此套《谦德国学文库》，“谦德”，即本《周易》谦卦之精神。正如谦卦初六爻所言：“谦谦君子，用涉大川”，我们期冀以谦虚恭敬之心，用今注今译的方式，让古圣先贤的教诲能够普及到每一个人。引导有心的读者，透过扫除古老经典的文字障碍，从而进入经典的智慧之海。

作为一套普及型的国学丛书，我们选择经典，不仅广泛选录以儒家文化为主的经、史、子、集，也将视野开拓到释、道的各种经典。一些大家所熟知的经典，基本全部收录。同时，有一些不太为人熟知，但有当代价值的经典，我们也选择性收录。整个丛书几乎囊括中国历史上哲学、史学、文学、宗教、科学、艺术等各领域的基本经典。

在注译工作方面，版本上我们主要以主流学界公认的权威版本为底本，在此基础上参考古今学者的研究成果，使整套丛书的注译既能博采众长而又独具一格。今文白话不求字字对应，只在保证文意准确的基础上进行了梳理，使译文更加通俗晓畅，更能贴合现代读者的阅读习惯。

古籍的注译，固然是现代读者进入经典的一条方便门径，然而这也仅仅是阅读经典的一个开端。要真正领悟经典的微言大义，我们提倡最好还是研读原本，因为再完美的白话语译，也不可能完全表达出文言经典的原有内涵，而这也正是中国经典的古典魅力所在吧。我们所做的工作，不过是打开阅读经典的一扇门而已。期望藉由此门，让更多读者能够领略经典的风采，走上领悟古人思想之路。进而在生活中体证，方

能直趋圣贤之境，真得圣贤典籍之大用。

经典，是一代代的古圣先贤留给我们的恩泽与财富，是前辈先人的智慧精华。今日我们在享用这一份财富与恩泽时，更应对古人心存无尽的崇敬与感恩。我们虽恭敬从事，求备求全，然因学养所限、才力不及，舛误难免，恳请先贤原谅，读者海涵。期望这一套国学经典文库，能够为更多人打开博大精深之中华文化的大门。同时也期望得到各界人士的襄助和博雅君子的指正，让我们的工作能够做得更好！

团结出版社

2017年1月

前 言

尺牍是书信的别称，类似的称谓还有书、简、笺、函、尺素、书尺、尺翰、简札、书札、信札，等等。尺牍一词出现得很早，《史记·扁鹊仓公列传》中有“缇萦通尺牍，父得以后宁”，《汉书·游侠列传·陈遵传》中有“略识传记，赡于文辞。性善书，与人尺牍，主皆藏去以为荣”。汉魏时期，出现了《报任安书》《诫子书》等诸多书信名篇。唐宋时期，文人间的尺牍往来更加频繁，常见于文人的别集之中，有的也会单列一类，著名的有《范文正公尺牍》《苏黄尺牍》等。

晚明以降，尺牍作为书信文体，在原有的实用性基础上更多地具有了文学性。这时的尺牍就像一篇篇小品文，它们或冷隽峭拔，或充满灵性。正如刘勰在《文心雕龙·书记》中所说：“详总书体，本在尽言；言以散郁陶、托风采，故宜条畅以任气，优柔以怿怀，文明从容，亦心声之献酬也。”比如，袁枚的尺牍骈散相间、典丽华美，深得六朝风韵。欧阳俊先生在评价袁枚的尺牍艺术成就时说：“论文则鞭辟入理，言情则直抒性灵。语言新巧清雅，简约有韵致；不拘文法，态情任性，意趣横生；成语典故，信手拈来，缀玉编珠，浑然一体。骈散相间，典丽华美，深得六朝体格，读来朗朗上口，回味无穷。”清代尺牍中最为人称道的是袁枚的《小仓山房尺牍》、龚萼的《雪鸿轩尺牍》、许思湄的《秋水轩尺牍》，它们被誉为“清代三大尺牍”，广为流布。

袁枚与《小仓山房尺牍》

袁枚（1716—1798），字子才，号简斋，晚年自号仓山居士、随园主人、随园老人。浙江钱塘（今浙江省杭州市）人，清朝著名诗人、散文家、戏曲理论家、文学批评家和美食家。袁枚少有才名，乾隆四年（1739）进士出身，授翰林院庶吉士。乾隆七年（1742），外调江苏，先后赴任溧水、江宁、江浦、沭阳等地知县。他为官勤政，颇有政声，但仕途不顺，被誉为“才如子建，政如子产”。乾隆十四年（1749）辞官，定居江宁，在小仓山建“随园”，自号“随园老人”。他六七十岁时仍然遍游安徽、江西、两广、湖南、福建等地，是一个非常有生活情趣的人。嘉庆二年（1798）去世，享年82岁，世称“随园先生”。

在诗文创作上，袁枚倡导“性灵说”，提倡抒写性情、遭际和灵感，这在他的尺牍中也有明显的体现。其尺牍文简辞精，情真意切，常常妙笔生花，对于成语典故等更是信手拈来，缀玉联珠，浑然天成，读起来朗朗上口。其中也不乏一些议政、谈古、说文的信札，深刻体现着他的精辟见解。这里不妨举两个例子。比如《答两江制府尹公》：“知夫子得句于风雨横舟之际，金丝引和，寄托深远。适窗前有绿梅一株，水仙数种，对之展读，正与古香冷艳同入襟怀。……借此闭门与'廿一史'中古人相对，领现在可行之乐，补生平未读之书。昔有善用其短者，枚亦善用其病，夫子闻之，必为莞尔。"短短几句，其文字优美、清新自然的艺术风格便跃然纸上。又比如，《答相国劝独宿》："且枚之居处不避群花，更有说焉。人惟与花相远，故闻香破戒者有之，逢花必折者有之。若夫邓尉种梅之夫，洞庭栽橘之叟，终日见花如不见花者，何也？狎而玩之，故淡而忘之也。枚自幼以人为蓄，迄今四十年矣，横陈嚼蜡，习惯自然。颜渊侍于孔子，自称'坐忘'。若枚者，可称'卧忘'者也，愿夫子之勿虑也。"袁枚通过这段文字，直率、轻松地表达了自己的人生哲理和生活情趣。另外，通过阅读《小仓山房尺牍》，读者还可以了解到袁枚一生勤于治学的精神，他主张"学问之道，若涉大海，其无津涯"，在写作上力求达到"语必惊人总近情"的高超境界。同时，还能感受到袁枚待人之诚，凡所言必发自肺腑，不矫揉造作，对于后学常常勉励推崇，老而弥笃。

《小仓山房尺牍》在袁枚一生浩繁的著作当中如沧海之一粟，即便如此，读者依然可以从中一窥其治文之道，受到无穷的教益。

龚萼与《雪鸿轩尺牍》

在"清代三大尺牍中"，后人将龚萼的《雪鸿轩尺牍》和许思湄的《秋水轩尺牍》合称为双璧。

龚萼，生卒年不详，名未斋，字萼，号雪鸿，清浙江山阴人。出身于师爷之家，作幕凡五十余年，终身以幕为业。尤善诗和书札。通过

《雪鸿轩尺牍》，读者从中可以感受到他是一个郁郁不得志，迫而为幕，一生能清贫自守、洁身自好、通达事理的人。他在信札中经常说自己“才不通古，性不宜今。生无傲骨，而苦乏媚容；人本清贫，而翻嫌浊富”，他说自己待人的原则是“遇事则宁方无圆，宁拙无巧，宁为众恶而不随私好。此心不肯自负，而尤不忍负人”。

《雪鸿轩尺牍》共收录尺牍一百八十余篇，内容涉及议论、邀请、颂赞、庆贺、叙别、请托、慰藉、规劝等。如《答周汜荇》：“承示公门颇堪造福，此中亦大有乐趣，在足下则然，在仆则万不能然。即足下亦明知其未必能然，而以幕言幕，不得不姑以为然也。”作者从“公门颇堪造福”说开，洋洋近千字，深刻揭露了当时的世态炎凉，读来酣畅淋漓，属于对官场世俗的讥评。又如《与徐润之》：“闻足下忧贫颇甚，想旬日以来，能减得几分否？吾辈生长儒素之家，贫固其常也。此时咬得苦菜根，即他年得意，亦不为靡丽纷华所动。但士可贫而不可穷，动心忍性，增益其所不能，此救穷之法，愿与足下共勉之！”这篇尺牍文辞恬淡，情意真切，劝勉友人他年若得意，仍要避免奢靡，用意良深。又如《寄麦纫安》：“忆自金莺船上，深谈半夜，两意缠绵，未免有情，谁能遣此？嗣后天作之合，缘订三生；惜别匆匆，能无恋恋？”此篇文辞典雅，情礼俱佳，可谓尺牍范本佳作。

许思湄与《秋水轩尺牍》

许思湄，生卒年不详，名葭村，字思湄，清浙江山阴人，生活在道光、咸丰年间。从《秋水轩尺牍》中可知，许思湄从小勤奋刻苦，读过很多书，家境贫寒，屡试不第。为了糊口，他“弃书读律”，务刑名之学，凡四十余年。他为人正直，洁身自好，待人真诚，做事严谨，丝毫不马虎。一次，有位朋友赠给他一笔“程仪”，助他回家探访亲友，后来计划有变，他又亲自把这笔“程仪”奉还给了朋友。就是这么一件不起眼的小事，足以体现他的品格。

《秋水轩尺牍》共收录尺牍二百二十余篇，内容涉及问候、庆吊、劝慰、请托、辞谢、索借等。它之所以备受人们喜爱，很重要的一个原因是其“文采斐然”。许思湄不仅学识渊博，而且精通声韵，用语形象，善用比喻。文中的花草木石、亭台楼阁等，无不惟妙惟肖、绘声绘色，情景交融，感情充沛，扣人心弦。同时，他还善用骈体，语言华丽又不失典雅，对仗工稳，用典精妙，作品中常出现的四六句式富有韵律感，读起来朗朗上口。比如，《与王沧亭》：“馆中惟我独居；加以清磬红鱼，直是修行古刹。而西风黄叶，洄溯时殷，双鲤之颁，定不我弃。”短短几行，便让人仿佛置身古刹，体味到一种宁静孤寂之感。《复沈孟养》：“弟才本谫陋，应世无方，运复颠连，仰天莫问。多累值多愁之境，同声增同病之怜。目前涸辙枯鱼，既未得饱衔香饵；此后寻巢小燕，更不知飞傍谁家。所以酒酣耳热之馀，狂歌当哭；雨晦风凄之候，搔首自灰也。知荷关情，敢摅近况；倘逢邮羽，时惠德音。”这段文字，他使用骈散相间的句式，道尽了自己对现实的不满。《与陈笠山》：“仆自七小儿痘殇之后，大儿、八女、九女，均因出花而夭；四十日内，丧亡相继。廿四年蓬飞萍荡，向以贫也非病，所自慰者，膝前一块肉耳。不期疾雨倾巢，竟无完卵！欲留则门鲜五尺；欲归则田乏十双。而内人则思子情殷，病从心起，更无可解之术。”这段文字，作者自述身世遭遇，发自肺腑，字字血泪，感情真挚，读之不禁让人感伤。

尺牍虽被古人视为“末艺”，但其往往能体现一个人真实的性情，而且所言一般皆是真人真事，文字典雅，富有文采，其中不乏富有教育意义的作品，今人读之亦能有所受益。鉴于此，我们将《小仓山房尺牍》《雪鸿轩尺牍》《秋水轩尺牍》一起整理出版，命名为《清代三大尺牍》，原文采用通行本校对整理，对文中的疑难字词和典故做了简洁的注释，译文以尊重原文为前提，尽量使之准确流畅。囿于水平，疏漏之处在所难免，恳请读者不吝指正！

目　录

一、与闻人冠云

司马相如，才高千古，而琴心[①]夜度，卓氏宵奔，绝代风流，究不免于轻薄[②]。汉唐以来，文人学士未有讥之者。

然陶靖节[③]为梁昭明[④]所钦重，而于《闲情》一赋，尚惜其白璧微瑕[⑤]。则后之借相如而为口实[⑥]者，无论其才万不及相如，即或如之，其如白圭之玷[⑦]何？

足下读书论古，别有卓识，当不以余言为迂也。

【注释】①琴心：寄托心意的琴声。《史记·司马相如列传》："是时卓王孙有女文君新寡，好音，故相如缪与令相重，而以琴心挑之。"后人据此敷衍成语"琴心相挑"，喻指挑动对方的爱慕之情，并表达自己的爱意。②轻薄：轻佻浮薄。③陶靖节：即陶渊明，字元亮，晚年更名为潜，东晋诗人，私谥"靖节征士"，世称陶靖节。④梁昭明：即萧统，梁武帝太子，早卒，谥"昭明"。主持编纂《文选》，史称《昭明文选》。⑤瑕：玉之赤斑。⑥口实：话柄，借口。⑦白圭之玷：圭，古时行礼时的玉器；玷，白玉上的斑点。喻指人物大体很好，只是有些小缺点。语出《诗经·大雅·抑》："白圭之玷，尚可磨也；斯言之玷，不可为也。”

【译文】汉代的司马相如，才华卓著，然而却借助弹琴的手段，暗中挑动卓文君，成就了一段风流韵事，这样的行为很难说不是轻薄的。但是，汉唐以来的读书人，没有指责他的。

陶渊明被昭明太子敬重，对于他作《闲情赋》一事，萧统为他惋惜，认为是美中不足。这样看来，后世把司马相如作为借口的人，不要说他的才能远远不如司马相如，即便是如司马相如一般，他又能拿这污点怎么办呢？

您博览群书，品评人物，有独到的见解，应该不认为我的话是迂腐的吧！

二、答胡克昌

来教[①]言，读书中人，不宜言游。然则风浴咏归，夫子哂之而与之[②]，何也？

春光韶丽[③]，云霞灿烂，花柳芳菲，皆成文章。作郊外三日之游，以助文思，与读书大有所益，是在吾人之善游耳。请足下其[④]领略之。

【注释】①来教：敬称他人来信。②风浴咏归，夫子哂之而与之：《论语·先进》："（曾点）曰：'莫春者，春服既成，冠者五六人，童子六七人，浴乎沂，风乎舞雩，咏而归。'夫子喟然叹曰：'吾与点也！'"③韶丽：美丽，艳丽。④其：语气词。

【译文】您来信说，读书人不适宜谈论游玩。然而，孔门弟子在暮春之时，到沂水边沐浴，在舞雩台上吹风，然后唱着歌回家，孔子却点头称赞，为什么呢？

春光明媚，云霞烂漫，花柳芳菲，都可以成为文章。在郊外游玩几天，来增加创作灵感，对读书而言，是大有裨益的，这在于我们善于游玩啊。请您一定去领略一下啊！

三、与徐润之

闻足下忧贫颇甚，想旬日以来，能减得几分否？

吾辈生长儒素之家[①]，贫固其常也。此时咬得苦菜根[②]，即他年得意，亦不为靡丽纷华[③]所动。

但士可贫而不可穷[④]，动心忍性，增益其所不能[⑤]，此救穷之法，愿与足下共勉之！

【注释】①儒素之家：读书人家。②咬得苦菜根：咬得菜根，旧指安贫守道，也形容安于艰苦的生活。③靡丽纷华：奢侈豪华热闹。④士：旧时指读书人。⑤动心忍性，增益其所不能：语出《孟子·告子》："所以动心忍性，曾益其所不能。"砥砺心性，增加自己的才能。

【译文】听说您内心很是忧虑贫穷，不知这十几天以来，忧虑有没有减去几分呢？

我们生于普通的读书人家，贫穷本来就是平常的事。这时候安于艰苦的生活，到将来发达得意的时候，就不会被那奢侈豪华扰乱心性。

但是读书人能够安于贫困，却不能没有志气，要砥砺心性，增加自己的才能，这就是解救困顿的办法，我愿意和您共同努力！

四、与方启明

松、竹、梅为岁寒三友，而北地松、竹不多见，梅更无之。惟夭桃秾李[①]，每灿烂[②]于丰台芍药[③]之间，然转眼而成为黄土矣，增花落春残之感。南冠[④]而北游者，亦往往为习俗所移[⑤]，贵春华而忘秋实，致岁寒之盟，与松竹梅同其寥落，殊为慨叹！吾辈所共笔砚者[⑥]，不及十人，虽性情趋向[⑦]之不同，然就目前而观，尚不肯为夭桃秾李，争艳于一时。而时异势殊，初心或改，则未可知也。

惟窃窥足下修竹萧疏[8]，虚中而外直，知不以岁时改节。而仆亦古梅冷澹[9]，自甘寂寞终身。惟识百尺乔松，亭亭独立，不受秦封[10]者，曾有几士？足下盍为我言之，为他日之证也？

【注释】①夭桃秾李：美艳的桃花，繁茂的李花。夭、秾，形容草木茂盛。语本《诗经·周南·桃夭》：“桃之夭夭，灼灼其华。”《诗经·召南·何彼秾矣》：“何彼秾矣，华如桃李。”②灿烂：光彩鲜明的样子。③丰台芍药：丰台，北京地名，今北京市丰台区。清时丰台为京师养花之所，多种芍药，有“丰台芍药甲天下”之说。④南冠：《左传》载，楚臣钟仪被俘，晋侯见而问：“南冠而縶者，谁也？”后借指南方人。⑤移：改变。⑥共笔砚者：一起使用毛笔、砚台等文具。喻在一起共同学习。⑦趋向：追求。⑧萧疏：稀疏。⑨冷澹：即冷淡。幽僻，清淡。⑩秦封：此处借用“鲁仲连义不帝秦”的典故。齐国高士鲁仲连游历到赵，适逢秦国围赵之邯郸，鲁仲连坚持正义，力主抗秦，反对投降。典出《战国策·赵策》。

【译文】松、竹、梅是岁寒三友，但是在北方，松、竹不常见，梅花就更少了。只有娇艳的桃花、繁茂的李花，在丰台芍药园中光彩夺目，然而转瞬之间，就化为黄土了，平添花落春残的伤感。南方人久居北方，也常常会被习俗所改变，开始看重春天的花朵，却忽视秋天的果实，我们这些同窗求学的人，不到十个人，虽然个性追求不一样，但是，依据目前来说，都还不愿意像秾艳的桃李那样，争艳一时。然而随着时势的变迁，最初的心志有所改变，这也是说不定的啊。

但是，我私下观察您如稀疏美竹，内心谦虚，外在耿直，您一定不会因为岁月而改变节操。而我也好比清淡的古梅，自甘终身寂寞。只是高达百尺的乔松，亭亭独立，不接受秦国的封赏，最终能有几个人呢？您何不对我说说看，作为将来的验证呢？

五、与刘刺史

人生离合之缘①，盖有数②存乎其间，而不可强③者。陆方伯④能强之使离，不能强之使不复合。即此一月之离，亦非方伯所能强之。盖数至，有暂离而不得者。惟合而离，离而复合，而后见离合之奇。

数行布臆⑤，以慰惓惓⑥。前函龙剑之喻⑦，亦偶中焉耳。

【注释】①离合之缘：聚散的缘分。②数：定数。③强：勉强。④方伯：殷周时期的诸侯之长，后来泛指地方长官。汉以来之刺史，唐之采访使、观察使，明清之布政使均称“方伯”。⑤数行：旧时信纸大多用红线直分为八行，故称书信为八行书，数行则犹言随手写几行。

布臆：抒发心中所感。⑥惓惓（quán quán）：真挚诚恳。⑦龙剑：古有宝剑名龙渊、龙泉，后称宝剑为“龙剑”。此处应是上一封信中，作者与友人打了一个比方。

【译文】人和人之间聚散的缘分，大概是有一定的定数在里面，是不可勉强的。陆方伯能够勉强使他们分离，却无法让他们不再见面。即使是这一个月的离别，也不是方伯能决定的。大约定数一至，即使是想暂时分离也做不到的。只有由相聚变为离散，再由离散转为相聚，这样呢，才能体现聚散的奇妙莫测。

简短几句话，略抒心事，来安抚一下您对我的牵挂之情。上封信说的龙剑的比方，也仅仅是偶然说中而已罢了。

六、答孙位三

论交二十年，相契[①]如一日，唯老弟与仆耳。华翰[②]颁来，殷如晤对[③]，既慰且念！

饶阳之游，为贤嘉胶漆之坚[④]，此言似是而尚未确也。吾辈遇合之缘[⑤]，虽曰人事，实由天定，特[⑥]当时不知耳。

仆与滦州刺史交者五载。及去滦，遂应蠡吾沈明府[⑦]之招。未及三年，沈调长垣，因道远家累，不克往。适刺史刘补[⑧]广川，复作延津之合[⑨]。阅三载，刘又以疾退。适沈明府报阕来直[⑩]，因有饶阳之委，相与偕行。十余年，合而离，离而复合，不出刘、沈二公之门，此中不先不后之故，盖有数焉，而不可强者，岂仅同胶漆之投哉！

惟是由前而观，则仆与沈明府复合，当以五年为期，正不知五年后又何如也。

【注释】①相契：彼此投合。契，投合。②华翰：谓书信。③殷如晤对：殷切之情犹如当面交谈。④贤嘉：犹言宾主。胶漆：情投意合，亲密无间。此处指宾主间情意深厚，亲密无间。⑤遇合：相遇，碰到，也指相遇而彼此投合，也指宾主相得甚欢。作者长年游幕，此处当指幕僚与东家的关系。⑥特：只是。⑦蠡吾：古县名。西汉置。治今河北博野西南。北齐并入博野县。东汉桓帝父刘翼曾封蠡吾侯于此。明府：汉魏以来对郡太守的尊称，唐以后亦有称县令为明府者。⑧补：填补空缺。⑨延津之合：相传晋时龙泉、太阿两剑分离后于延平津会合化龙而去，后借指别后重逢，也作“延津剑合”。⑩报阕：古时父母去世，守孝三年，期满除服，是为“服阕”。此时，官员需禀报服阕，才能起用，禀报服阕称为“报阕”。

【译文】结交二十余年，彼此情投意合犹如刚刚认识，只有老弟您和我了呀。收到您的来信，殷切之情犹如见面畅谈，既感到欣慰，又倍加思念。

您说饶阳一行，宾主之间相处融洽、情谊深厚，这话看上去对，实际上却未必准确啊。我们这些人与东家的缘分深浅，虽然说是人力之所为，但实际都是上天注定的啊，只不过当时不知道罢了。

我和滦州刺史交往五年。等离开滦州，就答应了蠡吾沈县令的召唤。还不到三年，沈县令调任到长垣，由于路途遥远，且有家小拖累，我没有能够前往。刚好刘刺史补了广川的缺，我又和他重逢。过了三年时间，刘刺史又因为疾病离职。恰好沈县令守孝期满报阙来到直隶，因此才有饶阳的托付，相约共同前往。十多年里，由相逢到离别，再由离别到重逢，没有超出刘、沈二公的门下，这期间不先不后、十分凑巧的原因，大概是自有定数吧，是无法勉强的，难道仅仅是情谊深厚吗？

只是按照之前来推断，我和沈县令这次重逢，应该以五年作为期限，不知道五年之后又会怎么样了呢。

七、答周汜荇

接手书，雒诵[①]回环，恍同晤对。承示公门颇堪造福，此中亦大有乐趣，在足下则然，在仆则万不能然。即足下亦明知其未必能然，而以幕言幕[②]，不得不姑以为然也。

夫谏行言听，膏泽下于民，诚可为造福者矣。或文采风流，著令闻于当世，亦至足乐也。试问今之从政者何如？今之入幕者何如也？即有一二明体达用之才，博雅宏通之彦，将焉取之而焉用哉！

曳裾[3]之客，半属负腹之将军[4]，初不知政事文章为何物，不过熟胥吏[5]之腔套，竭刀笔[6]之能事而已！仆尝谓，愚民迫于饥寒，则流为盗贼；读书无成，迫于饥寒，则流为幕宾。语虽过激，实为确论。倘使家有负郭之田[7]，则衡门[8]之下，可以栖迟[9]，此中自有真乐，必不出而造福也明矣。

所云素位[10]而行，则有道之言也，盖素贫贱行乎贫贱也。即古之抱关击柝[11]者，亦为贫而仕也。吾辈囊无一钱，家有八口，既不能为陈仲子[12]之身织屦，妻辟纑[12]；又不能为蚯蚓之上食槁壤，下饮黄泉，则驱而之幕固宜。

虽然，言幕于今日，亦甚难矣！昌黎公[13]云："莫为之前，虽美弗彰；莫为之后，虽盛弗传。[13]"贤如昌黎，尚借为之前后，矧[14]其为碌碌者哉？唐人诗云："世人结交须黄金，黄金不多交不深。"试思贤士手中，安得阿堵物[15]耶？

是以燕士不乏吹箫[16]之客，而柯亭[17]竟无听竹之人。炊烟不举，僵卧雪中[18]，曾无过而问者，是贫贱而且患难矣。人而贫，尚有分贝[19]之存；人而穷，则躬无出穴[20]之日。勇如子路[21]，亦且愤然而起也。即或嗜痂有癖[22]，而鹤料[23]无多；枯砚甫安，而闲居又赋[24]。上不足以事父母，下不足以畜妻子，因贫而幕，因幕愈贫。钟鸣漏尽[25]，尚为拽磨之牛；灯尽油干，永作羁魂之鬼。人孰无情，能不悲哉！

世无君子，仆更庸人，素位而行之论，亦不过于穷愁抑塞中，聊以自宽于一时耳！《诗》云："谁谓荼苦"，"予又集于蓼"[26]。

天既予我以苦，盖欲不苦而不得者，则竟苦之而已，不但无福之可造，无乐之可寻，并素位而行一语，本不必借以自宽也。未识足下以为然否。

然世有轻裘翩翩，高车轩轩，意气扬扬，骄其妻妾，而睨视其友朋者，吾不识其何以乐也。或曰："亦有买山有资，圭田[27]足赋，而一息尚存，此志不容稍懈者，岂其所造之福尚未满耶？抑何乐此不为疲也？"予应之曰：人有百病，皆可医治，惟好货之疾，与病于夏畦[28]者，为终身之所不能瘳。附及之，以博一笑！

萧斋[29]无事，因足下之书，而不禁畅言之，胸中块磊[30]稍去一二。其苦可及，其狂不可及也。足下览之，得毋击碎唾壶[31]否？

【注释】①雒诵：反复诵读。雒，通"络"。②幕："幕府"的简称，古代将帅或地方军政长官的府署。又指幕府聘用的僚属。③曳裾：曳，拖、牵引；裾，外衣的大襟。语出《汉书·邹阳传》："饰固陋之心，则何王之门不可曳长裾乎？"后以"曳裾王门"比喻依附权贵门下作食客，仰承鼻息。也作"曳裾侯门"。④负腹将军：讥讽人没有学问和谋略。语本《资治通鉴长编》："党太尉进食饱，扪腹叹曰：'我不负汝。'左右曰：'将军不负此腹，此腹负将军，未尝少出智虑也。'"⑤胥吏：职官名。古代掌理案卷、文书的小吏。⑥刀笔：古代在竹简上刻字记事，用刀子刮去错字，因此把有关案牍的事叫做刀笔。后多指写状子的事。⑦负郭之田：指近郊良田。⑧衡门：以横木为门。形容简陋的住所。也比喻隐者居住的地方。《诗经·陈风·衡门》："衡门之下，可以栖迟。"⑨栖迟：游息。⑩素位：谓现在所处之地位。语出《礼记·中庸》："君子素其位而行，不愿乎其外。"孔颖达疏："素，乡也。乡其所居之位而行其所行之事，不愿行在位外之事。"⑪抱关击柝：柝，木梆；抱关，守关；击柝，打更巡夜。守关巡夜的人。比喻职位卑下。⑫陈仲子：名子终，自称于陵仲子，战国时齐人。其兄为齐卿，食禄万锺，陈仲子以为不义而适楚，楚王闻其贤，欲以重金聘为相，拒而逃之，与妻子居于陵，织屦灌园，安贫乐道。辟，织麻；纑，练麻。辟纑指将分析练过的麻搓成线。⑬莫为之前，虽美弗彰；莫为之后，虽盛弗传：见韩愈《与于襄阳书》："莫为之前，虽美而不彰；莫为之后，虽盛而不传。"意为没有位高望重的人在前面提携荐引，再有才能学问也不会显达；没有年轻有声望的人，在后面拥戴宣扬，再有伟大的功业也不会传之后世。⑭矧（shěn）：何况。⑮阿堵物：晋王衍嫉其妇贪浊，口未曾言钱字。妇欲试之，使婢以钱绕床，王衍晨起，即令婢曰："举却阿堵物。"见南朝宋·刘义庆《世说新语·规箴》。后遂借指钱。⑯吹箫：春秋时候的伍子胥，在吴国街上吹着箫讨饭。比喻行乞街头或飘泊流浪，生活困顿。⑰柯亭：三国时候的蔡邕，走过绍兴柯亭地方，看见屋子东面第十六株竹树，他说可以截下来做笛子的。后来做了笛子吹着，果然声音很好听。后以"柯亭听竹"来比喻人识得有才学的人。⑱僵卧雪中：东汉袁安在大雪时僵卧家中，为洛阳县令出巡时所发现，问曰："人皆出外行乞，您为何不出？"袁安回答："大雪之间，人人皆饿，不宜求人。"县令遂因其贤而举为孝廉。见《后汉书·卷四五·袁安传》唐李贤注。后用以比喻安贫廉节的操守。此处比喻人不得意的时候。⑲分贝：金陵地方人喜欢拆字，把"富"字拆成"同、田"二字，"贫"字拆做"分、贝"二字。⑳躬无出穴："穷"的繁体为字为"窮"，由"躬、穴"合成。此处作者用拆字法，喻穷得没有出头的日子。㉑子路：仲由，字子路，一字季路，春秋鲁卞（今山东泗水）人。孔子的学生，性爽直勇敢。他跟随孔子走到陈国，穷得没有饭吃。许多学生，肚子饿得走不动路，子路气愤愤地问他的先生道："君子亦有穷乎？"孔子说："君子固穷，小人穷斯滥矣。"见《论语·卫灵公》。㉒嗜痂：嗜，爱好；痂：疮口结的硬壳。《宋书·刘邕传》："邕所至嗜食疮痂，以为味似鳆鱼。尝诣孟灵休，灵休先患灸疮，疮痂落床上，因取食之。灵休大惊。答曰：'性之所嗜。"后因称怪僻的嗜好为"嗜痂"。㉓鹤料：鹤料是说仙鹤吃的米。唐代幕府官俸菲薄，谓之鹤料，后多用来泛称官吏的俸禄。㉔闲居又赋：晋代潘岳辞官家居，作《闲居赋》。后因称失职无事为"赋闲"。㉕钟鸣漏尽：钟是说天亮时候打的钟；漏是说夜里打的更。三国时候的田豫说，年纪过了七十，还在外而做官，好似五更打完天快亮了，还在街上走个不休。㉖"谁谓荼苦"：语出《诗经·邶风·谷风》。荼，苦菜。"予又集于蓼"：语出《诗经·周颂·小毖》。蓼，苦物。㉗圭田：古代卿大夫用来祭祖宗的田。㉘夏畦：于炎夏中耕田，比喻勤苦工作。语出《孟子·滕文公下》："胁肩谄笑，病于夏畦。"古代称田五十亩为一畦。㉙萧斋：梁武帝萧衍造寺，命萧子云于寺壁写一个"萧"字。寺毁后，刻字的残壁仍存。至唐，李约将壁运归洛阳，匾于小亭，以供赏玩，称为"萧斋"。后人称寺庙、书斋为"萧斋"。㉚块垒：泛指郁积之物。也比喻胸中郁结的愁闷或气愤。㉛唾壶：唾壶便是痰盂。《世说新语》载，王处仲（敦）每酒后辄咏"老骥伏枥，志在千里；烈士暮年，壮心不已。"以如意打唾壶，壶口尽缺。

【译文】接到您写的信，我逐句反复诵读，就像我们对面交谈一样。您告诉我在公门任职，很可以做一番造福生民的事业，在公门做事大有乐趣。只不过，您所言对您而言或许确信，对我来说则是万万不能的。即使是您，心里也清楚它未必是这样，不过在幕府中说幕府的事，不得不姑且认为是这样。

在公门任职，若能善巧方便地劝谏，使自己辅佐的长官改过从善，惠政达到平民，那么的确算造福之事。或者用文采风流点缀盛世，而自己也美名远扬，也算称心如愿的乐事。但是，试问如今的从政者是何样人物？辅佐长官的入幕者又是何样人物？即便有几位明体达用的人才，学识渊博的英杰，又哪里有机会能被取用呢？

投拜在公门的幕宾，多半是肚中毫无学识的人，开始进来就不是因为懂得政事文章，不过是处理文书滑熟，书写案件巧密而已。我曾说愚民迫于饥寒就去当盗贼，读书人不成材，迫于饥寒就去当幕宾；我的话虽然过激，但确实如此。但凡我家里在乡中有些田地，便能自由度日，让我住在蓬屋之下也是心甘情愿的，我已享受真正的快乐，必然不肯出来忧劳您所说的造福生民的事业，这是很显然的。

您所说的在自己的位置上，就把分内的事情做好，实是有原则的话，大概如贫贱之人就要安守贫贱的生活。就是古代，也有豪侠去做了守城门、击更柝的小吏，都因为贫穷不得不出仕。我们这样的人，口袋里没有一文钱，家中有八口人要奉养，既不能像陈仲子一样亲自编草鞋贩卖，让妻子绩麻支撑家用，又不能学蚯蚓食土壤喝井水过活，那么被贫穷驱使去做幕僚也是迫不得已了。

虽然是这样，但让我现今去做幕僚，也是难为我啊！昌黎公韩愈说过：“一个人如果没有位高望重的前辈在前引荐提携，才能再惊艳也展现不出来；没有有声望的年轻人在后仰慕鼓吹，文章再风流也流传不远。”像韩愈这般贤能的人，尚且要借助关系人情，更不用说平庸无能的人了。唐人诗里说：“世人结交须黄金，黄金不多交不深。”试想廉洁正直之士手中，哪里有钱财去攀结人情？

所以有才却沦落的读书人多不胜数，而留心人才选举的官吏终无一人。那些穷得吃不上饭，在雪天僵卧家中待死而完全无人过问的，是因为贫贱而过得更不顺啊！一个人贫，总算还有零碎的钱可以存身；一个人穷，就是埋在底层等死而已了。在贫穷绝境中愤然而起，去做幕僚的读书人，算是勇者行险。成了幕僚，勉强让自己习惯了不喜欢的事务，而俸禄却很少。呕心沥血写好一篇文书，又忽然被解职。上不能安养父母，下不能翼庇妻儿。迫于贫穷去做幕僚，却由于做幕僚更贫穷。直到老病生命将尽，还在像驮磨的牛一样辛劳；精神血气衰竭，也不能获片刻适意。人都有血肉感情，怎能不为此而悲悯！

如今世道已少有君子了，像安守本分，做好分内的事这样的话，也不过是读书人在穷困郁闷的处境中，拿来暂时安慰自己罢了！《诗经》说：“谁说荼是苦的”，“我更尝到蓼那样的苦味”。如果上天让我受苦，大概想不苦也不能够，只有忍耐它而已了。不止造福生民，追寻乐趣是臆想，就是安守本分这一最低的要求，原本也不需要的，何必自己编来宽慰自己。不知您是否认同呢？

然而世间的富贵人，披着轻暖的皮衣，驾着敞阔的马车，意气扬扬，妻妾对他服服帖帖，面对朋友趾高气扬，我不知道做这样的富贵人有何乐趣。有人评价说：“财富多得也够买下山林优游卒岁了，田地丰绕也够交纳赋税了，然而只要一息尚存，就不肯放松敛财，难道是命中该造的福还没有满？否则为什么乐此不疲呢？”我回道：“人有百种病，都有可治好，只有爱钱成癖，甚至不惜劳伤身体的病，一生都治不好。”我把这番话附带写在信里，博取您一笑！

我在书斋里冷清无事，因为您寄来的信，得以畅所欲言，感觉心里的梗塞滞闷消去了一二分。我俩的苦楚差不多，但怨恨的程度却不一样啊。您看见我的信，恐怕会感同身受吧？

八、答王兰畦

不奉芳讯者四阅月[1]，冀得尺一之书，慰三秋之念[2]。昨奉来函，读未尽而欷歔[3]感叹，几欲击碎唾壶[4]矣！

足下宅心[5]行事，无不讲求于本原之地，以期无愧于孝友，而意外之遭，偏欲拂乱其所为，与仆所处之境，有大同而小异。

庄子曰：“求其故而不得者，而安之若命。”[6]仍不得不尽人事而为之。而为之之难，又惟自知之，而自苦之。《诗》云：“谁谓荼苦”，“予又集于蓼”。是非同病相怜，未足与语此也。

为今之计，惟有远图接眷，别无善策。惟保阳居大不易[7]，近更日增其华，虽定识定力者，亦不能不随波而靡。故十年归去之说，宜时时计及之也。

读雪窗苦吟诗，无心于摹杜而已得其神，穷而益工，不信然欤？仆久不作诗，重九友人以“满城风雨近重阳”联珠体[⑧]索和，因有所感，依韵应之，录呈一笑。目下金与钱交，最易莫逆，间亦凶终隙末[⑨]。而学君子之交者，则又嫌其淡如水。然则何者而可也。

雪后明窗，伸纸作答，兼候近佳[⑩]。觌面何时，能无企溯[⑪]！

【注释】①芳讯：对方书信。四阅月：经历四个月，阅，经历。②三秋：三个秋季，指代三年。如隔三秋，度日如年的心情，常用来形容情人之间相思之切，也用于形容良师益友之间的思念之情。③欷歔：叹息。④击碎唾壶：唾壶，即痰盂，《晋书·王敦传》：“以如意打唾壶为节，壶边尽缺。”形容对文学作品的高度赞赏。⑤宅心：把心思放在某物上，存于心中，用心。⑥求其故而不得者，而安之若命：《庄子》有“知其不可奈何而安之若命，德之至也”，面对艰难时世，无可奈何又能安于处境，顺其自然，是道德修养的最高境界。⑦居大不易：唐张固所撰《幽闲鼓吹》记载，唐代诗人顾况以白居易的名字开玩笑，“米价方贵，居亦弗易”。后比喻居住在大城市，生活不容易维持。⑧联珠体：也作“连珠体”，文体的一种，辞句连续，历历如贯珠，即前一句的结尾和后一句的开头用同一个字。⑨凶终隙末：指彼此友谊不能始终保持，朋友变成了仇敌，语出《后汉书·王丹传》。⑩近佳：犹近好，常用于书信。兼候近佳，即顺问近好。⑪觌面：相见。企：盼望。溯：逆着水流的方向走，有迎向的意思。

【译文】已经有四个月没有收到您的信了，一直希望收到您的信，来安慰我对您的思念之情。昨天收到您的来信，还没有读完就叹息不已，几乎要把痰盂敲碎。

您用心行事，做事没有不讲究做人根本的，以期望无愧于“孝友”二字，但是意料之外的遭遇，偏偏又来扰乱您。这和我现在的处境，实在是大同小异啊。

庄子说：“求其故而不得者，而安之若命。”仍然不得不尽力而为。但是尽力为之的难处，只有自己知道，自己折磨自己罢了。《诗经》说：“谁说荼苦”，“我又尝到了蓼的苦味”。这如果不是同病相怜的人，不值得和他说这些呀。

从当前的处境打算，只好慢慢的接来家眷，别的就没有好办法了。只是在保定生活不易，近来更是日益繁华起来，即使是具有主见且能够把握自己的人，也不能不随波而倒。因此约定十年再离开的说法，应该不时地考虑这个因素啊。

拜读雪窗苦吟之诗，虽然没有刻意模仿杜甫，但是已经得到他的神韵，越是穷困不得志，诗歌就作得越好，不的确是这样吗？我很久不写诗了，重阳节时朋友拿“满城风雨近重阳”一诗，要求我用联珠体唱和，因为恰有所感，就依照原韵和了一首，现在抄下来送给您，供您一笑。眼下有钱者相交往，最容易情投意合，但有时友谊也不能始终保持。如果学习君子之间的交往，却又嫌平淡如水。这样的话，到底哪一种才可以呢？

雪后对着明亮的窗户，展纸回信，顺带着问候您近好。不知道何时才能见面，怎么能不期待呢？

九、与平憨楼孝廉

读咏古诸诗，仰见卓识[①]，惟以种、蠡[②]能使勾践复国，盛赞其贤，似当尚须商榷[③]。种、蠡不强谏而山栖，俾其君诎社稷之灵[④]，而童仆昔已讥之矣。《春秋繁露》[⑤]之言曰："君子生以辱，不如死以荣。"是种、蠡未可为贤也。

至要离、荆轲[⑥]，而欲媲美于留侯[⑦]，则瞠乎远矣[⑧]！吾人论古，当视其造诣[⑨]而定，庶不为古人所欺。足下其然之否[⑩]？

【注释】①卓识：高超的见识。②种、蠡：即文种和范蠡，越王勾践的谋臣，助勾践灭吴后，范蠡功成身退，文种不听劝告，最终被赐死。③商榷：商量、讨论。④俾：让。诎社稷之灵：使国家神灵受到委屈，即亡国。⑤《春秋繁露》：汉代董仲舒所作，旨在发挥"春秋大一统"之旨，阐述阴阳五行，天人感应等理论，为汉代中央集权的统治制度奠定了理论基础。⑥要离：春秋时吴人，为吴王阖闾刺杀庆忌。荆轲：战国时卫人，为燕太子丹刺杀秦王嬴政。⑦留侯：张良，汉初三杰之一，因功封留侯。⑧瞠乎：瞪眼直视貌，形容惊愕的样子。瞠乎远矣：因差距过大而惊愕。⑨造诣：学问技艺所达到的程度。⑩然：认为……正确。

【译文】读了您写的几首咏古诗，景仰于您高超的见识，只是您因为文种和范蠡能够使勾践恢复越国，从而极力称赞他们的贤能，这似乎还需要进一步商讨。文种和范蠡二人平时没有极力诤谏，致使勾践被困在会稽山，让君王差点身死国破，过去在奴仆看来，都是可笑的。《春秋繁露》说："君子受辱苟活，不如光荣赴死。"这样看来，文种和范蠡二人，还不可以说是贤能的呀。

至于要离、荆轲二人，却想要和张良媲美，就真的相差太远，令人惊愕啊！我们谈论古人，应该看他们的道德学问所达到的层次再下结论，这样或许才不会被古人欺骗。您认为我的话对吗？

一〇、与沈逊亭

斋中十姊妹[①]盛开，对我晴窗，争妍献媚，红红白白，绝可人怜。杂以小鸟啁啾[②]，如奏笙簧[③]于林下。想石家金谷[④]，美艳奢华，朝歌夜弦，其乐为不过尔尔。

今者春光烂漫，扶景摅怀[⑤]，足破客居寂寞也。

臣原好色[⑥]，君亦解人[⑦]，倘惠然[⑧]肯来，当煎雀舌茶共尝之。花神有灵，早已姗姗而待矣！

裁笺劝驾，瘦腰郎[⑨]真个销魂否？

【注释】①十姊妹：花名，蔷薇科多花蔷薇的变种，每蓓十花或七花，又称七姊妹。②啁啾（zhōu jiū）：形容鸟叫声。③笙簧：即笙。簧，笙中之簧片。④石家金谷：西晋石崇的别墅金谷园，因山形水势，筑园建馆，挖湖开塘，楼榭亭阁，金谷水萦绕穿流其间，鸟鸣幽村，鱼跃荷塘，极尽奢华之事，《世说新语》多有记载，亦称梓泽。⑤扶景摅（shū）怀：对景抒发情怀。摅，抒发、表达。⑥好色：贪恋美色。此处指爱好赏花。⑦解人：善解人意之人。⑧惠然：犹言赏脸。⑨瘦腰郎：南朝梁沈约因病消瘦，腰带日渐宽松，后因以“沈腰”作为腰围瘦减的代称。此处作者以沈约指代沈逊亭，含取笑意。

【译文】我书斋中十姊妹花盛开，正对着我明亮的窗户，争相表现美艳的姿态，有红的，有白的，实在惹人怜爱。又间杂着小鸟欢快的鸣叫声，就像在林间奏着笙箫。想想石崇的金谷园，美艳奢华，整天歌舞不歇，他的乐趣也不过如此罢了。

现在春光烂漫，对景抒怀，也足以破解我客居异乡的冷清。

我原本就喜好赏花，您也是通达之人，如果肯赏光前来，我就烹好茶与您共享。花神如果有灵，早就姗姗等待了。

写信劝您大驾，沈大人您能否前来享乐呢？

一一、与方启明

年余司廨[①]，诸苦备尝。今则出而待贾，沽之哉，沽之哉[②]！曾[③]无过而问焉者。然吾不患其幕之不能入，而患其入焉而不能出也。试观苍颜华发之翁，孰非当年之少年英俊者乎？

曾有邀余作副[④]者，婉词却之。盖鷦鷯一枝[⑤]，飞鸣已难自主，若又从而半焉，则俯首低眉，更当何似！未识足下以为然否。

云雨寺前，一泓清水，两岸垂杨，明日同往，听黄鹂数声以消客闷，正不必双柑斗酒[⑥]也。

【注释】①司廨：掌管衙门事务，即作为幕僚。廨，官署。②今则出而待贾，沽之哉，沽之哉：语本《论语·子罕》："子曰：'沽之哉，沽之哉！我待贾者也。'"后遂以"待价而沽"比喻有才能的人等待机会才肯出仕效力；也比喻某些人将自己当商品，等待高价出售（含讽刺义）；也指人才闲置。③曾：竟然。④作副：充当帮手。副，辅助。⑤鷦鷯一枝：鷦鷯，鸟名，形小，体长约三寸，此鸟形微处卑，因用以比喻弱小者或易于自足者。又鷦鷯做窝，只占用一根树枝；比喻一个安身之处或一个工作位置。语出《庄子·逍遥游》。⑥双柑斗酒：原指春游所备食物，后多指春天游玩胜景。此处反用其典，指不必携带诸多酒食。

【译文】一年多幕僚经历，尝遍艰辛。如今离开，等待人家聘请，竟然没有人前来问津。但是我不担心这幕府不能入，我是担心入了幕府却不能再出来呀。您且看那些老态龙钟之人，哪一个不是曾经的英俊少年呢？

曾经有一个人邀请我作他的副手，我婉言拒绝了。本来我们谋个差事，行动已经无法自己作主，如果又跟着他做副手，那么低眉顺眼，更像什么呢？不知您认为我说的对不对？

云雨寺前，一汪清水，两岸垂杨，明天约您一起前往，听听黄鹂的叫声，来消除客居的愁闷，但赏春光，不必过多地准备酒食。

一二、与孙配琪

自来关外，即闻有异人，宁城捧袂[1]，正如天半朱霞[2]、云中白鹤[3]。幸得数日之聚，快聆清谈，岂止三生石[4]上一笑缘耶？

别后鄙吝复生[5]，不能再坐春风[6]，深以为怅！

郡城外万柳亭，临河垂柳，浓翠如云，清流如镜，时有黄鹂作绵蛮[7]之声。弟有斗酒，藏之久矣，望足下拨冗[8]一来，消受绿天清趣。数行布臆，引领俟之[9]！

【注释】①捧袂：举起衣袖，拱手拜谒。此处指相见。袂，衣袖。②天半朱霞：半空中所呈现的红色云霞，比喻超脱尘俗的高逸的人品。③云中白鹤：像云彩中的白鹤一般，比喻志行高洁的人。语出《三国志·魏志·邴原传》裴松之注引《原别传》："邴君所谓云中白鹤，非鹑鷃之网所能罗矣。"④三生石：相传唐代李源与僧圆观友好，圆观临死时与李约定，十二年后在杭州天竺寺相见。李源依期赴约，在天竺寺前遇一牧童唱《竹枝词》道："三生石上旧精魂，赏月吟风不要论。惭愧情人远相访，此身虽异性长存。"乃知牧童即圆观。见唐·袁郊《甘泽谣·卷五·圆观》。后比喻因缘前定。⑤鄙吝复生：庸俗的念头又发生了。语出《后汉书·黄宪传》："时月之间，不见黄生，则鄙吝之萌复存于心。"又作"鄙吝复萌"。⑥坐春风：语本宋·朱熹《伊洛渊源录》卷四："朱公掞见明道于汝州，逾月而归。语人曰：'光庭在春风中坐了一月。'"后用以比喻与品德高尚而有学识的人相处并受其熏陶。⑦绵蛮：语出《诗经·小雅·绵蛮》："绵蛮黄鸟，止于丘阿。"历来诗文中多用以指小鸟或鸟鸣声。⑧拨冗：拨开冗务，犹言抽时间、抽空。⑨引领：伸长脖子，言殷切盼望。

【译文】自从来到关外，就听说有一位奇人异士，这次在宁城得以相见，果然犹如半天朱霞、云中白鹤，超凡脱俗，志行高洁。有幸和您相聚几天，愉快地聆听您高谈阔论，岂止是一点点的缘分呢？

分别后，复生庸俗之念，不能再聆听雅教，实在令人惆怅。

城外万柳亭，临河而立，垂柳依依，浓翠如云，清流如镜，常有黄鹂鸣叫其间。我有一斗酒，已经珍藏了好长时间，盼着您抽空来一趟，一起去享受这绿荫下的清静。几行字略表心事，伸长脖子盼着您来呀！

一三、答闻人冠云

久不奉文，何以双鲤浮来①，竟藏尺素。剖而读之，相思相忆，情何挚焉！

新诗十首，取蔷薇盥手②，朗吟数过③，清新俊逸，兼有其胜，直可与鲍参军、庾开府④并传！莲花幕中⑤，此道如弃土矣。得足下起而振之，能使吾党生色！

章子又梁⑥长于吟诗，往年居庸关外，相与⑦凭吊古今，流连风景，衰草寒烟之际，时得佳句，时不得与足下共之。

残腊返省，寻一佳寓，各出新篇，共浮大白⑧，作半月闲人，毋爽此约⑨。风便布复⑩，保爱，不宣⑪。

【注释】①双鲤：古时对书信的称谓。纸张出现以前，书信多写在白色丝绢上，为使传递过程中不致损毁，古人常把书信扎在两片竹木筒中，一底一盖，竹筒多刻成鱼形，故称。②蔷薇盥手：读书信前用蔷薇露洗手，以此表达对朋友的敬重。③数过：数遍。④鲍参军：南朝宋鲍照，曾任临海王刘子项前军刑狱参军，故世称“鲍参军”。庾开府：庾信，南北朝文学家，宫体诗的代表人物之一，因奉命出使西魏，遂被留居北方，后曾官骠骑大将军、开府仪同三司，世称“庾开府”。唐杜甫《春日忆李白》有“清新庾开府，俊逸鲍参军”句，通常认为是对庾鲍风格的概括。⑤莲花幕：南齐王俭在高帝时当卫将军，居宰相职，官高德重，其僚属多硕学名士。时人把他的官署比作莲花池，入王俭幕府为入莲幕。见《南史·卷四九·庾杲之传》。后用以称美大官的幕府。⑥章子又梁：章又梁。子，古代对男子的美称，也用以尊称对方，此处犹言先生。⑦想与：共同。⑧共浮大白：一起畅饮。浮，用满杯酒罚人；大白，大杯。浮大白常指大杯喝酒。⑨爽：违背。⑩风便：顺风；便利，方便。布复：即布覆，回信套语，谓陈述并回复如上。⑪保爱：保重自珍。不宣：书信末尾常用语，谓不一一细说。

【译文】久疏音讯，这次忽然收到您的来信。拆开一读，相思牵挂之情，足见亲密。

新作的十首诗，我沐手拜读，高声吟诵几遍，兼有新颖清爽、超群脱俗的美感，简直可以和鲍参军、庾开府二位并驾齐驱！在我们做幕僚的人之中，如今作诗这件事就像丢弃的泥土，无人问津。有您出面重振颓风，能够让我们这些人增添光彩！

章又梁先生善于作诗，过去在居庸关外，我们一起探访古迹，沉醉风景，衰草凄迷，寒烟淡薄，佳句频出。可惜，那时候不能和您一起分享啊。

腊月月底，我回省的时候，找一处好寓所，我们各人拿出自己新作的诗，大家一起畅饮，且作半个月的安闲之人，不要误了这个约定啊！

顺便回复您，各自珍重，不一一细说。

一四、与杨松波

秋初寸简，复候起居[①]。数月以来，未伸音敬[②]，而每思光霁[③]，时作天际真人[④]之想。昨诵致居停[⑤]札，承先生殷殷垂念[⑥]，昔人诗云："欲知我后思君处，正是君家忆我时！"古谊神交[⑦]，两情如一。

铜符封后[⑧]，笔政清闲，偕亲旧而燕客[⑨]，临胜地以吟诗，饯腊迎春，琴歌酒赋，为乐无量！

弟家住省会，岁暮穷忙[⑩]，不得不暂作归计。春风杨柳，长赋别离；冬雪关山，备尝况瘁[⑪]。知君子闻之，必哂[⑫]而怜之也。

居停归，传述郡伯雅意[⑬]，命弟于返省时进谒。龙门峻望[⑭]，顾及寒微，长者之风，闻而钦感。

惟弟一车孤寂，千里迢遥，已与磁州陶、阮二公，订约偕行，渡漳河而起早，不复假道[⑮]天雄。明春到省时，倘路经古魏，必当拜太守于车前，谒名贤于帐内。仰承采菲之怀[16]，得慰识荆之愿[17]，此实三生厚幸，未知缘福如何。

【注释】①复候起居：问候起居，向尊长问候、请安。②未伸音敬：没有写信，互通音讯。③光霁：光风霁月，形容雨过天晴时万物明净的景象，也比喻人开阔的胸襟和心地。④真人：道家称得道之人。⑤居停：寄居的处所，也指寄居之家的主人，也叫"居停主人"。此处指作者做幕僚的东家。⑥垂念：敬辞，称对方（多指尊长）对自己的关心挂念。⑦古谊：古贤人之风义。神交：彼此慕名而未谋面的交谊。⑧铜符封后：铜符，原指铜鱼符，最初用作官员证明身份的凭证，后借指郡县长官或官职，此处指官印。清代的衙门有封印和开印的制度，封印顾名思义就是停止办公；而开印便是恢复办公的意思。封印日期一般在十二月十九、二十、二十一三天中的一天，开印的时间一般在正月十九、二十、二十一三天中的一天。⑨燕客：宴客。⑩穷忙：事情繁冗，非常忙碌。⑪况瘁：憔悴、劳累。⑫哂：微笑，讥笑。⑬郡伯：金、元爵名。正从四品。明清时亦称知府为郡伯。雅意：敬辞，称对方的情意或意见。⑭龙门：指声望高的人的府第。常用登龙门比喻得到了名人的提携而声誉大增，语出《后汉书·李膺传》。峻望：崇高的声望。此处指杨松波声望极高。⑮假道：经由，取道。⑯采菲：《诗经·邶风·谷风》："采葑采菲，无以下体。"葑即蔓菁，叶和根、茎都可食，但根茎味苦。诗意谓采者不可因此连它的叶子都不要。后因以"采葑"作为被人赏识器重的谦辞，此处"采菲"同此。⑰识荆：敬辞，原指久闻其名而初次见面结识的敬词，今指初次见面或结识。语出李白《与韩荆州书》："生不用封万户侯，但愿一识韩荆州。”韩荆州：唐韩朝宗曾为荆州长史，喜提携后进，时人称为韩荆州。

【译文】初秋时，写了一封短信给您，向您问好。这几个月以来，没有给您写信。但是每次想到您宽广的气度和胸襟，都觉得您犹如天上神仙。昨天拜读您写给东家的信，承蒙先生您的殷切挂念，就像古人诗中所说的：“欲知我后思君处，正是君家忆我时！”我们就像古贤人神交一般，两情如一。

衙门封印休假之后，笔墨上的事就少了，会同亲友宴饮，又游览名胜，吟诗作对，辞旧迎新，弹琴唱歌，饮酒作赋，这种快乐真是无穷无尽啊。

小弟我家居省会，年底的时候，俗务繁忙，不得不暂时回去一趟。春风中的杨柳，见惯了离愁别绪；冬雪下的关山，尝遍了奔波憔悴。我知道您听了这话，一定会笑话我又会可怜我的啊！

东家回来时，转达了您的情意，让我在回省时前往拜访您。您声望尊崇，却顾念我这卑微之人，这长者的风范，令人听了更加钦佩！

只是我一个人路途冷清，千里迢迢，已经和磁州的陶、阮二先生，约定好一起走，早早渡过漳河，就不再取道天雄了。明年春天到省的时候，如果路过古魏，一定前去拜访您。承蒙您看得起我，如果得以一见，这实在是我三生有幸，只是不知我的机缘福分怎么样呢！

一五、答姜云标

二十余年，不获见我良朋，忽得手书，于梦想所不到，等之雨金雨粟之奇[1]！展诵回环，承足下念我之殷，勖[2]我之切，自非总角至交[3]，焉得此挚情挚语！不禁喜心颠倒[4]，抑且感激涕零矣。

弟淹留[5]冀北，兄历聘[6]中州，封壤[7]虽连，而云山仍邈[8]。去岁馆[9]长垣，隔汴梁，一衣带水[10]，每逢汴省人来，时询足下行藏[11]；停云落月[12]，每托咏歌。不谓瑶翰[13]飞来，伊人宛在[14]，二十余年，至好如一日也！

追忆寒舍山水之间，书屋衡文角艺[15]，兄为冠者，弟始成童[16]，窃意功名亦吾辈分内事耳。乃云散风流，各为饥寒所迫，敛眉就食[17]，俯首觅衣，竟以此终老，岂不重可叹乎？

然如足下才学俱超，名实兼优，买山足隐[18]，绕郭可耕，而且玉树峥嵘，析薪有荷[19]，得偕仙眷，同返故乡，此足下尚可自慰，而可以告人者。

若弟才非谐世，学不通方[20]，只以嗜痂有癖[21]，因得滥竽齐门[22]。而挈眷侨居，已逾十载。年年寒食，空回拜墓之魂；岁岁烝尝[23]，徒作守祠之梦。问心多疚，自顾增惭。

况子则生而死，死而复生，长子甫及五龄；财则散而聚，聚而复散，荒田并无一亩。迁延岁月，流寓难归。今拟以三载为期，先将家眷送回故里。倘家累未完，再携破砚。此鱼鱼碌碌[24]者之景况，不足当大方之一哂也[25]。

惟天既使我两人幼而订交，壮而分散，老而犹在人间也，则向后重逢，当亦断不靳[26]此良缘者。

屈指三年以后，一片春帆，当迟[27]我于西陵渡口；三杯秋菊，定邀君于东武山前。订种竹栽花之事业，谈耕山钓水之经纶[28]，其乐真不知何似！念及此，而此心已随足下而往矣。

【注释】①雨金雨粟：天上下金子、粟米。表示绝无可能，后也指令人惊奇的事。此处指接到友人书信时的惊讶。②勖：勉励。③总角至交：童年时期就结交的至交好友。总角，古时少儿男未冠，女未笄时的发型，大致在八九岁至十二三岁之间。④喜心颠倒：因高兴而内心激动、错乱、颠三倒四、语无伦次。⑤淹留：滞留。⑥聘：请人担任某职务，此处为被动。⑦封壤：疆界。⑧云山仍邈：路途遥远。⑨馆：在某处坐馆。或可理解为居住。⑩一衣带水：一条衣带那样狭窄的水。指虽有江河湖海相隔，但距离不远，不足以成为交往的阻碍。⑪行藏：出处或行止。也指人物的踪迹。⑫停云落月：表示对亲友的怀念，多用于书信。晋·陶潜《停云诗序》："停云，思亲友也。"唐·杜甫《梦李白》诗："落月满屋梁，犹疑照颜色。"⑬瑶翰：尊称对方书信。⑭伊人宛在：此处指朋友如在眼前。宛，仿佛。⑮衡文角艺：品评文章，较量才艺。⑯冠者：成年男子，一般来说，男子二十岁行冠礼。成童：年龄稍大的儿童，具体标准有差，或曰八岁以上，或曰十二岁以上，或曰十五岁以上。⑰敛眉就食：双眉紧蹙，外出谋生。与后句“俯首觅衣”犹言谋生时低眉顺眼，谦恭下人。⑱买山足隐：买下山来足可归隐，谓退隐，也喻贤士的归隐。语出南朝宋刘义庆《世说新语·排调》：“支道林因人就深公买印山，深公答曰‘未闻巢由买山而隐’。”⑲玉树峥嵘，析薪有荷：子孙兴旺，家业有继。玉树，称美佳子弟，语出《世说新语》：“谢太傅问诸子侄：‘子弟亦何预人事，而正欲使其佳？’诸人莫有言者。车骑答曰：‘譬如芝兰玉树，欲使其生於阶庭耳。’”析薪有荷，原指父亲劈柴，儿子不能承受担当。后比喻继承父业。语出《左传·昭公七年》：“其父析薪，其子弗克负荷。”⑳谐世：合于世俗。谐，和洽。通方：通晓为政之道。方，法度。㉑嗜痂有癖：原指爱吃疮痂的癖性。后形容有些人的怪僻嗜好。语出《宋书·刘邕传》：“邕所至嗜食疮痂，以为味似鳆鱼。”㉒滥竽齐门：滥竽充数。寓言中此事发生在齐国，故曰齐门。㉓烝尝：原指秋冬二祭，后泛指祭祀。㉔鱼鱼碌碌：庸庸碌碌。㉕大方：见识广博或有专长的人。语出《庄子·秋水》：“吾长见笑于大方之家。”㉖靳：吝惜。㉗迟：缓慢。㉘经纶：理出丝绪为经，编丝成绳为纶。比喻筹划国家大事。此处犹指方法。

【译文】二十多年，没有见到您，忽然接到您亲手写的信，真是做梦也想不到的呀，就好像天上下金子下小米一样神奇。反复诵读您的来信，承蒙您深深地挂念我，不厌其烦地勉励我，如果不是至交好友，哪里能有这么情深意切的话语呢？不由得我心里高兴，欣喜万分，并且感动得几乎流下眼泪来。

我游历于河北地区，您一直在河南任职，两地虽然接壤，但是路途依然遥远。去年在长垣做事，距离汴梁，仅仅隔一条黄河，每次遇到从汴梁来的人，常常去询问您的情况。对您的思念，只好寄托在写诗上。没想到收到您的信，就好像和您当面交谈，二十多年，你我二人的交情还是像第一天一样，历久弥新。

回想过去，寒舍依山傍水，书房里，你我品评文章，较量才艺，您当时二十出头，我才十二三，私下认为，博取功名有如探囊取物。不曾想你我有如风飘云散，被生计所迫，低眉俯首，四处谋生，竟然就这样直到老去，怎么不令人长叹呢？

然而像您这样才思学问都超出一般，名声和本领都很优秀的人，隐居之后有屋可住，有田可耕，况且您子孙兴旺，后继有人，还可以带着神仙眷属，一起返回故乡，这是您可以自我安慰，并且能够告诉别人的地方呀。

像我这样，才干不合于世俗，又不通晓为政之道，只因有些奇怪的兴趣，得以滥竽充数混混日子。如今带着家眷寄居异乡，已经十多年了。年年寒食，空想着回乡祭扫祖坟的心事；岁岁祭祀，白白地做看守祠堂之梦。扪心自问，多有内疚，回顾起来，徒增惭愧之情。

更何况我的儿子生了就死，死了又生，长子年龄才五岁；钱财是散了又聚，聚了又散，连荒地也没有一亩。逡巡蹭蹬，蹉跎岁月，寄居异地，难以回乡。现在准备以三年为期限，先把家眷送回老家。如果家中负担依然，就再出来找事做。这种庸庸碌碌的情况，不值得您一笑。

只是既然老天让我们从小结交，年长分别，如今岁数大了还活在世上，那么以后再次相遇，应该万万不会吝惜这个美好的缘分的啊。

三年屈指而过，当我乘船回乡时，您要在西陵渡口等我；我一定要邀请您在东武山上饮酒赏菊。和您探讨种竹栽花的乐趣，谈谈山间耕田、水边钓鱼的学问，那乐趣真不知道像什么样呢！想到这些，我的心思已经跟着您一起去了！

一六、与沈秋农

匡城五载，雅论清谈，无间①晨夕。不谓风流云散②，行将马首各西东矣③。从此后会难期，音书恐杳，令人多屋梁落月之感④。

有酒盈樽，希过我畅饮，尽醉而止，毋醒眼相看，增其慨叹也。

【注释】①间：间隔。②风流云散：像风一样流动，如云一样散开。比喻原来在一起的人四下离散。③马首各西东：各奔东西之谓。④屋梁落月：见第一五篇《与姜云标》注释⑫。

【译文】你我同在匡城五年，雅论清谈，不分早晚。没想到风云变幻，大家即将要各奔东西。从此重逢渺茫，音讯难通，令人生出牵挂之心。

现在我备足酒食，希望您到我这来开怀畅饮，喝醉为止，不要在清醒时彼此相见，徒增感慨！

一七、与童齐安

至渔阳①数月，而不能作盘山②之游；近莲幕③数程④，而不能与素心人⑤作片刻之叙，无怪山灵之笑我碌碌也。

居停以疾引退，客子何以息肩⑥？残腊旋省⑦，当与足下剪烛西窗⑧，以倾离情。幸勿以如鼓瑟琴⑨，乐而勿出也。

【注释】①渔阳：古地名，其地在京津一带。今天津市蓟州区。②盘山：山名，位于今天津市蓟州区。③莲幕：见第一三篇《答闻人冠云》注释⑤。④程：古长度单位。《说文》：“十程为分。”数程言距离很近。⑤素心人：即心地纯洁、世情淡泊的人。语出陶渊明《移居》：“闻多素心人，乐与数晨夕。”⑥客子：离家在外之人，或言雇工。息肩：指让肩头得到休息。比喻卸除责任或免除劳役。⑦旋省：返省。

⑧剪烛西窗：语出李商隐《夜雨寄北》："何当共剪西窗烛，却话巴山夜雨时。"原指思念远方妻子，后泛指亲友灯下聚谈。此处是后者。
⑨如鼓琴瑟：比喻夫妻间像弹奏琴瑟那样和谐美好。语出《诗经·小雅·常棣》："妻子好合，如鼓瑟琴。"

【译文】到蓟州已经几个月了，却没有能够到盘山游玩一番。距离您的衙门很近，却没有和您见面一叙，这也难怪山神都笑我是庸庸碌碌了。

我的东家因为身体不好，辞官回乡，我又怎么能稍事休息呢？等年底回乡时，一定要和您挑灯夜谈，倾诉离别之情。希望您千万不要只顾着夫妻恩爱，快乐得不愿意出门呀！

一八、答盐山邓春圃明府

高轩[1]过馆，未得一谈风月[2]，以俗人而居俗地，宜无往之不俗也。西子善颦，东施竟捧心而效[3]，明府[4]不笑其丑而美之[5]，岂贤侯[6]之爱俗，有甚于嗜痂[7]耶？下里俗音[8]，何敢当此？既承雅许，则阳春白雪，正其时矣。乞赐一读，俾暖郊寒[9]。

残腊将近，当返敝庐。春正驺从[10]晋省，弟正离馆而就舍，或无俗态，当以樽酒攀稽[11]，畅谈咏事，如何？

【注释】①高轩：高车，显贵者所乘，常借指显贵者，此处犹言大驾。②风月：清风明月，指美好的景色。也指声色场所。③西子善颦，东施竟捧心而效：东施效颦。春秋越国美女西施因患心病而捧心皱眉，同里丑女东施看见觉得十分美丽，于是摹仿西施捧心皱眉，然却更见其丑，结果同里的人纷纷走避或闭门不出。典出《庄子·天运》。后比喻不衡量本身的条件，而盲目模仿他人，以致收到反效果。④明府：见第六篇《答孙位三》注释⑦。⑤美之：以之为美。美，意动。⑥贤侯：对有德位者的敬称。⑦嗜痂：见第七篇《答周汜荇》注释㉒。⑧下里俗音：乡里俚俗之歌。阳春白雪：曲之高者。⑨郊寒：唐孟郊、贾岛之诗，清峭瘦硬，好作苦语，故称“郊寒岛瘦”。⑩驺从：封建时代贵族官僚出门时前后侍从之人。⑪攀稽：犹言挽留。

【译文】您大驾光临我们这小地方，没能够和您畅谈一番。我这俗人住在俗的地方，应该是没有一个地方不俗的！西施貌美，但是效颦的东施奇丑无比，您不笑话她丑陋，却认为她很美，难道您喜欢俗人，甚至超过嗜痂之癖的怪异吗？俚俗之歌，哪里能当得您的赞美！但是既然承蒙您称赞，您的大作，正当其时，请您给我拜读一回，也好暖一暖我的枯肠。

快到年底了，我就要回老家去。新春正月里您到省城的时候，我正是离开馆地回家去的时候，如果没有卑俗之态，我当设酒宴挽留您，畅谈风雅之事，您看怎么样呢？

一九、与周介岩

河冰已泮[①]，津舫将行，蓬散萍浮[②]，又须一年之别。因谋斗酒[③]，与二三知己共话离衷[④]，只以絮忽因风[⑤]，敢邀芳躅[⑥]？而座中诸子，以剡溪访戴[⑦]，尚须乘夜拏舟，今改作清昼之谈，知足下必有此清兴，用[⑧]布数言，惟希枉玉[⑨]。

倘陶学士扫雪烹茶[⑩]，别饶雅趣[⑪]，则人非戴逵，不敢亵子猷之驾。

【注释】①泮：溶解，消散。②蓬散萍浮：喻指友人四下飘散。③谋斗酒：备一壶酒，犹备好酒食。④离衷：离别之情。⑤絮忽因风：风吹柳絮，飘忽不定。⑥芳躅（zhú）：犹言芳踪。躅，足迹、遗迹。⑦剡（shàn）溪访戴：《世说新语》载，王子猷夜访戴安道（戴逵），乘兴而来，经宿至剡溪，造门不前而返，人问其故，王曰："吾本乘兴而行，兴尽而返，何必见戴？"后为拜访朋友的代称。⑧用：因。⑨枉玉：指屈驾、屈尊。⑩陶学士扫雪烹茶：陶穀，南朝宋人，幼有才学，曾仕周为翰林学士，人称陶学士。尝得党进一小婢为伴，命掬雪水以烹茶，陶然自乐。此处指周介岩。⑪雅趣：高雅的情趣。

【译文】河冰消融，渡口的船只也将远航，蓬转萍飘，又将有一年的分别了。于是我备了薄酒，想和两三个知己谈谈离别之情，只因风吹柳絮，飘忽不定，怎敢贸然邀请您？同桌的几个朋友，认为王子猷夜访戴安道，尚且需要乘舟夜行，如今我们改为白天闲聊，知道您一定有这个兴致，因此写一封信，有劳您大驾。

倘若您像陶学士一样，扫雪烹茶，另有雅趣，那么，我们比不上戴安道，就不敢劳动王子猷的大驾了！

二〇、与闻人冠云

龚杜堂中[①]，晦明风雨，赏奇析疑[②]，极切磋琢磨[③]之益。正期[④]相与[⑤]有成，而我生不辰[⑥]，未能卒业[⑦]，始信有功夫读书，乃生平福命，非可强[⑧]也。

西秦之行，情非得已。一肩行李，半榻残书，此志未敢少懈。戊子[⑨]归来，当追随足下艺战[⑩]一场。分袂[⑪]在即，言之黯然[⑫]！

【注释】①龚杜堂：斋馆号。②赏奇析疑：意思是指欣赏奇文而分析其疑义。语出晋代陶潜《移居》：“奇文共欣赏，疑义相与析。”③切磋琢磨：古人把骨象玉石加工成器时使用的方法分别被称为切、磋、琢、磨，后比喻互相商量研究，学习长处，纠正缺点。语出《诗经·卫风·淇奥》：“如切如磋，如琢如磨。”④期：约定；希望。⑤相与：共同，一起。⑥我生不辰：生下来没有遇到好时候，旧指命运不好。语出《诗经·大雅·桑柔》：“我生不辰，逢天僤怒。”⑦卒业：完成学业，也可指获取功名。⑧强：勉强。⑨戊子：戊子年。古人以十天干和十二地支循环搭配，用以纪年，称作干支纪年法。⑩艺战：参加科考。⑪分袂：分别。⑫黯然：一般指情绪低落，心情沮丧的样子。

【译文】早些年一起在龚杜堂读书的时候，无论白天黑夜刮风下雨，我们在一起共赏奇文，互相探讨问题，彼此取长补短。正要约定一起考取功名，然而我时运不济，不能完成学业，这才明白有功夫读书实在是毕生的福分啊，命中所定，是无法勉强的呀！

陕西一行，实在是情非得已。一担行李，半床旧书，读书求学一点儿也不敢松懈。等戊子年回去，一定跟着您进场参加考试。分别的日子就在眼前，说起来真是令人伤感。

二一、答同学诸友

读书不成，去而读律[①]，其识趣之卑陋甚矣[②]。承诸君子不鄙夷之，而殷殷[3]劝阻，爱我良深。

惟弟二十岁时，先君见背[4]，家无颜子之田[5]，而有孟尝之券[6]。因家伯宰渭阳[7]，奉命而往，经理[8]署务，晷刻无暇[9]。幼时所学，已荒其半。戊子[10]归来，重温旧业，摈斥龙门[11]；庚寅、辛卯，复遭点额[12]。

今年已卅[13]矣！慈母在堂，菽水无资[14]；欲使一家枵腹[15]，而待两年后莫必之功名，非惟不可，亦势有所不能。仲夫子伤哉贫也之叹[16]，千古英雄，为之气阻。

昔人捧檄而喜[17]，为亲在也。今无檄之可捧，则笔耕将母，实处无可如何。

嗟乎！龚生从此不足算矣！伏愿诸君子奋翮冲霄[18]，连翩直上[18]，使门外故人，听捷音而起舞。望何如之！

数行布悃[19]，惭感交并。回首文坛，已同隔世，可胜[20]怅然！

【注释】①读律：学习律令，文中指弃举业学刑名，到州县官署中做幕僚。②识趣：见识，志趣。古时读书人重举业而轻幕僚，故认为读律是见识卑陋。③殷殷：殷切。④先君见背：婉指父亲去世。先君，去世的父亲；先，对去世之人的尊称。见背，背弃我，抛弃我，即去世。⑤颜子之田：指有衣食之资，生计无虞。语出《庄子》："回有郭外之田五十亩，足以给飦粥；郭内之田十亩，足以为丝麻。"⑥孟尝之券：借指债务。《战国策》载，冯谖为孟尝君收债，却悉焚债券以收买人心。⑦家伯：谦称自己的伯父。宰渭阳：在渭阳做地方官。⑧经理：治理，料理。⑨晷刻无暇：没有空闲时间。晷刻，即日晷与刻漏，古人用以计时。⑩戊子：见前一篇注释⑨。与下文庚寅、辛卯一样。⑪摈斥龙门：科考未中之谓也。⑫点额：比喻科考落第。语出《水经注》："三月则上渡龙门，得渡为龙矣，否则点额而还。"⑬卅：三十。⑭菽水：豆与水，指所食唯有豆和水。语出《礼记·檀弓下》："子路曰：'伤哉！贫也！生无以为养，死无以为礼也。'孔子曰：'啜菽饮水尽其欢，斯之谓孝。'"后因以指清贫者对长辈的供养。菽水无资：即生活贫困，无以供养父母。⑮枵腹：空腹，谓饥饿。枵：音萧，树根中空之谓也。⑯仲夫子伤哉贫也之叹：见"菽水"条。仲夫子即仲由。⑰捧檄而喜：接到委任官职的通知而喜形于色，也作捧檄色喜。语出《后汉书·刘平等传序》。⑱奋翮：展翅，振羽；连翩：连续飞翔。此处指展翅高飞，一飞冲天。⑲布悃：书信常用语，表达诚挚之情。⑳胜：承受。

【译文】读书不能成功，放弃举业而学习律令，这其间的见识，真是浅陋极了。承蒙各位不但没有鄙视我，反而再三劝阻我，实在是对我的厚爱。

只是，我在二十岁的时候，父亲去世，家里没有生活来源，却是债台高筑。因为我的伯父在渭阳坐官，我奉命前往，经营打理衙门事务，一刻空闲也没有。过去学习的东西，已经荒废了一多半。戊子年回乡，重拾举业，却惨遭淘汰，庚寅、辛卯二科，俱是落第。

我今年已经三十岁了！老母在堂，无以供养；想让一家人忍饥挨饿，来等待两年后未必能取得的功名，不但我不愿意，情理上也是绝无可能的。贫贱之家万事哀，千古英雄，因之而气短。

古人接到做官去的公文，喜形于色，是因为父母健在（需要供养）。如今我没有檄文可以捧，只好靠着笔墨供养老母，实在是无可奈何。

唉！我从此是不值得一提了！只希望各位能够展翅高飞，直上云霄，让我这个场外的老朋友，能够听到您们的捷报高兴得跳起来。我对您们的期望多么深啊！

写这几行字，略表情意，惭愧与伤感并存。回首文坛，已经恍然隔世，真是不胜惆怅！

二二、与家乡戚友

酆都城[①]有十八重地狱，人之死去活来者，言之甚详，然耳闻之而非目睹也。今之司廨[②]，则地狱宛在人间，所稍少异者，无桎梏[③]之苦耳。

因申韩之学[④]，必须于此阅历而精；且为饥寒所迫，计无复之，于是寒暑一灯，午夜勿倦。然则束发[⑤]事[⑥]诗书时，何不致力于十载寒窗，以博一鸣惊人[⑦]，而乃因循玩惕[⑧]，坐荒岁月[⑨]，迄[⑩]于无成，奔走数千里外，甘受此罪也。

即或不能读书，何不为医、为丹青、为商贾、为农圃，亦足以仰事俛育[⑪]，为无拘无束之身。

遍告戚友，勖[12]其子弟，及时努力，博取功名，切勿以学幕[13]为读书人之退步[14]。入地狱而始悔，出地狱而更悔也。过来人作此现身说法[15]，是亦一片婆心[16]耳。

【注释】①酆都城：旧时传说中的阴司地府，人死后的去处。②司廨：见第一一篇《与方启明》注释①。③桎梏：古时刑具。在手为梏，在足为桎。犹今之脚镣手铐。④申韩之学：战国时期法家申不害、韩非所持的学说，主张循名责实，慎赏明罚。亦称刑名之学。⑤束发：古时男孩成童，束发为髻，因以"束发"代指成童。十五岁左右。⑥事：从事，学习。⑦一鸣惊人：比喻平时没有突出的表现，一下子做出惊人的成绩。语出《韩非子·喻老》："虽无飞，飞必冲天；虽无鸣，鸣必惊人。"⑧因循：拖延。玩愒（kài）：旷废时日。⑨坐荒岁月：虚度光阴。⑩迄：最终。⑪仰事俛育：上要侍奉父母，下要养活妻儿。泛指维持一家生活。俛，同"俯"，屈身、低头。⑫勖：勉励。⑬学幕：清代州县的幕宾席位，以刑名及钱谷两席为最重要，必须经过专业培训，称为学幕。⑭退步：后步，即退路。⑮现身说法：本佛教用语，指佛力广大，能现出种种人形，向人说法。现比喻用自己的经历遭遇为例证，对人进行讲解或劝导。⑯婆心：慈悲善良的心地。语出《景德传灯录》："黄蘖问云：'汝回太速生。'师云：'只为老婆心切。'"

【译文】酆都城有十八层地狱，那些死去又活过来的人，说得很详细，然而都是耳闻，并没有亲眼见到。如今在衙门里做事，就好像人间地狱，稍微有些不一样的地方，就是没有脚镣手铐的痛苦罢了。

因为刑名之学，必须要在衙门里历练才能精进，并且被饥饿所逼迫，没有别的办法，只能无论寒暑，独对枯灯，每天直到半夜，也不知疲倦。那么，在年幼读书时，为什么不能苦熬十年寒窗，以博取一飞冲天呢？却是虚度光阴，荒废时日，最终一事无成，只好到离家几千里的地方奔走，心甘情愿受如今这份苦呢？

就算是不能读书，为什么不去做医生、做画师、做商贾、做农夫，也足以用来供养父母，养育儿女，做一个无拘无束的人。

遍告亲友，勉励自己的孩子，尽早努力，博取功名，千万不要把学刑名做幕僚作为读书人的退路。进入地狱才后悔，出地狱时更要后悔啊。我作为过来人现身说法，也算是苦口婆心了吧！

二三、与徐克家

深泽[①]之行，得附骥尾[②]，月余领教，增益良多。控案已寝[③]，无不欣然，而萼因之有感也。士贫不能自主，觅衣食于奔走，而所为衣食者，不以文章，不以书画，而取给于申韩之术[④]。是衣食也，而罪孽生之矣。

欲使之弃去，而文章书画，无一长可取，即可取，而世亦不尚。纵甘为翳桑之饿夫[⑤]，而高堂无菽水之奉[⑥]，奈何！

因思贫者士之常，洁己自守，直道而行[⑦]，勤慎自持，不图逸乐，或可稍轻罪孽，免于配报[8]。素仰老表叔灵心慧眼，尚祈有以教之。感甚，幸甚！

【注释】①深泽：河北地名。②附骥尾：指蚊蝇附在马的尾巴上，可以远行千里。后遂以“附骥尾”比喻依附先辈或名人之后而成名。后常用为自谦的套语。亦省作“附尾”“附骥”。③控案以寝：控案，谓民间控告的案件。寝，寝事，完事，了结。④申韩之术：见第二二篇《与家乡戚友》注释④。⑤翳桑之饿夫：意指在桑树荫下挨饿的人。比喻不忘他人恩惠，并有所回报。此处指甘受贫困。⑥菽水之奉：见第二一篇《答同学诸友》注释⑭。⑦直道而行：意思是沿着直的道路走。比喻办事公正。语出《论语·卫灵公》：“斯民也，三代之所以直道而行也。”⑧配报：相应的报应。

【译文】深泽之行，得以跟您同行，一个多月聆听教诲，获益很多。如今公事已经完结，大家没有不高兴的，我对此有一些感触。读书人贫困而不能自己作主，为了生计东奔西走，而换来衣食的，不是文章，不是书画，竟然是依靠法家刑名那一套。这样的衣食啊，也是在造孽啊。

想要离开这个行业，但是文章书画这些一无可取，并不擅长，即便擅长一样，世人也不推崇。就算我甘受贫困，做个饿肚子的人，却又如何供养高堂老母呢？

于是我想到贫穷是读书人的常事，廉洁自律，正道直行，谨慎小心，不贪图安逸享乐，也许可以稍微减轻些罪孽，最终免于报应。我一向佩服老表叔您灵心慧眼，还祈请您能够指点一二。那就非常感激，也非常幸运了。

二四、与王言如

司马[1]需佐理之人，而仆以足下应，非不知鸿轩凤翥[2]，岂可鸡栖[3]，抑[4]所谓先屈而后伸乎？

清苑[5]李明府误采虚声[6]，邀仆入幕，乃不为叶公之惊走[7]，而漫[8]以冯驩[9]视之，故勉强四月，歌弹铗归来[10]矣。士可贫而不可慢也，足下得毋[11]笑其迂否？

【注释】①司马：古官名。西周始置，掌管军政和军赋，职权大小不定。汉武帝时，罢太尉，设大司马。隋唐已降，各州置司马，名意为郡守之佐，实为闲职。明清时雅称同知为司马。②鸿轩凤翥：鸿雁高飞，比喻举止高尚。宋·范仲淹《滕公夫人刁氏墓志铭》："而祠部君克承善志，鸿轩凤翥，有风采于朝廷。"③鸡栖：鸡栖之所，犹言居于小处。④抑：或者。⑤清苑：县名，今河北省保定市清苑区。⑥虚声：虚名。⑦叶公之惊走：叶公好龙，此处活用其意，指李明府没有像叶公那样被吓走。⑧漫：随意。⑨冯驩（huān）：即冯谖。为齐国孟尝君田文门下食客，曾替田文到封邑收取债息，把不能还息的债券烧掉，替田文收买民心。⑩歌弹铗归来：冯谖在孟尝君门下，初不得重用，因而弹剑长歌“长铗归来乎”，后常以“弹铗、冯谖剑、歌鱼、歌长铗、长铗弹、无车弹铗、叹无鱼、食无鱼、叹车鱼、贫铗、长铗归来”等谓有才华人暂处困境，有求于人，或谓怀才而受冷遇，心中不平，亦借指才能高超。此处指辞职离开。⑪得毋：即得无，是不是、恐怕，表示推测。

【译文】同知需要辅佐的人，我就把您推荐过去了，并非不知道您犹如鸾凤，举止不凡，怎么能屈居小地方，或许这就是所谓的先屈后伸吧？

清苑县李明府误听我的虚名，邀请我进入他的幕府，谁知他并非真正的好龙，只是随意地把我看作混日子的人，所以勉强做了四个月就告辞回来了。读书人可以穷苦窘迫，但是不能够被怠慢，您是不是要笑话我迂腐呢？

二五、与王言如

鞭车[①]出瀛郡[②]，一步水深一步，至十里外，则桑田竟成沧海，幸有两行垂柳为界，得由中道而行。水不没车箱者寸许，澎湃之声满耳，殊不异乘风破万里浪也。

晚至高阳，前途水发，次早一望连天，车不能进。适任邱归明府，遣师策骑追至，投聘书，欲攀舆[③]同往焉，情词甚殷。遂回车冲波，由郡城十余里绕道得高壤，直达任邱，故不复进署，谒莲斋[④]把晤也。

到馆后，宾主相见如故，但未识能如晏大夫之善交否[⑤]。

来往百数十里，陆行非地，水行非舟，知章骑马似乘船[⑥]，差[⑦]为近之。惜不逢麴车[⑧]为帐，亦是行路难之一端也。先书此以告。

【注释】①鞭车：鞭马使加速。②瀛郡：河间府故称瀛洲。今河北省河间市，为县级市，由沧州市代管。③攀舆：拉住车厢，通常表示不舍。此处当指同行。④莲斋：犹莲幕。⑤如晏大夫之善交：像晏婴那样善于交往。典出《论语·公冶长》："晏平仲善与人交，久而敬之。"⑥知章骑马似乘船：贺知章骑马像乘船一样摇摇晃晃。语出杜甫《饮中八仙歌》："知章骑马似乘船，眼花落井水底眠。"此处指路途积水，陆行如乘舟。后文"麴车"同出此文，用汝阳王的典故："汝阳三斗始朝天，道逢麴车口流涎，恨不移封向酒泉。"此处系作者承上文自由发挥。⑦差：大体。⑧麴车：载酒的车。杜甫《饮中八仙歌》："汝阳三斗始朝天，道逢麴车口流涎，恨不移封向酒泉。"汝阳，指汝阳君王李琎。麴，音曲。

【译文】坐着马车离开河间，越走水越深，到了十里之外，那农田竟然好像变成了大海，幸好有两行垂柳作为分界，才能够从路中央前行。水面离车厢只有一寸多，水浪相击之声，不绝于耳，实在不异于乘风破浪啊。

晚上到了高阳，前路发了洪水，第二天早上一看，水天相连，车子不能继续前进了。刚好任邱县归明府派人骑马追来，递上聘书，想要邀请我和他一同上任，言语间非常恳切。我就掉转车头，冲着水波，从郡城十多里的地方绕道到高地上，直奔任邱，所以没有再到衙门，和您会面畅谈啊。

到了任邱后，宾主一见如故，只是不知道东家是否像晏大夫那样，时间愈久，愈令人敬佩。

来回一百多里路，说是陆行，却又不见土地，要说是水行吧，却又没有船只，恐怕和贺知章摇摇晃晃骑马似乘船，大体相似吧。可惜啊，没有见到汝阳王那样的酒车，很是遗憾，这也算是出门在外，路途不易的一种吧。先写这封信来告诉您。

二六、答方启明

祝融[①]肆虐，举客中所有而付之一炬。承手书[②]问起火之由，虽因平日不戒，亦回禄[③]君之所以示警也。

馆舍三间，以半截土坯作墙隔之，是墙又糊以纸，墙之上可悬《陋室铭》[④]，墙之半可安油灯焉。每夜点灯，加棉花捻一根，捻日积而不知去。

是夜主人宴宾，小价[5]未息灯，闭门而出。夜半席散，灯碗内油干，而各捻并燃如炬，逼近纸窗。开门风进，壁遂焚，直上顶格[6]，如走火龙，顷刻间床帐箧笥[7]皆红，屋亦旋塌。夫安油灯于纸壁之旁，出而不息，其火也固宜。

弟入幕[8]未及三年，而火之如是之烈，岂非明示以幕之不可为乎？孽海茫茫，回头是岸，从此改业，尚未晚也。足下旁观之明，当必有以教我。此复不既[9]。

【注释】①祝融：传说中的火神。《吕氏春秋·孟夏纪·孟夏》："其神祝融。"汉高诱注："祝融，颛顼氏后，老童之子，吴回也，为高辛氏火正，死为火官之神。"后用以借指火或火灾。②承手书：承蒙来信。③回禄：据传为祝融之弟，亦为火神，后多以为火灾之代称。④《陋室铭》：文章名。唐刘禹锡撰。为书房、住处所作的文章，用以警惕或自勉。崔沔亦有此作。⑤小价（jiè）：即小厮、仆人之谓也。价，此处读作"介"，仆役的旧称，或称被派遣传送东西或传达事情的人。⑥顶格：顶棚。⑦箧笥（qiè sì）：藏物的竹器，多指箱和笼，在古代主要是用于收藏文书或衣物。⑧入幕：做幕僚。⑨此复不既：书信常用语，此为回信，言不多叙。

【译文】火神发威，我在客中所有家当付之一炬。承蒙您来信，询问起火的缘由，虽然是因为平时不注意，其实也是火神用来警示我的呀。

三间房屋，是用半截土坯砌成墙隔开的，这墙上又用纸糊上，张贴字画，壁上还安放着油灯。每天晚上点灯的时候，加上一根棉花灯捻，灯捻一天多似一天，却一直没有清理。

那天晚上，东家宴客，小厮没有熄灯，就关上门出去了。半夜宴席结束，灯盏里的油已经烧干，那些灯捻一起像火把一样燃烧起来，逼近纸窗。门一开，风助火势，墙壁就燃烧起来，大火直冲顶棚，就像火龙经过一样，瞬间蚊帐衣柜书橱都已着火，屋子也立刻就倒塌了。在纸壁旁边放置油灯，出门却不熄灭灯火，这样烧起火来，也是应该的啊！

我做幕僚还不到三年，这大火烧得如此之猛烈，难道不是明确地告诉我不可以做幕僚吗？孽海茫茫，回头是岸，现在开始换个事做，还不算晚啊。您旁观者清，一定可以教导我。简短地回个信给您，别的话就不多说了。

二七、与王言如

客斋为火所焚，一身之外，竟无长物[①]，将欲方地为车，圆天为盖矣。

明知幕不可为，自应亟图改业。而为农无田，为稼无圃[②]，为星相医卜，而素不习其术，仰事俯育[③]之谓何？不得不仍入火坑。祝融虽爱我，其如贫何哉[④]！足下闻之，当亦为我唤奈何也。

【注释】①一身之外，竟无长物：除自身外再没有多余的东西。语本《世说新语·德行》："（王恭）对曰：'丈人不悉恭，恭作人无长物。'"后以"身无长物"形容极度贫穷。②为农无田，为稼无圃：稼，种庄稼；圃，种植蔬菜瓜果花木的园子。语本《论语·子路》："樊迟请学稼，子曰：'吾不如老农。'请学为圃，曰：'吾不如老圃。'"此句作者意为想要种地却没有田，想要种菜却没有园子。③仰事俯育：见第二二篇《与家乡戚友》注释⑪。④如……何：拿……怎么办。

【译文】客居之所被大火焚毁，除了这个人之外，竟然没有别的东西剩下，几乎要到以地为车，以天为盖的地步了。

明明知道不可以做幕僚，自然应该赶快想法改做别的事情。但是做农民吧，没有田；去做菜农吧，又没有园子；做看相算命的医生卜祝，却又向来不熟悉这个本事，一家老小的生计怎么办？不得不继续跳入火坑。火神虽然爱护我，但是我能拿贫穷怎么办呢？您听了这些，应该也会为我忧虑怎么是好吧？

二八、谢陈友锜

手书慰我，感泐[①]弥殷！但祝融能火[②]我身外之物，不能火我身内之心，故悠悠自得也。

惟是西风[3]渐紧，只余司马青衫[4]，故人皆贫，谁能怜其寒者？

所幸数根傲骨，与篱畔黄花，尚能独耐风霜耳。借得《汉书》，下此浊酒[5]，书香与酒气俱春，足下毋为我戚戚[6]也。

【注释】①泐：同“勒”，铭刻，引申为书写。②火：动词，烧。③西风：秋风。④司马青衫：白居易《琵琶行》中有“坐中泣下谁最多，江州司马青衫湿”，此处指衣衫本身。⑤借得《汉书》，下此浊酒：宋人龚明之《中吴纪闻》记载：“（苏舜钦）读《汉书·张子房传》，至‘良与客狙击秦皇帝，误中副车’，遽抚案曰：‘惜乎！击之不中。’遂满饮一大白。又读至‘良曰：始臣起下邳，与上会于留，此天以臣授陛下’，又抚案曰：‘君臣相遇，其难如此！’复举一大白。”⑥戚戚：忧虑。

【译文】您写信来安慰我，我铭感于心。但是火神能烧毁我身外之物，不能烧去我内心，所以我还能够悠闲自得。

只是秋风渐起，天气转凉，我只剩下一件长衫，老朋友都是穷苦人，谁能接济我这贫寒受冷的状态呢？

幸亏有几根傲骨，和篱笆旁的菊花，尚且能够耐得住严寒。又靠着读书下酒，书香和酒气都让人暖和，您不必为我担心。

二九、与徐克家

敝斋不戒于火，将身外之物，一炬而烬之，不留一丝，不剩一字，真佛家所谓清净寂灭[①]者矣。

友人或吊[②]者，或贺者。吊者其常，贺者则似是而非[③]也。

夫凡民之于豪杰，已定在有生之初[④]。如必生于忧患，而死于安乐[⑤]，则夏商周之继起为君者，无所谓忧患；而世之少为公子、老为封君[⑥]者，亦何曾受安乐之累耶！

不肖中人以下之资[⑦]，即时时有祝融之警，总不能进于上达。若无此一火，亦未必遂流为下愚[⑧]。不过适然[⑨]火之，亦适然听之而已。

孟夫子之言，为豪杰进策励之功[⑩]，非凡民所得而借口也。质之高明[⑪]，以为然否？

【注释】①清净寂灭：清净无为与涅盘寂灭。此处指烧得干干净净。②吊：慰问。③似是而非：好像是对的，实际上不对。④有生之初：一出生的时候。语出黄宗羲《原君》。⑤生于忧患，死于安乐：人在忧患中能发愤图强而得以生存，处于顺境易沉湎于安乐而招致灭亡。语出《孟子·告子下》："然后知生于忧患而死于安乐也。"⑥封君：受有封邑的贵族。亦指因子孙显贵而受封典者。⑦中人之资：中等人的天赋。⑧下愚：极愚笨的人。⑨适然：偶然。⑩策励：督促勉励。⑪质之高明：向高明的人请教。

【译文】我的住所因粗心大意而发生了火灾，把我的身外之物，一把火烧得干干净净，没剩下一丝布，没留下一个字，真如佛家说的"清净寂灭"了。

朋友里有人安慰我，也有人恭贺我。安慰我的，是人之常情；恭贺我的，看上去是正确的，其实是不对的啊！

大概一个普通人和英雄豪杰，在刚出生的时候就已经确定了。如果一定说是忧患则生，安乐则亡，那么自夏商周起，那些继承皇帝之位的人，并没有什么忧患；而那些年轻时享乐，年老时封侯的人，又何曾受过安乐的连累呢？

不才如我，仅有中等以下的资质，就算每时每刻都有火神的警示，也是没有办法上进的呀！如果没有这一把火，也未必就会沦入愚笨人之列。只是偶然被火烧了一把，也只好顺其自然了。

孟夫子所说的话，是督促勉励英雄豪杰的，不是普通百姓可以拿来做借口的。向您这高明的人请教，您认为是不是这样呢？

三〇、与王吉人

负昌平之约，而作中山之游，知我者鉴[1]我苦衷也。

衙斋寂寞，拟邀周丹文三哥、章又梁九弟，拜中山靖王[2]之墓，登韩魏公[3]之塔，纵目千里，怀古赋诗，舒王仲宣倚楼[4]之况。

昨游众春园，扶雪浪石，坡公[5]翰墨，洵[6]是奇观。

惜居停已擢[7]宜郡，卸篆[8]非遥。良朋欲散，而孑然一身，将独往居庸关外，正不知塞上风沙，较京尘[9]十丈为何如也。

老弟暂借半枝[10]，独当一面，吾道中当与又梁首屈二指焉！西风布念[11]，保爱不宣。

【注释】①鉴：明察。②中山靖王：刘胜，汉景帝子，封于中山。③韩魏公：韩琦（1008—1075），字稚圭，自号赣叟，相州安阳（今河南省安阳市）人。北宋政治家、词人。累官永兴节度使、守司徒兼侍中，封爵魏国公。④王仲宣：王粲，字仲宣，建安七子之一，文学卓有建树，曾依附刘表，未得重用，作《登楼赋》，借写眼前景物，以抒郁愤之情。后常以“王粲登楼”喻士不得志而怀故土之思。⑤坡公：即苏轼，号东坡居士。苏轼于元祐年间曾任定州知州，在修葺府衙东侧的众春园时，挖出一块石头，黑脉白章，纹理清晰，外形圆润，观其花纹形势像极了蜀中孙知微画的雪浪画，遂起名“雪浪石”。后来专门为这块石头在众春园内建起一座雪浪斋，又命人在曲阳黄山采得汉白玉一块，请工匠雕出芙蓉盆一座，用于盛放雪浪石，并赋诗一首，刻于盆沿之上。后又作《雪浪石》诗一首。⑥洵：实在。⑦擢：提拔。⑧卸篆：离职卸任。因官员印信刻以篆文，故名。⑨京尘：京洛尘之简称，晋陆机《为顾彦先赠妇》诗之一：“京洛多风尘，素衣化为缁。”后以“京洛尘”比喻功名利禄等尘俗之事。⑩暂借半枝：前文一一与方启明注：鷦鷯一枝，此处言暂借半枝，更为微贱，含戏谑意。⑪布念：书信常用语，表达思念。

【译文】负了昌平之约，却到中山一游，了解我的人一定能明察我的苦衷。

衙门里的生活冷清落寞，我准备邀请周丹文三哥、章又梁九弟，去拜谒中山靖王的陵墓，登临韩魏公的塔，远眺千里，缅怀古人，吟诗作赋，排遣胸中愁思。

昨天游览众春园，观赏雪浪石，苏东坡的墨迹，实在是难得一见。

可惜东家已被提拔为宜昌知府了，卸任之期就在眼前。好朋友将四下飘散，而我孤身一人，将独自一人前往居庸关之外，只是不知道塞上的风沙，和十丈京尘相比怎么样呢？

老弟暂时有了安身之所，能独当一面，我们这些老朋友中，算您和章又梁较为突出了！秋风一起，天气转凉，一封短信，略表思念，善自珍重，不一一细说。

三一、与王培元

昨晚策骑至岔道，投馆舍，张灯设席，问之，则主之所供焉。

刘蒨饷晋陵令，何关爽事[①]？而足下由州署而来，两年未见，得把晤于草黄霜白[②]之间，对酒雄谈，几忘身在关外，可感亦可慰也。

惟足下道及范刺史，昔以未识予心，致生疑窦[③]，今则自知其昧矣。然范刺史之不能知仆，犹仆之不能知范刺史也。两不相知，非两有所憾也。

仆读书未成，家贫亲老，不得已俯首乞衣，敛眉就食耳。

况幕之不足为荣，修身立品之不暇，而尚以人世之炎凉，不释于怀，此非侮人，乃自侮耳。

然依人作活者，岂竟无一二正人砥柱[④]其间哉？特寄数行，奉释嘉贤[⑤]之疑，并谢惠言之雅。

【注释】①刘蒨（qiàn）饷晋陵令，何关爽事：事见《南史·文学列传·高爽传》。高爽经过晋陵县拜见时任县令刘蒨，刘蒨没有热情接待；高爽心怀不满。后来高爽代替刘蒨作晋陵县令，刘蒨给高爽送上丰厚的见面礼。高爽接受礼物后作书回复，署名“高晋陵”。有人问他为什么只属官职不署名，高爽回答：“刘蒨眼里只有晋陵县令，跟我高爽有什么关系？”此处指主人所备酒食，并非特意为作者所准备。②草黄霜白：草色枯黄，白霜已降，此处指秋天。③疑窦：可疑之处。④砥柱：山名。在河南三门峡市，位于黄河急流中，形状像柱子，故名。比喻能坚守原则、支撑危局的人或力量。⑤嘉贤：即贤主嘉宾，此处指王培元。

【译文】昨晚策马走到岔道，投宿旅店，里面张灯摆酒，询问之后，原来是馆舍主人安排的。

店主人的酒席，并非专为我而设。然而您从州衙而来，两年多未见，现在得以在秋高气爽的时候，饮酒畅谈，差点忘记自己身居关外，真令我感动，也叫我心安。

只是您说到范刺史，过去因为不了解我的内心，以致生出许多误会，如今他也知道自己的见事不明了。然而，范刺史不能了解我，就好像我也不能了解他一样。两人各不相知，并非双方都感到不满意啊。

我读书无成，家贫亲老，没办法只好低眉顺眼外出觅食。

更何况做幕僚又不值得作为荣耀，自己没有精力修养品德，却把世态炎凉之类的事情挂在心里，难以释怀，这不是侮辱别人，而是侮辱自己啊。

然而，靠着别人吃饭的人，难道就没有一两个坚守原则的人吗？特地写几行字给您，奉上解一解您的疑惑，并且感谢您为我说话的美意。

三二、与秦载光

张家口昔为重地，今则中外一家，商民屯聚，关市讥而不征[①]。然出口百里外，沙草连天，茫无涯际，但见塞马如云，骆驼如蚁，亦未尝非一大观也。

二兄先生以锦绣之胸，具豪迈之气，曾一登沙碛[②]，扩充眼界，作万里立功之想否？

弟初来上谷，自南口策马至，五十里中，层峦叠嶂，灰磴深沟，城堡环抱如瓮，仅容一车两马，诚一夫当关，万夫莫开也。但山虽峻而不奇，涧虽深而不洁，花果树木亦不成林，殊无可留览处。惟弹琴峡，则潺湲[③]流水，尚有遗音。出岔道则一望尘沙，而已有塞上光景。昔人诗云："关前草犹青，关后霜已白。"五十里之隔，而风景顿殊，何必听陇头流水[④]，始肝断肠绝也哉？平时意兴，到此索然[⑤]。

昔司马长卿[⑥]，历名山大川，而文益奇肆。吾辈生涯，不借文重，又何必出关作《塞上曲》[⑦]也。幸有故人，可抒沉闷，未识何以教之。

【注释】①关市讥而不征：在关卡、市场等处只稽查而不征税。语出《孟子·梁惠王下》："昔者文王之治岐也，耕者九一，仕者世禄，关市讥而不征。"②沙碛：出自唐·戴叔伦《屯田词》，指沙滩、沙洲，也可指沙漠。③潺湲：形容水慢慢流。④陇头流水：即陇头水，汉乐府《横吹曲》之一。陇头，本地名，在今陕西省陇县西北，上有清水四注，称为陇头水。乐府诗词中多有出现。⑤索然：没有意味，没有兴趣的样子。⑥司马长卿：即司马相如。⑦《塞上曲》：一种古代的军歌。主要描写士兵在边疆行军作战和扎营的情形，或思乡之情。此处借指边塞诗。

【译文】张家口过去是军事重地，如今是关内关外如同一家，生意人聚集，虽然盘查，却不征税。然而出了口外一百余里，黄沙枯草，一望连天，茫茫然看不到边，只见马群如云，骆驼多得像蚂蚁，也未尝不是一种壮观的风景。

二兄锦心绣口，兼有豪迈气概，是否曾登上沙丘，极目远眺，作立功万里的畅想呢？

我初到上谷时，从南口骑马到岔道，五十里路，层峦叠嶂，阶梯旁临悬崖，城堡四面环抱，犹如酒瓮，仅容下一辆车或两匹马，实在是一夫当关、万夫莫开的地方啊。但是，山虽然高峻却不够奇特，山涧虽然很深却不够干净，花果树木也不多，散不成列，实在没有可浏览的地方。倒是弹琴峡，流水缓缓，似乎还有遗留的琴声。出了岔道，就已经满眼黄沙，已经有塞外的风光了。古人有诗："关前草犹青，关后霜已白。"仅仅五十里的距离，然而风景迥异，何必大老远到西北去，才领略断肠人的苦楚？平时意气奋发，到了这里就兴味索然。

过去司马相如，游历名山大川，文章越发奇异恣肆。我们谋生吃饭，不靠文章，又何必要到关外写什么《塞上曲》呢？幸亏有您这个老朋友，可以说说心中的沉闷，不知道您拿什么来开导我。

三三、答王言如

接来函，以上谷主人有国士之遇[①]，似以不复往为情薄。此在他人或可作是言，而在足下与上谷宾主半载，因不合而辞者，何亦漫为此说耶？岂待足下以庸众，而独遇仆以国士耶？

夫有国士之才者，然后有国士之遇。仆何人斯，而顾以国士目之？是足下先不知何者为国士，又焉知遇之者之非国士也？

贫士之处世也，亦当自行其道。谏不行，言不听，膏泽不下于民，始置之弗论矣。危而不持，颠而不扶，则将焉用彼相[②]哉！田子方曰："大夫傲则失其家。"吾方为上谷危也。燔肉[③]不至，不税冕[④]而行。色斯举矣，翔而后集[⑤]。此意非众人所能识也。

君子绝交，不以恶声，矧本毋庸绝，故含而不露。今因闻足下之言，不得不略举以告，在他人则并不致一词焉。足下其审思之。

【注释】①国士：一国中才能最优秀的人物。②危而不持，颠而不扶，则将焉用彼相：语出《论语·季氏》。见人遇到危险不去扶持，见人摔倒在地不去搀扶，又用您那个助手干什么？古指大臣不忠于国事。后也泛指未尽助手之责。③燔（fán）肉：宗庙祭祀所用的熟肉。④税冕：脱去礼帽。税，通“捝”“脱”。⑤色斯举矣，翔而后集：语出《论语·乡党》。色，人的脸色；举，鸟飞起来。色斯举矣，是说鸟见了人的脸色不善，它便飞起来逃去了。翔，鸟在空中盘旋；集，许多鸟停下来。翔而后集，是说鸟要飞下来的时候，先在天空里盘旋，看下面没有什么危险，它才飞下来。

【译文】接到来信，您认为上谷知县待我像待国士一样，而我却不再与他往来，似乎冷淡薄情了。这种话其他人说来还有原由，至于您，是为上谷知县做了半年幕僚，因为志趣不合而告辞的，为什么也很随意地说出这样的话？难道他待您像待一般平庸之人，而唯独待我像待国士吗？

才能在一国之中当是翘楚的人，称为国士，因此才配得上国士的厚遇。我是什么人，而使得上谷知县把我当成国士呢？原是您不知道什么是国士，又怎知那个人不是像国士一样待我呢？

贫穷的读书人做人做事，也有自己的原则。我们做幕僚的，劝谏而主人不听，建议而主人不从，竟使政治不能利民，只好放弃不做了。人民困厄，而为政者不去帮助；人民遭殃，而为政者不去解救，这样的为政者有什么作用！田子方说：“大夫若是凭富贵而瞧不起别人，会使家业败亡。”我正为上谷知县的前景担心呢。古时候的诸候，没有领到天子祭祀后赏赐的作祭品的肉，就不敢脱下帽子而松懈政事。庭院的鸟看见人脸色不善也迅速高飞，在落地之前也会盘旋，探察有无危险。这种预知危险的心思不是一般人所能知道的。

君子与人绝交，不会说那人的坏话，况且我对上谷知县没到绝交的地步，因此才埋在心里没对外人说。现在因为您信里提及，我不得不对您讲出心里话，对其他人是未曾说过一个字的。您可得审慎思考啊。

三四、又答王言如

再诵来函，以上谷有知音之感，是有交国士之名，而必欲伸其前说者。

夫知士岂易言哉？管仲曰：“生我者父母，知我者鲍子也！”必知我有父母，又知我贫，而后知我之感，与生我并重。

今则所以待幕者，不过适子之馆，授子之餐，计政务之繁简，定分俸之多寡，以虚情小惠为牢笼，以声音笑貌为恭敬。而所谓礼贤下士、忠信重禄，未之闻也；谋其身家，援其缓急，未之见也。

山人墨客、星相医卜之流，亦未尝不游于公卿之门，承顾盼也，受赠赐也，出而夸耀于人曰："某公，我知己也。"人必耻而笑之。而曳裾侯门①，佣笔②受值者，何以异于是？以是为知己，知己云哉乎？

足下依红泛绿③，亦已久矣，何以负米④他乡，清贫如故，岂不得一人知己乎？仆才不惊人，性难谐俗，一片血心，埋没于簿书钱谷之中，我不求知于人，人焉能知我者？

士得一知己，死可无憾。仆亦有心人，跂予望之，何日遇之？幸足下毋过责也。诸惟爱照，不宣。

【注释】①曳裾侯门：见第七篇《答周汜荇》注释③。②佣笔：受雇为人抄书。亦泛指为人做笔札工作。③依红泛绿：指在幕府中。红，芙蓉，莲花。绿：绿水。《南史·庾杲之传》："（王俭）用杲之为卫将军长史。安陆侯萧缅与俭书曰：'盛府元僚，实难其选。庾景行（庾杲之字景行）泛渌水，依芙蓉，何其丽也。'时人以入俭府为莲花池，故缅书美之。"后因称幕府为"莲幕"。④负米：春秋末年鲁国的仲由，字子路，很孝顺父母。他常在一百里路外面，背米回来养着父母。后人称家里有父母，在外面赚钱的人，便称负米。

【译文】又收到您的信，您认为上谷知县赏识我的才干，就像我的知己，所以才说他待我像待国士一样，而且依然如前一封信来劝我。

"知己"这么贵重的情分，哪里是轻易说出口的？管仲说："使我成人的是父母，对我有情义的知己是鲍叔牙！”必要知道我奔波是为了孝顺父母，又知道我的贫困艰辛，再知道我心里的想法的人，才是我的知己，我把他看得跟父母一样重要。

现在的主人对待幕僚，不过把您招到幕馆，给予饭食，累计您办理了多少政务，划定给您多少俸钱罢了。装出对人有情义，施舍一点小恩惠，只是为了换取幕僚竭忠尽智。作出和颜悦色、柔声下气的样子，其实心里不是真的敬重幕僚。您所说的礼贤下士、爱重信任、慷慨厚待，我未曾听说；主人为幕客谋划前程，在遭遇困境时出手相助的事，我也未曾见到。

神仙隐士、文人墨客、看相算命、医药占卦这类的人，也未尝不到达官显贵家里去“献技”，被贵人礼遇，赠赐物品，就好像脸上有光，到处在外面夸耀说：“某位大人，是我的知己啊。”别人必然为他感到耻辱，觉得他可笑。我们这些挽起衣襟侍候官员的幕僚，把笔墨卖给人家换口饭吃，与那些人有什么不同？如果把官员对幕僚的利用当成“知己”，那么真正的“知己”又该是怎样的呢？

您在幕府已经很久，为了赡养父母而在外乡做师爷，却依旧清贫，难道没一位主人是您的知己？我的才干平庸，没有人特别重视，天生觉得难以自容于众人，毕生的心血，已经埋没在文书钱粮的琐屑之事中了。我没有心思去求人做我的知己，别人哪里会知道我呢？

人一生有一知己，是大幸运。我也是有心人，踮着脚盼望知己出现。但愿您理解我，不要过于斥责我胡言乱语。诸多言语不合的话，希望您看在我俩互相爱重的情分上，不要说出来。

三五、再与钱亦宏

夏屋渠渠，不承权舆[①]，足下见机而作，何其明决也！仆亦从此行矣。第足下先行而仆在后，必有一番牵惹[②]处。为之择其能者而代之，庶不失忠厚待人之道。

惟耐久之交，一时难得。“曾经沧海难为水，除却巫山不是云”[③]，是此公平日语也。不得已，延朱逸仙理刑席[④]，吴云超司度支[⑤]，恐均不能久。

仆借藉此脱身，计榴红蒲绿[⑥]时，可以抵省，与足下一樽共话。如碧梧翠竹[⑦]，已稳鸾[⑧]栖，则又作天半朱霞[⑨]想矣。

【注释】①夏屋渠渠，不承权舆：语出《诗经·秦风·权舆》：“于我乎，夏屋渠渠，今也每食无余。于嗟乎，不承权舆！”或以为自叹始受君主优礼而终被凉薄之诗。夏屋，大屋；渠渠，深广貌。秤锤称作权，车轮称作舆。造秤先要定秤锤的大小，造车子先要定轮子的大小。权舆，意为萌芽、开始。②牵惹：牵扯，牵连。③“曾经沧海难为水，除却巫山不是云”：出自唐·元稹《离思五首》。大意为，渡过大海的人，看平常的河水，心里不受惊吓；巫山的云最好看，所以说除去巫山上的云，别的地方没有好看的云了。④刑席：清代官署中主办刑事判牍的幕友，俗称刑名师爷。⑤度支：经费开支。⑥榴红蒲绿：石榴开花，菖蒲抽叶，即阴历五月间。⑦碧梧：高大茂盛的梧桐树，是凤凰停息的树。杜甫《秋兴八首》："香稻啄余鹦鹉粒，碧梧栖老凤凰枝。"⑧鸾：传说凤凰一类的鸟。⑨天半朱霞：比喻接触不到的心里想望的人。南朝刘孝标，称他同族的两个孙子，一个名刘訏，一个名刘歊。孝标道："訏超超越俗，如天半朱霞；歊矫矫出尘，如云中白鹤。"

【译文】您曾经受到隆重地礼遇，居住在华屋大厦，如今待遇却远不如当初，您见机而辞别现主人，是多么明智果决！我也要丢掉幕府的事了。只是您先离开，我跟随就来，我的事必要一番波折，我打算为主人物色能干的人来接替我，才好不负待人忠厚的原则。

只是主人能用得久的师爷，一时间也找不到。"曾经沧海难为水，除却巫山不是云"，我的主人日常也是挑剔的，老把这句诗挂嘴边。我只好为主人延请朱逸仙掌管刑名事务，吴云超掌管钱粮事务，还是担心都不能与主人长久相处。

我可以趁这个机会脱身了，算来石榴花开、菖蒲草茂盛的时节，可以搬到省城居住，与您把酒共话。但假如您那时已经接受了别处聘请，像凤凰在碧梧翠竹上安稳巢穴，那么我就见不到您了，只好望着半天红霞盼望您来了。

三六、与孙星木

肺腑深交，共晨夕犹不厌，乃不得见者七年，怀思之切，非诵彼采三章[①]可释。比谂[②]领袖群贤，声华藉甚[③]，知落月停云，亦念我故人勿置也。

弟去冬旋里，住家仅半载，正如高邮女子[④]，行野蔓草中，为众蚊攒食，肉尽而继之以骨。亟为先灵妥安窀穸[⑤]，既以治病无资，且病妻弱妾，不能为露筋娘娘，必欲偕而出之，遂鬻剩产，如拔宅飞升[⑥]，于五月杪到保阳。水源木本之谓何？异地漂零，知何日得归祠墓。每一思之，背芒面赤也。

保阳居大不易，矧齐人处室[⑦]，妾且倍之，显者不来，中庭讪泣[⑧]，其能免乎？

幸小妾虽得一雄，而小女已痘殇[⑨]，真悲喜交集。所最可悲者，先慈望孙之切，不得一见为恨耳！

滦州刘刺史专人来邀，不得不为冯妇[⑩]之从，即买车而往。欲与足下剪烛西窗，言新话旧，尚拟俟之异日耳。

因承垂注非泛，覼缕[⑪]以闻，恐又为我增一番感愤也。

【注释】①彼采三章：《诗经·王风·采葛》：“彼采葛兮，一日不见，如三月兮！彼采萧兮，一日不见，如三秋兮！彼采艾兮，一日不见，如三岁兮！”②谂（shěn）：知悉。③声华：美好的名声；声誉。藉甚：盛大；卓著。④高邮女子：据《高邮州志》载，唐时有一女子，不详其姓氏，或曰郑荷花，又曰萧氏，又曰金节娥。与嫂行郊外，日暮，嫂挽女投宿田舍，女不从，乃露坐草中。时秋蚊方殷，弱质不胜，嗣旦，血竭露筋而死，后人因号“露筋女”，为立祠以敬祀之。⑤窀穸（zhūn xī）：墓穴。⑥拔宅飞升：古代传说修道的人全家同升仙界。亦作“拔宅上升”。《太平广记》卷十四引《十二真君传·许真君》：“真君以东晋孝武帝太康二年八月一日，于洪州西山，举家四十二口，拔宅上升而去。”⑦齐人处室：有一齐国人有一妻一妾，出门后必酒足饭饱而归，并告诉妻妾是与富贵者饮食。后妻妾尾随其后伺察，始知其夫乞食于坟间祭祀者。典出《孟子·离娄下》。⑧讪泣：怨骂称作讪，骂着哭称作讪泣。中庭是在院子里。说做丈夫的没有钱拿回家来，他的大老婆小老婆站在院子里哭着骂着的意思。⑨痘殇：痘，俗称天花，由天花病毒引起的一种烈性传染病，表现为严重的病毒血症及接连出现的各阶段皮疹，皮疹最后以脓泡、脱痂及瘢痕形成为特征。患者在痊愈后脸上会留有麻子，“天花”由此得名。殇：未成年而死。⑩冯妇：古男子名，善搏虎。《孟子·尽心下》：“晋人有冯妇者，善搏虎，卒为善士。则之野，有众逐虎。虎负嵎，莫之敢撄。望见冯妇，趋而迎之；冯妇攘臂下车。众皆悦之。其为士者笑之。”冯妇擅长跟老虎搏斗，后来改去野蛮的性格，成为知礼的君子。一天坐着车子去野外，遇见老虎，却又变回从前的模样，挽起袖子下车捉虎。后来用冯妇指重操旧业的人。⑪覼（luó）缕：详细而有条理地叙述。

【译文】您是我的知心好友，与您朝夕相处都觉得不够，至今竟七年没见面了，对您思念之深切，不是《采葛》三章可以说尽的。近来知道您已是第一等有名气的才士，您的才华被众人宣扬，我知道您在月落云停的时候，也会想念我这个老友，并没忘记我啊。

我去年冬天从幕府回了家乡，闲在家里仅半年，已经捉襟见肘，正像高邮女子，走到天黑没处投宿，立在田野草间作群蚊的饵料，皮肉被啃食尽后，筋骨也将不剩了。我回乡后赶紧修葺了祖先的墓地，又为了治病耗尽了钱财，加上不忍心把病妻弱妾抛下，让她们等死，必要想方设法带在身边。于是我卖掉剩余的家产，携带全家人出去谋生，在五月末搬到保定。水有源，树有根，家乡对人意味着什么呢？我流浪在异乡，不知道哪天能回家拜祭宗祠。我每每想到都很惭愧，感觉如芒在背、面如火烧。

在保定生活开销不少，况且我有一妻二妾，也不见官吏贵人来招我任职，妻妾在家里哭骂怨责的事，哪里会少？

虽然小妾生下一子值得庆贺，但我的小女儿生天花死了，真是既喜又悲。我最悲伤的是已逝的母亲生前盼望孙儿出世，而终究见不到幼孙一面了，太遗憾了！

滦州刘刺史派人来邀请我，我只有重操旧业，仍旧去做幕僚，现今就要买车载行李启程。盼望与您在西窗下剪烛夜谈，畅聊新旧之事，只好等将来有闲时了。

您向来对我关切，不似一般朋友，所以我把自己的境况详细告知您，恐怕您又为我增一番感触和愤慨啊。

三七、与景州刘刺史

得辞观察[1]之招，方幸良缘未绝，讵[2]方伯公[3]求友甚急，忽及鲰生[4]，委员突至而纳聘焉。问其故，则云慕名而已久。急趋而面辞，反复数十言，而罗致[5]之意益坚。

第此间办赈正忙，断难遽去。吾人去留之计，必尽交谊之情，若此舍旧图新，恐于居停之间，非所以报德也。

然龙剑[6]神物，非匣中所能久藏者。会合有时，请拭目俟之。

【注释】①观察：道员，简称道，是明清时期的地方政府官职之一。民间也称之为道尹、道台。雅称为观察、观察使。该官职通常为省与府之间——道官署的主官。另外，也有如盐运道员的专任官职，布政使副手也是道员。②讵（jù）：岂，难道。③方伯：明清时的布政使，又名藩台，其职责相当于如今的省长兼管民政和财务。好像古时候的一方之伯，因此称“方伯”；也好像天子的屏藩，因此又称“藩台”。④鲰（zōu）生：见识鄙陋的人，为轻蔑读书人的话。多作自称的谦词。⑤罗致：用网捕捉鸟类，比喻招致珍贵的人才。⑥龙剑：龙泉剑。《晋书·张华传》记载，牛斗二星之间常现紫气，张华请南昌人雷焕来看，雷焕说那是宝剑的光芒上通于天。后来果然在南昌的丰城地下掘出了双剑，一名龙泉，一名太阿。宝剑出土后，星间紫气也消失了。

【译文】得以辞去道台大人的召请之后，我才庆幸自己还能遇到好机缘。哪曾料到藩台大人您急切寻求良友，匆忙中找到我这浅薄无知的人。您突然派人来聘请我，我询问缘故，使者说您听说我的名声很久了。我想您是误听了名声，急忙去拜见您当面推辞，反复说了数十种不可的理由，您招我入幕的意向反而更坚定。

只是我目前在此地，办理赈灾非常繁忙，肯定不能立刻放下事情不管的。我们做幕僚的，在决定去留时，一定尽心为主人考量，使彼此情谊完满。如果我为了新前程而对不起旧东家，恐怕对东家的恩德有所亏欠。

但是，锋利的龙剑也不甘心久久封藏在匣子里。与您会合的时间不会久，请您暂且等待。

三八、答李霭堂

广川两载，风雨连床，谈立身涉世，及彼此顺逆悲欢之事，每漏[1]下五鼓[2]而不倦，真得友朋之乐矣。乃欢聚不常，东西异地，萧斋[3]岑寂，离群索居[4]，淡月窥窗，一灯独对，不禁黯然神驰。适奉手书，备承记注，足见心心相印。

承询近况，则未堪为知己告者。仆今年五十有三，虽桑榆[5]未迫，而蒲柳[6]先凋，雪点盈头，左右车牙[7]，已填沟壑。骐骥之衰，当让驽马；强弩之末，鲁缟难穿[8]。而犹俯首求衣，敛眉乞食，其情已可概见。

至齐人处室[9]于他乡，奉倩神伤[10]于异土；望松楸[11]而魂断，思归日于何年。而少不宜男，老始舐犊，即使长成，亦不过学曹瞒[12]之托爱子[12]，曾何与于生前？故每一念及，寸心如焚。诚知忧能伤人，何能永其年耶？所望失之东隅[13]，收之桑榆[13]，向后机缘，或能差胜，则耳顺之年[14]，定作归兮之赋。纵无五亩之宅，百亩之田，而一椽[15]足以蔽风雨，十口得以免饥寒，必不出鉴湖[16]半步矣！然而验已往之屡空，识将来之瓶罄，薄命鲰生，断无此清福，不过于忧愁烦闷中，作画饼望梅之想而已。

夫赋北游者，贵在壮年。足下年富力强，声望日高，不数年间，定卜身名俱泰，必不似迂拙无能者之所为。然分黑水之余资[17]，须预作青山之退步。若希踪慷慨，慕迹豪华，恐入少出多，复难为济。

莲幕[18]政简刑清，不足以尽扛鼎[19]之能。然温故知新，亦属学人无尽之境。昔人云："劳则思逸，逸则思淫。"吾辈当为其劳，勿为其逸，于修身用财之道，兼有所裨益。足下智珠在握，初不借坏土[20]益山，而犹烦陈说者，以老马识途[21]，过来人言之，亲切而有味也。

居停约暮春可御事。长垣[22]之补，大约可定，现处灾祲之余，民间尚有菜色，以故官穷于丐，客苦如僧。然讴讼之声，遍百里外，亦是乐事。

计清和[23]时节，可返会城，作旬日勾留，再赴长垣。倘命驾前来，剪烛西窗，一纾[24]离绪，是所深幸。

【注释】①漏：指漏刻。古代计时的器具。以铜壶盛水，底穿一孔，壶中竖立一支有刻度的箭，水渐漏则箭上的刻度就逐渐显示时间。共有一百刻，分昼夜。夏至通常昼漏六十刻，夜漏四十刻；冬至则相反，春秋二分昼夜各五十刻。②鼓：古代夜间击鼓以报时，一鼓即一更。③萧斋：见第七篇《答周汜荇》注释㉙。④索居：孤身独居。⑤桑榆：日落时阳光照在桑榆间，因借指傍晚。此处比喻人的晚年。⑥蒲柳：落叶灌木，秋天早凋，也叫水杨。《世说新语·言语》："顾悦与简文（晋简文帝司马昱，字道万，元帝少子）同年，而发早白。简文曰：'卿何以先白？'对曰：'蒲柳之姿，望秋而落；松柏之质，经霜弥茂。'"⑦车牙：便是盘牙，长在牙骨的两面，最大最有力，因为牙面是圆的，好似车轮子一般。⑧强弩之末：弩，古代用机械发箭的弓。强弩所发的箭，已达射程的尽头。比喻强大的力量已经衰竭，不再有力量了。鲁缟：古代鲁地出产的一种白色生绢，以薄细著称。⑨齐人：见第三六篇《与孙星木》注释⑦。⑩奉倩神伤：三国魏荀粲，字奉倩，因妻病逝，痛悼不能已，每不哭而伤神，岁余亦死，年仅二十九岁。见《三国志·魏志·荀恽传》裴松之注引晋孙盛《晋阳秋》。后成为悼念亡妻的典实。⑪松楸：都是坟墓上种的树，代指坟墓。⑫曹瞒：曹操，字孟德，小字阿瞒。⑬失之东隅，收之桑榆：东隅，出太阳的地方，指早晨；桑榆，日影落在桑树与榆树之间，借指傍晚。比喻在此时此地遭到失败或损失，而在彼时彼地得到了成功或收获。语出《后汉书·冯异传》：“始虽垂翅回溪，终能奋翼黾池；可谓失之东隅，收之桑榆。”⑭耳顺：是六十岁的代称。是指个人的修行成熟，没有不顺耳之事。是听得进逆耳之言，詈骂之声也无所谓，无所违碍于心。语出《论语·为政》：“六十而耳顺。”⑮一椽（chuán）：一间屋子。椽，承屋瓦的圆木，房屋间数的代称。⑯鉴湖：即镜湖。又称长湖、庆湖。在浙江绍兴城西南二公里。为绍兴名胜之一。作者家乡在此。⑰黑水：指墨水。黑水余资，即用笔墨换得的余钱。⑱莲幕：见第三四篇《又答王言如》注释③。⑲扛（gāng）鼎：鼎，古代用来烹煮食物的金属器具。圆腹、三足两耳，亦有四足的方鼎。扛鼎，举鼎，比喻有大才，能负重任。⑳坏（pī）土：山丘一重。坏，此处同“坯”。《尔雅·释山》：“山，三袭，陟；再成，英；一成，坯。”义疏：“坯者，当作坏。《说文》云：‘丘，再成也。’再，盖一字之误。”㉑老马识途：齐桓公应燕国的要求，出兵攻打入侵燕国的山戎，春往冬返，迷路了，放出老马，部队跟随老马找到了出路。比喻阅历多的人富有经验，熟悉情况，能起到引导作用。典出《韩非子·说林上》。㉒长垣：地名，今河南省长垣市。明清及民国时由河北（北直隶、直隶）所辖。㉓清和：阴历四月。㉔纾（shū）：延缓，解除。

【译文】在广川的两年，我们床挨着床，在风雨声中诉说抱负理想，和彼此失意得意、快乐悲伤的事情，每次都到五更了还不疲倦，真是享受到了朋友相处的快乐。哪知我们在一起的快乐时光竟不能长久，现在东西异地，我孤独一人，空空的书斋里深静寂寥，只有浅浅的明月光顾我的窗户，一点孤灯守在身边，我不禁觉得凄凉，心里真想立刻见到您。近日收到您写的信，您也记挂关注着我，足见我们心心相印。

您问我近来情况，却是没有可称道的，来向您诉说。我今年五十三岁，虽然剩下的时间还不短，但是身体不好，就像菖蒲和杨柳在秋天先干枯，白发像雪一样满头都是，左右的车牙都掉光了。骏马衰老了，不如驽马中用；强弩发射的箭，停下来时候力量也小到穿不透薄绢。而我依旧只能卑躬屈膝地求取衣食，我的心情您应该知道吧。

至于在他乡失意而受妻妾怨责，旅居时小妾过世时的心痛，有家而不能归去守护墓园的愧恨，年年思归而不得的失望，是您不知道的。我年轻时没有儿子，老年才有了爱子，即使到我死的时候他能长得大一点了，也不过学曹操把幼子托付给别人，哪里有生前看着他成材的一天？所以每次想到，心里像在被火烤一样难受。我知道心里忧伤会伤身体，所以不敢奢求活到高寿。我只盼望从前的伤痛沉埋，今后的日子能有所得，以后遇到的机缘，或许能稍好一点，那么以六十岁为期限，我一定要像陶渊明归去田园过自在生活。即便家乡没有五亩的房屋可住，没有百亩田地的收成，而只要破屋能挡风雨，一家十口不受饥寒之苦，就必定不踏出家乡半步了！然而经历过从前破产、断粮的窘境，知道我这样薄命庸碌之人，是断然不能够享受清福的。不过是在忧愁烦闷中作非分之想，正像饿极的人望着纸上画的饼疗饥，渴极的人想像虚无缥缈的梅林来解渴。

想去北方谋前程，正要趁着壮年时光。您年纪轻而才学好，名气一天比一天高，用不了几年，一定成为有地位有声望的人，必然不像我愚笨无能而沦落。然而，您须得攒下薪金，提前为回归家乡做打算。如果学习别人出手大方，恋慕繁华，恐怕钱得的少，用的多，不能够长久。

在幕府做事，政事简要，刑案清晰，以您的卓异才能来说是杀鸡焉用牛刀。然而用多余的精力治学，温故知新，也属于读书人追求的学无止境的境界了。古话说："疲劳时向往安逸，安逸时贪图淫乐。"我辈应当勤勉自励，而非逸乐放荡，对于品德之修行、钱财之用度，都会有帮助。您聪慧明理，我的道理短浅，明知您比我看得深远，还拿来教给您，是因为老马识途，我作为亲历幕府的过来人，告诉您这番话，是我亲身体味到的感触啊。

我的东家大约暮春三月可以上任，我去补长垣县的缺职，大概可以肯定了。现在民间还没从灾害中恢复元气，人还吃不饱饭，所以官吏比乞丐还穷，师爷比僧侣还清苦。然而民间对官府赞誉很高，传到百里之外，也值得高兴。

估计我在四月返回省城，停留十日，再启程去长垣县。如果您肯大驾光临，我们在西窗剪烛夜话，暂时缓解离思，该是多么幸运啊。

三九、答王兰畦

三月望日[①]与友锜札中，知君于初三日抵保，车轮无恙，寓舍安和，为慰奚似！并悉刘郎卓见，不复再往元都[②]。徐孺子[③]芳声藉藉，悬榻[④]待下者甚多。昨又得友锜书，知陉山[⑤]一席，已聘高贤，即日膏车[⑥]就道，快更何如！

正欲寄函道意，奉手书，承足下深情雅意，不忘故人，重可感也。惟一年之内，往来南北者两回，荆枝[⑦]遽折，家累有增，奔走之劳，心境之恶，真行拂其所为矣。

第吾辈生来命苦，而造物者颠之倒之，置我于奇穷极苦之地。而吾安之若素，不存尤怨之心，不作乞怜之态，造物亦无如我何。

知足下年当强壮，正可有为。朱翁子[⑧]五十登朝，方谓未晚，若仆者蒲柳已衰，桑榆日迫。八口之隶，仍抱饥寒；五湖[⑨]之归，徒劳魂梦。望松楸而目断，拜祠墓于何年？每念及此，中心如刺。且性成狷介[⑩]，不肯累人，又未能谐俗，觅食于千里之外，只影自怜。足下爱我深，当亦为太息也。

井陉案牍不繁，不足当大才之挥洒，借可保养精神。新宠未识玉麟[11]有兆否，便中示悉，以慰悬悬。

西南远隔，把袂无期，惟有寸书，可通情愫。驿使[12]往回，毋金玉尔音，劳我延伫也。

【注释】①望日：农历每月十五日。②刘郎：即唐代诗人刘禹锡。元都：即玄都，传说中神仙所居之地。此处借指京城。语本刘禹锡《元和十一年自朗州召至京戏赠看花诸君子》诗："玄都观里桃千树，尽是刘郎去后栽。"大意为，玄都观里的桃树有上千株，全都是在刘禹锡被贬离开京城后栽下的。③徐孺子：徐孺子，名稚，字孺子，东汉豫章南昌县（今江西南昌）人。④悬榻：汉代陈蕃做太守时不接宾客，惟与徐稚相善，稚来，特设一床榻，徐稚走后，即将床榻悬挂起来。⑤陉（xíng）山：即井陉山，太行山的支脉，位于今河北井陉县北。此处借指井陉县。⑥膏车：在车轴上涂油，使之润滑。常喻远行。⑦荆枝：南朝梁吴均《续齐谐记·紫荆树》："京兆田真兄弟三人，共议分财，生赀皆平均；惟堂前一株紫荆树，共议破三片，明日就截之。其树即枯死，状如火然。真往见之，大惊，谓诸弟曰：'树本同株，闻将分斫，所以憔悴，是人不如木也。'因悲不自胜，不复解树。树应声荣茂，兄弟相感，合财宝，遂为孝门。"后因以"荆枝"喻兄弟骨肉同气连枝。⑧朱翁子：即朱买臣，字翁子，会稽郡吴县（今江苏省苏州市）人。西汉大臣。家贫好学，卖薪自给，其妻弃之另嫁。买臣穷困潦倒，随掌计簿的官吏为卒入长安。遇同乡严助，推荐入朝廷，说《春秋》《楚辞》，汉武帝甚悦，拜为中大夫。⑨五湖：春秋末越国大夫范蠡，辅佐越王勾践，灭亡吴国，功成身退，乘轻舟以隐于五湖。后因以“五湖”指隐遁之所。⑩狷(juàn)介：正直孤傲，洁身自好。⑪玉麟：美称别人的儿子。⑫驿使：古时候没有邮局，沿路都有驿站。每一站，都有人备好马守候着。送公文的人，从第一站骑了马跑到第二站，那第二站的人接着，骑送到第三站去，这样一站一站地送去。那送公文的马称做驿马，送公文的人称做驿使。

【译文】三月十五日，我接到友锜的书信，知道您在初三抵达保定了，旅程顺利，已在新居安定下来，还有什么能比这更让我感到欣慰的呢？并且知道您见识高超，不会再去京城谋职了。您就像徐儒子一样名声响亮，天下想聘用您的人很多。昨天我又接到友锜的信，知道井陉县的职位，已经请您去担任了，您马上就要打点车马，前去任职，这是多么快啊。

我正想给您写信表示祝贺，却先收到您的信，承蒙您对我的好意，记挂我这个旧友，心里非常感谢您。只是我在过去的一年中，由北回南，又被迫北迁，折腾了两回，我的弟兄忽然去世，幼子又出生。日夜奔波，没有片刻安宁，心里实在忧烦不堪，真像命运故意捉弄啊。

只是我辈生来命苦，而造物者更要颠倒错乱，让我尝遍最困难辛苦的滋味。然而我依旧行我的正道，不怨恨，不服软，造物者也拿我没办法。

我知道您正处于强壮的年纪，必要干一番大事。朱买臣五十岁才出人头地，尚且不晚，而我身体不好，像脆弱的蒲柳在秋天就开始干枯，剩下的时间越来越少，全家八口人仍要挨饿受冻。早就想归隐五湖，却只能在梦里实现；担心祖先的陵墓无人看护，哪一天才能去祭拜呢？每想到这里，心里刺痛无比。况且我养成一种狂直的性子，不肯沾别人半点光，又不能自容于众人，为了衣食离家万里，没有朋友在身边倾听心声。您素来爱惜同情我，一定会为我忧伤吧。

您到井陉做幕僚，政事公文想来不多，真是大材小用，正可借这个机会保养精神。不知新姬妾有怀孕的喜兆了没有，您来信时记得告诉我，免我牵挂。

我远望西南，觉得和您相隔得太远，可能没机会手把手畅叙离别思念了，只有短短书信，可以寄去我的情意。希望信使返回时带上您寄给我的信，不要吝啬您的金口玉言，让我等待太久。

四〇、答丁品江

别时杨柳依依，倏届雨雪霏霏。日月于征，良朋悠邈，搔首延伫，我劳如何！两接手书，素心如接，虽未能促膝谈心，而岭梅江鲤[①]，亦少慰离思也。载诵嘉章，情词悲恻。客馆寒灯，故园菊绽，此真杜工部[②]登山临水，和泪吟诗之候。

吾辈不耕而食，不织而衣，终岁勤劬[③]，理固应尔。惟岁岁依人，远抛乡井，较农夫之守三间屋，课十亩田，毕竟终逊一筹耳。

弟萧斋岑寂，索居无朋，笔耕之余，竟缄金人之口[④]；或流览载籍，而掩卷茫然，又为古人所弃。俯仰身世，触绪增悲，不仅与草木同腐而已。

岁正将阑，不得不返省。千里关山，车烦马殆，生来与道路为缘，又与风雪作合。薄命劳人，应当受此况瘁⑤耳。

俚言八首，录呈兰畦札中，阅之或可破闷。

【注释】①岭梅江鲤：岭，特指中国大庾岭等五岭。岭南，指五岭以南的广东、广西一带。南朝宋陆凯与范晔友善，自江南寄梅花一枝与长安范晔，兼赠诗曰："折梅逢驿使，寄与陇头人。江南无所有，聊赠一枝春。"江鲤，指鱼书，是古时对书信的称谓。纸张出现以前，书信多写在白色丝绢上，为使传递过程中不致损毁，古人常把书信扎在两片竹木筒中，筒多刻成鱼形，故称。汉乐府诗："客从远方来，遗我双鲤鱼。呼儿烹鲤鱼，中有尺素书。"②杜工部：唐代诗人杜甫，官拜工部员外郎，人称杜工部。③勤劬（qú）：辛勤劳累。④缄（jiān）金人之口：语本《孔子家语·卷三·观周》："孔子观周，遂入太祖后稷之庙，庙堂右阶之前，有金人焉，三缄其口，而铭其背曰：'古之慎言人也。'"后以"三缄其口"形容说话极其谨慎、不轻易开口。缄，本意为捆东西的绳索，引申为封、闭。⑤况瘁（cuì）：憔悴。况，通"怳"。《诗经·小雅·出车》："忧心悄悄，仆夫况瘁。"

【译文】与您分别在春天，转眼之间到了年终岁尾，日月就像赶路一样从身边迅速经过，我与良友远远相隔，抓着头发，久久伫立，盼望来信，真是辛苦啊。收到您两次来信，您的话真像从我心里说出来的，虽然我们不能坐在一起谈心，但是有书信传达情意，也能倾诉离别的思念。您信里写的诗句，真是情到伤心处，字字皆悲。想像您在客馆的微灯下写诗，一定在思念故乡的菊花，想到杜甫也每每在游览山水的时候，洒泪吟诗，抒发情怀，真是古今一意啊。

我辈不用操劳农务，享用现成的衣食，换得整年在幕府里劳役，也合乎道理啊。只是年年寄人篱下，远远离开家乡，终究还是比不上农夫守着自己的三间屋子，有十亩田可以耕种纳税。

我在幕馆里冷冷清清，没一个朋友，只是写文书，整天竟一句话都不说。我偶尔读读书，但一合上书页又回到无奈的现实，像被书里的奇异世界离弃一般，甚为失落。我沉思一生的经历，心里触动悲伤，看什么都不开心，草木只是腐烂，而人死时更留有遗憾啊。

眼看要到年底了，我不得不返回省城去。这一千里路又得辗转不少山陵关口，多少次驾着马车日夜奔跑在路上，似乎生来与道路有缘，现在又遇风雪来作伴。我福气浅薄，注定是劳碌命，应该要受这样的劳苦。

我作了八首俗句，抄在写给兰畦的信里了，您读一读也许可以解闷。

四一、答周友锜

来书问盘山[①]之胜，仆到渔阳[②]两月，尚未履其地。尝闻海外有三神山[3]，舟至，风辄引去，使人可望而不可即，岂以神仙之境，非尘俗者所能到耶？盘山虽在人间，而尘俗中人，亦为山灵[4]所弃。然敝斋距山不远，开窗相对，非特可以卧游[5]，并可以梦游。乃登东山，则青峰插云，历历可数，所谓九华峰是也。过李卫公[6]舞剑处，则为西台；其南为先师台；其北为白象峰；亭亭如盖，所谓紫盖峰者，则中台也。

上盘之松，矫若卧龙；中盘之石，奇怪万壮，不可思议；一盘之水，曲折萦洄[7]，清澈无底。而金碧辉煌，忽隐忽现者，则七十二寺之高下，杂错其间也。忽见一轮明月，捧出山坳，名挂刀峰，为盘山最高之处。登舍利塔[8]，四望无际，众山皆低，乃山之绝顶矣。

正瞻眺间，忽闻钟声怒吼，蓦然而醒，正谯楼[9]打五鼓矣。角枕衾边，神魂飞越。披衣而起，即书梦中所游以答之，勿以为梦中说梦也。

【注释】①盘山：山名。位于今天津市蓟州区西北，旧名“四正山”。因山势峻削，必须盘旋而登，故称为“盘山”。或一说因三国时魏田盘隐居于此，故称为“田盘山”，简称为“盘山”。从山顶至山脚分上、中、下三盘，自古以上盘松胜、中盘石胜、下盘水胜著称于世。②渔阳：古代地名。治所为今天津市蓟州区。③三神山：神话传说中，东海中仙人所居住的三座山，即蓬莱、方丈、瀛洲。《史记·卷二八·封禅书》：“自威、宣、燕昭使人入海求蓬莱、方丈、瀛洲。此三神山者，其传在勃海中……盖尝有至者，诸仙人及不死之药皆在焉。

其物禽兽尽白，而黄金银为宫阙。未至，望之如云；及到，三神山反居水下；临之，风辄引去，终莫能至云。”④山灵：山神。⑤卧游：南朝时候有个宗少文，喜欢游山玩水，西面直到四川地方，南面直走到湖南的衡山。后来有病，回到江陵地方来，把从前游玩过的山水地方，画在纸上，张挂在屋子里看着，名唤做卧游。⑥李卫公：即李靖，字药师，雍州三原（今陕西三原县）人，隋末至初唐时期杰出的军事家。以破东突厥之功，拜尚书右仆射，成为宰相，获封代国公。后改封卫国公，世称“李卫公”。⑦萦洄：同“潆洄”。水流回旋的样子。⑧舍利塔：佛教指安置佛舍利或僧众骨灰的塔形建筑物。⑨谯（qiáo）楼：是指古代城门上建造的用以瞭望的楼。

【译文】您在来信中问起盘山的风景如何，我到蓟县两月了，还没踏上过盘山呢。我曾听说东面大海之外有三座神山，凡人想求仙，船一靠近山的边沿就会被风刮走，所以外人只能望见山上仙境，却怎么也去不了。难道不是神仙断绝尘缘，故意不令凡夫俗子去打扰吗？盘山虽然是可以去，然而俗人去了，也会被山神厌恶吧。然而我的住处离山不远，打开窗户抬眼就能看见，不止可以像欣赏图画一样“卧游”，而且在睡梦中魂魄可以飞渡过去。我从东面的山攀登，看见青翠的山尖插在云里，清晰得很，能数清楚有几个，就是人们讲的九华峰了。走过传闻中李靖舞剑的地方，就到了西台。从西台南望是先师台，北望是白象峰。望见树木高大整齐，像车盖一样撑在山上的，就是有名的紫盖峰，也叫中台。

盘山风景特异。上盘有松树高矫弯曲，像卧龙一样气势凛然；中盘有奇石错置，变幻出一万种不同的形貌，真非人可以想象；下盘的水流曲折旋绕，清澈如白练，但深不见底。而在阳光下金辉闪耀，被山和云遮掩着，有时看得见，有时看不见的，就是七十二座梵宫寺庙，那些殿阁分布在盘山的高下各处，显得随意而不整齐。又忽然是晚上，看见一轮明月出来了，静静的好像是捧在山坳中。明月渐渐升高，贴着山尖处，就是挂刀峰，是盘山最高的位置。如果登上挂刀峰的舍利塔，就能看见四面八方的景致，所有的山都好像变矮了，这就是山的绝顶。

我正准备好好观看一番，忽然听到钟声怒吼，便清醒过来，正好谯楼上打五更了。空凝视着身边的枕头被褥，神魂还留在盘山上。我披上衣服起床，顺势把梦中游览所看到的景致写下来，作为给您的答信，不要以为我是梦中说梦啊。

四二、答丁仙槎盐大使

生平最畏显者，而又不得不与显者为缘。乞余不足，顾而之他之状，真有不堪令妻妾见者，更有何面目复见友朋。足下乃以为高，岂有高人逸士，曳裾侯门者乎？冯驩弹铗①而歌归来，与钟期②绿蓑青笠，鼓瑟而歌，其高下之相悬，奚啻霄壤③！

足下不求热官④，而求冷吏⑤，固已高人一等矣。然则所谓高者，乃在子之自道耶？

仆有寒疾，不可以风。希夫子惠临，发我惭汗，铭泐[⑥]无既。

【注释】①弹铗（jiá）：铗，剑柄。战国时代齐国人冯谖（又作冯驩），因家贫而要求在孟尝君门下当食客，起先不受孟尝君重视，而以粗食待之，冯谖乃倚柱弹剑，高歌："长铗归来乎！食无鱼。"孟尝君乃依其要求而给予较好的待遇。事见《战国策·齐策四》。后因用以比喻因处境困苦而有求于人。②钟期：钟子期，名徽，字子期，春秋时楚人。相传钟子期是一个戴斗笠、披蓑衣、背扁担、拿板斧的樵夫。俞伯牙鼓琴，意在高山流水，钟子期听而知之。子期死，伯牙谓世无知音，乃破琴绝弦，终身不复鼓琴。③奚啻（chì）霄壤：形容如天地般相差极远，极为不同。奚，何；啻，仅仅，只有；霄壤，天与地。④热官：是称权柄极大，事体极要紧的官。⑤冷吏：做那无关紧要的事体的官。⑥铭泐（lè）：铭，在器物上雕刻文字；泐，铭刻，用刻刀书写。铭泐，指记在心里。

【译文】我生平最害怕有权有势的贵人，然而又不得不倚赖贵人求生。我就像孟子讲的故事里乞食祭品的齐人，这一家没有讨够，又转头向另一家去讨祭品吃，这副样子真是羞于让妻妾见到，哪还有脸见朋友？没想到您还认为我清高，哪有清高洒脱不求名利的高人逸士，会在权贵门下做食客呢？冯驩去做门客，为了向孟尝君求一点好待遇，忍着耻辱弹着剑把唱"要回家去"；与钟子期披蓑戴笠，拿着琴瑟唱歌使自己愉快，二者高下相比，何止是天壤之别！

您不羡慕受人巴结的"热官"，而甘于做没前途的"冷吏"，固然已经比普通人高一等。如此看来您所说的清高，大概是您在说自已吧？

我生了寒病，不可以吹风，所以不出门。希望您大驾光临寒舍，把道理教给我这浅薄的人，我因羞愧出了汗也许病会好，那么我将永远铭记您的恩情。

四三、答陶愚亭亲家

旧娅[①]订新姻，固有天作之合，然亦以芝兰[②]同味，始得葭莩[③]相投。保阳樽酒言欢，虽亦各谈情愫，而一生阅历，及性情嗜好，究未及细陈。满拟九秋佳日，偷返会城[④]，与亲家剪烛连宵，倾吐衷曲，不谓暂赋离群，即歌远别。

在亲家决意南旋，自是达人卓识；而滞北孤鸿，知音莫遇，流水空弹，又在别恨离愁之外。即豚犬[⑤]无知，蒙岳父异常钟爱，一日远离慈荫[⑥]，想其恋恋之情，有口不能言，而心必若失者。

端阳次日，台驾偕宝眷过津，仅得匆匆把晤，未欲尽言，目送牙樯[⑦]南下，奚只黯然魂销？嗣接舟次所发手书，虽石尤[⑧]无阻，而三千里水程，正当炎暑，亲家又向来畏热，亲家母辈更蕙质兰芽，火云烈日，波影风痕，心旌摇曳[9]，与锦帆[10]一片俱悬。计中元[11]前后，方可安抵里门，知必有驿驰书，以慰一家之念。

承示保阳幕风不佳，人情反覆，不宜久居，嘱弟于卖屋后，即卖棹南旋。此诚至戚关情，宜其叮咛笃切也。

弟以为处世不难，修身为难，言忠信，行笃敬，虽蛮貊[12]之邦可行[12]。弟三十年来，洁清自守，俭约自甘，举人世靡丽纷华之事，寂然不动于心，脩脯[13]之外，一介[14]不取。我不乞怜于人，而人亦不能怜我。幕风之不佳，听其自然；人心之反覆，付之一笑而已。

至今故园祠墓，魂梦惊心；木本水源，何敢断绝！惟客居已逾十载，归志无间须臾。所以迁延至今者，实因箪瓢[15]无资，孩提绕膝；我弹琴自乐，其如交遍谪我[16]？设使颜子[17]无负郭之田[17]，断不能安心弦诵。然齐人[18]处室于他乡，岂能常餍酒食？是以今春将椽舍召卖，得有受主，便整归装，冀于越水吴山[19]，再图乞食也。

讵六月间保阳冰雹如碗，继以大雨倾盆，旬余未止，墙坍屋倒，十室九空。敝庐亦遭其厄，雨中赶葺，工料倍加，所费甚巨。而畿辅[20]民有菜色，问舍[21]更无其人。一廛[22]纤绊，十口稽迟，此弟苦债未完，不许早归乡里。欲与亲家啸傲湖山，又须迟以三载。境与愿违，言之能无兴叹！

亲家旋里后，谅亦不能久居。碧梧翠竹，何处高栖？如逢驿使，望时寄一枝，以慰悬念。

【注释】①娅（yà）：连襟，姊妹二人丈夫的互相称谓。②芝兰：芝、兰为两种香草。比喻人德操、才质的美好。③葭（jiā）莩：葭，初生的芦苇；莩，植物茎杆里的白膜或种子的外皮。芦苇中的薄膜。比喻关系疏远的亲戚。④会城：是说许多人聚会的城里。后人称省城做省会，所以会城便是省城。⑤豚犬：豚犬原指猪和狗。后多以此谦称自己的儿子。⑥慈荫（yìn）：长辈称做慈。荫，遮蔽。是说长辈照应小辈，好似树荫一般。⑦牙樯（qiáng）：樯，船上撑风篷的柱子。牙樯，象牙装饰的樯柱，是称朋友坐的船，敬重他的意思。⑧石尤：相传石氏女与其夫尤郎情好甚笃，尤郎将远行从商，石氏劝阻未成。其夫既出，久而未归，石氏思夫甚深，转为重疾，临终时长叹说："吾恨不能阻其行，以至于此，今凡商旅远行，吾当作大风为天下妇人阻之。"见元·伊世珍《琅嬛记》引《江湖纪闻》。后因以喻逆风、飓风。⑨心旌摇曳：《战国策·楚一》载，"楚王曰：'寡人卧不安席，食不甘味，心摇摇如悬旌而无所终薄。'"意谓心中不安如旌旗摇曳。⑩锦帆：帆是船上的风篷，锦是五色的绸缎。称朋友坐的船，称锦帆，是客气的意思。⑪中元：阴历七月十五。⑫言忠信，行笃敬，虽蛮貊（mò）之邦可行：语出《论语·卫灵公》："言忠信，行笃敬，虽蛮貊之邦，行矣。"大意为，一个人说话能够忠实诚信，行为能够敦厚恭敬，即使在蛮夷的地区，也可以行得通。蛮貊：古代称南方和北方落后部族。亦泛指四方落后部族。⑬脩脯（xiū fǔ）：干肉。后用以代称教书先生或幕僚的薪水。也称束脩。⑭一介：介为芥之假借，指小草。一介比喻微小的东西。⑮箪（dān）瓢：箪，盛饭的竹箩；瓢，饮器，以葫芦剖分而成。箪瓢无资，是说家里买一竹箩饭一瓢汤的钱也没有。⑯交遍谪

(zhé)我：谪，有意指摘，责备。互相埋怨、责备我。语出《诗经·邶风·北门》："我入自外，室人交遍谪我。"⑰颜子负郭之田：颜子，即孔子的弟子颜回，字子渊。典出《庄子·让王》："孔子谓颜回曰：'回，来！家贫居卑，胡不仕乎？'颜回对曰：'不愿仕。回有郭外之田五十亩，足以给飦粥；郭内之田十亩，足以为丝麻；鼓琴足以自娱；所学夫子之道者足以自乐也。回不愿仕。'"⑱齐人：见第三六篇《与孙星木》注释⑦。⑲越水吴山：越，中国周代诸侯国名，后用作浙江省东部的别称。此处借指绍兴。吴山，山名，又名胥山，俗称城隍山，在今浙江杭州西湖东南。此处借指杭州。⑳畿辅：国都所在的地方，泛指京城附近的地区。㉑问舍：是说有人来买屋子。㉒一廛(chán)：古时一个成人定居、自给自足所需的土地，约百亩之地。泛指一块土地，一处居宅。

【译文】我们原本是儿女亲家，如今又结一段新的姻缘，固然是上天的成全，然而也是因为两个家庭都是芝草兰花的气性，情投意合，才注定结成姻亲的。在保定时，我们把酒言欢，虽然倾诉了彼此的敬慕之情，然而还没细说平生，吐露性情和爱好啊。我早就想在重阳佳节时，偷闲回省城去，可以与您聊通畅谈，说说心里话。没想到竟要与您远别了。

对于您来说，您下定决心返回南方，自然是有远见；然而只留我一个人流落在北方，像一只落单的雁，没有一个知音，心里话没处说，不止是与您离别的悲伤啊。就是犬子，即便他不懂事，承蒙您对他异常钟爱，突然之间离开您的身边，想来一定是恋恋不舍的，虽然嘴上没说，心里必然失落。

端午节后的第二天，您和家眷乘船，我们在渡口匆匆道别，很多话不知从何说起，目送您的船南下，悲伤说也说不尽。

后来接到您在船上写给我的信，您说虽然顺风顺水，但要走三千里水路，天气炎热。您从来怕热，亲家母和其他女眷更是柔弱。我想到您的船一路被火云烈日炙烤，孤单地飘在水面，时时在为您担忧。我算着您在中元节前后才能到家，知道您一到家必定写信给我，使我一家人不挂念。

您告诉我保定的衙门作风不正派，同僚间人情淡薄势力，反复无常，不适合长期工作，叮嘱我卖了屋子就买船回南方。实在是最重要的亲戚，切实为我着想，才关切到如此地步啊。

我想着不被外界的污浊浸染其实不难，改变自己才是难的，对别人诚心诚意，做事坚定而目标明确，就算去野蛮之地生活也心安。我三十年来做事清清白白，守贫自乐，人世间一切富贵奢华，在我都毫不心动。除了俸禄，一文钱也不多拿。我不求别人什么，别人也没什么值得向我炫耀的。至于衙门的人做事不正派，我是无心去考虑别人如何的；人情淡薄，我也只会觉得没意义一笑而过。

我常常怀想家乡的墓园，就是梦里返回一次也激动万分；如同树木的根，水的源头，就算隔绝，命脉仍相连。我虽然离家十几年，但时刻都坚定终究会回家。之所以耽搁到现在，实在是因为回家后无钱度日，幼小的子女依偎在我膝前，嗷嗷待哺；即便我想安于贫困，弹琴自乐，又怎么让家人不一齐埋怨我呢？假如颜回没有近郊的田地，一定不能安安心心坐着弹琴读书。然而我也不肯久久依附别人，像齐人一样乞讨祭品吃就满足了。所以今年春天我就想把屋子卖掉，一有人买下来，我就起程回家乡，希望在家乡周边，找一个谋生之处。

不曾想保定在六月落了碗那么大的冰雹，后又下了十几天倾盆大雨，房屋几乎被砸坏泡烂，十家有九家都不能住。我的屋子也遭了殃，在大雨天补屋，需加倍的工钱，花了一大笔钱。而且城中民户饭都吃不饱，没人来买我的屋子。被一个屋子绊住，我一家十口迟迟动不了身，这是苦债没还清，老天不许我早早回家乡。本想回乡后同您登览湖山，忘形长啸，恐怕又得等三年。我的期望总是落空，怎能不遗憾感叹！

您回南方后，大约不会久居乡下，凤凰会拣择碧梧翠竹作巢，您品性高洁，又会在哪里高就呢？如果遇到了驿使，希望您常常寄信给我，免得我担忧挂念。

四四、与周汜荇

雨师失纪，河伯横行，无限桑田，都成沧海。津郡城不没者三版[①]。十万生灵，几随鱼鳖。幕其间者，真有己溺己饥[②]之忧。而灾政错出，朝暮迭更，忙忙压线[③]，几不知颠倒衣裳。

足下居瀛州[④]仙境，恐弱水三千[⑤]，亦易泛滥，芙蓉幕[⑥]会变荆棘庭[⑦]否？

省垣冰雹如碗，继以大雨倾盆者旬日，堂构[⑧]皆倾。敝庐亦为风雨所拔，几无立锥之处[⑨]。诵杜少陵广厦千间之句，笑古人穷极无聊，好作大言，无裨实事。然故人何以庇我也？

【注释】①三版：古代筑墙所用的板，每块高二尺，三板为六尺。三版代指只有一小块地方。《战国策·赵策三》："今城不没者三板。"②己溺己饥：语出《孟子·离娄下》："禹思天下有溺者，由己溺之也；稷思天下有饥者，由己饥之也，是以如是其急也。"后因以"己溺己饥"或"己饥己溺"谓视人民的疾苦是由自己所造成，因此解除他们的痛苦是自己不可推卸的责任。③压线：谓刺绣缝纫时按压针线。唐秦韬玉《贫女》诗："苦恨年年压金线，为他人作嫁衣裳。"后以"压线"比喻徒为别人辛苦忙碌。④瀛（yíng）州：今河北省河间市古时曾用名称。⑤弱水：弱水三千，是说水大。水是软的，所以称做弱水。《山海经》里说，西海的南面沙地边上，有一座大山，名叫昆仑。山下四面有水围着，名叫弱水。水力很软，便是一根鸿毛，丢在水面上，也要沉下去的。这水面有三千里大，不是能在空中飞的仙人，不能渡过水面去的。⑥芙蓉幕：见第三四篇《又答王言如》注释③。⑦荆棘庭：是有刺的灌木。说地方被水淹了，便长出荆棘来。⑧堂构：正厅称做堂，楼上称做构。借指房舍。⑨无立锥之处：连立锥子的地方都没有。形容极度贫困。

【译文】连日来暴雨肆虐，河神发怒，大水淹没了道路，无边无际的良田，都变成了汪洋大海。天津城中只有一小块地未浸在水里，十万生灵，差点变成鱼鳖。我虽只是个幕僚，目睹灾民房屋淹在水里，惨痛饥饿，也觉得责任在自己身上。救济灾民的政策一项项执行着，早晚都在补救修改，我忙着执行指令，早晨起床衣服差点倒着穿。

您身在河间县，虽是福地，然而地势低洼，会不会也容易泛滥？一旦水淹了衙门，明年恐怕公堂上都长荆棘了。

我所在的省城内，落的冰雹有碗那么大，然后倾盆大雨连下十几天，民屋都坍塌了。我的屋子在风雨中也没能幸免，几乎没有立锥之地了。我吟诵杜甫的《茅屋为秋风所破歌》，嘲笑古人在最困顿无力的时候还心气高傲，志向不小，实际做事却一直碰壁。然而以济天下苍生为己任的您，又拿什么来荫庇我这个“寒士”呢？

四五、与沈聚亭

屡枉高轩，得奉榘诲[1]，所以哀衰朽而示迷途者，语切情殷；自非大兄大人戚谊之深，岂肯缠绵若此！篆腑铭心，笔何能喻！

人生六十曰衰，弟又备尝辛苦，岂不知自保精神？至横逆之来，君子犹且自反，弟何人斯，而敢自文其过？惟迂拙之性，未能自竞，求全之毁，欲免无由。既承知己关情，敢不备陈梗概！

弟少孤失学，不能自奋于功名，而清正传家，亦尚知守身自爱。只以菽水[2]无资，不得不远游佣值。然而以幕救贫，非以贾祸[3]。见吾乡之业于斯者，不知凡几，高门大厦，不十稔[4]而墟矣；令子文孙[5]，不再传而止矣。悖人者，必悖出；积恶者，必余殃。而素餐[6]负德，谋事不忠者，亦居其半。有鉴于此，能无惧乎？是以鹤料之外，一介不求；案牍之中，一字无忽。足不出户庭，而人亦不谋面，有居处数年，而不知捉刀[7]之为谁者，盖三十年如一日也。然而全家漂泊，后嗣稽迟，岂非其才识所限，时势所极，丛过集尤[8]，日积月累，而不自知者之所报乎？若更侈然自放，漫不经心，则神伺[9]其庭，鬼瞰其室，将见报应之酷烈，有不止于此者矣。

夫恶劳而喜逸，市恩而避怨，谐世之方也。弟亦庸庸者流，岂能矫然立异，甘心为众怨之归？观过知仁[10]，亦当原谅。而谤之者不以为居心谿刻[11]，有意苛求；则以为形人之短，炫己之长。不知才拙事繁，正虑改过未遑，岂敢复为苛刻？至形短炫长，微特而可自炫，且所为长者亦甚卑也。

弟虽鄙陋，尚能于一歌一咏，别寻生趣，何肯屑屑于人！倘有不知者唾我骂我，概不与较。《山海经》曰："山膏[12]如豚，厥性善骂。"《国策》曰："夜行者自信不为盗，不能使狗无吠。"弟固无如之何，故亦不值一言与较也。

虽然，众人醉而我独醒，其不容于时也宜矣。况乎因人成事，托业已卑，亟应归卧故园，脱离荆棘。而负郭无田，箪瓢莫继，不得不与人世暂作周旋。大兄大人爱我之深，必能鉴我苦衷，非敢谓良言逆耳，知过勿改也。

【注释】①榘诲（jǔ huì）：端正雅驯的教导。榘，同“矩”。②菽水：豆与水。比喻粗劣清淡的饮食。语出《礼记·檀弓下》：“子路曰：‘伤哉！贫也！生无以为养，死无以为礼也。’孔子曰：‘啜菽饮水尽其欢，斯之谓孝。’”后常以“菽水”指晚辈对长辈的供养。③贾（gǔ）祸：自己招惹祸害。贾：买。④稔（rěn）：庄稼成熟。指一年。⑤令子文孙：佳美贤良的子孙。令子，犹言佳儿、贤郎，多用于称美他人之子。文孙，本指周文王之孙，后泛用为对他人之孙的美称。⑥素餐：无功劳而空享俸禄。《诗经·魏风·伐檀》：“不稼不穑，胡取禾三百廛兮；不狩不猎，胡瞻尔庭有县貆兮。彼君子兮，不素餐兮。”⑦捉刀：本指三国时曹操自以为形陋，不足以雄远国，乃使崔季珪代见匈奴使者，而自己捉刀立于床头，假冒侍卫的故事。后称替人作文章或代人做事为“捉刀”。⑧丛过集尤：许多东西积在一块称做“丛”。尤，是怨恨的意思。丛过集尤，是说积了许多错事体，招了许多人的怨恨。⑨神伺（sì）：伺，候望、探察。是说有神明在冥冥中鉴察人做的善事恶事。⑩观过知仁：谓察看一个人所犯过错的性质，就可以了解他的为人。语出《论语·里仁》：“人之过也，各于其党，观过，斯知仁矣。”⑪谿（xī）刻：犹刻薄、苛刻。谿，山沟、山谷。⑫山膏：中国神话传说中怪兽名。其状如猪，好骂人。其说始见于先秦。《山海经·山中经》：“苦山，有兽焉，名曰山膏，其状如逐，赤若丹火，善骂。”

【译文】承蒙您多次大驾光临，教给我很多中肯精辟的道理。您因为担心我走错路，又因为可怜我身体衰弱，才语真情切地规劝我。如果不是兄长大人您特别看重我们的情谊，怎么会如此为我的事情着想呢？我对您的感激之情铭刻在心，不是语言笔墨所能表达的！

人生六十岁称为衰老，我一生辛苦，怎会不知道自己保养精神？至于说假如别人无缘无故对我不好，君子还要反省自己哪里做错，我算什么人，怎敢把错误的强辩成正确的？只是我生性固执，改也改不了，想令别人对我每件事都满意，也是无法做到的。承蒙您用心为我考虑，我怎敢辜负知己，不把事情说明白呢！

我少年丧父，学业中断，自己发愤读书也没考上功名，然而我在家自幼被教导要清白正直，所以还知道自律自爱。只是因为无钱侍奉母亲，才不得不离家受人雇佣，以笔墨换钱。然而我做幕僚是为了摆脱贫穷，不是为了自招灾祸的。我见我家乡里做幕僚的人，不知道有多少，有的因此发达，跻身富贵，然而都不到十年就败落了。有的子孙聪明好学，下一代就愚顽庸碌了。怎么得到的，也会怎么失去；做了很多恶事的人，必然遭受孽报。而无功受禄，辜负恩德，欺骗损害东家的也差不多有一半。我看得太多，哪会不警惕？所以除了应得的报酬之外，我一文钱也不取；政事文书上，一个字也不敢疏忽。我足不出户，也不跟外人见面，有时在一位东家那里做事好几年，他都不认识我。我做事规规矩矩，三十年间，日日如此。然而我无余钱安家，使得全家漂泊，运气不好，年老了才得一子，难道不是因为我才能见识不足，又被时势所逼，积累了很多的过失，被别人埋怨指责，自己还茫然不知吗？如果还自我放任，不清醒约束，那么就有鬼神等着给我降灾，那种惨烈，可不止我至今吃的苦头了。

讨厌辛苦而喜欢安逸，收买人情而避免仇怨，这是人之常情。我也是平庸的人，哪能独异于众人，甘心被人怨恨？看到我的过错，了解到我的为人，想来也会原谅我。然而责备我的人，不是说我为人刻薄，故意苛求别人；就是说我专挑别人的毛病，而炫耀自己的才干。他们不知道，我每天事务繁忙，才力不济，想改错都来不及，哪敢再苛求别人呢？至于挑人毛病，炫耀才干，我不但没什么可炫耀的，就是身上有一些长处的话，与别人比也很不起眼。

我虽然浅薄鄙陋，还能自己读读书、吟诗唱歌，找点乐趣，哪里有功夫关心别人在做什么。如果有不了解我的人唾骂我，我一概不跟他计较。《山海经》说："山膏长得像猪，生性爱骂人。"《战国策》说："赶夜路的人固然不是盗贼，不能免去狗对他吠叫。"我没法掩住别人的口，所以也不值得争辩什么。

虽然我身正不怕影斜，但是众人都醉，独我一个清醒，不能容入其中也是必然。况且我依附别人维持生计，行事已经很卑微，不值一提了，正该立刻回家乡隐居，脱离这恼人境地。然而我在家乡没有良田，衣食都无着落，所以不得不走一步看一步，在浮世中与人周旋。兄长大人您从心底爱护我，一定明白我的苦衷，不会怪我不听您的忠告，知错而不改。

四六、答孙位三

承手书慰问，读之泪如雨下。自非老弟骨肉情关，焉能沉切若是！田氏一姬妾耳，非有伉俪之分也，而其一生行事，实有不能已于悲者。氏归我年甫十七，家贫无菽水资，将作北游。斯时慈母在堂，病妻在室，徬徨不能决。氏告余曰："甘旨[①]之奉，井臼[②]之操，妾虽孱弱，犹能任之，请勿为念。"

嗣奉母书，母谓氏能先意承志，颇得欢心。仆滞北七载始归，未一稔而又出。越二年而老母病笃，氏朝夕不离，衣不解带者两月。每于夜半祷神，叩颡[③]泣血，求以身代，而老母竟逝，氏一恸而绝。有谕之者曰："主人在外，主母有病，汝死谁能任大事者？"氏忍痛吞酸，视殓成丧，与主母尽哀尽礼，宗党皆贤称之。

及仆归安窀穸[④]，挈眷寓保阳，内人复病且亡。氏经理家务，和睦诸姬，早作夜息，不辞劳瘁。祭祀必丰必洁。遇老母亡辰，辄悲不自胜。以老母望孙不得见，抱诸跪拜，并作戏舞状，以博在天之欢。氏屡孕不育，视诸姬子女，胜如己出，有疾病终夜不寐，保抱抚摩，靡不体恤周旋。凡有喜庆贺吊馈遗，必丰俭中礼。遇有缓急，竭力通融，邻里以急难言者，恒脱簪珥以济之。尝语诸姬曰："主人以孝友仁厚为心，余体主人之心而行，非敢市惠也。至于居家，则当以节俭勤劳为先。"氏素羸弱，非病剧不肯服药。有劝以饵参桂可得子者，则哭而应之曰："主人之子，即我子也。"其安贫守命有如此。

氏事仆三十余年，敬戒如一日。饮馔必亲自调和，行装必亲自检点。家乡时物，不封寄不敢先尝。遇余赴席，必嘱童仆携半臂[5]，持灯，嘱左右扶而归。倘留宾饮，闻笑语声，则添肴以尽欢，至夜半无倦容，盖知主人之爱客也。

仆每出游，辄潜自流涕，强作笑颜。一日见而诘之，乃告曰："主人以望六之年，为诸妾子女计，犹复只身远出，终岁勤劬，苟有人心，焉能不伤？又不能不听主人去，焉能不痛？"自出门之后，至旋寓之日，饮食梦寐，无一刻去诸怀。临殁之前一日，仆讯其所欲，摇手不语，固问之，乃执手泣曰："妾得见主人而死，福也，夫复何憾！惟辛苦一生，不能同主人而归拜老主母之墓，为第一憾事！且主人衰且病，妾死，谁复能知主人之心者，此妾之所以不为瞑目也。"仆哽咽[6]不能出声。复止之曰："顷所言者，乃妇女之私情，非丈夫之壮志。若以妾死为念，是重妾之罪也。"仆即不复言，而目竟不瞑。里邻戚友中，内眷来吊者，莫不痛哭咨嗟惋惜而去。

嗟乎！仆之得辞亲远游，俾养生送死，稍可以无憾者，非氏之功欤？侨寓保阳，得以室处安宁，不至绝后而免于流离者，又非氏之功欤？以氏之贤孝，淑慎勤俭，而使其病而无子，又仅至五旬而亡，岂非仆之负之也哉！

仆常语人曰："两三年后，稍积衣食资，即当相偕归里。"而今已矣！仆今年六十有一，衰而多病，岂能久于人世？欲诸子之成立，惟赖氏治家教子，不坠家声，今安望哉？是仆之哭氏者，实以自哭也。

奉倩伤神⑦，安仁陨涕⑧，情之所钟，尚复如是，仆之于是，岂儿女私情哉？李后主⑨曰"以泪洗面"，而仆竟身皆是泪，触处泉流，其能已于悲乎？

然仆何敢以姬妾之故，而自殒其身，为有道所讥？因老弟知之深，故书以奉告，幸勿为我郁结也。

【注释】①甘旨：美味的食品。②井臼：汲水、舂米，泛指操持家务。③叩颡（sǎng）：磕头。颡，额头。④窀穸：墓穴。⑤半臂：短袖或无袖上衣。⑥哽咽：悲泣，不能成声。⑦奉倩伤神：见第三八篇《答李霭堂》注释⑩。⑧安仁陨涕：西晋潘岳，字安仁。为妻子写《悼亡诗》三首，有："落叶委埏（yán墓道）侧，枯荄带坟隅。孤魂独茕茕，安知灵与无。投心遵朝命，挥涕强就车。谁谓帝宫远，路极悲有余。"陨涕：落泪。⑨李后主：五代时南唐的末代君主李煜，降宋后被掳到汴京软禁，曾与金陵旧宫人书云："此中日夕，只以眼泪洗面。"

【译文】承蒙您写信慰问我，我读了泪如雨下，如果不是与我亲如兄弟的人，哪能如此深切地关心我！田氏只是我的姬妾，并不是我的正妻，然而她一生行事，实在有让我悲念不尽之处。田氏到我家时才十七岁。家贫无钱养母，我打算去北方谋职，当时慈母需人照顾，妻子病不能起，我忧心北去反而不好。她告诉我："侍候母亲早晚饭食，和汲水舂米等家务，我虽然体力不强，也能做下来，请您不要忧心。"

后来在北方得到母亲寄的信，母亲说她聪慧体贴，非常喜欢她。我在北边羁旅七年，才返回家乡，没满一年又北去。又二年母亲病情严重，她从早到晚不离母亲身边，夜间也不肯脱衣好好休息，就这样伺候了两个月。又每每在夜半向神灵许愿，跪在地上磕头祈求，眼睛哭出血泪，祈求母亲病好，宁愿自己减寿。而母亲终究病逝，她哀痛得气断昏倒。有开解她的人说："主人在外不能回乡，主母有病不能做主，您死了谁能为老主母办丧事？"她才止住伤痛，不肯言说辛苦，将母亲的丧礼完成。与主母竭尽悲哀的心意与礼节，宗族的人都赞她贤能。

之后我回家乡修理墓园，携带妻小搬到保定居住，妻子又生病离世了。田氏经手管理家务，教导姬妾们和睦相处，早作晚休，甘于劳苦憔悴。她勤劳孝顺，祭祀时准备得又丰盛又洁净，每遇母亲的祭日，就悲伤不已。因为老母生前没能见到孙子，所以她抱着小孩作出跪拜礼节，教小孩舞蹈嬉戏，就好像母亲仍在身边一样，博取慈母开颜欢笑。她多次有身孕而孩子都不幸夭折，对待姬妾们的子女，像自己的孩子一样疼爱。如果子女生病，就整夜不睡，抱贴着拍打安抚，照顾得无微不至。凡是对亲戚庆贺、吊唁、送礼，礼节必然不多不少，恰如其分。相识者遇到难处，一定尽力通融；邻居急需钱财救命来哀告的，她当即摘下首饰相助。时常告诫姬妾们：“主人是孝友仁厚心肠，我伺察主人的意思，所以对别人施以援助，不是为了买得别人感激。至于我们居家过日子，就应当节俭勤劳。”她身体一直瘦弱，但不到病得严重一定不肯吃药。有人劝她服用人参、肉桂，说可以得子，她哭泣着说：“主人的儿子，就是我的儿子。”她就是这样竭尽善心对人，一点不为自己打算。

她服侍我三十多年，尊敬谨慎如同一天不曾改变。饮食必定亲手为我做好，行装必定亲自为我检查。家乡的时季蔬果，不寄给我则不敢先品尝。遇到我去外面作客，必定叮嘱童仆带上马甲、灯烛，散席后要安全扶我回家。如果我留客人喝酒，她听见笑语声，就多做菜肴让客人久留，直到尽欢而归，招待客人到夜晚了也不露出疲倦的样子，因为知道我喜爱这位客人啊。

我每次离家办公事，她会偷偷哭泣，却对我表现出笑容。一天我发现她在哭，追问原因，才告诉说：“主人快六十岁了，为了姬妾和子女们，还要一个人长途奔波，日日辛苦憔悴，只要有良心的人，都会心疼。但又不能留主人不去，所以很痛苦。”我出了门，一直到返回那天，吃饭睡觉，每时每刻都忆起那天的话。她死的前一天，我问她是否要什么心爱之物，她摇手不说话，我强使她回答，才握着我的手哭道：“我死时您在身边，已经很幸福，还遗憾什么。只是我辛苦一生，不能与您回家乡拜见老主母的坟墓，是第一件不甘心的事。而且您身体衰老有病，我死了，谁可以知道您心里需要什么呢，所以我不放心死去啊。”我心痛得气息断绝，她又宽慰我：“我刚才说的，是妇女对丈夫的私情，丈夫志气伟壮，不该顾此小情，如果您因为我死而伤损身体，是加重我的罪过啊。”于是我不再说伤心话了，而她死时终究恋恋不舍，眼睛不闭上。丧礼上邻居、亲戚、好友来吊唁，观礼的内眷妇女们无不痛哭惋惜而去。

伤痛啊！我把母亲交给她，才能去北方谋取事业，作为儿子能够为母亲尽孝道，使我稍可以无遗憾，这不是她的功劳吗？我把全家搬到保定时，家里姬妾和顺安宁，子嗣平安诞育，勤俭持家得以勉强度日，不又是她的功劳吗？她这样聪慧孝顺，良善勤俭，老天却让她多病无子，又才五十岁就离世，岂不是我辜负了她！

我常告诉朋友们：“两三年后，稍微积聚一点钱财了，我就带着家人回乡。”现在已经不敢奢望了！我今年六十一岁，衰老多病，哪能久留人世？期望儿子们成才，只有田氏能够教好他们，不让家声败坏，现在我还指望谁呢？我为她哭，其实是在为自己哭啊。

古时的袁粲因为妻子死了而神魂离散，潘岳怀念亡妻而痛心流泪。情之所钟，尚且不能不伤心，何况我与她既有感情，又有恩义。李后主亡国后形容自己的伤痛是“以泪洗面”，而我竟然遍身是泪，看到什么泪水都像泉流一样不停，悲伤能够流尽吗？

然而，我怎么敢为了姬妾，悲痛得伤了身体，被有道德的人讽刺呢？因为您知道我的为人，所以写信告知您情况，希望您不用为我担心。

四七、与王成之表弟

古人尺牍，短只数行，长不越幅[①]。以其用笔遒峭[②]，叙事简洁，所谓词达而已，无取乎冗长也。

仆胸中无书，腕下无笔，只知畅所欲言，而不能节，随有越乎尺牍之外，而失乎规矩准绳者，是故不可以尺牍名。

然又不得不窃其名，犹之苎萝村[③]皆施也，不过东西之别耳。范大夫见之，必掩鼻而过。足下乃欲索观，恐未睹捧心之颦，转劳捧腹而笑，奈何！

【注释】①幅：布帛的宽度。《汉书·食货志下》："布帛广二尺二寸为幅。"泛指事物的宽度。②遒峭：遒，迫近、强劲有力。峭，陡直。③苎萝（zhù luó）村：苎萝，山名，在浙江省诸暨市南，相传西施为此山鬻薪者之女。见汉赵晔《吴越春秋·勾践阴谋外传》。苎萝村以山得名，古代苎萝村分为东西两村，美女西施就出生在这里。

【译文】古人写信，起初是写在一尺长左右木简上的，叫做"尺牍"，短的只有几行，长的不超过二尺宽。因为用字准确，笔力雄健，叙事简洁，只要能把意思表达清楚就可以了，不喜欢长篇大论。

我读书不多，文笔也不够有力，只知道畅所欲言，而不能收束，致使总写多余的话，又忽略了基本的原则，所以不能叫做尺牍。

然而我又不得不窃用尺牍的名号，犹如苎萝村的少女都姓施，不过有东施和西施的区别罢了。范蠡大夫如果见了东施，必然掩着鼻子走掉。您竟然不介意鄙陋，索要我写的信观看，恐怕您见不到西子捧心的美姿，还要劳您捧腹大笑呢，这如何是好！

四八、谢陈和章

偶感风寒，舌起苍苔之色，司廨[1]无可食，三日不知味矣。承惠鲜鲫，烹而尝之，胃口顿开。淮阴怀一饭恩，当其厄耳。

寄到绒鞋，暖我冻足，关爱若此，弟非管仲[2]，兄则俨然鲍子矣。肺腑篆感，图报何日？数行布谢，余晤不宣。

【注释】①司廨（xiè）：司，职掌，主管。管地方上事务的，称做有司。廨，旧时官吏办公的地方。②管仲：春秋时候的管夷吾，字仲，和鲍叔牙是知己的朋友。管仲家里很穷，鲍叔牙常常拿银钱给他用，拿衣服给他穿，后来又荐他做齐国的宰相。

【译文】我偶感风寒，舌头变成苍苔之色，官署里没有可吃的鲜味，已经三天吃饭没味道了。承蒙您的好意，送给我鲜鲫鱼，我将鱼煮好品尝，顿时胃口大开。淮阴侯韩信穷饿时受漂母一饭之恩，时刻铭刻在心，正是因为在困窘的时候得到慷慨相助。

您寄给我的绒鞋，使我冻僵的脚可以保暖，对我关爱到如此的程度，虽然我不是管仲，但您确实就像鲍叔牙一样真心诚意地对待朋友。我对您的感激之情时刻铭记在心，不知什么时候有机会能报答您。就写这几句吧，其余的话不多说了。

四九、与昌平州归

吾邱两载，彼此情深。荣擢方州[①]，非仅贤刺史为秉臬陈藩[②]之先兆，即鷦鹩一枝[③]，亦附乔而迁[④]，殊自喜也。

祝融[⑤]肆虐，身外一空。承锡[⑥]羔裘[⑦]，加生缟纻[⑧]，较公孙之布被[⑨]、范叔之绨袍[⑩]，殆有过焉，感何可似！九月间旋省，随司马李年伯[⑪]承办发审[⑫]，邀之捉刀[⑬]，然暂也而非久也。讵刺史为解款所稽，须至腊杪，始能到任。

腊望，李年伯委署定州，将一束行囊，置之车上，坚辞不允。学五霸之久假不归[⑭]，使廉颇将军，竟尔负赵[⑮]，致爽前盟[⑯]。贫之足以累身，不禁惭颜自赤。为不得已失信之苦衷，实非尽由于己，恕我罪我，听之君子。数行道歉，兼贺新禧，惟希朗鉴。

【注释】①方州：指州郡长官。②秉臬（niè）陈藩（fān）：臬，本意为箭靶，引伸为目标、准则、法度；此处指臬台，即专管司法的按察使。藩，藩台，即布政使，其职责相当于如今的省长兼管民政和财务，又称“方伯”。臬台的地位仅在藩台之下。秉，手拿着。陈，陈设、陈列。③鹪鹩（jiāo liáo）一枝：语出《庄子·逍遥游》：“鹪鹩巢于深林，不过一枝；偃鼠饮河，不过满腹。”鹪鹩是鸟名，鹪鹩做窝，只占用一根树枝。比喻一个安身之处或一个工作位置。④乔迁：《诗经·小雅·伐木》：“出自幽谷，迁于乔木。”鸟儿飞离深谷，迁到高大的树木上去。乔：高。⑤祝融：火神。⑥锡：通“赐”。⑦羔裘：《诗经·郑风·羔裘》：“羔裘如濡，洵直且侯。彼其之子，舍命不渝。”羔裘，羔羊皮毛做的衣服，古代卿大夫上朝时穿的官服。⑧缟纻（gǎo zhù）：缟，细白的生绢；纻，苎麻。缟带和纻衣，就是白绢所制的带子，和麻布所制的衣服。春秋时候，吴国季札作为使者到郑国去，送给郑子产一条缟带，郑子产送吴季札一件纻衣。指朋友间的互相馈赠。⑨公孙之布被：汉朝的宰相公孙宏，床上用布被，吃饭不用两样菜，生活十分俭朴。⑩范叔之绨（tí）袍：战国时魏人范雎，字叔，先事魏中大夫须贾，遭其毁谤，笞辱几死。后逃秦改名张禄，仕秦为相，权势显赫。魏闻秦将东伐，命须贾使秦，范雎乔装，敝衣往见。须贾不知，怜其寒而赠一绨袍。迨后知雎即秦相张禄，乃惶恐请罪。雎以贾尚有赠袍念旧之情，终宽释之。见《史记·范雎蔡泽列传》。后多用为眷念故旧之典。绨袍，粗缯制成的袍子。⑪年伯：科举时代同榜或同一年考中者，称做同年。同年的子侄辈，称他父亲叔伯的同年，都称年伯。⑫发审：清朝办理诉讼案件的规矩，上级衙门里审问的案件，发给下属代审的，称做发审。⑬捉刀：见第四五篇《与沈聚亭》注释⑦。⑭久假不归：《孟子·尽心上》："尧舜，性之也；汤武，身之也；五霸，假之也。久假而不归，恶知其非有也。"原指假借仁义的名义而不真正实行，后指长期借用而不归还。此处作者借孟子的话，说司马留他不放。⑮廉颇负赵：廉颇是战国时候赵国有名的大将。秦国暗中叫人在赵王跟前说廉颇的坏话，赵国起了疑心，廉颇存身不住，便离了赵国到魏国去。信里用"廉颇将军，竟尔负赵"这两句，比喻自己放弃了昌平知州，跟着李年伯到定州去，好似廉颇放弃了赵国到魏国去，负了赵王的恩义。⑯爽盟：违背了约定。爽，差错、丧失；盟，在神前发誓结盟，指约定。

【译文】在吾邱我跟随了您两年，彼此建立了深厚的友谊。您荣升为知州，不仅是将来晋升按察使、布政使有极大的希望，而且我作为您的幕僚，也随着高迁了，格外为自己高兴啊。

我遭遇火灾，财物尽毁，您惠赐给我羊皮衣，更有白色丝绢和细麻做成的袍子，比公孙宏的布被、须贾送范雎的绨袍，大概更有意义，我感激不尽！九月间我回省城去，跟随知州李年伯办理发审案件，为他捉刀代笔，然而只是暂时的事，没打算久做。哪里料到您因为解款的事行程延迟，要等到腊月末，才能到昌平任职。

腊月十五日，李年伯调到定州去，将我的一束行囊也装上车子，坚决不允许我辞归。李年伯留住我不放，使我违背了和您的约定，辜负了您的美意。贫穷真是一种极大的拖累，让人不得自由，我真是羞愧难当。我不得已而失信于您，实在是有苦衷，迫不得已，并不都是由于自己的原因。您宽恕我也好，怪罪我也好，都听凭您决定。写下这几行字，向您表示歉意，同时向您恭贺新年，但愿您能谅解。

五〇、谢交河明府王达溪

卞和氏之璧[①]，楚宝也，不遇剖璞[②]，则献而刖[③]其足矣。所以知我之感，与生我并重。矧侄以燕赵[④]庸姿，蒙长者赐以雕饰，俨同席上之珍，其为感当何似！

宁津旧友，仰荷玉成，并示主人颇知下士，必能相得益彰。所以安远游之踪者，至周且切也。

第[⑤]闻宁津公三年而六易其友，岂叶公之好龙[⑥]也，抑孟尝[⑦]之门，本无佳士耶？既承谆嘱[⑧]，当往试之。

【注释】①卞和氏之璧：春秋时候，楚国的卞和，到荆山地方去游玩，得了一块石头里的玉，不曾破开石头拿出来，他拿去献给楚厉王，厉王说他拿石头当玉来欺骗他，一时生气，把他右脚割去。厉王死了，武王接位，卞和拿这块玉去献给武王，武王也说他诳骗，便又割断了他的左脚。待到文王接了位，卞和抱着这块玉，在山下大哭，文王知道了，拿他的玉，叫琢玉的人拿去破开来一看，果然是一块宝玉，便把这一块玉取名和氏璧。②璞：蕴藏有玉的石头。也指未雕琢的玉。

③刖（yuè）：断足，古代的一种酷刑。④燕赵：指战国时燕赵二国。亦泛指其所在地区，即今河北省北部及山西省西部一带。⑤第：只是。⑥叶公好（hào）龙：好，喜爱。汉刘向《新序·杂事五》："叶公子高好龙，钩以写龙，凿以写龙，屋室雕文以写龙。于是夫龙闻而下之，窥头于牖，施尾于堂。叶公见之，弃而还走，失其魂魄，五色无主。是叶公非好龙也，好夫似龙而非龙者也。"后以"叶公好龙"比喻自称爱好某种事物，实际上并不是真正爱好，甚至是害怕。⑦孟尝：孟尝君，齐国的公子，名叫田文，封为孟尝君。他家里养着三千食客。此处将衙门里的官，比作孟尝君，衙门里的幕僚，比作孟尝君家里的食客。⑧谆（zhūn）嘱：谆谆嘱咐。谆，教诲恳切耐心的样子；嘱，嘱托、叮嘱。

【译文】卞和献给楚王的玉璧，原是楚国罕见的宝物，不遇见人把石块剖开取出玉璧，卞和拿它献给楚王反而被砍掉了双脚。这就是为什么我对赏识我的人的感激之情，如同对生养我的父母一样。何况我才智平庸，承蒙您提携栽培，使得我如同主人宴席上的珍奇菜肴一样，所以对您的感激之情无法用言语表达！

宁津县知县是您的老朋友，仰仗您向他推荐我，又告诉我他很看重人才，礼贤下士，我们必能相处融洽、互相成就。这是您关心我这个远游无依之人，既周到又恳切啊。

只是我听闻宁津知县三年换了六名师爷，难道像叶公好龙一样徒有虚名，还是主人本来爱才，奈何没遇到真才实学之人呢？既然您承蒙您谆谆叮嘱，我当去宁津知县的门下试一试。

五一、谢陈友锜

前接手书，痛读不能成句。时不孝[1]已无生理，故未有以报也。阅月以来，复取足下书，痛哭读之，肝肠真断寸寸矣。因足下知之深，故言之痛且切也。

曾记庚子之冬，与足下重作北游，不孝与先母临别时，哭拜于地不能起。先母谕之曰："我年未七十，精力甚健，两姨皆八旬外而终，汝何虑焉？"不孝忍痛而行。今年六月，奉先母手书，乃三月初旬所寄，告以眠食甚强，心窃慰之。讵入夏以来，患噎症[2]，百医罔效，延至八月二十三日而竟不起矣。病书与讣音并至。读临危遗命，以未得一见不孝为恨，不孝之罪何可逭，不孝之心何能忍哉！

不孝九岁时，先君即游幕江南，至十六岁而始归；居四月，复应泉州[3]之聘；至二十岁而先君终于馆舍[4]。凡不孝之一字一句、一言一行，皆赖先母慈教而成之。出就外傅，归或晚，先母必倚闾[5]而待。依依膝下，不少离焉。因家贫无菽水资，不得不听不孝远游。岂意临别之时，即永诀[7]之日也！

天下无不爱之父母，亦有不送终之人子，而以不孝之母不忍离子，子不忍离母者，而一别不可复见，竟有如此之伤心惨酷也哉！

既不能显亲扬名，又不能养生送死，并得孙一事，尚不能告慰于生前，不孝尚有何心活于人世！因念窀穸未安，无后为大，苫块[8]余生，有不可以一死毕事者，不得不忍痛偷生，亟应匍匐[9]奔丧，而客囊如洗，又不得不寒酸佣值。此情此景，能不为有道者所弃？惟足下知我深，或痛而怜之也。不可为子，不可为人，此后余年，无一日非伤心之日矣。

【注释】①不孝：子居亲丧时，自称为“不孝”。②噎症：即噎嗝，指饮食不下或食入即吐的病症。③泉州：今福建省泉州市。④馆舍：旧指招待宾客供应食宿的房舍，客栈等。⑤倚闾（lǘ）：靠着里门，形容父母急切盼望子女回家的心情。闾，里巷的大门。⑥菽水：见第四五篇《与沈聚亭》注释②。⑦永诀：生死离别，即今生无法再见面。诀，辞别、告别。⑧苫（shān）块：“寝苫枕块”的略语。苫，草席；块，土块。古礼，居父母之丧，孝子以草荐为席，土块为枕。⑨匍匐：身子爬在地下走路，称做匍匐。说做儿子的听说爹娘死了，他伤心得身体也立不直了，只能爬着回去料理丧事。

【译文】先前接到您的信，我强忍着悲痛读下来，几乎不能成句。当时我已经不想活下去，所以没给您回信。又过了一月，我又取出您的信，痛哭着读完，真是肝肠断作一寸寸了。只有像您这么了解我，才能真切道出我的痛苦啊。

曾记得庚子年冬天，与您结伴再去北方谋职，我向先母告别时，哭泣着跪拜在地，不能忍痛离开。先母告诉我："我还不满七十岁，精神力气很强健，您的两位姨母都是活到八十多岁，您担心什么呢？"我这个不孝子才忍痛北行。今年六月，收到先母的来信，是三月上旬寄的，告诉我她睡得好，吃饭有胃口，我心里暗暗开心。哪知入夏以来，竟患了噎嗝病，用了多种医药都没效果，病情拖到八月二十三日，竟然体弱得不能起床了。我收到母亲得病的消息时，通知母亲去世的讣告也到了。我读她临死前写的遗书，说因为未能再见我一面而遗憾。我不孝的罪过怎么免除，伤痛的心怎么忍耐啊！

我九岁的时候，先父就离家去江南做幕僚了，到我十六岁时才回家。过了四个月，先父又接受了泉州的幕职。到我二十岁时先父在幕馆去世。凡是我读书写字、礼仪言行，都是先母亲自教育的。后来我出门跟先生学习，回家偶尔迟晚，先母必倚在门边等我。我一直在母亲身边，从来没分离过。因为无钱奉养母亲，才不得不允许我北去谋职。哪想离家之日，就是永别之时呢！

天下没有不爱父母的子女，然而也有不能为父母送终的子女。而我的母亲至死不忍离开我，我不忍离开母亲而活着，却终究一别不再相见，竟然有这么伤心惨酷的事啊！

我既不能功成名就使得母亲荣耀，又不能在母亲身边侍奉，为她送终，并且连她想早点抱上孙子的愿望，也没能在她生前满足，我还有什么心思活在世上！因为记挂着家乡的墓园没有安整，还要抚养后代以完成孝心，余生尽是苦，然而并非一死就能免除责任，所以只好忍痛偷生。我本应一刻不停奔回家乡为先母办丧事，然而客居无钱，又不得不寒酸为人卖力。此情此景，有道德的人哪会不鄙视唾弃？只有您知道我的深切痛苦，或许会为我伤痛可怜。失去父母的人，也失去人生最重要的意义，此后余年，没有一天不会伤心了。

五二、答署献县刘刺史

载颂[①]教函，三复不释手。老先生谅情于无可谅之中，使我感情于不能名感之地矣。相需殷，相遇终疏；不期会，而竟成嘉会，此中盖有数焉。望诸君[②]生不忘燕，某惟守此心于勿失而已。

沈尊纪来，询悉老先生须发凝霜，心劳神瘁；而某亦揽镜自照，雪点盈头。六七年至好，彼此相怜，极欲趋谒琴堂[③]，一罄[④]情愫。

承谕从公之暇，赴乐城[⑤]作三日谈，更见两地同心。拟清和时节[⑥]，当策蹇[⑥]而往。读“相逢头已白，相对眼犹青”之句，不禁梦绕左右矣。

【注释】①载颂：载，负。颂，通“诵”。载颂，犹捧读之意。

②望诸君：望诸，古泽名。战国时为齐地，后归赵。燕国的大将乐毅，逃到赵国去，赵国封他为望诸君，他到死也不忘记燕国。后人说不忘记朋友的好处，便拿望诸君来比方。③琴堂：语本《吕氏春秋·开春论》："宓子贱治单父，弹鸣琴，身不下堂而单父治。"后以琴堂指县官治理公事的地方。④罄（qìng）：本义为器中空，引申为尽、用尽。⑤乐城：古地名，又作"乐成"。今河北省沧州市献县。⑥清和时节：四月。⑥策蹇（jiǎn）：骑驴。策，竹制的马鞭。蹇，跛足，指劣马或跛驴。

【译文】我恭敬地捧读您的来信，三遍仍意犹未尽。您原谅了我不可被原谅的错误，使我感动得无法用语言表达。屡次约好会面，而终究无缘相遇；不曾期望见面，而竟然一见如故，人与人的缘分大概是注定的。乐毅至死忘不了燕国，我能做的，只有守住对您的感恩之心，一刻也不忘记。

为您办事的沈先生到了这边，我从他口中听说您须发已如霜雪，因为时常操心劳神。而我在照镜子的时候，发现自己也已是满头白发。我们六七年至交，彼此关爱，我极想快点去您公署拜见，将忆念之情向您倾诉。

您来信说处理完公事，打算到献县来见我，可以相聚三日，可见我们的心意是一样的。我料想四月时，可以骑马去见您。读到"相逢头已白，相对眼犹青"这句诗，不禁期待能够早日与您见面。

五三、答许葭村

抵浦后，即泐[①]数行布悃[②]，兼附寓信转交，计程旬日，可达典签[③]。顷奉华函，展诵回环，不能释手。过情之誉，欲扶伛偻[④]以升高；谦德之光，不择细流而纳海。而且晶盐尘甑[⑤]，翻辱齿芬；雨雪征途，更劳心曲。锦词馥郁[⑥]，案头留十日之香；雅意缠绵，袖底怀十年之字。感既沁心，惭且流汗矣。

先生品学才华，超然出拔，正如景星庆云[⑦]，先睹为快。固不揣鄙陋，妄附芳兰，而雅量春风，似亦许以同味。乃来翰忽作弟先而兄后，岂尚外之耶？同此东郭墦间[⑧]之乞，本无所为学问，何分于先后？矧蒲柳之姿，望秋而萎；松柏之质，及春而荣，先者后而后者先矣。倘承不弃，可与论交，则弟弟兄兄，略形骸而舒情愫，庶几陈遵尺牍[⑨]，时邀照乘之珠[⑩]；诸葛大名[⑪]，不返连城之璧[⑫]。幸何如之，祷更无既。

弟才疏命薄，溷迹吹竽[⑬]，不为城旦[⑭]舂[⑭]，而作极边戍，其襶襶[⑮]已可想见。及征车甫驾，而滕六将军[⑯]，雨师风伯，谬承错爱，约伴同行，正不知杏花村酒，何处消愁。曾小憩吕翁祠，读壁间魏象枢先生[17]四绝句，依韵口占[18]，易酒以诗，以消沉闷，录呈一笑，即付丙丁[19]。到馆后，案牍堆积，为向年所未有。绿水芙蓉，变为荆棘，此种胜概，非所乐闻。

阮锡侯此番远出，未免有情。日前有札寄彼云："新月窥窗，轻风拂帐，依依欲别，当不啻草桥一梦[20]。"来翰亦云："破题儿第一夜[21]。以弟为钟情人，亦当闻之黯然。"何以千里相违，而情词如接，岂非有情者所见略同乎？

夫天地一情之所感。"君子之道，造端[22]乎夫妇[22]。"学究[23]迂儒，强为讳饰，不知文王辗转反侧[24]，后妃嗟我怀人[25]，实开千古钟情之祖。第圣人有情而无欲，所谓乐而不淫也。

弟年逾五十，而每遇出游，辄黯然魂销者数日。盖女子薄命，适[26]我征人，秋月春花，都成虚度，迨红颜已改，白发渐滋，此生亦复休矣。

足下固钟情人，前云接眷之说，其果行否乎？覼缕[27]及之，为个中人[28]道耳。春风多厉，珍重万千，敬璧㧑谦[29]，勿复见外。

【注释】①泐（lè）：本义是石头因风化遇水而形成的裂纹。引伸为铭刻，用刻刀书写。②悃（kǔn）：至诚的心意。③典签：典，主持、主管。签，署名押字。典签，官名，本为处理文书的小吏。当时府州部内论事，皆用签。前叙所论事，后书某官某签，府州皆置典签掌管。此处指掌管公文信函收发的小吏。④伛偻（yǔ lǚ）：弯腰曲背的样子。驼背的人也称做伛偻。⑤晶盐：语出李白《题东谿公幽居》诗："客到但知留一醉，盘中只有水晶盐。"形容清贫的生活。尘甑（zèng）：

《后汉书·独行传·范冉》载，桓帝时以冉为莱芜长，因遭母忧，不到官，结草室而居。“所止单陋，有时粮粒尽，穷居自若，言貌无改，闾里歌之曰：‘甑中生尘范史云，釜中生鱼范莱芜。’”后因以“尘甑”为形容清贫之典。甑，古代炊具，底部有许多透蒸汽的小孔，放在鬲（lì）上蒸煮。⑥馥郁（fù yù）：形容香气浓厚。⑦景星庆云：古代以为祥瑞的事物或征兆。景星，星名，相传常出于有道之国；庆云，五色云，祥瑞之云。⑧东郭墦（fán）间：郭，在城的外围加筑的一道城墙，指城外。墦，坟墓。语出《孟子》：“齐人有一妻一妾而处室者，其良人出，则必餍酒肉而后反。其妻问所与饮食者，则尽富贵也。其妻告其妾曰：‘良人出，则必餍酒肉而后反；问其与饮食者，尽富贵也，而未尝有显者来，吾将瞯良人之所之也。’蚤起，施从良人之所之，遍国中无与立谈者。卒之东郭墦间，之祭者，乞其余；不足，又顾而之他。此其为餍足之道也。”⑨陈遵尺牍：陈遵，字孟公，西汉京兆尹杜陵(今陕西西安东南)人。《汉书·陈遵传》：“略涉传记，赡于文辞。性善书，与人尺牍，主皆藏去以为荣。”⑩照乘之珠：战国时魏惠王的宝珠，珠光能照明前后二十四辆车子。见《史记·卷四六·田敬仲完世家》。后泛指珍贵的珠宝。⑪诸葛大名：诸葛，即三国蜀汉丞相诸葛亮。语出唐杜甫《咏怀古迹五首》诗：“诸葛大名垂宇宙，宗臣遗像肃清高。”⑫连城之璧：价值连城的美玉。《史记·廉颇蔺相如列传》：“赵惠文王时，得楚和氏璧。秦昭王闻之，使人遗赵王书，愿以十五城请易璧。”后因以“连城之璧”比喻极珍贵的东西。⑬吹竽（yú）：竽，古簧管乐器，形似笙而略大。战国时，齐宣王喜听吹竽之声，且每次都要求三百人合吹。有位南郭处士，不会吹竽，但却混杂其中，享受很好的待遇。宣王死后，湣王继位，他喜欢听一个人独吹，南郭先生只好逃走。后以“滥竽充数”比喻没有真才实学的人，混在行家中充数；或比喻以不好的东西冒充场面；有时也用于自谦之辞。⑭城旦舂：中国秦、汉时期的一种刑罚，属于徒刑。城旦是针对男犯人的刑罚，其意思是“治城”，即筑城；舂是针对女犯人的刑罚，其意思是“治米”，即舂米。但实际执行时，从事的劳役并不限于筑城舂米。⑮褦襶（nài dài）：衣服粗重宽大，既不合身，也不合时。比喻不晓事；无能。晋·程晓《嘲热客》诗：“今之褦襶子，触热到人家。”⑯滕六：传说中雪神名。用以指雪。⑰魏象枢：字环溪，号庸斋，又号寒松，蔚州（今河北省蔚县）人。清代大臣、学者。顺治三年进士，官至都察院左都御史、刑部尚书。以劾明珠著直声。治程朱理学，工诗文。有《寒松堂全集》九卷存世。⑱口占：谓作诗文不起草稿，随口而成。⑲丙丁：古人以天干配五行，丙丁属火，故借以指火。⑳草桥一梦：草桥，位于乡野的客栈。元·王实甫《西厢记·第四本·第四折》：“短长亭斟别酒，草桥店梦莺莺。”㉑破题儿第一夜：唐宋人诗赋及明清八股文的起首，用一两句话剖析题义，称为“破题”。后以“破题儿第一遭”比喻第一次做某事。㉒君子之道，造端乎夫妇：语出《中庸》：“君子之道，造端乎夫妇。及其至也，察乎天地。”大意为君子所奉行的道，发端于夫妇这一伦，在达到最高境界时，便彰著于天地之间。㉓学究：本为唐宋时考试的科目之一。《新唐书·卷四四·选举志上》：“明经之别，有五经，有三经，有二经，有学究一经。”后多用于讽刺迂腐浅陋的读书人。㉔辗转反侧：辗转，来回翻转；反侧，翻来覆去，形容睡卧不安。形容因心事而翻来覆去睡不着觉。语出《诗经·周南·关雎》：“求之不得，寤寐思服。悠哉悠哉，辗转反侧。”古人解释这首诗，是周文王思慕太姒。㉕嗟我怀人：语出《诗经·周南·卷耳》：“采采卷耳，不盈顷筐。嗟我怀人，置彼周行。”意思是因为过于思念远行之人，所以无心采野菜，半天采不满一小筐，把筐子丢在大路旁。㉖适：到，往。指女子出嫁。㉗覼（luó）缕：详细而有条理地叙述。㉘个中人：说是亲身阅历过来的人。㉙敬璧㧑（huī）谦：借用完璧归赵的故事，称不受别人的东西还他，称做敬璧，是恭敬退还他的意思。㧑，手指麾也。㧑谦，谓施行谦德。泛指谦逊。

【译文】我的船上岸后，就写了几行信说明我的心意，再附上写给家里的信，一并委托您转交，算里程需要十日可以到达您衙门收发公文的人手中。上次接到您的来信，我打开诵读好几遍仍意犹未尽。您过于夸赞我，就像扶着一个驮背的人登高；因为您谦虚的品德，所以像大海一样接纳我这样浅显的细流。我穷困潦倒，反而被您赞叹；一路在雨雪中奔波，更劳您牵挂。您的词句清新甘美，令我桌上十日留香；您对我的好意令我难以忘怀，打算把您的信藏在袖中珍藏十年。感情沁入心底，而惭愧使我流下汗来。

先生您的人品才华，超凡出众，正像吉祥的星曜、五彩的祥云，人人争着瞻望，所以我不顾自身粗鄙浅陋，冒昧使您认识我，然而您宽厚和蔼、平易近人，似乎允许我受教。看见您来信中竟称我为兄长、为前辈，难道不是太见外了吗吗？我们同是依附于人做事来讨口饭吃，本来不是要做什么学问，哪分先后？况且我的身体柔弱，像菖蒲杨柳，接近秋天就已干枯；而您正如松柏，到了春天便可焕发生机。这样，年长的反而落后，年轻的反而领先了。假如您不嫌弃，愿与我结交，那么弟弟兄兄，就忽略形骸，依感情来称呼吧。我希望留下您的书信，可以让我时时炫耀这件宝物；借您的美名令我也沾光，不肯把这件宝物再还给您了。没有什么事比这更幸运，我要不停祈祷了。

我才疏学浅，也不受命运眷顾，只是在幕府混日子罢了，没犯什么判城旦舂的罪，而迫不得已来边境，形同发配充军，处处不受人待见，可想而知。我的车马才出发，雪就降下，更兼风雨，大概神灵错爱我，要与我结伴同行。我在途中正想寻店铺喝酒消愁，却来到吕翁祠休息，读到墙上魏象枢先生的四句诗，就依韵吟了一首，把酒换成诗，也消了一点沉闷，记在信里博您一笑，您看完就可以烧掉。到衙门后，桌子上的公文堆得很高，往年从未有这么多。本来像绿水芙蓉一样纤尘不染，突然变成无处下脚的荆棘丛，此情此景，您恐怕不乐意听我抱怨的。

阮锡侯这次出远门，未免为情所痛苦。前几日我写信宽慰他："您坐在窗前面对新月，睡在床上清风扰梦，悔恨离别，大概不止于张生梦里出现莺莺吧。"您写的信里也说："阮锡侯生平第一夜经历与妻子分开，兄弟您同样钟情，听到了会同情他吧。"为什么相离千里，而说的话如一问一答般契合？难道不是有情人心有灵犀吗？

个人私情与天地仁爱原是连通的，君子之道，也从夫妇之伦理发端。迂腐的儒生，硬要遮遮掩掩，不知道文王"辗转反侧"，后妃"嗟我怀人"的诗句，实在是开了千古真情的先河。而只有圣人有情而无欲，是至善之情，就是所说的"快乐而不淫邪"。

我年过五十了，而每次遇见离别外出，就难过几天。因为女子命运不好，嫁给我这飘泊之人，秋月春花的美景，都等闲过去，不能一同欣赏。等到红颜变老，白发渐生，这一生也快终结了。

您一定是对爱人忠贞坚定的人，此前说要接家眷同住，是否办成了呢？希望您详细告诉我。春风寒冷侵人，您要保重身体。您的谦虚我想归还给您，不要再对我见外了。

五四、又答

春光已逝，正怀叔度春风[①]；尺鲤遥传，又得孟公尺牍[②]。未开缄而光生几席，甫盥诵而香沁心脾。序事则制锦成章，雄而有则；言情则纫兰有佩[③]，婉而多姿。庄庄乎仁者之言，蔼蔼[④]乎吉人之语。非徒饰此雕华，诚可薄彼浮艳。载吟和什[⑤]，复见古音，挹[⑥]开府之清新，兼参军之俊逸[⑦]。遐情觉梦，如曾采芝拾翠[⑧]而还；好句欲仙，当在吸风饮露之后。自惭弄斧，已见笑于班门；而窃喜抛砖，竟不虚夫引玉。

慨自吾道风微，斯文不作[⑨]。翩翩公子，却喜无肠[⑩]；赫赫将军，何愁负腹[⑪]？齐梁新体，曾未管窥；唐宋宏篇，还同嚼蜡。

而吾兄郡中鹤立，云际高翔，婆娑[⑫]乎翰墨之林，休息乎篇章之圃。从公之外，绰有余闲；理剧之中，好整以暇。对客而七步成吟，留使而百函[⑬]并发。岂非仙才神品，迥出尘寰者欤？

夫茂才异行，扬雄不以年齿为拘；儒雅风流，杜陵且有吾师之重。矧弟鱼鱼逐队，鹿鹿奔尘，得承缟纻之欢[14]，已遂金兰[15]之愿，而乃以马齿[16]加增，翻令龙门[17]峻却。何以祢衡[18]弱冠，许北海[19]以同心；阮咸少龄，入竹林[20]而并逸。稽之古昔，谁曰不宜？准之今时，何多让焉！欣知潘岳[21]孝思，板舆[22]奉迓[23]；秦嘉[24]情笃，画舫将迎。新秋明月初圆，共话团圞[25]之酒；良夜清琴乍奏，重听静好[26]之风。庆爱日之方长，斑衣舞彩[27]；喜春光之正好，翠黛轻描。而明年桂子飘自月中，再岁麟儿赐来天上。此实伦常之乐事，为客舍所难期。

而况系浙水龙媒[28]，燕台神骏[29]，借途脱颖[30]，屈志曳裾。试观鸾凤之栖，岂终枳棘；鲲鹏[31]之运，必徙沧溟。方将庇广厦以千间，荫乔松以百尺。岂第砚田灌溉，足了平生；莲幕栖迟，便稽壮士？而预设杞忧[32]，偏多孔虑。问迷津于瞽者，询老马于前途，不禁悚极增惭，感而兴叹也。

弟才不通古，性不宜今。生无傲骨，而苦乏媚容；人本清贫，而翻嫌浊富。倘逢范叔[33]，亦尝赠以绨袍；若遇子华[34]，竟未益之裘马。每取讯于有道，辄见憎于通人。是以漫游冀北，淹滞已逾廿年；侨寄保阳，困顿亦将十稔。八口之隶，仍蹈饥寒；五湖[35]之归，空劳魂断。徒使年年寒食，洒血泪于东风；岁岁烝尝[36]，拜遗容于北地。人固笑夫庸庸，己亦羞夫碌碌。

嗟夫！天生我以不愚不智之身，而困我于不死不生之地。抱牍非吏，佣笔非胥，俯首求衣，敛眉寄食，良可哀哉，不足道耳！然承下问，敢不献言？

昔梁鸿庑下[37]，曾赖伯通；杜甫草堂，幸依严武。今作客已歌《行路》，岂移家不痛穷途？要惟俭以养廉，庶免贫而斯滥。仲氏[38]名贤，不羞缊敝[39]；晏婴当国，不掩豚肩[40]。崇阁华幙[41]，未必久于蓬门[42]；驷马高车，窃恐后难安步。

挥金任侠，身上债台；沽酒款宾，衣存质库。笑炎凉之忽变，翟廷尉[43]空白杜门；愤缓急之莫通，刘孝标[44]徒然作论。凡此硁硁之谈[45]，宜在卑卑之列。或高明特具赏心，则培塿[46]未始无补也。

寓函往返，既费清心；持送驰驱，又劳赤脚，感其有极，谢何可言！首夏清和，君子蔼吉，落花点点，芳草萋萋，触物兴怀，能无延伫？专泐奉复，顺候近佳。先生往矣，付之玉烛光中；后学重来，罚依金谷酒数[47]。

【注释】①叔度春风：东汉黄宪，字叔度，为人度量宽大。叔度春风，指他像春风一样令人愉悦想亲近。②孟公尺牍：见前一篇《答许葭村》注释⑨。③纫兰有佩：谓捻缀秋兰，佩带在身。语本《楚辞·离骚》："扈江离与辟芷兮，纫秋兰以为佩。"后以"纫佩"比喻对别人的德泽或教益铭感于心，如纫佩在身。多用于书信。又以"纫兰"比喻人品高洁。④蔼蔼：树木生长繁茂，引伸为盛大众多。《诗经·大雅·卷阿》："蔼蔼王多吉士，维君子使媚于天子。"⑤和什：和，跟着别人诗的韵脚也作一首，称做和。什，雅颂以十篇为一卷，故曰什。⑥挹：舀；酌。把液体盛出来。⑦开府之清新，参军之俊逸：杜甫《春日忆李白》："白也诗无敌，飘然思不群。清新庾开府，俊逸鲍参军。”庾开府，庾信，字子山，南阳新野人，南朝梁著名文学家。出使西魏，当时梁被西魏所灭，遂留居北方，官至车骑大将军，开府仪同三司。鲍参军，鲍照，字明远，南朝宋文学家，宋孝武帝大明五年，出任临海王刘子顼的前军参军。⑧拾翠：拾取翠鸟羽毛以为首饰。曹植《洛神赋》：“或采明珠，或拾翠羽。”⑨斯文不作：是说这一种文学没有人考究了。⑩无肠：蟹是没有肚肠的，所以蟹的别名称做无肠公子。⑪负腹：见第七篇《答周氾荇》注释④。⑫婆娑：形容盘旋和舞动的样子。⑬百函并发：宋朝的刘穆之，写信很快。有一天，在宋武帝面前，和朱龄石比着写信，从早晨到日中，刘穆之写了一百封信，朱龄石写了八十封信。称赞人的文思快，便说他是百函并发。⑭缟纻之欢：见第四九篇《与昌平州归》注释⑧。⑮金兰：语本《易经·系辞上》：“二人同心，其利断金；同心之言，其臭如兰。”形容友情深厚，相交契合。引申为结拜兄弟之词。⑯马齿：马的牙齿随年龄而添换，看马齿可知马的年龄。故常以为谦词，借指自己的年龄。⑰龙门：比喻声望高的人。《后汉书·党锢传·李膺传》：“士有被其容接者，名为登龙门。”⑱祢衡：《后汉书·祢衡传》：“衡始弱冠，而融年四十，遂与为交友。”孔融曾写《荐祢衡表》，请求汉献帝招祢衡一见。东汉时候祢衡，年轻有学问，却十分狂放，眼睛里看不起人。有人问他，现在时候什么人算有才学的？祢衡说道：“大儿孔文举（融），小儿杨德祖（修）。余子碌碌，莫足数也。”⑲北海：孔融，字文举，鲁国人。曾任北海国相，时称孔北海。⑳竹林：竹林七贤，指的是三国魏正始年间（240—249），嵇康、阮籍、山涛、向秀、刘伶、王戎及阮咸七人，先有七贤之称。因常在当时的山阳县(今河南焦作修武县，可能为现今云台山一带)竹林之下，喝酒、纵歌，肆意酣畅，世谓七贤，后与地名竹林合称。㉑潘岳：晋人，字安仁。工诗赋，词藻艳丽。以孝闻，除长安令，迁博士，以母疾去官，作《闲居赋》，有“太夫人乃御版舆，升轻轩，远览王畿，近周家园”之语。㉒版舆：车名，一种木制的轻便坐车。㉓迓（yà）：迎接。㉔秦嘉：字士会，东汉陇西人，与妻子徐淑感情很好，他曾要去洛阳，而妻子生病回了娘家，不能见面，写《赠妇诗》寄给妻子，有“念当奉时役，去尔日遥远。遣车迎子还，空往复空返”之句。㉕团圞（luán）：团聚。㉖静好：《诗经·郑风·女曰鸡鸣》：“宜言饮酒，与子偕老。琴瑟在御，莫不静好。”这首诗写夫妻和睦的生活，诚笃的感情。㉗斑衣舞彩：相传春秋时楚国隐士老莱子，七十岁时还身穿五彩衣，模仿小儿的动作和哭声，以使父母欢心。后因以表示孝顺父母。斑，杂色的花纹或斑点。㉘龙媒：汉武帝《天马歌》第一首“今安匹，龙为友”，第二首“天马徕，龙之媒”。龙媒，指天马能引来天上的龙降临。㉙燕台神骏：郭隗告诉燕昭王，从前有一个人，要买一匹千里马，拿了一千金去到那地方，马已经死了，便用五百金买了马骨回来，别人知道他连死马都要买，更何况活的千里马呢?不到一年工夫，别人便寻了三匹千里马来卖给他。以此劝谏燕昭王用重金招揽人才。于是燕昭王拜郭隗为师，为之筑台，布金于上，以招致四方豪杰，称为“黄金台”“燕台”。㉚脱颖：语出《史记·平原君虞卿列传》：“平原君曰：‘夫贤士之处世也，譬若锥之处囊中，其末立见……’毛遂曰：‘臣乃今日请处囊中耳。使遂蚤得处囊中，乃颖脱而出，非特其末见而已。’”后因以“脱颖”比喻人的才能全部显示出来。㉛鲲鹏：古代传说中能变化的大鱼和大鸟。语本《庄子·逍遥游》：“北冥有鱼，其名为鲲。鲲之大，不知其几千里也。化而为鸟，其名为鹏。鹏之背，不知其几千里也。怒而飞，其翼若垂天之云。”㉜杞忧：杞国有一个人，天天忧愁那天落下来，要压死人，因而寝食难安。典出《列子·天瑞》。比喻无谓的忧虑。㉝范叔：见第四九篇《与昌平州归》注释⑩。㉞子华：公西赤，字子华，是孔子的学生。《论语·雍也》："子华使于齐，冉子为其母请粟（谷子）。子曰：'与之釜（六斗四升）。'请益。曰：'与之庾（十六斗）。'冉子与之粟五秉（一秉合一百六十斗）。子曰：'赤之适齐也，乘肥马，衣轻裘。吾闻之也。君子周急不济富。'"子华家里有钱，孔子派他到齐国，他骑着肥马，穿着狐皮衣服。他的同学冉子，替他的母亲要米，孔子说道："明白道理的人，救济有急难的人而不救有钱人。"㉟五湖：见第三九《答王兰畦》篇注释⑨。㊱蒸尝：本指秋冬二祭。后泛指祭祀。㊲梁鸿庑（wǔ）下：东汉梁鸿，扶风平陵（今陕西咸阳）人，家贫，带着妻子孟光到吴国去，寄住在他朋友皋伯通的廊下，替人舂米过日子。庑，堂下周围的廊屋。㊳仲氏：是孔子的学生仲由，字子路。他穿了破衣裳，布衣裳，和穿狐皮衣裳的人一块儿站着，脸上没有害羞的样子。《论语·子罕》："衣敝缊袍，与衣狐貉者立，而不耻者，其由也与！"㊴缊（yùn）敝：缊，以新绵合旧絮，用旧材料做的新衣服。敝，破旧。㊵不掩豚肩：语本《礼记·礼器》："晏平仲祀其先人，豚肩不揜豆。澣衣濯冠以朝，君子以为隘矣。"战国齐晏婴以简朴的祭品祭祀先人。比喻非常节俭。晏婴，春秋时候，齐国的大夫晏婴，字平仲。豚肩，猪腿。㊶崇阁华幙（mù）：崇，高；幙，古同"幕"。说有钱人家，住着高大的屋子，挂着五色的门帘。㊷蓬门：用蓬草编成的门户。形容居室贫陋。㊸翟廷尉：汉朝的翟公，文帝时拜廷尉官，许多客人挤满了一屋子。后来他不做官了，客人也统统走开了，大门外面空得可以挂一网儿捉雀儿了。后来他又做官了，那许多客人又来了。翟公写了几个字在门上说道：

“一死一生，乃知交情。一贫一富，乃知交态。一贵一贱，交情乃见！”便把许多客人赶在门外，不收留他们。㊹刘孝标：刘峻，字孝标，南朝梁平原（今属山东德州平原县）人。他说人心势利，不愿意和人做朋友，便作了一篇文章，题目叫《广绝交论》。㊺硁硁（kēng kēng）：鄙陋而顽固的样子。㊻培塿（lǒu）：本作“部娄”。小土丘。㊼罚依金谷酒数：晋代石崇于金谷园宴请宾客，赋诗不成者则罚酒三杯。见晋·石崇《金谷诗序》。后泛指宴会上罚酒之数。李白《春夜宴从弟桃花园序》：“如诗不成，罚依金谷酒数。”

【译文】春天已过，时常想念您和蔼可亲的风采；您从远地寄信给我，使我又能拜读您的手书。还没打开信封，就觉得光照亮我的坐席；才沐手诵读一遍，已觉芳香浸入心脾。您讲述事件就像织锦刺绣一样，明快而有规则；表达情感则如衣服上佩带着兰花，柔软而摇曳多姿。平和忠诚，实是仁者之言；亲切温馨，让人觉得吉祥笃信。不止是精巧华美，而且清新脱俗，远胜那些轻浮美艳之语。您写的诗句，颇有古风，既有庾信的清新，又有鲍照的俊逸。情怀高远如同惊梦，就像在仙境采灵芝、拾翠羽回来；吟诵佳句好似登仙，大概吸取了风露的精华。我的诗文已经在您眼前露了丑，真是惭愧；然而我又暗自高兴，可以用我的拙诗，引出您的佳篇。

我感叹幕友们已没了作诗的风雅。俊秀的年轻公子，却无抱负情怀；气势雄壮的武吏，也不担心没有学问。同他们交谈，齐梁的新体诗，没读过一句半句；唐宋的奇伟章句，也品不出诗人的旨意。

而您真是将这些人都比下去了，就像白鹤立在鸡群里；您笔力雄健，借以高飞云间。时而在笔林墨池中起舞，时而在种满诗词的苗圃边休息。处理完公务，还有余闲精进诗艺；处理繁杂琐屑的事务，也可以手不释书，从容严整。而且您文思敏捷，就好像曹植七步可以成诗，刘穆之从早晨到日中写一百封信。难道不是仙才神品，和凡人迥然不同吗？

优异的才华和品行，不在于年龄大小，扬雄年轻的时候文才就超越了前辈；文人相知，是以儒雅风流，杜甫尚且把宋玉称为老师。况且我就像愚钝的鱼和鹿一样，只会跟从队伍奔窜，哪里可以做您的先生呢？我有幸与您交换了作为朋友的信物，气性如金兰相契合，已经如愿了，而竟因为我比您年长，您才学远超过我，反要自降一等。为什么祢衡才二十岁，而不推辞孔融做他的朋友；阮咸才少年，而与竹林之狂士自然相处？考查古事，谁说忘年之交不可以？比较今时，也无过分的地方。听说您将迎接双亲、妻子同住，十分为您欣喜。今后中秋佳节，可以全家团圆，饮酒赏月；美好的夜晚，可以夫妻共话，琴瑟和鸣。您陪伴双亲的日子会长久，穿上童稚时的彩衣逗他们开心；春光漫长美好，可以陪伴妻子为她画眉。明年贵子降诞，享受天伦之乐，都是我这孤单客居的人求之不得的。

而且您卓异俊秀，正是浙水中涌出的龙媒天马，燕昭台购求的稀世神骏，您做幕僚，奔走衙门中，只是暂时委屈志气，借道路伸展才干而已。鸾凤怎会长久被困于枳木、棘木的刺丛中？鲲鹏得时运，必会游弋于汪洋大海，飞翔于万里高空。等您功成名就，还要拯济百姓、拔擢寒士，岂只是束缚在纸墨堆里一生？您在幕府暂时栖身，难免担心壮志被时间消磨；而且细思求索，生出本无所谓的忧虑来。您让我这个盲目之人指点迷津，觉得我有经历，一定明白道理。我既吃惊又惭愧，只能说一些感想罢了。

我不通晓古人的学问，又不能符合今人的脾性。虽然没有孤高傲世的心气，却也不喜欢讨好别人；虽然家中清贫，却又鄙视不正当得来的富贵。如果遇见范雎那样有志气身不逢时的贫士，很乐意赠与衣袍与他交好；如果遇见富裕的人，也不愿主动拉近关系。每每向有道德的人请教，反而因为顽固被人厌恶。所以我飘泊在河北已经二十年了，又客居保定十年，仍然没有作为。八口之家，仍然不免于饥寒；梦想归隐家乡，又不得已屈服于穷困。每年寒食清明，只能望断家乡，洒泪于东风；秋冬祭祖，只能对着画上遗容跪拜。别人固然笑我庸碌，我已自己羞愧得无地自容了。

哎呀！上天让我既不是智慧圣贤，又不是粗蠢愚人；把我困在既不能出人头地，又不是毫无希望的境地。我在衙门里做幕僚，每日看着堆积如山的公文案件，埋头于笔墨之中，低着头、看着别人的脸色求取衣食，真是可悲可叹，实在没什么可说的！然而既然承蒙您屈尊下问，我不敢不献上一点浅见。

古时梁鸿这样的有志之士，曾经依赖富豪伯通谋生；杜甫在困顿无依时，幸亏有严武帮助他。现在您还有幕职可以养家糊口，已经要吟唱《行路难》了；难道冒然卸职后，不是穷途末路吗？第一紧要是要培养节俭的习惯，廉洁从政，或许能免于因贫穷而误入歧途。子路是有名的贤者，穿着破弊的衣袍，但自己并不感到羞耻；晏婴身为一国宰相，祭祀时用的祭品却很简单。豪华的楼阁，未必比简陋的茅屋留得久；坐在骏马拉的高敞马车上的人，也有可能今后连安安稳稳走路都求之不得。

挥霍钱财去结识很多人，身上的债务会堆得越来越高；购买好酒招待宾客，最后连衣服都当掉。可笑的是没了钱财人情就薄如纸，那时候翟庭尉才知道关了大门杜绝宾客，刘孝标才写《广绝交论》拒绝朋友来往。我这些不通的道理，都是站在我这卑微的地位讲的。高明如您，如果有一点赞成的感觉，那我这番絮叨就没白费。

托您转交家信，既苦了您一片真心；又要劳您来回奔波，使双脚受累，我感激不已，无法用言语表达谢意。初夏天气宜人，愿您事事吉利。落花片片，芳草渐浓，我感染了许多情绪，怎不怀念您这位良友？我特意写了这封信回答您，顺便问候您近来安好。不要再称我为“先生”，或自称“后学”，否则就罚您饮酒了。

五五、与杨松波

闻先生之名者非一日。去夏来蒲，依莲幕之下，窃谓阁下必激芳扬芬[①]，流英驰誉，使遐迩景仰者，有卓乎敻[②]绝之观。而君固恬澹无事，不待学而学醇[③]，不务才而才懋[④]。君子人与？君子人也。

始知所以负重名于当世者，正以名无能名，而名为独重。钦挹[⑤]私忱，在言语形迹之外，每于风清月朗，想见颜色。

乃承俯垂青睐，赐存问焉，则某之未申尺一[⑥]于左右，已难辞疏懒之咎；而复蒙汪涵[7]瀚海，不弃细流，益令人至感无似。

蒲距郡不远，未获登龙门而聆榘诲[8]，此所以平时钦仰之怀，有未能自已者也。因抒尺素，用布悃忱[9]。

【注释】①激芳扬芬：激励好的行为，宣扬好的名声。芳芬，都是香的意思，比喻好的行为和思想。②敻（xiòng）：高超。③醇：本义是酒味浓厚。引申为纯粹、纯厚。④懋（mào）：通“茂”，大。⑤钦挹：钦佩推崇。⑥尺一：书信。⑦汪涵：海涵，宽容。⑧榘诲（jǔ huì）：端正雅驯的教导。榘，同“矩”。⑨悃（kǔn）忱：诚恳；忠诚。

【译文】听闻先生您的大名已经不是一天两天了。去年夏天我来到蒲城，在您的衙门做幕僚，心想您必定会激浊扬清、施行善政，赢得有识之士的赞誉，能够影响到各地，使远近仰慕您的人都赞叹不已。而您始终沉静如常地处理政事，好像无特别之处。不用专门学习而具备了醇厚的学问，不用刻意锻炼而拥有了广大的才干。这就是君子的卓异之处吗？这确实是君子啊。

我才知道像您这样的人，名字之所以被世人推重，正是因为没有一种名称能完全代表他，所以他的名字才更加贵重。我内心对您的钦佩和仰慕，是无法语言和形迹表现出来的，而是每当看见清风明月，便能想见您的风采了。

承蒙您对我青睐有加，赐信问候我，我之前没给您写一封信，已经是难逃疏懒的罪过了。而您以大海一般深广的胸怀，没有放弃我这个浅薄愚陋的人，更令我感激不尽。

蒲城地方离府城不远，我未能到您府上拜访，聆听明允的教诲，这是我时时怀着敬佩之情，而留有遗憾的地方。用这封信向您剖明心迹。

五六、答沈回言

论文重道义，则世故胥捐[1]；相与在真诚，即形骸可略。二十余年，燕赵交游，欲如先生之形似违而神亲，迹似疏而情密者，指不多屈。

接诵芳讯，雅注勤拳[2]，兼悉道体绥和，潭门[3]增庆，感而且慰。

夏屋[4]乔迁，债台高筑，吾辈皆生此病。然吾兄宏才肆应[5]，不难成理。弟前负甫清，继以家乡不得已之事，需费浩繁，无限焦愁，诚来函所谓无可如何之日也。

舍侄甘霖，无上下之交，本难脱颖[6]。蒙长者垂切若此，古谊之隆，见于今日，能不感而且佩。小儿女出花无恙，暂慰目前。承知己关心探问，感切五中[7]。但景迫桑榆，方舐老牛之犊[8]，即使长成，亦不过学曹瞒[9]之托爱子，曾何与于生前，用自慨也。

足下领袖会垣[10]，家室团聚，实福人福地。鹪鹩[11]失侣，孤飞千百里外，顾影自怜。春风杨柳，长赋别离；冬雪关山，备尝况瘁[12]。此景此情，殆亦壮不如人、老而无能者之所必须消受也。然垂爱如吾兄，将何以策我耶？岁阑旋省，剪烛深谈，一抒沉闷。

【注释】①胥（xū）捐：胥，全、都。捐，舍弃、抛弃。②勤拳：恳切真诚。③潭门：犹潭府，深宅大院，对人住宅的尊称。潭，深邃。④夏屋：见第三五篇《再与钱亦宏》注释①。⑤肆应：广泛热烈响应。引申指才具开展，善于应付各种事情。⑥脱颖：见第五四篇《又答》注释㉚。⑦五中：指心、肝、脾、肺、肾五脏。因位于人体中，故称为“五中”。⑧舐（shì）犊：老牛舔舐小牛。比喻父母疼爱子女。⑨曹瞒：见第三八篇《答李霭堂》注释⑫。⑩会垣（yuán）：是说许多人聚会的城里。后人称省城做省会，所以会垣便是省城。垣，墙，城墙。⑪鹪鹩：见第四九篇《与昌平州归》注释③。⑫况瘁：憔悴。况，通“怳”。

【译文】如果讨论学问时只重道义，那么世俗的习惯和应酬都可以舍弃了；彼此真诚相待，就不用计较外在的形式了。二十多年来，我在燕赵之地所接触的人，像先生您一样，两个人形迹看似疏远，但是思想观念契合、感情亲密的，没有几个人。

我诵读了您的来信，承蒙您对我真诚的关怀和挂念，并得知您身体健康，家门吉庆，让我既感激，又欣慰。

搬到宽敞的新屋后，会有债务累积，这样的事情也是我们这些人避免不了的。但是您精明强干，善于应对各种各样的情况，不难处理这件事。我先前欠的债才还清，又为了家乡不得已的事情，要筹措一大笔款项，心里有无限焦急愁苦，真如您信里讲的“不知该怎么办”的境地。

我的侄子甘霖，上无师长提携，下无朋友举荐，本来很难有出头之日。承蒙您对他关切过问到这种程度，这真是古时候朋友之间的真诚之交，重现于近日，我怎能不感激又钦佩呢？我的小儿子、女儿，出了水痘，已经痊愈了，我暂时可以放下心来。承蒙您关心探问，令我感动肺腑。但我已近迟暮之年，像太阳贴近西边的桑榆，这把年纪才有子女，即使到我死的时候他能长得大一点了，也不过学曹操把幼子托付给别人，哪里有生前看着他成材的一天？所以无奈自叹啊。

您在省城人人敬重，家室骨肉相守在一处，真是有福之人处于福地。我像鷦鹩远行千里求安栖于一枝，离开家乡、伴侣，看自己影子都觉可怜。时常面对良辰美景伤悼离别，又不免于奔波劳累，顶风冒雪。此情此景，真有悲伤不尽之感。大概是我壮年时不如别人精进，年老无能时必须承受这痛苦吧。然而您关心爱护我，会说什么话来勉励我呢？等年底时我会返回省城，再与您挑灯夜话，抒发胸中愁闷。

五七、与杨春洲

客馆孤清，案头无色。承足下赠我杏花，置诸胆瓶[1]，终日相对。无异十五女郎，含羞匿笑[2]，依依可人。乃红颜已老，香质将残，希再采半吐者两三枝，以添春色，勿谓我弃旧怜新也。

【注释】①胆瓶：因器型如悬胆而得名。直口，细长颈，削肩，肩以下渐硕，腹下部丰满。②匿（nì）笑：暗中偷笑；掩口暗笑。

【译文】我在幕馆里孤单冷清，桌上没什么装饰，承蒙您送我杏花，我插在胆瓶里，放在眼前随时悦目。真像十五岁的女孩子，面带羞涩，低着头掩口微笑，温婉可爱，楚楚动人。只是花已经开完，香瓣将要凋落，期望再采两三枝含苞待放的花送给我，使我的屋子增添春色，不要笑我喜新厌旧啊。

五八、答丁品江

渔阳①得芳讯后，旋即弹铗②津门。邮筒莫辨，音问阙如。嗣闻贵东调任宝坻③，因足下久怀归志，或即乘张翰④扁舟，寻故园鲈鲙。心轮梦毂⑤，每结想于吴淞烟水间。

昨接手书，知南州徐子⑥，仍偕陈榻而来。且台驾过省时，承垂询鄙况，念我实深，则弟之失于采访，其疏懒为何如也。

宝邑政赋⑦殷繁，幸足下才学超群，万花飞舞，留使待书，倚马成檄⑧，不足为能者劳耳。弟萍泛随波，未能自主。有惭旧雨，勉倚新云⑨。白发三千，青衫一领，恐相见时不复识我矣。

到津后，竟无暇作韵语。足下琴歌酒赋，逸兴不凡，驿使之便，肯寄一枝⑩否？冗此率复，不尽驰溯。

【注释】①渔阳：古地名。今天津市蓟州区。②弹铗：见第四二篇《答丁仙槎盐大使》注释①。③宝坻（dǐ）：县名。旧属河北省。今天津市宝坻区。④张翰：字季鹰，吴郡吴县（今江苏苏州市）人，西晋文学家。张翰在洛阳时，因见秋风起而思念故乡吴地所产的菰菜、莼羹、鲈鱼脍等，有所感触而辞官归乡。典出《晋书·卷九二·文苑传·张翰传》。后泛指思乡欲弃官归隐的人。又以“思鲈莼”比喻不慕官位，思乡归隐。⑤毂（gǔ）：车轮中心的圆木，周围与车辐的一端相接，中有圆孔，可以插轴。泛指车。⑥徐子：东汉的徐穉（或作稚），字孺子，南州人，有才学。豫章知府陈蕃，十分敬重他。知府衙门里有一张榻，徐穉到衙门里去了，便留他睡在榻上。徐穉去了，便把榻挂起来。别人到衙门里去，一概不招待。⑦政赋：地方上的公事称做政，百姓缴纳的钱粮称做赋。⑧倚马成檄（xí）：晋朝桓温领兵北伐，命令袁虎斜靠着马写一篇告示，袁虎不一会儿即写满七张纸，而且文情并茂。典出南朝宋·刘义庆《世说新语·文学》。后比喻文思敏捷，写作迅速。檄：古代官府用以征召或声讨的文书。⑨旧雨：典出《全唐文》卷三百六十《杜甫二·秋述》。“常时车马之客，旧，雨来；今，雨不来。”意思是过去宾客遇雨也来，而今遇雨却不来了。后以“旧雨”代指新朋友，以“新雨”代指新朋友。新云：化用“新雨”之典，比喻新朋友。⑩一枝：南朝宋陆凯与范晔友善，自江南寄梅花一枝与长安范晔，兼赠诗曰：“折梅逢驿使，寄与陇头人。江南无所有，聊赠一枝春。”因用一枝梅花指书信。

【译文】我在蓟县收到您的信之后，很快就辞职另投到天津的衙门工作了。所以来不及写信装在邮筒寄给您，以致缺少了对您的问候。后来听说您的东家调到宝坻县任职，而您很早就有返回家乡的想法，所以以为您像张翰一样，辞了职回家乡了。我对您日夜思念，总是想象您漫步在吴淞烟水间的情景。

昨天收到您的信，知道您这位南州的徐孺子，很受陈蕃的青睐，所以仍跟着东家去了宝坻。而且车马经过省城时，向人问起我的情况。您真是关心我啊，而我居然没了解到您的真实情况，只怪我心思散慢而又懒惰了。

宝坻县政务、赋税的事因为人口多而繁琐，但好在您才学优异，做文就像万花飞舞一样。驿使等着写信，也能一天写一百封；骑着马赶路，也随手写出漂亮的檄文。衙门的事对于您这样有才能的人不在话下。我像浮萍一样随波逐流，做不得自己的主，对着老朋友难免惭愧，只是鞭策自己努力跟上新朋友。“白发三千丈，缘愁似个长”，只有青衫单薄依旧，恐怕您再见我时，会认不出我啊。

我到天津后，竟然没有空闲时间作诗。您弹琴唱歌，饮酒作赋，不知该多么快乐，如果遇到驿使，肯不肯寄给我拜读呢？我写这些率性又冗杂的话来回复您，对您的思念不一一说了。

五九、答周介岩

会垣把晤，快慰阔悰[①]。坐我春风[②]，醉我旨酒。感戚谊之弥殷，比情交而更洽。拙诗奉教，奖誉过情，岂范大夫初入苎萝[③]，以东施为西子耶？

荆襄之间，莲花幕[④]中，诵美公者不绝口，足下真铁伦[⑤]超群哉。

仆壮本无能，老之将至，犹复向东郭墦间，唱《莲花落》[⑦]

而餍酒肉，其情已可想见。足下爱我深，其何以策之？

【注释】①阔悰（cóng）：久别而生的怀念。阔，离别；悰，心情、思绪。②春风：比喻在温和的环境中受教或与品德学识高的人相处，受其薰陶。③苎萝：见第四七篇《与王成之表弟》注释③。④莲花幕：见第三四篇《又答王言如》注释③。⑤轶（yì）伦：超过同辈；超出一般。⑥东郭墦：见第五三篇《答许葭村》注释⑧。⑦莲花落（lào）：旧时乞丐所唱的歌曲。一种以“莲花落，落莲花”一类句子做衬腔或尾声的曲艺，常用竹板打节拍。

【译文】在省城见面时，手拉着手谈心，弥补了许久不见的思念之情。在您家里作客，我就像沐浴春风一般暖心而舒服，与您一起喝酒真是快乐的事。我们本来就有亲戚的厚谊，又比朋友更加投缘。我本想向您请教，才把自己拙劣的诗给您看，您竟大加赞赏，难道是范蠡大夫刚来到苎萝村，看见丑女东施，以为她是就是以美貌闻名的西施？

湖北荆州、襄阳一带地区，我认识的幕府中人，都对您赞不绝口。您真是才能卓异、超出一般啊。

我年轻力壮的时候就平庸，快到老年，还要依附别人求取衣食，真像书里的齐人，唱着乞儿歌讨酒肉来吃，这种凄惨的情形可以想象。您一向关切爱护我，会拿什么道理鞭策我呢？

六〇、答徐克家

子云之亭[1]，少所嘉慕。奉翰教，竟许把臂入林，何其幸也！

吾辈钝于足者，必当捷于手。老表叔出笔敏捷，有如宿构[2]，古之倚马成文[3]，当亦如是。不肖心慕之而笃学之，非敢为当仁不让，亦犹步趋恐后之意耳。

秋风乍起，萧馆已凉，诸祈保爱，不宣。

【注释】①子云亭：在四川省绵阳县。相传为西汉学者扬雄读书处，扬雄字子云，故名。②宿构：预先拟构。比喻写文章既轻易又迅速。《三国志·王粲传》："善属文，举笔便成，无所改定，时人常以为宿构。"③倚马成文：见第五八篇《答丁品江》注释⑧。

【译文】您的书房，对我而言就像子云亭一样神圣，少年时候就无比向往。接到您来信，竟允许我向您请教学问，我真是太幸运了。

我辈不能骑马驰骋，就应当写一手好文章。老表叔您才思敏捷，下笔千言，如同预先作好的一样。古人文思泉涌，打仗时坐在马上都能临时草写檄文，您也是如此。我心怀仰慕之情，必要诚敬地学习。并不敢觉得在做什么不平凡的事，是因为害怕不跟随学习会被远远抛在后面啊。

秋风乍起，我的书馆已布满凉意，但愿您照顾爱护好身体，其余的事不多说了。

六一、与交河明府章峻峰

浪游燕赵，计二十年。虽未见知于有道，而倾盖言欢、逢人说项[①]者，惟老先生一人而已。

龙蟠凤逸之士，皆欲附于荆州[②]之门。某何人斯，而遽邀青睐而加厚焉。生平得一知己，可以无憾。铭感于中，曷其有极！

侧闻老先生祉猷并茂[③]，以花封[④]讼狱之区，化为讴歌之地，固知天下无不可格之民，惟在学问经术为何如耳。期月已可[⑤]之治，始于今日验之，岂号称能吏者，所能望其肩背哉？

翠华[⑥]不日经临，贤劳懋绩，定沐殊恩，峻擢酬庸，忭庆[⑦]奚似！鸿便布悃，借候升安。

【注释】①倾盖：盖，马车上的伞盖。倾盖指途遇友好，停车靠近交谈，伞盖倾斜相交。引申为朋友相交亲切。说项：唐代杨敬之看重斯项，赠诗有“平生不解藏人善，到处逢人说斯项”的句子。后来用“说项”指替人说好话或说情。②荆州：唐朝时荆州长史韩朝宗。李白漫游荆州时，听说荆州长史韩朝宗喜欢推荐有才之士，便写了一封求荐的信，信中说：“白闻天下谈士相聚而言曰：‘生不用封万户侯，但愿一识韩荆州。’何令人之景慕，一至于此耶！”③祉猷（yóu）并茂：祉，福祉、祥瑞；猷，功业、事业。意谓福气和事业一起蓬勃发达。④花封：晋朝潘岳曾任河阳（今河南省孟县西）县令，于县城内遍植桃李花，人称“河阳一县花”。后因以花县为县治的美称。知县居处称花封。⑤期月已可：期月，一年，指短暂的时间。语本《论语·子路》：“苟有用我者，期月而已可也，三年有成。”形容办事治国的功效迅速显著。⑥翠华：天子仪仗中以翠羽为饰的旗帜或车盖。为御车或帝王的代称。⑦忭（biàn）庆：忭，喜乐的样子。庆，祝贺。

【译文】我来到北方燕赵之地谋取前程，一共二十年了。虽然未遇见名声显赫的人赏识我，但见我第一面就亲切地与我交谈，又屡屡对外夸赞我优点的人，只有老先生您一人而已。

像卧龙凤雏一样杰出的奇才，都想拜在韩荆州的麾下。我这样平庸的人，却意外得到您的青睐和赏识。生平有您做我的知己，死了也可无遗憾了。感激之情铭刻在心里，哪里有一刻忘记！

我在这里听闻老先生您身体健康，家业兴旺，事业发展顺利。您的辖区先前是打官司、用刑罚频繁的地方，您把这里变成百姓称颂讴歌的福地。我总算知道了天下没有不可教化的百姓，只在于官长的学问和能力如何。古人说一年就可以治理好一个国家，我今天才算知道确有其事。那些号称能干的官吏，已被远远甩在后面，哪能和您相比呢？

皇帝的御驾不久会降临您的州县，以您的功劳，一定赐与格外的恩赏。您因为功勋而获高迁，该多么令百姓快乐啊。鸿雁将我的信寄给您，表达我的真心，等待您平安和高升的好消息。

六二、答许葭村

登堂望远，极目苍凉，正切秋水伊人之想。适接瑶章，如同晤对，即满浮三大白，不负茱萸令节也。

足下处应酬最繁之地，而又百函并发[①]，纵倚马之才[②]，无难挥洒。而中书君疲于奔走，将有未老先秃之虑。相知以心，初不以笔墨间课疏密也。

金粟如来[③]，随落尘世，为声色香味触法[④]所扰，久已拖泥带水，受一切苦厄。足下具大知慧，早已观自在菩萨[⑤]矣，尚向舍利子[⑥]求揭帝之咒[⑦]哉？

【注释】①百函并发：见第五四篇《又答》注释⑬。②倚马之才：见第五八篇《答丁品江》注释⑧。③金粟如来：维摩诘居士是东方无垢妙喜世界的金粟如来，化身为维摩诘居士来到娑婆世界，以智慧卓越、辩才无碍的神通，协助释迦牟尼佛度化众生。④声色香味触法：佛教将心和感官接触的对象分成色、声、香、味、触、法（指心所对的境）六尘。若任由眼、耳、鼻、舌、身、意追逐六尘，心就会充满烦恼。⑤观自在菩萨：即观世音菩萨。阿弥陀佛的左胁侍，西方三圣之一，是慈悲的象征。《般若波罗密多心经》即是灵鹫山法会时，观自在菩萨为了让舍利子懂得般若智慧，入深定中，对舍利子进行的开示。⑥舍利子：人名。释迦牟尼的十大弟子之一，号称智慧第一。⑦揭帝之咒：揭帝，亦作“揭谛”。佛教语。护法神之一。《般若波罗蜜多心经》：“故说般若波罗蜜多咒，即说咒曰：揭谛揭谛，波罗揭谛，波罗僧揭谛，菩提萨婆诃。”

【译文】我登上高楼眺望远处，眼前全是苍凉的景色，对景怀人，更增添了我对您这位远方的朋友的思念之情。恰好收到您的来信，如同见了您的面一样亲切，当即满饮三大杯酒，总算没有虚度这重阳佳节。

您供职的地方是各种应酬最多的，然而以您的才华，比得上刘穆之一天可以写一百封信，袁虎打仗时坐在马上都能临时草写檄文，您肯定能轻松应付。只担心您的笔太过疲劳，用不了多久就秃掉。我们相知，只要在心里装着对方就可以了，不在于频繁地书信往来。

金粟如来化身为维摩诘居士来到娑婆世界，而我正像金粟如来，偶然进入尘世中，一生被接触的万象迷扰，一直因为执着而不能清净，受一切苦痛灾厄。您是具有大智慧的人，早已经如同证得大自在神通的观世音菩萨，还需要向我这凡夫俗子请教心法吗？

六三、答谢丙南

奉手书，知足下南旋之意已决。阅历半生，备尝艰苦，竟无刻不以慈亲为念，此人所不及知，而仆知之独深者。此番出游甫及一载，囊橐[①]无余，势难遽返，乃一奉慈谕，即束装言旋。孝思之笃，虽曾、狄[②]之贤，无以过之。

夫祭而丰，不如养之薄也。菽水承欢，依依膝下，实天伦不易得之至乐。彼子舍欢娱，亲闱阒寂[③]，椿萱[④]将谢，裘马自豪，只知妻子之奉，而不顾父母之望者，闻足下之风，能不愧然疚于心乎？

仆与君离，又将一载矣。昨腊匆匆话旧，既复匆匆别去，犹冀岁阑返省，或再剪西窗之烛，重纾未尽之怀，今则地北天南，何时再晤？思之能勿惘然！书中情势殷殷，增我陨涕。仆景迫桑榆，室仍悬罄[⑤]，哺乌[⑥]抱恨，舐犊增悲，而世路崎岖，交情反复，欲往不可，欲归未能。且不能与少年子弟，涂粉墨登场，插科打诨[⑦]，非特人嫌老陋，自顾亦觉羞颜。足下爱我尤深，将何以策我？旋省虽在封篆[⑧]以前，而行期定于仲冬，即此一尊话别，

而亦不可得，能无抑郁？鸡声店月，人迹桥霜⑨，客路严寒，千万珍重。

【注释】①囊橐（náng tuó）：盛物的袋子。大称囊，小称橐。或称有底面的叫囊，无底面的叫橐。②曾狄：曾是说曾参，是孔子的学生，他很有孝心。他父亲曾皙，喜欢吃羊枣，后来曾皙死了，曾参便一生一世不吃羊枣。狄是说唐朝的狄仁杰，他很孝顺母亲。他对别人说话，常常提起他母亲。他到并州地方去，在太行山游玩，心里想起了他的母亲，看见天上一朵白云，他说道："我母亲是住在这白云下面。"③阒（qù）寂：寂静无声。④椿萱（chūn xuān）：椿，椿树；萱，萱草。椿萱比喻父母。⑤悬罄（qìng）：罄，器皿中空无一物。悬罄，形容空无所有，喻极贫。⑥哺乌：乌鸦雏鸟长大后，知衔食哺养母鸟。比喻子女报答父母的养育之恩。⑦插科打诨：本指戏剧表演时，以滑稽的动作或言语引人发笑。亦泛指引人发笑的举动或言谈。⑧封篆：旧时官署于岁暮年初停止办公之称。官印多为篆文，停止办公即不用印，故名。⑨鸡声店月，人迹桥霜：鸡鸣的声音嘹亮，茅草店沐浴着晓月的余晖；板桥弥漫清霜，先行的旅客留下一串串脚印。语本唐·温庭筠《商山早行》："晨起动征铎，客行悲故乡。鸡声茅店月，人迹板桥霜。槲叶落山路，枳花明驿墙。因思杜陵梦，凫雁满回塘。"此诗描写了旅途中寒冷凄清的早行景色，抒发了游子在外的孤寂之情和浓浓的思乡之意，字里行间流露出人在旅途的失意和无奈。

【译文】我读了您的信，知道您已经决定回南方了。您半生在外面飘泊闯荡，经历了各种艰难困苦，然而没有一刻忘记在家乡的慈母。这是外人不明白，而只有我深深知道的。您这次来北方做事，才满一年，没有攒下多余的钱作为路费，恐怕一时间难以返回，然而一接到您母亲的信，您就毫不迟疑收束行李，立即就要回南方去了。您孝顺思念母亲的至诚之心，即便是曾参、狄仁杰也不过如此。

在父母去世后用丰厚的祭品来祭祀，不如父母健在的时候用微薄的物质来奉养。为父母奉上豆饭、清水这些能置办的食物，对父母依从敬顺，在身边陪伴，使他们开心，这就是很难得的天伦之乐了。有些人只知道和自己的孩子欢笑取乐，却不顾父母房间的冷清。父母已经年迈，生活缺少乐趣，他自己却是穿着豪华的衣服、骑着高头大马，洋洋得意，溺爱妻子儿女，却对父母的需求不闻不问。他们如果知道您的孝行，这些人真是该羞愧得无地自容了。

我与您一别，已将近一年了。去年腊月我们短短相聚，又匆匆告别，我一直期望今年年底返回省城，再与您挑灯夜谈，把心里的很多话都向您倾诉。现在却要南北相隔，不知道何时见面了，一想到这里，能不感到失落吗！您在信里述说不能不回去的原因，字字真诚恳切，令我感动落泪。我年岁将老，家里却仍空空无积蓄，接母亲在身边奉养的愿望没有达成，已经是一生的遗憾；看着爱子幼小柔弱，心里有说不尽的忧伤。而且世路凶险，步步艰难，人心捉摸不定。我想逃离这里但毫无办法，想携家人回乡也不能够。况且我不可能和一帮少年子弟，脸上涂上白粉墨黛，讲一些粗陋的话，嬉笑打闹，装腔作势地去取媚于人。不只别人会嫌我老丑，我自己看了也无地自容。您一向怜惜爱护我，会说什么来鼓励警策我呢？虽然我会在封印以前回省城，但您在十一月就启程南去了，我们连喝一杯酒道别也不行了，心里怎么不遗憾呢？“鸡声茅店月，人迹板桥霜。”回乡的路上，难免寒冷孤单，千万保重身体。

六四、答章炎甫

去冬得挹芝光[①]，顿慰三年积想。惟匆匆数语，不及畅伸景慕。新正趋贺，知晓寝方浓，未敢惊梦。而高轩枉过，又复失于倒屣[②]，歉怅至今。

闻西州[③]雅望，下榻天雄，深为观察[④]得人之庆。正拟肃笺申悃，乃承瑶函先颁，感记注之弥殷，更驰思之倍切。

足下经才纬抱，名重燕南。天雄清简之地，实不足展其所长，然附青云而借吹嘘，则福之所被者广。三郡名官，咸翘首而慕风徽矣。

新奉上谕，令道员奏事。足下具倚马[⑤]之才，握雕龙[⑥]之笔，自当为观察公敷奏陈言，勗襄[⑦]宏业，乃蒙询及鄙人，商其可否。

弟思国计民生，前人言之详矣。而或有不尽言者，则似有不可言之故。圣天子聪明睿知，臣下何能仰其万一。愚昧之见，似不若行无所事之为愈也。想智珠在握[⑧]者，正无事葑菲[⑨]之谈耳。

钱绳兹、朱梅溪同在郡城，斋政之暇，常得畅谈。而僻处劳人，未能一坐春风为怅。来函㧑谦，实深惭悚。若云与今为友，则古有二阮之交⑩；若以仆马齿加增，则门有孔李之好⑪。倘承不弃，愿附金兰，庶几略迹谈心，益增契合，何幸如之！

【注释】①芝光：对他人容貌的美称。唐元德秀，字紫芝，房琯每见德秀，皆叹息道："见紫芝眉宇，使人名利之心都尽。"也作"芝宇""芝眉"。②倒屣（xǐ）：迎接客人，急匆匆倒拖着鞋子出来形容热情接待宾客。三国时候的蔡邕，有大才学，家里客人很多，听说王粲来了，便倒拖着鞋子，急匆匆地走出去迎接他。典出《三国志·卷二一·魏书·王粲传》。③西州：指西州城，即古扬州城，为扬州刺史的治所。④观察：见第三七篇《与景州刘刺史》注释①。⑤倚马：典出南朝·宋·刘义庆《世说新语·文学》。晋人袁虎曾任大司马桓温记室，一次奉命草拟布告，倚着战马立时写成。比喻文思敏捷，下笔成章。⑥雕龙：雕镂龙纹。喻文辞博大恢弘，不同凡响。⑦劻襄：辅佐。劻，同"匡"。⑧智珠在握：形容才性聪敏的人，智慧如珠般圆融。⑨葑菲（fēng fēi）：《诗经·邶风·谷风》："采葑采菲，无以下体。"葑、菲是二种野菜，根虽恶，但茎叶可食。后因以"葑菲"用为鄙陋之人或有一德可取之谦辞。⑩二阮之交：指晋阮籍与侄阮咸。二人均为竹林七贤之一。⑪孔李之好：孔融十岁的时候，随父亲到洛阳。当时李膺名气很大，做司隶校尉。到他家去的人，都是那些才智出众、有清高声誉的人以及自己的亲戚，才被通报。孔融到了他家门前，对看门的人说："我是李府君的亲戚。"已经通报上去，一起坐下来。李膺问："您和我有什么亲戚关系?"孔融回答说："过去我的祖先孔子曾经拜您的祖先老子为师，所以我和您是世代友好往来亲戚关系。"李元礼和他的那些宾客没有不对他的话感到惊奇的。典出南朝·宋·刘义庆《世说新语·家语第二》。

【译文】去年冬天有幸见您一面，顿时补偿了三年来对您的想念。只是可惜才匆忙说几句话就分别，没能告诉你我的仰慕之情。新年的正月里，我去您家恭贺新禧，知道太早了，您的家人们都还未醒，所以不敢惊扰，也错过了。而您来看我时，不巧我也不在家，没能接待您，至今心里还感到抱歉、遗憾。

听说您这位扬州秀士，被请到大名府的衙门里任职。观察大人得到您这位人才，真是可喜可贺。我正打算恭敬地写一封信祝贺您，您竟先给我来信，我铭记着您的关切之意，更加想念您了。

您是有治国之才的，燕南的人都仰慕着您的才华。大名府公务不多，是不够体现您的本领的，但那里地位重要，如果能治之士因为您的缘故得以彰显才能，那么就做了大好事了。隶属于大名府的三郡名官，都盼望着学习您的风采啊。

最近得知皇帝的旨意，命令全国的观察报告地方的情况。您才思敏捷，下笔成章，文笔雄健，不同凡响，自然会为观察大人写出详实又切要的报告，是为政的得力助手。而您竟会谦逊到来询问我这粗鄙之人的意见。

我想关乎国计民生的政律，前人已经说得详尽，有些方面留有余地，则是不能明说的缘故。圣明的天子对于天下之事明察秋毫，做臣子的哪里及得上万分之一。以我这愚昧之人的意见，似乎什么都不改变更好。您是聪明睿智的人，实在不需要采纳我这见识短浅的人的建议。

钱绳兹、朱梅溪都身在郡城，公务之余，常常能与您畅谈。而我在偏僻又烦劳的地方，总是遗憾不能去拜访您。您写的信非常谦逊，令我惭愧不安。若说就像如今，是良友的关系，那么古代的阮籍阮咸是叔侄，却像朋友一样。若说我的年龄大，是前辈，而我们不妨像孔融与李膺一样，成为忘年之交。如果您看得起我，我想与您像兄弟一样，也许能丢开俗礼，谈论真心，增进相知，这于我是多么幸运！

六五、答沈霭堂

弹铗[①]侯门，三十年为一世，所见翩翩公子，固不乏也，欲如君家伯仲叔季，各自峥嵘者，既不多觏[②]，而二世长兄先生，才华出众，外文明而内柔顺，更超棣萼荆花[③]之上。盖德门积善贻谋，所由来者远矣。

数年相聚，良有天缘，每挹芝光[④]，时聆兰语，令人有一往情深之意。临歧洒泪，分手依依。离别年余，思如山积。而寸函未达者，只以春树暮云[⑤]，不足绘我离情也。乃蒙垂念之殷，手书远至，回环把诵，楮短情长，益使我低徊勿置也。

荣迁外翰[6]，即内翰[7]之先声。上苑杏花[8]，仙宫丹桂[9]，天之所以予孝友于读书人者，历历不爽。足下自操之而自得之，又何疑焉？

更喜五世兄同应秋闱，元方季方[10]，天香并染。驻听捷报传来，使堂上椿萱，齐开笑口，快何如之！令郎年未弱冠，而文雅恂恂[11]，更以读书为乐，此又千里驹也。均可告慰。

弟桑榆景迫，瓶罄仍羞，齐人[12]处室，流落他乡。陶氏生儿，惟知梨枣[13]。幸衰年眠食俱佳，旅寓无患，足舒绮注。

【注释】①弹铗：见第四二篇《答丁仙槎盐大使》注释①。②觏（gòu）：遇见；看见。③棣萼荆花：棣萼：《诗经·小雅·棠棣》："棠棣之华，鄂不韡韡（wěi明艳，光明华美的样子）。凡今之人，莫如兄弟。"以棠棣之花比喻兄弟，是因棠棣花开每两三朵彼此相依。荆花：见第三九篇《答王兰畦》注释⑦。④芝光：见第六四篇《答章炎甫》注释①。⑤春树暮云：出自杜甫《春日忆李白》诗："渭北春天树，江东日暮云。何时一樽酒，重与细论文。"诗借云树而写思念之情。后遂以"春树暮云"为仰慕、怀念友人之辞。⑥外翰：清代称翰林院为外翰。⑦内翰：唐宋称翰林为内翰。清朝称内阁中书为内翰。⑧上苑杏花：皇帝宫里的花园，称做上苑。杏花，喻科举及第者。古代科举考进士时，正值三月杏花开放，当时文人把杏花称为"及第花"。⑨丹桂：比喻登科及第的人。科举时代考举人，在秋季桂花开的时候。⑩元方季方：后汉时候的陈元方，名纪；陈季方，名谌。兄弟二人都是有学问的人。⑪恂恂（xún xún）：诚实的样子。⑫齐人：见第五三篇《答许葭村》注释⑧。⑬惟知梨枣：出自陶渊明《责子》：“通子垂九龄，但觅梨与栗。”

【译文】我做幕僚三十年，在诸位东家家中见到的翩翩公子，不算少数，像您家兄弟这样，每个人都秀逸杰出的却很少。而二世长兄先生您才华出众，外貌文质彬彬，性格谦和仁爱，比诸位兄弟更出彩。是因为您家世代行善积德，将良好的家风传给子孙，源远流长的缘故啊。

能与您在数年间常常相聚，真是上天赐与的缘分。您的容颜焕发着清辉，言语像芝兰一样秀雅，令人感叹天下唯此一人了。记得分别时依依不舍，与您远隔一年，思念像山一样重重叠叠。我没给您写信，是因为“春树暮云”这样的文辞已经写不尽我的思念。而您竟也十分挂念我，从远方寄来信。我拿着反复诵读，信虽然短但您的情意深长，更令我陷入沉思之中，无法自拔。

您高迁为翰林院编修，就预示着将进入内阁做中书侍郎。在秋季乡试考中举人，在第二年春天的京城会试考中进士，这是上天对您这样孝顺父母、友爱兄弟的读书人的回报，让您功成名就，是确凿无疑的。您凭借自己的真才实学和美好品德取得功名，又有什么可顾虑的呢？

更可喜五世兄与您一道参加乡试，兄弟二人，都蟾宫折桂，听着快马传来捷报，父母在高堂上为儿子中举而高兴，没有比这更快乐的事了。您的儿子还不满二十岁，而文雅诚挚，喜欢读书，这又是一匹千里驹啊。这些情形全都值得庆贺。

我已快到晚年，家里的积蓄仍很微薄，有妻妾要供养，目前还漂泊在外地。儿子年纪太小，只知道寻梨枣吃。庆幸的是体力虽然衰退，但睡得好，有胃口，作客他乡但一家人平平安安，可以令您放心了。

六六、与陈美陂

渔阳邂逅，倾盖言欢，晨夕谈心，益征契合。足下风骨秀侠，神情彻朗，濮阳洗马[①]，罕见其俦。他日领符出治，莫不望为神仙中人。

奉诵大著，文藻横逸，词源直泻，有议论，有警句，皆未经人道过。而浓艳处则又如十五女郎，拈花自笑，喜若撩人。知作者字炼句锻，皆在庾开府、李义山[②]而外，自成一家者。亟宜寿诸梨枣[③]，以供同好。不谓仙才仙品，能于风尘中幸遇之也。

珠玉在前，自惭形秽，乃承许为同调，岂足下有嗜痂之癖[④]欤？旬余小别，景若三秋，幸命驾速临，慰我饥渴。

【注释】①濮阳洗马：汉朝的汲黯，字长儒，濮阳（今河南省濮阳市）人。汉景帝时，担任太子洗马。为人端方正直，人人见他害怕。

后以“濮阳洗马”比喻方正的人。②庾开府：见第五四篇《又答》注释⑥。李义山：李商隐，字义山，号玉谿生，怀州河内（今河南省沁阳市）人。晚唐著名诗人，和杜牧合称“小李杜”。③寿诸梨枣：指刻版刊印书籍，传之后世。梨枣，旧时刻书多用梨木枣木，古代称书版。④嗜痂之癖：见第七篇《答周氾荇》注释㉒。

【译文】在蓟州意外遇见您，就觉得非常亲切，早晚相对谈论心事后，果然是懂得彼此的人。您气质秀美，风神俊朗，侠肝义胆，端方正直，是汲黯那般人物，没人比得上。今后您受命去做官，人人瞻仰您的风彩，一定以为神仙下临凡尘了。

我恭敬地捧读您写的诗文，文采随处可掬，词藻丰富变幻，如水源直泻一般流畅，有议论，有警句，都是独一无二，前人未写过的。而用字浓艳处，又如十五岁的女孩，手里拿着花注目浅笑，真令人喜欢。看来作者在字句上下功夫，都要在庾信、李商隐这些大家之外，开创自身的特色。现在就应该把您的大作出书，让爱好诗文的人可以拜读。神仙才华、神仙词句，谁能想到竟可以在凡尘中遇见！

您的人品像珠玉一样耀人眼目，让我发现自身的鄙陋，您却认为我们才学、志向都是相当的，难道是承您错爱，把丑物当作珍品？十多天不见了，真是如隔三秋，希望您大驾光临，抚慰我对您的深切思念。

六七、与王吉人

居庸山[①]之最高者，八达岭。策骑临之，真八荒归一览焉。马上口占一绝云："绝岭与云齐，临风骄马嘶。纵观真八达，无处不山低。"

今晚往岔道，明日到怀来，当谒莲斋，倾斗酒，谈家中近事。先录此文，顺马递上，作莲幕之传单何如？呵呵！

【注释】①居庸山：山名。在北京市昌平区。古名军都山，为太行山八陉之一，层峦叠嶂，形势雄伟；又为燕京八景之一，名曰"居庸叠翠"。主峰八达岭，海拔1015米，形势险要。明代筑有关城，有东西二门。关城两侧为长城，依山而筑，气势雄伟，城墙保存完好。

【译文】居庸山最高峰，是八达岭。我骑着马登上八达岭，向下俯视，真是四面空阔而辽远的地方都一并看清了。我在马上吟了一首绝句："高耸的山岭直入云端，寒风传送马的长鸣。远望真能达到四面八方，周围没有一处山不显得低矮。"

今晚我向岔道去，明天就到怀来了，我会去您的衙门拜访，边喝酒边谈论家中近事。先写这几行字，遇见骑马送信的人，正好寄给您，当作您衙门的新闻纸，怎么样？呵呵！

六八、答陈韫玉

暮春之初，曾致一函。清和之后，奉手书未经提及，岂驿使有洪乔[①]，抑贵署偶效石头城故事耶？至好关心，原非笔札间课疏密，然陶靖节千古高人，《停云》四章，一唱三叹，相思之切，形为歌咏，则尺鲤[②]传情，亦古人所不废。此意惟足下与仆知之，不似时下英流，以声希为贵也。

来翰云："别数月而思若经年。"挚情挚语，从肺腑而出，而示以敝寓平安家信，益见关切之真。闻近日眠食未佳，右臂酸痛，或系血气有亏，或为风寒所袭，虚实判然两途，补散未便误用，颇为系怀。蠡吾僻地，素乏良医，离省未遥，当求精于岐黄[③]者治之，未可延缓。

仆健饭安眠，精神尚好，惟左右车牙[④]，时时作痛，亦秋信将至之兆也。

承嘱题《松菊犹存图》小照，既用渊明《归去来辞》之意，自应就本地风光，写雅人深致，较之别作诗歌，似为非泛。因依陶韵，效西子之颦。

因思足下田园未芜，令郎又能克绍箕裘[5]，数十年之内，原可笑赋归辞。若仆则负郭无田，箪瓢莫继，么豚暮鹨[6]，乳臭未干，归期之约，何敢预订！

惟食贫栖淡，性所能安，人世浮华，久已悬绝。倘使六旬内外，稍积鹤料[7]之余，必当言旋陋巷，息影蓬庐。庶几一片春帆，迟我于西陵渡口；三杯菊酒，访君于东沛桥边。返他乡之旧侣，为故里之素交。其愿非奢，其言或可践，故不禁于辞内侈及之，以为他日披图相对之券。足下闻之，必然色喜也。惟文不能工，取其意而已。

贵恙调治痊可，望即示慰。陆放翁诗云："斟酌生平如意事，及身强健早还乡。"祈留意焉。

归去来兮，故乡虽远，胡不归？他邦不可以久处，时矫首而兴悲。知盛游之难再，悟逝景之莫追；幸回车其未晚，岂命驾而犹非？挹细雨于飞盖，洗轻尘于征衣。指钱江而宵渡，喜曙色之熹微。舟停东浦，载欣载奔。儿童无识，老稚盈门。草多依旧，松菊犹存。幽香入座，清阴覆樽。倚北窗而寄傲，寻三径以开颜。乐箪瓢以自足，铭陋室之可安。迹无因而入市，心常静以息关。行四时之乐事，齐万物而达观。鱼闻琴而出听，鸟识林而知还。邀野老以命酌，携文孙而盘桓。归去来兮，予亦悔夫远游。既修名之不立，将利禄之焉求？聊为稼以没世，招素心以消忧。童仆告予以客至，偕纵览于郊畴。或乘轻车，或泛扁舟，思揣奇而选胜，恒临水而登邱。挹千岩之竞秀，啸万壑之争流。极吾人之逸志，适吾生之行休。已矣乎！富贵功名能几时，朱颜绿鬓谁能留？胡为伥伥[8]无所之？同游既非愿，同归知可期。君移松而补菊，余植杖以耘耔[9]。值东篱之花发，时醉酒而赋诗。披斯图而相笑，惟我与尔复奚疑？

【注释】①驿使：见第三九篇《答王兰畦》注释⑫。洪乔：晋朝的殷洪乔，名羡，是西华地方人。他做豫章地方的知府官，京里有许多做官的托他带信到家乡地方去，一共有一百多封信。他走到南京地方石头城下面，拿信统统抛在江心里，说道："浮的听它浮，沉的听它沉，我殷洪乔，不是替别人送信的人！"后人说信遗失，便说是洪乔之误。②尺鲤：见第四〇篇《答丁品江》注释①。③岐黄：岐伯和黄帝的合称。相传黄帝曾使岐伯尝百草，行医治病，今传之《内经》即托名黄帝和岐伯问答论医。故以岐黄为医家之宗祖。后亦用以比喻医道。④车牙：见第三八篇《答李霭堂》注释⑦。⑤克绍箕裘：语本《礼记·学记》："良冶之子，必学为裘；良弓之子，必学为箕。"箕，畚箕；裘，皮袄。箕裘，指父业。后因以"克绍箕裘"谓能继承祖业。⑥么豚暮鹨（liù）：么是小的意思，么豚是小猪，。小的鸡称做鹨，野鸡最后生的一只野鸡，称做暮鹨。么豚暮鹨，比喻晚年所生子女。⑦鹤料：见第七篇《答周氾荇》注释㉓。⑧伥伥（chāng chāng）：无所适从的样子。⑨耘耔（yún zǐ）：耘，除草；耔，在禾根上培土。语本《诗·小雅·甫田》："今适南亩，或耘或耔。"后因以"耘耔"泛指从事田间劳动。

【译文】三月初的时候，我寄了一封信给您。四月之后，我收到您的信，您却没提到那封信，是送信的人没送到，还是您衙门中的收信人没给您呢？至好的朋友互相关心，本来不在于频繁地写信，然而陶渊明这样才情高逸的人，写给亲友的《停云》诗，反复咏叹思念之浓，可知写信传情，就是古人也免不了的。信的珍贵只有您和我知道，不要像现在的风流人物，故意以书信少为珍贵。

您信里说："分别几个月但如同一年没见面那么想念。"真情真语，是从肺腑里直接吐露的，您又报告给我家里人平安的消息，更体现您真心关切着我。看见您写最近睡眠、食欲不佳，右臂酸痛，我想可能是气血不足，或者被寒气侵入体内了。要么是实症，要么是虚症，要确定才好，补药和发散药不可贸然使用。我十分忧心。蠡吾是偏远地方，从来缺少好医生，但离省城不远，您应该去找精通医术的人治疗，不要拖下去。

我胃口好也睡得好，精神很清爽，只有左右两边的车牙，常常作痛，也是秋天到来时必犯的毛病。

您嘱咐我在您画的《松菊犹存图》上题写文字，既然画意是陶渊明的《归去来辞》，自然该用画中的风景，描述主人的深意。比另外作诗歌，更契合原旨。因此我依了陶诗的韵写出来，只当是模访陶渊明吧。

我想您家乡拥有良田，儿子成材，能继承您的事业，几十年之内，确实可以像陶渊明一样归隐田园。而我家乡没有田地可耕，一家人可能会断粮，小儿子是我老了才得的，仍是幼稚孩童，又怎敢与您约定归隐呢？

所幸我不在乎美味华屋，生性喜欢清贫，无谓的体面、名声，我早就不去追求了。如果六十岁以后，稍微可以积攒一点钱财，我必定毫不留恋，立刻回家乡的破屋去，终此一生。或许您会在春天买一艘船，来西陵渡口接我；我也会在秋菊飘香时带着酒去东沛桥边寻您。把我们在外地的旧朋友招回来，一起享受归隐之乐。这个愿望不是不可求，也许我的话哪天就成真了，所以我也写在文里了，等实现那天，展开《松菊犹存图》，正验证了今日的预言啊。您知道了我的打算，必然会高兴吧。只是我写得不好，比不上陶渊明，只是有他的归隐之意而已。

您的病痊愈后，希望立即告诉我，让我放心。陆游诗里说："常常记着生平的欢喜事，趁身体好早点回家乡养老。"您也要像这样打算啊。

回故乡去，故乡虽远，又哪能不回？外地不可以久居，我常常仰视天光而生悲。年轻时闯荡天下的英雄气，如今怜惜流去不回的时光。现在回转还不算迟，不要让马车犹疑不前了。驾车在细雨中飞驰，在湖水边洗去衣上的尘土。到了钱塘江不管天黑也快渡过去，看见晨光中的旧风景心里欢喜。把船停在河的东岸，欣喜地奔向家里。儿童看见我不认识，乡老稚子亲热地来问候。草丛横野，松菊依旧。清幽的花香染上座席，在树阴下摆上酒杯。倚在北窗以自由为傲，有三条路可以去知己那里就很愉快了。用粗制的竹器盛饭，用葫芦瓢舀水喝，满足于简朴的生活很快乐，写一篇《陋室铭》称颂我安定的小屋。脚印不曾留在闹市，心里幽静将门掩闭。慢慢安排四时的乐事，观察万物的生存状态而心境更开阔。在水边弹琴等鱼儿出来，眺望飞鸟在暮霭中回归树林。遇见种田的老农就邀请他喝酒，带着孙子去郊野游览。回故乡去，我本不该远游，功名与我无缘，利禄不可强求。种植谷物将余生消磨，回归童稚的心除去一切忧愁。童仆告诉我客人来了，就一起去郊外远望。或者坐小马车，或者坐小船，专门去探索奇异天地，不是在水中央就是在山路上。看遍一千座山岩的秀丽，听过一万条溪水的流响。心里想望的自在之事都可以去做，时值生命之力快用尽了。结束飘泊吧，富贵功名能够享受几时？青春的容颜、润泽的乌发谁能久留？为什么犹疑不决？同时离开家乡远游都是情非得已，同时回归家乡却是早早盼望的。您移植松树，栽种菊花，我携着手杖拔草种稻。一起在东篱的菊花下饮酒，时时作诗问答。再一起笑看这幅图画，我们心愿相同，不要怀疑有人会失约啊。

六九、答姜云标

小暑方酷，正抱采薪[①]，忽清风徐来，知芳函飞到。开缄把读，顿解烦臆，一服清凉散，恐尚无此功效也。

人生六十曰衰，吾辈神为形役，其衰更易。弟年未六十，而齿豁头童，须发早白，平生壮志，早已消磨。只以苦债未完，犹作场中傀儡，秋风短笛，粉墨登场，此更桑榆[②]景迫，所黯然神伤者，盖亦心怜之而不得不作如是云尔。

足下一生游历，未染世情，独往独来，不与时贤为伍，此弟二十年来，亦以此硁硁[③]自守者。

坐是四壁仍空，一贫如故。窃以为幕而贫，清且贵也；幕而富，浊且贱也。良田美宅，肥马轻裘，仅只快于一时，必致贻祸于没世，曷若以贫始者以贫终，仍不失本来面目之为愈。

惟足下先赋归与，弟须三四年后始能践约。耕山钓水之乐，请先独得之。陆放翁诗云："斟酌平生如意事，及身强健早还乡。"能不羡而且妒？

惟是相别四十余年，彼此音信罕通，行藏未悉。承知己爱人以德，动故土之思，固已他人有心。予忖度之者，弟方感之不暇，而来翰转以为冒昧，岂外见之耶？

保阳僦居[④]，每苦迁徙，不得已买屋数椽，去之亦易。买产之说，乃舍弟想当然之言耳。

小病初瘳，握管尚懒，书不尽言。赘以小诗四首，诗不足取，或情见乎词也。

少小本同窗，分离四十年。行藏浑莫识，音信未能传。积恨高嵩岳，相思壅洛川。何期来尺素，喜极舞蹁跹。

君作游梁[⑤]客，我为冀野游。家乡徒有梦，儿女亦登楼[⑥]。命薄风尘老，才疏时俗羞。可怜双鬓雪，底事尚淹留？

闻道三秋日，言旋八口家。江鲈初入馔，篱菊正开花。喜拂征尘叠，欢承舞袖斜。鉴湖[⑦]烟水阔，垂钓足生涯。

三载以为期，携家返里时。与君同把酒，对景共吟诗。禹庙[8]秋山好，兰亭[9]春草滋。杖藜扶二老，争羡旧相知。

附上以博一粲。

【注释】①采薪：又作“采薪之忧”，指身患疾病，不能外出打柴。作为婉称有病而无法亲赴之辞。②桑榆：见第三八篇《答李霭堂》注释⑤。③硁硁（kēng kēng）：鄙陋而顽固的样子。④僦（jiù）居：租屋居住。⑤游梁：梁，河南省城汴梁地方。⑥登楼：东汉王粲，字仲宣。山阳郡高平县（今山东省微山县）人。南下依附荆州牧刘表时，登湖北当阳东南漳沮二水之间的麦城城楼，写了名篇《登楼赋》，表达思乡之情、怀才不遇之忧。⑦鉴湖：湖名。即镜湖。又称长湖、庆湖。在浙江绍兴城西南二公里。为绍兴名胜之一。⑧禹庙：绍兴会稽山地方，有一座禹王庙。⑨兰亭：在绍兴会稽山阴。东晋书法家王羲之，曾于三月三日与朋友在兰亭修禊（在水边举行的清除不祥的祭祀），写下《兰亭集序》。

【译文】六月天气酷热，我身体正患着小病，忽然觉察清风吹拂，竟收到您的来信。我拆开捧在手里诵读，顿时心里烦闷全消，一服清凉散作药，恐怕也不及您的信的功效。

人满六十岁叫衰老，我辈殚精竭虑、劳伤身体，更容易老。我尚不满六十岁，而齿间空隙渐大，头上脱发渐秃，胡须头发早就白了。一生的志气，已经埋没。只是因为命里该受的苦没完尽，仍要做这戏场上的任人摆布的木偶。正因为秋风兴起、短笛鸣悲而伤感，却还要涂上白粉墨黛去装样迎合。这更是一大把年纪时，所更加让人伤感的啊。大约心里自己都可怜自己，但不能不这样做啊。

您一生在外闯荡，而不习惯圆滑世故，一个人独立自由，不附和名流，这也是我二十年来，固执坚持的原则。

因此我家中毫无积聚，与早年一样贫穷。我认为在幕府做事的人，贫穷也是清白可贵的；如果以此求富，富贵了也肮脏卑贱。骤然取得良田美宅、肥马华服，也会骤然失去，一时之间的快乐，导致一生的祸殃；哪比得上开始贫穷，结局也贫穷，不失去自己的本来面目。

只是您先回家乡，我等三四年后才能如约返回家乡去。在山野间耕作自足，在水流边钓鱼充馔的快乐，您先独自享受吧。陆游诗里说："常常记着生平的欢喜事，趁身体健康早点回家乡养老。"能不令人羡慕而且嫉妒吗？

只是我们分别了四十多年，双方很少寄信，不知道对方的情况。感谢您关爱我，希望我保持高尚的德行，所以您想归老家乡还想到劝我一道归隐。这是以自己的心来揣摸对方的心。我感谢还来不及，而您信中还说自己莽撞，岂不是见外？

我先前在保阳租赁房屋，避免不了时常搬家的苦事，不得已才买了几间屋子定居，卖掉也很容易的。买了房产准备久居的说法，是我兄弟想当然的见识，其实不是我的想法。

我的小病才好，懒于提笔，想说的话写不完。添四首小诗在后面，诗没什么好的，然而或许能抒写我的心情。

少年时代与您是同学，分开两处已四十年。不知道您在何处，一封信也寄不到。遗憾像嵩山郁郁累累，思念填满了洛水。想不到您忽然写信给我，我欢喜至极舞蹈跳跃。

您在河南做远游客，我在河北是漂泊人。只能在梦里回一回家，儿女也学王粲登楼思乡。命运薄待我令我蒙尘一生，才智平庸羞于与能人争胜。我可怜自己满头白发，还被什么事情牵绊而不能回去呢？

听说您定在秋天时候，携八口之家回故乡去。那时长江的鲈鱼正肥美，竹篱里的菊花可采。您整理好远行的装束，穿上彩衣舞蹈逗父母开心。鉴湖的烟水如青天开阔，您可以垂钓满足此生心愿。

与您定下三年之约，我会带家人返回故乡。同您把盏对饮，一起作诗。禹王庙秋天山色迷人，在兰亭水边祓禊是在春天青草滋生时。拖着藜杖我们两人作伴，让旧日的朋友们羡慕啊。

附录的诗只博取您一笑。

七〇、又答

读途中《述怀诗》八首，皆从肺腑中流出，无一句门面话，而又敲金戛玉[①]，直可掷地有声[②]。沈小如明府和诗，沉郁顿挫，跌荡风流，盖李杜之逸响也。

二公可为诗中之雄也。东家施只应雌伏，乃虽令效颦，恐西子不能捧心[③]，只得捧腹，奈何！奉上博笑。

【注释】①敲金戛（jiá）玉：戛，敲、敲打。敲打金、玉制的乐器。多用以形容诗文声韵铿锵响亮。语本唐韩·愈《代张籍与李浙东书》："未必不如听吹竹弹丝、敲金击石也。"也作"敲金击石""敲金击玉"。②掷地有声：语本《晋书·卷五六·孙楚传》："尝作天台山赋，辞致甚工，初成，以示友人范荣期，云：'卿试掷地，当作金石声也。'"形容文章辞句工巧华美、声调铿锵悦耳。③捧心西子：西子，春秋越国美女西施。捧心西子指西施因心痛而捧胸皱眉，更加显得十分美丽。后用来形容美丽女子在病中娇弱的模样。

【译文】诵读您在路上写的《述怀诗》八首，每一个字都带有从内心深处流露出的真情实感，没一句华而不实的话。而且语言精致巧妙，优美动人，犹如听见敲击金器和玉石发出的乐声，铿锵响亮，动听悦耳。沈小如县令写的和诗，文辞深沉蕴藉，音调抑扬有致，潇洒放逸而富有才华风情，有李白、杜甫的风采。

二位可做诗坛的霸主，其余的人都显得平凡粗鄙，本该向您二位服输。即便让他模仿，也只是东施效颦，恐怕西施也不顾捧心了，因为已经被逗得捧腹大笑，这有什么办法！开玩笑博您一笑。

七一、与王培元

今夕何夕[①]，岂非除耶？策马至居庸关，馆人燃红烛，进绿醑[2]，请守岁焉。独酌无欢，凄清万状，因命仆买纸爆千余，登山岭放之，一响而万山皆应，空中下无数霹雳声，心脾为之一快。

因思雷闻百里，足下在州署，距关五十里，当闻殷殷其雷在关之上乎？

以除夕而犹作客，登雄关而放爆竹，此奇人奇地奇事也。书此交顺马驰递，为奉贺元旦，一鸣惊人先声。

【注释】①今夕何夕：今夜是何夜？指今晚是良辰，不同于寻常的夜晚。多用作赞叹惊喜庆幸之辞。语出《诗经·唐风·绸缪》："今夕何夕？见此良人。"②绿醑（xǔ）：绿色美酒。

【译文】今夜是何夜，难道不是除夕之夜吗？我骑着马跑到了居庸关，客馆主人在屋里点燃红烛，为我送上绿色的美酒，邀请我一同守岁。我一个人喝酒无趣，冷清的情境简直无法形容。于是差仆人买来一千多响的纸鞭炮，爬到山岭放完了。响声一动，就在万山中传递开来，真是从半空降下无数霹雳声了，使我心中顿时畅快无比。

我想到雷声可以传一百里，今夜您在州府衙门里，离居庸关五十里，想必也听见我放鞭炮的轰轰雷声了吧？

我在除夕也不能待在家里，一个人攀登雄伟的居庸关放鞭炮，真是奇人奇地奇事聚在一处了。我写这几行字，遇见了传信的驿马，就顺便寄给您，恭祝您元旦吉祥，作为您将来一鸣惊人的好兆头。

七二、贺阮锡侯入赘

佳期已至，想见天台仙子，舒玉手纤纤，携阮郎[1]看玉洞桃花，饮玉液琼浆，沉醉玉楼春，歌“软玉温香抱满怀”也。

惟风流莲幕[2]，距弄玉[3]妆台，计一里许，未免于双膝之外，更添玉趾之劳。

然画眉而出，踏月而归，正已半日相思，益增十分滋味。此月下老人，于姻缘簿中，所巧为作合者，未识何以谢我。书此奉贺。

【注释】①阮郎：汉朝时候，刘晨、阮肇两人，走到天台山上去采药，在溪边遇到了美貌的女人，拉他两人住在山洞里，做了夫妻。住下半年回家来，子孙已经过了七代。见南朝·宋·刘义庆《幽明录》。后用为游仙或男女幽会的典故。②莲幕：见第三四篇《又答王言如》注释③。③弄玉：春秋时候，秦穆公的女儿名弄玉，招赘一个丈夫，名唤萧史。萧史喜欢吹箫，弄玉喜欢弹玉筝。后来弄玉骑着凤凰，萧史骑着龙，一齐上天成仙去了。后以“弄玉吹箫”比喻男欢女悦，结成爱侣，共享幸福。

【译文】结婚的日子已到，想像得到，您的妻子正如天台山的仙子，纤纤玉手拉着您，并肩看玉洞外美艳的桃花，对饮珍贵的美酒，登上玉楼看醉人春景，真如歌里“娇软又芳香，是把她抱在怀里”一样了。

美中不足的是，您的衙门离妻子的居室，算来离着一里多地，来回时走路劳累。

然而早晨为她画了眉出门，晚上踩着月光回家，半天的思念，正所谓小别胜新婚，更增加十分滋味。这是月下老人在姻缘簿里，巧妙地安排，不知您如何谢我这媒人。写此信祝贺您新婚。

七三、与阮锡侯

中秋后，数行奉复，谅达典签[①]。弹指秋光已老，西风淅淅，落叶萧萧，孤馆凄清，更甚春愁几许。足下有情人，正不知增多少离思。

惟玉麟天降，正在其时，潭报[②]驰来，想色飞眉舞，破闷为喜，满浮三大白矣。

幸不靳以好音，俾月下老人，夸功道德，作一番雀跃也。

京差已过，热闹非常，千里红尘人不见，车如流水马如云，诚一大观。非有福者，不足以当此。

客里光阴，惟三冬易逝。腊初附骥[3]之约，能不爽否？

【注释】①典签：见五三篇《答许葭村》注释③。②潭报：是说人家里寄出来的信。韩愈诗："一为公与相，潭潭府中居。"潭潭，深邃貌。后因以"潭府"尊称他人的居宅。③附骥：蚊蝇附在好马的尾巴上，可以远行千里。比喻依附名人而出名。也说附骥尾。一般用作谦词。

【译文】中秋节后，我写了一封信回复您，想必已经到达您衙门收发公文的办事人员手中了。转眼之间，秋天都快过去了，聆听西风的淅淅声，看满城落叶萧萧落下，您在衙门里孤单冷清，可能比春天时更愁苦罢。您是多愁善感的人，不知增添了几多离愁别绪。

您的儿子降生，真是良时，家里寄来喜信时，您一定高兴得眉飞色舞，将愁闷都转为欢喜，一连喝三大杯酒。

我很高兴您把这个好消息寄给我，使我这个月下老人可以自夸一番功德，开心得跳跃起来。

京城的使者已经路过了，使全城热闹了一番。大路上一千里扬起红尘，遮住了行人；车子像流水般连绵不绝，马儿像云一样交错飞动，真是难得的奇观。不是有福气的人，配不上这种场面。

在衙门里做事，时间只有冬天的三个月过得飞快。跟您约好十二月初一道回去，希望不会爽约。

七四、与许葭村

重九后，数行复候起居，知邀青照①。小阳佳日，舞彩调琴，天伦至乐，远胜蓬瀛。而玉麟早已投怀，何竟秘而不宣，劳远人揣度乎？

阮君书来，道其夫人九月有如达②之喜。因思是月也，雀入大水③，故敝署五产而皆雌。今来函又改于十月娩身，其得蛟龙也必矣。第亲自造作者，竟不知其月，抑又奇也。

舍侄甘林得馆之难，正如其伯之得子，岂其东家尚未诞生也？

今年曾寄寓信，计六十余函。足下阴行善事，不厌其烦，何以报之？惟有学近日官场，念《金刚经》④万遍，保佑足下多子耳。

【注释】①青照：照是看的意思。拿好意看人，叫青眼；拿恶意看人，叫白眼。②如达：《诗经·大雅·生民》："诞弥厥月，先生如达。"达，羊子。意为十月怀胎，如生羊子，言其易。③雀入大水：《礼记》里有一句："雀入大水为蛤。"蛤蚌这一类东西，常用来比方女人。所以雀入大水，是比方生女孩儿的意思。④《金刚经》：佛教经典，全称《能断金刚般若波罗蜜经》，又称《金刚般若波罗蜜经》，简称《金刚经》。最早由后秦鸠摩罗什于弘始四年（402）译出。共一卷。以后相继出现5种译本。此经主张世上一切事物空幻不实，“实相者则是非相”，认为应“离一切诸相”而“无所住”，即对于现实世界不应执著或留恋。卷末四句偈文：“一切有为法，如梦幻泡影，如露亦如电，应作如是观”，被称为一经之精髓。

【译文】重阳节后，我写了封信寄给您问您安好，想来您已经过目了。十月是好时节，您在家穿着彩衣跳舞逗父母开心，或陪着妻子弹琴，这种家庭中的天伦之乐，远远胜过神仙的自在。而您妻子早已怀孕，为什么没听您说呢，令我遥遥地盼着好消息。

阮君寄信给我，据说他妻子预计九月份生孩子。想来九月份大概率生的是女孩，所以我家九月生的五个都是女孩。今天他又寄信，改说是十月才会分娩，十月一定生男孩子。只不过他自家的孩子，竟不知哪月降生，真是奇闻。

我侄儿甘林还没得到幕职，似乎颇难，正如我想得一个男孩一样，难道他的东家还没出生吗?

今年您为我转寄家乡的书信，算来有六十封了。您默默地做善事，不怕麻烦，我怎么才可以回报您的恩德?只有学最近官场中的俗套，为您念《金刚经》一万遍，望菩萨保佑您多子多福。

七五、答东光明府赵青圃

奉展复函，敬聆种种。贤者二字，为近日官场套话，惟老弟台于民间疾苦，痛痒相关，不遗余力，使民咸被其庥[①]，真可谓贤而多劳者。尊体之瘁而能安，士女之怜而兴感，此天人感应之机，难为肉食者道也。

地原称瘠，官岂能肥？然则小人所以养君子，惟在君子有以治之。能肥其民，则官亦不瘠；百姓足，君孰与不足？圣人之言，岂欺人哉！

人生一官易得，迎养为难。老弟二十余年心事，仆所深知。今一日得遂素愿，想太夫人安舆至境，百里侯[②]率父老子妇，环抱舆前，齐声而颂贤母，太夫人顾而乐之，为不负熊丸画荻[③]之苦心也。未知此时，五采绣衣，作何戏舞耳。

仆东隅已失，安望桑榆？只以四壁萧然，老牛舐犊，梨园[④]旧脚，不得不逐队登场。然穷老衰年，岂能终日唱“大江东去”？拟向偏街僻巷，打几套《莲花落》，借作下场声调，不问旁观者笑我以鼻也。

【注释】①庥（xiū）：庇荫，保护。②百里侯：是知县官的别名，说一县有一百里的地方。③熊丸：以熊胆制成的药丸。唐柳仲郢幼嗜学，其母曾和熊胆丸，使夜咀咽，以苦志提神。见《新唐书·柳仲郢传》。后用为贤母教子的典故。画荻：芦草杆子称做荻。宋欧阳修四岁而孤，家贫，母郑氏以荻管画地写字，教其读书。见《宋史·欧阳修传》。后以“画荻”为称颂母教之典。④梨园：唐玄宗时教练伶人的处所。后世因称戏班为梨园，又称戏剧演员为梨园弟子。

【译文】我展开您的回信虔心诵读，恭敬地聆听了种种教诲。“贤者”二字，是近日官场里的俗套话。我想着您每时每刻考虑着民间的困难、百姓的疾苦，殚精竭虑处理政事，使百姓生活变好，蒙受恩泽，是真可以称得上是贤能而又勤劳的官员。您的身体累得生病，幸而好转了，一县的男男女女，哀怜县令的勤苦，而作了歌颂的诗句，这是天意、人心相互感应的原理，这是那些自私自利的权贵们理解不了的。

您的县治内，土地原本贫瘠，官府哪能富裕？然而万家小民，之所以向官府交纳赋税钱粮，是因为官府可以通过治理，让社会更公平公正，使贫苦百姓更富足。能使百姓的田地肥沃，官府的仓库也不会贫瘠。“百姓已经富足了，国君还缺乏什么呢？”圣人的话，怎么会骗人呢？

人生求一官职容易，迎接父母到身边赡养却很难。您二十多年放在心里的愿望，是我深知的，如今突然称心如愿。想来您母亲安全地乘车抵达县内，您这位县令率领着百姓们、儿子儿媳，围着车子作揖迎接，一齐歌颂贤母，太夫人看在眼里十分快乐；这才不辜负贤母苦心培养的恩德。不知此刻，您是否穿着五彩绣衣逗母亲开心呢?

我的青年时光已经浪费,不敢奢望老年有何成就。只因家里贫穷,又不得不为幼子打算,才不得不仍在衙门里扮角演戏。然而困顿兼衰老,哪还有心唱“大江东去”豪放的曲调?我只愿在轻闲的偏僻街巷,打几套乞食的《莲花落》,作为离开衙门的终曲,也不管旁观者从鼻孔里笑话我了。

七六、与孙星木

居庸关外,淹滞三年,谏不行,言不听,而犹未去,则可愧之甚矣。

兹已决意南旋,腊初买车起程。惟与知己远违,未免怏怅。

明岁之冬,仍作北游。慷慨悲歌[①]之士,总在燕南赵北之间,后会正可期耳。

【注释】①慷慨悲歌:情绪激昂地放歌,以抒发悲壮的胸怀。语出晋·陶潜《怨诗楚调示庞主簿邓治中》:“慷慨独悲歌,钟期信为贤。”

【译文】我在居庸关外的一个地方做幕僚，停留了三年，东家对我提出的建议不施行，意见也不听取，而我还继续留在他身边不离开，这实在是令人惭愧啊。

现在我决定回南方去，十二月初就买车上路。想到将要与好朋友远别，免不了心中失落。

明年冬天，我仍会来北方。满怀理想、志愿宏大的人，注定要到燕赵之地求立身之处的，还会有见面的机会。

七七、答赵青圃

笼鸟盆鱼，访友已虚千里驾；江鸿云雁，怀人最是九秋天。矧知己非比泛交，而小别竟成久阔。能不抚摇落而增悲，惜离群而兴叹？

忆昨临津聚首，官舍连床，雄辩则四座风生，手谭[①]则一枰星落。飞觞月下，参差醉影如仙；联句花间，馥郁文心似锦。岂意盛游不再，欢会难长，抛残座上之樽，阳关三叠[②]；隔断梦中之路，云树数重。何人索解，几同缄口之三；镇日相思，奚止回肠之九？对黄花而消瘦，览明月以低徊。

所幸足下志切青云，性耽黄卷[3]；受鸾毫于郭璞[4]，借风彩于罗含[5]。他年鹏运[6]，定扬激水之程；此日龙媒[7]，已擅绝尘之誉。然而寸阴宜惜，一篑须加。良马见影而即飞；霜鹰下鞲[8]而辄中。攀丹桂[9]于月宫，天香染袖；探杏花[10]于上苑，春色沾袍。显扬之志欲酬，磨励之功宜豫。虽悲秋宋玉，难禁陟屺[11]之思：而奋迹陶侃[12]，且振摩天之翼。

若仆学昧蹲鸱[13]，才同疥骆[14]。笑豕蹢之皆白[15]，叹鱼尾之将赪[16]。郭隗陈台[17]，空悲骏骨；燕王旧里，徒望黄金。敝季子之黑貂[18]，羞言刺股；弹冯驩[19]之长铗，耻欲蒙头。魏徵[20]山前，望白云[21]而肠枯寸寸；仲宣[22]楼上，对红树而泪迸双双。已矣哉，四十无闻；奈之何，百年轻掷。虽万斛不足量愁，即十车未能载恨。

乃惠承锦念，惠我瑶章。庾信[23]清新之句，字字含情；徐陵[24]悱恻之词，言言寄怨。击碎唾壶[25]，烦忧并集；浇空酒盏，感憾交深。

爰裁尺素以纾情，且托双鲤而广意。开缄把读，无非新旧啼痕；掩袂长思，却是故人心血。知越石[26]中宵起舞，不俟闻鸡；而相如半道题桥[27]，终当乘驷。惟祈努力，跂予望之。

【注释】①手谭：即手谈。下围棋叫手谈。②阳关三叠：乐曲名。唐朝王维所作渭城曲诗："渭城朝雨浥轻尘，客舍青青柳色新。劝君更尽一杯酒，西出阳关无故人！"后人将之谱为送别之曲。今仅存琴歌谱，因"西出阳关无故人"句重复三次，故称为"阳关三叠"。

③黄卷：书籍。古时以黄檗（bò）染纸以防蠹，故名。④受鸾毫于郭璞：鸾毫，是笔的别名。毫便是毛，鸾毛是五色的。郭璞，字景纯，河东闻喜人。东晋文学家与思想家。博学高才，好古文诗赋，富文采。南朝梁江淹，字文通。相传少时梦人授以五色笔，故文采俊发。晚年梦郭璞索还五色笔，尔后为诗遂无佳句。后以“江淹梦笔”比喻文思泉涌，擅作诗文；也比喻才思减退。⑤罗含：晋人罗含少时梦一文采华丽的鸟飞入口，自此文思大进。后以“罗含梦鸟”形容人才华出众或文辞华美。典出《晋书·卷九二·文苑传·罗含传》。⑥鹏运：见第五四篇《又答》注释㉛。⑦龙媒：见第五四篇《又答》注释㉘。⑧鞲（gōu）：臂套。用革制成，用以束衣袖，射箭或操作时用。⑨丹桂：见第六五篇《答沈霭堂》注释⑨。⑩杏花：见第六五篇《答沈霭堂》注释⑧。⑪陟屺（zhì qǐ）：陟，升，登高；屺，无草木的山。登上屺山。语本《诗经·魏风·陟岵》：“陟彼屺兮，瞻望母兮。”后比喻思念母亲。⑫陶侃：晋代名臣，浔阳（今湖北省黄梅县）人，字士行，明帝时拜征西大将军，都督荆襄军事，平定苏峻之乱。初为广州刺史，每日搬运砖块以锻炼体力。为人忠顺勤劳，时人比之诸葛亮。⑬蹲鸱（chī）：鸱，猫头鹰。蹲鸱，即大的芋艿，因状如蹲伏的鸱，故称。北齐颜之推《颜氏家语·勉学》：“江南有一权贵，读误本《蜀都赋》注，解‘蹲鸱，芋也’乃为‘羊’字。人馈羊肉，答书云：‘损惠蹲鸱（谢谢您送我的蹲鸱）。’举朝惊骇，不解事义。久后寻迹，方知如此。”⑭疥（jiè）骆：生疥疮的骆驼。喻不为人喜爱的事物。《北史·刘昼传》：“子才曰：‘君此赋，正似疥骆驼，伏而无妩媚。’”⑮豕蹢（dí）之皆白：豕，猪；蹢，蹄子。语本《诗·小雅·渐渐之石》：“有豕白蹢，烝涉波矣。月离于毕，俾滂沱矣。武人东征，不皇他矣。”该诗记述的是军

士东征途中的劳苦之情。大雨滂沱，跋涉艰难，已无暇顾及其他。⑯鱼尾之将赪（chēng）：《诗·周南·汝坟》："鲂鱼赪尾，王室如燬。"《毛传》："赪，赤也，鱼劳则尾赤。"后以"赪尾"指忧劳，劳苦。⑰郭隗陈台：见第五四篇《又答》注释㉙。⑱敝季子之黑貂：苏秦，字季子，洛阳人，战国时候著名的纵横家。指战国时苏秦入秦求仕，资用耗尽而归之事。《战国策·秦策一》："苏秦说秦王书十上而说不行，黑貂之裘敝，黄金百斤尽，资用乏绝，去秦而归。羸縢（téng绑腿布）履蹻（jué草鞋），负书担橐，形容枯槁，面目犁黑，状有归色。归至家，妻不下纴，嫂不为炊，父母不与言。苏秦喟然叹曰：'妻不以我为夫，嫂不以我为叔，父母不以我为子，是皆秦之罪也。'乃夜发书，陈箧数十，得太公《阴符》之谋，伏而诵之，简练以为揣摩。读书欲睡，引锥自刺其股（大腿），血流至足，曰：'安有说人主不能出其金玉锦绣，取卿相之尊者乎？'"后以"季子裘"谓旅途或客居中处境困顿。⑲冯驩：见第四二篇《答丁仙槎盐大使》注释①。⑳魏徵：唐朝的魏徵，做谏议大夫，常到山上去祭扫父母的坟墓。㉑白云：见第六三篇《答谢丙南》注释②。㉒仲宣：见第六九篇《答姜云标》注释⑥。㉓庾信：见第五四篇《又答》注释⑦。㉔徐陵：字孝穆，南朝著名文学家。㉕击碎唾壶：《晋书·王敦传》："（王敦）每酒后辄咏魏武帝乐府歌曰：'老骥伏枥，志在千里。烈士暮年，壮心不已。'以如意打唾壶为节，壶边尽缺。"原形容对文学作品的极度赞赏，后亦用以形容抒发壮怀或不平之情。㉖越石：晋朝刘琨，字越石。《晋书·祖逖传》载：东晋时祖逖和刘琨二人同为司州主簿，友情很深，常互相勉励振作，夜里听到鸡叫就起床舞剑，刻苦练武。后以"闻鸡起舞"比喻有志之士及时奋发自励。㉗题桥：汉代司马相如初离蜀赴长安，曾于成都城北升仙桥题句于桥柱，自述致身通显之志，曰："不乘赤车驷马，不过汝下也！"事见晋·常璩《华阳国志·蜀志》。

【译文】我就像笼中之鸟、盆中之鱼，束缚在繁琐公务中，不能驾着马车赶到千里之外去拜访您。传信的鸿雁飞过江水云天，令我在九月的深秋时节更加思念您了。况且您是我的知己，不是泛泛之交。原以为只是短时间的离别，结果已久久不见面了。看着秋叶凋落，使我平添了许多忧伤；可怜自己像离群的孤雁一样，令人叹息不已。

回忆往日和您在临津相聚，我们住在衙门里同一间官舍，床挨着床。我们辩论争胜，奇句迭出，使围观的人心弦震动。与您下棋趣味无穷，像是满天星子落在棋盘上。对着月亮一起喝酒，醉得影子歪斜，狂舞如仙。坐在花树里一句一句接着作诗，心里的字真是锦线绣成的。哪知道与您相伴的时间这么短。送别时酒一杯接一杯不停，不忍心听那《阳关三叠》；两地间云和树遮断了遥望的视线，使我梦里都难去寻觅。我身边再无人知晓心意，嘴上好像被封了三道布条一样，不和人说一句话。思念了一整天，哪止回想九次？我因为想您瘦得比黄花还单薄，对着明月让心事沉淀。

令我高兴的是，您的志向高于青云，以读书为乐；郭璞交给您五色的彩笔，罗含借给您发光的凤鸟，使您文采灼耀。他年鹏鸟展翅，扬起海波，前程高远；今日神骏试步，疾速绝尘，已经专擅美名了。然而一寸的时间都须珍惜，垒成高台的最后一筐土，也要添上。好马看见鞭影快得飞起来；狠戾的猎鹰在白霜铺地时，也能一离臂套就扑中野兽。八月一定可以考中举人，二月里就是新晋的进士，去御花园赴宴。想让才名声闻天下，就要早日磨砺美质。虽然做孝子的都会在秋天异常思念母亲，但是志向高远的人，须像陶侃坚定地试炼自己的本领啊。

而我，学问少得连字都认错，写的文章像生疥疮的骆驼一样不讨人喜爱。我时运不济，路途艰难，就像被久雨的积水困住，没有精力再考虑其他；想拼命挣扎，奈何鱼的尾巴因为游水太久变成红色了。徒劳地哀伤自己不如郭隗，可以让燕王掷千金买马骨。苏秦在各国游说太久，黑貂皮衣都破了，然而我已心灰，不能学他不惜刺伤大腿攻习学问。冯驩弹着宝剑向孟尝君讨要优待，求乞之态真是让自己都耻辱得要蒙住头了。魏徵站在山前，望着白云思母，伤痛得肠断；王粲登上高楼远望家乡，树叶红尽相思泪流。算了罢，我四十岁了还没一点名声；无奈啊，人生的一百年轻易地浪费了。我的愁苦，一万斛都装不下，十辆车也载不动。

感谢您也挂念我，送我您写的诗句。真如庾信的诗清秀而新异，深情动人；又如徐陵幽思缠绵，怨心遥寄。我的烦恼忧愁也很多，真要学王敦击碎唾壶了；用情至深必然生出遗憾，喝多少酒也排遣不完。

于是在白色信纸上写下心情，托双鲤鱼寄给您。您打开信封读了，就知道伤心人泪眼何时是干的；掩了面庞深思，就知道我心里念念的事了。我想您勤心苦志，像刘越石一样半夜起床舞剑，哪会等鸡鸣；司马相如题字，不成名就不通过此桥，您也当如他最终名声显著。盼望您努力，我垫起脚跟等着您的好消息啊。

七八、答丁星使

自司署[①]分袂后，忽忽二十余年，不特把晤缘稀，即音问亦皆阔绝。沈约“梦中不识路”，今日无梦之可寻，惟于屋梁落月[②]，想见颜色耳。尺素颁来，深感故人之意，兼悉佳况之详，不谓足下复作燕赵游。曾忆云雨寺前，坐柳阴而听黄鸟，足下纵酒肆谈，解衣磅礴，有不可一世之概，今尚得如当年豪迈否？

弟潦倒风尘，年逾知命，往时意气，消磨殆尽，惟剩得几根残骨，依然骯脏[③]人间。而一贫如故，不得不随少年子弟，涂粉墨登场。

足下既有山可耕，水可钓，尽可赋《归去来兮》，消受鉴湖春色，何尚稽滞为耶？地非剡水[④]，人非子猷[⑤]，欲谋过访，彼此俱难，更未识此生得再见否。

【注释】①司署：署是衙门。清朝的藩台，称做布政司使，臬台称做按察司使。臬台藩台的衙门，都称做司署。②屋梁落月：说月光照在屋子里梁上，好似见了朋友的面，是记挂朋友的意思。杜甫诗：“落月满屋梁，犹疑照颜色。”③骯脏：高亢刚直的样子。引申为强项挣扎的意思。④剡（shàn）水：即剡溪，河川名。位于浙江省嵊县南，为曹娥江的上游。晋时王徽之尝雪夜访戴逵于此。⑤子猷：晋王徽之的字。王羲之之子。居会稽时，雪夜泛舟剡溪，访戴逵，至其门不入而返。人问其故，则曰：“本乘兴而行，兴尽而返，何必见戴！”见南朝·宋·刘义庆《世说新语·任诞》。遂传为佳话。

【译文】自从我们在衙门分别，一转眼已经二十多年了，不只是不能见面，就连音信都很久不通了。沈约诗里说：“梦里认不得您家的路。”如今我连梦也没有，只是偶见落在屋梁的月光，便想起您的容颜。收到您寄来的书信，我深深感到您的关爱之意，并知道您现在各方面都很好。我没想到您又去了北方燕赵之地闯荡。回忆曾经在云雨寺里，我们坐在柳阴底下听黄莺鸣叫，您一边饮酒一边高谈阔论，解开衣服豪情雄壮，真有英雄不过如此的气概，现在仍是像当年一样豪迈吗？

我在俗世中一直穷困潦倒，年龄过了五十了，少年时的志气，已经没有了，只剩下几根硬骨头，在人间挣扎，苦苦支撑。然而依旧像过去一样一贫如洗，不得不仍赖在衙门里，跟一班少年子弟，脸上涂了粉墨装样唱戏，供人消遣而已。

您在乡下的田园，可以耕地钓鱼，满可以学陶潜归隐，饱览鉴湖的春景，为什么还滞留在北方呢？您那里去一趟很不容易，我公事缠身，不像王徽之那样有时间走远路看望朋友，虽想过去拜访您，两边条件都不允许，更不知道今生可否再见面。

七九、答朱桐轩

一枝甫寄，双鲤遥颁[1]，承奖饰之过情，何记注之独挚！回环雒诵，惭感交萦。神交二十余年，芝光[2]乍挹，判袂匆匆，关山阻隔，欲晤无由，转不若希响风徽，结想千载也。

伏谂二兄大人，倚马[3]才高，雕龙望重，固可振翮云霄，腾骧王路；何以依红泛绿[4]，久郁壮图？末路才人，能勿同声一叹！然而浮云富贵，泡影功名，本无关乎荣辱，读庄周《齐物》之篇，正可作破闷汤也。惟高轩游历，足饱风尘，而松雪未荒，青山可隐。潘岳有板舆之奉[5]，谢庭多玉树[6]之荣，实天伦之至乐，固不肯以彼易此。况乔木已久借全枝，陈榻[7]非南州不下，主人谊重，国士情深，少陵所云“束缚酬知己[8]”者，又处于无可如何耳。

弟才不通方，性难谐俗，生无傲骨，而苦乏媚容；人本清贫，而翻忧浊富。一生心血，消磨于簿书钱谷[9]、长笺尺牍之中；半世佣资，耗费于仰事俯畜、雪炭绨袍[10]之际。

今则桑榆已迫，蒲柳先衰，尚欲抹粉登场，与少年子弟插科打诨，其事可悲，其情可悯。贫者士之常，以贫始者，固应以贫终。拟迁延两三载，必当挈眷南旋。即寒饿衡门，亦胜飘蓬异地。吾兄襟怀高旷，能许以雍之言然否耶？

省垣虽不乏名流，而素心难得。衙斋独处，兴味萧然，安得与知己促膝，一话生平哉！

雨窗岑寂，伸纸作书，并录俚言，附求郢政⑪。惰性所寄，略见一斑，吾兄见其人而略其诗可也。饮蒲节近，吉人之祉，定增康胜。

【注释】①一枝、双鲤：见第四〇篇《答丁品江》注释①。②芝光：见第六四篇《答章炎甫》注释①。③倚马：见第五八篇《答丁品江》注释⑧。④依红泛绿：见第三四篇《又答王言如》注释③。⑤板舆之奉：见第五四篇《又答》注释㉑㉒。⑥玉树：称别人的子侄辈，称做玉树。晋朝谢玄说道："人家的好子侄，好似院子里种着芝兰玉树，给旁人看了好看的意思。"⑦陈榻：见第五八篇《答丁品江》注释⑥。⑧束缚酬知己：杜甫写给剑南节度使严武的诗中的一句。杜甫定居成都，一度在严武幕中任检校工部员外郎。⑨钱谷：衙门里专管钱粮收付事体的，名叫钱谷师爷。⑩绨（tí）袍：见第四九篇《与昌平州归》注释⑩。⑪郢政：指正，谦词。据传古时郢地之人善用斧，能正歪斜之木。后人以诗文求教于人，便称郢政或斧正。政，借用正。

【译文】我才寄给您一封信，就收到了您从远方寄给我的信，多谢您出于情意而对我褒奖，记挂我的心情又特别真挚。我反复地诵读您写的信，惭愧和感谢萦绕心怀。我听闻您的名字但没认识您，当您是精神上交流的友人；二十多年后，才有缘认识您，才一睹您华光熠耀的风采，就匆匆与您分别了，相隔着山陵关道，想见面都不行，还不如在心里想象着您的神韵，可以存想千年。

我默想着二兄大人您文才卓越，临时受命，也能在战阵中倚马写成檄文；雕画五彩龙身的笔力，不是一般的声望。本就该考中进士得高官，为什么还是在莲花幕里做幕僚，依靠别人做事，使雄心壮志长久不伸？您是时运不好才无路可走的才人，人们能不为您可惜吗？然而功名富贵，如同浮云梦幻一般虚妄不实，到头来终是一场空，无关自身的荣辱得失。读了庄子的《齐物论》，这些烦闷都一消而尽。我想您离了家乡，驾着高车去远远的地方做幕僚，在风尘里奔波很是辛苦；而家乡松雪畔的田地还能耕种，青山围绕可以作安稳的归巢。为什么不返回家乡呢？您已经接了母亲在身边同住，芝兰玉树一般的子侄们也聚在您身边，实在是家庭里最快乐的事，所以才没打算归去吧。何况您久久感念东家的深厚恩情，您的东家也离不开您，就像陈蕃只为徐孺一个人设卧榻。主人的情谊重，国士也知恩必报，正如杜甫说的“为了回报知己而被束缚羁绊”，这也是无可奈何的事情。

我才疏学浅，不通为政之道，生性难以融入众人之中，虽然没有倔强刚毅之气，却也不能强迫自己讨好别人，家世清贫，而不屑于通过不正当手段求取富贵。我一生的心血和精力，都消耗在衙门中的文书、簿册、钱粮、信件这些琐碎的事务中。做幕僚换得的俸钱，耗费在奉养母亲、养活妻儿，以及资助困难的朋友上了。

太阳已迫近西边的桑榆树，我的年龄已近晚年了，身体像蒲柳到秋天已干枯。然而还要把白粉墨黛涂在脸上，在人前扮演角色，跟一班年轻子弟一起帮腔起哄。说起来是很可悲的事情，这种情形也真是令人可怜。贫穷常伴读书人，一生以贫穷开始，本应以贫穷终结。我打算再拖两三年，必要携着一家人回南方。就算要挨饿受冻，穷得用木条做门，也比做一根蓬草飘泊远方好。您的心思一向高妙而乐观，是否会认同我的想法呢？

我在省城里认识了不少名流，然而没一个可以真心交谈的朋友。我在衙门的房舍里孤单寂寞，没有一点振奋心情的事。真想与您坐在一起聊聊生平的事情啊。

下雨天非常安静，我坐在窗前拿出信纸写下这封信，并抄录了近期作的诗，请您帮忙斧正。我的诗里寄托了一生疏懒的心性，您看了也就了解。您了解我这人就可以了，希望忽略我的诗作的好坏。端午节快到了，您吉人多福，今后必然更健康如意。

八〇、答陈胜园

自送仙舟，神与俱往，仆回，奉华翰，知片帆无恙，安抵保阳，借以稍慰。

晦明[①]风雨，两换春秋。案牍浩繁，深劳擘画[②]。而埋头之暇，或商榷时事，或虚写衷怀，无不语出同心，情如一致，可谓得相资之益，极相聚之乐者。

不图高踪遐举，远赋骊歌，愧絷维[3]之未能，徒黯然而伤别。弟固知足下之不忍弃余，即足下亦知弟之不忍相离也。而行或使之，止或尼之[4]，此中盖有数所定，而不可强者。

惟足下芳名素著，不难到处逢迎。而鄙人衰病无能，顿失良朋勗助，且相与诉晨夕者，更何处再得素心？岂仅索居无偶、寂寞寡欢而已哉！

沈聚亭闻台驾之行，颇为叹息，欲于中秋后来郡相帮。望其形迹，无烦折简而邀；怜我衰颓，肯作一臂之助。是真古道而兼谦德者欤，能不令人钦感！

【注释】①晦明风雨：黑夜与白昼，昏暗与晴朗。②擘（bò）画：安排、策划。③絷（zhí）维：语出《诗·小雅·白驹》："皎皎白驹，食我场苗，絷之维之，以永今朝。"谓绊马足、系马缰，示留客之意。④行或使之，止或尼（nǐ）之：尼，阻止。一个人走出去，好似有人在指示他；一个人住下了，好似有人在阻止他。语出《孟子·梁惠王》："行，或使之；止，或尼之。行止，非人所能也。"比喻行动或停止，其实并非人力所能决定。

【译文】自从送您乘船离开，我的魂魄也跟着走了。我回来后，收到您的信，知道您一路顺利，安全抵达保定，令我稍微放心了。

当时与您同在衙门共事，夜以继日、风雨同舟，度过了两年时光。案件书信浩如烟海，多亏您帮我出谋画策。埋头做完公事，或者交谈当时的新闻，或者互相赠诗披露情志；两个人想法、心情都很契合。可以说我们彼此受益，相处非常愉快。

没想到您高迁别处，要去远地就职，必须与您分别，我惭愧无法挽留您，只能伤心送您离去。我想您一定不忍心弃我而去，您也知道我不舍得您离去。然而不管是去是留，有时并非人力所能决定，这其中大概都有定数，不可以强求。

我想，您的才华名气素来无人不知，去任何地方都是被希求的人才。而我体力渐衰，病弱无能，一下子失去您这位好朋友的帮助，而且早晚互相扶持照顾、真心相待的人，也难再寻到一位。不仅仅是没有好朋友在身边陪伴，孤独不开心而已。

沈聚亭听说您离去之事，也很感叹，打算中秋节后来郡里帮助我处理事务。我观察他的样子，不需我专门写信邀请就会来的。他可怜我衰老乏力，肯助我一臂之力，真是热心而又谦逊的人，能不令人钦佩和感动吗？

八一、与交河明府王达溪

每殷御李[①]，甫慰瞻韩[②]。蒙长者独垂青盼，宠爱异常，敬聆快诲，顿开咸邱[③]之胸；更荷隆情，特下陈蕃之榻[④]。而且虑其赋闲，广为说项[⑤]，感之至者，不言感矣。

抵保次日，适李年伯⑥遣使探邀，因作札辞谢。即或复我，断不再往，鷦鷯⑦虽不择枝，而荆棘丛中，未敢再为寄足，此意惟长者鉴之。

【注释】①御李：东汉李膺，字元礼，有贤名，士大夫被他接见的，身价大大提高，被称作登龙门。荀爽去拜访他，并为他驾御车马，回家后对人说："今日乃得御李君矣！"后因以"御李"谓得以亲近贤者。②瞻韩：见第六一篇《与交河明府章峻峰》注释②。③咸邱：复姓，又作"咸丘"。战国时候，有咸邱蒙，是孟子的弟子。此处谦称自己为对方的学生；同时又取"蒙"字之义。④陈蕃之榻：见第五八篇《答丁品江》注释⑥。⑤说项：见第六一篇《与交河明府章峻峰》注释①。⑥年伯：见第四九篇《与昌平州归》注释⑪。⑦鷦鷯：见第四九篇《与昌平州归》注释③。

【译文】您德高望重，承蒙您对我的殷切关爱，得以瞻仰您一面，就已太幸运了。感谢您这位长者能够看重我，对我厚爱有加。恭敬聆听您的教诲，令我一下子心胸敞亮；又承蒙您格外优待，让我在您衙门里落脚。而且忧心我没事情做，处处向人推荐我。大恩不言谢，您的恩情太重，我对您的感激已经不需要用言语表达。

我抵达保定的第二天，正好遇到李年伯派使者来探访，并邀请我去做事。于是我写了一封信委婉拒绝。即便再次邀请，我也是断然不会再去的。鷦鷯选树枝在上面做巢，虽然能安身就已满足，但长了刺的荆棘丛里，不敢再踏进第二次了。我的意思希望您能明鉴。

八二、辞宣化太守李年伯

车至汝水，晤丙南谢四兄，出示钧谕，命侄径往上谷[①]，毋庸到保，以省旅费。垂眷愈殷，感铭愈切。冰雪长途，如登仁宇，俾寒酸五内俱春。

仲春二日抵保，适盛纪何忠到寓，问出关之期。询悉年伯[②]大人晋福敷猷，潭祺增庆，双旌五马[③]，到处欢腾，慰忭何似！

侄赋性迂疏，诸多未谙，蒙长者收置笼中，委以重务，坐春风者七载，縻[④]清俸者三年。昨腊辞归，先承订约。今冬甫出，复荷远邀。寒士笔耕将母，得贤主人若此，亦终生之幸也。若欲遽萌退志，另择新交，虽至愚极谬，当不出此。

惟侄才不足以惊人，言不足以动听，见善而不知劝，见过而不能规，鹿鹿鱼鱼，无关轻重。三年上谷，亦已自愧素餐，若再腼然分禄，则负德疚心，其何能解！

且关外水寒，致生脾泻，回来医治，迄未就痊。年未四旬，而精神不振。以年伯之肆应[⑤]宏通，案牍之外，百函并发[⑥]；而使庸碌病躯，虱于其间，能不苟简迟误？延友者何所取义，得惰者更有何颜！若以主人情重，必勉力疾趋，则食少事繁，断难长久。

上有垂白之亲，下无襁褓之息，以不可即死之身，而必欲殉之，其为报则得矣，其如不孝何？罗昭谏[7]诗云："身不许人因母在。"当亦仁人君子之心，所恻然而深谅者也。

淮阴怀一饭之恩，尚思酬报，岂有久侍龙门，备邀垂眷，而竟恝然[8]如弃，同于负心之徒？盖其不得已之苦情，有自知之而不能言之者，此实福薄命穷之所致。感慨低徊，寸心如结！

惟祈俯垂清听，宥之格外，速延硕学，克助治烦，从此勋业日新，令闻上播。侄虽未依德座，而区区欲报之血诚，借他人而稍慰，是则有益于年伯者非浅。

昔人有荐贤自代者，此侄不敢自欺以欺长者之愚忱也。专函布悃，伏冀鉴原。

【注释】①上谷：上谷郡，郡治在今河北省张家口市怀来县。所辖范围大致包括今张家口市怀来县、宣化区、涿鹿县、赤城县、沽源县以及北京延庆区等地。②年伯：见第四九篇《与昌平州归》注释⑪。③双旌：唐代节度领刺史者出行时的仪仗。泛指高官之仪仗。借指高官。五马：称太守为"五马"。汉时以四马载车为常礼，惟太守则增一马，故称为"五马"。④縻（mí）：消耗，通"靡"。⑤肆应：见第五六篇《答沈回言》注释⑤。⑥百函并发：见第五四篇《又答》注释⑬。⑦罗昭谏：罗隐，字昭谏，杭州新城人，唐代文学家。⑧恝（jiá）然：漠不关心貌，冷淡貌。

【译文】我乘车赶到汝水，见到了四兄谢丙南，他将您写的信转交给我，您命我直接转道去上谷您那里，不用再去保定，可以节省旅途费用。您如此器重我，使我心中的感激之情更加深切了。我在冰雪里赶路，一路挨了很久的冻，得到您的信，我就像登进仁慈主人的屋宇，让本来寒冷酸楚的内心一下子温暖起来了。

二月初二日我抵达保定，见到了您派出的使者何忠来到我的住所，问我何时出关去上谷。我向何忠询问您的近况，得知您身体健康，事业兴旺，家中也有了吉祥喜庆的事；又得知您升任知府大人，所到之处百姓们欢欣鼓舞。我感到既欣慰又高兴，没有比这更好的事了。

我生性迂远疏阔，不明事理，各方面的知识欠缺，承蒙您将我收留在身边，把重要事务交给我做，聆听您的谆谆教诲七年，虚领俸禄三年。去年十二月辞别您回家，您就约定让我仍旧辅助您。今年冬天我才出来谋职，又承蒙您不辞远路来邀请。我一介贫寒之士，依靠从事笔墨工作为母亲养老，遇到您这样情深义重的东家，也是一生的幸运。如果我突然打退堂鼓，另寻新东家，即便最蠢笨荒唐的人，也不会这样做。

只是我这个人才智平庸，说话也不能打动人。见到别人做了好事，不能鼓励他坚持做下去；见到别人有不足的地方，也不会规劝使其改正。就像鹿、鱼，只是跟着队伍奔窜，起不了作用。在上谷工作的三年，我已经很惭愧白白领取您给的薪俸，却没有什么贡献。如果我再厚着脸皮领取俸禄，既是辜负您的恩德，又让我心里愧疚，实在过意不去。

而且上谷地处关外，天气严寒，我得了腹泻病，回来治疗，至今还没有痊愈。我不满四十岁，但精神时常低迷不振。您做事精明强干，游刃有余；处理桌案上的案件、信函之余，让使者在旁等着，写一百封信发出去都没问题。却让我这无用又害病的人，在您身边添乱，把您的事做得潦草又迟慢。您请我做幕僚的作用在哪儿呢，我这白领俸禄的人能不羞愧吗？如果我因为受您恩德太重，一定要勉强自己拼命追随您，那么我身体条件有限，而承担繁重的任务，是断然无法坚持下去的。

我上有白发苍苍的老母亲，下还没有生育子嗣，身上的责任尚未完成，不能不留着这条命，如果为了报答主人以身殉职，那么尽忠报恩是完成了，对母亲的不孝之罪怎么免除呢？罗隐的诗说："不能把性命许给别人，因为母亲还在。"这种情形，相信您这样宅心仁厚的君子一定会深深地体谅。

韩信受漂母一饭之恩，尚且记得回报。哪有受人知遇之恩，优宠眷顾，而竟然冷淡辞行，丢在一旁，同忘恩负义一般？是因为有不得已的苦衷，只有自己知道而不说不出口啊。这实在是因为福报浅薄、命运乖舛造成的。令人感慨不已，心中郁结，不能排解。

请求您垂怜倾听，格外开恩，原谅我的冒昧，及时另外聘请博学多才的人，辅佐您处理繁忙的公务，从此您的功业日益隆重，贤能的名声传到上面去。我虽然不能依附在您幕下了，但想报答您知遇之恩的心愿，可以凭借他人的工作来完成，心中也稍稍得到安慰，这也算我做的有益于您的事了。

古代就有向主人举荐贤者，代替自己的。我不敢欺骗自己、欺骗您，所以才离开，都是出于我愚直的忠心。特地写这封信表达我的心意，恭敬地请求您明察和理解。

八三、再辞宣化太守李年伯

仲春下旬，拜奉赐函，知前肃寸椷[①]，已邀垂照。乃荷年伯大人不加谴责，谬爱愈殷。雒诵回环，感惭交集。

侄以袜线庸才[②]，蒙为许可。七载承风，三年分俸，不为不久，岂有熟道不由，而反寻生路乎？

惟侄毫无学问，谏不足以格非，言不足以动听，危而不持，颠而不扶，而顾因菽水无资，靦颜窃食，自为计则得矣，其如负延友之盛德何？

来翰云："岂视拙官不合时宜[③]，遂弃去耶？"又云："岂以为不足与交，防终隙耶？"夫不合时宜，侄所欲改而未能者。年伯如果不合时宜，正可庆水乳之融，何肯去此而投人所忌？若不足与交，则七载登龙[④]，依依不舍者为何？矧贫贱之士，得以上交显者，亦深幸际遇之隆矣。此长者之垂爱过深，遂不觉设此疑词，而侄之不敢奉命者，盖在彼而不在此也。尚祈鉴其愚忱，是所深感。

【注释】①椷（jiān）：通"缄"，书信。②袜线：韩昭仕前蜀，多才艺而无一精通，时人李台嘏以"韩八座事艺如拆袜线，无一条长"讥刺之。见宋·孙光宪《北梦琐言·卷五》。本以袜线讥刺他人才短。后转为自谦才疏学浅之辞。③不合时宜：不符合当前的潮流，与当前的社会思想、习俗等不相投合。《汉书·卷十一·哀帝纪》："皆违经背古，不合时宜。六月甲子制书，非赦令也，皆蠲除之。"④登龙：见第五四篇《又答》注释⑰。

【译文】二月下旬，收到您赐的书信，知道之前写给您的信，您已经过目。承蒙您没有责备我，反而对我错爱更甚。我反复拜读您的信，感激与惭愧交织在心头。

我才能平庸，没有一技之长，承蒙您认可我，使我能够接受您的教诲七年，分享您的俸禄三年；时间也不算短了，人哪有不走自己熟悉的路，反而去探寻陌生道路的？

只是我没有什么学问，对自己认为错误的事也无法规劝，正确的建议也无法说服人听从。遇到危险不能挽救，颠倒错乱不能纠正。而只是为了谋取薪俸以赡养母亲，就厚着脸皮占着不属于自己的位置，自己觉得很高明，却辜负了您请我做幕友的一番恩德。我岂能这样做呢？

您在信中说："您是认为我为官迂腐，不合时宜，才弃我而去吗？"又说："难道您认为我不值得深交，免得将来关系破裂，才弃我不顾的？"您说的迂腐不合时宜，恰恰是我自身的毛病，想改都改不掉。您如果不合时宜，正好与我个性相合，我哪肯离开您，去投奔讨厌不合时宜之人的东家呢？如果我认为您不值得做朋友，那我为何七年间到您家中拜访，离开时依依不舍呢？况且我一个贫穷卑微的读书人，能够结识您这样的贵人，也是该庆贺的奇缘了。那是因为您太爱惜我，所以忽略了真实原因，而胡乱猜测啊。而我之所以没有答应您，并不是您说的那些，而是另有苦衷。我仍祈愿您明白我愚笨的忠心，我将深深感谢。

八四、辞宁津明府刘三标

滥竽[①]瀛渤之间，即耳仁声仁政，向往固已久矣。而明府因交河公谬为说项[②]，乃蒙招致。至馆未旬日，驺从[③]即赴差所，濒行，以署务谆谆委托，似有不甚放心者。知人则哲，自昔为难，无足怪也。

某赋性迂拘，与人落落，生无傲骨，而苦乏媚容；人本清贫，而翻嫌浊富。遇事则宁方无圆，宁拙无巧，宁为众恶而不随私好。此心不肯自负，而尤不忍负人。故不知者以为难亲，而知之者未尝不喜与共事。

即宣郡太守之所以不我遐弃者，亦深信其心之无他，而某之所以不敢复往者，实因谏不行，言不听，未敢素餐也。

顷李太守遣使致书，欲申前约，并有札致记室，嘱为雇车送往。某于上谷，业已辞绝。在明府或肯以一友之故，而取憾于上台；或出于谬爱之殷，而不妨饰覆。均非吾之所得而知，亦非可以勉强。

若鲰生[4]之去留，本无关乎轻重，幸勿以此介意，致费踌躇也。

【注释】①滥竽：见第五三篇《答许葭村》注释⑬。②说项：见第六一篇《与交河明府章峻峰》注释①。③驺从（zōu cóng）：古代贵族、官员出行时的骑马侍从。④鲰（zōu）生：见识鄙陋的人，为轻蔑读书人的话。

【译文】我混迹于河北、山东的幕府的时候，就已听说您仁义的美名和仁德的政治，对您仰慕已久。交河知州错爱我，把我推荐给您，您才把我招到衙门里做事。我到衙门里不到十天，您的大驾就来视查，临走之前，把衙门的公务一遍一遍地叮嘱，似乎对我还不大放心。能够准确地鉴察一个人的品行才能，可谓是明智的，自古就是难事，所以我并不认为您做法奇怪。

我的性格迂直而固执，与别人难以亲近，并没有无谓的傲气，但也做不到讨好别人。我一生习惯了清贫，反而鄙视用歪门邪道得富贵的人。我对待事情，宁可单一纯粹也不要八面玲珑，宁可朴实拙诚也不愿投机取巧，宁可被很多人怨恨，也不愿意徇私情。这颗心不肯对不起自己，更不忍对不起别人。所以不了解我的人，以为我很难打交道；而了解我的，没有不喜欢与我共事的。

就是宣化知府，之所以没放弃，而再三挽留我，也是因为信任我没有二心。而我不敢再去他的衙门，实是因为宣化公不肯听我规劝，也不采纳我的建议，我不敢留在那里吃白饭。

前几天李太守（宣化知府）派使者送信给我，仍邀约我去上谷，继续做他的幕僚。并且寄信到您的秘书那里，嘱咐您代为雇车送我去上谷。对于上谷之行，我已经决然推辞了。至于大人您，或许肯为了我，得罪作为您上峰的李太守；或许会出于爱惜我，妥当地复信婉拒他。您会如何处理，我无法揣知，也不能左右。

我是无用的俗人，是去是留都不重要，希望您思量着做决定，不要在心中纠结。

八五、与谢丙南

昨接李年伯札，知复起山东，仍接冀北；而又念及鲰生，谆谆邀致。经一番挫折，自当改观。而阅来札，依然旧日规模，其情可感，其幕断不可就，因婉辞却之。旋即补授泉州，又承致书相邀，情词更切。更以仆言婉而讽之，则云鄙性如此，欲改未能。如是则欲其入而闭之也，故复辞之。

嗟乎！为贫而幕，犹古之为贫而仕也。抱关击柝[①]之中，岂无一二贤豪者流？然读《简兮》[②]之诗，则古之不得志于时者，亦不乏人矣。

佣笔生涯，何足动人观听，惟自愧执艺之卑而已。知足下当亦怃然。

【注释】①抱关击柝：柝，木梆；抱关，守关；击柝，打更巡夜。守门和巡夜的人。泛指位卑禄薄的小官。②《简兮》：《诗·邶风》篇名。其诗曰："简兮简兮，方将万舞。"《诗序》以为"卫之贤者仕于伶官"，是"刺不用贤"之作。后因以"简兮"表示贤者不得志而沉湎于声乐。

【译文】昨天我接到李年伯的信，知道他恢复了官职，仍是在河北北部任职。他又想到了我这才不堪用的人，来信诚恳邀请我去做幕友。我已回绝了一次，他或许就打消了这个念头。而读他昨天的信，依然是原来的想法，诚挚热心地劝说我去。他的情意令我感动，但我绝不可能再去他幕府里工作了，就写信委婉拒绝了。不久他被任命为泉州知府，又写信来邀请我，用词更加真诚而恳切。又因为我写的信里，委婉指出他强硬不听人劝，他在回信中说道"生性如此，想改也改不掉"。那么，他这是想让我入幕，却又把门关闭了，于是我又写信回绝了。

哎呀！我因为贫穷而做幕友，就像古代落魄的士族，迫于贫穷去当门客。守城门的和打更的这样的小吏之中，难道就没有一两个志向远大的英雄豪杰吗？然而读《简兮》这首诗，就知道古时候时运不济、怀才不遇的人，也不在少数。

依靠替人捉刀代笔来谋生，还有什么可取之处值得别人称道呢？只有自己羞愧谋食手段的卑贱罢了。您听了也会为我感到失落吧。

八六、辞保定太守顾学潮

伯乐过冀北之野，而凡马皆良；士经品题，则声价即倍。所以知己之感，必思图报，而后于心无憾。

郡伯大人当代鸿儒，千秋金鉴[①]，士被容接者，夸耀过于龙门[②]。晚以疏庸，遽蒙青睐，许备药笼[③]，鼎言垂询，华衮[④]同荣。草木有心，亦知鼓舞，晚何敢自弃门墙[⑤]？实缘素患脾泄，致气体虚弱。简僻之区，尚可黾勉[⑥]；繁剧[⑦]之地，虑不能胜。倘刻意求劳，自欺以欺君子，则获愆辜情，何能自赎！

况晚素性拘迂，惮于逢迎，省垣冠盖如云，非疏懒者所可居。此区区之苦衷，不得不略陈于长者之前。

惟冀云霄俯照，格外曲原。而知己之感，铭诸心版，尚当图报于异日。肃函鸣悃，并申谢忱。

【注释】①千秋金鉴：历史的镜子。谓世世代代可供借鉴的人或事物。《唐史》载，唐玄宗千秋节，群臣皆献宝镜。张九龄曰：“以镜自照见形容，以人自照见吉凶。”乃述前世兴废之源，为书五卷，谓之《千秋金鉴录》，上之。帝喜，赐书褒美。②龙门：见第五四篇《又答》注释⑰。③药笼：盛药的器具。比喻储备人才之所。语出《旧唐书·卷一〇二·元行冲传》：“此吾药笼中物，何可一日无也！”④华衮（gǔn）：古代王公贵族的多采的礼服。常用以表示极高的荣宠。衮，本义为画龙于衣，也指古代帝王或三公穿的礼服。⑤门墙：孔子弟子子贡把孔子高深的学问比做高高的宫墙，能得其门而入的人很少。语本《论语·子张》：“夫子之墙数仞，不得其门而入，不见宗庙之美，百官之富，得其门者寡矣。”后比喻师门。⑥黾勉：勉励、努力。《诗经·邶风·谷风》：“黾勉同心，不宜有怒。”⑦繁剧：事务繁琐沉重。

【译文】伯乐路过河北北部的郊野，那片地区普通的马也被识别为好马了；读书人经过有名望的人的评价和推荐，名气和身价都倍增。所以读书人遇到贤明长者的提携，一定感激知遇之恩，时刻想着要报答，然后心中才可以没有遗憾。

知府大人您是当代博学的儒者，将名垂千古，做后世的榜样。读书人如果有机会被您收留接纳在门下，比升跃龙门还扬眉吐气。晚生我是个才智平庸的人，却一下子获得您的赏识，留在您身边备用。您一句话重如千钧，却肯征求我这庸人的意见，使我如穿上王公贵族的礼服一般荣耀。就算是蒙昧无知的草木，受这般优宠，也会激动得舞动枝叶，我又怎敢自己放弃向您学习的机会？实在因为我一直有腹泻病，导致气虚体弱。在公务简单轻松的衙门里，我还可以勉强应对；公务繁琐沉重的地方，我想是无法胜任的。如果强迫自己硬撑下去，就是欺骗自己，也欺骗信任我的人，如果最终犯了罪过，辜负您的恩情，自己都无法原谅自己啊！

况且我生性固执、迂腐，害怕迎来送往的应酬之事。省府里的官员、名流很多，不是我这不懂礼节又懒散的人能待的地方。这是我心里的苦衷，不得不坦诚地告诉您。

只期待您如云霄俯照地下，察知我的心情，宽容地不计较我的罪过。而您的知遇之恩，我铭记在心，今后一定找机会报答。恭敬地写信表明真心，并且向您表示感谢。

八七、与孙星木

于正定[①]大寺，而见佛之大；于正定县署，而见官之大。始知宇宙奇观，非吾辈不能遍阅也。

独是佛之大，丈六金身；若藐焉一躬，长不满六尺，官不过百里，何庞然若此？孔子曰："宁武子[②]，其愚不可及也。"殆仰承先德，变本而加厉者乎？接见后，即思告退，因吾兄嘱令代庖，不得不候吾兄之来。闻台驾已到省，幸惠然速临，毋使弟仰之弥高[③]，喟然长叹也。

【注释】①正定：地名，原为真定县。清雍正时避世宗胤禛讳，改真定县置，为正定府治。治所即今河北正定县。②宁武子：春秋卫大夫宁俞，谥武子。《论语·公冶长》："宁武子，邦有道则知，邦无道则愚。其知可及也，其愚不可及也。"后以宁武子为国家有道则进用其智能、无道则佯愚以全身的政治家的典型。③仰之弥高：愈仰望就愈觉得高大。比喻学问渊博、品德高尚，令人佩服。《论语·子罕》："仰之弥高，钻之弥坚；瞻之在前，忽焉在后。夫子循循然善诱人。"

【译文】我在正定县的大佛寺里，才看见佛像的高大；在正定县衙门里，才看见官员的气势之壮大。才知这世界上最奇特的事，只有我们这样的人，才可以一件件亲眼目睹。

只是佛像庞大，是因为人把佛塑成一丈六尺的金身；那一个小小的人，身高不满六尺，管理着方圆不过一百里的地方，为什么气势这么大？孔子说："宁武子这个政客，在国君贤明的时候他也很聪明，在国君暴乱的时候，他就装作愚蠢无知。他的聪明别人可以学到，他的愚蠢别人学不到。"这位官员大概学的是宁武子，而且比宁武子做得更厉害。见他的面之后，我就想抽身离开，因为兄弟您叮嘱我在此替代您，我才不得不等您来。听说您已经到省城了，请快来见我，别让我越盼越盼不到，唉声叹气啊。

八八、答蔚州宁刺史

佣笔生涯，本以得馆为幸。乃奉大夫之招，而以疾辞，盖亦取瑟而歌[①]之意。不意大夫不察，复以今日之辞为是，则前日之就为非；以前日之就为是，则今日之辞为非。殷殷致责，是大夫尚未知辞与就皆是也。

恒山[②]之就，乃为星木兄代庖，非明府之延致也。蔚州之辞，乃大夫谬爱，非不才所敢奉令承教也。

虽今日之大夫，即明日之明府，既可伏庖于前，何不可应聘于后？不知未到恒山，曾怀愿识荆州[③]之慕；既到恒山，仰见明府巍巍气象，有五岳不足喻其高，九州不足喻其广者，迂拙鲰生，非龙蟠凤逸[④]之士，何敢谬立于君侯之门？而迁延数阅月者，以此馆为星木之馆，当奉完璧以归赵耳。

今大夫德愈高，位愈峻，指听而气使者更不乏人。碌碌庸人，断不能供奔走之役，故不得不以疾辞。

贫士之处世也，进以礼，退以义，非苟焉而已也。因奉大夫之责，不敢不略举以对，惟大夫察之。

【注释】①取瑟而歌：比喻用曲折的方式表达情意。语出《论语·阳货》："孺悲欲见孔子，孔子辞以疾，将命者出户，取瑟而歌，使之闻之。"②恒山：古地名。隋大业初改恒州置，治所在真定县（今河北省正定县）。此处借指正定县。③荆州：见第六一篇《与交河明府章峻峰》注释②。④龙蟠凤逸：如龙盘曲，不得舒展；如凤闲逸，不见飞舞。比喻非凡的人，怀才不遇。语出唐·李白《与韩荆州书》："龙蟠凤逸之士，皆欲收名定价于君侯。"

【译文】我以替人捉刀代笔谋生，能得到一个馆职就已经很庆幸了。刺史大人您来招请我去，我以身体生病为由拒绝了，其实也只是委婉的说法。没想到您没明白我的意思，责备我说：如今推辞不来，为什么以前就来了；既然以前来对了，如今怎么来不得？您激切地责怪我，是因为不知道，我先前到您的衙门去，和现在回绝您的邀请，都是有道理的。

我到正定就职，是暂时代替孙星木兄，并不是当时的知县大人您邀请我去的。而我回绝了您让我去蔚州的邀请，是因为承蒙您错爱，但我才智短浅，实在不敢接受您的美意。

然而原来帮助正定知县大人做事，明天也可以帮助知府大人做事，那么为什么接受前面的聘请，却不接受后面的聘请呢？您不知道，我未去正定时，就对您仰慕已久，想一睹您的风采；到正定以后，我才见到您奇伟的气象，五岳之高比不上您的伟岸，九州之广无法形容您的博大。我才智平庸，不是什么非凡的人物，怎么敢错拜在尊贵者的门下？我在正定停留了几个月，是因为原是星木兄的位置，想等星木兄回来还给他。

如今刺史大人您德行越来越高，官位越来越大，可以听您使唤、为您奔走的人有很多。所以我这平庸之人，一定不能符合您的要求，所以只得用生病作托辞回绝。

贫穷的读书人为人处世，进退也要守礼义、讲原则，不能随随便便就过去了。因为被您怪罪，所以不敢不为自己解释一下，只愿大人明察。

八九、答刘刺史

奉展赐函，三复三叹。老先生情真谊挚，乃一至于斯耶！钱刑[①]本有分管，特令萼总理其成，脩脯较此加丰，卸篆后仍许授餐，忠信重禄，所以待士者至矣。某非有胸而无心者，敢不仰副雅意？惟是馆蠡载余，居停[②]情文备至，水乳交融，若遽尔告辞，不特难以启齿，并觉无以问心。且当时以闲居难赋[③]，急订新云[④]；若今因东阁[⑤]仍开，重寻旧雨，则揆之去就之义，恐贻凉薄之讥。

"还君明珠双泪垂，恨不相逢未嫁时[⑥]。"此某今日之情景也。尚祈爱我者鉴而原之，铭泐亦无涯矣。

【注释】①钱刑：清代官署幕宾，有刑名、钱谷两席。②居停：

寄寓之所的主人。③闲居难赋：见第七篇《答周氾荇》注释㉔。④新云：见第五八篇《答丁品江》注释⑨。⑤东阁：古代称宰相招致、款待宾客的地方。⑥还君明珠双泪垂，恨不相逢未嫁时：语出唐·张籍《节妇吟·寄东平李司空师道》诗。

【译文】展读您赐的信，我反复诵读，再三感叹。老先生您情真意切，竟然到如此程度！在衙门里，钱谷、刑名本来是由两个人管的，您却特地让我龚萼作为总负责人，薪水也更丰厚；卸任以后，仍允许我每日在衙门用餐。忠于约定，给予信任，又赐予丰厚的报酬，君子对门客的优待可谓是无以复加了。我不是薄情寡义的人，怎么辜负了您的一番美意？只是我在蠡县的衙门里做事已经一年多了，如今的东家既重感情又体贴周到，宾主之间相处也很融洽，如果突然告辞，不但我开不了口，而且无法面对自己的良心。并且那时候我因为赋闲在家，生活困难，才急忙投奔如今的东家；倘若因为我的旧东家再次邀请我，我就离开现在的东家去找老东家；考量当初投靠他，与现在离开他的原因，不是太凉薄了吗？恐怕别人都会讥笑我了。

“女子拒绝了求爱，把定情的明珠还给爱慕者，心里怨恨未在结婚前遇见他。”这是我如今的写照啊。仍祈求您明白我的苦衷，原谅我，那么您的情谊我将永远铭刻在心里。

九〇、与蠡县沈慕堂明府

某学不通古，性不宜今，承老先生鉴识于时趋之外，出肺腑以相示，求之于世，讵可易得？此昌黎公所谓知己重感恩也。

女为悦己者容，士为知己者用。鲍子[①]既已知我，而犹靳[②]其情而不与，此真谓之有胸而无心。

蠡县两载有余，未尝不殚精竭力，以期无愆于己者，无负于人，而才因事困，不能自谓无过。

荣调匡城，地僻事简，正可从容勷助，以补不逮。即老先生援我之心，亦未尝不欲从容就理者，俾得稍弛其力也。

况佣值生涯，三月无君则吊。以不合时宜之人，处捷足先登之世，则下乔木而入幽谷者明矣。

即或嗜痂[③]有癖，采葑[④]不遗，而弃旧图新，能无抱疚？固宜长依莲幕[⑤]，无烦致词，只以归谋诸妇，均以千里迢遥，往返不易，加以糟糠之妻，病不下床，惟恐远离即同永诀。

窃念山荆薄命，辛苦相从，痼疾已深，危如朝露。既无应门三尺之童，亦鲜任事葭莩[⑥]之戚，一有不虞，仓皇莫措，非惟情有不忍，亦且事实难行。

夫儿女情长，朋友谊短，达人不耻，壮士不为，而境与愿违，心因累阻，致乖初念，有负盛怀。

在老先生体物恤情，必能谅其事之不获已。而知己隆宠之情，感于衷而思所以报，实不能自解于凉薄之讥。

所愿老先生一岁三迁，移节近省，则前缘未断，旧雨重逢，图报之诚，正自有日耳。

惟是浪游燕赵将二十年，我不乞怜于人，而人亦无怜之者，坐是落拓依然，食贫如故。既得贤主人，而又处得为之地，乃复不能甘苦相依，稍苏涸鲋[⑦]，何命途之穷，至于此极！此某于负心负德之外，低徊郁结而不能自释者也。一函布悃，笔不逮言，言不尽意。

【注释】①鲍子：见第四八篇《谢陈和章》注释②。②靳（jìn）：吝惜，不肯给予。③嗜痂：见第七篇《答周氾荇》注释㉒。④采葑：见第六四篇《答章炎甫》注释⑨。⑤莲幕：见第三四篇《又答王言如》注释③。⑥葭莩：见第四三篇《答陶愚亭亲家》注释③。⑦涸鲋（fù）：即涸辙之鲋。涸，干；辙，车轮辗过的痕迹；鲋，鲫鱼。水干了的车沟里的小鱼。典出《庄子·外物》。后比喻在困境中急待援救的人或物。

【译文】我不通晓古代的学问，性格上不适应现今的世俗。承蒙您提携我这落后于时代的人，对我推心置腹。让我去世间求这样的人，哪里还找得到？这正是韩愈说的“把知己的恩情在心里牢记”了。

女子为喜欢自己的人装饰容貌，壮士为赏识自己的人图谋一用。鲍叔牙对管仲的知己情谊，就如您对我一样。而我还不托付真心给您，那不真是薄情寡义了吗？

我在蠡县呆了两年多，帮助您处理公务，非不是用尽了思虑与气力，只求不在心里怪自己，不辜负您的知遇之恩。然而事情太复杂，我的才能有限，不能说没有错误。

您光荣地调到匡城去任职，地方偏远而公务少，我正好可以少一些工作，把公务处理得完善一些，弥补之前不完美之处。就您想要援助我的心迹而论，也非不是想我轻松地、慢慢把事情做好，让我略微舒缓一下力气。

况且我受雇佣以求生，若连续三月没有雇主，就不知道该多忧愁了。我并非符合流俗喜好的人，如果离了您，马上就有才智之士代替我；我的处境，如同鸟失去了高树做巢，流落到幽暗的谷地去。我深知这一点。

即使有其他人看中我这粗陋之人，招呼我去做他的幕友；我丢弃您这旧主人，去投靠新主人，心里能不愧疚吗？所以，我本就应当一直依附着您，您不说都该如此。只是我回去与家中妻妾商量，她们都忧心离家一千里，往返一次太难；加上对我恩深情重的妻子，生病下不了床，最怕我一日远离，就是两人永别了。

我想到妻子命运不好，跟着我吃尽苦头，病情已重，生命像道路上的朝露，走不多远就完全干涸了。家中没有应门的三尺孩童，也没有帮得上忙的亲戚。如果哪天妻子死了，而我远在外面，仓促之间不能处理后事；不止心里不忍这样对待她，而且在道理上也说不过去。

夫妻的情义长久，而朋友的交情短暂。智慧的人看不起我的行径，勇敢的人不会如我瞻前顾后。然而现在情形与我的预期不同，我因为担忧家里人而走不了，所以不能跟着您去，使您一番好意白费了。

您仁慈悲悯，必然能理解我本意是不愿如此的。而我心里牢记着您的恩德，想着做些什么来回报您，但这次没法为自己的薄情辩解。

我只愿您一年内连连高升，到省城里任职，那么我们缘分未尽，我能回到您门下效劳，想报答您的愿望，也可以实现了。

我想自己在燕赵之地飘泊了近二十年，不肯向别人求取怜悯，别人也不可怜我，因此落魄寂寞依旧，贫穷已是常态。好不容易遇到您这位赏识我的主人，而且是我可以应付得来的地方，竟又不能跟着您同甘共苦，使我的苦况略微轻松一点。为何我的命运这样艰难，竟到这绝人的地步！于是我心里对您愧疚，又叹息自己的命运，心中郁闷忧伤，久久无法释怀啊。一封书信表露心迹，心绪纷繁，无法说尽。

九一、答景州刘刺史

奉翰教，以沈公既调长垣，即当以广川[1]为延津之合[2]。念旧情殷，久而弥挚。某几番订约，岂敢有隔初心？

惟此中则又有甚难者。陈赞兄系萼至好，其赴莲幕也，又以某为之介，贤嘉契合，又极水乳之融。今欲延旧友而去新交，在老先生近于不情；荐于前而夺于后，在某更属不义。非特某之不肯出此，即老先生亦何必出此也。尚祈鉴之。

【注释】①广川：西汉置，属信都国。治所在今河北景县西南广川镇。清代属景州。此处代指景州。②延津之合：指晋时龙泉、太阿两剑在延津会合的故事。最早记载于《晋书·张华传》，唐王勃在名篇《滕王阁序》中所写“龙光射牛斗之墟”，即指这一典故。后以“延津剑合”或“延津之合”比喻因缘会合；以“延津”借指别后重逢之地。

【译文】我接到您的来信，信中说，沈公既然已经调动到长垣县去任职，我不跟随去，就应该到景州，依旧投靠在您的门下。您想着我这个老朋友，分开许久而友情更诚挚。我好几次与您订约要为您效劳，现在怎么敢背弃当初的诚心呢？

只是这件事很难办。陈赞兄是我龚萼的至交好友，他当初去您衙门里做事，又是因为我的推荐。您这位贤主人，与他这位好宾客，性情相投，相处融洽，像水和乳一样亲密无间了。如今您再招我这老朋友，把他这新朋友丢开，对于老先生您来说几乎是不近人情了；我当初把这个位置介绍给他，如今又夺取了这个位置，我就成不义之人了。不只是我不肯打这个主意，就是老先生您，也何必有这个想法呢？还祈求您能够理解。

九二、答秦载光

再奉华翰，雒诵回环，使弟无以自安。弟与足下总角论交，他乡重聚，情深谊笃，金石同坚。

今足下久客思归，命弟谬承其乏，而有拂雅怀，交友之谓何？无怪乎刘孝标[1]激于中而愤然著论也。

而弟不敢应召之苦衷，前函仅言其概，兹奉谆责，不得不为知己备陈之。

弟与刘刺史宾主十年，离而复合，其情实有可感者。今当灾赈吃紧之时，断难遽易生手，若竟恝然他往，问心实无以自安。

天地一情之所结，即如足下归思甚浓，必思择人而代，然后登程，其不忍遽尔言别者，亦情之所感者深也。

且弟命途坎坷，百不如人。糟糠之妻，不能下床者三载；子则生而死，死则竟不复生。奉倩[2]心忧，惟恐鼓庄周之缶[3]；商瞿[4]望切，亦思书李相之獐[5]。是以隔月须归，归必旬日。遂使鲍昭[6]之车，常来常往；陈蕃[7]之榻，时下时悬。居停因系夙好，故能鉴其苦衷。

三津[8]繁剧之地，观察亦肆应宏才。既入笼中[9]，即应随时听用。适子之馆，而阒无人焉，下交者何所取义乎？

夫依人成事，孰不愿附青云而名益显？况观察原属旧交，其所以引掖而提携者，较他人为尤切。今自愿弃大匠之门，岂人之情也哉？无如福浅缘薄，境与愿违，翘首龙门，未能厕足，此实处于无可如何耳。

足下思归既切，则燕赵不乏高才，举所知而罗致之，不俟旬日，而张翰[10]扁舟，犹及莼羹鲈脍，幸勿以不肖为念，转至愁闷填胸，以致故人之罪。三十年至好，实不敢稍有饰词，惟足下鉴而原之也。

中秋节近，想见南楼雅集，宾客俱仙，酒赋琴歌，定饶逸兴。弟因灾务正忙，未能旋省，诵少陵“双照泪痕干”之句，不禁凄然。

【注释】①刘孝标：见第五四篇《又答》注释㊹。②奉倩：见第三八篇《答李霭堂》注释⑩。③鼓庄周之缶（fǒu）：指妻死。庄子的妻子过世，惠子前往吊唁，见庄子敲击瓦盆而歌之。缶，一种瓦制的敲击乐器。④商瞿：春秋时候商子木，名瞿，孔子弟子。《孔子家语》载，商瞿年三十八尚无子，孔子说不担心，过四十岁会有五个儿子，后果然如此。比喻尚无子嗣的中年男子。⑤李相之獐：唐朝的宰相李林甫，他的舅子姜度，生了一个儿子，李林甫写一封信去贺喜，信上有一句"闻有弄獐之喜"，许多客人看了都笑他。原来古时候生下男孩三天工夫，让他睡在床上，给他一块璋玩，所以生儿子称"弄璋"。李林甫把"弄璋"错写为"弄獐"。⑥鲍昭：字明远，做南朝宋临海王的参军。故世称"鲍参军"。东汉末曹操僚属常以参军名义帮助其谋划军事。两晋南北朝时正式定为武官名，并多冠以职名。隋唐宋时置参军谋事之风颇盛。清代衙门中的幕僚与古时参军的职能相似，故此处借指幕僚。⑦陈蕃：见第五八篇《答丁品江》注释⑥。⑧三津：天津又曰三津。潞（北运河，亦称白河）、卫（南运河，亦称御河）在三岔口交汇成海河，是为三津。⑨笼中：见第八六篇《辞保定太守顾学潮》注释③。⑩张翰：见第五八篇《答丁品江》注释④。

【译文】第二次收到您的信，我诵读了好几遍，心里不能平静。我和您是幼年时的朋友，又在离家遥远的地方重新在一处，感情深厚而牢固。

如今您客居在外太久，想回家乡，让我随便接替您的位置，然而我不能领受您的美意，那么结交朋友是为了什么呢？难怪刘孝标认为朋友靠不住，激切地写了绝交的论文。

而且小弟我不敢答应您，是因为心里为难，前一封信只是简单说了。现在您深深责怪我，我只好把难处对您仔细道明。

我做刘刺史的幕僚十年了，曾离开过，而终究又回到他衙门里，感情实非一般。现今是救助灾情，十万火急的时候，势必不能立即找一个生手来替我。如果我无情无义就此走掉，心里实过意不去。

天底下人都依感情行事，即便是您，迫不及待想回家，也考虑着挑一合适的人代替自己，随后才启程。您不忍心立即抛下主人，也是因为有感情在啊。

而且我命途一向阻碍重重，不如别人的地方很多。与我在贫贱中相扶持的妻子，已经害病三年无法下床；儿子则是生下来养不活，想再生一个竟不成。我忧心病妻，最怕她死去；年纪又大了，盼望子嗣心切。所以我虽在衙门里任职，但隔一月就必须回家一次，呆十天才走。所以我总是驾着车急匆匆往返；一时在主人刘刺史的衙门里，一时又离开。主人因为长久的深厚感情，总是体谅我的苦衷。

您招我去的地方在天津，是政务繁重的地方，观察大人的人际关系也很广。既然去他的衙门效劳，就应该时时在衙门里待命。主人来到您的屋子，发现静悄悄没人，那么请来做幕僚的作用在哪儿呢?

我们这些人依靠别人做事，哪个不想借着主人显著的地位，提升自己的声价？况且观察大人本是旧友，如果去投靠他，对我的提拔、帮助，会胜过其他人。现在我自愿舍弃这个机遇，哪是出于常理？奈何我的福分浅，与观察大人缘分薄，我的处境令我无法凭心愿选择，只能歆羡龙门，而不能去那里。我实在是没有办法。

您想立即起程回家乡，那么燕赵之地不缺少才能卓越之士，选择深知其品性的人，网罗他去填充您的位置。不用等十天，您就可以像张翰一样，及时到家中品尝莼菜羹和鲈鱼脍了。希望您别再考虑我这庸碌之人，反而费您反复劝诱，生出愁闷，这样我就有罪过了。你我是三十年的好兄弟，我不敢对您隐瞒什么，希望您理解原谅我。

中秋节快到了，想象着您们在南楼聚会，在座的宾客都像仙人一样飘逸不凡。一起饮酒作诗，弹琴唱歌，快乐得很。小弟我为灾情忙得颠三倒四，都不能回省城家中，诵读一句杜甫的诗“夫妻在两地互相思念，月光照着双脸的泪斑”，不禁心痛。

九三、与胡坤如

春正奉袂，极承挚爱殷拳；风送浮萍，又作天涯之别。眷怀道范，弥切神驰。

比谂某兄大人春祺畅遂，福履冲和。制府[①]礼贤国士，此夫子温良恭俭之所致。而泛绿依红[②]，不移莲幄，是则令人羡慕者。

闻贺端翁辞馆后，有谬及鲰生[③]之说。虽事所必无，而未宠先惊，不得不预陈衷曲，仰冀清听。

弟识浅才疏，不学无术，本不敢出而应世，只以饥来驱人，不得不浪游燕赵，溷迹吹竽[④]。川泽之鱼，只知污潦[⑤]之广，若与之泛沧海，涉洪涛，鲜不望洋而返。况三十余年，奔走风尘，备尝辛苦，今年甫望六，精力已衰，委靡不振，非仅齿豁头童，目昏耳闭。强弩之末，鲁缟难穿；骐骥之衰，后于驽马。长垣政务尚简，居停又系素交，可以偷安；而秉性迂疏，不谙世故，颓唐傲慢，有阮嗣宗之“七不堪、二不可[⑥]”之病。若妄侧王公大人之前，必致动辄得咎。

惟佣值生涯，未有不愿附青云以显名者。李太白之欲识荆州[⑦]，杜少陵之欣依严武[⑧]，此皆龙蟠凤逸之士也。

宫保大人[⑨]理学经纶，文章勋业，当代第一名臣，龙门[⑩]峻望，中外欲瞻。草野庸愚，俾得厕于其间，奉命而承教，其为遭际之隆，有不可以言喻，岂肯灭迹销声，甘于自弃？而不才才疏福薄，多病命穷，不特自揣甚明，即吾兄亦所深知。若刻意求荣，非惟自取其辱，窃恐有伤藻鉴。

往年陆方伯强邀入幕，不期月而辞者，盖其性之所成，有非韦弦[⑪]所能改。不慎于始，必悔于终，此弟之所以鳃鳃[⑫]过虑。惟知我爱我者，先赐垂鉴焉。

【注释】①制府：宋代的安抚使、制置使，明清两代的总督，均尊称为“制府”。②泛绿依红：见第三四篇《又答王言如》注释③。③鲰（zōu）生：见识鄙陋的人，为轻蔑读书人的话。多用于文士自谦之词。④吹竽：见第五三篇《答许葭村》注释⑬。⑤污潦（wū liáo）：积水；积水坑。⑥七不堪、二不可：三国·魏·嵇康不满当时执政的司马师、司马昭等。司马集团的山涛推荐他做选曹郎，他表示拒绝，在《与山巨源绝交书》中列陈自己不能出仕的原因，“有必不堪者七，甚不可者二”。后作为疏懒或才能不称的典故。此处误写为阮籍。⑦荆州：见第六一篇《与交河明府章峻峰》注释②。⑧严武：见第七九篇《答朱桐轩》注释⑧。⑨宫保：太子太保、少保的通称。明代习惯上尊称太子太保为宫保，清代则用以称太子少保。⑩龙门：见第五四篇《又答》注释⑰。⑪韦弦：韦，皮绳；弦，弓弦。《韩非子·观行》：“西门豹之性急，故佩韦以自缓；董安于之心缓，故佩弦以自急。”比喻外界的启迪和教益。用以警戒、规劝。⑫葸葸（xǐ xǐ）：忧愁恐惧的样子。

【译文】春天正月里，我们聚在一起，感受到您对我真诚而殷勤的心意。后来，我们又如同被风吹散的浮萍一样，分手道别，各奔东西。我仰慕您的学问才情，分离后日益思念。

近日我知晓兄长大人您在春天里吉祥如意，身体健康。总督把您当成全国最有才干的人，尊宠恩遇，是因为您才学卓异而仁雅知礼。而且这位大人无论调动到什么地方任职，都一直留您在身边做幕友，这真是令人羡慕的啊。

我听说贺端老先生辞去幕职之后，承蒙错爱，想让我接替他的位置。我知道这事肯定只是传闻，虽然还没接到聘请我的消息，但我还是感到惶恐不已。所以我只好提前把真实的想法告诉您，希望您听后明白。

小弟我见识短浅，才智平庸，没有什么真才实学，本来不敢出来到社会上做事的。只因家境贫寒，被饥饿所逼迫，才不得不去燕赵之地闯荡，在衙门里滥竽充数，混口饭吃。

小水泽里的鱼，雨后涨水就认为广大得不得了了，如果让它游于大海，在波浪里翻滚，很少有不瑟缩地退回来的。况且这三十多年，在风尘中奔走漂泊，经历了各种各样的艰辛困苦。今年才不满六十岁，而感觉精力已经衰退，时常打不起精神，不止于牙缺头秃、眼花耳聋这种身体的衰老啊。力量强大的弓射出的箭，弹力用尽，连最轻细的绢也穿不过去；千里马老得跑不动时，不如劣马有用。长垣县的行政事务还算简单，主人又是一直有交情的，我可以在这里偷得清闲。而且我本性顽固而任性，不懂得人情世故，懒散傲慢，有阮籍（嵇康）所说的七件事不能忍受、二件事不能妥协的毛病。如果无自知之明，去王公大人们跟前露脸，必然动不动就犯错。

想来做幕僚的，靠着帮助人家做事来谋生，没人不想攀附权贵，来提高自己的声价。希望得到荆州长史韩朝宗引见的李白，和自喜于依附严武的杜甫，本就是龙凤一样卓然杰出的人物。

宫保大人以治国安邦的才器，被天下士人尊为宗师，他的文章和功业，都可称为当代第一名臣。他的幕府，就像崇峻的龙门，朝庭内外的士人都渴望踏进去。我是穷乡中一个蠢笨庸俗的读书人，如果我有机会去他的幕府，接受他的指教，那就是一步登天的好运气；我哪肯缩手缩脚，甘心放弃这样的机遇呢？然而我才疏学浅，福分浅薄，身体多病，命运不佳，不敢有什么非分的奢望。不只是我还算有自知之明，即使是兄长您，也是深知我的情况的。如果我不自量力，去刻意贪求虚名，不但自取其辱，怕是您这位推荐我的，也会被讽刺眼光不好。

前些年陆知县强行请我去他的衙门里，不满一月就辞了职；大概我本性如此，是外部环境没办法矫正的。开始不考虑清楚，最终一定会后悔，所以我才害怕走错第一步。希望知我爱我的兄长您，早早地明白我的苦衷。

九四、答 友

载奉华翰，以仆前函为饰词，所以责之者，几无容身之地。仆何敢以言再剖，益增足下之怒。然仆竟默尔不言，恐足下之怒益甚，非所以全友谊也。

仆在直几三十年矣，鹤料[①]所入，诚有如来谕之数，然而一贫如故，十口难归。如果平日华美彰身，肥甘适口，高门大厦，骏马轻裘，或纵酒，或呼卢[②]，或昵童，或挟妓，此皆自处于穷，夫复何憾！而一身迂谨，俭约自守，羊裘[③]蔽体，徒步当车，不饮酒，不杀牲，征歌选舞之场，富室贵游之地，足迹不一至也。此足下之所目见而耳闻之者。

惟伦理中应尽之事，不肯稍遗余力。即交际一端，虽不能添锦上之花，亦未尝不送雪中之炭。计一年佣值之资，仅敷南北交游之地，坐是金尽床头，依然四壁耳。

倘使年近五旬，则失之东隅者，犹收之桑榆。今则花甲将周，夕阳西下，日暮穷途矣。且一生艰苦备尝，心血耗尽，每当金风初起，百病俱生，竟以此身为防秋[4]，溘至之命，危同朝露。

么豚暮鹨[5]，乳臭未干，倘二竖[6]相侵，一枝[7]失寄，家无一亩之田，室有十口之累，我不乞怜于人，而人亦无怜之者，则流离琐尾[8]之状，有目不忍睹，而口不忍言，是向后光阴，步步皆成绝境矣。

挈眷侨寓，情非得已。年年寒食，拜墓无人；岁岁烝尝，守祠有梦。向遥天而洒泪，徒负疚于寸心。手足五人，死者三矣，生者惟一妹，饥寒未免，赡养未能；犬子应就外傅，不能延师课读。

夫亲死不能祭，人子之大恫也；有妹不能养，有子不能教，父兄之至憾也。而忍心出此，我心岂无平旦之气[9]哉？贫实为之，又谓之何哉？

朋友有通财之义，仆与足下非无所通也。同此笔耕糊口，岂能独有赢余？即或彼善于此，亦不过鼠尾之脓、车辙之水，既补疮而挖肉，一之已甚，况源源相继耶？

非不知作孽钱财，到处同归于尽；即硁硁[10]自守，亦属易穷。而涓涓细流，借以自润于一时，虽为己之鄙谋，亦人心所同然也。

因足下怒而责我，不得不略陈梗概，以释足下之疑，并欲使后之览者，知不肖之落落他乡，非尽人谋之不臧，实相逼而成，出于无可如何耳。

古人云："少壮不努力，老大徒悲伤。"不知壮时欲努力而不能，此才与命穷，虽悔难追也。

【注释】①鹤料：见第七篇《答周氾荇》注释㉓。②呼卢：一种古代赌博。犹今之掷骰子。古时赌博，削木为骰子，一面涂黑，画犊，一面涂白，画雉，共五子；五子全黑叫做"卢"，是头采。投掷时，希望得卢，连连呼它。所以称为"呼卢"。③羊裘：见第四九篇《与昌平州归》注释⑦。④防秋：古代西北各游牧部落，往往趁秋高马肥时南侵。届时边军特加警卫，调兵防守，称为"防秋"。⑤么豚暮鹨（liù）：见第六八篇《答陈韫玉》注释⑥。⑥二竖：两个小孩。语本《左传·成公十年》："公疾病，求医于秦，秦伯使医缓为之，未至，公梦疾为二竖子，曰：'彼良医也，惧伤我，焉逃之？'其一曰：'居肓之上，膏之下，若我何？'"后指病魔、疾病。⑦一枝：见第四九篇《与昌平州归》注释③。⑧流离琐尾：流离，是猫头鹰的别名。猫头鹰小的时候好看，长大后不好看。语出《诗·邶风·旄丘》："琐兮尾兮，流离之子。"比喻处境由顺利转为艰难。⑨平旦之气：语出《孟子·告子上》："其日夜之所息，平旦之气，其好恶与人相近也者几希？"平旦，清晨。言人之良心，平旦未与物接，其清明之际，良心犹必有发见者。⑩硁硁：本意为敲打石头的声音。形容浅薄固执，如"鄙哉硁硁乎！莫已知也，斯已而已矣"。

【译文】第二次收到您的来信，您说我在前一封信中说的都是找借口的话，于是写信来责怪我，实在让我无地自容。我哪敢再为自己开脱，增加您的愤怒呢？然而如果我什么都不说，恐怕您会更生气，就不是保护我们之间的友谊的道理了。

我游历于直隶省，将近三十年了。薪水收入，确实如您说的数目，然而我家还和以前一样穷，十口人一起住在外地，回不了家乡。如果我平常有披着绫罗绸缎，吃着山珍海味，住着玉堂金屋，骑着高头骏马，穿着又轻又暖的皮衣；或是有嗜酒如命、赌钱、玩娈童、招妓女；那么我如今受穷也是应该的，能责怪谁？然而我心里不喜豪华，于器物衣食爱惜节约，从没改变；穿的只有羊皮衣服，出门都是步行，不喝酒，不吃肉；歌舞娱乐场所，富贵人出入游玩的地方，我一次也没去过。这是您亲眼所见、亲耳听闻的。

只有在侍奉母亲、抚养妻儿的事上，我不敢不竭尽全力。即使是与朋友交往，虽然不能送贵重的礼物，但对遭遇困难的朋友则是能帮就帮。计算一年下来所得的薪水，仅仅够我出门去探望南北的朋友，所以有一点钱也用光了，家里穷得仍只有四面墙壁。

若是我还不满五十岁，那么在年轻时白白浪费时光，老了还可以弥补，做点有出息的事。然而现在我快六十岁了，就像傍晚即将落山的夕阳，已经来日无多。而且一生经历了各种各样的艰难困苦，心血已经枯耗殆尽，不再奢望什么。每当秋风初起，身体就感到百样病痛，就像每个秋天都成了一道难关。脆弱的生命，说不定哪天就要失去，就像清晨路边的露水，很快就会干掉。

我到老才生了一个儿子，还很幼小；如果我被病魔侵袭，又失去衙门里的职位，家里没有一亩田地，却有十口人要吃喝；我从不肯向别人求借什么，别人也不会助我；那么一家人陷入困境的样子，都不忍心用眼睛看，用耳朵听。所以我知道以后的日子，每走一步，都会异常艰难。

我带着一家人寄居于外地，是没办法才这样的。每一年的寒食节，不能去先父墓前祭拜；每年秋冬祭祀祖宗，会梦见守在祠堂里。遥望着家乡的方向，泪水纵横；心中无比愧疚，却也无可奈何。我家同胞兄弟姊妹有五人，三个已经死了，只剩下一个妹妹；然而我没能力使她不挨饿受冻，好好地关心照顾她。我的儿子到了拜师读书的年龄了，我也没钱请先生教他读书。

父母离开了人世间，却不能去墓前祭拜，是作为儿子最哀痛的事了；有弱妹不能照养，有稚子不能教导，是作为父亲和哥哥最遗憾的事了。但我却忍心做这样的事，我难道没有良心吗？是因为贫穷逼迫，还有什么好说的呢？

从道义上讲，朋友之间在钱财方面应该互相帮助，我和您也有互相挪借的时候啊。我们都是给人捉刀代笔，换口饭吃，我怎会比您更加富余呢？即便有时候一个比另个好一点，也不过是老鼠尾巴上的脓包，车轮印子里的积水，实在少得可怜。我已经挖了身上的肉给您补疮，一次已经很不容易了，怎可一而再，再而三呢？

我也知道通过不正当手段得到的钱财，最后会因各种原因耗散掉。即使顽固地小心翼翼地守护住，还是有用完的时候。然而平时一直给自己留一条后路，勤俭持家而积聚的一点钱物，也能在要紧的时候帮到自己；这虽然是我愚蠢的想法，但人心里都会有这个主意啊。

因为您生气怪罪我，所以不得不对您诉说我的苦衷，来解除您的疑心。并且想让看见这封信的人，知道我漂泊外地，不能回家乡，不全是因为我做事没有主意，实在是因为贫穷逼迫，没有路可走了。

古人说："年轻的时候不努力，老了后悔都来不及。"哪里知道我壮年时想努力都不行，只怨才智浅薄、命途多舛，就算后悔也无济于事啊。

九五、与天津太守杨兰如

吹竽燕赵，三十年于兹，所至皆以十稔为期，鲜有半途而止者。今春仰荷明公鉴赏于风尘之外，许可于流俗之中，委托既专，情谊弥挚。而玉壶冰洁[①]，夙夜在公，更为近时宦途所罕见。贫士何修，又逢贤主，从此长依德座，勉赞鸿猷，实依人者之深幸矣。

惟津门为繁剧之区，闻幕中向以两友分办，而尚多丛脞[②]。某无过人之才，何能一手经理？所以不敢遽言退者，因知己之感激于中，思竭心力以图报也。乃一岁以来，顿形劳惫，年届花甲，精力日衰，若可强勉鞠躬，必致尽瘁而后已。惟祈另访高明，克襄治剧。言虽近于无情，势实出于境迫。

惟是既获登龙[3]，又因涸鲋[4]，碎琴市上[5]，复从何处觅来知音？则某之福缘浅薄，身与心违，不禁低徊自惜也。惟日祝老先生岁懋三迁，开府畿辅[6]。倘荷垂爱旧交，仍许滥竽门下，则耿耿未报之私，尚冀再效于他日。

理应在署面陈，知深于情者，必不恝然遐弃[7]，转致难以为情。是以归倩毛生，代伸忱悃。恳祈鉴其苦衷，怜其衰退，不加谴责，则感激之情，永矢弗谖矣。

【注释】①玉壶冰洁：比喻高洁清廉。南朝·宋·鲍照《代白头吟》：“直如朱丝绳，清如玉壶冰。”②丛脞（cuǒ）：烦琐细碎。语出《尚书·益稷》：“元首丛脞哉！股肱惰哉！万事堕哉！”③登龙：见第五四篇《又答》注释⑰。④涸鲋（fù）：见第九〇篇《与蠡县沈慕堂明府》注释⑦。⑤碎琴市上：指唐代陈子昂碎琴事。唐代诗人陈子昂刚来到京城的时候，还不为人所知。某一天有人当街叫卖胡琴，要出百万文的高价，大家都买不起，陈子昂却用车拉来现钱，当场就把琴买了下来。旁观的人都惊了，问他买胡琴的原因，陈子昂说：“因为我擅长弹古琴。”人们又问：“能不能演奏一曲呢？”陈子昂说：“明天请大家来我家听吧。”于是众人如期而至，陈子昂早已备好了美酒佳肴，捧出胡琴来对众人说：“我陈子昂有文章上百篇，现在还不为人知。这种乐工的小伎俩，又算得了什么呢？”说完便把胡琴给砸碎了，并将自己的文章分送给会众，于是在一天之中就名满京城了。见宋·计有功《唐诗纪事·陈子昂》引《独异记》。表达了陈子昂胸怀大志，才情四溢，然而没有获得施展的机会，他借击碎胡琴这一骇世俗的行为表达自己的不平与愤慨。⑥开府：古代指高级官员（如三公、大将军、将军等）建立府署并自选僚属之意。开府置官属，本系三公所享殊遇，因而有“开府仪同三司”的名号，以隋、唐、宋、金、元均以开府仪同三司为文散官的官阶。清人习称任督抚为开府。畿辅：国都所在的地方,泛指京城附近的地区。⑦恝然：漠不关心貌，冷淡貌。遐弃：远相抛撇；远相离弃。

【译文】我混迹于燕赵之地，靠做幕僚为生，已经三十年了；每到一个地方，都是一做就是十年，很少有半途而废的。今年春天，承蒙贤明的大人您能够赏识我这被时代淘汰、被世俗抛弃的人，专一地信任我，委我以重任，我们之间的感情和友谊也日益亲密。而且您为官清廉如水，从早到晚为百姓的事忙碌，现在的官员很少有这样的了。我这个贫寒书生，何德何能遇到您这位贤德的主人，从此长期地依靠在您的麾下，鞭策自己，为您效劳；这真是做幕友的人最幸运的事了。

只不过天津公事浩繁又紧急，听说衙门里一向是两位幕友分开管事，事情依然繁琐细碎。我不比别人强，一个人哪能应付过来呢？之所以不敢立即打退堂鼓，是因为感激您的知遇之恩，心里发誓要尽心竭力报答您。没想到一年以来，突然感到身体劳累不支；而且我快六十岁了，精力一天不如一天，如果勉强硬撑下去，一定会耗尽精力，死而后已。希望您能够另外延请一位精明强干的人，帮助处理这繁难之事。这话虽然听起来无情，但我实在是被情势所迫，不得不说出口了。

只是我已经承蒙您奖掖提携，如跃进龙门一样，现在辞别离去，又成为快干涸的水坑里的鲫鱼。就算我像陈子昂，在闹市里碎琴以吸引关注，又哪遇得到像您一样的知音？我命中没有福气，心里想留下来，但身体状况不允许，不禁忧伤失落，感叹自己可怜。只好每日祝愿老先生您，一年高升三级，入朝担任要职或到重要地方担任封疆大吏。那时若您还爱惜我这老朋友，允许我去投靠在您的门下，那么我日夜想着回报恩情的事，还可以在将来实现。

道理上我应该去您府上拜见，当面陈说情况；然而我知道重感情的人，必然不能冷漠地放手离弃，反而两人都会难为情。因此我将言语布露笔端，借以表达我诚挚的心情。恳请您明白我的苦衷，怜悯我老迈迂腐，而不会怪罪我。那么我对您的感激之情，将永誓不忘。

九六、辞 寿

仆之旋省，为避生日，非为做生日也。承诸公欲寿我，仆何敢辞？夫所谓寿者，必其人有德可述，位可尊，始寿可做。如仆之鄙且贫者，何寿之有哉？

《淮南子》云："人老成精。"候仆成精作怪时，诸公为仆挂一《钟馗[1]捉鬼图》，摆几席寿酒，听仆说几句鬼话，何如？

【注释】①钟馗：中国民间传说中能打鬼驱除邪祟的神。旧时中国民间常挂钟馗的像辟邪除灾。《历代神仙通鉴》记载：钟馗系陕西终南人，少时即才华出众。唐武德年间，赴京城应试，却因相貌丑陋而落选，愤而撞死殿阶。帝闻之，赐以红官袍安葬。天宝年间，相传唐玄宗李隆基在临潼骊山偶患脾病，久治不愈，一晚梦见一相貌奇伟之大汉，捉住一小鬼，剜出其眼珠后，将其吃掉。大汉声称自己为“殿试不中进士钟馗”，皇帝梦醒，即刻病愈。于是，唐玄宗命吴道子将梦中钟馗捉鬼情景作成一幅画，悬于宫中以避邪镇妖。

【译文】我回省城来，是专门躲避给我过生日，不是为过生日而回的。承蒙诸位想为我庆祝寿辰，我怎敢拒绝好意？然而庆祝寿辰，须是那个人有值得称述的德行，或者有尊贵的地位，这样才有资格做寿。像我这样一事无成的卑微又贫穷的人，哪需要做什么寿呢？

《淮南子》说：“人活到很老的时候，就成精怪了。”等我活到成精作怪的年纪，诸位为我挂一幅《钟馗捉鬼图》，摆几桌酒席，听我对您们讲几句鬼话，怎么样呢？

九七、答秦载光

至好心交，原不必于笔札间课疏密，而数年未见，则彼此顺逆悲欢，以及游历之所至，不得不借笔札以传之。若又雁杳鱼沉[①]，更何处觅相思之路？

来翰云，交情难尽，尺素易穷，几为多事矣。即如足下数年往返宁城，停骖上谷，近复移砚清河，兼理柏署[②]，因贤多劳、因劳致疾之况，若非拙札先之，恐此时有金玉尔音，行藏莫悉，空系相思也。

矧弟与足下总角相违，边关重合，深情挚谊，岂与悠悠泛泛者比哉！

暑退凉生，起居定多佳胜，令郎世兄，日聆庭训，成就必卓有可观。莲幕得乔梓[③]之乐，甚可羡也。

弟再游燕赵，税驾[④]临津，旅思乡愁，郁结万缕。偶吟一律，有“窀穸[⑤]未安魂梦痛，萱堂多病别离愁。百年嗣续悬孤客[⑥]，一代书香诱后生”之句，其情绪概可想见。

天生吾辈，既不智之，又不愚之，乃予之以不愚不智之身，而困之于不死不生之地，不禁击碎唾壶[⑦]，作王郎拔剑歌[⑧]也。相隔匪遥，相逢匪易，何时重剪西窗烛，一话边关弹铗[⑨]风？思之黯然。专此邮寄，不尽欲言。

【注释】①雁杳鱼沉：比喻书信不通，音信断绝。语出唐·戴叔伦《相思曲》：“鱼沉雁杳天涯路，始信人间别离苦。”②柏署：御史官署的别称。汉代御史府中列植柏树，常有野鸟数千栖其上。事见《汉书·朱博传》。后因以柏台称御史台。清时亦称按察使（臬台）为柏台。③乔梓：是两种树名。乔树高，梓树低，后人便把乔树比父亲，梓树比儿子。称人的父子，称贤乔梓。④税驾：犹解驾、停车。谓休息或归宿。税，通“挩”“脱”。⑤窀穸：墓穴。⑥孤客：单身旅居外地的人，指失群的个体。⑦击碎唾壶：见第七七篇《答赵青圃》注释㉕。⑧拔剑歌：谓人到不得意时候，拔出宝剑来斫着地，嘴里唱着歌，以抒发怀才不遇的郁闷之情。语出杜甫《短歌行·赠王郎司直》：“王郎酒酣拔剑斫地歌莫哀，我能拔尔抑塞磊落之奇才！”王郎在江陵不得志，趁着酒兴正浓，拔剑起舞，斫地悲歌，所以杜甫在送别时作此诗以劝慰。⑨弹铗：见第四二篇《答丁仙槎盐大使》注释①。

【译文】我们是心心相印的至交好友，原本没有必要通过频繁的书信往来表达感情，然而我们几年没见面了，那么你我二人所经历了哪些顺境逆境、快慰忧愁的事，到过什么地方，不得不借书信来告诉对方。如果连音信都不通，又通过什么途径来寄托相思之情呢？

您寄来的信里说：“我们之间的情谊深厚而又长久，一封信所能表达的意思极为有限，写信几乎成了无用的多余事。”比如说您几年间从宁城来来回回，而把家安在上谷；近日又搬到清河县从事笔墨工作，同时承担着臬台衙门的公务；因为能干而把事情都交给您，以致累得病倒。如果我没有先写信询问，恐怕您会嫌多事而不写信告诉我；那么您的音信真如金玉一样稀罕，使我难以了解您的情况，徒劳地牵挂担忧。

况且兄弟我跟您在儿童时代分开，后来在北方的边关重聚，感情这样深厚亲密，其他关系疏远的普通朋友，哪里比得上呢？

酷热天气过了，正是凉爽的时候，您的身体一定安适，每日心情也愉快。您的儿子天天聆听您亲自教书，必然是有出息的。在清净的幕府中度过父子相处的快乐时光，非常令人羡慕。

兄弟我是第二次来北方游历，停留在临津地方，找了一个衙门做事。住在外地犹如一个过客，思念家乡而不可归去，心中抑郁，交缠愁丝万根。偶然作了一首律诗，诗里有“梦魂中痛念先人墓穴未能安治，离别时忧愁慈母的多病身体。人生不满百年，如果求得延续血脉的子嗣，想把读书的风气与传统延续下去。”从句子里可以想见我的情绪。

上天使我们这些人降生，既不能明智聪慧，又不是愚蠢无知，竟给我一副不愚不智的身体，而且夹在求死不得、求生不能的境遇里；心里悲伤怨恨，不禁发起疯颠，就像王敦唱歌击节敲残了唾壶，王郎唱着歌拿剑砍在地上。你我相隔不远，相聚的机会却少，什么时候又可以燃灯夜话，谈谈在北方做幕客的琐事呢？想着分离令人心伤，专门寄来这封信，心里话想说也说不完。

九八、与丁品江

秋初数行奉答，谅登记室。两月来，彼此雁杳鱼沉，想见百函并发[1]，无暇分毫。弟亦双管[2]将枯，懒于染翰。

然寸心千古，默契精微，对月临风[3]，形诸想像，知足下亦同此情也。

莲幕在万山之中，山川人物，正堪吾辈流连。未识古锦囊[④]中，贮得多少呕心之句？何时惠寄，发我尘蒙[⑤]？

弟况如常。舍侄甘林从瀛郡旋省，又赋闲居，凄然欲绝。聊凭尺素，以当晤谈。

【注释】①百函并发：见第五四篇《又答》注释⑬。②双管：同时并用两管笔作画。唐代张璪善画松，能手握双管，一管画生枝，一管画枯干。见宋·郭若虚《图画见闻志·卷五·张璪》。后以“双管齐下”比喻两件事同时进行，或同时采用两种办法。此处比喻笔墨公务繁忙。③对月临风：面对良辰美景。④锦囊：锦缎制的袋子。古人用来珍藏诗稿或机密贵重的物品。比喻佳作的诗稿。⑤尘蒙：被灰尘蒙蔽。喻尘世的束缚或烦扰。

【译文】秋初时我寄给您一封回信，想来您衙门里负责信函收发的差役已经收到了。后来两个月，双方都没写信，我想象得到，您一定是公务特别繁忙，所以没空给亲友写信。兄弟我也是把两支笔都写枯了，疲倦得懒于再染墨写点什么。

然而一寸心收着漫长的情意，即使不见面不通信，两个人说的话做的事，也是心有灵犀。每当面对良辰美景，我也会想象您这时候在做什么，知道您此时此刻的心情，也如我一样。

您的衙门坐落在万山之中，那里山川美丽，又养育出不少著名人物，正好供我辈停下来饱览景色、追溯故事。不知您用锦线做的诗囊里，已经储存了多少呕心沥血所作的诗句了呢？什么时候寄给我读一读，帮助我排解一下尘世的烦恼呢？

兄弟我还是老样子。我的侄儿甘林，从瀛州的幕府回了省城，又被东家辞退了，现在赋闲在家，伤心得振作不起来。借这一封短信把我的情况告诉您，当作面对面说话吧。

九九、与周丹友

别十余年，不得一晤，中间消息，又复茫然。沈约“梦中不识路”①，今更无梦之可寻，惟对屋梁落月②，想像颜色而已。

兹移砚渔阳，知足下安榻通潞，三程相望，仍作云树③苍茫之感。人生几何，堪此久别也。

足下年近六旬，家有贤嗣，犹奔走三千里外，觅衣食资。岂负郭无田，析薪莫荷④耶？

吾辈佣值生涯，原不能为生孙计。若能立相如之壁，不空颜子之瓢，一粥一饭，家园团聚，便可作世上闲人。

近来精力如何？眠食如何？南北景况，望示以一二，慰我惓惓⑤。弟则未老先衰，然酒酣耳热，犹能歌“老骥伏枥”之句，击碎唾壶⑥也。

【注释】①“梦中不识路”：出自南北朝·梁·沈约《别范安成》诗：“梦中不识路，何以慰相思。”沈约，字休文，南朝梁政治家、文学家、史学家。②屋梁落月：语本唐·杜甫《梦李白》诗之二：“落月满屋梁，犹疑照颜色。”表示对故友深切的思念。③云树：比喻朋友阔别远隔。唐·白居易《早春西湖闲游怅然兴怀寄微之》诗：“云树分三驿，烟波限一津。翻嗟寸步隔，却厌尺书频。”④析薪莫荷：析薪，劈柴。《左传·昭公七年》：“古人有言曰：其父析薪，其子弗克负荷。施（丰施）将惧不能任其先人之禄。”后因以“析薪克荷”谓继承父业。析薪莫荷，谓儿子不能继承父业。⑤惓惓：深切思念；念念不忘。⑥击碎唾壶：见第七七篇《答赵青圃》注㉕。

【译文】你我分离十多年，没能见一次面，十年之间消息不通，因此不知道对方的情况如何。沈约的诗里说“梦魂飞去看您，但不认识路”，现在我更是连梦也做不成，只是偶见落在屋梁的月光，便想起您的容颜。

现在我搬到蓟州的衙门里，依然做笔墨工作，得知您住的地方在通潞；虽然只隔着三个驿站路程，几乎都能望见，但是却感到像离得很远。人生能有多少时光，可以承受得住这样长久的离别呢？

您快满六十岁了，家中儿子聪明能干，仍然奔波在三千里外的异地他乡，寻事做以养活家人。难道是因为在乡下无田可耕，还是儿子不能继承父亲的事业？

我辈依靠为别人做事来谋生，原本就没能力为子孙积攒钱财。如果能像司马相如，守住贫穷的屋子；像颜渊，吃得上一瓢粥饭；在家乡小屋一家人住一起，就可以免去烦忧，做一个世间清闲人了。

您近日精神气力如何？睡眠吃饭都还好吗？您工作的地方和

老家的情况，盼着您讲一些，免我常常挂心。兄弟我没到老年，已先身体衰弱了，然而喝酒尽兴耳朵热起来，仍能唱“老的千里马困在马槽边，但还梦想着在战场上驰骋”，学着王敦击节，敲碎了唾壶。

一〇〇、与谢丙南

平生不解藏人善，到处逢人说项斯[①]。昨吴桥杨明府，因公来临津，道及莲幕需贤，仆即以足下应。杨公知曹邱[②]素无虚誉，即备关聘路费，专人奉迓，嘱仆一言为介。

因思往年居庸关外，虽客游寂寞，而与足下三载连床，足消旅感。今宁吴相距半程，过从甚易，是前后居停，若能为我两人撮合者，此实缘遇之奇，知足下必辴然[③]喜也。数行奉布，希即命驾。

【注释】①说项斯：见第六一篇《与交河明府章峻峰》注释①。②曹邱：也作“曹丘”。介绍人、推荐人。汉代曹丘生到处赞扬季布的英勇，使季布享有盛名。故后作为荐引、称扬者的代称。③辴（chǎn）然：开怀大笑的样子。

【译文】我平生不想让朋友的优点被掩藏，在外面很乐于将您的才华称道。昨天吴桥的杨知县，因为公务造访临津，对我说起他幕府里缺少一位能干的人，我当即就推荐了您。杨知县知道我夸人从来无虚言，于是立即办好了聘请书和路费，派遣专人去迎接您，并叮嘱我预先跟您打个招呼，将他介绍给您。

于是，我记起以前居庸关外做幕僚的时光，虽然人生地不熟，孤单无依，但与您共事了三年，成为并床而卧的好友，让我消泯了旅居愁苦。如今我在宁津，您去吴桥，相隔着半站路程，来往很容易。以前的东家，和现在的东家，都成全了我们常在一起为伴，这真是奇妙的因缘。知道您一定会高兴。写信来告诉您这件事，望您速速出发。

一〇一、与方启明

临津简僻之区，正堪藏拙。居停循声日著，有海阳之擢。彼都为永[①]东剧地，旗民交错，案牍繁多，非微才所能独理。

足下明练精纯，刑名老手。王履平闻善度支，敢代居停仰攀同事，讨论而修饰之，已成美观，正无俟东邻鄙人为润色。

聘关两副，遣使赍[②]呈，惟祈干旌[③]双驾，星言[④]惠临。鹄立以俟。

【注释】①永：本意为水流长。引申为远。②赍（jī）：拿东西给人，送给。③干旄：旄旗的一种。以五色鸟羽饰旗竿，树于车后，以为仪仗。《诗经·墉风·干旄》："孑孑干旄，在浚之城。"《诗序》谓《干旄》是赞美"卫文公臣子多好善"之作，后以"干旄"指好善或好善的显贵者。④星言：星焉。谓披着星星。泛言及早，急速。

【译文】临津衙门里是政事稀少的清静地方，我正好可以掩藏自己的鄙薄。我的东家政声卓著，提拔到山东海阳县去任职了。那个城市在山东省的最东边，非常遥远，是一个繁杂难治的地方，旗人和汉人杂居在那里；案件、文书的工作纷繁复杂，不是凭我一点微小的才干能够独自处理的。

您看事情准确而深刻，心思纯粹而谨细，是依循法律判断案情的老手。王履平听说他擅长管理财物收支、钱粮方面的事务。我敢替我的东家，仰求您二位同做幕友的，来为他解决衙门里的疑难事，办得很完善圆满，正是用不着我这粗鄙之人献丑了。

专门使人把两份聘请书给二位送去了，只盼着一并坐着插旗的车子赶过来，天上星光未灭就到，我伸长脖子站着等候二位。

一〇二、与钱亦宏

别将两载，思积九秋。每于尘牍中，见痛快淋漓之墨，胜于晨夕相对。

海阳旗案[1]之繁，甲于永东，使人有望洋之叹[2]。惟足下才大如海，能造城郭楼台于洪涛万顷中，作无数奇观。

居停仰攀之切，形于寤寐[3]，敢致一言为介。名世高贤，即以名世之数奉敬。幸星言夙驾，慰我调饥[4]，并开茅塞。

【注释】①旗案：旗是说满洲八旗人。旗案，指涉及旗人的诉讼案件。②望洋之叹：仰视著海洋发出感叹。比喻看见他人伟大而慨叹自己渺小或处理一件事而慨叹力量不足。语本《庄子·秋水》："河伯始旋其面目，望洋向若而叹。"③寤寐（wù mèi）：寤，睡醒；寐，就寝。寤寐表示无时无刻。《诗经·周南·关雎》："窈窕淑女，寤寐求之。求之不得，寤寐思服。"④调饥：朝饥。早上没吃东西时的饥饿状态。形容渴慕的心情。

【译文】与您分别快两年了，像九年不见面那么想念您。我每日忙碌于堆积如山的案牍之间，读到了您酣畅淋漓的文字，比每天面对面更快乐。

山东省海阳县旗人和汉人杂居，涉及到旗人的诉讼案件繁多，在东部地区是最多的，我知道了这一情况之后，就像第一次看到大海，惊叹不已，感到如果是自己的话，根本无法胜任。只有您的才华如大海一样广袤博大；能够在万顷狂波之上造起城市楼阁，形成一道道壮阔的奇观。

我的东家恳切地渴慕您这位贤者，无时无刻不在想着您，我斗胆自己做个介绍人，仰求您过来。您是当今最有名气的贤士，就按照目前最高的标准给您支付报酬。希望您尽早驾车出发，让我早点见到您，安慰我的渴慕之情，并且开导启发我，让我能够豁然开朗。

一〇三、答陈美陂

柳枝无主，憔悴东风矣。贤刺史欲择人而嫁，别驾[①]见而悦之，此仁人好丽之心也。当作月下翁，成此一段佳话。

弟未识尊夫人，为河洲之鸠[②]也，抑河东之狮[③]耶？幸以实告我，毋使章台弱柳[④]，又复攀折他人，增我罪过也。

【注释】①别驾：职官名。汉制，为州刺史的佐官，因随刺史巡行视察时另乘车驾，故称为“别驾”。隋、唐曾改称为“长史”。宋各州的通判，职任似别驾，后世因以别驾为通判之习称。②河洲之鸠：语本《诗·周南·关雎》：“关关雎鸠，在河之洲。窈窕淑女，君子好逑。”此处借指体态美好又有德性的女子。③河东之狮：宋代陈慥的妻子，河东人，凶悍善妒，常使丈夫惧怕。语出宋·苏轼《寄吴德仁兼简陈季常》诗：“忽闻河东狮子吼，拄杖落手心茫然。”后泛指悍妒的妻子。④章台弱柳：唐昌黎（在今辽宁省）人韩翃有姬柳氏，以艳丽称。韩获选上第，归家省亲；柳留居长安，安史乱起，出家为尼。后韩为平卢节度使侯希逸书记，使人寄柳诗曰：“章台柳，章台柳，昔日青青今在否？纵使长条似旧垂，亦应攀折他人手。”柳为蕃将沙咤利所劫，侯希逸部将许俊以计夺还归韩。见唐许尧佐《柳氏传》。后以“章台柳”形容窈窕美丽的女子。

【译文】一个柔弱女子，她没有丈夫，在盛年里忧愁着自己的归宿。贤明的知州大人要挑选一位俊杰之士与她婚配，您这位通判官见了她的样子觉得可爱喜欢；这是仁雅之人喜爱温柔美丽女子的人之常情。我应该做一个媒人，使您们的良缘结成。

兄弟我不知道您的夫人，是温柔贤德的淑女，还是嫉妒的悍妇呢？请您如实告诉我，不要让这个无主的女子，再被别人抢先占去了，增加我的罪过。

一〇四、与东光明府赵青圃

君果乘车，我终戴笠[①]，乃承下车揖我，并邀适馆授餐[②]，古谊之隆，犹见今日。且老棣台[③]未得县以前，原有此约，仆更何说之辞？

乃津门三载，太守情谊日深，若携铗别弹[④]，非特絷维[⑤]兴歌，并于去就之道，亦未协如。

莲幕需才，有孙位三先生者，品纯学粹，燕赵名流中，当屈一指，与仆交最契，老棣台谅亦有所闻。如以仆为庾公之斯[⑥]，则竟备聘关相邀，水乳之融，不待下榻而可知也。

【注释】①乘车戴笠：古时越人性率朴，与人结交有礼仪，封土坛，祭以鸡犬，祝曰："卿虽乘车我戴笠，后日相逢下车揖。我步行，卿乘马，后日相逢卿当下。"见晋·周处《风土记》。比喻情谊深笃，不因贵贱而改变。②适馆授餐：语本《诗·郑风·缁衣》："适子之馆兮，还予授子之粲兮。"毛传："粲，餐也。"本意谓诸侯或附属国国君入为天子卿士并被授予封地俸禄。此处借指担任幕僚之职并获得俸禄。③老棣台：即老弟。棣，通"弟"。④弹铗：见第四二篇《答丁仙槎盐大使》注释①。⑤絷（zhí）维：《诗·小雅·白驹》："皎皎白驹，食我场苗，絷之维之，以永今朝。"谓绊马足、系马缰，示留客之意。后以"絷维"指挽留人才。⑥庾公之斯：人名，是周朝时的卫国人。典出《孟子·离娄下》："庾公之斯学射于尹公之他，尹公之他学射于我。夫尹公之他，端人也，其取友必端矣。"以仆为庾公之斯，是说相信我的朋友也是规矩人的意思。

【译文】您果然获取了功名官位，坐在高高的马车上，而我终究只是戴着草帽的平民百姓，竟劳您停下车子向我作揖行李，并且邀请我去您的幕府任职；古代贤人之间至诚的情义，竟然还能在今天见到。而且兄弟您没做知县之前，就和我有这个约定，我哪里还有拒绝的道理？

然而我留在天津三年，现在的东家知府大人对我的情谊越来越深厚，如果转去投靠您，不只东家会再三挽留，并且抛弃有恩德的旧主人而投奔新主人，于情于理也是不合适的。

既然您的幕府中急需一位贤才，那么我的朋友孙位三先生，人品高尚，才学优秀，在河北一带有名望的人中间，也是首屈一指的；他是我最合得来的朋友，兄弟您应该也有所耳闻。如果您像信任我一样，信任我的友人，就请打定主意，写下聘书去邀请他。二位一定能够相处融洽，成为亲密信任的朋友，不必等到他来衙门那天，您就会知道的。

一〇五、答王言如

接来翰，以兄得妾为贺，此未知我之苦衷也。重来燕赵，又越两年，定省久违，望云[1]目断。子职多愆，遑问后嗣？且家乡小妪，非不宜男[2]，只以内子卧病床第[3]，甘旨之奉，井臼之操，以伶仃弱女任之，随致积劳成疾，亦不忍怜新而舍旧。

因家母望孙甚切，慈命谆谆，不得已于省中觅得东施，正添无限伤怀也。

日前已遣仆归家接眷，至津门，应舍舟遵陆，希足下代雇车辆，俾速登程，则感照拂[4]之谊多矣。

【注释】①望云：见第六三篇《答谢丙南》注释②。②宜男：旧时祝颂妇人多子之辞。谓多子。③床笫（zǐ）：笫，床上的竹席。床和垫在床上的竹席。泛指床铺。④照拂：照顾；照料。

【译文】收到来信，兄弟您祝贺我娶得一个妾室，这是因为您不知道我心里的苦衷啊。我第二次来北方，又停留两年了，母亲远在家乡，我很久没有侍奉在她身边了，望着白云下母亲住的地方，眼睛都望穿了。我作为儿子尚且没有尽到责任，又何德何能做一个好父亲呢？而且家乡本有一个妾室，不是不能生男孩；只是因为我的妻子生病卧床不起，给母亲做出可口的饭菜，挑水舂米的事，全由她一个孤零零的弱女子独自承担，长期劳累，导致身体生了病。而且我也不忍心舍下与她的旧情，去喜欢新人。

因为家母盼望抱孙心切，再三叮嘱我，我无法违逆，就在省城里找了个粗蠢的女子，实际上倒增添了无限的伤感。

我前几日派了一个仆从，回家乡接全家人到我这里；船行到天津的时候，就要下船走陆路了。请您替他们雇一下车辆，可以使他们快点上路，那么我会格外感激您的关照啊。

一〇六、与滦州刺史

六载相依，交深水乳；种承高谊，如积层云。虽惭非国士，而任劳任怨，所以奉报者，亦复不遗余力。

濒行更叨厚赐，俾壮行装，载德而还，直令人一望一回首也。端阳后五日抵署，获福星之庇，车轮无恙，可慰注怀。

陈丰源先生明于钱谷而熟于旗务，为燕赵老手。惟老逾六旬，其敏捷似稍逊于钱某。第不得亮而得瑜，已足相助为理，幸加意焉。

【译文】我在您的衙门工作六年，交情深厚，相处融洽；很多事情都仰承您的关心和帮助，这种高厚的情谊，如天空中累积的云层。虽然我自愧不是什么杰出的人才，但做事认真负责，不辞劳苦，不怕嫌怨。为了能报答您的恩德，也是竭尽全力。

我向您辞别，临走的时候还承蒙您送我许多钱物，使我行路上不至于太寒酸窘迫。我返家的车辆载着您珍贵的情义，我都不舍得离开，反复地望向渐远的您，又狠下心回头不看。端午节后第五天到了这里的衙门，大概是您这颗福星的庇祐，我的车在路上没有什么意外，您可以放心了。

陈丰源先生对管理钱粮的事情了然于胸，有善于处理关于旗人的事务，是河北一带很有经验的幕友。只是年纪已过六十，似乎不如钱某做事动作快。虽然请不到诸葛亮，但得到了周瑜，也完全能够满足您的需求了，希望您可以多关心一下。

一〇七、答秦载光

奉展瑶函，因台驾欲赋归与，观察①欲令鲰生入幕，承嘉贤之雅意，以下士为能人。

第观察公前宰宣化时，弟幕上谷，窃见经才纬略，辟易千人。转瞬秉臬陈藩②，总制③畿辅。药笼④之中，当收俊物，岂可以牛溲马渤⑤，溷充其数？想亦足下阿其所好，而观察公谬采虚声也。

弟有知人之鉴，而又有自知之明，翘首龙门，实不敢冒昧应命。尚祈善为我辞，则曹邱⑥之德不浅矣。

【注释】①观察：见第三七篇《与景州刘刺史》注释①。②秉臬陈藩：见第四九篇《与昌平州归》注释②。③总制：总制是清朝时的总督官，别名称做制台，是总管两三省文武官最高的官。④药笼：见第八六篇《辞保定太守顾学潮》注释③。⑤牛溲（sōu）马渤（bó）：牛溲，即牛遗，车前草的别名。马勃，一名马箨，一名屎菰，生于湿地及腐木的菌类。均可入药。比喻微贱的东西。渤，通勃。清·李渔《闲情偶寄·居室·房舍》：“收牛溲马渤入药笼，用之得宜，其价值反在参苓之上。”⑥曹邱：见第一〇〇篇《与谢丙南》注释②。

【译文】诵读了您的来信，您打算辞职还家，于是道台想招我这没见识的人，去补上您的位置。仰戴道台大人这位贤主人和您这位嘉宾的美意，把我这才智低劣的人，当作贤能的人才看待。

只是道台大人从前做宣化知县时，我留在上谷的衙门做事，我见识过这位大人纵横捭阖的智谋，可以令一千个人退避三舍。想见很快就会高迁臬台藩台，到京师等重要的地方担任封疆大吏。作为一国瞩望的台辅，他的麾下应该都是俊杰之士，怎么可以拿我这样的猥琐之人去充数呢？想来是您为了投其所好，把我吹嘘得多么好，使道台大人听了信以为真。

兄弟我既然能够比较准确地识人，当然也知道自己是什么样的人。道台大人的幕府像龙门一样高峻，我只能仰慕，确实不敢贸然听从赐命，去那里做事的。还仰求您妥当地帮我谢绝，那么我将很感谢您这位中间人的恩德啊。

一〇八、与孙成三

二十年吹竽[①]燕赵，历见名流时俊，欲如足下之敦本重伦，品高行洁，不务才，不恃学，而又学醇者，实难多觏。以故形迹虽疏，而神依倍切也。

昨谒龙门，未得捧袂。署方伯[②]明日莅任，不得不急倩毛生，代述鄙衷，仰冀垂鉴。

弟秉性迂愚，立身耿介，虽无傲骨，苦乏媚容。只可弹铗[③]侯门，容其疏慢；若欲奔走于王公大人之侧，鲜不为狂且怪者。

陆方伯谬采虚声，强之入幕，幸为日未久，而望见颜色者，亦只两次。然仆观之，胡然而天，胡然而帝也，已令人惊走百里外矣。

贫者，士之自为贫也，不意贫士而至于今日，竟卑卑不足数。然此姑置之勿论，即以办事而言，必精神才识，有余于事之外者，始能尽力于事之中。今每日稿案，以百余十宗计，恐才如士元[④]，亦未必能逐件而笔削之。

然则阅如不阅，而胥吏之舞弊者，恬然而不知察，案件之舛错者，茫茫而不知改。将以之自欺乎，抑欺人乎？

若欲久处其中，必须先坏心术而后可。如心术可坏，则天下求富之途甚广，又何必沾沾于幕耶？以迂拙不通之人，处举世披靡之地，势必凿枘不入，自取其辱矣。

闻薇署[⑤]官易而幕难，惟恐何方伯不知其不能而即允充其数，后来者又不知而复合，倘厕足其间，非仅断送老头皮[⑥]已也。

何公惟足下之言是听，用敢仰恳设词，若提而出诸罟擭[⑦]陷阱之中，则图报隆施，宜当矢诸没世。情急于中，语无采择，惟冀融鉴。毋任激切待命之至。

【注释】①吹竽：见第五三篇《答许葭村》注释⑬。②方伯：清朝藩台的别名。③弹铗：见第四二篇《答丁仙槎盐大使》注释①。④士元：庞统，字士元，号凤雏，三国时期蜀汉重要谋士。《三国志·蜀志·庞统传》："先主领荆州，统以从事守耒阳令，在县不治，免官。吴将鲁肃遗先主书曰：'庞士元非百里才也，使处治中、别驾之任，始当展其骥足耳！'"比喻治世之才。⑤薇署：清朝的藩台，唐朝称做中书省，别名又称做紫薇垣，后人又把薇垣做藩台的别名。署便是衙门，薇署是说藩台衙门。⑥老头皮：宋赵令畤《侯鲭录》卷六："真宗东封，访天下隐者，得杞人杨朴，能为诗。召对，自言不能。上问：'临行有人作诗送卿否？'朴言：'独臣妻有诗一首云：更休落魄贪杯酒，亦莫猖狂爱咏诗；今日捉将官里去，这回断送老头皮！'上大笑，放还。"后以"老头皮"为年老男子的戏称。⑦罟擭（gǔ huò）：罟是捉鱼的网，擭是捕捉野兽的机关木笼。

【译文】我混迹于河北一带做幕僚已经有二十年了，见过许多有名望的人物和当世的俊杰；而能够像您一样，重视本分和伦理，作风务实，品行高洁，不图虚名，不恃才傲物，而又才华横溢、学识纯正的人，实在太难遇到了。所以虽然表面上与您关系有些疏远，但心中对您的仰慕之情格外深切。

昨天去您的衙门登门拜访，没能见上您一面。代理的藩台大人明天就要来上任了，我因为情形紧急，不得不提笔写这封信给您，讲述我心里的苦衷，请求您能够理解和体谅。

兄弟我个性顽固又愚笨，为人处世耿直不合群；虽然我不是自傲的人，但也不肯去讨好别人。把我放在小地方的衙门里，做个弹着剑柄求食的冯谖，能包容我的粗疏无礼，还算可以。如果硬要我去侍奉王公贵族，难免会做出一些颠狂怪异的举动。

藩台陆大人误信了夸赞我的话，强行把我招到衙门里，庆幸的是做的时间不长，而我见到他本人的面，也只有两次。然而我观察他的架势，像老天一样高高在上，像帝王一样目空一切，已经使人畏避逃走一百里远了。

儒生的贫穷，是因为不屑于用卑鄙的手段求富贵；没想到我这个贫士到今天，竟卑微到不值一提。然而这姑且放下不说，就拿做好藩台衙门里的公务来说，必须要他的精力、才华和见识，能够超出工作要求的范围，才可以全身心投入工作之中。现在每天需要处理的公文和案件，都是多达一百多件；便是有庞统的才干，恐怕也没有足够的精力一件一件进行批阅。

但是如果马马虎虎的，看了和没看的一个样，使下面的差役趁机弄虚作假、徇私舞弊，而稀里糊涂没有发现；案情的错漏之处，也弄不清楚，不知道改正。那么，这样的话，究竟是欺骗自己呢，还是欺骗别人呢？

如果我想长久留在这个位置上，必须先自己坏了良心才可以。如果说良心真的坏了，那么天底下谋求富贵的途径有很多，又何必一直围着幕府打转转呢？像我这么顽固不懂得变通的人，处在每个人都俯首听命的地方，势必像把方的榫头插进圆的孔里，格格不入，不过是自取其辱罢了。

听说藩台衙门的官员容易做，而幕僚难做；我生怕藩台何大人不知道我不合适，而命我留下继续留下来充数；继任的这一位代理藩台大人又不了解情况，而同他一样；如果我硬是被挤在这中间，恐怕就不只是枉送了我这条老命而已了。

藩台何大人只信任您，对您言听计从，所以我才鼓起勇气仰求您帮我说一句话，如果像解救鱼网里的鱼、陷阱里的猎物一样，拉着我离了藩台衙门，那么您的大恩我会隆重地报答，终生不会忘记。我现在心里很着急，不知道写得恰不恰当，只求您一见就能明白。激动得快承受不住了，等着您的回音。

一〇九、答杨松波

流金烁石[①]中，获奉瑶答，穆如清风，使人肺腑生凉，不仅古色古香，与夏鼎商彝[②]堪同宝贵也。

某学不通方，才非应世，而彩诸君阿其所好；慕堂明府，更妄嗜痂[③]；致先生谬采虚声，倍作僊语[④]，岂大君子善善从长，将诱掖而使之于道欤？胡琴讵值十万缗，子昂[⑤]持其价于市，惭汗几不胜拂矣。然回环芳讯，又觉垂爱之殷，出于心中之至诚，原知非故作谀词者。士得一知己，可以无憾；得君子知，则其荣更当何似!

昔人负笈从师，不远千里；今只三舍之隔，未获一登函丈，高论亲承，读陶彭泽《停云》之咏，不禁怅惘低徊。然合剑[6]有时，及门可望。他日捧袂倾心，叙十余年彼此相思之切，觉迟之又久而始合者，倍惬欢情焉。

称谓在师弟之间，此事应属冒昧，然心之所敬，遂敢笔之于书。先生超然物外，学道名山，则某有亦步亦趋之意云尔。他日上谒龙门，应通名纸，则柴也愚[7]，先生其许之否?

【注释】①流金烁石：谓温度极高，能将金石熔化。形容天气酷热。烁，通“铄”。语出《淮南子·诠言》：“大热烁石流金，火弗为益其烈。”②夏鼎商彝：谓夏代的鼎，商代的彝器。泛指古董。彝，古代盛酒的器具，亦泛指古代宗庙常用的祭器。③嗜痂：见第七篇《答周氾荇》注释㉒。④躗(wèi)语：虚妄不足信的话。躗，本义为牛用蹄踢以自卫，引申为谬误而不真实的。⑤子昂：见第九五篇《与天津太守杨兰如》注释⑤。⑥合剑：参见第九一篇《答景州刘刺史》注释②。⑦柴也愚：高柴愚笨。语出《论语·先进》：“柴也愚，参也鲁，师也辟，由也喭。”柴，即高柴，字子羔，孔子的学生。此处借用为自谦之辞。

【译文】在这能够熔化金石的酷热天气里，收到您的回信；您的言辞清新可爱，像一阵清风拂面，令人心底浸生凉意；不仅是颇有古雅的风味，简直与夏代的鼎、商代的彝一样宝贵。

我学问浅薄，不懂得为政之道，也没有应对世事的能力。承蒙几位朋友对我的抬爱，顺着知县大人的喜好，在他面前胡乱地吹捧我；知县大人慕堂公，像专门爱丑一般，胡乱擢用了我这个没用之人；以至先生您听了褒奖的话以为是真的，也错误地为我说好话。难道是圣贤君子看见凡夫俗子的一丁点善，也极力赞许他，为的是引诱他倾向于正道？哪会料到一把胡琴被吹嘘成值十万贯钱，我如同陈子昂，被您捧到这么高的声价，告诉给别人，惭愧得汗水流得来不及揩去。然而反复琢磨您信中的字句，又感受到您是真诚地爱惜我，知道了您不是故意说一些漂亮话来奉承我。读书人立身于世，能够遇到一位真正懂得自己的人，一生都值得了；得到您这位君子垂爱，那是多么荣耀的事！

古时的读书人为了去拜师学道，背着书箱走一千里也不觉得远；如今离先生只有九十里，还一次都没能去拜见，亲自聆听您的教诲；读着陶渊明写思念友人的《停云》诗，忍不住愁伤郁积心中。然而宝剑有会合之日，终有一天我会去登门拜访。那时可以拉着手，彼此倾心交谈，畅叙一下十多年不见的思念之情，才知道隔了许久之后再次见面，比平常相见快乐好几倍啊。

我称您为老师，自己是学生，这事有几分莽撞，然而我是发自内心地尊敬您，所以才敢写到纸上。先生您澹泊旷达，不喜欢俗物，而去名山中学道，那么我也想跟随您的足迹。以后我去您府上拜访，我拿出名帖，上面自称为愚笨的弟子，不知先生您是否同意呢？

一一〇、与钱亦宏

奉手书，知起居纳福，并悉正佐夫人，俱梦熊罴[①]，此仆所晨夕祷者，快慰何似！小儿女出花无恙，亦只暂慰目前，长成与否，惟姑听之。因思吾辈得子之难，皆由生来命薄，不应佣笔代耕，故逸其身者难其嗣也。挽回之法，惟有随时积德，到处吃亏，而且不使阿堵浊物[②]，积而相克，或彼苍怜念清贫，延其代绪，亦未可知。

省垣无事，颇可读书，静参身世，觉此中似有所得。知足下有同心，故举以共勖焉。

交道之难，至今日而益甚。往往一片热肠，转视为千重城府，阅来函不禁怃然。但只求己之无愧，不必求其人之能谅也。

舍侄甘林，颇有见识，笔墨亦卓乎可观，惟脱颖为难，倘有相当刑席，仰祈长者吹嘘，渠具有心胸，必不似以怨报德耳。

【注释】①梦熊罴（pí）：古人以梦中见熊罴为生男的征兆。语出

《诗经·小雅·斯干》:“吉梦维何,维熊维罴,维虺维蛇。大人占之,维熊维罴,男子之祥;维虺维蛇,女子之祥。”②阿堵浊物:见第七篇《答周氾荇》注释⑮。

【译文】收到您的来信,知晓您身体健康,生活幸福,并且知悉您的夫人和妾室都有了身孕,有生男孩的吉兆;这本来是我每天早晚都在祈祷的事情,忽然有了喜讯,高兴得不知如何是好。我的一双小儿女出了天花,已经痊愈,也只是让我暂时松一口气;他们能不能健康长大成人,也只能顺其自然。想来像我们这样的人,往往很难求得儿子;这大概是因为天生福气浅薄,不应该以笔墨谋生,而逃避耕种和劳作;所以享受了身体上的安逸,就要在求得子孙方面遭受困难。补救的方法,只有随时随地都要做好事以修福,不管到哪里都要学会吃亏,而且不要贪财消克了福运;只有这样做,或许老天怜悯我贫穷,从而让我获得一个儿子延续血脉,也是说不定的呢。

省城里的公务少,可以有闲暇时间读书,同时静下心来回溯自己一生所经历的事情,感觉到在这方面有一些新的体会。知道您与我的想法一样,所以和您探讨一下,与您共勉。

朋友之间的相处之道,往往很难把握,到现在更加不容易。常常是自己一片好心,却被人误认为是夹杂着很多其他的目的;读了您在信中所说的事情,我不禁感到难过。您只求自己问心无愧就好了,不必强求别人能够理解。

我的侄子龚甘林,很有见识,写的文章也过得去,只是难以有机会崭露头角,如果有合适的刑名方面的幕职,仰求您这位忠厚长者帮他美言几句；他是明白道理的人，必然不至于用怨恨来回报您的恩情。

一一一、与画友

仆会稽人也，家住怪山[①]之中。此山自琅琊东湖[②]海中飞来，高不过十寻，广不过十亩。居人恐其飞去，山之巅建七级浮屠以镇之，周围绕以梵宫，左矗文昌阁。

山之下清流萦绕，茅屋千家，春花夏风，秋月冬霜，四时佳景，登眺不穷。

仆离乡十余年矣，形之梦寐，恨不得长房缩地法[③]，移置眼前。闻先生腕下有驱山铎[④]，能将宇内名山大川，驱之纸上，供人卧游[⑤]。因书怪山之胜，烦先生驱来贻我，悬诸斋头，不特可当卧游，恍置我于怪山之下，身在他乡，神游故里也。所惠良多，为谢无既。

【注释】①怪山：山名，又名龟山、塔山、飞来山、宝林山，位于浙江绍兴，海拔29.4米。北魏·郦道元《水经注·卷四十》：“浙江又北径山阴县西，西门外百余步，有怪山，本琅邪郡之东武县山也，飞来徙此，压杀数百家。《吴越春秋》称怪山者，东武海中山也，一名自来山，百姓怪之，号曰怪山。亦云越王无疆，为楚所伐，去琅邪，止东武，人随居山下，远望此山，其形似龟，故亦有龟山之称也。”②琅琊（láng yá）：亦作“琅邪”“琅玡”。是山东省东南沿海地区的古地名，历史上曾有琅邪邑（县）、琅琊国、琅琊郡、琅琊道等，位于今山东临沂、日照、青岛、诸城一带。东湖：疑为“东武”之讹（东武，古地名，今山东诸城）。③长房缩地法：长房，即费长房，汝南人，东汉方士。曾为市掾。传说从壶公入山学仙，未成辞归。能医重病，鞭笞百鬼，驱使社公。一日之间，人见其在千里之外者数处，因称其有缩地术。后因失其符，为众鬼所杀。事见《后汉书·方术列传八十二》。④驱山铎：传说中的一种神钟，形状又如铎，可以驱山，为秦始皇的宝物。驱山，指神助秦始皇驱赶山石下海造桥的典故，又作“驱石”。典出《艺文类聚》卷七九引晋伏琛《三齐略记》：“始皇作石桥，欲过海观日出处，于时有神人，能驱石下海，城阳一山石，尽起立……云石去不速，神人辄鞭之，尽流血，石莫不悉赤。”⑤卧游：见第四一篇《答周友锜》注释⑤。

【译文】我是浙江绍兴人，我的家乡有一座怪山。传说这座山是从山东诸城东面大海上飞过来的；此山高不过八十尺，占地不过十亩。居住此处的人担心它又飞走，就在山顶上修了七层的宝塔来镇压，又围绕着宝塔，修建了寺院，左侧矗立着文昌阁。

山下有清澈的溪流萦回环绕，连绵分布的茅屋有一千多家。春日的娇花，夏夜的微风，秋季的明月，冬天的霜雪，四季都有美景，我无数次登上山去眺望，只觉得目不暇接。

我离开家乡已经十多年了，故乡的风物时常出现在梦境中，遗憾自己没有费长房的缩地法术，能够将这座山搬到我眼前。听说先生的手中掌握着驱山的神钟，能把宇宙中的名山大川，驱赶到画纸上，供那些无法到现场游览的人们欣赏。于是描述了怪山的情形，烦劳您把它驱赶到画纸上送给我，悬挂在书房里，不只可以欣赏，简直是使我又仿佛回到了怪山脚下；虽然身体处在异地他乡，神魂却在家乡游玩。如此则将受您极大的恩惠，在心里对您感激不尽。

一一二、与章含章

诸君子之至于斯也，仆未尝不倒屣而迎[①]也。而素畏应酬，又无斯须之不懒，竟至有来而无往。“最爱客来偏懒答，剧怜花放却慵栽。”此十年前之句，非是今日始疏懒，方知人性有不可以药者。

而外间随以仆为傲。夫有周公之才之美，尚不可以骄吝[②]，矧吾辈依人作嫁，碌碌鱼鱼，无足以傲世，更何所傲为！

弟与足下交最久，知我独深，望为我言曰：“其为人也，懒也，非傲也。”至诸侯大夫之至止者，为丞相长者耳，更与交游者无涉。懒也，傲也，均无关于轻重，可一笑置之。因有所闻，用布区区，希诸君子鉴之。感甚，幸甚！

【注释】①倒屣而迎：因急着迎接客人，而将鞋子穿反了。语出《三国志·卷二一·魏书·王粲传》：“时邕才学显著，贵重朝廷，常车骑填巷，宾客盈坐。闻粲在门，倒屣迎之。”比喻热情款待宾客。②骄吝：骄傲而吝啬。语出《论语·泰伯》：“如有周公之才之美，使骄且吝，其余不足观也已！”

【译文】先生们到我家里来，我没有一次不是热切地欢迎的。然而我向来害怕场面上的迎来送外等应酬之事，又没有一刻不意懒心迟；后来竟然成了朋友来看我，我却不登门答谢拜访人家。“最喜爱有客人来，偏偏懒得答拜；最喜爱看花盛开，却又懒得栽培。”这是我十年前所作的诗里的一句，可知我一直很懒散，不是从今天才开始的；这才知道人的天性，往往是很难改变的。

但外面的人，于是认为我是故作清高的人。一个人身上有周公那样的才干和美德，尚且不可以目中无人；更何况我们这样的人依附别人做事，不过是替别人做嫁衣裳，庸庸碌碌，无所作为；做的事根本不值得一提，又哪有什么值得骄傲的呢？

兄弟您和我交往最久，也只有您最了解我，拜托您帮我对外面的人说句话：“那个人的为人，表面上似乎很清高，实际上只是太懒散罢了。”若说有些显贵的官员到这里来的，是因为他们都是忠厚长者，关心一下我而已，并没有什么来往。别人认为我懒惰也好，清高也罢，其实都不重要，我只会一笑了之。因为我听到流言，所以把真心话说出来；希望诸位先生能够理解，那就感激不尽，并深感荣幸了。

一一三、答许葭村

俗尘中不能作韵语，因偶有所感，借此发抒沉闷，不可言诗，矧其为佳也？足下何誉之太过，得毋阿其所好乎？然几块残砖，换得一缄尺牍，则亦有引玉之功。

封篆非遥，干旌[①]东指；萱帏康乐，荆树[②]敷荣。调琴瑟于璚窗[③]，拥芝兰[④]于绣榻。天爵人伦，罕有其俪。而薄命劳人，亦当为度岁之行。惟惯为冯妇[⑤]，遇虎翻惊；暂学渔郎，问津[⑥]多误。明岁之局，尚未可定。万千情绪，不获与知己一吐，怅结何似！

贵东许我和诗，尚未赐读，雨雪载途，所望于阳春者甚切，希一致之。

【注释】①干旌：见第一〇一篇《与方启明》注释③。②荆树：见第三九篇《答王兰畦》注释⑦。③璚（qióng）窗：饰玉之窗。璚，古同“琼”，赤色的玉，泛指美玉。④芝兰：见第七九篇《答朱桐轩》注释⑥。⑤冯妇：见第三六篇《与孙星木》注释⑩。⑥渔郎问津：问津，探询、洽问。语出晋·陶渊明《桃花源记》：“南阳刘子骥，高尚士也，闻之，欣然规往，未果，寻病终，后遂无问津者。”渔郎，打鱼的年轻男子。

【译文】我每天忙于俗事，写不出好的诗句来；只是因为偶尔有所感悟，所以借此抒发心中的郁闷之情；连诗都算不上，更不用说是什么佳作了。您为什么如此过分地夸奖我呢，恐怕是故意迎合我的喜好吧？但是我用几首拙作，换来您一封珍贵的信，那么还算有抛砖引玉的功用。

衙门中封了印鉴放假的日子不远了，您将乘车到东边去。家中慈母健康又快乐，兄弟们都为家里增添光彩。您和妻子相守在装饰华丽的房间里，琴瑟和鸣，有说有笑，恩爱无比；或是抱着芝兰玉树一样俊秀的孩子们，坐在绣花的床榻上，其乐融融。这种天伦之乐，是上天赐予的幸福，很少有人能比得上您了。而我这没有福气的劳苦之人，也要为过年而奔走于路上。只是我一直在外面从事幕职，现在遇到衙门反而害怕起来；在迷茫的时候，像渔夫探寻渡口一样，尝试着找了一些馆地，然而都不合适。明年的幕职，现在还不能确定。心中萦绕着各种各样的情绪，如果不能对您这位知己倾诉一番，将是多么郁闷。

您的东家答应写和答的诗给我，还没有赐给我拜读；正如想出门的人遇到雨雪天气，而盼望晴天的急迫心情一样，拜托您把我的意思转告他。

一一四、与许葭村

槐荫满庭，荷香在沼，足下来津，正其时矣。而高轩果至，岂真数有前定，抑予言之偶中耶？

匆匆一谈，未畅情愫。三津成为泽国，足下舍车而舟，作破浪乘风之想，志亦壮哉！

邓明府与仆结交已久，不意德星忽堕，殊切人琴之痛[①]。曾寄我诀别数行，声与泪俱，不忍卒读。

登贤书[②]而现宰官身，上应列宿，亦属无负素怀。第十年压线[③]，白首仍郎[④]，苦境累人，清贫如故，天之所以厄人，果如是耶？

阅详禀，具见足下古道热肠，此诚吾辈中有血性者。凡有可为力处，仆无不留意。

生前如水，死后如醴，君子之交如此。希足下在邓诸侯灵前，代焚楮香[⑤]，以仆言告之。

【注释】①人琴之痛：晋朝时候的王献之，字子敬，他死后，哥哥王徽之拿他的琴来弹，久不成调，而将琴摔在地上，叹息说："呜呼子敬，人琴俱亡！”见《晋书·王徽之传》。后因以“人琴俱亡”为睹物思人，痛悼亡友之典。②登贤书：科举时代称乡试中式为登贤书。贤书，语本《周礼·地官·乡大夫》：“乡老及乡大夫群吏献贤能之书于王。”贤能之书，谓举荐贤能的名录，后因以“贤书”指考试中式的名榜。③压线：见第四四篇《与周氾荇》注释③。④白首仍郎：《汉武故事》载：武帝尝至郎署，见郎官颜驷“须鬓皓白，衣服不整”。武帝问他：“何时为郎？”答道：“以文帝时为郎。”武帝又问为什么“老而不遇”？他回答说：“文帝好文而臣尚武，景帝好老而臣尚少，陛下好少而臣已老，是以三世不遇。”后因以“白首为郎”慨叹虽有才能而至老不遇。⑤楮（chǔ）香：祭祀鬼神用的纸钱和香烛。楮，本意为楮树，叶似桑，皮可以造纸，后用作纸的代称。

【译文】上次我在信中说，到槐荫在庭院中铺满、荷花在池塘中飘香的季节，您如果能来天津，那真是太好了，可以说是正当其时。而果然迎来您的大驾，难道真是凡是都有定数，还是我偶然料中了您会来呢？

与您匆匆见面，说了几句话，还没有完全倾诉心中的思念之情。天津一带现在水位上涨，您放弃了走陆路，转而乘船，好像借风的便利穿行巨浪中，气概真是不凡啊！

邓知县与我认识很久了，没想到他忽然亡故，如同星宿陨落；睹物思人，令人悲痛不已。他临死前寄给我永别的信，真是声泪俱下，使我不忍心读完。

邓知县凭一身才学考取功名，又做了知县，主政一方，与天上星宿匹配，也算没有辜负平生的志向。只不过十年之间为别人谋事，到老依旧只是知县；艰苦的处境、劳累的工作，拖垮了他的身体，为官清廉，所以一生清贫，没有积蓄；上天让人遭受困境，果然要到这种地步吗？

读了您写给上级的建议书，充分体现了您和古人一样的侠肝义胆和仁爱之心，真是我们这些人中最有骨气和血性的。凡是我力所能及可以帮上忙的，一定尽全力。

生前的交往如水一样纯净，死后的思念如酒一样浓厚，君子之间的交情大概就是这样吧。请您在邓知县的灵堂前，替我祭奠，焚化纸钱香烛，并把我的话转告给他。

一一五、答赵南湖

重阳日正饮茱萸[①]，得手书，知陶愚亭亲家舟至维扬，患疔毒，挈眷乘小舟，于七月十三日赶回里门，十五日即去世，不觉酒杯落地，拍案惊叫。恐老眼昏花，再读之，字字无讹。斯人也，而有斯疾也，斯人而死如是之速也。

端阳后一日，愚亭舟次津门，进敝斋与杨樾庵亲家，杯酒高谈，意气豪迈之象，依然犹在目前，万不料相隔两月余，愚亭即死也。

愚亭年近五旬，生平无甚疾病，不过偶染疔毒，毒何至死？

维扬不乏名医，何不速治？吾实为之不解。

余与愚亭分手时，愚亭含泪而言曰："鄙人今去，后会无期。"哽噎不复作一语。岂愚亭自知其将死也耶？抑不知而不觉作断肠语耶？余与愚亭志同道合，臭味相投，虽数月交，而有千古之感。正期两三年后，还乡与愚亭居同处，出同游，正首邱[②]而同死，而愚亭先我而去，而去又如是之速，使异地孤踪，无可开目。吾哭愚亭，并以自哭。未知愚亭在地下能闻之否耶？

惟是愚亭五十年辛苦，仅止草草成家，竟能急流勇退，锐志还乡，使妻子妾女，环绕膝前，瞑目而逝，天之所以报愚亭者，正自不薄。

吾辈少壮离家，衰年流落，一贫如故，归计茫然，燕南赵北，正不知何地埋骨者，比之奚啻霄壤？又不禁为愚亭羡也。

然此亦不过于无可奈何之中，作此自宽之论。而愚亭究竟死矣，其何能已于痛哉！

愚亭死后，家计如何？余不忍问，又不得不问。老表叔至戚关情，如有所闻，务祈示悉。

【注释】①茱萸（zhū yú）：落叶小乔木，开小黄花，果实椭圆形，红色，味酸，可入药。此处指茱萸酒。饮茱萸酒为汉族民间节日饮食风俗，流行于长江流域和淮河流域等地区。夏历九月，气候初寒，制茱萸于酒，饮之可御寒、健身，俗传可"辟邪"。宋时已相当盛行。南宋·吴自牧《梦粱录》："今世人（于重阳节），以菊花、茱萸，浮于酒饮之，盖茱萸名'辟邪翁'，菊花为'延寿客'。"②正首邱：邱，同

“丘”，土丘。传说狐狸即使死在外边，也要把头朝向所住洞穴的方向。指死后归葬于故乡。语本《礼记·檀弓上》：“礼，不忘其本。古之有言曰：狐死正丘首，仁也。”

【译文】重阳节我正喝着茱萸酒，就收到您的信，信中写陶愚亭亲家坐船行到扬州，身上患了很严重的疔疮病，于是携带家眷坐轻舟急速归家，在七月十三日到家，十五日就去世了。我大为震惊，心神恍惚，手腕失力酒杯掉在地上，拍着桌子不禁惊叫了起来。还恐怕自己老眼昏花看错了，展信再读，每个字又都是千真万确的。可惜他这么好的人，竟患了这样的疾病，而且竟然这么快就去世了！

端午节的第二天，愚亭的船行到天津，于是来我家做客。与杨樾庵亲家，一起畅快地喝酒议论古今之事。他那意气风发、豪迈洒脱的风采和气象，依然历历在目。万万想不到只隔了短短两个月，愚亭就不在世上了。

愚亭年龄还不到五十岁，一辈子没得过什么病，这次只是意外感染了疔疮，疮毒竟会致死吗？扬州不缺名医，为什么不及时治疗呢？我真是想不明白。

我与愚亭道别时，愚亭眼含热泪说：“我今天一走，恐怕就再也见不了面了。”哭得很悲伤，说不出一句话。难道愚亭自己知道他要死了吗？还是不知不觉地说出了伤心话呢？我与愚亭有着相同的志趣和理想，性格也合得来，虽然只相处了几个月，但好像已经结识了千年。正想两三年后，回到家乡，与愚亭同住一处，一同出去游玩，就连死的时候都作伴，共同落叶归根；然而愚亭丢下我先去了，而且走得这样快，使我这漂泊在异乡的孤客，再也没有一个能够看得上眼的人了。我哭愚亭，并且为自己而哭，不知愚亭在地下听到了吗？

只是愚亭在世间五十年的辛苦努力，才获得了一个简陋的家而已，竟能毫不迟疑地抽身而退，坚决一定要回到家乡，使妻妾儿女陪伴在身边，死的时候没有遗憾。老天对愚亭的回报，可以说是不薄的。

我们这样的人，年轻时被迫离开家乡，衰老时居无定所，依然是一贫如洗，以至回家都是奢望。无论是河北还是山东，都不知道死后要葬身在何处；跟愚亭比较，何止是天壤之别呢？真是羡慕愚亭啊。

然而，这也不过是在没有办法的时候，姑且用来宽慰自己的话罢了。而愚亭终究是已经死了，痛苦哪里有穷尽之时呢？

愚亭死后，家里人怎么生活呢？我不忍心去问，然而不得不问。老表叔您作为愚亭的亲戚，格外关心他们，如果有了消息，请务必告诉我。

一一六、与沈聚亭

古所谓寿，在德不在年也。今人无德之足述，而有势位富厚者，亦从而寿之。若无德而又贫且贱焉，与麋鹿同其生，草木同其腐而已，何所为年，何所为寿？

仆少孤，食衣于奔走，贫贱终身。上之不能显亲扬名，次之不能进德修业，不可为人，不可为子。哀哀父母，生我劬劳[1]，终天抱恨，有不待初度[2]之辰而心痛者。

而足下以弟年介六秩，遍告同人。然斯世固有借马齿之增[3]，以博蝇头之利者，不肖素鄙其为人。若尤而效之，丑孰甚焉！

弟固知足下偶然谈及，必不以之告人，而未宠先惊，不得不预陈鄙陋，并望足下亦勿蹈世故。爱我以德，感非浅鲜。

【注释】①哀哀父母，生我劬（qú）劳：语出《诗经·小雅·蓼莪》："蓼蓼（lù植物高大）者莪（é莪蒿），匪莪伊蒿。哀哀父母，生我劬劳。"劬劳，劳苦、辛勤。②初度：出生年时，后称人的生日。《楚辞·屈原·离骚》："皇览揆余初度兮，肇锡余以嘉名。"③马齿之增：见第五四《又答》篇注释⑯。

【译文】古时所说的祝寿，重要的是在于一个人要德高望重，而不只是看他的年龄。现在的人，没有什么值得称道的德行，而凭借着有势力、地位或者生活富裕优厚，众人也纷纷为他祝寿。如果既没有德行，又穷困又下贱，在世的时候不过是和野兽一般碌碌无为，死了之后和草木一般腐朽，活得再久又有什么意义呢？又哪里值得祝寿呢？

我年少时失去父亲，为了衣食而四处奔波，一生贫穷又微贱。既不能功成名就，让父母荣耀；又不能增进品德，修习学业。做人都没做好，做儿子更是不合格。可怜我的爹娘，生我养我十分辛苦，我却没有尽到孝心，使我终生心怀愧疚和遗憾，不用等到我生日那天就已经伤心难过了。

而兄长您因为我将满六十岁了，到处告诉给朋友们。虽然世上确实有人借祝寿的名义，来博取一些蝇头小利，但我向来鄙视这样的行为。如果我反倒去效仿这种行径，还有比这更可耻的吗？

我也知道兄长您只是偶然说起为我祝寿的事，一定不会到处跟别人讲。虽然事情还没真正开始，只是有这个想法，但是我已经感到很吃惊，所以不得不提前说出我的心里话，并且希望您也不要去搞世俗那一套。这样才是真心爱护我，将会对您感激不尽。

一一七、与许葭村

病后正不能搦管①，而一息尚存，又未甘与草木同腐。平时偶作诗词，只堪覆瓿②。

惟三十余年，客窗酬应之札，自摅③胸膈，畅所欲言；虽于尺牍之道去之千里，而性情所寄，似有不忍弃者，遂于病后录而集之。

内中惟仆与足下酬答为独多，惜足下鸿篇短制，为爱者携去，仅存四六[④]一函，录之于集。借美玉之光，以辉燕石[⑤]；并欲使后之览者，知仆与足下乃文字之交，非势利交也。

因足下素有嗜痂之癖[⑥]，故书以奉告。容录出一番，另请教削，知许子之不惮烦[⑦]也。

【注释】①搦（nuò）管：握笔、执笔。搦，握、持，拿着。②覆瓿（pǒu）：瓿，陶制小瓮。汉代扬雄以为经莫大于《易》，故作《太玄》，欲求文章成名于后世。刘歆观之，告诉扬雄，天下学者尚不能通晓《易经》，又如何能了解太玄，恐怕后人要拿来覆酱瓿。典出《汉书·卷八七·扬雄传下》。后比喻著作毫无价值或不被人重视。亦用以表示自谦。③摅（shū）：抒发；表达。④四六：文体名。骈文的一体。因以四字六字为对偶，故名。骈文以四六对偶者，形成于南朝，盛行于唐宋。⑤燕石：燕山所产的一种类似玉的石头。亦称“燕珉”。《太平御览》卷五一引《阙子》：“宋之愚人得燕石于梧台之东，归西藏之，以为大宝。周客闻而观焉，主人端冕玄服以发宝，华匮十重，缇巾十袭。客见之，卢胡而笑曰：‘此燕石也，与瓦甓不异。’主人大怒，藏之愈固。”后以“燕石”喻不足珍贵之物。用为自谦凡庸之词。⑥嗜痂之癖：见第七篇《答周氾荇》注释㉒。⑦许子之不惮烦：许子，即许行，战国时一位研究农家学说的人。不惮烦，不厌烦、不怕麻烦。语出《孟子·滕文公上》：“何许子之不惮烦？”

【译文】我的病刚好，不能握笔写字，但是只要还有一口气在，又不甘心与草木一般腐朽，默默无闻。平时偶尔也写一些诗句，但是只配拿来盖酱缸。

只有三十多年来，我寄居在外地和朋友之间往来的信札，往往都是直抒胸臆、畅所欲言。虽然完全不符合书信的规矩和原则，但是其中寄托着自己的真情实感，似乎不忍心把它们丢弃，所以病好后就辑录在一起。

里面只有您和我之间互相应答的书信是最多的，可惜您寄来的不论是长篇还是短篇的信，人们看了十分喜爱，就拿去了；只留下一篇用四六骈文写成的信，我把它收录在集子里。借您这块美玉的光辉，使我这些普通的石头也增添一些光彩；并且想让后来阅读这个集子的人，知道我和您是以诗文相交的朋友，不是因权势利益才成为朋友的。

因为您一直像有奇怪的嗜好一样，称赞我的文章写得好，所以写这封信告诉您这件事。待我抄录完成后，再请您帮我修改，我知道您是不怕麻烦的。

一一八、答谢丙南

奉手书，知驾已回省，不谓此行如是之暂也。卢龙陈公，情意既殷，又系乔公观察[①]所汲引，若却而不就，恐无以对乔公。吾人去就之义，不可使人议论，岂可以脩脯稍轻，致虚说项[②]之殷？

并悉老弟二年后，必须南旋，甚为欣羡。老弟家有薄田，可资饘粥[3]；庭有玉树，克绍箕裘[4]。暂作负米[5]之游，旋奉晨昏之乐，亦幕中不易得之境也。

兄年逼桑榆，室仍悬罄，一家十口，旅食维艰。而且老年得子，舐犊情殷，然使长成，曾何与于生前？自挈眷离乡，已将十载，秋霜春露，目断松楸；乡梦旅魂，路迷门径。倘使终于流落，遽尔长辞，则木本水源，从此断绝，为天地间第一罪人矣。

所冀向后机缘，较前差胜，稍有余资，便谋归里，箪瓢陋巷，终身首邱[6]。老弟于耕山钓水之余，屈指春秋屡易，果能一片归帆，迓我于西陵渡[7]口；必当三杯薄酒，邀君于东武山[8]头，诉平昔之离悰[9]，叙家园之乐事，岂不快哉！兴言及之，又不觉转愁为喜。二千里外，未获接席谈心，聊寄双鱼，以纾沉闷。

【注释】①观察：见第三七篇《与景州刘刺史》注释①。②说项：见第六一篇《与交河明府章峻峰》注释①。③饘（zhān）粥：稀饭。④克绍箕裘：见第六八篇《答陈韫玉》注释⑤。⑤负米：见第三四篇《又答王言如》注释④。⑥首邱：见第一一五篇《答赵南湖》注释②。⑦西陵渡：钱塘江古渡口名，又名西兴渡、固陵渡。位于浙江杭州（今杭州市滨江区西兴街道）。⑧东武山：即怪山。见第一一一篇《与画友》注释①。⑨离悰（cóng）：心情、心绪。

【译文】读了您的信，知晓您已经回省城，没想到您这次来停留的时间这么短暂。河北卢龙县的陈知县，既然如此诚恳，又是道台乔大人引荐的，如果您推辞而不接受他的聘请，恐怕无法面对乔大人。我们这些人在职位取舍、去留这方面，在道义上要问心无愧，不能引人非议；怎么可以因为薪水略少一些，就辜负了乔大人帮您引荐的一番美意呢？

又知晓老弟您在两年后，肯定要回南方，真是替您高兴，又很羡慕。您家里有不肥沃但可以耕种的薄田，也能吃上稀饭；家中有玉树一般俊秀的儿子，能够继承您的事业。您只是暂时离开家，寻求衣食以奉养父母；不久就可以归还，侍奉在父母身边，也是我们做幕友的很难求得的境遇。

老兄我已近晚年，家里还是穷得空空如也；一家十口人，寄居在外地，生活十分艰难。而且老年得子，爱子心切，然而即使他长大成人，我又哪能在有生之年看得到呢？自从携带家人离乡，已经将近十年；每到春秋二季祭祀祖先的时节，只能举目遥望祖宗墓地的松楸树；每次在梦中，魂灵回到了故乡，却找不到回家的路。假如我一直漂泊在异乡，哪一天突然死在外地，祖宗的血脉，就像树的根本、水的源头，将永远断绝，我就成了天底下最大的罪人了。

我只希望今后的境遇能够更加顺利一点，略积攒些银钱，就做回家乡的打算；即便是用粗制的竹器盛饭，用葫芦瓢舀水喝，住在简陋的巷子里度过余生，也总算是能够落叶归根了。兄弟您将在山里种田、湖边钓鱼，屈着手指算一下过了几个年头，是我归来的时候。如果您到时候乘一只归舟到西陵渡口等着我，我一定拿着酒邀请您去东武山上面，倾诉平日里的离别思念之情，谈论家乡田园的欢喜事，该多么痛快！我想到那个光景，忧愁也不知何时变成喜悦了。此时您在二千里外的地方，不能面对面坐着谈心，只好写一封信寄去，以抒发我心中的孤闷。

一一九、答章又梁

住省虽两月，畅叙无几时。《唐棣》诗云“岂不尔思，室是远而[1]”者，若为我两人咏也。

仲春抵馆，展案头所存去冬寄我之书，读至追随亲侧数语，不觉泪涔涔下。此景此情，十五年前，曾亲历之，今不堪复忆，虽悔亦不能追矣。

老弟二年之后，必赋归与，侍奉慈颜，今有日矣。闻之不胜欣羡。书中垂注殷殷，足征挚爱。忆二十余年前，同入穷途，共尝艰苦；气味之投，情谊之浃，不啻同胞。交好为吾两人，可真百年如一日。

衣不如新，人不如故。只此落落晨星，何必阴阴其雨，把接回环，两情如接。

省垣案牍多劳，应酬又剧，惟祈酒减加餐，万千珍重。

【注释】①岂不尔思，室是远而：难道不思念你吗？是因为家住得太远了。语出《论语·子罕》：“‘唐棣之华，偏其反而；岂不尔思？室是远而。’子曰：‘未之思也，夫何远之有？’”“唐棣”四句为逸诗。

【译文】我回省城居住虽然已有两个月，但与您见面畅谈的时候很少。《唐棣》这首诗里写“哪里是不想念您，是因为家住得太远了”，似乎说的就是我们两人的情形。

二月我到达衙门中的馆舍，桌上留着您去年冬天寄给我的信，我展开信读到“追随在父母身边”这几句话，不知不觉流出了泪水。这种情景，十五年前我曾经亲自经历过；现在不愿再回想，虽然后悔却来不及了。

老弟您两年之后，必然要回家乡的，可以侍奉在母亲身边，如今这一天快到来了。我知道了真是为您高兴，而且羡慕您。您在信里又殷勤地关心我的情况，足见您深挚的友爱之情。回忆二十多年前，两个人都迫不得已外出谋生，一起经历艰苦的岁月；我们个性如此相近，相处特别融洽，比同胞兄弟还亲密。像我们两个人交情这么好，即使过了一百年也不会改变。

衣服是越新越好，朋友是越老越好。我要好的朋友本来就像晨星一样稀少，却为何一定要像阴云密布遮住天空一样，让我们很少见面?我拿着您的书信反复看，觉得我们的心在一起。

省城的衙门中，案件和公文的事务很让您劳累，往来应酬的事又很繁重；只祈望您少喝酒，好好吃饭，万分珍重自己的身体。

一二〇、答许葭村

陈遵尺牍[①]，名重当时。然高自位置，惜墨如金，不肯轻投一札。足下殆亦有此癖。

今有人焉，以莫须有[②]之事，使足下忘其癖，而洋洋焉，洒洒[③]焉，不能自惜其墨焉。仆始怪若人之愚，今则喜若人巧为其能，以莫须有之事，得不易有之书也。

而近亦因足下之书，恍然得所解。盖足下握三寸之管，若决江河，一波未平，一波复起。迹之字里行间，则悄然无风也。若人之波，不必欲有风而始起，始见得足下削简[④]之法乎？

使若人而见足下之书，心且诩然曰："一枝未借，尺璧先来，失在彼而得在此，夫亦可无憾。"恐足下闻之，又将高自位置，惜墨如金，奈何！

【注释】①陈遵尺牍：见第五三篇《答许葭村》注释⑨。②莫须有：恐怕有、也许有。后指凭空捏造。语出《宋史·岳飞传》："(岳)飞子云与张宪书虽不明，其事体莫须有。"③洋洋洒洒：洋洋，盛大、众多的样子；洒洒，明白、流畅的样子。形容文章或谈话丰富明快，连续不断。④削简：犹“削牍”。古时削薄竹木成片，用以书写；有误则刮去重写，谓之“削牍”。后用以泛称书写、撰述。

【译文】汉代的陈遵以书信写得好而闻名，当时的人都很仰慕。然而因为他自己故作高姿态，不肯轻易写一封信，笔墨就像金子一样稀罕了。您大概也和陈遵一样以此为乐。

现在有一个人，用凭空捏造的事情来刺激您，让您忘记了自己的习惯，而洋洋洒洒写了一篇很长的信给他，毫不吝啬笔墨了。我起初感到很奇怪，竟有这样愚蠢的人，如今要赞叹这个人真是很聪明，凭借无中生有的事情，就得到了一字难求的墨迹。

而且近来因为阅读您的信，又想明白了其中道理。因为您手执三寸长的一支笔，有如江河决堤，滔滔江水奔流而下，一个波浪未平静，另一个波浪又掀起。然而您笔下的字里行间，却是风平浪静。如果是别人的波浪，不一定要有风才起浪，难道那时才可以见到您真实的文字功力吗？

如果那个人的用意真是如此，那么他见了您的信，心里肯定得意地说：“我没写一封信给他，像尺宽的玉璧一样珍贵的信就送上门来了，吃亏的是他，得便宜的是我，我别无所求了。”恐怕您听见后，又要摆出高姿态，一个字也不肯写了，怎么办呢？

一二一、与杨松波

“百书不如一见面，几日归来两慰心①？”弟与足下十载神交，虽音敬常伸，而芝光②未接。今得一朝捧袂，欣幸之忱，觉山谷老人③之句，犹不足罄其形容也。

浮丽竞逐之场，窃见先生渊深静默，和而不同。陆士龙所谓“和神当春，清节为秋④”者，庶乎似之。

惟弟朴陋迂疏，毫无足采，恐龙门座上，殊有见不如闻之叹。或者鉴其向往，亦许攀跻，是又鲰生之幸耳。

【注释】①百书不如一见面，几日归来两慰心：语出宋·黄庭坚《寄上叔父夷仲三首其一》。②芝光：见第六四篇《答章炎甫》注①。③山谷老人：北宋黄庭坚，字鲁直，号山谷道人。④和神当春，清节为秋：和乐的心神好像温暖的春天，清高的气节如同凉爽的秋天。语出西晋·陆云《失题·其五》：“闲居外物，静言乐幽。绳枢增结，瓮牖绸缪。和神当春，清节为秋。天地则尔，户庭已悠。”陆士龙：陆云，字士龙，吴郡吴县（今江苏苏州）人，三国东吴后期至西晋初年文学家、官员。与其兄陆机合称“二陆”，曾任清河内史，故世称“陆清河”。

【译文】“互相写一百封信，也不如一次见面；还有几天才能回来，来抚慰彼此的思念之情呢？”老弟我仰慕您十年，虽然常常写信敬问您的消息，但从未一睹您的风采。今天突然可以捧着您的衣袖交谈，快乐又幸运的心情，觉得黄庭坚的这一句诗，也不足以表达这种情境。

置身于趋炎附势的环境中，我暗自观察，只见先生您为人深沉静默，既能和别人友好相处，又保持自己的品格而不随波逐流。西晋的陆云所说的“和乐的心神好像温暖的春天，清高的气节如同凉爽的秋天”，用来形容您真是太贴切了。

只是老弟我愚笨浅陋、迂腐懒散，身上没有一点可取之处，恐怕我去到您府上拜访，反而会叹息见了面还不如只听声音好一些。或者您体谅我的仰慕之意，也允许我依附着您往上攀登，那就是我这浅薄之人的荣幸了。

一二二、与沈菊屏

自入尘途，不能作韵语。慕堂明府唱中秋“竹枝词[1]”八首，一时和者，名作如林。仆视之皆西子真容也。东家施更不敢自逞其丑，足下强而和之，大是罪过。

然使众西子能颦为笑，而范大夫[2]笑倒花前，亦足下之功焉。呵呵！

【注释】①竹枝词：本是流行于四川一带的曲调，唐时刘禹锡根据巴渝一带民歌加以剪裁，后传于世。形式多为七言绝句，用语通俗轻快，内容多为当地风俗或男女情爱。见《新唐书·卷一六八·刘禹锡传》。②范大夫：范蠡，字少伯，楚国宛（今河南南阳）人，春秋末年政治家、军事家。出身微贱。仕越为大夫，擢上将军。与文种协助勾践灭吴。曾在苎萝山浣纱河访求到美女西施。此处代指慕堂明府。

【译文】自从外出谋生，每天忙于各种俗事，就写不出诗句了。知县大人慕堂先生以中秋节为主题写了八首“竹枝词”，一时之间唱和的人有很多，不乏名家大作。我看过之后都觉得像亲眼见到了美女西施的真容。而我不会作诗，不敢像东施一样自暴其丑；您迫使我也写诗去应和，真是大大的罪过。

然而，如果可以令各位西施不皱眉而露出笑颜，而知县大人也因为我的歪诗笑倒在美人跟前，那么也算是您的功劳了。哈哈。

一二三、答天津明府沈小如

抱非常之才者，必有非常之地，以建非常之功，而膺非常之擢。二兄大人鸿才伟抱，辟易千人，燕南赵北之间，到处甘棠蔽芾[1]！

而具扛鼎[2]之能，必膺最难极繁之地，方足见其才力。三津为水陆都会，冠盖云集，政赋殷繁，非当世人才，鲜能胜任。承示秋初荣莅，想七十二沽[3]之民，歌来暮[4]者久矣。

而弟十余年谬承雅爱，去冬渔阳官舍，樽酒论文，唱酬交作；不谓良缘前定，津水重逢，密迩琴堂[5]，过从更易。诵少陵诗“感激在知音[6]”之句，不禁喜心翻倒。

【注释】①甘棠蔽芾（bì fèi）：甘棠，棠梨；蔽芾，树木幼小的样子。语本《诗经·召南·甘棠》：“蔽芾甘棠，勿剪勿伐，召伯所茇。蔽芾甘棠，勿翦勿败，召伯所憩。蔽芾甘棠，勿翦勿拜，召伯所说。”《史记·燕召公世家》：“周武王之灭纣，封召公于北燕……召公巡行乡邑，有棠树，决狱政事其下，自侯伯至庶人各得其所，无失职者。召公卒，而民人思召公之政，怀棠树不敢伐，哥咏之，作《甘棠》之诗。”后遂以“甘棠”称颂循吏的美政和遗爱。②扛鼎：举鼎。比喻有大才，能负重任。③七十二沽：河北省境白河支流，相传有七十二沽，其在天津者有二十一沽，故亦以借指天津。④歌来暮：歌颂来迟的意思。东汉廉范，任蜀郡太守，废旧令，施德政，百姓称便，歌之云：“廉叔度，来何暮？不禁火，民安作。平生无襦今五绔。”见《后汉书·廉范传》。后因以“歌来暮”为称颂地方官施行德政的典故。⑤琴堂：见第五二篇《答署献县刘刺史》注释③。⑥感激在知音：语出唐·杜甫《风疾舟中伏枕书怀三十六韵奉呈湖南亲友》：“蹉跎翻学步，感激在知音。”

【译文】一个具有杰出才能的人，必然会被用在关键的地方，然后建立卓越的功绩，从而被提拔到显赫的位置。二哥大人您有着卓越的才能和远大的抱负，一千个人中也没有能和您相比的，在燕赵之地主政一方，莅任所到之处，百姓无不歌颂您的德政。

而以您的卓越才能，足以担负重任，一定要在最艰难繁重的地方，才足以展现出您的非凡才干和能力。天津是水陆交通枢纽之地，繁华的大都会，许多达官显贵都聚集在这里，衙门里行政和财政的公务格外繁重，如果不是当今第一流的人才，是很难胜任的。承您告诉我秋初要去上任，我想天津的老百姓，早就翘首以盼，唱着歌说您来得太晚了。

而老弟我十余年间承蒙您的错爱，去年冬日在蓟州的官舍，我们在一处喝酒，谈论文章，作诗歌唱和；不曾想那时我们结下了缘分，如今又在天津再次见面，我离您的衙门很近，来往更便捷了。念一句杜甫的诗句“感念我的知音就在身边”，不由得高兴得颠狂。

一二四、答许葭村

昨岁三十六旬中，得陈遵之牍[1]者仅二。若欲攀贵驾，则梦想所不敢期。不谓严寒凛冽时，忽觉春风入座，盖造化小儿[②]，知足下吝于手者，故劳以足也。

今岁仆拟移铗他往，与足下远数百里，近亦三四程，片羽寸鳞[③]，无复敢望。乃冯驩竟为冯妇[④]，萧斋仍尔莲斋[⑤]。而干旌[⑥]抵馆月余，始达一信，窃恐流金烁石[⑦]中，有烦策蹇[⑧]往临矣。仆无他能，惟亿[⑨]则屡中，请志之以为临时之验。

足下到馆后，即动思家之念，并以仆必有同情。仆出保定城，舆中口占一绝云："走尽天涯鬓已华，肯将别恨载征车[⑩]。衰年儿女情偏重，才出东门便忆家。"则不待到馆，而离绪已经万斛[⑪]。岂情之所钟，正在我辈耶？

空斋闷坐，杏花未放，诗兴全无。欲与贤宾主琴歌酒赋，则此生尚未修到也。

【注释】①陈遵之牍：见第五三篇《答许葭村》注释⑨。②造化小儿：主宰命运的小子。对主宰命运的神的戏称。喻命运。后亦用以指病魔。③片羽寸鳞：见第九七篇《答秦载光》注释①。④冯驩（xuān）、冯妇：冯驩，见第四二篇《答丁仙槎盐大使》注释①。冯妇，见第三六篇《与孙星木》注释⑩。⑤萧斋、莲斋：萧斋，见第七篇《答周氾荇》注释㉙。莲斋，见第三四篇《又答王言如》注释③。⑥干旌：见第一〇一篇《与方启明》注释③。⑦流金烁石：见第一〇九篇《答杨松波》注释①。⑧策蹇（jiǎn）：犹"策蹇驴"。乘跛足驴。喻工具不利，行动迟慢。语出晋·葛洪《抱朴子·金丹》："何异策蹇驴而追迅风，棹蓝舟而济大川乎？"⑨亿：通"臆"。臆测，预料。⑩征车：远行人乘的车。⑪万斛（hú）：极言容量之多。中国旧量器名，亦是容量单位，一斛本为十斗，后来改为五斗。

【译文】去年一年三百六十日中，只收到您两封珍贵的来信。如果说能亲自见上您一面，更是做梦都不敢想象的。不曾想在寒冷的冬天，您就像一阵春风忽然吹到我的家门。大概老天造物巧妙，知道您不舍得手上的力气，因此让您的腿脚活动一下。

今年我考虑辞别东家去其他地方任职，与您相隔远则几百里，最近也要三四站路程，所以不敢奢望您给我寄一字半句。我这做幕僚的冯驩，终究像冯妇一样重操旧业；依然从简陋的家里搬到衙门里住。您乘车到达衙门馆舍一个多月后，第一封信才会寄到。我暗自料想，恐怕要等天气热得令金石熔化的时候，劳烦您骑马跑一趟呢。我没有什么别的本事，只有预料事情则是每次都很准确；我记录在这里，等那时候来验证。

您一到衙门里，就动了对家中亲人的想念之情，又料想我与您有同样的心思。我离开保定城的时候，坐在车里口中吟出一首绝句："一生漂泊在异乡，踏遍了天涯路，头发已经雪白，哪里甘心将离别之痛装在车上带走？人已经老了，对家人儿女的感情反而更深，才走出城东的门就想家了。"那么我是不等抵达馆舍，离愁别绪已经有一万斛那么多了。难道我们这些人，都是特别多愁善感的吗？

我孤单地在书房里坐着，杏花还未开放，没有一点作诗的兴致。想与你们宾主二人一起弹琴唱歌、饮酒赋诗，恐怕这辈子还没修到这个福气啊。

一二五、答陆默庵

别后两奉芳讯，注谂甚殷。惟潘郎尚赋闲居[①]，曹邱[②]能无抱愧？古人已邈，新样日增。捷足者先登，跬步[③]者在后，不特幕为然，而幕其尤甚者也。

悔从前择术之疏，计此后改途之晚；惟有安之若素，听时命之适然而已。

至于裘马翩翩，坐客常满，此固一时之豪也。然而子舍欢娱，亲闱寂寞。受嗟来之食，不以为羞；竭朋友之忠，而不以为愧。俛仰[④]身世，苟平旦之气[⑤]梏亡未尽，必有汗流于背，悚然不能自安者。

以吾辈内省不疚，蔬食饮水，有君子固穷，小人斯滥之别，何无聊之有？

来书云“往日亲朋今不见”，此更人情之常，无足怪者。仆常笑翟廷尉[⑥]署门，未免多事。逐臭之夫[⑦]，与驱膻之蝇无异；几见衡门泌水[⑧]之旁，芳草芝兰之室，有青蝇飞集者乎？惟鲍鱼之肆，则争先恐后，结群而趋。卒之势去时穷，蝇朋尽散，而收子母之息者，日踵其门；欲求一二清高之士，长跽而请教，不可得矣，岂不悲哉！吾辈门庭，知今日之不闹热，定卜他年之不寂寞也。

足下豪情任侠，谊笃友朋，偏作曹邱，不遗余力，吾党中借通缓急而赖吹嘘者，亦不乏人。

今偶尔息羽，竟作袖手之观，宜刘孝标[9]之愤然作论。然碧梧翠竹，伫待凤栖。梁伯鸾热不因人[10]，正无藉于悠悠之口。请浮大白，以纾闷怀。

【注释】①赋闲居：见第七篇《答周氾荐》注释㉔。②曹邱：见第一〇〇篇《与谢丙南》注释②。③跬（kuǐ）步：跬，半步。跬步，古代称人行走，举足一次为“跬”，举足两次为“步”。引申为举步、迈步，也被用于形容极近的距离、数量极少等。此处指走得慢。④俛（fǔ）仰：低头和仰头；俯视和仰望。俛，同“俯”。⑤平旦之气：语出《孟子·告子上》：“其日夜之所息，平旦之气，其好恶与人相近也者几希。则其旦昼之所为，有梏亡之矣。”平旦，清晨。言人之良心，平旦未与物接，其清明之际，良心犹必有发见者。⑥翟廷尉：见第五四篇《又答》注释㊸。⑦逐臭之夫：追逐臭味的人。典出《吕氏春秋·遇合》：“人有大臭者，其亲戚兄弟妻妾知识，无能与居者，自苦而居海上。海上人有说（同“悦”）其臭者，昼夜随之而弗能去。”后用以比喻有怪僻的人。此处指攀附权贵的势利小人。⑧衡门泌（bì）水：《诗·陈风·衡门》：“衡门之下，可以栖迟。泌之洋洋，可以乐饥。”朱熹集传：“此隐居自乐而无求者之词。言衡门虽浅陋，然亦可以游息；泌水虽不可饱，然亦可以玩乐而忘饥也。”后以“衡门泌水”谓隐居之地。参见第七篇《答周氾荇》注释⑧。⑨刘孝标：见第五四篇《又答》注释㊹。⑩梁伯鸾热不因人：汉代梁鸿，字伯鸾。热不因人，即不因人热，指不愿利用别人的热灶炊饭。语出姚辑《东观汉记·卷一八·梁鸿传》：“比舍先炊已，呼鸿及热釜炊。鸿曰：‘童子鸿不因人热者也。’灭灶更燃火。”后用以比喻人的性格孤傲、独立，不倚赖他人权势。

【译文】自从上次分别后，两次收到您的来信，您对我的关心和思念非常殷切。只是您仍然没获得一个职位，目前仍然赋闲在家，我这介绍人能不感到惭愧吗？像古人那样忠厚朴实的人已经很稀有，现在的新花样是越来越多。比别人快一步就先获得职位，动作慢的人就被挤落在后面。不止从事幕职是这样，只是幕职这一行体现得更加突出而已。

后悔从前不够明智，选错了职业，考虑到今后想改行也已经晚了；我们只能随遇而安，服从时节因缘和命运的安排，顺其自然而已。

至于有的人披着皮衣，骑着肥马，洋洋自得，家中坐满了宾客，这的确是一时之间最豪爽痛快的人了。然而子女的房间里充满欢声笑语，父母的房间却是孤单寂寞。从富贵者那里低三下四地讨得一口饭吃，也不感觉羞耻；欺骗和利用朋友，也不会良心不安。在心里回想一生所做的事情，假如还有一点良心没有完全丧失，必然恐惧得后背上直流冷汗，心里没法过得去。

而我们这些人，自己想想，没做过什么亏心事，自然心思平静。虽然吃菜蔬，喝清水，过穷日子，但是君子能够忍耐贫困，与小人受窘迫就钻营邪路，区别是如此大，怎么会无意义呢？

您在来信中说“往常的亲戚朋友，如今形同陌路”，这更是普遍的人情，不值得惊讶。我曾笑汉代的翟廷尉，在家门口写上嘲讽势利小人的话，未免多此一举。那些攀附权贵的势利小人，与追逐腥臭腐肉的苍蝇没有什么两样。您可曾见到横木为门、泉水潺潺的贫士家里，养着芳草芝兰的房间，有苍蝇飞绕？只有贩卖咸鱼的店铺里，苍蝇则是争相恐后、成群结队地蜂拥而来。最终失去势力，无利可图，像苍蝇一般逐利的小人们又一哄而散；而讨债的人，天天上门；这时候，想求得一二个贤明的朋友，跪下来请他出个主意，也是做不到了，难道不是很可悲吗？我们这样的人，虽然如今家中少有人来往，不够热闹，但是料想以后也一定不会冷清。

您一向为人爽快，乐于助人，对待朋友情深义厚，喜欢到处夸赞朋友的优点，逢人就推荐，帮忙不肯吝啬一点力气。我们这些人中，通过您的帮助而渡过难关，或者在您的推荐下得到职位的，不在少数。

如今您暂时赋闲在家，这些人竟不闻不问，怪不得刘孝标因为忘恩负义的朋友而气愤，写了一篇《广绝交论》。然而梧桐高树、修美翠竹，都渴盼着凤凰飞来定巢，以您的才学，必定不会没有用武之地。梁鸿不用别人锅灶的余热来为自己煮饭，您也正好犯不着让这班俗人来替您说话。请您痛快地满饮一杯酒，把不愉快排遣出去。

一二六、与阮锡侯

不能附骥[1]而为前驱，并将滕六将军[2]、雨师风伯，一齐带至长垣；使足下轻车就道，风日暄和，柳拂鞭丝[3]，花迎飞盖[4]，一路淑景怡情，讵非仆之功与？

惟是燕尔方浓，骊歌遽唱，萧斋独处，春夜迢迢，新月窥窗，轻风拂帐，依依欲别，当不啻草桥一梦[5]。慎勿读闺中少妇之诗，增无限愁也。

【注释】①附骥：见第七三篇《与阮锡侯》注释③。②滕六将军：见第五三篇《答许葭村》注释⑯。③鞭丝：马鞭。借指出游。④飞盖：盖，车盖、车篷。高高的车篷。也形容车行如飞，非常迅速。⑤草桥一梦：见第五三篇《答许葭村》注释⑳。

【译文】不能跟您结伴而行，而是比您先走一步，并且将风霜雨雪全部带去长垣县；使您能够轻车上路，一路上风和日丽，垂柳的枝条轻拂手中的马鞭，树上飘落的花瓣迎着飞快向前的车顶篷盖，一路秀美的景色令您心情愉快，岂不是我的功劳吗？

只是您和妻子刚刚新婚，正是两情欢悦之时，却突然要分别；

您孤单地呆在馆舍里，春天芳馨的夜晚也变得漫长无聊，望着窗前升起的新月，轻风卷动着床帐使您不能入睡，这种依依惜别的心情，大概比张生在草桥客店梦见崔莹莹还要浓重吧。您一定不要读书上闺中少妇写的埋怨丈夫不在身边的诗句，以免增加无穷无尽的离愁别绪。

一二七、又 答

奉华翰，知前驱无功，雨雪无情，偏与离人作苦，使深闺别恨之外，添得几重挂念。想寄到回文[①]，细诉双娥蹙损，而不知阮郎[②]情重，旅馆孤灯，早已凄清万状矣。

月初接许葭村札云足下二十日破题儿第一夜。钟情如仆，当亦代为黯然。而仆日前所寄之函，已有“不啻草桥一梦”之语，千百里外情词如接，岂非情人所见略同耶？

君子之道，造端乎夫妇。文王“辗转反侧[③]”，后妃“嗟我怀人[④]”，实开千古钟情之祖，此《关雎》之所以“乐而不淫[⑤]”也。仆尝谓弃糟糠而不顾者，其人必无朋友之交。三复瑶函，增我企重。

【注释】①回文：反复颠倒均能成诵的诗词。晋时窦滔任秦州刺史被徙流沙，其妻苏蕙因思念丈夫，于是在锦上织回文诗二百余首，纵横反复，皆成诗篇，也称为“璇玑图”。见《晋书·卷九六·列女传·窦滔妻苏氏传》。②阮郎：见第七二篇《贺阮锡侯入赘》注释①。③辗转反侧：见第五三篇《答许葭村》注释㉔。④嗟我怀人：见第五三篇《答许葭村》注释㉕。⑤乐而不淫：虽然欢乐无比，却不流于邪思放荡。指表现的情感有节制。语出《论语·八佾》：“子曰：‘《关雎》乐而不淫，哀而不伤。’”

【译文】收到您的来信，知道了我先走一步也没什么用，冰冷的雨雪太不讲情面，偏偏与您这出门远行的人为难，使您的新婚妻子不仅满是离别伤感，又平添了许多挂念。想必您的妻子在寄给您的信里，会深情地诉说因为相思之苦整日双眉紧皱，露不出喜色；然而她不知道您这边思念之情也是很重，在旅馆面对一盏孤灯，早已经是万般凄凉冷清的情形了。

本月初收到许葭村先生的信，说您在二十日这天，是与妻子离别后住在外面的第一个晚上。我也是多愁善感的人，一定也会很同情您，为您难过。而我前一次寄给您的信里，已经有“思念之情比张生在草桥客店里梦见崔莹莹还要浓重”的话。两个人相隔千百里，说的话竟然如此相似，难道不是多情的人心灵相通、见解相同吗？

君子之道，从夫妇的伦理发端。周文王“辗转反侧”，后妃“嗟我怀人”的诗句，实在是开了千古真情的先河。这也就是孔子称赞《关雎》“快乐而不淫邪”的原因。我曾说，对与自己共患难的妻子都狠心舍弃的人，一定没有人与他做朋友。把您的信反复看了三遍，使我更加敬重您了。

一二八、答陈韫玉

前接来函，知足下偶尔咳嗽，眠食未佳，正以为念。兹奉手书，知患吐红，精神委顿，此皆调养未善所致。中年患此，半由于虚，参苓补其身，寡欲清其心，不可偏废也。

吾辈才疏命薄，乞求他乡，分所应尔。必将此穷老骨头送于异地，其罪尚不止此。

然而微波泐[①]石，慢火熬油，当其快意时，不知其损，而日积至疲，遂至不可复救。承足下爱我之深，故以此自儆者举以相儆。屈指交游，能作松菊犹存[②]小照者，惟足下一人。

而仆亦不自揣，妄冀归正首邱。他日白头二老，携杖于兰亭禹庙之间，岂非一大快事？愿足下留意焉。

文园[③]卧病，亲旧无闻，宜刘孝标[④]有愤激之论。然以道交者，道合而交亲；以利交者，利尽而交绝。财帛势利之场，本与身心性命无关，而欲其患难相维，疾病相扶，岂不难之？

仆与足下，颇知交道为重，心心相印，息息相关，而仆以周急不继富[5]一端，遂为同人所摈。足下尚能于雪炭之外，不靳锦花，故不取憎于多口，然真心关切者日鲜。人心不古，交道甚难，不足责也。陈友锜来，道及足下违和，悬念之切，情见乎词。此人颇有热肠，然久为时流所弃。可感慨者，岂止一人一事也哉？

【注释】①泐（lè）：石头被水冲激而形成裂纹。引申为铭刻，用刻刀书写。②松菊犹存：语出晋·陶渊明《归去来兮辞》："三径就荒，松菊犹存。"此处借指隐逸生活。③文园：汉文帝的陵园。因司马相如曾拜为孝文园令，后人遂以文园指司马相如。④刘孝标：见第五四篇《又答》注释㊹。⑤周急不继富：周济急需的人，不接济富有的人。语出《论语·雍也》："吾闻之也，君子周急不继富。"

【译文】前一次收到您的来信，知晓您有时咳嗽，睡眠和食欲不好，正非常担心您。通过这一次的信，知道您患了咯血病，提不起精神，这是由于平时不注重调养身体造成的。中年人有了这样的毛病，大半原因是气血虚亏。一方面要服用人参、茯苓等药物补养身体；另一方面要节制欲望，保持心地清净，两方面都很重要。

我们这样的人，才智平庸，命运不佳，迫不得已去外地谋生，也是该受这种苦。如果说一定要将这把老骨头断送在异地他乡，我们所犯的罪孽，倒也不至于这么严重。

然而身体是渐渐地变坏的，就像微小的波浪能把石块剥蚀殆尽，慢燃的火苗费干了灯油。在享受快乐的时候，不会注意到对身体的损伤；而日积月累，等感到疲倦的时候，就已经到了无法挽救的程度。承蒙您对我的厚爱，所以我用时刻提醒自己的话来提醒您。屈指算来，我的朋友当中，可以相伴隐居田园，共度余生的，只有您一个。

而我也是自不量力，希望可以落叶归根，回家乡终老。以后我们两个白发苍苍的老人，一起倚着手杖游览家乡的兰亭和禹庙，难道不是很快活的事吗？希望您也常常想着这件事啊。

您因病而在家中休养，亲戚和朋友都不闻不问，难怪梁代的刘孝标怨恨朋友凉薄，作了《广绝交论》的文章。然而以道义而相交的朋友，如果志同道合，交情会越来越亲密；靠利益而维系的交情，如果无利可图时交情就断绝了。争名夺利的势利场合，本来就与人的身心性命没有关系；因为金钱和权势而接近您的人，要求他们在您落难时还能保护您，在生病时还能救助您，这不是强人所难吗？

我与您两人，深刻知道朋友之间的交往，道义才是重要的。我们二人志同道合，亲密无间，心灵相通，命运攸关。而我因为只肯帮助穷困急难的朋友，不肯给富贵的朋友送礼这一件事，就被同僚们排斥。您平日不仅能够雪中送炭，而且也不吝惜锦上添花，所以还不会被许多人说闲话，然而真心关爱您的人也越来越少。人心不像古时候那么纯朴，人与人之间也越来越不好打交道，这也没什么值得抱怨的。陈友锜来过我这里，讲到您身体不适，他对您很是挂念和担心，从他说的话中都能体现得出来。这个人很有热心肠，然而一直被时下的名流们冷落。这世上让人感慨的事，又哪里只是一个人、一件事呢？

一二九、答阮锡侯

入闱而中举，怀孕而得男，固乐事也。然登副车[①]者，未尝不荣；得女者，未尝不喜。以副车为正榜之兆，得女为先花后果之券也。

足下以千金为先声，安知不万事足[②]于后？惟前信所言月令，竟不可凭，而许葭村云："当局者已失其期，无怪旁观者难神其卜。"弟借是以解嘲也。

腊月旋省，补乞汤饼[③]，请烧热灶何如？

【注释】①副车：清代称乡试的副榜贡生。旧时乡会试因名额限制，未能列于正榜而文字优良者，于发榜时别取若干名，列其姓名于正榜之后，称为"副榜"。②万事足：语出宋·苏轼《借前韵贺子由生第四孙斗志》："无官一身轻，有子万事足。"③汤饼：指汤饼会。旧俗寿辰及小孩出生第三天或满月、周岁时举行的庆贺宴会。因备有象征长寿的汤面，故名。

【译文】进入考场参加乡试就考中举人，第一次怀孕就生下男孩，确实是快乐的事。然而，没有中举但名字登上了副榜的人，也是非常荣耀的；生女孩的人家，也会很高兴地庆祝。因为副榜上有名，就预示了将来正榜上有名字；生女孩，就是将来可以生男孩的佐证。

您把生下一个千金小姐当作是好兆头，怎么知道以后不是“有子万事足”呢？只是在前一次的信里，预料的孩子将出生的月份，竟然不准确。而许葭村说：“做父亲的自己都搞不清日期，也就不能怪旁人算错孩子哪月降生了。”我是借这句话，免得你们笑话我呢。

十二月我回省城，再补讨您孩子的满月酒吃，请您提前烧热了灶膛等我，怎么样呢？

一三〇、答天津明府沈小如

奉展芳函，俯见明府之古谊论交，与太守之殷怀爱士，若合符节焉。惟以圣门政事文学，所以誉弟者，实夫子自道也。

承谕知己重于感恩，道义深于臭味，此必夫人不言，言必有中[①]者。弟生平亦曾以肝胆自许，更不必再作琐词；当兼体盛怀，以副雅嘱。

三五小星[②]，乐而忘返，此为有福者言之。嫁得萧郎[③]爱远游，久已司空见惯矣。东风解冻，当买舟而来，快与诗酒之宴。

【注释】①夫人不言，言必有中：这个人平日不大开口，一开口就说到要害上。形容说话得体且切中要点。语出《论语·先进》："鲁人为长府。闵子骞曰：'仍旧贯，如之何？何必改作？'子曰：'夫人不言，言必有中。'"②三五小星：语出《诗经·召南·小星》："嘒彼小星，三五在东。肃肃宵征，夙夜在公。实命不同！"《诗序》："小星，惠及下也。夫人无妒忌之行，惠及贱妾。"后因以"小星"为妾的代称。③萧郎：唐·崔郊之姑有一婢女，后卖给连帅，郊十分思慕她，因赠之以诗曰："公子王孙逐后尘，绿珠垂泪滴罗巾。侯门一入深如海，从此萧郎是路人。"见旧题宋·尤袤《全唐诗话·崔郊》。后因以"萧郎"指美好的男子或女子爱恋的男子。

【译文】捧读您的来信，顿时感到知县大人您对待朋友如同古代贤人一般情真意切，与知府大人对人才的殷切关心和爱护，就像两片符契一样吻合。只是您像孔子称赞自己的学生一样，称赞我在政事和文学方面有造诣，其实这是先生您在称赞自己啊。

承蒙您对我谆谆教诲，了解并愿意帮助自己实现抱负、成就德业，比给一些小恩小惠更重要；对道德和正义的共同追求，比有相同的志趣和性格，关系将更深刻。这就是"那个人平日不说话，但一说话就切中要害"。兄弟我生平也一直期许自己对待朋友要真心诚意、肝胆相照，所以不用再多啰嗦什么。我会将您的教诲铭记于心，不辜负您的殷切期望。

您在信里说，我和几个小妾在一起，快乐得忘记回家。这是对于那些有福气的人来说的。对我而言，我长期在外面，忙得想回家而不可得，家里妻妾虽然也有埋怨，但已经习惯了。等春风送暖，冰雪融化的时候，我就坐船来拜访您，一起快乐地饮酒赋诗。

一三一、答余宁州

去腊捧读复函，未遑裁答，忽忽又过新年矣。毫无善状，添得数茎白发，羞入少年场，而苦债未满，依然作拽磨之牛。

足下擎掌上之珠，拥怀中之玉，胜境乐趣，兼而有之。乃对绮罗而念及荆布，拟迓夫人来署，足征伉俪情深，迥非弃旧怜新者可比，不胜钦佩之至。

将来侨寓保阳，有何善策，以仆为过来人，重承垂询，仆不敢言，而又不敢不言，请即以仆言之。

仆因乏嗣，不能家居，不得不将眷属接来，作暂时之浮寄。初意以为岁之所入，每年可余百金，积至五年，生子亦可四五岁，然后将眷属送归，俾坟墓祭扫有人，不至作忘亲弃土之流，计诚善也。讵保阳米珠薪桂[①]，无物不昂；庆吊馈问之余，更多朘削[②]，所入者仅敷所出。子则生而死，死不复生。不特归日何年，未能自主，且恐他乡流落，不待秦二世而亡。

请看今日之沿门乞食者，皆当年之车马盈门者也。于是思所以节之，而势又不能节。此仆悔之已晚，而改之不能者也。

足下既已纳宠于前，断不能置夫人于后。保阳浮寓而不能归者，计百十余家；岂无聪明能事之人，而甘心于流落他乡乎？

惟是此言也，今日为足下言之，足下必不以为善，至十年后，始信矣。请留此札，以为他日证之。

第仆更有说者。保阳寄居，能秦二世而亡者，不可多得。然则亡于他乡，徒留话柄，曷若亡于故土，犹不失为归正首邱③。此仆之预有成见，而确切不能移者，亦希足下志之，为他日饯我于东门④之证。

【注释】①米珠薪桂：米贵如珠，薪贵如桂。极言物价昂贵。语出《战国策·楚策三》："楚国之粮贵于玉，薪贵于桂。"②朘削（juān xuē）：剥削。③正首邱：见第一一五篇《答赵南湖》注释②。④东门：比喻送别的地方。《诗经·郑风·出其东门》："出其东门，有女如云。"宋·周邦彦《浪淘沙慢·晓阴重》词："南陌脂车待发，东门帐饮乍阕。"

【译文】去年十二月，恭敬地捧读了您寄来的回信，没能及时裁纸写信回复您，转眼之间已经是新的一年了。我现在没有什么好消息，只是又增添了几根白发，不好意思和年轻人打成一片，然而这一辈子该偿还的苦债，没有还清，所以仍旧像拉磨的牛一样，日复一日干着辛苦的活，原地打转。

您膝下有一个爱如掌上明珠的宝贝女儿，拥抱着如花似玉的爱妾，快乐和幸福都不缺少了。然而面对着柔情似水的新人，并没有忘记家乡的糟糠之妻，打算去迎接妻子来衙门团聚。足以证明您对妻子的感情很深，是那些喜爱新人、抛弃旧人的人远远比不上的，真是令我十分钦佩。

您打算以后搬到保定来居住，因为我是过来人，所以向我询问有什么好建议。承蒙您垂问，我不敢说，然而又不敢不说，那就拿我自己为例子来说说吧。

我因为没有儿子，又不能在家乡生活，只能把家人接到保定来，暂时寄住在这里。开始想的是每年的收入减去日常开销，可以剩下一百两银子左右，这样积攒五年，生一个儿子也养到四五岁了，然后把家人送回家乡去。使祖宗的坟墓有人祭拜、打扫，不至于成了忘记祖先、抛弃故土的不孝子孙。这个计划是很好的。谁知保定物价昂贵，米如珍珠，柴如玉桂，没有一样东西不贵的；除了红白喜事、人情往来应酬之外，需要用钱的地方还有很多，所以我的收入也仅仅勉强能够应付日常开销。我的儿子生下来却夭折了，想再生一个却一直没有动静。不仅是等到何年何月能回家乡，自己做不了主；而且担心一直流落在保定，不用等到下一代，家道就败落了。

请看今天走到人家门口去讨饭的乞丐，都是以前大门前停满了车马的人。于是我一直想着怎么可以节省用钱，然而现实又不允许。我现在后悔莫及，想改变窘境也毫无办法。

您既然娶了爱妾在跟前，肯定不能把妻子遗忘在身后。外地的人来保定谋生，暂住在这里而最终没有办法回家的，有一百多家。难道其中就没有聪明能干的人，而甘心流落在异地他乡吗？

只是我这些话，今天对您讲了，您一定不会认同，等到十年之后，您才会相信我啊。请您保存好这封信，等将来做个验证。

只是我再多说一句。客居在保定的，可以经历两代人，才败落的，都是不多见的。然而，与其在外乡败落，成为别人的笑柄和谈资，倒不如在家乡终老，还算是落叶归根。这是我内心一直以来的期望，坚定不改变的；也希望您能记住，以后您来东门为我饯行，证明我的话不假。

一三二、答王兰畦

季秋之望，得手书，连篇累牍，娓娓千言，叙四十年悲欢顺逆，无不可告人，并不足与外人言之事；如入山阴道上[①]，应接不暇，当与《述怀诗》《行路难》[②]同读也。《牡丹亭》曲词云："一生爱好自天然。"足下正坐此病。第不识昔日繁华，今能梦觉否？

碌碌依人，古风已邈。彼借我佣，我贪彼值，此中有利交而无道合，何知己之足云？以严武[③]之贤，杜陵之才，而犹曰"束缚酬知己[④]"，其他更可知矣。

足下挈新宠而归，已属非计；又不挈之而来，则上年纳之者何为？今以金雀[⑤]音稀，便欲别寻春信，岂相如涤器之余，顿忘卓氏当垆[⑥]之苦耶？

女子命薄，适我征人，秋月春光，都成虚度。既负糟糠，赋《硕人》[⑦]而隐痛；又辜巾栉，吟《白头》[⑧]以兴悲。人孰无情，恐有不忍？

矧金谷[⑨]残枝，难发桂林[⑩]之秀；无盐[⑪]陋质，更非解渴之汤。此乃想入非非，策诚下下。至于一二年后，便图归里，再种蓝田[⑫]，此亦未思而言，谈何容易。

盖八口之家，必须百亩之田。虽宽以数年，断难如愿；即迟之十载，必不从心。于是客久须归，归家如客。征衫甫脱，未粗杨柳之腰；而骊唱将兴，又啸樱桃[⑬]之口。既一索之虚占，必三春而再返。年适四十，岂堪任此蹉跎？路隔三千，更属徒劳资斧。保阳接眷而居者，未必尽皆卤莽，盖亦熟筹审处于无可如何也。

老马识途[⑭]，承足下垂询之殷，敢不剀切[⑮]以对？若成败利钝，非仆之所能逆料也。

莲幕在万山之中，暇时便于登眺，不意尘网中有此胜境，殊有振衣千仞[⑯]之想。

同事丁品江，温文尔雅，坦度清襟，更喜两贤相遇，为神往者久之。而来翰云："兼叙案牍差务情形，颇为详晰。"此即足下习气未除。美人不务粉饰，名将不讲兵书，矧此佣笔生涯之卑无高论者。请即以清泉一洗尘俗。四年不见，想念为劳；剪烛西窗，未知何日。

【注释】①山阴道上：指今绍兴西南郊沿途一带。这里以景物美而多著称，令人目不暇给。山阴，旧县名，在今绍兴市。语出南朝宋·刘义庆《世说新语·言语》："从山阴道上行，山川自相映发，使人应接不暇。"后比喻事物繁多，使人忙于接应。②《述怀诗》：《述怀》是唐代诗人杜甫所创作一首的五言古诗，简述了作者一年来的经历以及对家人的思念，生动地描写了对家室存亡的忧怀。《行路难》：乐府杂曲歌辞名，内容多写世路艰难和离情别意。原为民间歌谣，后经文人拟作，采入乐府。南朝·宋·鲍照《拟行路难》十九首及唐李白所作《行路难》三首都较著名。③严武：字季鹰，唐朝中期名将、诗人。与诗人杜甫友善，常以诗歌唱和。杜甫居成都期间，严武数度劝其出仕，杜甫婉言谢绝。后来，因感其诚意，友情难却，入严武幕府任检校工部员外郎，故又有"杜工部"之称。④束缚酬知己：见第七九篇《答朱桐轩》注释⑧。⑤金雀：妇女首饰名。有雀形饰物的钗。⑥卓氏当垆：当垆，指卖酒。垆，古时酒店里安放酒瓮的土台子。汉朝时的司马相如和卓文君结为夫妻后，在临邛地方开了一家酒铺，司马相如亲自洗吃酒的碗盏，充做酒保。卓文君亲自在放酒的土墩前卖酒。典出《史记·司马相如列传》。⑦《硕人》：是赞美卫庄公夫人庄姜的诗歌。《毛诗序》曰："《硕人》，闵（哀怜）庄姜也。庄公惑于嬖妾，使骄上僭。庄姜贤而不答，终以无子，国人闵而忧之。"⑧《白头》：即《白头吟》。汉卓文君所作的乐府诗。因司马相如欲聘娶茂陵女子为妾，其妻卓文君作《白头吟》以自绝，相如乃止。见《西京杂记·卷三》。后比喻失欢哀怨之情为"白头吟"。⑨金谷：指晋石崇所筑的金谷园。借指仕宦文人游宴的场所。⑩桂林：月中的桂树。比喻才能优异、出类拔萃的子弟。⑪无盐：亦称"无盐女"。即战国时齐宣王后钟离春。因是无盐人，故名。为人有德而貌丑。后常用为丑女的代称。⑫种蓝田：即“种玉蓝田”的略写。蓝田古以出产美玉出名。杨伯雍遇仙人，贻赠石子，种于田中而获璧，遂以为聘，而得徐氏为妻。见晋·干宝《搜神记·卷一一》。后以“种玉蓝田”比喻为缔结良缘创造条件。⑬杨柳、樱桃：白居易有两个美姬，一个名叫樊素，一个名叫小蛮。白居易诗里有两句道：“樱桃樊素口，杨柳小蛮腰。”⑭老马识途：春秋时齐相管仲，随桓公出征，在回程时迷路，于是让老马走在前头，其余人马跟随在后，终于找到原路。典出《韩非子·说林上》。后称经历丰富练达的人。⑮剀切（kǎi qiè）：切实；恳切。多指规过劝善。⑯振衣千仞：语出晋·左思《咏史诗八首之五》：“振衣千仞冈，濯足万里流。”比喻心志高洁脱俗。

【译文】九月十五日，我收到您的来信，写了好多页纸，洋洋洒洒一千多字，叙述了您四十年来所经历的悲伤、快乐、顺利、挫败之事，没有一件不可以对人说的，还有不值得对外人讲的事。我读着您的信，如同行走在绍兴郊外的路上，迎面而来的美好景致令人目不暇接，应该与杜甫的《述怀》诗和李白的《行路难》一并阅读。汤显祖的《牡丹亭》曲子中有一句词：“我一生爱美，这是天然的性格。”您正好就是这个毛病。只是不知道您曾经享受了繁华的生活，现在梦醒了没？

我们这些做幕友的人，庸庸碌碌，依靠别人做事，已经和古人质朴的风尚相去甚远了。东家借用我的能力帮他做事，我贪图东家给的佣金。这中间主要是利益交换，谈不上是志同道合，怎么能称为知己呢？杜甫曾经进入严武的幕府任职，以严武的贤明，杜甫的才华，而杜甫还是说“为了报答知己，不得不收敛自己的真性情”。其他主人与幕客的关系，更可知是怎样了。

您携带新娶的的爱妾回家乡，已经不太合适了；自己来官署又不把她带过来，那么去年娶她是为什么呢？如今她在家乡，你们之间联系少了，您便要另找一位佳人陪在身边。难道司马相如做了官，不需要再亲手洗酒杯酒盏，就一下子忘记卓文当垆卖酒的辛苦了吗？

女子命运不好，嫁给我们这种长期在外奔波的人。面对秋月春光，大好的良辰美景，也只能一个人孤单寂寞地度过。您已经亏欠了结发妻子，使她吟诵《硕人》的诗歌而内心隐隐作痛；又辜负了爱妾，让她吟诵《白头吟》而心生哀怨。哪个人没有感情呢？恐怕您心里也过意不去吧。

何况风尘场所的女子，已是残花败柳，难以孕育俊秀的贵子；如果像无盐女一般相貌丑陋，更加不满足您对美人的渴求。您这真是不切实际的胡思乱想，最坏的主意了。至于您说过一二年，就想办法回故乡，那个时候再生儿育女；这也是没仔细考虑就说出口的话，哪里那么容易办到呢？

大概八口人的家庭，至少需要有一百亩田才可以维持生活。即使放宽期限，在外地多工作几年再回去，也难以攒下这么多钱；即使再推迟十年，也不一定能如愿。于是在外地生活久了就想回家，留不多久又必须返回，回家反倒像做客。路途上穿的衣衫才脱下来，妻妾还没有怀孕，而又不得不返回外地，万分不舍地亲一亲爱人娇软的唇。既然回家一次，未能使妻妾怀孕，必定要三年过后才能再回家。年纪快到四十岁了，哪里经得起这般一拖再拖呢？两地相隔三千里，更是白白地浪费路费。从外地到保定客居，而把家眷也一并接来的，不一定全是轻率的人，大概也是经过深思熟虑，在无可奈何的情况下所能想到的最好的办法了。

我就像认识路的老马，也算是过来人。承蒙您愿意诚恳地询问我，我怎敢不至诚恳切地回答您？至于说将来是成功还是失败，是顺利还是挫折，则不是我可以预料的。

办公的衙门在群山环绕之中，空闲的时候便可登上山眺望风景。没想到污浊而不自由的世界上还有这么个好地方，真有站在八千尺高的山岗上掸掉衣服上的尘土，不再涉足俗世的想法。

同事丁品江，彬彬有礼，温和典雅，襟怀坦荡，宽厚大度。更令人高兴的是，你们二位贤才可以相遇，我的灵魂都想飞过去很久了。而您在信中说："并且为我讲述衙门办理案件，处理公文和派遣任务的情形，非常详细清晰。"这是您在衙门里学的假正经的习惯，还没有丢掉。真正的美人讲究自然美，不注重涂脂抹粉；用兵如神的名将，不会死读兵书。更何况是被人雇佣，靠笔墨谋生，卑微得不值得谈论它。请您即刻用清澈的泉水洗一洗身上的凡尘俗气。四年不见，经常想念您；想与您在西窗下剪烛畅谈，不知要等到哪一天。

一三三、答王兰畦

中元日接手书，知台驾有省垣之行，以不获与仆相见为怅。

四年不握手，可谓阔别矣。回忆陋巷蓬庐，与韫山、又梁诸子，剧饮雄谈，足下击唾壶，抱琵琶，唱诗书误我之曲，渊渊出金石声，座中无不欷歔泪下，几至酒不成欢，犹见至性至情，肫然[①]流露。而不谓曾几何时，而海萍风絮，落落晨星，固不仅堕溷飘茵[②]，风流云散也。盛筵难再，思之黯然。

足下两人会垣，所见所闻，必怃然于今昔之殊者。安得长房缩地术[③]，与足下对酒高歌，浇此块磊[④]哉？

仆性不宜时，才非应世，碌碌自守，不肯乞怜于人，亦不能于热闹场中，添锦上之花，是以二十余年，一贫如故。今年已五十有四，须发苍而变白，左右车牙，各落其二，存者如买臣之妻[⑤]，欲去未去，终日勃谿[⑥]。桑榆渐迫，未老先衰。

抑且失侣鹪鹩[⑦]，无近枝可托，翱翔乎千百里以外，只影自怜。客游至此，真况而愈下矣。每读白太傅诗“欲作云泉计，须营伏腊资[⑧]”之句，辄废焉兴叹。然贫者士之常，阿堵物[⑨]适足为身心之累。苟得箪食瓢饮，息影潜踪，啸傲[⑩]于稽山镜水之间，于愿足矣。

足下年当强仕[⑪]，健翮冲霄[⑫]，正未可量。然此中况味，亦已备尝。绿水芙蓉[⑬]，究不若白苹紫蓼[⑭]之为高洁。惟愿数年中，稍得买山之资，同作归田之赋。庶几三杯菊酒，邀君于东武山[⑮]头；半艇松烟，迟我于柯亭[⑯]桥畔。白首青衫，相携老友，耕山钓水，共乐余年。陆剑南[⑰]诗云：“斟酌平生如意事，及身强健早还乡。”诚不可不预计之耳。意念触此，故缕及之。倘使脑满肠肥者见之，必斥我为鄙且痴也。

莲幕胜地，知有良朋助理，读律之暇，登眺其间，岩光溪色，尽入奚囊[18]，何不临风一寄耶？辰下菊黄蟹紫，露白葭苍，触景怀人，培增郁结。伸纸濡毫，用纾悃愫。

【注释】①肫（zhūn）然：真挚。②堕溷（hùn）飘茵：同“坠茵落溷”。花朵飘零，或落在席垫上，或落在粪坑里。语本《梁书·卷四八·儒林传·范缜传》：“人之生譬如一树花，同发一枝，俱开一蒂，随风而堕，自有帘幌坠于茵席之上，自有关篱墙落于粪溷之侧。堕茵席者，殿下是也；落粪溷者，下官是也。贵贱虽复殊途，因果竟在何处？”后以“坠茵落溷”比喻人的境遇高下悬殊。③长房缩地术：见第一一一篇《与画友》注释③。④块磊：比喻人心中积存不平之气，抑郁不适。宋·刘弇《莆田杂诗》二〇首之一六：“赖足尊中物，时将块磊浇。”也作“块垒”。⑤买臣之妻：见第三九篇《答王兰畦》注释⑧。⑥勃豀（bó xī）：吵架，争斗。⑦鹧鸪：见第四九篇《与昌平州归》注释③。⑧欲作云泉计，须营伏腊资：语出唐·白居易《江楼早秋》诗。云泉，白云清泉。借指胜景。此处借指归隐田园。伏腊，古代两种祭祀的名称。“伏”在夏季伏日，“腊”在农历十二月。借指生活或生活所需的物质资料。白居易，字乐天，号香山居士，唐代著名诗人。因曾官太子少傅，故世称白太傅。⑨阿堵物：见第七篇《答周汜荇》注释⑮。⑩啸傲：放歌长啸，傲然自得；指行为旷达，不受世俗礼法拘束。多指隐士生活。⑪强仕：四十岁的代称。男子四十岁时，智力正强，志气坚定，可以出仕。语本《礼记·曲礼上》：“四十曰强，而仕。”⑫健翮（hé）：矫健的翅膀，借指矫健的飞禽；亦比喻有才能的人。冲霄：直上云霄，比喻获取功名。⑬绿水芙蓉：见第三四篇《又答王言如》注释③。⑭白苹紫蓼（liǎo）：白苹，亦作“白萍”，植物名。苹科苹属，多年生水草，多生于池沼、水田等水湿地。紫蓼，开紫色花的蓼。蓼，一年生草本植物，叶披针形，花小，白色或浅红色，果实卵形、扁平，生长在水边或水中。亦称“水蓼”。借指自由的隐居生活。⑮东武山：即怪山。见第一一一篇《与画友》注释①。⑯柯亭：古地名。又名高迁亭。在今浙江省绍兴市西南。以产良竹著名。⑰陆剑南：即陆游，字务观，号放翁，越州山阴（今浙江绍兴）人，南宋爱国诗人。陆游曾应宣抚使王炎之邀，进川一年，投身军旅；很快奉朝廷之诏，入蜀为地方官，与诗人范成大诗酒唱和，辑有《剑南诗稿》。⑱奚囊：唐李商隐《李长吉小传》：“每旦日出，与诸公游，恒从小奚奴，骑距驴，背一古破锦囊，遇有所得，即书投囊中。”后因称诗囊为“奚囊”。

【译文】七月十五日收到您的来信，知道您去过一趟省城，因为没有见到我的面，所以感到遗憾。我们已经四年没有见过面，可以说分别太久了。回想起在一条狭小的巷子里的搭着茅草的小店里，我们两人和韫山、又梁几个朋友，一起痛快地喝酒，高谈阔论。您敲打着痰盂作响，怀抱着琵琶弹奏，唱“诗书耽误了我一生”的曲子。青铜相撞、陶瓦相击的声音，就像宽广的水面漫延开来。在座的人无不叹息，伤感得流下眼泪，几乎使酒宴不能欢乐收场。那正体现出了您的淳朴天然的真性情，自然而然地流露出来。然而哪里料到才没过多久，大家就像海面的浮萍被荡开，风中的柳絮被吹散，各奔东西。又好像是黎明时仅有的几颗星星，稀稀落落地挂在天上。又不仅仅是命运和机遇的不同，就如花朵飘零，有的堕在粪壤，有的飘在精美的席垫上，或者是风吹云散。其实是大家的志趣和追求也发生了变化。所以这种殊胜的聚会，难得再有第二次了。每当想到这件事，心中便无比伤感。

您两次到省城，所看到听到的事情，一定令您很失落地感慨今时和往日全然不同了。我恨不得获得费长房缩地的法术，可以和您在一起面对面痛快喝酒，放声歌唱，浇落心里积存的郁闷和不平之气。

我的个性不合时宜，也不具备应对俗世的机巧的才干；庸庸碌碌地为别人做事，安分守己；不肯乞求别人的怜悯施舍，也不愿意去场面上凑热闹，亲近时下的名流，向他们送礼献媚。所以我在外谋生二十多年来，依然像原来那么穷困。我今年已经五十四岁，胡须头发已经变白；左右的车牙，都各掉了两颗，剩下的牙齿，就像朱买臣的夫人，想走还没走，整天跟我吵闹。我即将步入晚年，身体是没老就先衰弱不振。

鹪鹩鸟不能在就近的地方找到一根树枝托身，只好飞到千百里以外寄居，哀叹自己孤单无依，唯有自己的影子陪伴。我漂泊在外，窘迫到这个地步，真是情况一天不如一天了。每当读诵到白居易的诗句"想要归隐田园，必须先准备好度夏和过冬的财物"，我就忧愁得放下书叹气。然而清贫是读书人常有的境遇，钱财只是身外之物，钱财太多反而会成为束缚身心的拖累。如果我有一箪饭可以吃，一瓢水可以喝，就可以隐藏自己的踪迹，不用再去外面钻营俗事，可以在绍兴的会稽山和镜湖之间自由自在地游玩，放歌长啸，傲然自得，那么此生的心愿就满足了。

您今年才四十岁，正是年富力强的时候，就像矫健的飞禽伸展羽翼直冲云霄，施展才能，获取功名，前途不可限量。然而官场上的各种情形和滋味，想必您已经全部经历过了。在衙门里做幕友，虽然表面上显贵，终究不如隐居田园的生活，来得清高自在，就像水边自生的白苹和紫蓼，清净自然，无拘无束。我只盼望在几年时间里，稍微积攒下买田置地的钱，和您一道回归家乡，隐居田园。或许我可以准备三杯菊花酒，邀请您到家乡的东武山上饮酒畅谈；您也可以乘船穿过云烟缭绕的松林，停在柯亭桥边等候迎接我这归人。两个白发苍苍的老友，身穿青布衫，相互扶持，而亲密如从前，在山野耕田，在水边钓鱼，一起快乐地度过余生。陆游的一句诗是：“仔细思量生平最为得意的事，就是趁着身体强健及早回乡隐居。”所以这件事真的是不可以不早作打算。我每每想到这一点，所以不厌其烦地提起。如果被那种饱食终日、无所用心的人，看见我写的这番话，一定会骂我粗鄙又愚笨。

您所在的衙门风景绝好，而且我知道有能干的幕友帮您做事，您在研究刑律、办理案件之余，登上山岗，眺望美景；满眼的山光水色，都成为写诗的素材，为什么不将您的佳作寄给我拜读呢？现在黄菊盛开，紫蟹出水，白露为霜，芦苇青苍，见到秋天清爽的景色就思念起远方的朋友，心里增添了几多忧思和烦恼；于是铺开信纸，蘸笔写字，写下这封信，向您一诉衷肠。

一三四、答沈虞橙

奉手书，知税驾[①]巨鹿，宾主甚欢，为慰奚似！惟云刘使君[②]重寻旧约，已斥而却之。第谢之则可，斥之则不可。而仆不揣冒昧[③]，窃有进规于足下者。

昔老子问道于商容[④]，张口曰："吾舌存乎？"曰："存。"曰："吾齿存乎？"曰："亡。""知之乎？"老子曰："非谓刚亡而弱存乎？"容曰："噫嘻，天下事尽矣。"孔子曰："君子和而不同[⑤]"，"和而不流[⑥]"。又曰："危行言逊[⑦]。"是刚者必亡，弱者必存；直则难免，和则可通；行危则可式，行逊则可容。古圣贤且然，矧为吾辈之庸庸者乎？

足下性刚质直，疾恶太严，而言论所及，往往过激。似宜养之以柔和，出之以婉逊，使人敬爱而不畏，亲近而不忌，庶于立身涉世之道，两无所忤。

来翰云令弟已往山右，足下亦将出燕赵而游齐鲁。独不闻和圣[⑧]有云："直道而事人，焉往而不三黜；枉道而事人，何必去父母之邦？[⑨]"道不可枉而亦不宜过直，廉让之间，绰有余地，何必东驰而西突哉？

足下智珠在握[10]，原无借坏土[11]益山；而叨爱之深，亦不自知其言之直也。希察其忠告而俯纳焉。

【注释】①税驾：犹解驾，停车。谓休息或归宿。税，通“挩”“脱”。《史记·卷八七·李斯传》：“当今人臣之位无居臣上者，可谓富贵极矣。物极则衰，吾未知所税驾也。”②使君：汉代称呼太守刺史，汉以后用做对州郡长官的尊称。③不揣冒昧：谓不自量，鲁莽无知。向人表示事前对自己行为是否得宜有欠考虑的谦辞。④商容：商末殷纣王时期主掌礼乐的大臣，著名贤者，因为不满纣王的荒唐暴虐，多次进谏而被黜；一说他曾经试图用礼乐教化纣王而失败，逃入太行山隐居。周武王胜殷之后，欲封其为三公，辞不受，武王遂表商容之闾以示对忠臣贤者的尊敬。传说老子曾学于商容。《淮南子·缪称训》载：“老子学商容,见舌而知守柔矣。”⑤君子和而不同：语出《论语·子路》：“君子和而不同，小人同而不和。”意思是，一个有道德的君子，内心能与人和睦相处，但不盲目苟同。⑥和而不流：语出《中庸·第十章》：“君子和而不流；强哉矫。”意思是，一个有道德修养的人，为人要和顺，善于协调自己与他人的关系，但又不能无原则地随波逐流。⑦危行言逊：品行正直，言语谦逊。语出《论语·宪问》：“邦有道，危言危行；邦无道，危行言孙。”孙，通“逊”。⑧和圣：柳下惠，展氏，名获，字禽。春秋鲁国人，为鲁孝公的儿子公子展之后。其“坐怀不乱”的典故广为传颂。孟子谓之“圣之和者”，故被后世尊为“和圣”。⑨“直道而事人”四句：语出《论语·微子篇》：“柳下惠为士师，三黜。人曰：‘子未可以去乎？’曰：‘直道而事人，焉往而不三黜；枉道而事人，何必去父母之邦？’”大意是，柳下惠担任掌管刑罚的官员，多次被罢免。有人问：“您不可以离开鲁国吗？”他说：“用正直之道来侍奉人君，去哪里而不会被多次罢免呢？不用正直之道来侍奉人君，又为什么一定要离开自己的祖国呢？”⑩智珠在握：形容才性聪敏的人，智慧如珠般圆融。⑪坏（pī）土：见第三八篇《答李霭堂》注释⑳。

【译文】捧读您的来信，知道您已落脚在巨鹿县的衙门做事，与东家相处很愉快，这是多么令人欣慰的事啊！只是信里说，您的老东家刘大人，想请您回去工作，您已经斥责并且回绝他了。只需要回绝就可以了，斥责是不应该的。而我自不量力，冒昧地想规劝您几句。

古时候老子向商容求教学问，商容张开嘴巴，问：“我的舌头还在吗？”老子说：“在。”问：“我的牙齿还在吗？”说：“不在了。”问：“你知道了吗？”老子说：“是说刚强的容易消亡，而柔弱的容易生存吗？”商容说：“哎呀，明白了这个，天下的道理就都能明白了。”孔子说：“品行高尚的人，与人和睦相处，但又能保持自己的个性”，“为人和顺，但又不随波逐流。”又说：“品行正直，但说话谦逊。”所以说刚硬的必然消亡，柔弱的必然长存；个性刚直难免遭人忌恨，和顺则可以通达无碍；品行端正则可以成为众人的榜样，言语谦逊才容易被众人接纳。古时候的圣哲贤人尚且如此，更何况我们这样平庸的人呢？

您这个人性格过于刚直，憎恨恶人恶事太过于严厉，而且议论人和事，往往偏激，有失公允。您或许应该使性情更柔和一些，说话做事更委婉谦逊一些；使别人恭敬爱慕而不害怕，愿意亲近而不忌恨；这样的话，或许能够对个人的道德修养，以及待人接物，这两个方面，都不背离。

您在信里说，您的弟弟已经去了山西，您也将离开河北而去山东谋事。难道您没听过柳下惠所说的一句话：“用正直之道来侍奉人君，去哪里而不会被多次罢免呢？不用正直之道来侍奉人君，又为什么一定要离开自己的祖国呢？”正直之道不可以违背，然而也不可以过于刚直。保持清廉、谦让的品格，那么您可以找到的立足的地方有很多，何必东奔西走、四处乱撞呢？

您是聪慧的人，原本不需要我这个平庸的人来多嘴，然而我非常珍爱您这个朋友，所以不自觉地说了逆耳的话。希望您能理解我的一篇忠心，采纳我的建议。

一三五、答陆默庵

别后正切离索之感，接手书，倍增感叹。一车孤寂，千里间关，夕阳古道，衰柳长堤，无一非助人愁思。平时诗兴，不知消于何处。昔人云穷而益工[①]，斯言未可信也。

富人饱欲死，贫人饥欲死，自昔为然。惟饥死者系干净菜园，尚有清气；若饱而死，酒肉腐肠，死有余臭。

足下尚不甚贫，何至患饥？既为齐人[②]，则东郭墦间之地，必有一席以待者，更何患之有？第齐人之在当日，尚可伸足狂歌，酒酣骂座[③]，即随意唱《莲花落》[④]数套，亦足动人观听。今则显者之门，曳裾[⑤]者多，残杯冷炙，到处辛酸，若令妻妾见之，不仅讪且泣也。

足下豪气未除，固是英雄本色。然年将望五矣，向后光阴，更觉白驹易过。处今之世，似当不亢不卑，立身于廉让之间，可以止则止，可以久则久，苟得陋巷箪瓢，首邱[⑥]没世，胜于乞食侯门万万也。

仆景迫桑榆，家随蓬梗[⑦]，一贫如故，八口难归，业已付之无可如何。足下尚有可为，又与仆同病相怜，故不惜出此肺腑肝肠之语。

【注释】①穷而益工：即“穷而后工”。旧时谓文人越困穷不得志，写出的诗文越好。语本宋欧阳修《梅圣俞诗集序》：“世谓诗人少达而多穷，夫岂然哉！盖世所传诗者，多出于古穷人之辞也……盖愈穷则愈工。然则非诗之能穷人，殆穷者而后工也。”②齐人：见第五三篇《答许葭村》注释⑧。③酒酣骂座：“使酒骂座”的故事。汉朝灌夫，为人刚直不阿，好使酒。一日，与魏其侯窦婴共赴丞相田蚡宴。夫怒蚡傲慢无礼，遂借行酒之机指临汝侯灌贤而骂之，其意实在蚡。蚡乃劾夫骂坐不敬。事见《史记·魏其武安侯列传》。后因称在酒宴上借酒使性、辱骂同席之人为“使酒骂座”。④《莲花落》：见第五九篇《答周介岩》注释⑦。⑤曳裾（yè jū）：拖着衣襟。裾，衣服的大襟。“曳裾王门”之省称。比喻在权贵的门下做食客。语出《汉书·邹阳传》：“饰固陋之心，则何王之门不可曳长裾乎？”⑥首邱：见第一一五篇《答赵南湖》注释②。⑦蓬梗：谓如飞蓬断梗，飘荡无定。比喻飘泊流离。

【译文】与您分别后，切实体会到了孤单寂寞没有朋友在身边的冷落苍凉之感，忽然收到您亲笔写的信，更增添了几多感慨和叹息。寂寞的长路上只有我的车子赶路的声音，千里跋涉辗转好几个关口，太阳落山也迟迟走不完绵延的古道，长堤上已经落叶的柳树映入眼中，所有的景物无不令人增添无尽的愁思。平时作诗的兴致，也不知消失到哪里去了。古人说，越是处于艰难困苦的境地，越能写出好的诗文，这话不一定正确。

富人每天吃饱喝足，几乎要被撑死；穷人连饭都吃不上，几乎要被饿死，从古到今就是这样。只是穷人直到饿死也是吃着干净的蔬菜，还算有干净清明之气；而富人吃得太饱被撑死，则是满肚子的酒肉，腐蚀了肠胃，死了都还留有秽臭之气。

您还不算太贫穷，怎么会担心被饿死呢？既然要像孟子所说的齐人一样，去富贵者跟前讨酒肉来吃，那么城东面墙外的坟地上，必然有一席之地等着您，又有什么可担忧的呢？只是齐人在那时，还可以坐在地上伸长两条腿纵情高歌，醉酒之后借着酒劲嘲笑辱骂同席的人，即便是随意唱几套乞讨用的《莲花落》小曲，也可以使人觉得喜闻乐见。如今有权势的人的门下，提着衣襟听候使唤的门客有很多，无非是等着筵席结束后喝几杯剩酒，吃几口冷肉，到处尝遍了辛酸的滋味，如果让自己的妻妾见了这副模样，恐怕不止是讥笑辱骂，更会伤心落泪了。

您还保留着豪爽直率的性格，这确实是英雄本色。然而您的年纪快到五十岁，以后的时光，更会感觉如白驹过隙一样飞逝而过。处在如今的世道上，在为人处世、待人接物方面似乎应当既不傲慢又不自卑，保持廉洁、谦让的品格。遇到可以落脚的地方就先落脚，遇到可以长久相处的东家，就尽可能长期留下。如果稍微有些积蓄后，能够回到家乡，哪怕住在狭窄的巷子里，用粗制的竹器盛饭，用葫芦瓢舀水喝，那也比在权贵者家里讨饭吃胜过万万倍。

我即将步入晚年，家人跟随我漂泊在异乡，家中仍然像从前一样一贫如洗，一家八口人难以回归故乡，我已经毫无办法，只能听之任之、顺其自然了。而您的情况还是可以通过努力获得改善的，您又和我有相似的遭遇和困苦，所以不惜对您讲这么多心里话。

一三六、寄甘林侄

今之所谓幕，犹古之参军、记室[①]也。第经济才华，今之人万不逮于古矣。然刑名钱谷之事，实为官声民命所关。则哀矜而勿喜[②]，求其生而不得，方可死之。幕中人当常存此念，不仅以轻心锻炼[③]、草率粗略为戒也。

差传片稿，亦不可轻。官府一点朱，百姓一碗血，滥差妄拘，则破家荡产之祸，自我而肇。吾乡业于斯者，不可胜数，不及秦二世而亡者，亦不可胜数，岂尽由于心术之不正哉？即此侈然自放[4]，而造孽无穷。

吾侄品行素端，可以深慰，而精神才识，不能十倍他人，故举所以自儆者告之，惟时时省察焉。

愚漫游燕赵，几三十年。到馆以后，足不出户庭，身不离几席，慎往来所以远侮慢，戒应酬所以绝营求；而自早至三更，不使有片刻之暇，以期无负于己者无负于人，亦惟吾侄师此意焉。

元城[5]案牍尚不甚繁，理事之余，当温习故业，以图北闱[6]之隽。幕所以救贫，非可终身，即以愚为前车之鉴。

【注释】①参军：职官名，东汉置，掌参谋军务；至隋唐时兼为郡官。记室：职官名，东汉置，掌章表书记文檄。②哀矜勿喜：哀矜，哀怜、怜悯。语出《论语·子张》："上失其道，民散久矣，如得其情，则哀矜而勿喜。"③锻炼：酷吏故意加罪于人。语出《汉书·卷五一·路温舒传》："上奏畏却，则锻炼而周内之。"也作"锻练"。④侈然：骄纵、自大的样子。自放：自骋其才气。⑤元城：古县名，与大名同城而治。民国并入大名县。即今河北省大名县城区。⑥北闱：明清时期科举制对顺天（今北京市）乡试的通称。

【译文】现在所说的幕僚，就如同古时候参军、记室这样的角色。只是在经世济民的才干和文学方面的才华上，现在的人比不上古人的万分之一。然而刑罚诉讼、赋税钱粮这两方面的事务，实在与官府的名誉、老百姓的性命关系重大。那么你在审理案件的时候，对犯法的人要怜悯他们的无知和愚蠢，不可以生出欢喜之心；对于死刑犯，在想尽一切办法都不可能放其一条生路的时候，才可以判处他死刑。做幕僚的人应该时刻存有仁爱之心，不止是提醒自己不能轻视人命，故意加罪于人，和草率粗略地办理案件啊。

差遣百姓去服劳役，和发传票传唤案件相关人员到案，虽然只是发出去薄薄的一张纸，或者是只言片语，也不可以轻率马虎。官府在纸上落下一点朱笔，可能就是取走百姓身上一碗血。随意差遣百姓服役，或是胡乱把人抓起来，导致人家家庭破散、家产耗尽，这样的灾祸都是因为自己的不负责任而造成的。我们家乡在外从事幕职的人，不计其数；还没传到第二代家就毁掉的，也是不计其数。难道都是由于心地不正派、居心不良吗？就是这种自作聪明、骄纵自大的作风，造成了无数害人的事，种下了恶因啊。

我的侄儿你向来是品行端正，令我深感欣慰和放心。然而你的精力、才干和见识，不可能有他人的十倍多，所以我把平时用来要求自己的话告诉你，希望你时时反省自己的言行，有则改之，无则加勉。

我来到河北山东之地做幕僚，已经快三十年了。我到了幕府以后，脚不踏出门庭，身子不离开案桌坐位；谨慎地选择交往的人，以免被人侮辱和轻慢；不参加一些无意义的应酬，所以避免了有人私下求我办事。从早晨到半夜三更，不让自己有片刻空闲时间，尽心尽力地做事不偷懒，只期望对得起自己，也对得起别人。我也希望侄儿你学习这种方法啊。

元城县的衙门里，案件和公文的事务还不算特别繁重。你在做好本职工作的前提下，空余时间应该温习以前的功课，努力准备参加顺天乡试，考取功名。做幕僚只是为了缓解贫穷，不能作为终身的职业，你就把我当作一个教训，不要重蹈我的覆辙。

一三七、又 答

接来字，知宾主契合，眠食俱佳，为慰。所云词讼旋结旋控，归咎于民情之刁，则大非也。

“大畏民志，无情者不得尽其词[①]”，固不能及矣。既有词讼，当虚心以听，故不曰审而曰听，察言观色，真伪自露。

今之官者以无讼为乐，遇讼民而先厌之，未登堂而即思退。两造之真伪未得，而扑责之威已不可遏，焉能服其心而不再控？

愚于情状，事无大小，必令原、被各尽其词而后准讯。禀到时，详细叙略，定其是非，然后令官坐堂而听之，必期案无遁饰，使原、被告各无怨言而后已。

慕堂明府，精于听讼，非有节略[②]，则不登堂。尝云：“官之心思，不免于粗浮，不及幕之心思静而细也。”然而好自用者，则以为节略先有成见，不知临轩时之成见更偏。依人成事者，有幸有不幸焉。吾故曰，幕之不可为也。吾侄不责之于官，不责之于己，而责之于民，则造孽多矣。吾故曰，幕之不可为也。

【注释】①大畏民志，无情者不得尽其词：要使人们敬畏内心的良知，使那些没有真情实意的人不能信口雌黄。语出《大学》：“子曰：听讼吾犹人也，必也使无讼乎？无情者不得尽其词，大畏民志。此谓知本。”郑氏注：情，犹实也。无实者多虚诞之词。圣人之听讼，与人同耳，必使民无实者不敢尽其词，大畏其心志，使诚其意不敢讼。②节略：概要；摘要。

【译文】收到你寄来的信，知晓你和东家相处融洽，配合默契，你的睡眠食欲都很好，让我放心了。你在信里说，案件刚刚处理完毕，紧接着就有不服而又来控告的，你把这种情况归因于当地人民风刁悍，这就大错特错了。

《大学》中说：“使人们敬畏内心的良知，使那些没有真情实意的人不能信口雌黄。”这种境界，固然是我们达不到的。既然有了诉讼案件，就应当虚心地听取原告、被告双方的陈述。不说“审问”，而说“听讼”，意思是说要善于观察人的言语神情而窥知其真实的心意，真相自然而然就显示出来了。

现在的官员都希望老百姓不打官司，遇到老百姓来告状，心里先感到厌烦了，还没升堂就想退堂。原告、被告双方说的是真是假不加分辨，就怒不可遏，耍起威风来，拷打责罚，怎么能使人心服，不再来诉讼呢?

我在审理案件的时候，不管是大事小事，一定让原告和被告把情由详细、完整地陈述出来，然后再根据案情作进一步讯问。禀告给主官的时候，要大致把案件的来龙去脉讲清楚，让主官对谁是谁非心中有数；然后才让主官坐堂审讯，务必要让案情没有不明白、不真实的地方，让原告、被告都没有什么可埋怨的，才能让事情了结。

知县大人慕堂公，善于审理诉讼案件，然而在幕僚还未把案情的概要梳理清楚之前，他一定不升堂审案。他曾说："官员的心思，难免疏漏浮躁，不如幕僚那般心思沉静、细密。"然而有些刚愎自用的官员，认为幕僚梳理的案情概要夹杂着先入为主的成见，然而他不知道，自己坐在公堂上时，心中的成见往往会更加偏颇。我们做幕僚的，遇到好的东家是一种幸运，如果遇到刚愎自用、不听劝谏的东家则是不幸的。所以我才说，千万不要做幕僚。我的侄儿你因为民间反复诉讼的人多，不责备官吏，不责备自己，而把责任推到百姓头上，那么所造的罪孽就大了。所以我才说，千万不要做幕僚。

一三八、答严昌期

不与贵交我不贱，不与富交我不贫。足下意气虽高，犹未泥乎富贵贫贱之迹者也。

我无愧于己，不求于人，正我知人世间何者为富贵，何者为贫贱。此期慰之流，所以不可及也。愿足下勉之。

【译文】不和有权势的人交往，我就谈不上是卑贱的人；不和富裕的人交往，我就谈不上是贫穷的人。您虽然心气和志向很高，但是仍然没有抛弃俗人那种对富贵的趋附、对贫贱的排斥啊。

我没有什么对不起自己良心的地方，也不用去讨好别人；这正是因为我清楚地知道人世间什么是真正的富贵，什么是真正的贫贱。有些人梦想有一天可以富贵，来安慰现在的自己，这哪里比得上我的境界呢？希望您也能努力做到。

一三九、答甘林侄

接来字，颇以贫为忧。士穷见节义，古人有三旬九食[1]者，贫亦何害？

余成童[2]时，学为诗，有“丈夫当自主，不受世人怜”之句。及二十年而孤，家益贫，衣食于奔走，但不乞怜于人，而人亦无有怜之者。淮阴为中人之雄，其受漂母一饭，报以千金，至今传为盛事。然丈夫义不受怜，千古一“哀”字，吾为吾侄惜也。

余惟以碌碌终身，不能自立为愧。吾侄当求其所以自立者，贫不足为忧，且断不可忧焉。

【注释】①三旬九食：十天叫一旬。三十天中只能吃九顿饭。形容家境贫困。汉·刘向《说苑·立节》：“子思居于卫，缊袍无表，二旬而九食。”晋·陶潜《拟古》诗：“三旬九遇食，十年着一冠。”②成童：年龄稍大的儿童。或谓八岁以上，或谓十五岁以上，说法不一。《春秋谷梁传·昭公十九年》晋·范宁注：“成童，八岁以上。”《礼记·内则》：“十有三年学乐诵诗舞勺，成童舞象学射御。”汉·郑玄注：“成童，十五以上。”此处当指十五岁。

【译文】收到你的来信，你在信中对贫穷的生活非常忧愁。读书人在穷困的处境中才能显示出节操，磨练意志。古时候有三十天只吃九顿饭的人，贫穷又有什么关系呢？

我十五岁的时候，学习作诗，写过一句诗是“男儿在世上要自立自强，决不要接受别人的怜悯。”到了二十岁父亲去世，家里更加贫穷，为了谋生而东奔西走。但从来不肯乞求别人的怜悯，也没有人会可怜自己。淮阴侯韩信，是人中的英雄豪杰。他在贫贱时，曾经接受过洗衣服的老妇人施舍给他的一餐饭；等到他富贵以后，拿千金来报答恩人。直到今天仍然传为美谈。然而，男子汉大丈夫要有志气，不需要别人怜悯。“怜”就是“哀”的意思。千古以来，受人怜悯都是很可悲的事情，我希望你能记住这一点。

我这一生都在帮着别人做事，不能自己建功立业，一直为此而感到羞愧。我的侄儿你应该去寻求能够让自己自立自强的事业，贫穷不值得忧虑，而且千万不可把心思放在忧虑贫穷上。

一四〇、答韫芳六弟

接来字，以百亩之产，入不敷出，将来有冻饿之忧，欲来保阳学幕。吾弟所虑甚明，而所谋甚拙也。

丈夫生有四方之志，本不应该终身牖下[①]。即有可守之产，亦当自奋于名利之途。

至所谓幕者，乃家无负郭之田，而有兄弟之养，菽水[②]无资，饘粥不继，读书无成，困穷立至，不得已而以幕救贫也。

然吾乡之业于斯者，不啻万家，其能温饱者几何？分作孽之余金，而欲为身家久长之计，此天理所不容，梦梦[③]者入其途而不知悔，而穷极无聊[④]者，虽悔而亦无可如何。且幕而贫，尚不失幕之本来面目；若幕而富，则其人必不可问，而其祸亦必旋踵[⑤]。是幕也者，不特无名之可成，无利之可图，并欲免祸而亦所不能也。

况幕之一道，亦非我学之断无不成，如涂墙抹壁之易为也；亦非学成之断无不行，如抱布贸丝[⑥]之可必也。千人学幕，成者不过百人；百人就幕，入幕者不过数十人。缘幕虽较于读书为易，然亦须胸有经济，通达时务，庶笔有文藻，肆应不穷；又必须二十内外，记诵难忘，举一隅而三反[7]；更须天生美才，善于应酬，妙于言论。若无此三者，断不超群轶伦[8]，到处逢迎，不过借曹邱之揄扬[9]，时运之偶合，庸庸碌碌，终其身而已。幕至于庸，则穷亦不可救。

至于就幕，则又有甚难者。一省只此百十余馆，而待聘者倍焉，此中夤缘[10]以势，结纳以利，捷足者先登，下井者投石，人情叵测，世路崎岖，盖有不可胜言。而学不足以服人，品不足以信人，虽居宾朋之列，无殊门客之容；其中委曲周旋，病于夏畦[11]之苦，更有不可以言喻。此学幕就幕之大概情形也。

吾弟年已及壮，自问其才能学幕否耶？略乎能不能之间，而冒昧以从事，如果穷极无聊，出于势之所不得已，姑不具论。若有产可守，而愿弃之为侥幸之图，田园托之亲友，家务委之女流，十年不返，一信聊通，百两未来，千金已去，得不偿失，后悔何追，曾有何逼而必欲出此？不过以百亩之产，所获甚微，未能锦衣玉食，呼奴使婢耳。不知生无豪杰之才，又无富贵之命，享先人之余泽，以菜饭布衣终老，亦人生不易得之境矣。世上浮华，眼前快乐，惟让有福者受之。羡之无穷，学之不尽，何足以动我虑念哉！

兄二十岁而孤，无半亩之产，而有二百金之券。慈母在堂，两妹未嫁，不得不为西秦之行。迨年已三十，蒙伯父分金，买得薄田二十余亩，八口之家，未能仰事俯畜，又不得不作燕赵之游。二十余年，佣值已逾万金，皆随手散去，不特一贫如故，并将薄田亦尽出售，而眷属寄住他乡，欲归不得，然则幕果可以救穷否耶？殷鉴不远，吾弟曷不熟思之？

惟望守其所当守，而不必为其所不可为。此札语语真情，言言确论，不异剖心刺血而书者，幸时时省鉴，当善法守之，暮鼓晨钟⑫，则现在之薄产可留，将来之饥寒可免也。

【注释】①牖（yǒu）下：户牖间之前；窗下。亦借指寿终正寝。②菽水：见第四五篇《与沈聚亭》注释②。③梦梦：昏乱不明。《诗经·大雅·抑》："视尔梦梦，我心惨惨。"④穷极无聊：困窘之极而百无聊赖。形容无趣乏味到了极点。⑤旋踵：掉转脚跟，比喻时间极短。⑥抱布贸丝：抱著布币去买丝。比喻以物易物，商品交换的一种形式；也比喻男子为求婚而与女子接近。语出《诗经·卫风·氓》："氓之蚩蚩，抱布贸丝。"此处指做生意。⑦举一隅而三反：指善于推理，能由此及彼。语出《论语·述而》："举一隅不以三隅反，则不复也。"⑧轶伦：超过同辈。《四部丛刊本鹖冠子·卷下·天权》："历越逾俗，轶伦越等。"⑨揄扬：赞扬；宣扬。曹邱：见第一〇〇篇《与谢丙南》注释②。⑩夤（yín）缘：本指攀附上升。比喻攀附权贵以求进身。⑪夏畦：见第七篇《答周氾荇》注释㉘。⑫暮鼓晨钟：佛寺中朝课之前和熄灯之前皆会敲击钟鼓，用以警惕与自励。比喻使人警悟的言语。

【译文】收到你的来信，你在信中说因为一百亩田的收成，满足不了生活所需，担心将来可能会穷得受冻挨饿，所以打算来保定学习做幕僚。我弟考虑事情很有远见，但想出的办法很拙劣啊。

男儿既然降生在世上，应当有远大的志向，原本就不应该老死在窗下无所作为。即便有可供维持生活的财产，也应当在争取功名利禄的道路上奋力进取。

至于人们所说的在衙门里做幕僚，是家中没有城郊的良田可以耕种，而又有兄弟姐妹需要抚养，没有钱赡养父母，甚至连一口粥都吃不上，读书又没有考取功名，贫穷得活不下去，迫不得已才到外面从事幕职，用来解救眼前的贫穷。

然而我们家乡靠做幕僚来谋生的，何止上万家，但是能勉强获得温饱的有多少呢？帮着坏良心的人做害人的事，然后分取一点蝇头小利，然而还想以此作为安身立命、成家立业的长远打算，这是天理都不允许的。稀里糊涂的人进入了这个行业就被迷住，不知道这是错的而悔改；而贫穷到了极点，找不到其他事情可做的人，即使后悔也没有什么办法了。况且做幕僚而依旧贫穷，还算没有丢掉幕职这一职业的本来面目；如果凭着做幕僚而发财致富，那么这个人所做的事一定是不可告人的，而且灾祸很快会降临到他头上。所以去衙门做幕僚，不仅不能成就好的名声，也不能获得可观的收入，甚至想避免灾祸都是不可能的。

况且做幕僚这条路，不是说我只要去学就一定可以学成，像泥瓦匠涂抹墙壁那么容易；也不是学成后一定进得去幕府，像做生意的以物换物那么理所当然。一千人学做幕僚，学成功的不过百人；一百人到幕府应征做幕僚，能进去的不过几十人。因为做幕僚虽然比读书考中功名容易一些，然而也必须掌握一定的经世济民、治国安邦的学问，通达当世的要务；这样才能写出好的文章，言之有物，得心应手、游刃有余地应付各种事务；又必须年纪在二十岁上下，记忆和背诵的东西不会忘记，思维要灵活，能够举一反三；更必须是天生比别人有才干，善于和人打交道，会说话。如果没有这三样长处，断然做不到在同行中脱颖而出，在哪里都可以被人接纳；不过凭借中间人帮忙吹嘘，碰巧走运在衙门里求到一个位置，只能是一辈子庸庸碌碌混日子罢了。做幕僚而到了平庸、无所作为的地步，那么连解救贫穷都不可能了。

至于去幕府应征做幕僚，还有更难办的事。一个省只有这么百十个衙门，然而等待聘用的人数是它的两倍多。这中间有依靠攀附巴结有势力的人帮忙进去的，有通过利益交换而进去的；有渠道的人能很快抢占先机，挤掉别人；一旦失势，就会被打压，没有机会东山再起；人情险恶，难以揣测，世道艰难，其中的危险说都说不完。而且如果才学不足以让人佩服，人品不足以让人信任，那么虽然在名义上是被聘请的宾客、幕友，但与寄人篱下的食客没有不同；身处其间，不得不委曲求全、察言观色，那种卑躬屈膝、讨好谄媚的苦楚，比夏天冒着炎热在田间辛勤劳作更让人受不了，其中的痛苦没办法用言语来形容。这就是学做幕僚、到幕府应征做幕僚的大概情形了。

我弟你已经到了壮年，扪心自问你的才干够得上学习做幕僚吗？似乎是能，又似乎不能，而你就贸然决定去从事这个行业。如果是穷得过不下去，又没有其他谋生之路，被情势逼迫，不得已走上这条路，那么姑且不劝你。如果家里有可供维持生活的田产，竟愿意为了一个侥幸、不靠谱的想法而舍弃，将田园委托亲友帮忙打理，家中之事交给妇人们做主；十年也无法返回，只靠一纸书信与家里沟通，一百两银子还没赚到，就已经投入进去一千两了，得到的根本抵偿不了失去的，那时后悔都来不及。到底是什么逼迫着你，一定要走这条路呢？不过是因为靠百亩田产所获得的收入太少，不能让你过上奢华的生活，没有奴婢可供使唤罢了。你不知道，如果一个人天生没有英雄豪杰的才能，也没有富贵的好命，然而得到父祖辈留下的遗产，有粗茶淡饭可以吃，有粗布衣服可以穿，平平安安度过一生，也人生极为难得的境遇了。世界上那些毫无意义的虚浮奢华，眼前短暂的爽快愉悦的感受，只好让那些有福之人去享受了。羡慕别人的生活，是羡慕不完的，盲目去学也是学不来的，哪里值得让我动心呢？

愚兄我二十岁时失去了父亲，家中没有半亩田地，却欠下二百两银子的外债。上有老母亲需要奉养，两个妹妹还没有出嫁，不得不外出到陕西、甘肃一带谋生。等到我三十岁时，承蒙伯父分了一些家产给我家，购置了二十多亩贫瘠的田地。然而对于八口人的一家，上不能奉养母亲，下不能养活妻儿，所以又不得不到河北一带地区谋生。二十多年来，我被各个衙门聘用做幕僚，取得的薪水收入已经超过一万两银子，但是全都在不知不觉中随手花完了。不仅是依旧一贫如洗，甚至把贫瘠的田产都卖光了；一家人全部寄居在外地，想回家乡都回不去。由此看来，从事幕职果真可以摆脱贫穷吗？我就是前车之鉴，我弟你为何不再好好考虑一下呢？

我真心希望，你能够好好坚守住该守护的东西，而不必要去做那些做不到的事情。我的这封信，每一句话都是真心话，每一个字都是真实的道理；就差没有剖出心肝给你看，刺破手指以血写信给你了。只愿你时时反省自己，保持清醒的头脑，记住我说的话，早晚拿来提醒自己；那么，现在拥有的一点财产可以保住，将来也可避免受饥寒之苦。

一四一、与安州[1]刺史沈慕堂

渔阳[2]奉借寇君[3]，为之不释者竟日。昨晤小如公云大兄大人不以为苦，而转以为乐。安邑猪肝[4]，究胜广文苜蓿[5]，斯言深得犹龙[6]退步法也。第为贫而仕，则彭泽[7]亦可弦歌；因逋而官，恐京兆难夸琴鹤[8]。安邑猪肝，果足以补虚羸否？

顷奉手教，以官情已冷，事事甘居人后，此进退绰然之时，非一身多累之日也。夫登场演剧，终日唱南浦长亭[9]，则观者纷纷欲睡；若大锣鼓演八仙庆寿，进王母蟠桃，则无不同声喝采。似宜振作精神，另开热闹之场，庶几夙逋全清，身名俱泰，飘然远去，似海外神仙，可望而不可即。此愚昧之见，未识以雍之言然[10]否。

弟年已六十，精力已衰，本宜弃此敝帚，息影荒庐，而箪瓢无资，室人交谪，不得不依栖庑下[11]，勉强佣舂。苟负郭可耕，早已弹琴自乐矣。因贫而幕，因逋而官，同此不得已之苦衷，故不觉言之切也。

【注释】①安州：古地名，治所位于今河北省保定市安新县。此处代指保定府。②渔阳：古地名。今天津市蓟州区。③借寇君：《后汉书·寇恂传》载恂曾为颍川太守，颇着政绩，后离任。建武七年光武帝南征隗嚣，恂从行至颍川，百姓遮道谓光武曰："愿从陛下复借寇君一年。"后以"借寇"为地方上挽留官吏的典故。④安邑猪肝：《后汉书·周黄徐姜等传序》："（闵仲叔）客居安邑。老病家贫，不能得肉，日买猪肝一片，屠者或不肯与，安邑令闻，敕吏常给焉。仲叔怪而问之，知，乃叹曰：'闵仲叔岂以口腹累安邑邪？'遂去，客沛。以寿终。"后即用以表示牵累主人的典实。也比喻俸禄微薄，生活贫困窘迫。⑤广文：唐天宝九年设广文馆，设博士、助教等职，主持国学。明清时因称教官为"广文"，亦作"广文先生"。苜蓿（mù xu）：一种价钱便宜的蔬菜。比喻教书生活的清苦。⑥犹龙：指周朝的老子。语出《史记·老子韩非列传》："孔子去，谓弟子曰：'……至于龙吾不能知，其乘风云而上天。吾今日见老子，其犹龙邪！'"谓道之高深奇妙，如龙之变化不可测。⑦彭泽：县名。汉代始设。在今江西省北部。晋陶潜曾为彭泽令，因以"彭泽"借指陶潜。⑧琴鹤：比喻清高、廉洁。北宋赵抃知成都府，匹马入蜀，以一琴一鹤自随，后为御史，时称"铁面御史"，卒谥"清献"，后人因此遂以"琴鹤"为廉吏之称。⑨南浦：南边的水岸。后泛指送别之地。《楚辞·屈原·九歌·河伯》："子交手兮东行，送美人兮南浦。"长亭：古时在城外路旁每隔十里设立的亭子，供行人休息或饯别亲友。借指送别之所。⑩雍之言然：雍，指孔子弟子冉雍。孔子曾赞“雍之言然”（《论语·雍也》）。⑪依栖庑下：见第五四篇《又答》注释㊲。

【译文】您从蓟州离任的时候，蓟州的百姓拼命挽留您这位知府大人，一整天拉住您不让走。昨天我见到小如公，他说大哥大人您并不觉得苦恼，反而变得高兴起来。您可能乐观地想，做知府虽然俸禄微薄，到底比清苦的教书先生要强；这话非常符合老子谦逊退让、知足常乐的处世原则啊。只是，因为穷才去做官，那么可以像陶渊明那样，即便当个很小的彭泽县令，也可以很快乐地弹琴唱歌；因为欠别人的钱要还，所以出来做官，恐怕就算是做京城的行政长官，也很难说夸耀说自己清廉。做知府所得的那么一点微薄的俸禄，果真能补上您的亏欠吗？

近日收到您的来信，说因为对做官已经失去热情，所以对政绩名声一切事，甘愿落在别人后面；“甘居人后”，这是在宽裕富足、进退自如的时候才能说的话，不是像您现在这样身上还有很多负担的情况下，可以说的。譬如登台演戏，整天唱着南浦长亭送别这样气氛哀伤悲凉的曲子，那么观众都会昏昏欲睡；如果敲锣打鼓，演八仙给王母庆寿，王母捧着蟠桃赐给众仙，那么观众无不叫好，争相喝彩。似乎应该振作精神，努力开创营造出一种热火朝天的局面，赢得大家的支持，或许可以还清旧债，自己一身轻松，也能获得好的名声。这时您自然可以辞官，潇洒地离开，就像海外的神仙，别人只有羡慕的份儿，却无法企及。这是我这愚昧之人的意见，不知道您是否认同呢？

小弟我已经年满六十岁，精神力气都衰弱了，原本应该丢下这份没有意义的工作，回到自己的陋室养老。却因为无钱，基本的吃喝都无法保障，家人一个个埋怨我。我不得不寄人篱下，勉强打起精神为别人做事。假如我在城外有田地可以耕种，早已抽身而退，弹着琴自娱自乐了。我迫于贫穷去做幕僚，您迫于欠债去做官，我们都是有这种迫不得已的苦衷，所以我不知不觉说话直接了些。

一四二、与金背藤

吾辈佣笔生涯，仅得一年一会。人间莲幕，竟同天上银河。分袂[①]后，萍浮南北，梗逐东西，徒切落月停云[②]之感。

老表弟理牍之暇，兼温举业[③]，秋闱[④]战捷，云路高翔；鷦鷯[⑤]一枝，固非鸾凤所宜久栖也。少壮不努力，老大徒伤悲，请以余为前车之鉴。

【注释】①分袂：离别；分手。②落月停云：见第十五篇《答姜云标》注释⑫。③举业：科举时代指专为应试的诗文、学业、课业、文字。也指八股文。④秋闱：科举时代在秋季举行的乡试。⑤鷦鷯：见第四九篇《与昌平州归》注释③。

【译文】我们这些人受人雇佣，靠笔墨谋生，一年才能见一次面。人世间的官府衙门，竟如同天上的银河把人分隔。上次我们拉着手告别后，你我都像水上的浮萍、无根的飞蓬，被风吹散，远隔南北，各奔东西，徒增了无尽的离愁别绪和思念之情。

老表弟您在处理公务文牍的业余时间，要一并温习科举考试的学业，准备好参加秋天的乡试，争取一举成功，如同鲲鹏一样展翅高翔、一飞冲天。在衙门做幕僚，就像卑微的鹪鹩鸟找一根树枝托身，只是暂时的权宜之计，本来就不是高贵的凤凰可以长久栖息的地方。年轻的时候不努力进取，年纪大了后悔都来不及，请把我当作一个失败的例子，常常提醒自己。

一四三、复王静山

接奉琅函[1]，如天上飞来。范叔[2]虽寒，犹有故人恋恋，不我遐弃，何幸如之！维肃再三。

敬悉阁下政祉双清，贤劳懋著。大官大邑，在在需才，定卜乔枝莺徙[3]。微疾暂羁骥足，正为万里云程，养其腾远之气耳。孙女早逝，亦是先抱孙之兆，不足介意，皆可贺也。

弟到省后，赋闲三月，卧病数旬，典质俱空，饥寒交迫。馆事一误再误之后，竟无过而问焉者。每读“不才明主弃，多病故人疏[4]”之句，不禁拍案大叫，声震屋瓦，泪涔涔下矣。素蒙阁下推称知己，不识有以教我否耶。

天涯沦落人，穷愁情状，本不敢陈于尊贵之前；然阁下在热闹场中，殷殷垂念，当道罕有其人；故感激涕零，略叙一二，为鲍叔[5]告。霜清菊冷，风厉酿寒，起居奚如？企颂不一。

【注释】①琅函：尊称他人的书信。也作“瑯函”。②范叔：见第四九篇《与昌平州归》注释⑩。③桥枝莺徙：莺徙，即“莺迁”。比喻由困而亨，自卑而高。语本《诗经·小雅·伐木》：“伐木丁丁，鸟鸣嘤嘤；出自幽谷，迁于乔木。”嘤嘤为鸟鸣声。自唐以来，常以嘤鸣出谷之鸟为黄莺。故以“莺迁”指登第，或为升擢、迁居的颂词。④不才明主弃，多病故人疏：出自唐代孟浩然的《岁暮归南山》。表达了诗人有才不为人赏识，良驹没有遇到伯乐的慨叹。⑤鲍叔：见第四八篇《谢陈和章》注释②。

【译文】忽然收到您珍贵的来信，就像从天上飞来，令我喜出望外。我就像穷困潦倒的范雎，仍然还有您这位老朋友记挂着，没有抛弃我，是多么幸运啊。对您的感佩之情，一次又一次地从我心中油然而生。

我恭敬地了解到，您无论做官还是治家，都是清正和顺；贤德和政绩获得一致好评。更高的职位，更重要的地方，处处都需要人才，可以预料您今后一定会步步高升。现在暂时因为微小的疾病，羁绊住了您这匹千里马，正是为了不久驰骋万里，登上云际，而休息调养、积蓄实力而已。孙女不幸小小年纪就夭折了，或许也是将抱孙子的预兆，不值得在意，都可以想开一点。

我到省城后，赋闲在家三个月，又生病卧床几十天，值钱的东西都拿到当铺换钱，受冻挨饿,穷困之极，简直无法忍耐。错过了一次又一次入幕就职的机会，之后竟然没人来询问我是否愿意去工作了。每当读到孟浩然的诗句“因为没有才干，所以被英明的君主遗弃；因为身体多病，所以旧时的朋友少有人来过问”，我就忍不住拍打着桌子大声惊叫，声音震动了屋瓦，泪水止不住地流下来。承蒙您一直称我为知己朋友，不知道您是否有好的建议教给我呢?

我这个四处漂泊的人，这幅穷愁潦倒的模样，本来不敢在您这位尊贵之人面前讲出来，丢丑现眼。然而您身处热火朝天的场合，身边围绕着仰慕者，却还深切地关心着我，在现在这个世道真是太少了。所以感激得涕泪俱下，简要讲述了我目前的情况，报知您这位知己。现在正是白霜凝结，菊花青冷的时节，寒风劲峭，酒水寒齿，不知您平日起居是否安好?我这边为您祝颂祈祷，其余不再赘述。

一四四、寄黄舟山

萍踪偶合，获益良多。今秋沦落羊城[①]，更蒙竭情关照，感镌肺腑，没齿难忘。比维阁下起居胜常为慰。

弟自前月初一省垣解缆[2]，至三十始抵永安[3]，近况之不堪，莫可名状。每夜挑灯独坐，回念起身之际，先受许多无辜委曲，到此自然可想而知。所最可长太息者，此种苦衷，非但不能见谅于人，反致不理于口。离家数千里之多，六七年之久，头颅又复如许，乃为此戋戋[4]者，竟到这般地位，不敢怨天，不敢尤人，惟有恨命而已。叨在文字知己，情逾骨肉，略陈万一，实因有冤莫白，欲诉无门，不自知其一摇笔，而便如候虫[5]之唧唧复唧唧[6]也。

春风又至，枯木皆欣欣而向荣，何潦倒穷途者，竟一无生气耶？先生雅善丹青，暇时望为弟画一《形如槁木[7]图》，庶几常坐先生春风[8]中也。此布，并候不一。

【注释】①羊城：广州的别名。昔高固为楚相，有五羊衔谷聚于楚廷，故广州厅事于梁上画五羊像，称其城为“羊城”。也称为“五羊城”。②解缆：解去系船的缆绳。指开船。③永安：古县名。治所位于今广东紫金县。清代属惠州府。因与福建永安县重名，1914年改为紫金县。④戋戋(jiān jiān)：微细的样子。⑤候虫：随季节而生或发鸣声的昆虫。如夏天的蝉、秋天的蟋蟀等。《礼记·月令》按月记载当月的虫类，包括毛虫、羽虫、鳞虫、昆虫等。后多指昆虫。⑥唧唧复唧唧：唧唧，形容虫叫声、叹息声等。南朝梁·无名氏《木兰诗》二首之一：“唧唧复唧唧，木兰当户织。不闻机杼声，唯闻女叹息。”⑦槁木：已经死亡干枯的树木，形容毫无生气。⑧坐春风：见第五四篇《又答》

注释①。

【译文】你我是萍水相逢，偶然相识，从您那里得到的帮助和教诲却有很多。今年秋天我境遇不顺利，流落到了广州，更承蒙您尽心竭力地关心帮助我，对您的感激之情，铭刻在心中，一辈子也忘不了。最近获知您起居安好，胜过往常，真心为您感到高兴和欣慰。

小弟我自从上个月初一，从省城坐船出发，到三十日这天，才到达广东的永安县。最近发生的事，都是痛苦得难以忍受，不知道从何说起。每天晚上在灯下独坐，回想起刚开始动身的时候，就先受到了许多无辜的委曲，到了这里的遭遇就可想而知了。最让我叹息不已的，是心中的这种苦衷，如果说出来，不但不能得到别人的理解，反而会被人瞧不起，不愿意搭理我。如今流落到离家几千里远的地方，六七年没有回去，头上又增添了许多白发。为了那么一点点的钱财，竟然沦落到这个地步。不敢怨恨老天，不敢怪罪别人，只恨自己的命不好罢了。承蒙您把我当作以文字相交的知己好友，我们之间的情谊比亲兄弟还要亲密，所以把自己的苦衷向您倾诉，说出来的还不到万分之一。实在是因为有冤枉无法表白，想要诉苦也找不到地方。所以，自己也不知不觉，一动笔写字，就像昆虫不停地鸣叫一般，写下的全是自怨自艾、唉声叹气的话。

春天又要来临，干枯的树木都要发出新芽、茂盛地生长了，为什么我却穷困潦倒、走投无路，没有一点生机和希望呢？先生一直擅长作画，空闲时请为我画一幅《形如槁木图》。或许每当面对这幅画，就想到先生理解我，让我心里如春风拂过一样温暖。借这封信表达我的想法，并且向您问候，其余不再赘述。

一四五、寄康若洲

春风又至，怀我故人，闭目凝思，如在无相庵中，坐谈移日[①]也。迩想足下履祺潭祉[②]，时与维新；红袖添香[③]，碧窗读画；雅人深致[④]，迥异寻常，羡甚羡甚！

弟佣春庑下[⑤]，偿值无多，年复一年，不觉老之将至。我头易白，人眼难青。嗟嗟！步兵能无穷途之哭[⑥]耶？再伸尺素，聊述寸衷，顺候文安。

【注释】①移日：移动日影。指不很短的一段时间。②潭祉：书信中的应酬语。祝福对方多福和好的意思。常用于亲友平辈之间。③红袖添香：形容有美女在旁做伴读书。④雅人深致：深致，情趣深远。指高雅的人情趣深远，举止不俗。⑤佣春庑下：见第五四篇《又答》注释㊲。⑥穷途之哭：阮籍，字嗣宗，三国时期魏诗人。门荫入仕，累迁步兵校尉，世称阮步兵。《晋书·阮籍传》："时率意独驾，不由径路，车迹所穷，辄恸哭而反。"后形容因身处困窘之境而悲伤不已。

【译文】春风又来到人间，我想念您这位老朋友，闭上眼睛凝神思索，好像与您一起坐在无相庵中，畅快地叙谈很久。想来您最近一定是步履吉祥、阖家幸福，随着时间的推移，方方面面都有了新气象；身边有佳人陪伴读书，在碧纱窗下欣赏画作；您这高雅之人，有着深远不俗的情趣，非寻常人可比，真是令人非常羡慕啊！

小弟我受雇佣而替人工作，获得的报酬不多，一年又一年，不知不觉将要步入晚年。头上新添白发很容易，而受人待见却是越来越难了。哎！面对这走投无路的困窘之境，怎能不让我像阮籍那样痛哭流涕呢？又一次写信寄给您，倾诉一些心里的苦楚，同时问候您安好。

一四六、复杨子良

顷又接手函，并规戒诗一首，药石[①]之语，读之凛然。虽拙作初则无聊之极思，继则借题发挥，大都海市蜃楼[②]，不过镜花水月[③]。先生层层批驳，体无完肤，真觉一掴一血痕[④]矣。噫，吾过矣！吾过矣！

吾离群而索居也，亦已久矣。谨和元韵诗一首以谢云：“何须鼓舌与摇唇[⑤]，爱我无如知己真。欲饮早怜瓶已罄，相因那得更陈陈[⑥]！”专此珍复，不一。

【注释】①药石：古时指治病的药物和砭石，后比喻规劝别人改过向善。②海市蜃楼：由于光线在大气层中的折射而产生的自然现象。一般发生在沙漠地区和海边，折射的光线把远处的景物显示在空中或地面，形成奇异的幻景。古人误认为是（大蛤蜊）吐气而成。后用来比喻虚幻的事物。③镜花水月：镜中花与水中月，指意境不可以形迹求。比喻空幻飘渺。④一掴一血痕：即“一掴一掌血”。打一掌出现一个血印。比喻做事有效用，立竿见影；或说话切中要害。⑤鼓舌摇唇：鼓动嘴唇，摇动舌头。形容利用口才进行煽动或游说。亦泛指大发议论（多含贬义）。⑥陈陈相因：原指京都仓库的粮食逐年增加，致陈粮上再堆陈粮。《史记·卷三〇·平准书》：“太仓之粟，陈陈相因，充溢露积于外，至腐败不可食。”后比喻因袭旧例，而无革新进步。

【译文】近日又收到您的亲笔信，还有一首劝告我的诗，您的话像治病的药方和砭石，令我心生敬畏。虽然我写的拙劣的诗文，开始只是记录下百无聊赖中产生的一些想法，然后围绕着一些琐事借题发挥、东拉西扯；基本上都是像海市蜃楼一般虚妄不实的事，不过是镜中花、水中月，虽然看得见，但是根本没有办法触摸到。先生由表至里，一层一层批评我的错误，直接切中要害，我的文字实在没有一处可取的地方。啊，我错了！我错了！

我离开朋友，独自生活已经很久了。现在恭敬地用您写的原诗的韵，写成一首和答诗，来表达我的谢意：“何必卖弄口才大发议论，您这个知己朋友是真心爱护我。想喝一杯酒可怜酒瓶子早就空了，哪里用得着再老调重弹，说很多无意义的话呢？”专门写这封信答复您，其余不再赘述。

一四七、复吴庚堂

赐来佳跋[①]，不特文章知己，亦是游戏知己。洵非今世之所谓菩萨，是实在真菩萨之所谓菩萨也。惟真菩萨正法眼藏[②]，方识得菩萨心肠。此菩萨至宝真经，诚不可轻易售与彼自谓菩萨者矣。

然亦不可不留一部真经，置之真菩萨龛[③]中，作为禅门日诵。今仍奉送一部，愿真菩萨皆大欢喜，勿令彼火坑中逞威风之热中人见耳。

仆行踪未定，惜不暇与真菩萨常坐禅床[④]上说法，使今世之顽石点头[⑤]，为一大快事。生刍一束[⑥]，仆何敢望布施[⑦]耶？此复不具。

【注释】①跋：文章或书籍正文后面的短文，说明写作经过、资料来源等与成书有关的情况。②正法眼藏：佛教语。朗照宇宙谓眼，包含万有谓藏。禅宗称释迦牟尼佛所付予迦叶的法。也就是禅宗以心印心的法门。后以比喻事物的要旨精义。③龛(kān):供奉佛像、神位等的小阁子。④禅床:僧侣用具。禅僧的坐床。⑤顽石点头:传说晋时道生法师在虎丘山聚石为徒,讲解《涅槃经》,主张众生皆可成佛,并问周边石头:“如我所说,契佛心否?”群石皆为点头。见《莲社高贤传·道生法师》。后用来形容说理透澈,使人心服。⑥生刍(chú)一束:干草。比喻微薄的礼品。《诗经·小雅·白驹》:“生刍一束,其人如玉。”⑦布施:佛教用语。将金钱、实物布散分享给别人。布施是大乘佛法六度之中的第一项,种类有三种:法布施、财布施和无畏布施。

【译文】您为拙著写的一篇跋文,堪称佳作,可见我们不止是以文章相交的知己朋友,也是以游戏相交的知己朋友。您的为人,确实不是当今世人口里所谓的“菩萨”,而实在是智慧而又慈悲的真菩萨所谓的“菩萨”啊。只有真菩萨,通达佛陀正法的要旨精义,用智慧之眼朗照宇宙,用慈悲之心包含万物,才可以识别菩萨心肠。这是一部最值得珍贵的菩萨真经,实在是不可以轻易卖给那些自称是菩萨的人啊。

然而也不能不留下一部真经,供奉在真菩萨的佛龛中,作为修行时每日念诵的课本。现在我仍然恭敬地送给您一部,祝愿真菩萨全都欢欢喜喜,别被那些沉溺于污秽的浊世,逞威风的势力人看见。

我今后要去哪里还未确定,可惜没有空余时间与您这位真菩萨一起,常常打坐在禅床上讲论佛法,让当今世上那些冥顽不灵的人,听了之后也心服口服,那将是一件多么快乐的事啊!送给您一份微薄的礼物,谈不上是布施。写这封信答复您,其余不再一一赘述。

一四八、复赵小山

接披还翰，荷蒙见惠家乡桂花饼两封。物以罕而见珍，馋口顿成香口；味因新而思旧，归心翻作苦心。拜赐之余，谢尤增感。

拙编二、三集，均宜醵金[1]重印。所有施令坦[2]传文，候鸠工[3]时，即当另刷数十张寄上也。肃此，复候升安，不一。

【注释】①醵（jù）金：凑钱。②令坦：敬称他人的女婿。源于晋朝王羲之坦腹东床的典故。南朝·宋·刘义庆《世说新语·雅量》："遣门生与王丞相书，求女婿。……门生归白郗曰：'王家诸郎，亦皆可嘉，闻来觅婿，咸自矜持，惟有一郎在床上坦腹卧，如不闻。'"③鸠工：召集工匠。

【译文】收到您的回信打开来看，承蒙您惠赠给我家乡的特产桂花饼两包。因为我很少吃到，所以太珍贵了，吃起来香甜可口，让我解了馋；一边品尝新鲜的味道，一边回忆起从前的味道，更加勾起了我想回家的心情，心中不免苦闷。我在这里拜谢您的惠赐，更增添了对您的感激之情。

我的书的第二、第三集，都要等凑够钱再印刷一版。您说的姓施的女婿转交给您的文字，要等印刷工人开工的时候，会马上为您另外印刷几十张，郑重地寄给您。严肃认真地写下这封回信给您，并问候您安好，预祝您步步高升，其余不再一一赘述。

一四九、寄潘隐谷

昨于中散①书中，寄视佳作，并承名柬远颁，感半刺②之情深，诵诸篇之丽句，令人作山榛隰苓③之想。拟和青莲长什④，无奈文通⑤才尽，不克描摹潘藻如江⑥也。相须甚殷，相见恨晚。倘三生缘在，得能一识荆州⑦，实瓣香⑧之奉耳。耑⑨缄布谢，伏候起居，临池泂溯⑩。

【注释】①中散：即中散大夫，职官名。王莽时置，东汉因之，掌论议；魏、晋时为闲散位置。此处指嵇康，字叔夜，三国时期曹魏思想家、音乐家、文学家。博学有奇才，不与世俗同流。官至中散大夫，故世称“嵇中散”。②刺：名帖。③山榛隰（xí）苓：榛，落叶灌木，花黄褐色，果实叫榛子，果皮坚硬，果肉可食。隰，低下的湿地。苓，一说甘草，一说苍耳，一说黄药，一说地黄。语出《诗经·邶风·简兮》："山有榛，隰有苓。云谁之思？西方美人。"④青莲长什：青莲，唐代诗人李白，别号青莲居士。什，《诗经》中雅、颂部分大都以十篇编为一卷，称"什"。故泛指诗篇。⑤文通：南朝文学家江淹，字文通。参见第七七篇《答赵青圃》注释④。⑥潘藻如江：潘岳，字安仁，晋代文学家。为文词藻绝丽，尤长于哀诔，有悼亡诗，为世传诵。语本南朝梁·钟嵘《诗品·卷上·晋平原相陆机》："陆才如海，潘才如江。"形容陆机的文才如海，潘岳的文才如江。⑦荆州：见第六一篇《与交河明府章峻峰》注释②。⑧瓣香：犹一瓣香，表示祷祝敬慕之意。佛教禅宗长老开堂讲道，烧至第三炷香时，长老即云这一瓣香敬献传授道法的某某法师。后以"一瓣香"指师承或仰慕某人。⑨耑（zhuān）：特地。同"专"。⑩洄溯：逆流而上。语本《诗经·秦风·蒹葭》："蒹葭苍苍，白露为霜。所谓伊人，在水一方。溯洄从之，道阻且长。"此处借指思念。

【译文】您是如同魏晋时的中散大夫嵇康那样超凡脱俗的人，昨天收到您的来信，同时读到了您的大作，并且承您的好意，从远方赠给我一张名片。捧着这一张名片，已感受到您真诚的情谊；读着书中一篇篇优美的文字，令我思慕着您这位风雅之人。本想写一首诗和答您媲美青莲居士李白的长篇佳作，无奈我就像江文通一样才华用尽，无法写出像潘安仁那样宛如江河奔流一般的华丽辞藻。你我志同道合，只恨认识太晚。如果有前世结下的缘分，我能够见您一面，一睹您的风采，那真是极大地慰藉了我平生对您的仰慕之情。特地写下这封信寄给您，表达我真诚的感谢，并恭敬地问候您起居安好。一边写字，一边在思念着您。

一五〇、寄张旭斋

多年睽隔[①]，重聚穗垣[②]，荷蒙樽酒流连，畅谈永夕，情深梓谊，感戢[③]难名。只以惜别匆匆，未获常聆榘诲[④]，寸衷尤为轸[⑤]结。

比维足下禔躬[⑥]纳祐，潭第凝庥[⑦]。妙手回春，世尽跻登仁寿[⑧]；和风扇物，功侔燮理阴阳[⑨]。引睇[⑩]青云，锦荼[⑪]曷既。

弟于初九日俶[⑫]装就道，至廿三日始抵龙川。碌碌因人，殊增惭恧[⑬]耳。肃椷[⑭]申谢，恭候年安，不一。

【注释】①睽（kuí）隔：别离；分隔。睽，分离、背离。②穗垣：广东省广州市别称“穗城”。相传古代有五仙人乘五色羊、执六穗秬而至此，故称。见《太平寰宇记·岭南道一·广州》引《续南越志》。又称五羊城。③感戢（jí）：犹感激。④榘诲：榘，同“矩”，规则、法度；诲，开导、启迪。意谓合规中矩的教诲，犹言雅教。多用于书信语体。⑤轸（zhěn）：本意为车箱底部四周的横木。引申为伤痛、悲痛。⑥禔（zhī）躬：犹禔身。安身；修身。⑦潭第凝庥（xiū）：潭第，犹潭府，深宅大院，对人住宅的尊称。庥，庇荫、保护。⑧仁寿：谓有仁德而长寿。语出《论语·雍也》："知者动，仁者静，知者乐，仁者寿。"⑨侔（móu）：等同。燮（xiè）理阴阳：燮理，调治；阴阳，相对立的事。燮理阴阳指调和治理国家大事。⑩引睇（dì）：遥望。睇，看、注视。⑪锦棻（fēn）：鲜明美丽称做锦，草木茂盛称做棻。⑫俶（chù）：整理。⑬惭恧（nǜ）：心中羞愧。⑭椷（jiān）：古同"缄"。书信。

【译文】我们好多年没有见面，这次在广州重逢；承蒙您的情谊拿出好酒招待我，尽情地说了一整夜话。您对我的关心，远远超过了同乡之谊，我对您的感激之情无法用语言表达。只可惜因为忙着赶路，匆匆忙忙地跟您告别，所以无法经常聆听您中肯的教诲，使我心中格外难过。

近日想见您福体康健，全家人幸福快乐；拥有高明的医术，让病人重获新生，步入仁德和长寿的境遇；慈悲和蔼的风范，像春风一样使人温暖愉悦、受到感化，这样的功德，堪比协调天地万物的圣人。遥望您青云直上、步步高升，越来越美好，越来越兴盛，没有止境。

我在初九这天整理好行李上路，到二十三日这天才到达广东龙川县。庸庸碌碌地替人做事，格外让我心中惭愧啊。郑重地写下这封信来表示感谢，恭敬地向您问候新年吉祥。其余不再赘述。

一五一、寄黄越尘

夙仰仙风，未亲挥麈[①]。日前珠江返棹，始获拜识于琳宫[②]。一接清辉，实属三生有幸。惜缘俗氛所累，旋赴龙川，不克畅聆道德五千言[③]也。

比想吾师起居曼福[④]，兴致超凡，飘然诗兴凌云，宛尔琴声流水。引瞻讲座，如海上神仙，可望而不可即，何羡如之！

家兄久托枝栖，渥承厦庇。天涯寒士，得寄迹于碧城十二楼[⑤]中，饭啖胡麻[⑥]，书窥琼笈[⑦]，又不知几生修到耳。其为感激，何可言喻！肃此申谢，敬候安祺。伏维法鉴，不宣。

【注释】①挥麈（zhǔ）：挥动麈尾。麈，古书上指鹿一类的动物，其尾可做拂尘。晋代人们清谈时，常挥麈以为谈助，后称谈论为“挥麈”。麈尾，以麈的尾毛做成的拂尘。因古代传说麈迁徙时，以前麈之尾为方向标志，故称。②琳宫：仙宫。亦为道观、殿堂之美称。③道德五千言：老子《道德经》的代称。《史记·老子韩非列传》：“老子乃著书上下篇，言道德之意五千余言而去，莫知所终。”④曼福：绵绵福祉；大福。曼，同“曼”。⑤十二楼：神话传说中的仙人居处。《史记·卷二八·封禅书》:“黄帝时为五城十二楼,以候神人于执期,命曰迎年。”⑥胡麻:即芝麻。草本植物,茎上部四棱形,花白色,种子有白、黑、黄、褐等不同颜色。可以吃,也可榨油。⑦琼笈:玉饰的书箱。多指道书。

【译文】我素来仰慕您神仙般的风采,可惜没能亲自聆听您讲论道法。前几日我从珠江坐船回来,才得以来道观拜见您,能够一睹您清净光明的风采,真是三生有幸。可惜我因为俗事牵绊,紧接着要去龙川县,没能够痛快听您讲论五千字的《道德经》。

近日想见我的师父您身体健朗,福气蕴集,每天做着感兴趣的事情,作诗的兴致像天边高高漂浮的云朵,弹奏的琴声宛如潺潺的流水。遥望您讲经说法的地方,就像海上的神仙,可以远远地向往,却无法触及,真是令人羡慕啊!

我的哥哥长期以来托身在您那里,承蒙您给予他广大的庇护和优厚的关照;使流落天涯的贫寒读书人,得以寄住在神仙居住的地方,吃的是像芝麻一样清香的饭食,看的是用宝玉装饰的典籍,又不知道是几辈子修来的福气。他心里的感激之情,哪里用语言可以表达!郑重地写下这封信表示感谢,恭敬地向您问候安康吉祥。还请您法眼明鉴,其余不再赘述。

一五二、寄苏礌溪

艮自去岁，韩江叩谒钧颜，渥承温谕拊循，有如挟纩[①]。辞别以来，时深仰慕，新正肃贺，谅达钤辕[②]。顷闻驺从贲临[③]，未遑晋省躬迎为歉。

恭维阁下勋原无两，喜必叠双。德洽郇膏[④]，既东渐而西被[⑤]；家传郭笏[⑥]，因武纬而文经。从知出将相于一门，早卜邀恩荣于世禩[⑦]。翘瞻棨戟[⑧]，曷罄饔轩[⑨]！

艮廿载炎交，半年顺德。欲治先人窀穸[⑩]，苦无归棹盘缠。倘蒙登高而呼，得沐栽培提拔，则生成之德，正当衔结[⑪]于无穷矣。

肃泐丹楮，虔颂鸿禧，祗候[⑫]崇安，伏祈犀鉴[⑬]。

【注释】①挟纩（kuàng）：披着绵衣。语出《左传·宣公十二年》："师人多寒，王巡三军，拊而勉之，三军之士皆如挟纩。"比喻受人抚慰而感到温暖。纩，絮衣服的新丝绵。②钤辕：长官的公署或临时驻地。③驺（zōu）从：古代贵族、官员出行时的骑马侍从。贲（bì）临：光临。形容来者贲然盛饰，后人因称贵宾来到叫贲临。④郇膏：犹“郇厨”。唐代韦陟，袭封郇国公。性侈纵，穷治馔羞，厨中多美味佳肴。凡他人每次造访他，必能酒足饭饱而归。后以“郇厨”或“郇公厨”称盛宴。⑤东渐西被：语本《尚书·禹贡》：“东渐于海，西被于流沙，朔南暨，声教讫于四海。”指向东、西方流传。⑥郭笏（hù）：即“满床笏”的典故。笏，古代大臣上朝拿着的手板，用玉、象牙或竹片制成，上面可以记事。原出《旧唐书·崔义玄传》：“开元中，神庆子琳等皆至大官，群从数十人，趋奏省闼。每岁时家宴，组佩辉映，以一榻置笏，重叠于其上。”后来俗传误为郭子仪家事。⑦世禩（sì）：禩，同“祀”。谓世代祭祀。语出《左传·僖公十二年》：“管氏之世祀也宜哉！”⑧棨戟：有缯衣或油漆的木戟。古代官吏所用的仪仗，出行时作为前导，后亦列于门庭。⑨韀（chāng）轩：指击鼓跳舞。引申为激发、开启某种情绪。《卿云歌》：“韀乎鼓之，轩乎舞之。”⑩窀穸（zhūn xī）：墓穴。⑪衔结：即结草衔环。结草，指魏颗救父妾，而获老人结草御敌的故事。典出《左传·宣公十五年》。衔环，指汉代杨宝救一只黄雀，后得黄衣童子以四枚白环相报的故事。典出南朝梁·吴均《续齐谐记》。后以“结草衔环”比喻生前受恩死后图报。⑫祗（zhī）候：恭候、敬候。祗，敬、恭敬。⑬犀鉴：《晋书·温峤传》：“（温峤）至牛渚矶，水深不可测，世云其下多怪物，峤遂毁犀角而照之。须臾，见水族覆火，奇形异状，或乘马车着赤衣者。峤其夜梦人谓己曰：‘与君幽明道别，何意相照也？’意甚恶之。峤先有齿疾，至是拔之，因中风，至镇未旬而卒。”后多用“犀照”比喻洞察幽微。鉴，明察、审查之意，旧时书信套语，表示请对方看信。

【译文】我在去年，在韩江拜见了您，一睹了您的风采，承蒙您用温暖的话宽慰、勉励我，如同在寒冷时为我披上温暖的绵衣。自从和您辞别以来，对您的仰慕和思念之情日益加深，新年的正月恭敬地给您写了一封拜年贺信，想来已经送到您的衙门里。最近得知您的车驾降临此地，我没来得及亲自去迎接您，心中实在不安。

我敬想您在政治上的功勋，很难有人比得上，喜庆的事必然一件接着一件。您在地方上做了许多好事，百姓都受到了恩惠，如同吃了美味的盛宴，您的名声已经在东方和西方流传；家中子弟俊秀，人才辈出，很多人入朝为官，都是文武双全、治国安邦的英才。从此可以知道您的家门中将会走出将军和宰相这样的高官，可以预先知道将来一定会得到朝廷的封典，子子孙孙世代相传。我在远地遥想着您出行时壮观的仪仗队，真是激动得不禁要敲锣打鼓、手舞足蹈！

我在炎热的广东地区生活工作了二十年，来顺德也有半年了。我想回去修整一下先人的墓园，却苦于没有银钱作为返乡的旅费。倘若承蒙您帮我说句话，使我能够获得栽培和提拔，得到一个职位，那么您成全我的这种恩德，我一定结草衔环，生生世世报答。

郑重地用红色信纸写下这封书信，衷心地向您贺喜，愿您鸿福齐天；同时恭敬地向您问安，请您明察我的心意。

一五三、复李春麓

春麓先生阁下：夙邀神契，尺素先施；钦佩仙才，寸丹早篆[①]。再披还翰，极缠绵缱绻[②]之忱；展诵和章，尽痛快淋漓之致。不独情词娓娓，并承慰诲殷殷，如获面谈，实深心感。

伏谂[③]足下虚怀若谷，善气迎人，知学养之俱优，自性天[④]之各足。屈居莲幕，何殊王粲登楼[⑤]；近接芳邻，恍对元瑜记室[⑥]。龙门在望，甘拜下风[⑦]；鱼简[⑧]频颁，喜逢今雨[⑨]。

弟未识春风半面，葵藿[⑩]同倾；因思秋水伊人，蒹葭载咏[⑪]。幸焦桐[⑫]之入听，惭败鼓[⑬]之兼收。君子谦谦[⑭]，反辱揄扬之语；吉人蔼蔼[⑮]，恒多劝勉之辞。

只缘老景颓唐，未免江淹才尽[⑯]；从此躁心消释，浑忘阮籍途穷[⑰]。惟声闻之过情，复称呼之卑牧。谢难言罄，愧不敢当。肃候起居，诸祈照詧[⑱]，不宣。

【注释】①寸丹：一寸丹心的省称。谓一片赤诚之心。篆：本义为篆书，汉字的一种书体。印章多用篆文，故引申为铭刻。②缱绻(qiǎn quǎn)：情意缠绵不忍分离的样子。③谂(shěn)：知悉。④性天：犹天性。谓人得之于自然的本性。语本《礼记·中庸》："天命之谓性。"也指人性和天命，为理学研讨的命题。⑤王粲登楼：见第六九篇《答姜云标》注释⑥。⑥元瑜：三国时的阮瑀，字元瑜，为曹操掌记室，善军国书檄。后因以喻指执掌文书的官员。记室：职官名，东汉置，掌章表书记文檄；后世因之，或称记室督、记室参军等。后作为秘书的代称。⑦甘拜下风：甘心诚服他人，自觉居于下位。表示心悦诚服。⑧鱼简：见第四〇篇《答丁品江》注释①。⑨今雨：唐代杜甫《秋述》："秋，杜子卧病长安旅次，多雨生鱼，青苔及榻，常时车马之客，旧，雨来；今，雨不来。”谓宾客旧日遇雨也来，而今遇雨则不来了，初亲后疏。后用“今雨”指新交的朋友。⑩葵藿（kuí huò）：葵，向日葵；藿，角豆的花叶。葵、藿二者皆有向阳特性。古人多用以比喻下对上赤心趋向。语出《三国志·魏志·陈思王植传》：“若葵藿之倾叶，太阳虽不为之回光，然向之者诚也。窃自比于葵藿，若降天地之施，垂三光之明者，实在陛下。”⑪秋水伊人：语出《诗经·秦风·蒹葭》：“蒹葭苍苍，白露为霜。所谓伊人，在水一方。”后以“秋水伊人”谓对景怀人。蒹葭（jiān jiā）：蒹和葭都是价值低贱的水草，因喻微贱。常用作谦词。亦泛指思念异地友人。⑫焦桐：东汉蔡邕精通音律，善于制琴，曾从灶下木材爆裂声，听出所烧木材为难得的制琴木料，于是将烧焦的桐木削制为一具名琴。后用以泛指名琴。比喻遭毁弃的良材。⑬败鼓：即破鼓。破鼓皮可作药材。比喻虽微贱，却是有用的东西。⑭君子谦谦：谦虚有礼、严以律己的人。语出《周易·谦卦·象曰》：“谦谦君子，卑以自牧也。”⑮吉人蔼蔼：吉人，贤士、善良的人；蔼蔼，盛大众多的样子。语本《诗经·大雅·卷阿》：“蔼蔼王多吉人，维君子命，媚于庶人。”⑯江淹才尽：见第七七篇《答赵青圃》注释④。⑰阮籍途穷：见第一四五篇《寄康若洲》注释⑥。⑱詧：同“察”。

【译文】春麓先生阁下：一向承蒙您把我当作朋友，我们神交已久，您先写信给我；您神仙一般的才华，使我钦佩之至，早就铭刻在心。第二次收到您的回信，您在信中极致地抒发了我们之间情意缠绵、难分难舍的感情；展读您写的和答诗，有一气呵成之感，令我痛快淋漓。不只是言辞优美，娓娓道来，饱含深情，而且蒙受您对我殷切的安慰和教诲，如同当面聆听您说话，在心中深深地感激您。

我深知您心胸宽广，如山谷能容纳万物，和蔼可亲，以和善之气待人；知道您才学、道德等各个方面都非常优秀，而且是源于天性的，本自具足。以您的才华，目前却只能屈身居于衙门之中做幕僚，正如那因怀才不遇而登楼作赋的王粲一样；我居住的地方离您很近，与您这样品德高洁的人做邻居，犹如面对才华横溢的阮瑀。您飞黄腾达的日子，便近在眼前，我愿意做您的学生；而劳驾您频频赐来书信，我很高兴能够交到您这位新朋友。

我虽然还没能见上您一面，但心中对您的倾慕之情，就像向日葵一样倾身向阳；每当看到秋季的美好景物，便会想起您，使我平添许多思念之情，不知不觉吟咏起《蒹葭》的诗歌。很荣幸您能看得起我这个被世俗抛弃的人；但是又很惭愧，我是一个微不足道的无用之人，却能得到您的包容。您在信中称赞我是谦虚有礼、严以律己的君子，实在是愧不敢当；您又说我是善良贤德的有福之人，说了很多劝勉、鼓励我的话。

只是我即将步入晚年，依然穷困潦倒，并且像江淹一样才学已经用尽了；从此以后消除了追名逐利的心思，对不如意的处境也早就不在乎了。只是您对我的夸赞过高，对自己的称呼又太低微；令我对您的感谢之情无法用言语表达，您对我的褒奖我也愧不敢当。恭敬写下这封信问候您起居安好，如有不当之处，敬请见谅。其余不再赘述。

一五四、寄刘心香

去秋幸获登龙[1]，未亲挥麈[2]。旋蒙嘉贶[3]，莫罄谢私。兹际岁籥[4]将更，岭梅[5]欲吐，恭维阁下以传经之实学，小试操刀；本修史之良材，一行作吏。鸣琴[6]南粤，领袖西湖[7]，民尽归心，政成善教。共喜藜光[8]远映，真如玉局[9]重来。指日莺迁[10]，临风雀跃。

某省垣流寓，旅况艰难，日暮穷途，金尽裘敝，筮井渫而占不食[11]，诵《豳风》而叹无衣[12]。何以御冬，不堪卒岁。半天风雨，每兴访戴[13]之思；行李萧条，徒切依刘[14]之愿。还冀垂怜秋雨，无忘两地知心。尚祈赒恤[15]孤寒，俾得一枝托足，则益荷生成之德，未敢辜嘘植[16]之恩矣。此启。

【注释】①登龙：见第五四篇《又答》注释⑰。②挥麈：见第一五一篇《寄黄越尘》注释①。③贶（kuàng）：赐。④岁籥（yuè）：犹岁月。籥，指候气用的葭琯（装有葭莩灰的玉管）。⑤岭梅：指大庾岭上的梅花。大庾岭上梅花，古来有名。因岭南北气候差异，梅花南枝已落，北枝方开。⑥鸣琴：语出《吕氏春秋·察贤》："宓子贱治单父，弹鸣琴，身不下堂而单父治。”后因以“鸣琴”称颂地方官简政清刑、无为而治。⑦西湖：此处指惠州西湖。位于今广东省东南部惠州市惠城中心区。古称“丰湖”，苏轼寓居惠州，发出“梦想平生消未尽，满林烟月到西湖”的诗句赞叹，丰湖遂改名为西湖。与杭州西湖名同地异。⑧藜光：晋·王嘉《拾遗记·后汉》载：汉刘向校书天禄阁，夜默诵，有老父杖藜以进，吹杖端，烛燃火明。取《洪范》五行之文、天文舆图之牒以授焉，向请问姓名，云“太乙之精”。藜，一年生草本植物，茎直立，嫩叶可吃，茎可以做拐杖。⑨玉局：宋代在成都置玉局观，设玉局观提举。苏轼曾任玉局观提举，后人遂以“玉局”称苏轼。苏轼曾被贬谪到广东惠州。⑩莺迁：见第一四三篇《复王静山》注释③。⑪筮（shì）井渫（xiè）而占不食：语本《易经·井卦》：“井渫不食，为我心恻。”王弼注：“渫，不停污之谓也。”孔颖达疏：“井渫而不见食，犹人修己全洁而不见用。”指井虽浚治，洁净清澈，但不被饮用。后以“井渫不食”比喻洁身自持，而不为人所知。⑫诵《豳（bīn）风》而叹无衣：《诗经·豳风·七月》：“无衣无褐，何以卒岁？”⑬访戴：见第七八篇《答丁星使》注释⑤。⑭依刘：《三国志·魏志·王粲传》：“（王粲）年十七，司徒辟，诏除黄门侍郎，以西京扰乱，皆不就。乃之荆州依刘表。”后因以“依刘”谓投靠有权势者。⑮赒恤（zhōu xù）：周济救助。⑯嘘植：吹嘘栽培。

【译文】去年秋天有幸到您府上登门拜访，可惜没能亲耳聆听您的教诲。不久承蒙您赠送给我珍贵的礼物，我心里对您的感谢之情无法用言语表达。值此岁序更替、辞旧迎新之际，岭南的梅花就要开了，我敬想阁下您拥有能够传授儒家经典的真才实学，去考场上小试牛刀；具备能够进入翰林院编纂国史的才干，外放到地方上做官。您在广东省主政一方，鸣琴而治，政简刑清，掌管和治理惠州，得到了老百姓的真心拥护，施政取得巨大成功，通过教化使百姓向善。您政声远播，远地的百姓都受到您德政的影响，大家都很高兴；真的如同苏东坡再来。您升迁到更高的位置可以说指日可待，我遥望着您所在的方向不禁高兴得跳了起来！

我客居在省城，出门在外，日子过得很艰难，就像天色已晚，路已到尽头，眼看要陷入绝境；钱已经花光了，衣服也破旧了。自己刻苦修身治学，却没有人认识我，得不到聘用；吟诵《豳风》的诗歌，感叹缺衣少食，没有办法过年。担心怎么来过冬呢，也无力度过年关。每当风雨天气，便想起您这位仁义君子，真想前去拜访；只是我路费都凑不够，想去依靠您也只能在心里想想罢了。还望您怜悯一下我这身处窘境的老朋友，不要忘记虽然相隔两地但仍是知己的情谊。更请求您接济帮助一下我这孤苦贫寒的人，使我有一个地方安身立足；那么承蒙您对我保全成就、栽培推荐的恩德，一定感激不尽、不敢不报答。专门写下这封信把我的情形汇报给您。

一五五、复任苏庵

接奉手书，辱颁大集，挑灯细读，茅塞顿开，恍与苏长公[①]

把臂入林，挹其言论风采，令人色飞眉舞也。翰苑仙才，一代作手，韩夫子岂常贫贱哉[2]？钦佩之至！

属书游鼎湖[3]近诗，不敢藏拙，录呈斧政[4]。并媵[5]以小诗二章。婢学夫人，得毋哂其效颦[6]忘丑耶？草此复候吟祉[7]，不一。

【注释】①苏长公：长公，取行次居长之意。宋代苏轼为苏洵长子，其诗文浑涵光芒，雄视百代，当时尊之为“长公”。②韩夫子岂常贫贱哉：典出唐·许尧佐《柳氏传》：“柳氏自门窥之，谓其侍者曰：‘韩夫子岂长贫贱者乎！’遂属意焉。”韩夫子，指韩翃（hóng），字君平，唐代诗人，官至驾部郎中、中书舍人，因作为传奇里的角色而有名。③鼎湖：地理名称。位于今广东省肇庆市。④斧政：请人改削文字的谦词。也作“斧正”“斧削”。⑤媵（yìng）：本指随嫁，亦指随嫁的人。引申为相送、致送。⑥效颦：即“东施效颦”的寓言故事。比喻不衡量本身的条件，而盲目胡乱地模仿他人，以致效果很坏。⑦吟祉：为对文人墨客的祝福语。意谓诗文创作安好。多用于书信语体。

【译文】收到您亲笔写的信，又承蒙您赐来一部您的作品集，我连夜挑灯认真阅读，使我迷惘的心一下子通透了；仿佛我是与苏东坡先生握着手在林泉中游览，亲身体验他言谈议论的高妙风采，令人畅快得意、心旷神怡。您真可以称得上是文坛中神仙般的才子，当代的大手笔，就像那才华横溢的韩翃，怎么会一直默默无闻、屈居人下呢？我对您钦佩之极！

您叮嘱我把最近游览鼎湖写的诗抄录给您看，我不敢把自己拙劣的诗掩藏起来，秘不示人，所以抄录下来请您指教修改。并且附送二首小诗。顽劣的婢女模仿夫人的优雅仪态，恐怕您会嘲笑东施故意学美人皱眉，而忘记自己的丑陋了吧？草草写下这封信，问候您诗文创作安好。其余不再一一赘述。

一五六、复周钓台

前造尊居，获瞻霁月。顷承惠翰，如坐春风[①]。惟良友之相与，遂至情之可感。

盖自瑶章见示，顿教茅塞渐开；因于便札之中，附志葵倾[②]之念。

乃蒙睇怀俚句，尺素先施；散掷天花[③]，寸衷早鉴。既殷殷而眷注，复娓娓以揄扬。爰赋小诗，用酬大雅[④]。

从此暮云春树[⑤]，乌丝[⑥]写怀旧一篇；惟期流水高山[⑦]，红豆寄相思[⑧]之什。

素缄珍复，顺候元安。临颖神驰，伏维朗照，不宣。

【注释】①如坐春风：语本宋代朱熹《伊洛渊源录》卷四："朱公掞见明道于汝州，逾月而归。语人曰：'光庭在春风中坐了一月。'"后以"如坐春风"比喻与品德高尚而有学识的人相处并受其熏陶。

②葵倾：葵花向日而倾，故用以比喻仰慕之切。③天花：传说佛祖讲经说法，感动了天神，天上各色香花从空中纷纷落下。典出《大乘本生心地观经·卷一·序品第一》。后以"天花乱坠"形容说话言词巧妙，有声有色，非常动听。④大雅：雅正之诗。⑤暮云春树：黄昏的云，春天的树。语本唐·杜甫《春日忆李白》："渭北春天树，江东日暮云。何时一樽酒，重与细论文。"后作为表示朋友间思念情深的话。⑥乌丝：即乌丝栏。指上下以乌丝织成栏，其间用朱墨界行的绢素。后亦指有墨线格子的笺纸。⑦流水高山：本形容乐曲的高妙。语本《列子·汤问》："伯牙鼓琴，志在登高山。钟子期曰：'善哉！峨峨兮若泰山。'志在流水。钟子期曰：'善哉！洋洋兮若江河。'"后比喻知音的难遇。⑧红豆寄相思：红豆，植物名，又叫相思子，古人常用比喻男女或朋友之间的相思之情。唐·王维《相思》诗："红豆生南国，春来发几枝。愿君多采撷，此物最相思。"

【译文】前次去您府上拜访，得以一睹您美好的风采，感受到了您洒脱的胸襟。近日收到您寄来的书信，我读了心里很温暖，就如同坐在春风里一样。只有最要好的朋友之间，才可以感受到这么深厚的情意。

因为自从您写了那封信给我，使我一下子想明白许多道理；所以在给您回复的那封短信里，顺便表达了我对您的仰慕之意。

承蒙您先写信过来，表达了想要阅读我写的鄙俚的诗句的想法；读到了您美妙的诗文，宛如天花乱坠，令我心里早已是欣喜又敬佩。您的文字既抒发了对朋友的一片眷顾爱护之情，又款款表达了赞赏鼓励之意。我于是赋一首小诗，来酬答您的雅正之作。

从此每当见到黄昏的云、春天的树，便会思念起远方的朋友，用乌丝栏的信笺书写一篇怀念老朋友的文字；只期待我们永远做彼此相知的好朋友，写下《红豆》的诗篇，来表达对朋友的思念。

郑重地写下这封回信给您，顺便向您问安。一边写信，一边思念您。敬请明鉴我的心意，其余不再赘述。

一五七、寄赵锦江

水木横经[①]，遍敷时雨；宁阳入幕，幸坐春风。慰夙愿于瞻韩[②]，听新声于振铎[③]。半年欢聚，一旦悲离。

伏维先生乐志江乡[④]，归休泉石[⑤]。胸中星宿，罗五千卷而有余；笔底烟云，起八代衰[⑥]而无比。

暂缘解组[⑦]，伫庆弹冠[⑧]。昔看鹤立于鸡群[⑨]，倚楼名重；旋见鹏抟于羊角[⑩]，展翮[⑪]风高。寸心方喜莺迁[⑫]，尺牍宜申燕贺[⑬]。

弟田原似石，耕未逢年。王不留行[⑭]，瓜代[⑮]之期渐至；道之将废，束脩以上[⑯]犹虚。欲煮字以撑肠[⑰]，复灾梨而祸枣[⑱]。君文本富，居肆双门[⑲]；仆命长贫，卖文百粤[⑳]。今将三集，聊付五车[㉑]。书剑飘零，自惭小技；文章游戏，贻笑大方。

敢云驰誉鸡林[22]，羡说洛阳纸贵[23]；只应随声骥尾[24]，免教杜老囊空[25]。翘企金相[26]，庶几玉[27]我。独是数旬契阔，不胜暮云春树[28]之思；还期他日从游，共和细雨檐花之句。

肃函恭颂荣祺，并托关怀，不一。

【注释】①水木：水，池水；木，花木。指秀美的园林景物。横经：横陈经籍。指授业或读书。②瞻韩：见第六一篇《与交河明府章峻峰》注释②。③振铎：摇铃。古代宣布政教法令时，振铎以警众。也比喻从事教职。铎，有舌的大铃。④江乡：滨临江河的地方。多指江南水乡。⑤泉石：泉水和山石，泛指山水。⑥起八代衰：语出苏轼《潮州韩文公庙碑》："文起八代之衰，而道济天下之溺。"是赞誉韩愈的话，赞扬他发起古文运动，重振文风的历史功绩。"八代"一般指的是东汉、魏、晋、宋、齐、梁、陈、隋，这几个朝代正是骈文由形成到鼎盛，而古文衰落的时代。⑦解组：组，旧时官印上系结的丝绳。解组指解下官印，辞官卸任。⑧弹冠：弹去帽子上的灰尘。语出《汉书·卷七二·王吉传》："吉与贡禹为友，世称'王阳在位，贡公弹冠。'言其取舍同也。"比喻准备出仕做官。⑨鹤立鸡群：鹤站在鸡群之中，非常突出。语本《晋书·卷八九·忠义传·嵇绍传》："昨于稠人中始见嵇绍，昂昂然如野鹤之在鸡群。"比喻人的才能超群出众，不同凡俗。⑩抟（tuán）：凭借。羊角：羊的角。借指弯曲向上的旋风。⑪翮（hé）：鸟的翅膀。⑫莺迁：见第一四三篇《复王静山》注释③。⑬燕贺：犹祝贺。语本《淮南子·说林》："汤沐具而虮虱相吊；大厦成而燕雀相贺，忧乐别也。"多用作祝贺人新屋落成。⑭王不留行：植物名。石竹科，一年生草本。叶对生，初夏开淡红小花。中医以其种子入药。明·李时珍《本草纲目·草五·王不留行》:“此物(王不留行)性走而不住,虽有王命,不能留其行,故名。”常借以比喻拒客之意。⑮瓜代:本指瓜熟时赴戍,来年瓜熟时再派人接替。语出《左传·庄公八年》:“齐侯使连称管至父戍葵丘,瓜时而往,曰:‘及瓜而代。’”后比喻工作期满,换人接替。⑯束脩以上:语出《论语·述而》:“子曰:‘自行束脩以上,吾未尝无诲焉。’”大意是,孔子说:“只要自愿拿着十条干肉为礼来见我的人,我从来没有不给他教诲的。”后以“束脩”喻指送给教师的报酬。脩,古时称干肉。⑰煮字撑肠:比喻卖文为生。⑱灾梨祸枣:古人刻书多用枣木、梨木做材料,因此称滥刻没有价值的书籍,徒使梨木、枣木受到灾祸为“灾梨祸枣”。⑲居肆:倨傲放肆。居,通“倨”。语出汉·桓宽《盐铁论·散不足》:“今蛮貊无功,县官居肆,广屋大第,坐稟衣食。”双门:重门。指有财有势的门第。⑳百粤:古代越族散居在江、浙、闽、粤各地,各部落各有名称,而统称“百越”,也叫“百粤”。此处借指广东。㉑五车:形容书多。语出《庄子·天下》:“惠施多方,其书五车。”后比喻博学。㉒鸡林:古国名。即新罗。东汉永平八年(公元65年),新罗王夜闻金城西始林间有鸡声,遂更名鸡林。鸡林国的宰相因喜欢白居易的诗,而通过商人以高价收买。后用“诗入鸡林”“诗在鸡林”“鸡林诗价”等称赞作品流传广泛,价值贵重。㉓洛阳纸贵:晋代左思写成《三都赋》后,时人竞相传写,使洛阳的纸价上涨而昂贵。典出《晋书·卷九二·文苑传·左思传》。后比喻著作风行一时,流传甚广。㉔随声骥尾:见第二三篇《与徐克家》注释②。㉕杜老囊空:唐代诗人杜甫曾写过一首题为《空囊》的诗。其中有“囊空恐羞涩,留得一钱看”之句。比喻袋中无钱。㉖金相:语本《诗经·大雅·域朴》:“追琢其章,金玉其相。”形容美好的文章或言论。㉗玉：即玉成。敬请他人因爱护而助成某事。㉘暮云春树：见第一五六篇《复周钧台》注释⑤。

【译文】当初您在秀美的园林中教书育人、传道授业，许多人受到您的教益和恩泽；后来您在山东宁阳县任职，我在您的衙门中做幕僚，感受到您待人像春风一样和蔼。实现了我早就想和您结识的心愿，亲身感受到了您施行德政、教化一方的风范。半年时间里与您相处很愉快，而突然怀着不舍分开了。

我恭敬地心想，先生喜爱江南水乡的美好风光和闲适的生活，一直有归隐田园、享受山水乐趣的愿望。您学识渊博，胸中包罗万象，读过的书五千卷都不止；才思敏捷，下笔如有神，文采飞扬，灿烂如烟云，振兴八代以来衰颓的文风，没有人能比得上。

虽然暂时由于一些缘故，辞去了官职，但是我站在此地等候着不久之后祝贺您再次出任更高的职务。从前我看您的才华和品德，就像一只仙鹤站立在鸡群中，卓尔不凡，所以名气很大；可以想见不久之后，您将会像大鹏鸟，乘着旋风一飞冲天，在比风还高的地方展翅翱翔。那时我会发自内心地为您高升而欢喜，一定会写信来表示祝贺。

小弟我这里的田地，像石头一样坚硬难耕，又没有遇到好年成。我的东家没有留我的意思，雇佣的期限眼看就要到了；我是个没用的人，所以想要再找一个哪怕薪水微薄的职位，都还没有着落。想着售卖文字来换取一口饭吃，可是我的文章又很拙劣，没什么价值，徒然浪费刻板用的枣木、梨木。您才华横溢，凭借富丽堂皇的文章，获得功名富贵，在高大森严的衙门做官；而我是长久贫贱的命，现在在广东卖文为生。现在我把自己的三部作品集，寄来请您不吝赐教，并请您收藏在自己丰富的藏书之中。我离开家乡，漂泊在异地他乡，身边只有书和剑陪伴；虽然也写一点文章，不过也是雕虫小技，像小孩子做游戏一样不值一提，难免贻笑大方。

我如此拙劣的作品，怎么敢夸口说要像白居易的诗那样，驰名中外，连新罗国的人都追捧呢？左思写的《三都赋》在洛阳风靡一时，纸价都因此而上涨，对此我也只有羡慕的份。苍蝇附在马尾上才能到千里之外，所以只能仰仗您帮忙说几句好话，提高它的名气，可以卖得顺利一些，免得我一把年纪，还是囊中羞涩、一贫如洗。伸长脖子盼望着您用美好的语言帮我吹嘘推介，或许能极大地成全我。只是几十天来我们相隔两地不能见面，每当看到黄昏的云和春风中的树，对您的思念之情便会油然而生。还期待着下次故地重游，再去拜访您，结伴游览风光，观赏绵绵细雨中花落在屋檐的景致，一起吟诗作句。

恭敬地写下这封信，衷心祝贺您荣升，并且拜托您给予关心和照顾。其余不再一一赘述。

一五八、寄苏礌溪

日前晋谒铃辕[①]，幸亲矩范，备聆训迪，挟纩[②]同温。叩别以来，恭维大人裘带雍容[③]，履綦绥吉[④]。

欣闻二少君凤毛济美[⑤]，高掇巍科[⑥]。从知学士家声，继风流于玉局[⑦]；想见将军令子[⑧]，宏文教于韩江。喜气充闾[⑨]，望云额手[⑩]。

艮薄游顺德，只益穷愁。惟期节钺[⑪]之遥临，伫听泥金[⑫]之捷报。肃修芜启，虔贺蕃釐[⑬]，并候崇安，伏祈犀鉴[⑭]。

【注释】①铃辕：长官的公署或临时驻地。②挟纩：见第一五二篇《寄苏磻溪》注释①。③裘带：轻裘博带。古代达官贵人的服饰。雍容：形容仪态温文大方。④履綦（qí）：本指鞋上的带子。引申为足迹、踪影。绥吉：安好吉祥。⑤凤毛济美：形容子有父风，能继承、发扬先人的事业。多用以称颂他人的子孙。⑥巍科：犹高第。古代称科举考试名列前茅者。⑦玉局：见第一五四篇《寄刘心香》注释⑨。⑧令子：犹言佳儿、贤子。多用于称美他人之子。⑨充闾：光大门闾。后以为贺人生子的话。⑩额手：举手齐额，表示敬礼或祝贺。⑪节钺：符节及斧钺。古代出兵征讨时，天子授给大将以示威信的信物。⑫泥金：即泥金帖子。用泥金涂饰的笺帖。唐代以来用于报新进士登科之喜。⑬蕃釐（lí）：洪福。⑭犀鉴：见第一五二篇《寄苏磻溪》注释⑬。

【译文】不久前去您的衙门拜访，有幸亲眼目睹您庄重威严的风采，亲耳聆听到您的谆谆教诲，使我受益匪浅，就像在寒冬季节披上暖和的绵衣一样温暖舒心。向您拜别以来，可以想见大人您仕途顺利，身体健康，起居安好。

很欣喜地听说您的二儿子才学和品德都十分优秀，有父亲的风范，以靠前的名次金榜题名。由此可知不愧是宋代翰林学士苏东坡先生的后人，继承了东坡先生的文采风流；可以预见您这位大将军的优秀儿子，来广东韩江地区主政一方，弘扬文教。您家门楣荣耀，喜气满堂，我在远处遥望着您所在的方向，不禁以手加额，衷心祝贺。

自从我孤身来广东顺德谋事，只是越来越穷困愁苦。只盼望您从远方大驾光临，等候着您带给我令郎金榜题名的好消息。恭敬地写下这封粗疏的信，希望您在百忙之中过目，真诚恭贺您鸿福齐天，并向您问安，请求您明白我的心意。

一五九、代寄兄某

七千里外，鸿雁群分[①]；三五年来，池塘梦杳[②]。停岭云[③]而系念，望燕月以凝思。欣谂吾兄荷天子之宏恩，一麾出守；承先人之余庆，五马分符[④]。自此晋秩荣阶，敷宣伟绩；分居同气[⑤]，与有荣施。并闻吾侄缔姻，膝前又添一佳妇。门闾喜溢，曷罄贺忱！

某迹滞岭南，心萦冀北。以一朝之患，遂成终身之忧。欲剜

肉以医疮[6]，翻噬膚而灭鼻[7]。庐山犹是，面目非真；萍水难逢，肝肠欲断。命该如此，夫复何言！谨启。

【注释】①鸿雁群分：雁群飞行时，排成行列，井然有序。故常用以比喻兄弟。此处喻指兄弟分离。②池塘梦杳：《南史》载，谢灵运曾在永嘉西堂作诗，诗思竟日不就，忽梦见族弟惠连，得“池塘生春草”之句。后用为思念兄弟之典。③停云：停止不动的云。因晋代陶渊明《停云》诗中，以停云比喻思念亲友的心情，故后世多作为思念亲友的用语。④五马分符：见第八二篇《辞宣化太守李年伯》注释③。⑤同气：有血缘关系的亲属，此指同胞兄弟。南朝梁·周兴嗣《千字文》：“孔怀兄弟，同气连枝。”⑥剜肉医疮：即“剜肉补疮”。剜出肉来疗补疮疡。比喻顾此失彼或只图一时之急，缺乏长远打算。⑦噬膚（fū）灭鼻：噬，咬；膚，切细的禽兽的肉。大吃鲜鱼嫩肉，却掩盖了鼻子。语出《周易·噬嗑卦》：“六二：噬膚灭鼻，无咎。”

【译文】你我天南海北，分别在相距七千里远的两个地方，就像离群的孤雁；已经三五年没有见面了，很少听到您的消息，只能在梦中见到您。遥望天边的停云，不禁想到在远方的您；仰望北方的月亮，心中的思念之情油然而生。欣喜地知道了兄长您蒙受皇帝的恩遇，在仪仗队的簇拥下，到地方上去做官；继承了祖先遗流的德泽和福气，手持朝廷的符节，乘坐五匹马拉的车子出任知府。从此以后渐渐加官进爵、步步荣升，在地方上造福百姓，取得巨大的功绩；我和您虽然各奔一方，但是作为同胞兄弟，我也为此感到极其荣耀。并且听说我的侄儿已经订婚，您家中又添了一个好媳妇。门庭里喜气洋洋，我也替您高兴得不得了，向您表示祝贺。

我如今滞留在广东，心里仍牵挂着河北。先前因为一时的决策不慎，造成了终生的困扰。只想着解决眼前的困境，却没有长远打算，就好像挖了身上的肉去疗补疮伤；只想着大吃咸鱼嫩肉来填饱肚子，却让肉遮住了鼻子，可谓得不偿失，现在后悔也来不及了。我还是原来那个我，但是已经失去了本来面目；命运不定，就像浮萍随水漂流，很难再见您一面，心中悲痛欲绝，令人肝肠寸断。这大概就是命吧，还有什么可说的呢！写下这封信将我的情况向您汇报。

一六〇、寄赵巢阿

多年知己，离合不常，方寸中容得几许愁绪耶？惜别匆匆，又逾一月矣。家兄书至，欣悉吾兄已就节署分校志书[1]之馆。令郎世兄诹吉[2]完姻，喜必叠双。慰忭[3]奚似！

弟重游旧地，故我依然。食指[4]较多，支撑更形竭蹶[5]。而笔墨之繁彷[6]，又倍于曩时。即今芳岁将阑，百端交集[7]，殊觉苦境与年俱长也。如何，如何？冗次率泐数行，恭贺文禧。不宣。

【注释】①节署：官署；官衙。志书：记事之书。后指记载地方的疆域、沿革、古迹、人物、风俗、物产等的书籍。如各省通志、府志、县志等。②诹（zōu）吉：选择吉日。③忭（biàn）：高兴，喜欢。④食指：比喻家中人口。⑤竭蹶（jié jué）：行步颠仆。比喻力有不逮，勉强支持。⑥繁芿（réng）：繁复杂乱。⑦百端交集：各种感受混杂在一起。比喻思绪混乱，感情复杂。

【译文】我们是相识多年的知己朋友，分离和相聚都没有定时，心里已经装不下这许多的离愁别绪。上次相聚，又匆匆地分别，到现在又过了一个多月了。收到了我哥哥寄来的书信，使我欣喜地知道，您已经进入巡抚衙门，被分派到方志馆中做校对工作。而且您即将选择吉日为儿子完婚，真是双喜临门。心中感到无比欣慰和高兴！

小弟我又一次离开家去旧地谋生，情况依然是老样子。家里吃饭的人口增加了，日子因此也更艰难，只是勉强维持生活而已。而且衙门里的公务繁忙琐碎，比往常多出一倍。就像现在快到年底了，各种事情都堆积在一起，各种情感交织在一起，更觉得苦不堪言，一年比一年难过。怎么办呢，怎么办呢？我在繁忙之中，潦草地写下这几行字的信，恭敬地向您问好，祝愿您治学顺利。其余不再一一细说。

一六一、寄杨秋舫

文字深交，音书久绝；回思聚首，殊觉怆怀。比谂足下代篆河厅[①]，荣膺美缺。流连风月，何如云雨巫山[②]；管领莺花[③]，恰值阳春烟景[④]。其为艳羡，曷既棻铺[⑤]！

弟正叹穷途，复嗟浮海[⑥]；愁添白发，泪湿青衫。倘邀恋恋故人，稍分河润[⑦]，则鲂鱼赪尾[⑧]，实所望于足下之恩波矣。肃缄布贺鸿禧，并候升安，不一。

【注释】①河厅：河泊所官长的别称。②云雨巫山：战国楚·宋玉《高唐赋》序："昔者先王尝游高唐，怠而昼寝。梦见一妇人，曰：'妾巫山之女也，为高唐之客。闻君游高唐，愿荐枕席。'王因幸之。去而辞曰：'妾在巫山之阳，高丘之阻，旦为朝云，暮为行雨，朝朝暮暮，阳台之下。'旦朝视之，如言，故为之立庙，号曰朝云。"后遂用为男女幽会的典实。③莺花：莺啼花开。泛指春日景色。借喻妓女。④烟景：良辰美景。⑤棻铺（fēn pù）：即铺棻。繁多茂盛貌。语出《文选·班固·西都赋》："五谷垂颖，桑麻铺棻。"李善注："《尔雅》曰：铺，布也。王逸《楚辞》注曰：纷，盛貌也。棻与纷，古字通。"⑥浮海：

语出《论语·公冶长》："子曰：'道不行，乘桴浮于海，从我者其由欤？'""乘桴浮海"，即坐在小木排上在海上漂浮，后借指隐逸。⑦河润：施恩泽于人，如河水之润泽土地一般。语出《庄子·列御寇》："河润九里，泽及三族。"⑧鲂（fáng）鱼赪（chēng）尾：鲂鱼疲劳时，白尾会变成红色。故用以比喻生活极其劳苦。语出《诗经·周南·汝坟》："鲂鱼赪尾，王室如毁。"

【译文】你我以文字相交，而成为要好的朋友，很久没有与您互通音信了；追忆曾经欢聚的日子，更觉得如今分离的凄楚了。最近知晓您代理河厅的官职，很荣耀地担任令人羡慕的美差。您流连于风月场所之中，与当初楚怀王在巫山上与神女幽会相比如何呢？带领着一班能歌善舞的美貌女子，又恰逢春暖花开的良辰美景。叫旁人看了，心里十分羡慕，这种繁华热闹的情景，真是无法用语言形容！

小弟我正在为陷入绝境、走投无路而感叹，又因漂泊天涯、流落他乡而苦恼，忧愁得头发都白了，泪水沾湿了青衫。倘若承蒙您这位情深义重的老朋友，稍微接济我一些钱物；那么我就像劳瘁不堪的一尾鱼，盼望您施舍一些水使我得到一些润泽，我将感恩不尽。恭敬地写下这封信，祝贺您荣升之禧，并向您问安。其余不再一一细说。

一六二、寄史春林

月是中秋，日方初吉[1]，子良信至，知为阁下六十寿辰。悬弧[2]已过一旬，绵算更增百倍。

伏稔筹添庆衍[3]，耳顺心通[4]。椿原八千岁为秋[5]，桃又三千年而熟[6]。兰芬桂馥[7]，齐开不老之花；萱[8]茂芝荣，共晋长生之酒。回瞻绛帐[9]，忭颂无涯。

艮执爵为先，献诗犹后，恭修简牍，补祝冈陵[10]。并候节安，统祈荃照[11]。不宣。

【注释】①初吉：朔日，即阴历初一日。《诗·小雅·小明》："二月初吉，载离寒暑。"毛注："初吉，朔日也。"一说自朔日至上弦（初八日）为"初吉"。②悬弧：古代生男孩则悬弓于门左。见《礼记. 内则》。后比喻生男孩或男子的生日。③筹添：宋·苏轼《东坡志林·三老语》："尝有三老人相遇，或问之年……一人曰：'海水变桑田时，吾辄下一筹，尔来吾筹已满十间屋。'"原谓长寿，后以"海屋筹添"为祝寿之词。庆衍：即衍庆。绵延吉庆。常用作祝颂之词。④耳顺：语出《论语·为政》："六十而耳顺。"指人到六十，个人的修行成熟，没有不顺耳之事；听得进逆耳之言，无所违碍于心。后以“耳顺”为六十岁的代称。心通：宋·张载《正蒙·三十》：“六十尽人物之性，声入心通。”谓一闻圣人之言，即能领悟其微旨。⑤椿原八千岁为秋：语出《庄子·逍遥游》：“上古有大椿者，以八千岁为春，以八千岁为秋。”⑥桃又三千年而熟：神话传说中的仙桃，名曰蟠桃。传说三千年结果一次，吃了可以长生不死。据《论衡·订鬼》引《山海经》：“沧海之中，有度朔之山，上有大桃木，其蟠屈三千里。”又据《太平广记》卷三引《汉武内传》载：七月七日，西王母降，以仙桃四颗与帝。帝食辄收其核，王母问帝，帝曰：“欲种之。”王母曰：“此桃三千年一生实，中夏地薄，种之不生。”帝乃止。⑦兰芬桂馥：像兰花、桂花般芬芳。称誉人贤德或子孙贤盛。⑧萱：古称母亲居室为萱堂，后因以萱为母亲或母亲居处的代称。⑨绛帐：《后汉书·马融传》：“融才高博洽，为世通儒，教养诸生，常有千数……居宇器服，多存侈饰。常坐高堂，施绛纱帐，前授生徒，后列女乐，弟子以次相传，鲜有入其室者。”后因以“绛帐”为师门、讲席之敬称。⑩冈陵：（连绵起伏的）山冈和丘陵。语出《诗经·小雅·天保》：“如山如阜，如冈如陵。”后常用为祝寿之辞。⑪荃照：即荃察。语本《楚辞·离骚》：“荃不察余之中情兮。”旧时书信中常用为希望对方鉴谅的敬辞。荃，古书上说的一种香草，亦用以喻君王。

【译文】值此中秋佳节所在的八月，本月初一的时候，子良的信到了我手里，知道正好是您六十岁寿辰。您生日的正日，已经过了十天了，恭喜您又增添了百倍的福气和寿命。

我深知，您这位寿星，必定延年益寿、长命百岁，吉祥的事情绵延不断；身体健康，耳聪目明，心情愉悦舒畅，无忧无虑。好比是古代的大椿，以一万六千岁为一年，以八千岁为春，以八千岁为秋；又好比是天上的蟠桃，结一个果实三千年才成熟。您家子孙满堂，人才辈出，像兰花、桂花般芬芳，都能永葆青春；您的母亲身体健旺，子弟们欣欣向荣，全家人同时捧起祝寿的美酒。回望您曾经坐过的位置，心里道不尽对您的祝贺。

我首先给您敬一杯祝寿的酒，后面再给您献上贺寿的诗。恭敬地写下这封简略的信，为您补上寿辰的祝福，愿您寿比南山。同时，向您问候中秋佳节安好，不周之处，敬请见谅。其余不再赘述。

一六三、寄徐药生

忆自抠衣①尊居，快聆雅教；缘虽一面，幸实三生。感温语之拊循②，诵新诗之俊逸。匆匆惜别，刻刻难忘。

比维足下新祉懋绥③，潭祺偕吉。春来花发，终当还白玉之堂④；云散月明，奚止屈青山之县？翘瞻矞采⑤，曷既棻铺⑥！

艮鹤岭初离，龙川甫至；穷犹未退，老已频摧。不知后会何如，殊叹前游若梦耳。肃贺节喜，并候台安，不一。

【注释】①抠衣：提起衣服前襟。古人迎趋时的动作，表示恭敬。②拊循：亦作“拊巡”。安抚；抚慰。③懋（mào）绥：懋，古同“茂”，盛大。绥，安好。④白玉之堂：神仙所居。喻指富贵人家的邸宅。亦指翰林院。⑤矞（yù）采：矞，彩云，古人认为祥瑞。矞采是说人的脸上有光彩。⑥棨铺：见第一六一篇《寄杨秋舫》注释⑤。

【译文】记得我曾到您府上恭敬地提其衣襟拜见您，愉快地聆听您雅驯的教诲；虽然只有一面之缘，但确实是三生有幸。您用温言软语来安慰、勉励我，令我非常感动；读诵您所作的新诗，感受到了您俊秀洒脱的风采。匆匆忙忙地跟您道别以来，时时刻刻在心中记挂着您。

近来我想着，新年以来您必定福气荣盛，诸事顺利，阖家幸福。等到春天来临，百花盛开的时节，您一定会回到朝廷担任要职；耐心等待云雾消散，明月重现，您这么有才华的人，怎么会一直屈居于小小的青山县县令位置呢？抬头仰望您光华灿烂的风采，对您的仰慕之情用再华丽的语言都无法形容！

当初我从鹤岭离开，现在又刚刚来到了龙川；依然是穷困潦倒，不知不觉渐渐逼近老年。不知道什么时候才能和您再见面，特别感叹先前我们的相聚真的像梦一般。恭敬地写下这封信向您恭贺新禧，同时向您问安，其余不再一一细言。

一六四、代柬王也香

天壤王郎[①]，人原似玉；舟中荡妇[②]，貌岂如花？乃相谑已邀赠芍[③]之欢，而见怜尤辱秉蕳[④]之爱。从此髻堪斜插，宵中枕也留香；他时梦有佳征，服处姿应添媚。纫为佩[⑤]矣，居然竟体芳多；浴彼汤欤，不觉余香袭久。令我回思王者[⑥]，言逾同心；知君本是善人，居宜入室[⑦]。幸未败秋风一夕，庶几来幽谷双栖。爰感投桃[⑧]，借纾葵悃。谨启。

【注释】①天壤王郎：晋谢道韫嫁王凝之，不称意，叔父谢安慰解之。道韫曰："不意天壤之中，乃有王郎！"见南朝宋刘义庆《世说新语·贤媛》《晋书·列女传·王凝之妻谢氏》。意谓想不到天地间，居然有这种人。后比喻妇女对所适丈夫不满意。②荡妇：娼妇。古多指以歌舞为业的女艺人。③"相谑""赠芍"与下一句的"秉蕳"，均出自《诗经·郑风·溱洧》："溱与洧，方涣涣兮。士与女，方秉蕳兮。女曰观乎？士曰既且，且往观乎！洧之外，洵訏且乐。维士与女，伊其相谑，赠之以勺药。"相谑，互开玩笑，多指男女间互相戏谑狎玩。赠芍，表示男女别离之情。④蕳（jiān）：兰草。⑤纫为佩：

语出《楚辞·离骚》："纫秋兰以为佩。"谓捻缀秋兰，佩带在身。后用以比喻对别人的德泽或教益铭感于心，如纫佩在身。多用于书信。⑥王者：兰花别称"王者香"。汉蔡邕《琴操·猗兰操》："（孔子）自卫返鲁，过隐谷之中，见芗兰独茂，喟然叹曰：'夫兰当为王者香，今乃独茂，与众草为伍，譬犹贤者不逢时，与鄙夫为伦也。'"后因称兰花为"王者香"。⑦宜室：带给夫家和谐美满的生活。《诗经·周南·桃夭》："桃之夭夭，灼灼其华。之子于归，宜其室家。"后多用为女子出嫁时的祝贺语。⑧投桃：语出《诗经·大雅·抑》："投我以桃，报之以李。"后以"投桃报李"比喻彼此善来善往，以礼相待。另见于《诗经·卫风·木瓜》："投我以木桃，报之以琼瑶。匪报也，永以为好也！"

【译文】想不到天地之间竟有您这样的人物，有着温润如玉的君子品格；我是浪迹江湖的风尘女子，哪里有如花的美貌呢？而承蒙您温言笑语临别之时赠送给我一束芍药花；您手持兰花对我表示怜爱之意，更是令我诚惶诚恐，惟恐辱没了您的身份。从此我把这兰花斜插在发髻上，睡觉的时候枕头上留着香气；以后如果有了怀孕的喜兆，把兰花佩戴在身上将会更加妩媚多姿。把兰花佩带在腰间，居然满身花香；沐浴的时候把兰花洒在水里，不知不觉香气散发了很久。让我反复思念这兰花，我们所说的话已经超过了情投意合的程度；知道您就像这兰花，是善良的君子，我愿意为您带来更加幸福美满的生活。幸好这兰花还没有在秋风中败落，或许可以来这幽静的深谷与我双宿双飞。感谢您对我的厚爱，写下这封信借以表达我的倾慕之意。恭敬地向您说这些话。

一六五、寄王静山

前具寸函，亮蒙青及。比谂阁下篆权陵水[①]，新政覃敷。以岭海[②]之边陲，得神仙之暂驻。彼歌来暮[③]，此勒去思[④]；指顾莺迁[⑤]，曷胜翘企！

弟与晋堂近况均如旧日，无善可陈。断章则义取二难[⑥]，作合则同情两美。惟望珠还合浦[⑦]，寒谷[⑧]春回，引领风前，亦如张老之善颂善祷[⑨]耳。

云山渺渺，良晤何时？肃贺鸿禧，并候升安，不既。

【注释】①陵水：地名。今为海南省陵水黎族自治县，位于海南岛东南部。②岭海：指两广地区。其地北倚五岭，南临南海，故名。海南岛旧时属广东省管辖。③歌来暮：见第一二三篇《答天津明府沈小如》注释④。④去思：谓地方士民对离职官吏的怀念。语出《汉书·何武传》："欲除吏，先为科例以防请托，其所居亦无赫赫名，去后常见思。"⑤指顾：一指一瞥之间。形容时间的短暂、迅速。莺迁：见第一四三篇《复王静山》注释③。⑥二难：典出《世说新语·德行》："陈元方子长文，有英才，与季方子孝先，各论其父功德，争之不能决，咨于太丘，太丘曰：‘元方难为兄，季方难为弟。’”东汉陈寔的两个儿子陈元方和陈季方，是不相上下的两位贤人。后因以“二难”为称美贤兄弟的典故，或用称贤友。⑦珠还合浦：《后汉书·循吏传·孟尝》载：合浦郡海出珠宝。原宰守并多贪秽，采求无度，珠（珠蚌）遂徙于邻境交阯郡界。及孟尝赴任，革易前弊，未逾岁，去珠复还。后遂用“珠还合浦”比喻失而复得或去而复还。⑧寒谷：山谷名。一名黍谷。在今北京市密云区。相传为邹衍吹律生黍的地方。常用以自比为对别人提携奖掖的谢词。⑨善颂善祷：善于颂扬和祈求。谓能寓规劝于颂祷之中。语本《礼记·檀弓下》：“晋献文子成室，晋大夫发焉。张老曰：‘美哉轮焉！美哉奂焉！歌于斯，哭于斯，聚国族于斯。’文子曰：‘武也，得歌于斯，哭于斯，聚国族于斯，是全要领以从先大夫于九京也！’北面再拜稽首。君子谓之：‘善颂善祷。’”

【译文】前几天写了一封简短的信给您，想必已经承蒙您过目了。近来知道您代理海南陵水县知县的职位，广泛施行了新政。陵水作为两广地区海边偏远的小地方，获得您这样神仙般的人物，莅临治理。那个地方的百姓正在感慨您这样的好官去得太晚了；这个地方的百姓又因为您离开，而十分想念。不久您将一定获得高升，我心里早就无比期待了！

我和晋堂两个人，近日的情况和往常一样，没有什么值得称道的事。两个人分开，则都很难过；两个人在一起，则是志同道合、两全其美。我只期待您能够回到老地方来做官，使我能再次聆听您的教诲，好似冰冷的山洞，吹进了温暖的春风；我迎风遥望着您所在的地方，好比古时的张老，一边赞颂，一边祈祷。

我和您分别在相距遥远的两个地方，不知什么时候才能再愉快地见面呢？恭敬地写下这封信祝贺您荣升，向您道喜，同时向您问候安好。还有很多话要说，就不再赘述。

一六六、寄叶升阶

前在花封[①]，诸叨梓谊。两次台旌旋省，屡接行辕，均未能面罄谢忱，至今仄悚[②]。

兹逢献岁，新值乔迁。伏维阁下甫息巨肩，即膺岩邑[③]。知群声之超卓，实因重于上游。口皆碑而彼勒去思[④]，春有脚而此歌来暮[⑤]。长才小试，正当化日舒长[⑥]；乐土初临，爰与斯民同乐。遥听清呼一叶[⑦]，伫看晋秩[⑧]三迁。引领下风，适符虔颂。

弟重游旧地，故我依然。惟瞻广厦万间[⑨]，寒士未邀覆被；寸心千里，故人徒切钦迟。耿耿私衷，莫能言喻耳。肃此申贺，顺候升安，不一。

【注释】①花封：见第六一篇《与交河明府章峻峰》注释④。②仄悚（zè sǒng）：恐惧不安。明·李贽《淳于髡》："至极而乱，极而悲，极而衰，真令人仄悚也。"③岩邑：险要的城邑。④口皆碑：即"有口皆碑"。众人的嘴，都如记载功德的石碑。比喻人人称赞、颂扬。勒去思：见第一六五篇《寄王静山》注释④。⑤春有脚：五代·王仁裕《开元天宝遗事·有脚阳春》："宋璟爱民恤物，朝野归美，时人咸谓璟为有脚阳春，言所至之处，如阳春煦物也。"后遂以"阳春有脚"称誉贤明的官员。歌来暮：见第一二三篇《答天津明府沈小如》注释④。⑥化日舒长：汉王符《潜夫论·爱日》："治国之日舒以长，故其民闲暇而力有余。"后因以借指安宁、太平。化日，太阳光，亦借指白昼。⑦清呼一叶：明代叶宗人，字宗行。松江华亭（今上海市松江区）人。永乐间以诸生言事，很符合皇帝旨意。被任命为钱塘（今属浙江杭州）知县。在任上均徭役，简讼词，与民作主。又自奉甚俭。按察使周新很器重他。有一天，周新趁潜入他家，见厨房里仅有一裹银鱼腊，很是赞叹。叶宗人为官清廉，名重当时，人们都称他为"钱塘一叶清"。典出《明史·循吏列传·叶宗人传》。⑧晋秩：进升官职或等级。⑨广厦万间：许多高大宽广的房屋。语本唐·杜甫《茅屋为秋风所破歌》："安得广厦千万间，大庇天下寒士俱欢颜！"后比喻所荫庇者多。

【译文】从前我在您做官的县城，承蒙您这位同乡好友对我各种关心和帮助。您两次大驾返回省城，我多次想要去您的住所拜见，却都没机会见到您，对您表示感谢，到现在都心里惶恐不安。

现在进入了新的一年，又恰逢您荣升之喜。我暗想着，阁下您刚刚卸下重任，让自己的肩膀可以稍微休息一下，就立刻被派遣到关系重大的地方任职。由此可知，您在众多官员之中，声誉卓著，出类拔萃，不同凡响；因此得到了上级特别的赏识和器重。那个地方的百姓异口同声地称颂您的德政，因为您离去而念念不忘，将您的功德铭刻在石碑上；这个地方的百姓又把您比作春天的太阳，纷纷感叹您这样的好官来得太晚了。以您的才干，治理那个地方，只是牛刀小试，百姓们可以长久地享受太平安宁的日子了；当地是个和平安乐的好地方，您刚到那里，可以与民同乐。我在远方都能听见老百姓亲切地称颂您的清廉；我站在这里等着，很快就可以看到您加官进爵、连升三级。我伸长了脖子仰望着您在的地方，这个好消息恰巧符合了我心中对您的期盼和祝祷。

我重新去老地方寻求机遇，但依然还是老样子。只是眼睁睁地看着您这样一个有大力量的人，我这个贫寒的读书人，却还不能够得到您的提携和庇荫；我这一点心，想起了千里之外的老朋友，有很多佩服您的话要说，现在却也迟了。只好把对您的仰慕之情藏在心里，无法用语言表达出来。恭敬地写下这封信对您的荣升表示祝贺，同时向您问候安好。其余不再一一细说。

一六七、与周又伯

十八年至好，四千里相依；七载于兹，一朝言别。人生聚散，思之黯然。

忆自入粤以来，同游玉局之丰湖[①]，再登凌江之官阁，饮和食德[②]，没齿难忘。

今犹不弃葑菲[③]，竭情推毂[④]。五日京兆[⑤]，辄试万言[⑥]。泾渭[⑦]分流，原非水乳。省识命途多舛，敢云明珠暗投？孟浪栖枝，徒留笑柄。

为今之计，只好借乡试名色，决意旋归。惟是行李萧条，不独旅人减色，还祈无忘季布一诺[⑧]，践省城传述之言，使不至流落他方，得以老死牖下，是皆君子周急之赐也。

且日内拙刻将竣，意欲刷印数百部，仰仗鼎力分售，以期少壮行色。小人喻利[⑨]，大抵如斯。

然种种骨肉关情，有加无已。客窗独坐，未尝不感激涕零；结草衔环[⑩]，图报或有日耳。

临别乞怜，幸勿膜视。从此云泥终隔，未知能重晤于两峰三竺[⑪]间否。援毫呜咽，不尽欲言。此启。

【注释】①玉局、丰湖：分别见第一五四篇《寄刘心香》注释⑨和注释⑦。②饮和食德：给人吃喝后感觉到自在、享受和乐，享受到先人的德泽。“饮和”语出《庄子·则阳》：“故或不言而饮人以和”；“食德”语出《周易·讼卦》：“六三，食旧德”。后指推爱及于他人。③葑菲：见第六四篇《答章炎甫》注释⑨。④推毂：推车前进。古代帝王任命将帅时的隆重礼遇。《史记·张释之冯唐列传》：“臣闻上古王者之遣将也，跪而推毂，曰阃以内者，寡人制之；阃以外者，将军制之。”后因以称任命将帅之礼。比喻推举人才或助人成事。⑤五日京兆：汉京兆尹张敞，因杨恽案受牵连，使贼捕掾絮舜以为张敞即将免官，不肯为张敞办案，曰：“今五日京兆耳，安能复案事？”见《汉书·卷七六·张敞传》。后比喻任职不能长久者。⑥试万言：一日可写出万字的文章。比喻才华横溢，文思敏捷。唐·李白《与韩荆州书》：“必若接之以高宴，纵之以清谈，请日试万言，倚马可待。”⑦泾渭：泾水和渭水。泾水发源于六盘山，流经黄土区，挟带大量泥砂；渭水发源于秦岭，所经为崖壁陡峻的山谷，河水清澈。后用以比喻人品的优劣清浊、事物的真伪是非高下不同。⑧季布一诺：季布，汉初楚人。楚汉战争中，为项羽部将。后归汉，任河东守。布以任侠著名，重然诺，楚人有“得黄金百斤，不如得季布一诺”之谚。见《史记·季布栾布列传》。后以“季布一诺”为重然诺而不失信用之典。⑨小人喻利：语出《论语·里仁》：“子曰：‘君子喻于义，小人喻于利。’”意思是君子追求的是道义，小人追求的是利益。⑩结草衔环：见第一五二篇《寄苏磻溪》注释⑪。⑪两峰三竺：浙江杭州西湖之西南、西北分别有南高峰、北高峰两座山峰，遥相对峙，故称“两峰”。灵隐山飞来峰东南的天竺山，有上天竺、中天竺、下天竺三座寺院，合称“三天竺”，简称“三竺”。

【译文】我们是十八年的至交好友，自从我从四千里外的地方赶来投奔您，在您的手下做事有七年的时间，突然和您分别。人生相聚和离别都没有定时，不知什么时候能再见面，一想到这件事就悲伤不已。

回想自从来到广东，一同去逛苏东坡游览过的丰湖，还登上高高悬在江面上的官署的楼阁，承蒙您用丰盛的饮食招待我，一辈子都不会忘记您的恩德。

到现在您也没丢下我这愚陋无用之人，尽心尽力帮我谋求栖身之处。我来到现在所在的衙门虽然时间不长，却时时接受考验，每天都很忙碌，要写下一万多字的文章。我和现在的东家，实在是泾渭分明，根本不是一路人，没有办法融洽地相处。我自知是命运不顺利，怎么敢说自己像明珠，却得不到别人的赏识和珍惜呢？如果我随随便便地留在这里混日子，那么只是一个笑话罢了。

现在的办法，只好借口说回家去参加乡试，打定主意回去。只是我欠缺路费，不仅仅是让我这个旅居在外的人没有底气、颜面扫地，还请求您没有忘记当初的承诺，按照我们在省城里商量好的，如果能够承蒙您慷慨相助，使我不至于流落在异地他乡，可以回到家乡过完余生，都是拜您这位君子救济急难之人的恩赐了。

用不了几天我拙劣的作品集就要刻版完成了，打算印刷几百部，拜托您这位有大力量的人帮我售卖一些，使我回乡的旅途更加顺利一些。小人追求的是利益，大概说的就是我这样的人吧。

但是把您一直把我当作亲兄弟来对待，在方方面面对我的关心和照顾，越来越深，没有尽头。我漂泊在外地，孤身一人坐在客店的窗下，每当想起您的恩情便会情不自禁流下感激的泪水；不论今生还是来世，总有回报您的一天。

临别的时候，还在向您乞求怜悯，还请您不要忽视这件事。从此你我就像天上的云彩和地下的泥土一样，天各一方，不知道将来能不能在家乡重聚，一起游览“两峰三竺”呢？握着笔一边写字一边伤心抽泣，心中的话说也说不完。郑重地写下这一封信来表达我的心意。

一六八、寄周兰仙

珊洲[①]萍聚，昕夕盘桓[②]。一别数年，相思万种。伏审足下芹香[③]早掇，云路高翔；鹿洞[④]传经，鹏程奋翮。继家声于翰苑，舒壮志于英年。翘企高风，鄙私忻慰。

弟羁身逆旅，日暮途穷。回思官舍谈心，歌扬顾曲[⑤]，此情此景，真不可多得。

何时一樽酒，重与细论文？渺渺予怀，梦魂常绕西江[⑥]水。天涯人远，别易会难。心绪如焚，意余言表。肃修尺一，遥问起居，珍重加餐，诸惟情鉴，不宣。

【注释】①珊洲：即珊瑚洲。即今日之东沙群岛。晋·裴渊《广州记》："珊瑚洲，在（东莞）县南五百里，昔有人于海中捕鱼，得珊瑚。"②昕（xīn）夕：朝暮。谓终日。盘桓：徘徊、留连不前。③芹香：《诗·鲁颂·泮水》："思乐泮水，薄采其芹。"毛传："泮水，泮宫之水也。"郑玄笺："芹，水菜也。"古时学宫有泮水，入学则可采水中之芹以为菜，故称入学为"采芹""入泮"。后亦指考中秀才，成为县学生员。④鹿洞：即白鹿洞。位于江西省星子县北庐山五老峰下。唐贞元中李渤与兄涉，两人隐居读书于此，畜一白鹿，故称。五代南唐升元中在此建学馆，宋咸平五年置书院，后废。南宋朱熹知南康军，重建修复，作为讲学之所，称为“白鹿洞书院”，为宋时四大书院之一。⑤顾曲：《三国志·吴志·周瑜传》：“瑜少精意于音乐，虽三爵之后，其有阙误，瑜必知之，知之必顾，故时人谣曰：‘曲有误，周郎顾。’”后遂以“顾曲”为欣赏音乐、戏曲之典。⑥西江：珠江的最大支流。发源于云南，由郁、黔、桂三江汇流而成，到广西梧州后始称“西江”，全长2129公里。

【译文】记得当初我们在广东珊瑚洲相聚，从早到晚都在一起，依依不舍。和您这一别已经几年了，别提有多想念您了。我暗想足下您早已考取了功名，在高高的云际展翅飞翔；或在书院传道授业，学问上有了极高的造诣。一定可以在文坛上崭露头角，使您家书香门第的美名发扬光大；趁着年轻，建功立业，抒发豪迈雄壮的志向。我在这里伸长脖子、踮起脚仰望着您高尚的风格，使我的内心得到欢喜和安慰。

小弟我滞留在外地，就像天色已晚，路已到尽头，陷入了走投无路的绝境。回忆你我在衙门的馆舍中倾心交谈，在歌舞场中欣赏音乐、戏曲，当时那种情景，真是一生中少有的快乐时光。

什么时候能再与您坐下来喝一杯酒，畅快地讨论和品鉴诗文呢？对往日的怀念绵绵不绝，以至睡梦中都常常身在广东的西江水边。你我天各一方，别离容易，见面很难。心中的思绪像火烧一样焦躁急切，特别想知道您的情况，真是用语言无法表达。所以我恭敬地写了这封信，在远地问候您生活起居安好，请您保重身体，多吃一些饭。我的心意还请您明白，其余不一一细说。

一六九、寄陈金莺

数载欢逢，三生缘合。匆匆握别，渺渺相思。伏念芳卿[①]玉体胜常，食眠无恙，天寒翠袖[②]，珍摄为宜。卿意如何？我怀若此。

仆韩江解缆[③]，水宿风餐，初则返棹[④]东莞，既而买舟顺德。自忆篷窗并坐，昕夕[⑤]盘桓，因爱老而戒色荒[⑥]，更怜才而为书惜；雅人深致[⑦]，不愧抡元[⑧]，此真巾帼丈夫，可谓闺帏知己。每一念及，感激涕零。正不徒梦断巫峰[⑨]，肠一日而九回[⑩]矣。嗟嗟！明月半江，故人千里，前尘已杳，后会何能！万种离愁，百端交集，挑灯书此，泪下沾襟。肃候起居，临池翘企。

【注释】①芳卿：旧时对女子的昵称。②天寒翠袖：语出杜甫《佳人》："天寒翠袖薄，日暮倚修竹。"③解缆：解去系船的缆绳。指开船。④返棹（zhào）：乘船返回。泛指还归。⑤昕（xīn）夕：朝暮。谓终日。⑥色荒：沉迷于女色。语出《尚经·五子之歌》："内作色荒，外作禽荒。"⑦雅人深致：指高雅的人情趣深远，举止不俗。深致，情趣深远。⑧抡元：科举考试中选第一名。⑨巫峰：见第一六一篇《寄杨秋舫》注释②。⑩肠一日而九回：语出司马迁《报任安书》："是以肠一日而九回，居则忽忽若有所亡，出则不知其所往。"愁肠回转旋绕。比喻忧思到了极点。

【译文】我们愉快地交往了几年，是因为前世的缘分，才注定走到一起。自从那天急匆匆地握着手和你告别之后，就一直不停地在想你。可以想见，你身体更加健康，吃饭和睡觉都很正常；天气变冷，你还穿着单薄的衣服吗，要注意添加衣物，珍重调养身体为好。你的心意是怎么样的呢？我的想法就是这样的。

我从韩江坐船出发，在船上过夜，在风中吃饭，一开始在东莞下船停留，然后又雇船去顺德。回忆起我们在船窗前并肩而坐，从早到晚都在一起。因为担忧我年纪大了，所以劝诫我别因沉迷于女色而伤损了身体；还爱惜我的文才，所以自己也爱读书。你是有着高雅深远情趣的女子，把你列为第一名，也是当之无愧的；真是有大丈夫气概的女子，可以说是我的红颜知己。每当想起你对我的好，不禁感激得流下眼泪。正因为不能和你相聚，只能在梦中见到你，令我愁肠百转，忧思到了极点。哎呀！望着明月映照下的半条江水，我们这对故交却已经天各一方、相隔千里；往事已经远去，不知以后还能不能再遇见你？心中有一万种离愁别绪，各种感受交织在一起；点燃灯火给你写下这封信，泪水止不住流下来，沾湿了衣服。郑重地向你问候起居安好，一边写字，一边伸长了脖子在远方遥望着你。

一七〇、寄周红豆

仆慕芳名久矣。前年自顺德移砚番禺，适友人王笠舫之子苍山，述卿喜阅文章游戏拙集，感深知己，一面缘悭[1]。

同人相与唱酬，至今念念不舍。讵料一昨于诗札[2]中得读大著，如获珠宝。奈因七夕三更，蹇遭姬人林柔卿病故，悲喜交集，心绪茫然。

勉和四诗，书扇持赠，并将旧日忘怀诗四首呈政。复承雅爱，赐和原韵见寄，始知卿之念仆，无殊于仆之念卿。惺惺惜惺惺[3]，此日之相知，未尝非天作之合也。但不审三生石上，尚能一偿夙愿否。愿卿明以告我。

倘蒙示复，即当趋侍左右，庶可面陈万种相思耳。专泐，布候起居，不一。

【注释】①一面缘悭（qiān）：指缺少一面之缘，谓无缘相见。②诗札：用通信方式互相唱和的诗作。③惺惺惜惺惺：聪明人爱惜聪明人。意谓性格、才能或境遇相同的相互爱惜、同情。

【译文】我仰慕您的美名很久了。前年，我从顺德转到番禺来从事幕僚的工作；偶然听到朋友王笠舫的儿子王苍山，说您喜欢阅读我那本好似文字游戏的拙劣的作品集。我非常感谢您这位知音，奈何无缘见您一面。

那时候，几位爱好诗文的同道中人，在一起写诗唱和，您写的诗到现在还给我留下了深刻的印象。不曾想前几天收到您用诗词方式写来的信，使我读到了您的大作，就像获得了珍贵的珠宝。无奈七月初七夜的三更，我的姬妾林柔卿不幸因病去世，原本欢喜的心情，一下子沉浸在悲痛中，情绪特别低落。

我勉强写了四首小诗，用来和答您的诗作，写在扇子上寄给您，同时将过去所写的四首忘怀诗，也一并寄去给您，请您帮我修改。又承蒙您这位风雅之人的错爱，赐给我您用我原本的韵脚写的答诗，才知道您思念我，与我思念您的心情是一样的。聪明有情的人，赞赏爱慕聪明有情的人；现在我遇见您这位知己，未尝不是上天早已安排好的。只是不知道我们是否三生有缘，能够让我实现早日见您一面的心愿呢？希望您能明明白白地告诉我。

如果能得到您的回复，我会立刻跑去陪伴在您身边，或许可以当面向您倾诉无穷无尽的相思之情。特地写下这一封信，问候您起居安好，其余不再一一细说。

一七一、寄麦纫安

忆自金莺船上，深谈半夜，两意缠绵，未免有情，谁能遣此[①]？嗣后天作之合，缘订三生；惜别匆匆，能无恋恋？

比想芳卿起居无恙，餐卫适宜，未知灯下酒边，浅斟低唱[②]时，犹念及穷途阮籍[③]否。红颜白发，固不足相当；而交贵知心，亮[④]必不遗故旧也。

倘异日重泛韩江之棹，自应再践前言耳。肃此顺承近祉，凭尺毋任依依[⑤]。

【注释】①未免有情，谁能遣此：语出南朝宋·刘义庆《世说新语·言语》："见此茫茫，不觉百端交集，苟未免有情，亦复谁能遣此。"②浅斟低唱：斟着茶酒，低声歌唱。形容悠然自得、遣兴消闲的情景。③穷途阮籍：见第一四五篇《寄康若洲》注释⑥。④亮：通"谅"，推想。⑤依依：想念、思慕。汉·李陵《答苏武书》："望风怀想，能不依依。"

【译文】回想那时候我们在金莺的船上，深入交谈，直到半夜，两个人的心已经连结在一起，不免动了情，谁又能排解这种感情呢？这是上天安排我们结识的，也是前生注定的缘分，从此以后便建立了亲密的关系；可是急匆匆地就与你告别了，怎不叫人依依不舍？

近来，我想你生活起居一定都安好，饮食调养也都很适当，不知道你在灯光下、酒桌旁，一个人慢慢地斟着酒，低声地唱着曲子的时候，还会记起我这个潦倒失意的读书人吗？你是年少美女，而我是个白发老翁，本来就是不相配的。然而两个人交往，最可贵的是彼此契合、互知心意，想来你不会抛弃我这个旧交吧。

如果我今后再来广东韩江地方，一定履行往日的约定。郑重地写下这一封信，顺便向你问候近日安好，凭这短短的一封信也述说不尽我的思念之情。

一七二、寄倪丹湖

绥水瞻韩[1]，珠江御李[2]，论交三载，知己一心。别绪匆匆，欢踪渺渺；比想足下风清莲幕，庆集兰襟[3]。平章隔巷之花，觞咏闲庭之日。固知在家为客，终胜远客离家也。艳羡，艳羡！

弟重游旧地，故我依然。转瞬[4]四旬，难糊数口。每过虬龙轩里，对景怀人；惟游福寿寺中，销愁遣兴而已。

岁云暮矣，避债有台[5]；春可乐乎，寻芳无伴。予情若此，君谓之何？肃候时安，伏惟亮察，不宣。

【注释】①瞻韩：见第六一篇《与交河明府章峻峰》注释②。②御李：见第八一篇《与交河明府王达溪》注释①。③兰襟：芬芳的衣襟。比喻知心朋友。④瞚（shùn）：同“瞬”。目动、眨眼。⑤避债有台：周景王建誃（yí）台，周赧王因负债逃居于此，后人因名为逃债台，也叫避债台。

【译文】自从我在广西绥水得以一睹您的风采，又在广东地区跟随您做事，我们已经结识三年了，成为志趣相投的知己好友。后来匆匆地和您离别，来不及倾诉离愁别绪；往日欢聚的情景渐渐远去，思念之情绵绵无尽。可以想见近日您在衙门里的工作，一定顺心如意；您品行芳洁，所遇都是欢心的事。或是品评邻巷歌姬的容貌与才华，或是闲坐在庭院中饮酒赋诗。所以说，在家乡做幕客，到底胜过远离家乡到外地。真是令人羡慕不已啊！

小弟我重新回到老地方谋求出路，依然还是老样子。转眼间已经过了四十多天，勉强维持一家几口人的生活。每当路过虬龙轩，面对眼前的景物，便会想起您这位老朋友；只好一个人去福寿寺游览，借以排解愁绪、散心解闷。

快到年底了，我又要找地方躲债了；新春似乎可以快乐一下，奈何缺少同伴一起去游赏美景。我的心情就是这样，您觉得如何呢？恭敬地写下这封信，向您问候时时安好，请您明白我的心意。其余不再赘述。

一七三、复秦西川

前接来书，并荐来蜀中女乐一部，当与居停[①]齐梓说知，唤至署中，弹唱数日，另给荐书而去。借谂阁下政祺偕吉为颂。

弟依人作嫁[②]，睽违两年，顽健[③]如常，差堪告慰。

兹有清音小唱，来至贵州，楚楚可怜，颇解人意，顷来贵治[④]，用介一言。公退之余，务祈进而试之，以较前度女郎为何如耳？耑此恭候升安，不备。

【注释】①居停：寄寓之所的主人。②依人作嫁：唐秦韬玉《贫女》诗："苦恨年年压金线，为他人作嫁衣裳。"压金线，谓刺绣缝纫时按压针线。比喻徒为别人辛苦忙碌。③顽健：称自己年老身体强健的谦词。④贵治：治是管的意思，称别人做官的管得到的地方，称做贵治。

【译文】前几日收到您寄来的信，还给我们推荐了一班来自四川的女子乐队，我会转告东家齐梓，建议把乐队请到官署里，弹唱演奏几天。然后又为她们写了一封推荐信，介绍去别的地方。得知您仕途顺利，诸事吉祥，这正是我内心殷切祈盼的。

小弟我寄人篱下，依靠着别人生活；与您分别两年以来，身体还算和往常一样硬朗，这一点大约可以算是值得欣慰的方面。

这边有一班不用乐器伴奏，直接清唱小曲的女艺人，是从贵州那边过来的，模样都标致可爱，又很能体谅人的心意，不久就要来到您所管辖的地方，因此我便为她们说句话，向您推荐一下。请您在公务之余，一定试听一下她们的歌声，跟从前您听过的唱歌的女子相比，怎么样呢？专门写下这封信，祝贺您荣升，并向您问好。其余不再细述。

一七四、寄黄霁青

艮自海阳[①]作嫁，叩谒龙门，古道谦光[②]，有加无已。濒行又蒙廉泉[③]一勺，润及征尘[④]。种种宏慈，感铭曷已！今春托本家介石寄呈贺函，并送上新镌《说涂》一部，亮邀电览。

恭惟郡伯[⑤]，抱霖雨苍生[⑥]之志，得以表率韩江；赫赫勋高，巍巍德峻，泰山北斗[⑦]，瞻仰者重拜昌黎[⑧]。顷闻行旌近莅羊城，分隔云泥，执鞭[⑨]无自。颂忱恋悃，莫可名言。

艮自移砚龙潭[⑩]，益增艰窘。行年六十四岁，入粤一十九年；上则两棺暴露空山，下而八口啼号[⑪]故里；家徒四壁，囊乏一钱，崦景[12]堪嗟，欲归不得。

伏念郡伯矜怜寒士，以一夫不获为己任；倘沐恩推桑梓，设法提携，指示迷途，诞登彼岸；镂心刻骨，没齿难忘。

韩吏部文："其哀之，命也；其不哀之，命也。"[13]临颖毋任悚惶激切之至！肃泐申贺，并候台祺，不宣。

【注释】①海阳：古县名，今广东省潮安县。②谦光：尊者虽谦抑退让，但其德性更见光明磊落。语本《易经·系辞下》："谦，尊而光。"后多用为谦退之意。③廉泉：位于江西省赣县东南，相传南朝宋元嘉时，一夕霹雳，泉忽涌出，时郡守以廉洁著称，故称"廉泉"。另，广东省东莞市南黄岭下，宋绍兴年间邑宰筑亭聚砖修井，亦称为"廉泉"。比喻官员的微薄俸禄。④征尘：车马行走所扬起的尘土。⑤郡伯：金、元爵名。明清时亦称知府为郡伯。⑥霖雨苍生：比喻恩泽广被于民，用以颂扬廉吏施善政。⑦泰山北斗：泰山为五岳之首，北斗星为众星中最明亮之星。比喻为当世所瞻仰瞩目的人和事。语出《新唐书·卷一七六·韩愈传·赞曰》："自（韩）愈没，其言大行，学者仰之如泰山、北斗云。"也作"斗山""泰斗""山斗"。⑧昌黎：唐代韩愈世居颍川，常据先世郡望自称昌黎（今河北省昌黎县）人；宋熙宁中诏封昌黎伯，后世因尊称其为昌黎先生。⑨执鞭：为人持鞭驾车。表敬仰追随的意思。⑩龙潭：位于广东省河源市龙川县。又名九龙潭，以瀑布著称。此处代指龙川县。⑪啼号：即啼饥号寒。因饥饿寒冷而啼哭。语本唐代韩愈《进学解》："冬暖而儿号寒，年丰而妻啼饥。"形容饥寒交迫，极为贫困。⑫崦景：崦嵫（yān zī）山的落日馀光。喻老年、晚年。崦嵫山，山名，在今甘肃省天水市西五十里；古代常用来指日落的地方。《山海经》:“鸟鼠同穴山西南曰崦嵫,下有虞泉,日所入处。”⑬语出唐代韩愈《应科目时与人书》。系韩愈中进士后,参加博学宏词科考试前写给韦舍人的信,希望得到对方的引荐,扩大影响。

【译文】自从我来到广东海阳县做幕僚,曾到您府上拜见,一睹您的风采,在您的身上展现出的那种古道热肠、谦谦君子的风范,比古人有过之而无不及。临别之时,又承蒙您从微薄的俸禄中拿出一笔钱相赠,使我的旅途更加顺利。您在方方面面对我的关怀和爱护,让我感激不尽,永远铭记在心中。今年春天,委托我的本家龚介石,给您寄了一封贺年信,并送上一部最近刻印的新书《说涂》,恭请您这位眼光犀利的高明之士阅览。

我满怀仰慕之意,敬想知府大人您,怀着造福天下苍生的志向,在广东地区成为首屈一指、人人敬仰的典范和楷模。立下了显赫的功勋,具有高尚的道德;您享有崇高的威望,如同泰山、北斗一般受人敬仰,像唐代的韩愈那样备受世人尊崇。近日听说您不久后将大驾光临广州,我虽然近在咫尺,可惜您和我的名分和地位高下不同,有天壤之别,我想追随您左右,为您持鞭驾车都没有办法;满心的赞美和祈祷,依依不舍的情谊,都无法用言语表达。

自从我来到龙川县从事幕职,生活更加艰苦,境况更加窘迫了。我今年已经六十四岁了,来到广东也已经有十九年了。上不能让父母的棺椁入土为安,依然暴露在荒山野岭;下不能让家人过上好日子,使一家八口在故乡饥寒交迫。家里穷得只剩下四面光秃秃的墙壁,口袋里空空如也,没有一文钱。晚年的境况令人慨叹,想要回归故乡也无能为力。

我想到知府大人您，向来体恤和同情贫寒的读书人，假如还有一个人没有得到妥善的安置，不能将其才能发挥出来，都觉得是自己的责任。倘若承蒙您看在同乡的情分上，能够得到您的提携和栽培，帮助我指点迷津，使我脱离苦海，登上彼岸，步入康庄大道；那么，对您的大恩大德，我将刻骨铭心，终身不会忘记。

韩愈曾在文章中说："别人可怜他，是他的命运；别人不可怜他，也是他的命运。"我一边握笔写字，一边诚惶诚恐，内心激动不已。恭敬地写下这一封信祝贺您荣升，并问候您安好，其余不一一细说。

一七五、复王竹航

忆自泛舟韩水[①]，立雪程门[②]，幸近光仪，时亲教诲。匆匆握别，渺渺相思。顷奉华函，恍联旧雨[③]。示吟大集，如坐春风。文堪矜式后来，诗可上追前古，开编捧读，佩服无量。

敬稔先生杖履优游，琴书恬适。望齐山斗，入拜昌黎[④]。回溯宫墙[⑤]，良深私淑[⑥]。

艮羊城寄迹，驹隙空驰；谬蒙六邑公延，愧乏一长足录。

流连嵫景[⑦]，沦落天涯；归计难图，囊空羞涩。以视先生东山高卧[⑧]，玉尺[⑨]常持，真不啻神仙中人，何羡如之！

前承惠赐画幅，辉映蓬壁，旅寓传观，忽被有目者乘间攫去，竟如神龙之破壁而飞[⑩]。耿耿寸衷，不胜懊丧之至。未审挥毫闲暇，尚能远锡吉光片羽[⑪]，俾名画法书，仍得什袭珍藏[⑫]，永留墨宝否。

附呈拙刻一套，聊供喷饭[⑬]，惟冀莞存[⑭]为荷。肃函复谢，恭候台安，不宣。

【注释】①韩水：即韩江。位于广东省东部，长度和流域面积仅次于珠江。②立雪程门：宋代游酢、杨时拜见程颐，刚好碰上他坐着小睡，二人不敢惊动，便站着等待，程颐醒来时，门外已下雪一尺多深。典出《宋史·卷四二八·道学传二·杨时传》。后以“程门立雪”比喻尊敬师长和虔诚向学。③旧雨：见第五八篇《答丁品江》注释⑨。④山斗、昌黎：分别见第一七四篇《寄黄霁青》注释⑦⑧。⑤宫墙：语出《论语·子张》：“叔孙武叔语大夫于朝曰：‘子贡贤于仲尼。’子服景伯以告子贡。子贡曰：‘譬之宫墙，赐（端木赐，字子贡）之墙也及肩，窥见室家之好。夫子之墙数仞，不得其门而入，不见宗庙之美，百官之富。’”后因称师门为“宫墙”。⑥私淑：没有得到某人的亲身教授，而又敬仰其学问并尊之为师。语出《孟子·离娄下》：“予未得为孔子徒也，予私淑诸人也。”⑦嵫景：见第一七四篇《寄黄霁青》注释⑫。⑧东山高卧：语出《晋书·谢安传》：“卿累违朝旨，高卧东山。”后用以比喻隐居不仕，生活安闲。⑨玉尺：玉制的尺，旧时比喻选拔人才和评价诗文的标准。语本李白《上清宝鼎》诗："仙人持玉尺，度君多少才。玉尺不可尽，君才无时休。"⑩破壁而飞：南朝梁张僧繇在金陵安乐寺的壁上画龙，并为其中二龙点上眼睛，而后龙震破屋壁，脱身飞去的故事。典出《宣和画谱·卷一·道释》。比喻人突然有钱有势或官职地位一下子升得很快。⑪吉光片羽：吉光，古代传说中的神兽。吉光片羽指神兽的一毛。比喻残余仅见的文章或书画等艺术珍品。⑫什袭（shí xí）珍藏：什，形容多；袭，量词，套、层。将物品层层包裹，珍重地藏好。形容极珍重地收藏物品。⑬喷饭：吃饭时突然发笑而把嘴中的饭喷出来。于是用"令人喷饭"来形容事情的可笑。⑭莞（wǎn）存：莞，微笑；存，收下、保存。意谓笑纳。谦请对方留存自己敬奉的礼物。

【译文】还记得自从我乘船来到广东地区，虔诚地向您当面请教学问，有幸亲近您这位君子，使我沐浴光辉，接受熏陶，时常亲耳聆听到您的谆谆教诲。后来匆忙地和您握手告别，对您的思念之情与日俱增。近日收到您的来信，一下子得知了您这位老朋友的消息，宛如在梦中。承蒙您给我看您的大作，我拜读之后，如同沐浴在温暖舒适的春风之中。文章足以作为范本，被后人学习和取法；诗歌的美妙可以直追古人。翻开您的大作，捧在手中诵读，无限的钦佩之情从心中油然而生。

我恭敬地得知先生您归隐山林，手持竹杖，脚踏芒鞋，在山水临泉中漫步，以抚琴读书自娱，享受安闲舒适的田园生活。您的名望如同泰山、北斗，像唐代的韩愈那样受到世人的尊崇和拜服。回想当初在您身边学习的情景，我早已在内心深处把自己当作您的入门弟子。

我自从来到广州暂时托身，时光如白驹过隙一般飞逝而过。错蒙诸位大人的抬爱，先后在六处地方的幕府做事；我自己很惭愧，没有一项长处可以拿得出手。渐渐已经步入晚年，依然漂泊在天涯；想要回家乡却也无能为力，口袋里空空如也。以我目前的处境，再看先生您像谢安一样，无忧无虑地在山间高卧，时常拿一把玉尺衡量和品评读书人的才学和诗文，真是神仙般的生活，多么令人羡慕啊！

前次承蒙您的美意赐给我一幅您的画作，挂在墙上，使我简陋的居室顿时增添了光彩。我所住的旅舍中，有不少人争相传看，忽然被有眼力的人，趁没有人在的时候抢走了；竟然如同张僧繇画的龙，因为太逼真，点了眼珠之后，穿破墙壁飞走了。丢失画的事情至今使我耿耿于怀，懊恼沮丧到了极点。不知道您在挥毫泼墨的空闲功夫，能不能再画一小幅画，从远地寄过来赐给我？拿到您的名贵的书画作品之后，我一定层层包裹好，郑重地珍藏起来，永远留存您的墨宝。

随信呈送您最新刻印的拙著一部，姑且拿来博您一笑罢了，只求您能够笑纳，那么我将感激不尽。郑重地写下这封回信，向您表达谢意，同时恭敬地向您问候安好，其余不再赘述。

一七六、致余同仁

幼而无父，情已堪怜；穷莫能归，事尤可悯。兹有某公者，家贫丧偶，今春携其十二龄稚子来粤，谋馆未就，一病而亡。顾此茕茕[①]，伶仃孤苦，沿街乞怜，无以为生。同乡某目击情形，不忍坐视，自捐银两，先藁葬[②]其棺；后复矜全其子，俾充资斧，觅人挈返家园；庶免饿莩，使彼相依舅氏。起一生于九死，慰一脉于九泉。此真再造之恩，奚啻二天[③]之戴！

伏念足下善心为宝，一视同仁，敢祈量力扶持，解囊帮助。倘得成人于异日，重来运柩以还乡；死者固切衔环[④]，生者更当焚顶[⑤]矣。谨启。

【注释】①茕茕（qióng qióng）：形容孤独无依靠。语出《诗经·小雅·正月》："忧心茕茕，念我无禄。"②藁（gǎo）葬：草草埋葬。③二天：语出《后汉书·卷三一·苏章传》："顺帝时，（章）迁冀州刺史，故人为清河太守，章行部案其奸臧，乃请太守设酒肴，陈平生之好甚欢，太守喜曰：'人皆有一天，我独有二天。'"后以"二天"形容那些把人从危险、艰难、疾病当中挽救出来的人。为对帮助者的感恩之词。④衔环：见第一五二篇《寄苏磻溪》注⑪。⑤焚顶：焚香顶礼。

【译文】小时候就失去了父亲，这样的遭遇已经是够可怜的了；如果因为贫穷而不能回家乡，就更是令人同情。现在有一位先生，家境贫困，妻子也已经离世了，今年春天带着他十二岁的小儿子来广东，想找一个幕僚的职位来谋生，还没成功，就生病去世了。回头望望这个无依无靠的孩子，孤苦伶仃，沿着街道挨家挨户乞讨，没办法生存下去。一位同乡，亲眼看到这种情景，不忍心坐视不管，就把自己的钱拿出来，先草草埋葬了亡者的棺木；然后又可怜这个孤儿，想办法保全他，送给他一些钱作为路费，又托人带着他返回家乡。或许可以让他不至于饿死，可以依靠舅舅生活。这真是挽救了一个面临死亡的孩子的生命，使亡父的一点骨血存留世上，让他的在天之灵得到安慰。如同孩子的再生父母，让他重获新生；这样的大恩大德，不亚于头上又顶了一层天！

我想到足下您一向慈悲为怀，把行善作为最重要的事情，平等对待所有人，从不歧视弱者，所以冒昧地请求您根据自己的力量，慷慨解囊，给予孩子一些扶持和帮助。假如日后这个孤儿长大成人，回到这里运送他父亲的灵柩回故乡安葬；那么逝者地下有知一定生生世世报您的恩，活着的人更会焚香顶礼来拜谢您。郑重地向您讲述这件事。

一七七、寄周霞轩

窃以宦游异地，最凄凉两袖清风；客死他乡，真悲惨一棺暴露。矧[①]乃群然妻妾，不独二人；藐尔雏孙，曾经三索[②]。直穷途之痛哭[③]，流落天涯；恒仰屋以咨嗟，怀归故土。如我连城[④]某公之存亡可悯，生死鲜依者也。

忆自为贫而仕，需次[⑤]盐官者数十年；举目无亲，远离旗籍[⑥]兮几千里。涉蛮烟之景，菜色[⑦]堪怜；补龙井之场，瓜期[⑧]未代。卧牛衣而对泣[⑨]，人皆仰望终身；思鼠耗以乏粮，鬼亦馁而求食。凡同寅[⑩]故旧，知己朋侪，自宜触目以伤心，抑且闻声而感喟。

伏祈阁下哀矜共恤，慷慨为怀。筹旅榇[⑪]之迢遥，麦舟[⑫]相助；念啼号[⑬]之困苦，担石[⑭]均输。魂载柩回，庶傍祖宗之邱墓；母偕子返，俾还骨肉于家庭。九原如戴二天[⑮]，百世难忘再造。肃函驰布，惟希允俞[⑯]。此启。

【注释】①矧（shěn）：况且，何况。②三索：代指少男，即未成年男孩。《易经·说卦》:“艮三索而得男,故谓之少男。”艮卦为阳卦,第三爻为阳爻,故称“少男”。此处是说不止一个孩子。③穷途之痛哭:见第一四五篇《寄康若洲》注释⑥。④连城:县名,在福建省。清代属汀州府。今属龙岩市。⑤需次:旧时指官吏授职后,按照资历依次补缺。⑥旗籍:清代时,满州、蒙古、汉军各旗旗人的户籍。亦谓籍贯。⑦菜色:因饥饿而营养不良的脸色。⑧瓜期:见第一五七篇《寄赵锦江》注释⑮。⑨牛衣对泣:牛衣,牛只御寒遮雨的覆盖物。典出《汉书·卷七六·王章传》:“初,章为渚生学长安,独与妻居。章疾病,无被,卧牛衣中;与妻决,涕泣。”后因以“牛衣对泣”谓夫妻共守贫穷,或形容寒士贫居困厄的凄凉之态。⑩同寅:同僚。共事的官吏。⑪旅榇(chèn):客死者的灵柩。⑫麦舟:宋朝范纯仁主动把装有麦子的船,馈赠给石曼卿,帮助他办丧事的故事。后被用为感谢人赙赠的词语。见宋·释惠洪《冷斋夜话·卷十》。⑬啼号:见第一七四篇《寄黄霁青》注释⑪。⑭担石(dān dàn):一担、一石之粮。比喻微少。⑮二天:见第一七六篇《致余同仁》注释③。⑯允俞:允准,允诺。

【译文】我个人认为,离开家去外地做官,到头来却一贫如洗,没有半点积蓄,是很可怜的;如果又不幸客死他乡,灵柩暴露在外,无法回乡安葬,就是更加悲惨的事情。况且如果是妻妾成群,不只是夫妻二人;老来得子,孩子还很幼小,而且不止一个。流落在遥远的他乡,直接陷入了走投无路的绝境,只能悲伤地痛哭;想要回归家乡,却只能抬头望着屋顶叹气,无计可施。这些话正是对来自福建连城县的一位先生的真实写照,他生前和死后的境况都很可怜;死去的人和活着的人都无依无靠。

回想当初自从他因为家贫而出来做官,排队候补一个盐务官员的职位，等待了几十年之久；人生地不熟，放眼望去不见一个亲人，离开家乡几千里之遥。跋涉在蛮荒偏僻、瘴气丛生的地方，因吃不饱饭而面黄肌瘦，看了叫人可怜；好不容易候补到一个管理井盐场的职位，因前任官员期限未到，还没正式上任。夫妻二人过着贫寒窘迫的生活，时常相对哭泣，一家人本来还要仰仗他生活下去；家里太穷没有粮食，连老鼠都住不下去，鬼也饿得到外面去觅食。凡是他的同僚、故交旧友、知己朋友，看到他的这番情景，无不为他悲伤；或有人听了他的故事，也会感叹不已。

我恭敬地请求阁下您，怜悯体恤他的处境，慷慨地给予帮助。大家共同筹集一笔钱来帮他料理后事，运送他的灵柩回到遥远的家乡；可怜他的家人饥寒交迫的困苦情形，接济一下他们，不在于多少，哪怕一石米也好。让他的魂魄能够跟随棺柩回归故里，或许能安息在祖先坟墓旁边；让寡妇孤儿得以回到家乡，跟亲人们团聚。承蒙您的大恩，亡者在九泉之下也会感恩戴德；生者世世代代都不会忘记再造之恩。郑重地写下这封信向您陈述这件事，还望您能够允准。特此汇报。

一七八、致武兰圃

向荷垂青，高轩屡过[①]，获聆槼诲[②]，何幸何修！日来室迩者人转遥③，景慕益无已也。

比想先生起居曼福④，政颂允符。艮坐困愁城，一筹莫展；计惟卖文为活，苟延性命而已。

拙刻原为游戏，远逊文章，虽不免大方家讥评，亦或有风尘中物色。先生宏奖后学，且矜恤单寒，倘可推爱分销，俾沾余润，亦杜陵诗人广厦之被⑤也。先生其有意乎？肃此并候台安，不宣。

【注释】①高轩过：唐李贺七岁能辞章，韩愈、皇甫湜始闻未信，过其家，使赋诗。贺援笔辄就，自题曰《高轩过》。两人惊奇之，自是有名。事见《新唐书·文艺传下·李贺》。后遂以“高轩过”为敬辞，意谓大驾过访。②椝诲：见第一五〇篇《寄张旭斋》注释④。③室迩人遥：迩，近。居处虽近，但人却很远。比喻思念甚深，却不能相见。语本《诗经·郑风·东门之墠》：“其室则迩，其人甚远。”后用以表示思念远人或悼念逝者。也作“室迩人远”。④曼福：大福。⑤广厦之被：见第一六六篇《寄叶升阶》注释⑨。

【译文】向来承蒙您看得起我，多次大驾到访我这个地方，使我亲耳聆听到您雅驯的教诲，对我来说是多么幸运的事，不知是什么时候修来的福气！近来，我们虽然离得很近，但因为难得见面，反而觉得很远，所以更加增添了我对您的仰慕和思念之情。

近日可以想见先生您，一定起居安好，幸福吉祥，政事顺利，备受好评。而我依然还是处于忧愁烦恼的境地，不知该怎么办才好；琢磨着只能贩卖自己的文字赚点钱来养活自己，苟且延长自己的生命而已。

我这本拙劣的书，本来就是自娱自乐的文字游戏，远远不是什么正经文章；虽然免不了被有见识的专家学者讥笑批评，但或许有尘俗中人能看得上眼。先生一向大力提携肯上进的读书人，又同情怜悯出身孤单寒微的贫士。假如承蒙您将对我的厚爱推及拙著，帮我分卖一些书，使我借您的光获得一些微薄的利润；那么您的气魄和胸襟真就如同杜甫在诗中所说的“安得广厦千万间，大庇天下寒士俱欢颜”。先生您觉得怎么样呢？我郑重地写下这封信，同时向您问候安好，其余不再赘述。

一七九、致祁竹轩

日前诣辕谢步[①]，想叨钧鉴。迩来秋声作雨，荔瘴[②]将销。感蛩响[③]之哀吟，缅凤仪[④]之高耀。焦桐[⑤]翘尾，倚戟[⑥]成图。

伏念大人洒墨汁以飞霖，裁笔花而织锦；敢乞赐品茶之偶暇，题戛石[⑦]之宏章，借以生光，容当趋叩。起居万福，铭泐寸心。艮谨启。

【注释】①谢步：亲友前来拜访或庆吊，事后赴其家回拜表示感谢，称“谢步”。②荔瘴：瘴，山林间因湿热蒸郁而成的毒气。在荔枝成熟的时节，瘴气最重，所以称为荔瘴。③蛩（qióng）响：即蛩声。蟋蟀的鸣声。④凤仪：凤凰的仪态。比喻英俊的姿容。语本《尚书·益稷》：“《萧韶》九成，凤皇（通‘凰’）来仪。”凤凰来舞而有容仪，古代以为祥瑞的预兆。⑤焦桐：见第一五三篇《复李春麓》注释⑫。⑥戟：即戟门。古代帝王外出，在止宿处立戟为门。泛指显贵之家。⑦戛（jiá）石：敲打金属、玉石制作的乐器。形容诗文声韵铿锵响亮。

【译文】前几日我到您的衙门回拜以表示感谢，想来已经劳驾您知道了。近来秋风渐起，阴雨连绵，正是荔枝成熟的季节，山林中蒸腾的瘴气快要消除了。我听见蟋蟀婉转凄长的鸣叫声，便思念起您神气俊朗的风采。想来您正在弹奏着焦尾琴，或是倚靠在戟门上画画。

我暗想大人您挥毫泼墨，如天上降下甘霖；妙笔生花，如编织美丽的锦绣。我冒昧请求您，牺牲喝一杯茶的闲暇功夫，为我的书题写一篇文采华美、铿锵有力的序文，仰借您的名望，使我拙劣的书增添光彩；倘若承蒙您应允，定当登门拜谢。祈求大人您身体健康，起居有福；您的美意我一定深深的铭刻在心！恭敬地向您陈述这件事。

一八〇、寄孔孝先

孝思维则[①]，哀此下民；父死谓何，谁非人子！今某某身为贱役，岂无罔极深恩[②]？人到穷途，爰有乞怜苦状。亲丧固宜自尽，既含殓[③]之未能；子职今已全亏，复葬埋之莫必。忧心悄悄[④]，卧病难痊；素手空空，归装如洗。

伏冀吾兄锡类[⑤]，逾格推恩[⑥]；矜恤藐孤[⑦]，慨分河润[⑧]。岂特三封马鬣[⑨]，方教人得校心[⑩]；只须一滴杨枝[⑪]，便可泽沾枯骨[⑫]。殁存均感，功德靡涯。此启。

【注释】①孝思维则：语出《诗经·大雅·下武》："永言孝思，孝思维则。"毛传："则其先人也。"郑玄笺："长我孝心之所思。所思者其维则三后之所行。子孙以顺祖考为孝。"本意为长养孝心之思，以先王为法则。②罔极深恩：无穷无尽的深厚恩德。多指父母的养育之恩。语本《诗经·小雅·蓼莪》："父兮生我，母兮鞠我，拊我畜我，长我育我，顾我复我，出入腹我。欲报之德，昊天罔极。"③含殓：含，含玉于口；殓，入殓，纳死者于棺。含殓指将珠玉放入死者口中后将其遗体下葬。④悄悄：忧愁的样子。语出《诗经·邶风·柏舟》："忧心悄悄，愠于群小。”⑤锡类：语出《诗经·大雅·既醉》：“孝子不匮，永锡尔类。”毛传：“类，善也。”郑玄笺：“孝子之行非有竭极之时，长以与女之族类，谓广之以教导天下也。”谓以善施及众人。⑥推恩：施恩惠于他人；广布恩惠。语出《孟子·梁惠王上》：“故推恩，足以保四海；不推恩，无以保妻子。”⑦藐孤：幼弱的孤儿。语本《左传·僖公九年》：“献公使荀息傅奚齐。公疾，召之曰：‘以是藐诸孤，辱在大夫，其若之何？’”⑧河润：见第一六一篇《寄杨秋舫》注释⑦。⑨马鬣（liè）：马颈上的长毛。坟墓封土的一种形状，有如马鬃。故亦代指坟墓。⑩恔（xiào）心：恔，畅快、快慰。语本《孟子·公孙丑下》：“且比化者，无使土亲肤，于人心独无恔乎？”⑪杨枝：即杨枝水。佛教喻称能使万物复苏的甘露。《晋书·佛图澄传》：“勒（石勒）爱子斌暴病死……乃令告澄。澄取杨枝沾水，洒而咒之，就执斌手曰：‘可起矣！’因此遂苏。”⑫泽沾枯骨：恩泽施及死去的人。形容恩情深厚。

【译文】子女孝顺思念父母，这是人之常情，这个孩子真是可怜；可想而知，父亲的离世对他来说意味着什么，哪个人不是做儿女的？现在，某某人虽然从事卑贱的职业，难道他不知道要报答父母的深厚恩德吗？只是因为人已经到了走投无路的地步，所以才拉下面子向别人乞求怜悯。办理父亲的丧事，本来是他应尽的义务，然而为父亲体面地敛藏遗体都做不到；做儿子的天职已经全然亏缺了，更不敢奢望让父亲入土为安。他为此而忧心忡忡，以致于一病不起；又两手空空，身无分文，没有路费扶柩还乡。

恭敬地请求兄长您，对这个孝顺的儿子施以援手，破格帮他一把；可怜他孤苦伶仃，慷慨地解囊相助，如同河水润泽大地。不需要修建高大豪华、层层叠叠、封土齐整的坟墓，才叫人得以畅快和安慰；只需要像菩萨用杨柳枝蘸水滴洒那样，捐出些许的钱财，就可以让死去的人蒙受恩泽了。死去的和活着的人，都会感激您的大恩；做这件善事，可谓功德无量。专门写信向您陈述这件事。

一八一、寄钱蔗轩丈

欣逢萍水，畅叙荷亭。虽雅教久违，幸芳邻伊迩。廿年以长，交到忘年；三月于兹，别将匝月[①]。每忆帐前问字[②]，扬子云把臂而谈；常来堂上征歌，周公瑾[③]传杯而劝。凡诸佳话，都足相思。

乃者翘首会垣，正恨丰裁之远隔；驰心旅邸，忽蒙华札之下颁。敬谂我先生一路福星，锦帆[④]无恙；予小子三秋梦觳[⑤]，离绪稍抒。

读词翰之极工，几日香流口角；感情文之兼至，寸芹[⑥]犹荷齿芬。无任抱惭，曷胜忭舞！

遥想迢迢银汉，看吴公子[⑦]夜渡鹊桥；渺渺珠江，偕沈休文[⑧]晨游花地。乐可知也，惜未与焉。

况去住难凭，行见泛仙槎而登海峤[9]；追随莫及，安能持布鼓而过雷门[10]？室迩尚虑人遐，路长益怜情隔。此衷苦结，何日重论？肃泐复缄，借申阔愫。恭候文祉，祈鉴涵，不备。

【注释】①匝月：满一个月。②问字：汉朝时，刘棻尝从扬雄学作奇字。见《汉书·卷八七·扬雄传下》。后以问字比喻向人请教学问。扬雄，字子云，西汉官吏、学者。③周公瑾：见第一六八篇《寄周兰仙》注释⑤。④锦帆：色彩鲜明的船帆。敬称他人的行程。⑤予小子：古代帝王对先王或长辈的自称。《尚书·泰誓上》："肆予小子发，以尔友邦冢君，观政于商。"《诗·周颂·闵予小子》："闵予小子，遭家不造。"后泛用为普通人对先辈、长者的自称。梦毂：毂，原指车轮的中心部位，用以插轴；代指车轮，也借指车。梦毂，即梦中驱车，表示思念之情。⑥寸芹：一寸芹菜。旧时有人以戎菽、甘枲茎、芹萍子等为美食，对乡人称扬。乡人取而尝之，蜇于口，惨于腹，众哂而怨之，其人大惭。典出《列子·杨朱》。后以"芹献"表示自谦礼物菲薄之辞。⑦吴公子：春秋时吴国公子季札。春秋吴王寿梦的第四子。寿梦见其贤而欲立为王，不受；后封于延陵，号延陵季子。以博闻著称，为春秋之贤者。曾出使鲁国，并从观乐舞中，听出各国的兴衰。《左传·襄公二十九年》："吴公子札来聘，请观于周乐。"⑧沈休文：沈约，字休文，南朝·梁政治家、文学家。⑨仙槎（chá）：神话中能来往于海上和天河之间的竹木筏。典出晋·张华《博物志》卷三："旧说云天河与海通，近世有人居海渚者，年年八月有浮槎去来不失期。"海峤：海边多山的地方。⑩布鼓雷门：雷门，会稽（今浙江绍兴）的城门，有大鼓，鼓声宏亮，可传到洛阳城。布鼓雷门指以布做成，敲不出声响的鼓和雷门的大鼓相比。语本《汉书·卷七六·王尊传》："太傅在前说相鼠之诗，尊曰：'毋持布鼓过雷门！'"比喻在高手面前卖弄本领，贻笑大方。

【译文】非常高兴和您相遇，在荷花亭畅快地交谈。虽然很久没能亲耳聆听到您的教诲，但庆幸的是与您这位老邻居住得很近。虽然您比我年长二十岁，但我们成了忘年之交；自从三月到现在，和您分别已经将近一个月了。每每回想起我到您跟前向您请教学问，您以渊博的学识，拉着我的手臂不厌其烦地为我解答；又经常到您的府上欣赏乐舞表演，您这位精通音律的人端着酒杯热情地劝我喝酒。种种相处愉快的情景，都成为美好的回忆，平添了对您的思念之情。

近日我抬头遥望着省城所在的方向，因为很久没有一睹您的风采而感到遗憾；正在旅店里向往着何时能见您一面，忽然接到您写给我的信。恭敬地捧读您的来信，知道先生您一路上福星高照，旅程顺利，平安无恙；我本来每天度日如年，做梦都想着驱车去拜访您，接到您的来信，使我稍微缓解了离别的愁苦。

诵读您写的诗文，极为精致美妙，连续几天嘴角还流露出香气；您的文字既富有文采，又饱含深情，令人感动，我赠送您的微薄的小礼物，却承蒙您过分夸奖。我不胜惭愧，而又高兴得手舞足蹈。

我虽然在很远的地方，但是可以想见，您这位像吴公子季札一般的贤者，时常渡过珠江，欣赏艺人们美妙的歌舞；和三五个文人雅士一起，在美好的早晨观景赏花。这些趣事想想都觉得很快乐，可惜我不能一起参与。

何况我是去是留还说不准，眼看您就要乘坐仙舟，航行到海中的仙山上去了；很想追随您却难以企及，我这样的卑微平庸的人怎么能和您这样的大人物相提并论呢？先前住得近的时候，尚且忧心不能见面；现在相隔遥远，更加可怜我们的交情会变得生疏。这种愁苦郁结在心中，什么时候才能再次向您倾诉呢？郑重地写下这封回信，用来抒发我对您的思念之情。并恭敬地问候您吉祥安康，敬请明白我的心意，不当之处，请见谅和海涵。其余不一一细说。

一八二、复邹小晌

接奉还云①，极荷情词缱绻②。回环雒诵③，感激涕零。良晤何时，捧笺于邑④。

敬谂足下旅祺增胜，文祉懋绥。琴轩荣棣萼之花⑤，绮阁结池塘之梦⑥。吟怀谐畅，艳福奚如！

惟来书有弹铗⑦之思，送穷⑧之句；君尚如此，仆更可知矣，又不得不深为系念。

弟疲驽恋栈⑨，困守盐车⑩，利觅蝇头，味同鸡肋⑪。耑此复候，不宣。

【注释】①还云：回信。《新唐书·韦陟传》："常以五采笺为书记，使侍妾主之，以裁答，受意而已，皆有楷法。陟唯署名，自谓所书'陟'字若五朵云。时人慕之，号郇公五云体。"后遂以"朵云"为对别人书信的敬称。②缱绻（qiǎn quǎn）：情意缠绵不忍分离的样子。③雒诵：反复诵读。雒，通"络"。④于邑：亦作"于悒"。忧郁烦闷。犹呜咽。⑤棣萼之花：见第六五篇《答沈霭堂》注释③。⑥池塘之梦：见第一五九篇《代寄兄某》注释②。⑦弹铗：见第四二篇《答丁仙槎盐大使》注释①。⑧送穷：旧时习俗于正月二十九日（一说正月初五、正月初六、正月最后一天），家家户户扫除尘秽，投入水中，称为"送穷"。也称为"穷九"。据宋·陈元靓《岁时广记》引《文宗备问》记载："颛顼高辛时，宫中生一子，不着完衣，宫中号称穷子。其后正月晦死，宫中葬之，相谓曰'今日送穷子'。"⑨疲驽恋栈：驽钝的马贪图马房中的豆料。比喻庸才贪恋禄位。语出《三国志·卷九·魏书·曹真传》裴松之注引干宝《晋书》曰："桓范出赴爽，宣王谓蒋济曰：'智囊往矣。'济曰：'范则智矣，驽马恋栈豆，爽必不能用也。'"⑩盐车：运载盐的车子。语出《战国策·楚策四》："夫骥之齿至矣，服盐车而上太行。"后以"盐车"比喻贤才屈沉于下。⑪鸡肋：鸡的肋骨。食之无味，弃之可惜。比喻没甚价值，丢了却又觉得可惜的事物。《后汉书·卷五四·杨震传》："夫鸡肋，食之则无所得，弃之则如可惜，公归计决矣。"

【译文】收到您的回信，信中充分表达了朋友之间恋恋不舍的心情，我反复诵读，感动得落下眼泪。什么时候才能再愉快地见面呢？我捧着信陷入了忧思郁闷，不禁伤心哽咽。

从信中敬知，您旅途顺利，景况越来越好，文采勃发，生活幸福吉祥。和妻子、兄弟在一起生活，其乐融融；兄弟们都很有才华，大家在一起吟诗作赋，相互赞叹。有兄弟一起抒发情怀、高谈阔论，又有美人陪伴在身边，这种福气，谁能比得上呢？

只是您在来信中，表达了自己事业不顺利、不受赏识的苦恼，又有对穷困的境况不满的话。您尚且如此，我就更加可想而知了，而且心里不禁为您担忧和挂念。

小弟我才疏学浅，如同疲惫的劣马舍不得马槽里的豆料，丢不下这个饭碗；没遇到赏识我的人，只好寄人篱下，觅取一些蝇头小利，实在是没什么意思，但是丢弃又觉得可惜。专门写下这一封回信，向您问候安好。其余不再赘述。

一八三、寄彭辅唐

别久思深，惄焉如捣[①]。遥想我弟文祺佳鬯[②]，定符鄙念。惟闻三荐不售[③]，不胜扼腕之至。但功名迟早有数，卞和抱璞[④]，刖足何伤？惟尽人力以待天时，书未必终误人也。足下年富力强，有志竟成；幸勿裘马[⑤]自阻，勉之望之。

仆潦倒穷途，已阅十六载，欲归未得，老尚依人。鸡肋[⑥]蝇头，不遑糊口，其窘况有难为知己告者。

回忆行年五十，承和《自述》七律四首，书之册页。今被蠹鱼[⑦]侵蚀，大半无从识认。尊处亮有存稿，务祈先为录书寄下，以志弗谖。

外附《六十自述》诗四章，亦祈见和为祷。天涯人远，良晤何时？落月停云[⑧]，相思当有同情耳。数行布臆，不尽欲言，伏候文安，不宣。

【注释】①惄（nì）焉如捣：惄，忧郁、伤痛。忧思伤痛，心中像有东西撞击。语出《诗经·小雅·小弁》："我心忧伤，惄焉如捣。"②鬯（chàng）：同"畅"。③不售：指考试不中。④卞和抱璞：见第五〇篇《谢交河明府王达溪》注释①②。⑤裘马：轻裘肥马。形容生活豪华。语出《论语·雍也》："赤之适齐也，乘肥马，衣轻裘。"⑥鸡肋：见第一八二篇《复邹小晌》注释⑪。⑦蠹（dù）鱼：又名衣鱼，一种蛀蚀书籍衣服的无翅小型昆虫。⑧落月停云：见第十五篇《答姜云标》注释⑫。

【译文】离别太久，对您的思念日益加深，心中闷闷不乐像被什么东西捶打着。我在远方，遥想老弟您这样的文人雅士，近来一定是文思勃发，身体健康，诸事顺利，正如我祝祷的那样。只是听说您这次参加乡试，文章曾经三次被帘官推荐给主考官，最后却没有被录取，不禁令人扼腕叹息。但是取得功名或早或晚，都有定数；楚国的卞和向楚王进献璞玉，却被砍掉双脚；就像您虽然暂时不被人所知，待今后功成名就之时，回头看看这一时的得失，又算得了什么呢？只要努力把自己能做的做到最好，以等待机遇的来临，圣贤书不会辜负人，最终没有白读的。足下您正值壮年，精力旺盛，正是大有作为之时；只要坚定志向去做一件事，最后一定成功；千万不可放纵自己，沉迷于奢靡享乐的生活，而耽误了前程，希望一定努力，这是我所深切期盼的。

我漂泊在外地，穷困潦倒，处境艰难，走投无路，已经十六年了，想要回家乡也无法实现，一大把年纪了还在寄人篱下，依靠别人吃饭。从事幕职的工作，就像鸡肋一样，做着没什么意思，放弃了又觉得可惜，只能获取一些蝇头小利，勉强维持生活；其中种种窘迫的景况，都不好意思跟朋友说。

记得在我五十岁那年，承蒙您依我《自述》诗的韵律，写了四首七律的和诗，我把您的诗誊抄在了书册上面。现在书册被蠹虫蛀蚀，字迹多半都无法辨认了。我想您那里应该还留有原稿，请求您务必先为我抄写一份，然后寄给我，用来作为永久的纪念。

另外又随信附上我写的《六十自述》诗四首，也请求您和答，这是我所期盼的。你我天各一方，什么时候才能再愉快地见面呢？每当看见屋梁上的月光，或者天边的停云，总是想起您，您大约也会时常想起我。写这几行字向您倾诉心事，还有很多心里话，想说也说不完。恭敬地向您问候安好，其余就不再多说了。

一八四、复李春麓

庭梅初绽，菊瘦如人，忽得故人王也香书，已慰客窗岑寂。欣然展阅，乃中有尺素，情词缱绻[①]，韵语缠绵，又喜又惊，且歌且泣。

自惭不佞[②]，与物多违，此当世人欲杀[③]之时，初不料犹有怜才如春麓先生者。百回捧读，感激涕零，辄不禁五体投地[④]。

惟是揄扬失实，谦抑太过，愧不敢当。窃念先生江右世家[⑤]，当代名臣后裔，清词丽句，如许才华，尚且琴剑飘零[⑥]，天涯沦落，屈为书记，至于同病相怜；况仆之一介寒儒，未尝学问，宜乎依人作活，糊口四方也。

叹先生之不遇于时，仆益退然自明矣。所羡者，先生幕游之地，有吾友王也香、蒋稻芗诸君子，乐数晨夕，唱和往来。仆虽未见先生，恍若遇诸梦寐间耳。

拙刻未足言文，仅同儿戏，谬蒙许可，殊觉汗颜。然仆之潦倒半生，此中亦可得其大概。承赐见怀佳作，勉和二律，续貂[⑦]之诮，知所不免。

何时御李[8]，以报鲍叔[9]之知？虽为执鞭[10]，所忻慕焉。冗次肃缄珍复，敬询起居纳福，不宣。

【注释】①缱绻：见第一八二篇《复邹小晌》注释②。②不佞：不才，自谦之词。③世人欲杀：语出杜甫《不见》诗："世人皆欲杀，吾意独怜才。"意为世上那些人都要杀了他，只有我怜惜他是个人才。④五体投地：两手、两膝和头一起着地。是佛教一种最恭敬的行礼仪式。比喻佩服到了极点。⑤世家：世代做官的人家。亦泛指世代显贵的家族。⑤琴剑飘零：比喻文人落拓江湖，飘流四方。⑥续貂：西晋赵王司马伦专制朝政时，封爵极滥，冠饰所用貂尾不足，至以狗尾代充，时人谚曰："貂不足，狗尾续。"见《晋书·赵王伦传》。比喻事物前后衔接不相称，后续者不及前者。今多用以自谦接续他人未完成的事业或著作。⑦御李：见第八一篇《与交河明府王达溪》注释①。⑧鲍叔：见第四八篇《谢陈和章》注释②。⑨执鞭：为人持鞭驾车。表敬仰追随的意思。

【译文】庭院的梅花刚刚开放，菊花像人一样消瘦；在这个时节，忽然收到了老朋友王也香的来信，已经给我这个客居在外的人孤寂的生活中，带来了极大的惊喜和安慰。我连忙高兴地拆开来看，里面竟另有您写给我的信，您用饱含深情的文字诉说着恋恋不舍的情谊，用押韵的语句表达思念之情，真是令我既喜悦又惊叹，不禁想要高歌一曲、大哭一场。

我自己很惭愧，才疏学浅，很难融入周围的人，正当世上很多人恨不得想杀掉我的时候，不曾想还有像春麓先生您这样爱才惜才的人。把您的信捧在手里反复阅读，不下一百遍，令我感激得涕泪俱下，对您拜服到了极点。

只是您对我的表扬，确实是言过其实了，您又太过于谦逊，令我愧不敢当。我暗想先生您出身于江西的显贵家族，是当代有名的官宦的后代；品格高雅，文采飞扬，辞藻清新华丽，这么富有才华，尚且流落江湖，为衣食而四处奔波，漂泊天涯，屈居人下，做一些笔墨工作，以至于与我有相同的遭遇。况且我是个出身微贱的贫寒读书人，没有什么正经学问，理所应当依靠别人做事，维持生活，为了混口饭吃四处奔走。

叹息先生您尚且没有得到好的机遇，不被世人所知，我也就更加释然，对自己有自知之明了。我所羡慕的是，先生游幕的地方，有我的朋友王也香、蒋稻芗几位先生，可以朝夕相处，在一起吟诗唱和，交际往来，十分快乐。我虽然还没能见先生一面，但仿佛曾经在梦中遇到过您。

我刻印出来的那本拙劣的书，谈不上是什么正经文章，就和儿童的游戏差不多；错蒙您的赞许和肯定，让我觉得特别惭愧。然而我这大半辈子潦倒曲折的经历，也可以从这本书中了解大概了。承您赐给我真情流露的美好诗作，我勉强依原诗的韵律，作了两首和答律诗。我的诗很粗陋，原本无法和您的相比，如同狗尾续貂，难免会被您这样的名家讥笑批评。

不知什么时候可以追随在您的左右，来回报您对我的知遇之恩呢？即使做个执鞭驾车的仆从，我也是心甘情愿的。在繁忙的时候，郑重地写下这一封重要的信来回复您，恭敬地问候您身体健康、生活幸福。其余不再赘述。

一八五、寄许小憨

顷者尊纪[①]回署，接奉手书，领悉一切。并蒙远颁佳笔，拜领谢谢。欣谂足下分发直隶，到日签掣[②]第二，荣补在即，履祉懋绥。以英年骏发之才，得大省有为之地，鹏程九万，伫见扶摇；吾辈与有荣施，闻之不胜忭舞。

因念足下素谙政务，历练老成，幼学壮行，自必大有一番作用。惟是宦途之中，必须利害分明，事事小心谨慎。夫子不云乎：“无欲速，无见小利。欲速则不达，见小利则大事不成。”[③]此居官之大要也。夏禹[④]谨小慎微，文王小心翼翼[⑤]，诸葛一生惟谨慎。圣贤事业，未有不兢兢于此者。

且足下夙承庭训[⑥]，习见尊大人为官善政，尽可奉为法守。前程远大，扩而充之，官职声名，安可限量耶？此仆刍荛之见[⑦]，叨在世好，剖腹缕陈，未识有当高明否。

来书云近作颇多，便希示读为望。仆碌碌如常，无善可告。足下所云孑然一身，殊深惆怅，欲仆画一良策。但仆并无良策自为计，又安能为足下谋也？奈何？

别后所得拙作，约有百余首，本欲录呈雅政，因心绪不宁，尚未誊出，容俟再寄。此达，并候不一。

【注释】①尊纪：尊称对方的仆人。纪，仆人。②签掣：即掣签。抽签。一种明清时期分发官吏的办法。③语出《论语·子路》。④夏禹：夏代开国君主。颛顼之孙，姓姒氏，号禹。因平治洪水有功，受舜禅让为天子，世称为“大禹”。⑤小心翼翼：非常谨慎，不敢疏忽。语出《诗经·大雅·大明》：“维此文王，小心翼翼。昭事上帝，聿怀多福。”⑥庭训：据《论语·季氏》，孔子在庭，其子伯鱼趋而过之，孔子教以学《诗》《礼》。后因称父教为庭训。泛指家庭教育。⑦刍荛（chú ráo）之见：刍荛，割草打柴的人。认为自己的意见很浅陋的谦虚说法。语本《诗经·大雅·板》：“先民有言，询于刍荛。”

【译文】前不久您的仆人回到衙门来，捎带给我一封您亲笔写的信，读了之后了解到了您的一切情况；又承蒙您的美意，从远方寄赠给我一枝好笔，我恭敬地收下并表示感谢。我欣喜地知道，您被分配到直隶省任职，到达那天，抽签抽到第二个，即将很荣耀地启程上任了，真是诸事顺利、吉祥如意。您正当壮年，意气风发，富有才干，现在又在重要的省份，可以大展身手的地方，就像大鹏鸟一样一飞冲天，升上九万里的高空，未来必将前途无量；我站在这等待着您青云直上、步步高升；我们这些跟您有交情的人，都替您感到很荣耀，听说您的喜事，都高兴得手舞足蹈。

我于是想到您平素里在处理政务方面十分精通，又经历过长期的磨练，已经十分成熟老练；幼时努力求学，壮年时便可施展抱负，未来必定会有一番大的作为。只是在为官从政的道路上，必须始终能够清楚地辨别和处理好各种利害关系。孔子不是说过吗？“不要急于求成，不要贪图眼前的小利益；急于求成反而不能达到目的，贪图小的利益则大事不能成功。”这是为官需要注意的一个很重要的方面。夏朝的开国之君大禹，处理很小的事情都十分谨慎；周文王，举动十分谨慎，丝毫不敢疏忽；诸葛亮一生做事靠的就是“谨慎”二字。圣明的君王、贤明的士大夫，能够成就一番事业，没有一个不是万分小心谨慎的。

而且足下您从小接受良好的家庭教育，常常见到您父亲为官期间施行各种好的政策，完全可以用来作为典范进行学习和借鉴。这样的话，您必将会有一番大的作为，然后扩充到方方面面，那么将来的官职、名气，都会达到难以预想的高度。这是我的一些浅薄的认识，承蒙我们两家世代交好，所以竭诚地对您讲了这么多心里话，不知您这位高明之士，是不是认同呢？

您在来信中说，最近写了不少诗文，如果方便的话，希望能够寄来让我一读为快。我庸庸碌碌，还是原来的老样子，没有什么好消息值得告诉您的。您说自己孤身一人，客居在外地，感到特别苦闷伤感，想要让我替您想一个好办法来排解。但是我自己也是一样的情况，都没有什么好办法，又怎么能够为您出主意呢？怎么是好？怎么是好？

与您分别后，我所写的拙劣的诗，大约有一百多首。本想抄写下来，呈送给您指教；又因为心绪不宁，所以还没抄出来；请等我过些日子再寄给您。写下这封信表达我的一些想法，同时向您问候安好。

一八六、复吴省香

岁月如驰，久稽竿牍[①]；亦以离愁枨触[②]，尘务牵缠，非尽关嵇生懒[③]也。

昨接手翰，知足下尚在赋闲，搁笔之穷，素所领略，不禁同唤奈何。所喜潭祉清宁，差慰鄙念。西人之子[④]，竟为吾辈意计所不能料。行路之难，真难于上青天矣，可惧哉！

长安居大不易[⑤]，有则须曲就之。即如仆逗留此间，亦非得已，然终无可如何耳。草草伏候安祺，不一。

【注释】①竿牍：竹简，指书信。②枨（chéng）触：拨动、触动。枨，本义为古代门两旁所竖的长木柱，用以防止车过触门；引申为触动。③嵇生懒：魏晋时候嵇康，不满掌权的司马氏政治集团，因朋友山涛想让他去做官，写了《与山巨源绝交书》，表明拒不合作的态度，称自己天性懒惰，不堪俗务，其中写道："不涉经学，性复疏懒，筋驽肉缓，头面常一月十五日不洗，不大闷痒，不能沐也。"④西人之子：西人，春秋时代指周朝京师的人。语出《诗经·小雅·大东》："西人之子，粲粲衣服。"唐·孔颖达《正义》："西人，京师人也。"⑤长安居大不易：唐代诗人白居易未满二十岁时，拿着诗文去谒见顾况，况以其名戏之曰："长安百物贵，居大不易。"典出五代·汉·王定保《唐摭言·卷七·知己》。后比喻居住在大城市里，生活不易。

【译文】时光飞逝，如骏马奔驰，好久都没有给您写信了；也是因为被离愁别绪所触动，和被琐碎的俗事牵缠，不全是因为我天性懒惰呢。

昨天收到您的亲笔信，知道足下您现在还没有获得合适的职位，依然赋闲在家；一旦将笔搁置起来，没有事情可做，其中的窘境，我平素是亲身体验过的，禁不住和您一起感叹怎么办才好。可喜的是您一家人吉祥平安，稍微使我得到一些安慰。您住在京城，竟然也会遇到我们所难以预料的不如意的情况。出门在外做事真是太难了，简直比登天还难，真是可怕啊！

在京城生活，很不容易；如果有机会，就勉强答应吧。就比如我滞留在这个地方，也是迫不得已，但终究还是没什么办法，只好如此。草草写下这一封短信，恭敬地向您问候安好，其余不一一细说。

谦德国学文库丛书

（已出书目）

弟子规·感应篇·十善业道经
三字经·百家姓·千字文·德育启蒙
千家诗
幼学琼林
龙文鞭影
女四书
了凡四训
孝经·女孝经
增广贤文
格言联璧
大学·中庸
论语
孟子
周易
礼记
左传
尚书
诗经
史记
汉书
后汉书
三国志
道德经
庄子
世说新语
墨子
荀子
韩非子
鬼谷子
山海经
孙子兵法·三十六计
素书·黄帝阴符经
近思录
传习录
洗冤集录
颜氏家训
列子
心经·金刚经
六祖坛经

茶经·续茶经
唐诗三百首
宋词三百首
元曲三百首
小窗幽记
菜根谭
围炉夜话
呻吟语
人间词话
古文观止
黄帝内经
五种遗规
一梦漫言
楚辞
说文解字
资治通鉴
智囊全集
酉阳杂俎
商君书
读书录
战国策
吕氏春秋
淮南子
营造法式
韩诗外传
长短经

虞初新志
迪吉录
浮生六记
文心雕龙
幽梦影
东京梦华录
阅微草堂笔记
说苑
竹窗随笔
国语
日知录
帝京景物略
子不语
水经注
徐霞客游记
聊斋志异
清代三大尺牍：小仓山房尺牍
清代三大尺牍：秋水轩尺牍
清代三大尺牍：雪鸿轩尺牍
孔子家语
贤母录
张岱文集：陶庵梦忆
张岱文集：西湖梦寻
张岱文集：快园道古

清代三大尺牍

秋水軒尺牘

〔清〕许思湄 著
王继浩 注译

团结出版社

图书在版编目（CIP）数据

秋水轩尺牍 /（清）许思湄著；王继浩注译 .— 北京：团结出版社，2022.7

（清代三大尺牍）

ISBN 978-7-5126-9295-4

Ⅰ . ①秋… Ⅱ . ①许… ②王… Ⅲ . ①书信集—中国—清代 Ⅳ . ① I264.9

中国版本图书馆 CIP 数据核字（2022）第 007689 号

出版： 团结出版社

（北京市东城区东皇城根南街 84 号 邮编：100006）

电话：（010）65228880 65244790（传真）

网址： www.tjpress.com

Email： zb65244790@vip.163.com

经销： 全国新华书店

印刷： 天宇万达印刷有限公司

开本： 145×210 1/32

印张： 40.75

字数： 959 千字

版次： 2022 年 7 月 第 1 版

印次： 2022 年 7 月 第 1 次印刷

书号： 978-7-5126-9295-4

定价： 158.00 元（全三册）

《谦德国学文库》出版说明

人类进入二十一世纪以来，经济与科技超速发展，人们在体验经济繁荣和科技成果的同时，欲望的膨胀和内心的焦虑也日益放大。如何在物质繁荣的时代，让我们获得内心的满足和安详，从经典中获取智慧和慰藉，或许是我们不二的选择。

之所以要读经典，根本在于，我们应当更好地认识我们自己从何而来，去往何处。一个人如此，一个民族亦如此。一个爱读经典的人，其内心世界必定是丰富深邃的。而一个被经典浸润的民族，必定是一个思想丰赡、文化深厚的民族。因为，文化是民族之灵魂，一个民族如果不能认识其民族发展的精神源泉，必定就会失去其未来的生机。而一个民族的精神源泉，就保藏在经典之中。

今日，我们提倡复兴中华优秀传统文化，当自提倡重读经典始。然而，读经典之目的，绝不仅在徒增知识而已，应是古人所说的“变化气质”，进一步，是要引领我们进德修业。《易》曰：“君子以多识前言往行，以蓄其德。”实乃读经典之要旨所在。

基于此理念，我们决定出版此套《谦德国学文库》，“谦德”，即本《周易》谦卦之精神。正如谦卦初六爻所言：“谦谦君子，用涉大川”，我们期冀以谦虚恭敬之心，用今注今译的方式，让古圣先贤的教诲能够普及到每一个人。引导有心的读者，透过扫除古老经典的文字障碍，从而进入经典的智慧之海。

作为一套普及型的国学丛书，我们选择经典，不仅广泛选录以儒家文化为主的经、史、子、集，也将视野开拓到释、道的各种经典。一些大家所熟知的经典，基本全部收录。同时，有一些不太为人熟知，但有当代价值的经典，我们也选择性收录。整个丛书几乎囊括中国历史上哲学、史学、文学、宗教、科学、艺术等各领域的基本经典。

在注译工作方面，版本上我们主要以主流学界公认的权威版本为底本，在此基础上参考古今学者的研究成果，使整套丛书的注译既能博采众长而又独具一格。今文白话不求字字对应，只在保证文意准确的基础上进行了梳理，使译文更加通俗晓畅，更能贴合现代读者的阅读习惯。

古籍的注译，固然是现代读者进入经典的一条方便门径，然而这也仅仅是阅读经典的一个开端。要真正领悟经典的微言大义，我们提倡最好还是研读原本，因为再完美的白话语译，也不可能完全表达出文言经典的原有内涵，而这也正是中国经典的古典魅力所在吧。我们所做的工作，不过是打开阅读经典的一扇门而已。期望藉由此门，让更多读者能够领略经典的风采，走上领悟古人思想之路。进而在生活中体证，方

能直趋圣贤之境，真得圣贤典籍之大用。

经典，是一代代的古圣先贤留给我们的恩泽与财富，是前辈先人的智慧精华。今日我们在享用这一份财富与恩泽时，更应对古人心存无尽的崇敬与感恩。我们虽恭敬从事，求备求全，然因学养所限、才力不及，舛误难免，恳请先贤原谅，读者海涵。期望这一套国学经典文库，能够为更多人打开博大精深之中华文化的大门。同时也期望得到各界人士的襄助和博雅君子的指正，让我们的工作能够做得更好！

团结出版社

2017年1月

前言

尺牍是书信的别称，类似的称谓还有书、简、笺、函、尺素、书尺、尺翰、简札、书札、信札，等等。尺牍一词出现得很早，《史记·扁鹊仓公列传》中有“缇萦通尺牍，父得以后宁”，《汉书·游侠列传·陈遵传》中有“略识传记，赡于文辞。性善书，与人尺牍，主皆藏去以为荣”。汉魏时期，出现了《报任安书》《诫子书》等诸多书信名篇。唐宋时期，文人间的尺牍往来更加频繁，常见于文人的别集之中，有的也会单列一类，著名的有《范文正公尺牍》《苏黄尺牍》等。

晚明以降，尺牍作为书信文体，在原有的实用性基础上更多地具有了文学性。这时的尺牍就像一篇篇小品文，它们或冷隽峭拔，或充满灵性。正如刘勰在《文心雕龙·书记》中所说：“详总书体，本在尽言；言以散郁陶、托风采，故宜条畅以任气，优柔以怿怀，文明从容，亦心声之献酬也。”比如，袁枚的尺牍骈散相间、典丽华美，深得六朝风韵。欧阳俊先生在评价袁枚的尺牍艺术成就时说：“论文则鞭辟入理，言情则直抒性灵。语言新巧清雅，简约有韵致；不拘文法，态情任性，意趣横生；成语典故，信手拈来，缀玉编珠，浑然一体。骈散相间，典丽华美，深得六朝体格，读来朗朗上口，回味无穷。”清代尺牍中最为人称道的是袁枚的《小仓山房尺牍》、龚萼的《雪鸿轩尺牍》、许思湄的《秋水轩尺牍》，它们被誉为“清代三大尺牍”，广为流布。

袁枚与《小仓山房尺牍》

袁枚（1716—1798），字子才，号简斋，晚年自号仓山居士、随园主人、随园老人。浙江钱塘（今浙江省杭州市）人，清朝著名诗人、散文家、戏曲理论家、文学批评家和美食家。袁枚少有才名，乾隆四年（1739）进士出身，授翰林院庶吉士。乾隆七年（1742），外调江苏，先后赴任溧水、江宁、江浦、沭阳等地知县。他为官勤政，颇有政声，但仕途不顺，被誉为“才如子建，政如子产”。乾隆十四年（1749）辞官，定居江宁，在小仓山建“随园”，自号“随园老人”。他六七十岁时仍然遍游安徽、江西、两广、湖南、福建等地，是一个非常有生活情趣的人。嘉庆二年（1798）去世，享年82岁，世称“随园先生”。

在诗文创作上，袁枚倡导“性灵说”，提倡抒写性情、遭际和灵感，这在他的尺牍中也有明显的体现。其尺牍文简辞精，情真意切，常常妙笔生花，对于成语典故等更是信手拈来，缀玉联珠，浑然天成，读起来朗朗上口。其中也不乏一些议政、谈古、说文的信札，深刻体现着他的精辟见解。这里不妨举两个例子。比如《答两江制府尹公》：“知夫子得句于风雨横舟之际，金丝引和，寄托深远。适窗前有绿梅一株，水仙数种，对之展读，正与古香冷艳同入襟怀。……借此闭门与‘廿一史’中古人相对，领现在可行之乐，补生平未读之书。昔有善用其短者，枚亦善用其病，夫子闻之，必为莞尔。”短短几句，其文字优美、清新自然的艺术风格便跃然纸上。又比如，《答相国劝独宿》：“且枚之居处不避群花，更有说焉。人惟与花相远，故闻香破戒者有之，逢花必折者有之。若夫邓尉种梅之夫，洞庭栽橘之叟，终日见花如不见花者，何也？狎而玩之，故淡而忘之也。枚自幼以人为蓄，迄今四十年矣，横陈嚼蜡，习惯自然。颜渊侍于孔子，自称‘坐忘’。若枚者，可称‘卧忘’者也，愿夫子之勿虑也。”袁枚通过这段文字，直率、轻松地表达了自己的人生哲理和生活情趣。另外，通过阅读《小仓山房尺牍》，读者还可以了解到袁枚一生勤于治学的精神，他主张“学问之道，若涉大海，其无津涯”，在写作上力求达到“语必惊人总近情”的高超境界。同时，还能感受到袁枚待人之诚，凡所言必发自肺腑，不矫揉造作，对于后学常常勉励推崇，老而弥笃。

《小仓山房尺牍》在袁枚一生浩繁的著作当中如沧海之一粟，即便如此，读者依然可以从中一窥其治文之道，受到无穷的教益。

龚萼与《雪鸿轩尺牍》

在“清代三大尺牍中”，后人将龚萼的《雪鸿轩尺牍》和许思湄的《秋水轩尺牍》合称为双璧。

龚萼，生卒年不详，名未斋，字萼，号雪鸿，清浙江山阴人。出身于师爷之家，作幕凡五十余年，终身以幕为业。尤善诗和书札。通过《雪鸿轩尺牍》，读者从中可以感受到他是一个郁郁不得志，迫而为幕，一生能清贫自守、洁身自好、通达事理的人。他在信札中经常说自己“才不通古，性不宜今。生无傲骨，而苦乏媚容；人本清贫，而翻嫌浊富”，他说自己待人的原则是“遇事则宁方无圆，宁拙无巧，宁为众恶而不随私好。此心不肯自负，而尤不忍负人”。

《雪鸿轩尺牍》共收录尺牍一百八十余篇，内容涉及议论、邀请、颂赞、庆贺、叙别、请托、慰藉、规劝等。如《答周氾荇》：“承示公门颇堪造福，此中亦大有乐趣，在足下则然，在仆则万不能然。即足下亦明知其未必能然，而以幕言幕，不得不姑以为然也。”作者从“公门颇堪造福”说开，洋洋近千字，深刻揭露了当时的世态炎凉，读来酣畅淋漓，属于对官场世俗的讥评。又如《与徐润之》：“闻足下忧贫颇甚，想旬日以来，能减得几分否？吾辈生长儒素之家，贫固其常也。此时咬得苦菜根，即他年得意，亦不为靡丽纷华所动。但士可贫而不可穷，动心忍性，增益其所不能，此救穷之法，愿与足下共勉之！”这篇尺牍文辞恬淡，情意真切，劝勉友人他年若得意，仍要避免奢靡，用意良深。又如《寄麦纫安》：“忆自金莺船上，深谈半夜，两意缠绵，未免有情，谁能遣此？嗣后天作之合，缘订三生；惜别匆匆，能无恋恋？”此篇文辞典雅，情礼俱佳，可谓尺牍范本佳作。

许思湄与《秋水轩尺牍》

许思湄，生卒年不详，名葭村，字思湄，清浙江山阴人，生活在道光、咸丰年间。从《秋水轩尺牍》中可知，许思湄从小勤奋刻苦，读过很多书，家境贫寒，屡试不第。为了糊口，他“弃书读律”，务刑名之学，凡四十余年。他为人正直，洁身自好，待人真诚，做事严谨，丝毫不马虎。一次，有位朋友赠给他一笔“程仪”，助他回家探访亲友，后来计划有变，他又亲自把这笔“程仪”奉还给了朋友。就是这么一件不起眼的小事，足以体现他的品格。

《秋水轩尺牍》共收录尺牍二百二十余篇，内容涉及问候、庆吊、劝慰、请托、辞谢、索借等。它之所以备受人们喜爱，很重要的一个原因是其“文采斐然”。许思湄不仅学识渊博，而且精通声韵，用语形象，善用比喻。文中的花草木石、亭台楼阁等，无不惟妙惟肖、绘声绘色，情景交融，感情充沛，扣人心弦。同时，他还善用骈体，语言华丽又不失典雅，对仗工稳，用典精妙，作品中常出现的四六句式富有韵律感，读起来朗朗上口。比如，《与王沧亭》：“馆中惟我独居；加以清磬红鱼，直是修行古刹。而西风黄叶，洄溯时殷，双鲤之颁，定不我弃。”短短几行，便让人仿佛置身古刹，体味到一种宁静孤寂之感。《复沈孟养》：“弟才本谫陋，应世无方，运复颠连，仰天莫问。多累值多愁之境，同声增同病之怜。目前涸辙枯鱼，既未得饱衔香饵；此后寻巢小燕，更不知飞傍谁家。所以酒酣耳热之馀，狂歌当哭；雨晦风凄之候，搔首自灰也。知荷关情，敢摅近况；倘逢邮羽，时惠德音。”这段文字，他使用骈散相间的句式，道尽了自己对现实的不满。《与陈笠山》：“仆自七小儿痘殇之后，大儿、八女、九女，均因出花而夭；四十日内，丧亡相继。廿四年蓬飞萍荡，向以贫也非病，所自慰者，膝前一块肉耳。不期疾雨倾巢，竟无完卵！欲留则门鲜五尺；欲归则田乏十双。而内人则思子情殷，病从心起，更无可解之术。”这段文字，作者自述身世遭遇，发自肺腑，字字血泪，感情真挚，读之不禁让人感伤。

尺牍虽被古人视为“末艺”，但其往往能体现一个人真实的性情，而且所言一般皆是真人真事，文字典雅，富有文采，其中不乏富有教育意义的作品，今人读之亦能有所受益。鉴于此，我们将《小仓山房尺牍》《雪鸿轩尺牍》《秋水轩尺牍》一起整理出版，命名为《清代三大尺牍》，原文采用通行本校对整理，对文中的疑难字词和典故做了简洁的注释，译文以尊重原文为前提，尽量使之准确流畅。囿于水平，疏漏之处在所难免，恳请读者不吝指正！

目　录

一、与王沧亭

弟向获缔交①于季方，因得闻元方之贤，思一见为快。昨于会城邂逅②遇之，觉大兄之才华器宇③，更有胜于所闻者。正恨相见之晚，不期越宿④分衿⑤，又恨相违之速矣。

别后初四日抵津门⑥，初十日诣平舒⑦，月未一圆⑧，地经两易⑨。风尘仆仆，无非芸人之田⑩，自怜亦堪自笑。

【注释】①缔交：结交。②邂逅：不期而遇或者偶然相遇。③器宇：指人的仪表、风度、气概或胸襟、度量等。④越宿：经过一夜。⑤分衿（jīn）：分离，别离。⑥津门：指天津。⑦平舒：即平舒乡，隶属于山西省晋中市寿阳县。⑧月未一圆：不满一个月。⑨易：更改。⑩芸人之田：替人做事。

【译文】我之前有幸同您的兄弟结交，因而也得以听说您的贤明，盼望着一睹为快。昨天在会城偶然相遇，感觉到您的才华和仪表风度，比之前听说的还要更胜一筹。正因相见太晚而悔恨时，没想到仅仅过了一夜就要分别，又因分别太快而感到懊悔。

分别之后，初四到达天津，初十到达平舒，不到一个月的时间，更换了两处地方。旅途辛苦劳累，不外乎是在替他人做事，自己想想觉得可怜，也觉得很好笑。

比值同人归里，馆中惟我独居；加以清磬红鱼[①]，直是修行古刹。而西风黄叶，洄溯时殷，双鲤[②]之颁，定不我弃。尊体复元否？嫁务[③]纷劳，诸宜珍摄。因风寄意，不尽所怀。

【注释】①清磬红鱼：都是乐器的名字。②双鲤：比喻书信。③嫁务：为人做事。

【译文】近一段时间以来，同事们都已经回到故里，馆舍之中只有我自己一个人住着；再加上钟声和木鱼，简直就如同是修行的古庙。这个季节，西风吹动黄叶，让人情不自禁的殷切追忆起之前的事情，期盼您能寄来一封书信，相信您一定不会拒绝我的请求。您的身体是否已经康复？为人做事是非常辛苦的，一定要珍重自己的身体。趁着方便寄送这一封书信，但还是不能道尽我的思念之情。

二、与陈凝之

别后驹光如驶[①]，鱼雁鲜通[②]。三晋云山，徒劳瞻企。孟冬既望[③]，从沈孟养处寄奉手书，不啻五年前风雨对床之快。第以吾兄之才之品，早拟颖脱遂囊，何尚郁郁[4]居此？芙蓉[5]出匣，会当有时[6]，祈耐心处之。

弟自壬子夏五[7]，由辽西而至析津。今春赋闲四月。旋以旧友沈聿新招赴平舒，相助为理。频年浪迹[8]，到处因人，正不知上林多少树，何缘独借一枝耳。

【注释】①驹光如驶：喻指时间过的很快。②鱼雁鲜通：书信少通。③孟冬既望：即阴历十月十六日。④郁郁：心里苦闷。⑤芙蓉：宝剑名。⑥会当有时：机会来临有一定的时间。⑦夏五：即阴历五月。⑧频年浪迹：连年流浪，行踪不定。

【译文】自我们分别之后，时光如奔马一般流逝，书信也很少往来。对于您那里的三晋云山，让我徒劳的仰望（思念）罢了。阴历十月十六日，从沈孟养那里，读得您寄来的书信，无异于五年前和您对床畅谈般的快活。以你的才学和人品，早就应该脱颖而出了，为什么还是这样烦闷地待在这里呢？然而一把宝剑，总会有出鞘的机会，盼望您能够耐心的等待。

我壬子年的五月，从辽西到了天津。今年春天空闲了四个月。后来承蒙旧友沈聿新约到了大城来协助做事。连年的流浪，漂泊不定，到处依人做事。上林有那么多的树，怎么才能有缘分得到一枝寄借呢？

三、与赵南湖

久不见碧梧翠竹之姿[①]，每于月白风清[②]，辄深神往。且以足下久不入直为疑。近得阮昔侯札，知驾游山左，种莲[③]楚丘者已非一日。清萍结绿，到处争售[④]，所固然也。

令弟才华意气，满谓嵇山独鹤，足以振采鸡群；何期牙琴一摧[⑤]，墓草已宿[⑥]，令人感慨系之！

弟初客辽西，旋游津淀。今春复有平舒之役。年年压线，依旧帮佣，良由村女蛾眉[⑦]，难为时赏耳。

【注释】①碧梧翠竹之姿：喻指人仪表清秀。②月白风清：良宵幽静的时刻。③种莲：即游幕。④清萍结绿，到处争售：喻指有真才实学，到处争相聘请。⑤牙琴一摧：表示人去世的意思。⑥墓草已宿：形容人去世已经很长时间了。⑦村女蛾眉：喻指自己才学浅陋。

【译文】好久没见到您那碧梧翠竹般的丰姿了，时常在“月白风清”的夜里，总是会想念您。并且因您不到直隶来困惑不已。近日收到阮昔侯寄来的书信，知道您到了山东，在曹县那里当幕友做事已经很久了。您的真才实学如同青萍宝剑结缘美玉一般，到处都会争相敬聘，这是理所应当的。

您弟弟的才华和气概，大家都将他称作是嵇山的仙鹤，将来一定能够飞黄腾达，鹤立鸡群。不承想却像伯牙之琴一般断了弦，去世已经很久了，让人感慨不已！

我一开始是在辽西做事，然后又到了天津。今年春天又到了平舒。年年都是忙碌劳苦，依旧是在帮人做事，实因才能浅陋，始终难被赏识呀！

四、贺梅岭佣寿

小春十日①，为足下悬弧②令旦③。回忆去年，歌徵《金缕》，酒泛红螺④，诸同人⑤济济⑥盈盈⑦，如集蓬壶仙侣。今以关山远隔，未克趋陪，惟有遥颂九如⑧，临风拜手耳。

【注释】①小春十日：即阴历十月初十。②悬弧：古时对男子生日的称谓。③令旦：吉日。④红螺：即酒杯。⑤同人：共事的人。⑥济济：众多。⑦盈盈：充满。⑧九如：祝寿之辞。

【译文】十月初十的时候，是您的生日。回想去年的那个时候，我们饮酒唱歌，众多的同僚聚在一起很是热闹，就如同蓬莱仙岛的神仙集会一般（快乐）。今年因为远隔千里，不能够前去府上（祝寿），只能在远方祝颂“九如”，向空中拜手罢了。

五、与陈天度

枌乡硕望①，久切心仪②。顷自永郡寄诵诲言，快同亲炙③。承示弃书读律，窃以吾丈机云④才藻，燕许⑤文章，鲲化鹏游，得时则驾，何遽无心青紫⑥，转作抱牍依人计耶？

湄浪迹六年，自惭驽下⑦，不能作昂昂千里之驹。屈指⑧辛亥之冬，就食辽西，去夏至津门，今春晋省，阅四月始就平舒。数年来馆不过副席，俸不过百金，内而顾家，外而应世，探我行囊，惟有清风明月耳。

读所寄舅氏书，责以捐职之命，迟迟未报，咎何能辞。念自家道中落，承舅氏逾格矜怜，蛇雀⑨有知，岂敢忘德？所以迟之又久者，限于力非盲于心也。一秩清衔，矢报有日，尚祈吾丈婉曲言之，俾不至开罪尊亲。幸甚！

【注释】①枌乡：即故乡。取自于《汉书·郊祀志上》：“高祖祷丰枌榆社，后称故乡为“枌乡”。硕望：重望。亦指有贤德、负重望的人。

②心仪：心中向往。③亲炙：指直接受到传授、教导。④机云：晋代陆机、陆云两兄弟的并称。燕许：唐玄宗时名臣燕国公张说，许国公苏颋的并称。两人皆以文章显世，时号“燕许大手笔”。⑥青紫：指古代高官印绶、服饰的颜色。比喻高官显爵。⑦驽下：谓资质驽钝，才能低下。⑧屈指：用手指计算事物的数量。⑨蛇雀：即蛇雀之报。隋侯出行见大蛇被伤中断，以药封之，蛇乃能行，岁余，蛇衔明珠以报之，谓之隋侯珠、明月珠。见《淮南子·览冥训》汉高诱注、晋干宝《搜神记》卷二十。杨宝幼时见一黄雀为鸱枭所搏，坠于树下，为蝼蚁所困，宝救之养百余日飞去，其夜有黄衣童子以白环四枚相报，并云当使其子孙洁白，位登三公，有如此环。见《后汉书·杨震传》李贤注引《续齐谐记》。后以“蛇雀之报”为报恩的典故。

【译文】我听说你在故乡是一位德高望重的人，仰慕你很久了，你从永郡寄来的教导我的书信，我已阅读，感觉像你亲自教诲我一般。承蒙你告诫，我已经放下书本，开始研究律法了，我私下常想像你机云般的才能，燕许般的写作手笔，犹如大鲲化鹏，只需等待时机，时机一到便可腾飞而起。怎么不想做官，反而却想抱着文牍去依靠别人呢？

我在外已经漂泊六年了，惭愧自己才能低下像一匹驽马，不能像千里马一样飞驰疾行。屈指计算，自己从辛亥年的冬天，到辽西去讨生活，去年夏天到了天津，今年春天到了省城，过了四个月才到平舒任职。来馆已经数年，仍旧只是个副手，年俸不过一百两银子，在内还得补贴家用，在外还要应酬，说到我的积蓄，只有清风明月罢了。

读了你寄来的舅父的书信，舅父因我迟迟没有将捐官的事报命而责备我，对于这件事，我怎么能推脱责任呢？想到自己从家道中落，承蒙舅父格外的怜爱与照顾，才有了现在的我，蛇雀都知道报恩，我又怎么敢忘记了舅父对我的大恩大德呢？之所以久久没有报命，实在是因为自己的力量不足，而不是因为失去了自己的明心啊！一任官职，誓必有报命的时候，还请你替我婉转说明，以使我不得罪长辈，那实在是侥幸啊！

六、复朱鹤汀

手书遥贲[①]，知足下适患河鱼[②]之疾，造化小儿[③]，何不仁乃尔！近日定占勿药[④]矣。

弟贫也非病。客自家乡来者，道波臣为虐[⑤]，年谷不登。旅人[⑥]无以自存，又重以内顾[⑦]忧，如何！如何！

足下作归省[⑧]计否？新凉入序，寄语加餐。

【注释】①遥贲（bēn）：从远处而至。②河鱼：腹疾。③造化小儿：指病魔。④勿药：比喻疾病已经痊愈。⑤波臣为虐：遭遇水灾。⑥旅人：旅居在外的人。⑦内顾：家庭负担。⑧归省：回家省亲。

【译文】您的书信从远方寄来，（读过之后）得知您正身患腹疾之病，病魔为何如此的不仁慈！近期一定会康复的。

我所遭遇到的只是贫穷，而并不是疾病。有宾客从故乡来，告知家乡遭遇了水灾，庄稼都没有收成。旅居在外的人生存都难以为继，再加上需要照顾家庭的负担，这让人如何是好？

您可有回家省亲的打算？现在又进入到天气变凉的秋季了，一定要多吃一些饭食啊！

七、求南皮县倪写字

人日拇战累北[1]，而阁下得心应手[2]，洒脱[3]不凡，始知仙吏自有真也。别后时作碧天云树[4]之想，奈以作嫁故，不获趋瞻琴鹤[5]，重整酒兵[6]，怅结何似！法书联幅，便望掷下。弟虽赠乏笼鹅[7]，而大君子一诺千金[8]，当不吝《黄庭》[9]一卷也。

【注释】①人日：指每年正月初七。拇战：酒令的一种，也叫“划拳”“豁拳”。因划拳时常用拇指，故称拇战。北：败。②得心应手：技艺纯熟，做事顺手，尽合心意。③洒脱：潇洒自然，不拘束。④碧天云树：怀慕的意思。⑤琴鹤：指清廉的官吏。北宋赵抃知成都府，匹马入蜀，以一琴一鹤自随，后为御史，时称“铁面御史”，卒谥“清献”，后人因此遂以“琴鹤”为廉吏之称。⑥酒兵：《南史·陈暄传》：“故江谘议有言：‘酒犹兵也，兵可千日而不用，不可一日而不备；酒可千日而不饮，不可一饮而不醉。’”后因谓酒为酒兵。⑦笼鹅：以笼置鹅。《晋书·王羲之传》：“山阴有一道士，养好鹅，羲之往观焉，意甚悦，固求市之。道士云：'为写《道德经》，当举群相赠耳。'羲之欣然写毕，笼鹅而归，甚以为乐。"后以"笼鹅"指王羲之以字换鹅事。⑧一诺千金：诺：许诺。许下的一个诺言有千金的价值。比喻说话算数，极有信用。《史记·季布栾布列传》："得黄金百斤，不如得季布一诺。"⑨黄庭：老子所著，道教养生修仙专著。

【译文】正月初七与你饮酒划拳，我屡屡战败，而你得心应手，很是洒脱，不同于一般人，方才知道了神仙做官，确实是有真理的！自分别后，时常想念你，无奈我为别人做事，无法去探望你，与你喝酒划拳，这是多么地令人惆怅啊！求你写的联幅，抽空的时候请为我寄来。虽然我没有"笼鹅之赠"来回送你，但君子一诺值千金，你当然是不会吝啬一卷《黄庭经》的。

八、唁陈名山

西风落叶，正念故人。忽素简[①]远来，惊知伯母大人仙逝，殊深感悼[②]！

吾兄孝思纯笃，必以乍违色养[③]，为百身莫赎之愆。然伯母音容虽邈，懿范[④]犹存；况乎生尽其欢，没尽其礼，于子职[⑤]无少缺憾，亦可稍释皋鱼之痛矣。

弟以关河修阻[⑥]，未获亲奉刍香[⑦]，薄具楮仪[⑧]，聊申奠醊[⑨]，不足当徐生一束也。

九峰综理元城幕务，十年淬砺[⑩]，颖脱一朝，以兄至戚投之，谅无不允。如弟碌碌，恐难恃为声援耳。

【注释】①素简：报丧的书信。②感悼：感伤哀悼，伤感。③色养：人子和颜悦色奉养父母或承顺父母。④懿（yì）范：美好的道德风范。⑤子职：儿子对父母应尽的职责。⑥修阻：路途遥远而阻隔。⑦亲奉刍（chú）香：亲自前来吊唁。⑧楮（chǔ）仪：馈赠丧礼的东西。⑨醊（zhuì）：古代祭祀时把酒洒在地上。⑩淬砺：磨砺。

【译文】面对这凄凉的秋景，正在思念老朋友。忽然接到您从远方寄来的报丧的书信，吃惊地获知伯母去世了，对此非常的伤心！

您对父母十分的孝顺，必定会感觉母亲忽然去世，自己有莫大的罪过。然而伯母的音容笑貌虽然不在了，可是她被称作模范的美德却依然存在。况且伯母在世时您侍奉得很好，去世之后礼节也很周到，从做儿子的本分来看，没有什么遗憾缺失了，也可以稍微减少一些哀痛了。

我因为路途相隔太遥远，不能亲自前往吊唁祭奠，只能送上一点祭祀的礼品，略表我祭奠的诚意，不能和徐生的一束相提并论！

九峰办理元城的幕务，十年间不辞辛劳，现在脱颖而出，你们是至亲，前去他那里，料想他也不会不答应。我很是平庸，恐怕是不能应援了。

九、与黄封三

一番风信[①]，几度花飞，瞥眼[②]春光，增人离索。老表兄遨游塞外，得令郎随侍莲帷[③]，晨昏分筹笔[④]之劳，诗礼习趋庭[⑤]之训。而贤乔梓[⑥]应时介福[⑦]，尤无事逼人赞颂也。

弟因人成事，局促如辕下驹[⑧]。刻思绝靮[⑨]而驰，又无可为昂首长鸣之地。兄固弟之伯乐也，苟不以驽劣而策之前焉，则千里康庄，腾骧[⑩]有自矣。鞭长可及，望之望之！

【注释】①风信：应花期而来的风，即花信风。自小寒至谷雨，凡四月，共八个节气，一百二十日，每五日一候，计二十四候，每候应以一种花的信风。每气三番。小寒：梅花、山茶、水仙；大寒：瑞香、兰花、山矾；立春：迎春、樱桃、望春；雨水：菜花、杏花、李花；惊蛰：桃花、棣棠、蔷薇；春分：海棠、梨花、木兰；清明：桐花、麦花、柳花；谷雨：牡丹、酴醾、楝花。参阅南朝·梁·宗懔《荆楚岁时记》、宋·程大昌《演繁露·花信风》、宋·王逵《蠡海集·气候类》。一说，每月有两番花的信风，一年有二十四番花信风。见明·杨慎《二十四番花信风》引南朝·梁元帝《纂要》。②瞥眼：一眨眼的时间，极言时间之短；忽然，迅速地。③莲帷：南齐王俭在高帝时当卫将军，居宰相职，官高德重，其僚属多硕学名士。安陆侯萧缅与俭书曰："盛府元僚，实难其选。庾景行泛渌水，依芙蓉，何其丽也。"时人把他的官署比作莲花池，入王俭幕府为入莲幕。后用以称美大官的幕府，又称"莲帷"。④筹笔：运笔筹划。⑤趋庭：指孔子之子伯鱼趋而过庭，并闻孔子言诗礼事。见《论语·季氏》。后因以"趋庭"为承受父教的代称。⑥乔梓：乔木、梓木两种高矮不同的树木，比喻父子。语本《尚书大传》商子之言"乔者，父道也""梓者，子道也"。乔木高，梓木低，比喻父位尊，子位下，因称父子为"乔梓"。⑦介福：大福。《易经·晋卦》："受兹介福，于其王母。"⑧局促如辕下驹：局促，形容受束缚的样子。辕下驹，车辕下的小马。形容人受束缚，而局促不安，观望畏缩，不能施展。语出《史记·魏其武安侯列传》："上怒内史曰：'公平生数言魏其武安长短，今日廷论，局趣（促）效辕下驹，吾并斩若属矣！'"⑨靷（yǐn）：引车前进的皮带，一端套在车上，一端套在牲口胸前。⑩腾骧：飞越奔驰，奋起前进。引申为地位上升，宦途得意。

【译文】一番番花信风吹过，几度花开花落，转眼之间春天即将过去，更使人增添了几多冷落萧索之感。老表兄您远游漂泊于塞外，好在有令郎陪伴在您身边，每天早晚分担幕府中的一些笔墨事务，而且随时聆听父亲的教诲，学习诗礼。而你们贤父子随着时令纳受无疆之福，多加保重，也不需要我有更多的祈祷了。

小弟我依靠着他人做事，就像驾车的马驹，局促不安，不得自由。迫切希望能够弃绝缰绳，自由奔驰，又没有可以让我挺胸抬头、放声鸣叫、施展抱负的地方。兄长您本来就是我的伯乐，如果不嫌弃我的驽钝下劣，而肯鞭策我前进，那么，即便是长达千里的大道，也可以飞跃奔驰，奋起前进。相信以您的力量是可以达到的，热切盼望着您的回音。

十、托杨樾庵谋馆

春鸿①绝影，芳讯②稀通。顷晤香度，始知塞上青油③，已安徐榻④。前以一饼金⑤函致省寓，度在文旆⑥启行之后，祈急取之毋失。此间瓜代⑦有期，行将解馆⑧，恃足下高居首要，一推一挽⑨，不复属望他人矣。

【注释】①春鸿：春天的大雁。鸿，大雁，喻指书信。②芳讯：花开的消息；对他人来信的美称。③青油：青油涂饰的帐幕，借指将帅的幕府。④徐榻：指东汉陈蕃为徐稺特设之榻。陈蕃为太守，在郡不接宾客，唯稺来特设一榻，去则悬之。事见《汉书·徐稺传》。后用为好客之典。⑤饼金：铸成饼状的金块。⑥文旆：有文采的旌旗。为古天子的仪仗。后用以对人出行的敬称。⑦瓜代：本指瓜熟时赴戍，到来年瓜熟时派人接替。后比喻任期已满，换人接替。⑧解馆：旧时谓书塾停办或塾师解聘。⑨推挽：由后推进或由前牵引，后比喻引进、荐举。

【译文】好久没有接到你的来信，很少得到关于你的消息。前不久和香度见过面，才知道你已经在塞外幕府中就职，被东道主赏识重用。之前我将一枚金币封装在信函中，邮寄到你在省城的寓所，想必在尊驾启程动身以后会寄到，请尽快取回以免丢失。我在这边的工作任期将满，即将卸任，仰仗足下位高权重，能够多多引荐、提携，我也就不再寄希望于别人了。

十一、复陈樾亭

兄馆永宁时，正弟溷迹津门，一通鱼素[①]。此后驾游山左[②]，我滞云中[③]，驿使难逢，陇梅莫寄。昨手书远及，乃知焦桐逸响，到处赏音。盖素所挟持者，原自加人一等也。未知年来囊箧[④]如何，三径其就荒矣，得毋听子规而情动乎？

弟自甲午夏杪[⑤]，移砚会川，以积累故，迄未少有储蓄。近得家言，知小儿夭殇[⑥]，天涯只影[⑦]，似续萦怀。回忆出门时之呱呱在抱者，其何能以太上忘之！重九后，本拟束装归里，因居停[⑧]维絷[⑨]甚坚，勉待岁阑[⑩]，再定行止。或明春接眷北上，免作苦行头陀，未卜苍苍者，其见许否耶？

【注释】①鱼素：喻书信。②山左：即山东。③云中：今山西省大同市。④囊箧（qiè）：盛放东西的器物。⑤夏杪（miǎo）：夏末。⑥夭殇：早亡。⑦天涯只影：孤身远游。⑧居停：居住处的主人。⑨维絷：滞留。⑩岁阑：年底。

【译文】您身在永宁馆中的时候，我正混迹在天津，我们曾经通过一次书信。从此之后，你前往山东，我滞留在云中地区，很难碰到传递书信的信使，无法给你寄送书信。昨天，收到您从远方寄来的书信，于是知晓只要身怀真才实学，到哪里都会得到赏识。大概是您平日里所具备的才学，本来就胜人一筹。不知这一年来您的经济情况怎么样。您也好久没有回家了，田园也快要荒芜了，听到杜鹃鸟的叫声，是否触发了您的乡愁之情呢？

我自从甲午年夏末，被调派到会川来做事，因为历年积累下来的许多债务的缘故，迄今没有多少积蓄。近期收到家书，得知我的小儿子不幸早亡，我孤身在外，形单影只，后嗣的事也时常记挂在心中。回想起离家出门的时候，依然记得小儿抱在怀中呱呱啼哭的情形，我又怎么能够做到“太上忘情”忘掉他呢？重阳节过后，本来想要收拾行装回一趟故里，但因为主人再三地挽留，只能勉为其难待到年底再做决定了。或许明年春天会把家人接到北方来，以此来避免做那孤苦修行的和尚，但不知道上天是否能够满足我的心愿。

十二、与王沧亭

癸秋获亲芝宇，适有平舒之行，匆匆①赋别。旋投尺素②于清丰幕次[3]，得陈炜光札，乃知抱恙南返，心窃系之。

顷晤徐君养安，道文旆[4]由邗江而之山左。平山风月，与齐甸莺花，自必尽收吟箧[5]。而出干将于吴匣，售太璞于荆山，尤可为兄操券也。

弟去国[6]八年，萍踪远托，白云亲舍[7]，魂梦为劳。祇以鸡肋縻人，遽难割弃。惟有日诵“举头望明月，低头思故乡”之句已耳。

【注释】①匆匆：急遽的样子。②尺素：喻指书信。③幕次：游幕的地方。④文旆：古代皇帝的仪仗旌旗上的纹饰。⑤吟箧：诗箧。⑥去国：离开故乡。⑦白云亲舍：比喻离家太远。

【译文】癸年秋季，与您相会，当时我恰好要去平舒，就匆匆忙忙地分别了。我马上就投送书信到清丰府衙之中，收到陈炜光的书信，才获知您因病已经返回南方，心中甚是挂念。

刚刚遇到徐君养安，他说您由扬州到达了山东。那么平山的风月和齐甸的莺花，处处的景致自然而然必定全都收录到了您的诗箧之中。您的才能得以发挥，如同宝剑出匣，美玉得售一般，这是可以料想到的事情。

我离开故乡已经有八年了，漂泊不定，寄居在远方，思念父母，就是在梦中也不曾忘记。只因这个没什么意思的职位羁绊着人，一时难以舍弃。只能够每日朗诵李白“举头望明月，低头思故乡”的诗句而已。

十三、复左宇眉

闰春邂逅之遭，出诸望外。“乍见翻疑梦，相悲各问年。”此情殆有似之！时以馆事相催，不获畅叙为恨。首夏①复偕居停②晋省，而兄已发潞河之棹③。重午④归来，展诵手翰⑤，意气勤勤恳恳；而述当前之境遇，溯畴昔⑥之馀欢，益令人感怀无已。

吾兄多文积学，久拟为木天⑦粉署中人，牛后之依，固不如鸡口之为得也。若论近时馆况，比比皆然，一片青毡，可久则久，惟足下审时而善处之。

弟奔走有年矣！家慈垂暮⑧，日切倚闾⑨。乃以季子囊空，欲归不得。当时豪兴，多于冗场愁境，日渐消磨。寄呈近作四首，应亦讶其颓唐⑩耳。

【注释】①首夏：农历四月。②居停：主人。③棹（zhào）：划船的一种工具，形状和桨差不多。④重午：农历五月初五，即端午节。⑤翰：即书信。⑥畴昔：昔日。⑦木天：翰林院。⑧垂暮：意指年老。⑨倚闾（lǘ）：父母望子归心切。⑩颓唐：萎靡不振。

【译文】在春天闰月的那一次偶然相遇，出乎我的意料。司空曙诗中讲道的“乍见翻疑梦，相悲各问年”。的情景倒是与此有些相似！只恨当时被公事催促，不能和您畅谈。初夏时节（农历四月份），和主人一同进省，而此时您已经出发前往潞河。端午节时回来，展读了您寄来的书信，意思表达得非常诚挚；叙述现在的境况，追忆往日的欢乐，更加让人感慨万千。

您的学识渊博，早就应该成为翰林院尚书省中人，（与其）在大地方跟在他人的身后（被指挥安排），还不如在小地方独当一面。如果要谈论近来馆地的境况，也都是这样的，这种生活状态，能够维持多久就维持多久，只盼望着您能审时度势，合理地处理应对。

我已经在外奔波多年了，家中母亲现已年老，整日依着门闾殷切地期盼着我回去。只因我身上的积蓄不多，想要回归故里也不可能。之前的兴趣爱好，也因常年的烦忙忧愁，一天天的消磨殆尽了。寄送给您近来所作的四首诗词，您看过之后应该也会对我萎靡不振的状态感到惊讶！

十四、复王礼园

草草尊罍（léi）[①]，正惭[②]简略；乃辱致书言谢，益厚吾颜矣。

闻足下三宿而后出昼，金缕[③]红牙[④]，流连不置[⑤]。何故春光一线，竟不漏泄[⑥]人间耶？

尊照命题极雅!“分明一样凌寒骨,人比梅花韵更多。”附《满庭芳》一阕,幸为拍正。朱提[7]已收,但何亟亟[8]乃尔!

【注释】①尊罍:饮酒的器具。②惭:羞愧。③金缕:曲名。④红牙:拍板。⑤流连不置:流连忘返。⑥漏泄:走漏消息。⑦朱提:银子的别称。⑧亟亟:急急忙忙。

【译文】如此简单地招待您,我正在因(招待)太过简陋而自感惭愧;您却来信感谢,这让我更加惭愧了。

听闻您住了三夜才离去,哼唱金缕曲,拍打红牙板,流连忘返。为何如此秘密的事情,像春光一般,竟然不让他人知悉呢?

您照片的题名极其得雅致!“分明一样凌寒骨,人比梅花韵更多。”现附寄我所写的《满庭芳》词一首,请您斧正。您寄来的银子已经收到了,但是您何必如此的着急(给我)呢?

十五、向玉田县李借银

阁下风清载鹤[1],化恰鸣琴[2],几于无口不碑[3],无腹不鼓[4]。皆由经术[5]素所蕴负,施为本于挚诚。故民以蒙庥[6],而政声四达也。

弟自启篆[7]后,随居停[8]至郡至省。甫于望[9]后归来,鹿鹿[10]尘踪，竟不知柳眼花须[11]，已过清明百五[12]。年华如驶，每念家慈垂暮，童乏应门，未尝不切切于怀，冀效板舆[13]之奉。以十年垂橐[14]，迎养无资，徒有心旌[15]一片耳。

阁下意气如云，弟所深佩，或不惜西江之水[16]，一借润焉，则他乡游子，不致怅隔慈辉；而前度刘郎[17]，兼得重谐仙侣，其拜赐为何如耶！

【注释】①风清载鹤：喻指为官清廉。鹤，见第七篇注释⑤。②鸣琴：《吕氏春秋·察贤》："宓子贱治单父，弹鸣琴，身不下堂而单父治。"后因用"鸣琴"称颂地方官简政清刑、无为而治。③无口不碑：没有人不称赞。口碑，指众人的口头赞颂，有如文字镌刻于碑石。④无腹不鼓：没有人不吃饱。鼓腹，鼓起肚子，形容饱食而闲暇无事。⑤经术：经学；治理天下之术。⑥蒙庥：蒙受庇护。庥，树荫，比喻庇护。⑦启篆：开始任职。篆，印章多用篆文，故为官印的代称，比喻官职。⑧居停：寄寓之所的主人。⑨望：夏历每月十五日。⑩鹿鹿：车轮转动声，引申谓奔走于道途；忙碌。⑪柳眼花须：形容春天柳抽叶，花吐蕊。⑫百五：寒食日，在冬至后的一百零五天，故名。⑬板舆：古代一种木制的代步工具，多为老人所乘坐。后借指居官在位者迎养父母。⑭垂橐：垂着空袋子，谓空无所有。⑮心旌：比喻人心神不宁，如摇晃的旌旗一般；心神，神思。⑯西江之水：借指解燃眉之急的救助。《庄子·外物》：庄周家贫，故往贷粟于监河侯。监河侯曰："诺！我将得邑金，将贷子三百金，可乎？"庄周忿然作色曰："周昨来，有中道而呼。周顾视，车辙中有鲋鱼焉，周问之曰：'鲋鱼来，子何为者耶？'对曰：'我东海之波臣也，君岂有斗升之水而活我哉？'周曰：'诺！我且南游吴、越之王，激西江之水而迎子，可乎？'鲋鱼忿然作色曰：‘吾失吾常与，我无所处。吾得斗升之水然活耳。君乃言此，曾不如早索我于枯鱼之肆！’”⑰前度刘郎：相传东汉永平年间，刘晨、阮肇入天台山采药，遇仙，还乡后，子孙已历七世，又重到天台。后借指去而复来者。

【译文】阁下您为官清廉，政简刑清，无为而治，德政和教化使一方百姓受惠，几乎是没有一个人不称赞，没有一个人不饱暖快乐。这都是因为您平生精通经学，从而通达治理之术，一切的施政举措都是本于至诚之心。所以百姓得以蒙受恩泽与庇护，而政治名声遍传四方。

小弟我自从开始任职以来，跟随东家到郡城、到省城。刚刚在这月的十五日以后才回来，奔波忙碌于风尘之中，不知不觉间柳树抽芽、百花吐蕊，已经过了清明节和寒食日了。岁月如奔驰的骏马，每每想到母亲已经年迈，缺少童仆在身边照应，未尝不痛心疾首、牵挂于怀，特别希望迎接到自己身边来养老。多年游历在外，依然是囊中空空如也，没有钱迎养母亲，徒有一片孝心，每念及此，心中久久不能平静。

阁下您气概豪迈、情深义厚，小弟向来深感敬佩，想必您不会吝惜些许财物，以解我燃眉之急，那么，他乡的游子，不至于遗憾地无法见到母亲的慈颜；而且我们夫妻也能重新团聚，这样蒙受您的恩赐和成全，将会无比感激。

十六、与陈菱舟

不通尺素[①]者匝岁[②]，彼此于一斋斋书内，附致拳拳[③]。嗣令叔往返会川，备审近状[④]。并得与令弟盘桓[⑤]数日，既叨竹林[⑥]之雅，复亲棣萼[⑦]之辉，缘缔三生，人逢千里，是亦友声[⑧]所难得者矣。

弟挟策而来，初不作久安之计。近看世路[⑨]，折节风稀，王前士前，持之有定，彼亦望而自却，因姑与之周旋，非真以强项公[⑩]作耐久朋也。

【注释】①尺素：书信。②匝岁：一年。③拳拳：赤诚，诚挚。④备审近状：详细的获知近期的情况。⑤盘桓：徘徊，逗留住宿。⑥竹林：喻指叔侄。⑦棣萼（dì è）：比喻兄弟。⑧友声：指朋友。⑨世路：社会情况。⑩强项公：刚正不阿的人。

【译文】我们已经有一年多没有互通书信了，我们只是在书信中表达诚挚想念的感情。您的叔父往返于会川，（从他那里）我详细地了解到您近来的情况。并且得以和您的兄弟交谈游玩了几天。不仅受到了您叔侄的雅爱，也得以亲近你们兄弟的光辉，这一定是早早结下了三世的因缘，能够在千里之外的地方相遇，这是朋友之间所难得的事情了。

我当初来到这里，原本没打算长时间的安身。但是近来观察社会的情况，能够做到委屈自己向他人低头的已经很少了，要是持有坚定的态度，持之以恒的信念，他人也会望而却步的。因而我姑且对他人应付一下，并非真的将那些倔强的人当作长久的朋友相待。

十七、与徐养安

闻足下之名久矣，平时①相慕切，而相遇终疏。不意清和②之首，得于会城客邸③遇之。伏见大兄春云意气，秋月半裁，不啻鸡鹜群中，矫然一鹤，益令人心折无似④。旋以蒲轮适馆，分手匆匆。而弟自重午⑤归来，日与管城子⑥共晨夕，劳状概可想见。足下目无全牛，奏刀立解。当此轻衫团扇，一榻清闲，知不与笨伯⑦同其役役⑧也。

【注释】①平时：平生。②清和：阴历四月。③客邸：旅舍。④心折无似：心中十分信服。⑤重午：农历五月初五，即端午节。⑥管城子：笔的别称。⑦笨伯：愚笨的人。⑧役役：劳苦的样子。

【译文】很久之前就听说您的大名了，平生对您非常的仰慕，然而相见的机会却是很少。没想到在四月初能够在省城的旅舍中与您相遇。看到您如春云般的气概，秋月般的风姿，简直就是昂然伫立在鸡群中的仙鹤，更加让人心中叹服了。不久之后您就前往衙门，（于是）我们匆匆地分别了。我自从端午节回来之后，每天都与笔墨朝夕相处，辛苦忙碌的境况可想而知了。您办事胸有成竹，十分高效。在这身穿轻衫，手摇团扇的时节，您一定是悠闲地躺在竹床上，而不是像我这样笨伯一般得整日忙碌不堪！

十八、与王九峰

嵇生①懒慢，鱼素久睽。而梦雨②离云③，未尝不依依在抱④也。雪窗无事，近履何如？便希一音寄慰。

弟八年旅食⑤，鸡肋虚縻。秋间母病子殇⑥，正作南归之计；适得家报，因知慈竹平安，遂尔中止。惟念一枝秀茁⑦，幻若昙花，他日言旋，牵衣谁问？未免心为之酸耳。

【注释】①嵇生：即嵇康。②梦雨：比喻思念故人。③离云：别离的友人。④抱：怀。⑤旅食：旅外谋生。⑥殇：早亡。⑦秀茁：喻指小儿。

【译文】我如嵇康一样的懒惰，好长时间没有给您写信了。但是对老友还是时刻地思念。近来雪满窗前，无事可做，您近况如何？方便的时候期盼您能寄送一封书信来，给我安慰！

八年以来，为了衣食我旅居忙碌在外，如同吃鸡肋一般，无味却又舍不得放弃。秋天的时候，母亲生病，小儿早夭，正打算回南边一趟。恰巧这时收到家书，从而获知母亲病已痊愈，因此终止了南归的计划。只是想到小儿，如同昙花一现，等到他日回家，还能够有谁来牵衣询问呢？不免让我为此有些心酸了。

十九、还玉田县李送程仪

秋间猝有南旋之举，阁下锡之兼金②，壮其行色③。以弟庸陋，猥荷挚怀，屡分鹤俸④之余，益切蛇珠⑤之感。比得家报，欣知老母健康，是以半棹孤篷，欲行又止。馈赆之雅，不敢拜登⑥，谨俟便羽⑦东来，奉以归赵⑧。而阁下之稠情古谊，已与潭水⑨俱深矣。

【注释】①程仪：送给出门旅行人的路费或礼物。②兼金：价格倍于平常的好金。亦泛指多量的金银钱帛。③行色：行意。行旅出发前后的情状、气派；犹指行旅。④鹤俸：官吏微薄的俸禄。⑤蛇珠：参见第五篇注释⑨。⑥拜登：接受赐赠的敬词。语本《左传·僖公九年》："（齐侯）对曰：'天威不违颜咫尺，小白，余敢贪天子之命，无下拜？恐陨越于下，以遗天子羞。敢不下拜？'下，拜，登，受。"⑦便羽：指托便人带的书信。⑧归赵：把原物还给本人，语出"完璧归赵"。⑨潭水：即桃花潭水，比喻友情深厚。出自唐李白《赠汪伦》诗："桃花潭水深千尺，不及汪伦送我情。"

【译文】今年秋天的时候，我忽然有返回南方的行动，承蒙阁下您赠我上好的金银作为路费，添壮我的行程。小弟我是一个平庸浅陋的人，非常惭愧地蒙受您对我的真挚的关怀，多次拿出您的俸禄来帮助我，使我回报您的心情更加深切。刚刚得到家中的消息，非常欣慰地知道老母亲身体康健，所以乘坐的小船返棹，想要回去又中止了行程。您一番美意，赠送我的行资，不敢纳受，等到有便人东来的时候，带过来奉还给您。而阁下您的深情厚谊，已经和桃花潭水一样深了。

二〇、与龚甘林

菊秋[①]天假之缘，会逢其适。承足下爱我谆挚，欢若平生。古人倾盖[②]之交，当不是过。别后归来，席尚未暖[③]，以清查事，脂车入省，长至前三日返馆，板桥茅店，日仆仆[④]于朔风[⑤]寒雪中。依人况味，可想而知。岁杪[⑥]作旋省计否？如有同心，则握手言欢，近在屠苏入饮时[⑦]矣。

【注释】①菊秋：阴历九月。②倾盖：比喻亲密的友谊。③席尚未暖：形容非常得忙碌。④仆仆：劳顿的样子。⑤朔风：北风。⑥岁杪：年底。⑦屠苏入饮时：阴历正月初一。

【译文】菊花开放的时节，天赐的缘分让我们恰巧相遇。承蒙您诚挚的关爱我，对我如同故交一般。古人说的“倾盖之交”也不过如此。分别之后回来，坐席尚未暖和，又因为清查的事务，又坐着车子去到省城，直到冬至前的三天才办完事情回到家中，旅途劳顿，整日奔波于凛冽的北风雨雪之中。依附他人做事的苦涩，可想而知了。年底您可有归省的打算？倘若也有回去的打算，那么我们握手言谈，就近在阴历的正月初一了。

二一、与孙香度

客腊封篆[①]，记与足下把酒言欢；今春返自都门[②]，又剪西窗之烛。流光如驶，瞬息一年。翘首江云[③]，企[④]怀奚似！每致一斋书，必承垂询，深感注存。乃以笔耒为佣，冗懒相半，遂致南鸿呖呖，一纸未伸。歉甚！歉甚！

足下安砚濮阳，噪声油幄[⑤]。行见大江南北，誉美红渠[⑥]；更喜地近乡园，又与菱舟一方共事。福人福地，何造物之位置独厚也。

弟今岁晋省者三，晋郡者六，因人成事，何敢言劳。讵秋间母病子殇，事多拂逆[⑦]，急拟治装南返；而空囊羞涩，素手[⑧]难归。昨得家报，知老母安全，是以听罢了规，又停征棹[⑨]。然而白头有老，黄口无儿，千里乡云，倍增缕缕矣。春初所失，追如其数。黄鹤[⑩]去而复返，知我贫也。承念附及，不备不庄。

【注释】①客腊封篆：去年年底封印时。②都门：北京的别称。③江云：表示怀慕的意思。④企：踮着脚尖而观望。⑤油幄：幕府。⑥红渠：表示游幕的意思。⑦拂逆：指违背，违反。⑧素手：空手。⑨征棹：指远行的船。⑩黄鹤：比喻失去的东西。

【译文】记得去年年底封印时，我和您喝酒言谈很是畅快。今年春天从北京返回，又在一起秉烛夜谈。时间如同奔驰的骏马一般，转眼又是一年。对您我是十分的想念啊！您每次寄来的书信中总是会询问我的情况，对此我非常得感激。只因靠着一支笔来维持生计，一半是忙于文笔的事务，一半是自己懒惰，所以没能给您写一封书信。十分的抱歉！

您如今在濮阳做事，闻名于幕府。将要看到大江南北衙门之中，都充满着您的美誉。更让人高兴的是，做事的地方离着家乡很近，又和菱舟在一起工作。幸福的人，在幸福的地方，上天单单对你们的安排相比他人来讲特别的恩厚！

我今年进省三次，进郡六次，依靠着别人来做事，怎么敢说辛苦呢？想不到在秋季的时候，家母生病，儿子夭折，事情多不能顺心，着急想要整理行装回到南边一趟。但是衣袋之中却没有财物，两手空空很难回去。昨天得到家书，获知家母身体已经康复，因此终止了南归的计划。然而上有老母，下无孩子，在远离故乡的地方，惆怅的情绪更加强烈了。在初春时所丢失的财物，现在已经如数追回。如同黄鹤一般去而复返，好像是知道我贫困。承蒙您挂念着此事，所以在信中最后多说几句，既不完备，又不庄重！

二二、劝韦秋漪

重门间阻①，尺素鲜通。顷知驾就平安，从此拔帜而上②，即可自树旗鼓，烟花③逐队④，切宜慎之。盖幕次不同寓次，出入跬步，有碍关防⑤；况灯灺⑥酒尽之馀，一觉扬州，思之亦甚无味耳。

伯母寄到寒衣，藉便付去。游子身上，慈母手中，当时时念及也。

【注释】①间阻：阻隔。②拔帜而上：喻指上进，提升。③烟花：喻指妓女。④逐队：跟随众人而行。⑤有碍关防：不遵守规则。⑥灺（xiè）：残烛。

【译文】因路途遥阻，不太互通书信。近来获知您在平安县做事，从此奋发向上，就可以独当一面了。出入花柳场这种事，一定要谨慎。在衙门中和在家里不一样，出入举止，走错一步就违反了规则。况且一到夜深酒散的时候，如同扬州一梦，回头想想也会觉得无趣得很！

伯母寄到的寒衣，顺便寄给您。“慈母手中线，游子身上衣。”，您也应该时常想起呀！

二三、贺陈筠青

昨得手书，以弟夫人弄瓦①而不弄璋②，其辞若有憾③焉。不知二五构精，伉俪同功，是谁之过？而为是怏怏④耶？况雏凰⑤之降，即以开么凤⑥之先；谢氏乌衣，不可无林下风⑦以济其美，正不必谓梦月⑧之不如梦日⑨也。

【注释】①弄瓦：指生得女儿。②弄璋：指生得儿子。③憾：心中不满足。④怏怏：不满意，不高兴。⑤雏凰：指生得女儿。⑥么凤：指生得儿子。⑦林下风：喻指女儿。⑧梦月：指生得女儿。⑨梦日：指生得儿子。

【译文】昨天收到您寄来的书信，因为您的妇人生得一女而没能生得一男，言辞之中稍有一些遗憾不满。您岂不知晓，夫妻一起，双方具有同样的作用，究竟是谁的过错呢？为什么如此的不高兴呢？况且生得女孩儿，就是生男孩儿的预兆。谢安家那么多的贤良子弟，也不能没有一个女孩子来增添和点缀他们，你可不要觉得生女孩儿不如生男孩儿呀！

二四、复孙午桥问人怀孕

同梦数月，正惭不能为人；来书以笠山言，无而为有，诚过听已。养叔[①]虽善射，或者俟之异日耳。

【注释】①养叔：养由基，春秋时楚国人，善射箭。

【译文】我们夫妻在一起生活好几个月了，正因为没有一点儿成果而惭愧。您来信说因为听信了笠山的话，把没有的事认为是有，真是太过相信他人的话了。虽然我善于生养儿子，但是这事或许还是要等待时机。

二五、贺李玉峰

金台之游，久不赴约。昨晤[①]令弟，谓足下已赋小星[②]。想见豆蔻初开[③]，春风得意。第恐河东君[④]未必"我见犹怜"；则龙丘居士难免贻笑髯翁⑤耳。

【注释】①晤：遇到。②赋小星：娶妾。③豆蔻初开：喻指处女。④河东君：指妻子。⑤髯翁：指苏东坡。

【译文】您计划到北京来游玩，好长时间了也没有来。昨天遇到您的弟弟，告知我您已经纳了妾。娶到这样一个年轻的女子，您当然会很满意。但是恐怕您的夫人，见了她（指小妾）未必会“我见犹怜”。那么您也要像龙丘居士那样被苏东坡笑话了。

二六、复胡筠坡查信

朵云①垂贲；而祥符②一函，求之不得。遗我双鲤③，仅获一鳞，不知浮沉何处？祈详查之。

【注释】①朵云：喻指书信。②祥符：即河南开封。③双鲤：一底一盖。把书信夹在里面的鱼形木板，常指代书信。

【译文】您给我寄送书信，但是从开封发出的那一封信，我始终没有收到。您寄给我两封信，我却之收到了一封，不知道遗失到哪里去了？请您再详细地调查一下吧！

二七、贺沈孟养父母双寿

足下以椿萱并庆[①]，整策而南。弟谊属知交，分同犹子[②]，虽萍踪远托[③]，不获随莱子之衣；而芹献[④]殊殷，窃愿进安生之枣。谨将菲[⑤]意，惟冀鉴存。

【注释】①椿（chūn）萱并庆：指父母双寿。②犹子：侄儿。③萍踪远托：寄身在外地。④芹献：谦称赠人的礼品菲薄或所提的建议浅陋。⑤菲：薄。

【译文】您因为父母同时做寿，要回到南边去了。我和您是至交，在身份上自然而然如同（您父母的）侄儿一般。虽然身处在远方，不能前来拜寿，但是寿礼却不能不送过去。东西不多，只是为了表达我的诚意，请您一定要收下！

二八、与龚未斋

吾党[1]倾心丰采，几如士仰荆州。平时向往有心，而天缘不假[2]，奉教[3]无从。今春因蔼堂而得见先生，即荷忘年投分，垂爱逾常。频饫[4]郇氏之厨，屡醉公瑾之醴，铭心若篆，留齿犹芬。兼以蔼堂之将入省也，而假以一廛[5]，安其片席，绸缪委屈，无微不至。先生之爱人以德，更于此想见一斑[6]矣。临行雨丝风片，春到清明，不知路上行人，几问杏花村酒[7]。想此日琴装已卸，坐东阁而对残梅，雅兴当复不浅也。

弟以鸠心之拙，谬作螳臂之当，橐笔[8]素餐，正如南郭先生齐门溷食，应不免为当道所嗤[9]。惟望玉律之颁，藉获金针之度，则此感岂有既耶？

阮昔侯于廿一日赴磁州。破题儿[10]第一夜，钟情如先生，当亦为之黯然也。

【注释】①吾党：我辈。②天缘不假：机缘不遇。③奉教：接受教导。④饫（yù）：饱。⑤廛（chán）：古指一户人家所住的房屋。⑥斑：照。⑦杏花村酒：喻指卖酒的地方。⑧橐（tuó）笔：手持囊橐，簪笔于头，侍立于帝王大臣左右，以备随时记事。⑨嗤：笑。⑩破题儿：初次做事。

【译文】我们同辈人都非常地敬重您的风采，就如同唐代人仰慕韩荆州那样。平日里虽然内心十分的仰慕，但总是得不到机会，没有办法受到您的训导。今年春天，通过蔼堂的介绍而得以见到您，承蒙您不在乎长幼尊卑，与我成为忘年之交，您对我十分的关爱。多次品尝到您家的美食和美酒，我不仅铭记在心中，就连牙齿之间也感觉留存着香气。加上蔼堂将要去省城，您就给了我们一间屋子，使我们得以安心居住下来。生活起居上的关照，考虑得十分周密。您以德待人，从这件事上就可以看出来了。临走的时候风雨交加，到了清明节，不知在路上前后到杏花村吃过几回酒了？料想您现在应该已经放下行装，坐在东阁之中面对着残败的梅花，清雅的兴致应该不会浅吧。

我自己很愚笨，不自量力承担此重任，整日里将笔收起来只是吃饭，如同南郭先生在齐宣王门下混吃混喝一般，应该免不了会被世人所耻笑。只是期盼着您能写信来加以教导，（要是这样）那我就感激不尽了。

阮昔侯在二十一日到磁州去了。他们还是第一次出门，您也是多情的人，应该也会为他叹息吧？

二九、复龚未斋

一枝[1]甫寄，双鲤[2]频颁。正切停云[3]，捧朵云[4]而心慰；欣联今雨，同旧雨之情殷。适来二字平安，喜叶金闺之卜；何异万金郑重，敢迟竹报[5]之投？且也雅什[6]如珠[7]，香艳远超班宋；高情似水[8]，色空悟彻邯郸[9]。虽细雨清明，红杏少村家之酿；而春风寒食，黄粱成客子之吟。此又达士旷怀，抑亦雅人深致。勉酬郢曲，乞运宋斤。应知哲匠[10]之旁观，难免小巫之气尽。

【注释】①一枝：喻指书信。②双鲤：喻指书信。③停云：思念亲友。④朵云：喻指书信。⑤竹报：即竹报平安。⑥什：篇章。⑦如珠：圆转如珠。⑧高情似水：君子之交。⑨邯郸：喻指觉悟。⑩哲匠：喻指贤达的人。

【译文】我刚给您写了一封信，就收到了您的来信。正在思念您，就收到了来信，心中得到了不少安慰。很高兴新朋友能如同旧交一般感情殷勤。刚收到来信报知平安，我高兴得如同在闺中占得一吉兆。又如同是万金般郑重，我怎敢推迟给您回信呢？更何况您是做诗歌的圣手，篇章如同珍珠一般，辞藻艳丽远胜于班固和宋玉。深厚的情谊如同流水一般（源远流长），色相空空，感悟到了邯郸一梦。虽然是在细雨清明时节，奈何杏花村中没有美酒可以品尝。但春风习习，正当寒食时节，做几句诗来将黄粱梦境当作是客子的吟咏。这可以看作是旷达之人的豁达胸怀，或者也是风雅人士的深远兴致。勉为其难和诗几句，请您斧正！您应该明白有才学的人站在旁边观看，不免会让才疏学浅的人勇气全无。

至于凄凉客邸，原同寂寞禅关[①]。如先生之百里而遥，尚庆团圞于岁序；若贱子之十年不返，空怜漂泊于天涯[②]。所以王粲依人，登楼有感；纵使孟尝爱客，弹铗仍歌。然绿泛蓉池，庾景行之芳声独茂；青开莲榻，徐孺子之高躅可风。况我未斋先生，品重琳琅[③]，才工月露，仰而企之，已非一日；树而立者，诚足千秋。主善为师，宜在立雪坐风之侣；予生也晚，敢附乘车载笠之盟？

【注释】①禅关：佛家弟子打坐的地方。②天涯：在远方。③品重琳琅：品格重于琳琅宝玉。

【译文】至于我身处凄凉的旅社之中，原本就像寺庙里打坐的和尚那样寂寞。像您这样远在百里之外，新年时还能和家人在一起团聚。而我却是十年不能回家，只能自怜漂泊天涯！因此王粲依附于刘表时，登上江陵楼也不能感慨万千！即使是孟尝君对宾客敬爱有嘉，仍然免不了冯驩弹铗而歌。但是您身处衙门之中，如同庾景行一般声名远播。主人对您十分礼敬，如同陈蕃礼敬徐孺子一般。况且您的道德和学问都很高深，我仰慕您已经不是一天两天了。您的声名也足以流芳百世了。根据古人“主善为师”的说法，本来应该请您做我的先生。但是出世比较晚，怎么敢效法“乘车载笠”这样的古事，与您做朋友呢？

弟读书读律，窃愧无成；自西自东，徒劳何补。倚闾有白头之老，谁修定省[①]于晨昏；争梨失黄口之儿，空听笑啼于梦寐。加以陌头柳色，丝丝牵少妇之愁；因而枝上鹃声，夜夜起王孙[②]之感。无如一囊秋水[③]，顾影生寒；徒使万缕春云，登高雪涕[④]。爰思完聚，极意经营，凭寄南金，冀共鹿车[⑤]之挽；迎来北辙，用申乌哺之私。计维红裙荷衣，剑当再合；迟则黄飘桂子[⑥]，镜见重圆[⑦]。然而燕垒新营，已竭噙泥之苦；倘更鹪枝失寄[⑧]，何堪无米之炊。情固出于权宜，事实嗤其孟浪[⑨]。先生载将佳丽，久为泛宅之游；同此琴书，别有治生之乐。幸指迷之有自，知前事之可师。乞予良箴，不我暇弃[⑩]。

【注释】①定省：侍奉父母亲。②王孙：喻指不归家的游子。③一囊秋水：喻指囊中羞涩，贫困。④雪涕：拭泪。⑤鹿车：小车。⑥黄飘桂子：桂花变黄的时候。⑦镜见重圆：夫妻离别后得以重聚。⑧鹪枝失寄：言语失掉它本该服务之处。⑨孟浪：轻率从事。⑩暇弃：远而舍弃。

【译文】我读书和读法律，很惭愧没能取得成绩。奔走于各处办事，也都是白费力气，于事无补。家中有依闾的白发老母，有谁在恪尽奉养的责任呢？又失去了儿子，只能在梦境中听到啼笑罢了。家中的妻子，见到陌上柳色，丝丝牵动心中的惆怅。听到子规的鸣叫，我夜夜都产生回到家乡的念头。无奈的是，囊中羞涩，只能对着影子暗自忧愁。

只让我情绪纷乱，登高情不自禁地流泪了。盼望着能够家人团居，（所以）竭尽所能地去筹划，多次寄钱到家，盼望能够像古人一样“共挽鹿车”。想去迎接母亲，尽一份乌鸦反哺的孝心。计划着最早在七月，最晚八月就可以相聚。然而如同燕子筑新巢一样，衔泥非常得辛苦，已经是倾尽所有了。倘若再失去现有的位置，生活将不知该怎么为继了。这本来是权宜之计，但实际上也是太过于轻率了。您带着爱妾，长期的游居在外。同样是一份职业，您却是别有一番情趣。期盼您能指点指点，不将我忘却！

三〇、复龚未斋换帖

昔人谓：“得刘公一纸书，贤于十部从事。”[①]读宝章，字字情珠，行行意锦，一枝见寄，胜读十年书矣，岂直十部从事哉？惟过承奖许，以燕石[②]而荆璞[③]目之，且感且惭！尤荷忘年之订，而于蔼堂书内三致意焉。将《诗》所谓“蔼蔼吉人[④]”，《易》所谓“谦谦君子[⑤]”，非兄其谁与归？既承许列雁行[⑥]，弟又焉敢自外？豫氛[⑦]不靖，黄河间之，此地尚无风鹤[⑧]之恐，勿以为念。蔼堂为吴桥钱明府[⑨]所聘，文君新寡，又适长卿[⑩]，作合有缘，不须待字[⑪]矣。

【注释】①“得刘公一纸书，贤于十部从事”：《晋书·刘弘传》：“弘每有兴废，手书守相，丁宁款密，所以人皆感悦，争赴之。咸曰：‘得刘公一纸书，贤于十部从事。’”后用以为典，或以“一纸书”尊称他人书信。十部从事，谓众多辅助官吏。②燕石：燕山所产的一种类似玉的石头，亦称“燕珉”。《太平御览》卷五一引《阙子》：“宋之愚人得燕石于梧台之东，归西藏之，以为大宝。周客闻而观焉，主人端冕玄服以发宝，华匮十重，缇巾十袭。客见之，卢胡而笑曰：‘此燕石也，与瓦甓不异。’主人大怒，藏之愈固。”后以“燕石”喻不足珍贵之物。用为自谦凡庸之词。③荆璞：楚国荆山的玉璞，即和氏璧。《文选·卢谌·赠刘琨诗》：“承侔卞和，质非荆璞。”后用以比喻资质美好。也称为“荆璧”“荆玉”。④蔼蔼吉人：《诗经·大雅·卷阿》：“蔼蔼王多吉士，维君子使媚于天子。”蔼蔼，形容盛大众多的样子。⑤谦谦君子：指谦虚而严格要求自己的人。《易·谦卦·象》：“谦谦君子，卑以自牧也。”⑥雁行：群雁飞行的行列，引申为有次序的排列，借指兄弟。⑦豫氛：豫，河南省；氛，凶气也，言有兵事。此处应当指的是清朝嘉庆年间爆发于四川、陕西、河南、湖北等地区的白莲教起义。⑧风鹤：形容疑惧惶恐；喻指战争的消息。东晋时，秦主苻坚率众攻晋，列阵淝水，谢玄等率精兵击破秦军，秦军在败逃途中极度惊慌疑惧或自相惊扰。“闻风声鹤唳，皆以为王师已至。”典出《晋书·谢玄传》。⑨明府：汉魏以来对郡守牧尹的尊称，又称明府君。唐以后多用以专称县令。⑩文君新寡，又适长卿：汉临邛富商卓王孙之女卓文君新寡，与辞赋家司马相如（字长卿）私奔，结为夫妇。见《史记·司马相如列传》。后以“文君新寡”“文君早寡”为年轻女子丧夫寡居的典故。此处借指幕宾刚赋闲，又被新的主人聘用。⑪待字：语本《礼记·曲礼上》：“女子许嫁，笄而字。”古代女子成年许嫁才能命字，“待字”即称女子尚未有婚嫁之约，也作“待字闺中”。

【译文】古人曾说：“能够得到刘公的一封书信，胜过亲自在他的身边辅佐。”读了您的来信，每个字都包含着如明珠一般朗澈的情感，每一行都蕴藏着如锦绣一般美好的意义，有幸获得您寄来的一封信，已经胜过读十年书了，岂止是“十部从事”呢？只是承蒙您对我过分地称赞，我愚陋浅薄，如同一块最普通的石头，您却把我当作是如璧玉一般美好的人才，心中既感激又惭愧。更蒙你不顾及年龄的差距，想要与我结为忘年之交，在给蔼堂的书信中，三次表达出这个想法。所以《诗经》中所说的“蔼蔼吉人”，《易经》中所说的“谦谦君子”，不是老兄您，还能有谁当得起呢？既然承蒙您愿意把我当兄弟，小弟我又怎敢把自己当外人呢？河南地方的战事尚未完全平定，所幸有黄河相隔，我所在的地方还没有战争的恐慌，请不要挂念。蔼堂已经被吴桥县的钱县令聘用了，卓文君新寡，又嫁给了司马相如，刚刚赋闲在家，就遇到了新东家，遇合自有一定的机缘，不需要等待时机、另寻别主了。

三一、与龚未斋

手书叠至，谓四月鸳池[①]，梦兰[②]可卜。弟非神乎技者，方自笑其鸠拙，安所得珠而藏之椟耶？

昔侯夫人逾月而娩，以其时考之，宜为震之长男；而为巽之长女，良由当局者自失其期，遂令旁观者难神其算也。

令侄馆事，屡谋屡失，降而就副，未免大材小用；静以待之，自有碧桐千尺[③]耳。

寓函往复，何足云劳。而仁者用心，祝以多子，则兄之善颂善祷，积福尤宏，不更当老蚌生珠[④]耶？

【注释】①鸳池：夫妻同居。②梦兰：指夫人怀孕。③碧桐千尺：喻指高位置。④老蚌生珠：人晚年得子。

【译文】屡次收到您的来信，说我们在四月会养儿子。我并没有什么神奇的技能，正在自笑愚拙，怎么会有儿子，反藏匿起来呢？

阮昔侯的夫人过了月才生产，用它的时间来考究，应该是生男孩儿却生的是女孩儿，这应该是当局者自己弄错了时间，让别人很难算的到。

您侄子的馆情，屡次筹划却屡次失败，如果现在担任副手，不免有些大材小用了；只能慢慢的等待时机，自然会有更好位置（机会）的。

互通书信，怎么能说是辛苦呢？然而您是一片好心，总是祝愿我生养儿子，是您善于颂扬，善于祷祝，积福尤其大，不更应该老来得子吗？

三二、与沈一斋

日以绸缪家室，未雨劳心。来书谓我筹计裕如[①]，此犹岸畔闲人，看春水行船，如坐天上；而抑知舟中人之支持[②]甚苦也。蜗居[③]虽已成交，大半贷诸戚友。牵萝补屋[④]，殊费周章[⑤]。且白米红盐，一无筹备。当此山穷水尽不禁壮士床头之慨。幸居停[⑥]为我代谋，少可展布；否则几类羝羊[⑦]矣。

五嫂临月[⑧]，定育长庚。弟虽远隔数程，未获听啼声于小凤，而素知积善，要可卜充闾[⑨]于祥麟[⑩]也。

【注释】①筹计裕如：筹划很宽裕。②支持：竭力保持。③蜗居：小屋。④牵萝补屋：喻指移挪钱款。⑤周章：仓皇的样子。⑥居停：主人。⑦羝（dī）羊：比喻进退维谷。⑧临月：临近生育。⑨充闾：充满里门。⑩祥麟：喻指人得佳儿。

【译文】整天为家中的事情操劳，什么事情都要提前计划。您来信却说我筹划支配得很宽裕，这就如同岸边的闲人，看着水中的行船，像是坐在天上一样。却不知道船中的人是在很辛苦的勉力支撑。我狭小的住处虽然已经买下成交了，但是（买房子的）钱财大半是从亲戚朋友那里借来的。拆东补西，大费周折。况且日常所需的米和盐，一样都没有筹备。在这种穷困潦倒的时候，不禁有一种“床头黄金尽，壮士无颜色”的感慨！幸亏有主人替我谋划，稍微可以应付的过来，否则，真的要进退两难了。

五嫂临近生育，一定会生养一个儿子。我虽然远隔万里，不能听到孩子出生时的啼哭，然而我却向来知道您是行善积德的人，一定会生养出好儿孙的！

三三、复龚未斋托谋事

小春[①]之札，缺然久不报，正以为歉。而手书续贲[②]，反若忘其为疏。即此见忘情挚好，不沾沾于数行酬答也。

令阮[③]在瀛[④]，所以暂安短驭者，原为后图。今鹊未离巢，而鸠先图占，吾道非欤，可为致慨！弟虽星星荧焰，分照为难；设令推毂[⑤]有缘，则曹丘[⑥]一席，不敢辞耳。

【注释】①小春：阴历十月，因天气温暖如春而得名。②贲：即贲临，形容来者贲然盛饰，后人因称贵宾来到叫贲临。此处指书信来临。③令阮：对人之侄的敬称。阮，侄的代称，阮籍与侄阮咸并有盛名，世称

“大小阮”，后用“小阮”作侄的代称，省称“阮”。④瀛：即今河北省河间市，古称瀛州。⑤推毂：推动车轮轴，使车前进。比喻推举人才或助人成事。⑥曹丘：汉代曹丘生到处赞扬季布的英勇，使季布享有盛名，故后以“曹丘”或“曹丘生”作为荐引、称扬者的代称。

【译文】您在十月寄给我的信札，我拖延了好久都没有回信，正在感到心里过意不去。而再次很荣幸地收到您的来信，反倒像是忘记了我的疏懒。从这一点上，就可以说明我们之间的深厚感情，已经不必拘泥于形式上的一次次往来酬答了。

令侄在河间府，之所以暂时委屈他做些小的事情，本来是为了今后作打算。现在他还不曾离开，就有人来谋夺他的职位，我们做幕宾的一些规矩，也已经堕落了，真是令人慨叹！我虽然能力薄弱，如同点点荧光，没有办法分出精力来给予更多照顾，假如有举荐的机会，那么推荐人的职责，我也是不敢推辞的。

三四、贺沈一斋

时入清和[①]，日盼喜信。昨朵云[②]飞下，瑞色[③]缤纷[④]，知为五嫂育麟[⑤]之兆，开函快读，果如所期。他年或为荀氏之龙，或作薛家之凤，胥[⑥]于此卜之矣。贺贺！

【注释】①清和：阴历四月。②朵云：书信。③瑞色：吉祥的颜色。④缤纷：繁多的样子。⑤育麟：喻指生得佳儿。⑥胥：皆；都。

【译文】自从进入四月之后，日日盼望着能够收到您的喜信。昨天书信寄来，从红色的封套便猜想到是五嫂生得儿子的喜兆，急忙打开信来阅读，果然和想到的一样。将来或是如同荀家的龙，或者是如同薛家的凤，都确定在这个时候了。祝贺呀！

三五、与余竹泉托谋事

不通音问者数月矣。足下徜徉于津沽[①]之间，采菊花宫[②]，看帆柳墅，公余逸致，罄无不宜。而樽浮竹叶[③]之香，字写梅花之帖，此又入幕之高士，抑亦出世之散仙也。

弟溷迹金台[④]，忽忽已逾半载。月初贱眷北上，诸费绸缪，双鲤[⑤]久疏。职是之故，承嘱令表弟馆事，时时在抱，冀得一当，以报台命[⑥]。无如有心插柳，偏不成阴，致令抱空而返。然楩楠杞梓[⑦]，到处见珍，亦不必楚材楚用[⑧]也。

【注释】①津沽：天津的别称。②花宫：佛寺；犹仙界。③竹叶：即“竹叶青”，一种以高粱、小麦、糖、竹叶萃取物为原料所酿制成的淡黄色酒。亦泛指美酒。④金台：指古燕都北京。⑤双鲤：借指书信。双鲤典故最早出自汉乐府诗《饮马长城窟行》："客从远方来，遗我双鲤鱼，呼儿烹鲤鱼。中有尺素书。长跪读素书，书中竟何如？上言加餐食，下言长相忆。"古时，纸张未普及以前，书信多写在白色丝绢上，为使传递过程中不致损毁，古人常把书信扎在两片竹木简中，简多刻成鱼形，故称。⑥台命：对长辈或他人嘱托的敬词。⑦楩（pián）楠杞梓：楩楠，黄楩木与楠木，皆大木，比喻栋梁之材；杞梓，杞、梓皆为良木，用以比喻有用的人材。⑧楚材楚用：化用"楚材晋用"的典故。楚材晋用：楚国的人才为晋国所用，比喻人才外流，语本《左传·襄公二十六年》："晋卿不如楚，其大夫则贤，皆卿材也。如杞梓、皮革，自楚往也。虽楚有材，晋实用之。"

【译文】和你不通音信，已经有好几个月了。足下你安闲自在地往来于天津等地方，有时到花团锦簇的佛寺采菊，参禅访道；有时在杨柳环绕的别墅观赏往来的帆船，游赏览胜。公务之余的闲情逸致，没有一件事是不合心意的。而且酒杯中满盛的是"竹叶青"的美酒，纸上书写的是"梅花帖"的书法，这又可以说是出入于幕府中的清高之士，又或者是超脱尘俗的自在神仙了。

小弟我混迹于北京，不知不觉已经过了半年了。本月初，我将家眷接到北方来，有许多事情需要料理，脱不开身，很久没有写信。由于这样的缘故，承蒙你嘱托我为令表弟谋求一个教书的差事，我时时刻刻放在心上，希望得到一个合适的机会，来回报你的嘱托。无奈的是，有心插柳，偏不成阴，有时越是有意去做的事，越是无法成功，最终只能无功而返。然而只要是栋梁之材，无论到什么地方都会受到重视，也不一定要在一个地方做事。

三六、复陈凝之

别以久而情深，时值秋而感集。客窗凉月，动念故人，适奉手书，快同觌①面。足下学深养到，久当不胫而驰②，兹果名重青油③，为三晋群僚，争相罗致④，可胜忭慰。

弟为清苑李明府延理发审，一枝⑤甫托，欲归未能。因于秋初，接眷北上，僦居⑥会城之倒座观音堂前。他时若到金台，奉一过访，以话别来风雨之思。康乐云："引领冀良觌。"此意殊深切矣。

令弟才华品学，卓尔不群，将来绿水红渠⑦，定与元方⑧媲美，不仅蜀得其龙也。

【注释】①觌（dí）：见。②不胫而驰：喻指人的诗文风行一时。③青油：幕府。④罗致：招纳人才。⑤一枝：喻指位置。⑥僦（jiù）居：租屋而居。⑦绿水红渠：喻指游幕。⑧元方：称呼他人为兄弟。

【译文】分别的越久心中越是想念，正好到了秋天，感慨就更多了。望着窗外的月亮，时时会想起老朋友，恰巧收到您的来信，高兴得如同与您见面一般。您的学识渊博，颇有涵养，早就应该名满天下了。

现在果然被各地的衙门争相招纳，（我）听到之后感到十分的高兴！

我被清苑县李明府约来办理案件，由此刚刚得以托身，想要回家也是不可能的。所以在七月的时候，把家眷都接到了北边来，居住在省城的倒座观音堂前面。您将来如果到省城来，期盼你能来家中一趟，我们也好促膝长谈一番思念。康乐说道："引领冀良觌。"这句话将我的情意表达的十分贴切！

您的弟弟，才华和品行，非常得了不起，将来游幕，一定会和您相媲美的，不仅仅是"蜀得其龙"啊！

三七、与胡筠坡

前诣[①]尊斋，为时过早，梅花纸帐[②]，得毋有惊清梦耶？孙友馆事，已请居停面订，不烦更作曹丘矣。

【注释】①诣：前往。②梅花纸帐：喻指人高卧。

【译文】前天到您府上，时间太早了，您还没有起床，没有惊扰到您的好梦吧？孙君的馆事已经请主人当面商定了，不劳烦您再出面介绍了。

三八、与龚未斋

岁云暮矣，文旆定已言旋。“一年一度一归来”，此语适堪奉赠。弟以李大尹[①]即转司马，无须入幕之宾。适盐山邓明府致信相招，风雪一肩[②]，仆仆走数百里外，不获以辛盘卯酒，博室家团聚之欢。嫁线劳人，言之可慨！此地濒海而居，白沙红草，一望弥漫[③]，惟有独拥寒毡，卧听满城爆竹声耳。

【注释】①大尹：知县。②风雪一肩：冒着风雪前行。③弥漫：无边无际。

【译文】已经到了年底，您应该已经决定归乡了。古诗中讲道：“一年一度一归来”，这句话恰好奉送给您。因为李知县要转任同知，不再需要再聘用幕宾了。恰好盐山邓明府来信相邀，我就冒着风雪，不辞辛苦的前往数百里之外的地方，（这样就）不能在家中一起畅饮过新年，享受与家人团聚的欢乐了。替他人辛苦做事，说起来让人感慨万千！这个地方靠近海边，白色的沙子，红色的野草，一望无际。只能独自抱着羊毛毡，躺着听满城放鞭炮的声音了！

三九、与清苑县李

湄以菲材，滥分莲实[①]，承阁下垂青格外，礼遇有加。年来频叨惠于西江[②]，每惭愧于南郭[③]，感情矢报，日切于中。只以聚散靡常，又作移巢之燕，卷帘人[④]远，能不依依？而揆诸进退之机，实有不当恋栈[⑤]者，此意惟阁下为能相谅耳。临行走别，适值公冗，缕缕寸私，未能面谢。兹于十二日到馆，侧身西望，渺隔云天，惟日祝阁下凫舄高骞[⑥]，鸳阶[⑦]叠进。则虽暂违琴阁[⑧]，而广厦[⑨]之庇，正自无穷也。

【注释】①莲实：莲，即莲幕，南齐王俭在高帝时当卫将军，居宰相职，官高德重，其僚属多硕学名士，时人把他的官署比作莲花池，入王俭幕府为入莲幕，后用以称美大官的幕府。此处比喻以游幕为生。②西江：参见第十五篇之注释⑯。③南郭：即南郭先生。战国时，齐宣王喜听吹竽之声，且每次都要求三百人合吹。有位南郭处士，不会吹竽，但却混杂其中，享受很好的待遇。宣王死后，湣王继位，他喜欢听一个人独吹，南郭先生只好逃走。典出《韩非子·内储说上》。比喻没有真才实学的人，混在行家中充数；或比喻以不好的东西冒充场面；有时也用于自谦之辞。④卷帘人：吕夷简致仕，引陈尧佐大拜，后陈尧佐怀荐引之德，撰燕词（《踏莎行》）一阕曰：“为谁归去为谁来，主人恩重珠帘卷。”吕夷简笑曰：“自恨卷帘人已老”，尧佐应曰：“莫愁调鼎事无功。”此处借指有知遇之恩的人。⑤恋栈：栈，栈豆，为马房的豆料。恋栈比喻贪恋禄位。⑥凫舄高骞：凫舄（fú xì），会飞的鞋子，据《后汉书·方术传上·王乔》载，王乔为叶县令，有仙术，曾以鞋子化为双凫，后以“凫舄”指仙履，喻指仙术，亦常用为县令的典实。高骞：高举，高飞。⑦鸳阶：鸳，即鸳鸯，行止整齐有序，雌雄未尝相离，比喻同事、同僚。如，鸳行、鹭序指朝官井然有序的行列；鸳班，喻指文武朝官的排列。此处喻指官阶。⑧琴阁：代称县衙。参见第十五篇注释②。⑨广厦：宽广高大的房屋。

【译文】我以浅薄的才识，在您的幕下滥竽充数，混一口饭吃，承蒙阁下您对我格外优待，礼遇有加。近年来，屡次受到您的恩惠，每每使我因滥竽充数而感到惭愧，感念您的恩情，矢志图报的心情，一天比一天迫切。只是因为聚散无常，转眼之间，像那移巢的燕子，又要搬到别处去了，遗憾的是即将远离帮助燕子卷起帘子的人，让我怎么会不依依不舍呢？考虑到进退的时机，确实有不应当留恋功名利禄的因素，其中的意思也只有阁下您能够体谅和理解。临行之前向您告别的时候，正赶上您公务繁忙，有许多心里话想说，没有来得及向您当面道谢。现在已于十二日到达新的任职之地，转身眺望西方，和您的身影已经云天相隔，只有每天遥祝阁下您青云直上，步步高升。这样的话，即便暂时和您阔别，而以后蒙受您更大的庇荫，正是无穷无尽的。

四〇、谢沈一斋

得报书，知前寄湖颖，已荷存销。知己相关，有求必应，令人感泐[①]无似！

家慈[②]之寿，以弟依人碌碌，不克稍博显扬[③]，为寸草春晖[④]之报。乃荷吉词远贲[⑤]，且感且惭。兹拟月初晋省，如足下有事会垣[⑥]，可于中途连靮[⑦]；若效巨卿之登堂拜母，则不敢请也。

【注释】①感泐（lè）：感激。②家慈：对自己母亲的称谓。③显扬：声誉扬名于天下。④寸草春晖：比喻父母的恩情沉重，难以报答。⑤吉词远贲：从远方寄来祝寿之辞。⑥会垣：省城。⑦靮（dí）：马缰绳。

【译文】接到您的回信，获知前次寄送的笔，已经买了下来。好友之间相互关爱，有所求必定会答应，让我非常的感激！

我母亲的寿辰，因为我依附于他人忙碌办事，不能够办得太热闹，（以此）来报答她的养育之恩。承蒙您从远方寄来贺信，既感动而又惭愧。现在准备在下个月进省，如果您也有事要到省城，我们可以结伴同行。要是您也效法范巨卿的“登堂拜母”，那么我就不敢相请了。

四一、向陈笠山索信

红籀[①]初启，适馆者皆著鞭[②]就道矣。舍侄安州[③]之荐，迄无音耗，岂非咄咄怪事[④]？讱斋定仍其旧，傍人门户，易地皆然，可以久则久，未始非时中之道[⑤]也。闻霁堂有丰润[⑥]之订，不知干旌束帛[⑦]，何日相招？弟僻处海隅，见闻多梗，足下非嵇中散[⑧]一流，胡不以翩翩[⑨]华札，惠及远人耶？

【注释】①红籀(zhòu)：红色的印章。籀，汉字的一种字体，又名大篆，印章多用篆文，故代称印章。②著鞭：鞭打，用鞭子赶，犹言着手进行，开始做某事。③安州：古地名，今河北省保定市安新县，由雄安新区代管。④咄咄怪事：咄咄，表示吃惊的声音。形容不合常理，难以理解的事。⑤时中之道：儒家谓立身行事，合乎时宜，无过与不及。时中，语出《礼记·中庸》："君子之中庸也，君子而时中。小人之中庸也，小人而无忌惮也。"⑥丰润：丰润县，今河北省唐山市丰润区。⑦干旌束帛：指礼贤下士的主人以仪仗和聘礼相邀。干旌：旌旗的一种，以五色鸟羽饰旗竿，树于车后，以为仪仗。语出《诗·墉风·干旄》："孑孑干旌，在浚之城。"为礼贤之诗。束帛：捆成一束的布帛，古时作为馈赠的礼物。⑧嵇中散：

嵇康，三国时期曹魏思想家、音乐家、文学家，曾拜中散大夫，性疏懒。司马氏掌权后，隐居不仕。⑨翩翩：形容风采、文辞的美好。

【译文】 衙门里已经开始办公，幕府中的人们都开始着手处理公务了。我的侄子被推荐到安州做事，到现在还没有一点消息，难道不是很奇怪的事情吗？讱斋一定还是在原处，依靠别人做事，到什么地方都差不多，能够做得长久一些，就长久一些，未尝不是中庸之道。听说霁堂已有约定，要到丰润县任职，不知道东家什么时候下聘礼邀请他过去呢？小弟我身处偏远的海边，见闻多有不通，足下您并不是像嵇康那样疏懒的人，为何不写下文采飞扬的书信，惠寄给远方的友人呢？

四二、谢清苑县李贺母寿并请追失银

月前晋谒琴堂，饱饫郇馔[①]。家慈寿日，尤荷锦词璀璨，珍品骈罗；拜赐之余，叨荣曷既！

别后餐风宿雨，几歌行路之难[②]。而芳草斜阳，又来孤馆。自叹春光九十，不属劳人也。

家兄游直十年，齿积[③]匪易。且有他友寄存之项，似难以“塞翁失马[④]”譬之。阁下棠荫[⑤]所庇，百里蒙庥，定不使寒士锱铢，终归乌有。连城返赵[⑥]，不能不仰望于神明之宰矣。

【注释】①郇馔：唐代韦陟袭封郇国公，穷治馔羞，厨中多美味佳肴。后以“郇馔”称精美的膳食。②行路之难：行路难，乐府杂曲歌辞名，内容多写世路艰难和离情别意，原为民间歌谣，后经文人拟作，采入乐府。南朝宋鲍照《拟行路难》十九首及唐李白所作《行路难》三首都较著名。③齿积：按年积蓄。④塞翁失马：边塞一老翁丢了一匹马，人家来安慰他，他却说：“怎么知道这不是福呢？”过了些日子，这匹马竟然带着一匹好马回来了。典出《淮南子·人间》。比喻暂时受损却可能因此受益，坏事在一定条件下可以变为好事。⑤棠荫：周时召伯巡行南国，曾在棠树下听讼理事。召公死后，后人爱其树不忍翦伐。见《史记·燕召公世家》。后以“棠阴”或“棠荫”誉称官吏的德政。⑥连城返赵：即完璧归赵的典故。战国时，赵国得和氏璧，秦昭王闻之，愿以十五城请易璧。蔺相如使秦献璧，见秦王无意偿城，便计取原璧，送回赵国。事见《史记·廉颇蔺相如列传》。后用为典实，谓原物归还原主。

【译文】一个月前到您的衙门中拜访您，承蒙款待，饱餐了美酒佳肴。我母亲的寿诞日，更蒙您以锦绣华美的文辞来祝福，又以珍奇的物品作为礼物相赠；对您的恩赐表示拜谢，不胜荣幸之至！

分别以后，一路上风餐露宿，饱尝了世路艰难的辛酸。而芳草萋萋，夕阳西下，又来到了孤寂的客舍。自己也不禁感叹，九十天的大好春光，毕竟不属于劳碌的人们。

我的哥哥游幕直隶省已有十年了，日积月累地有了一些积蓄，实在是很不容易。而且其中有别的朋友寄存的款项，不幸失窃，这似乎不能以“塞翁失马，焉知非福”来看待。阁下您的德政所及之处，即便是一百里之内，都蒙受恩泽和庇荫，一定不会使贫寒之士一点一滴积累的一点辛苦钱，化为泡影。但愿能够完璧归赵、物归原主，这就不得不仰仗和寄托于您这样聪明正直的父母官了。

四三、与沈一斋

在省晤令舅氏，道及足下华居[①]已定。顷知漪园眷亦将到。“绿杨分作两家春”，从可不虑孤立矣。

【注释】①华居：华美的居处。

【译文】在省城中碰见您的母舅，说到您的住处已经确定下了。刚获知漪园的家眷也快要到了。白居易在诗歌中讲道：“绿杨分作两家春”，从此之后不会再因为孤单而感到愁苦了。

四四、贺沈漪园

顷闻接眷抵馆，想锦堂瑞霭，双佛[①]皆临。从此南国白云，无劳企望。而齐眉人[②]至，更不知旧画春山[③]，新添几许矣。异日登堂，再图申贺。

【注释】①双佛：对他人父母的称谓。②齐眉人：对其妻子的称谓。③春山：喻指妇人姣好的眉毛。

【译文】听闻您已将家眷接到了馆里，您的堂前必定一派祥和，您的父母肯定也都到了。从此之后，再也不用远望想念了。而且您的妻子也到了，更不知晓旧时画的双眉，又新添了多少。将来到您家的时候，再行道贺吧！

四五、送邓三兄回里

流连官阁，极一时言笑之欢。不意迅赋骊歌[①]，遽分衿袂；望春明之烟树，结遐想于伊人。别时杯水之将，聊申折柳[②]；手书言谢，益觉抱惭。

荣归近矣，当此短亭黄叶，曲岸丹枫，一路秋光，足供清赏；而家庭之豫顺[③]，亲故之交欢，更自有其乐融融者。结企之馀，尤深翘羡[④]。

弟自别后，一无营心，惟叶子戏[⑤]学如不及，惜未与足下对垒，为缺然耳。

【注释】①骊歌：指告别的歌(离别时唱的歌)。②折柳：送别的意思。③豫顺：安乐舒适。④翘羡：仰头羡慕。⑤叶子戏：玩纸牌。

【译文】您耽搁在衙门的时候，我们谈笑得很愉快。想不到您这么快就要离开，突然与您分别。望着美好春景中的烟树，就要思念我身在远方的好朋友了。临别的时候，略备薄酒，只不过是表达“折柳送行”的情谊。您来信感谢（我的招待），这让我更加感到惭愧了。

您回家的日子临近了，这个时节，正是短亭外飘落黄叶，曲岸旁排列丹枫，一路上的秋景，足以让您欣赏了。（回到）家中安乐舒适，（与）亲戚朋友愉悦畅谈，更加圆满快乐。想到这些，让我更加羡慕您了。

我自从分别之后，一点儿做事的心思都没有，只是对于玩纸牌这种事，天天在学习，好像来不及了一样。可惜的是没有能够和您一决胜负，感觉像缺失了点儿什么一样。

四六、复邵南湖

巧日[1]得手书，乃六月初二日发者。询之典签[2]，始知夹入故纸中，已非一日。虽迟之又久，犹幸其不作洪乔[3]也。

六兄品纯学粹[4]，当道倾心[5]，自应有此遭际。而宾榻[6]有红渠之艳，朋簪[7]联旧雨[8]之欢，此又濒海故人，所闻而钦羡者也。

日来一雨成秋，客绪自多佳胜。弟置身荒僻[9]，伏枥如常。前月幸举一丁，差强人意耳。

【注释】①巧日：阴历七月初七。②典签：掌管文书的官吏。③洪乔：书信遗误。④品纯学粹：品行纯良，学问精粹。⑤倾心：心中倾向。⑥宾榻：游幕的位置。⑦簪：聚集。⑧旧雨：旧友。⑨荒僻：交通不便利的地方。

【译文】七月初七收到您的来信，书信是您六月初二寄出的。询问掌管书信的人，才知道是将书信夹在了旧纸当中，已经不是一天了。虽然耽误了很久，但是幸亏没有遗失书信。

您的品行纯良，学问精粹，被世人所称道，当然应该有这样的际遇。幕府中主宾相敬，同事中有很多旧友，大家在一起很是愉快，这又是我身处海边的人，听到之后很是羡慕的事情。

近来下了一场雨，天气就转凉如秋了，你身处客舍中总会有很多的兴趣。我身处荒凉的地方，情况和往常一样。前月侥幸有了一个儿子，总算是有能够让人满意的事情了。

四七、复友买玉

手示椟[1]有美玉，待价而沽[2]。乃值予手拮据，无以为计，徒使穷波斯[3]低回不置[4]也。

【注释】①椟：柜子，匣子。②待价而沽：沽，卖。等有了好价钱才卖。比喻有才能的人等待机会才肯出仕效力。也比喻将商品等待高价出售。③波斯：国名，在亚洲的西部，即今伊朗。古时认为波斯是出产珍宝的国家，其民能识珍宝。此处借指善于识宝的人。④低回不置：流连不舍。低回：徘徊，流连。不置：不舍，不止。

【译文】你来信告知说，家中收藏有质地很好的玉，等着能够卖出一个好价钱。而正赶上我手头不宽裕，没有办法，只能让识宝的穷波斯人，看着宝物流连不舍而已。

四八、谢龚未斋贺母寿

花朝日①蒲轮②适馆，弟为母氏称觞③，不获走送。驹光④一瞬，已值三秋⑤；想见酒赋琴歌，定于黄花并逸，可为健羡。

家慈寿辰，得荷鸿章宠赉⑥，顿使萱室⑦生辉。而且金母木公⑧，同临寿宇，交梨火枣⑨，罗列仙珍，铭谢何可言喻！

别后停云在望，落月增怀⑩。只以时政綦严，未敢以通候⑪尺书，轻付邮羽。而疏懒之嘲，要亦难以尽解也。

弟羁身僻壤，几同海外之人。差喜主人风月衿期⑫，得以一觞一咏，破此岑寂。前月望日，内人幸举一子，他日为龙为犬，未可预期。不过抱弄⑬有人，博得家慈含饴⑭一笑耳。

【注释】①花朝日：相传阴历二月十二日或十五日为百花的生日，称为“花朝日”。②蒲轮：古时迎聘贤士，以蒲草包裹车轮，使车子行走时减少颠簸，坐起来安稳舒适，以示礼敬。③称觞：举杯敬酒，表示祝贺。④驹光：驹，骏马。驹光指骏马跑得很快，如光一闪即逝。比喻极短暂的光阴。⑤三秋：秋季的第三个月，即农历九月。⑥赉（lài）：赐予，给予。⑦萱室：萱堂，本指母亲的居室，借指母亲。⑧金母木公：即仙人西王母和东王公。后用于祝寿，比喻庆寿之主人夫妇。⑨交梨火枣：交梨和火枣，道教指神仙所吃的仙果。⑩停云落月：比喻对亲友深切的思念，多用于书信的应酬语中。晋陶潜《停云诗序》："停云，思亲友也。"唐杜甫《梦李白》诗："落月满屋梁，犹疑照颜色。"⑪通候：互相问候。⑫风月衿期：风月，本指清风明月，此处喻指风雅。衿期，犹心期，指人与人之间的相互期许。⑬抱弄：怀抱逗弄。⑭含饴：谓含饴弄孙，形容亲子之情、天伦之乐。饴，饴糖，用麦芽或谷芽之类熬成。

【译文】今年二月十五日，您接受聘请，赴馆就职，小弟我因为正在忙着为母亲祝寿，没有来得及为你送行。时光如白驹过隙，转眼之间，现在已经是九月了。想来您饮酒赋诗、弹琴歌唱，一定和那秋天的菊花一样幽雅飘逸，令我非常羡慕。

我母亲的寿辰，承蒙您赠送华美的祝寿词章，顿时使得母亲面上增添荣耀。而且你们夫妇同时光临寿宴，并赠送种种珍贵的礼物，感激之情不是用语言所可表达的。

分别之后，更增添了思念之情。只是因为当时政令十分严格，不敢把问候的书信，轻易地交付邮差。而对我的懈怠懒散的嘲讽，想来也是逃避不掉的。

小弟我困身于偏远的地方，几乎成了海外之人。所幸主人以风雅相期许，得以饮酒赋诗，来消磨孤寂的时光。前月的十五日，妻子生了一个儿子，将来成为栋梁之材，还是没出息，都是无法预料的。不过有了小孩子可以怀抱逗弄，能够让母亲含饴弄孙，享受天伦之乐了。

四九、与陈樾亭

素心旧雨[1]，七载睽离[2]。不获如天上双星，一年一聚。读陶令停云之赋，少陵落月之诗，不禁感慨系之。

弟游直十年矣！天涯浪迹[3]，顾影自怜。而家慈年迈，望孙尤切。兹幸荷月[4]中浣，得举一子。老人藉此开颜，想知己亦为色喜也。

此地僻处海澨[5]，羁人难免萧骚[6]。喜居停降心相从[7]，案牍而外，斗叶联吟，差解岑寂。惟距省稍远，时觉寸心飞越耳。

沈孟养以椿萱[8]垂老，归谋近席。不复作北游计。

炜光令侄久不得信，尊处音问无间否？

【注释】①素心旧雨：心地纯洁的老朋友。②睽离：隔绝而不得相见。③天涯浪迹：在远方漂泊不定。④荷月：阴历六月，荷花开放的时节。⑤澨（shì）：水边。⑥羁人难免萧骚：旅居在外，难免有寂寥的感觉。⑦降心相从：委曲自己的心意去服从别人的意愿。⑧椿萱：喻指父母。

【译文】要好的老朋友，我们已经有七年没能相见了。还不如天上的牛郎星和织女星，它们一年还能聚在一起一次。读了陶渊明的停云赋和杜少陵的落月，情不自禁的发出感慨！

我已经在直隶游历有十年之久了！在远方漂泊，孤独失意。而且家中母亲已经年老，盼望能够抱上孙子的心愿尤为恳切。庆幸的是，在阴历六月中旬得到一个儿子。她老人家才因此喜笑颜开，料想您也肯定会为我感到高兴的。

现在身处的地方十分的荒僻，靠近海边，旅居在外，心中免不了会感到惆怅寂寞。可喜的是主人对我很是优待，除了办理公事，还能够与我玩牌作诗，稍微缓解了孤寂的心情。只不过离省城太远，经常会感觉这颗心将要飞出去一般。

沈孟养因为家中双亲年老，回去寻找相近的馆地，不再有回到北边来的打算了。

好久没有收到您侄儿炜光的来信了，您这里的音讯应该没有断绝吧？

五〇、慰良乡丘友被水

猝闻中都水溢，深以为念。得手书，知足下履险如夷[①]，始信河伯有灵，自为吉人默相也。他日之载膺[②]多福，正未可量；少有耗折，不足介怀。

【注释】①履险如夷：经历了危险而平安无事。②膺（yīng）：受。

【译文】突然听说中都发生了水灾，很是挂念。收到您寄来的书信，获知您安然无事，才相信水神有灵呀，自然是在暗暗地帮助好人。将来的幸福，是不可限量的。稍微有一点儿损失，不要太在意了。

五一、应李德膺借银

寄身海角，意兴无聊，以故至好之前，久疏问候。手书告急，谊不容辞。乃自贱眷北上，酬应增繁，笔税砚租[①]，难供卮漏[②]；而居停适以凑解粮赋，又在悉索摒挡[③]之余。因作微生乞邻[④]计，札致八家兄照数汇付，不知其能否凑手耳。

至仆十年漂泊，幸举一子，非敢妄冀克家，不过膝下有人，俾六十萱慈[⑤]，含饴一笑，岂曰“有子万事足”[⑥]哉？

【注释】①笔税砚租：比喻文人以笔墨为业所得的微薄报酬。古时以“笔耕砚田”比喻文人以笔墨为业。笔税，即笔耕所得之赋税；砚租，即砚田所得之租金。②卮（zhī）漏：卮，古代盛酒的器皿。卮漏，即破漏的酒器。此处借指往来应酬。③悉索摒挡：尽其所有地筹措。悉索：尽其所有；搜括。摒挡：收拾料理；筹措。④微生乞邻：语出《论语·公冶长》：“孰谓微生高直？或乞醯焉，乞诸其邻而与之。”指求助于邻人，有借花献佛之意。微生，即微生高，春秋时鲁国人，孔子弟子，又称尾生高、微生亩。⑤萱慈：母亲。⑥有子万事足：谓只要有子嗣，则人生无所抱憾。语出宋苏轼《借前韵贺子由生第四孙斗志》：“无官一身轻，有子万事足。”

【译文】我现在托身于偏远的海边，兴味索然，无所依托，以致于在最要好的朋友面前，都很久疏于问候了。你来信请求帮忙救急，照理说是不应该推辞的。然而自从我的家人来到北方，交际应酬越来越多，靠我从事笔墨所得的一点收入，难以应付日常开销。而且正赶上我的东家要解送钱粮赋税，已经尽最大努力在筹措。于是只好仿效微生高求助于邻居的做法，写信给我的八哥，请求他如数汇寄给你，也不知道他手头是否方便。

至于说我十年来漂泊在外，所幸得到了一个儿子，不敢奢求他能够继承家业，只不过膝下有了孩子，能够让我那六十岁的母亲，含饴弄孙，享受到天伦之乐，怎么敢说是“有子万事足”呢？

五二、贺孙香育入幕

关头执手，桥上送行[①]，欲别依依[②]，此情如昨。而雁行一撤，阶蓂六周[③]。“人生不相见，动如参与商。”三复斯言，不胜怅惘！

五月杪，由静海寄到手书，知驾抵彭城，先诣[4]丰邑。足下新硎所试[5]，游刃有馀，贤主嘉宾，自当珀合[6]。而仆所尤快者，以盈盈带水，一苇可航，定省不致疏阔。且与令兄及菱舟，各开幕府，鼎峙称雄。班生此行，无异登仙矣。丰既暂局，此时谅赴砀山。江南名胜甲天下，为问燕子楼头，云龙山畔，犹有当年陈迹否？

仆浪迹燕南，不能作市上壶公，缩地而览江山之胜。或者假缘异日，亦得飘然而来，一醉锦天绣地[7]中耳。

【注释】①关头执手，桥上送行：表示送行。②依依：不舍的样子。③阶蓂（míng）六周：指六个月。④诣：前往。⑤新硎（xíng）所试：第一次出来试办事情。⑥珀合：喻指感情融洽。⑦锦天绣地：形容风景非常的优美。

【译文】记得送您远行的时候，我们彼此都很舍不得，这种情形就如同发生在昨日一样。然而自从分别之后，已经有六个月了。杜甫在诗中所讲的"人生不相见，动如参与商"。读起来就让人十分的感慨和叹息！

五月底的时候，您从静海寄来书信，知道您已经到了彭城，先到了丰县。您初次出来做事，以您渊博的才识，办起事情来一定能够得心应手，宾主双方自然会相处得十分融洽。让我更为您感到高兴的是，（与家乡）隔着一条狭窄的小河，坐一条小船就能回去，能够得以时常与父母相聚。并且与您的哥哥和菱舟，彼此之间相距也不是太远，彼此如鼎足一般雄踞三地。您这一次前去，真是太棒了！丰县既然不是长久待着的地方，料想这个时候应该已经到了砀山。江南地区的名胜古迹是天下第一等好的，请问燕子楼下，云龙山旁，还有之前的遗迹吗？

我漂泊在直隶地区，没有壶公缩地的本事前去遍览美好的山水风光。或者将来有机会的时候，也能到南方去，面对着壮美的景象和您饮酒畅谈一番。

五三、复陈凝之

去冬携砚①入省，久不通尺素②于左右③。望日④得所惠书，感承存注，转益歉怀。

令弟阅历有年，正可及锋⑤而试，招之使往，不特红开王俭之帷，亦且绿暖姜肱之被⑥。从此停云在望，令人遥企二难，倍殷驰溯矣。

弟以眷累，颇形衿肘⑦。闰六月间，内人幸举一子，他日剪灯促膝⑧时，或能携梨枣而牵长者之裾，当亦同为欣慰者耳。

【注释】①携砚：表示就职于文墨职位的意思。②尺素：喻指书信。③左右：书信中常用的谦辞。④望日：每月的第十五日。⑤及锋：凭借它锋锐的气势。⑥姜肱之被：比喻兄弟间相亲相爱。⑦衿肘：形容手头儿不宽裕。⑧剪灯促膝：剪烛促膝长谈。

【译文】去年冬天来到省城任职之后，很久没有和您通过书信了。十五日接到您的来信，很感激您的挂念，倒是让我自己感到十分的惭愧了。

您的弟弟已经在外游历多年了，正好可以出来做事，此次您招他前往，不但可以让主人开心，而且你们还可以相聚一处。从此之后，仰望云天，让我对于你们兄弟二人更加想念了。

我因为家眷的拖累，现在十分得捉襟见肘。闰六月期间，妻子有幸生育一个儿子，将来我们俩促膝长谈的时候，他或许可以手持梨和枣来拉我们的衣角，您应该也和我一样高兴心慰吧？

五四、贺陈菱舟得河工差

东南半壁，为通漕利民计，莫如治河。圣天子宵旰[①]勤求，出千百万金钱，延揽群英[②]诏[③]使疏凿，足下乘时而起，挟其所长，以宣劳[④]于虹堤凫堰之间，计日瓠子功成，桃花浪[⑤]息，朝廷策勋行赏[⑥]，定自加人一等。窃念处三千之列[⑦]，而其才其略，可以脱颖而出者，非足下而谁？落拓如弟，闻之不胜愉快！将来锦鞯北上[⑧]，以一笠拜故人于马前，尚肯追念旧游，不惜朝鞭一绕，同醉峭帆亭下否？

【注释】①宵旰（gàn）：比喻勤于政事。②延揽群英：招纳人才。③诏：古时候天子的命令。④宣劳：出力气做事。⑤桃花浪：桃花开放的时节。⑥策勋行赏：论功行赏。⑦三千之列：做门下客。⑧锦鞯（jiān）北上：喻指骑马。

【译文】我们东南部地区，谋划疏通漕运以此来便利粮食运送，没有再比整治运河更好的事情了。朝廷上皇上日夜操劳，拿出千百万的钱财，招揽天下的能人前去疏导，您趁着这个机会奋起，发挥自身学识上的优势，去督促办理此事，将来任务成功，水道得以疏通，水患平息，朝廷里论功行赏，一定能够高人一等。我们这一群人当中，身怀渊博的学识，能够出人头地的，不是您还能是谁呢？像我这样落魄的，听到之后也会十分的高兴！您将来骑马回到北边的时候，我一平凡的老百姓在马前拜见，不知您是否还能够念及往日情谊，不惜绕一绕路，到峭帆亭来饮酒畅谈呢？

五五、贺左宇眉

闻足下新纳专房①，值此绣帏凉月，正好睡稳鸳鸯②。而杨柳蛮腰，樱桃樊口，自比大如所愿。风便③略寄数行，不仅志喜④，且卜宜男⑤也。

【注释】①专房：专宠。②鸳鸯：喻指男女结合同居。③风便：方便。④志喜：表示喜悦。⑤宜男：祝颂妇人多子之辞。

【译文】听说您新近纳了一位妾，在这绣花帷幔前，秋凉的时节，你们正好可以在床上安睡。况且杨柳般的细腰，樱桃般的小嘴，您一定是非常满意。顺便写几行书信寄送给您，不仅仅是为了道喜，也是祝愿您能早日得一贵子！

五六、复友托谋事

足下席珍[①]已久，曹丘[②]之任，弟何敢辞？惟愧无北海之交游[③]，鲜季路之然诺[④]，恐鄙言不足重耳。容缓图以报。

【注释】①席珍：即席珍待聘，陈列珍宝于席上，以待人选用。比喻身怀才德，待人聘用。语本《礼记·儒行》："儒有席上之珍以待聘。"②曹丘：介绍人、推荐人。汉代曹丘生到处赞扬季布的英勇，使季布享有盛名。故后作为荐引、称扬者的代称。③北海之交游：北海，即孔融，汉末文学家，建安七子之一，因其曾为北海相，故称。交游广泛，礼贤下士，重视人才，曾言："坐上客恒满，尊中酒不空，吾无忧矣。"④季路之然诺：季路，即子路，孔子弟子。为人率直果敢，讲信义，重然诺，敢说敢为，深具豪侠之气。

【译文】足下您赋闲在家、等待聘用已久，介绍人的责任，小弟我怎敢推辞呢？只是我很惭愧没有像孔融那样交游广泛，又少有子路那样的信誉，恐怕我说的话不一定会被重视。请允许我慢慢想办法，再给你答复。

五七、与周又唐

司曹判袂①，不意送燕迎鸿，于兹七度②。以鸾栖③未卜，鱼素难投，徒深落月停云④之想。昨晤胡令亲，始知下榻蒲城，主宾胶漆。值此秋风落帽⑤，载酒题糕⑥，当不减孟参军龙山高致也。

弟碌碌依人，几更砚席⑦。去春为清苑李明府延⑧理发审，致身于酬应之场，日形纷扰。岁阑以盐山邓明府招致，遂来海上⑨。虽幸一毡未冷⑩，而家立相如之壁，囊空季子之金，载咏北门，依然终窭，正不知送穷何策耳。

【注释】①司曹判袂：在司曹分别。②不意送燕迎鸿，于兹七度：七年的时间。③鸾栖：对友人住处的敬辞。④落月停云：表示想念亲友的意思。⑤秋风落帽：喻指在秋季游玩。⑥题糕：喻指吟诗。⑦砚席：喻指位置。⑧延：聘请。⑨海上：海边。⑩一毡未冷：位置未曾落空。

【译文】我们自从在衙门中离别之后，不知不觉到现在已经有七年的时间了。因为不知道您身处何处，所以不曾给您寄送书信，只能在心中挂念您！昨天与您的胡姓亲戚相聚，才知道您现在身在蒲城，主宾之间相敬友好。在这九月的秋风中，载酒题糕的重阳时节，你们应该会有孟参军在龙山时的高雅情趣吧。

我很劳碌的依附于他人，多次变更位置（职位）。去年春天被清苑县李明府聘请来负责办理发审事务，身处繁杂的应酬场中，感觉非常的烦闷。年底的时候，因为盐山邓明府的邀请，于是来到海边。虽然总是有事情可做，但家中却如司马相如一般贫穷，囊中如苏季子一样空空，总是生活在贫困之中，不知道能用什么办法来把穷神给送走。

五八、与黄封三

出门惘惘[1]，作别离可怜之状。向[2]以为辞家则然，昨与吾兄别，此情正复尔尔[3]。盖相爱切者，不觉相离之难也。

行后杜林遇雪，茅店[4]停车，至二十二日始抵馆舍。一路冻云残日，触目增怀[5]。

老表兄决计南归，长行在迩。二十年食奔衣走[6]，今得稍蓄馀囊，息肩[7]乡里，于以开五亩之宅，树[8]十亩之桑，朱履青衫，悠然自适。此暮年之乐境，实吾道[9]所难期。

【注释】①惘惘：失意的样子。②向：往日。③尔尔：如此。④茅店：乡村间住宿的地方。⑤增怀：增加心中的感触。⑥食奔衣走：为了衣食而奔波。⑦息肩：减轻肩上的负担而得以休息。⑧树：种植。⑨吾道：我辈。

【译文】走出家门的通常很失意，流露出一种可怜的样子。之前认为只有在离家的时候才会是这个样子。昨天和您分别的时候，情形也是这样的。大概是因为我们互相间爱慕深切，不自觉地认为分离是（一件）很困难的（事情）。

离开之后，我在杜林遇到风雪，在乡间的旅店中住下，到二十二日才到达馆舍。一路上凄冷的景象，看在眼中增添了忧愁的感触。

老表兄决定回到南边去，动身远行的日子临近。为了衣食您在外奔波了二十年，到现在稍有了一些积蓄，总算是能够丢掉肩头的负担返回到家乡。居住在乡里，修盖住处，种植桑树，脚踏红鞋，身穿青衫，悠然自得。这就是老年的快乐生活，确实也是我们这辈人很难达到的。

弟自武林[1]奉教，即承异目相看。值文旆北来，提之挈之[2]，以有今日。虽获穹苍之佑，藉安佣鬻[3]之身；而千里蓬飘，一家萍寄[4]，盲人瞎马[5]，前路难凭。不知何时揽辔言旋，得追陪于稽山镜水间也。

【注释】①武林：杭州。②提之挈之：提携。③佣鬻（yù）：为人做事。④一家萍寄：家宅寄居在外。⑤盲人瞎马：喻指危险。

【译文】我自从在杭州承蒙您的教导之后，就承蒙您另眼相待了。后来恰逢您到北边来，（承蒙您）各种的提携和推荐，才能有今天的境遇。虽然是上天的庇佑，稳住这忙碌的身子。然而远在他处，没有固定的居所，一家人如同浮萍一般，境况十分艰难。前路茫茫，不知道该如何应对准备。不知道什么时候才能够骑马回到家乡，陪您在稽山镜水间一起游玩。

五九、劝陈筤亭勿出门

以局外而参局中之事，自知不中肯綮[①]；足下俯纳刍荛[②]，竟止西行，或亦愚人一得也。缓急[③]时有耳，所须又无多金，返馆后措[④]应勿念。

【注释】①肯綮（qìng）：要紧的地方。②刍荛（chú ráo）：割草打柴的人。③缓急：需要金钱。④措：筹集，筹措。

【译文】以局外人的身份而参与局中人的事情，自己知道不是很合适。您竟然听了我的话，停止西去，或许也是愚笨人的一得吧？缺钱的事情，是人们经常遇到的，您所需要的也不是很多，等我回到馆里后，想办法就是了，不要挂念。

六〇、谢沧州诸友并索鱼

曩过莲斋，备承款洽。酒来南国，胜黄娇红友①之甘；馔出东厨，悉鲈脍莼羹②之美。故园风味，式食庶几③，饱德铭心，深感一饭。归程取道风化店④，未克再登蓉幄⑤，重扰郇厨⑥，想亦朵颐⑦之福，可一而不可再也。

顷有濠梁之兴⑧，犹忆碧磁盆中，锦鳞泼泼，如蒙见惠，不啻双鲤⑨之遗矣。

【注释】①黄娇红友：黄娇、红友，均是酒的代称。金元好问 《中州集·段继昌》："有以钱遗之者，必尽送酒家。名酒曰黄娇，盖关中人谓儿女为阿娇，子新以酒比之，故云。"宋罗大经《鹤林玉露》卷八："常州宜兴县黄土村，东坡南迁北归，尝与单秀才步田至其地。地主携酒来餉曰：'此红友也。'"②鲈脍莼羹：脍，切得很细的肉；莼，莼菜。晋朝张翰因见秋风起，乃思吴中菰菜、莼羹、鲈鱼脍，有归隐故里之思。典出《晋书·文苑传·张翰传》。比喻怀念故乡的心情。宋辛弃疾《沁园春. 三径初成》词："意倦须还，身闲贵早，岂为莼羹鲈脍哉。"也作"莼鲈"。③式食庶几：语出《诗经·小雅·车舝》："虽无嘉肴，式食庶几。"本意为，虽然没有好的菜肴，但愿你能吃一些。此处借指，吃起来和它的味道差不多。庶几：或许可以，表示希望或推测；差不多，近似。④风化店：地名，今河北省沧州市沧县风化店乡。⑤蓉幄：指幕府。蓉，芙蓉，荷花的别称；幄，帐幕。《南齐书·庾杲之传》："庾杲之出为王俭卫军长史，时人呼俭府为入芙蓉池。"参见第九篇注释③。⑥郇厨：唐朝韦陟袭封郇国公，精于烹饪美食，凡他人每次造访他，必能酒足饭饱而归。见唐冯贽《云仙杂记·卷三·郇公厨》。后以郇厨称盛宴。⑦朵颐：朵，动；颐，下巴。朵颐指动着腮颊嚼食的样子。如"大快朵颐"。⑧濠梁之兴：庄子和惠子在濠水的桥上辩论鱼乐的故事。典出《庄子·秋水》。后以濠梁比喻隐士悠然自得的出世思想。此处借指养鱼的乐趣。⑨双鲤：参见第三十五篇注释⑤。

【译文】昔日到您的幕府拜访，承蒙您热情款待。来自南方的好酒，比"黄娇""红友"这样的名酒还要醇香；厨中烹饪的美食，都像那鲈鱼脍、莼菜羹一样鲜美。吃起来就和故乡的风味差不多，承受您的德惠，铭刻在心，即使是一饭之恩，也是感激不尽。返程途中，经过风化店，没能再到府上拜访，不好意思再次麻烦您招待我，我想这种大快朵颐的口福，可以有一次，不便再有第二次了。

最近有养鱼的兴致，还记得当时在您家的绿色瓷盆中，看到鱼儿们摇着尾巴欢快地游来游去，如果承蒙惠赐一些鱼，将不下于古人远方赠送"双鲤"的情谊。

六一、谢沧州刺史周

道出花阴[①]，载聆琴韵[②]。承阁下稠情挚谊，竟日款留。醉北海之清樽[③]，香分绿醖；仿西园之雅集[④]，饼啖红绫[⑤]，至今犹津津齿颊间也。

别后初四日到郡，初十日回盐[⑥]。因由风化店行走，不及再到槐厅[⑦]，面申谢悃[⑧]。歉甚，歉甚！

【注释】①花阴：字面意思为花丛遮蔽而不见日光之处，此处借用晋代潘岳“花县”之典故。晋潘岳为河阳令，满县遍种桃花，人称“河阳一县花”。见《白孔六帖》卷七七。后遂以“花县”为县治的美称。②琴韵：琴声。参见第十五篇注释②。③北海之清樽：北海，孔北海，即孔融。清樽，亦作“清尊”“清罇”，酒器，亦借指清酒。参见第五十六篇注释③。④西园之雅集：西园，北宋驸马都尉王诜之第，当代文人墨客多雅集于此。雅集，指文人雅士吟咏诗文、议论学问的集会。元丰初年，王诜曾邀集苏轼、黄庭坚、秦观、晁补之等，集会西园，画家李公麟绘为《西园雅集图》，米芾、杨士奇作《西园雅集图记》，传为文坛之不朽盛事。⑤饼啖红绫：红绫饼餤是古代的一种珍贵的饼饵。以红绫裹之，故名。⑥盐：即盐山县，今属河北省沧州市。⑦槐厅：唐宋时学士院中的厅名。宋沈括《梦溪笔谈·故事一》："学士院第三厅学士阁子，当前有一巨槐，素号槐厅。旧传居此阁者，多至入相。"此处借指官署。⑧谢悃：感谢的诚意。悃：至诚，诚实，诚心。

【译文】路途中经过您治理的地方，亲身感受到了在您的治下，地方安宁祥和、百姓安居乐业的气象。承蒙阁下深情厚谊，连日挽留和款待。就像那广交朋友的孔北海，大宴宾客，杯中斟满美酒，使我一醉方休；又像是文人雅士，集会于西园，品尝了珍贵的糕点。到现在依然唇齿留香，回味无穷。

分别以后，初四日到达郡城，初十日回到盐山。因为从风化店路过，来不及再到您府上拜访，当面表示诚挚的谢意。抱歉，抱歉！

六二、复陈宪章

九十春光[①]，转眼绿肥红瘦[②]。素心[③]人远，良会[④]何时？足下重到乐城，驾轻就熟[⑤]；惟试青萍于存铁，未免用违其长。弟伏枥如故。而当此半帘花雨，孤馆无聊，听好鸟于枝头，殊觉怀人之滋切[⑥]耳。

【注释】①九十春光：春季三个月，总计九十天。②绿肥红瘦：春光已逝，景色减退。③素心：心地纯洁。④良会：畅快的聚会。⑤驾轻就熟：比喻对某事有经验，很熟悉，做起来容易。⑥滋切：越发恳切。

【译文】九十天的春景，转眼之间就消逝了。好友已经身在远方，不知道什么时候才能再得以欢聚？您第二次到乐城来办事，情形应该很熟悉。但是以您的才能却只在做一些小事，不免是大材小用了。我依然如同老马伏在厩中一样，没有任何的进展。望着窗外洒落在花上的春雨，身处孤零零的馆舍中十分的无趣，听到树枝上鸟雀的啼叫，让我对亲友的思念越发的恳切了。

六三、与单德栽

曩在保阳[1]，得识荆[2]于四家兄寓次。时弟尘装甫卸，未获通款曲，接殷勤之余欢。洎二兄种莲山左，弟仍伏枥[3]燕南，天各一方，莫通问讯。家兄每道二兄为今人中古人，想见德行道谊，取重一时，未尝不慨焉慕之，而以不获缔交为恨。兹闻幕开南翼[4]，其地有子游之弦歌[5]，与蒙庄之渔钓[6]，公余寻胜，逸兴遄飞[7]，履祉[8]之佳，自符心颂。三家兄字观水者，顷由新城移砚清泉[9]，属在幕下，乞以余光分照及之。至祷！至感！

【注释】①保阳：古地名，即保定。因保定城位于保定府河之阳，故又有保阳之称。今河北省保定市。②识荆：语本唐李白《与韩荆州书》：“生不用封万户侯，但愿一识韩荆州。”后以识荆指初次见面或见到平素所仰慕的人。③伏枥：枥，马槽。伏枥指马被关在马房中或指驯养的马。亦用以比喻英雄无用武之地。语出三国魏曹操《步出夏门行》：“老骥伏枥，志在千里；烈士暮年，壮心不已。”④南翼：山东省东昌府别名，今山东省聊城市东昌府区。⑤子游之弦歌：孔子的学生子游出任武城邑令，以礼乐教化百姓。孔子到武城，听到一片弦乐歌声，便开玩笑说：“割鸡焉用牛刀？”子游回答说：“昔者偃也闻诸夫子曰：‘君子学道爱人，小人学道则易使也。’”孔子即向同行弟子表示子游的话是对的，自己刚才不过是说笑罢了。典出《论语·阳货》。后以武城弦歌表示为政者重视礼乐教化，为政得法。⑥蒙庄之渔钓：蒙庄，即庄子，因其为宋国蒙人，又作过蒙漆园吏，故称。据《庄子·秋水》，庄子曾垂钓于濮水。⑦逸兴遄飞：指超逸豪放的意兴勃发飞扬。语出唐王勃《滕王阁序》：“遥襟俯畅，逸兴遄飞。”⑧履祉：书信用语，意为经受福祉。履，本意为鞋，引申为实行、经历某种景况。祉，福禄、幸福。⑨新城：地名，即今山东省淄博市桓台县，下辖有新城镇。清泉：地名，即今山东省聊城市冠县，下辖有清泉街道，为县政府驻地。

【译文】当初在保定的时候，在我四哥的寓所，有幸和您结识。当时，因为刚刚卸下满是灰尘的行装，没有能够和您深入地倾诉衷肠，并且殷勤周到地款待您，把手言欢。自从二哥您游幕于山东以来，小弟我仍旧在燕南地区谋生，兄弟之间天各一方，不通音信。我的哥哥经常说二哥您是现在的人当中的古人，可以想见您的德行和道义，一时之间，备受称道和重视，每每仰慕不已，而常常以没有机会和您结识感到遗憾。现在听说您就职于东昌府，这个地方有子游教化百姓的弦歌遗韵，有庄子垂钓的遗迹，公务之余，可以寻访名胜古迹，抒发豪迈的情怀，体验美好的经历，真心为您感到高兴，并致以真诚地祝福。我的三哥，字观水，最近从桓台县转到冠县任职，属于您幕下的管理范围，请求您稍微给予他一些关照。这是我至诚恳求的，并不胜感激之至。

六四、戏复陈笠山新婚出门

甫入东床[①]，又嗟南浦[②]，此行殊难为怀矣。江左[③]之行，仆早知不果。今重以大阮[④]之言，而又牵于细君[⑤]之爱，心猿[⑥]一片，少安毋躁，何如？

【注释】①东床：即女婿。源于晋代书法家王羲之“坦腹东床”的典故。晋时，郗鉴派人到王导家选女婿，王家子弟闻讯后，都显得很矜持，只有王羲之若无其事地坦腹卧于东床而食，因此被郗鉴选为女婿。见《晋书·王羲之传》。②南浦：南边的水岸，后泛指送别之地。③江左：古时在地理上以东为左，江左也叫江东，指长江下游南岸地区，即今江苏省南部等地。④大阮：对他人叔父的美称。三国魏后期诗人阮籍及其侄阮咸，两人都名列“竹林七贤”，世称阮籍为大阮，阮咸为小阮。后以

“大小阮”作为叔侄关系的代称。⑤细君：妻子的代称。⑥心猿：佛教语。喻攀缘外境、浮躁不安之心有如猿猴。语本《维摩经·香积佛品》：“以难化之人，心如猿猴，故以若干种法，制御其心，乃可调伏。”

【译文】刚刚新婚，又要离开家了，这次出行的确特别让你感到不痛快。往江东去的计划，我早就知道不会有结果。现在既然听从了你叔父的意见，而又牵绊于和新婚夫人的爱情，心中无法安定，请你还是安下心来，不要急躁，怎么样呢？

六五、复丁玉桼

茅店谈心之后，忽忽自冬而春。新正①过谒尊斋，知为文宴②招留，无缘握手。自看上元③灯火，弟即驱车出省门矣。正以瀛洲楼畔，吾与亭边，时增秋水伊人④之想；而手书适至，不啻“清风来故人”也。

浴兰节⑤近，作客者非无家室之思。无如笼鸟依人，每多牵絷。三春虚掷，重午空来，艾绿蒲香，惟有引觞独醉耳。

【注释】①新正：新年的时候。②文宴：文字爱好者的宴会。③上元：即元宵节。④秋水伊人：喻指想念亲友。⑤浴兰节：即端午节。

【译文】我们在乡间的旅店中畅谈之后，转瞬间就冬去春来了。新年的时候到您家中拜会，获知您在外宴饮被留住，没能得以相聚。过了元宵佳节我就动身离开省城了。(正因为)身处在瀛洲楼下，吾与亭旁边，增添对您的思念。恰巧您的书信在这个时候到来，就如同杜牧所说的“清风来故人”一般。

端午节临近，出门在外的人没有不想念家乡的。无奈的是如同笼中的鸟雀(一般依人做事)，有很多的羁绊牵挂。春天虚度过去，端午节空空度过，在这艾草泛绿，菖蒲飘香的时节，只能独自一人饮酒神伤了。

六六、与袁精之、王敬之

春去堂堂，今年花事①尽矣。客中了无佳趣；惟前到津门②，既获旧雨③重逢，又得青云新契④；此乐有不能言喻者。

别后至会州，明府多情，停车一日。复与漪园辈欢然道故，快何如之！归来兀坐斗室⑤中，又作闭关老衲矣。听彼好鸟，不禁怅然！

【注释】①花事：特指春日花盛之事。②津门：指天津。③旧雨：旧友。④青云新契：结交新朋友。⑤兀坐斗室：危坐在小室中。

【译文】草木茂盛的春天已经过去了，今年的花事就要结束了。身在客舍当中，一点儿兴趣都没有。只是前期去到天津，既得以和老朋友相聚，又结交到了新朋友。这其中的快乐，真是让人无以言表。

分别之后我去到会州，明府热情地挽留，于是就在那里耽搁了一天。又和漪园他们开心地交谈往事，十分得让人快乐！回来之后，一个人坐在狭小的屋室之中，又如同闭关打坐的老和尚一样了。听到树上鸟雀的叫声，如同召唤朋友一般，情不自禁的感到非常的失落！

六七、谢陈赞勋

遵海[①]而居者两载，昨到津门，竟似盆鱼纵壑，眼界也之一开。尤荷挚爱，饮之食之，公瑾醇醪[②]，令人心醉矣。

初十日返馆，客窗倚徙[③]，听绿树阴中黄鹂唤友，辄神往于月沽镜淀[④]间，正不知何时再游胜地也。

闻丁观察[⑤]不病而逝，“人生若朝露”[⑥]，足为增慨！新任友延何人？风便以示。

【注释】①遵海：沿着海岸。②公瑾醇醪：公瑾，周瑜的字；醇醪，味厚的美酒。典出《三国志·吴志·周瑜传》。老将程普颇以年长，多次当面陵侮周瑜。周瑜折节容下，终不与计较。程普后自敬服而亲重之，乃告人曰："与周公瑾交，若饮醇醪，不觉自醉。"后以"如饮醇醪"形容一个人心胸宽广、气量宏大，很值得交往。③客窗倚徙：客窗，旅舍的窗户，借指旅次。倚徙：流连徘徊。④月沽镜淀：指天津。沽，沽河；淀，淀河。均在天津。月、镜，形容河水、湖水明净皎洁之状。⑤观察：唐、宋诸道设观察使，明清时期以"观察"作为各道道员的别称。⑥人生若朝露：人生短暂，比如早晨的露水，日出即消失。比喻生命的短促。《汉书·苏武传》："人生如朝露，何久自苦如此？"晋潘岳《内顾诗》："独悲安所慕，人生若朝露。"

【译文】沿着海边居住已经有两年了，前次到天津，竟然好像盆里的鱼纵身跃入深谷中一样，眼界和视野而为之开阔了不少。更承蒙您的厚爱，用好酒好菜招待我，您如同周瑜那样气量宏大，和您交往，如同饮用醇厚的美酒，令人心中陶醉。

初十日返回幕府，在旅舍中倚窗流连徘徊，听那绿树阴中的黄鹂婉转鸣叫，好像在呼朋唤友，让我的心神又飞到了天津城中，也不知道什么时候再来这么好的地方游玩。

听说丁观察没有生病，就突然去世了，人生就如同早晨的露水一般短促，真是令人增加无限感慨！新到任的长官，聘请的是谁来做幕友呢？烦请方便的时候告知我一下。

六八、戏陈笠山娶妻

前书以弟夫人麻而且肥，若有不足于心者。殊不知麻姑[①]为天上之仙，健妇乃女中之隽。然则麻与肥不足为病，且足为喜，何以此咎蹇修[②]哉？吾恐阃内[③]者正以足下为不如城北徐公[④]耳。

【注释】①麻姑：传说中的仙女。姓黎，字琼仙，建昌人，修道于牟州东南姑余山，宋徽宗政和中，封为真人。见晋葛洪《神仙传·卷七·麻姑》。东汉时应召降临蔡经家。能掷米成珠。相传在绛珠河畔以灵芝酿酒，以备蟠桃会上为西王母祝寿。故旧时为妇女祝寿多绘麻姑像以赠，称“麻姑献寿”。②蹇修：相传为伏羲氏的臣子，专理婚姻、媒妁。后用为媒人的代称。③阃内：妻室。④城北徐公：战国时齐国的美男子。《战国策·齐策一》：“城北徐公，齐国之美丽者也。”后用以为美男子的代称。

【译文】前面你来信说，尊夫人是麻脸，而且身体肥胖，似乎心中有所不满。殊不知麻姑是天上的神仙，健壮的女子是女中的豪杰。由此可见，麻脸和肥胖并是不缺点，而且是值得高兴的，为什么要怪罪媒人呢？我恐怕尊夫人正嫌你不是城北徐公那样的美男子呢。

六九、贺沈一斋、沈漪园

朵云垂贲，知吾嫂诞育长庚[①]，坎再索而得男，神乎技矣。然威凤祥麟[②]，挺生必偶；弟夫人弄璋之喜，当必接踵而来。可惜汤饼[③]两开，未得躬与其盛，为为缺然[④]耳。另柬已收，永以为好[⑤]，敬闻命矣。

【注释】①诞育长庚：生得一男孩。②威凤祥麟：比喻非常难得的人才。③汤饼：即生儿三日后请客宴会。④缺然：有所不足。⑤永以为好：永远结为好友。

【译文】收到了您寄来的书信，知道嫂夫人生了个儿子，合着坎卦你们再索得一男孩儿，手段真是神乎其神啊！然而生得凤麟般的儿子，必定会是无独有偶的，弟夫人一定会接连得一儿子的。可惜的是，两次汤饼宴，我都不能够去参加，感到非常的抱歉！另外的一张帖子已经收到了，（您希望）我们能够永结友好，我听您的就是了。

七〇、贺沈漪园

力[①]回奉手示，知弟夫人得育新雏[②]，盖阙如也。而足下以为神乎其技，不能不心折[③]一斋。岂知生子好，生女亦好，帨之设何必不如弧之悬也。“休嫌一片瓦，珍重亦千金。”戏言当贺，以博一粲[④]。至仆半通之绾，未始无心，然缘木而求，正恐鱼在于沼，未必落信天翁之口耳。

【注释】①力：差役。②雏：小儿。③心折：心服。④粲：笑的样子。

【译文】用人回来，带回了您的书信，知道您的夫人新生了小孩儿，是个女孩儿。然而您却认为是手段巧妙，不得不对一斋佩服。您哪里知晓其实生儿子是好，生女儿也很好，为什么生女儿不如生儿子呢？“休嫌一片瓦，珍重亦千金。”用这种开玩笑似的诗词道喜，也博得您一笑。至于我对于佐治官的事情，未尝不去谋求，然而却如同是爬到树上去找鱼，恐怕鱼在池子里，未必就能落入“信天翁”的嘴里了。

七一、贺黄舜音

塞外云深，倩鸿[1]乏便，缺音问者一载馀矣。去秋在省，得与尊翁数数[2]过从，备稔近概。顷晤粲亭，道足下抱衾有宠[3]，以莲幕而作鸳帷，此乐当难名状。但不知天上长庚，已徵吉梦否？至戚关怀，风便示慰。

【注释】①倩鸿：喻指受雇投递书信的人。②数数：屡次。③抱衾有宠：娶妾。

【译文】你身在塞外，路途遥远，交通不便，找不到传递书信的人，因此我们之间断绝书信来往已经有一年多了。去年秋天在省里，和您父亲曾会面过多次，很详细地了解到您近来的情况。刚刚与粲亭相会，告诉我您已经娶了妾，将莲幕当作鸳帷，快乐的情形，当然不必多说。但不知道是否已经有了身孕？我很是关心，方便的时候请来信告知。

七二、托沧州诸友照应友人

火云如烧[①]，思与诸君子一登朗吟之楼[②]，看夹岸柳阴，风樯[③]上下，以消烦溽。乃仙凡途判，咫尺千里，徒作五城十二楼[④]观耳。

盐邑张少尉，武林[⑤]人也。近以年老乞休，月之二十九日，先遣眷属赴沧，候船南下。幸推梓谊[⑥]，饬役代觅妥寓，俾逆旅[⑦]主人，不敢欺生慢视，此感弟实均之。

【注释】①火云如烧：火云，夏天的红云。谓云气为烈日所灼，若火烧然，犹言酷暑。②朗吟之楼：朗吟楼，古沧州城名胜之一，始建于明代嘉靖年间，现已不存。③风樯：指帆船。④五城十二楼：古代传说神仙住的地方。《史记·孝武本纪》："黄帝时为五城十二楼，以候神人于执期，命曰迎年。"⑤武林：旧时杭州的别称，以武林山得名。⑥梓谊：同乡情谊。梓，故乡的代称。⑦逆旅：客舍，旅店。

【译文】现在天气炎热，想着和各位君子一起登上朗吟楼，观看那沿河两岸成荫的柳树，河中来往的帆船，来消遣烦闷的溽暑。然而，仙人和凡人的生活迥然不同，虽然近在咫尺，却像远在千里之外，只能把你们所在的地方，当作是仙人居住的五城十二楼来遥望而已。

在盐山县工作的张少尉，是杭州人。近来，他因年纪大了请求退休还乡，本月二十九日，先护送家属到沧州，等候船只南下。祈望你们看在同乡的情谊上，派遣仆役帮助他寻找一处妥当的寓所，以使寓所的主人，不敢因他是外乡人而欺侮怠慢，小弟我和他将共同感激不尽。

七三、复谢秀三

上谷斗城[①]耳，衡[②]宇[③]又隔数武[④]，竟未一瞻丰采。春正过访，彼此复相左[⑤]，何缘之浅也。

顷惠翰[⑥]言，如对芝光[⑦]，而聆玉屑[⑧]。足下移踏蠡州，既联旧雨之欢，又属旧地之游，动定自多融鬯[⑨]。如弟依人海角，徒以两地神交，兴“采葛采萧”之咏。中秋拟一返省，不审桂香梧影[⑩]之中，得奉雅人清话否？

【注释】①斗城：表示城小如斗的意思。②衡：即门。③宇：即屋。④数武：数步。⑤相左：不得相见。⑥翰：喻指书信。⑦芝光：指容光焕发。⑧玉屑：作品优美如同玉屑一般。⑨融鬯（chàng）：和畅。⑩桂香梧影：八月时的风景。

【译文】上谷城小如斗，我们屋舍彼此之间只相隔数步远，竟然未曾相见。正月里到您那里拜访，彼此又没能相遇，为何我们之间的缘分如此的浅薄呢？

刚刚您寄来书信，如同见到您一般，听到了您的言论。您调到蠡州地区就职，既得以和老朋友们相聚，又属于故地重游，行事一定很合事宜。我身处海边依人做事，只能同您在精神上交往思慕，吟诵“采葛采萧”的诗句罢了。中秋的时候想要归省一次，不知道在桂花香中、梧桐影下可否和您一起促膝畅谈一番呢？

七四、复沧州诸友

摩诘诗中有画[①]。复书谓朗吟楼畔，帆影连云，蝉声送晚，觉新秋风物，恍然在心目间；则又兼摩诘之诗与画，而备之尺牍矣。顾安得附米家船[②]，载陶家酒[③]，相与作十日饮[④]耶？南物色色俱佳，惟此地鲜能知味；而亲友挟货来者，又已先打一网，故难为力，祈谅之。

【注释】①摩诘诗中有画：唐代诗人王维，字摩诘。诗中有画，形容长于描写景物的诗，使读者如置身图画当中。也形容诗的意境非常优美。宋苏轼《东坡题跋·书摩诘〈蓝田烟雨图〉》：“味摩诘之诗，诗中有画；

观摩诘之画，画中有诗。”②米家船：北宋书画家米芾，常乘舟载书画游览江湖。后常以“米家船”借指米芾的书画。③陶家酒：陶渊明，一名潜，字元亮，东晋著名田园诗人，性嗜酒。曾任彭泽令，公田悉令吏种秫，以酿酒。④十日饮：典出《史记·范雎蔡泽列传》。秦昭王遗书赵平原君曰：“君幸遇寡人，愿与君为十日饮。”后因以“十日饮”比喻朋友连日欢聚。

【译文】王维的诗作意境优美，仿佛让人置身画图中。回信中说，在朗吟楼边，遥望帆影点点，与天边之云相接，金蝉高声鸣叫，直到天晚，使人觉得初秋的风光和景物，仿佛映现在心目中间。那么，除了像王维那样“诗中有画，画中有诗”以外，这种诗情画意，又体现在书信中了。但又怎么能乘坐米芾的船，载上陶渊明的酒，大家在一起连日欢饮呢？南方的东西样样都好，只是这个地方的人很少有人能辨别美味；而且亲朋好友带过来的东西，又被他们先搜罗了去，所以很难帮得上忙，请你谅解。

七五、复钱绳兹

元夜①连袂②看灯，极一时徵逐③之乐。流光如驶，忽届④新秋，节序怀人，何能已已！承寄家兄一函，为理积牍，裁答久稽⑤，或不罪其疏节耶？

弟拟中秋返省，饼圆似月，藕大如船，三五⑥良辰，何堪虚度？不知足下亦作思归之计否？

【注释】①元夜：上元之夜。②连袂：朋友汇聚一处。③徵逐：谓交往过从。④届：到。⑤稽：迟滞。⑥三五：阴历每月的第十五日。

【译文】上元之夜我们一起观看花灯，那时候真的是非常快乐。时光如奔马一般流逝，忽然之间已经到了初秋的时节，每到了这个时节都会思念友人，怎么能不让我想念您呢？您寄给我家兄一封书信，因为需要办理堆积的案牍，好长时间没能给您回复，您或许不会因为我们的懒惰疏忽而加以怪罪吧？

我想要在中秋节的时候归省，此时饼圆如月，莲藕大如船，八月十五这样美好的日子，怎么能够在空虚中度过呢？不知您是否也有归省的打算呢？

七六、托郑莘田代友谋事

月之十一日，得六日之书于津邑邮筒，又得八日之书于郡伯①公牍。正如庾岭②梅花，南枝先开，北枝后放，使探春者同时领取也。

诚新席珍[3]已久。曩以同人引去，拟即相邀；适居停坐有东床[4]，蝉联[5]而下，无能为其位置。阁下以屋乌之爱[6]，切切相关，郑当时[7]之雅怀，齐孟尝[8]之高谊，求之于今，何可多得！闲花一片，尚有赖于春风之嘘也。

【注释】①郡伯：金、元爵名。明清时亦称知府为郡伯。②庾岭：山名，即大庾岭，为五岭之一，在江西省大庾县南。岭上多植梅树，故又名梅岭。③席珍：待聘。参见第五十六篇注释①。④东床：女婿。参见第六十四篇注释①。⑤蝉联：连续相承；连任职位，或继续保有某种地位。⑥屋乌之爱：犹言爱屋及乌。比喻爱一个人而连带地关心到与他有关的人或物。⑦郑当时：字庄，西汉大臣，郑桓公二十二世孙，陈（今河南省开封市）人，荥阳郑氏先祖。任侠善交，在梁、楚扬名。景帝时，任太子舍人。每五日休假时，常在长安四郊要路处备置车马，迎接宾客，昼夜不间断，还恐怕接待不周，因此有"郑驿"之典故。⑧齐孟尝：战国时齐国贵族田文，相齐，封于薛，称薛公，号孟尝君。好养贤士，食客数千人。

【译文】本月的十一日，在天津邮筒中取得了您六日寄来的信，又从知府大人公务函件中取得了您八日寄来的信。正像那大庾岭的梅花，南面的枝头先开放，北面的后开放，使探赏春景的人同时能够领受到。

诚新赋闲在家，等待被人聘用已经很久了。前次因为同事离开了，已经准备邀请他过去；正好东家的女婿，接替了下去，没有办法帮他安排。阁下您看在我们的交情之上，能够推爱，也及时把他的事情关心一下，您有像郑当时那样的胸怀，孟尝君那样的高义，在今天的人当中寻求，又能有几个人做到呢？一片闲开的花朵，还有赖于您春风的吹嘘啊。

七七、复陈笠山

前得静海邮寄之书，乃返省时留寄者，种种委曲衷情①，读之不禁三叹！然丈夫怀才负异②，何患无物色③之加。柯亭椽竹，得蔡中郎而始著；其间显晦迟早④，有数存焉；而要之大器终无久掩耳。幸耐心安之以俟⑤知者。

仆处累年积困之馀，近以仕途已开，妄思取进，无罗求雀，自知想出非非，不过抱此隐衷，勉尽人事，成否未可定也。

香育热肠好友，不期送别南关，竟成永诀，闻之泣数行下！闻香度菱舟，尚在江左⑥，昨以一函慰之。生刍一束，远莫能将，不过藉数行作薤露耳。

【注释】①委曲衷情：其中的原委曲直。②怀才负异：胸怀才学，负恃特殊。③物色：寻查人才。④显晦迟早：表示人生在世或显贵或隐晦，或早或晚。⑤俟：待，等待。⑥江左：长江以东。

【译文】前日收到您从静海邮寄的书信，是您在返省的时候留下寄送的，种种的委屈，读了之后禁不住地再三感叹！但是大丈夫只要身怀才学和出众的能力，又何必担心没有人赏识重用呢？如同柯亭的椽竹，遇到蔡中郎后才被世人知晓。这其中显晦的早与晚，都是存有定数的。但是，大才之人终究是不会被长久地埋没。还是盼着您能耐心地等待，等候赏识您的人出现。

我累年积困之后，近来因为仕途已开，妄想着要去求取功名，没有罗网却想着去求雀，自己也知道是在空想，不过有了这个心思，勉强尽人事罢了，成功与否也不能确定。

香育是一位热心肠的好友，想不到在南关一别，竟然会成为永别，听说他去世之后禁不住流下了眼泪！听说香度，菱舟，都还在江左地区，昨天寄送了一封书信去安慰他。香烛和纸钱，因为路途遥远不能寄去，不过借着写几行字来作为吊祭吧。

七八、贺沈一斋

足下荣选[①]在迩[②]，指日弃毛锥[③]绾尺绶矣。弟事尚须集腋[④]，驽下之才，敢不让骅骝[⑤]先步耶？贺贺！

【注释】①荣选：被选任官职。②迩：近。③毛锥：笔的别称。④集腋：筹集钱财。⑤骅骝（huá liú）：良马。

【译文】您上任的日子就要到了，没几天就要去做官了。我的这件事还需要筹集钱财，没用的人，敢不让能干的人先走吗？祝贺！祝贺！

七九、诚友勿欺人

弟于阿堵物[①]素不重视，然吾人相交以义，相与以信[②]。今鱼已就烹，尚作校人[③]之语，侪虽不敏，岂竟贸贸[④]耶？

【注释】①阿堵物：喻指金钱。②相交以义，相与以信：朋友间以信义相交。③校人：管理池沼的小吏。④贸贸：形容看不清楚，看不明白。

【译文】我对于钱财这些东西向来看的不是很重要，但我们做朋友应该是“相交以义，相与以信”。如今鱼已经要被烹了，还在假装校人言语，我虽然不聪明，难道还能不明白吗？

八〇、慰阮昔侯丧女

令爱玉折[①]，闻之惋惜无已！犹幸弟夫人勿药有喜，留得母珠，不患无掌中明月[②]也。

【注释】①玉折：喻指夭亡。②掌中明月：喻指女儿。

【译文】您的女儿去世，听说之后感到非常的惋惜！幸亏您的夫人无须服药，已然痊愈了，留得母珠，不愁没有掌中明月啊！

八一、唁李蔼堂

夏间晤令弟，惊闻失恃[①]之变！足下千里省亲，遽遭大故，抱痛[②]知不可解。然亦宜少自节哀，所谓“毁不灭性”也。刻欲作数行驰慰，道远不能猝[③]至。秋初得手书，不谓皋鱼泣母，树已摇风；而奉倩无妻，镜还缺月[4]。境之所值，情何以堪！亦惟旷达[5]处之，省却多少烦恼耳。

弟宿累[6]既深，新累复积，始知北居不易。承示缓急，已嘱昔侯汇寄。闻南湖亦去吴桥，贤尹多情，犹思求旧，即其不忘于去后，何妨再缔夫前缘。我辈流行坎止[7]，似可不存成见[8]也。

【注释】①失恃：丧母。②抱痛：心怀伤痛。③猝：急。④镜还缺月：喻指夫妻分别。⑤旷达：形容人的心胸或性格开朗，豁达。⑥累：指债务的拖累。⑦流行坎止：比喻行止进退视境况而定。⑧成见：指对人或事物所抱的固定不变的看法。

【译文】在夏天的时候遇见您的弟弟，听到您母亲去世的消息很是惊讶！您从遥远的地方回到家中，突然遭遇这么大的变故，哀痛自然而然是不能消解的。然而也应稍微节制一些，这就是所说的“毁不灭性”。当时我就想着要寄送一封书信来安慰您，却因路途遥远，不能马上寄到。初秋的时候收到您寄来的书信，没成想母亲去世已经是不幸，妻子居然也去世了。遭遇到这样的情形，怎么能够不伤心呢？也只能够怀着一种豁达的心态来应对了，以此来减少一些苦恼。

我之前的债务积累了很多，又积累了不少新债务，才明白住在北边是不容易的。您来信向我借钱，已经嘱咐昔侯寄送了。听说南湖也离开吴桥，上司看重交情，还想着老朋友，就是他不忘记已去的人，为何不再结一下之前的缘分呢？我们的行止进退视境况而定，似乎不需要存在一种固定不变的看法。

八二、与黄封三还银缓期

遥辱手诲[1]，伏审起居健适。老表兄蔗境弥甘[2]，松姿益茂[3]；芒鞋竹杖，山水自娱，视劳劳异域者，判若仙凡矣。

弟读书未成，名心久息。近为同人力劝，拟作援例[4]之举。亦以吾道卑卑，流而愈下，大都依草附木[5]，要结上游。而特立独行[6]者，率皆枯坐。如弟不工趋附，素乏党援，三窟[7]之营，未始非计，以故孟浪[8]为之。

惠假一款，愆期未赵。自问此腹，不肯负人。来岁鲤鱼风[9]起，必使珠还合浦[10]也。

【注释】①手诲：犹手教。称人手书的敬词。②蔗境弥甘：晚年的景况越来越好。晋顾恺之吃甘蔗常自末端吃至根部，人问其因，顾恺之答以“渐入佳境”。典出《晋书·卷九二·文苑传·顾恺之传》。后用来比喻人的晚景美好。③松姿益茂：松树越老越茂盛。形容人虽老犹健。④援例：引用惯例或先例。此处指捐纳以求官。⑤依草附木：比喻依仗他人的权势地位。⑥特立独行：形容人的志行高洁，不同流俗。⑦三窟：三个洞穴。《战国策·齐策四》：“狡兔有三窟，仅得免其死耳。今君有一窟，未得高枕而卧也。请为君复凿二窟。”后以喻多种图安避祸的方法。⑧孟浪：言行轻率、冒失。⑨鲤鱼风：九月风；秋风。⑩珠还合浦：《后汉书·循吏传·孟尝》载：合浦郡海出珠宝。原宰守并多贪秽，采求无度，珠遂徙于邻境交阯郡界。及孟尝赴任，革易前弊，未逾岁，去珠复还。后遂用“珠还合浦”比喻失而复得或去而复还。

【译文】承蒙您从远地来信指教，得知您身体健康，生活起居安适。老表兄您景况越来越好，身体和精神愈加强健，脚踏芒鞋，手持竹杖，以山水自娱，相较于我这个在外奔波劳碌的人，真好比是神仙和凡人的差别。

小弟我读书没能成功，求取功名的心早就没有了。近来因为同事的极力劝说，打算按照朝廷制度，捐纳官职。也是因为我们这样的人所做的事情微不足道，越来越趋于下流，大多都是依附于他人，结交和奉承上司。而那些志行高洁，不愿意同流合污的人，只能无所事事干坐着。就像小弟我不善于迎合依附、趋炎附势，一向处于缺少同党、孤立无援的境地，捐官让自己多一条出路，也未尝不是一种办法，所以也就轻率地去做了。

蒙您借给我的一笔款项，超过了约定的期限还没有归还。我扪心自问，绝不肯有负于人。等到明天秋风起的时候，一定如数奉还。

八三、复沈漪园

月明三五，共话清樽[①]；分手以来，不胜惘惘[②]！吾侪弃书读律，正途已矣。幸逢捐例[③]重开，通籍[④]自有；寄人篱下，诚不若自营一窟也。

【注释】①共话清樽：饮酒谈笑。②惘惘：失落的样子。③捐例：代朝廷纳资捐官的规例。④通籍：做官。

【译文】十五月明的晚上，我们一起饮酒畅谈。分别之后，心中十分的失落！我们这些人不去读书，却来办理这些法律的事务，正路已经没有了。幸亏赶上重开捐例，还有去从政为官的办法。靠着别人来做事，还不如自己去谋求一个职位。

八四、向顺德司马李借银

司马门庭，仍容韦布[①]，春风如旧，饮德何深！念弟十载燕南，三厕宾馆，自惭袜线[2]，匡益毫无。惟以磊落光明，受知足下。数年来分以冰雪，寄以腹心，礼遇之隆，迥逾恒泛。古所谓“感恩知己”[3]，实于足下兼之。前以援例，不待将伯[4]之呼，即荷玉成之雅。在大君子乐成人美，加惠无穷，而弟屡沐厚施，未免受之增愧；以云投赠，所不敢当。惟需项过多，虽集千羊之皮，尚少一狐之腋[5]，既蒙眷爱，敢借一元[6]。来年秋以为期，必使连城返赵[7]也。

【注释】①司马：古代官名，古代中央政府中掌管军政和军赋的长官。汉大将军、将军、校尉之属官都有司马，专掌兵事。隋唐州府佐吏有司马一人，位在别驾、长史之下，掌兵事，或安置贬谪及闲散官员。清代府同知亦俗称“司马”，其实不同。韦布：韦带布衣。古指未仕者或平民的寒素服装。借指寒素之士、平民。②袜线：韩昭仕前蜀，多才艺而无一精通，时人李台嘏以“韩八座事艺如拆袜线，无一条长”讥刺之。见宋孙光宪《北梦琐言·卷五》。本以袜线讥刺他人才短，后转为自谦才疏学浅之辞。③感恩知己：谚语，感激对方的恩德，把他当作知心人或钦敬的人。④将伯：《诗·小雅·正月》：“将伯助予。”毛传：“将，请也；伯，长也。”孔颖达疏：“请长者助我。”后因以“将伯”称别人对自己的帮助或向人求助。⑤一狐之腋：一只狐狸腋下的皮毛。比喻物稀而珍贵。此处指少量的钱财。⑥一元：清代称元宝一枚为一元。⑦连城返赵：见第四十二篇注释⑥。

【译文】同知大人您的门下，始终能容留我这样一个普通的读书人，一如既往蒙受您的恩惠德泽和厚爱，感激之情溢于言表。回想我游幕于燕南已有十年，先后三次在您的幕府中就职，自己因才疏学浅而感到惭愧，对您的事业没有任何帮助。只是因为我为人做事还算光明磊落，受到了您的信任。多年来，您把自己清洁的俸禄分给我花用，又把我当作亲信之人，待遇之优厚隆重，非寻常可比。古人所说的“感恩知己”，在您的身上得到充分的体现。前次因我照例去捐官，还未等到我向您求助，就蒙受了您成全我的美意。对大君子来说，最乐于成人之美，施给别人无穷的恩泽，而小弟我多次获得您的厚赐，接受之后免不了心中更加惭愧，如果说是赠送给我的，那就更加不敢当了。只是最近需要花费的款项太大，虽然已经凑集了不少钱，但还是缺少一点，既然承蒙您的厚爱，斗胆再请求您借给我一锭元宝。以明天秋天作为期限，到时一定如数奉还。

八五、向陆绒之借银

节前冒雨而归，节后戴星而出[①]，视家庭如传舍[②]，伊人况味何如？弟为援例，日呼将伯[③]，讵意秋云世态，流水人情，平时敦气谊，重然诺，一语通财，反眼若不相识[④]。盖自告急以来，几于“十扣柴扉九不开”[⑤]矣。足下能急人之急，倘为觅一监河[⑥]，是出之涸辙，而纵之清波也。应奉券利[⑦]，惟命是从。

【注释】①戴星而出：戴星，头顶着星星。比喻极早出门。②传舍：

驿站所设供行人休息的房舍，借指旅馆、饭店。③将伯：见第八十四篇注释④。④反眼若不相识：转眼之间就不认识对方。形容翻脸不认人。⑤十扣柴扉九不开：化用宋叶绍翁《游园不值》“小扣柴扉久不开”之句。此处比喻向人求助而少有人应。⑥监河：《庄子·外物》：“庄周家贫，故往贷粟于监河侯。”后因以“监河”或“监河侯”泛指出贷钱物的人。⑦券利：利息。

【译文】节前冒着雨回家，节后又老早出门，把家庭当作旅馆一般，这样的人的景况和感受，您觉得怎么样？小弟我因为捐官的事，每天到处向人求助，怎料世态如秋云，人情似流水，平时讲究义气、情谊和信用的人，一说到借钱，就翻脸不认人了。自从我向人借钱以来，求助于十个人，几乎有九个是拒绝的。足下您一向能够急人之所急，如果您能帮我找到一个可以出借的人，那好比是把我从即将干涸的小水沟，放生到清澈的流水中。应付多少利息，一切听凭吩咐。

八六、托郑莘田代友谋事

鹊桥渡河[①]，曾以数行奉答，度尘青照[②]。重阳近矣，赊子美之浊酒[③]，赋陶令[④]之新诗，缅想雅人，定饶逸趣。

会垣[⑤]荐出多门，声气不通者，率皆枯坐。诚新株守半载，绝无过而问者。近复有母之丧，穷愁益甚。渠以津门倾盖[6]，夙承知爱之情，鷦鹩一枝[7]，重望嘘借。若怜其穷而汲引之，不啻润枯荄[8]以雨露也。

【注释】①鹊桥渡河：相传每年七月初七，为了让织女渡过天河与牛郎相会，喜鹊会飞聚起来，搭成跨越天河的桥道，称为“鹊桥”。韩鄂《岁华纪丽》卷三引《风俗通》：“织女七夕当渡河，使鹊为桥。”此处指时间。②度尘青照：想必已经污染了您的眼睛。度，想必、料想；尘，此处为动词，用于自谦，意为干渎、有污尊目；青照，青眼照看。③子美之浊酒：子美，杜甫的字。杜甫有《落日》诗曰：“浊醪谁造汝，一酌散千忧。”④陶令：陶渊明曾任彭泽令，故称。参见第七十四篇注释③。⑤会垣：省城、都市。⑥倾盖：途中相遇，停车交谈，双方车盖往一起倾斜。形容一见如故或偶然的接触。⑦鷦鹩一枝：鷦鹩，小鸟名，以麻发为窝，系于树枝。鷦鹩做窝，只占用一根树枝。比喻一个安身之处或一个工作位置。语出《庄子·逍遥游》：“鷦鹩巢于深林，不过一枝；偃鼠饮河，不过满腹。”⑧枯荄（gāi）：干枯的草根。

【译文】七月初七日，曾写了几行字的回信答复您，想必您已经过目了。重阳节将至，不论是像杜甫那样赊一壶浊酒，还是像陶渊明那样赋一首新诗，遥想您这样风雅的人，节日期间一定会充满很多雅致的乐趣。

省城中有不少被推荐的机会，但是消息和门路不通的人，大多都是只能干坐着。诚新在家等待聘用已经有半年了，一直没有人来过问。近来又遭遇了母亲去世，更加窘迫愁闷。他因为曾经在天津和您有过交往，向来蒙受您的赏识喜爱，只是想寻求一个工作机会作为安身之处，还望您多多提携。如果您能可怜他的贫穷，从而提拔他，不亚于干枯的草根得到了雨露的滋润。

八七、谢顺德司马李借银

重九前一日读报章，慨然以缓急相周①。昔钟离意②荐友入都，特赠治装之费。今弟为贫谋仕，阁下不责其非分之干，而有求必应，在远不遗，此种高情，并足千古。且冰清座上，琴鹤③萧然，乃以莱芜之甑尘④，润漆园之鲋涸⑤，不特饮情知感，更令戴德难安矣。惟冀掣分⑥直省，得于彤骖紫盖⑦间供其驱策。此实邀君之福，而即弟之所以报也。

【注释】①缓急相周：凡遇到困难，不管缓急，都进行帮助。②钟离意：字子阿，会稽山阴（今浙江绍兴）人，东汉官员，官至尚书、尚书仆射、鲁相等。曾荐刘平入都，特赠办装钱。③琴鹤：见第七篇注释⑤。④莱芜之甑尘：汉代范冉，字史云，为莱芜长，后遭党人禁锢，生活清贫，但穷居自若，言貌无改，当时有民谣曰：“甑中生尘范史云，釜中生鱼范莱芜。”见《后汉书·独行传·范冉》。形容穷困断炊已久。也比喻官吏清廉自守。⑤漆园之鲋涸：漆园，指庄子，因庄子曾在蒙邑中为漆园吏，故称。

鲋涸，即涸辙之鲋，水干了的车沟里的小鱼。比喻在困境中急待援救的人。出自《庄子·外物》："周昨来，有中道而呼者，周顾视车辙中，有鲋鱼焉。"⑥掣分：清代制度，候补的地方官吏抽签确定任职省分。具备一定条件的，可以自选省分，称"指分"。⑦彤骖紫盖：彤，红色的；骖，驾车时在两边的马；紫盖，紫色车盖。借指帝王或官员出行时的车驾仪仗。

【译文】重阳节的前一天收读了您的来信，您慷慨地答应说只要遇到困难，不管缓急，都会给予帮助。当初钟离意举荐朋友到京城做官，特地赠送了置办行装的费用。现在小弟我因为贫穷而谋求官职，阁下您非但不责备我的非分之想，反而有求必应，虽然是在远地，也不遗余力地帮助我，这种崇高的情谊，足以成为千古佳话。而且您为官清廉、冰清玉洁，除一琴一鹤之外，身无长物，却以微薄的俸禄，来缓解我的燃眉之急，这样不但使我蒙受您的福泽而知恩感德，更加令我感戴恩德而心中惶恐不安了。只是希望能够抽签分配到直隶省，这样就能够在您的鞍前马后以供驱使和差遣了。这次实在是托您的福分，也就是小弟我所应极力报答的。

八八、谢沧州诸友送蟹

重阳佳序，正以有酒无螯，空结临渊之羡[①]。何意楮生[②]下贲，竟偕公子[3]同来，即命庖人，立烹介士[4]，樽前风味，迥异寻常。昔王宏白衣送酒[5]，千古传为美谈；今诸君青衣送蟹，未始非后先佳话也。属餍[6]之余，曷胜铭谢！

【注释】①临渊之羡：语本《淮南子·说林训》："临河而羡鱼，不如归家结网。"意思是站在水边想得到鱼，不如回家去结网。比喻只有愿望而没有措施，对事情毫无好处。此处指愿望无法实现而空自羡慕的状态。②楮生：即楮先生，用楮树皮制的纸。因唐代韩愈作《毛颖传》以物拟人，故称纸为"楮先生"。此处指书信。③公子：此处指蟹。《抱朴子》："山中辰日，称无肠公子者，蟹也。"④介士：介胄之士、武士。此处指蟹。《抱朴子》："蟹呼为横行甲士。"⑤白衣送酒：晋人陶渊明好酒而不能常得。某年九月九日，于宅边东篱下的菊丛中摘菊赏花，恰巧江州刺史王弘命白衣人送酒来，便一起饮酒，酒醉才归。见《宋书·卷九二·隐逸传·陶潜传》。后指内心渴望的东西，朋友即时送到，雪中得炭，遂心所愿。⑥属餍：饱足。亦作"属厌"。《左传·昭公二十八年》："愿以小人之腹，为君子之心，属厌而已。"

【译文】重阳佳节，正是因为有酒而没有蟹，空自艳羡而已。没想到收到了你们的来信，还随信寄来了螃蟹，就吩咐厨房，立刻将蟹烹煮了，作为佐酒的菜肴，美味非同寻常。从前，王弘命白衣人送酒给陶渊明，千古以来，传为美谈；现在诸位君子委托差役送蟹过来，未尝不是后来的佳话。饱餐以后，不胜感谢之至。

八九、向陈含辉借银

近在一隅，而前书久未得报，岂驿路梅花[①]，不到青莲幕[②]里耶？缓急之请，既承假以整元，则它时归赵[③]，断不以羊易牛[④]也。券约呈纳。

【注释】①驿路梅花：《太平御览》卷九七〇引南朝宋盛弘之《荆州记》："陆凯与范晔相善，自江南寄梅花一枝，诣长安与晔，并赠花诗曰：'折花逢驿使，寄与陇头人。江南无所有，聊寄一枝春。'"表示对亲友的问候及思念。此处指书信。②参见第九篇注释③。③归赵：把原物还给本人，语出"完璧归赵"。④以羊易牛：语出《孟子·梁惠王上》："王坐于堂上，有牵牛而过堂下者。……曰：'何可废也，以羊易之。'"比喻用这个代替另一个。此处指以少易多。

【译文】我和你近在一个地方，而前次的寄给您的信，好久没有收到回信，难道是我的信没有寄到您所在的幕府吗？上次因为急用向您借的钱，既然承蒙您借给我完整的一锭银元，那么我到时候还给您的时候，断然不肯短少数量。随信寄来借据，请您收纳。

九〇、唁傅维章丧祖母及妻

金台[①]话别后，遇东来[②]友人，辄询近状。有谓足下留山左未去；有谓足下遭家多故，辙[③]已南矣。以传闻异词，不敢浪投尺素。家兄至保，始知令祖母去世；尊阃[④]相继而亡。记与足下别五六年矣，不意李密之西山，甫悲日落；而安仁之东阁，又悼鸾分[⑤]，令人感叹无已！道途修远，莫致刍香；惟宽中顺受，勿为境遇所伤，此则千里远人所望风切祷者也。

仆游直十馀年，猥以菲才，得安佣鬻；而举事孟浪[⑥]，先之以接眷，继之以报捐，百级债台，已层累而上矣，可奈何！

【注释】①金台：指北京。②东来：从山东来。③辙：乘车启程。④尊阃（kǔn）：对他人妻子的尊称。⑤鸾分：指丧妻。⑥孟浪：做事鲁莽；轻率。

【译文】我和您在北京分别之后，遇到从山东来的朋友，就向他询问您近来的情况。有的说您留在山东没有离开，有的说您家中遭遇不少变故，已经动身回到南边了。因为听到的消息有很多差异，因此不敢胡乱的给您寄送书信。我的哥哥到保定来，才获知您的祖母去世了。妻子也相继去世了。记得和您分别才五六年，想不到祖母刚刚去世，妻子又相继去世了，让人感慨万千呀！因为路途遥远，不能够即寄送丧礼祭奠。不过事已至此，您也只能宽慰心胸，忍受一些了，不要过分得悲痛伤害了自己的身子啊！这是远在千里之外的友人所诚挚祷告祈求的。

我在直隶游幕已经有十年了，凭借着一点儿技能，还能够帮人做点儿事。可是做事太过于轻率，先前因为接家眷，后来又因为报捐，积累了许多的债务，这可怎么是好呀！

九一、代答密云县张借银

侄赋性介介①，向不因人为热②，诚以秋云世态，彼泛泛③者，不可以缓急商也。前书所请，意谓陈情于长者，不同乞怜于他人。且夙诺未寒，谅不徒以教语春温，作一时之口惠④。手示见复，乃知两袖清风，难为河润⑤。然相须无几，尚不足以难百里之侯⑥，季布一诺千金⑦，毋使古人腾笑。

【注释】①介介：孤高耿直。②不因人为热：《东观汉记·梁鸿传》："比舍先炊已，呼鸿及热釜炊。鸿曰：'童子鸿不因人热者也。'灭灶更燃火。"比喻为人孤僻高傲，也比喻不依赖别人。③泛泛：不深入，平平常常。④口惠：口头上答应给人好处，却并不兑现。⑤河润：施恩泽于人，如河水之润泽土地一般。⑥百里之侯：统治一百里之地的诸侯。古时作为县令、知县的代称。⑦一诺千金：许下的一个诺言有千金的价值。形容承诺信用高，一旦许诺别人，必定做到。语出《史记·季布栾布列传》："得黄金百斤，不如得季布一诺。"

【译文】小侄我生性耿直，向来不肯依赖别人，实在是因为世态如秋云一般凉薄，那些交情普通的，不可以跟他商议借钱的事情。前次我在来信中的请求，意在向您这样的长辈陈述衷情，和求告于他人是不用的。况且您承诺的话，刚刚说出不久，想必不只是以言语宽慰我一下，嘴上说说却不兑现吧。读到了您的回信，才知道您为官清廉、两袖清风，没有能力帮助我。然而我所需的数额不多，尚且不会使您这样的一县之长官为难，古时的季布一诺千金，希望不要见笑于古人。

九二、与龚未斋

霜叶飞红，秋光可爱，不知晚香亭[①]畔，增几许清兴矣。敝眷北来，虽已草草安置，而红盐白米，大费经营。来书勖[②]之以俭，而绳[③]之于初，诚阅世已深之语。谨书诸绅[④]，以当棒喝[⑤]。

【注释】①晚香亭：在今河北大名县东北大街乡（旧府城）。据《清一统志·大名府二》，晚香亭在旧府治。宋韩琦为留守，重九日，宴请盐司于后圃，有诗云："莫嫌老圃秋容澹，且看黄花晚节香。"后人因以名亭。②勖（xù）：勉力；勉励。③绳：纠正；约束。④书诸绅：绅，即绅带，古时士大夫束腰之大带。把要牢记的话写在绅带上，比喻牢记他人的话。语出《论语·卫灵公》："子张书诸绅。"⑤棒喝：佛教用语。禅师启发弟子开悟的方法。或用棒打，或大声一喝，或棒喝交施，使弟子于当下开悟。比喻警醒迷误的人。

【译文】经霜的枫叶变成红色，漫天飞舞，秋天的风景令人喜爱，不知道居住在晚香亭边上的你，近来又增添了多少清雅的乐趣。我的家人来到北方，虽然已经草草地安顿好了，而日常的柴米油盐，也需要花费很大的心思来安排。您在来信中勉励我要节俭，在一开始就对我的做法进行纠正，实在是阅历很深的人才能说出的话。我应当庄重地牢记您的话，将其作为当头棒喝。

九三、与左宇眉

一番联袂[①]，而三叠阳关[②]，又歌折柳[③]；侧身南望，时切依驰[④]。

昨颁手翰[⑤]，谓旧游重到，对此茫茫[⑥]。并知关盼楼头，无复当年燕子。则桃花人面，更不知几度低徊[⑦]矣。

弟潦倒燕中，几将十稔[8]，一廛寄托，无异浮萍；本非肠肥脑满之时，而作海市蜃楼之举，正恐砚田所入[9]，难补漏卮耳。

【注释】①联袂：聚会。②三叠阳关：指送别的歌曲。③折柳：表示送行的意思。④依驰：依恋并且思念。⑤翰：书信。⑥茫茫：广阔的样子。⑦低徊：留恋。⑧稔（rěn）：熟，成熟。⑨砚田所入：从事笔墨工作取得的收入。

【译文】我们相聚一次，却又要分别了。侧身向南边远望，经常恳切地思念您。

昨天收到您寄来的书信，说故地重游，心中很是茫然。并且获知之前爱恋的人已经不见了，您或许也如同崔护一般产生“人面桃花”的叹息，不晓得心中是如何得惆怅了。

我在直隶地区困顿潦倒将有十年了，有一个位置可以借以此托身谋生，却如同浮萍一般。本来就不是经济宽裕的时候，却还要想着去做凭空想象的举动，恐怕凭借笔墨所取得的收入，难以弥补亏空啊！

九四、谢杨翊明惠润笔

蒲节[1]前，准拟文旆[2]晋省，而子不果来，未免独鹤昏鸦[3]之叹！古人千金买赋[④]，岂有定衡？前路[⑤]所贻，或亦以少为贵[⑥]，取义《礼经》也？拜而受之，付之一哂[⑦]。

【注释】①蒲节：端午节，因旧俗端午节在门上挂菖蒲叶而得名。②文旆：见第十篇注释⑥。③独鹤昏鸦：离群之鹤和黄昏归巢的乌鸦。比喻孤独无友。④千金买赋：汉武帝陈皇后别居长门，闻司马相如工于文，奉黄金百金，请相如作《长门赋》。⑤前路：他们，那一方；与事情有关的双方中的一方。旧时居间者与人接洽时，隐去姓名，称另一方为前途，也作“前路”。⑥以少为贵：《礼记·礼器》：“有以少为贵者。天子无介，祭天特牲。”⑦付之一哂：毫不在意，一笑置之。

【译文】端午节前，原以为您的尊驾会到省城来，而没有成行，不免因孤独无友而感到遗憾。古人曾经有花费千两黄金来请人作一篇赋的，哪有什么固定的价钱呢？前途所赠送的润笔费，或许也是以少为贵，按照的是《礼记》的说法吗？我收下来并表示感谢，一笑了之而已。

九五、复荐长随

承荐长随[①]某者，老而秃，望之如牛山之濯濯[②]也；脱帽露顶时，殊不雅观，故遣之去。

【注释】①长随：随侍于官吏身边的仆从。②牛山濯濯：本指山上无树木。语本《孟子·告子上》：“牛山之木尝美矣。以其郊于大国也，斧斤伐之，……牛羊又从而牧之，是以若彼濯濯也。”后多用以戏喻人秃顶无发。

【译文】承蒙您推荐来的长随某人，年老而且是秃顶，望上去像是光秃秃的牛山；脱下帽子漏出头顶时，特别不雅观，所以送他回去了。

九六、唁沈一斋丧母

顷[①]自旧县回，案头置有令叔手书，以为寻常问候耳，展诵之下，惊知老伯母大人锦堂弃养[②]，使弟书未卒读，而泪下涔涔也。

犹记乙夏同馆会川，正值慈航[③]北上，梦伯母饮之食之，视同犹子[④]。今春登堂拜谒，犹得仰接音容[⑤]；而今已矣！陶母之徽音遽渺，巨卿之鸡黍难期。追念畴曩，能无呜咽！

阁下秉性纯孝[⑥]，哀毁自不待言；然罔极[⑦]深恩，虽云莫报，而板舆迎养，莲幕承欢，此数年中，亦自有其乐融融者。况此后之显扬[⑧]，方兴未艾，则式凭之灵爽[⑨]，属望无穷。尚祈顺便节哀，以慰泉壤[⑩]。弟因馆事羁身，不获躬亲扣奠，临书含涕，悲与歉俱！薄具楮仪，伏冀鉴纳。

【注释】①顷：刚才，刚刚。②锦堂弃养：意指去世。③慈航：对人慈母的称谓。④犹子：指侄子或侄女。⑤仰接音容：见到其音容笑貌。⑥秉性纯孝：天生孝顺，纯一不二。⑦罔极：无穷尽。⑧显扬：表彰。⑨灵爽：指神灵，神明。⑩以慰泉壤：来告慰去世的人。

【译文】刚刚从旧县回来，桌子上放着您叔父寄来的书信，以为是寻常的问候书信，拆开阅读之后，很是吃惊，获知伯母去世，我书信还没有读完，眼泪就流了下来。

还记得乙年夏天的时候，我们在会川共事，恰好碰到伯母到北边来，承蒙伯母给我吃的、喝的，将我视作侄儿一般。今年春天到您家中拜访，还得以见到她老人家的音容笑貌。然而现在却去世了！陶母的声音突然不见了，巨卿的鸡黍难以期盼。追忆从前的事情，怎么能够不痛哭悲伤呢！

您的本性是极其孝顺的，（伯母去世）您自然是非常的悲痛。然而无穷的恩情，虽然不能够报答，可是您将伯母接出来奉养，这几年中，也是非常快乐的。况且您之后名声远扬，一时半会儿不会终止，她老人家在天之灵，对您的期望也是很大的呀！还是希望您能节制哀痛，以此来告慰伯母。我因为公务缠身，不能够亲自前来拜祭，含着眼泪写下这封书信，既悲伤又愧疚！送上一点儿拜祭的礼品，希望您能够收下！

九七、复陈宪章

曩晤研凹于高平旅邸，获审乔栖[1]有托。返馆后，即思以数行驰问；而病魔缠扰，攲[2]枕慵[3]书。适承手简颁来，春风惠我，客病都捐[4]，乃知陇上梅[5]不异井边橘也。五斗折腰之吏，古人耻而不为，弟更况而愈下[6]，何足云贺？祇益汗颜[7]耳。

【注释】①乔栖：指迁移、变更位置。②攲（qī）：倾侧，依靠。③慵：困倦，懒。④捐：除去。⑤陇上梅：喻指书信。⑥况而愈下：即每况愈下。⑦汗颜：惭愧。

【译文】之前我在高平的旅舍中遇见研凹，获知您已经就事托身了。回到馆舍以后，想要寄送一封书信去问候一下。但是却身染疾病，躺在床上懒得动笔。恰好（在这时）您的书信寄来，使我如沐春风，身上的病都祛除掉了，才知道一封书信如同仙药一般。一个县令的职位，古人都耻于就任，我连县令都不如，怎么值得道贺呢？只能是让我更加的惭愧罢了。

九八、与章又梁

莺花月露①，雅怀多属雅人；酒赋琴歌，韵事端推韵客。况离人去国②，愁听短笛之梅；游子思乡，魂断长亭之柳。每低徊于当境，恒抒③写其无聊；情之所深，诗何能已？顾王仲宣登楼作赋，却是怀归；杜子美入蜀行吟，无非伤乱。他若囊将锦贮，尽披风抹月之词；即教题处纱笼，亦红袖青衫之句。鲜有不遑将母，陟屺④兴叹；谁思无忝所生，吮毫⑤增感？惟我又梁先生，浙水神驹，稽山独鹤。搜奇二酉，边孝先经笥常充；摛藻⑥三都，江文通笔花欲谢。励抟风之六翮，自宜有志竟成；困逐电⑦之双蹄，讵意怀才莫遇。爰弃书而读律，出走燕南；旋适馆而授餐，还游塞上。采来莲实⑧，常遗考叔之羹；念此萱花⑨，时下梁公之泪。

【注释】①莺花月露：即春花秋月。②去国：离开家乡。③抒：抒发，宣泄。④陟屺（qǐ）：指人子思念母亲。⑤吮毫：提笔欲书。⑥摛（chī）藻：作文有文采。⑦逐电：马名。⑧莲实：游幕所得到的俸禄。⑨萱花：表示父母的意思。

【译文】欣赏春花秋月这样的美景，如此高雅的兴致大多是雅人所具有的。饮酒赋诗，拨琴吟唱，这些有风韵的事情也是属于韵客们所做的。更何况孤身一人离家在外，最忧伤的就是听到短笛吹奏“梅花落”的曲调。思乡的游子，更是不愿看到长亭旁的杨柳。往往会回想留恋当时的种种景象，常常需要将无聊抒发出来。这种深切的情绪，除了作诗，别无他法。回想古时王粲登楼作赋，是内心渴望归去；杜甫入川作诗，也无非是在感慨世道混乱。其他诸如锦囊藏诗，也都是吟月的诗词。即使是碧纱笼着的诗词，也不过是在吟诵红袖青衫。很少有（因为）不能够奉养慈母，而登高慨叹的。谁不想不愧对自己的父母，（因而）提笔抒情呢？只有我们又梁先生，才是浙江地区的才子佳人，稽山的饱学之士。读过名山的著作，如同边孝先腹内尽藏诗书。写出的文章名噪一时，就是江文通也不能企及。如同乘风而上的飞鸟一般，自然能够“有志竟成”。又如同逐电飞奔的骏马，却不成想“怀才不遇”。于是丢弃了书本，而去研读法律，来到直隶地区。不久就找到了馆地，有了可以吃饭的地方，游行在边塞地区。所得的俸禄，时常如同考叔一般遗羹孝养双亲。又因为思念母亲，时时像梁公一样流泪。

曩者迴车桑里①，曾舞莱衣②；惟时下榻金台，又听骊歌。游有方也，宁知牵慈母之肠；心滋戚焉，无自释终身之慕。于是绘成雅照③，望切吴云；裁就新诗，调高郢雪④。四千里鞭丝帽影，载驰载驱；三十年别梦离魂，一忧一喜。言由中发，如闻五夜⑤之鹃；孝本性成，欲断三声之狖。岂第班香宋艳，逞彼词华，陆海潘江，抒其藻思哉？

【注释】①桑里：指故乡。②莱衣：指小儿穿的五彩衣或小儿的衣服。着莱衣表示对双亲的孝养。③雅照：照相。④郢（yǐng）雪：比喻诗调高亢。⑤五夜：五更的时候。

【译文】上次回到家中，也曾像老莱子一样身穿彩衣跳舞来让母亲开心。只因那时在北京做事，（没过多久）又离开家乡了。因为知道母亲的牵挂，因此出门有明确的地方。心中总是十分的忧愁，却没有办法来解释自身的孺慕。因此画好了一幅肖像，远望这南面的故乡。写了几首新诗，诗调高亢。四千里的遥远路途，免不了舟车劳顿。三十年的别离，有时欢喜有时忧愁。句句发自肺腑，如同听到了五更时杜鹃的啼叫。孝顺本来就是天性使然，让人十分的悲伤。这岂是班香、宋艳、陆海、潘江的诗词所能相比的呢？

弟幼而失学，壮不如人。叹瓶罄[①]之无赀，冀佣书之有获。始居人下，风动而帐岂容开？继幸独当[②]，露少[③]而砚将奚润？虽慈航[④]就养，稍遂乌私；而长铗频弹，空思鲈美。同此离乡背井，心随南去之鸿；何缘钓水游山，笑共春归之燕。仆非屠狗[⑤]，感慨偏多；君是雕龙[⑥]，声华孰媲？记往岁抛砖鲛室，已叨满斛珠玑[⑦]；若今朝挝鼓雷门，何异重鸣瓦缶？此实自审其碌碌，非徒过饰其谨谨。乃兄谬以曾巩为能诗，遽令学步；而弟不效魏收之藏拙，漫而献频。作者竟居之不疑，见者应莞尔[⑧]而笑。惟望加以绳削[⑨]，劳不惮夫运斤[⑩]，庶期出自甄陶，用可供夫覆瓿。

【注释】①瓶罄：喻指没有储蓄。②独当：独当一面。③露少：形容所获得的俸禄不多。④慈航：母亲。⑤屠狗：泛指出身低微者，或位卑的豪杰之士。⑥雕龙：比喻善于修饰文辞或刻意雕琢文字。⑦珠玑：比喻优美的文章或词句。⑧莞尔：微笑、浅笑。⑨绳削：指纠正，修改。⑩运斤：请求修改。

【译文】我小时候没有求学读书，年纪大了就不如他人了。可叹因为家中贫穷，盼着靠笔墨帮人做事，赚几个钱财。最初在他人手下做事，受到了很多的羁绊。后来侥幸能够独当一面了，无奈钱又太少，怎么能够敷衍的了呢？虽然将母亲接来就近奉养，稍尽了自己的孝心。但是还是像冯驩弹铗一样，仍旧不能满足。你我一样都是背井离乡，这颗心随着南去的鸿雁归去。不知何时才能与您一起游山玩水，一起对着那春归的燕子谈笑。我不是什么豪杰之士，但却感慨良多。您是雕龙之士，声名怎敢与您相媲美？记得去年在您家中做了不少好诗，已承蒙您多次酬谢，让同时抛了一块砖，却得到了满斛的珠玑。假使我还要在您面前卖弄才情，与那瓦缶声又有什么差别呢？这确实是明白自己的碌碌无能，而不是在故意装作谦虚谨慎的样子。却不成想您错误的以为我如同曾巩一样可以写诗，就让我和诗。我不肯效仿魏收藏拙的做法，竟然频频献丑。写诗的人竟然也没有什么不安，您看过之后应该会哑然失笑了。只盼望您能够加以斧正，不辞辛劳修改一番，我能够承蒙您的教导，或许还能够作覆瓿之用。

兹来别馆，风雨为劳，言念伊人，云龙奚逐？话清樽于北海，春衫尚带雨痕；继雅集于西园，秋士[①]还陪末座。佳章读罢，误收行箧[②]之中；便羽封还，仍入奚囊之内。所冀惠而好我，时颁锦鲤[③]双双；

莫嫌道之云遥，不寄梅花[4]片片。

【注释】①秋士：迟暮不遇，失意之士。②箧：箱子。③锦鲤：喻指书信。④梅花：喻指书信。

【译文】现在来到馆中（做事），让我对您更加想念了，不知何时才能得以相聚？记起之前与您饮酒畅谈，春衫上还带着雨痕。还记得在园中会友，我也陪在末座。读完您的佳作之后，错收到行李之中。顺便寄还给您，仍旧藏于您的诗袋之中。盼望您能够惠爱及我，经常给我写信。不要嫌弃路途遥远，不寄送书信来啊！

九九、谢胡峙斋转寄家信

弟以一枝[1]之托，远抛五口之家，盼切寓函，如殷霓望[2]；幸荷垂情逾格，俾得音问常通。昔壶公以缩地法授人[3]，谓可晤千里于一室；今则家言往复，使两地悬悬[4]，时得开函而如面，此术何臧壶公？而少陵所谓“家书抵万金”[5]者，兄真不啻万万金之赐矣！兹又托致一函，恃足下不惮许子之烦[5]，遂亦自忘其数，惟有临风拜手，中心藏之耳。

秋漪学优而遇穷，得波斯胡[6]为之拂拭[7]，是出焦桐于爨下[8]，而起椽竹于亭中[9]也，此感实与秋漪共之。

椒平先生处，先乞声致，另用专布。

【注释】①一枝：见第八十六篇注释⑦。②霓望：即云霓之望，比喻殷切的盼望。语出《孟子·梁惠王下》："民望之，若大旱之望云霓也。"③壶公：传说中的仙人。晋葛洪《神仙传·壶公》："费长房有神术，能缩地脉，千里存在，目前宛然，放之复舒如旧也。"后以"缩地术"的典故表达思念故乡或远方亲友的心情，希望有缩地之术，使路途变短。④悬悬：遥远。⑤唐杜甫《春望》诗："烽火连三月，家书抵万金。"⑤不惮许子之烦：许子，许行，战国时人。惮：怕。指不怕麻烦。语出《孟子·滕文公上》："何为纷纷然与百工交易？何许子之不惮烦？"⑥波斯胡：旧称波斯人。借指识宝之人。⑦拂拭：将取物用时，必先拂拭尘垢，故拂拭可代指恩遇被擢用。⑧出焦桐于爨下：典出《后汉书·蔡邕传》："吴人有烧桐以爨者，邕闻火烈之声，知其良木，因请而裁为琴，果有美音。"比喻解救和提拔良材，使其脱离危难的处境。⑨起椽竹于亭中：典出《搜神记》："蔡邕曰：'吾尝经会稽柯亭，见屋东第十六椽竹，可为笛，取用果有异声。'"比喻发现并提拔良材。

【译文】小弟我因为要靠着一个职位来谋生，离开家庭远游在外，盼望着家中的来信，殷切之情有如大旱之时盼望云霓；幸蒙您对我格外照顾，使我与家中常有音讯往来。古时仙人壶公以缩地的法术传授给别人，说是可以在一室之内得知千里之外的事情；现在则是家书往来，使得遥远的两个地方，时常得以因打开书信而如同见面，这种方式哪里比壶公逊色呢？而杜甫诗中所说的"家书抵万金"，兄长您对我的恩赐可比是万万金了。现在再次委托您代寄一封信，也是仰仗足下您不怕麻烦，所以自己都忘了您帮忙的次数了，只有望空拜谢，将感激之情永远藏在心中了。

秋漪学问很好，但是境遇窘困，如果遇到能够赏识的人，将他提拔起来，那便是良材遇到知音，不至于埋没，那将是我和秋漪所共同感激的。

椒平先生那里，先请您帮我转达问候，另外我会专门写一封信给他。

一〇〇、问陈笠山生子

久以依红[1]未定，尺素鲜通。近由静海叠寄手书，知足下弃出关之繻，安入幕之榻。壮哉此行，从可大展厥抱矣！即辰黄梅酿雨，寒燠[2]不齐，塞外气候异宜，起居伏维珍摄。尊夫人麟胎[3]将举，未知觅得健媪否？窃以聿老闺中，蚌已就老，从未剖珠，恐倒绷孩儿，难以恃也。

【注释】①依红：喻指游幕。②燠（yù）：暖，热。③麟胎：对未降生的麒麟儿的称谓。

【译文】长时间以来，因为您的馆地一直没能确定，因此少有书信寄送。近来（您）从静海寄来好几封书信，获知您到关外，安然的做了幕客。此行动非常的雄壮，从此之后您就能够大显身手，施展抱负了。现正是黄梅节气，冷暖不定，塞外的天气与内地更不一样，您的起居最好注意一些。您的夫人将要生育，不知道可否已找好接生婆？我认为女人岁数大了，从没有生育过，恐怕到时候会有些麻烦。

一〇一、托周松涛索画

别后时以知己青毡[①]，萦我心曲。得手示，知有武邑之行。足下怀抱利器[②]，久不得志于当道；此行出其所长，以佐百里侯[③]鸣琴[④]致治，必有相得益彰者。而履祉[⑤]之佳，更无烦颖颂[⑥]也。何愧人之画，有董北苑[⑦]笔意，弟爱之慕之，得狐一腋[⑧]，已足见珍，正不必以多为贵也。

【注释】①青毡：《太平御览》卷七〇八引晋裴启《语林》："王子敬在斋中卧，偷人取物，一室之内略尽。子敬卧而不动，偷遂登榻，欲有所觅。子敬因呼曰：'石染青毡是我家旧物，可特置否？'于是群偷置物惊走。"后遂以"青毡故物"泛指仕宦人家的传世之物或旧业。亦指清寒贫困的生活。②利器：比喻杰出的才能。③百里侯：参见第九十一篇。④鸣琴：参见第十五篇。⑤履祉：参见第六十三篇。⑥颖颂：谓以笔墨表达颂祷。⑦董北苑：即董源，字叔达，五代绘画大师，南派山水画开山鼻祖，与李成、范宽，并称“北宋三大家”。南唐时期，曾任北苑副使，人称“董北苑”。⑧一腋：即一狐之腋，一只狐狸腋下的皮毛。比喻物稀而珍贵。

【译文】分别以后，时常因为您这样的知己和老朋友，仍然过着穷困的生活，而心中挂念。收到了您的来信，得知您将要去武邑了。足下您身怀杰出的才能，而长期不能被掌权的人所赏识，郁郁不得志；这次的行程，正可以发挥你的特长，辅佐县令，施行德政，造福地方百姓，一定可以相互配合得很好，发挥出更好的效果。而享受好的境遇和福分，更无须我用笔墨来祝祷了。何愧人的画作，有董北苑的笔意，我非常喜欢和仰慕，如果能得到他的作品，哪怕只是一小幅，也已经很珍贵，不必以多为贵。

一〇二、托胡峙斋转寄家信

足下翩翩书记[①]，时及远人，既感且慰；而平安竹报[②]，频随青鸟[③]飞来，则尤可感也。当此轻衫团扇，行乐及时，想见依红泛绿之余，定多雪藕调冰[④]之雅。若弟幽居斗室，终日埋头，转觉照眼榴花[⑤]，牵人意绪耳。兹又有寓信一函，以旅人之片纸，烦上介[⑥]之频投。贤主多情，仆人况瘁⑦，其何以自安！

秋漪屡有信来，道足下多方关照，自非爱屋，焉能及乌？椒平先生处，顷亦有札托之，无人乎缪公之侧⑧，终恐过而不留；推之挽之，尚有赖于足下也。

【注释】①书记：书信。②平安竹报：报平安的家书。语本唐段成式《酉阳杂俎续集·支植下》："北都惟童子寺有竹一窠，才长数尺，相传其寺纲维，每日报竹平安。"③青鸟：传说中西王母的使者。此处借指信使。④雪藕调冰：夏天消暑之举。杜甫《陪诸贵公子丈八沟携妓纳凉晚际遇雨二首》："公子调冰水，佳人雪藕丝。"⑤照眼榴花：照眼，耀眼、引人注目；榴花，石榴花。盛开的石榴花，代指五月。唐韩愈《榴花》："五月榴花照眼明，枝间时见子初成。"⑥上介：古代外交使团的副使或军政长吏的高级助理。此处用以敬称对方的仆役。⑦况瘁：憔悴。⑧无人乎缪公之侧：借指身边无相助之人。《孟子·公孙丑下》："无人乎缪公之侧，则不能安其身。"缪公，即鲁缪公，战国时鲁国国君。

【译文】足下您的文辞优美的书信，时常惠及我这在远地的人，让我既感激而又欣慰；而且报平安的家信，经常由信使顺道寄来，这是更加使我感激的。在这个身着薄衫、手执团扇的时节，正是及时行乐的时候，想见您幕府公务之余，一定也会有很多消夏的雅趣。至于小弟我，则是隐居在狭小的房间里，一天到晚埋头忙于俗事，反倒觉得耀眼夺目的石榴花，牵动着人的心事。我这里现在又有一封寄给家里的信，劳驾您的仆人，将我这游历在外之人的片纸，请他帮忙投递。主人这样的深情厚谊，仆人又这样辛苦，让我心中怎么能够过意得去呢？

章秋漪已经多次寄信过来，说道足下您对他方方面面都很照顾，若不是您对我厚爱有加，又怎能爱屋及乌、推爱到他呢？椒平先生那里，前不久我也寄信请托了，只是身边没有相助之人，最终恐怕还是不会留用；对他的推举、提携，还是要仰赖于足下您了。

一〇三、托顺德司马李荐友

绿莎厅[①]远，青鸟[②]音稀，屈指蟾圆[③]五度矣。缅想鼎裀[④]萃吉，华绂[⑤]凝庥，知如鄙人之颂。盐邑刁风日甚，控案接踵而来，因人成事者，不无虎尾春冰[⑥]之惧，亦适见铅刀[⑦]之难佐盘错[⑧]耳。

友人章秋漪，与弟为莫逆交。其申韩之学[⑨]，迥非管窥蠡测者所能企及。渠以阁下怜才下士，向有吐握[⑩]之风，欲一登龙[⑪]，增其声价。伏维阁下器宇恢宏，前程无量，他日延宾东阁[⑫]，夹袋贮名[⑬]，方将举天下贤才而汲引之，当不惜阶前盈尺，为布衣长揖之地。弟故与之书，使自达于左右。倘蒙赐以颜色，加以吹嘘[⑭]，俾鹪鹩一枝[⑮]，得所寄托，则尤推屋及乌之盛怀，而非弟所敢请也。

【注释】①绿莎厅：唐河中府有绿莎厅，为诸书记、从事趋府宴会之所，至宋代已废。唐王禹偁《送柴谏议之任河中》："绿莎厅事旧鸣蛩。"此处借指衙门。②青鸟：见前一篇。③蟾圆：月圆。蟾，传说月亮中有蟾蜍，故代称月亮为"蟾"。④鼎裀：鼎是古代盛菜肴的器具。裀是毯子、褥子。形容富贵舒适的生活，或泛指达官显要。⑤华绂：华美的系印丝绳。指佩"华绂"的达官贵人。⑥虎尾春冰：踩着老虎尾巴，走在春天将解冻的冰上。比喻处境非常危险。语本《尚书·君牙》："心之忧危，若蹈虎尾，涉于春冰。"⑦铅刀：以铅制成的刀。因为它不锐利，所以用来比喻才力微薄。⑧盘错：盘旋交错。比喻事情错综复杂。⑨申韩之学：申，申不害；韩，韩非。申不害与韩非都是战国时代精通刑名法术的学者，同为法家代表人物，故后世以申韩代表法家及其学说。⑩吐握：吐哺握发。形容积极的延揽人才，广招贤士。⑪登龙：比喻成名发迹，飞黄腾达。⑫东阁：《汉书·卷五八·公孙弘传》："弘自见为举首，起徒步，数年至宰相封侯，于是起客馆，开东阁以延贤人，与参谋议。"后用以指宰相招贤的地方。⑬夹袋贮名：典出宋朱熹《五朝名臣言行录》："公（吕蒙正）夹袋中有册子，每四方替罢谒见，必问其有何人才，客去随即疏之，悉分门类。或有一人而数人称之者，必贤也。朝廷求贤，取之囊中。故公为相，文武百官各称职者，以此。"后称当权者的亲信或预备选用的人为"夹袋中人物"。⑭吹嘘：比喻奖掖擢升。⑮鹪鹩一枝：见第八十六篇。

【译文】我和您的衙门离得很远，已经很久没有通音讯了，屈指算来，已经有五个多月了。遥想您生活起居安康，公事顺利，一定会像我祝祷的那样。盐山县的民风，一天比一天刁蛮，控告的案件，接连不断地到来，我们这些依靠别人做事的人，未尝不因为处于危险境地而感到害怕，也由此可见我才力微薄，难以处理错综复杂的事情。

友人章秋漪，和小弟我是莫逆之交。他的刑名之学，远不是那些见识狭小的人所能赶得上的。他因为阁下您爱惜人才、礼贤下士，一向有周公吐哺握发的风格，想要到您的衙门里来，以增加声誉、发挥价值。我想阁下您胸怀、气度广大，前程远大，不可限量，到时候大开东阁，招贤纳士，登记备选人才的名录，正要把全天下的人才进行吸收引进，一定不会吝惜眼前的一尺见方的地方，给那些没有功名的读书人提供一处容身之地。小弟我所以给他写了一封推荐信，叫他自己过来拜访您。如果能够蒙您好颜相待，并加以提拔擢用，使他得到一个安身之地，身有所托，那便是爱屋及乌的深厚情谊，但这不是小弟我所敢轻易恳求的。

一〇四、复王僦之

桂花香里，我驾扁舟；菊蕊黄时，君遗尺牍。捧霞笺而庄诵，恍挹芝眉[①]；审莲社之多佳，藕舒葵臆[②]。伏维二兄以读书读律之余，兼多艺多材之美；及锋而试，干将[③]岂等于铅刀[④]？韫椟而藏[⑤]，太璞迥殊乎燕石[⑥]。贮作王家之伟器，非徒盛府之元僚[⑦]。如弟赋才碌碌，应世庸庸。前此援例纳赀，本属捕风捉月。且一官似芥，并无五斗之糈[⑧]；而半职如匏[⑨]，已负两肩之债。誉真过矣，愧何如之！

【注释】①挹：本意舀取，引申为收取、牵引。芝眉：谓眉宇有芝采，古谓贵相，书信中用作称人容颜的敬词。②葵臆：葵花向日旋转，比喻人私心倾慕之意。③干将：人名。春秋吴国人，相传善铸剑。后多借指利剑。④铅刀：见上一篇。⑤韫椟而藏：比喻怀才不遇。语出《论语·子罕》："有美玉于斯，韫椟而藏诸，求善贾而沽诸？"⑥太璞：未经雕琢的玉。引申为事物的天然本性。燕石：见第三〇篇。⑦盛府之元僚：盛府，对地方军政长官衙署的尊称。元僚，指贤、重臣。⑧糈：粮食；粮饷。此处指俸禄。⑨如匏：匏，即瓠瓜。比喻无用。

【译文】在桂花开放的时节，我乘船出发；在菊花开放的时候，收到了您的来信。手捧着您美好的书信，恭敬地诵读，仿佛和您见面一般；相信您在幕府中一切安好，缓解我倾心仰慕的心情。我知道二兄您在读书、学习刑律之外，更兼有多才多艺的美誉；有好的时机去一试身手，锋利的宝剑怎能等同于无用的铅刀？即便是暂时怀才不遇，璞玉虽然未经雕琢，也是粗陋的石头所无可比拟的。等待时机成熟，成为国家的栋梁之材；不仅仅只是在官衙里做个幕友而已。像小弟我一样才识、资质浅薄，应付世事平庸。前次按照朝廷惯例，纳资捐官，本就属于捕风捉影、痴心妄想。而且只是一个微不足道的官职，连五斗粮食的俸禄都没有；还没有什么作为，就已经担负了两肩的债务。您对我真是过誉了，使我非常惭愧。！

一〇五、复庆云少尉项

幽居斗室，视青莲幕不啻缁尘障①也。得手书，顿开胸次。适以山左②之警，文禀络绎，未暇走管城子③于哦松署里。知我谅我，是所望于阁下。

弟自分菲才，谬思筮仕④。去秋勉捐未入⑤，竟以累重难行。留此系而不食之匏，已同弃而不甘之肋，如何！如何！

五纹添线⑥，一阳生矣，香尉风流，定增胜概。弟近在咫尺，不啻对宇望衡⑦；乃君限花疆⑧，我牵嫁线⑨，彼此间阻，餐梦徒劳，言念伊人，能无怅怅⑩！

【注释】①缁尘障：环境昏暗沉闷。②山左：山东。③管城子：笔的别称。④筮仕：古人将出做官，卜问吉凶。⑤未入：未入流。⑥五纹添线：意指日长。⑦对宇望衡：门户相对，可以望见。⑧花疆：喻指职守所在的疆域。⑨嫁线：喻指职务。⑩怅怅：失意的样子。

【译文】住在这幽暗狭小的屋子里，看这办公的场所简直就像是有一层黑灰的障碍物（很是烦闷）。收到您的来信，胸中顿时豁然畅快。恰巧因为山东的警报传来，文书连续不断的到来，因此没有时间来写信寄送给您，恳请您理解我，原谅我！

我知道自己才疏学浅，妄想着去从政为官。去年秋天，勉勉强强捐了一点儿功名，最终因为债务积累太重没能成行。留在这个无用的职位上，如同挂着一个不能吃的匏瓜，如同“食之无味弃之可惜”的鸡肋一般，如何是好？如何是好？

现在的时间变长了一些，冬至到了，您虽然就职做事了，但是那种风流性情，肯定会增添一些有兴致的事情。我们相距很近，差不多房子都可以对望的到。然而您深陷职务之中，我也被公事所困扰，我们彼此被阻断，徒劳地时时想念您，一想到您，怎么能够让我不惆怅呢？

一〇六、劝陈诫新缓归

九峰信至，道足下有意南旋，何计之左也！足下驾游冀北，七载于兹，曰归曰归，情固宜尔。第砚田久旱[①]，甫幸有秋[②]；一年之耕，谅无多获，除却归程膏秣[③]，所馀能有几何？恐觅家园之乐，反贻困守之虞。不如再积锱铢[④]，稍丰囊箧，然后扁舟归里，持紫蟹而剥青菱，未为晚也。恃爱直陈，伏维垂谅。

弟为捐事所累，敝庐业已转售，鱼辙本枯[⑤]，雀巢[⑥]又失，窘况可想而知矣！

【注释】①砚田久旱：喻指赋闲已久。②有秋：丰收，有收成。也指人得势。③归程膏秣（mò）：喻指路费。④锱铢：一种货币的名称。⑤鱼辙本枯：处境窘困。⑥雀巢：喻指住宅。

【译文】九峰寄送的书信到了，说您打算回到南边去，为什么您会有如此欠妥的打算呢？我到冀北地区经有七年了，虽然嘴上说“要回去，要回去”，从人情来看就应该如此。但是砚田已经干旱了好久，很庆幸有秋收。一年的耕种，料想收获不会太多，除去回家的路费，所余下的又能有多少呢？恐怕要寻找家园的乐趣，反倒是要受困守的忧虑。不如再慢慢的积攒一些钱财，等到稍微有点儿积蓄后，到那时再坐船回故乡，吃紫蟹剥青菱，也不算晚呀。凭着您对我的厚爱，直接述说了我的想法，还请您原谅。

我因为捐官的事情而被债务拖累，家里的房子也已经转卖了，本来就如同车辙中枯鱼那样穷困，现在又像是失掉巢穴的鸟雀，连住处都没有了，窘困的状况可想而知了！

一〇七、复沈孟养

久阻雁行，乍开鱼腹[1]，喜故人之无恙，来兮清风；舒贱子[2]之相思，慰兹秋水[3]。独是三千客里，我已匏悬[4]；早期十九人中，君应颖脱。何图落落，尚尔依人？岂竟寥寥，绝无知己？然金台骏骨，曾相赏于燕昭；赤水骊珠，终见收于象罔。虽故国[5]之云山，堪萦蝶梦；而归程之囊箧，宜蓄蝇头[6]。幸缓轻鞍[7]，勿歌长铗[8]。

弟才本谫陋，应世无方，运复颠连，仰天莫问。多累值多愁之境，同声增同病之怜。目前涸辙枯鱼[9]，既未得饱衔香饵；此后寻巢小燕，更不知飞傍谁家。所以酒酣耳热之馀，狂歌当哭；雨晦风凄之候，搔首自灰也。知荷关情，敢摅近况；倘逢邮羽[10]，时惠德音。

【注释】①乍开鱼腹：忽拆书信。②贱子：自谦之辞。③秋水：比喻人（多指女人）清澈明亮的眼睛。④匏（páo）悬：喻指无用。⑤故国：故乡。⑥宜蓄蝇头：应该有金钱上的积累。⑦轻鞍：就道而行。⑧歌长铗：喻指归去。⑨涸辙枯鱼：喻指处境困苦。⑩邮羽：指投递书信。

【译文】好长时间没能互通书信了，忽然收到来信，如同一阵清风，令人高兴的是故友安然无恙，让我宽慰了不少。但是三千个宾客当中，偏偏我是无用之人。早就盼望着您在十九个人当中，应该可以脱颖而出。没成想您还在依人做事呢？难道真的没有一个赏识您的人吗？但是您富有才学，早已被世人知晓。像您这样的人才终究还是会被人邀请的。虽然时常想着故乡，但是要回到家乡，衣囊之中也应该稍有积蓄。请您不要效仿歌长铗，迟一点儿动身。

我本来就才学卑陋，应付世事又没有好的方法，命运也是颠沛不顺，仰问苍天却又无处问询。多累的境况下又碰到多愁的情形，与您同声相应，也就增添了同病相怜的心思。目前就如同涸辙中的枯鱼，没有一点儿香饵可吃。就像是寻找巢穴的小燕，更不知道是要飞到哪家去了。所以在酒酣耳热之后，用狂歌来代替痛哭。雨晦风凄的时候，不免搔头而灰心了。知道我们情感深厚，所以才敢将我的近况告知，倘若是方便的时候，请您时常寄信给我。

一〇八、谢邵南湖

夏杪[①]舟过峭帆亭[②]，非叨良友之光，几为恶役所阻。尤承挚谊，留醉兰轩[③]，蜡炬龙团[④]，赠遗稠叠，纫佩[⑤]何可言喻！返馆后，以居停作古，交案棼[⑥]如，未遑泐谢[⑦]。比来三径[⑧]黄花，一樽红友[⑨]，雅人深致，定将东阁作东篱矣。

弟以邓明府[⑩]官清似水，累积如山，已在弥留，尚承顾托，以故滞留三月。今稍稍就绪，计日东归。将来半榻青毡[⑪]，不知寄向何处耳。

【注释】①杪：树枝的细梢；指年月或四季的末尾。②峭帆亭：建筑名，在河北青县，现已不存。③兰轩：芳香典雅的居室。对朋友居室的美称。④龙团：宋代贡茶名。饼状，上有龙纹，故称。⑤纫佩：语出《楚辞·离骚》："纫秋兰以为佩。"谓捻缀秋兰，佩带在身。后用以比喻对别人的德泽或教益铭感于心，如纫佩在身。多用于书信。⑥棼（fén）：纷乱。⑦泐（lè）谢：书面表示感谢。泐，铭刻，用刻刀书写。⑧三径：比喻隐士居处。⑨红友：见第六〇篇。⑩明府：见第三〇篇。⑪青毡：参见第一〇一篇。

【译文】夏季即将结束的时候，我乘船经过峭帆亭，如果不是承蒙好友您的照应，差点被凶恶的差役所阻挡。更加承蒙您的深情厚谊，留我在您家里喝酒，在烛光下品茶，又赠送了很多东西，感激之情，怎么能用言语表达呢？回到幕府后，因为东家去世了，遗留下来的案件有很多，没来得及写信给您表示感谢。想必您近来在园中赏花饮酒，风雅的人一定有很深的兴致，将延请宾客的东阁作为赏花饮酒的东篱了。

小弟我因为邓县令为官清廉、一清如水，亏累的债款，累积如山，在弥留之际，还承蒙他将后事托付给我，所以滞留了三个月。现在稍稍有些眉目了，用不了多久就要回到东方。将来我的安身之所，还不知在什么地方呢。

一〇九、贺署正定太守李并荐友

新正快瞻五马[①]，猥蒙延置青油[②]；时以邓明府[③]维挚[④]甚坚，正如梁燕依人，难辞故垒，有负阁下殷殷求旧之思。比想熊轼新临，棠荫[⑤]遍树，“郡人重得黄丞相，童子争迎郭细侯”，可为阁下载咏矣。

弟因家兄迎养衰慈⑥，挈眷同往，到东小住，仍返盐山。舍甥杨翊明，赋闲日久，前以面承允荐。兹闻无极一缺，以原任曲阳公王宗枚题补，属在宇下，但得九鼎一言，撮合⑦易易。舍甥学优而行谨，不致贻荐者羞也。

【注释】①五马：太守。②青油：幕府。③明府：县令。④维挚：挽留。⑤棠荫：施行善政。⑥衰慈：衰老的慈母。⑦撮合：引荐。

【译文】在正月里您荣升太守，承蒙您让我去做幕友。那时候因为邓县令极力地挽留，我如同在梁上依人做事的燕子一般，不能够辞别旧地而离去，辜负了您殷切的情谊。现在您新上任，甘棠树荫遍及地方。“郡人重得黄丞相，童子争迎郭细侯”，这两句诗词可称得上是在为您称颂。

我因为哥哥来接母亲，就带着家眷一同前去，到山东暂住几天，还是要返回盐山。我的外甥杨翊明，已经好久无事可做了，前一次承蒙您当面答应引荐。我听闻无极县现在有一空缺，将原任曲阳公王宗枚来补缺，他属于您的管辖，只要您说一句话，引荐的事情就很容易了。我的外甥学业优异并且行事谨慎，不会让引荐的人蒙羞的。

一一〇、慰天津太守李被议

薄游①津淀，借庇棠荫②者五六年矣。平日心维口颂，谓阁下之才猷③治行，殆即古所称良二千石④者；识拔有真，旦晚定邀荐擢⑤。得省抄⑥，乃知阁下忽有意外之议。天生伟人，不能寄屏藩⑦，持节钺，以衣被群生；即此一麾⑧出守，亦复中遭颠踬⑨。此人人所扼腕⑩，非独倾心有素者闻而错愕也。然皓魄当空，乍亏旋复，将来赴都引见，定荷殊恩。

【注释】①薄游：小游。②借庇棠荫：表示在他的治理之下。③才猷（yóu）：才能谋略。④二千石：指太守。⑤荐擢：选拔。⑥省抄：省府的公报。⑦屏藩：封疆的官吏。⑧一麾：即郡守。⑨踬（zhì）：阻碍。⑩扼腕：表示失意的意思。

【译文】在天津的时候，承蒙您照应我五六年。平日我嘴里总会称颂您的才华和政绩，真的是古时候所谓的好官。（上级）如果真有具备眼光的人提拔，那么您早晚必定会升官。得到了省抄，才知道您忽然遇有非议。天生的大人物，却不能镇守边疆，保护民众。就这样一个知府的官职，也要在中途遭到挫折，这是让每个人都扼腕叹息、愤愤不平的。并非单单是平素与您有交情的人听了之后才会震惊的。然而您如同皓月当空，有了亏缺后还是会复原，将来到京城被引见，必定会受到格外的恩宠。

虽鹏翅之偶垂，岂鸿肩之就息？是则阁下所能自信，而亦湄可代为操券者。刻由山左返馆，尘砚久封，有需拂拭[1]，未克躬趋铃阁[2]，一罄下怀；惟日祝熊幰[3]重来，为寒士大厦之庇耳。

【注释】①拂拭：整理。②铃阁：将帅的住处。③熊幰（xiǎn）：太守。

【译文】虽然暂时不如意，难道就此作罢了吗？这是您自己所能够相信的，也是我可以预料的。现在我从山东返回馆中，事情已经积累了许多，需要好好的整理一下，不能到您那里和您饮酒畅聊。只能天天的祷求您能够官复原职，坐上车子再来，如同大厦一般来庇护我们这些穷困的人。

一一一、贺天津太守李休官

读报章[1]，示以不作入觐[2]之举。湄固知阁下澹泊为怀，用舍行藏，不足撄其胸臆[3]。从此五湖[4]三径，得赋遂初。泉石之优游，远胜薄书之鞅掌[5]矣。惟是风流云散，阁下即不以仕已[6]关情，而湄追忆畴曩，重邀青睐，惟有旧恩忘不得，此心殊觉黯然耳。

【注释】①报章：来信。②入觐：指地方官员入朝觐见帝王。③撄（yīng）其胸臆：触发他的感想。④五湖：太湖的别称。⑤鞅掌：烦劳。⑥仕已：休官。

【译文】读到来信，在信中说不打算入朝觐见了。我本来就知道您清静寡欲，不追求功名利禄，对于是否做官的事，不会放在心上。从此以后，游山玩水治办田园，可以满足您之前的心愿了。泉石的悠然自得与做官的烦恼相比，好的不得了。只是您我又如同风流云散般的分离了，您觉得不做官是不仅要的，然而我回想起之前的情形，两次承蒙您器重，旧日的恩情让我难以忘却，心中觉得很是失落。

一一二、戏陈笠山纳妾

足下为寻鸳侣[1]，不远千里而来。正一斋喜续鸾胶[2]，新人如玉。敬赠毛诗二句：“其新孔嘉，其旧如之何？”[3]以告一斋，定均莞尔。

【注释】①鸳侣：配偶。②汉武帝时西海进献鸾鸟脂肪制成的胶，帝用以黏续断弦，弦遂终日不断。见《通俗编·妇女类》引《汉武外传》。后用来比喻男子丧妻后再娶。③其新孔嘉，其旧如之何：语出《诗·豳风·东山》，意为新婚的时候，非常美好；多年以后，她会怎么样呢？表现了征人归乡途中怀念妻子的真切心情。

【译文】足下您为了寻找一位合适伴侣，不怕从千里之外赶来。正当一斋续娶了妻子，新人就像美玉一般美好。敬赠《诗经》中的两句话："其新孔嘉，其旧如之何？"将这话告诉一斋，让大家一笑。

一一三、戏殷瑶圃负约

回车过我之约，日久杳然；委员王公来，始知驾已遄[①]返。何故丱兮城[②]下，竟不停骖[③]？见首不见尾，足下其犹龙乎！

【注释】①遄：快，迅速。②丱（guàn）兮城：又名千童城。秦置，在今河北盐山县西南千童镇。《方舆纪要》引《舆地志》："高城东北有丱兮城，秦始皇遣徐福发童男女千人至海求蓬莱，因筑此城，侨居童男女，号曰丱兮。汉因置千童县。"③停骖：将马勒住，停止前进，有停车的意思。骖，驾车时在两边的马。

【译文】上次约定好你回来的时候会到我这来的，这么长时间没有一点消息；那天委员王公来了，才知道你已经很快地回去了。为什么经过卯兮城下，竟然不停车呢？见首不见尾，足下你真的像神龙一样。

一一四、戏胡商彝归里

“滞雨通宵又彻明，百忧如草雨中生。”[①]今日心情，正复尔尔[②]。得手书，以弟东归有阻，若为称快；岂知裴航仙度，自有蓝桥[③]。足下泛舟言旋，固不致望洋而叹；所虑大呼小唤，应接不暇，转不若客窗一枕，得以安其清梦耳。

【注释】①滞雨通宵又彻明，百忧如草雨中生：出自唐薛逢《长安夜雨》诗。大意为，在雨中停滞了一整夜，直到天明，百般忧虑，如雨中草生一样，袭上心头。②尔尔：如此。③裴航仙度，自有蓝桥：传说唐代裴航，一次路过蓝桥驿，遇见一织麻老妪，航渴甚求饮，妪呼女子云英捧一瓯水浆饮之，甘如玉液。航见云英姿容绝世，十分喜欢，很想娶她为妻，妪告昨有神仙与药一刀圭，须玉杵臼捣之。欲娶云英，须以玉杵臼为聘，为捣药百日乃可。后裴航终于找到月宫中玉兔用的玉杵臼，娶了云英。婚后夫妻双双入玉峰，成仙而去。

【译文】“滞雨通宵又彻明，百忧如草雨中生。”我今天的心情，正是像这样。收到了你寄来的信，因为我回到东方的行程，有了耽搁，你好像是感到很快活；你哪里知道我既然想去，一定会有办法。足下你乘船回家乡，固然不至于望洋兴叹；只怕是到了家乡以后，这个人呼，那个人唤，各种应酬应接不暇，倒还不如在旅舍的窗边睡一觉，可以安安稳稳做一场好梦。

一一五、贺蒋镜函会试

旅食频年，亲朋久阔①。顷于令妹倩处，询知驾驻都门②，为来岁春闱③计。足下以边孝先之经笥，兼江文通之笔花，曳紫纡青，自堪握券；转盼杏花春暖，定作金鳌顶上人矣。

弟碌碌依人，徒惭糊口；援例而谋薄秩④，更不免为大雅所嗤。会当赴都掣签，不知赴选文结曾否到部？祈致贵居停代为查示。此行若果，则对芝宇⑤而聆兰言⑥，当在桂花清影⑦中也。

【注释】①久阔：长时间地分别。②都门：即北京。③春闱：即春试。④秩：官职。⑤芝宇：对他人容貌的美称。⑥兰言：喻指心意相投的言论。⑦桂花清影：阴历八月。

【译文】我在外谋生多年，和亲朋好友们长久的别离。刚刚在您妹婿那里，问询得知您住在北京，在为来年的春试做准备。您身怀边孝先般的学识，更兼具江文通的文采，穿紫袍，束青带，取功名可以稳操胜券。等到明年杏花开放，春天到来，一定可以高中状元。

我庸庸碌碌地依人做事，不过是为了养家糊口。出钱纳捐谋求一个小职位，不免被雅人们笑话。还要到京城等待分派，不知道文书是否已经到了部里？请您托您的主人探查一番告知我。这一次如果能够实现（目标）去到京城，那么我们见面畅谈，应该是在八月份了。

一一六、谢沧州刺史周惠物

居停自省回，备稔颠末①。顷知庆协元旋②，益舒下念。惟是偶效寸管③，何当重锡多仪？缫出三盆④，绝好天孙之锦⑤；携将两袖，还拔君子之风。既戴德于弹冠⑥，更邀荣于纳履⑦。拜登嘉惠，感与愧俱。异日倾襟⑧，再图面谢。

【注释】①颠末：自始至终的事情经过情形。②元旋：比喻官复原职，得意而归。③寸管：毛笔的代称。④缫出三盆：犹三淹，谓三度浸茧以手抽其丝绪。出自《礼记·祭义》："及良日，夫人缫三盆手，遂布於三宫夫人、世妇之吉者，使缫。"⑤天孙之锦：天上织女所织的锦。比喻精美鲜艳的丝织品，也比喻诗文、绘画优美精妙。天孙，指传说中巧于织造的仙女。⑥弹冠：弹除帽子上的灰尘；整理帽冠。多用以表示喜庆或敬肃等。也比喻相友善者援引出仕。⑦纳履：穿鞋，借指辞别。⑧倾襟：推诚相待。

【译文】我的东家从省城回来，知道了您的详细情形。刚刚得知您官复原职，实在可喜可贺，也使我放心了。只是我偶然帮您写了几个字，怎么当得起您送我那么多礼物。将自己缫出来的丝，织成最好的绸缎；送与我做衣服，穿上之后，就会想到您的恩惠。又承蒙您送我帽子和鞋子，让我既感激又荣幸。拜受您恩赐给我的厚礼，使我既感激又惭愧。改日和您见面的时候，再当面表示感谢。

一一七、复胡商彝

物价前已致明，何又找寄？是区区[1]者而必偿[2]，不亦过乎？

足下返省有日，秋风半舫，清景宜人；欣羡私衷，不仅在调琴弄瑟[3]间也。

【注释】①区区：（数量）少。②偿：还。③调琴弄瑟：比喻夫妻合好。

【译文】东西的价格前次已经核算清楚，为什么又要找出来寄给我呢？一丁点儿的东西也要偿还，是不是有点儿太过了？

您没有几天就要回家了，在秋风中坐船航行，（沿途的）景致非常美好。我心中十分的羡慕，倒不仅仅是因为你们夫妻得以欢聚畅游这种事了。

一一八、贺陈笠山纳妾并托荐友

莲幕藏娇，其人如玉；倚香偎翠，乐何如之？

前书迟迟不报，情至者返若忘情，良以肺腑至交，相契在雁息鱼消[①]之外，非敢慢也。

新秋风月，动定何如？仆以家住山左，陟屺[②]之思时萦寤寐，中秋前作计归省，不知天假之缘，得以偷闲匝月[③]否？

怀清舍侄，尚在株守[④]。沽之沽之，是所望于足下。

【注释】①雁息鱼消：喻指书信。②陟屺（qǐ）：指思念母亲。③匝月：一月。④株守：比喻拘泥守旧，不知变通。

【译文】在莲幕之中，藏着一位貌美如玉的美人。与美人在一起，那是怎样的欢乐呀？

上次寄来的书信，长久地没能给您答复，实在是因为我们在感情上是至交，反倒是像忘了矫情一样，不需要太多书信上的来往，不是我怠慢于你。

新秋来临，您的身体怎么样？我因为家在山东，时常在梦中思念牵挂母亲，中秋节前打算回去一次，不知道是否可以偷得一个月的闲暇？

我的侄儿怀清，还是困在家中没事可做。请您酌量着帮忙介绍一下吧。

一一九、谢张位金惠梨

前承惠寄货值，并贻家母棠梨，一诺不忘，可感可佩。

令舅于更阑[①]到郡，恐重门下钥。当晚登舟，屈指行程，当距乡关不远矣。

弟本拟重九前赴馆，不意满城风雨[②]，黄菊留人；以故佩得茱萸[③]，始获就道。敝车羸马，行道迟迟；又以薄事，由济南观趵突泉而返。青毡依旧，无善可陈。惟念披衿[④]倾对，《碧鸡》[⑤]之雄辩纷来；踏月趋陪，红袖[⑥]之余香共渍。甫联晨夕，乍隔东西，未免有情，能无惓惓[⑦]！

【注释】①更阑：更漏已残，指夜已深。②满城风雨：城里到处刮风下雨。原形容重阳节前的雨景。后比喻某一事件传播很广，到处议论纷纷。宋潘大临《题壁》诗："满城风雨近重阳。"③茱萸：为吴茱萸、食茱萸、山茱萸三种植物的通称。旧时风俗于农历九月九日折茱萸插头，可以辟邪。④披衿：敞开衣襟，谓推诚相与。亦作"披襟"。⑤《碧鸡》：汉王褒《碧鸡颂》的省称。《文选·刘孝标〈广绝交论〉》："骋黄马之剧谈，纵《碧鸡》之雄辩。"吕延济注："王褒为《碧鸡颂》，雄盛辩（辞）之谓也。"⑥红袖：指古代女子襦裙长袖，后来就成了女子的代名词。⑦惓惓：真挚诚恳。

【译文】前次承蒙您寄来货价，并赠送给家母棠梨，您承诺过的话，便不忘记，令我心里感激又钦佩。

您的舅舅在深夜之时到达郡城，恐怕城门已经关闭了。当天晚上登船出发，计算一下行程，应当距离家乡不远了。

小弟我本来打算重阳节之前到馆就职，没想到连日的风雨、盛开的黄菊将人留住；所以在重阳之后，才开始启程。破旧的车、瘦弱的马，行程非常缓慢；又因为一些琐事，从济南观看趵突泉之后返回。游幕的工作，和原来差不多，没有什么值得称道的地方。只是想到从前和朋友在一起推心置腹，听那许多高谈阔论；在月夜里和你相伴，还留有女子的香气。才得早晚相聚一处，转眼又各奔东西，人不免都是有感情的，又怎能不让人深切思念呢？

一二〇、与邓馨圃

一车一笠[①]，道左相逢，数语分衿，不胜怅惘[②]！屡荷手书远及，意绪缠绵。感旧雨之多情，益停云[③]之在念。祗以公私憧扰[④]，南北迢遥[⑤]，双鲤未将[⑥]，良由于此。

五兄制行立品，寓才华于醇谨之中，譬诸璞玉浑金，含章蕴秀，宜乎先声所至，契合上游[⑦]。客岁荣署下沙，调梅小试[⑧]，已见一斑。而惠政所施，深入民隐[⑨]，以故攀辕卧辙，父老留连。大僚推重贤能，自必授以繁要[⑩]之区，俾资展布。行见隆隆直上，造福于吾浙者，正未有艾，当不仅理鹾奏最已也。

【注释】①一车一笠：喻指朋友交好。②怅惘：失落的样子。③停云：思念亲友。④公私憧扰：公事和私事繁忙。⑤迢遥：远。⑥将：送。⑦上游：身居高位。⑧调梅小试：表示大材小用的意思。⑨民隐：百姓的隐痛。⑩繁要：繁荣紧要的区域。

【译文】您坐着车，我戴着斗笠，我们在路边相遇，没说几句话就又分别了，心中很是失落！屡次承蒙您从远方寄来书信，信中的情意表达殷切真挚。很感激老朋友的多情，更加让我思念您了。只因为公事和私事的困扰，再加上南北相距太过遥远，没能寄送书信给您，就是因为这个缘故。

您的品行节制而又严谨，在醇厚的瑾愿之中，还包含有渊博的学识，如同未曾雕琢的璞玉和未曾锻炼的黄金，含蓄中蕴藏着文采和秀气，因此只要您的名声所到之处，理所应当的是要得到上风的认可、肯定。去年您署理下沙，略显您的才华，从中已经可见一斑了。施行的很多恩惠的政策，深入民心，贴近民情，所以在您离开的时候，有的百姓攀住车辕，卧在车轮底下，恳切地进行挽留。上司推崇贤达能人，自然而然的必定会把紧要的区域交给您来治理，您的才能也借此得以施展。看到您（事业）蒸蒸日上，为我们浙江创造福祉，正在蓬勃发展，不仅仅只是把份内的事务做好而已！

弟承令兄不弃，五载于兹，自愧庸庸①，未能稍有匡②益，惟实心实力四字，差堪自信。前岁谬思援例，本非肠肥脑满③之秋，而作赤手空拳之举，支绌④概可想见。适家兄以弟北居多累，招之使往，因将眷属移往东昌。每念高堂垂暮，捧檄难迟；乃以力有未遑，依然雌伏。始信强弩之末，即鲁缟亦莫能穿。以视吾兄快先著鞭⑤，春风得意，相去奚止霄壤⑥耶？

西子湖头，云山如画，公馀览胜，逸兴何如？

【注释】①庸庸：指昏庸，平庸。②匡：辅助。③肠肥脑满：形容经济宽裕。④支绌：材用不足。⑤快先著鞭：喻指先有作为。⑥霄壤：相差太远。

【译文】我承蒙您家兄的提携，到现在已经有五年的时间了，因自己太过于平庸而感到惭愧，不能够提供什么有用的辅助，只有“实心实意”这四个字，我还是非常自信（能够做到）的。去年妄想要去捐功名，本来就不是经济宽裕的，却要去做赤手空拳的事情，财力不足也就可想而知了。恰巧我的哥哥，因为我在北边居住，多有拖累，招呼我到他那里去，因此将家眷都迁往了东昌地区。每每念及母亲年老，应该早日从政为官。但只因力不能及，仍然只能够碌碌无为。总是相信强弓力尽了，就连鲁国的细绢也是穿不透的。看您早年外出做事，春风得意，我与您相比，何止是天上地下呀！

西湖的云和山如同图画一般，你在忙碌之余游览名胜，兴趣如何呢？

一二一、复龚未斋托寄诗

音邮久疏，而公牍中时时得奉明教，则两地犹一室也。昨贻居停诗，圆洁如秋露，舒卷若青云。自古名士从军，才人入幕，靡不弄花月，纪山川，一时风流文采，后人读其诗，犹想见其为人；以方足下，何多让焉？拟效馆人之廋屦[①]，恐蹈邻子之攘鸡[②]；不得已浣诵[③]再四，而始出献。惟默记《芳草诗》“池塘有梦生应早，庭院无人绿更多”一联，如玉液琼膏，津津齿颊间耳。

【注释】①馆人廋屦(sōu jù)：借指隐藏。《孟子·尽心下》：“孟子之滕，馆于上宫。有业屦于牖上，馆人求之弗得。或问之曰：‘若是乎从者之廋也？’孟子曰：‘子以为是为窃屦来与？’”业屦：尚未织成的草鞋。牖：窗。廋：隐匿。滕：西周分封的诸侯国，在今山东滕县西南。相传孟子出游滕国时，有一次住在馆舍的楼上，馆人有双草鞋放在窗台上遗失，便怀疑是孟子的弟子藏起来了。②攘鸡：《孟子·滕文公下》：“今有人日攘其邻之鸡者，或告之曰：‘是非君子之道。’曰：‘请损之，月攘一鸡，以待来年，然后已。’如知其非义，斯速已矣，何待来年？”后以“攘鸡”为未能及时改正错误的典故。此处借指偷窃。③浣诵：浣手而诵读，表示极为恭敬。

【译文】很久不同音信了，而经常能够在公函中获得您的教诲，那么两个地方如同在一个房间里。昨天您赠送给我东家的诗句，像秋天的露水般圆润光洁，又像春天的云彩时而卷起、时而舒展。自古以来，不论是有名之士投身军旅，还是有才之人进入幕府，无不吟咏风花雪月，记述山川名胜，一时之间，辞采华妙，风度优美，余韵犹存，后人读了他们的诗句，还能相见他们的为人。用来和您想比拟，又有什么逊色呢？我本来打算将您的诗隐藏起来，又恐怕落个盗窃的名声；没有办法，只能恭敬地诵读了许多遍，然后再献出来。只默默记得《芳草诗》中“池塘有梦生应早，庭院无人绿更多”这一句，真的好似玉液琼浆，令人唇齿之间回味无穷。

一二二、复周松涛

秋杪返自山左，得七月间惠寄之书。足下千人而英[①]，有庾杲、王仲宣之蕴负；加以长卿四壁，又极萧条，是区区者何足以资展布？“自古稻粱多不足。”读少陵诗，每为感慨久之！贱眷于花朝[②]后抵东，异乡团聚，未为不美；而日用应酬，所谓“彼善于此”则有之，未能大有所节。分发前已报捐，保阳庐舍，因此而去，又增百级债台[③]；捧檄遥遥，尚难以岁月计也。

令兄有无就绪？近来得馆难，而欲得上友之平心则尤难！亦惟引少陵“只今鸡鹜乱为群”之句以自安耳。

【注释】①千人而英：才智超过千人。②花朝：农历二月十二日（也有人说是二月初二或二月十五日），相传为百花生日。③百级债台：形容负债很多。

【译文】九月底从山东返回，收到您七月时寄来的书信。您才智过人，有庾杲、王仲宣的抱负。但您却如同司马长卿一般家徒四壁，境况十分的困难，这一个小地方，怎么能够助您施展抱负和才能呢？读到杜少陵“自古稻粱多不足”的诗歌，常常替你有所感慨！我的家眷在二月十二日之后抵达山东，能够在他乡团聚，不能说是不好的。然而日常的应酬花销，称作“彼善于此”也是有的，但也不能节省钱财。我在分发之前，已经报捐了，保阳地区的屋舍，因此而卖掉了，又增添了许多的债务。委任的公文遥遥无期，不知道要等到哪一天了。

您家兄的事情，是否已经有了头绪？近来寻找馆地很难，然而想要得到主人的欢心更为艰难！也只能引用杜少陵“只今鸡鹜乱为群”的诗句来自我安慰了！

一二三、与龚未斋

客冬抱牍[①]而来，既费锦心[②]，并饫珍馔[③]。别后马首东指，承欢匝月[④]，即又束装[⑤]。正拟探访游踪，适秦含章有札致弟，道足下依红仍旧，高山流水，入耳同倾；既非弹之不调，何必碎之遽去耶？津盐[⑥]带水，驿使时逢，折柳赠梅[⑦]，勿虚所望。

【注释】①抱牍：替人管理案牍。②锦心：优美的文思。③珍馔：珍贵的饮食。④匝月：一月。⑤束装：整理行装去往他处。⑥津盐：天津盐山。⑦折柳赠梅：寄送书信。

【译文】去年冬天，我抱着文牍到您这里来，让您既费心思又费酒食。分别之后没我就起码东行，与母亲一起住了一个月，又收拾行装去了他处。正准备探问您的住处，恰巧秦含章寄送了书信给我，说您还是在原来的地方做事，既然（与主人）合得来，又何必舍弃而去到别处呢？天津盐山两地，一衣带水，彼此相近。时时有信使往来，请您常寄来书信，不要让我白白的观望等待。

一二四、还陈友徐银

道经历下[①]，几阻穷途。深荷惠假朱提[②]，得以脂车[③]遄返；而羔羊美酒，饱饫莲芬[④]，此谊犹时时在抱也。

弟于腊尽至家，灯宵后仍当赴馆。春盘[⑤]甫醉，鸿爪[⑥]难留；嫁线征衫[⑦]，不胜惘惘！借款奉缴，祈收入。

【注释】①历下：地名，即今山东省济南市历下区。②朱提：银的代称。朱提山，在今云南省昭通县境，盛产白银，世称朱提银。③脂车：油涂车轴，以利运转。借指驾车出行。④饱饫莲芬：词章家以游幕为种莲，故谓受游幕者饮食之惠，曰饱饫莲芬。⑤春盘：古代风俗，立春日以韭黄、果品、饼饵等簇盘为食，或馈赠亲友，称春盘。⑥鸿爪：鸿雁踏过雪泥遗留的爪痕，比喻往事的痕迹。⑦征衫：旅人之衣，借指远行之人。

【译文】前次路过历下，因为盘费用尽，几乎被困在了半路上。承蒙您借给我银子，使我得以乘坐车子回来；而且又蒙您酒食款待，得以吃饱喝足，这种情谊我时时感念在心中。

小弟我在腊月末到家，元宵节后仍要返回馆中。刚刚吃过春酒，转眼又要离开家；为他人作嫁衣裳，靠着别人做事，四处奔波，令人感到失落。您借给我的款项，现在奉还，请查收。

一二五、戏告沧州诸友

前登蓉幄，辄扰郇厨①。知己之谊隆矣，其如报琼②无日何！归途至防家河，车陷泥淖③，人亦坠入，无尺寸之肤不污焉。倘入画图，何殊墨泼④？若申酒令，竟类泥塑，诸君得毋哑然一笑乎？

【注释】①蓉幄、郇厨：见第六十篇。②报琼：《诗·卫风·木瓜》："投我以木瓜，报之以琼琚。匪报也，永以为好也。投我以木桃，报之以琼瑶。匪报也，永以为好也！"原谓男女相爱互赠礼品。后用以指报答他人对待自己的深情厚谊。③泥淖：泥泞的低洼地，也指烂泥、泥坑。④墨泼：即泼墨。中国画的一种画法，将墨挥洒在纸或绢上。墨如泼出，画面气势奔放。

【译文】前次到您的幕府中拜访，又劳扰您以酒食款待。亲密的情谊已然十分隆重，何时才能报答您的深情厚谊呢？返回的途中，走到防家河的时候，车子陷入烂泥中，人也掉进去了，浑身上下没有一处地方干净的。如果将此情形画成图画，就像是全身被泼墨一般；如果行起酒令，竟然像个泥塑的人，你们大家是不是也会哑然一笑呢？

一二六、与梁又章

新正过扰春盘，旋即携眷出游。浮云①一别，秋色将残②。老表兄抚阶前之玉兰，栽幕裹之芙蓉，把酒掀髯③，快当何似！

贱眷自抵东昌，日用虽可稍节；惟吾乡亲友，落落如晨星④，愚弟兄负米遐方⑤，不免势处孤立。中秋归省，适家兄自馆而回，十馀年萍散蓬飘，小得团圆之乐。更喜慈帏⑥康健，儿女平安，足以告慰戚爱。节后家兄回冠，弟亦仍返盐山。五载宾朋，本相浃洽；祇以民俗好讼，而郡友又喜吹求，置青毡于荆棘丛中，何复恋此鸡肋？弟束发游燕赵，谬承当道推许，行屐所至⑦，鲜不为耐久之朋；今之遽思远行者，诚不欲作辕下驹，与耽耽⑧者实逼处此也。

【注释】①浮云：如浮云一样飘忽不定，忽然别离。②将残：将尽。

③掀髯：笑时启口张须的样子；激动的样子。④晨星：表示稀少的意思。⑤负米遐方：在远方谋求衣食。⑥慈帏：意指母亲。⑦行屐所至：足迹所至。⑧耽耽：威严注视的样子。

【译文】在正月里路过您那里，吃了些酒菜，不久就带着家眷出行了。自我们分别以后，秋季马上就要结束了。您将一班优秀子弟抚养长大，在衙门中做事，吃着酒水，拈着胡须，这是有多么快乐啊！

我的家眷自从到了东昌以后，日常的用度花销虽然可以有所节省。但是乡间的亲戚朋友，实在是太稀少了，我们兄弟二人在远方做事谋生，免不了有些孤单寂寞。中秋节的时候归省，恰巧哥哥也归省，在外漂泊分离十几年，（这时）才得以暂时享受团聚的喜悦。更让人高兴的是，家母身体健康，儿女们都平安无事，只有这些可以告慰您了。中秋节之后，哥哥回到冠县，我也返回了盐山。和这里的主宾共事了五年，本来相互间非常的融洽。只不过这里的民风使得百姓喜欢打官司，衙门里的朋友又喜欢找别人的过失，在种种困难之中做事，又何必对这个无聊的位置如此眷恋呢？我成年之后游历于燕赵各地，承蒙当道的官员推荐认可，足迹所到的地方，很少有住不长久的地方。如此着急想要到远方去，实在是再也不愿意屈伏在这个地方和这群凶恶的人在一起了。

一二七、又托谋事

张别驾[①]旋省，数行奉尘青览[②]。孰意老表兄为弟鸣其不平，先辱赐教，自非至情关念，曷克至此！弟素本寡谐，性复绝恶，求疵摘瑕，由此而来。究之山鬼伎俩[③]，亦岂遂能为祟？

惟家慈年届望七，又系病躯，问燠嘘寒，需人侍奉。家兄负米[④]百里外，势不能晨夕相依。弟更隔省遥遥，经年一返，甫亲色笑，旋驾征骖[⑤]；是以一度辞家，辄洒老人之泪。兹闻署历城徐大尹[⑥]改调聊城。聊为东郡首邑；而兄与徐公，夙有金兰之契[⑦]，彼处刑名，旧数名世[⑧]，倘得仰借鼎言，近托一枝，俾衰慈免倚闾之劳，即游子释望云之感，纫佩[⑨]何可言喻！至此地有舍表舅冯璞山接替，不虞秦无人[⑩]也。

【注释】①别驾：官名。汉代始置于州，也称别驾从事，为刺史佐吏。因随刺史出巡所部，别乘传车，故谓之别驾。魏、晋以后，诸州置别驾，掌总理州之众务，其权甚重。隋、唐时曾一度改称长史，唐中期后别驾与长史并设，其权渐降。宋朝时别驾为散官，但诸州所设的通判职似别驾，后世因此沿称通判为别驾。②青览：旧时书信客套语。敬呈对方阅览。③山鬼伎俩：比喻暗中伤人的阴险手段。④负米：谓外出求取俸禄钱财等以孝养父母。⑤征骖：驾车远行的马。亦指旅人远行的车。⑥大尹：对府县行政长官的称呼。⑦金兰之契：指交情投合的朋友。语本南朝宋刘义庆《世说新语·贤媛》："山公与嵇阮一面，契若金兰。"⑧名世：德业勋望闻名于世。《孟子·公孙丑下》："五百年必有王者兴，其间必有名世者。"此处借指五百之数。⑨纫佩：见第一〇八篇。⑩秦无人：没有人才。《左传·文公十三年》："(士会)乃行。绕朝赠之以策，曰：'子无谓秦无人，吾谋适不用也。'"

【译文】张通判返回省城的时候，我写了一封信托他捎带给您，敬呈阅览。没想到老表兄您为小弟我打抱不平，先写信给我，如果不是您对我真情地关爱，怎么会如此呢？小弟我素性孤高，乏少交好的人，又嫉恶如仇，那些对我的批评和指摘，就是由此而来的。其实都是一些阴险的小人伎俩，又怎能伤害到我呢？

只是我的母亲已经年近七十岁，身体又有病，早晚嘘寒问暖，需要人在身边照顾。我哥哥工作的地方，离家也有一百多里，势必没有办法每天早晚陪在身边。小弟我更是身在外省，离家更为遥远，一年才回家一次，刚刚和亲人见面，转眼就要离开。所以每次离开家的时候，老人都会流泪。现在听说署理历城县的徐大尹改调到聊城任职。聊城是东郡的第一县，而且老兄您和徐公，向来有金兰之交，他那里办理刑名的幕僚，原来每年有五百两的薪俸，倘若能够仰仗您的九鼎之言，能够在近地谋求一个职位，使年老的母亲，免于倚门盼望的劳苦，使在外的游子，减轻一些思乡之情，那么对您的感激之情将是无以言表的。至于说这里的职位，将由表舅冯璞山接替，不用担心没有人才。

一二八、慰北城兵马司邓丧兄

士有被一日之容接①，而荣逾登龙②者，湄于阁下得之矣。湄生平碌碌，无所短长③，承令兄春圃先生不弃，六载相依。昨至都门④，阁下赐以阶前盈尺，已为万幸；不意重蒙枉顾，饫以郇筵⑤，青眯所加，无微不至。自分赁佣觅食，报称⑥无由；惟日祝阁下不次超迁，一麾出守，而湄得以驽骀下乘⑦，供奔走于光风惠露⑧之中，则此日仰炙⑨斗山⑩，未始非天假之缘也。

【注释】①容接：接待。②登龙：声望很高。③短长：特殊，特别。④都门：即北京。⑤郇（huán）筵：对他人酒宴的称谓。⑥报称：报答。⑦驽骀（tái）下乘：才学浅陋。⑧光风惠露：喻指人的才德。⑨仰炙：亲近。⑩斗山：泰山北斗。

【译文】读书之人一天得到优待，那么荣耀就超越了登龙门，现在我从您就得到了。我生平碌碌无为，没什么出息，承蒙您兄长春圃先生不弃，依靠他做了六年的事。昨天到京城里来，您又赐给了我阶前一尺的地方，已经是万分荣幸了。没料想又承蒙您来看我，并且还设宴招待，对我很厚爱，很是周到。我是一个做佣工谋生的人，没有什么能够报答您的。只有整日的祷祝您早日升迁，出任知府，让我也能够用无甚才学的躯体为您奔走效劳，那么，我现在与您相见，未必不是上天给我的机遇呀！

别后由潞河挂帆而下，洪流骇浪，几作波臣[①]。廿五日到馆，不期令兄于廿九日逝世，牙琴绝响，流水无闻，追念平生，不胜感慨！阁下谊笃本支[②]，自必倍深惨怛[③]（dá）。然而荆枯[④]鹤瘗（yì），数实难回；况令侄继起多贤，亦可稍释雁行[⑤]之痛矣。

【注释】①波臣：水族。②本支：同一家族的嫡系。③惨怛：悲伤的样子。④荆枯：遭遇兄弟死亡的变故。⑤雁行：喻指兄弟。

【译文】分别之后，从潞河坐船出发，波涛汹涌，差点就落入水中。二十五日到达馆中，没料想您的哥哥在二十九日逝世，从此以后知音难寻了，回想起平生的交情，感慨万千呀！你们兄弟情深意笃，自然是十分的悲痛。但是荆已枯萎，鹤已瘗埋，却是无法挽回了。况且您的侄子们继续先人的事业，很多贤达之人，也可以稍微缓解你们兄弟生离死别之痛了。

一二九、谢朱松溪借银

雪泥鸿爪①，游辙无凭；五六年来，徒深契阔②。昨于都门把袂③，真为意外之缘。而足下意气殷拳，无间畴昔。濒行几以旅囊告匮，致叹穷途，尤承惠借朱提④，得免琴囊留滞，私衷感戢⑤，何日忘之！

别后由潞河买棹而返，浮一叶于洪波急湍中，自分置身鱼腹，欲继青帘⑥招领，绮馆烹鲜，恐此乐已成隔世；幸荷吉星遐照，得庆生还。记弟于六月廿五日到馆，敝东于廿九日逝世。甫离蛟窟，又失鸠巢；而宾主多年，一朝永诀，未免人琴之感⑦！计日交案完竣，即拟东返；如山左不遇，仍作燕市⑧闲人矣。挪项另容措缴。

【注释】①雪泥鸿爪：雪地上偶然留下的鸿雁爪印。比喻往事遗留的痕迹。也指人生际遇不定，踪迹无常。②契阔：久别的情怀。③把袂（mèi）：袂，衣袖。把袂比喻把臂或握手。④朱提：见第一二四篇。⑤感戢：感激而藏之于心。戢，收敛、收藏。⑥青帘：旧时酒店门口挂的幌子，多用青布制成。借指酒家。⑦人琴之感：南朝宋刘义庆《世说新语·伤逝》："王子猷、子敬俱病笃，而子敬先亡。子敬素好琴，（子猷）便径入坐灵床上，取子敬琴弹。弦既不调，掷地云：'子敬、子敬，人琴俱亡！'

恸绝良久，月余亦卒。”后用为睹物思人，痛悼亡友之典。⑧燕市：指燕京，即今北京市。

【译文】我就像雪地上的鸿雁脚印一样，行踪不定，出游往往也没有一定的目标和可以倚仗的人；这五六年来，未曾谋面，徒然地平添了许多思念之情。昨天在京城和您相见，真是意想不到的缘分。而足下您对我情真意切，和往昔没有两样。临别之时，几乎因为缺少盘费而被困在路上，而叹息不已，承蒙您借给我银两，从而免于被困滞在路上，感激之情，埋藏在心中，永远不会忘记。

我和您分别以后，从潞河租船回来，一只小船漂浮在湍急的巨浪之中，自己以为不免要葬身鱼腹了，想要再回到酒家招客饮酒，在饭馆烹尝鱼鲜，恐怕这种乐趣已经恍如隔世了。所幸吉星高照，上天保佑，得以活着回来。记得小弟我在六月二十五日回到馆中，我的东家在二十九日逝世。刚刚脱离蛟龙的窟穴，又失去了赖以生存的巢穴。而且我和东家相处多年，一旦永别，不免睹物思人，伤感不已。短时间内将案件交接完毕，就准备回到山东，如果在山东没有合适的机会，又要成为燕市的闲人了。所借的款项，请容许我另想办法筹措后还给您。

一三〇、与章又梁

鳞鸿[①]往复，匆匆自春而秋。“冷烟疏雨菊花天，霜露螯肥酒十千。”像踞床茂对之馀，别有一种高致[②]也。

弟于仲夏入都，期得近省，以慰饥鸟投林[③]之想；讵意事机不偶，签掣陕西。风月空囊，势难远适；而馀氛[④]未靖，更不能投笔从戎，以故六月底乞假回盐。乃甫洗尘装，居停即归大化[⑤]。一毡坐冷，未知席暖何时？拟俟交代毕后，暂一东返。前此聊城半埸，承倩陈赞老为撮合之山，会以徐公阻调而止。将来或即留齐[⑥]，或仍入燕，游辙殊难自定耳。

【注释】①鳞鸿：喻指书信。②高致：崇高的人品或情趣。③饥鸟投林：急切的想要回去。④氛：凶气。⑤大化：即去世，死亡。⑥齐：即山东。

【译文】我们书信往来，忽然之间就由春天到了秋天。恰逢“冷烟疏雨菊花天，霜露螯肥酒十千”这种美好的时节，您大概坐在床上，与宾客畅谈，另有一种高雅的兴致。

我在五月间到达京城，本以为靠近京城，能够让自己像饥鸟得到树林一般。却不想时机不巧，被派往了陕西。恰巧身上没有钱财，很难到远处去。而且祸事尚未平定，更不能效法班超弃笔从军。所以在六月底的时候请假回到了盐山。没想到才刚刚稳定下来，主人就去世了。位置没了，也不知道要到什么时候才能得到。打算把交代的事情办理完之后，暂时回到山东。上一次聊城的馆事，承蒙您请陈赞老介绍，恰巧因为徐公没能调出去，（这事便停下来了）。将来我或者留在山东，或者仍然回到燕京地区，行踪连我自己都不能确定。

一三一、与家芳谷

同宗同里，而弟在龆龄①，兄已远驾，不获晤；即晤亦不复省记。嗣弟饥驱②出走，虽闻名若雷③，而燕云齐树，疆域攸分，又不获晤。且不获一致书于左右，歉滋切焉！月初自直来东，得闻古谊④于家伯氏者甚详；兼承休戚相关，时询鄙状。辱荷先施之雅，益增疏慢之愆。

念弟自戊申北上，垂十四年矣！风尘浪走⑤，无非藉不律⑥以谋生。前岁川楚例开，谬捐未入⑦，今夏签分陕陇，关山戎，难以远行，遂于六月内乞假回盐。九月初又开新例，强弩之末，无力过班⑧，弃之食之，徒深鸡肋之叹。夏杪居停盐山公病故，为理交案，三月滞留。因念老母年高，原欲近依山左；顷以沧州周香谷刺史殷段招致，谊有难辞，已许月内就道矣。依人糊口，远近不能自由，转不如檀板芒鞋⑨，行歌乞食，随处皆堪一饱也。

吾兄种莲⑩濮上，美叶东南，有庾景行之芳声，无王仲直之寄慨。且闻来春南返，团聚有期；视弟久滞他乡，未能一归旧里，回首驼峰竹月，狮岭烟萝，徒有寸心来去耳。

【注释】①龆（tiáo）龄：七八岁，童年时代。②饥驱：被饥饿所逼迫。③闻名若雷：名声很大如同雷声一般。④古谊：古道的情谊。⑤浪走：四处奔走；胡乱奔走。⑥不律：即笔。⑦未入：没能入流。⑧过班：外官因保举或捐纳而提升官阶。⑨芒鞋：草鞋。⑩种莲：游幕。

【译文】我们两人既同姓又是同乡，而我在幼年的时候，您就已经去到远处了，没能有机会和你会面。即便是会过面，也不记得了。等到我为生计而外出奔走，虽然您的名声如雷贯耳，但是一个在北京，一个在山东，两地相隔，又不能相见。而且还不曾寄送一封书信给您，十分的抱歉！月初的时候，从直隶到山东这里来，在伯父那里详细听说了您的情况。承蒙您的关切，还经常询问我的境况。倒是您先写信给我，使我更加感觉怠慢您了！

我在戊申年间到北边来，到现在已经有十四年了。在外面奔波游走，无非是靠着一支笔来谋生。前年，四川、湖南、湖北开了捐例，我捐了一个不入流的小官。今年夏天，抽调安排到了陕西，因为沿途有兵事，（因而）难以前往，六月间便请假回到盐山。九月初的时候，又开了新例，我已用尽了心思，没有能力再去过班了，丢弃了感觉可惜，吃又感觉无聊，只能徒然叹气了。夏末的时候，盐山公病逝，替他办理交付的事情，因而滞留了三个月。考虑到母亲年事已高，原本打算去到山东附近做事。现在却因为沧州周香谷刺史诚挚的邀请，在情义上很难推辞，已经答应在本月内上任。靠着他人来谋生，是远是近不能自己来决定，还不如手持木板，脚穿草鞋，唱歌讨饭吃呢，无论在哪里都可以吃一顿饱饭。

您在濮上地区游幕做事，宾主相处得非常好，颇具庾景行入幕的美名，没有王仲直登楼的感慨。而且听说明年春天您要回到南边，和亲人团聚已经有了日期。我长期的滞留在别处，不能够回一次家乡，想起绍兴驼峰竹月，杭州的狮岭烟萝，徒然也只能是在心中往返思念罢了。

一三二、谢陈松亭雇车并托延医

鲁连城[①]下，浮宅[②]如萍，正以门闾萧条，时增内顾。幸荷八兄热肠古道，遇事相关，求之于今，何可多得！濒行几似孟尝门客，致叹无车[③]，复承鼎力代筹，得以整装遄返；觉一路车尘马足，无非戴德而行也。

弟子初五日抵馆，案头尘积，几如身到山阴[④]，有万壑千岩、应接不暇之势。因思庖丁解牛，一日而解十二牛，其批郤导窾[⑤]，正不知若何游刃也。

朱竹村先生医理精纯，直追扁鹊[⑥]，但家慈年衰病久，不堪伏枕呻吟。为我致朱君：用药如用兵，兵贵神速，出偏师以制胜，此其时矣。

【注释】①鲁连城：即聊城。鲁连，即鲁仲连，战国时齐国人，有计谋，但不肯做官。齐国要收复被燕国占据的聊城时，又写信劝说燕将撤守。齐王打算给予官位，他便逃到海上。是一个兼有隐士、侠客和政治家特点的人。②浮宅：船。③孟尝门客，致叹无车：此处用的是冯谖的典故。《战国策·齐策四》：齐人冯谖家贫，托食孟尝君。因自言无能，孟尝君便笑予收留。尝三次弹铗而歌，曰："长铗归来乎，食无鱼！""长铗归来乎，出无车！""长铗归来乎，无以为家！"④身到山阴：山阴位在今浙江绍兴，境内山水美景甚多，令人目不暇给。语出南朝宋刘义庆《世说新语·言语》："从山阴道上行，山川自相映发，使人应接不暇。"后以"山阴道上"比喻事物繁多，使人忙于接应。⑤批郤导窾：批，劈砍；导，沿着、顺着；郤、窾，空隙，指骨节间的空穴。比喻凡事得其要领，就可以迎刃而解。《庄子·养生主》："批大郤，导大窾，因其固然。"⑥扁鹊：春秋战国时名医。姓秦，名越人。

【译文】我在聊城的时候，以船为家，漂泊不定，正因为家中人口稀少、景况萧条，时时增加内顾之忧。所幸承蒙八哥古道热肠，遇到事情，都热心地给予关切，在今天的世道之下，像这样的情谊实在是不可多得的。临行之前，几乎像孟尝君的门客冯谖一样，感叹行路没有车子，又承蒙您鼎力相助，筹措车辆，使我能够整理行装顺利返回，感觉一路的车马奔波，无不是一边走一边感念您的恩德。

小弟我于初五日到馆，案头的公文堆积如山，就好像到了山阴县，有万千种山水风景，让人应接不暇。因此想到庖丁解牛，能在一天之内屠宰分割十二头牛，也不知道如何才能做到游刃有余的。

朱竹村先生医术精湛，堪比春秋时的名医扁鹊，然而我母亲年老体弱，生病已久，经不起长期卧床呻吟。替我转告朱君：用药就像用兵，用兵贵在神速，需要出一支奇兵，出奇制胜，现在正是时候。

一三三、代友致龚未斋告苦

弟以风尘俗吏，荒落[①]有年。承先生爱顾之隆，加以刮目；入座则香芬兰茝[②]，题笺则囊赠珠玑[③]，数载以来，极声气应求[④]之乐。窃谓近依莲幕[⑤]，请教正长；讵弟弱体支离[⑥]，真元[⑦]久乏，去冬别后，病益加身。六月中又转脾泄[⑧]，百药罔效，延至二十九日，奄奄垂毙，自分残灯无再焰之膏，枯荄绝重萌之蘖[⑨]，随风委露，夫复何言！

念弟江右[⑩]书愚，备员[⑪]冀北，先署各缺[⑫]，瘠苦异常。嗣补遂城[⑬]，当疲敝之冲衢，值饥馑之歉岁，百端赔累[⑭]，心力交枯。旋蒙量移高城[⑮]，亦属民刁俗敝，展布为难。而弟冰兢[⑯]自矢，又不敢稍存不肖，非剜新而补旧，即借东以应西，亏累之深，实由于此。向荷郡伯独加青睐，满冀获迁善地，俾因公之逋负[⑰]，得以逐渐弥缝。岂意恩重莫胜，灾生不测，沉疴难起，永隔慈晖；家乡无寸土之遗，儿女有穷途之泣；官场至此，当亦先生所闻而恻然者！然而茹苦谁知，含酸自咽，若向悠悠[⑱]以申诉，徒谓咄咄之何来？惟郡伯以至仁之心，为如天之覆，譬诸赤子，对慈母而有苦必号；恃有严君，见爱子而情无不动。用是几回伏枕，不禁哀鸣！将来交代事宜，悉已沥陈另禀。嗟乎先生，明冥异路，永从此逝，蚊负[19]难偿，狐丘[20]莫返。倘怜而见恤，俾获全已覆之巢；将死而有知，誓永结来生之草。

【注释】①荒落：荒凉冷落；荒疏衰退。②茝（chǎi）：古书上说的一种香草。③珠玑：珠，圆的珠；玑，不圆的珠。指珠玉、宝石。比喻优美的诗文或词藻。④声气应求：应：应和，共鸣；求：寻找。同类的事物相互感应。比喻志趣相投的人自然地结合在一起。语本《周易·乾》："同声相应，同气相求；水流湿，火就燥；云从龙，风从虎，圣人出而万物睹。"⑤莲幕：参见第九篇注释③。⑥支离：瘦弱；衰弱。⑦真元：人的元气。⑧脾泄：中医学病名。又名脾泻。指饮食或寒湿伤脾，引致脾虚泄泻。⑨枯荄：干枯的草根。蘖：树木砍去后从残存茎根上长出的新芽，泛指植物近根处长出的分枝。⑩江右：江西。参见第六十四篇。⑪备员：凑足人员的数，充数。⑫缺：旧指官职的空额。⑬遂城：地名。古称武遂、遂州，明代并入河北省安肃县，后并入徐水县。今为河北省保定市徐水区遂城镇。⑭赔累：因补偿亏损的款项，而使自己受累。⑮量移：多指官吏因罪远谪，遇赦酌情调迁近处任职，泛指迁职。高城：河北省盐山县别名。⑯冰兢：《诗·小雅·小旻》："战战兢兢，如临深渊，如履薄冰。"后以"冰兢"表示恐惧、谨慎之意。⑰逋负：拖欠赋税、债务。⑱悠悠：众人。⑲蚊负：蚊子背负山。比喻力小任重。语本《庄子·应帝王》："其于治天下也，犹涉海凿河，而使蚊负山也。"⑳狐丘：狐穴居之小山。比喻故土。覆巢：鸟巢翻覆，卵必随之跌破。语本《后汉书·孔融传》："二子方弈棋，融被收而不动。左右曰：'父执而不起，何也？'答曰：'安有巢毁而卵不破乎！’”结草：春秋晋魏颗救父妾，而获老人结草御敌的故事。典出《左传·宣公十五年》。后用以比喻死后报恩。

【译文】小弟我作为一个漂泊风尘的世俗小吏，冷落了多年。承蒙先生您对我关爱照顾，看得起我，时常邀请我和您见面交谈，并时常写信给我，多年以来，结下了深厚的友谊。我本来以为和您所在的衙门离得很近，可以长期地向您请教。不料我的身体瘦弱不堪，元气不足，去年冬天分别以后，病情日益加剧。到了六月里，又转为脾泄的症状，服用各种药物都不见效，拖到二十九日那天，奄奄一息，一命将尽，自己以为就像一盏没有油膏的灯，无法再燃烧，又像干枯的草根，无法萌发新芽，只能任凭风吹雨打、听天由命了，还能说什么呢？

想我是江西的一个书呆子，在河北充任职务，前面担任的几个职务，都是在贫瘠的地方，非常困苦。后来又被调动到遂城的职缺，正当是疲劳困乏的要冲之地，又赶上饥荒的年景，因为要补偿各种欠项，而使自己遭受很大拖累，心力交瘁。又被迁到高城任职，也是民风刁悍、风俗堕坏的地方，施展发挥也很困难。而小弟我又立志做一个清官，一向小心谨慎，不敢有丝毫非分之想，不是用新的进项去填补旧债，就是拆东墙补西墙，欠项越来越多，就是因为这样的缘故。一向承蒙知府大人您对我很器重，满心希望可以调到一个好地方，使得因公务而产生的亏欠能够慢慢弥补。谁料到，恩德重大，承受不起，反而产生了意外的灾祸，生了重病无法痊愈，恐怕永远见不到母亲的面了，家乡没有尺寸的田地，儿女们因为生活没有着落而哭泣；在官场混到这步田地，想必先生您听了，也会感到难过。然而我所吃的苦谁能知道呢，其中的酸楚只能自己承受，如果向众人诉苦，他们反而会说我为什么叹气呢？只有大人您用极大的仁爱之心，像上天一样保护我，就像小婴儿，在慈爱的母亲面前只要有苦恼就会号哭；倚仗着严厉的父亲，见到可爱的孩子，没有不动情的。因此有几次伏在枕头上，忍不住哀号哭泣。将来交代的事情，已经一五一十地写下来另行禀告。哎呀，先生！阳间和阴间不同路，我要永远地告别了，我力量微小没有办法报答您，故乡难回。倘若蒙受您的怜悯和抚恤，帮我照顾一下孩子；如果死后还有知觉，来世当结草衔环报答您的恩德。

一三四、谢龚未斋

许元度出都，刘真长九日内十一诣之[①]。弟前日在郡，数数过晤，殆不止真长之诣元度者。足下垂情旧雨[②]，每相见必款接而饮食之，红友[③]一樽，白鱼双尾，风致何减莼鲈[④]。廿六日回车甫发，好雨偏缝，亟趋候亭，征衫[⑤]已湿。无非冷炙残羹之丐，亦受栉风沐雨[⑥]之劳，静言思之，此行殊不值耳。

【注释】①许元度出都，刘真长九日内十一诣之：《世说新语·宠礼》：“许玄度（许询）停都一月，刘尹（刘惔，字真长）无日不往，乃叹曰：‘卿复少时不去，我成轻薄京尹！’”形容受到很高的礼遇。②旧雨：

老朋友的代称。③红友：酒的别称。见第六十篇。④莼鲈：见第六十篇。⑤征衫：见第一二四篇。⑥栉风沐雨：以风梳发，以雨沐浴。比喻在外奔走，极为辛劳。

【译文】从前许元度到京城去，刘真长在九天之内十一次去拜访他。我前些日子在郡城，多次到您府上拜访，恐怕比真长拜访元度的频次还高。足下您对老朋友格外关心，每次见面都承蒙您以酒食款待，美酒一樽，鲜鱼两尾，其中的风味堪比莼羹鲈脍。廿六日回程的车子刚刚出发，正赶上下雨，急忙到驿亭躲避，身上的衣服已经湿了。无非像个乞丐一样讨一些剩菜剩饭来吃，却也要受到风吹雨打奔波的劳苦，静静地一想，这次出行很有些不值得啊。

一三五、酒醉与刘纫斋

少饮辄醉，惟陶彭泽①有此高致。弟昨晚被酒②，颓然一枕，不自知其为葛天氏之民、无怀氏之民③也，几几乎有羲皇上人④之风。举以自解，得毋粲然⑤。

【注释】①陶彭泽：即陶渊明。参见第七十四篇。②被酒：为酒所醉。③葛天氏之民、无怀氏之民：语本晋陶渊明《五柳先生传》：“衔觞赋诗，以乐其志，无怀氏之民欤？葛天氏之民欤？”无怀氏、葛天氏都是上古帝王，传说在他们的治理下，民风淳朴。表达作者不追逐功名利禄，追求恬静自然的淳朴生活的愿望。④羲皇上人：羲皇，指伏羲氏。伏羲氏之前的人。指太古时代的人。太古时代的人恬淡无营，心无俗念，生活悠闲，故隐士常用以自喻。晋陶渊明《与子俨等书》：“常言五六月中，北窗下卧，遇凉风暂至，自谓是羲皇上人。”⑤粲然：大笑的样子。

【译文】喝了很少的酒便醉了，只有彭泽令陶渊明有这样的高雅兴致。小弟我昨天晚上喝醉了酒，倒在枕头上大睡了一觉，自己也不知道是葛天氏时代的百姓呢，还是无怀氏时代的百姓，几乎有伏羲氏以前的古人的风格。我把这些话讲出来用以解嘲，难道你不会大笑一场吗？

一三六、解龚未斋为人谋馆疑

立秋前一日，得手书，谓省友以弟有赴补①之举，周公有另延之心，而欲浼②足下为曹丘生③者。弟始闻而信，继思而疑，盖以长芦案牍，如是其多且奇也。弟本短于才，疏于学，商巨（jù）驰河，难以及远；弟即无改图之意，安知周公无易友之心？不然，何言者之凿凿也？故始闻而信。第周公平日之竭诚尽款④，不以弟为短于才，疏于学，而远道以招之，虚己以听之。相处九阅月，弟固不肯以丛脞⑤

负所知，周公亦未尝以弟为素餐[⑥]而欲他求也，则又似传者之非真，故继思而疑。及出手札示周公，公辴然[⑦]笑曰："若而人者，可谓明于谋人，暗于谋己矣。夫以葭村之既得一官，必使赴补，理也。沧州之不能无友，必需另延，亦势也。揣之理与势，而为葭村与沧州谋者，岂不至周且备？独不思葭村即欲赴补，沧友即须另延，其人亦宜怀瑾抱璞，为席珍之待；从未有以龙断[⑧]之子叔疑[⑨]，作入幕之庾景行者。彼不自爱而自媒，则其自谋之暗也，君何尤焉？"顾弟思之，物必腐而后虫生，今物不内腐，而虫自外入，足下以为不可解，弟窃有以解之。盖周公八年而十易其友，馆于斯者，往往席不暇暖。弟自去冬迄今，已越半载，被必曰："以其时考之，则可矣。"遂贸贸[⑩]焉求荐于足下，初不料足下之不肯贸贸以荐也。且彼亦知前去之友，如陈柳汀会试留通，沈聚亭因病解馆，孙位三为旧东李峨洲所延，此数子者，皆有故而去，岂真周公之不可为耐久朋哉？虽然，鹊有巢而鸠思居，虎有穴而狐思凭；物类如此，人固宜然，信手答书，同博一笑。

【注释】①赴补：前往候补差缺。②浼（měi）：托别人帮忙。③曹丘生：介绍人。④竭诚尽款：全心全意尽力款待。⑤丛脞（cuǒ）：琐碎。⑥素餐：不尽职。⑦辴（chǎn）然：笑的样子。⑧龙断：垄断。⑨子叔疑：喻指不知名的人。⑩贸贸：不明方向或目的。

【译文】在立秋的前一天，收到您寄来的书信，说省里的朋友因为我有前去候补的举动，周公有另聘的打算，想要请您来介绍。我一开始听说，有些相信，随后想了想就感到很疑惑，因为长芦的公事，这样的情况多并且奇怪。我本来才疏学浅，如同“商蚷驰河”一般，难堪如此的重任。即使我没有要更改的打算，又怎么知晓周公没有更换人的打算呢？如果不是这样，为什么又说的这么肯定呢？因此在最初听到的时候就信以为真了。但是周公在平日里对我十分的诚挚热情，不认为我才疏学浅，而把我从远处招来，什么事情都虚心一起商量。我们在一起共事相处九个月，我固然不肯因琐事而有负于他，周公也未曾觉得我是只吃饭不做事的人而想要去另请他人，那么又像是传闻并非事实，所以随后想了想就觉得很疑惑。等到将您寄来的书信给周公看过以后，周公笑着说道：这种人可以说是只知道替别人考虑，不会替自己考虑。您既然求得了一个官职，一定会赴补，这是理所应当的。我这里不能没有办事的人，必定需要另外聘请，这也是情势决定的。揣摩情理和情势，而替您和我谋划，难道不是非常周到和完备的吗？可是他却不考虑您即便是要前去候补空缺，我的幕友就算是必须另外聘请了，那人也必须是要有才华和操守，等待别人来聘请他。从来没有一个怀有私心的，用手段到幕中来做事。他不知道自爱，自己推荐来谋事，他自己的打算也太糊涂了，您又何必忧怨呢？我自己想了想，一个东西必定是先腐烂然后才会虫蛀，现如今东西没有自己从内部腐烂，但是虫子却从外部进入，您也许认为不能解释，我却能够加以解释。原来周公在八年内更换了十个幕友，在这里做事的，通常待不长久。我从去年冬天到现在，已经待了半年多，那人必定是想：从时间上来看，是可以换人了。于是便轻率地请您来推荐，但没料想到您是不肯轻易推荐的。而且他也知道之前离开的幕友，比如陈柳汀因会试留在通州，沈聚亭因生病而离开，孙位三被旧东家李峨洲所聘请，这几个人，都是有理由而离开的，哪里真的是因为周公不能长久地留用呢？但是呢，鹊有巢，鸠却想要去占据，虎有穴，狐想要去占有。东西尚且是这样的，人也固然是这样的，随手写信答复您，一起笑一笑吧。

一三七、答龚未斋索信

嫫母遇西子而掩袖[①]，拙匠见班氏[②]而藏刀；非嫫母之不欲显其形，拙匠之不欲奏其技，而故高位置也。绝世之色艺在前，则陋质庸工，不敢自炫。而为西子与班氏者，不自咎其色之美、艺之巧，足拒人于千里之外；乃反咎人之不呈其形而奏其技也，则过矣。

足下辞令之妙，冠绝一时，每一披函，陆离[③]满目；弟即枯肠搜尽，万不能源源而来，故宁蹈疏节之愆，不作频投之简。足下不自咎，而以弟为高自位置[④]，不犹西子咎嫫母之不呈其形、班氏咎拙匠之不奏其技耶？

虽然，弟之计亦左矣。夫投李因以报琼[⑤]，抛砖乃能引玉[⑥]；今因有西子班氏，而不敢呈其形，奏其技，则西子之芳泽不获时领，班氏之神巧不能全窥。是嫫母拙匠之自暴也，自弃也[⑦]，而非高自位置也。足下见此，得毋曰：是故恶夫佞者耶？

【注释】①嫫母：传说中为黄帝的第四妃，貌极丑而贤德。后为丑女代称。西子：春秋越国美女。越国苎萝（今浙江诸暨县南）人。本为浣纱女，适越王句践为吴所败，欲献美女以乱其政，乃令范蠡献西施，吴王大悦，果迷惑忘政，后为越所灭。②班氏：即鲁班，春秋时鲁国的巧匠。姬姓，公输氏，名班，人称公输盘、公输般、班输，尊称公输子，又称鲁盘或者鲁般，惯称“鲁班”。据传曾创造攻城的云梯和刨、钻等土木作工具。被后世尊奉为木匠、泥瓦匠、铁匠、石匠的祖师。③陆离：形容色彩绚丽繁杂。④高自位置：比喻自视甚高，好自我标榜。⑤投李报琼：语本《诗·卫风·木瓜》：“投我以木瓜，报之以琼琚。投我以木桃，报之以琼瑶。投我以木李，报之以琼玖。”原谓男女相爱互赠礼品。后用以指报答他人对待自己的深情厚谊。⑥抛砖引玉：将砖抛出，引回玉来。后以此为自谦之词，比喻自己先发表的粗陋诗文或不成熟的意见，以引出别人的佳作或高论。⑦自暴自弃：语本《孟子·离娄上》：“自暴者，不可与有言也；自弃者，不可与有为也。”本指言行违背仁义。后多指自甘堕落，不求上进。⑧是故恶夫佞者：所以讨厌强词夺理的人。语出《论语·先进》。

【译文】丑女嫫母遇到美女西施便会用衣袖遮住面孔，拙劣的工匠遇到巧匠鲁班便会把工具收藏起来。并不是嫫母不想显现容貌，拙匠不想展示技艺，而故意标榜自己，自抬身价。有举世无双的容貌和技艺在面前，那么貌丑的人和平庸的工匠，不敢炫耀自己。而作为美女西施和巧匠鲁班，不怪自己的容貌之美丽、技艺之巧妙，足以拒人于千里之外，反而去怪罪别人不展现容貌和技艺，那就不对了。

足下您的语言文笔的巧妙，可以说是举世无双、首屈一指的，每次开卷展阅，绚丽多彩，跃然纸上。小弟我即便是搜肠刮肚，也万万达不到让美妙的词句源源不断而来的程度，所以宁愿犯下礼节疏失的过失，也不敢频繁地写信过来。足下您不自我检讨，反而认为我是自视甚高、自我标榜，这难道不就像是西施怪罪嫫母不显示容颜、鲁班怪罪拙匠不展示技艺吗？

虽然是这样，小弟我的想法也是错了。大概是送出很普通的李子，才会得到贵重的美玉作为回报；抛出砖头，才能引玉回来。现在因为有了西施和鲁班，便不敢显现容貌、展示技艺，那么西施的美貌，不能时时欣赏；鲁班的神妙技艺，不能完全领略。这实际上是嫫母和拙匠自暴自弃，而并不是自视甚高、自我标榜。足下您看了这封信，会不会说，我是个强词夺理的人呢？

一三八、复沈少堂

嵇康思友，曾来千里之车；范式登堂，亦践三年之约。月前锦樯[①]适馆，竟似东来紫气，潜度函关；幸而合并有缘，得以攀留永夕。觞飞璧月，座接光风，小园丛绿中，凡卉[②]为了焕采。正以快逢荀令，定留三日之香；不图越宿解维[③]，一苇竟去。盈盈带水，结念[④]何如！昨者五朵郇笺，忽与云外天香缤纷而下，临风盥诵，深慰企怀[⑤]。兼稔健履复元，则文酒琴歌，兴复不浅；第不知黄花开日[⑥]，肯再枉高轩[⑦]，勿负平原十日约否？

【注释】①锦樯：坐船。②卉：草的总称。③解维：开船离去。④结念：念念不忘。⑤企怀：盼望怀念。⑥黄花开日：代指九月。⑦高轩：高车，对别人车驾的敬称。

【译文】古时候嵇康思念朋友，曾经驱车千里去看望他。范式约好了要去看望朋友，时隔三年也要去履行约定。一个月前，您坐船来到馆里，竟然如同从东边来的一团紫气，暗暗地度过函谷关去了。很幸运能够有会面的机会，能够把您留宿一夜。在月下饮酒畅谈，不仅在座的得以接近您的风度，就连小园中的花草树木也得以焕发光彩。正因为遇到了荀彧而高兴，以为可以和您畅谈欢聚几日。没成想过了一夜就坐船离开了。仅间隔着带子一般窄的清澈流水，我是如此的思念您啊！昨天您的书信寄来，如同天上繁多的香气一样落下，当即漱口朗读了一遍，之前的怀念得以安慰。也获知您的身体康复，那么做文、饮酒、弹琴、歌唱，兴致又会不少。但是不知道到了菊花盛开的时候，肯再应我的邀请来游玩几天吗?

一三九、请陈松亭代照应慈椟

昔人谓得一知己，可以无恨。弟在东郡，落落寡俦，独蒙八兄雅谊殷拳，频垂青盼，寸衷衔感，罄楮难宣。

别后于月之十二日到沧，虽布帆无恙[①]，而载主[②]播迁，伤心满目；浮云游子，已难为怀，况甫遭失恃[③]者耶！

贱眷僦居[④]州署之东偏，垒覆巢倾，经营伊始，苦状概可想见。所最难安者，白杨萧寺[⑤]，慈榇[⑥]孤悬。愚兄弟远出依人，不克时时展谒；伏祈八兄代赐光照，妥先灵，此尤弟所望风而感泣者也。

鹤桥所嘱，刻未去怀，第燕赵多佳[⑦]，今不逮古，容物色得当，再行奉报。

【注释】①布帆无恙：晋朝顾恺之向其上司殷仲堪借得布帆，驾船回家。行至破冢，遭大风，他写信给殷说行人安稳，布帆无恙。见《晋书·文苑传·顾恺之传》。后比喻旅途平安。②主：此处指木主。即木制的牌位，上书死者姓名以供祭祀。又称神主。③失恃：指丧母。语本《诗经·小雅·蓼莪》："无父何怙，无母何恃？"④僦（jiù）居：租屋居住。⑤萧寺：僧寺、寺院。梁武帝造寺院，命萧子云书称萧寺，后以佛寺称为"萧寺"。⑥榇（chèn）：棺材。⑦燕赵多佳：语出《古诗十九首·东城高且长》："燕赵多佳人，美者颜如玉。"

【译文】古人说，人生能够得到一位真正的知己，就没有遗憾了。小弟我在山东的时候，孤单冷落，朋友很少。唯独承蒙八哥情深义重，时常对我格外关照，我心中的感念之情，实在是笔墨难以形容的。

分别以后，在本月的十二日到达沧州，虽说一路上平安无事，然而带着先人的神主奔波，满眼都是伤心的景象。像浮云般漂泊在外的游子，心中已经很伤感，况且是刚刚失去母亲的人呢？

我的家眷借住在州衙的东边，家庭残破，要从头开始经营，困苦的情形大概是可以想见的。最放心不下的是，母亲的灵柩还暂时存放在荒凉的寺庙。我的兄弟们都是在外靠着别人做事，没有办法随时去拜谒。拜请八哥您代为照看，使先人的灵魂得以安慰，这是小弟我迫切期盼的，更是对您感激涕零的事情。

鹤桥所嘱托的事情，一刻也未能忘怀，然而虽说燕赵之地多美好的人，但现今不及从前，等我寻找到合适的人，再来报告。

一四〇、答盐山县沈辞事

客岁小春一别，星纪[①]忽周。今夏在都，知台从亦莅津门，走谒未晤，怅然者久之！自此云停月落[②]，道里睽违[③]，惟有侧听琴声，私心向往耳。

昨潘松亭至沧，出示手缄，承阁下殷殷垂爱，征及菲材[④]；兼恐家室难安，假以馆舍。凡所以为客子计者，无不曲尽绸缪；知爱之隆，感且不朽！惟湄承香谷先生推心置腹，相依年余，揆之于情，似难恝置[⑤]。捧征书[⑥]而却拜，此意惟阁下谅之。然而龙门[⑦]在望，攀附良殷，鱼耶水耶[⑧]？安知不天缘之后假耶？

【注释】①星纪：十二星次之一。与十二辰之丑相对应，二十八宿中之斗、牛二宿属之。泛指岁月。②云停月落：又称“停云落月”。比喻对亲友深切的思念，多用于书信的应酬语中。③睽违：分离、别离。④菲材：浅短的材干，多用为谦词。⑤恝（jiá）置：淡然置之，不加理会。⑥征书：指征召或征调的文书。⑦龙门：比喻声望高的人。⑧鱼水：鱼和水的融洽关系，比喻双方相处很好，关系密切。

【译文】去年十月和你分别以后，忽然间已经一年了。今年夏天在京城，知道您也来到了天津，特地来拜访您，却没能见面，心中失落了好久。从此以后，日夜思念，道路远隔，只有从周边打听您的政声，在内心表达向往之情而已了。

昨天，潘松亭来到沧州，向我出示了您写的信，承蒙阁下您对我厚爱有加，来征召我这个才疏学浅的人；又恐怕我的家眷没有地方安顿，借给我馆舍。凡是所能为旅居在外的游子想到的，没有一样不安排周到的；如此隆重的知遇之恩，我将永远不会忘记。只是我承蒙香谷先生对我诚心相待，跟随他做事已经有一年多了，从情理上来说，似乎难以离弃。手捧您征召的书信，拜谢您的好意，而表示推却，这其中的缘由请您谅解。然而我现在离您很近，很愿意和您交往，好似鱼儿和水一样，一定能够愉快地相处。又怎么知道今后上天不会赐予更好的机缘呢？

一四一、向沧州刺史周索酒

承许佳酿，久未见惠。“道逢曲车口流涎”[①]，此情殆有过之。幸勿曰：“前言戏之[②]，则予忘之矣！”

【注释】①道逢曲车口流涎：语出杜甫诗《饮中八仙歌》。曲，把麦子或白米蒸过，使它发酵后再晒干，称为“曲”，可用来酿酒。②前言戏之：语出《论语·阳货》。③则予忘之矣：语出《孟子·万章下》

【译文】您承诺给我好酒，而很久不见相赠。“路上遇到装载酒曲的车竟然馋得流起口水”，我恐怕比这种情形还要严重。千万不要说：“前面说的话是开玩笑的，我已经忘记了。”

一四二、代复盐山县沈失窃

某公署内失物，遽以专房之二美，指为胠（qū）箧（qiè）之一流。弟廉[1]得其情，婉为请命。彼亦自知惜玉[2]，不愿还珠[3]矣。

【注释】①廉：察。②惜玉：比喻对女子的温情爱怜。③还珠：丢失的东西得以归还。

【译文】某公在衙门里丢失了东西，硬说是被两个宠爱的妾偷走了，我对此非常的清楚，委婉地替她们说情。他自己也知道怜惜女子，不再要求归还东西了。

一四三、邀孙位三饮酒

良友难逢，菊花依旧，满城风雨[1]，我怀何如！足下既不肯命驾而来，弟等窃欲作造庐之请。刻即扁舟访戴[2]，幸沽黄娇[3]，以当白衣之送[4]。如获同舟而返，尚疑笑把茱萸，重醉朗吟楼[5]畔也。

【注释】①满城风雨：见第一一九篇。②访戴：晋王徽之雪夜乘兴坐小船往剡溪访戴逵的胜事。典出南朝宋·刘义庆《世说新语·任诞》。后为拜访朋友的代称。③黄娇：见第六〇篇。④白衣之送：参见第八十八篇。⑤朗吟楼：见第七十二篇。

【译文】好朋友很难遇到，菊花依旧盛开，满城风雨，已近重阳时节，我心中又会是怎样的感怀呢？足下您既然不肯大驾前来，小弟我们想着要去到您府上做客。即刻就要坐船来拜访，希望你提前把酒买好，就当做是别人送来的。如果能够跟着我们的船回来，还可以笑着手持茱萸，再一次在朗吟楼上一醉方休。

一四四、慰陈笠山丧子

良友迢迢，菊花寂寂，感怀时序，不禁怃然[①]！前由漪园处寄示手缄，惊知令郎玉折，深为惋悼！时有内控之案，居停奉檄星驰，仆亦与之偕往，慰问迟迟，良由于此。吾侪依人作客，惟是膝前爱子，相与为欢；不意兰芽[②]甫茁，疾雨遽摧。西河北郭之伤，在足下情难自已；然达人知命，要不必以已然之事，作无益之悲。且二令郎令爱，先后出花，庆符吉相，双珠在握，亦可藉以自宽矣。

仆自遭失恃，百事俱灰，所最难安者，慈榇孤悬，奉归无力；每思入土为安之义，无不梦寐系之。重九前二日，为先毋小祥[③]；秋霜春露，忽然一周。本拟匍匐东归，稍申哀荐[④]；乃因馆务牵绊，未遂乌私，徒自望云洒泪耳。三女年已及笄，正当许字。祇以南方戚好，阔绝多年，千里联姻，殊难择偶；而北方作伐[⑤]者，大都纨袴一流，又不当意。且内人母女情深，亦不忍以异日言旋，远离割爱。

向平之愿⑥，坐是因循。小儿随馆读书，姿禀尚不甚钝；惟是十寒一暴，作辍相寻，正如野马笼头，骤难驯致，恐景升儿终成豚犬耳。至于服官一念，心灰意冷。忆当年竭力报捐，原期借矮屋之微糈，供高堂之禄养；而今已矣！未捧毛檄，先泣莪诗，仆复何心，尚图进取！所冀稍馀资斧，扶柩南归，俾得窀穸⑦早安，不致久委风露，则此愿为已足矣。

【注释】①怃然：失意的样子。②兰芽：指幼子。③小祥：古代亲丧一周年的祭礼。④哀荐：哀祭。⑤作伐：做媒。⑥向平之愿：指儿女婚嫁之事。⑦窀穸（zhūn xī）：即墓穴。

【译文】要好的朋友远隔千里，菊花又寂静地开放，感慨时间的流逝，禁不住内心失落！前日从漪园那里寄来书信，吃惊地获知您儿子夭折，让人十分的惋惜和悲伤！那时因为有一件京城里控告的案子，主人接到檄文，星夜驰往，我也和他一同前去，慰问您的书信写得太迟，确实是因为这个缘故。我们这些人依靠他人来做事，只有和膝前爱子一起，才会觉得欢喜。不成想您的儿子年纪尚幼就去世了，儿子去世自然会让您十分的悲痛。但是旷达的人知道，这是命中注定的，也不必因为那些已经过去的事情而让自己过度哀伤。况且您的二儿子和女儿，接连着出过了天花，都很平安吉祥，有这样两个子女在您跟前，也可以借以来自我宽慰了。

我自从母亲去世以后，诸事都已灰心，最不安心的是，母亲的棺椁孤零零的放在这里，无力送归故里。每当想起入土为安的道义，连睡梦中也挂念着。重阳节的前两天，是母亲的周年忌日。秋霜春露，忽然已经过去了一周年。本来打算抓紧回到故乡，稍微尽一点儿我的哀思。可是因为馆中事务的牵绊，不能够尽做儿子的一番心意，只能自己望着天上的云彩，流下眼泪罢了。第三个女儿已经十五岁了，也应该许配人家了。只因为在南方的亲戚好友，分别已经好多年了。如果与千里之外的人家联姻，实在是难以选择合适的配偶。而北边那些来做媒的人，大多也都是纨裤子弟，又不是很合我的心意。况且我妻子很痛爱女儿，也不忍心因出嫁和女儿远离。因此这个心愿，也就搁置了。我的小儿子，跟随我在馆中读书，资质还算不是很愚钝。只是三天打鱼两天晒网，有时读有时不读的，如同野马被上了笼头一般，一时难以驯服，恐怕刘景升的儿子终究是个豚犬呀！说到做官的念头，已经是心灰意冷了。回想当年竭尽全力去报捐，原来希望能够拿到做小官的微薄俸禄，来赡养母亲。但现在已经不想了！没有做官，反而先失去了母亲，我还能有什么心思再去谋官呢？只希望能够稍微积攒点儿钱，扶着母亲的灵柩回到南边去，将她早日安葬，不让她长久的经受风吹露打。那么，实现这个心愿就很满足了。

一四五、慰龚未斋丧妾并答迟慰

同志则相求，同病则相怜，此人之情也。弟谓同志者或有时而不求，同病者则无时而不怜；然怜于迹，究不若怜于心者为尤挚[①]。

弟自去秋失恃[②]，踉跄而来，冬杪于冰天雪地中捧檄赴都，途次为风寒所感，归而病竟不止。履端[③]后三日，仍服药，阅今一载，日与仓公扁鹊为友；又不能舍此毛锥[④]，静加摄养，每念疾苦，窃自怜之！

春间闻足下病，继又闻失宠[⑤]。得耗之下，为足下怜，更有甚于为己怜者！盖足下年届[⑥]赐鸠[⑦]，非人不适；何意好花易落，好月难圆，伤桃叶之遽摧，感朝云之长逝，情之所至，其何能堪！况值衰病相侵，衾裯半冷，嘘寒问燠[⑧]，谁与为欢？此尤足下所悲从中来，不堪回首者。每欲致书慰问，恐足下当颐养之时，处烦恼之境，一纸相投，徒乱心曲，故未致尺书于左右。此正弟之略于迹而怜于心也。来书以弟无一函致慰，谓是爱之乎？怒之乎？弟窃以为子言过矣！

夫君子有自反之道，无求人之理，爱之怒之虽在人，而所致爱致怒则在我；我而可爱，人必爱之，我而可怒，人必怒之。弟与足下相印以心，相要以久，爱之不暇，怒于何来？礼曰："君子之交淡以成。"弟之所以落落[⑨]者，窃有味乎淡交之义，而欲自附于君子之末也。

尺牍心折已久，付之梨枣，定当纸贵一时。以弟谫陋[⑩]无文，亦蒙采入，恐因鱼目而减夜光之价，削而去之，则为我藏拙多矣。

【注释】①尤挚：更加恳切。②失恃：指丧母。③履端：即元旦日。

④毛锥：笔的别称。⑤失宠：丧失宠爱的小妾。⑥届：到。⑦赐鸠：即七十。⑧燠（yù）：暖。⑨落落：形容孤独，不遇合。⑩谫（jiǎn）陋：浅陋。

【译文】志同道合就互相求助，共同患难就互相怜惜，这是人之常情。但我认为，志同道合的人或许有时候不联络求助，共同患难的人就无时无刻不在怜悯。然而在表面上怜惜，终究是不如在精神上怜惜诚恳。

我自从在去年秋天失去母亲后，踉跄的来到这里，年底在天气十分寒冷的时候，奉召到京城里来，路上染了风寒，回来之后就生病了，一直没好。元旦后三天，还在吃药，到现在已经有一年了，整日的和医生打交道。却又不能舍弃笔墨不做事情来休养，每每想到种种的苦痛，自己都暗暗觉得可怜！

春天的时候听到您生病的消息，后来又听说您的宠妾去世了。听说这消息之后，替您感到可怜，甚至比可怜自己还要厉害！因为您已经上了年纪，没有人陪伴左右，会感到不舒服。没料想好花容易脱落，好月难以圆满呢？哀伤桃叶般的爱妾突然去世，感慨朝云般的宠妾溘然长逝，情意到达了极点，怎么能受得了呢！况且身体年老多病，两事相继而来，床上的被褥冷了半边，还能有谁来嘘寒问暖，照顾您呢？这让您更加悲伤，不堪回想。每次想要寄送书信宽慰您，担心您正在调养，正处在烦恼的境地，投送书信给您，会扰乱您的心情，因此没有给您寄送书信。这正是我不在表面上而在精神上怜悯您（的展现）。您来书信问我没有寄送一封书信宽慰，就问是爱您呢？还是气你呢？我认为您的话有点儿过了。

君子都会自我反省，没有专门去责备他人的道理。“爱”和“怒”虽由他人所发，然而之所以让人“爱”和“怒”却在自我。如果我是可爱的，他人一定会爱我；如果我是可恨的，他人一定会发怒。我与您十分的要好，彼此爱还不够，哪里来的愤怒呢？礼记中讲道“君子之交淡以成。”我如此的冷淡，这就是取“淡交”的要义，想要去学一个“君子”。

您的书信我早就十分敬服了，刻成书，买的人一定会非常多。但把我浅陋的书信也编了进去，恐怕是要让你们失去不少的光彩了，最好还是去掉吧，那么，就省的我出丑了！

一四六、应沈聿新借银

小窗剪烛[①]，快慰渴思；满拟信宿绾留[②]，不意归兴太浓，启关[③]而逸。开篆[④]后，正以蒲轮[⑤]适馆，未蒙枉顾[⑥]为疑；顷得手书，始知一片巫云，尚未出岫[⑦]，何返旆之匆遽，而辞家之濡滞也。承谕缓急，付去廿金，实由倾囊无多，故未如数，祈谅之。

【注释】①小窗剪烛：指亲友聚谈。李商隐《夜雨寄北》诗：“何当共剪西窗烛，却话巴山夜雨时。”②信宿：连宿两夜。绾（wǎn）留：即挽留。③启关：开门。④开篆：参见第十五篇注释⑦。⑤蒲轮：见第四十八篇。⑥枉顾：屈尊以相访。称人来访的谦词。⑦一片巫云，尚未出岫：指对方尚未离开家。巫云：语本宋玉《高唐赋》序，楚怀王梦与神女相会，神女说："妾巫山之女也"，"妾在巫山之阳，高丘之阻，旦为朝云，暮为行雨。"出岫：出山，从山中出来。

【译文】记得和你在小窗下促膝交谈，抚慰了我的思念之情。本想留你再住一晚，不想你急着回去，开门就走了。开始办公以后，你也正好坐车到馆里去，所以没能到我这里来，正感到疑惑的时候，不久接到了你的来信，才知道你还没离开家，为什么回家这么匆忙，出来又这么迟缓呢？按照你的吩咐，向我借钱以解燃眉之急，这次寄来二十两银子，实在是因为我的囊中也没有多少钱了，所以没有满足你所要的数目，敬请谅解。

一四七、向沧州刺史周借米

家无儋石[①]，已同臣朔之饥[②]；廪有余粮，定许鲁公之借[③]。乞谕司事一言，即发小米两石，庶几炊成巧妇，不致无米兴嗟。岂惟馔食先生[④]，仅曰授餐[⑤]有礼已也。

【注释】①儋石：儋为可容纳一石谷物的容器，故称为“儋石”。也有人以为一石为石，二石为儋，指一人能担的粟米。用来指少量的粮食。②臣朔之饥：臣朔，东方朔的自称。典出《汉书·东方朔传》：“朱儒长三尺余，奉一囊粟，钱二百四十。臣朔长九尺余，亦奉一囊粟，钱二百四十。朱儒饱欲死，臣朔饥欲死。臣言可用，幸异其礼；不可用，罢之，无令但索长安米。”③鲁公之借：三国时，周瑜过候鲁肃，并求资粮，肃有米两囷，各三千斛，乃指一囷与瑜，瑜益知其奇也，遂相亲结。借指慷慨资助。④馔食先生：语本《论语·为政》：“有酒食，先生馔。”馔，饮食。⑤授餐：给以饮食。语本《诗·郑风·缁衣》：“适子之馆兮，还，予授子之粲兮。”《毛传》：“粲，餐也。”郑玄笺：“我则设餐以授之，爱之，欲饮食之。”

【译文】家中已经一点米都没有了，像古时的东方朔那样忍饥挨饿；假如您的仓库中还有余量，一定会像鲁肃那样慷慨资助的。请求您跟管事的人员说一句话，即刻送两石小米过来，让我的家人不再有“巧妇难为无米之炊”的感叹。您这样慷慨资助我饮食，我又怎么会仅仅只说一句感谢的话呢？

一四八、复沈一斋、陈笠山为女作伐

多情月老[①]，好主鸳盟[②]；一纸红笺，飞来天上。以弟与漪园，夙有陈雷之契[③]，宜联秦晋之姻[④]。弟在会川时，曾见漪园哲嗣[⑤]，华实并茂，器宇不凡，相攸[⑥]得此，允称中选。惟以寒素之家，上联华胄[⑦]，窃恐蒹葭倚玉[⑧]，有辱冰人[⑨]耳。承示年庚[⑩]，恰与小女配合。而内人尚欲觇其禄造[⑪]；此虽女人见解，良以百年偕老，必期两美同揆，弟故不肯拂其意而为之请。珠联璧合[⑫]之奇，知必有以示我矣。

【注释】①月老：即月下老人。唐韦固年少未娶，某日夜宿宋城，在旅店遇异人，为其缔结姻缘的故事。典出唐李复言《续幽怪录·定婚店》。后指主管男女婚姻的神。借指媒人。②鸳盟：指男女间关于情爱之事的盟誓。③陈雷之契：东汉陈重与雷义为友，两人交情极为深笃，乡里誉为“胶漆自谓坚，不如雷与陈”。见《后汉书·独行传·陈重传》。比喻友情极为坚定深厚。④秦晋之姻：春秋时，秦、晋二国世代联姻。后遂以秦晋之好代指两姓联姻的关系。⑤哲嗣：敬称他人之子。⑥相攸：《诗·大雅·韩奕》：“为韩姞相攸，莫如韩乐。”朱熹集传：“相攸，择可嫁之所也。”后因以称择婿。⑦华胄：显贵者的后代。⑧蒹葭倚玉：低贱的芦荻倚着高贵的玉树。比喻两个品貌、地位极不相称的人相处在一起。⑨冰人：晋代索紞为令狐策解梦，告知其当为人作媒，而待冰融之期，则婚成。典出《晋书·卷九五·艺术传·索紞传》。后比喻媒人。⑩年庚：旧指用干支表示的人出生的年、月、日、时。⑪造：旧时星命术士称人生辰干支。⑫珠联璧合：日月如并合的璧玉，星辰如成串的珍珠。语本《汉书·律历志上》：“日月如合璧，五星如连珠。”比喻人才或美好的事物相匹配或同时荟集。常用作祝贺新婚的颂辞。

【译文】热心的媒人，喜欢帮人家说合婚姻；一封喜庆的书信，好像忽然从天而降。因为小弟我和漪园，一向交情很好，如果能再结为儿女亲家，那是再好不过的。小弟我在会川的时候，曾经见过漪园的儿子，外在的相貌和内在的才德都很好，仪表气质不同于凡人，如果选择他做我家的女婿，可以说是中意的。只是我家本是清贫低微的家庭，向上攀结显贵之家，又恐怕低贱的芦荻倚着高贵的玉树，有些辱没了媒人的脸面。承蒙您将对方的生辰八字寄来给我们看，恰好与我的女儿相合。而我妻子还想要帮他测算一下命造，这虽然是妇女的见解，而如果想要期盼双方能够白头偕老，一定是希望能够两全其美，小弟我所以不能违背了她的愿望，而替她请求。珠联璧合的奇迹，我想您一定能让我看到。

一四九、贺杨椿庄

乍逢萍水，即订金兰，古人倾盖定交，应亦尔尔[①]。别后云停月落，寤寐为劳！昨闻莲室宵裯[②]，样钟玉女。既雏凰[③]之聿降，竚[④]小凤[⑤]之联飞。正拟驰贺一函，而朵云飞下，果如所闻，明月入怀，益为小星[⑥]增耀矣。东君前诺，知被执讯者乾没，会当有以报命也。

弟佣鬻依人，客况如旧。小女定于岁内遣嫁，以弟秋水空囊，岂有明珠一斛[⑦]？即此练裳竹笥，亦已几费经营。是以新例过班，逡

（qūn）巡不果；要知半通黄绶，两翅乌纱，得失总由前定耳。

【注释】①尔尔：如此如此。②宵裯（chóu）：喻指妾。③雏凰：喻指女孩儿。④竚（zhù）：伫立等待。⑤小凤：喻指男孩儿。⑥小星：喻指妾。⑦明珠一斛：喻指贵重的妆奁。

【译文】我们偶然相遇，就互换了金兰谱，古人们所说的“倾盖定交”，也不过如此吧。分别之后，非常的想念您！昨天听闻您的夫人生得一女儿。既然已经生得女孩儿了，那么男孩儿也会相继而来的。正准备写一封信道贺，您的书信就寄到了，果然和听闻的是一样的，生得这样好的一个女孩儿，更加为您的夫人增添宠爱了。东君前次答应的事情，知道是被执事的人给侵没了，将来会想办法给您办理。

我依人办事，情况和之前一样。我的女儿确定在今年内嫁人，像我这样贫困，怎么可能有好的陪嫁物品？即便是很简单的，也已经很费事了。因此开新例过班，总是不能成行；可见一的小小的官职，得与失总是有定数的。

一五〇、复沈裴亭代改禀稿

前过小斋，正以晶盐蔬食[1]，有亵良朋；手书言谢，益增颜汗耳。寄示禀稿，细密周详，具征老手。中间僭易数语，犹之村妇修西子[2]之容，俗子饰宋朝[3]之貌，不足增妍，反致减色，殊自笑其不量耳！祈再酌之。

【注释】①晶盐蔬食：指粗茶淡饭。晶盐，语出李白《题东谿公幽居》："客到但知留一醉，盘中只有水晶盐。"蔬食，粗食，以草菜为食。②西子：即西施。见第一三七篇。③宋朝：春秋时宋国公子，容貌甚美。后常用作美男子的代称。

【译文】前次您到我家来做客，我用粗茶淡饭来招待你，本就觉得怠慢了好朋友；又收到了您写的信，在信中表示感谢，更加让我惭愧。你寄给我看的报告文稿，细密精致而又周到详尽，足以证明你是经验丰富的老手了。中间我擅自改动了几句话，好比是乡村妇女给美女西施化妆，庸俗的人给美男子宋朝修饰容貌，不但不能增添美丽，反而减损了姿色，实在是不自量力，太可笑了。请您再仔细斟酌。

一五一、复沈一斋为女定聘

承示纳采[1]之期，择于小春初吉[2]。以弟寒素，岂有百两之将[3]？而裙布钗荆[4]，在所难缺。拟承庙会，为绿窗[5]贫女粗整嫁衣，不知行聘时用何缎色，先乞探示。如谓求玉镜之台[⑥]，问蓝田之璧[⑦]，则失本意矣。

【注释】①纳采：古代婚嫁六礼中的第一礼。男方遣派媒人携带一定的礼物，向女家正式求婚。②小春初吉：十月初一日。小春：阴历十月，因天气温暖如春而得名。初吉：朔日，即阴历初一日；一说自朔日至上弦（初八日）为初吉。③百两之将：借指丰厚的嫁妆。百两：古时车凡两轮，故以两计数。百两，即百辆车。特指结婚时所用的车辆。亦泛言车辆多。《诗·召南·鹊巢》："之子于归，百两御之。"毛传："百两，百乘也，诸侯之子嫁於诸侯，送御者皆百乘。"④裙布钗荆：以布作裙，以荆代钗。比喻妇女粗劣的衣服。⑤绿窗：指贫女的居室。与红楼相对，红楼为富家女子居室。⑥玉镜之台：晋温峤北征刘聪，得玉镜台，用以聘从姑刘氏之女的故事。见南朝宋刘义庆《世说新语·假谲》。后比喻迎娶美女的聘礼。⑦蓝田之璧：典出干宝《搜神记》：羊公，字伯雍，尝设义浆给行旅。一日，有一人饮讫，怀中取石子一升与之，曰种此生美玉，得好妇。伯雍如其言，种于蓝田，有徐氏女极美，求之。徐公戏曰："得白璧一双乃可。"伯雍至所种石处，得白璧五双以聘。徐氏遂妻之。后以"蓝田种玉"比喻男女缔结姻缘。此处指昂贵的聘礼。

【译文】承蒙您告诉我下聘礼的日期，定在十月初一日。因为小弟我贫寒低微，哪里备得起丰厚的嫁妆呢？不过一些朴素的衣服，还是必不可少的。打算趁着庙会的时候，帮我这贫家的女儿草草地置办一些嫁衣，不知下聘的时候需要用哪一种花色的绸缎，请您提前帮我打听。如果说要准备昂贵的聘礼，那就失去本意了。

一五二、与沧州刺史周

自依莲宇[①]，荏苒[②]三年。蒙阁下寄以心腹，委以几务[③]，古人鱼水之契[④]，难以喻斯。临行极承见爱之深，坚订重联之约，而出疆[⑤]有导，馈赆[⑥]有文，高谊稠情，无微不至，古所谓感恩知己[⑦]，殆于阁下兼之矣！即辰起居何似？想九重丹诏[⑧]，瞬教彩凤衔来[⑨]，西望裔云[⑩]，曷胜企祷！

弟以菲材而遭知遇，原图日久相依，乃以猘犬[⑪]横噬，不得不作避地之举。然望诸君去不忘燕[⑫]，廉将军老犹思赵[⑬]，古人风义，弟尝慨焉慕之；果使时地相宜，终当不负息壤[⑭]也。

别后沿途留滞，十六日至沙河驿。因小女吉期在迩，是以径至滦阳，先了向平之愿[⑮]，再登元礼之门[⑯]。惟是甫别一旬，地逾千里，怅美人[⑰]兮不见，托永好兮何如？追念前欢，殊难为抱耳。

【注释】①莲宇：参见第九篇注释③。②荏苒：时间在不知不觉中渐渐过去。③几务：机要的事务。④鱼水之契：参见第一四〇篇。⑤出疆：出境。⑥馈赆：赠送行资；赠送财物。⑦感恩知己：见第八十四篇。⑧九重丹诏：皇帝的诏书。九重：喻帝王居住的地方；丹诏：帝王的诏书，以朱笔书写，故称。⑨彩凤衔来：指凤诏。皇帝布告天下臣民的文书，为后赵武帝石虎所创。皇帝在处理政事时和皇后一起坐在高高的楼上，用五色纸写下诏书，把诏书放在一只由木雕刻成、外施漆画、金腿的“凤凰”口中，金凤凰系在轱辘牵引的绳子上。每当下诏时，需要专门安排人将轱辘摇动，带动“凤凰”从天空中飞下来，大臣们跪在楼下接诏，意思是诏书来自天意。⑩矞云：彩色的瑞云。⑪猘犬：疯狗；比喻狂暴之徒。⑫望诸君去不忘燕：望诸君，战国时赵国封给乐毅的名号。燕国国君中反间计，使得乐毅奔赵。乐毅虽身在赵国，但始终不忘燕国，后往来于燕、赵之间，两国都任命他为客卿。⑬廉将军老犹思赵：廉将军，即战国时赵国良将廉颇也。后奔魏，不见用，曰：“我思用赵人。”⑭息壤：地名。秦邑。战国时，秦武王使甘茂约魏以伐韩，茂恐武王悔，与其于息壤盟约。后遂以息壤指信守盟约而不渝。⑮向平之愿：东汉人向长，字子平，在子女嫁娶事完成后即不再过问家事，与好友云游五岳名山。典出《后汉书·逸民传·向长传》。后以向平之愿指儿女婚嫁的事。⑯登元礼门：借指拜访有名望者。《后汉书·李膺传》：“李膺，字元礼，颍川襄城人。独特风裁，以声名自高。士有被其容接者，名为登龙门。”⑰美人：品德高尚的人；贤人。

【译文】自从投靠在您的幕府中做事，不知不觉间已经三年了。承蒙阁下您对我的信任，委托我办理重要事务，古人所说的那种鱼水深情，都难以形容我们之间的关系。临别时承蒙您对我的厚爱，再三约请我再回来做事，而且派人引导我出境，又赠送我盘费，您的深情厚谊，真是无微不至，古人所说的感恩和知己，在您身上都体现出来了。近来生活起居怎么样呢？想必朝廷的诏书已经下来了，我向西方仰望天上的祥云，不停地盼望祝祷。

小弟我才疏学浅，而承蒙您对我有知遇之恩，本想着长期倚靠着您，但是因为凶恶的小人像疯狗一样攻击我，使我不得不暂时躲避到别处。然而，就像那战国时的乐毅身在赵国而没有忘记燕国，廉颇将军老了还在思念赵国，古人的风操节义，我曾经为之感慨、仰慕不已。如果天时地利都很合适，最终不会违背当初的约定。

分别以后，一路上耽搁停留，十六日到达沙河驿。因为我女儿大喜的日子将近，所以先直接到滦阳，先完成女儿的婚姻大事，再到衙门里做事。只是刚刚分别了十天，已经相隔千里，因为暂时不能再与您这样的贤人君子见面，但愿和您永远交好怎么样呢？追忆从前在一起时的欢乐，实在让我心中难过。

一五三、与周刺史辩办命案

弟闻："得一知己，可以无恨。"此非徒遇合于一时，绸缪[①]于当境也；必于形迹相暌[②]之日，怨尤交集之中，独能确然自持，不以远疏，不以言间，斯其为知也，乃足以千古。

弟自辛酉之冬，承阁下延至宾馆，殷勤款洽[③]，礼遇有加，私心窃幸。自喜以为阁下知我，然犹不敢必其为真知也。迨相处日久，相与日深，觉神情意气之间，诚有异乎庸众[④]之相待者。于是慨焉兴感，以为阁下真能知我，转笑前此之将信将疑，乃浅之乎测阁下也。是以三载以来，竭其愚诚，效其绵力[⑤]，屏书[⑥]峻[⑦]擢[⑧]，如愿而偿。自问一副热肠，一腔热血，不肯稍负所知者；良以阁下知之如此其真，而弟不以知己报之，是马逢伯乐而不鸣，剑遇张华[⑨]而自晦矣。

【注释】①绸缪：缠绵。②睽：离。③款洽：款待并且情谊融洽。④庸众：普通而一般的人。⑤绵力：微薄的力量。⑥屏书：刺史。⑦峻：特立。⑧擢：提拔。⑨张华：善识宝剑的人。

【译文】我听古人说："得一知己，可以无恨。"讲的是交友并非是一时的，只贪图眼前要好的。而是在那时就比较要好。必定是要在双方离别以后，在忧怨交集的时候，还能够坚持主见，不因为路途遥远而疏忽，不被言语所离间，这样才算得上是知己，足以长久的维持了。

我自辛酉年冬天，承蒙您的邀请到衙门中做事，受到了殷勤热情的款待，心中感到庆幸。很高兴地认为您了解我，然而又不敢肯定是真的相知。后来在一起相处的久了，也日益深厚，觉得您的神情态度之中对我确实和其他的普通人不一样。于是就感慨，认为您是真的了解我，反而嘲笑自己之前对此半信半疑，实在是把您看得太过于浅显了。因此三年以来，竭尽我的所能，办理公事。自问一副热心肠和一腔热血，不能辜负我的知音。确实是遇有您这样的知音，我却不竭尽所能对知己进行报答，这简直就是千里马碰到伯乐不肯鸣叫，利剑遇到张华反而自我隐匿了，太不识时务了。

去腊于冰天雪地中，随赴涿鹿，谳①定而返。弟以事遭无妄，携砚来永，蒙阁下知遇益厚，缱绻于临别之时，丁宁于继见之约。且也出疆有导，馈赆有文。气谊之隆，于今罕②见。犹忆濒行③留句云："此身好似卢家燕，不忍抛红过别巢。"可见弟之恋恋于阁下，有不以去就易其心者。

自闻阁下解组对路簿，目不交睫者累夕，两致书于左右，俱未得报。嗣柯明府除道东来，亟询颠末，少慰下念。昨晤絅亭，道阁下旦晚回任，不禁喜极而狂！惟闻议者归咎于原办之失，则弟不能无辞也。盖原验本有缢痕，复检又有血坠④，且各犯所供自缢之状，与初验所填自缢之痕，确相吻合。阁下穷力研究，又未讯有殴死招供，岂能舍有凭之明验，而定无供之爰书⑤？今议者不察，以成败为毁誉，阁下虽无一言见责，而众口铄金，积毁销骨；闻之亦未免介然于中，此则弟痛心疾首，不敢隐默以任咎者也。明知孟尝门下，已无取乎鸡鸣；敢冀燕昭台前，尚见收夫马骨？特以阁下知之如此其真，而犹未能确然自持，不以远疏，不以言间，信乎知己之不可恃，而士之屈于不知己者，可胜慨欤！计秋差治道，车骑东来，尚可握手倾谈，藉明心迹。先肃寸楮⑥，用布区区，伏维昭察不既。

【注释】①谳（yàn）：审判定案。②罕：稀少。③濒行：临行。④血坠：缢死的伤痕。⑤爰书：判决书。⑥寸楮（yàn）：书信。

【译文】去年腊月的时候，在冰天雪地的天气里，跟随着您赶赴涿鹿，将案子办理完毕之后回来。因为无辜地遭遇变故，来到永平做事，承蒙您愈加地优待我，在临别的时候，多次约定日后再会，而且还派人护送我离境，馈赠了很多的东西。这种浓厚的情谊，如今真的是少有。还记得临行的时候做的诗词，诗中讲道“此身好似卢家燕，不忍抛红过别巢”。也足以表示我十分舍不得您，不因为离开而改变心意。

自从听说您去官受审，急得我好几天晚上睡不着觉，两次给您寄送书信，都没有得到答复。随后柯明府到东边来，急忙探问情形如何，心里才稍感安慰了一些。昨天与絅亭相会，说您早晚会回任，忍不住的高兴狂笑起来！不过听闻议论此事的人将过错归咎给原办的人，那么我就不能不说几句了。因为初次检验的时候有缢痕，再次检验又有血水坠下，并且各个犯人所供述的自缢的情状，和最初检验所填明的自缢的痕迹的确相符。您竭尽全力的追究，又没能审讯出有殴打至死来获取供词的情形发生，怎么能够舍弃有凭证的明验，却判定没有供词的案件呢？现在议论此事的人不明晰情况，将事情的成败作为评判的标准，您虽然没有说一句责备我的话，但是众人之口却能够混淆是非。我听了之后不免会心中不快，这让我非常得苦恼，不敢默认这个过失。明知您的门下，再也不会用无用之人了。怎敢奢望您要用人的时候还会让我来呢？不过是由于您知道我是真心实意的，却还不能维持从前的情谊，不因为路途遥远而冷淡，不被言语所离间，可见知己是靠不住的，然而我却受屈于不知己的人，不是很可悲吗？在秋季的时候，您到东边来治理道路，我们还能够见面谈心，顺便也表明我的心意。先寄送这封书信，说明我的一点心意，请原谅我一时不能说尽（想法）。

一五四、答沧州刺史周

以半年之契阔，接两面[1]之殷勤；甫罄离怀，又增别绪。回忆依栖莲幕[2]，晨夕追陪[3]，觉人生聚散之缘，不殊海萍云鸟[4]，言之可慨！顷得沙河驿发寄手书，知台旌取近而回，瞻望后尘，蕴结[5]奚似！且以不腆[6]将意，犹辱齿芬，则增我颜汗矣。

【注释】①两面：两次会面。②莲幕：即幕府。③追陪：追随陪伴。④海萍云鸟：喻指聚散无常。⑤蕴结：情绪、愿望等积聚在内心深处而不得发泄；郁结。⑥腆：丰厚。

【译文】我们离别半年之内，只会面过两次，刚见面却又要分别了。回想起之前同在幕中共事的时候，早晚相伴左右，感觉人生聚或散的缘分，就如同海中的浮萍，云中的飞鸟一样，说起来真让人感慨啊！刚刚收到您从沙河驿寄送来的书信，知道您走近路回家，望着您远去，内心十分的想念！以一点薄礼来略表我的心意，还让您道谢，这让我更加的惭愧了！

一五五、复陈笠山

别来事多拂逆[1]，意兴萧骚，春间两奉书而未即答，良由于此。顷又从秋漪处寄到芳讯，以千里之鳞鸿，写三秋[2]之情绪；先施者至再，益令稽答者增惭矣。

阁下品谊卓荦，迥出时流[3]，宜乎宾馆蝉联，朋簪志庆。然树旗鼓于新历之邦，究不若安笔砚于熟游之所；况一家浮寄，照应乏人，徒使绿鬓青眸[4]，悬悬两地，于计诚为未得。至若援例加捐，有志者自应尔尔，异日干霄[5]直上，为仕途中第一流人物，较之仰人作茧，傍户营巢，不几有天渊[6]之别欤？

灿文自北而南，一路顺境，正以乘时冲举[7]，远大相期，不谓花萼摧残[8]，令原增感，闻之殊深恻恻！

【注释】①拂逆：事情不顺意。②三秋：三年。③时流：指世俗之辈。④绿鬓青眸：表示少妇在闺中盼望的意思。⑤干霄：形容很高。⑥天渊：形容高天和深渊相隔极远，差别极大。⑦冲举：高举。⑧花萼摧残：喻指他人兄弟死亡。

【译文】自从和您分别之后，我事情多有不顺，了无兴致。春天里收到您寄来的两封书信而没有答复，就是因为这个原因。刚刚（收到）从秋漪那里寄来书信，在很遥远的地方，述说长久离别的思念。屡次的让您先寄来书信，这让我更加对未能答复您的书信感到惭愧至极了。

您的品格和才学都很卓越，大大超越了世俗中的众人，因而在外游幕办事很是顺利，朋友们为此而替您庆贺。然而身处新到的地方，终究不如在熟悉的地方好。况且这样使得家中没有人照应，徒然使得夫妻双方互相牵挂，实际上并不是很好。至于您援例加捐的事情，有抱负的人就应该这样，将来飞黄腾达之后，能够官场上占有一席之地，与那些靠着别人做事的人相比，难道这不是天上和地下的差别吗？

灿文从北边到了南边，一路上很是顺利，正想着趁着时机去奔走活动，期盼着能够有所成就，不曾料想兄弟去世，做哥哥的自然是很悲伤，我听了（这个消息）也深感悲伤！

仆于二月杪送女滦阳，旋来永郡。雪鸿爪印，随遇而安，尤喜宾主交孚①，室家无恙，足以告慰知己。惟去冬涿鹿之案，上游②以周刺史检验不实，参奏解任；继又以误会原情，请予开复。在当道自谓平反得当，而原验缢痕血坠，一概抹煞，且归咎于捉刀③之人。不知此案禀蒙傅廉访④许可，而始出详⑤；官验之而官审之，幕中人不过依题作文，岂能任咎？因思廉访若在，则手握智珠，必不另起波折。“翻手作云覆作雨”，吾道其尚可为耶？

【注释】①交孚：互相信任，感情融洽。②上游：上级的长官。③捉刀：执笔替人做事。④廉访：清代对按察使的尊称。⑤详：旧时的一种公

文，下级官员对上级的报告

【译文】我在二月底的时候将女儿送到了滦阳，随后就来到了永平。到各处奔走，凭着机遇而得以托身从事，令人可喜的是宾主之间的感情很融洽，家眷也都安然无恙，把这些告知您，您也可以放心了。只是去年冬天涿鹿的案件，上级官员认为周刺史检验不够真实，向皇上呈报，解除了他的官职。后来又因为误会了实情，让他官复原职。在当道来看，自认为对案件处理得十分恰当，然而初次验检时候的缢痕血迹，统统的去掉了，并且将过错追究到了代办人的身上。不知道这个案件，是经过傅廉访的许可，才得以呈报上去的吗？让官员去检验和审问，幕友也只不过是按照题目来作文章，怎么能够承担过错呢？因而想到倘若傅廉访在，必将会就会明察秋毫，不会另外发生波折了。“翻手作云覆作雨”，我们这样的幕友，还能够做（下去）吗？

一五六、谢沈漪园惠酒

蒙弟雅爱，屡以佳酿见贻。若问沽价于尼山[①]，似乎涉泛；而醉醇醪于公瑾[②]，未免多情。计惟留待新年，共罄瓮头春[③]色也。

【注释】①问沽价于尼山：询问酒的价格。尼山，即孔子，孔子父母

“祷于尼丘得孔子”，所以孔子名丘、字仲尼，后人避孔子讳称为尼山。②醉醇醪于公瑾：参见第六十七篇注释②。③瓮头春：初熟酒。一说，酒名。泛指好酒。

【译文】承蒙老弟你对我的厚爱，多次送给我好酒。如果向你询问酒的价格，照数给钱，反而显得我们的交情太浮泛了；但是时常喝你的酒，又让我心里过意不去。我打算把这些酒留存到新年，到时和你共同一饮而尽。

一五七、劝陈浩如回里

宝三来，得手书，慰念[①]无似！香谷先生，十年淬砺，今果双熊五马[②]，擢守名疆。而转计[③]负累之深，逢时之晚，此离巢旧燕所为一忧一喜也。承嘱砚地，无不关怀，惟左近[④]无机可乘，容缓图以报。

弟以孱弱之躯，寄劳形之地，宵灯晨砚，愁病兼之。回思二十年来，历境何尝不顺，至今母柩未返，旅囊仍空，惟留此半担琴书，一肩风雨，作东西南北之人，每自寻思，不胜感慨！因念足下游历燕豫，几及廿年，苍苍[⑤]者变而为白矣。客中花月，谅已饱尝，故国莼鲈，岂终无意？况令郎克自树立，则菽水无待己谋，何必以垂老多病之身，为背井离乡之客。昔放翁有句云：“及身强健得还乡。”

弟尝三复斯言，低徊不置。自知苦累未满，家食难安，而举此以劝足下者，实缘数年知爱，一往情深，伸纸吮毫，不禁喋喋。如果鄙言可采，即与香谷先生同舟南下，计榴红蒲绿⑥时，尽达家园。尔时回首风尘，得毋笑许子之明于谋人、拙于谋己耶？

【注释】①慰念：抚慰心中的挂念。②双熊五马：代指太守。③转计：转念。④左近：左右，相近的地方。⑤苍苍：黑色的头发。⑥榴红蒲绿：喻指五月的景色。

【译文】宝三到这里来，带来您的书信，十分的欣慰！香谷先生磨砺了十年，如今果然出任了知府。升迁到了好的地方，然而转想到他负债累累，到现在才做了官，作为旧交，替他又是忧愁又是欣喜。您让我找一处馆地，不是不放在心上，只是临近没有机遇，且等我慢慢再找吧！

我将柔弱的身躯，托付于忙碌的位置上，日夜操劳，多愁多病。回想二十年来，经历的种种境遇还算顺利，但到现在，母亲的灵柩还没能够送回故里，经济上还是很窘困，只能够穷困的一个人，奔波在各地。每当想起这些来，就不自觉的感慨万千！因而想到您游历在河北和河南，差不多也有二十年了，头发也全变白了。在外的境遇，料想已经忍受了很久，故乡的风味，难道不想念吗？况且您的儿子已经能够自立了，那么生活上的问题也就用不着您自己去想了，又何必以年老多病的身体，去做那背井离乡的幕客呢？从前，陆放翁有一句诗讲道“及身强健得还乡。”我曾经读过多遍，心中不自觉地就会思念故乡。自己知晓吃苦受累的日子还没有满，家人还寝食难安，然而我却用这个来规劝您，确实是因为我们数十年的友情，一向感情诚挚，因此不知不觉的说了这么多。如果我的话可取，就和香谷先生同船回来，大概五月的时候，就能够返回故里了。那时候回想之前的事情，可不要取笑我只会替他人打算，却不会为自己考虑。

一五八、复黄馥堂、秦云阶订盟

莺啼红树，求友声殷；喜萍水[①]之乍投，即金兰之交契。灯红酒绿[②]，飞觞则醉倒玉山[③]；茗后香余，联句则敲残莲漏[④]。每怀高雅，殊惬心期。惟弟猥以菲材，谬承挚爱；虽附鸡坛[⑤]之列，弥惭骥尾[⑥]之随。所冀他时分道扬镳[⑦]，果获仰副期许，则赠句为不负耳。

【注释】①萍水：萍草随水漂泊。因其聚散无定，故以喻人之偶然相遇。②灯红酒绿：描述夜饮聚会的情景。③醉倒玉山：南朝宋刘义庆《世说新语·容止》："嵇叔夜之为人也，岩岩若孤松之独立；其醉也，傀俄若玉山之将崩。"后因以"玉山倒"形容人酒醉欲倒之态。④莲漏：古时一种莲形计时器。⑤鸡坛：《说郛》卷六十引晋周处《风土记》："越俗性率朴，初与人交，有礼，封土坛，祭以犬鸡，祝曰：'卿虽乘车我戴笠，后日相逢下车揖。我步行，君乘马，他日相逢卿当下。'"后遂以"鸡坛"为交友拜盟之典。⑥骥尾：语出《史记·伯夷列传》："颜渊虽笃学，附骥尾而行益显。”司马贞索隐：“苍蝇附骥尾而致千里，以喻颜回因孔子而名彰。”后用以喻追随先辈、名人之后。⑦分道扬镳：分路而行，比喻志趣目的不同而分别行事。

【译文】黄莺在红树上鸣叫，求友的声音十分殷切；令人高兴的是，我们虽是偶然在他乡相遇，就缔结了金兰之好。在夜里挑灯聚饮，喝得大醉；在品茶、闻香之后，联句作诗，直到深夜。每每怀念你们高雅的兴致，让我心中颇感欣慰。只是小弟我以浅薄的学识，过分地蒙受大家的厚爱；虽然很惭愧地被加入兄弟的行列，更加因为沾了大家的光而感到惭愧。只期盼将来分别以后，果真能够达到你们对我的期望，那么才不辜负了所赠的诗句。

一五九、与迁安县王荐友

顷得贵友俞君札，知渠鼓盆抱戚[①]，解馆而南。想前席已虚，别须延访。且琴轩晋省，则莲幕不可无宾；而秋水伊人[②]，一时势难远致。因思槐卿章舍亲[③]，向曾受知于阁下，虽前缘之已判，讵继见之无心？弟故不揣冒昧，重为说项；如欲相延，则近在同方，罗致[④]尚易。惟束刍[⑤]不足以縻良骥，滴水不足以养尺鱼，阁下固善将将[⑥]者，度亦欣然乐从，以谓多多益善也。

【注释】①鼓盆抱戚：语出《庄子·至乐》：庄子丧妻，朋友来吊，只见他正撒腿坐地，敲着瓦盆而歌。后以“鼓盆之戚”指丧妻。②秋水伊人：语本《诗经·秦风·蒹葭》：“蒹葭苍苍，白露为霜。所谓伊人，在水一方。”指面对景物思念人。③舍亲：对他人称自己的亲戚的谦词。④罗致：延聘、搜罗；招致。⑤束刍：成束的草。此处比喻薪俸。⑥将将：驾驭将领。泛指用人。《史记·淮阴侯传》：“陛下不能将兵，而善将将。”

【译文】前不久收到了您的朋友俞君寄来的信札，知道他的妻子去世了，辞了馆职回到南方去了。想必他的位置已经空虚，需要另外聘请他人来接替。而且主官到省城造访，那么衙门中不能没有人料理；而心中所想的人，一时间又很难从远地请来。于是想到我的亲戚章槐卿，原来也曾蒙受您的知遇，虽然因为种种机缘，已经分开，谁能料想不能再次见面呢？小弟我所以不避冒昧，再次向您推荐他；如果想要聘请他，人就在本地，过来很容易。只是如果草料太少，不足以拴住好马；水太少，不足以养大鱼。阁下您本来就是善于用人的人，想必也能够同意我的话，总归是越多越好。

一六〇、却周松涛称呼

去岁闰夏之杪，曾致一函于北路厅署，正以未奉琼报为疑。嗣闻漪园言，乃知塞外青油，已安徐榻[①]。顷奉手翰，谓去夏曾颁双鲤，而弟尺素之投，未识曾否达览？岂往者来者，均付石头渡口[2]耶？

足下以南金东箭[3]之材，为泛绿依红[4]之客，交孚针芥[5]，福萃琴樽[6]，此鄙人意计中事，得书为欣慰者久之。

弟来此孤竹[7]，荏苒年余。宾主相投，室家无恙，足以告慰知己。漪园才华意气，卓尔不群，乃天不永年，一朝千古，可胜悼叹！幸乃郎年已弱冠，华实兼之，可谓故人有后。柩属现寄滦城，中秋前当料理南返也。

至弟叨附兰谱[8]，齿列雁行[9]，足下不以弟视而以兄称，似乎谦非所宜，抑将拒而不纳耶？此后幸勿乃尔！

【注释】①塞外青油，已安徐榻：参见第十篇。②石头渡口：石头，指石头城，今之南京。渡口：过河的地方。此处指书信遗失。③南金东箭：西南华山所产的金石及东南会稽所产的竹箭。语本《尔雅·释地》："东南之美者，有会稽之竹箭焉；南方之美者，有梁山之犀象焉；西南之美者，有华山之金石焉。"后比喻优秀的人才。④泛绿依红：指游幕。《南史·庾杲之传》："（王俭）用杲之为卫将军长史。安陆侯萧缅与俭书曰：'盛府元僚，实难其选。庾景行泛渌水，依芙蓉，何其丽也。'时人以入俭府为莲花池，故缅书美之。"⑤针芥：磁石吸铁针，琥珀能黏芥子。比喻双方言语、性情、意见等相投合。⑥琴樽：琴与酒樽为文士悠闲生活用具。⑦孤竹：商周时国名。在今河北省卢龙县。⑧兰谱：金兰谱，旧时结拜盟兄弟时互相交换的帖子，上面写着自己家族的谱系。⑨雁行：飞雁的行列。引申为有次序的排列，借指兄弟。

【译文】去年闰六月底，曾经在北路厅衙门给您写过一封信，正因为没有收到您的回信而感到疑惑。后来听漪园说，您已经觅得馆职了。

刚刚接到您的来信，说去年夏天曾经写过信给我，而小弟我寄给您的信，不知是否已看到了？难道往来的信，都中途遗失了吗？

足下您以优秀杰出的才能，在衙门里做幕僚，东家和您关系融洽，业余可以抚琴、饮酒，享受一些文人的清福，这正是我意料中的事，读到您的信后很长时间都为您感到欣慰。

我来到河北这个地方，不知不觉已经有一年多了。和东家相处还算融洽，家庭也平安无事，这一点或许可以让您感到安慰。漪园的才华和志气，都是超出众人的，可惜上天给他的寿命不长，突然之间就离世了，真是让人缅怀和哀叹！所幸他的儿子已经成年，外在的容貌和内在的才德都很好，一定能够传承家业。他的灵柩和家眷暂时寄在滦城，中秋节之前，应该可以护送回南方。

至于小弟我，承蒙您与我结为兄弟，不把我当做弟弟，而称呼我哥哥，似乎过分谦逊了，还是想拒绝我，不肯与我做兄弟呢？今后千万不要这样了。

一六一、复牛云洋

海萍云鸟[①]，聚散无端。“别时容易见时难”，每亿高情，辄深怅惘！即辰起居纳祜[②]，不烦赘颂。献邑政务纷繁，僚幕未免交瘁；

且年来民刁俗敝，正如张长史论书，不无古肥今瘦之异。所愿二槐先生早飞凫舄[3]，拾级连登，此则千里故人所昕夕[4]颂祷者也。槐卿多才善病，恐其年少心性，服食靡常，诸望爱护及之。

【注释】①海萍云鸟：喻指踪迹漂泊不定。②祜（hù）：福。③飞凫舄（xì）：县令。④昕夕：朝夕。

【译文】人生就如同海上的浮萍和云中的飞鸟一般，聚散不定。"别时容易见时难"，每当想起您深厚的情谊，就感到非常的惭愧！您现在的衣食起居一定很好，我不需要过多的祝福了。县里政务纷乱繁多，做幕友的不免非常辛苦。况且近几年来百姓刁滑，民俗堕落，现在不比从前了，正如同张长史评论书画所讲到的，免不了有"古肥今瘦"的差异呀！期盼着二槐先生能早日为官，一级一级的不断提升，这就是远在万里之外的老朋友朝夕祈求的呀！槐卿学识渊博，但容易生病，担心他年纪尚幼，心性不够稳定，衣食起居没有规律，还要请您多多加以爱护呀！

一六二、谢张翼堂惠扇

三年聚首，一旦分衿[1]，手翰颁来，倍增离索！弟自别后，益复无聊，裹足[2]斗斋，几同老衲。回忆曩时征逐，偶俱无猜[3]，兴酣则绿盏交飞，令到则红牙[4]细按，此情此景，如在目前。不意一曲骊歌[5]，顿分双袂[6]，抚今追昔，能不依依！承贻画箑[7]，快挹清风，香罗细葛[8]之间，当奉扬[9]于不尽矣。

【注释】①分衿：别离。②裹足：双脚受到束缚。比喻停止不前。③偶俱无猜：谓双方都无猜疑。《左传·僖公九年》："公家之利，知无不为，忠也；送往事居，耦俱无猜，贞也。"④红牙：乐器名，指拍板。因多用檀木做成，再漆成红色，故称为"红牙"，也称为"红牙板"。⑤骊歌：离别时所唱的歌。逸诗有《骊驹》篇云："骊驹在门，仆夫具存；骊驹在路，仆夫整驾。"客人临去歌《骊驹》，后因而将告别之歌称之为"骊歌"。⑥分袂：离别；分手。唐白居易《答微之咏怀见寄》诗："分袂两年劳梦寐，并床三宿话平生。"⑦箑（shà）：扇子。⑧香罗细葛：香罗，绫罗的美称；葛，葛布，夏衣的代称。此处借指夏天。⑨奉扬：颂扬；宣扬。

【译文】我们在一起相聚了三年，一天之内就分开了，收到了您的来信，更加增添了我的孤独之感。小弟我自从和您分别以后，更加无聊，每天待在小房间里不出门，就跟老和尚差不多。回想起从前在一起游玩，没有一点猜疑，兴致到了就一起把盏痛饮，行起酒令来就拍板吟唱，这种情景，好像就在眼前。没想到很快就分别了，看看现在，再想想从前，怎能不让人怀念呢？承蒙您赠给我画扇，清凉的风让人舒适，炎炎夏日之时，对您感激不尽。

一六三、谢献县冯惠物并慰被火

两奉华翰，深荷注存；频来陇上之梅[①]，益绕梁间之月。弟自分浅才，毫无赞益，正以有辜知爱，负疚良深。乃蒙厚贶[②]遥颁，情文备挚，觉赠贻之非分，益愧歉之交萦，却恐不恭，谨拜登受[③]。

献邑政务之繁，甲于全直，一经大才展布，自必游刃有余[④]。从兹誉望攸隆，声华[⑤]聿著，莺迁鹭振[⑥]，指顾[⑦]可期。闻贵署偶遭火警，此盖以炎上[⑧]之象，预兆如日之升，小有耗折，当不在意也。

【注释】①陇上之梅：敬称远方寄来的书信。语本出自南朝·宋·盛弘之的《荆州记》："陆凯与范晔相善，自江南寄梅花一枝诣长安与晔，并赠花诗曰：'折花逢驿使，寄予陇头人。江南无所有，聊赠一枝春。'"后来便以"陇梅"借指远方寄来的含情书信。②厚贶：丰厚的赠礼。③登受：敬辞。谓收受；接受。④游刃有余：比喻对于事情能胜任愉快，从容不迫。⑤声华：美好的名声；声誉。⑥莺迁：语本《诗经·小雅·伐木》："伐木丁丁，鸟鸣嘤嘤，出自幽谷，迁于乔木。"自唐以来，常以嘤鸣出谷之鸟为黄莺，故以"莺迁"指登第，或为升擢、迁居的颂词。鹭振：语本《诗·周颂·振鹭》："振鹭于飞，于彼西雝。"比喻入朝为官。⑦指顾：

一指一瞥之间。形容时间的短暂、迅速。⑧炎上：火。因火之性炎盛而升上，故称火为“炎上”。《书经·洪范》：“水曰润下，火曰炎上。”

【译文】两次接到您的来信，深深地蒙受您的挂念，经常写信给我，更加增添了我的思念之情。小弟我自感才疏学浅，对您没有丝毫的帮助，正因为辜负了您的赏识和爱护，深深地感到愧疚。反而承蒙您从远地赠送给我丰厚的礼物，精神上和物质上都是周到恳切备至，感觉到这样的赠礼已经属于过分了，更加增添了我的惭愧和歉疚，又恐怕推却不受是不恭敬的，只好很郑重地拜受了。

献县政务之繁多，在整个直隶省都要排第一，一旦经过像您这样的大才的施展发挥，一定会游刃有余。从此以后，您的名望会日益隆重，政声会日益卓著，官位步步高升，一定是指日可待。听说您的衙门中，偶然遭遇火灾，这大概是炎盛上升之象，预示着像太阳一样蒸蒸日上，小小的损耗，应当是不用在意的。

一六四、复牛云洋

素心天各，历春而秋，系念之私，无间两地。中秋后三日，远辱手简，时弟正在冗场[①]，未遑作答，知己其谅我耶？即辰起居何似？闻慈竹有平安之报，维桑叶大有[②]之占，此游子他乡所同为欣慰者也。但不知昨岁言旋，曾徵熊梦否？卢龙交代，谬承二槐先生谆谆见委，谊无可辞，一切已详彼信，定均赐览。

弟入秋以来，意兴萧索，旁观者以为错情易意[3]，太觉颓唐。弟亦不自解其何故，大抵劳与病俱，病与愁并，所自来也。小儿血症未除，虽不废学，徒虚名耳。家兄以姜伯约而佐刘阿斗，鞠躬尽瘁，动辄得谤。夏间叶君催赋至昌，适逢雨雹，其事与叶君渺不相干，乃彼以何公谓可鱼肉[4]也，冀得一中人产，饱其欲壑，因家兄梗[5]之，遂怀怨望，而以不顾民瘼[6]，饰禀宪听。幸何公具禀在先，无甚谴责；晋省云云，其传者之非真也，或叶君之借题说法也。祝太守两弟，同膺鹗荐，而沂斋独遗，可为扼腕！然一寸明珠，或不致终沉沧海耳。

【注释】①冗场：事务冗杂繁忙的时候。②维桑：故乡。③错情易意：神情错乱，意态变化。④鱼肉：比喻欺凌，残害。⑤梗：阻碍。⑥民瘼：人民的疾苦。

【译文】我们两个知心好友，各在一处，经过春天到了秋天，可是内心的挂念并没有因为分隔两地而消失。中秋节过后的第三天，您从远方寄来书信，当时我正忙于政务，没有时间来答复您，您能够原谅我吗？现在您的衣食起居怎么样？听说您的母亲平安无事，故乡的收成也很好，这是让漂泊在外的人共同高兴和安慰的事情。但是不知道您去年回去之后，是否已经有了儿子？卢龙交代的事情，承蒙二槐先生委托给我办理，看在情谊的份上是不容推辞的，一切的详细情况都写在他的信中，您必定也看过了。

我从入秋到现在，兴致比较少，旁人以为我神情错乱，感觉精神很不振作。我也不知道是什么原因，可能是既忙碌又生病，再加上忧愁，所以就这样了。我儿子咳血的病还没有痊愈，虽然不曾荒废学业，也只不过是虚名罢了。我家哥哥就如同姜伯约辅助刘阿斗做事一样，尽心尽力，却时常遭人诽谤。夏天的时候叶君到昌黎来催促赋税，恰好遇到冰雹天气，那事和叶君一点关系都没有，他却以为何公是可以欺凌的，希望能够得到一百两银子，满足自己的欲望，因为我家哥哥阻止了他的行为，因而心怀怨恨，以“不顾民瘼”为借口，向上级告伪状。幸好何公事先禀告了详情，因而没有受到什么责罚。进省等言论，这些传闻并不真实，或许是叶君借题的说法吧。祝愿太守的两个兄弟，都能得以荐举，而沂斋却单独的遗留下来，实在是太可惜了！然而只要是有真才实学，最终也会得以发迹，就如同明亮的珍珠不会始终沉没于大海中。

一六五、答郦勷亭壁谢节敬

前奉朱提[①]，聊以献岁。自笑菲同井李，岂污仲子之螬[②]？何期馈等盘飧，概返重耳之璧[③]。辱在至戚，似不宜介介[④]若此。兹寄去例价一函，祈收入。

【注释】①朱提：银的代称。参见第一二四篇。②菲同井李，岂污仲子之螬：典出《孟子·滕文公》："陈仲子岂不诚廉士哉？居於陵，三日不食，耳无闻，目无见也。井上有李，螬食实者过半矣，匍匐往，将食之；三咽，然后耳有闻，目有见。"陈仲子，名子终，自称於陵仲子，战国时齐人。其兄为齐卿，食禄万锺，陈仲子以为不义而适楚，楚王闻其贤，欲以重金聘为相，拒而逃之，与妻子居于陵，织屦灌园，安贫乐道。螬，即蛴螬，俗称"地蚕"，即金龟子的幼虫。③馈等盘餐，概返重耳之璧：《左传·僖公二十三年》："（晋公子重耳）及曹。僖负羁乃馈盘飧，置璧焉。公子受飧返璧。"飧：晚餐，引申为熟食。返：退回。璧：宝玉。接受食物，退回宝玉。接受小的施予以示领情，返还贵重的礼品以示不贪。④介介：孤高耿直，有节操。介，清廉耿介。

【译文】前次送给你的银两，是为了庆贺新年的。自笑很是微薄，就像那井边的李子一样，怎么会玷污了陈仲子的螬虫呢？想不到我送您的就像盘餐一样普通的东西，你却把它一概退还给我了。我和你是最亲近的亲戚，似乎不必这样客气。现在照惯例给你寄去一封回礼，希望你能收下。

一六六、复冯璞山托谋事

我留燕市[①]，君去闽疆，彼此播迁，瞬经六载。九月杪，忽荷郇云[2]遥贲，知文驾仍为冀北之游，虽未获即奉清光[3]，而寄柳赠梅，从兹易易，良深慰忭。惟青宇令弟，未展厥抱，赍志九原[4]，不无瘗玉埋珠之恨！犹喜吾兄归后，庆育长庚[5]，藉慰远人心素。

弟自沧州接就北平，虽半毡未冷，而大事重叠，依旧空囊。以故先慈之灵，甫于去冬归葬；又因行资莫措，未克亲送还乡，不孝之罪，擢发难数。小儿读书，尚不甚钝，惟放豚之性[6]，驯致为难，终恐秀而不实也。庾郎宾榻[7]，无不关怀，所虑僻处边陲，见闻甚梗；而左近诸馆，又皆蒂固根深，是以潘松亭乔梓[8]屡有信来，无词以对，惟有中心藏之，力图报命耳。

叶三兄契阔多年，意兴何似？犹忆酒酣耳热，唱“大江东去”一阕[9]，不觉灯影摇青。曾几何时，而驹光易逝，萍水难逢，可胜惘惘[10]！希为道候及之。

【注释】①燕市：见第一二九篇。②《新唐书·韦陟传》：“常以五采笺为书记，使侍妾主之，以裁答，受意而已，皆有楷法。陟唯署名，自谓所书‘陟’字若五朵云。时人慕之，号郇公五云体。”后遂以“朵云”为对别人书信的敬称。韦陟，袭封郇国公，故又称“郇云”。③清光：敬称他人的容貌丰采。④赍志九原：怀抱着未遂的志愿而死去。九原，即九泉，人死后居住的地方。⑤庆育长庚：祝贺他人生子的美称。庆育，诞育皇子的美称。长庚，即金星，亦名太白，李白母亲梦长庚星入怀而生子，遂名白。⑥放豚之性：豚，小猪。此处比喻小儿性情顽劣如放养的小猪。⑦庾郎宾榻：借指幕僚的馆职。庾郎，指南朝齐庾杲之，参见第六〇篇。宾榻，宾客下榻处，亦借指宾客。⑧乔梓：乔木高，梓木低，比喻父子。⑨大江东去：词牌名，即“念奴娇”。因宋苏轼《念奴娇·赤壁怀古》首句为“大江东去”，故名。广阔的江水向东奔流而去，此处也暗喻时光流逝不复返之意。阕：量词，歌曲或词，一首为一阕；一首词的一段亦称一阕，前一段称“上阕”，后一段称“下阕”。⑩惘惘：遑遽而无所适从；伤感、失意的样子。

【译文】我留在河北，您去了福建，大家到处奔波，转眼之间已经六年了。九月底，忽然接到了您从远地寄来的信，知道您仍然要来河北，虽然不能和您立刻见面，但是相互之间书信往来，从此会很方便，让我觉得非常欣慰和高兴。只是您的弟弟青宇，还未施展他的抱负，就带着未遂的志愿离世了，就像珠宝美玉被埋没到沙土里，让人感到遗憾。可喜的是，老兄您回家后，生了一个儿子，让我这个远游在外的人得到一些安慰。

小弟我从沧州转到了北平工作，虽说馆职没有中断，而接连赶上了好几件大事，钱袋子依旧是空空如也。所以，我母亲的灵柩，刚刚在去年冬天才运回家乡安葬。又因为缺少路费，没能够亲自护送回乡，不孝的罪过，捻着头发丝也难以数尽。我家孩子，读书还不算迟钝，只是顽劣的性子，很难驯化，恐怕最终还是只开花，不结果。您托我推荐馆职，我一直在留心关注，而我所在的地方异常偏僻，消息不通畅；而附近的馆地，又都是盘根错节，很少有调动，所以潘松亭父子多次写信来，我都没有办法答复他，只有将这件事牢记在心里，尽心竭力找机会报答吧。

叶三兄分别了多年，不知现在的兴致如何呢？还记得当初他在酒醉的时候，来了兴致，唱了“大江东去”一阕，不知不觉到了深夜。不知过了多少年月，光阴如白驹过隙，转瞬即逝，踪迹不定，难以再见面，怎不令人失落？请您代我向他转达问候。

一六七、复永清二尹何

一别沧江，载逢上谷，流光转睫[①]，几度春来。祇缘未息鸾栖[②]，不获一通尺素。顷奉手示，知以作楫之材，暂屈哦松之署。桃花涨息，庆利导于安澜[③]，凫舄云腾，竚(zhù)恒于指日矣。

弟乙丑仲春，蓬转孤竹，虽一毡可暖[④]，而春蚕作茧，亦徒为人成得嫁衣耳。前此签掣关中，旋以新例频开，过班无力，已绝燃灰之想；要知黄绶青袍，原非泥涂[⑤]中所能希幸也。

【注释】①转睫：眨眼，喻时间短促。②鸾(luán)栖：对别人寓所的敬称。③安澜：本意为水波平静，后引申为比喻为时世太平、祥和之兆。④一毡可暖：表示有位置。⑤泥涂：比喻卑下的地位。

【译文】我们在沧江分别，后来又在上谷相遇，一眨眼的功夫，已经过去了好多年。只因为不知道您的住处所在，没能够给您寄送一封书信。刚刚收到您的来信，获知以您这样的才华，暂时屈身于官署之中。地方上不太平，只要能够合理的引导，就能够让地方百姓平安无事，您的仕途也可以平步青云，扶摇直上了。

我在乙丑年二月的时候，辗转到了孤竹，虽然有一位置尚能托身，然而就如同春蚕一般作茧自缚，也只是徒然在替别人做事罢了。前一次被派到陕西，随后又开了几次新例，那时候我已经没有气力再去过班，已经断绝了念想。可见为官从政的事情，原来就不是我们这些身份卑微的人所能奢求获得的。

一六八、慰袁引之被谤

人如秋水，宛隔蒹葭；书寄春风，何来鹦鹉！正喜浴兰应候，五丝叶戬穀之庥；顿教采葛抒怀，一枕释相思之梦。伏维足下以机云之丽藻，擅庾阮之风流，绿泛蓉池，腾誉则群推一二；青开莲榻，缔交则美尽东南。况乎霁月衿怀[1]，足消鄙吝；纵有翻云[2]手段，何启猜疑。乃细绎八行[3]，似难甘于织贝[4]；岂同居一室，尚施毒于含沙？默揣因由，莫寻端绪。惟是诬金不辩，古人之雅量可师；唾面自乾，此日之和光[5]宜尔。无端之毁，安足萦怀？不敏之言，定蒙采纳。

【注释】①霁月衿怀：胸襟旷达。②翻云：喻指颠倒。③八行：喻指书信。④织贝：诽谤的言论。⑤和光：和气。

【译文】我们之间相隔遥远，十分的想念。收到您寄来的书信，犹如听到您当面说话一样。正喜端午节的时候，人们拿着五色丝线，占卜吉兆。我诵读采葛诗词，来抒发思念友人的情怀，连相思的梦也不做了。您身怀丰富的学识，在外游幕，众人一定很推崇您。您的东家，一定与您感情融洽。况且您没有私欲，足以消除各种鄙吝。即使有人暗地里造谣，也不大会引起众人的猜疑。不过仔细阅看您的书信，貌似是不甘心被人诽谤。在一起共事的人，还会含沙射影的诽谤您吗？慢慢地揣摩缘由，真是莫名其妙呀！可是受到了冤屈而不去分辩，这种古人的度量，也是应该学习的。“唾面自乾”，现在的情势，也应该如此。这种无缘无故的毁谤，是用不着放在心上的。我说的这些，您一定要采纳呀！

一六九、谢献县冯惠物

足下郊寒岛瘦[①]，弟闻之稔矣。不意远辱赐函，重蒙厚贶。念自纳交[②]以后，承阁下缟纻[③]情殷，屡叨清惠，曾乏涓埃[④]之报，徒增衔结[⑤]之私。兹复以笔墨纤劳，分裁冰玉，拜登[⑥]之下，觉阁下之用情愈挚，而弟之抱愧益深矣！

日来菊秀萸芳，人知秋澹，想见彭衙[⑦]清晏，奉侍增欢，足慰远人企颂。弟劳劳金线[⑧]，镇日[⑨]埋头，对此芳辰，莫开倦眼。“竹叶于今已无分，菊花从此不须开。”三复斯言，可胜怅惘！

【注释】①郊寒岛瘦：唐代孟郊、贾岛之诗，清峭瘦硬，好作苦语，故有此谓。此处借指清贫。②纳交：结交为朋友。③缟纻：白绢所制的带子与麻布所制的衣服。典出《左传·襄公二十九年》：“聘于郑，见子产，如旧相识，与之缟带，子产献纻衣焉。”后因以“缟纻”比喻深厚的友谊。亦指朋友间的互相馈赠。④涓埃：细流微尘。比喻微末、微小。⑤衔结：即结草衔环。参见第五篇注释⑨。⑥拜登：接受赐赠的敬词。⑦彭衙：美称对方的衙署。晋陶渊明曾为彭泽令，故称。⑧劳劳：辛劳、忙碌。金线：指为别人做事。唐秦韬玉《贫女》诗：“苦恨年年压金线，为他人作嫁衣裳。”⑨镇日：从早到晚；整天。

【译文】足下您生活清贫，我很早就听说了。没想到您从远地寄信过来，还赠送了很多东西。回想自从和您结交以后，承蒙阁下您的深情厚谊，多次蒙受您的恩惠，不曾给您一点一滴的回报，徒然使我心中增加了结草衔环的感恩之情。这次又因为一点笔墨的微劳，赠送我许多礼物，我郑重地拜受之后，更加觉得阁下您用情的真挚，而更加深了我的惭愧之心。

近来正当金秋时节，菊花吐秀，茱萸生香，人们和这秋景一样清雅淡泊，相见您在衙门里清闲无事，侍奉父母双亲，增添许多欢乐，足以慰藉我这远游在外的人的企盼和祝祷。小弟我为别人辛苦忙碌，整天埋头做事，面对这良辰美景，却是身心疲倦，没有功夫欣赏。“竹叶从今以后都没有我的份，菊花从此也不需要开放了。”反复吟诵这句诗，让人无比失落。

一七〇、贺天津县丁到任

客夏鱼雁往返，继以嫁线劳形，不获寄遥情[①]于尺素，阁下其谅我也。

析津[②]濒海要区，帆驰毂击，自非拨烦治剧如阁下者，不足以当斯任。今果载清献之鹤，而移宓子之琴，德政所敷，上下交契；双旌五马，指顾超迁，可胜欣贺！

弟笔耕墨耨，日埋头于尘牍之中。近以秋霖为虐，郡属被涝[③]者多，捉笔依人，同增劳攘[④]，几不知平分秋色，光满银蟾，亦适见铅刀之难为用也。

滦阳交案，历三年而未结，不知作何究竟？然阁下一议再议，款目已明，纵方伯[⑤]有调算之文，要可不烦往复耳。

【注释】①遥情：高远的情思。②析津：天津。③被涝：被淹没。④攘：纷扰。⑤方伯：清朝时的布政使。

【译文】去年夏天的时候，我们互通过书信，后来因为事务繁忙，没能再给您寄送书信，您可要原谅我呀！

天津是靠海的紧要地区，船只车马往来繁杂，不是您这样拨烦治剧的人，是不能够去担此重任的。如今果然载清献的鹤，移宓子的琴到了这里，施行好的政策，上下感情融洽。不久就能够建双旌、跨五马，得以升迁官职了，值得祝贺呀！

我靠着笔墨来谋生，整日的埋头忙碌于文案之中。近来因为秋雨肆虐，郡属内被洪水淹没的州县有很多，这让我们这些执笔的人格外增添了很多的事务，（忙碌的）差不多已经忘却了中秋的明月了，也足以见得愚钝的人是不堪大用的。

滦阳交办的案子，经过了三年还没能了结，不知道到底该怎么办？然而经您再三地审议，款目已经明晰了，就算是布政使有调查的文书，也可以不必再劳烦您往返重复了。

一七一、复永清二尹何地方被水

夏秋霪雨[①]为灾，诸河并涨，报漫报决，时于邸抄[②]见之。阁下任重宣防，正切杞人之忧，得手书，始悉安澜[③]有庆。此济川[④]巨手，上游拔擢异能，断不久淹双舄[⑤]也。永[⑥]属处万山之中，其水发源口外[⑦]，所恃以达海者，惟一线滦流[⑧]，易致泛溢。幸灾区十仅一二，雁户[⑨]无多，抚之尚易耳。汪君事当留意，勿以为念。

【注释】①霪雨：久雨。宋范仲淹《岳阳楼记》：“若夫霪雨霏霏，连月不开。”也作“淫雨”。②邸抄：即邸报。官府发行的报章，专载政治新闻和人事动态。③安澜：河流安稳不泛滥。④济川：犹渡河。语出《书·说命上》：“爰立作相，王置诸其左右。命之曰：‘朝夕纳诲，以辅台德。若金，用汝作砺；若济巨川，用汝作舟楫。’”后多以“济川”比喻辅佐帝王。此处指治理河务。⑤双舄：参见第三十九篇注释⑥。⑥永：永清县，今属河北省廊坊市。⑦口外：长城以北地区。因长城关隘多称口，如古北口、张家口，故称为“口外”。⑧滦流：水名，古名“濡水”。在河北省东北部。发源于沽源县，上游北流入内蒙，名“闪电河”，又折向东南流入河北省，始称“滦河”，经滦平、承德、迁西、滦县入渤海。⑨雁户：流转无定所的民户。

【译文】夏秋季节，雨水连绵不断，酿成水灾，各条河流水位暴涨，关于漫堤、决口的报告，常常能在邸报上看到。阁下您担当防治水灾的重任，正为您感到担心，收到您的来信，才知道河流安稳，平静无事。您真是治理水务的好手，上级一定会提拔重用您这样有特殊才能的人才，断然不会让您长期屈居在县令的位置上。永清县地处群山环抱之中，其中的河流基本都是发源于长城以北的地区，可以引水入海的，只有一条滦河，极易导致泛滥成灾。所幸受灾地区只有十分之一二，流离失所的灾民不多，抚恤起来也较为容易。汪君的事情我会留心注意的，不用挂念。

一七二、代托章凤岐向友索赌债

夏间署有家人，携眷归里，因途资莫出，司阍[①]者为之集腋[②]。而某别驾[③]适在其位，手谈[④]不利，阍人已代为之偿。弟亦失马之翁[⑤]，本可作壁上观[⑥]，乃阍人不敢请命于别驾，数求缓颊[⑦]。固思阁下时与往还，可否如菩萨说法，使天花缤纷自坠[⑧]，是亦佛门中解脱[⑨]之一道。若少露色相[⑩]，难免金刚怒目[⑪]矣。

【注释】①司阍：看门的人。②集腋：比喻聚集零散的财物。③别驾：见第一二七篇。④手谈：下围棋、斗牌。⑤失马之翁：借用“塞翁失马”的典故。此处指输钱。⑥壁上观：在营垒上观看人家交战。语出《史记·项羽本纪》：“诸侯军救巨鹿，下者十余壁，莫敢纵兵。及楚击秦，诸将皆从壁上观。”比喻坐观成败，不帮助任何一方。⑦缓颊：婉言劝解或代人讲情。⑧天花缤纷自坠：传说佛祖讲经说法，感动了天神，天上各色香花从空中纷纷落下。典出《大乘本生心地观经·序品第一》。后以“天花乱坠”形容说话言词巧妙，有声有色，非常动听。此处借指用言语劝说并感动对方，使对方主动还钱。⑨解脱：佛教指脱离苦恼，自在无碍。⑩色相：佛教指事物的形状外貌。⑪金刚怒目：本指佛教护法睁目凸眼的样子。后引申为凶怒时的表情或威猛的形象。也作“金刚努目”。金刚，佛教指佛的侍从力士，手执金刚杵。

【译文】夏天的时候，衙门中有一位仆人，带着家眷回家乡去，因为没有路费，看门的人替他筹措一些散碎银子。而当时某通判，恰好在边上打牌，手气不好输了钱，看门的人已经替他偿还了。我当时也输了钱，本来可以不管这件事，而看门的人不敢直接向通判讨还，多次请求我从中说情。因此想到阁下您经常和他往来，是否可以像菩萨说法一样，委婉地做做他的工作，让他能够主动还钱，这也是帮人解脱的一种办法。如果稍微显露出讨债的样子，他难免要发怒了。

一七三、托仇笔山卖酒

弟性嗜酒，又生于酿酒之乡，差喜与酒有缘。自饥驱[①]北上，便觉渺不可狎[②]。然通都大邑，有酒沽我，不过善价而售，或相倍蓰[③]耳。及至北平，于万山中觅欢伯[④]，非直连城比价，且同乞自微生[⑤]，偶一持杯，双眉欲皱，直使未饮而心先酸矣。前闻足下以酸酒还饮酒主人，监使立尽，如此觞政[⑥]，可谓不恶而严。今者小价[⑦]自津运来南酒，色香味俱佳，当此黄花将吐，紫蟹初肥，正足以佐贤东南[⑧]觞咏之兴。其价每坛以八钱为率，用即来取，“会须痛饮三百杯”[9]，扫除山陬[10]酸气，如何？

【注释】①饥驱：为衣食而奔忙。②狎：亲近而不庄重。此处指喝到酒。③倍蓰（xǐ）：倍，一倍；蓰，五倍。倍蓰指由一倍至五倍，形容很多。④欢伯：酒的别称。⑤乞自微生：参见第五十一篇注释④。⑥觞政：酒令。⑦小价：谦称自己的仆人。此处一语双关，同时还有价格低廉之意。⑧东南：宾主。语出唐王勃《滕王阁序》：“宾主尽东南之美。”⑨“会须痛饮三百杯”：此句引自唐李白《将进酒》诗。⑩山陬：山角落。借指山区偏僻处。

【译文】小弟我天性喜欢喝酒，又出生在造酒的地方，还算可喜的是我和酒有缘分。自从为了生活而奔波，来到北方，就觉得不容易喝到酒了。然而如果是在繁华的大城市，有酒可以卖给我，不过就是贵了点，有时比在家乡要贵好几倍呢。等来到了北平，有如在万山之中找酒，不但价钱贵得好像奇珍异宝，而且好像微生高那样乞讨来的，偶尔喝一杯，就要皱起双眉，真是让人还没喝酒而心中已经先酸了。前次听说足下您把酸酒，还给主人喝，而且监督着让他喝完，这样的酒令，可以说是不凶恶而又严厉。现在我的仆人以低价从天津运来南方的酒，色香味都很好，现在正值菊花将要开放，紫蟹刚刚成熟的时节，正好可以借此来帮助你们宾主饮酒赋诗的雅兴。价格是每坛酒在八钱银子左右，要用酒的话请尽管来取，尽管痛痛快快地喝他三百杯，扫除山野里的酸腐之气，怎么样呢？

一七四、托阮复斋照应友

前接小婿之信，知履端[①]晤教，兼承注问；刻下蒲轮返馆[②]，想红莲与红榴[③]齐开矣。

署卢龙徐明府，系吾乡包家山人，向以申韩[④]游历幕府，上年大挑[⑤]来直。其人才德兼备，前在永年[⑥]，与蔼堂为莫逆之交，今来孤竹，仆亦极相投分。因闻足下品诣卓越，常以不获识荆[⑦]为憾。今奉檄治道佛耳门；道为宛平所辖，喜得假缘过访，晋接之下，必有相见恨晚者。惟徐公初次除道，而所派段落，又盘错难施，如荷代筹处，乞以近水之月[⑧]，分光赐照，则友谊乡情，于此交尽矣。

【注释】①履端：元旦。年历的推算始于正月朔日，谓之“履端”。《左传·文公元年》：“先王之正时也，履端于始，举正于中，归余于终。”后因以指正月初一。②蒲轮返馆：参见第四十八篇。③红榴：此处指时间，即旧历五月。因五月石榴花开，故称为“榴月”。④申韩：刑名之学。参见第一〇三篇。⑤大挑：清乾隆以后定制，三科以上会试不中的举人，挑取其中一等的以知县用，二等的以教职用。六年举行一次，意在使举人出身的有较宽的出路，名为大挑。⑥永年：县名，清代隶属于直隶广平府。今为河北省邯郸市辖区。⑦识荆：见第六十三篇。⑧近水之月：化用“近水楼台先得月”之典。比喻由于近便而获得优先的机会。

【译文】前次接到了我女婿的来信，知道他在元旦和您见过面，并承蒙您问起我。现在您回到了馆里，想必在这石榴花开的五月，您已经在忙于公务了。

署理卢龙县的徐县令，是我同乡包家山地方的人，原来一直以刑名之学游历于各地的幕府，去年以举人的身份大挑一等，来到直隶任职。他这个人，德才兼备，从前在永年县的时候，和蔼堂是很要好的朋友，现在来到孤竹，我和他也很投缘。因为听说足下您的品行造诣都非同一般人，常常因不能和您结识而感到遗憾。现在根据上级命令到佛耳门地方整修道路，这条道路属于宛平县所辖，可喜的是可以借此机会去拜访您，接触之后，一定会有相见恨晚的感觉。只是徐公第一次承担修路任务，而且所分派的路段，又是情况复杂，难以整修，如果能够承蒙您帮助他一起处理，希望您借着便利的条件，关照关照他，那么朋友的友情和同乡的乡情，就都能照顾到了。

一七五、与余竹泉退酒

薄暮归程，春风料峭[①]，不识据鞍顾盼[②]者尚能禁耐否？忘年好友，每相见，辄依依不忍去；不自知其情之何以绵结也。尤喜足下雄饮善饭，矍铄[3]如平日，为快慰者久之。昨携青州二从事[4]，仆人用其一而返其一，彼以为忠主也，独不解白衣送酒[5]故事；仆陋如此，主可知矣！计惟留此黄娇[6]，迟足下于绿肥红瘦[7]中耳。

【注释】①料峭：略带寒意。②据鞍顾盼：跨着马鞍左顾右盼，此处指年老。据《后汉书·马援传》载，建武二十四年，援年六十二，请求率兵出征武陵五溪蛮夷，光武帝念其老，未允。援自请曰："臣尚能披甲上马。"帝令试之。援据鞍顾眄，以示可用。帝笑曰："矍铄哉，是翁也！"遂遣援。后因以"马援据鞍"为老当益壮，思建功业之典。③矍铄：形容老人目光炯炯、精神健旺。④青州从事：美酒的代称。南朝宋刘义庆《世说新语·术解》："桓公有主簿善别酒，有酒辄令先尝。好者谓'青州从事'，恶者谓'平原督邮'。青州有齐郡，平原有鬲县。从事，言到脐；督邮，言在鬲（膈）上住。"意谓好酒的酒气可直到脐部。从事、督邮，均官名。⑤白衣送酒：见第八十八篇。⑥黄娇：酒的代称。见第六十篇。⑦绿肥红瘦：形容花已逐渐开败，而草木枝叶正盛的暮春景色。

【译文】傍晚的时候踏上归程，春风还很冷，不知道您年纪大了能不能禁受得住？我和您是忘年的好友，每次相见，都是依依不舍，也不知道我们之间的交情为何如此密切。更加可喜的是，足下您酒量和饭量都很大，精神矍铄有如年轻时候，很长时间都为您感到高兴和欣慰。昨天带来两坛好酒，仆人留下一坛，而归还了一坛，他以为这样是忠诚于主人，只是不知道陶渊明白衣送酒的故事；仆人粗陋到这种程度，他的主人可想而知了。打算留着这坛酒，等到暮春时节，再请你来一起喝吧。

一七六、劝牛云洋纳妾并代亡友告帮

春杪承惠手书，时弟留滞潞河，回郡始得展读。蒙以远人注念，兼知旧恙全捐[1]，感慰[2]奚似！惟思足下食奔衣走，滞迹遐方，既不能接眷而来，又不获依时而返，膝前兰桂，似不宜迟。窃以名果旁生，嘉禾歧出，诞育初无二致，曷不早谐专宠[3]，以应熊梦之占？想当局亦筹之熟矣。

弟于月之六日回永，浪萍风絮，一任东西；嫁线劳劳，概可想见。夏初有假贱名诳赚[4]者，幸已访获究治；似此诈谖[5]难防，莲花幕亦生荆棘，可不畏哉！

槐卿之病，旁人咸以为危，屡劝南还，绝无转计[6]。重九后，赵明府招之赴乐。明知残灯就熄[7]，尚谓馀烬可延；不意到馆未及兼旬[8]，即于十月初一日丑时作古。弟于初八日驰往，已承赵明府妥为备殓，所存行李，遣其仆人送省。少年浪迹，异地招魂，言之实堪酸痛！惟是槐卿数年幕橐[9]，尽作捐资，身后所遗，仅数十金耳。上有白头之母，下有绿鬓之妻，弱息孤儿，悉皆幼稚，其所恃以为活者，惟指槐卿一路；今生机已绝，则待哺何来？恐死者不能复生，而生者行将就死。弟为再三筹策，拟将遗存之银，岁内寄回接济；再于其戚好中，纠集二百馀十金，除明春送柩之外，存起二数，交其外舅沈君，代为生息，每年存本动利；庶事可经久，而家以苟全。永属如赵明府，并弟接荐之友，皆许佽[10]助。此外可以告语者，亦甚寥寥，将来缺少几何，计惟弟为包贴。因思足下与二槐先生，古道夙敦，而与槐卿交情尤挚，念兹存殁，应亦恻然！在足下自处非宽，初不以有无分疏密，惟祈转恳二槐先生，从厚赙赠，俾得集腋成裘，拯其颠沛，即不啻足下赐之矣。

【注释】①捐：除。②感慰：感激且欣慰。③谐专宠：娶爱妾。④诳赚：假借名义，欺骗他人。⑤诈谖（xuān）：欺诈不可言说。⑥转计：回转的打算。⑦残灯就熄：喻指身体衰老。⑧兼旬：即二十天。⑨幕橐：游幕所得的钱财。⑩佽（cì）：用钱来帮助他人。

【译文】春末，承蒙您寄来书信，当时我滞留在潞河，回到府城里才得以阅读。承蒙您将我这个身在远方的人挂念，再加上获知您的旧疾已经痊愈了，既感激又欣慰！只是想到您在远处奔走谋生，既不能将家眷接出来，又不能有时间经常回家，儿子还没有，（这事）似乎不能再推迟了。我认为有名的果子，都是旁生的；祥瑞的稻禾，都是并头出的。生养本来就没有区别，为什么不早点娶一个妾，来完成这个心愿呢？您大概考虑得也很周到了。

我在本月的初六回到了永平，犹如浪中的浮萍，风中的柳絮，东奔西走。替人做事，其中的劳苦您大概也能知晓。初夏的时候，有人假借我的名字进行诓骗，幸亏已经查访捕获并治罪。像这种诈骗的事情很难防备，衙门中也出现了骗子，岂不是很可怕嘛！

槐卿的病，旁人都认为很危险，屡次的劝他回到南边，他就是不肯答应。重阳节之后，赵明府招他到乐亭去了。明明知道已经病成了这个样子，还想着去拖延。没想到了那里不到二十天，就在十月初一丑时去世了。我在初八那天赶去，赵明府已经妥当的收殓了，遗留下来的行李，派他的仆人送回省城去了。年纪轻轻，就客死在他乡，说起来实在是让人痛惜！只是槐卿游幕了多年，所得的俸禄都尽数捐了功名，去世后所遗留下来的，仅仅只有几十两银子了。家中上有白发的老母亲，下有妻子和儿子，都很弱小，他们的生计全都只指望着槐卿一人啊。如今生机已经断绝，那么（往后）又怎么维持生计呢？恐怕是死去的人不能复生，但是活着的人却将要死了。我为他们再三的想办法，想要将槐卿遗留的银子，年内寄回他老家接济他的家人。再在他的亲戚好友当中，筹集二百几十两银子，除去明年春天运送灵柩的费用，拿出二百两整数，交给他的岳父沈君，代为保管生息，每年都保存本金动用利息，才可以凭此来长久的维持生计，家人也可以勉强维持了。永平这个地方，如赵明府和我介绍的朋友，都答应出钱帮忙。此外还能够告知的人，也就没有多少了，将来缺少多少，打算由我来包办补贴。因为想着您与二槐先生，素来仁厚，与槐卿的情谊也比较诚挚，应该会可怜逝去的和活着的家人吧！您的经济不宽裕，或多或少不做要求了，不过想请您转求二槐先生，多帮助一些，能够筹集起整数来，救济他的家人，也就如同是您赐予的了。

一七七、托滦州刺史吴卖笔

因人碌碌，浪走[①]风尘，昨自潞河回郡。承示大作，诗追元白[②]之神，赋撷徐庾[③]之藻。雅人深致[④]，仙吏风流，阁下兼而有之，心折[⑤]殊难名状！

兹舍亲寄销湖颖[⑥]数百管，试之尚属精良。因思用必归于适宜，物必投于相赏，阁下公余啸咏，珠玉满怀，非有五色麟毫[⑦]，不足以助清兴。用敢寄奉珊架[⑧]，内三钱者六十管，二钱者二十管；倘蒙照数存销，非惟志爱屋乌，亦为管城子[⑨]庆得所矣。

【注释】①浪走：四处奔走；胡乱奔走。②元白：唐代诗人元稹、白居易，二人才学相匹敌，诗皆尚平易，且时相酬答，故时人称为“元白”。③徐庾：南朝·陈·徐陵和北周·庾信的并称。二人均擅写绮情艳丽的宫体诗。④雅人深致：高雅的人情趣深远，举止不俗。⑤心折：衷心佩服。⑥湖颖：即湖笔。湖颖，是湖笔最大的特点。所谓“颖”，就是指笔头尖端有一段整齐而透明发亮的缝颖。⑦五色麟毫：五彩的麒麟毫毛。此处借指精良的毛笔。东晋王嘉《拾遗祀》：张华著《博物志》，晋武帝赐以名笔“麟角管”，作为鼓励。⑧珊架：珊瑚做成的笔架。⑨管城子：毛笔的代称。唐韩愈《毛颖传》:“秦皇帝使恬赐之汤沐,而封诸管城,号曰‘管城子’。”也称为‘管城侯’。

【译文】我因为帮别人做事,忙忙碌碌,在风尘中四处奔走,昨天从潞河回到府城。承蒙您将诗文大作给我看,你的诗的神韵直追元稹、白居易,你的文章的词藻华美堪比徐陵和庾信。高雅之人的深远兴致,神仙官吏的文采风流,您的身上都具备了,我内心对您的佩服无法用言语表达。

我有个亲戚寄来几百只湖笔,委托我代销,我试用了一下,还算精良。于是想到东西要遇到合适和能够赏识它的人才能真正发挥用处,阁下您公务之余喜欢吟诗作赋,满怀的文章,如珠宝美玉般灿烂华美,如果没有精良的毛笔书写出来,不足以抒发您的雅兴。所以冒昧地寄上湖笔,来充实您的笔架,其中三钱银子一支的共有六十支,二钱银子一支的共有二十支;如果承蒙您照着这个数目收下,暂时存放在您那里代销,不但使您对我的爱护推及到这些毛笔,也庆幸这些笔遇到真正识货的人了。

一七八、谢通州诸友

萍聚[①]而合,蓬飞[②]而分,游辙无常,动增别绪。承诸知己雅谊真挚，饫以华筵，红烛金樽，兴酣德饱，感谢何可言喻！即辰起居纳福，想见虚窗月白，梅影横斜，好友围炉，兴更不浅也。

弟于初六日抵永，因槐卿章舍亲病故，又有乐亭③之行，昨始回馆，埋头尘牍，劳状可知。而追念前欢，宛如昨梦，新交旧契，令人云树④为劳矣。

【注释】①萍聚：犹萍水相逢；谓偶然短暂的相会。②蓬飞：蓬草随风飞扬，喻速度快。③乐亭：县名，今属河北省唐山市。④云树：唐杜甫《春日忆李白》诗："渭北春天树，江东日暮云。"后用"云树之思"比喻朋友阔别后的相思之情。

【译文】像浮萍一般短暂相聚，又像蓬草随风飞扬一样转眼就分开了，行踪不定，每每使人增加离愁别绪。承蒙各位知己好友对我的深情厚谊，以丰盛的宴席招待我，燃起红烛，共饮美酒，使我酒足饭饱，兴致高昂，感谢之情怎么用言语能够表达呢？近来你们大家生活起居安好，想见你们大家倚在窗边欣赏皓月，月光映衬出梅花的影子，错落有致，三五好友，围坐在炉火旁边，兴致更是不浅啊。

小弟我在初六日到达永清，因为我的亲戚章槐卿生病去世，又去了一趟乐亭，昨天才回到馆中，埋头于积压下来的公文案牍之中，劳苦的情形可想而知。而回想起从前的欢乐时光，宛如昨夜的梦境，不论是新朋友还是老朋友，都令我无比思念。

一七九、复刘少白

交同倾盖，谊切投胶，虽一面之微缘，亦三生[①]之厚幸。正怀落月，忽捧朵云，伏稔足下福萃琴樽，兴酣歌啸，红莲十丈，春生徐稚之床；绿水一奁，清映庾郎之榻。每钦钦[②]其在抱，用惓惓[③]以摅怀。

弟自愧琉庸，猥存契爱，陈元龙之雅量，湖海同涵；孔文举之高情，交游遍及。他山在望，正藉磨砻[④]，带水遽分，乍形间阻。马将嘶面已懒，莺欲别而频啼。今朝消尽离魂，愁看旗亭之柳[⑤]，他日寄将远意，幸来驿路之梅[⑥]。

【注释】①三生：即前生、今生和后生。②钦钦：忧思难忘的样子。③惓惓：恳切诚挚。④磨砻（lóng）：磨练；砥砺；切磋。⑤旗亭之柳：别离时的情谊。⑥驿路之梅：喻指书信。

【译文】我们之间的交情很深厚，虽然只会过一次面，也是非常荣幸的。正在想念您的时候，忽然收到您寄来的书信，羡慕您的福气，弹琴、饮酒、高歌、长啸，做了幸福的幕宾，如同“春生徐稚之床”一般，遇到了交好的主人。像是“清映庾郎之榻”一样，让人十分的羡慕、钦佩，因此写这封信来表达我的想念。

我因自己没有什么才学而深感惭愧，承蒙您的错爱，这就如同陈元龙般的度量，湖、海都能够包涵。犹如孔文举的情谊，各处都有自己的朋友。我将您当作他山之石，放置在眼前，借此来磨砺自己。无奈的是我们被一条河阻断，一分开往来就被阻隔了。要想来的时候，又懒散的很，如果见了没有几天就要分别，就更加舍不得您了。忍受着离别的困苦，不愿去看那旗亭的杨柳，盼望着您能经常寄送情谊，给我投来书信。

一八〇、辞保定太守吴聘

游士倾心硕望①，不啻仰泰山而瞻北斗；只以韦布缘悭②，未获一亲斋采③。乃荷郇笺下贲④，征及菲材，捧诵之余，欣感交集。伏惟阁下鸿猷⑤夙著，茀禄⑥崇膺。横翠楼⑦前，白鹿⑧载郡朝之化；临漪亭⑨畔，红蕖⑩生幕府之辉。竚看骏烈⑪丕昭，崇阶叠晋，翘瞻五马⑫，忭颂难名！

湄砚食燕山，自惭谫陋，猥蒙阁下识诸侪类之中，俾厕宾朋之末，依红⑬有自，实所乐从。奈自三月以来，心神拂乱，百病纠缠，一切为陈七兄所深悉。是以前奉大府⑭征召，亦竟坐此因循。若冒昧仔肩，恐以丛脞⑮，负孙阳⑯之顾。龙门⑰咫尺，攀附未能，徒自向风⑱

昂首耳。

【注释】①硕望：重望。亦指有贤德、负重望的人。②韦布：韦带布衣。古指未仕者或平民的寒素服装。借指寒素之士、平民。缘悭：缘分浅薄。③矞采：汉董仲舒《雨雹对》："云则五色而为庆，三色而成矞。"三色彩云，古代以为瑞征，后用以喻贤德而有地位的人。④郇笺下贲：参见第一六六篇注释②。⑤鸿猷：鸿业、大业；深远的谋划。⑥茀禄：犹福禄。茀，通"福"。《诗·大雅·卷阿》："茀禄尔康。"⑦横翠楼：古代名胜，在今河北保定市东北。《清一统志·保定府》：横翠楼"在府治东北，元张柔建。"⑧白鹿：古代认为是祥瑞之兆，此处借以称颂太守的德政，教化德泽惠及百姓。《后汉书·郑弘传》："政有仁惠，民称苏息。迁淮阳太守。"李贤注引三国·吴·谢承《后汉书》："弘消息繇赋，政不烦苛。天旱，随车致雨；行春日，白鹿在道，夹谷而行。宏怪问主簿黄国，国拜贺曰：'闻三公车幡画作鹿，明府必为宰相'。"⑨临漪亭：在今河北省保定市，为古莲花池之一景。⑩蕖（qú）：即芙蕖。荷花的别名。⑪骏烈：盛大的功业。⑫五马：太守的代称。汉时以四马载车为常礼，惟太守则增一马，故称为"五马"。⑬依红：参见第一六〇篇"泛绿依红"条。⑭大府：明清时称总督、巡抚为"大府"。⑮丛脞：繁琐细碎。⑯孙阳：即伯乐。原名孙阳，春秋中期郜国人。善于相马。后人就用发现千里马的伯乐来比喻发现、推荐、培养和使用人才的人或集体。⑰龙门：比喻声望高的人。《后汉书·卷六七·党锢传·李膺传》："士有被其容接者，名为登龙门。"⑱向风：谓仰慕其人之品德或学问。

【译文】我这个在外奔波谋生的人，衷心仰慕您的德行和名望，不亚于瞻仰泰山和北斗；只是因为缘分太浅，还未能和您见面，一睹您的风采。而承蒙您写信给我，来征用我这个才疏学浅的人，我手捧这封信诵读之后，欣喜和感激之情交织在一起。阁下您政声卓著，洪福齐天，禄位崇高。横翠楼的前面，您的德政使当地百姓蒙受恩泽和教化；临漪亭的旁边，您的幕府里面人才济济。站在那里眼看着您功业大显，步步高升，在远地遥望着您，对您的祝福和颂扬无法用言语表达。

我在河北一带靠着笔墨谋生，自己惭愧浅薄鄙陋，承蒙您在众人之中看得上我，让我列入宾客的末席，有机会在您身边接受教诲，实在是很高兴的。怎奈我从三月以来，心神慌乱，百病缠身，这一切陈七兄知道得最清楚。所以说前次总督大人来征兆我，也是由于这个原因，拖延了好久没去。如果很随意地应承下来，恐怕会因为一些繁琐细碎的事，辜负了您对我的赏识。我虽然离您的衙门很近，但是没有办法登门拜访，只能向空表达仰慕之情了。

一八一、与陈笠山

双鲤迢迢，不通音问者数月矣。蒲节后，为上谷吴太守相邀，下车造寓，始知驾已南行，未由一陈衷曲，怅怏何知！

顷晤吴六兄，得闻近状。足下以投效之余闲，作宾僚之领袖，樊川[①]名重，定借十年；宗慤[②]风长，行看万里，此大丈夫得志于时者之所为也。远途怀望，慰藉良深！

仆自七小儿痘殇之后，大儿、八女、九女，均因出花而夭；四十日内，丧亡相继。廿四年蓬飞萍荡，向以贫也非病[3]，所自慰者，膝前一块肉[4]耳。不期疾雨倾巢，竟无完卵！欲留则门鲜五尺；欲归则田乏十双[5]。而内人则思子情殷，病从心起，更无可解之术。每于灯昏漏转时，觉人生泡幻[6]，百念俱灰，早不知披发入山，得以万缘都净也。

此来迫于诸累相缠，又重以大府谆命，强病治牍，忍泪看人，大非本怀所愿。幸居停推诚相与，姑为片席之安。惟是两鬓添丝，一身如叶，风尘牛马，究竟何为？若金阊有砚可耕，誓不作燕市飘零之客。此非徒以杏花春雨[7]，风物堪怀；实图地近乡园，俾老病荆妻，得与爱女往还欢聚，或可解其隐痛耳。推之挽之，是所赖于知己！

福言潘君，在仆处勷理匝月，是亦铁中铮铮[8]者，足下罗而致之，益足增其声价。挑灯共话时，细询鄙状，其谓我尚有生人趣耶？

【注释】①樊川：唐诗人杜牧的别称。杜牧别业樊川，有《樊川集》，故称。其《遣怀》诗："十年一觉扬州梦，赢得青楼薄幸名。"杜牧随牛僧孺出镇扬州，尝出入倡楼，后分务洛阳，追思感旧，谓繁华如梦，故云。后用为感怀之典实。②宗慤：字元干，南阳涅阳人，东晋书画家宗炳之侄，南朝宋名将。宗慤年少时，有一次，叔父宗柄问他的志向如何？宗悫回答说："愿乘长风破万里浪。"见《宋书·卷七六·宗悫传》。后以喻志向远大，不畏艰难，奋勇前进。③贫也非病：孔子弟子原宪居鲁而贫，子贡轩车大马而见之。"原宪华冠縰履，杖藜而应门。子贡曰：'嘻！

先生何病？'原宪应之曰：'宪闻之：无财谓之贫，学而不能行谓之病。今宪贫也，非病也。'子贡逡巡而有愧色。"见《庄子·让王》。后因以"贫非病"作安贫乐道之典。④一块肉：语出《宋史·卷四七·瀛国公本纪》："杨太后闻昺死，抚膺大恸曰：'我忍死艰关至此者，正为赵氏一块肉尔，今无望矣！'遂赴海死。"后遂以一块肉指遗孤或仅存的子孙。⑤双：计算田亩的单位。田广二亩、四亩、五亩都可称双，各从方俗；无定制。《唐书》："官为田，四十双为二百亩。"⑥泡幻：空幻虚无，如泡泡一般，风吹就散灭得无影无踪。⑦杏花春雨：初春杏花遍地、细雨润泽的景象。⑧铁中铮铮：铮铮，金属撞击声。铁中铮铮指敲起声音较为响亮的铁块。比喻才能出众的人物。

【译文】我们相距很远，不通音信已经好几个月了。端午节后，我被保定府吴太守邀请，途中曾下车到您府上拜访，才发现您已经到南方去了，没能够见面一诉衷肠，怎不令人感到遗憾和失落！

前不久和吴六兄见过面，得以听说了您最近的状况。足下您在候补的空余时间，担任幕宾们的领袖，一定会有像杜牧那样的大名声，一干就是十年；像宗悫一样乘风破浪，前程万里，这便是大丈夫得志的时候所做的事情啊。在远方的我想望着您，也觉得非常欣慰！

我自从七儿子出痘夭折了以后，大儿子、八女儿、九女儿，都因为出天花而夭折；都是在四十天之内，先后丧亡。二十四年来，像蓬草和浮萍一样在外漂泊，一向认为贫穷不是病，能够使我感到安慰的，不过是膝下的孩子们。没想到大雨摧毁了鸟巢，没有一个完好的卵了。如果想要留下来，则家中没有一个孩子；如果要回去，又穷得连十双地都没有。而妻子因思念孩子心切，都成了心病，也没有什么解决的办法。每每在深更半夜的时候，觉得人生虚幻，如同梦幻泡影，所有的事情都心灰意冷了，还不如当初早早地出家到山中修行，可以什么事都清净了。

这一次来是迫于被各种事情纠缠，又受了大府的嘱托，勉强带病办理公务，忍着泪水看人脸色，实在不是我内心所情愿的。所幸主人以真心待我，姑且暂时在这里住一段时间。只是双鬓已添白发，只身一人，像树叶一样飘零，像牛马一样，在风尘中劳碌，究竟为的是什么呢？如果苏州有馆地的话，我发誓一定不会飘零在河北了。这并不只是为了欣赏杏花春雨的风景，而实在为的是离家比较近，能够让我那又老又病的妻子，可以和女儿常常往来欢聚，或许可以缓解一下她心中的痛苦。提拔举荐我，还要仰仗着您呢！

潘福言君，在我这里帮助料理公务一个月了，他也是才能出众的人，足下您如果能够把他招请过来，更加可以抬高他的名誉和身价。在灯下促膝谈心的时候，详细询问我这种窘迫的状况，你说我还有什么人生的乐趣吗？

一八二、辞保定吴太守聘

湄浅才薄质，碌碌无所短长，蒙大府盼睐[①]有加，招致油幄[②]，授餐适馆，未始无文；椽竹爨桐[③]，安敢自外？顾湄依人压线[④]，垂廿五年矣。父母异穴，窀穸[⑤]未营；儿女去怀，笑啼顿隔；加以中馈属多病之体，鲰生[6]当重累之余，避债无台，煮字[7]为药。此而不图归计，夫复何为！且心灰气沮之人，即使勉力从公，亦恐有滋丛脞；退而蠖伏[8]，正期不负所知。若以馆谷为去留，湄虽寒索，何至等锱铢于性命，与公卿为抗衡耶？要知《缁衣》之好[9]，自古为难；《黄鸟》之歌[10]，于今滋戚。公言朝以入，则湄夕以出矣。区区之心，伏冀鉴察。

【注释】①盼睐：眷顾；垂青。②油幄：涂油的帐幕。借指幕府。③椽竹爨桐：参见第九十九篇。④压线：谓刺绣缝纫时按压针线。唐秦韬玉《贫女》诗："苦恨年年压金线，为他人作嫁衣裳。"后以"压线"比喻徒为别人辛苦忙碌。⑤窀穸（zhūn xì）：墓穴。⑥鲰生：浅薄愚陋的人；小人。古代骂人之词。多作自称的谦词。⑦煮字：卖文维生。⑧蠖伏：如尺蠖之屈伏。比喻人不得志。⑨《缁衣》之好：《缁衣》为《诗·郑风》篇名。《诗序》谓系赞美郑武公父子之诗；一说为赞美武公好贤之诗。此处指遇到礼贤下士的幕主。⑩《黄鸟》之歌：《黄鸟》为《诗·小雅》篇名。篇中有"言旋言归"之句。此处借以表达回到故乡的愿望。

【译文】我才疏学浅，资质平平，碌碌无为，没有什么突出的地方，承蒙大府对我赏识有加，招聘到幕府中来，供我吃住，并不是没有礼节；本来应该努力让自己更加优秀，成为有用之才，怎敢自存外心？只是我靠着人家做事，已经将近二十五年了。父母亲的棺椁还未能合葬，墓穴还未营造；儿女们离开怀抱，往日啼哭和欢笑之声已然远去；再加上妻子身体多病，我这个家伙拖欠了很多债务，没有地方躲债，以笔墨换取报酬买药。到了这个地步，还不打算回去，还想再做什么呢？而且我已经是一个心灰意冷的人，即使勉强处理公务，恐怕难免犯很多错误；倒不如回去让自己蛰伏起来，倒是不会辜负您的赏识。如果只是为了一些薪水而决定去留，还不至于把分文的钱财看得比生命还重要，和您争论短长。要知道您的礼贤下士，自古以来也是难得的；而我回家乡的愿望，也是与日俱增。早上得到您同意的消息，晚上我就离开了。我的这些想法，希望您明察。

一八三、谢友惠火盆

承惠火盆，是念范叔之寒①，而煦以伯鸾之热②，觉几案间拂拂皆春气也。饮和食德③，令人每饭不忘矣！谢，谢！

【注释】①范叔之寒：战国魏人范雎，字叔。尝从魏中大夫须贾使齐。被怀疑通齐卖魏，差点被魏国相国魏齐鞭笞致死，后在郑安平的帮助下，易名张禄，潜随秦国使者王稽入秦。魏闻秦将伐韩魏，使须贾赴秦。范雎布衣微行，至客馆见须贾。须贾大惊，曰："范叔固无恙乎？"又曰："范叔一寒如此哉！"乃取一绨袍赐之。见《史记·范雎蔡泽列传》。②伯鸾之热：东汉梁鸿，字伯鸾。《东观汉记·梁鸿传》："比舍先炊已，呼鸿及热釜炊。鸿曰：'童子鸿不因人热者也。'灭灶更燃火。"梁鸿不趁他人热灶烧火煮饭。后以“不因人热”比喻为人孤僻高傲，不依赖别人。③饮和：谓使人感觉到自在，享受和乐。语本《庄子·则阳》：“故或不言而饮人以和。”郭象注：“人各自得，斯饮和矣，岂待言哉？”食德：谓享受先人的德泽。语本《易·讼》：“六三，食旧德。”

【译文】承蒙您赠送火盆给我，是您想到我像范叔那样寒冷，而赐给我像梁鸿那样的温暖，觉得几案之间都是一阵阵的春意了。让我享受自在和乐，您的恩德，让我每一餐饭都不会忘记。感谢，感谢！

一八四、复宋柱川纳妾

津瀛一衣带水[①]耳，坐令三秋风月，半入孤衾；桃叶[②]迎来，抑何濡滞[③]？弟勉置一姬[④]，绝不当意。以故宵衾虽抱，尚为太璞[⑤]之完；晚稼有收，还拟别寻嘉种也。

【注释】①津瀛：津，天津；瀛，瀛州，今河北省河间市古时曾用名称。一衣带水：原指像衣带那样窄的河流，后用以形容虽有江河湖海相隔，但仍像隔一衣带，极其相近。②桃叶：晋王献之爱妾名。借指爱妾或所爱恋的女子。③濡滞：迟延；犹豫不决。④姬：旧时称妾。⑤太璞：未经雕琢的玉。

【译文】天津和河间距离很近，却让金秋时节的风景，大半在孤枕独眠中度过；既然打算娶妾，为何这般迟缓呢？我虽勉强娶了一个妾，但是很不合意。所以虽然已经娶来，但是还是完璧一块；要想晚年还能有子嗣，还是打算另外再找一个好的种子。

一八五、复任问松

缘缔三生，会疏一面，忽朵云之飞彩，惊霁月[①]之流辉。几幅乌丝，撷宋艳班香而舒藻；数行淡墨，萃古肥今瘦以同工。才媲龙门，策投燕市。曾忆团焦亭畔，依红留庾榻之香；早期横翠楼前，结绿[②]长下门之价。乃承过爱，谬以贱子[③]为知音；更荷先施，喜得孟公之尺牍。同为弹铗歌鱼之客，鸿爪勾留；幸此稽山镜水面来，萍踪邻比。青云[④]在望，谨志雅于盍簪[⑤]；白雪当场，敢忘情于顾曲？

【注释】①霁月：比喻开阔的胸襟和心地。②结绿：出自战国策，是一种美玉。③贱子：对自己的谦称。④青云：比喻道德高尚有威望。⑤盍簪：指交友聚会。

【译文】我们真的是前生有缘，还没能会过一次面，忽然您的书信就寄来了，就如同得见您的荣光一样。写在书信中的文词，取自宋艳班香的华藻；信中的字体，萃取古肥今瘦的体格。您身怀渊博的才学，您的文章可以上呈到天子脚下。还记得先前做幕宾时，得以沾染庾公榻上的香气。盼望您到保定来，愈发增加您的声名。承蒙您的厚爱，将我作为知音，还首先给我寄来了书信，很幸运能够得到您的手书。我们同是在外做事的人，又同为浙江绍兴人。我热切的盼望着您，牢记您的诚挚情意，您的词句如同“阳春白雪”一般高雅，我怎么能忘记听您的曲子呢！

一八六、附任问松原札

夙钦绣虎①，雅慕登龙；分隔云泥②，音疏鶬鲤。昨劳轩驾，未能拥彗以迎；再谒门墙，不克抠衣③而见。虽阻瞻韩④之愿，弥殷慕蔺之诚。欣惟先生德望日隆，谦怀倍抑；爱才若命，举善从长。自昔汝南擅品题于月旦；即今冀北重声价于骊黄。故皆引领高山，而欲见知流水也。

弟自惟陋质，久弃荒陬⑤，素无王吉之交，弹冠罔庆；终鲜孔融之荐，怀刺靡投。倘九万青云⑥，许层梯而可附，则三千东海，登彼岸以匪遥矣。

【注释】①绣虎：比喻文采优美，才气横溢的人，一般指曹植。②分隔云泥：比喻地位高下悬殊，或双方相隔甚远，不能相见。③抠衣：提起衣服前襟。古人迎趋时的动作，表示恭敬。④瞻韩：意谓久欲相识。⑤荒陬（zōu）：荒远的角落。⑥九万青云：在上位的人。

【译文】一直都对您的才华很是佩服，才学如同绣虎一样，很想登门拜访您，只因为和您的差距实在太大了，所以一直很少互通书信。昨天烦劳您到我这里来，没能够恭敬地迎接您。后来到您住处拜访，又不得与您相见。虽然没有达成瞻仰您的心愿，却让我瞻仰您风采的意愿更加深刻了。想到您的名望与日俱增，谦虚的心态却加倍的增长。您爱才如同珍爱生命，喜欢讲他人的优点。从前您对人才的评论如同汝南的“月旦评”，您的声价重于现在冀北的名马。所以很多人都将您看作高山一般，愿意和您成为知己。

我自知才智卑陋，长久以来被弃于荒辟的地方，向来没能结交王吉这样的朋友，哪里会有做官一说。更没有孔融的荐举，怀着名刺也没有地方可以投送。倘若像您这样在九万青云高处的人，愿意提拔我，那么即便是远隔三千若水，我也可以登上那遥远的彼岸。

一八七、复冯璞山谋事

问松品格之雅，笔墨之超，诚如来缄所云；承嘱自当在念。惟会城[①]人满，片席之谋，不啻十八滩[②]前逆流而上，篙师[③]无力，空自徬徨。顷为家兄位置隆平[④]，不知乱流急湍中，得以安稳一叶否？倘能衔尾[⑤]而进，断不能作壁上观也。

【注释】①会城：省城。②十八滩：指赣江十八处险滩，位于今江西省赣县和万安县境内。亦指第十八滩，即惶恐滩。③篙师：熟悉操舟技巧的船夫。④隆平：古县名，清代属于直隶赵州。今河北省唐山市隆尧县。⑤衔尾：前后相接；紧跟。

【译文】问松品格的高雅、文采的超卓，确实就如同您来信中所说的；承您嘱托的事情，自当放在心上。只是省城人满为患，即便是谋求一个馆职，也不亚于在十八滩前逆流而上，即便是熟练的船夫，也是无能为力，只能徒然徘徊不前。不久前将我哥哥安置在隆平县，不知道在复杂艰难的环境中，是否已经安稳下来？如果能够紧接着进去，我断然不会袖手旁观的。

一八八、向内翰祝索字

景侨制府[①]雅慕法书[②]，欲窥全豹；阁下因先有缔姻之议，误认为红叶之媒[③]，遂以赤绳[④]别挽，不复相尔，何其左也。得信后，彼又谆问。刻即书寄一册，不然，转似良贾深藏[⑤]矣。

【注释】①制府：总督的别称。宋代的安抚使、制置使，明清两代的总督，均尊称为“制府”。②法书：敬称他人所写的字，言其可为法则。③红叶之媒：据《全唐诗话》：唐僖宗时，宫女韩氏以红叶题诗自御沟流出，为于祐所得，祐再题一诗，投放御沟上流，韩氏得之亦收藏著。后来帝放宫女三千人，于祐娶得韩氏，成亲后，各取红叶相示。乃曰：“事岂偶然？莫非前定也。”韩氏笑曰：“一联佳句随流水，十载幽思萦素怀。今日却成鸾凤友，方知红叶是良媒。”另见宋·刘斧《青琐高议·流红记》。唐代红叶题诗、结成良缘的故事较多，情节略同而人事各异。后比喻姻缘巧合。④赤绳：赤色绳子。传说月下老人以此系男女之足，使成夫妇。事见唐李复言《续玄怪录·定婚店》。⑤良贾深藏：会做买卖的人把贵重的东西深深收藏起来，不让人摸清底细。

【译文】景侨总督大人很喜欢你写的字，希望能够看到完整的作品。阁下您因为先前已经答应写给他，误认为是别人介绍的，于是将作品给了别人，就没再给我，怎么会弄错的呢？收到来信后，他又再三询问我。希望即刻写一幅寄来，不然的话，到好像是商人将货物囤积居奇了。

一八九、复杨研斋劝纳妾

仆少年得子，九岁而殇；中年所育，复连遭摧折。来书谓南蔗宜于倒啖[①]，谏果可以回甘[②]，谆谆以置妾为劝，此意良厚。念仆早衰多病，及今而图，犹虞其晚，况迟之又久乎！其所以悠悠至此者，始则津门访丽，人或从而尼之[3]；既而选美金台，又以失之冬烘[4]，买来凡骨。自此所闻所见，大都北地胭脂，终异南朝金粉，恐未必能逢如意之珠。而东隅已失，桑榆难收[5]，此念亦复灰冷耳。

【注释】①南蔗宜于倒啖：参见第八十二篇“蔗境弥甘”条。②谏果回甘：谏果，橄榄的别称。元代王祯《农书》：“橄榄生岭南及闽广州郡。其味苦酸而涩，食久味方回甘，故昔人名为谏果。”③尼之：语出《孟子》：“行或使之，止或尼之。行止非人所能也。”尼，阻止、阻拦。④糊涂、迂腐。唐郑薰主持考试，误以为颜标是鲁公（颜真卿）的后代，把他取为状元。当时有人作诗嘲笑：“主司头脑太冬烘，错认颜标作鲁公。”见五代·汉·王定保《唐摭言·卷八·误放》。后多用来嘲笑古代私塾老师，或不明事理、不识世务的书呆子。⑤东隅已失，桑榆难收：化用“失之东隅，收之桑榆”之典。东隅，日出处，指早晨；桑榆，日落所照处，指晚上。原意为在这个时候丧失机会或失败了，在另一个时候得到了补偿。此处反用其意。

【译文】我少年时就生了儿子，九岁就夭折了；中年生育的子女，也先后夭折了。您来信说甘蔗越到根上越甜，适合倒过来吃，橄榄越回味越甜，我越到老年越好，不厌其烦地劝我纳妾，这种美意是很深厚的。想我早年就体衰多病，到现在再考虑这件事，已经觉得很晚了，更何况是再拖延下去呢？之所以一直耽搁到现在，起初在天津访求女子，有人从中阻止我；后来到北平选取美人，又因为自己糊涂，选娶了一个普通女子。从此以后所见到、听到的，大多都是北方女子，终究和南方女子不同，恐怕未必能够遇到满意的。而起初把事情弄错了，后面也很难弥补，我也就心灰意冷，不抱什么希望了。

一九〇、与原任清河道吴

去夏趋送行麾，弹指流光，倏逾一载。曾与小同先生公函布候；而相暌既远，相念益深。幸于二世兄[①]处，时悉起居安泰，下怀藉以少慰。

阁下才猷干济，超轶[②]一时，自车骑东行，大府[③]殷情念旧，无时不深眷注[④]。盖入而油幄襄勤，出而绣衣佐治，如阁下之练达有为，足以倚任者，实难其选，安得不念兹在兹耶？

镬赎[⑤]一事，闻由原藉楚省[⑥]办理，宅报自详颠末。燕中僚友，无不翘首拭目，盼切元旋[⑦]；若湄受知独深，更不啻望云霓于大旱矣！要知丰城宝剑，晦无不彰；合浦明珠，去犹得返，其理有断断不爽者。客邸秋风，眠食诸祈自爱。

湄两载铃辕[⑧]，勉操不律[⑨]，而迂拘心性，尤在大府垂鉴之中，少得安其佣鬻。陈百泉先生时通音问，安适如常。秋兰机有可乘，拟即为其陈请。此如常山之蛇，击首则尾应，意盖为阁下开其先路也。

【注释】①世兄：指对世交晚辈的称呼。②超轶（yì）：超越；胜过。③大府：上级官府。④眷注：关怀；关注。⑤锾（huán）赎：用银钱来赎罪。⑥楚省：湖南省。⑦元旋：回转。⑧铃辕：长官的公署或临时驻地。⑨不律：笔。

【译文】去年夏天送您离开，顷刻之间，已经过去了一年。曾经和小同先生一起写信问候。然而相去太过于遥远，思念更加的深切。庆幸在您二儿子那里，经常听闻您的衣食起居都很好，心里才感到安慰一些。

您的才学，远超现在的众人，自从您东去之后，上司十分的挂念，无时无刻不在思念旧交。大概是因为您在幕下，能够不知疲倦的帮他办事，出门在外又能够帮着办事，像您这样有能力并且可靠的人实在是不多，怎么能不念念不忘呢？

至于用钱赎罪这一件事，听说是由原藉湖南省来办理，在您的家书中从头至尾说得非常详细。京城中的同僚，没有一个不盼望着您归来。像我这般受到过厚爱的人，更是如同在旱季盼望雨水到来一般！要知到丰城的宝剑，绝不会晦隐好久而不彰显；合浦的明珠，离去之后仍然可以返原，这其中的道理断然是不会错的。您在外旅居，（现在已经）到了秋季了，饮食起居一定要自加爱惜。

我在衙门中两年，勉强的执笔办公（维持生计），但是迂腐的性格，还能被东家所接纳，能够稍安我这慵工的身躯。陈百泉先生那里经常互通书信问候，他近来和往常一样的安然无事。秋兰有机会可乘，想要为他陈请。这就如同孙子所讲的“常山之蛇，击首则尾应”，还我认为是为您开了一条先路呢！

一九一、与李月潭

陇梅两至，以腕病慵[①]书，稽[②]答为歉！足下富于才而谨于行，吾党宜推为白眉。此行小试，仍足以展夙抱？弟尝谓处馆如啖蔗，久乃其旨[③]弥甘；况伯乐遇纤离，未有不顾而相赏者。一榻春风，朋簪[④]庆洽，当不效王仲宣登楼作赋矣。弟眠食无恙，惟膝前寂寞，顾影自伤！刻虽遍处寻春[⑤]，正恐万紫千红[⑥]，无缘攀折耳。

【注释】①慵：慵懒。②稽：迟延。③旨：味道。④朋簪：朋辈。⑤寻春：寻欢。⑥万紫千红：指妓女。

【译文】您寄来了两封书信，我因为手腕生病而不能提笔写字，这么晚才答复您深感抱歉！您才学出众行事谨慎，我们这些人之中您是最棒的。这次出去做事也只不过是小试身手，怎么可能展现您的雄心壮志呢？我曾经说，处馆如同是吃甘蔗一样，时间久了才知道它的味道甜美。况且伯乐遇到了良马，不可能不仔细观赏。您和馆中的朋友相处融洽，应该是很欢乐的，应该不会像王仲宣登楼做赋想念家乡了。我的饮食起居没有什么问题，只不过膝前无子，只能对着影子暗自神伤了！现在虽然到处的寻找快乐，恐怕就连万紫千红，也没有缘分得到啊！

一九二、贺狄小同六十寿

梅雨黄时，一函邮复，度已久邀青览。荷月[①]杪，为足下六旬大庆，回忆莲池雅集，木公与金母同来，雪藕与冰桃竞献。同人觥筹交错，预祝长春。今以稍隔封圻[②]，未获躬与其盛。“遥知莲幕开筵日，遍晋霞觞少一人”，翘祝之馀，且欣且妒！

重九前，吴渭涯先生抵保，欣知道履冲和，阖眷安适；兼闻章奏度支而外，复掌爰书[③]。足下才比枚生，正足资其游刃；且砚租笔税，藉获加丰，亦计之得也。延陵寄语，深惬鄙衷；而于三年奉教之馀，犹寻千里结言之约，此谊益堪纫佩！

弟重游铃阁[④]，原非本怀，弹之不调，久作改弦之想，其如花落无情，丝牵有意，行云一片，复被勾留。兹虽订于来春，恐彼时仍难摆脱，则燕地之缘未了也。自惟碌碌，蒙中丞[⑤]知遇之隆，足下挽推[⑥]之雅，来克仰副厚愿；即便登龙，雪苑吹台，徒劳梦毂，殊自恨天缘之不假耳。

百泉先生定于月杪归里，岁内仍拟北上。渭涯先生以下石[⑦]者多，未能托足。湘蕖亦以人满出署。笠山既未奏留，又难投笔，劳甚累甚。当时旧侣，恨文君再适长卿，老兴正复不浅也。闻衣云笛楼，各有就绪，出偏师以制胜，益足张吾军矣。启堂得侍蓉幄，日坐春风，自有“吾与点也”之契。子正前为二竖[8]所困，时在念中，统希一一道候。

【注释】①荷月：阴历六月。②封圻（qí）：指封畿、疆土或封疆大吏。③爰书：古代记录囚犯供辞的文书。④铃阁：指翰林院以及将帅或州郡长官办事的地方。⑤中丞：即清朝时的巡抚。⑥挽推：引荐。⑦下石：比喻乘人之危加以陷害。⑧二竖：指病魔。

【译文】梅雨落黄的时节，给您寄送了一封回信，您是否已经看过？六月底，是您的六十寿庆，回想前年在莲花池聚会，您和夫人一同前来，雪藕与冰桃竞相献上。大家一起饮酒（非常得热闹）。提前为您贺寿。现在因为路途隔得太遥远，不能亲自前往（祝寿）。“遥知莲幕开筵日，遍晋霞觞少一人”，我除了在此昂首预祝之外，内心又是羡慕又是嫉妒啊！

重阳节前，吴渭涯先生到了保定，欣慰地获知您的身体康健，一家人都很好。并且听说您在原有的职责之外，还掌管着法律文书。您的学识渊博，干起这些事来得心应手。况且借此也可以增加一些，也是很不错的。延陵托您转达的话，与我的心意很相符。我在奉教三年之后，依然远隔千里相约，这种情谊更加令我难忘了！

我重新到帅府中（做事），这并非是我的本意，事情干得不好，早就想着有所改变，无奈我要离去，这里偏偏又不答应，如同一片行云，又被主人挽留了下来。现在虽然决定在明年春天离去，恐怕到那时仍然是难以脱身，大概是与燕地的缘分还没有完吧！自己觉得很无能，承蒙巡抚隆厚的待遇，和您的引荐，不能达到你们的期望。即便能够升官，雪苑吹台，也是徒劳，不会成功的，也痛恨得不到机缘呀！

百泉先生决定在月底回故乡，年内还要到北边来。渭涯先生因被人诬陷，没能留下来。湘蕖也因为衙门中人满为患，就外出了。笠山既没有奏请挽留，又难以丢弃不做，非常的劳累。从前的老友们，只有我像文君再嫁长卿一般，还在这里做事，老兴致还不浅啊！听到衣云和笛楼，都已取得不小的成功了，好比是出奇制胜，更加能够伸张我们的声威了。启堂跟着您学幕，师生之间的感情当然会很好。子正之前被病魔困扰，我心中时常的挂念，通通请您（帮忙）问候。

一九三、谢衡水县张惠物

久不晤公瑾[①]，时深采葛采萧[②]之咏。顷奉手翰[③]，蒙以衡酒白菜相贻。红甲[④]清腴，分雪圃霜畦[⑤]之美；金波潋滟[⑥]，胜梨花竹叶[⑦]之香。既醉德[⑧]于饮醇[⑨]；更铭情于每饭矣。

【注释】①公瑾：三国吴将周瑜的字。参见第六十七篇注释②。②采葛采萧：《诗·王风·采葛》："彼采葛兮，一日不见，如三月兮！彼采萧兮，一日不见，如三秋兮！彼采艾兮，一日不见，如三岁兮！"谓思念殷切。

③手翰：亲手写的书信。④红甲：菜的代称。甲，菜初生的叶芽。唐代韦庄《立春》诗："雪圃乍开红菜甲，彩幡新翦绿杨丝。"⑤雪圃霜畦：均代指菜地。雪圃，见前注。霜畦，霜天的圃畦。唐·岑参《宿东溪王屋李隐者》诗："霜畦吐寒菜，沙雁噪河曲。"⑥金波：酒的别称。形容其色如金，在杯中浮动如波，故称为"金波"。元·张养浩《普天乐·画船开套》："影摇动城郭楼台，杯斟的金波滟滟。"潋滟：波光荡漾闪烁的样子。⑦梨花竹叶：均是酒名。梨花，即梨花春，因以梨花开时酿成，故名。唐白居易《杭州春望》诗："红袖织绫夸柿蒂，青旗沽酒趁梨花。"竹叶，即竹叶青，一种以高粱、小麦、糖、竹叶萃取物为原料所酿制成的淡黄色酒。⑧醉德：《诗经·大雅·既醉》："既醉以酒，既饱以德。君子万年，介尔景福。"意指既喝足了酒，又饱受恩德。后以"醉酒饱德"作为酬谢主人宴饮之辞。⑨饮醇：《三国志·吴志·周瑜传》"惟与程普不睦"裴松之注引晋虞溥《江表传》："普颇以年长，数陵侮瑜。瑜折节容下，终不与校。普后自敬服而亲重之，乃告人曰：'与周公瑾交，若饮醇醪，不觉自醉。'"后遂以"饮醇"指受到宽厚对待而心悦诚服。

【译文】很久没有和你相聚一起饮酒了，时刻思念着你。刚刚接到你的来信，承蒙你赠送给我衡酒和白菜。蔬菜新鲜肥美，得以分享你田园中的美味；美酒泛着金光，比梨花春、竹叶青还要醇香。让我喝足了酒，饱受您的恩德；又每餐饭都有新鲜蔬菜吃，更让我感激不尽。

一九四、托原任清河道谋事

客秋捧襼[1]，正幸旧雨重逢，追陪有自；不意旌麾[2]南指，倏尔睽离。湄又坐昧先知，有失趋送，金台柳色，犹黯然在念也。嗣闻阁下以绣衣[3]之余绪，佐盐筴[4]之鸿图。固知盛府元僚[5]，非公莫属；而经纶巨手，要非一榻蓉池，即为鸾凤长栖之地。素心契好，盖无日不以光复前阶，望天南而企视也。

湄游历燕赵，几及卅年，先人未奠松楸[6]，后嗣尚虚襁褓[7]，久离乡井，计实非宜；且上谷人情，近尤恶薄，来春若能摆脱，准拟弹铗[8]而归，不复作浪花风絮矣。惟是家无绿壤，囊乏黄金，则返岫[9]闲云，终当复出。所冀红依绿泛，得与西子湖光，左右映带，庶免远道依人之虑。而浙中僚幕，素乏声援，汲引之阶，尚有藉于援手耳。

【注释】①捧襼（yì）：襼，衣袖。古人见面时捧起衣袖作揖。此处指见面。②旌麾：帅旗。③绣衣：汉代有官名绣衣直指。汉武帝天汉年间，民间起事者众，地方官员督捕不力，因派直指使者衣绣衣，持斧仗节，兴兵镇压，刺史郡守以下督捕不力者亦皆伏诛。后因称此等特派官员为“绣衣直指”。绣衣直指本由侍御史充任，故亦称“绣衣御史”。绣衣，表示地位尊贵。此处指御史。④盐筴：征收盐税的政策法令；盐务。筴，同“策”。⑤盛府：对地方军政长官衙署的尊称。元僚：贤佐；重臣。⑥松楸：松树与楸树。墓地多植，因以代称坟墓。特指父母坟茔。⑦襁褓：背负婴儿用的宽带和包裹婴儿的被子。借指未满周岁的婴儿。⑧弹铗：铗，剑把。战国时代齐国人冯谖，因家贫而要求在孟尝君门下当食客，起先不受孟尝君重视，而以粗食待之，冯谖乃倚柱弹剑，高歌：“长铗归来乎！食无鱼。”孟尝君乃依其要求而给予较好的待遇。事见《战国策·齐策四》。后因用以比喻因处境困苦而有求于人。此处指回乡。⑨返岫：返回山洞，此处指辞官回乡。岫，山洞、岩洞。《文选·陶渊明·归去来辞》：“云无心以出岫，鸟倦飞而知还。”

【译文】去年秋天和您见面捧袖，正因旧友重逢而感到高兴，可以从此追随陪伴左右了；没想到您要去南方，转眼之间就分别了。我又因为愚昧，没有预先知道，没能前来送行，燕都的柳色，依然历历在目，想起来不免让人失落。后来，听说阁下您以御史的身份，帮办盐务。本来就知道，衙门中的重臣，非您莫属；而且像您这样治国的良才，绝不是一个馆职，便可作为长期安身的地方。作为好友的心愿，没有一天不盼望着您官复原职，望着南方不断祈祷呢。

我游历于河北一带，将近三十年了，先人的坟墓尚未修造，怀抱中尚未有子嗣，长期背井离乡，实在不是妥善的做法。而且保定的风俗人情，近来更加凉薄恶劣，明年春天如果能辞职脱身，就准备回家乡，不再做漂泊的游子了。只是家中没有田地，口袋里没有钱，那么即便暂时闲居在家，也终究会出来做事。所希望的是能够在杭州附近找到一处馆地，可以常常欣赏西湖的风光，可以避免远游在外去依靠别人了。而在浙江的幕友，我很少有认识的，所以提拔举荐的路径，还要仰仗您多帮帮忙。

一九五、复冯璞山纳妾

选姬[①]如选将，娘子一军，实难其任。年来简拔[②]多疏，已如曹大夫将兵，三战三北；今为背城之借[③]，若作壁上观，再一蹉跌，馀烬不复燃矣！拟亲执鞭弭以从事，君其迟[④]诸三日之后。

【注释】①姬：妾。②简拔：选拔。③背城之借：比喻做最后的决战。④迟：待。

【译文】选择妻妾如选择将官一样，好的女子实在是非常难得。近几年来，很久没有选择了，已经如同曹沫率兵作战一般，多次的失败了。如今要做最终的决战，倘若再一次失败，那么就不会再有希望了！想要亲自去办理这件事，您再等我三天看看吧。

一九六、再答冯璞山无钱纳妾

相马者必于冀北，满拟执策而来，与伯乐为空群之顾；其如市骏[①]有心，而台上黄金，猝[②]难应手。且值败兴事，以故中止。往者不可追，来者不可续，殆天之不欲有后于予也。临池作答，不禁歔欷[③]！

【注释】①市骏：购买骏马，喻指纳妾。②猝：急。③歔欷（xū xī）：哽咽；抽噎。

【译文】相马的人一定要去到冀北出产马匹的地方，很想要拿着鞭子前来，如同伯乐一般在一群马中收获一批好马。怎奈虽然有购买骏马的心愿，但却为钱财所困扰，而且也正好遇到扫兴的事情，所以就中止了。过去的不可以再追回，来的也不能够再接续，可能是上天不想让我有后呀！题写这封信的时候，忍不住地叹息！

一九七、贺祝廉访升广西按察使

日前专力[①]奉布一函，度邀青盼。顷阅邸抄[②]，欣知阁下恭膺简命，秉臬[③]粤西。溯自五马宣猷，甫十五年，而赤幢绣盖，峻陟外台，应知桂阳荔浦之间，庇棠荫者，犹思旧德；歌黍雨者，竚沐新膏矣。入觐后，星旆即当南指，值此长途溽暑，计惟一琴一鹤，尚易相随，想不以桃叶[④]牵情，拥香车而并迈[⑤]也。弟夙叨知遇，倍切欢腾！固期岁报三迁，曳履自辰星而上；还念光依十稔，同岑[⑥]惜形影之分。盖欣贺之私，与睽离之绪，有不禁交萦而并集者，一阕骊歌[⑦]，期相送于鸣驺[⑧]过省时耳。

【注释】①专力：专差送信。②邸抄：政府公报。③臬（niè）：按察使。④桃叶：妾。⑤迈：远行。⑥同岑：同在一山。⑦骊歌：送别的歌。⑧鸣驺（zōu）：古代随从显贵出行并传呼喝道的骑卒。

【译文】前几天派专人给您送了一封书信，想您应该已经看过了。刚刚看到政府的公文，欣喜地获知您收到政府的分派，到广西做按察使。回想之前您做知府的时候，才十五年的时间，也曾经赤幢绣盖，也做过一任道台，应该知晓桂阳荔浦一带的百姓，得到过您庇护的还在思念着您施行的旧政。而新到任的地方，早就在盼望着您的新恩泽了。进京朝见之后，您就去往南边了，正赶上酷暑天，料想您的行李应该是很简单，应该不会因妻妾牵情，也带着一同上路了吧？我们俩向来是感情要好，当然会因为您升官而感到欣喜。本来盼望您一年能够高升三次，扶摇直上。还想起依您做事已经十年了，同在一处的好友就要分别了，非常的舍不得。因此，一边欣喜道贺，一边忍不住的伤感。我要唱着骊歌，等到您路过这儿的时候，再来相送吧！

一九八、谢任问松惠帖

潭城与上谷，犹邾鲁[①]也。两奉书而未一答，虽冗病使然，实无解于疏节[②]矣！屈计中秋合并，而子不果来。遂使广寒深琐，彻夜风凄雨冷；元亮怀人[③]，益无聊赖。即辰稻香菰熟，紫蟹初肥，拈残金线[④]之余，计惟酒赋琴歌，方足消此佳日也。前书云云，不无感慨！然缁衣风邈，黄鸟歌兴[⑤]，举世茫茫，大率类此。吾侪生逢其会，以行云流水[⑥]处之，为第一应世法耳。

弟笔耕依旧，夏间非暑即寒，竟无三日之健，入秋渐就痊可；而两鬓丝添，亦复人随秋老，如何！如何！承示《祭先儒王阳明[⑦]公文》，极豪迈跌宕之致；当道以体裁未合，故易之，附录呈览。《秋

碧堂帖》[8]，惠赐良厚，谢谢！

【注释】①邾鲁：邾，国名，春秋时邾国，故城在今山东省邹城市，至战国改称为“邹”，后灭于楚。鲁，周代诸侯国名，在今山东省西南部。邾国为鲁国的附庸。此处指两地距离很近。②疏节：简略的礼节；孤高的节操。③元亮怀人：晋陶渊明，字元亮。怀人，思念远行的人。参见第八十八篇“白衣送酒”条。④拈残金线：指为别人做事。唐秦韬玉《贫女》诗：“苦恨年年压金线，为他人作嫁衣裳。”⑤缁衣、黄鸟：分别参见第一八二篇注释⑨和注释⑩。⑥行云流水：动的浮云，流动的水。形容飘洒自然，无拘无束的样子。也比喻无足轻重的事物。⑦王阳明：即王守仁（1472—1529年），本名王云，字伯安，号阳明，浙江余姚人。弘治十二年（1499年）进士，历任贵州龙场驿丞、庐陵知县、右佥都御史、南赣巡抚、两广总督、南京兵部尚书、左都御史等职，接连平定南赣、两广盗乱及朱宸濠之乱，获封新建伯；穆宗时追赠新建侯，谥“文成”。为心学之集大成者，其学以致良知为主，弟子极众，世称“姚江学派”。有《王文成公全书》传世。⑧《秋碧堂帖》：清代汇刻丛帖。又称《秋碧堂法书》。由梁清标鉴定，尤永福摹镌。凡八卷。梁氏富于收藏，故此帖全由真迹上石，镌刻亦精，不亚于《快雪堂帖》，且撰择得宜，为世所重。

【译文】潭城与上谷，离得很近。您两次来信，我都没有回复，虽说是事务繁忙、身体多病的缘故，实在还是因为我太懒惰、疏于礼节了。我私下想着中秋节可以相聚，而您没有来。于是只能独自赏月，一夜凄风冷雨；对你很是想念，使我更加无聊。眼下正是稻花飘香、茭白成熟、螃蟹初肥的时节，繁忙的公务之余，想必只有饮酒、赋诗、弹琴、唱歌，可以消遣这么好的时光了。您上次在来信中所说的事情，不免使人感慨！然而真正礼贤下士的幕主难以遇到，往往使人生起辞职归去的念头，在这茫茫世界，大多都是这样的。我们正好生在这个时候，只能顺其自然，不要把这些看得太重要，这是应对世事的最好方法。

小弟我依然是靠着笔墨谋生，这个夏季，我的身体不是发热就是发冷，竟然没有三天健康的时候，进入秋季就逐渐好转了；而两鬓之间已添白发，人也随着秋天的到来渐渐变老，怎么办呢，怎么办呢！承蒙您给我看《祭先儒王阳明公文》，这篇文章写得极为豪迈不拘、抑扬顿挫；而当局认为不符合体裁，所以换了另外一篇，附在信的后面供您阅览。您送给我的《秋碧堂帖》，实在是厚重的礼物，感谢！感谢！

一九九、问狄小同生子否

夏初尺素往返，继以公私鱼鹿，笺候多疏；翘首梁园，时深依结！前得衣云信，道自足下抵豫后，亲族望风而至，几于溢平原之座，而盈姜氏之床。固知推毂解囊，素非所靳[①]，亦未免应接不暇矣。

弟依人之况，无足告语。大抵主情似水，客兴如秋，交以淡成，各行其素而已。入冬后，贱体时复多病；而求珠有愿，种玉无田，嗣息之谋，尚在虚左[②]。念自饥驱浪走，忽忽已将卅载，比来百事乖违[3]，悉等云翻水逝，无可再挽，祗增感叹耳。

闻阃内侧席求贤，定已抱衾有美，未识梦兰[4]有兆否？念念。

【注释】①靳：吝啬。②虚左：意为留待左边的位置给对方，表示对对方的尊敬。③乖违：违背；背离。④梦兰：妇人有身孕。

【译文】初夏的时候我们互通书信，后来因为公事和私事繁多，问候就减少了，对于您的想念却依然很强烈！前天收到衣云寄来的书信，说您自从到了河南以后，亲戚朋友们都来投奔您，如同平原君的座席上坐满了宾客一般，又像是姜氏的床上睡满了人一样，非常得热闹。本来就知道您对替人推荐，帮人救急的事，从来不会吝惜（钱财）二不愿意，只是不免有些应接不暇。

我依靠别人做事的情况没什么好说的。大概和主人是以一种平淡的方式相交，各自按照平时的样子做事罢了。进入冬季以后，我的身体时常会生病，而且想要有个儿子，又不能如愿，子嗣的问题，还在搁置着。想到自己在外奔波谋生，忽然之间已经将要有三十年了，近来的很多事情都不能如意，都如同是云散水流一般，不可挽回，只能增添感慨罢了！

听闻您的夫人自动退让，允许您娶妾，向您一定是已经有了美人儿，不知道是否有养儿子的打算？甚至挂念！

二〇〇、复江西陈百泉

久不见碧梧翠竹[①]之姿，中心殷殷，思如山积。四月望后得手书，备承远注，兼悉动定。时以查办秋谳[②]，继复清理积牍，裁答迟迟，歉难名状。即辰凉风初动，遥惟八兄道履冲和，祉随秋爽，揽滕王之胜概，供杜牧之闲吟。岂惟幕府勷猷[③]，指挥如意；抑亦雅人深致，逸兴遄飞矣。

弟为方来青制府接延，仍司前席，况味亦复如初，无足告慰。而行年五十，嗣续[④]尚虚，昨春虽置一姬，无非了此人事；其或田能种玉[⑤]，或竟蚌不生珠[⑥]，一任悠悠之数而已。

直省乌纱一局，今昔殊观；入幕诸公，亦多迁变。小同此来，极旧雨重联之乐，孰意夏中猝得类中，调理百馀日，始可扶杖而行。其事以笠山别驾，李代郭将。子正则翩翩书记，同此依栖。梅溪别驾，因天津添设海防同知，裁缺候补，未免老骥伏枥之感！此外落溷飘茵，升沈不一。大抵出苦海而登彼岸者，则绝无仅有也。阁下在仕途，若行云之出岫；其伏处，如止水之无波。视此行藏，具徵识力。而烟波画舫，往来于吴楚之间，因以出其绪馀，佐中丞帷幄之谟，资哲嗣龚黄之治，于计实为两得。窃料燕中游辙，未必重临；如果揽辔而来，则烧高烛以照红妆，手谈重有日矣。以此速驾，或亦欣然。

【注释】①碧梧翠竹：人的姿态容貌清秀。②谳：审判定案。③勷（xiāng）猷：帮助谋划。④嗣续：子孙世代继承；子孙繁衍。⑤田能种玉：喻指生子。⑥蚌不生珠：不能生子。

【译文】好久没能见到您的风采了，心中殷切地想念。四月十五以后收到您寄来的书信，承蒙您在远方挂念，并且也获知了您的境况。那时因为要查办审理的案件，又要清理堆积的案牍，迟迟没能给您回信答复，十分的抱歉呀！现在凉风刚起，祝愿您事事安好，精神也如同秋风一般爽畅，游览滕王阁的优美景致，来供您写作诗文。不但是在幕府中做事，指挥起来称心如意。并且也一定是风雅非常，兴致昂扬。

我被方来青制府继续邀请来，还是做从前的事情，境况也和往日差不许多，没有什么可以告知、安慰您的。而且今年已经五十岁了，还是没有儿子，去年春天虽然纳了一位妾，无非是为了了却这桩人事罢了。她或许能够生出一子，或许不能生出一子，这就完全听由上天来安排了。

直隶省做官的局势，现在和往日不同，那些做幕宾的人，也有了不小的变化。小同这次前来，大家聊得很愉快，哪里想到在四月里突然得了中风，调理休养了一百多天，才能够拄着拐杖行走。他的事体都托付给了笠山通判，代为办理。子正担任了一个书记的职务，同在这里（做事）。梅溪通判，因为天津要添设海防同知，裁了缺候补，不免心中有“老骥伏枥”的感慨！另外几个友人四处漂泊，有的得意，有的失意。大概能够发迹的人少之又少！您在从政为官的时候，如同行云出山一般。在家的时候，又如同静水一般不兴波浪。安然自得，看到这样的进退自如，可以知晓您阅历多么的丰富了。坐着花船往来与江苏和湖北之间，花费了一点儿小力气，就辅助中丞衙门办理事务，还教授您儿子政事，如同以前龚遂与黄霸一样，实在是一举两得。我料想北京这边，您不一定会再次来。如果要来，我们点起高烛，美人相伴左右，可以重新打牌下棋了。就用这封信来邀请您，或者您也会非常高兴吧？

二〇一、复景庶庵

粉荔初陈，忽来芳讯[①]；红榴乍启，遂带还函。感雅注之拳拳[②]，益予怀之耿耿。兹者榆将舒荚，花已逢朝，朗月怀人，笛里写梅花之怨；春风求友，枝头听好鸟之音。缅蔼吉于心交，温生却帐；倾声华于耳食[③]，誉溢王池。洵宜珀合[④]而针投，允称红依而绿泛。十年歌唱，杜牧之名重扬州，千里逢迎，陆士龙才高洛下。岂独圭璋植品，人式仪型；抑且桑梓关情，谊隆推解[⑤]。输将客俸，既十倍以从优，润及寓公，真百朋[⑥]之莫喻。凡在我友，靡不同钦。

弟守拙[⑦]硁硁，缔交落落。溯识荆[⑧]之伊始，红盒寻欢：泊贱旦之适逢，青樽醉德。从此燕南赵北，分扬客路之镳；即今草长莺啼，莫篮朋簪之盍。每怀旧雨，辄蝶梦[9]之劳人；倘赋停云，幸鱼书之惠我。

【注释】①芳讯：嘉言；喜讯。②拳拳：赤诚；诚挚。③耳食：不加省察，徒信传闻。④珀（pò）合：情投意合。⑤推解：施加恩惠。⑥百朋：指极多的货币。⑦守拙：自诩清高，不做官，清贫自守。⑧识荆：指初次见面或结识。⑨蝶梦：喻指迷离惝恍的梦境。

【译文】在正月初一的时候，忽然接到您寄来的书信。因为衙门里公事繁多，就回复您一封书信。您对我如此殷切地挂念，更让我难以忘怀了。现在榆树上快要长出种子了，已经到二月十二了，对着明月想念您，笛声中吹奏出“梅花落”般的哀怨。和煦的春风触动了内心的感想，听着树枝上好鸟的鸣叫声。想起我们昔日深厚的友谊，您在馆里做事时享有盛名，宾主之间情投意合。您在那边做了十年幕客，如同杜牧一般“名重扬州”，远隔千里来迎接您，真的好似是陆士龙的“才高洛下”。不仅仅是您的品行能够成为众人的楷模，并且还热衷于家乡的事情，将多半的俸禄都给捐助了。不仅仅是给予十倍的优待，并且还要润泽那些宾客。真是百朋都不能赶得上。凡是我辈朋友，没有不钦佩您的。

我自知生性固执，也没有什么朋友。记得最初认识您的时候，同在情场寻乐。后来恰巧遇到我的生日，又在一起畅快地饮酒。之后就各身处燕南赵北两地相隔了。到了草长莺飞的春季，好友之间还是不能相聚。时常想起故交，连做梦也会梦到。您如果也在想念我，请寄送书信来吧！

二〇二、谢宋柱川惠酥糖

前书发后，即闻六兄有与五马[①]俱西之约；果尔，亦必取道保阳[②]，可以一申折柳[③]。得手示，乃知间行过省，已吹篪于伯氏之庭[④]矣。官阁连床，温生姜被[⑤]，益征友于[⑥]之爱；而东南[⑦]济美，鱼水[⑧]欢长，此尤平日之意气感人，久而弥固，不独太守情殷维絷也。惟是一片停云[⑨]，忽分两地，莫赠河边之策[⑩]，翻贻塞上之酥。施之者因物以寄情，受之者能无因情而抱歉耶？

弟琴剑飘零，忽忽三十余载，商瞿[⑪]就老，伯道[⑫]犹孤，每一思维，惄焉如捣[⑬]，以故前书奉托及之。偏值马首欲东[⑭]，仓猝自难立办。要知小星[⑮]三五，亦有前缘，原不能遇之旦暮也。别谕敬铭心版，恐非绵力所及，奈何！

【注释】①五马：太守的代称。汉时以四马载车为常礼，惟太守则增一马，故称为“五马”。②保阳：古地名，即保定。因保定城位于保定府河之阳，故又有保阳之称。今河北省保定市。③折柳：长安（今陕西省西安市）东有座灞桥，古人饯送友朋至此，常折柳赠别，以表达依依之情。见《三辅黄图·卷六·桥》。后用以借指送别或饯行。④吹篪于伯氏之庭：

篪，竹制的乐器；伯氏，哥哥。在哥哥的庭院中吹篪，借指与哥哥相聚。语本《诗经·小雅·何人斯》：“伯氏吹埙，仲氏吹篪。”后以“伯埙仲篪”比喻兄弟相亲相爱。⑤姜被：汉人姜肱秉性纯孝友爱，与弟仲海、季江常同被而寝。见《后汉书·卷五三·姜肱传》。后用以比喻兄弟间相亲友爱。⑥友于：《尚书·君陈》：“惟孝友于兄弟。”后割裂用典，以“友于”代“兄弟”，亦指兄弟友爱。⑦东南：参见第一七三篇注释⑧。⑧鱼水：刘备曾谓得孔明有如鱼得水。典出《三国志·卷三五·蜀书·诸葛亮传》。后比喻君臣相得，亦泛喻关系亲密无间。⑨停云：参见第四十八篇注释⑩。⑩河边之策：春秋晋大夫士会因事奔秦，为秦所用。晋人患秦之用士会，乃使魏寿馀伪以魏叛而入秦，诱士会返晋。计得逞，士会欲行，及河边，秦大夫绕朝赠之以策，曰：“子无谓秦无人，吾谋适不用也。”按，策有二义，一为策书，即简策之策；一为马棰，即鞭策之策。见《左传·文公十三年》。⑪商瞿：孔子弟子，四十岁以后，才得子嗣。后遂用为晚年得子之典。⑫伯道：晋朝邓攸的字。邓攸为河东太守时，因避石勒兵乱，带著自己的儿子及侄子逃难。途中数次遇到贼兵，邓攸因不能两全，乃丢弃儿子保全侄儿，以致没有后嗣。见《晋书·卷九〇·良吏传·邓攸传》。后以伯道无儿比喻人没有子嗣。⑬惄焉如捣：语出《诗经·小雅·小弁》：“我心忧伤，惄焉如捣。”意为忧思伤痛，心中像有东西撞击。形容忧伤思念，痛苦难忍。⑭马首欲东：指东归；返回。语出《左传·襄公十四年》：“栾黡曰：‘晋国之命，未是有也。余马首欲东。’乃归。”杨伯峻注：“秦兵在西，东则归矣。”⑮小星：《诗经·召南》之篇名。《诗·召南·小星序》：“小星，惠及下也。夫人无妒忌之行，惠及贱妾。”后因以“小星”为妾的代称。

【译文】前一封书信寄出后，就听说六哥有和太守一起到西方去的约定；如果真是这样的话，也一定要中途经过保定停留一下，让我能够送一送行。得到您的来信，才知道是走的小路直达省城，已经到了哥哥的家里了。在衙门内同睡一床，就像姜肱与兄弟同盖一被，愈加看得出你们兄弟情深了；而且主人赏光，宾主之间关系融洽，如同鱼和水一样，使你们兄弟欢聚的时间长着呢。这都是因为您平时对人的情谊让人感动，相处越久，交情越厚，不仅仅是太守对你情深义重，想要努力挽留住你而已。只是在一处的朋友，忽然分开两地，没有来为你送行，你反而赠送给我酥糖。您这送礼的人，通过礼物来表达情谊；我这接受的人，能不因为这份情谊而感到歉疚吗？

小弟我在外以游幕为生，四处漂泊，不知不觉已经三十多年了，人已经老了，还没有子嗣，每次一想起来，心中的痛苦就像杵捣一般，所以在上一封信中拜托你这件事。偏偏您正准备要回来，仓促之间也难以办到。要知道，娶妾也要看前世的缘分，不能说想找就一下能够遇到合适的。信中别的吩咐，我力量薄弱，恐怕难以办到，怎么办呢？

二〇三、慰某世兄

先于赵纪来省，猝得令尊大人骑鲸[①]之信，不胜惊愕！顷接讣报，并奉手书，因玉树[②]而忆金兰，益抱巨卿之恸！人胜泡幻，谁不其然！顾以令尊朗度冲衿[3]，精神强固，满拟扁舟南去，领湖山之逸趣，寻松菊之闲盟，此疾一捐，大年[4]可卜；讵料关头分手，即为永诀期耶！素知世大兄谊笃天亲，孝行夙著，当此乍膺大故，抚手泽[5]而伤怀，睹遗容而雪涕，至性所发，必有万难自已者。窃谓令尊高才硕德，名重青油[6]，当代公卿，咸相推服；他日之沐馀荫以大显扬，正未有艾，与其过深哀毁，曷若安妥幽明之为得乎！湄等夙叨至爱，不敢慰以浮词，惟望体先人未了之心，尽人子继善之道。纵使杜回结草，事近荒唐；要知考叔遗羹，古称纯孝，世兄必有以处之矣。兹乘使便，薄具楮仪[7]，伏乞代奠灵几，以当束刍之献。

【注释】①骑鲸：即去世。②玉树：佳子弟。③朗度冲衿：风度朗澈，胸襟冲和。④大年：长寿。⑤手泽：指称先人或前辈的遗墨、遗物等。⑥青油：幕府。⑦楮（chǔ）仪：礼品，礼金。

【译文】先是赵姓的仆人到省里来，突然收到您父亲去世的消息，很是惊讶！刚才接到了讣报，并且收到了您寄来的书信，因为您就想到了您父亲，更让我伤心了！人生在世，虚无的很，谁不是这样的呢？不过您的父亲，态度和抱负都很崇高，精神也很饱满，满心想着坐船回到故里，领略湖山的乐趣，寻觅松菊的闲适，这个病一痊愈，就能够长寿了。怎能料想分别的那天，竟然成了永别！向来知道您对父母情谊深重，突然遭遇这么大的变故，看到遗留下来的容像和东西，就会伤心落泪了，性情上的触动是出自天性，很难自我控制。我想您父亲才学渊博和道德崇高，当时的很多官员，对他都很是敬佩。将来您承蒙他的恩荫，也必定会声名显扬的，前途不可限量，与其是太过于哀伤，毁伤了自己的身体，为什么不振奋精神去做事，让活着的人和去世的人都能够安妥呢？我们向来是比较要好的，不敢用浮夸的言语来安慰您，只是盼望您能体察先人未了的心愿，尽为人子善后的道义，就算是杜回结草的事近乎荒唐；可知道考叔留下羹来给他母亲吃，自古以来称之为纯孝，孝子应该怎么去做，您应该很明了。现在乘便，备了一点儿祭礼，请您代我供到灵前来进行祭奠吧！

二〇四、贺祝方伯升云南藩台并谢惠袍套被褥

别后两奉手书，蒙阁下殷殷念旧，在远不遗，感泐何可言喻！以道途迢递，邮羽难凭，既不能罄所欲言，徒以数语寒暄，上溷[①]清听，又非阁下所望于致书之意；缺然久不报，职是之故，不尽嵇生懒慢也。

春间阅邸抄，恭悉恩承枫陛，秩晋薇垣[②]，阅时曾未两年，而隆隆直上，翼乎如鸿毛之遇顺风；愉快私忱，有难举似。满拟榴花[③]照眼时，驺从过保，于以仰卿月之莹辉，话停云之积愫；嗣知留办秋谳[④]，于公治狱，民以无冤。而握手迟迟，下怀弥殷翘盼！洎六月廿六日，梁纪赍到郇笺，获悉台旌由武昌奉命赴滇，行次起居安适。特以半年未见之殷，翻增万里怀人之感；缅[⑤]彼云树，能不依

依！寄惠大呢袍套，撞锦被褥，既拜嘉于安燠，复被德于室家，登受之众，且感且谢！

滇南为古六诏之地，僰民⑥接壤，抚戢为难。阁下嘘之以仁风，沛之以膏雨⑦，想见下车⑧敷理，徼外恬熙⑨，以治绩之懋昭，知帝心之简在，碧幢翠节⑩，特指顾间耳。

【注释】①溷：混乱。②薇垣：指清代的布政使。③榴花：指五月间。④秋谳：秋审。⑤缅：思念。⑥僰（bó）民：未受到教化的人。⑦膏雨：喻指恩泽。⑧下车：指官员初到任。⑨恬熙：安乐。⑩碧幢翠节：督抚的仪仗。

【译文】分别之后两次收到您寄来的书信，承蒙您殷切的想念，即使是在远方，也没有忘记我，非常的感激！因为路途遥远，很难找到可靠的信使。既然不能把想要说的话说出，只能在纸面上说几句问候一下，扰乱了您，又不是您所期望的寄送书信的本意。之所以耽搁了很久没有答复，就是由于这个原因，不全是因为懒惰。

在春天的时候看到政府的公报，知道您晋升布政使，不到两年的时间，您扶摇直上，如同是鸿毛遇到顺风。我心中十分的高兴，简直无法用言语来表达。满心盼望四月的时候，等您从保定路过，我们能够相聚畅谈。后来知晓留下办理秋审事务，您如同“于公治狱”，民众可以无冤屈了。但是与您相聚的日子被推迟，让我心中更是想念！到六月二十六日的时候，梁姓仆人送来了您的书信，获知您奉命从武昌前往云南，一路上很顺利。盼望见面半年多了，反而却相隔万里之遥了，望着云树，怎么能让我不感慨啊！寄赠给我大呢袍套和被褥，既让我得到了温暖，又让家里受到了恩惠，我就收下了，十分的感谢！

云南在古时候是“六诏”之地，民风比较野蛮，不是很容易管治。您以仁政之风吹拂那里，以膏雨去滋养百姓，可见上任之后，颁布政令，让边境的百姓安居乐业，像这样卓越的功劳，便可知到帝心的眷往了，不久就可以升任抚台了。

湄风尘浪走。卅载于兹，今行年五十矣！先人未奠松楸[①]，后嗣尚虚襁褓，茫茫前路，俯仰多亏。年来连置二姬，讵北人情性，迥非软玉温香[②]，因已遣去其一；而留者亦非淑质[③]，难为种玉之田[④]。晚稼秋登，尚须别营沃壤也。

接三令弟，簪笔清华，誉流芳洁。宜亭令弟，署乐亭数月，政声四播，足以继轨元方。大令嗣学力深醇，下科定看拾芥[⑤]。十一令弟之变，殊出意外；去夏眷属过保阳时，值重门[⑥]下钥，次早遣伻[⑦]追送至泾阳驿，不遇而返，至今耿耿！闻已继二令郎为嗣，则教养有人，亦省阁下两地之念。

湄自前岁为方来青制府接延，极相投分，然新交之缱绻[⑧]，何如旧雨之绸缪[⑨]？屡蒙阁下盼睐有加，不以愚鄙见弃，追维息壤，湄亦何敢忘怀？惟望阁下开府东南，而湄得以重游政阁，仰赞鸿猷[⑩]，此则驽马有心，所欲酬知于伯乐者也。

【注释】①未奠松楸（qiū）：墓地尚未安定。②软玉温香：温柔的性情。③淑质：美好的资质。④种玉之田：生子的人。⑤拾芥：比喻取之极易。⑥重门：城门。⑦伻（bēng）：使者；仆役。⑧缱绻：形容情谊深厚。⑨绸缪：缠绵。⑩鸿猷：深远的谋划。

【译文】我漂泊在外，四处奔波。到现在已经有三十年了，今年也已经五十岁了！父母的灵柩没能好好安葬，还没有后人，前路如何无从知晓，想起来很是悲伤。近年来接连娶了两个妾，不成想北方人的性情，一点儿也不温柔，因而已经遣走了一个。然而留下来的也不是很貌美，不见得会为我生一子。要想得到一子，还需要另想办法啊。

您的兄弟接三，才华横溢，声誉显扬。您的兄弟宜亭，在乐亭做事待了数月，声誉也是极好的，一定能和您一样飞黄腾达。您的大儿子学业已经很深厚了，下科考试一定可以轻而易举的中榜。您家十一弟突然去世的变故，实在是没能想到。去年夏天，家眷路过保阳的时候，恰巧我出门在外，第二天早上，派人送到泾阳驿，没能遇到就返回了，到现在还心里很不安！听说您已经承继第二个儿子做嗣子，那么教化他也就有人了，也省去了您两下的挂念。

我自从前年被方来青制府请来之后，我们宾主之间的感情十分融洽，但是新朋友之间的情谊，怎么能够和旧友相比呢？多次承蒙您的厚爱，不因为我愚钝、鄙陋而嫌弃，往日相约的话，我又怎敢忘却了呢？只盼望着您能到东南地区来，而我也能够再次到您那里去，帮您办事，这也是我的私心，想要报答您呀！

二〇五、谢云南祝方伯惠灰鼠褂、普洱茶

滇南去燕八千余里，德辉愈远，音问愈难。每于邸报[①]中见所据以陈奏者，事事有条有理，无不报可。良由阁下明以烛物，勤以应务，故能措施咸宜，上孚一德[②]也。

三月之望，广刺史过保，拜奉手书，伏稔起居曼福[③]；并蒙惠赐灰鼠褂一件、普洱茶八桶。服之无斁[④]，味之弥长。眷爱之情，有加靡已；惟是桃已再实，而琼未一投[⑤]，受之更增歉臆耳。

宜亭补雄县，已拜疏三月，部覆在旦晚间。彼不出以偏师，而堂堂布阵，未始非计；惜以清寒而处冲瘠，不无捉衿露肘[⑥]之虞。

令嗣春闱[⑦]未第，殊为扼腕！然六月之息，即看九万之抟[⑧]，鲲化鹏骞[⑨]，要可操券[⑩]俟之也。

沂斋自开州解馆后，侨寓天雄，潘岳闲居，已将半载；其妾弄瓦而不弄璋[⑪]，或亦先花后实之兆。银函存俟觅便确交。

徐杏墅一得咨文，即可归里，官虽改教，似此洁身以去，亦绝无而仅有者矣。别谕已转告之。

至湄砚席如常，而老境渐逼，眼昏手强，息影无期。年来觅遍

芳丛，仍乏一枝入手，是区区者而不予畀，又安望成阴子满[12]时耶？敝庐已为业主转售，如别无营置，秋凉遣眷先回矣。

【注释】①邸报：也叫“邸抄”“邸钞”。古代抄发皇帝谕旨、臣僚奏议和有关政治情报的抄本。宋代起发展成一种手抄的类似报纸的出版物，明末开始发行活字版本，到清代称“京报”。②一德：君臣同心同德。《尚书·咸有一德》：“惟尹躬暨汤，咸有一德，克享天心。”③曼福：绵绵福祉；大福。④无斁：不厌恶；不厌倦。《诗经·周南·葛覃》：“为絺为绤，服之无斁。”⑤桃已再实，琼未一投：参见第一二五篇注释②。⑥捉衿露肘：《庄子·让王》：“曾子居卫，十年不制衣，正冠而缨绝，捉衿而肘见。”衿，同“襟”。谓整一整衣襟就露出了胳膊肘。后以“捉衿见肘”形容衣衫褴褛。引申为顾此失彼，处境困难。⑦春闱：明、清时期，京城会试，均在春季举行，故称春闱。犹春试。⑧六月之息、九万之抟：语本《庄子·逍遥游》：“北冥有鱼，其名为鲲。鲲之大，不知其几千里也；化而为鸟，其名为鹏。鹏之徙于南冥也，水击三千里，抟扶摇而上者九万里，去以六月息者也。”⑨鲲化：谓鲲变化为鹏，比喻有远大前途的发展变化。鹏骞：大鹏高飞，比喻奋发向上，仕途得意。参见前一条。⑩操券：旧时契约分为两联，由债权人与债务人分别持有，债权人持右券可凭契收债。比喻对事情极有把握。⑪弄瓦、弄璋：分别代指生女、生男。语本《诗经·小雅·斯干》：“乃生女子，载寝之地，载衣之裼，载弄之瓦。乃生男子，载寝之床，载衣之裳，载弄之璋。”瓦，古时纺织时用的陶制纱锭；古时拿这种陶制纺砖给小女孩玩，期望将来能胜任女红。璋，玉器；古时拿玉给男孩玩，期望将来有如玉一般的品德。⑫成阴子满：语出唐杜牧《叹花》诗：“狂风落尽深红色，绿叶成阴子满枝。”此处指子女很多、儿孙满堂。

【译文】云南距离河北有八千多里，越来越难以见到您光辉的风采，越来越难以相互通音信。经常在邸报中看到您给朝廷的奏章，所陈奏的事情，每件事都是有条有理，朝廷没有不批准的。实在是因为阁下您看问题非常清晰，处理事务非常勤劳，所以能够措施得当，和朝廷同心同德。

三月十五日，广知府来过保定，拜读了您的书信，得知您生活起居安好；并承蒙您赐赠给我灰鼠褂一件、普洱茶八桶。衣服穿在身上不舍得脱下来，茶叶令人回味悠长。您对我的关照爱护之情，有增无减，从未停止；只是您已多次赠送我东西，我一次都没有回礼过，接受了之后使我更加心生歉疚。

宜亭补授雄县任职，已经拜奏谢恩疏上去有三个月了，吏部的复文，早晚便可收到。他不走别的途经，而是通过正规渠道取得官职，未尝不是好的打算；可惜的是，他的官职属于清贫冷落的职位，任职的地方也是冲要贫瘠之地，未免会处境艰难。

您的儿子，会试没有考中，实在很可惜。然而发迹得越晚，未来的前程越远大，未来平步青云、仕途得意，一定可以稳操胜券。

沂斋自从在开州失去馆职以后，寄居在天雄县，赋闲在家，已经半年了。他的妾生了女儿，还没有生儿子，或许也是先开花后结果的预兆。银函暂时存放在我这里，等方便的时候交到您手上。

徐杏墅一旦收到职务任免的公文，便可回家乡去了，虽然官职转为教职，但是像这样以洁白的身份离开，倒也是极为少见的。另外的吩咐已经转告他了。

至于我，馆职和往常一样，而年老的境况日益逼近，眼睛昏花，手指僵硬，离职休养还遥遥无期。近年来到处寻找合适的女子作妾，仍没有找到，这一点小小的心愿，尚且不能达成，又怎么期望子女成群、儿孙满堂呢？我住的房子，已经被业主转卖了，如果找不到别的住所，秋天的时候就打发家眷先回家去了。

二〇六、复候补京堂祝

关头话别，忽忽经年，衫影鞭丝，依然在念。前奉手翰，恭悉圣慈曲体，眷注弥隆，不禁于扼腕之馀，转深愉快！阁下历官廿馀载，素不以宦境之炎凉，分宦情之欣戚，而簿书[①]纷扰，实不如清秋安闲，冷眼观人，悠然自得；想一切等诸水流云行矣。

闻瀛眷入都，诸凡安妥，定卜起居嘉鬯，与时皆春，足慰下怀系念。

薇垣[②]一席，接武[③]者既形其不足，更代者又过恃为有馀，壁垒[④]虽新，而躁释矜平[⑤]，未免李逊于郭。听舆人[⑥]之论，盖不歌来暮，而转切去思矣。

家兄老与病兼，岂宜久客？因已资给秦关，于花朝后八日，买舟南下。惟湄后顾茫茫，尚尔飘泊，不知作何究竟耳。

【注释】①簿书：官署中的文书簿册。②薇垣：布政司。③接武：即继任者。④壁垒：古时军营的围墙，泛指防御工事。⑤躁释矜平：指心平气和，有涵养。⑥舆人：众人。

【译文】我们在城关分别之后，眨眼之间又过去了一年，您动身时的情形，我仍然记在心中。前次接到您寄来的书信，获知皇太后仁慈，能够体谅下情，恩宠有加，忍不住在叹息之后，更要为您感到欣慰了！您做官已经有二十多年了，向来不因为官场的变动，表面上显示出喜怒哀乐，可见身处官场之中，公事繁多，实在是不如做个清闲的太平官。用冷静的眼光观察他人，内心得意逍遥。想到之前的一切，已经如同水流云散一般了。

听闻您的家眷到了京城，事事安排得很妥当，猜想一定是起居舒畅，如同春天一般愉快，这让我心中十分宽慰。

布政使的位置，继任的人既感到才力不足，来代替的人又自认为才智颇高，局面虽然有所更新，但是心平气和的说，后任比不上前任。听闻众人的谈论，大都是不称颂继任的，而只去想念离任的。

我的哥哥年老且多病，不能长久的在外。已经给他寄去了钱财，在花朝节后的第八天，坐船回南边去了。只是我自己今后还不知道怎么样，还要漂泊在外，不知道到底要作何打算。

二〇七、谢永平太守秦招入幕

滥吹戟署[①]，忽忽十余年，平时仰企龙门[②]，以迹嫌外交，未敢一亲矩范。乃蒙郡伯大人，不以迂拘见屏，猥贲琅函[③]，捧诵之余，益自咎其懒慢矣。

伏维阁下以经术饬吏治，仁风惠露，润遍北平；德化所孚，久已民消雀角[④]。而恢恢游刃，立解全牛，此尤夙具之精能，无事仰赞于万一；何意俯垂青睐，征及菲材。长声价于下门[⑤]，惭非结绿[⑥]；溯风流于俭府[⑦]，愿切依红[⑧]。

惟湄年逾五旬，尚虚子嗣；瞬届姬人坐蓐，寒家应照乏人。卢塞遥遥，乍难远出，如可宽期适馆，当烦妥友代庖，计河鼓宵明[⑨]，即是承颜奉教时矣。至于千金重币，愧无以当。忆祝与亭方伯[⑩]任永时，湄曾谬承招致，事同而修亦千焉，膳费月送廿金，不在其内。黄金市骏，定知企美前徽[⑪]，顾以驽劣当之，为负负耳。

【注释】①滥吹：比喻冒充凑数，名不副实。戟署：对官署的美称。戟，武器名。戈和矛的合体，装于木柄或竹柄上。出现于商、周，盛行于战国、汉、晋各代。南北朝后渐被枪取代，转而为仪仗、卫门的器物。②龙门：比喻声望高的人。《后汉书·卷六七·党锢传·李膺传》："士有被其容接者，名为登龙门。"③琅函：尊称他人的书信。④雀角：指狱讼；争吵。⑤卞门：卞和的门户。卞和，又作和氏，春秋时楚国人，善识玉，是和氏璧的发现者。⑥结绿：美玉名。⑦俭府：南朝齐王俭的府第。俭于高帝时为卫将军，领朝政，用才名之士为幕僚，后世遂以俭府为幕府的美称，谓其主客皆才俊。⑧依红：参见第一六〇篇注释④。⑨河鼓宵明：河鼓星夜间明亮，代指农历七月。河鼓，星名，属牛宿，在牵牛之北；一说即牵牛。昔传牵牛织女七月七日相见。宵明，夜间明亮。⑩方伯：殷周时代一方诸侯之长。后泛称地方长官。汉以来之刺史，唐之采访使、观察使，明清之布政使均称"方伯"。⑪前徽：前人美好的德行。

【译文】我在衙门中混饭吃，不知不觉已经十多年了，久仰您的大名，为了避免结交外官的嫌疑，未敢前来拜访您。而承蒙知府大人，不嫌弃我的迂腐和顽固，屈尊写信给我，恭敬地诵读您的来信之后，更加因自己的懒惰散漫而自责不已了。

想阁下您以深厚的经学造诣，整顿吏治，德惠普施有如风吹万物、雨露遍洒，使整个北平蒙受福泽。受您的恩德所感化，民间已经很久都没有争讼、斗争的现象了。您以无比娴熟的才能，能够很快处理好各项事务，这尤其是得益于您长期以来历练出来的能力，根本不需要别人帮一点忙。想不到您能如此看重我，要征用我这才能浅薄的人。得到卞和的赏识，便可身价倍增，但可惜我并不是美玉；追想幕府中的风雅，我愿意依靠您做事。

只是我年过五十岁，还没有子嗣；我的妻子即将临产，贫寒之家缺少人照顾。卢龙县远在塞外，一时很难出远门，如果可以宽限一些时间到馆，我会委托合适的朋友暂时代劳，预计七月份，我便可以当面聆听教诲了。至于每年千两银子的薪水，我愧不敢当。回想祝与亭方伯在永清县任职的时候，也承蒙他征用我去做事，所做的工作相同，酬金也是一千，还另外每月送二十两银子作为餐费。您用上好的黄金购买骏马，一定是追慕前任的美德，而我只是一匹驽钝的劣马，实在惭愧不已。

二〇八、向深州刺史张索诗

听残腊鼓，忽展瑶笺；公瑾醇醪[1]，披函欲醉。惟佳章之见许，竟尺幅之未投；岂以尘俗鄙人，不解碧纱笼护[2]耶？省城一雪，了却春灯[3]。绿瓮[4]方酣，红篘乍启，磨牛陈迹[5]，又将役此劳筋矣。

【注释】①公瑾醇醪：见第六十七篇注释②。②碧纱笼护：宋吴处厚《青箱杂记》卷六："世传魏野尝从莱公（寇准）游陕府僧舍，各有留题。后复同游，见莱公之诗，已用碧纱笼护，而野诗独否，尘昏满壁。时有从行官妓，颇慧黠，即以袂就拂之。野徐曰：'若得常将红袖拂，也应胜似碧纱笼。'莱公大笑。"后以"碧纱笼"为诗以人重的典故。③春灯：春夜的灯；特指元宵花灯。此处代指元宵节。④绿瓮：盛酒的器具。此处借指欢聚的酒宴。⑤磨牛陈迹：像老牛磨磨般从事陈旧的工作。也比喻时间年复一年地循环往复。宋苏轼《送芝上人游庐山》诗："二年阅三州，我老不自惜。团团如磨牛，步步踏陈迹。”

【译文】去年年底的时候，忽然收到了您的来信；读您的信，就像饮用美酒，令人都要陶醉了。只是您答应过写诗赠送给我，而到现在我没有收到一首。难道因为我是庸俗鄙陋的人，不懂得珍重好诗吗？省城里下了一场雪，直到元宵节才结束。欢聚的宴会还正在兴头上，就要开始办公了，像老牛磨磨一样日复一日重复着陈旧的工作，又要劳动我这把老骨头了。

二〇九、谢深州刺史张赠诗

朵云①先贲，尺璧②随颁。洵一诺之不渝，知八叉③之夙擅。诗真无敌，综庾新鲍逸④之长；字亦名家，极燕瘦环肥⑤之致。抛珠作唾⑥，拭墨生香。胜拜赐予百朋⑦，实铭情于五内。

【注释】①比喻他人的来信。②尺璧：直径一尺的璧玉，言其珍贵。语本《淮南子·原道训》：“圣人不贵尺之璧而重寸之阴，时难得而易失也。”比喻美好的诗文。③八叉：唐温庭筠才思敏捷，每入试，叉手构思，凡八叉手而成八韵，时号“温八叉”。宋孙光宪《北梦琐言》卷四：“（温庭筠）工於小赋，每入试，押官韵作赋，凡八叉手而八韵成。”后以

“八叉”喻才思敏捷。④庾新鲍逸：杜甫《春日忆李白》诗：“清新庾开府，俊逸鲍参军。”称赞李白的诗像庾信那样清新，像鲍照那样俊逸。庾信：字子山，南朝梁新野人，曾任骠骑大将军、开府仪同三司，世称“庾开府”。鲍照：字明远，南朝宋东海人，文词赡逸，词采华丽，曾为前军参军，世称“鲍参军”。⑤燕瘦环肥：宋苏轼《孙莘老求墨妙亭诗》：“杜陵评书贵瘦硬，此论未公吾不凭。短长肥瘦各有态，玉环飞燕谁敢憎。”汉成帝皇后赵飞燕体态轻盈，唐玄宗贵妃杨玉环体态丰满，肥瘦不同，均以貌美着称。因以“燕瘦环肥”比喻体态不同而各擅其美，风格不同而各有所长。也借喻艺术作品风格不同，而各有所长。⑥抛珠作唾：比喻为文措辞优美。林学衡《新猛近稍习词章》诗：“俪白妃青从检点，咳珠唾玉定纷纶。”⑦百朋：亦作“百冯”。指极多的货币。

【译文】先收到了您的来信，接着又获赠您的诗作。您确实是一经承诺，便不会改变，知道您向来有写诗的才能。您的诗作确实是无人能比，既有庾信那样的清新，又有鲍照那样的俊逸；书法也是堪称名家，字体肥瘦相间、错落有致。诗句文采极其优美，写在纸上散发出香气。这比送给我好多钱都要珍贵，我的心中充满感激之情。

二一〇、谢张南奏惠帽檐

客春获亲芝宇[①]，快挹兰芬[②]；正遂景企[③]之私，旋切离群之感；一声骊唱[4]，彼此销魂，至今犹依依在抱也。嗣于十月间，猥承手翰遥颁，并以帽檐寄赠。披简则深情若诉，拜赐则搔首知温。即欲泐[5]谢数行，因尊札有“坚辞归省”之语，恐文旌已去陇西，未敢浪投尺素。

今秋七月，由象可廖君寄到嗣音，始知三兄宾榻蝉联，莲祺鬯适[6]。窃以那制府为今时柱石，阁下实当代名流，盛府元僚[7]，难以为继，宜乎两贤相遇，咏白驹而维絷[8]也。

惟闻嫂夫人熊梦[9]仍虚，尊宠亦兰征[10]未兆，是谁之过欤，而为是寂寂耶？吾侪身处其境，当知兵法所云：“虚者实之，实者虚之。”乃能调停于闺阃之间，而泯其猜嫌之迹；若不小施权术，则慑以河东[11]，隔花人远矣。

弟于壬午之春，由节署出就首府发审，事虽繁重，而进出自如，譬之海鸟林猿，适足安其逸性。尤喜浴兰时序，姬人得举一子。明知乳燕雏鸦，长成何日；而牵裾学步，对客呼名，颇解膝前寂寞。阁下努力为之，正不难一索[12]而得也。

杨大兄、金四兄去直时，不以行期实告，走送都已后时。沈七兄由北平过保，更以潜度函关[13]，望尘莫及。晤时并道惓惓。

【注释】①芝宇：唐元德秀，字紫芝，房琯每见德秀，皆叹息道：“见紫芝眉宇，使人名利之心都尽。”典出《新唐书·元德秀传》。后用以表示对他人容貌的美称。②兰芬：赞美对方谈话的敬辞。③景企：企慕。④骊唱：参见第一六二篇。⑤泐（lè）：书写。常用于信函中。⑥莲祺鬯（chàng）适：指游幕安适。鬯，通“畅”。⑦盛府元僚：见第一九四篇。⑧白驹维絷：维，系也；絷，绊也。语本《诗经·小雅·白驹》：“皎皎白驹，食我场苗，絷之维之，以永今朝。”比喻系绊、拘束。亦比喻挽留系联，招揽人才。⑨熊梦：古人以梦中见熊罴为生男的征兆。语本《诗·小雅·斯干》：“吉梦维何？维熊维罴。”又：“大人占之，维熊维罴，男子之祥。”⑩兰征：指妇人怀孕。春秋郑文公妾梦兰而生穆公。见《左传·宣公三年》。因称妇人有孕为梦兰。⑪河东：宋代陈慥的妻子，河东人，凶悍善妒，常使丈夫惧怕。语出宋苏轼《寄吴德仁兼简陈季常》诗：“忽闻河东狮子吼，拄杖落手心茫然。”后以“河东狮子”泛指悍妒的妻子。⑫一索：原出《易·说卦》。后以“一索”谓初生男孩。⑬潜度函关：悄悄地度过函谷关。函关，即函谷关，关名，古关为战国秦置，在今河南灵宝县境，因其路在谷中，深险如函，故名。传说，老子曾西出函谷关而去。

【译文】去年春天，得以和您见面，一睹您的风采，并很高兴地聆听教诲。刚刚满足我对您的仰慕之情，很快又深切体会了离愁别绪。一曲离歌，让彼此内心都十分伤感，到现在还萦绕在心中。后来在十月份的时候，承蒙您亲自写信给我，并赠送给我帽檐。读您的来信，如同见面一诉衷肠；接受您赏赐的礼物，每当挠一挠头发就感受到温暖。本想着回信表示感谢，因为您在心中提到要“坚辞归省”，恐怕您的大驾已到陇西，所以没敢轻易寄信。

今年秋天七月间，从廖象可寄到的信中，才知道三哥紧接着就找到了新的馆职，幕府中的工作安适顺利。我想那总督大人是当今的栋梁，阁下您也是当代的名家，大衙门中的重臣，别人是很难接手的，两个贤才聚到一起，他肯定是要拼命挽留住你的。

只是听说嫂夫人还没有生儿子，您的爱妾也没有怀孕的征兆，到底是谁的过失，导致现在如此寂寞冷落呢？我们身处这样的境地，一定要懂得兵法中所说的："虚者实之，实者虚之。"要想办法处理好闺闱中的事情，消除妻妾之间的猜忌和嫌疑；如果不运用一些小的手段，就会因慑于夫人的气势，而疏远爱妾了。

小弟我在壬午年的春天，从臬司衙门出来，担任首府的发审员，事务虽然繁重，但是进出还算自由，比如海上的飞鸟、林中的猿猴，正好满足了我闲适散漫的性格。更可喜的是，端午节的时候，我的妾室生下一个儿子。虽然明知道现在还是像乳燕雏鸦一般的小婴儿，长大成人还需很长时间。而牵着衣服蹒跚学步，对着客人呼喊名字，也很是能够缓解一下眼前的寂寞。阁下您也要努力，不难得到一个儿子。

杨大哥、金四哥去直隶的时候，没有将出发的日期告诉我们，想要去送他们的时候都已经晚了。沈七哥从北平来过保定，也是悄悄地就走了，想要追上去送一送他，也来不及了。您见到他们的时候一定代我向他们问好，表达我的思念之情。

二一一、与致仕太仆祝

自违矩范，裘葛[①]屡更。前者令嗣大世兄在都，尚得鱼雁往还，略知梗概。自癸未入夏以后，音耗顿绝，嘅想弥殷！伏维阁下道履冲和，潭府安吉，无听漏鸣珂[②]之扰，有抚松品菊之闲，视彼逐逐[3]市朝、进退维谷者，相去奚啻霄壤！惟大世兄隽才硕学，满拟衣钵相传，不图天不永年，可胜惋惜！犹幸二世兄英华秀发，瞬见飞腾。想问礼问诗，亲承庭训，自有日异月新之效；且闻小星耀彩，再获祥麟[4]，则二陆双丁，亦足慰老年之怀抱矣。

燕中民疲官苦，更甚于前，良由积重使然，无可补救。库款屡次勾稽，已特大致报部核结，内有奉驳细款，登复即可完案；第经一次清查，愈形一次刻露[5]，水穷山尽，上下皆难为继耳。

湄屡欲南归，辄被留阻，非不知砚田可润，其于老景日增，眼昏手颤；近年又得便红之症，愈觉精力难支。

本拟勉待春回，即便就道；奈小妾复经得孕，恐脂车遄返，当在吴江枫落时矣。小儿结实灵动，名之曰狗，取其易长，韩卢宋鹊，非所敢期；不过如景升儿娱兹晚岁，亦饶有融融泄泄[6]之乐。曩承关爱，拜赐多金，路阻风稀，久未申谢，度挚好不以懒慢责之也。

【注释】①裘葛：寒暑。②鸣珂：指居高位。③逐逐：匆忙的样子。④祥麟：生得一佳子。⑤刻露：毕露，完全显露的意思。⑥融融泄泄：形容和乐舒畅。

【译文】没能和您相见，已经有好多年了。之前您的大儿子在京城，还能够互通书信，知道您大体的情况。自从癸未年夏天以后，音信突然就中断了，心中非常的挂念！料想您现在的身体一定是很康健，家中平安无事，既没有“听漏鸣珂”的搅扰，却享受着“抚松品菊”的乐趣，看到那些在官场上奔波忙碌、进退两难的人，这不正是天上和地下的差别吗！不过您的大儿子学识渊博，本想着能够继承您的事体，不曾想不能长寿，真是太可惜了！可喜的是，您的二儿子聪明活泼，不久就能够飞黄腾达。想是在您的身边，受到您的教导，自然而然的会有“日异月新”的效果。并且听说您的妾，又生得一子，那么这两个小儿子，也足以告慰您老年的境况了。

直隶这个地方民穷官苦，比以前还要严重了，实在是由之前的积累才导致这样（的局面出现），没有办法去挽救了。库中的款项，经过多次的稽查，已经将大概的情况上报给部里进行核实了，里面有被驳回的细款，回复了以后就可以结案了。不过经过一次的清查，（局面）就更加严重了一次，已经到了水穷山尽的地步，官员和百姓都无能为力了！

我屡次想要回南边去，总是被主人留了下来，不是不知道靠此可以获得俸禄，但是一天天的老去，眼睛昏花，两手哆嗦。近年来又得了便血的毛病，更加的感觉精力不足以支撑了。

本来打算勉强待到春季就回去，（就要出发动身的时候）怎奈我的小妾又有了身孕，恐怕要等到秋天才能够回去了。我的儿子既结实又活泼好动，小名称作“狗”，是要取它长长久久的意思，不敢奢求他会像韩卢、宋鹊那么好。不过要是如同刘景升的儿子一般，也足以娱乐我的晚年，也可以获得全家团圆的乐趣。往日里承蒙您的厚爱，赠送给我许多钱财，因为路途遥远没有方便的人送信，因而长久以来没能道谢，料想您应该不会责备我的懒惰和怠慢吧！

二一二、托沈孟养为壻谋事

燕南分手，弹指卅年；路阻鸿稀，未由通候。想屋梁月落[1]时，彼此同劳梦毂[2]也。

二月间，接小婿沈桂森信，藉悉二兄安砚皖江，履祺佳胜；并承重推兰谊，许挹莲芬。欣慰之余，尤深铭佩！

向闻幕游之况，北逊于南，度频年馆谷所余，于以拓田园而完婚嫁，出则交孚水乳[3]，归则庭有芝兰，屈指朋侪，当以足下为独出矣。

弟馆盐山六载，于邓明府故后，接就沧州，旋赴永郡，并诣通永；至辛未秋间，谬为节府所招，蝉联数任。始于壬午之春，出就首府发审。依人蓬转，虽幸片席未寒，惟中间接眷北来，因内人所生子女，都付噩梦，不得已纳姬育子，今甫四龄。而比年手强眼花，日形衰惫，白头黄口[4]，久客非宜，勉待秋凉，或俟春暖，准当料理归去。明知难以坐食[5]，冀在本省觅得一枝，差胜天涯浪走耳。

小婿前在直省，历就府司幕席，今初入仕途，诸未谙练。且资斧缺少，需次[6]维艰，倘有可以汲引之处，务恳垂青关照；但得旅食无虞，即可安心自效。感叨云谊，实无涯量。

【注释】①屋梁月落：唐杜甫《梦李白》诗之二："落月满屋梁，犹疑照颜色。"表示对故人的怀念。②梦毂：梦到车，或者是梦中行车。表示对故友的思念。《窥园留草》："旧闻茹子语，心识使君贤；梦毂如千里，神交已二年。"毂，原指车轮的中心部位，用以插轴，后成为车轮的代称，也借指车。③交孚水乳：水和乳极易融合，比喻情意融洽无间。此处指要好的朋友。④白头黄口：老人和孩子。白头，指老人；黄口，指幼儿。⑤坐食：指不劳而食。⑥需次：旧时指官吏授职后，按照资历依次补缺。

【译文】自从在燕南之地一别以后，弹指间已经三十年过去了；道路阻隔，音信少通，没有和您通信表达问候。想必每当夜晚，彼此之间也会想起对方。

二月的时候，接到了我女婿沈桂森的来信，从而得知二哥在安徽游幕，生活起居安好；并承蒙您推重我们的友谊，邀请我见面，可以当面聆听教诲。使我除了内心感到欣慰以外，更加深深感激和敬佩！

向来听说游幕的景况，北方不如南方，想必您这些年来游幕所得的薪水，用来买田置地，为子女完成婚嫁，在外有要好的朋友，在家有美好的家人，屈指算来，在我们这班朋友当中，您算是第一位的了。

小弟我在盐山县游幕六年，在邓知县去世后，接着就职于沧州，不久到了永郡，又到了通永；到了辛未年秋天，承蒙臬台大人征召，做了几任的幕友。从壬午年的春天，出来担任了首府的发审员。依靠别人做事，像蓬草一样漂泊不定，虽然馆职未曾中断，只是中间把家眷接到北方来，因为妻子所生的子女都不幸夭折，所以不得已纳妾生子，今年刚刚四岁。而近年来，手指僵硬，眼睛昏花，越来越感到衰老疲惫，而且上有老，下有小，久居在外也不是办法，姑且等到了秋季，天气凉爽下来，或者到来年春天，一定要收拾东西回去了。明明知道不能不劳而获，所以想要在本省找到一个馆职，总要好过在外奔波。

我女婿原来在直隶的时候，也多次做过各府司衙门的幕职，现在刚刚进入官场，各方面都还不熟练。而且缺少盘费，候补职位的过程非常艰难，倘若有能够帮他提拔引荐的地方，恳请您关心照应一下；只要能够生活有着落，也就能安心做事了。感谢您的深情厚谊，实在是没有穷尽的。

二一三、谢山西方伯王招入幕

睽违[①]矩范，几度蟾圆；依慕私忱，时劳梦毂[②]！顷奉台翰，敬稔大人绩履崇膺，勋祺懋介，溥郇膏[③]于三晋，渥帝眷于九重。骧首薇垣[④]，良符慰颂。

湄识惭固陋，学愧迂疏，辱荷中丞知遇之深，并蒙大人吹嘘之力，加以居停怂劝，极思一遂登龙。惟湄卅载浪游，刻以先人窀穸未营，思归綦切。且晚年得子，尚在孩提，舍之远行，未免呱呱在念；挈之同往，又觉处处担心。是以曩岁张兰渚中丞[⑤]，致信蒋相国，再四相招，未克应命；去冬那绎堂大府，情殷求旧，亦恐因此羁绊，婉为之辞。恨相逢之已晚，非托故以辞征。顾以驽劣而见赏孙阳[6]，惟有昂首长鸣，自呼负负[7]耳！

【注释】①暌违：分散隔离。②梦毂：见上一篇。③郇膏：洵伯的恩泽。郇，周朝时诸侯国名，春秋时为晋地，在今山西临猗县南；为周文王之子封地，称郇伯，治諸侯有功。《诗·曹风·下泉》："四国有王，郇伯劳之。"④薇垣：唐开元元年改称中书省为紫微省，简称微垣。元代称行中书省为薇垣。明洪武九年改元代行中书省为承宣布政司，亦沿称为薇省或薇垣。清初也称布政司曰薇垣或薇署。故明清时常以薇垣称相当于中书省的中枢机构或布政司。⑤张兰渚中丞：张师诚（1762—1830），字兰渚，浙江归安人，清朝大臣。少登科第，历任封疆。巡抚江苏，见杀业甚伙，屡出示劝戒，遇放生河，严禁捕鱼，署中不宴客，不杀生，长斋奉佛，栖心净土。择前贤净土论说，辑《径中径又径》一书，普劝念佛。六旬余，乞假归里，静居斗室，一意西驰。临终，诵弥陀经毕，才举佛号五声，寂然而逝。⑥孙阳：伯乐。见第一八〇篇。⑦负负：犹言惭愧、惭愧；对不起、对不起。

【译文】和您分别以来，又是几个月过去了；对您的思念和仰慕之情，时时浮现在梦中。刚刚接到您的来信，知道大人您在政治上取得了重大的成绩，建立了崇高的功勋，像郇伯那样普施恩泽于三晋大地，获得了九重之上的皇帝的眷顾和肯定。仰望着藩台大人您的勋名，使我倍感欣慰，并诚挚地为您祝祷。

我很惭愧自己见识愚陋、才学浅薄，获得了巡抚大人对我的赏识，并承蒙大人您对我的提拔和推荐，再加上东家的劝说和鼓励，特别想投入到您的门下做事。只是我漂泊在外三十多年，时刻因为先人的坟冢尚未营造，回乡的心情十分急切。而且老年才生下一个儿子，现在还很幼小，如果离开孩子远游在外地，难免心中想念；如果带上孩子出门，又觉得处处很不放心。所以去年张师诚巡抚大人，曾经写信给蒋相国，多次招我前去，都没有答应；去年冬天，那绎堂总督很诚恳地邀请我这个老相识前去，也恐怕从此脱不开身，就委婉地拒绝了。现在只恨我和您相识地太晚了，并不是找借口故意推脱。我是一匹驽钝的劣马，承蒙您这样的伯乐赏识，却辜负了您的一番美意，只有对着天空长叹，不停地说对不起、对不起了。

二一四、复任问松到山东就馆

樽酒未寒，骊驹载道，念我良友，每饭不忘。昨承手翰先施，知十丈红渠[①]，已与一泓潞水，交相辉映。而索居[②]之感，亦复同之。追念畴曩，益增惘惘！弟以三生缘巧，适谐两姓之欢；惟不唱《附舟》，而日演《水斗》，觉从容顾曲[③]，周郎的是可人[④]矣。

【注释】①红渠：喻指游幕。②索居：孤独地散处一方。③顾曲：欣赏音乐、戏曲。④可人：使人满意。

【译文】杯中的酒水还没有冷，您就骑马离开了，想起我的好友，连吃饭的时候都不能忘掉。昨天接到您先寄来的书信，获知您已经在潞水那边做了幕友，您觉得独居很苦，我也正是如此。回想起从前，更加不愉快了！我因为机缘巧合，有了美好的婚事。只是不唱《附舟》，而是天天演《水斗》，觉得从容听曲，也能够让人快乐！

二一五、致在直同乡官募捐资贴团拜经费

会馆之有团拜①，仿古乡饮以联梓谊也。岁举董事六人，各捐制钱十千经理之。其或倦游归里，或远就出疆②，则董事少而捐又多焉。行之既久，难以为继。今正吾乡之仕于斯者家于斯，客于斯者咸集馆舍，涓与家芦塘谢信斋议：醵资③生息，以垂久远，同人皆以为可。顾事必要于图成，力难期于齐一，既多多而益善，即少少其奚嫌。惟望量为慨捐，速行寄省，俾得早权子母④，以备岁需。从此取之不竭，永修春社之欢；如其用之有馀，益见宾筵之盛矣。

【注释】①团拜：指团聚行礼，相互庆贺。②出疆：出境。③醵（jù）资：筹集资金。④子母：本利。

【译文】会馆之中有团拜活动，如同古时候的“乡饮“礼节，是借

它来联络同乡之间感情的。每年都举六个董事，各自捐十千钱来举办。如有回到家乡的，或者有去到远方的，那么董事少了但捐钱的数量却又多了。这是常规，已经推行很久了，（到现在）有些难以为继了。今年正月，我们同乡在这里做官的，在这里居住的，在这里作客的都聚集在馆舍中，我和芦塘、谢信斋提，请各自捐钱来生利息，当作是维长久持的办法，当时很多人都认为可行。不过一件事情要想成功，最难的是大家要齐心协力。至于捐钱一事，当然是越多越好。即便是少一点儿也没有关系。只希望各自能够量力而为，抓紧寄到省里，可以早些生出利息，来准备过年时使用。从此以后就不必再担心耗用不足，每年春天都可以持续的聚会联欢。如果使用有多余的，那么足以见的请客吃酒的盛况了。

二一六、复方秋槎

铃阁[1]分携，燕鸿[2]七度，每怀丰采，昕夕[3]系之。前岁奉到惠函，即走晤蔡令亲，略知胜概。以因人碌碌，裁答久稽，想不咎其疏节也。顷复远劳芳讯，益稔动定罄宜，载膺多福。以金张[4]之门第，擅王谢[5]之才华，下帷[6]则拾紫可操，筮仕则纡青尤易[7]；何去何从，知必卓有定见矣。

弟通方[8]乏术，守拙自安，蒙以卢厚山中丞幕次需才，谬为鄙人荐达，挚情念旧，感何可言！弟亦极愿依红，兼图良觌[⑨]，奈因晚年得子，尚在孩提，远道依人，遽难割爱。且客燕已久，亦觉乡井是故，不便挈眷而行。曩者张兰渚、福久亭两中丞，先后相招，弟即未敢应命。九方[⑩]幸遇，而伏枥[⑪]自甘，此意唯阁下为能鉴谅耳。

【注释】①铃阁：指翰林院以及将帅或州郡长官办事的地方。②燕鸿：燕为夏候鸟，鸿为冬候鸟。因多以喻相距之远，相见之难。此处指一年。③昕夕：朝暮。谓终日。④金张：汉时金日磾、张安世二人的并称。二氏子孙相继，七世荣显。后因用为显宦的代称。⑤王谢：六朝望族琅琊王氏与陈郡谢氏之合称，后成为显赫世家大族的代名词。晋永嘉之乱后，琅琊王氏和陈郡谢氏族人，从北方南迁至金陵，后因王谢两家之王导、谢安及其后人于江左五朝的权倾朝野、文采风流、功业显著而著称。⑥下帷：本指放下帷幕，开课授业。后比喻深居专心苦读，不与闻外事。⑦筮仕：古人将做官时必先占卜问吉凶，故后称初出做官为“筮仕”。纡青：佩带青绶，谓作高官。⑧通方：通晓为政之道。⑨良觌（dí）：美好的相见；良晤。觌，相见。⑩九方：指九方皋，春秋秦穆公时人，善相马。曾得伯乐之荐而为秦穆公求马。后比喻善于发掘良才的人。⑪伏枥：马伏在槽上。三国魏曹操《步出夏门行》：“老骥伏枥，志在千里；烈士暮年，壮心不已。”后用为壮志未酬，蛰居待时的典故。枥，马槽。

【译文】自从上次离开您的衙门以来，已经七年了，每每怀想您的风采，终日不能忘怀。前次接到您的来信以后，就去和您的蔡姓亲戚见了面，大体上了解了您的境况。我因为依靠别人做事，忙忙碌碌，拖了很久都没有回信，想必您也不会怪罪我的疏失。现在又劳驾您从远地寄信过来，更加知道了您生活起居安适，享了很多福。生长在像金日磾、张安世那样的豪门望族，拥有王导、谢安那样的才华，闭门读书则获取功名如稳操胜券，步入仕途则能步步高升、官高爵显。未来何去何从，想必您自己一定会有卓越的见识。

小弟我对为政之道缺乏了解，清贫自守，安于现状，承蒙您因为卢厚山抚台大人衙门中需要人才，就把我推荐了上去，您这份感念故交的深厚情谊，感激之情无法用言语表达。小弟我也愿意投入卢大人门下做事，而且能和您见面，怎奈我因为年老才有了儿子，还很幼小，如果到外地去寄人篱下，对孩子一时难以割舍。而且客居在河北已经很久了，已经成为第二故乡，不便带着家眷就走。过去张师丞、福久亭两位抚台大人，都先后招我过去，我都没敢答应下来。很荣幸遇到了善于相马的九方皋，而我这匹老马甘愿退居在马棚里，这层心思希望阁下您能够明白和体谅。

二一七、贺湖南粮道李生子

相思结远道，相见忽忘言；而阁下每过金台[①]，情文备至，觉馀欢之恋恋，更惜别之匆匆。正以尊事萦怀，拟泐数行奉候，适居停[②]白太守出示手翰，敬悉育麟[③]大喜！此阁下所殷盼，亦知好所共期，遥瞩长庚，同深忭舞！惟汤饼[④]筵开，不使殷羡老躬与其盛，良以瓜棉椒实，衍庆方长，补之欲俟异日耳。长日课闲，因时遣兴，零红剩绿，点也何如？

【注释】①金台：指北京。②居停：寄居之家的主人。③育麟：喻指生得佳儿。④汤饼：即生儿三日后请客宴会。

【译文】我们相隔遥远，十分的思念，见了面反而忘记要说的话了。但是您每次路过北京，情意浓浓，在欢乐之余总觉得恋恋不舍，更加惋惜分别的太快了。正在牵挂着您的事情，准备写信寄送去，恰巧主人白太守拿出您的书信来，获知您生得一儿子，这真是一桩喜事！这是您最殷切盼望的，也是我们友人所共同期待的，可喜可贺呀！只不过汤饼宴的时候，我不能亲身前去参加，实际上是因为您将来子孙繁盛，庆祝的日子多的是。补吃汤饼酒席，就等到他日吧！天变长了，你在空闲时间，必定有消遣的好法子，去观看那些零红剩绿，您心里觉得怎么样啊？

二一八、慰河南粮道李

去年秋冬之间，承惠包瓜，载颁大作；旋更岁龠[①]，复锡兼金[②]。叨隆贶[③]之有加，实铭情于无已！

新正恭值老大人宏开寿宇，方以一函将贺，即闻鹤讣惊传，得耗之馀，逾常错愕！犹忆前岁，迎来鸠杖④，无异神仙；喜接莲趺，都称生佛；何图日月未几，倏以香山之九，上归瀛岛之三。伏稔大人孝本性成，慕同孺切，乍惊心于风木⑤，自痛恋夫春晖⑥。顾老大人诰晋五花，寿跻八秩⑦；而大人石渠望重，绣斧⑧勋高，木庭训以大显扬，亦已备极恩荣，无少缺憾。尚祈俯循中制，勉切哀思，以慰在天之望。

湄因封圻⑨远隔，未获躬诣灵帏，一申叩奠，湘波渺渺，愧悼俱深！肃泐布唁，并候素履，统惟垂鉴，不尽所怀。

【注释】①岁龠（yuè）：更新。②兼金：好金。③贶（kuàng）：赠送。④鸠杖：老亲，父母。⑤风木：比喻父母亡故，不及奉养。⑥春晖：父母的恩荫。⑦八秩：八十。⑧绣斧：执法者。⑨封圻：疆域，界域。

【译文】去年秋冬期间，承蒙您寄送包瓜给我，还有您的大作。不久到了新年，又寄来不少钱财。得到您隆重的赠送，心中十分的感激！

正月的时候，您母亲大人做寿，正要寄送一封书信道贺，就听到了去世的消息，非常的惊讶！还记得前年，您接她出来，精神饱满，和神仙一般康健。她喜欢静坐，大家称她为“活佛”。怎么会没隔几年，这位老人家就升天做神仙去了呢？您的本性是很孝顺的，忽然遭遇这样大的变故，自然是会非常悲痛，恨自己不曾报答母亲的恩情。可是她老人家已经受了诰封，年纪也已经八十了。而且您还身居高位，政绩突出，承蒙好的家庭教育而得以声誉显扬，也可以说十分光荣了，没什么可遗憾的了。还盼望您能循礼守制，勉强节制自己的哀伤，来告慰您母亲的在天之灵。

我因为路途远隔，不能够亲自前去灵前叩首祭奠。望着渺茫的湘水，真是既惭愧又悲伤！写这封书信来劝慰和问候您，一切都请您能够原谅，因我道不尽许多的心声。

二一九、贺方秋槎明府将得缺并复荐仆

停云在望，落月增怀。巧夕前潘纪赍到琅函，藉悉二兄鼎祉弥隆，荣选在迩，绍名门之簪绂①，奋皇路以腾骧②。即看一县花明，春风先到；更卜九霄日近，浓露重沾③。欣贺之私，有难笔述！

弟毡还依旧，席尚可温，惟是老大依人，息肩④无日。而故乡风景，亦复今昔殊观，一片心旌，去留莫定，令人目送归鸿，羡彼自在矣。

笠山病痊引见，奉旨以同知选用，一阶顿阻，五马不前。现尚裁减旧人，势难荐用新进，潘纪另容留意。

【注释】①簪绂（fú）：喻指世家大族。②腾骧（xiāng）：地位上升，宦途得意。③浓露重沾：喻指再蒙天子恩宠。④息肩：比喻卸除负担。

【译文】望着天空中停着的云，盼望着见到您。看到夜间低沉的月亮，更加想念您了。七月初七的前一天，潘姓的仆人将您的书信带到，得知二哥选补侯缺的日期已经临近了，继续名门的簪绂，仕途一帆风顺。那知县的缺分，您先得到了。可料想到您扶摇直上，重又沐浴皇恩。其中的喜悦是不能够用笔墨来表达的！

我的情况还是和往常一样，勉勉强强维持下去。只不过是年纪大了，依靠着他人（做事），不知道什么时候才能卸下肩上的负担。而且故乡的风景，也和往日不一样了，一颗不定的心，去还是留始终没能确定，看到归去的鸿雁，羡慕它们能自由自在。

笠山病已经痊愈了，进京引见，奉旨以同知选用，被一个官阶阻隔，不能前去就任太守。现在还在裁减原有的人，看样子很难再荐用新人，潘姓的差人，让我另外再做打算吧。

二二〇、复贺饶阳县查午节

久违芝范[①]，时切葵悰。际彩缕之初悬，适瑶笺之远贲；藉稔阁下政熙槐午，瑞集蒲辰，于携琴载鹤之馀，饶沈李浮瓜之兴。缅兹雅抱，曷胜颂私！

舍侄恬园，谬邀青及[②]，欣遂红依，乃曳残韵于别枝，遽委香泥于旧巷，蝉联难卜，燕睇弥殷。

弟碌碌因人，劳劳故我，猥承记注，重丹谨志先施，敬壁撝谦，尺素还嫌后至。

【注释】①芝范：高尚美好风范。②青及：表示承蒙（您）青眼相待。

【译文】好久没和您见面了，时常的想念您。在端午节的时候，恰巧您的书信从远方寄来。才知道您政绩很好，在槐午上过端午节，应当会有许多的祥瑞。在办理公务的闲暇之际，也有沈李浮瓜的兴致。想起您的风雅和抱负，禁不住的赞叹佩服！

我的侄儿恬园，错蒙您的厚爱器重，跟随着您在衙门中做事，不料想他去往了别处，舍弃了本来的事情不做，要想延续下去，恐怕不容易了，倒是让您十分的盼望。

我碌碌无为依靠着他人，依旧忙碌辛苦的做事。承蒙您挂念着我，先寄送书信来，感激您的谦虚客气，我的书信可别嫌寄送的太晚了。

二二一、谢满城县陈惠鸭鸡酒笋

岁内承惠多仪，正初复劳枉顾。凫知水暖[①]，刚逢江上之春；

雉列山肴，不作镜中之舞[②]。更喜青州从事[③]，挟以俱来；并参玉版禅师[④]，味之免俗。拜嘉志感，属餍[⑤]铭心。只以日在冗场，未获抠衣[⑥]趋谢，叨在挚爱，定不以疏略责之也。

【注释】①凫知水暖：语本宋苏轼《惠崇春江晚景》诗二首之一：“竹外桃花三两枝，春江水暖鸭先知。”凫，水鸟，俗称“野鸭”。②镜中之舞：《异苑》：“山鸡爱其羽毛，映水则舞。魏武时，南方献之，公子苍舒，令置大镜于前，鸡鉴形而舞不止。”③青州从事：美酒的代称。见第一七五篇注释④。④玉版禅师：指竹笋。典出宋惠洪《冷斋夜话·东坡戏作偈语》：“（东坡）又尝要刘器之同参玉版和尚。器之每倦山行，闻见玉版，欣然从之。至廉泉寺，烧笋而食，器之觉笋味胜，问此笋何名，东坡曰：‘即玉版也，此老师善说法，要令人得禅悦之味。’”⑤属餍：亦作“属厌”，饱足。《左传·昭公二十八年》：“愿以小人之腹，为君子之心，属厌而已。”⑥抠衣：提起衣服前襟。古人迎趋时的动作，表示恭敬。

【译文】年内承蒙您送我许多礼物，正月初又劳驾您来看我。鸭子感受到水温上升的时候，就证明春天即将来临；山鸡成为了山间的佳肴，不能再对着镜子翩翩起舞了。更可喜的是，一并带来了美酒；再加上新鲜的竹笋，味道不俗。拜受您的嘉礼，深表感谢，让我能够饱餐美味、饱饮美酒，心中永远铭记您的美意。只是我每日忙于琐碎的事务，没能郑重地登门表示感谢，看在我们是至交好友的份上，想必您一定不会责怪我的疏失和简略。

二二二、与章雨岩

饧箫[①]风暖，忽到清明，伏稔履候胜常，足慰鄙人遐企。省僚更代，新政必多，因人成事者，又未识画眉深浅[②]矣。

吕大尹相得有素，安陵五十里[③]，而遽作荆州之请[④]，则弟之未能免俗也。幸为婉致，使璧归而不失秦欢，感何如之！

【注释】①饧箫：卖饴糖人所吹的箫。《诗·周颂·有瞽》："箫管备举。"郑玄笺："箫，编小竹管，如今卖饧者所吹也。"孔颖达疏："其时卖饧之人吹箫以自表也。"宋汤恢《倦寻芳》词："饧箫吹暖，蜡烛分烟，春思无限。"②画眉深浅：语本唐朱庆馀《近试上张籍水部》诗："洞房昨夜停红烛，待晓堂前拜舅姑。妆罢低声问夫婿，画眉深浅入时无？"作者引此，以比喻宾主初会，融洽与否，尚未能预料。③安陵五十里：安陵，战国时的小国，在今河南省鄢陵县西北。本属魏，秦灭魏后，欲以五百里地易安陵，安陵君不许。见《战国策·魏策四》。比喻极小的东西。④荆州之请：犹言索回。据《三国演义》，蜀汉先主刘备，兵败于当阳后，与东吴联盟，共破曹兵于赤壁，略定荆州，而吴则以为刘备之得荆州，实吴之力，故谓荆土乃东吴所借给者，后屡请还之，此即"讨荆州"之典。

【译文】饧箫声中，春风送暖，忽然又到了清明时节，了解到您的生活起居比往常还好，足以安慰我对您的思念之情。最近省里官员更替，新的政策必然很多，依人做事的人，不知道能否得到新任官员的欢心。

我和吕县令本来是故交，一点小钱，如果贸然向他直接讨还，那就不免显得太俗气了。请您替我委婉地向他转达此意，让他能够把钱还我，而又不至于伤害了感情，该是何等感激！

二二三、与税关司马邵

春云如粉，春雨如丝，久客乍归，兴当不浅！未识大弦嘈嘈，小弦切切[①]，能和其声而不犯否？

苏冶堂归自完县，嘱将券据检寄，子母[②]并偿；过此则花事阑珊[③]，又将他适矣。

【注释】①大弦嘈嘈，小弦切切：语本唐白居易《琵琶行》："大弦嘈嘈如急雨，小弦切切如私语。嘈嘈切切错杂弹，大珠小珠落玉盘。"形容重浊与轻细的乐器声错杂喧响。此处比喻妻妾之间的争斗。②子母：犹言本利。子，利息；母，本金。③阑珊：衰落、萧瑟的样子。

【译文】春天的云如粉黛，春天的雨如细丝，长期客居在外地，忽然回到家中，想必兴致一定很好！不知道您的妻妾，在您的周旋之下，能否和睦相处，而不互相侵犯呢？

苏冶堂从完县回来，嘱托将借票凭据找到寄过去，并将本利一并归还；如果错过了这次机会，怕又窘迫，又要去别的地方了。

二二四、谢满城县陈惠食物

槐绿成阴，清浮芝简[①]；榴红似火，艳映筠笼[②]。豆[③]岂能容？风味无殊麟脯；貂何须换[④]？色香倍胜鹅黄[⑤]。载烹天上之月团[⑥]，非梅渴止[⑦]；巧制人间之灵药，与艾功侔。累饮德于赠遗，益怀惭于报称。数行申谢，再拜铭心。

【注释】①芝简：对书信的美称。②筠笼：竹篮、箱箧之类的盛器。唐杜甫《野人送朱樱》诗："西蜀樱桃也自红，野人相赠满筠笼。"此处借指赠送的礼物。③豆：古代盛肉或其他食品的器皿，形状像高脚盘。④貂换：貂，汉以后皇帝左右侍臣的冠饰。《晋书·阮孚传》："迁黄门侍郎、散骑常侍。尝以金貂换酒，复为所司弹劾，帝宥之。"取下金冠换美酒，表现出文人狂放不羁，或喻喜好饮酒。⑤鹅黄：指酒。宋苏轼《乘舟过贾收水阁》诗之二："小舟浮鸭绿，大杓泻鹅黄。"⑥月团：团茶的一种。唐卢仝《走笔谢孟谏议寄新茶》诗："开缄宛见谏议面，手阅月团三百片。”⑦非梅渴止：借用“望梅止渴”之典。南朝·宋·刘义庆《世说新语·假谲》：“魏武（曹操）行役失汲道，军皆渴，乃令曰：‘前有大梅林，饶子，甘酸可以解渴。’士卒闻之，口皆出水，乘此得及前源。”

【译文】在槐绿成阴的时节，收到了您的来信；在石榴花红艳似火的时节，又收到了您赠送的礼品。您送我很多肉，器皿都盛放不下了，风味和麒麟肉没有两样；您送我的美酒，用金貂都换不来，颜色和香味胜过鹅黄许多倍。您送我的团茶，宛如天上的月亮，烹煮了来品尝，根本不需要梅子来止渴；您送我的灵丹妙药，是用灵巧的方法制作而成的，和那艾叶的功效不相上下。承蒙您多次送我东西，使我更加惭愧不能报答了。写下这几行字的书信，表达我的谢意；再三拜谢，并铭记在心。

二二五、辞谢冯璞山诸友拟刻信稿

远辱手翰，以仆平素笔札，有当英盼[①]，猥欲付之梨枣[②]，既惭且感！顾仆幼而失学，壮而饥驱[③]，佣食[④]多年，文理[⑤]荒秽；若以之问世，是写无盐[⑥]之照，而图螭魅[⑦]之形，岂不供人喷饭[⑧]？此举万万不可，幸为藏拙[⑨]，则诸君之爱我多矣。

【注释】①英盼：奕奕有神的目光。②梨枣：旧时雕版印书，用梨木枣木，故称书版为梨枣。③饥驱：指为衣食而奔忙。④佣食：做雇工谋生。⑤文理：指文章内容和行文方面的条理。⑥无盐：即战国时齐宣王后钟离春。因是无盐人，故名。为人有贤德而貌丑。后常用为丑女的代称。⑦螭魅：传说中山林间害人的精怪。人面兽身四足，为山川木石之精气蕴积化育而成。⑧喷饭：吃饭时突然发笑而把嘴中的饭喷出来，形容事情的可笑。⑨藏拙：掩蔽自己拙劣的意见、技能等，不敢显示披露。常用作自谦之辞。

【译文】承蒙您从远地写信给我，以为我平时写的信札，有值得欣赏之处，想要刻印成书，使我既惭愧又感动。但是我小时候读书少，壮年以后为了衣食而奔忙，在外以帮人做事来谋生很多年，所写的文字条理不通、荒疏驳杂；如果把他流传到世面上，那真是给丑女画像，给山里的精怪描绘形状了，岂不是令人笑到喷饭吗？这种做法是万万不可以的，请你们帮我掩盖拙劣，那么各位是真的爱护我了。

二二六、辞冯二槐回里

庚寅春杪，乘濮文霞司马调赴粮台[①]，曾泐一函，托其由迪化州[②]转寄。嗣于十一月间，复奉手翰，知为璧都护奏调，前往叶尔羌[③]；

未蒙提及前函，不知浮沉如何？今夏阅邸抄，又知随赴喀城[4]，伏想起居健适。儒生读万卷书，立功万里外，此不遇而遇之时也。即日仰沐恩纶[5]，赐环[6]复职，当不负故人殷盼矣！

弟久离乡井，日切思归，年复一年，因循不果。兹以桑榆[7]向晚，精力渐衰，幼子病妻，滞留非计。且遇风吹别调，亦不肯以霓裳旧谱[8]，翻作移宫换羽[9]之音。因于六月间，固辞府席，准拟七月廿六日，买舟挈眷南下。

自念生平一无所长，惟视公如家事，待友以实心，官幕两途，犹有余恋。客游四十四载，临去不落声名，到家可支饘粥[10]，自慰以此，告慰亦以此。惟与阁下缔交最久，相得最深，往岁折柳赠行，已难为别，此日挂帆独去，愈觉伤离。“人生不相见，动如参与商。”[11]殆为我两人咏之矣！附呈俚句，聊志别怀；数行藉问近安，客次诸维珍重，不既。

【注释】①粮台：清代行军时沿途所设经理军粮的机构。②迪化州：清朝地名，乾隆时设。今新疆维吾尔族自治区乌鲁木齐市。③叶尔羌：地名，今新疆维吾尔族自治区，为喀什地区辖县。④喀城：清政府“总理回疆事务”的喀什噶尔参赞大臣驻地。今新疆维吾尔族自治区喀什市。⑤恩纶：犹恩诏。语本《礼记·缁衣》：“王言如丝，其出如纶。”⑥赐环：旧时放逐之臣，遇赦召还谓“赐环”。语本《荀子·大略》：“绝人以玦，反绝以环。”杨倞注：“古者臣有罪待放于境，三年不敢去，与之环则还，与之玦则绝，皆所以见意也。”⑦桑榆：日落时阳光照在桑榆间，因借指傍晚。又比喻人的晚年。⑧霓裳旧谱：霓裳，乐曲名，是唐代宫廷舞曲霓裳羽衣曲的简称；旧谱，旧的乐谱。此处借指自己一贯的为人做事风格。⑨移宫换羽：指更换曲调。官、羽，古代的乐调名。宋周邦彦《意难忘·衣染莺黄》词：“知音见说无双。解移宫换羽，未怕周郎。”比喻事情有变化。此处借指改变自己为人做事的风格。⑩饘粥：稀饭。⑪人生不相见，动如参与商：参，参宿。商，商星，为心宿的主星。参、心二宿都是二十八宿之一，参宿位于西方，心宿位于东方，绝不会同时出现于天空。动如参商比喻分别而无法相见。

【译文】庚寅年晚春时节，趁着濮文霞司马调往粮台任职的机会，曾经写过一封信，委托他从迪化州转寄给你。后来在十一月的时候，又接到你的来信，知道你经璧都护奏请朝廷批准后，调任到叶尔羌任职；没有提到上次的书信，不知道遗失在什么地方了？今年夏天阅读邸报，又知道你跟随上官到喀城赴任，想必生活起居健旺顺适。作为一介书生，读了万卷书，立功在万里之外，算不上是好的机遇，但也正是建功立业的时候。不久就可以得到朝廷的恩诏，恢复原来的职务，这样也不辜负老朋友的期盼了。

小弟我长期背井离乡，天天想着要回去，拖延了一年又一年，到现在还没实现。现在因为年纪将老，精力渐渐衰弱，孩子幼小，妻子生病，再滞留下去恐不是办法。而且最近原来的东家调走了，新官上任，我也不愿意改变自己为人做事的风格去迎合他。于是在六月的时候，坚决辞去了幕府的职务，准备在七月二十六日，雇船带着家眷回到南方去。

我自己想想，生平没有一点长处，只是把公事当成自己的家事，以真诚心对待朋友，不论是做官的还是做幕友的当中，都还有一些交好的朋友。在外游历已经四十四年了，临走之时不留下坏名声，回到家中还能有一口稀饭可以吃，这是可以聊以自慰的，也是可以告慰你的。我和你结交时间最长，关系也最好，往年暂时分别的时候，已经感到很难过，这次张帆行船，一去不回，更加觉得伤心。“人生不相见，动如参与商。”这句诗大概是为我们两个人而作的吧。随信附上几首粗俗的诗句，聊以记述离别的情怀；这几行书信，借此向你问好，远在外地各方面都要多多保重，言不尽意，就说这么多吧。

二二七、谢丰润县欧阳送程仪

顷得报章，并颁雅什①，情真语挚，意绪缠绵，奚啻《阳关三叠》②！而数十年名士宰官③，犹屈郎署④，更不禁为阁下增慨也。并荷绮情缱绻，远赐赆仪⑤，于郊寒岛瘦⑥之时，分饲鹤悬鱼⑦之俸，在与者不以为惠，而取者得毋伤廉耶？

弟去此而归，半因家事萦怀，半为事情异昔，得抛鸡肋，转觉心安，诚不欲以铮铮者作绕指柔也。从兹息影蓬庐⑧，不与世事，灯红课子，瓮绿留宾，于此亦稍得佳趣。所难忘者，平日流连文讌，征逐歌场，为不可复耳。专泐复谢，并候升安，临楮依切。

【注释】①雅什：指高雅、优美的诗文。②《阳关三叠》：乐曲名。本为唐朝王维所作渭城曲诗，后人将之谱为送别之曲。今仅存琴歌谱，因

“西出阳关无故人”句重复三次，故称为“阳关三叠”。③宰官：周代冢宰的属官，泛指官吏。④郎署：古代郎官办公的衙门。汉唐时宿卫侍从官的公署，明清称京曹为郎署；代称皇帝的宿卫、侍从官。⑤赆仪：临别时赠给人的路费或礼物。⑥郊寒岛瘦：见第一六九篇。⑦饲鹤悬鱼：比喻为官清廉，俸禄微薄。饲鹤：参见第七篇注释⑤。悬鱼：汉太守羊续，有人送他生鱼，他将鱼挂在中庭，下次再送时即指悬挂的鱼，以杜绝再度送礼。见《后汉书·卷三一·羊续传》。后即以悬鱼比喻清白廉洁。⑧蓬庐：茅舍。泛指简陋的房屋。

【译文】刚刚收到您的来信，并惠赠了美妙的诗作，用情真挚，语言恳切，所体现的心绪更是缠绵悱恻，不亚于《阳关三叠》这样的名曲。几十年来，您作为一个文采风流的名士，出外做官，现在仍然屈居郎官，更是不禁为您平添许多慨叹！并承蒙您的深情厚谊，从远地赠送路费给我，您也正处于清贫的时候，还分出了微薄的俸禄给我，在给予的人来说可能不觉得是恩惠，但对于接受的人来说，难道不怕有伤廉洁吗？

小弟我离开这个地方回家去，一半是因为家里的事情放心不下，一半是因为事情和境况都不同于往日，这次得以抛弃可有可无的鸡肋，反倒觉得心安，实在不愿意以铮铮铁骨，去完全柔顺、毫无气节地迎合别人。从此以后躲进茅屋之中，不再过问世事，在灯下教孩子读书，用美酒招待客人，也能得到一些乐趣。所难忘的，平日里和一般朋友，饮酒赋诗，奔走于歌舞场中，从此一去不再有了。专门写这封信给您，表示感谢，并问候你安好，信将寄出，对您的思念永远恳切。

二二八、辞易州刺史陆回里

翩翩者书耶？披简叨八行[①]之赠；青青者柳耶？题衿[②]感三叠[③]之遗。承挚爱之殷拳，矢中藏而蕴结。只以鸟飞已倦，未免思归；兼之花样异时，尤宜藏拙。数声风笛[④]，行矣言旋；半舫秋江，载将离恨。倘异日堂开绿野[⑤]，拟相寻陆氏之庄[⑥]；知君家门对青山，更不惮许行之踵[⑦]。专泐布复，并候升祺。

【注释】①八行：古人所用信笺多为八行，后来作为信的代称。②题衿：又作"题襟"抒写胸怀。唐温庭筠、段成式、余知古常题诗唱和，有《汉上题襟集》十卷。见《新唐书·艺文志四》、宋计有功《唐诗纪事·段成式》。后遂以"题襟"谓诗文唱和抒怀。③三叠：即阳关三叠。参见上一篇。④数声风笛：风吹来阵阵笛声，表达离别之情。语出唐郑谷《淮上与友人别》诗："扬子江头杨柳春，杨花愁杀渡江人。数声风笛离亭晚，君向潇湘我向秦。"⑤堂开绿野：裴度为唐宪宗时宰相，平定藩镇叛乱有功，晚年以宦官专权，辞官退居洛阳。于午桥建别墅，种花木万株，筑燠馆凉台，名曰绿野堂。裴度野服萧散，与白居易、刘禹锡等作诗酒之会，穷昼夜相欢，不问人间事。事见《新唐书. 裴度传》。⑥陆氏庄：

唐李冗《独异志》卷下："唐崔群为相，清名甚重。元和中，自中书舍人知贡举。既罢，夫人李氏因暇日常劝其树庄田以为子孙之计。笑答曰：'余有三十所美庄良田遍天下，夫人复何忧？'夫人曰：'不闻君有此业。'群曰：'吾前岁放春榜三十人，岂非良田耶？'夫人曰：'若然者，君非陆相门生乎？然往年君掌文柄，使人约其子简礼，不令就春闱之试。如君以为良田，则陆氏一庄荒矣。'群惭而退，累日不食。"⑦许行之踵：借指很远的路程。战国时农家代表人物许行，听说滕文公恢复井田制，自楚远道谒见滕君，愿为滕民。典出《孟子·滕文公上》："有为神农之言者许行，自楚之滕，踵门而告文公曰：'远方之人闻君行仁政，愿受一廛而为氓。'"

【译文】信笺翩翩飞来，承蒙您写信给我，见信感受到了您的情意；柳色青青，又承蒙您惠赠诗作，颇有《阳关三叠》的遗韵。承蒙您对我殷切的爱护之情，藏在心中，永远不会忘记。只是因为像那久飞的鸟儿，想要回巢，我漂泊在外已久，想要回到家乡去；再加上事情和境况都不同于往日，更应该将自己的拙劣掩藏起来。晚风吹送来阵阵笛声，我就要踏上归途了；行船漂浮在一江秋水之上，载不动离愁别绪。倘若他日您也告老还乡，在家乡筑起别墅，我一定会前来拜访；知道您家门对着青山，更不怕路途遥远。专门写这封信回复您，并问候您安好。

二二九、示恬园侄

幕之有宾，即古长史参军，如昌黎所云温生石生，为乌大夫罗致者流；虽系辟佐藩镇，间亦通籍于朝。近则以值相招，以力自食，等诸孟尝门客矣。然道以人重，事在人为；果使砥行植品，积学多才，彼印累而绶若者，未尝不礼貌加之，腹心倚之。若不检于行，不忠其事，骨肉尚难取信，衾影亦觉怀惭，无怪朝下榻而暮割席①也。予游食四十馀年，兢兢以此自勖；今将归去，因汝尚知自好，故走笔及之，尤望汝终身行之！

【注释】①割席：绝交。

【译文】幕府里的宾客也就是古代长史参军这样的职位，如同韩昌黎所讲的温生石生，被乌大夫招募去的那些人。虽然是协助藩镇办事，其中也有在朝做官的。近来出钱雇佣，靠自身力量养活自己，如同孟尝君门下的宾客了。但是道德因人而重，事情的成功全在于人的努力。如果能够磨砺行为、培植品行，学识渊博，那些做官的也会对其礼遇有加，当作是心腹而加以器重、信任。要是行为不检点，做事不忠厚，亲人都不相信，自己也会感到惭愧，不要怪早上请去做事，晚上就绝交了。

我在外面游幕谋生有四十多年了，很谨慎地自我砥砺。如今将要回到故里，因为您还知道洁身自好，因而提笔写这些，更是盼望您能够终生这样去做！

谦德国学文库丛书

（已出书目）

弟子规·感应篇·十善业道经
三字经·百家姓·千字文·德育启蒙
千家诗
幼学琼林
龙文鞭影
女四书
了凡四训
孝经·女孝经
增广贤文
格言联璧
大学·中庸
论语
孟子
周易
礼记
左传
尚书
诗经
史记
汉书
后汉书
三国志
道德经
庄子
世说新语
墨子
荀子
韩非子
鬼谷子
山海经
孙子兵法·三十六计
素书·黄帝阴符经
近思录
传习录
洗冤集录
颜氏家训
列子
心经·金刚经
六祖坛经

茶经·续茶经
唐诗三百首
宋词三百首
元曲三百首
小窗幽记
菜根谭
围炉夜话
呻吟语
人间词话
古文观止
黄帝内经
五种遗规
一梦漫言
楚辞
说文解字
资治通鉴
智囊全集
酉阳杂俎
商君书
读书录
战国策
吕氏春秋
淮南子
营造法式
韩诗外传
长短经
虞初新志
迪吉录
浮生六记
文心雕龙
幽梦影
东京梦华录
阅微草堂笔记
说苑
竹窗随笔
国语
日知录
帝京景物略
子不语
水经注
徐霞客游记
聊斋志异
清代三大尺牍：小仓山房尺牍
清代三大尺牍：秋水轩尺牍
清代三大尺牍：雪鸿轩尺牍
孔子家语
贤母录
张岱文集：陶庵梦忆
张岱文集：西湖梦寻
张岱文集：快园道古